邹平县志

（1986—2005）

邹平县地方史志编纂委员会 编

方志出版社
Publishing House of Local Records

图书在版编目（CIP）数据

邹平县志. 1986—2005/ 邹平县地方史志编纂委员会编. -- 北京 : 方志出版社, 2017.12
ISBN 978-7-5144-2939-8

Ⅰ. ①邹… Ⅱ. ①中… Ⅲ. ①邹平县－地方志－1986-2005 Ⅳ. ①K295.24

中国版本图书馆CIP数据核字（2018）第014829号

邹平县志（1986—2005）

编　　者： 邹平县地方史志编纂委员会
责任编辑： 张　颢

出 版 人： 冀祥德
出 版 者： 方志出版社
地址　北京市朝阳区潘家园东里9号（国家方志馆4层）
邮编　100021
网址　http://www.fzph.org
发　　行： 方志出版社图书经销中心
电话（010）67110500
经　　销： 各地新华书店
印　　刷： 济南黄氏印务有限公司

开　　本： 889×1194　　1/16
印　　张： 59
字　　数： 1643千字
版　　次： 2017年12月第1版　　2017年12月第1次印刷
印　　数： 0001～3000册

ISBN 978-7-5144-2939-8　　**定　价：** 590.00元

魅力邹平

- 全国先进基层党组织
- 国家卫生县城
- 中国魅力名县
- 中国最具幸福感城市
- 全国生态文明先进县
- 中国金融生态县
- 全国中小城市综合实力百强
- 中国民营经济最具活力县（市区）
- 全国最具区域带动力中小城市百强
- 中国棉纺织名城
- 中国糖都
- 中国书法之乡
- 国家园林县城
- 中国特色生态旅游县
- 中国绿色名县

邹平县地方史志编纂委员会

（1986 年 5 月调整）

主　　任　苏乃军

副 主 任　孙立强　史绪海　蒋　华　李汝义　姚启富

委　　员　宋思文　李守勤　梁茂成　李业勤　张奎政　谢桂兰　孙佃儒　李允忠
华凤岗　刘方修　陈维和　刘相珍　李庆宝　张绵忠　刘光照　郭　竣
张思越　李业武　王英康　马元河　曲延庆　赵生印

办公室主任　马元河

副 主 任　曲延庆

（1990 年 5 月调整）

主　　任　燕钦国

副 主 任　韩振庆　尹兆明　史绪海　马立壮　成学炎　刘继宏　曲延庆

委　　员　李贞武　李修瑞　吴国华　梁茂成　苑修宪　刘相珍　孟庆荣　刘以平
卢柏林　杨宇翔　刘书忠　朱学能　张方忠　李业武　李寿桐　夏方良
王玉著　赵生印

办公室主任　曲延庆

副 主 任　李福林

（1997 年 11 月调整）

主　　任　姜银浩　李炳众

第一副主任　赵玉德

副 主 任　姬德利　王景山　曲延庆　马兴无

委　　员　张玉贵　王敬尧　王允河　王德梓　高　琦　盛修文　张方泰　刘　勇
李福林　马秀娟

（2001 年 3 月调整）

名誉主任　刘士合　王建泉

顾　　问　商玉昌

主　　任　王桂香

副 主 任　王传民　王　瑜　刘安方　曲延庆　刘　力　马秀娟

委　　员　张玉贵　王敬尧　王允河　姜坤峰　石广智　高　琦　石广平　栾金泉
夏凤树　张统仁　韩祥水　李忠山　刘　勇　孙克忠

（2004 年 9 月调整）

名誉主任 刘士合

主　　任 魏克田

顾　　问 王传民　杨万邦　马福祥　刘安方　曲延庆

第一副主任 王桂香

副 主 任 刘　力　韩兆荣　魏家国　高元增　袭祥水　王奎强　马秀娟

委　　员 由守宏　刘　峰　韩祥水　赵延奎　姜坤峰　张洪俭　张守忠　王克铭　石广平　马兴无　赵衍忠　赵敬源　杨德礼　周会玉　孙启民　李维进　赵承宏

（2010 年 12 月调整）

名誉主任 王传民

主　　任 范连生

第一副主任 潘玉兰

副 主 任 高　伟　张玉斌　杨明海　赵延生　刘立忠　赵承宏

委　　员 夏应禄　李　辉　张洪俭　李剑刚　李新军　滕志刚　马庆玉　李慎宝　赵新才　王克铭　高　宝　唐作义　石广平　刘洪新　李维进　刘福生　王拥军　马　龙　夏应枝　赵永刚　田　军　刘长海　张维敏　董保华　付俊峰　田汝滨　田旭升　赵　东　刘　军　张　雷　张克武

（2012 年 12 月调整）

名誉主任 王传民

主　　任 邹继刚

第一副主任 尹艳玲

副 主 任 王玉波　韩　斌　杨明海　赵延生　赵承宏

委　　员 夏应禄　李　辉　张念军　李剑刚　张愿修　贾崇岭　李新军　马庆玉　滕志刚　李慎宝　杨元家　刘宣东　高　宝　王　飞　唐作义　李维进　刘　峰　牛希亮　王　奎　张绍鹏　李　刚　商献文　张维敏　段书国　张　斌　郭　刚　韩正文　李　美　田旭升　徐建国　马　龙　王清凯　孙　健

邹平县志（1986—2005）
编 审 人 员

中共邹平县委书记　皮台田

序

《邹平县志(1986—2005)》，历经十二年精雕细琢，终于付梓问世，这是全县广大党员、干部和人民群众政治生活中的一件大事，也是全县精神文明建设的又一重大成果。可喜可贺！

20年，短暂，只是浩淼历史长河中的一瞬；20年，辉煌，邹平优秀儿女用智慧和勤劳将这瞬间化作了历史的永恒，在邹平灿烂发展史上留下了浓墨重彩的一笔。20年间，邹平人民以大无畏的改革精神，以海纳百川般的博大胸怀，融天下英才，凝聚共识，合力攻坚，奋力前行，取得一个个骄人成绩，不断推进邹平经济、社会事业奋力前行，一幅幅环境优美、产业高端、社会和谐、群众安康的现代化新邹平画卷呈现在人们面前。

邹平，1250平方千米，天之朗朗；邹平，78万人民，共沐日月；邹平事业，奔腾澎湃发展！

《邹平县志（1986—2005）》，秉承“存史、资政、育人”的宗旨，客观、全面地记述了20年间全县政治、经济、文化和社会各项事业的发展变化，再现了20年间走过的光辉历程和所取得的辉煌成就，是一部有益于当代、惠及后世的重要历史文献，为各级党委、政府研究县情、县貌提供了宝贵借鉴；同时，为海内外社会各界关注邹平、了解邹平、宣

中共邹平县委副书记、县长　邹继刚

传邹平、发展建设邹平，提供了一部翔实可靠的系统资料，对于吸引社会各界投身邹平建设必将起到巨大的推动作用。

盛世修史，继往开来。我们坚信78万邹平人民必将以史为鉴，开拓创新，砥砺前行，在新的历史征程上再铸辉煌，再续新篇章！

是为序。

中共邹平县委书记

中共邹平县委副书记、县长

2017年10月

图1　会仙山湖光山色

（2013 年摄）

图 2　黄河邹平段

（2016 年摄）

图 3　20 世纪 80 年代县城街景

图 5　邹平城南新区

图 4　20 世纪 90 年代县城街景

（2009 年摄）

▶ 图 6　1993 年 12 月 18 日，横穿县境 25.4 千米的济青高速公路建成通车

图 7　2010 年 6 月，投入使用的新型公交车

◀ 图 8　1993 年 10 月，村村通沥青路祝捷大会

▶ 图 9　2009 年 6 月，邹平汽车总站启用

◀ 图 10　2004 年 12 月，邹周铁路通车运行，开启邹平县复通火车历史

图 11　鹤伴三路新貌　（2008 年摄）

图 12　2002 年 5 月 1 日，黄山广场建成

图 13　新城中央居住小区建筑群

图 14　2009 年 7 月建成的韩店镇西王新村社区

图 15　2005 年建成的长山镇东尉农村社区

图 16　2003 年 10 月动工建设的城南示范小区

图 17　邹平地瓜

图 18　青阳谷子

图 19　长山山药

图 20　邹平方柿

图 21　张高水杏

图 22　万亩大田喷灌示范区

图 23　玉米制种田
（1986 年摄）

图 24　九户镇奶牛养殖基地

图 25　1986 年 9 月 11 日，黛溪商场开业

图 26　1991 年 9 月 29 日，邹平商业大厦开业

图 27　1992 年 10 月 28 日，供销大厦开业

图 28　2006 年，黛溪不夜城建成

图 29　1996 年，商业大厦成立邹平县第一个副食超市

图 30　方便快捷的现代化超市

图 31　琳琅满目的超市果品

图 32　1993 年 5 月 7 日,《邹平县志(1840—1985)》首发式举行

图 33　2004 年 10 月 17 日，邹平县吕剧团《梨花雨》剧组晋京演出

图 34　邹平县第三届职工运动会
（2009 年摄）

图 35　中老年太极剑活动

图 36　2004 年，邹平县举办第三届读书文化节

图 37 丁公遗址（1991 年被列为全国十大考古新发现之首，2001 年 6 月被确定为全国重点文物保护单位）

图 38 1991 年秋，发掘的丁公遗址龙山文化刻字陶片（陶文比以前公认的中国最早文字——甲骨文早 800 年）

图 39 1993 年，丁公遗址发掘现场

图 40　1993 年秋，发掘出土的丁公遗址部分陶器

陶鼎	陶豆
陶环足盘	陶鬲

图 41　2003 年 9 月，邹平一中综合教学楼投入使用

图 42　邹平县人民医院门诊楼

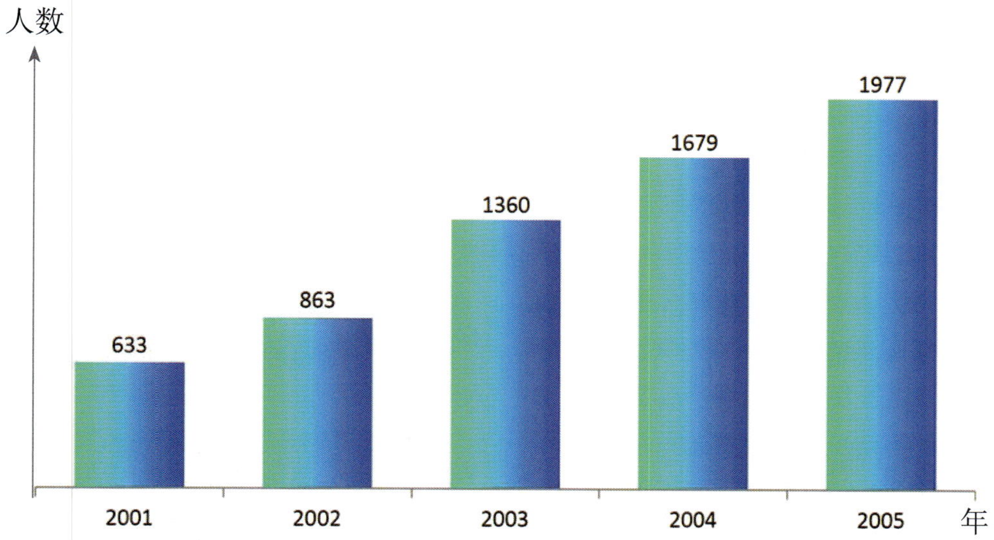

图 43 2001—2005 年，邹平县高考本科录取人数柱状图（实现滨州市"五连冠"）

图 44 "与经典同行，与圣贤为友"，诵读成为邹平县城乡校园一道美丽的风景线 （2008 年摄）

图 45 医务人员防控甲型 H1N1 流感演练

图 46　1998 年 10 月，金秋美满夫妻金婚纪念大会召开

图 47　老年人柔力球表演

图 48　新农村新生活　　　　　（2004 年摄）

图 49　小山村喝上直饮水

图 50　斑马线上的呵护　（2004 年摄）

图 51　2003 年，好生镇八里河村建成金河公园

凡　例

一、本志以马克思列宁主义、毛泽东思想、邓小平理论、“三个代表”重要思想、科学发展观、习近平新时代中国特色社会主义思想为指导，坚持辩证唯物主义和历史唯物主义的立场、观点和方法，全面客观地记述县域自然和社会诸方面的发展变化，力求做到思想性、科学性和著述性相统一。

二、本志为《邹平县志》(1992年版)的续志，上限1986年，下限2005年。个别事件、数据、图片收录适当上溯或下延。

三、本志采用规范的语体文记述，以志为主，综合运用述、记、志、传、图、表、录诸体裁。

四、本志由概述、大事记、专志各编、人物及附录组成。大事记采用编年体与记事本末体相结合的方法记述。专业志按照科学分类兼顾社会分工，全志书共设29编。结构为编、章、节、目、子目，横排门类，纵写史实。魏桥创业集团、山东西王集团为邹平县工业发展支柱企业，因此升格成编。

五、人物编分人物传略、人物简介、人物表三个部分。在人物传略中，适当补充前志所缺人物，以生年为序。

六、本志所用资料主要为县直各部门、各镇·街道及有关单位提供。部分资料源自报刊、档案、年鉴、文献、电子网络和社会调查。

七、本志所用数字，以县统计部门统计数据为主。县统计部门未涉及的则采用有关业务部门提供的数字。计量单位采用国家法定计量单位，兼顾地方习惯，采用尚允许使用的市制单位。

八、本志以公元纪年为主，中华民国以前的纪年采用历史纪年，括注公元纪年；中华民国时期，采用民国纪年，括注公元纪年。

九、本志中的标点符号用法、计量单位用法、数字用法均遵守国家有关公开出版物的规定。

目　录

第三编　人　口

第四编　城乡建设

第五编　交通运输

第六编　邮政　电信

第七编　农业　气象

第八编　水　利

第九编　工　业

第十编　支柱企业

第十一编　商　贸

第十二编　开放　开发

第十三编　财税　金融

第十四编　综合经济管理

第十五编　中共邹平县地方组织

第十六编　地方国家权力机关

第十七编　地方国家行政机关

第十八编　政协地方组织

第十九编　社会团体

第二十编 民 政

第二十一编 人事、劳动与社会保障

第二十二编　政　法

第二十三编　军　事

第二十四编　教育　科技

第二十五编　卫　生

第二十六编　文体　旅游　广电

第二十七编　社会生活

第二十八编　镇乡·街道

第二十九编 人 物

附 录

索 引

Contents

Part III Population

Part IV Urban and Rural Construction

Part V Transport

Part VI Postal Service and Telecom

Part VII Agriculture and Meteorology

Part VIII Water Conservancy

Part IX Industry

Part X Mainstay Enterprise

Part XI Commerce and Trade

Part XII Openness and Development

Part XIII Tax and Finance

Part XIV Integrated Economic Management

Part XV CPC Zouping County Local Organizations

Part XVI Local Organs of State Power

Part XVII Local State Administrative Organs

Part XVIII Local Political Consultative Organizations

Part XIX Social Organizations

Part XX Civil Administration

Part XXI Personnel, Labor and Social Security

Part XXII Politics and Laws

Part XXIII Military Affairs

Part XXIV Education, Science and Technology

Part XXV Health

Part XXVI Culture & Sports, Tourism and Radio

Part XXVII Social Life

Part XXVIII Towns and Sub-District

Part XXIX Figures

Appendices

Index

概 述

Overview

县城南部新区 (2008年摄)

鹤伴山　　(2010年摄)

黛溪湖风光　　(2009年摄)

一

邹平县地处鲁中山区北部边缘，黄河下游南岸。地理坐标东经 117° 18′～ 117° 57′，北纬 36° 42′～ 37° 08′。南部、东部毗连淄博市周村区、桓台县，西部、西南部与济南章丘市接壤，北以小清河为界与高青县相邻，西北隔黄河与济阳、惠民县相望。辖区东起长山镇韩家村，西至码头镇刘平村，最大横距 57.55 千米；南起临池镇郭家村以南，北至黄河南岸的台子镇旧城渡口，最大纵距 50.15 千米。总面积 1251.75 平方千米。2005 年，全县辖 13 个镇，3 个街道办事处和 1 个省级经济开发区，858 个行政村，总人口 71.35 万人。

县境内地势南高北低，西高东低。南部长白山以摩诃顶为最高，海拔 826.8 米。四面层峦叠嶂，起伏环绕。北部平原以小清河与杏花河的夹角处地势为最低，海拔仅有 11.2 米。以杏花河为界，南部低山丘陵与杏花河的夹角地带为山前倾斜平原，北部及西北部小清河、黄河之间的地带为黄泛平源。杏花河一线，为两平原的交接洼地。境内平原地势呈簸箕形。南部由山区向交接洼地呈倾斜式下降趋势，西北部由沿黄地带向交接洼地呈缓降状态。根据地貌特征、成因、地表组成和人类活动的影响，全县地形可分为低山丘陵、山前倾斜平原、黄泛平原三大地貌类型，17 个微地貌单元。县境内属东亚暖温带大陆性季风气候，受自然地理环境、太阳辐射和季风的影响，形成气候温和、四季分明、雨量集中的基本气候特征。县境主要有黄河、小清河、杏花河和孝妇河四大河流。

二

邹平历史悠久，文化源远流长。夏朝立邹侯国，西汉置县，是历史上有名的齐鲁上九县之一。境内有多处古文化遗址，1991 年，境内发现属龙山文化的丁公遗址，把中国文字史向前推进 800 年。邹平人杰地灵，古往今来群贤辈出。战国时，陈仲子为著名思想家；秦汉之际，伏生传《尚书》，被后世称为“尚书再造”；魏晋之际，古代数学泰斗刘徽作《九章算术注》，奠定中国古代数学领先世界的地位；隋末王薄首举义旗，拉开隋末农民起义的序幕；晚唐段成式作《酉阳杂俎》，内容广博，闻名中外；北宋名相范仲淹青少年时代在这里度过，为其“先忧后乐”思想的形成奠定良好的基础；明末张万钟因著《鸽经》而被誉为世界研究鸽子的真正开创者；近代硕儒梁漱溟 20 世纪 30 年代在邹平创办山东乡村建设研究院，进行长达 7 年的乡村建设实验；现代诗人李广田、版画家刘建庵、语言学家郭在贻、《周易》研究专家刘大钧，均为邹平籍人。邹平是全国第一个对美国学者开放的农村调查点，1986—2005 年，外国学者先后访问邹平 1000 余人次。1997 年，美国第 39 届总统吉米・卡特专程到邹平县进行考察访问。

三

1986 年，全县农业总产值 3.42 亿元，粮食总产量 34 万吨，棉花总产量 2.14 万吨，农民人均纯收入 431 元。1989 年，全县农业总产值 3.98 亿元，粮食总产量 33.41 万吨，棉花总产 1.79 万吨，畜牧业总产值 5971 万元。1992 年，全县农业总产值 5.02 亿元，粮食总产量 40.34 万吨，农民人均纯收入 747 元。1995 年，全县农业总产值 13.23 亿元，粮食总产 48.15 万吨，棉花 1.59 万吨，农民人均纯收入 1687 元。1998 年，全县农业总产值 16.93 亿元，粮食总产量 52.74 万吨，棉花总产 1.42 万吨，农民人均纯收入 2680 元。2003 年，全县粮食总产 45.85 万吨，棉花 2.45 万吨，农民人均纯收入 3489 元。2005 年，全县全年农林牧渔业实现总产值31.41亿元，其中农业17.18亿元，林业2929万元，畜牧业12.13亿元，农民人均纯收入4465元。

农村经济的快速发展，促使农副产品加工业、建筑建材业、交通运输业、商贸饮食业、服务业等二、三产业迅速崛起，产业结构出现新的变化。1990年后，第二、三产业发展速度加快，收入比例大幅度上升。各产业比例的变化，标志着农村产业结构日趋优化。各镇办根据区域特点，扬长避短，发挥资源优势，不断扩大专业门类，实现农村劳动力合理转移。2005年，全县从事第二、三产业的劳动力达10.73万人，占镇办实有劳动力的33%。

四

1986年，全县工业总产值3.18亿元。1987年，全县开展“双增双节”运动，完成工业总产值3.97亿元。2000年，全县工业总产值107.63亿元，完成工业增加值27.01亿元，实现利税8.01亿元，实现利润4.96亿元。2001年8月，成立邹平工业园区，成为经济发展的新亮点。2004年5月8日，魏桥纺织在香港首次配售融资6.66亿港元，为全县企业上市融资开创先河。2005年，工业生产持续快速增长，年产品销售收入500万元以上非国有工业企业270家，工业总产值570.53亿元，实现工业增加值142.85亿元。实现由农业大县向工业强县的跨越。

五

1986年，全县财政总收入2020.8万元。1994年，税制改为国家税务、地方税务两种税制，全年财政总收入为4443.2万元，其中地税完成2202万元。1998年，全年完成财政总收入2.2亿元，其中地方财政收入1.31亿元。2002年，全县财政总收入7.3亿元，其中地方财政收入3.23亿元。2005年，全年实现财政总收入22.51亿元，其中地方财政收入10.03亿元，地方财政支出12.65亿元。

六

邹平素有“文化县”美称。2001年以来，大力实施学校布局调整工程，成功创建省市级规范化学校59所，占中小学总数的70.2%；省市级示范幼儿园71所，占全县幼儿园总数的79.8%。2005年，全县高考本科上线1977人，高中在校生16710人，初中在校生25872人，小学在校生50503人，特殊教育在校生92人，中等职业学校在校生7069人。邹平先后获全国成人教育先进县、全国学前教育先进县、全国第一个“普九”巩固提高试点县、全国语言文字工作先进集体、全省教育工作示范县、农村教育先进县等20余项省级及以上表彰。

邹平县先后获全国科技先进县、鲁北地区第一个通过教育“两基”验收县、全国无鼠害县和全省初级卫生保健示范县、省级社会文化先进县、全国体育先进县、科普示范县、学前教育先进县、计划生育优质服务先进县、人口和计划生育法制建设先进县、计生协会工作先进县。2005年，被授予“国家卫生县城”称号。

文化广电事业蓬勃发展。全县拥有艺术表演团体1个，艺术表演场所7处，县级图书馆、档案馆、文化馆各1个。有广播电台1座，电视台1座。村村通有线电视，总用户17.5万户。

2005年，全县有卫生机构22所，床位1196张，卫生技术人员1770人，其中乡村各类卫生技术人员 737 人。

七

1986 年年初，在建、扩建党政机关办公场所 22 个，建筑面积 63125 平方米，文教卫生单位 17 个，建筑面积 28800 平方米，工厂企业单位 36 个，建筑面积 78291 平方米。至 1989 年，按照规划先后建成黛溪四路北段、黛溪三路、环城路、黄山环山路、黄山一路，初步形成县城建设基本框架。至 2005 年，全县以规划建设生态型现代化鲁中中等城市为目标，重点突出南部新区和东部开发区建设，改造完善老城区，着力加强城市基础设施建设和城乡环境综合整治。县城建成区面积 40 平方千米，人口 30 万人，全县人口城镇化率 52%。南部新区建成区面积 5.6 平方千米。新增绿地 200 公顷，县城绿化覆盖率 38.7%，绿地率 33.2%，人均公共绿地面积 15.2 平方米。邹平县被省政府纳入山东半岛城市群总体规划范围，并确定为大济南的优先发展城镇，被授予山东省第一个“国家卫生县城”称号，被省政府命名为“山东省园林城市”。自来水供水量 5.7 万吨 / 日，用水人口 20 万人，污水处理能力 5 万吨 / 日，园林绿地 1.92 万亩，集中供热面积 110 万平方米，公交运营车辆 68 标台。小城镇建设不断加快。全县小城镇详细规划覆盖率 70%。

八

1986 年年初，县内个体户、联户、集体企事业单位的车辆投入客运。至 1995 年，全县营运客车 187 辆。至 2005 年，全县专业客运车辆 618 辆，年客运量 379.2 万人次，运营线路 51 条。乡镇通车率 100%，行政村通车率 80%。

1986年，全县省道通车里程79.6千米。至2005年，全县国省道通车里程127.9千米，其中国道32.9千米。全县通柏油路里程 2030 千米，其中镇、街道县乡公路通车里程 383.8 千米。全年公路旅客运输量和周转量分别为 379.5 万人次、15443.2 万人千米。公路货物运输量 521.6 万吨，周转量 34970.4 万吨千米。

2005 年，全年完成邮电业务总量 30520.5 万元，其中电信业务总量 27608 万元，邮政业务总量 2911 万元。年末，固定电话用户 18.90 万户，小灵通用户 2.44 万户，移动电话用户 27.25 万户，电话普及率 68%，互联网用户 2 万户。

九

邹平县历史悠久，文化源远流长，人文景观丰富，自然风光优美。以陈仲子、伏生、范仲淹、袁紫兰、梁漱溟等历史人物为代表，打造范公祠、袁紫兰故居、伏生祠、梁漱溟墓等一批人文景观；并有效整合自然旅游资源，大力扶持旅游产业发展，形成鹤伴山、唐李庵、醴泉寺、雕窝峪四大旅游景区；推出红色旅游线路、绿色旅游线路、金色旅游线路等多条主题鲜明的特色旅游路线。至 2005 年，邹平县有星级酒店 4 家、星级餐馆 3 家、A 级景区 3 处、农业旅游示范点 2 处；西董镇入选山东省“100 个最佳休闲乡镇”；有旅行社 12 家，其中 AAA 级旅行社 3 家，国际旅行社分社 1 家；构建南部山岳文化生态旅游区、北部黄河文化旅游区、中部名人文化和工业旅游区四大特色旅游板块。

1986—2005年邹平县国内生产总值统计表

表1 单位：万元

年度	国内生产总值	年度	国内生产总值
1986	43691	1996	360869
1987	48722	1997	399878
1988	65168	1998	457342
1989	72810	1999	515748
1990	85331	2000	593229
1991	112674	2001	689532
1992	125500	2002	825693
1993	159948	2003	1074270
1994	227776	2004	1530223
1995	309921	2005	2073699

1986—2005年邹平县第一、二、三产业增加值统计表

表2 单位：万元

年度	第一产业增加值	第二产业增加值	第三产业增加值	年度	第一产业增加值	第二产业增加值	第三产业增加值
1986	26288	9956	7447	1996	125934	145651	89284
1987	27833	12207	8682	1997	134869	161480	103529
1988	39675	14304	11189	1998	144947	191977	120418
1989	42144	17383	13283	1999	133129	242016	140603
1990	46217	21061	18052	2000	137568	295638	160024
1991	52389	31318	28967	2001	139026	364259	186248
1992	38648	51352	35501	2002	140954	463374	221364
1993	46897	71622	41429	2003	156076	655363	262831
1994	83964	99048	44764	2004	172749	1047263	310211
1995	108482	129988	71451	2005	173131	1495969	404599

图1　1986—2005年邹平县户籍总人口数柱状图

单位：人

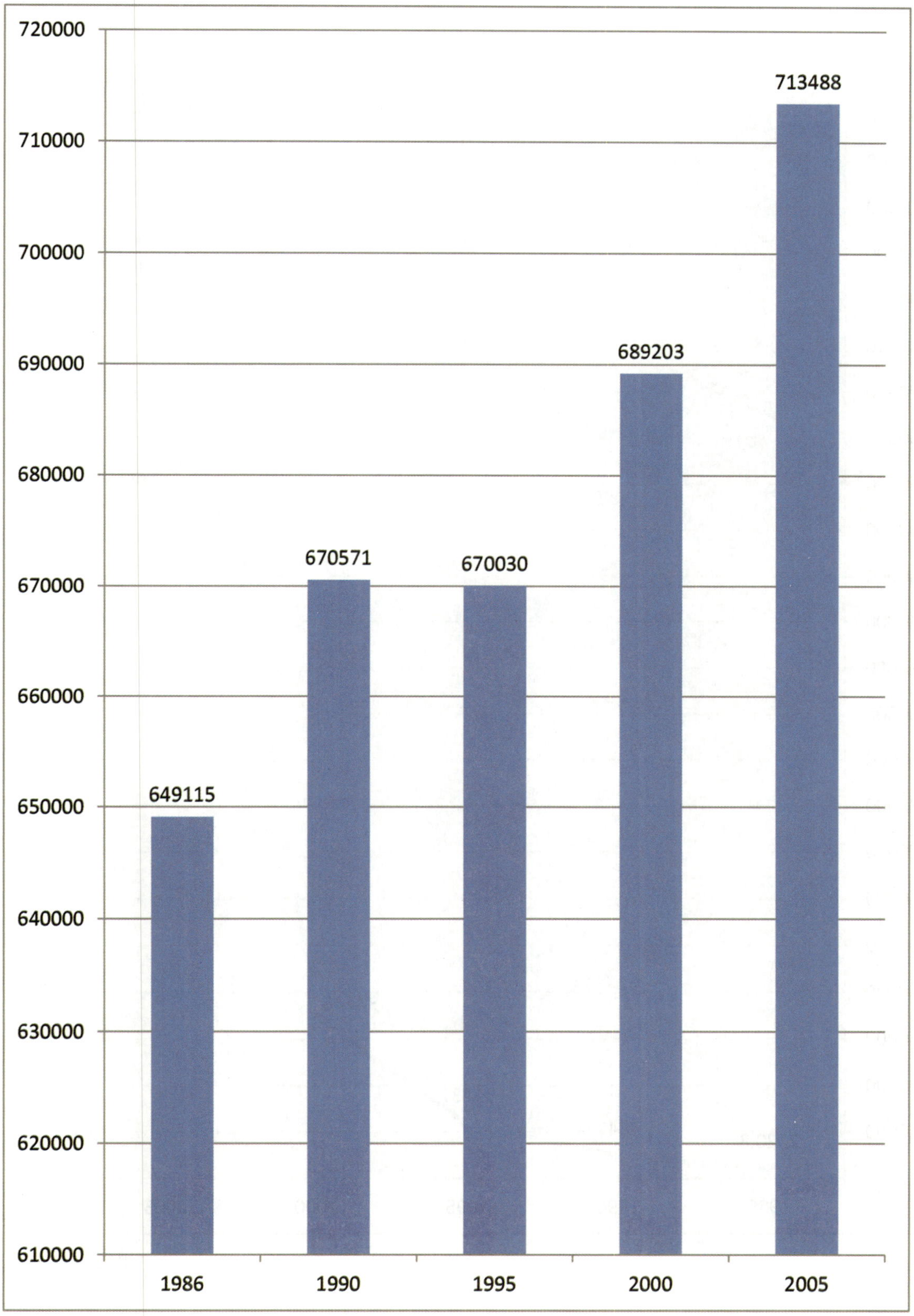

单位：年

图2 1986—2005年邹平县财政总收入折线图

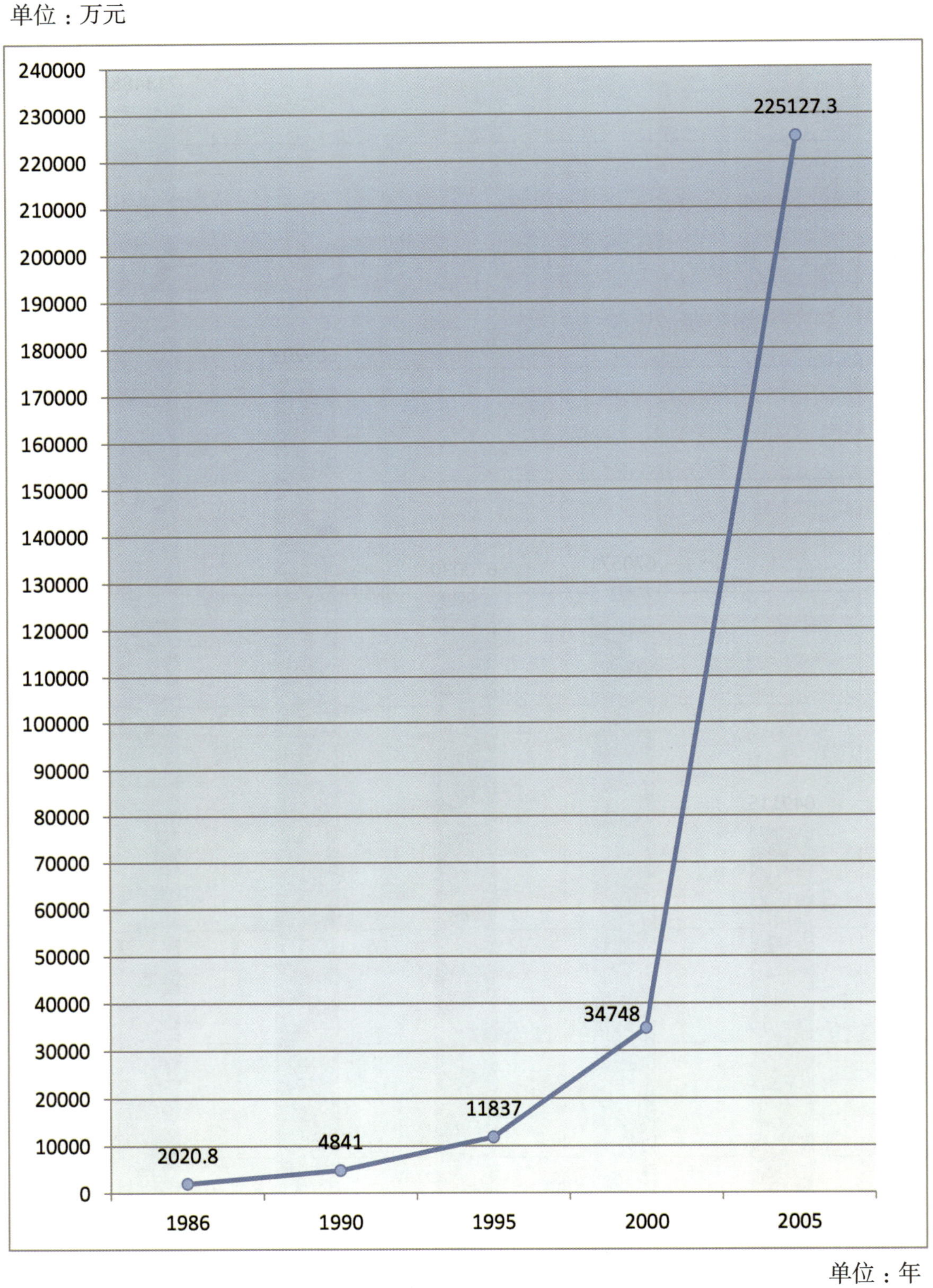

大事记

Events

1997年7月25日—27日，美国第39届总统吉米·卡特（左二）到邹平县访问

1999 年 11 月，美国著名学者奥克森伯格（左二）考察邹平县电力情况

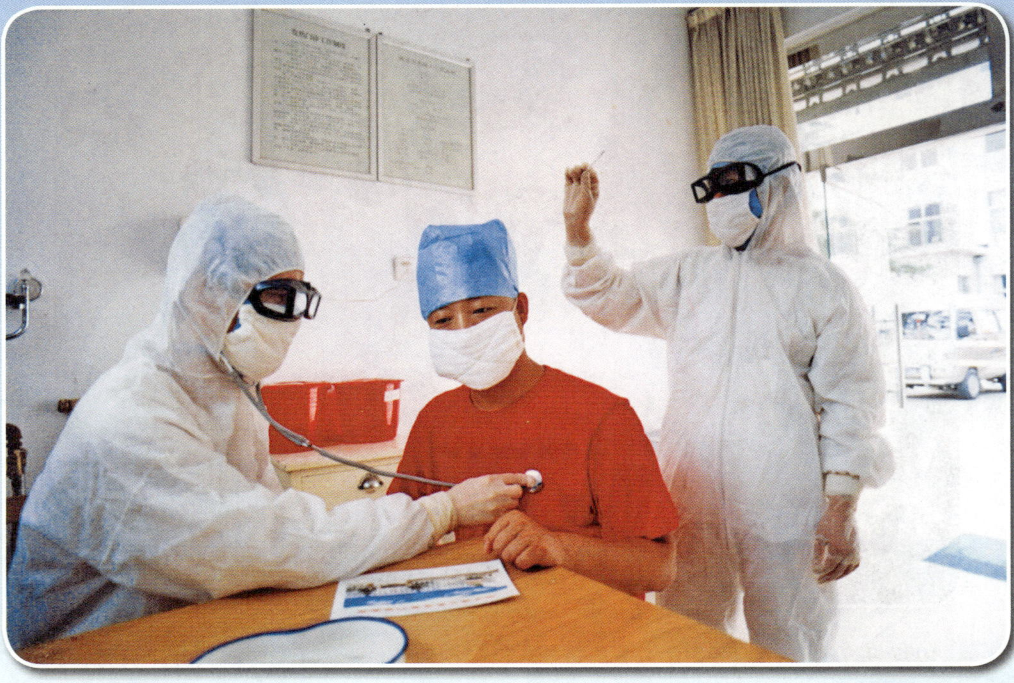

2003 年 4 月“非典”防治时期，发热门诊对患者进行认真筛查

1986 年

3 月 《邹平县农业资源调查与农业区划》一书出版。

4 月 修复唐李庵古迹。

6 月 10 日 全县人民欢迎赴滇参战部队凯旋。14 日，在邹平影院召开欢迎老山前线将士胜利归来大会。

6 月 26 日 全县乡级整党工作结束。参加乡级整党的有乡镇机关、乡镇直属企事业单位、县属企事业单位，共计 378 个单位、16 个党委、1 个党组、26 个总支、348 个支部、4520 名党员。

6 月 胡楼引黄闸竣工。

6 月 县人民武装部改归地方建制。

7 月 11 日 下午 3 时 30 分西董乡遭受大风、冰雹和暴雨袭击，降雹时间长 1 小时，积雹最大厚度 20 厘米。

7 月 16 日 美国芝加哥大学教授艾恺、加州大学伯克利分校社会学教授戈尔德和斯坦福大学教授白思鼎到邹平县考察。

7 月 王元甫任县委书记。

10 月 8 日 全县中药材资源普查工作结束。普查工作历时 1 年 4 个月，查出全县有中药材 378 种。

1987 年

4 月 13 日 原邹新路路名废止，规划东西走向以黄山命名，南北走向以黛溪命名。

4 月 全县村级整党工作结束。

5 月 28 日 乡镇人民代表大会工作联络办公室建立。

5 月 县文化馆搜集整理民间故事《会仙神灯》一书出版。

6 月 县政府组织全县人口抽样调查。邹平县是被省抽中的 46 个县（市）之一，全县抽取长山、礼参、九户、码头 4 个乡镇。

6 月 美国美中学术交流委员会启用邹平县考察点。

7 月 10—30 日 全县卫生系统改革，首批下放 12 个乡镇卫生院，移交给乡镇人民政府管理。

7 月 11 日 下午 4 时 25 分至 5 时 30 分，码头乡突遭暴风雨袭击，风力 10 级以上，降雨量 100 毫米以上，降水时间长达 1 小时。

7 月 27 日 在全县建立村级干部任期目标责任制，各村党支部、村民委员会每届任期 2 年。

9 月 教育局制定特殊教育发展规划，在全县 10 个乡镇办起 11 个弱智儿童辅导班，填补全县教育事业一项空白。

10 月 8—10 日 省人大常委会副主任肖寒带领省环保局负责人到邹平县视察孝妇河、小清河污染情况。

11 月 1—23 日 县委书记王元甫、冯家村村委主任冯永喜参加赴美考察组，对美国佐治亚州等 6 州农业生产进行考察。

11 月 28—30 日 县委党史委召开座谈会，核实、审定《中共邹平县组织史资料》。

12 月 3 日 邹平县全面推行企业招投标和租赁经营等形式经济责任制。

12 月 22—25 日 中共邹平县第六次代表大会召开。郑锡昌当选为县委书记。

1988 年

3 月 美国全美科学院美中学术交流委员会有关工作人员到邹平县进行短期访问。

4 月 11—29 日 农业部派 4 人考察组对匈牙利牛羊屠宰加工产品冷藏技术和设备进行考察。县农牧渔业局副局长耿佃吉为考察组成员之一。

5 月 30 日 县委六届三次全委扩大会召开，选举郑锡昌、王洪昌、张士平、郭桂春 4 人为出席中共山东省第五次代表大会代表。

5 月 31—6 月 7 日 县委举行党史审稿会，邀请中华人民共和国成立前曾在邹平、长山、齐东 3 县工作过的 51 位老干部，参加《中共邹平党史大事记（1925—1949）》《中国共产党山东省邹平县组织史资料（1927—1987）》审稿。

5 月 县政府制订黄淮海平原农业开发规划。

8月10—20日　水电部水科院泥沙研究所博士万兆慧一行7人，到邹平县考察引黄工程及泥沙利用情况。

9月　邹平县民兵教育受解放军总政治部、解放军报社嘉奖。

12月26日　邹平铜矿举行开工典礼。总投资1.1亿元，建成投产后服务年限为50年。

12月　苑城乡修建考古楼，内设陈列室、研究室、修复室和仓库，总面积522平方米，造价30万元。

县法院在17个乡镇建立人民法庭，实现一个乡镇一处人民法庭目标。

1989年

3月26日　世界银行官员布鲁斯切利克到邹平县对水利工程建设考察。

4月7日　副省长王乐泉到邹平县万亩试验区、礼参乡、长山镇、焦桥乡、苑城乡及大李扬水站进行考察。

6月　苏乃军任县委书记。

9月30日　大李至三八水库调水工程举行竣工典礼。

10月23日　琥珀啤酒荣获国家金质奖、魏桥油棉厂荣升国家二级企业信息发布会在县城召开。

11月26日　范仲淹雕像揭幕仪式在黛溪三路、黄山三路街心花园举行。省委书记姜春云、著名画家范曾和数百名群众参加揭幕仪式。

11月　张贵云任县委书记。

1990年

1月3日　副省长宋法棠一行到邹平县考察第一实验小学、职业中专等学校。

4月30日　邹平县与江苏省常州市郊区缔结为友好县区。

5月1日　省委常委、副省长高昌礼到邹平县参加福利公司营业楼开业典礼。

5月中旬　在建设清理黄山三路路基时，在西首路北挖掘出土一宗明清代收藏窖藏文物。经鉴定，部分属宋朝高仿商青铜文物，部分属商青铜文物。有铜鉴、青铜匜，工艺品青铜螃蟹、青铜鼎等。

5月25—27日　中共邹平县第七次代表大会召开。张贵云当选为县委书记。

10月6日　邹平碧云洞矿泉水获世界金奖，琥珀啤酒获全国评比第一名。

11月25日　邹平县碧云洞矿泉水获第29届世界优质产品金奖新闻发布会在人民大会堂举行。

11月26日　济青高等级公路惠民地区邹平段破土动工。

12月25日　中国银行邹平支行开业。

1991年

2月　县委选拔34名干部到乡镇挂职锻炼，选派17名干部到乡镇包企业。

4月10日　县委决定上半年在全县机关、企事业单位、各级各类学校集中进行一次系统的社会主义思想教育。8月4日，全县城市社教结束。

5月6日　俄罗斯斯摩棱斯吉市经贸考察团一行3人抵邹平县进行2天考察访问。

5月9日　中顾委委员杜润生和夫人马素芳等一行4人到邹平县考察。

5月23—25日　国家技术监督局邀请《光明日报》等新闻单位和农业部有关负责人对邹平县实施农业标准化工作进行考察。

6月20—25日　俄罗斯莫斯科市经贸考察团一行6人，参观县棉纺织厂等企业，就有关贸易问题进行洽谈。

7月　全县举行纪念中国共产党成立70周年活动。

11月　张贵云兼任中共邹平县人民武装部委员会书记。

1992年

2月　县委、县政府在影剧院召开会议，传

达中共中央《关于传达学习邓小平重要谈话的通知》及邓小平南方谈话。

3月7日　惠民地区更名为滨州地区。邹平县隶属关系未变。

4月27日　全县社区康复现场会召开，中顾委委员谭启龙到会并讲话。

5月12—16日　全省山区开发建设暨扶贫工作会议在邹平县召开，全省31个山区县、市主要负责人参加会议。

5月30—31日　农业部副部长洪绂曾等一行7人，参观考察韩店乡西王村、孙镇乡冯家村和邹平镇东关村创办村办企业等情况。

6月10日　邹平县在济南南郊宾馆举行对外开放新闻发布会。

6月　邹平实验一小校长肖爱珍当选为中共十四大代表。

7月1日　邹平县政府与山东师范大学签订《关于联合办学的协议书》。

7月4日　县委、县政府确定45个县直单位对口支援山区5乡镇47个严重缺水村方案。

7月15日　山东师范大学邹平分校在县成人中专举行挂牌仪式。

8月11—13日　中科院召开“邹平高效农业示范园”座谈论证会。

8月21日　副省长王建功到邹平县视察工作。

9月15日　省政府在济南召开邹平县对美国开放工作协调会。

10月12—18日　肖爱珍出席中国共产党第十四次全国代表大会。

10月25—27日　省爱卫会组织检查考核团，对邹平县创建省级卫生县城工作进行检查验收。

10月　《邹平县志》历时10年编纂，由中华书局出版，共印6000册。

12月5日　民政部授予邹平县全国农村社会养老保险先进单位称号。

12月30日19时　县程控电话正式割接开通，全县电话号码由5位升至6位。

1993年

3月4日　济青高速公路滨州段决战1993年动员会在邹平县召开。

3月26日　周建世任县委书记、武装部党委书记。

4月27日　县纪委、县监察局合署办公。

5月16日　县委、县政府在北京邀请国家科委、国家教委等15个部委32人召开座谈会，并选聘24人为邹平县经济顾问。

6月18日　鹤伴山国家森林公园暨鹤伴山庄举行开园典礼。

7月16日　副省长吴爱英到明家集、韩店两乡考察成人教育和计划生育工作。

9月6日　《邹平县志》在中国地方志指导小组举行的“全国新编地方志优秀成果评选”活动中获得二等奖。

12月7日　省长赵志浩考察济青高速公路邹平段。

12月18日　济青高速公路全线通车，在黄山立交桥召开全线通车仪式。县境内25.4千米。

12月26日　全县举行纪念毛泽东100周年诞辰活动。

1994年

3月9日　省直机关27名干部到邹平县挂职。

4月12—13日　省长赵志浩到邹平县考察工作。

5月17日　三八水库调水成功。

7月1日　《邹平报》试刊。

7月18—19日　省政协主席陆懋曾到邹平县调研。

9月15—19日　临池乡、好生乡、明家集乡、韩店乡、青阳乡、孙镇乡撤乡设镇。

10月13日　省委常委、副省长陈建国到邹平县考察。

12月　苑城、焦桥撤乡设镇。

书法家宋勉之在山东省美术馆举办默禅老人书法展览。

12月14日 好生镇蒙四村发生自制鞭炮爆炸案，造成7死9伤，84间房屋坍塌，危及12户。

1995年

1月11日 副省长王玉玺一行到邹平县检查指导棉花收购工作。

3月 姜银浩任县委书记。

4月 台子、礼参乡撤乡设镇。

5月4日 魏桥纺织厂厂长张士平参加全国劳动模范和先进工作者表彰大会载誉归来。

5月12日 日本山口县小郡町友好访华团一行11人，到邹平县进行友好访问。

5月17日 芬兰地方政府协会代表团一行7人到韩店镇西王村参观访问。

6月26—28日 中共邹平县第八次代表大会召开。姜银浩当选为县委书记。

6月 西董撤乡设镇。

9月21日 中国残联主席邓朴方到邹平县考察。

11月9日 副省长王玉玺一行到邹平县检查指导棉花收购工作。

12月1日 县热电厂举行奠基仪式。

12月12日 邹平县与日本日清食品株式会社合资成立山东日清食品有限公司签字仪式举行。

1996年

1月1日 县邮电局6000门市话程控交换机和600条中继线扩容工程竣工。

1月18日 琥珀啤酒获“国优”第一名表彰会议召开。

1月23日 长山镇大闫村养殖大户周源木被授予“全国青年科技星火带头人”称号。

1月26日 邹平县染织厂被评为中国企业形象AAA（级）称号。这是滨州地区唯一获此殊荣企业。

2月8日 邹平县吕剧团排演大型现代吕剧《孔繁森》在部队礼堂首演。

3月6日 民政部副部长阎明复到邹平县考察工作。

3月15日 邹平甘油厂发酵甘油项目被国家科委列入火炬计划，被国家专利局授予专利，被山东省政府命名为高新技术企业和农副产品加工龙头企业。

4月18日 以迈克尔·威利斯为团长的南澳洲青年友好使者团到邹平县参观访问。

5月12日 码头平原水库开工奠基仪式举行。

6月13日 下午2:40至3:00，邹平镇、礼参、苑城、长山、韩店等镇乡遭受狂风暴雨和冰雹袭击，受灾面积15万亩，部分房屋、门窗玻璃被损坏。

6月18日 省委书记赵志浩一行到长山等地考察邹平县灾情。

7月11—14日 邹平县公安局鹤伴山林场派出所被林业部授予“九四年度全国严厉打击破坏森林资源违法犯罪活动专项斗争先进单位”称号。获这一称号单位为全省唯一县。

7月29—30日 魏桥、码头、台子、九户、孙镇、焦桥等镇乡遭受特大暴雨袭击，出现自1964年以来最大洪水，直接经济损失2.25亿元。

8月27日 邹平县国税局被授予滨州地区唯一山东国税系统“文明建设先进局”称号。

9月1日 数字模拟机在邹平县邮电局开通。

9月20日 邹平县供销社名列全国供销社工业经济效益第一位，魏桥棉纺织厂名列全国供销社工业企业第二位。

9月22日 邹平县推行公务员制度过渡考试。

9月23日 以香港地区事务顾问柯利德为团长的“96海外经济发展考察团”一行30人到邹平县参观考察。

10月1日 九户乡派出所公安干警蔡建伟在抓捕一名强奸犯罪嫌疑人过程中，不幸光荣牺牲。

10月6日 省委副书记、副省长宋法棠一行到邹平县检查秋种工作。

11月22日 副省长邵桂芳率省有关部门负责人，到邹平县考察小清河干流治理工程。

12 月 7 日　中宣部文艺局局长李准到邹平县考察指导文化工作。

12 月 24 日　副省长吴爱英一行 4 人到邹平县考察计划生育工作情况。

12 月 26 日　范仲淹继父朱文翰第 32 代后裔朱洪林将 1000 册《范仲淹故事选》捐赠给县教委。

12 月　九户乡撤乡设镇。

1997 年

1 月 1 日　1996 年县财政收入 1.4691 亿元，连续 10 年财政收支平衡，全部消化历年财政赤字。

魏桥棉纺织厂成为 1996 年滨州地区首家利税超亿元企业。

3 月 11 日　省委常委、宣传部部长董凤基接见吕剧《平安村》演职人员。《平安村》是邹平县 1996 年度唯一获省精品工程奖作品。

3 月 16 日　琥珀啤酒连续三年被省政府命名为山东名牌。

5 月 1 日　魏桥棉纺织厂被中华全国总工会评为全国先进集体。

5 月 27 日　省委书记吴官正到邹平县考察工作。

6 月 23 日　全县“迎香港回归，壮中华之威，万人国旗护送”活动启程仪式在邹平一中操场举行。

7 月 25—27 日　美国第 39 届总统吉米 • 卡特及夫人一行 19 人到邹平县考察访问。

8 月 19 日　全县遭受狂风暴雨袭击，受灾面积 52.54 万亩，农业经济损失约 2 亿元。

9 月 8 日　县实验中学校长肖爱珍当选党的十五次代表大会代表并赴京参加十五大，县六大部门领导召开座谈会欢送。

9 月 11 日　青（阳）—西（董）翻山公路竣工通车。

9 月 19 日　中国人民银行邹平支行为全县金融机构举行授牌仪式。

9 月 23 日　县委在电影院举行党的十五大精神报告会。中共十五大代表、实验中学校长肖爱珍作报告。

9 月 27 日　省委副书记李文全到邹平县检查指导工作。

10 月 5 日　美国匹茨堡大学人类学博士研究生梅学良到邹平县考察。

10 月 18 日　邹平一中举行建校 45 周年校庆，3000 余人参加。

10 月 19 日　成冉在全国第八届运动会上获女子八人单桨有舵冠军。

10 月 22 日　“邹平县赴京县情介绍暨经贸合作洽谈会”在北京举行。

10 月 31 日　西庵中日友好希望小学竣工典礼举行。

12 月 5 日　邹平县长山镇农民书画展在山东省美术馆开幕。

12 月 23 日　崔建平任县委书记。

12 月 26 日　山东省暨滨州地区 1998 年度文化科技卫生“三下乡”活动启动仪式在长山镇举行。

1998 年

1 月 9 日　魏桥棉纺厂党委书记、厂长张士平当选为第九届全国人大代表。

2 月 24 日　省政府工作组到邹平县检查打假工作。

越南国家社科与人文中心副主任、越共中央委员杜怀南到邹平县考察访问。

2 月　由县电视台摄制外宣类电视专题片《卡特在邹平》获 1997 年度全省精品工程奖。

3 月　邹平县离退休劳模津贴全部落实。

4 月 12 日　著名画家高潮将 100 幅诗意画捐赠给好生镇政府。画作当日义卖后所得 10 万元现金，全部用于“希望工程”。

5 月 10 日　全国农学会批准“科教兴村计划试验单位”和县科委批复成立“鲁北小麦研究所”在孙镇冯家村举行揭牌仪式。

5 月 21 日　庆淄路邹平段收费恢复。

8 月 22 日　长山镇书画协会举办赈灾书画义

卖活动，所得款项全部捐给灾区。

10月1日　副省长陈延明到邹平县检查三秋工作。

11月12日　县第一家民办蔬菜专业合作社——邹平县牛家蔬菜专业合作社挂牌成立。

11月18日　台子镇至惠民县大年陈乡黄河浮桥开通。

12月18—19日　中国共产党邹平县第九次代表大会召开。

12月　美国匹兹堡大学人类学系博士研究生梅学良，自1997年10月至1998年11月在邹平县就“中国的发展对农村家庭的影响，特别是对老年人的影响”课题进行为期13个月社会考察。

1999年

1月26日　县供销社系统首家旧货市场——礼参镇供销社旧货交易中心启动运营。

1月27日　在青阳镇驻地，工商部门对查封的部分青阳白酒进行集中焚毁。

5月9日　下午2时，码头乡突遭暴风雨、冰雹袭击，码头、草庙、大寨3个办事处34个村受灾最为严重。

5月14日　韩国高阳市市长申东泳一行13人访问邹平县。

5月15日　以岩村幸夫为首的日本中国经济文化交流协会访华团一行9人到邹平县考察访问。

5月29日　鲁北小麦研究所小麦新品种（系）观摩会在孙镇冯家村召开。

山东滨州职业专修学院揭牌仪式举行。

6月30日　全区首家县级信息港——邹平信息港（http://www.zouping.com.cn）建成开通。

7月1日　县聋哑学校举行首届学生毕业典礼。

7月8日　中国档案报社到邹平县考察农村档案工作。

7月20日　全国农村乡镇第一家音像电子馆——好生镇教委三辰影库音像电子馆开业。

7月22日　地委党史委、县委、县政府在长山中学联合举行纪念抗日烈士马耀南牺牲60周年大会。

8月28日　邹平县崔营芸豆合作社成立。

9月11日　邹（平）西（董）路通车典礼举行。

9月28日　邹平县在县档案局举行爱国主义教育基地揭牌仪式。

9月30日　邹平县举行升国旗仪式，庆祝中华人民共和国成立50周年。

10月16日　由滨州金鹏纺织集团投资200余万元与邹平县东升集团合作兴建的邹平县第一家保龄球馆开业。

11月26日　魏桥纺织集团公司被授予“全国精神文明建设工作先进单位”。

12月28日　县吕剧团在电影院演出现代吕剧《家住小山村》，该剧在省第六届艺术节演出中获8项奖，并获滨州地区精品工程奖。

2000年

1月18日　滨州地区干部素质提高年表彰会讯：1999年邹平县完成国内生产总值52亿元，实现财政收入2.74亿元。财政收入列全省139个县市区第46位。

1月19日　山东红盾信息网在邹平县开通。

1月26日　第一部《邹平年鉴（1986—1995）》，继被出版总署评为国家优质图书后，又获山东省年鉴优秀成果特等奖，在全区为最高等级。

2月15日　“2•9案件”破获。2月9日发生在邹平镇南关村杀死2人特大杀人案件，犯罪嫌疑人抓获归案。

3月25日　邹平县获全省水利科技强县称号。

3月30日　农行邹平县支行被中国农业银行总行授予“全国农行青年文明号”。

4月12日　以日本和歌山县山东省都市友好协会友好访问团到邹平县交流，并向西董中学捐赠“希望工程”奖学金10万日元（合人民币8000元）和价值20万日元（合人民币16000元）钢琴2部。

4月13日　县农村合作基金会“清欠”工作

会议召开。

4 月 19 日　澳大利亚澳中友好交流团一行 50 人到县聋哑学校进行友好访问，并捐资 2700 美元。

4 月 21 日　县医院胸外科于 1 月前（即 3 月 21 日）成功为一名巨大平滑肌肉瘤病人实施手术，切除体积约 23 厘米 ×15 厘米 ×10 厘米、重达 2500 克胃体外壁肿瘤，病人康复。

4 月 22 日　长山建材机械厂投资 60 万元买断青海省称多县多曲河砂金矿那隆格姆段开采权。

4 月 28 日　县第五次人口普查启动。

5 月 8 日　刘士合任县委书记。

5 月 13 日　邹平县山药科技研究所成立。

5 月 15 日　在北京举办的地坛杯全国门球邀请赛上，县老年门球队夺得冠军。

6 月 1 日　邹平县大气监测系统建成。

6 月 2 日　全县千名干部下访活动开始。

6 月 17 日　台子镇犁寨村发现一株皂角树，树干高 9 米，直径 66 厘米，树龄在 200 年以上，属国家一级保护植物。

6 月 25 日　15 人吃烧烤食物中毒，经抢救全部脱险。

6 月 28—29 日　中共中央政治局委员、山东省委书记吴官正到邹平县考察指导。

7 月 13 日　县财政统一发放工资改革到位。

7 月 17 日　鹤伴山老年公寓落成。

7 月 18 日　魏棉纺织集团黛溪山庄有限公司开业。

8 月 5 日　邹平县决定设 8 ～ 12 个居民管理区，标志着县城区管理走向城市化。

8 月 12 日　电话容量突破 10 万门。

8 月 15 日　邹平县获全省节水增产重点县称号。在滨州地区属第一家。

8 月 18 日　原《邹平报》更名《邹平日报》。新报头由中国书法家协会代主席沈鹏题写。

8 月 21 日　邹平县万亩花卉基地、邹平县西瓜科研示范基地被命名为“山东省科普示范基地”。

魏桥镇、韩店镇西王村被山东省精神文明建设委员会分别命名为省级“文明镇”、省级“文明单位”。

8 月 30 日　省教育电视台邹平记者站成立，为省内设立的第一家县级记者站。

9 月 8 日　省委副书记陈建国到邹平县考察。

9 月 9 日　在黛溪山庄举办 WTO 专题报告会。国家计委学术委员、博士生导师常修泽作报告。

9 月 20 日　肖镇 220 千伏变电站运行。从此邹平县电网从淄博电网划归滨州电网，结束邹平县长期跨地区供电历史。

9 月 26 日　全国民兵英雄，第四届全国人大代表，第三、五届省人大代表郝怀友病逝。

10 月 11 日　省委常委、组织部部长姜大明到邹平县检查指导工作。

10 月 12 日　郎君小流域治理工程被水利部评为“全国水土保持生态环境建设‘十百千’示范工程”。

10 月 17 日　县第十三届人大常委会首次评议政府部分组成人员。

10 月 25 日　县举行纪念中国人民志愿军抗美援朝出国作战 50 周年座谈会。

10 月 27 日　省委政治思想工作督导检查组到邹平县检查工作。

11 月 4 日　县水务局成立。全县防洪、供水、排水、水环境管理等涉水事务统归水务局管理。

11 月 7 日　邹平县通过省爱婴地区评估团验收。

11 月 8 日　县广播电视局有线电视网，第一次参与全区民营经济万人大会直播成功，并将会况转播至各镇乡分会场。

11 月 12 日　华孟集团公司生产的本草蒜素，通过专家鉴定：本草蒜素填补国内空白，研究开发达到国内先进水平。

11 月 24 日　邹平县为进藏兵员出台优惠政策。

12 月 11—14 日　邹平县通过省实验教学普及县评估验收，成为全省第一个创建普及县。

2001 年

1 月 1 日　西王集团 2 万吨玉米色拉油工程竣工投产。

2月2日　李红星“祝贺著名书法家宋勉之先生九十寿辰纪实摄影展”在滨州职业专修学院开幕。

2月17日　山东省文化厅送文化下乡活动暨滨州市“三下乡”总结表彰会在韩店镇举行。

2月28日　农民书法家郭连贻被省政府聘为省文史研究馆馆员。

3月16日《邹平县城镇职工基本医疗保险制度实施办法(试行)》出台。

3月17日　撤并礼参、苑城、里八田3镇乡，分别并入邹平、长山、魏桥3镇。

3月23日　农村税费改革工作展开。

3月31日　山东大学研究生课程进修班在县委党校开学，是县历史上第一个研究生班。

4月2日　全县推行计划生育村民自治。

4月6日　长山镇河南村复名范公村。

4月18日　万通证券邹平营业部挂牌成立。

县第一期“人才招聘、求职供需”见面会召开，并确定以后每月18日为县“人才大集”。

4月22日　省长李春亭到魏桥纺织集团考察。

5月1日　县委宣传部、团县委等单位在县体育广场为26对新人举办集体婚典仪式。

5月16日　县统计局、县第五次人口普查办公室公报：截至2000年1月1日零时，邹平县人口为68.6382万人，其中男性为34.3868万人，占总人口的50.1%，女性34.2514万人，占总人口的49.9%。

5月19日　邹平县开发的21%氟多悬浮剂、70%丙多可湿性粉剂两项科技成果通过省科技厅组织的专家鉴定，两项成果均属国内首创，填补国内空白。

6月21日　县体育中心开始动工兴建。

6月26日　邹平县丁公遗址被命名为“国家级重点文物保护单位”。

7月1日　县公路局工程师李法东研制稳定土取土器被国家知识产权局授予实用新型专利。

7月5日　省委副书记王修智到魏棉考察指导工作。

7月20日　长山镇长星机器厂成功研制出目前国内最长造纸机械——不锈钢真空伏辊。该成果填补国内同行业空白。

县内第一个旅游开发项目——唐李庵风景区建设破土动工。

8月8日　邹平桃树研究所在魏桥镇成立。

8月14日　县物价检查所被国家发展改革委授予“全国规范化物价检查所”。

中国移动通信邹平县“心连心”艺术团下乡演出启动仪式在长山镇举行。

8月17日　碧云洞酒水有限公司获国家白酒生产许可证。这是县内白酒生产行业中唯一获证企业。

8月19日　中共中央政治局委员、山东省委书记吴官正到邹平县考察指导工作。

8月22日　省委常委、组织部部长刘伟到魏桥纺织集团考察指导工作。

8月23日　7时30分，临池镇遭遇特大雹灾，最大冰雹重约300克。

9月2日《邹平县旅游发展总体规划》通过全国专家评审，历时8个月完成。

9月5日　省政协主席韩喜凯到邹平县考察指导。

9月22日　全县万名妇女健身活动成果展在滨州职业专修学院举行。

9月23日　国家粮食局副局长张桂凤一行对怡康糖业有限公司二期工程进行考察。

10月4日　副省长陈延明一行对秋种工作进行考察。

10月8日　好生镇院上小学被山东省环保局授予绿色学校称号。

10月12日　邹平县青阳柿子研究所成立。

10月14日　邹平家具超市开业。

10月19日　黄山广场开放。

11月1日　菲律宾总统助理、菲律宾华侨协会理事长姚建华到邹平县访问。

11月3日　码头乡第一初级中学张金典通过全国少儿声乐考级最高级别考试。

县安全生产监督管理局成立。

11月11日　瑞典维特尔室内乐团到邹平县

访问演出。

11 月 15 日　长山、九户两镇分别被中国地区开发促进会命名为“中国山药之乡”“中国甜椒之乡”。

青阳镇被中宣部、司法部联合授予法制宣传教育工作先进单位。

县新闻工作者协会成立。

11 月 17 日　县音乐舞蹈家协会成立。

11 月 20 日　县戏剧、曲艺家协会成立。

11 月 22 日　县作家协会成立。

11 月 29 日　邹魏路全线竣工通车。

12 月 4 日　联合国儿童权利公约培训班在邹平县举办。这是山东省第一个由县级单位承接联合国儿童基金会培训班。

12 月 6 日　魏桥纺织集团与马来西亚蒙特·威狮控股有限公司合资签字仪式举行。

12 月 9 日　海峡两岸经济发展协会会长张丰绪到邹平县考察。

12 月 13 日　邹平县获山东省村委会建设先进县称号。

12 月 18 日　邹平县码头—济阳王圈黄河浮桥开通。

2002 年

1 月 10 日　邹平县被省委、省政府授予全省社会治安综合治理先进县称号，连续 6 年获此称号。

1 月 13 日　“山东大学学研产基地”揭牌仪式举行。

县民族宗教事务局获省、市“宗教工作管理先进单位”称号。城里基督教堂被省宗教局授予“全省文明宗教活动场所”。

1 月 25 日　县城三校易名。原邹平县第二实验中学、邹平县第二实验学校、邹平县聋哑学校，分别易名为邹平县黛溪中学、邹平县第二实验小学、邹平县特殊教育学校。

1 月 28 日　县第一次国有土地使用权拍卖会举行，对城南新区 119 亩土地 70 年使用权进行出让，由县电力总公司买断。

3 月 19 日　县政务大楼开工建设。

3 月 20 日　码头平原水库开工建设。

3 月 30 日　邹平一中成为北大附中远程教育示范学校（高中）。

3 月 31 日　县农村税费改革启动。

4 月 12 日　中央金融工委领导一行到邹平县考察。

4 月 16 日　日本染色专家平田英司对亚视集团进行技术指导。

县民政局发布《关于实施城市居民最低生活保障制度公告》，城镇居民最低生活保障标准为 160 元 / 月 · 人。

4 月 18 日　县网络技术服务有限公司成立。公司直属政府网站。

4 月 20 日　县药品监督管理局成立。

4 月 22 日　滨州市最大私盐运销案一审终结。本案是县内第一例私盐运销案。

4 月 26 日　码头撤乡设镇。

4 月 30 日　县行政服务中心成立。

5 月 1 日　台子镇被中国特产之乡暨宣传组委会命名为“中国香椿之乡”。

5 月 6 日　香港汇恒集团公司、马来西亚蒙特·威狮控股有限公司分别与魏桥纺织集团签订服装生产线项目合作协议，投资 1200 万美元，热电项目合同投资 6000 万美元。

县内第一次高炮、火箭配合增雨作业成功。

5 月 8 日　新奥燃气公司运营。这是投资邹平县市政建设第一家外资企业。

5 月 11 日　县文学艺术界联合会成立。

5 月 28 日　邹魏第一工业园奠基仪式举行。

7 月 3 日　西董镇南石小学教学楼竣工。该楼由香港应善良福利基金会资助兴建。

8 月 6 日　邹平染织有限责任公司更名为山东海丰纺织有限公司。

省委副书记王修智到邹平县考察。

8 月 18 日　邹平一中新校开工建设。

8 月 20 日　魏晋时期邹平人刘徽像纪念邮票及首日封发行。

9月10日 首届邹平读书文化节在县体育广场开幕。主题为“营造书香社会、建设美好邹平”。

9月12日 西王集团名列全国淀粉糖行业20强企业榜首。

9月17日 台湾王财贵到县影剧院作儿童读经与终身发展报告。

9月19日 县内首家流动图书馆揭牌运营。韩店西王流动图书馆揭牌仪式在西王集团举行。

9月27日 焦桥鸿达牧业有限公司产品安心牌鸡蛋成为全省第一个通过无公害认证禽蛋产品。

10月4日 中共中央政治局委员、山东省委书记吴官正到邹平县考察。

10月11日 县城市污水处理厂开工建设。

10月14日 日本著名学者、日本亚洲问题研究中心负责人和崎博夫一行到邹平县参观访问。

10月18日 全国激光控制平地节水技术现场会召开。

11月1日 韩店镇西王村获全国文明小城镇(村)称号。

12月1日 汽车站迁入新址并投入运营。属标准二级客站。

2003年

1月9日 邹平县被命名为“山东省双拥模范县”。

1月16日 张士平当选第十届全国人大代表。

2月1日 代省长韩寓群到邹平县慰问一线职工、省级劳动模范和敬老院老人。

2月22日 邹平县撤销邹平镇设立黛溪、黄山、高新3个街道办事处,并于28日举行揭牌仪式。

3月11日 黄山商场开始拆迁。黄山商场于1985年7月3日建成开业，18年间为繁荣邹平经济做出贡献。

3月16日 副省长赵克志到西王集团、县污水处理厂、孝妇河长山段考察。

3月19日 卫生部、省卫生厅部分专家受国际卫生组织委托，就加拿大赠款结核病控制项目开展情况到邹平县检查督导。

3月21日 县农村公路改造工程开工。

3月24日 国家粮食局负责人到怡康糖业有限公司考察。

3月27日 中共中央委员、全国供销合作社党组书记、常务副主任周声涛先后到魏棉、县供销大厦等企业考察。

4月22日 紧急部署“非典型肺炎”防疫工作会议召开。全县“非典”防疫工作展开。

4月24日 向各镇、街道派出“非典”防治督导组并派驻督导员。

4月28日 县政府发布《关于进一步加强非典型肺炎防治工作的通告》。

5月1日 副省长王仁元先后考察县经济技术开发区、西王集团、魏桥纺织集团。

5月25日 县垃圾处理场址确定在县城北11千米处、庆淄路西2千米处732农场。

6月6日 邹平经济开发区升格为省级经济开发区，规划面积8.2平方千米。

6月12日 县读书协会与新华书店在驻邹部队建立流动图书馆并举行开馆仪式。

6月13日 副省长赵克志带领参加全省小清河流域工作会议与会人员到县污水处理厂、华中琥珀啤酒有限公司、黛溪河考察。

6月17日 副省长孙守璞带领省国税、外经贸等单位负责人一行10人到魏纺集团、县工业园区、城南新区考察。

6月22日 邹平经济技术开发区管委会行政人员编制核定为8名，核定全额事业人员编制12名，内设机构为办公室、经济发展局、规划建设局，均为正科级行政机构。

6—9月 全县16个镇、街道成立人民调解委员会，同时在全县858个行政村全部建立调委会，形成“大调解”格局。

7月9日 省文史研究馆员、著名书法艺术家宋勉之病逝，享年92岁。

7月23日 县经济技术开发区为全省首个通过环境影响审查开发区。

9月1日 邹平一中城南新校区投入使用。新建一中总投资2.2亿元，占地520亩，建筑面积

15 万平方米，规模 108 个班，是县内历史上最大公益性建设工程。

9 月 18 日　县示范小区奠基。小区由浙江城建设计研究院规划设计，齐明房地产开发有限公司承建。

9 月 19 日　县内第一条商业步行街在城南新区动工。

9 月 24 日　魏桥纺织在香港成功上市。

12 月 29 日　黛溪街道黛中、永安 2 家社区居委会挂牌成立。

2004 年

1 月 1 日　县内首个农村党员干部现代远程教育终端站点在黄山街道东景村开通。

1 月 2 日　新华人寿保险股份有限公司滨州中心支公司邹平营销部开业典礼举行。

1 月 3 日　县内首个地埋式垃圾池在黄山街道乔木村建成。

1 月 18 日　邹平县被授予全国科技进步先进县称号。

2 月 18 日　县首届农民艺术节“巧手歌颂幸福生活——农村妇女民间工艺品大展”在县文化馆举行。

2 月 25 日　全省语言文字工作现场会在邹平县召开。

2 月 27 日　中午 12 时 40 分，青阳国泰花炮厂（青阳镇耿家村南部）发生礼花弹爆炸事故，造成 9 人死亡，1 人下落不明，直接经济损失 92.93 万元。

3 月 14—15 日　全省农村公路改造工作会议召开。邹平县被授予全省农村公路改造先进单位称号。

3 月 17 日　全国人大代表、山东魏桥创业集团董事长张士平传达全国“两会”精神。

3 月 29 日　县交通大厦奠基仪式举行。

4 月 2 日　“建设美好邹平，倡导晚婚晚育”万人签名大会在县体育广场举行。

4 月 17 日　“鲁中职业学院”规划方案评审会议在滨州职业专修学院举行。该方案是全市第一个由国际著名规划设计院承担规划设计的项目。

5 月 1 日　县政务大楼投入使用。

5 月 10 日　在青阳镇对醴泉寺风景区建设工程进行招投标，湖北大冶楚风园林古建公司中标。

6 月 10 日　“旻盦（mín ān）先生旧居”揭牌仪式在黄山街道碑楼村举行。

7 月　韩店平原水库开始向用水单位试供水，8 月 1 日实现不间断正常供水。

10 月 9 日　共青团中央书记处常务书记赵勇到邹平县考察党员干部远程教育试点专项志愿者服务活动开展情况。

10 月 11 日　“全球通”杯全县第六届运动会暨中国滨州国际热气球精英挑战赛中国热气球巡回赛（邹平赛区）开幕。

10 月 12 日　县城区供热价格听证会召开，就汽价调整进行论证。

10 月 14 日　县社会治安综合治理委员会授予“9•23”事故营救中的刘光文、高振忠、吕成波、吕民、左克峰、李京刚 6 人见义勇为先进个人称号，并给予每人 500 元现金奖励。见义勇为人员当场把奖金捐献给新建的高新小学。

10 月 22 日　副省长王仁元到邹平县考察。

11 月 5 日　第四届全国县域经济基本竞争力评价结果揭晓，邹平县成为新进入中国经济百强 9 个县（市）之一，名列第 78 位，是山东省新进入的唯一县（市）。

11 月 12 日　全省科学发展情况交流现场会与会代表到邹平县考察。

12月3日　邹平县被授予中国棉纺织名城称号。

12 月 9 日　黑龙江省委书记、人大常委会主任宋法棠带领该省党政考察团到邹平参观考察。

12 月 13 日　省委常委、宣传部部长朱正昌对《中共邹平县委宣传部关于开展读书文化节活动情况的报告》作出批示：邹平县委开展读书文化节活动的做法很好，对繁荣群众文化，建设学习型社会建立了一个很好的载体，值得总结在全省宣传推广。

12 月 19 日　城乡公交车过百辆暨 4、5、6 路公交车开通仪式举行。

12月25日　纪念范仲淹诞辰1015周年暨《范仲淹纪念书画集》发行座谈会召开。

2005年

1月1日　省委副书记、政法委书记高新亭，副省长谢玉堂到邹平县考察。

1月23日　全县保持共产党员先进性教育活动动员大会召开。

3月21日　对种粮农民直接补贴兑付工作开始，890万元直补款4月10日前全部发放到农民手中。

4月8日　100余位国内外经济和金融界人士聚首魏桥创业集团,参加“2005魏桥创业发展论坛”。

5月10日　县慈善总会成立。

5月11日　邹平县被列入《山东半岛城市群整体规划》范围。

5月14日　全省山东教育社杯电脑机器人大赛在邹平一中举行。邹平县作为唯一一支县市代表队参加竞赛并取得优异成绩，获得3个一等奖、8个二等奖和1个三等奖。

5月18日　东南香港商城、香港花园奠基仪式在县经济开发区举行。

5月27日　由县吕剧团排演的大型吕剧《平民书记》在县影剧院首演。

6月4日　中共中央委员、新疆维吾尔自治区党委副书记、政协主席艾斯海提·克里木拜，率领新疆维吾尔自治区党政考察代表团到邹平县参观考察。

6月6日　西藏自治区人大常委会副主任向巴嘎登带领西藏自治区宗教界爱国人士参观考察团一行62人到邹平县参观考察。

6月14日　新疆建设兵团党委副书记、司令员华士飞带领30余人的考察团到邹平县参观考察。

6月22日　长山镇被授予“全国小康明星乡镇”称号。

7月4日　中共中央政治局常委、全国人大常委会委员长吴邦国，副委员长兼秘书长盛华仁，在省委书记、省人大常委会主任张高丽，副省长王仁元陪同下，到魏桥创业集团公司考察。

7月26日　中央巡回检查组到邹平县检查指导保持共产党员先进性教育活动。

8月22日　四川省委书记张学忠、省长张中伟带领100余人的党政考察团到邹平县参观考察。

9月23日　西董镇鳄鱼养殖园成立。

9月24日　邹平县2家企业入围中国1000家最大企业集团。魏桥创业集团以232亿元年销售收入居第85位，齐星集团以20.8亿元销售收入排第839位。

9月29日　“四环”路建设工程指挥部成立，率先建设北环、东环路。

9月30日　邹周铁路专用线通车仪式举行。邹周铁路接轨胶济铁路，全长9.15千米，总投资1.6亿元，年运输能力200万吨。

黄山步行街举行开业庆典。

10月11日　台莱路魏桥至章丘界段竣工通车。

10月24日　邹平县跨入全国综合竞争力百强县行列，位列第89位。

10月28日　全国政协副主席、中央统战部部长刘延东到邹平县视察。

第四届邹平读书文化节开幕。主题为爱我邹平、共建美好家园，共有九类20余项活动。

11月6—7日　国家爱卫会专家组对邹平县创建国家卫生县城工作进行考核验收。邹平县成为全省首个“国家卫生县城”。

11月7日　共青团中央书记处书记尔肯江·吐拉洪到邹平县考察。

12月1日　邹平县名列第五届全国县域经济基本竞争力百强县（市）第62位。

12月8日　省委书记、省人大常委会主任张高丽到邹平县考察并检查指导第三批先进性教育活动开展情况。

12月16—17日　邹平县入围2005年度全国中小城市综合实力100强，名列第38位。

12月23日　欢送刘士合赴菏泽任职，并宣布由县委副书记、县长魏克田主持县委工作。

12月29日　纪念县政协成立45周年座谈会暨《邹平政协四十五年》发行仪式举行。

第一编
建置区划

Organizational System & Division

邹平县在山东省位置图

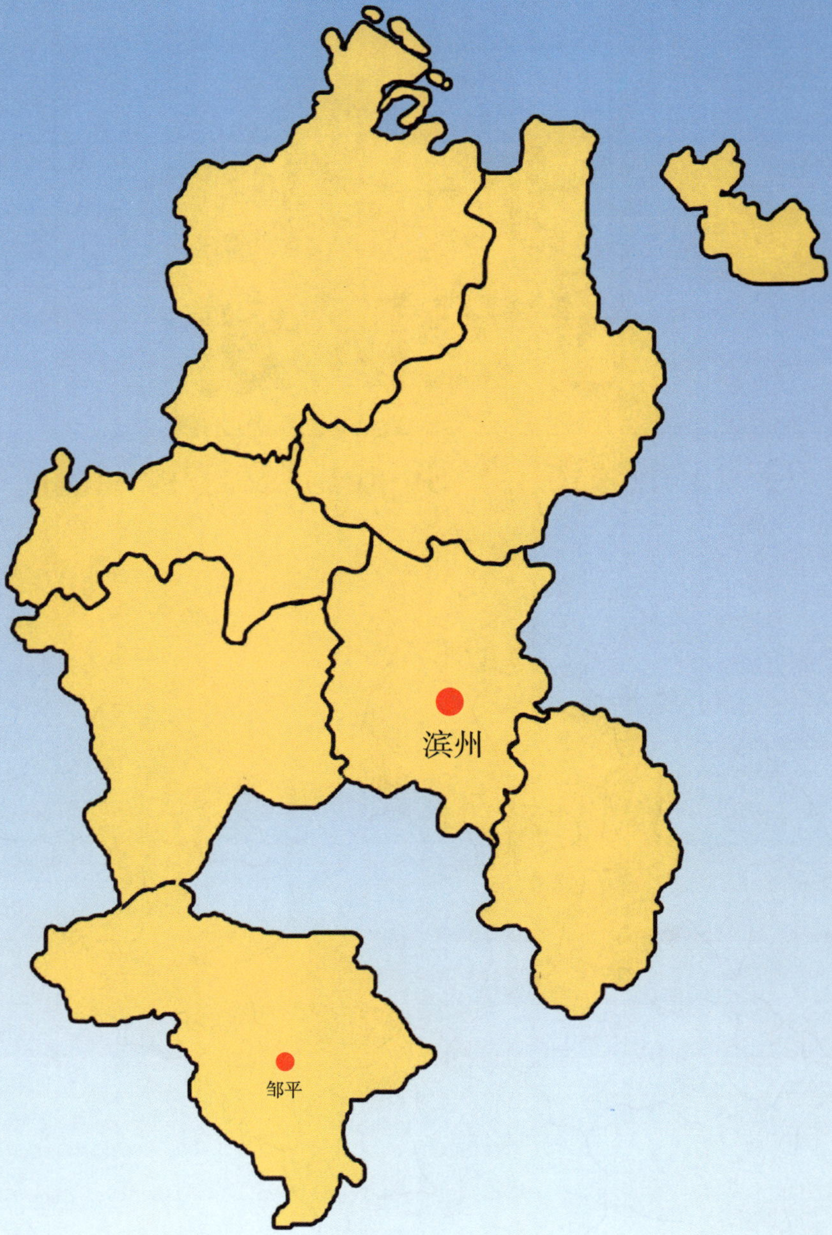

邹平县在滨州市位置图

今之邹平县为原邹平、长山、齐东三县相继合并而成。邹平境内置县大约在西汉初期。长山西汉立县，始称於陵，晋时县废，南朝时古於陵地置武强县。隋开皇十八年（598年），改武强县为长山县。元宪宗二年（1252年），析邹平、章丘县地，以邹平县之齐东镇立齐东县。自此，历经明、清、中华民国，至1956年，邹平、长山、齐东三县鼎足而立。1956年4月，邹平县、长山县奉命合并为邹平县。1958年11月，撤销齐东县，将其原辖青城、花沟、黑里寨、九户、魏桥、码头6个公社划归邹平县。同时将原长山县的马尚、房镇、南闫、张坊4个公社分别划归淄博市。1961年10月，高青县恢复，邹平县复将青城、花沟、黑里寨3个区划归高青县。自此，邹平县境域始定。至2005年，全县辖13个镇、3个街道办事处、858个行政村、1个省级经济开发区，辖区面积1251.75平方千米。13个镇为：长山、魏桥、青阳、西董、好生、临池、焦桥、韩店、孙镇、明集、九户、台子、码头；3个街道办事处为：黛溪、黄山、高新。

第一章　建　置

第一节　地理位置

邹平县地处鲁中山区北部边缘，黄河下游南岸。西北隔黄河与济阳、惠民县相望，北隔小清河与高青县为邻，东南与周村区毗连，东西分别与桓台县、章丘市接壤。

全县境域，南依长白山，北靠黄河。地理坐标为北纬36° 41′～37° 08′，东经117° 18′～117° 57′。北起黄河南岸的台子镇旧城渡口，南止临池镇郭家村以南，最大纵距50.15千米；西起码头镇刘平村，东止长山镇韩家村，最大横距57.55千米。2005年，全县辖13个镇，3个街道办事处，1个省级经济开发区，总面积1251.75平方千米。

第二节　沿　革

今之邹平县为原邹平、长山、齐东三县相继合并而成。西汉以前，夏封舜后姚姓为邹侯，在邹平之域，立邹侯国，属青州，殷商时域属营州（即青州），隶齐侯国。战国时属田姓齐国，隶属齐郡。历史上三县建置时间不尽相同，数历朝代更易，溯古追往，源远流长。

西汉

置邹平县，治所在今孙镇。

置梁邹县，治所在今韩店镇旧口村。高帝六年（前201年），刘邦封武虎为梁邹侯，于梁邹立侯国。

置於（wū）陵县，治所在今临池镇古城村。

置朝阳县，治所在今码头镇旧延安村东南7.5千米，史称魏王城。

以上四县统属青州部济南郡。

置东邹县，治所在今高青县花沟镇花沟村，属青州部千乘郡（治所即今高青县高城镇北）。

东汉

为邹平县、梁邹县、於陵县。改朝阳县为东朝阳县，同属青州部济南郡。

汉永元七年（95年），改千乘郡为乐安郡（治所临济，在今高青县高城镇西北），东朝阳县又属乐安郡。

东邹县失考。

三国魏

邹平县、梁邹县、於陵县沿袭汉制，同属济南郡。

东朝阳县属乐安郡。

晋

邹平县属济南郡，梁邹县、东朝阳县同属青州部乐安国。

改於陵县为乌陵县，旋废，析入土鼓县、逢陵县。

永嘉（307—312年）后，梁邹县废。

南北朝

宋武帝刘裕于梁邹故城侨立平原郡，又侨立平原等八县以属之。同时设立梁邹戍。元嘉九年（432年），分青州之地侨立冀州（治所在今历城区），平原郡县隶属之。

孝武时，于故於陵县地置武强县（治所在今周村区固玄庄），又于县内置广川郡（治所在今长山镇），属冀州。

南朝刘宋改东朝阳县为朝阳县，属济南郡；又为临济县（治所在今章丘市临济镇），属乐安郡。

邹平县失考。

北魏皇兴三年（469年）改平原郡为东平原郡，属齐州（治所在今历城区）；又置平原县（治所在今好生镇平原庄），隶东平原郡。

武强县隶广川郡。

为朝阳县，属济南郡；又为临济县，属东平原郡。

北齐天保七年（556年），移平原县治入东平原郡城（旧口），东平原郡、清河郡（治所在今淄川区）与广川郡合并，称东平原郡（治所在长山镇），平原县、武强县隶之。

隋

开皇三年（583年），移北齐平原县治于汉邹平故城孙家镇，仍为平原县。开皇十八年（598年），改平原县为邹平县，复汉旧名，属齐郡。

开皇初废东平原郡，开皇十六年（596年）于北魏平原县治（今好生镇平原庄）置济南县。开皇十八年（598年）改武强县为长山县（治所在今长山镇）。大业初，并济南县入长山县，隶淄州（治所在今淄川区）。

开皇六年（586年）置朝阳县于菅城。开皇十六年（596年），改为临济县（治所在今章丘市临济镇），而别置朝阳县。大业二年（606年），又省朝阳县入临济县，属齐郡。

唐

邹平县、长山县同属河南道。

武德元年（618年），以临济县治置邹州，邹平县、长山县、临济县均隶之。

武德二年（619年），移邹平县治于赵台城（在今九户镇古王台）。

武德八年（625年），邹州废，又移邹平县治于邹平故城孙镇，邹平县、临济县改属谭州（治所在今章丘市西平陵城），长山县改属淄州。

贞观元年（627年）谭州废，邹平县改隶淄州，临济县改属齐州。

景龙元年（707年），析高苑县地于汉梁邹废城（旧口）置济阳县，隶淄州。元和十五年（820年），济阳县省入高苑。

五代

邹平县、长山县属淄州。

临济县属齐州。

宋

咸平四年（1001年），省临济县析入邹平、章丘县地。金因之。

景德元年（1004年），邹平县移治于济阳县废城（今旧口），孙家镇故城废。邹平县、长山县同隶京东东路淄州。

金

邹平县隶山东东路淄州，治所由旧口移入今邹平镇。天会年间，改邹平县地内赵岩口为齐东镇（即今台子镇旧城）。长山县袭宋制。

元

初邹平县袭金制，至元二年（1265年），邹平县隶山东东西道济南路总管府。割邹平县青平镇另立青平县。

长山县初隶济南路淄州。中统五年（1264年），淄州升为淄州路，长山县亦属之，至元二年（1265年），改淄州路为淄莱路。至元二十四年（1287年），复改淄莱路为般阳路。

宪宗二年（1252年），析邹平、章丘县地，以邹平县齐东镇立齐东县，属河间路。

明

邹平县隶山东布政使司济南府。长山县般阳府降为淄川州，洪武九年（1376年）长山县亦属之。洪武十二年（1379年），淄川州废，又改属济南府。

洪武二年（1369年）省青平县，一部分并入邹平县，其青城、正德、嘉会三乡益齐东县。洪武十二年（1379年）割邹平县之会仙、齐东二乡益齐东县，弘治六年（1493年）割章丘县之临济乡，弘治十六年（1503年）割固均乡及邹平县梁邹乡之半益之，齐东县历次增广，隶山东布政使司济南府。

清

邹平县、长山县、齐东县袭明制。

光绪十八年（1892年），黄河河道南移，齐东县城陷于河中。

光绪二十年（1894年）迁县治于九户镇。

中华民国

民国初期沿清末旧制。

民国2年（1913年）2月，废府州，沿用道制。邹平县、长山县、齐东县隶岱北道。

民国3年（1914年）6月3日，袁世凯公布各省道区域名称，邹平县、长山县、齐东县均隶济南道（驻历城）。

民国16年（1927年）废道制，存省县两级，三县同直属省。

民国20年（1931年），山东省政府划邹平为实验县区，由梁漱溟创办的乡村建设研究院接收。

民国22年（1933年），山东省政府正式确立邹平为县政建设实验区，研究院可选定实验县长。

民国25年（1936年），省下设行政督察专员公署，全省划为12个行政督察区。邹平县、长山县属第五行政督察专员公署。因卢沟桥事变爆发，仅设7个专员公署，余未及设立。齐东县直隶于省。

民国27年至民国31年（1938—1942年）间，沈鸿烈任国民党山东省主席，划全省为17个行政督察区，先后成立行政督察专员公署。邹平县、长山县属第十行政督察区，齐东县属第十二行政督察区。

抗日战争爆发后，山东抗日武装力量不断壮大，抗日根据地日益扩展，各地民主政权相继建立。1941年，中国共产党山东省战时工作推行委员会（1940年8月1日成立）将全省划为6个行政区。根据抗日斗争形势需要，将邹平县、长山县划为北邹长、南邹长临时政区，与齐东县同属清河区。

1943年9月，山东省战时工作推行委员会改为山东省战时行政委员会，领5个行政主任公署和1个直属专员公署、18个专署区、北邹长改为邹平县，南邹长改为耀南县，同属清河行政区清西专署区。

1944年年初，冀鲁边区与清河区合并，成立渤海区行政公署。邹平县、耀南县、齐东县属之。

民国34年（1945年），何思源任国民党山东省主席。全省设6个政府办事处，17个行政督察区。邹平县、耀南县隶第一办事处（鲁北办事处）第十行政督察区，齐东县隶第五办事处（鲁中办事处）第十二行政督察区。

1945年8月13日，中国共产党领导的山东省政府成立，黎玉为主席。在全省设5个行政公署、21个专员公署。邹平县、耀南县隶渤海行署第六专署，齐东县隶渤海行署第二专署。

1945年至1946年上半年，渤海行署所辖6个专署调整为4个专署。邹平县、耀南县、齐东县隶渤海行署第三专署（又称清河专区）。

民国36年（1947年）3—8月间，国民党山东省主席王耀武撤销6个政府办事处及第九、第十二两个行政督察区，邹平县、耀南县、齐东县属第十行政督察区。1948年9月24日济南解放。国民党山东省政府行政建制遂废。

1949年3月，山东省政府更名为山东省人民政府。邹平县、耀南县、齐东县属渤海行署清河专区（行署驻今惠民县城）。

中华人民共和国

中华人民共和国成立初，邹平县、耀南县、齐东县属渤海行署第三专区。

1950年4月，渤海行署及所辖专区撤销，设惠民专员公署（驻地惠民县城）。齐东县（驻地今魏桥镇）属惠民专区，邹平县（驻地邹平镇）、耀南县（驻地长山镇），划属淄博专区。同时，耀南县复名长山县。

1950年11月，周村镇从长山县析出，与张店合称张周市。

1953年6月，邹平、长山二县复归属惠民专区（专署驻北镇）。

1956年4月，邹平县、长山县合并称邹平县（驻地邹平镇），齐东县和高青县合并称齐东县（驻地高青田镇），同属惠民专区。

1958年9月，惠民专区与淄博市合并，称淄博专区（驻地张店区）。11月，齐东县撤销，其6个公社并入邹平县，隶属淄博专区。

1961年，恢复惠民专区（驻地北镇）。10月，复置高青县，析邹平之青城、花沟、黑里寨3个区划入高青县。邹平县属惠民专区。

1967年2月，专署废。成立“惠民地区革命委员会”。1978年，改为惠民地区行政公署，邹平县仍属之。

1978年7月10日，惠民地区革命委员会改为惠民地区行政公署。1992年3月，惠民地区更名为滨州地区，邹平县仍属之。2000年6月，国务院批准滨州地区撤地设市，成立滨州市。12月16日，举行中共滨州市委成立揭牌仪式。2001年1月16日，滨州市人民政府揭牌，邹平县属滨州市。至2005年12月，邹平县归属不变。

附：1938年（民国27年）3月5日，日本侵略军操纵成立伪山东省公署，马良任伪省长。省以下设道、县、区、乡。全省划为四道二市。邹平县、齐东县隶鲁北道，长山县隶鲁南道。1940年（民国29年）7月，伪省长唐仰杜仿清制，设“九州十府”的政区建制，将全省由4道改为10道。邹平县、齐东县隶济南道，长山县隶青州道。1945年8月日本宣布投降后，伪山东省行政区划遂废。

第二章　区　划

第一节　邹平县区划

邹平县旧有8乡，即伏生乡、长白乡、醴泉乡、梁邹乡、仁义乡、会仙乡、齐东乡、青城乡。明洪武十二年（1379年），割会仙、齐东二乡益齐东县。明弘治十六年（1503年）又割梁邹乡之半并入齐东县。明弘治十七年（1504年）割青城乡益青城县。所余5乡又析出城郭编户，增立坊郭乡。直至清末，全县共辖6乡，编55里，即坊郭乡4里，伏生乡15里，长白乡10里，醴泉乡11里，仁义乡9里，梁邹乡6里，共领352村。

民国初，袭清末区划，全县划7乡辖55里。民国18年（1929年），废乡划区，全县划为7个区：一区城关、二区青阳、三区黄山、四区小店、五区明集、六区孙镇、七区田镇，下辖16镇，141乡，344村。

民国22年（1933年）7月1日，邹平县划为县政建设实验县，改7个区为14个乡。除城里四关为首善乡外，其余为数字序列：第一乡韩坊，第二乡青阳，第三乡三官庙，第四乡逮家庄（今新民村），第五乡黄山，第六乡小店，第七乡韩店，第八乡明集，第十一乡王伍，第十二乡辉里庄，第十三乡花沟。

据民国26年（1937年）地图资料载：时县境域南部以水点头、象山、摩诃山、歪歪顶、梯子崖、凤凰山等为自然县界，西部以董家庄、段家桥、王少堂、张家辛桥、杨家、丁家为县界，北部以辛梁镇、长槐家、故王台、都路平、龙桑树、沟王庄、魏家庄、马家石槽（龙桑树以下4村在今高青县）为县界，东部以南唐、蒙家庄、河涯、魏家庄、毛张庄、黄鹂庄、旧口、张家套、释家套、辉里庄、郑家庄、安家庄、宋家套、王旺庄、李星耀、田镇（宋家套以下4个村在今高青县）为县界，县境南北长约 40 千米，东西宽约 21.5 千米，境域面积 536.25 平方千米。

1938—1943 年，废乡沿用民国 18 年（1929 年）区划，全县仍为 7 个区：一区城关、二区青阳、三区黄山、四区小店、五区明集、六区孙镇、七区田镇。

1943 年 6 月，根据抗日斗争形势需要，将七区划归高苑县，仍称邹七区，1945 年冬，又划归青城县。

1949 年，全县划为 1 镇 5 区：城关镇、黄山区、醴泉区、明集区、店子区、王伍区。1950 年 4 月，城关镇被撤销，并入黄山区。

1950 年 9 月，奉命改区名为数字序列，将黄山、醴泉、明集、店子、王伍 5 个区分别改为第一区、第二区、第三区、第四区、第五区。共辖 56 个乡。

1955 年 4 月，章丘县所辖炭张、芽庄两乡 8 个自然村划归邹平县，分属第二、第三两个区。8 月，区划调整，改 5 个数字区名为黄山区、石樊区、明集区、清河区、孙镇区，原 56 个乡并为 38 个乡，辖 1 镇 40 个乡 295 个自然村。

黄山区辖　邹平镇、东范乡、黄山乡、新民乡、柳韩乡、鄢盖乡。

石樊区辖　青阳乡、韩李乡、会仙乡、冯石乡、西代乡、郎君乡、张高乡、醴泉乡、耿刘乡、炭张乡。

明集区辖　明集乡、崖镇乡、颜集乡、边河乡、滨湖乡、营宋乡、许宋乡、左吴乡、粉田乡、辛梁乡。

清河区辖　清河乡、韩店乡、小店乡、旧口乡、王驼乡、崔韩乡、实户乡、滕马乡。

孙镇区辖　孙镇乡、王伍乡、西刘乡、赵安乡、辛辉乡、时家乡、大里乡。

1956 年 4 月，经国务院批准长山县撤销，并入邹平县，同时将焦桥区并入苑城区。12 月，区划调整，全县划为 1 镇 10 区，43 乡，698 村。

邹平镇。

黄山乡。

孙镇区辖　孙镇乡、信家乡、有里乡。

明集区辖　明集乡、实户乡、滨湖乡、郑马乡、辛梁乡。

清河区辖　韩店乡、小店乡、旧口乡。

石樊区辖　石樊乡、青阳乡、耿刘乡、会仙乡、冯石乡。

苑城区辖　苑城乡、大丁乡、焦桥乡、刘套乡、道口乡。

官庄区辖　长山乡、甘埠乡、官庄乡、礼参乡、大由乡。

好生区辖　好生乡、曹家乡、苗家乡、西庵乡、河滩乡、韩塘乡。

临池区辖　临池乡、双河乡、古城乡。

张坊区辖　张坊乡、南阎乡、大姜乡、礼官乡。

马尚区辖　马尚乡、房镇乡、“九级”乡。

1958 年 1 月，撤区并乡。全县辖 1 镇 20 乡：即邹平镇、冯石乡、青阳乡、西董乡、临池乡、好生乡、马尚乡、房镇乡、张坊乡、南阎乡、长山乡、礼参乡、大由乡、苑城乡、焦桥乡、韩店乡、孙镇乡、郑马乡、明集乡、黄山乡、辛辉乡。9 月，实行人民公社制，原 1 镇 20 乡改为 21 个人民公社。

1958 年 11 月，齐东县奉命撤销，其九户、青城、黑里寨、花沟、魏桥、码头 6 个人民公社并入邹平县。同时马尚、房镇 2 个人民公社划入张店区，南阎、张坊 2 个人民公社划周村区。县内区划又作调整，划为邹平镇和冯石、西董、好生、临池、长山、大由、苑城、焦桥、礼参、韩店、明集、青阳、郑马、孙镇、辛辉、九户、魏桥、码头、黑里寨、青城、花沟 21 个公社。

1959 年 11 月，将原 21 个人民公社合并为 18 个人民公社，即邹平镇、好生、临池、长山、礼参、苑城、焦桥、孙镇、韩店、九户、魏桥、码头、明集、青阳、西董、黑里寨、花沟、青城。

1960 年，桓台县的辛庄、冯马、胡马、齐马、坊子 5 个村划入邹平县焦桥公社。

1961 年 5 月，改公社为区，下辖小公社，全县共辖 18 个区，109 个公社。10 月，复置高青县，将青城、花沟、黑里寨 3 个区划归高青县。

1962 年 3 月 25 日，炭张、芽庄等 8 个村复划归章丘县。同时，辛庄、坊子等 5 个村复划归桓台县。

至此本县境域始定。西南部以长白山脉为自

然县界，南部以西高、柏家、郑家庄、小黄埠、望京、吕家、东台、东黄、红庙、古城村为县界，东部以东董、史营、八里河、二槐、黑土、小果园、鲍家庄、前芽、尚旺、长韩、石官、柳寺、东尉、后柏林、梁郭、西宰、西营、许家码头、张官庄为县界，西部以西董庄、段桥、王少堂、张家辛桥、王家寨、丁家庄、小魏家、小苏家、营家村、五龙堂、小郭家、冯王、刘平、小杨家、田拐为县界，北部分别以黄河与小清河为自然县界，两河之间以小牛家、宋四牌、孟胡、小赵、李金为县界。

1964年3月，撤销礼参区，河涯公社划归好生区。礼参、吕家2公社划归长山区，全县共有14个区，85个小公社，841个生产大队。

城关区辖　见埠、郎君、前城、鄢盖、张高、新民、城关7个公社，68个生产大队。

西董区辖　台头、会仙、朱塘、西庵、河滩、南塘、冯石7个公社，61个生产大队。

好生区辖　乔家、曹家、苗家、河崖4个公社，38个生产大队。

临池区辖　临池、佛生、双河、黄山、古城5个公社，40个生产大队。

长山区辖　南关、官庄、田家、甘埠、乐礼、礼参、吕家7个公社，75个生产大队。

苑城区辖　苑城、中王、陈度、杏村、大由、小井6个公社，67个生产大队。

焦桥区辖　焦桥、道口、东杜、牛家、孙段、刘套、东平7个公社，40个生产大队。

韩店区辖　韩店、旧口、肖镇、小店4个公社，33个生产大队。

明集区辖　明集、红星、辛梁、滨湖、崖镇、郑马、实户7个公社，68个生产大队。

青阳区辖　青阳、耿刘、陈化、西窝陀4个公社，20个生产大队。

孙镇区辖　孙镇、安祥、时家、高家、辉里、有里6个公社，45个生产大队。

九户区辖　九户、长兴、河沟、石店、南北张、吴庄6个公社，72个生产大队。

魏桥区辖　范家、店子、台子、豆八、曹务、路家、大坡、西码头8个公社，110个生产大队。

码头区辖　码头、成集、李坡、草庙、归苏、大寨、延安7个公社，63个生产大队。

1966年9月，区划调整为9个区，即城关区、西董区、临池区、长山区、焦桥区、明集区、孙镇区、魏桥区、码头区。

1968年8月，撤销9个区改为18个人民公社，即城关、黄山、西董、好生、临池、乐礼、长山、苑城、焦桥、韩店、孙镇、青阳、明集、郑马、九户、台子、魏桥、码头，下辖83个管理区。

1982年5月，撤销城关公社，改为城关镇，行政区域不变。明集公社更名为明家集公社，乐礼公社更名为礼参公社。12月，郑马公社改名为里八田公社。

1984年，黄山公社并入城关镇，改称邹平镇。同年，取消人民公社体制，全县划为3镇14乡，即邹平镇、长山镇、魏桥镇、好生乡、西董乡、临池乡、礼参乡、苑城乡、焦桥乡、韩店乡、孙镇乡、明家集乡、青阳乡、里八田乡、九户乡、台子乡、码头乡，下辖83个办事处，887个自然村，857个村民委员会。

1994年9月，经省政府批准，临池乡、好生乡、明集乡、韩店乡、青阳乡、孙镇乡撤乡设镇，设镇后行政区域机关驻地不变。12月，经批准苑城乡、焦桥乡，撤乡设镇，所辖区域、机关驻地隶属关系不变。1995年4月，经批准台子乡、礼参乡，撤乡设镇，所辖区域、机关驻地隶属不变。1995年6月，经批准西董乡撤乡设镇。1996年12月，经批准九户乡撤乡设镇。2001年3月17日，根据鲁政函民字〔2001〕65号文件和滨政字〔2001〕13号文件通知，撤并礼参镇、苑城镇、里八田乡分别并入邹平、长山、魏桥3镇。2002年4月，码头乡撤乡设镇。2003年2月，经省市两级政府批准，撤销邹平镇，设立黛溪、黄山、高新3个街道办事处，与其他镇同级规格。至此，全县共辖13镇：长山镇、魏桥镇、好生镇、西董镇、临池镇、焦桥镇、明集镇、韩店镇、青阳镇、九户镇、孙镇、台子镇、码头镇，3个街道办事处：黛溪、黄山、高新，858个行政村。至2005年，行政区划没有变化。

2005年邹平县各镇、街道土地面积、村委会个数统计表

表1-2-1　　　　单位：平方千米

地区	土地面积	村委会（个）	地区	土地面积	村委会（个）
全县总计	1251.75	858	九户镇	91.00	67
长山镇	107.87	110	孙　镇	98.53	41
魏桥镇	151.80	82	明集镇	71.20	36
西董镇	99.89	70	台子镇	79.30	72
好生镇	36.39	39	码头镇	114.70	78
临池镇	50.30	43	黛溪街道	40.78	26
焦桥镇	79.89	48	黄山街道	45.00	38
韩店镇	85.10	46	高新街道	46.00	45
青阳镇	54.00	17			

第二节　原长山县区划

康熙五十年（1711年）前，区划为乡，乡领图。全县共分5乡87图，即一乡县东北4图，二乡县东南17图，三乡县西南19图，四乡县西北23图，五乡县北27图。后改乡为路，路领约。全县分5路58约，即东路10约，南路14约，西路11约，北路11约，西北路11约，共辖440村，直至清末。

据1937年地图资料载：长山县西南部以摩诃山、南北峪、白云山为自然县界，南部以山旺庄、尚庄、王家庄、张染庄、马尚、姚家寨（以上5村在今周村区内）为县界，东部以道庄、闫家桥、马姑营、院上（以上4村在淄博市内）、西江坡、三里庄、陈度、公孙庄、西营、陶唐口（今在高青县内）为县界，西部以侯家庄、马家寨、西董、姜家庄、陈河涯、莲花池、礼参店、牛王庄、司家庄、史道口、朱家套、李家套、辛集、郑家寨为县界。另有第九区卫固24村。县境南北长25千米，东西宽27.5千米，境域面积499.75平方千米。

抗日战争初期，长山县划为9区65乡镇，辖450村。区名以数字排列，即第一区（城关）、第二区（周村）、第三区（张坊）、第四区（房镇）、第五区（苑城）、第六区（焦桥）、第七区（礼参）、第八区（西董）、第九区（卫固）。

1939年，根据抗日斗争形势需要，9区卫固划归长、桓、临、益四边区所辖。1940年，桓台县抗日民主政府成立，卫固又划为桓台五区。长山县只辖8个区。

1942年，撤区划乡，共辖60乡镇424村。

1945年8月，周村解放，设市建置，从长山县析出。

1946年，国民党重点进攻时期，将长山县重新划为7区64乡镇。第一区周村辖10乡，第二区马尚辖15乡，第三区长山辖9乡，第四区西董辖5乡，第五区卫固辖4乡，第六区焦桥辖12乡，第七区苑城辖9乡。

1948年3月12日，周村最后一次（第四次）解放，建立周村市政府，复从长山析出。同年，卫固亦划出。

1949年7月，长山县辖1镇7区53乡。

城关镇

长白山区辖　米山乡、芽庄乡、黄山乡、马庄乡、周蒙乡、韩唐乡、古城乡、曹家乡、河滩乡、朱塘乡。

焦桥区辖　韩刘乡、焦桥乡、东平乡、东杜乡、三元乡、道口乡、义和乡、孙段乡。

苑城区辖　郭家乡、店子乡、苑城乡、大由乡、麻寨乡、中旺乡、大丁乡、大省乡、陈洼乡。

淦河区辖　崔家乡、乐礼乡、李官乡、莲池乡、塘坞乡、芽庄乡、龙河乡。

城关区辖　城关乡、焦杨乡、大埠乡、官庄乡、

大闫乡。

房镇区辖　大高乡、九级乡、马尚乡、北岭乡、大张乡、院上乡、范家乡。

张坊区辖　梅河乡、南营乡、官庄乡、坞头乡、马庄乡、高塘乡、固玄乡。

1950年3月,周村市撤销建置,复划归长山县,定为周村区。全县共辖8个区。9月，改驻地区名为数字序列区名。城关区为第一区，淦河区为第二区，张坊区为第三区，房镇区为第四区，苑城区为第五区,焦桥区为第六区,长白山区为第七区,周村区为第八区。11月，周村又析出与张店合并称张周市。

1952年，区划变动，全县划为7区86乡。

第一区辖　城关乡、官庄乡、鲍家乡、田家乡、大埠乡、大闫乡、大七乡、焦槐乡、甘埠乡。

第二区辖　司家乡、吕家乡、高家乡、大刘乡、莲池乡、乐礼乡、大房乡、芽庄乡、河崖乡、沈家乡、龙河乡、塘坞乡、南阎乡、礼官乡。

第三区辖　固玄乡、圈头乡、南营乡、梅河乡、西马乡、北旺乡、西坞乡、高唐乡、陈路乡。

第四区辖　院上乡、周家乡、房镇乡、台头乡、范家乡、大张乡、九级乡、林家乡、大寨乡、马尚乡、张楼乡、李家乡、北岭乡。

第五区辖　中王乡、大丁乡、买湖乡、积格乡、陈度乡、苑城乡、演马乡、三尉乡、柳寺乡、大由乡、麻寨乡、大巩乡、大省乡、张王乡、店子乡。

第六区辖　韩刘乡、义和乡、东平乡、焦桥乡、大成乡、孙段乡、三元乡、东杜乡、道口乡、郭家乡。

第七区辖　蒙家乡、好生乡、河阳乡、米山乡、古城乡、黄山乡、高王乡、石河乡、曹家乡、韩唐乡、三合乡、西庵乡、朱塘乡、马庄乡、河滩乡、东峪乡。

1955年4月，淄川县第六区胶济路北35个村庄划归长山县。同年，改数字区名为驻地名，全县共分8个区，分别为官庄区、淦河区、张坊区、马尚区、苑城区、焦桥区、好生区、临池区。

1956年2月，调整区划编制，原86乡调并为60乡（包括1镇）。

官庄区辖　城关镇、焦杨乡、甘埠乡、高家乡、乐礼乡、吕家乡、三鲍乡、官庄乡、大刘乡。

好生区辖　塘坞乡、河崖乡、河滩乡、石河乡、韩唐乡、朱塘乡、好生乡、蒙家乡、马庄乡、西庵乡。

张坊区辖　大房乡、礼官乡、南阎乡、固玄乡、大埠乡、北旺乡、圈头乡、西马乡、塘头乡、南营乡。

马尚区辖　九级乡、大张乡、林家乡、台头乡、房镇乡、马尚乡、院上乡。

苑城区辖　中旺乡、苑城乡、陈度乡、演马乡、大巩乡、张旺乡、大由乡、大省乡。

焦桥区辖　三元乡、东杜乡、韩刘乡、道口乡、义和乡、孙段乡、东平乡、焦桥乡。

临池区辖　双临乡、双河乡、高河乡、黄山乡、双青乡、双兑乡、曹家乡、古城乡。

1956年4月，长山县并入邹平县，区划遂废。

第三节　原齐东县区划

元宪宗二年（1252年），齐东立县之初，分为4乡46图。明天顺六年(1462年)划为9乡55图，旋废4图，余51图，即正德乡5图、青城乡3图、嘉会乡2图、固均乡11图、临清乡4图、会仙乡13图、梁邹乡6图、坊郭乡4图、齐东乡3图。清光绪十八年（1892年）后，全境划为4大区64分区，继而又为5大区，即仁字区19个分区，义字区15个分区,礼字区9个分区,智字区14个分区,城区7个分区。

民国18年（1929年）划为6个自治区，122个乡镇辖422村。即第一区领20乡镇57村，第二区领20乡镇115村，第三区领19乡镇73村，第四区领20乡镇65村，第五区领20乡镇57村，第六区领23乡镇55村。

抗日战争时期，齐东县划为6区53乡镇辖436村。县境南部以五龙堂、营家、苏家、豆腐赵家、南郑、陈玉平、范家、坡庄为县界，东部以王家寨、吉祥庄、楼子张家、礼贤村、潘家、双堂镇、官道杨、孟家口（皆在今高青县内）为界，西部以小郑家、于家店、刘平庄为界，北部以黄河为自然县界。河北滩区有时家圈、高家圈、孙家、萧家、大张博士、赵家坊、刘家圈、于王口等8村。县境南北长约20千米，东西宽约35千米，境域面积约496平方千米。

中华人民共和国成立后，齐东县政府驻麻姑堂村，改数字区名为驻地区名，仍为6个区。第一区九户区，第二区黑里寨区，第三区台子区，第四区曹务区，第五区延安区，第六区西码头区。1952年，县驻地迁往魏家桥村，仍依原区划。

1956年3月，齐东县与高青县合并称齐东县。同时将黄河北岸的惠济乡8村划归济阳县王圈乡，全县划为11区1镇106乡。今县境内有3区29乡。

九户区辖　王豪乡、大郑乡、河沟乡、长槐乡、皂户王乡、南北张乡、水牛韩乡、吴庄乡、洛庄乡、石店乡、东码头乡。

台子区辖　大张乡、连七乡、店子乡、曹务乡、豆八乡、路家乡、李坡乡、临河乡、大坡乡、西码头乡、范家乡、台子乡。

曹家码头区辖　延安乡、草庙乡、大寨乡、赵奉站乡、归苏乡、曹家码头乡。11月，又并为8区41乡，在今境内有2区13个乡。

九户区辖　吴庄乡、石店乡、刚斧寨乡、九户乡。

台子区辖　台子乡、店子乡、魏家乡、大坡乡、中店乡、曹家码头乡、归苏乡、路家乡、曹务乡。

1958年9月，撤乡建人民公社。

11月，齐东县撤销，九户、黑里寨、青城、花沟、码头、魏桥6处人民公社划入邹平县。齐东县区划遂废。

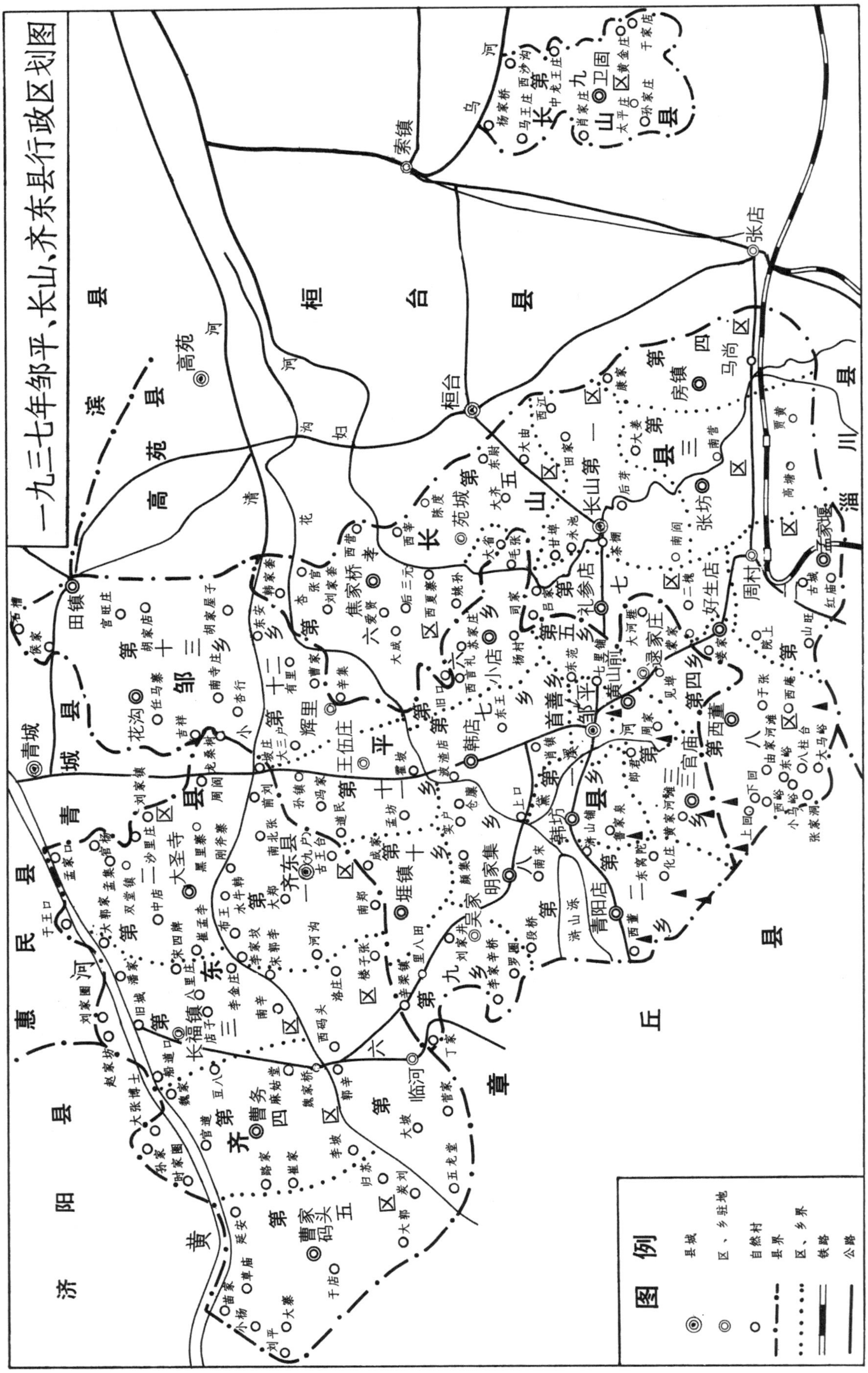

图 1-1 一九三七年邹平、长山、齐东县行政区划图

邹平县行政区划沿革图

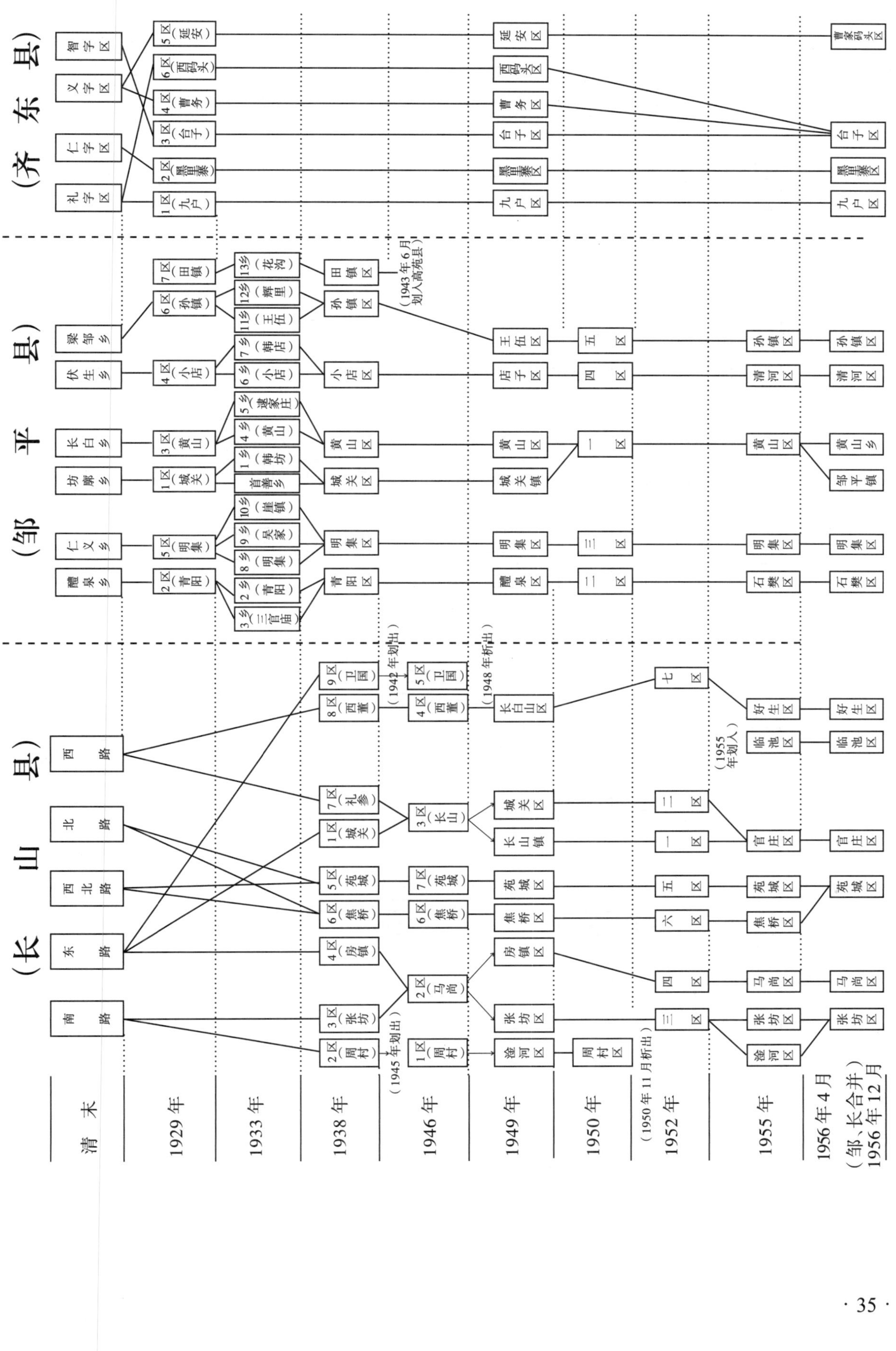

图 1-2-1 邹平县行政区划沿革图

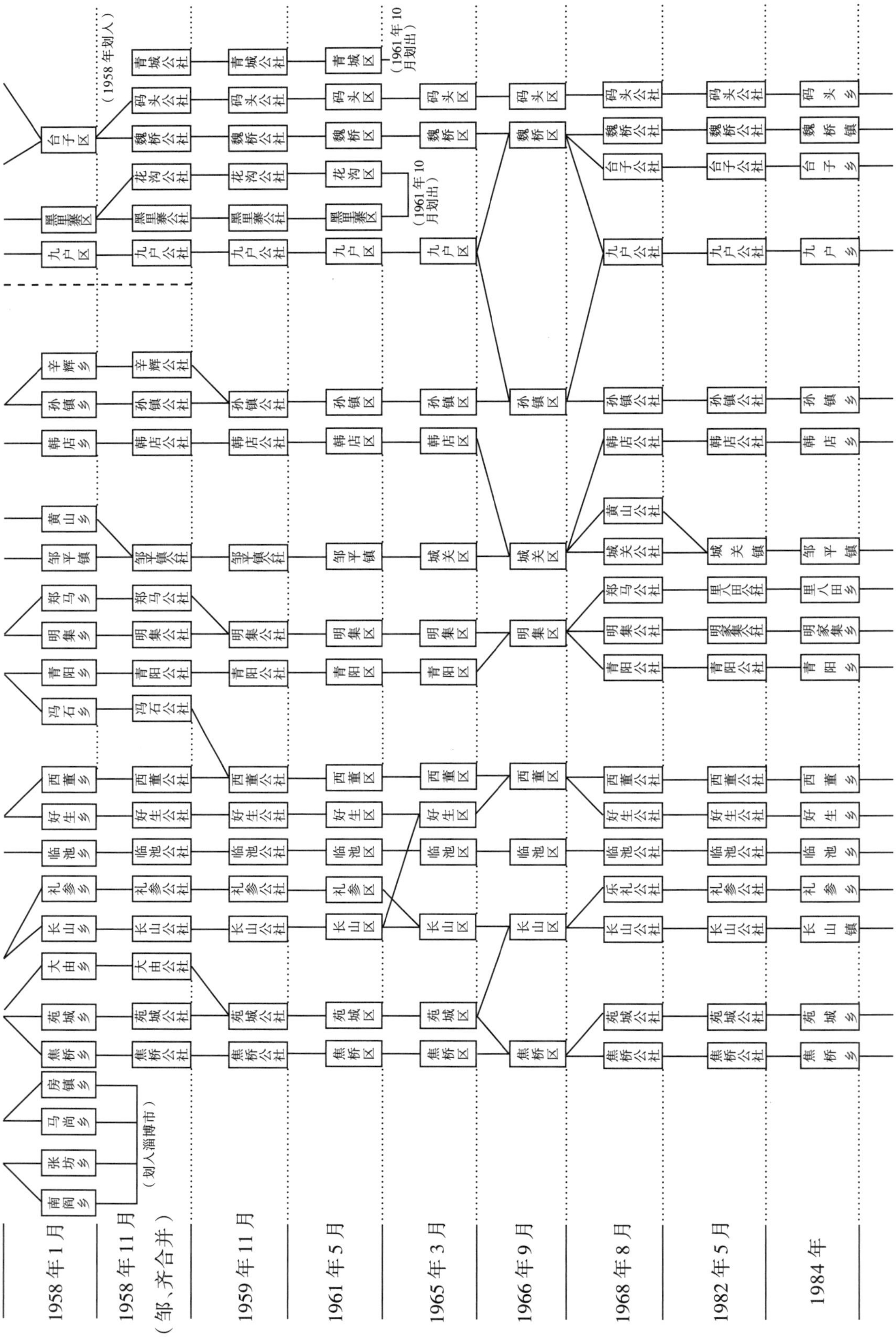

图 1-2-2 邹平县行政区划沿革图

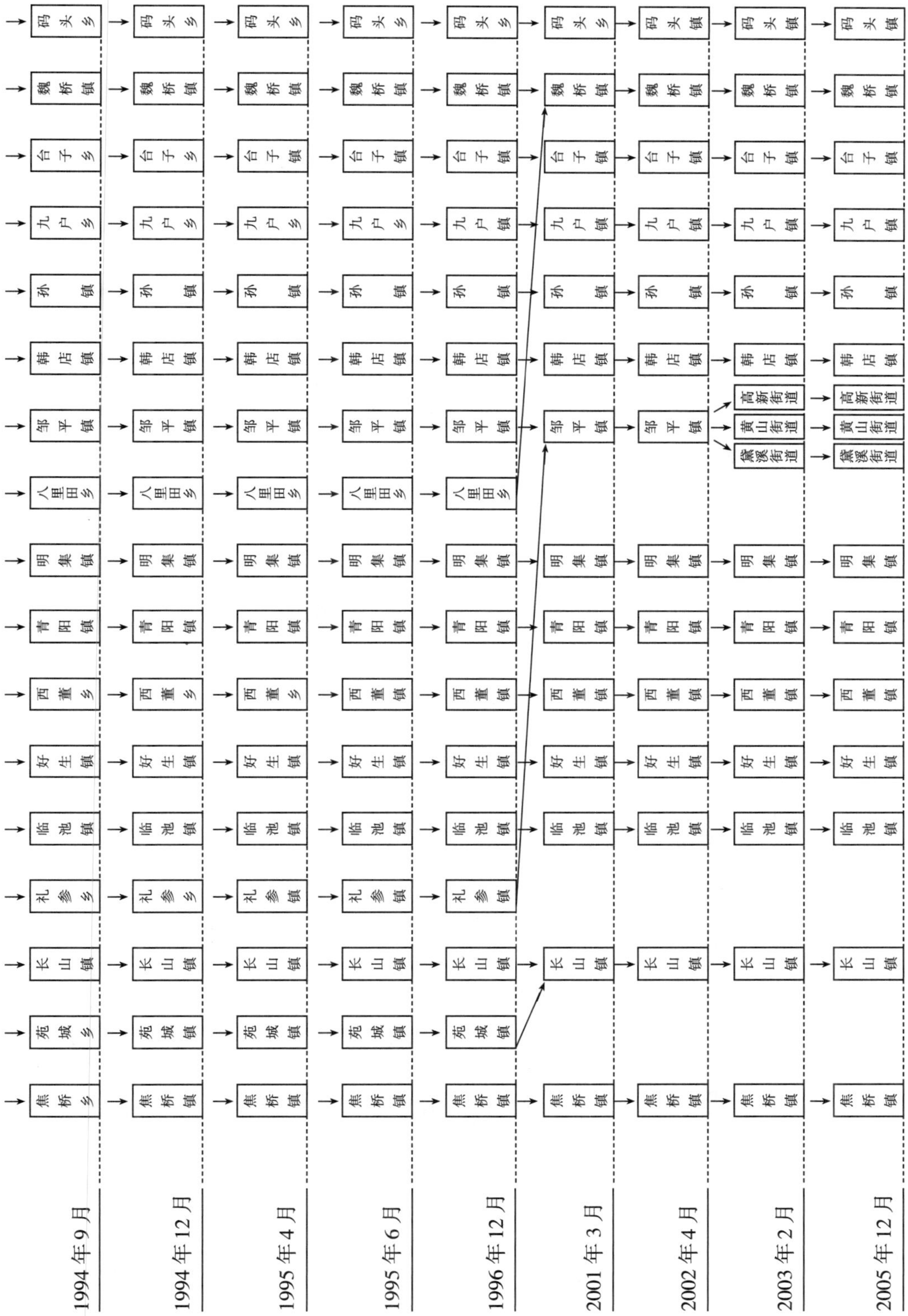

图 1-2-3　邹平县行政区划沿革图

第三章 城 区

第一节 邹平县城

邹平县城位于县境中部黄山脚下，地处长白山脉与清河平原的交接地带。地理坐标为东经117° 44′，北纬36° 53′。最大横距5千米，最大纵距3千米，城区总面积9平方千米。

邹平县自西汉置县，城治初在孙家镇，历经东汉、三国、晋、南北朝、隋5个朝代。唐武德二年(619年),县城移驻赵台城(今九户镇古王台)。武德八年(625年)复迁归孙家镇。宋景德元年(1004年)，城治移驻旧口（今韩店镇旧口村）。约在北宋宣和末至金初之际，县城始址在原邹平镇（今黛溪街道）境内。元代以前，县城建设已不可考。元至正二年（1342年)，县尹陈野仙以城垣西北倒塌，令修县城，筑土为垣，开东南西北四门。

明万历八年（1580年），城复倾圮，知县李瑞重修，“广其规制，将城墙增高加宽，城基下宽3丈，上宽1丈2尺，高3丈8尺，周围4里”。并采西山之石，改土垣为石墙。建砖堞1280个，悬溜159个，开四门，东曰“通齐”，南曰“兴贤”，西曰“还恩”，北曰“仁义”。东、西二门建瓮城，围城挖壕，阔深皆寻丈（八尺为一寻）。南门外建通水桥一座。至此,石垣砖堞,壁垒高筑,巍然壮观，成为省内县治中少有的石头城。

清康熙七年（1668年）农历六月十七日地震，邹平城堞多处坍塌。知县刘元慧修复。

清乾隆三十四年（1769年），知县裘鹏，遵谕修城。凡城垣、门楼、悬溜、壕堑一遵旧制，普启遍修复。因公项不中，自捐家银，年余竣工，

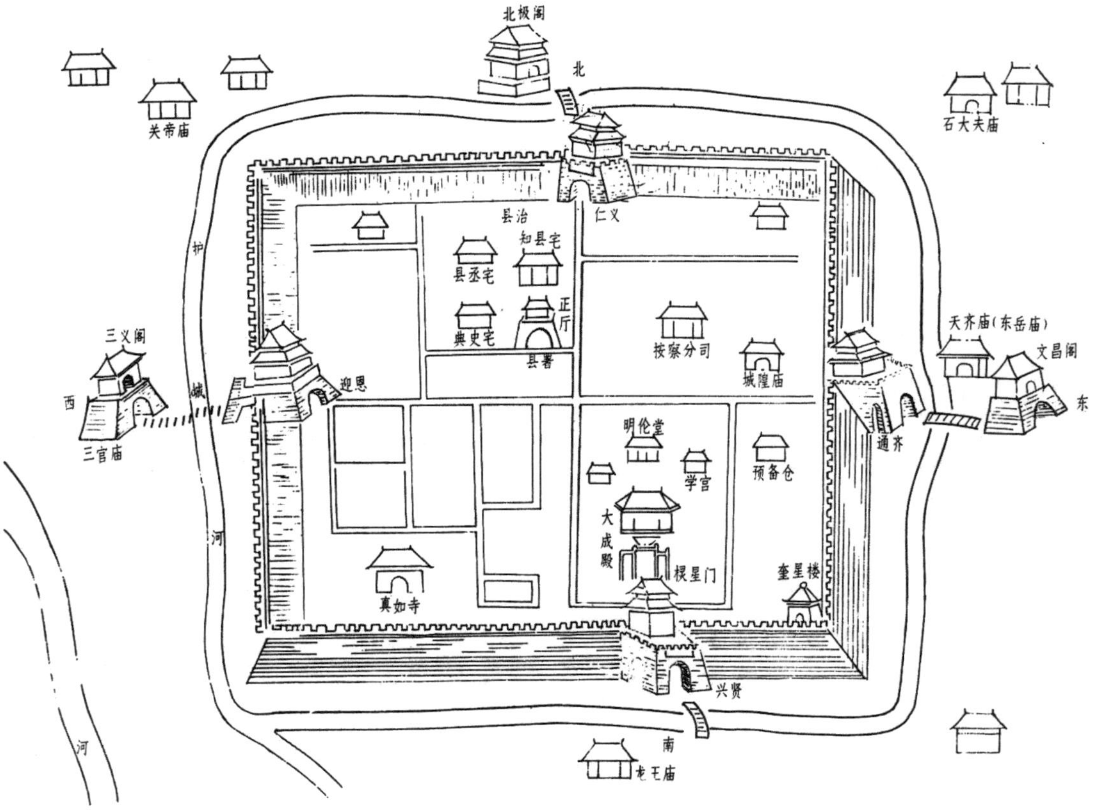

图1-3 邹平县旧城池图

以城南门直对学官门，“不利文事”，遂向西移百步，寻旧基重建，仍称兴贤门。南门外旧有木桥，时修时坏，又易木为石，称万年桥。

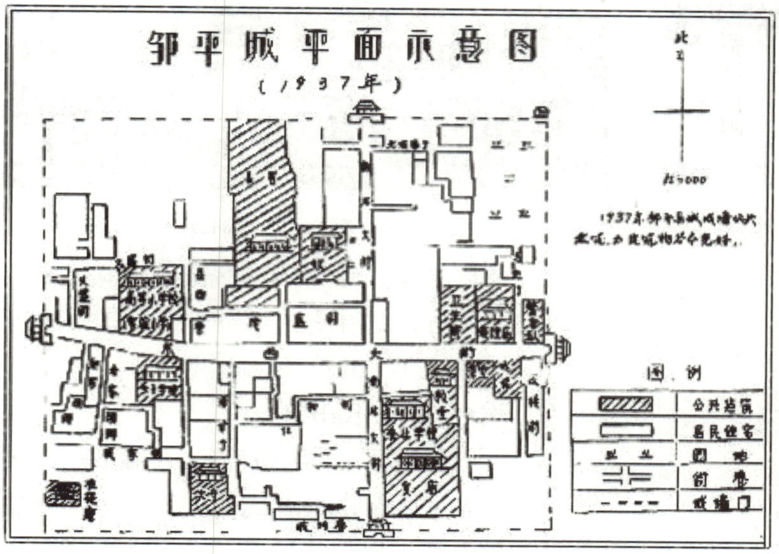

图 1-4　1937 年邹平城平面示意图

图 1-6　1905 年邹平城东门

图 1-7　1948 年 3 月邹平城东门

民国时期，战乱频仍，县城屡遭兵火，时坏时修。民国 20 年（1931 年）8 月，县城四门改名，东曰乡治门，西曰黛溪门，南曰向阳门，北曰崇贤门。1947 年 9 月 29 日（农历八月十五日），邹平城解放，因城墙已破壁残垣，曾进行局部拆除。

中华人民共和国成立初，邹平县城仅残留东、南二门和东、南两面城墙。1957 年，又将东南二门及残存城墙完全拆除。城垣灰土填入护城河。

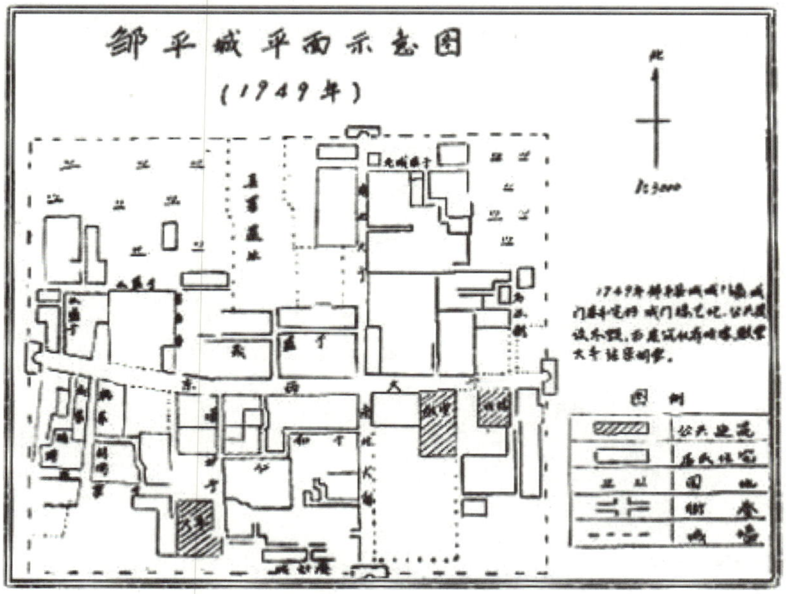

图 1-5　1949 年邹平城平面示意图

1975 年 10 月，县直机关迁居旧城外黄山北麓。城区狭长，呈弧状半抱黄山。黄山近矗其南，黛溪河穿绕其西，三八水库依山靠城，点缀相映。南面长白群峰巍然环峙，北面清河平原坦荡如砥。县城地势南高北低，最高点黄山海拔 168.4 米。登山可瞰全城，入城可仰山景，山城相映，湖光山色，堪称佳境。

邹平城交通便利，古谓“连济通齐之地”，又“当登、莱、青三府之冲”，“为东西商旅必经之孔道”。现在庆（云）淄（川）公路与章（丘）索（镇）公路在此交叉，由此可直达济南、滨州、淄博、东营等市。又有各乡镇公路与此相接，四通八达。

邹平城是县内政治、经济、文化中心。党政机关、重要的工矿企业、商店、学校都在这里。宽阔的邹新二路是县城最繁华的中心，两侧为党政机关驻地与商业区；迤东为文化区，再北为工业区，旧城里、四关为居民区。城区布局，整齐划一，错落有致。

图 1-8　1975 年 10 月启用，2004 年 5 月弃用的县政府办公楼

图 1-10　2004 年 5 月启用的县政务中心

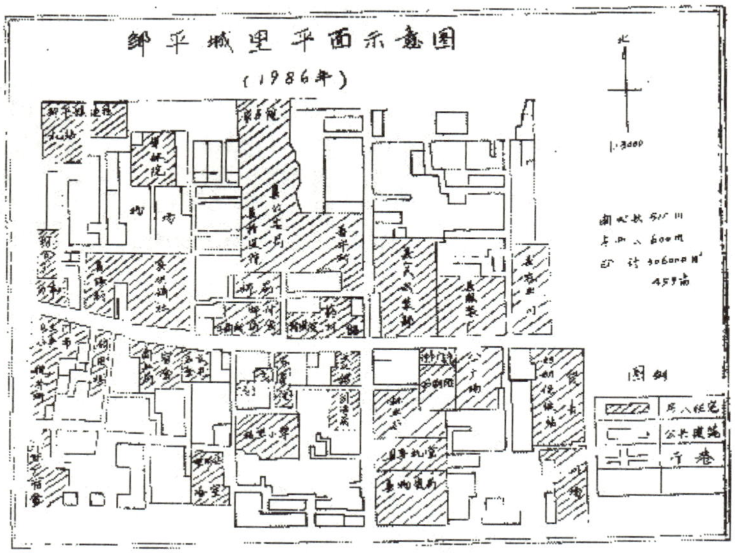

图 1-9　1986 年邹平城平面示意图

1935 年城区有居民 1474 户、7125 人。解放后，随着建设的发展，城区不断扩大，人口日益增加。1982 年全国第三次人口普查统计，全城有居民 21594 人，其中城镇户口 11271 人。

2000 年，城区人口 113972 人。

2004 年 5 月，县政务中心迁至黄山南今址。

2005 年，城区人口 273900 人，城区面积 40 平方千米。

第二节　原长山县城址

长山县古称於陵，自西汉立县，城治在今临池镇古城村，晋时县废。南朝宋孝武帝于古於陵县地置武强县，城治设在今周村区固玄庄。隋开皇十八年（598 年），改武强县为长山县，城治移至今长山镇。

长山县城曾为南朝宋广川郡城，北齐为东平原郡城，创始无考。据《宋史》载："城垣土筑，周围 4 里，高 3 丈，厚 2 丈 2 尺，阔 2 丈 7 尺，雉堞 1400 余。"城四角设有敌台，城开四门：东门"望远"，西门"迎恩"，南门"怀范"，北门"传命"。各筑箭楼 3 间。

宋宣和末至元代初，战乱频仍，城垣屡遭兵燹，摧毁殆尽。元至正十二年（1352 年），县尹苗居严征民千余，在旧城基上重新修筑。明洪武、成化年间，皆有修补。明正

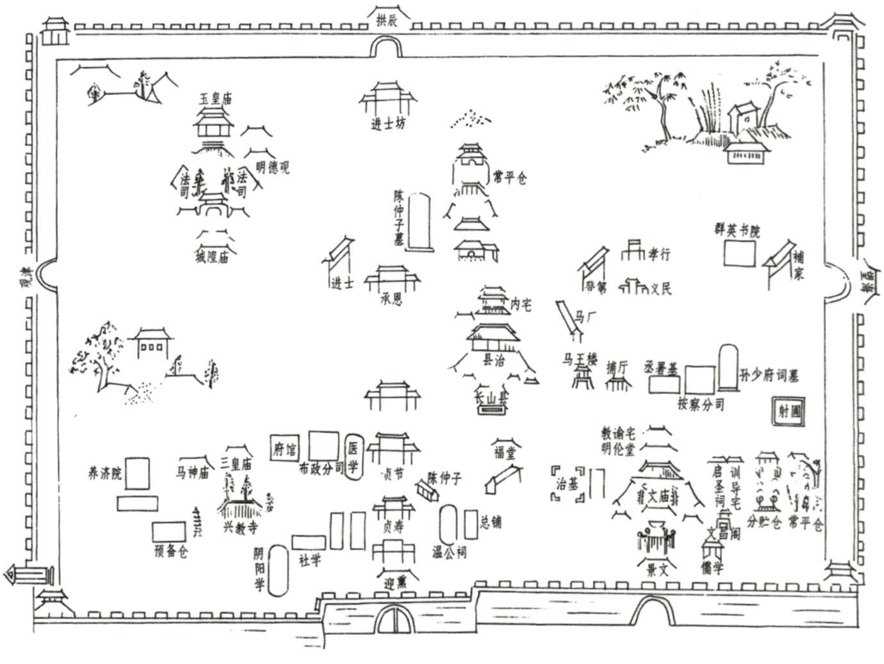

图 1-11　长山县旧城池图

德六年（1511 年），知县乔迁岐重修县城，拓阔城基 7 丈有余，在城内开辟驰道。明嘉靖四年（1525 年），知县张铎修县城，改东西南北四门为“望海”“观津”“迎薰”“拱辰”。明嘉靖三十六年（1557 年），秋雨坏城，知县邢邦彦继修，将城垣加高加厚。明隆庆元年（1567 年），知县冯三接堵塞迎薰门，又在城东南开一门称“景文门”，上筑城楼三间，后又堵塞，仍开迎薰门。

清康熙二十六年（1687 年），知县钱士炎增修县城，堵迎薰门，再开景文门。清康熙五十五年（1716 年），知县孙衍又两次增修。清乾隆七年（1742 年），邑绅张永璜等重修景文门，复开迎薰门，至此五门并开。清乾隆三十四年（1769 年），长山士民呈请捐修县城，知县叶观海主持将长山县城修葺一新。“城围 693 丈，城墙顶宽 1 丈 2 尺，底宽 2 丈 1 尺，墙高 1 丈 8 尺”，上漫灰土，用砖铺成，四门皆重楼复檐。景文门有月城，券台无楼。东南西三面城垣皆土筑，费用由全县按地亩捐征，共征

图 1–12　1904 年 6 月 1 日建成通车的胶济铁路长山县周村火车站

图 1–13　1955 年 10 月建成的长山县烈士陵园

银 48000 余两。北面城垣为石砖墙，由焦桥袁姓士绅捐修，至抗战前城垣尚完好。1938 年春，因战争需要，抗日部队组织四乡家民将长山城墙扒毁。

1947 年长山县最后解放，将残垣破壁尽行拆除。1969 年，于旧城西南角建南关大桥。在旧城基上，修筑环城公路。从隋开皇建城至此，长山县城历经 1400 余年。

第三节　原齐东县城址

齐东县城古址在今黄河滩内旧城渡口处，金以前为邹平之赵岩口，金代改为齐东镇。金宣宗兴定年间（1217—1221 年），元兵开始在齐东镇筑城。元宪宗二年（1252 年），以齐东镇立齐东县，齐东镇自此定为齐东县城。县城濒临济水南岸。1855 年，黄河夺济入海，从此县城屡遭水患。清光绪十八年（1892 年），黄河水上涨，县城被灌，官署民舍漂没殆尽，知县王儒章呈请省署获准迁城。清光绪十九年（1893 年），由知县康鸿达奉命将齐东县城迁往九户镇（今九户镇驻地），就镇原圩墙向北拓展建城。清光绪二十年（1894 年）竣工，占地 72.47 亩。“城周 621.18 丈，高 1 丈，垛口排墙 5 尺，共 1.5 丈，外有壕沟宽 2.5 丈。”城内沿城根有巡道，城墙用土夯筑。开四门：东曰“迎旭”、西曰“观城”、南曰“会仙”、北曰“瀹（yuè）清”，上筑城楼。因施工苟简，未及 10 年，城垣颓圮。清光绪二十九年（1903 年），知县孙绍曾重加修葺。

民国 17 年至民国 18 年（1928—1929 年），齐东城两度被土匪张鸣九部占据，城垣失修。民国 22 年（1933 年），县长陈子元倡议重修，呈请带征附捐资建。民国 23 年（1934 年），

图 1–14　齐东之文笔峰（又称状元塔）

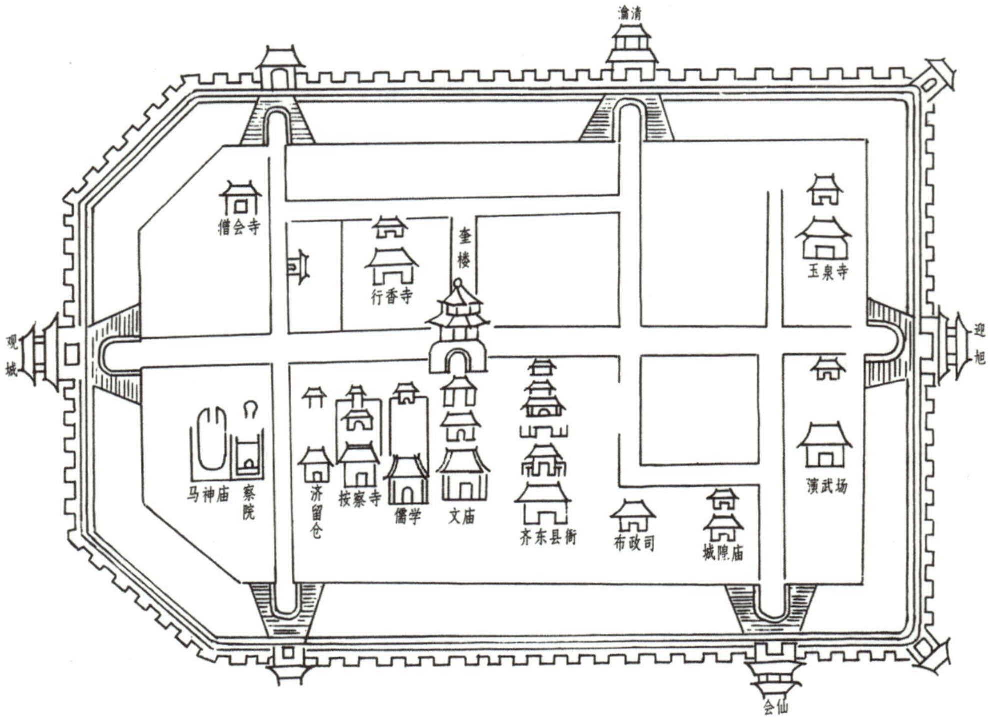

图 1-15　齐东县旧城池图

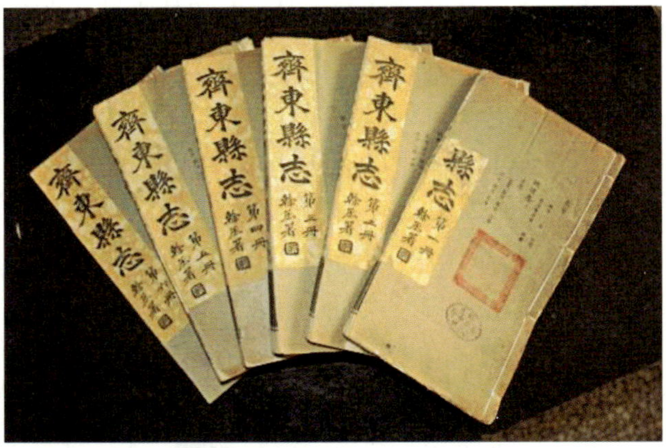

图 1-16　民国版《齐东县志》

县长丁德基组织修城委员会，招工投标建城。“将旧城基扩大 5 尺，周围共 623.5 尺。”其余皆照原基规模修复。城四角各筑岗楼 4 个，逾两月竣工，费洋 6344.29 元。1939 年春，日本军队占据齐东城，征用民夫在城墙上筑岗楼碉堡，砍伐四乡枣树，在城壕外设置鹿砦。

1946 年 9 月 15 日，中国人民解放军解放齐东县城，为战事需要，将城垣扒掉。1949 年，齐东县迁治于麻姑堂（今魏桥镇麻姑堂村），1952 年又迁驻魏桥镇。

县治九户变为区乡驻地，旧城垣历年取土，渐成平地。齐东城自光绪十九年（1893 年）始建，至 1949 年迁治，在九户历时计 56 年。

图 1-17　齐东县人民政府印章

第二编
自然与环境保护

Nature and Environmental Protection

从于兹山看雪花山—水尖顶—种金顶—劈尖顶—摩诃山—象山　　（2005年摄）

黛溪河湿地　　(2006 年摄)

于印湖夕照　　(2008 年摄)

邹平县境在侏罗纪（1.996 亿年前至 1.455 亿年前）是一个广阔平坦的湖泊，受燕山运动的影响在今邹平县城一带伴随强烈地震，爆发剧烈火山活动，形成几十座大小不等的火山堆，形成大小山峰 300 多座，最高峰摩诃山海拔 826.8 米，小清河与杏花河的夹角处地势最低，海拔 11.2 米。全县地形可分为低山丘陵、山前倾斜平原、黄泛平原三大地貌特征。全境属东亚暖温带大陆性季风气候，气候温和，四季分明，年平均温度 13.8℃；历史极端高温 43℃，出现在 2005 年 6 月 23 日；极端低温 -25.1℃，出现在 1959 年。常年降水量 613.4 毫米，最多降水量 1053.1 毫米（1964 年），最少降水量 281.3（1989 年），年平均日照时数 2552.2 小时。境内主要有黄河、小清河、杏花河、孝妇河等大小河道 566 条。黄河流经县境西北边缘，在境内约 22 千米，是与济阳、惠民的界河。小清河从县境西北部穿过，复经县境北部边缘，为与高青县的界河。全县共发现矿产资源 20 种，开发利用资源 11 种。至 2005 年，全县森林覆盖率 24%。

第一章　地　质

第一节　地质演变

邹平县位于鲁西台背斜泰沂隆断区北缘，北以齐河—广饶大断裂与冀辽台向斜为界，属于淄博—在平凹陷构造单元。地层比较简单，断裂构造发育，岩浆活动强烈，形成有利成矿地质条件。本区侏罗纪[是一个地质年代，介于三叠纪与白垩纪之间，约 1.996 亿年前（误差值 60 万年）至 1.455 亿年前（误差值 400 万年）]以前地层未见出露，主要发育中生代侏罗、白垩系地层。

在侏罗纪，县境一带是一个广阔平坦的湖泊，受燕山运动的影响，今邹平城一带伴随强烈地震，爆发剧烈火山活动，大量中基性火山物质喷发，形成几十座大小不等火山堆。火山活动经历大约 3000 万年演化历史，其间有 3 次爆发活动高潮，形成 1 个直径 30 余千米复式破火山口。

第一阶段，大约在 1.45 亿年前燕山运动中期，由于西太平洋地板块俯冲，导致板内强烈挤压，地幔上拱，地壳拉薄，产生区域性膨胀，形成锥状、环状及放射状裂隙。随着压力增强，断裂加深，与岩浆源相通，中基性熔岩流沿构造裂隙大面积溢出地表。岩浆活动脉动性，造成喷发与溢流多次交替，凝灰岩与熔岩多次到层，形成 7 个韵律，并产生大量自碎角砾熔岩。燕山运动晚期（大约 1.31 亿年前），伴有轻微爆发活动，地表开始塌陷，形成火山口外环，地下熔浆乘虚而入，形成环状辉长岩墙。这一阶段大约经历 1500 万年。

第二阶段，岩浆活动经过一段间歇，岩浆源内发生物理化学条件变化，岩浆酸度碱度增大，挥发成分增多，积蓄足够压力之后，以王家庄（今县城西王家村）岩体为中心猛烈爆发，火山粗碎屑物抛出 10 千米。不久，一套粗安质熔岩便接踵而出。晚期，岩浆源空虚，火山口第二次塌陷，赤热火山灰流沿环状裂隙涌出，快速堆积，形成大面积熔结碎屑岩。火山爆发后期，沿环状断裂充填二长岩墙，沿主喷发管道充填二长岩株及周围相应的次火山岩。这一阶段大约经历 800 万年。

第三阶段，主火山管道被二长岩堵塞后，火山深部岩浆仍在活动，但已无力冲破主管道，只能沿着内环裂隙猛烈爆发，形成一连串环形展布小火山锥、隐爆角砾岩筒。沿主管道有偏碱性熔浆侵入早期形成二长岩株，形成王家庄复式岩体。在主管道周围有正长斑岩侵入，并形成铜、银、金等矿化。

此后在喜马拉雅造山运动影响下，产生周村

—肖镇断裂，把火山口拦腰切成两半。齐河—广饶深断裂再次活动，把北半部又切去一角。南部露头区不断隆起，长期遭受剥蚀，形成独具一格的破火山口地貌。北部隐伏区不断下沉，接受新生代沉积，形成广阔平原。邹平破火山口经历长期多旋回发展过程，早期以流溢为主，属夏威夷式，中期为斯特朗博里式，晚期猛烈爆发，类似卡特迈或培雷式。据岩相分析，邹平破火山口为典型陆相中心式喷发而形成塌陷式破火山口。

第二节 构 造

构成邹平地区基底是前震旦系（4.5 亿年前）变质岩系和下古生代地层，现已被深埋在地下几千米。从中生代早期印支运动开始，特别是从侏罗世开始燕山运动以来，构造岩浆活动强烈，形成邹平破火山口。邹平破火山口原为一巨大环状构造，夹持于金山—姚家峪和文祖 2 条近南北向断裂之间。北端被齐河—广饶断裂切去一弧，成一马蹄形，中部又被周村—肖镇断裂拦腰分割成 2 块。长白山区为南部隆起一块，北部一块则隐伏于地下。整个火山口面积约 1000 平方千米，邹平城西王家庄一带为喷发中心。由于破火山口受区域构造控制，又受火山活动特殊应力场制约，从而形成环状和放射状断裂等构造特征。

环状断裂系统

围绕破火山口中心发育一系列环状断裂带，多由正断层构成，产状直立或向中心陡倾（60° ～ 85°），部分断裂被辉长岩、二长岩充填，形成半环状岩墙。环状断裂带可分成 3 环：外环由歪歪顶子、大寨顶、摩诃山、千峪顶、白云山组成，中环由青龙山、四尖山、雪花山、虎伏山等组成，内环由凤凰山、会仙山、老人峰、印台山、于兹山、黄山组成。环状断裂一般以多条平行小断裂组成阶梯式断裂带或密集裂隙带，多向破火山口内倾。特点是：倾角较陡，多在 75° ～ 85° 之间；正断层或逆断层，均显示张裂性质；单条断层落差不大，多在几十米，但阶梯状断层累计落差可达几百米；断裂走向时隐时现，不是贯通断裂；沿断裂带多见有断层角砾岩和宽数米至数十米之破碎带，并有热液蚀变、矿化及次火山岩充填。

放射状断裂系统

放射状断裂分布于破火山口内外，尤以外环最发育。已发现断裂 150 余条，以火山口为中心呈辐射状向四周散开。断层规模较小，一般长几千米，倾角多在 70° ～ 80°。断层崖发育，并有水平擦痕，显示断裂有剪切扭动，方向有左行，也有右行。沿断层多有脉岩充填，显示早期张裂、后期扭动特点。放射状断裂形成于破火山口发育早期，又切割不同岩相、岩层及部分环状断裂，活动时间较长。

环形脉状侵入杂岩及放射状岩脉

环状和放射状断裂，为火山活动末期的浅成侵入活动提供良好的条件，在破火山口内形成大量放射状及环状浅成岩墙和岩脉。环形岩墙主要有大临池—十九郎—青阳村辉长岩体，四尖山—虎伏山二长岩体。放射状岩脉多成群出现，大约近 200 条，其中尤以西部长白山和东部白云山一带最为发育，形成宽达数千米的岩脉群。岩脉生成时代较晚，具有多次侵入特点。环状断裂与放射状断裂是在火山喷发作用下形成，在岩浆上拱初期已具雏形，并有部分脉岩充填。在熔浆大量爆发，火山口大规模塌陷后，环状断裂及放射状断裂进一步发展，再一次被脉岩所充填。当火山活动基本停止以后，在后期构造运动影响之下，已形成的断裂又重新活动，产生挤压性或剪切性断裂面，甚至使岩脉破碎或产生劈理。

火山口及火山锥

在破火山口内，目前已基本查明喷火口有 10 余个。单个规模均不大，火山锥直径多在 500 ～ 1000 米左右。火山口主要分布在破火山口内环，有黄山、于兹山、印台山、金马山、会仙山、南石后、东毛、老人峰、青龙山、张高西山等，为第三旋回状断裂喷发形成小火山锥。

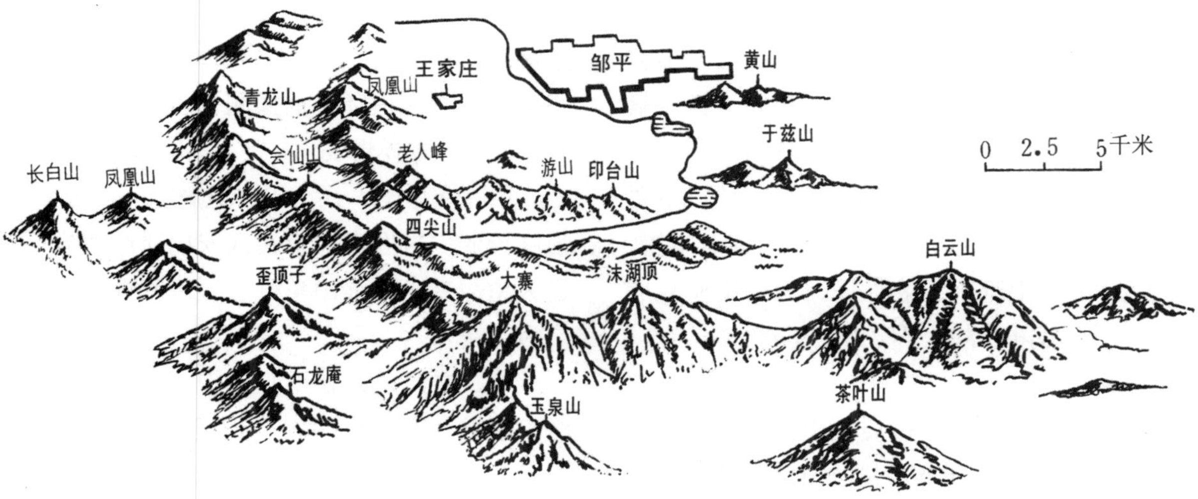

图 2–1 邹平破火山口地貌示意图

第三节 地 层

邹平一带火山喷发形成地层可分为 3 个大旋回，总厚度为 4240.8 米，顶底界面清楚。第一旋回与基底侏罗系地区为整合或假整合接触，多数地方以环状辉长岩墙与火山岩为界。第一旋回与第二旋回呈喷发整合接触，以集块岩为分界标志。第二旋回与第三旋回呈喷发不整合接触，以出现复成分粗安质集块岩为分界标志。3 个旋回连同基底及第四系土层构成邹平地层，自老而新可分为蒙阴组、玉泉山组、摩诃山组、会仙山组、第四系，5 个层次，9 个岩段。

蒙阴组

岩性底部为黄褐色细粒长石砂岩夹黄绿色页岩，上部为灰绿色、灰黄色长石砂岩，厚底 600 余米。章丘城东至大临池一带有零星出露，组成邹平破火山口基底。侏罗系砂页岩与破火山口接触部位，均遭受不同程度热力变质作用而形成变余砂岩、石英砂岩、角岩等。

玉泉山组

第一旋回，地层总体走向近乎东西，呈半环状向内倾。单层厚度较大，岩相变化较小，产状较平缓。此组底部为玄武岩段，主要分布在破火山口最外环石龙庵、玉泉山等地，多为含橄玄武岩、玄武岩。向上过渡为玄安岩夹 6 层岩屑晶屑凝灰岩，是火山口早期喷溢产物，与基底呈假整合或断层接触。该段底部全岩钾—氩法同位素年龄 186.64 百万年。侵入其中的辉长岩体 153 ± 2.96 百万年。此段厚度大约 908 米；安山岩段主要是杂色玄武安山岩、安山岩夹多层（19 层）安山质岩屑凝灰岩，底部为安山质火山角砾岩，依此作为分段标志，厚度为 1233.55 米。

摩诃山组

第二旋回地层分布在章丘大院至三山峪一带北侧，平面上亦呈半环状展布，以中等角度向环内倾，喷发整合盖在玉泉山组之上。粗安岩全岩钾氩年龄 131 ± 2.44 百万年，时代相当于晚侏罗世晚期。此组底部为集块岩段，主要是安山质火角砾岩、集块岩夹安山岩、自碎角砾熔岩。顶部为含杏仁体安山岩，以集块岩的出现作为与下伏玉泉山组的分界标志，厚度为 502 米。中部为熔结凝灰岩段为主，向上过渡为角砾凝灰岩，顶部为一套粗安质火山角砾岩夹多层晶屑岩屑凝灰岩，以熔结凝灰岩的出现作为与下伏地层分段标志，该段中次火山岩岩脉发育，厚度为 827 米。顶部为粗安岩段：以含较大斜长石斑晶的粗安岩为特征，夹多层凝灰岩，凝灰岩成层性良好，具有清晰的韵律构造。底部多为绿色，顶部为紫红色，沿走向岩性较稳定。以粗安岩的出现作为与熔结凝灰岩段的分段标志。此段厚度 210 米。

会仙山组

第三旋回，地层见于破火山口内环之会仙山、老人峰、印台山、于兹山、黄山等。多分布在山顶，呈残块出现，半环状展布，为一套强烈爆发相产物。总体产状以高角度向环向倾斜，呈喷发不整合盖在摩诃山组之上。其底部玄武粗安岩钾—氩全岩同位素年龄为 125 ± 1.35 ～ 130.5 百万年，时代相当于早白垩世。此组底部的下岩性段，主要为火山流相之熔结集块岩、熔结凝灰岩、凝灰熔岩，厚度为 321 米。上部为上岩性段，为安山质复成分集块岩、火山角砾岩，厚度为 239 米。

第四系

主要是洪积、冲积相砂质黏土、黏质沙土和沙砾层。洪积物主要分布在长白山区谷地，厚度几米至几十米。冲积物主要分布在邹平城以东以北至杏花沟广大平原地区，厚度数十米至 200 米，形成现今地表土层。

第四节　岩相、岩石

岩相

邹平破火山口发育，根据岩相分布规律，由外向内，依次为喷发—沉积相、爆发相、喷溢相、次火山岩相、侵入相及火山通道相。

远火山口喷发—沉积相　由于环状辉长岩墙侵入及后期剥蚀，喷发—沉积相仅在破火山口东南部山旺村、孟白村、西部青阳村及北部济阳坳陷（钻孔）中发现。露头区岩性为凝灰质沙砾岩、沉凝灰岩，岩层产状均向破火山口内倾斜。本相底部出露不全，为火山活动早期较宁静喷发产物。

近火山中爆发相　此岩相以火山角砾岩、集块岩、熔结凝灰岩为主。其特点是大小混杂，多呈棱角、次棱角状，分选差，厚度变化较大。该相主要分布在内环。据探测初步断定，破火山口有 4 次较大规模爆发。

第一次爆发，在万山—老虎洞—白云山一线，强度较弱。岩性以层状玄武安山质晶屑岩屑凝灰岩为主，夹少量火山角砾岩，以基性程度相对较高为特点。

第二次爆发，在歪歪顶子—三山峪—大院西峪—东峪—千峪顶一线，爆发强度增大。呈宽约 1 千米弧形带状，以成为较简单的玄武安山质火山角砾岩、集块岩为主，其中夹属层熔岩及凝灰岩数层。

第三次爆发，呈环状分布在破火山口中环，在青龙山—东窝陀—南洞一带，亦呈宽约数千米带状。岩性主要为一套火山灰流相的熔结凝灰岩、熔结角砾凝灰岩。

第四次爆发，分布在内环大李山、会仙山、老人峰、印台山、于兹山、黄山一带。地貌为半环状，串珠状山峰相连，断裂纵横交错，常形成悬崖陡壁。岩性以火山角砾岩、集块岩、熔结角砾岩、熔结集块岩为主。每个山峰为一个小火山锥，此次强度为最大，喷发时代晚，至今地貌上仍有显示。

喷溢相　喷溢相在破火山口内分布较广，主要为玄武安山岩、粗安岩，其次为玄武岩以及相应成分的角砾熔岩及少量英安岩。大体可分为 4 次喷溢。

邹平破火山口喷发期次与组段、岩性对照一览表

表2-1-1

旋回	喷发期次	所属组段	岩性
第三旋回	第四次爆发	会仙山组上岩性段	粗安岩（n=6） 熔结凝灰岩（n=10） 粗面斑岩（n=10） 正长闪长岩（n=13）
	第四次喷溢	会仙山组下岩性段顶部	
第二旋回	第三次喷溢	沫湖顶组粗安岩段	玄武粗安岩（n=9） 粗安玢岩（n=14） 二长岩（n=11）
	第三次爆发	沫湖顶组熔结凝灰岩段	
	第二次喷溢	沫湖顶组火山角砾、集块岩段顶部	
	第二次爆发	沫湖顶组火山角砾、集块岩底部	

续表2-1-1

旋回	喷发期次	所属组段	岩性
第一旋回	第一次爆发	玉泉山组安山岩段底部	碱性玄武岩（n=16） 玄武玢岩（n=5） 辉长岩（n=12）
	第一次喷溢	玉泉山组玄武岩段	

注：n为岩石孔隙度

第一次喷溢，发生在破火山口外环，是该期火山活动产物。下部为玄武岩，含橄玄武岩及自碎化角砾熔岩，组成本区火山岩底部层位，厚度较大，与凝灰岩或角喷凝灰岩互层，呈半环状分布在破火山口西部西窝陀、石龙庵，南部玉泉山、茶叶山北等地，组成破火山外环边缘。上部为玄武安山岩夹玄武安山质凝灰岩及角砾凝灰岩，表现为由宁静喷溢作用渐变为伴有爆发的火山活动。破火山口东部及北部全被第四纪黄土覆盖。据蒙家村、青阳村、韦家村等地钻孔资料表明，上部为玄武安山岩，下部为玄武岩，为第一次喷溢上部产物。

第二次喷溢，主要形成辉石安山岩，分布在破火山口南部及东部沫湖顶，东峪、白云山一带，厚度较小，组成破火山口外环内侧。

第三次喷溢，主要为粗安岩，特点是斜长石斑晶较大。主要分布在东窝陀、金马山、石樊鲁等地，呈环带分布，其上被第三旋回喷发火山碎屑岩不整合覆盖。

第四次喷溢，多为残块出露在破火山口内环的大李山、黄鹄山、印台山等山顶，面积较小，厚度仅几十米。岩性以凝灰熔岩为主，部分为复成分角砾熔岩，柱状节理发育。以中等角度围斜状产出，大致指示火山口位置。

次火山岩相　破火山口内次火山岩分布较广，与断裂结构关系密切，主要分布在破火山口中心王家村岩体周围，呈半环状展布。出露处40余个，主要有小李山—张高村细粒粗安玢岩、铜崮子角砾粗安玢岩群、莲花盆粗面斑岩体、老人峰粗安玢岩群、水点头英安玢岩群等，侵入于火山岩，多呈岩床、岩株、岩滴状产出，显示破火山口主喷发管道所在位置。

破火山口外环及基底次火山岩主要以岩脉形式产出，充填放射状或环状断裂。岩性生成顺序为玄武玢岩、辉长玢岩、安山玢岩、辉石闪长玢岩、二长斑岩、粗安玢岩、英安玢岩、粗面斑岩等，穿插火山岩及侵入岩生成时代稍晚或同期稍后。

火山侵入相　破火山口内火山侵入岩主要有大临池—青阳村环状中基性杂岩体，四尖山—虎伏山环状二长岩体，王家村正长闪长岩体及周围呈环状分布的卫星岩体，是火山活动晚期产物。

火山通道相　破火山口内有10余个大大小小火山通道，有的出露地表，有的隐伏地下，主要是由结晶程度不同的种熔岩、角砾熔岩、侵入岩或爆破成因的火山角砾岩和集块岩组成。而破火山口主要通道则被瓶塞状王家村复式中偏碱性岩体所充填。

岩石

邹平地层出露岩石为同一岩浆源形成的火山杂石，主要有火山岩、侵入岩两大类。

火山岩　火山岩主要是以中基性熔岩、火山碎屑岩组成一套钙碱系列岩石组合，具有较明显的旋回性。早期以喷溢作用为主，形成大面积熔岩被，并夹有多层凝灰岩及少量火山角砾岩。中期爆发作用增强，出现较多的安山质火山角砾岩、集块岩。晚期则以强烈爆发为主，出现大量火山碎屑岩、熔结凝灰岩。区内火山岩主要为玄武安山岩、辉石安山岩及少量玄武岩。

玄武岩　玄武岩主要分布在第一旋回底部，第二旋回底部亦有少量存在。在火山碎屑岩中以角砾产出，以玉泉山地区为代表。岩石呈黑角、灰黑色、致密块状，局部有明显气孔、杏仁构造，一般为斑状、似斑状结构。玄武岩中普遍含有自角砾，多形成玄武质角砾熔岩。在白云山南坡及大临池一带角砾熔岩发育，岩石普遍遭受程度不等的后期蚀变，主要有绿泥石化、绢云母化、绿帘石化等。

玄武安山岩　玄武安山岩是本区主要岩石类型。不同层位，岩性差别不大，一般为深灰、灰褐、浅灰色，风化后呈褐色，块状、气孔、杏仁构造较发育。局部有大型云朵状气孔构造，杏仁体多充填石英、阳起石、绿泥石等矿物集合体。有时可见黄铁矿、兰铜矿、孔雀石等组成的杏仁体。

侵入岩　侵入岩主要有辉长岩、二长岩、闪长岩、正长闪长岩，多呈环状或放射状岩墙、岩脉，部分以岩株、岩盖、岩床产出。它们与火山岩关系极为密切，产出于相同的构造空间，时代相近或稍晚，化学成分相似。按其生成时代可分为3期。

早期（辉长岩）　中基性杂岩体 主要分布在破火山口外环，围绕摩诃山—白云山中基性火山岩产出，从西窝陀、十九郎、茶叶山到大临池，呈北西向半环状延伸，为一宽2～3千米、长30余千米的环状岩墙。面积约70平方千米，沿破火山口外环环状断裂侵入。据茶叶山辉长岩体苏长辉长岩钾—氩法全岩年龄推算，岩体形成在153百万年前。

中期（二长岩）　岩体多呈岩墙、岩枝、岩脉产出，主要分布在破火山口中环，以四尖山—虎伏山二长岩体规模最大，青阳叉拉山、西董、大临池雪山也有出露。四尖山—虎伏山二长岩体规模较大，长约13千米，宽1～1.8千米，出露面积约20平方千米，两端被第四系覆盖。该岩体产于摩诃山组火山角砾、集块岩段与熔结凝灰岩段之间，组成破火山口中环，为一大岩墙。以高角度向环内或环外倾斜，与两侧围岩多为断层接触，局部为侵入接触。岩体主体为角闪二长岩和黑云母二长岩。岩体南侧为较基性玄武安山岩，北侧与熔结凝灰岩接触。岩体中发育有与岩墙大致平行脉岩，有二长斑岩、正长斑岩、闪长玢岩，含铜、磁、铁矿脉等，是寻找火山岩型金属矿产有利地段。岩体钾—氩法全岩年龄为117百万年。岩体形成年代可能为晚侏罗世—早白垩世。

晚期（正长闪长岩）　岩体主要分布在破火山口喷发中心部位，原县城西王家村一带，主要有王家村、张高、叉拉山、鲁家泉等岩体，王家庄岩体隐伏于几十米厚的第四纪沉积之下，为一复式岩体，平面形态近圆形，面积约8平方千米。推测岩体为一等轴状岩株。岩体由二长岩、闪长岩、石英正长闪长岩和晚期脉岩组成中偏酸碱性的复式岩体。岩体内部蚀变较强，主要是钾化和硅化，其次是碳酸盐化，铜矿化也较好，并伴生金、银、钼、硫。王家庄岩体，是与火山活动紧密相关的碱钙系列中酸性侵入体，是在破火山口活动晚期，沿破火山口原始主喷发管道被动侵位岩株或岩钟状侵入体。钾—氩法全岩测得年龄为128±1.77百万年。

第二章　地　貌

县内地势南高北低，西高东低。南部长白山以摩诃山为最高，海拔826.8米。四面层峦叠嶂，起伏环绕。北部平原以小清河与杏花河夹角处地势为最低，海拔11.2米。以杏花河为界，南部低山丘陵与杏花河夹角地带为山前倾斜平原，北部及西北部小清河、黄河之间的地带为黄泛平原。杏花河一线，为两平原交接洼地。县境内平原地势呈簸箕形。南部由山区向交接洼地呈倾斜式下降趋势，西北部由沿黄地带向交接洼地呈缓降状态。根据地貌特征、成因、地表组成和人类活动的影响，全县地形可分为低山丘陵、山前倾斜平原、黄泛平原3大地貌类型、17个微地貌单元。

第一节　低山丘陵

长白山脉系泰沂山区北麓低山丘陵区。山区长约31千米，宽10千米，地连周村区、章丘市，横跨县内临池、好生、西董、青阳、黛溪、黄山

6个镇、街道。低山丘陵面积为196.02平方千米，占全县总面积的15.66%。

长白山区地势高峻，海拔在200米以上，整个山脉为北西—南东走向，呈链状，半环形展布，水系则呈放射状散开。

长白山脉共有大小山头300余个，又多为崮顶山，山顶平缓，山坡陡峭，沟谷深切。200米以上者近80座，多分布在山脉北缘。其余则为逶迤起伏的丘陵，多为崮顶残体山及平顶山区。200米以上低山面积80.46平方千米，占低山丘陵总面积的41.05%。50～200米丘陵面积115.56平方千米，占低山丘陵总面积的58.95%。低山丘陵区分为4个微地貌单元。

低山岭坡

分布于山丘中上部，表土冲刷严重，土层瘠薄，植被覆盖率低，岩石多裸露，面积135502亩。

水平梯田

分布于山丘中下部，褐土，地面凹凸不平，地片大小不整，地势坡度徐缓，土层深30～60厘米，面积69712亩。

近山阶地

分布于山丘下部，褐土及淋溶褐土，地势坡度平缓，面积70195亩。

沿河阶地

分布于山谷排洪河沟两侧，褐土及潮褐土，多为梯田，面积18626亩。山地丘陵地区沟峪均呈放射状向四下散开，共有大小山峪400余条，南北向排洪河溪20余条。山峪一般深10米左右，最深20米，峪两侧多为50°～90°陡崖。

第二节　山前倾斜平原

山前倾斜平原分布在南部临池、好生、西董、青阳、黛溪街道、黄山街道等镇、街道低山丘陵以下，中、东部的高新街道、长山及焦桥以南和韩店以东等大片地带。其间地势平缓，间有缓岗与洼地，海拔高度一般在15～50米，面积约为364.08平方千米，占全县总面积的29.09%。根据地表呈现，山前倾斜平原可分为4个微地貌单元。

山前倾斜平地主要分布在近山阶地以下的山前冲积扇上游，大多在后城—北范—礼参以南的平原地区。比降大约在1/200～1/400间，面积186206亩。地面平坦，地块面积大，土层深厚。

山前缓平地分布于山前倾斜平地以北，主要在韩店以东、焦桥以南、高新街道以北大部地区，地势缓平，比降小于1/400，面积295220亩。

岗地主要分布在高新街道五里堠与长山镇大阎村附近，平地孤立隆起，为岛状土岗，面积在5733亩左右。

山前洼地分布于山前缓平地之中，地势低洼，易积水，土质黏重，面积为58961亩。比较大的有黛溪街道的十里铺、滕家村，长山镇的陈度村等。

第三节　黄泛平原

黄泛平原主要分布在县境外部与西北部，包括魏桥、台子、码头、九户、孙镇、明集6个镇，由黄河泥沙冲积而成。地势平坦宽广，土层深厚，海拔高度10～20米，面积691.65平方千米，占全县总面积的55.25%。

黄泛平原地带因黄河多次改道与泛滥，错综冲积，相互重叠积压，造成岗、坡、洼相间复杂地形。根据地表特征，大体可分为7个微地貌类型。

交接洼地主要分布于山前倾斜平原与黄泛平源交接处，多位于杏花河沿岸的孙镇辛集洼、青阳及明集镇芽庄湖两侧地段。面积198818亩，地势低洼，土质细黏。

浅平洼地零星分布于平坡地、洼坡地之中，主要有孙镇洼、辛集洼、长槐洼、孟湖洼、东码头洼等。地势低洼易涝，面积58843亩。

背河槽状洼地多分布于码头、台子两个镇黄河南岸大堤以外，系黄河堤外低于河床洼地，呈槽形带状分布。多因黄河筑堤施工所致，地势洼，常积水，矿化度较高，盐碱化较重，面积30035亩。

缓平坡地分布于县境黄泛平原区的所有镇，为黄河水漫流冲刷沉积的倾斜地面。地势缓平，坡降一般在1/3000～1/7000间，面积583354亩，占黄泛平原面积的56.2%。土壤多为轻壤与中壤。据其地形部位及特征，又可分为高坡地、平坡地、洼坡地3个单元。

高坡地主要分布在码头镇决口扇形地以下、台子镇赵家以西、魏桥镇以北及大碾以西地带，地势较高旷，坡降一般在1/3000左右；平坡地位于高坡地以下，多分布于台子、魏桥、明集、九户等镇，地势较平坦，坡降在1/5000左右；洼坡地多位于平坡地与洼地之间，地势低平，坡降在1/7000左右。主要分布在明集镇北部、魏桥镇东部及孙镇王伍、信家和韩店镇西北杏花河左侧一带。

决口扇形地主要分布在码头镇及魏桥镇以西地带，系黄河决口冲积形成。地形起伏不平，沙带呈波状分布，间有沙垄、沙岗、沙洼，基本为沙质潮土。面积61405亩。

河滩高地主要在魏桥镇到九户一线，呈带状分布，地势相结偏高，地面坡降较大，土壤以潮土为主，面积45522亩。

河圈地为台子镇、码头镇黄河大堤内的河滩地，系黄河摆地裁弯所致。面积59487亩，土质多为潮土。

第三章　山　脉

根据山峰坐落地域分布，长白山脉可分为以摩诃山、白云山、会仙山为主峰的3大山峰群。

第一节　摩诃山峰群

摩诃山山群是长白山脉中最大山群，主峰摩诃山，鹤立群峰中央，秀入云表。山群大体呈东西走向，为邹平与章丘两县市界山。县境内东西长约12千米，南北宽约4千米，方圆40余平方千米。

摩诃山

又名沫湖顶，位于县城西南11.5千米处，海拔826.8米，为长白山脉最高峰，以佛语“摩诃”二字得名。山顶古时有禅院、佛塔，遗迹尚存。摩诃山山势陡峻，峭壁绝崖，氤氲万状，常有“山下烟雨山上晴”之奇观。山北有罗圈峪,其势最险，刍牧不至。其东有回路峪，峰回路转，细流淙淙，系黛溪河东支流之源头。

图2-2　摩诃山　(2005年摄)

大顶子

摩诃山以西1千米，海拔795米，与沫湖顶连峰接脉。又西北为猫头峰，海拔765米。

黉堂岭

摩诃山西北3千米。山峰有道士帽、风门顶，皆峻岭高山，海拔分别为645.3米、521.1米。岭北峪中有醴泉寺及范文正公祠，为邹邑之胜迹。岭下有范公读书洞,阔深2米,可容数人,史称“上书堂”。四周山陡如壁，秀木参天，涧水潺湲，野花斑斓。

狻猊峰

摩诃山西北4千米，黉堂岭以西之高峰，海拔659.6米，又名歪歪顶子。西北为雕窝峪，峪深数里。西北峪口狭窄，宛如束口布袋，易守难攻，形势险要，为隋末王薄起义遗址。

莲花山

狻猊峰北1千米，雕窝峪之东山，海拔504.2米，山顶巨石集束，倾斜四开，酷似莲花怒放，横出峰巅，名曰莲花台，为长白山一大奇观。

黑峪顶

摩诃山西北 5 千米，雕窝峪之北山。诸峰错立，奇险多状，海拔为 504.2 米。迤西为大寨顶，海拔 470 米。

黄花山

黑峪顶东北小山，海拔 187 米。山下旧有黄花山寺，已废。

梯子崖

摩诃山西北 5.5 千米，雕窝峪之西南峰。山势嵯峨，青崖危岩，成阶梯状叠立，险不可攀，海拔 558.4 米。与大寨顶互为雕窝峪口南北之屏障。

长白山

摩诃山西北 8 千米，一脉山峰呈南北走向，为小长白山，当地俗称西山。主要山峰有鲇鱼顶、狗屎尖子、大峪顶等。鲇鱼顶与大寨顶之间有石坂步峪，有一羊肠小道可通山南章丘市。

凤凰山

摩诃山西北 8 千米，小长白山北部边缘小山，海拔 250.3 米。县内凤凰山有三：分别在青阳镇青阳村西南、黛溪街道张高村西、好生镇山旺村东（好生镇内为凰山，凤山在今周村区境内）。

劈尖顶

摩诃山东北 1.5 千米，海拔 621.8 米。

种金顶

摩诃山以东 2.5 千米，海拔 607.5 米，北为超壑峪。

水尖顶

摩诃山以东 3 千米，又名围子顶，海拔 561.1 米。山顶有石墙，系古代百姓避乱所筑，北有桃花峪。

黄石寨

摩诃山以东 3.5 千米，海拔 459.7 米，山石黑白相间。

雪花山

摩诃山以东 4 千米，海拔 450.9 米，山石黑白相间，有麦饭石储藏。

图 2-3 雪花山 （2005 年摄）

台山

摩诃山以东 4.5 千米，海拔 304.8 米。

团山

摩诃山东 5.5 千米，台山东南 1.5 千米，孤峦孑立，海拔 212.5 米。

虎伏山

又名虎埠山，团山以东 0.5 千米，海拔 168.6 米。山势如虎卧伏状，黛溪绕其下，山南有台头水库。

双乳山

台山东北 1 千米，双峦微露，下有乳泉，故名。海拔 230 米，其东南为牛眠山，东北为李山，北为龟山，皆海拔百米以上低山。摩诃山东偏北 5.5 千米，南山峰 313.2 米，北山峰 229.0 米。

象山

摩诃山东北 3 千米，越劈尖顶一隆起高峰，海拔 451.5 米，南有超壑峪，北临大壑、黛溪北支。

穷汉寨

摩诃山西北 2 千米，猫头峰北，海拔 527.5 米，

图 2-4 团山与虎伏山，中间是雪花山 （2005 年摄）

呈南北走向。其北为鸡屎疙瘩，海拔485.0米。

四尖山

又称“笔架山”，摩诃山西北3.5千米，鸡屎疙瘩以北，四峰并出，如利剑直擎，险峻异常，海拔465.3米。东临大峪，西坡下有醴泉，有醴泉寺。

摩诃山以南以西还分别有长白山、玉泉山、玉皇山等，皆属章丘市境内。

第二节　白云山群

白云山山群位于县城南15千米，长白山脉东部群山，西北与摩诃山山群断而复连。整个山群南北长约5.3千米，东西宽约10千米，总面积50余平方千米。

白云山

又名玉皇顶，海拔729.6米，为长白山脉东部最高峰。山石黑色，类泰山石。山势峭峻，下临大壑深涧，俗称“小泰山”，旧志谓“泰山之副岳”。山顶旧有玉皇宫、碧霞元君祠、王母池等，皆已废。

有望海石，晴日可观海曙。山阴大峪为天井峪，壁有石洞，可容数十人，名曰朗明洞。泉水覆洞门注下，为天井泉，俗称“水帘洞”。山西大峪为船道峪。绝顶峰下，峭壁千仞，尤为奇险。

图2-5　白云山　(2005年摄)

石门山

白云山以西1.5千米，呈南北走向，海拔651.4米。山巅两巨石相对，呈凹形，故名。南石叠垛雕镂，玲珑剔透；北石壁竖如削，狰狞可怖。石门以西为浔沟，抗日战争时期八路军“钢八连”在此壮烈殉难，解放后改名抗日沟，石门山北为旱老坡顶。

图2-6　石门山　(2005年摄)

跑马岭

白云山西南2千米，石门山南，峰岭连绵数里，主峰最高海拔669.3米。

南北峪顶

白云山以西4千米，东与跑马岭相连，海拔660米。西有庵子峪。

黄西峪顶

白云山以西5千米，南北峪西，海拔482米，西北为柳泉峪。

南山

白云山以西6千米，黄西峪西北1.5千米，海拔414米。

大枯茶顶

白云山西偏北6.5千米，南山以北1.5千米，海拔414米。

北山坡顶

大枯茶顶北1千米，海拔412米，北为西峪。

以上跑马岭、南北峪顶、黄西峪顶、南山、大枯茶顶、北山坡顶等6山为邹平、章丘两县市之界山。

鹤伴山

白云山西北3.6千米，又名豁坂，海拔728.8米。茂林葱郁，浓荫蔽天，为著名的鹤伴山林场，已开发为旅游风景区。山中涧泉流溢，景色宜人。

图2-7　鹤伴山全景　(2005年摄)

并头峰

白云山西北 3.5 千米，鹤伴山北列四峰（从南向北依次为石老子顶、双峪顶、黄板峪顶、围子山），自东至西海拔为 551.5 米、460.8 米、444.3 米、417.1 米。东北为金龙山。

千峪顶

白云山西北 4 千米，鹤伴山北 1.5 千米，海拔 442 米，北临黛溪，东北为陈山。

八柱山

白云山西偏北 4.5 千米，鹤伴山之西山海拔 620.2 米，危岩陡涧，石径崎岖。山东北有台，曰八柱台，旧有八角玻璃井，俗传为明朝刘阁老避暑汲水之井。茶泉碑尚存。

图 2-8 八柱山 （2005 年摄）

荞麦顶

白云山北 1 千米，海拔 375 米。

白云山（东）

白云山主峰玉皇顶以东 2.5 千米，海拔 454 米。山峰高耸，白云缭绕，又名长白山，实为白云山之东延。西为峨峪，为白云山中最大山峪，径穷路转，有大石突立，俗称“阎王鼻”。

银牛山

白云山东北 3 千米，主峰海拔 263.2 米，又名三台山。东北为珠山，又名鼠山。再东北为锁山，又东北 1 千米为院山，又名面山，旧有院山寺，已废。

凰山

白云山东偏北 5 千米，海拔 257.8 米。北 1 千米，为少白山。东 1 千米为万松山。

黑山

白云山东偏南 4 千米，主峰海拔 228.3 米，石皆黑色。东北为狼山，北为猪山，再北为杏山。

红岭

白云山南 1.5 千米，主峰海拔 548.0 米。南 1 千米为王家岭，又南 2 千米为黑虎山。再西南 1 千米为盖州山，海拔 362.0 米。又南 0.5 千米为卧牛山，海拔 353.4 米。以上五山，南北一线，为邹平县与章丘市边界。

青山

白云山南偏东 2.5 千米，海拔 392 米。西南 1.5 千米为独山，圆形孤立，海拔 322 米。正南 2 千米为簸箕山，海拔 321 米。其东有铜矿。东 2 千米为雪山，海拔 274 米，是麦饭石集中产地。

此外，白云山西南还有茶叶山、秃老坡顶、母猪坡、卧牛山等，皆在章丘市境内。

第三节 会仙山群

会仙山山群位于长白山脉北部，南与摩诃山连峰接脉。整个山群呈北西南东弧状走向，东西宽约 7.5 千米，南北长约 6.5 千米，总面积约 22.3 平方千米。会仙山山群绵延衔接，断而复连。中部群山绕主峰呈集团状聚集，边缘诸山则呈链条状渐断伸延。整个山群有大小峰峦 100 余个，岩石裸露，多悬崖深谷，山间松柏扶疏，果木成林。

会仙山

东北距县城 7.5 千米，海拔 590.8 米，为会仙山山群最高峰，山势巉岩秀拔，形若覆礅，相传群仙曾会集于此，故名。峰顶“八仙台”“金母祠”，遗址尚存。山北有石船峪，南有盘鏊峪，东面为滴水崖，数股泉水流溢，夏秋滴水飞练，冬春冰溜倒悬，甚为壮观。旧志记载：每年三月三清明时节夜晚，山上仙灯呈现，状如星火，缥缈空际，许时方没，为会仙山所独有仙境奇观，俗称“会仙神灯”，此古今难解之谜。

石户顶

会仙山北 0.5 千米，双峰对峙，一为南石户顶，一为北石户顶，海拔分别为 412.5 米、359.1 米，中为石船谷。

玩湖顶

会仙山以北 1 千米，鲁家泉南突起高峰，海拔 457.2 米。登峰可尽览浒山泺水天景色，故名。

凝岚岩

会仙山以北 1.5 千米，玩湖顶北，鲁家泉西，海拔 446.4 米。

醴山

会仙山北 1.5 千米，海拔 198.8 米。

凤凰山

会仙山北 3 千米，位于会仙山北支脉最北端，海拔 253.9 米，其势酷似巨鹏展翅欲飞，故名。

青龙山

会仙山以北偏西，九峰连接（即会山、角山、神山、二虎山、大虎山、西山、圣王峰、龙头山、蜘蛛山），蜿蜒北去，如龙腾舞。故又名九节青龙山。青龙山尾高头低，海拔由 283 米到 80 米，由南而北渐次下降，最北有一孤立小丘，谓之珠山，又称蜘蛛山，俗有“九龙戏珠”之说。山北为杏花河，建有大型扬水站。有山东清代著名史学家马骕之墓。北二三峰之间，寿（光）济（阳）公路经过，古谓之邹关，又叫隘阜口，当地俗称哑妇口。

宿山

会仙山北 4.5 千米，呈圆形孤立，海拔 51 米。旧志谓旁有店铺，行旅止宿，故名，亦称制粮山。

老人峰

图 2-9　白云山老人峰近观　（2005 年摄）

会仙山东偏南 1.5 千米，孙家峪西北，海拔 402.2 米。山顶巨石错立，状若佝偻老人，故名。

斿山

会仙山以东 3 千米，老人峰东北。山有二峰，曰大斿山、小斿山，海拔分别为 297.3 米、223.5 米。

黄鹄山

会仙山东北 3 千米，西井村正北，海拔 282.5 米，山上旧有黄鹄庵，已废。

印台山

会仙山以东 4 千米，黄鹄山东北，海拔 259.1 米。山顶巨石突起，高 10 余米，上可坐百人，形如巨印，状如锻砧，故又名锻砧峰。山东有黛溪绕其下。

图 2-10　白云山印台山　（2005 年摄）

于兹山

会仙山以东 7 千米，县城南 5 千米，海拔 228.6 米。五峰错列，呈马蹄形，孤立平川。山西有于印水库，山东有一孤立小丘，名秃山。

黄山

坐落县城以北，海拔 168.4 米，因山土呈黄色而得名。山势呈半环形，山巅有虎头岩，如卧虎踡伏。山上旧有碧霞元君祠、玉皇宫、姑子庵等。每年四月八日有盂兰盆会，届时远近商旅云集，以药材交易为盛。现已辟为黄山公园，上有电视转播塔、仙遐亭、步云亭等，山阴有革命烈士陵园。

长白山

又名会元山，会仙山东南 0.5 千米，海拔 534.1 米。

骆驼鞍子

会仙山以南 1.5 千米，山峰起伏状如骆驼，故名。海拔 360 米，聚仙村坐落其下。

猪屎尖子

会仙山南偏西 2 千米，主峰海拔 345.1 米，与四尖山峰接脉，北麓有过山道可通。

南山

会仙山南偏西 2.5 千米，猪屎尖子西南，海拔 366.5 米，山北为东窝陀村。

雾露山

会仙山以西 2.5 千米，海拔 122.8 米。

西市楼

会仙山以西 2.5 千米，海拔 221.5 米，山东为东窝陀村。

（注：本章山峰高程均采用 1978 年山东省测绘局之万分之一地形图）

第四章 河流 湖泊 水文

县境内主要有黄河、小清河、杏花河、孝妇河 4 大河流。黄河流经县境西北边缘，为邹平县与济阳、惠民 2 县界河。小清河从县境西北部穿过，复经县境北部边缘，为邹平与高青县界河。杏花河呈西南东北流向，斜穿县境腹地。孝妇河呈南北流向，纵贯县境东部，黄河、小清河东入渤海，杏花河、孝妇河分别注入小清河。全县有大、中、小型河道 566 条，其中规模以上河流 34 条（不含黄河）长度 467.5 千米。邹平县境内有 3 个蓄滞洪、区 1 个分洪道，即芽庄湖蓄滞洪区、青沙湖蓄滞洪区、浒山泺非常蓄滞洪区，总面积 18 平方千米。

第一节 河 流

黄河

黄河邹平段现行河道是 1855 年黄河在河南省兰阳铜瓦厢（今河南省兰考县境内）东坝头以西决口，改道北流，夺大清河入海而形成。邹平河道呈西南——东北流向，上接章丘市河段（相应大桩号 91+653），流经码头、台子两镇地域后，流向下游高青县境内（相应大桩号 113+600），河道全长 22 千米，设计标准内泄洪能力 11000 立方米 / 秒。滩地面积 31.84 平方千米，滩区耕地 3.9 万亩。1986—1999 年，由于黄河上游来水少，连续多年出现断流（其中利津站 1997 年断流时间 226 天），因河道持续断流，造成主河槽严重淤积，河道呈现出槽高、滩低、堤根洼态势，形成地上悬河。邹平河道主河槽宽 350 ～ 600 米，纵比降万分之一左右，河道两岸堤距 2500 ～ 3000 米，县境内河道上宽下窄，河道流势呈宽、浅、平缓型，河势流向相对稳定，属复式型河槽。通过 1999—2005 年河道工程建设加固，以及 2002—2005 年连续 4 次进行调水调沙冲刷，缓解河道主槽淤积。梯子坝断面 2500 立方米 / 秒，2005 年比 2002 年下降 0.99 米。1986 年后，黄河河道水沙特征：来水少、来沙多。由于每年汛期黄河上游发生大水的水源地不同，上游来大水含沙量差异较大，在黄河下游河道造成水沙年内分配不均、年际变化大、水少沙多、水沙关系不协调的特征。1986 年后，受气候变化、用水增长、水库调节、水土保护、生态环境建设等多因素的影响，进入下游水沙条件发生显著变化。1986—2005 年，来水来沙明显减少，泺口站年平均径流量 172.74 亿立方米，比 1985 年前减少 60%，最大径流量 304.2 亿立方米，出现在 1989 年，最小径流量 44.16 亿立方米，出现在 1997 年，相差 6 倍。1951—1985 年，泺口站

图 2–11 黄河邹平段梯子坝渡口红日 （1998 年摄）

年平均输沙量为10.43亿吨，含沙量年均23.6千克/立方米，1986—2005年，年平均输沙量3.45亿吨，含沙量年平均19.97千克/立方米，分别减少67%和15%。2000—2005年，小浪底开始蓄水拦沙，高村站平均每年输沙量1.66亿吨，进入下游的沙量进一步减少。

1986—2005年黄河邹平段来水量年际统计表

表2-4-1　　单位：亿立方米

年　度	全年来水量	年　度	全年来水量	年　度	全年来水量	年　度	全年来水量
1986	192	1991	154.9	1996	179.6	2001	77.06
1987	130	1992	167.1	1997	44.16	2002	81.04
1988	233.7	1993	216.5	1998	137.6	2003	214.9
1989	304.2	1994	240.1	1999	105.6	2004	215.5
1990	289.9	1995	160.6	2000	83.83	2005	226.9

说明：以上数据为山东黄河水文局提供

小清河水系

小清河　小清河又名新清河，古称运盐河。自西南向东北斜贯县境中部，基本与黄河平行。旧小清河道自南宋建炎四年（1130年）刘豫开掘，为运盐之河，几经变迁，时塞时浚，已非原貌。清光绪十一年（1885年），在旧河之北新挖河道，即现小清河。清光绪十八年（1892年）又行疏浚。新小清河发源于济南西郊玉符河，纳济南市诸泉水及沿岸各支流，至寿光市羊角沟注入渤海。

小清河自章丘市贾庄村南入邹平县，流经码头镇南部边缘，横穿魏桥镇中部，又依次流经九户、孙镇、焦桥3镇与高青县连界，至焦桥镇韩套村东北流入桓台县境。县境内全长46.5千米，单堤长68.98千米，流域面积1151平方千米。治理前，河口宽平均为38米，深5米，堤距94米，保证水位12.64～17.93米，保证流量236立方米/秒。小清河系县境北部主要排洪灌溉河流。

图2-12　小清河孙镇段　（2016年摄）

1990年冬，小清河邹平段河道开始进行治理。经治理，小清河抗洪能力由5年一遇提高到20年一遇，泄洪能力得到增强。至2005年，未再治理。

马四干运河　东南入杏花河，又东延至新民河；一支继续南行，经明集镇牛官村东、明集西，于成家和南宋之间入杏花河。1979年，马四干渠南延至青阳镇马埠店村东，改称马四干运河。

马四干运河几经治理，分为四段：北段从小清河至孙家，长14千米；东延段从孙家拐弯至新民河，长15.4千米；延伸段从王驼顺杏花河至隘阜口北，长6千米；南延段从孙家至马埠店北，长9.6千米。全长45千米，灌溉面积13万亩，排洪流量40立方米/秒，总流域面积118平方千米。

马四干运河沿途与6条东西向河道相连：东岸在九户村西有利民河，在魏桥镇孔家村西有安袁河，在明集镇邢家村南有郑马河东段；西

图2-13　马四干韩店段　（2016年摄）

岸在九户镇秦家村有商秦沟，在魏桥镇薛官村北有东水西调沟，在孙家村南又与郑马沟西段沟通。运河南延段于明集镇成家村南，东段于韩店镇小宋家村南分别穿杏花河，东延段于东王村穿南北向六六河，至崔家村西沟通新民河，从而构成引清灌区东部系统。

郑一沟 原名段清沟，源于芽庄湖。1965年底开挖，至1982年先后4次疏浚和加宽，现河底宽6米，深5米，全长17.7千米，行洪流量30立方米/秒，流域面积49平方千米。

郑一沟自芽庄湖由南向北，流经明集镇段桥村东至魏桥镇大碾村，斜贯魏桥镇南部，经吴家、刘井、郑家、粉张、张家寨、豆腐赵、于家村入九户镇境，又经丁郭李、刘家寨，至饮马村渡口入小清河。郑一沟河道较直，泄洪流畅。1984年，列为引黄灌区一干渠行水渠道，中游刘井村北有郑马河与之沟通，下游接小清河穿涵引水渠，上游向东拐入一干连接段，与杏花河衔接，成为一条防洪、排涝、灌溉综合利用河道。

魏桥大沟 因位于魏桥镇而得名。据考上游系济水故道北渠。1957年前从章丘县薛渡口至魏桥镇临河村有一小沟渠，名为饮马沟，又名运粮河，是故小清河北支分流。1967年，开掘魏桥大沟，截章丘客水入小清河。1981年秋，拓宽加深，全长12.5千米，境内长度9.8千米，沟口宽24米，深3.5米，底宽7～16米，排水流量32立方米/秒，流域面积68平方千米。

魏桥大沟源于章丘市薛渡口村北，向北经魏桥朱官村、营家村之间入县境，折向东北至临河村西，再转向正北沿枣魏公路西侧至魏桥镇南注入小清河。魏桥大沟主要排泄章丘市客水，并可利用小清河倒灌提水灌溉，可控制灌溉面积1万余亩。

路清沟 1967年开掘，因源于码头镇路家村西南，折东南注入小清河得名。张桥引黄工程建成后，由码头镇大寨村北新控河道至魏桥镇崔八村南接路清沟，路清沟更名为一干排。一干排上接章丘市陈家窑大流沟向东南，经本县码头镇大寨村北、肖家村东折向东北，又至李家码头村北折向正东，再至崔八村南折向东南，至来牛村东注入小清河。干渠底宽3～5米，深2米，全长14.4千米，流域面积43平方千米，排水流量13立方米/秒。

章历齐排水沟 又名大沙流，原为黄河一决口故道，上游起自历城区范家村，经章丘市高官寨、黄河（地名），于赵奉站入小清河，全长24千米，县境内长4.1千米，排洪量30立方米/秒。1952年开挖，1968年，展宽加深；1970年，章丘县境内一段改道，经水寨乡辛丰村入小清河。

图2-14 章历齐排水沟 (2016年摄)

章齐排水沟 源于章丘县旧军，以排泄洼潦之水，1950年开挖。章齐沟从邹平县魏桥镇孙家村南入境，至五龙堂北入小清河，境内长度1.3千米，过水流量30.8立方米/秒。

杏花河水系

1986—2005年，河道未治理。

杏花河 古名环河沟，又名清河沟、杏花沟。为排泄古浒山泺积水一条小沟，每逢雨季常成水患。清光绪二十三年（1897年），知县桂麟令掘清河沟，引水北注新清河。民国24年（1935年）春，邹平实验县政府征集民工疏浚，适值杏花落红，随水漂泛，遂更名为杏花沟。中华人民共和国成立后，杏花沟经多次整修治理，排水能力大大提高。1966年，改称杏花河。

杏花河源出芽庄湖，上接章丘漯河客水，自浒山闸沿明集镇南部流向东，至青龙山北首折向东北入韩店镇境，经上口村、甲子、张家、东白至孙镇霍坡南折向东行，又至袁家屋子再转东北经徐王屋子，沿孙镇与焦桥镇界至孙镇有里村东，转至焦桥镇张官村北穿胜利河入桓台县境，至金家拦河闸注入小清河。县境内总长 33 千米，流域面积 425 平方千米。河道上口宽 40 米，底宽 24 米，平均深 4 米，堤距 70 米，防洪水位一般 10.4 ～ 17.97 米，最大行洪流量 100 ～ 150 立方米 / 秒。

杏花河在县境内上接芽庄湖，下有 9 条河道汇入。分别为五十米大沟、黛溪河、郑马河、六六河、长白沟、新民河、安袁河、利民河、刘套大沟，除黛溪河为自然形成的排洪河道外，其他均为人工开掘排灌两用河道。

图 2–15　杏花河孙镇段　(2016 年摄)

五十米大沟　1968 年开挖，上接芽庄湖东堤分洪闸，向东至浒山泺围堤西入杏花河。因沟堤距宽 50 米而得名。沟深 2 米，全长 4.5 千米，泄洪流量 40 立方米 / 秒。

黛溪河　古名沙河，《齐乘》称蒙水，因源于摩诃山下黛泉，又汇诸涧溪水，故名黛溪河。

黛溪河系邹平县南部山区自然形成的排洪河道，发源于以摩诃山为中心的诸山峪，上游分 2 大支流：一条汇西董镇西峪、八柱台、大马峪和上下回诸峪之水，经由家河滩、尚庄至西董村西，向北至崔家营南；另一条汇杏林、会仙以南诸涧之水，经黄家河滩、南石至崔家营南，与南来支流汇合，穿于兹山、印台山之间，北流绕县城折向西北，至上口村西南入杏花河，总长 23.6 千米，流域面积97.5平方千米。1958年以前，涓涓细流(约 0.3 立方米 / 秒)，长年不断。汛期洪流直下，过水流量达 110 立方米 / 秒。因河道纵坡大，流速急，经常泛滥成灾。自 1958 年，经过多次治理，中上游建起水库塘坝，雨水偏少之年，黛溪河水断流。1986—2005 年，黛溪河雨水较多年份有流水。

图 2–16　黛溪河　(2000 年摄)

图 2–17　黛溪河　(2003 年摄)

长白沟　原系古河道。1916 年开挖，因流经原长白乡而得名。此沟源于芽庄湖，经许道口、牛官村，向北折至孙镇官庄村，再经王伍农场南入杏花河。后马四干运河、郑马河开通，苏家桥以西河段遂废。

新长白沟为东西流向，西起魏桥镇崖镇东，东至韩店镇徐王屋入杏花河，全长 11.5 千米，流域面积 22 平方千米，沟宽 15 米，底宽 4 米，深 2.5 米，行水流量为 5.4 立方米 / 秒。

图 2–18　长白沟　(2016 年摄)

郑马河　1966 年开挖。东西流向，上接郑一沟，东流经窝村北至韩店西北入杏花河，全长 8.5 千米。因源于魏桥镇郑家、马庄 2 村附近而得名。1970 年，马四干运河南延截穿郑马河，分为东西 2 段。郑马河河口宽 20 米，底宽 4 米，深 3 米，过水流量 7.5 立方米 / 秒，流域面积 25 平方千米。

六六河 1966年开挖，故名六六河。南北流向，南起滕家洼，北至袁家屋子入杏花河。全长 8.5 千米，河口宽 20 米，底宽 6 米，深 3.5 米，过水流量 13.5 立方米 / 秒，流域面积 45 平方千米。

图 2-19 六六河 （2016 年摄）

新民河 系 1952 年开挖县内第一条人工改道河。起于县园艺场北，南北流向，北流经西言礼、旧口、朱家套至李套村西北入杏花河，全长 16.5 千米。河口宽 24 米，底宽 6 米，深 4 米，过水流量 21.6 立方米 / 秒，流域面积 80 平方千米。

安袁河 1949 年开掘，东西流向，原名安辛沟（安祥至辛集）。1965 年，重新开挖安袁河，上接魏桥镇孔家村西马四干运河，东流经九户镇成家村、安祥村南，再经孙镇王伍农场南至辛集村东南入杏花河，全长 14.2 千米，河口宽 16 米，底宽 6 米，深 2.5 米，过水流量 22.4 立方米 / 秒，流域面积 74.5 平方千米。

利民河 1965 年开挖，原从九户村北利用马四干运河的一分干渠，经水牛韩南接马四干运河，向东经刚斧寨南利用鬼子沟（现称反帝沟），再至爱东村折东行至孙镇范家村西北，东行经孙镇村、大三户、潘刘村至车郭庄后入杏花河，全长 19 千米。1970 年，河道改从范家村南，西经都路平，至九户村西，与马四干运河相接，范家村西北原河道废。现利民河口宽 20 米，底宽 6 米，深 3.5 米，过水流量 24 立方米 / 秒，全长 15.2 千米，流域面积 80 平方千米。

刘套沟 1983 年开挖，源于焦桥镇大成北洼，至杏花河，全长 4.1 千米，宽 20 米，深 3 米，排洪流量 2.2 立方米 / 秒。

孝妇河水系

1986—2005 年，河道未治理。

孝妇河 源于淄博市博山区凤凰山神头村，北流经淄川、马尚，至周村区大七里庄北入县境，流经县境东部，绕长山镇驻地，经永池、甘埠、吕家，再北行经毛张、赵旺、西夏，至北绳东行入桓台县境，注入麻大湖。县内流程 22.9 千米。流域面积 172 平方千米。

孝妇河古名孝水，又称袁水、笼水，清代始称孝妇河，是自然形成的排洪河道。境内河道弯曲，下游窄浅，堤防单薄，汛期经常泛滥。中华人民共和国成立后，裁弯取直，扶堤加固，防洪水位 30.8 米，防洪流量为 660 立方米 / 秒。1960 年，淄博市在上游修建萌山水库，截住流水，河道渐趋干涸。70 年代后，淄博工矿区废水大量排入，河道遭受严重污染。

图 2-20 孝妇河长山段 （2015 年摄）

孝妇河在县境内主要有 5 条支流，由上而下分别为胜利河、潴龙河、新月河、老坞河、泔沟河。

胜利河 系孝妇河分洪河道，始挖于 1950 年，取胜利建国之意。河道南起高新街道吕家村东，由胜利闸连接孝妇河，北行纵贯焦桥镇中部，于四马村北东折至桓台金家渡口入小清河，全长 21 千米。1966 年，杏花河改道占用胜利河辛庄东一段河道，为解决洪、涝分排，胜利河在邹平与桓台边界拐弯处改道，通过青沙湖入小清河。改道

后胜利河全长17.5千米，河口宽25米，深3米，行洪流量为160立方米/秒，流域面积17平方千米。

胜利河河道宽直，泄洪流畅，汛期可开胜利闸分泄孝妇河洪水。

潴龙河 原系白云山北麓自然形成排洪河道，弯多狭窄。古时注入笼水，故名注笼河，谐称潴龙河。源自西董镇杨家峪，向东北流经西庵、乔家、代家、大河崖、礼参，转西北行，至颜桥转东北行，经旧口至朱家套注入杏花河。河宽7米，深2米，全长33千米，过水流量30立方米/秒，流域面积158平方千米。

1964年冬，潴龙河改道，由代家村南经二槐东北行，经黑土、大小菓园、乐礼村至长山镇茶棚南入孝妇河。新潴龙河底宽6米，深3米，过水流量40立方米/秒。全长17.5千米，流域面积28平方千米。自改道后，代家以下原河段遂废。

新月河 古称月河，原名白条沟，是一条古河道。纳南山之涧水，至见埠、柳泉一带合流，北至月河村北，曲流于黄山东南，如月半规，故名月河。再东北行至新民村北，至三岔河入潴龙河。原河道是条小沟，深不到2米，底宽0.5米，春冬仅有一线细流，过水流量15立方米/秒。1965年秋，整修月河，加深加宽，由石家村东改道注入孝妇河，始称新月河。新月河自黄山街道杨寨向北，经月河、石家向东至高新街道莲池、祉房、邓家折东北至山旺埠东入孝妇河。新月河底宽8米，深2.5米，全长12.5千米，过水流量40立方米/秒。新月河主要拦截南部岭坡洪水，减轻杏花河排洪压力，属季节性河流。

老坞河 老坞河本为古时水下游故道，1976年改为创业河，为孝妇河一支流。源于苑城村西，东西流向，流经西庄、苑城、小张、董家、后麻、演马，至柏林南入桓台县境后注西潴龙河。河道上口宽20米，底宽8米，深3.5米，全长7.6千米，过水流量40立方米/秒。

老坞河有5条分支，即胜利渠、董家西沟、董家东沟、双庆沟、循环沟等，均系人工开掘的排灌两用河道，总长18千米。

泔沟河 又名鱼子沟，源于白云山南麓，东流由临池镇南北寺，至大临池东北和古城西经淄博市周村区，至沈家庄再入县境，于长山城西南入孝妇河。泔沟河宽20米，深4米，全长26.5千米，县境内长9.5千米，过水流量30立方米/秒，流域面积42平方千米。该河系排洪河道，全年多处干涸状态，雨季方见流洪，途径周村区的河东、丁家、周村和县内古城4座水库。

第二节 湖 泊

浒山泺

浒山泺非常滞洪区位于芽庄湖以东、杏花河以南、青阳镇以北的自然洼地，主要蓄芽庄湖非常洪水。浒山泺非常滞洪区始建于1950年，湖区总面积10.8平方千米，湖堤长度19.5千米，设计滞洪量1545万立方米，现状滞洪量不足500万立方米。湖底高程15.5米，设计蓄洪水位18米。1986—2005年，由于芽庄湖水量较小，未启用。

芽庄湖

芽庄湖蓄滞洪区位于章丘市与邹平县交界处，西接章丘市芽庄，南靠西董村，东濒浒山泺，北堤面对段桥洼。芽庄湖蓄滞洪区始建于1952年，湖区总面积5.6平方千米，其中邹平县面积3.3平方千米，湖堤长度10.1千米，主要接纳章丘漯河来水，保障下游杏花河行洪安全。湖底高程16米，设计蓄洪水位19.16米，相应容积1300万立方米，其中邹平县750万立方米。1996年，在蓄滞洪区内实施上粮下渔工程。2000年后，断流。

青沙湖

青沙湖蓄滞洪区位于县东北21千米，小清河、胜利河、杏花河3河交汇处，跨滨州、淄博两市，右岸为桓台县，左岸为邹平县。青沙湖蓄滞洪区始建于1966年，湖区总面积11.6平方千米，其中县境内面积3.9平方千米，湖堤长度13.8千米。湖区设计总滞洪量2476万立方米，现状总滞洪量1688万立方米，县境内滞洪量不足800万立方米，湖底最低高程9米，设计蓄洪水位12米。主要接纳上游孝妇河、胜利河洪水，分担小清河防洪压力。1986—2005年，蓄水量较少。

码头平原水库

码头平原水库位于三合村南，崔巴村西。1996年5月12日，举行开工奠基仪式，规划占地面积6320亩，库容1200万立方米。2001年建成。

图 2-21 2001年建成的码头平原水库

韩店平原水库

韩店平原水库西至言礼西渠，东至新民河，苏实路以南200米，金玉大道以北500米，占地6600亩，设计库容4500万立方米，年供水能力1亿立方米，总投资1.7亿元，一期工程2003年3月始建，2003年10月竣工蓄水，二期工程2005年3月始建，2005年10月竣工蓄水，韩店平原水库由邹平黄河河务局和邹平水务局共同兴建，邹平黄河供水有限公司进行管理。

图 2-22 2003年10月竣工蓄水的韩店平原水库

第三节 水 文

邹平县内河道水文观测主要以黄河洛口水文站、孝妇河马尚水文站资料为参数，参照县内3处河道管理所（小清河、杏花河、孝妇河）历年汛期观测水位、流量来掌握几条主要河道水文变化。

黄河在县内一段历年平均来水量在44.16亿～961.4亿立方米之间，历年平均流量1396立方米/秒。最大洪水期流量11940立方米/秒，出现在1958年。1964年，最大年径流量达961.4亿立方米，最大流量8400立方米/秒，出现在7月31日。1997年，最小年径流量为44.16亿立方米。1986—2005年，洪水减少。黄河1972年第一次断流，1997年，断流226天，断流长度704千米。1986—2005年，黄河水含沙量19.97千克/立方米，年平均输沙量3.45亿吨。黄河水水质良好，矿化度一般在0.3～0.4克/升。

小清河发源于济南，全长237千米，流域面积10572平方千米。流经码头、魏桥、台子、九户、孙镇、焦桥6镇，东至胜利河入口，全长46千米，单堤长68.978千米，流域面积1151平方千米。1996年，按照省委、省政府的部署及省里的统一规划，对小清河干流进行了全面治理，小清河的防洪能力由5年一遇提高到目前20年一遇，泄洪能力得到增强。小清河水土流失在各支流的上游山地区较为严重，多年平均悬移质含沙量在1.5～2.0千克/立方米之间，下游平原区含沙量较小，一般不超过1千克/立方米。

杏花河发源于章丘市东巴漏河及其减洪坝以下漯河之水，入芽庄湖，经浒山闸，斜穿邹平县向东北，经张官穿涵后，入桓台县境至金家堰闸以东入小清河，全长39.43千米，其中邹平县境内长33.4千米，境内流域面积425平方千米，流经青阳、黛溪街道、明集、韩店、孙镇、焦桥。据1952—2000年降水资料分析，流域内多年平均降水量为617.3毫米。降水量年际之间变化较大，年降水量1964年最大，为1053.1毫米，1989年最小，为281.3毫米，丰枯比为4.21。降雨量年内分配不均匀，主要集中在7月、8月。降水量地域分布不均，南多北少，山区最多。

孝妇河起源于淄博市博山区凤凰山，流经博山、淄川、张店、周村、邹平、桓台等区（县），在桓台县起风镇华沟村入麻大湖，河道全长135.9千米，流域面积1733平方千米，孝妇河流经邹平县长山镇、高新街道、焦桥，县境内长22.9千米，流域面积172平方千米；该河在高新街道吕家村东侧分支为胜利河，分泄孝妇河洪水北流，在邹平、桓台两县边界入小清河，长17.5千米，流域面积267.19平方千米。孝妇河为山丘平原混合区，上游为山丘区，坡度陡流量大；下游为平原区，比降缓流量小。洪水过程多出现涨猛落缓的趋势，洪水持续时间2～3天，其中涨水过程一般5～10小时，落水历时较长一般1～2天。

第五章　土壤　植被

第一节　土　壤

土壤形成是气候、地形地貌、母质、水文条件、植被和人类农业生产活动综合作用的结果。依据土壤发生学分类原则，综合考虑自然和社会成土条件、成土过程及属性，邹平县土壤分为3个土类。

褐土

面积688779亩，占全县土壤面积的44.89%。南部是地形起伏平缓、高度不大的低山丘陵，母岩为中基性岩，山麓阶地和山前平原主要是母岩风化物的冲积物及其与黄山相掺的混合物，自然植被以落叶阔叶林为主，伴生有旱生森林和灌木植物，在漫长的季节性干湿交替、雨水集中淋溶及生物作用下形成褐土。该土类因成土过程不同共分4个亚类。

褐土性土亚类　面积89924.8亩，占土壤面积5.85%，是全县质地最差土壤类型。分布在山丘中上部，坡度大，杂草随土层变化区域丛生，间有疏林草地或裸岩石砾地，成土母质为残积物或坡积物，土壤直接发育在硬石底或半风化母岩上，剖面发育不完全，无土层，微地形变化多样，造成土层呈高薄尘洼厚的分布规律，一般在30厘米左右，表层含砾石30%以上，植被依地形、土层厚度而异，细土质地多为中壤，水土流失严重，水分极缺，种植业不能利用，仅适宜于发展水源林和牧草。

褐土亚类　面积215877亩，占土壤面积14.04%。主要分布在山丘中下部水平梯田、近山阶地和近山平原上。自然植被良好，侵蚀较轻，多为耕种历史悠久的农田。土体深厚，剖面发育良好，分为明显耕作层、黏化层和钙积层，耕层以下紧实的犁底层，黏化层深厚，棱柱结构附着明显的假菌丝体，表层质地为壤质，耕性良好，通透性强，自然肥力高，适种性好，是较好土壤类型。但潜水较深易受旱害，梯田宜发展林果，近山阶地宜发展旱作农业，平原可发展高产农田。

淋溶褐土亚类　面积51738亩，占3.37%。主要发育在近山阶地和近山平原上。剖面发育良好，层理清晰，1米之内无钙积层，无假菌丝体，黏粒的机械作用强烈，黏化层深厚，结枞呈棱柱状，附有黏粒胶膜，土体紧实，表层质地为中壤，除个别地块有砾石夹层对作物影响大外，其余适合一般作物正常生长，是较理想土壤。

潮褐土亚类　面积331239亩，占土壤面积的21.55%。主要分布在山前缓平地上，具有一般褐土特征，黏化作用仍是其主要成土过程，心土层较黏重，土壤受潜水升降作用，剖面下部生成锈斑和铁锰结核，表层多为中壤，犁底层保紧实，土体构型多为蒙金型，耕性良好，养分含量丰富，各肥力因素协调，保肥蓄水性能好，为本县最好土壤，宜种植各种作物。

潮土

分布在北部及西北部黄泛平原上，面积819532.7亩，占土壤总面积53.31%，是在黄河冲积物上受潜水作用和耕作活动影响形成的潮土土类。成土过程复杂多样，母质颗粒粗细不仅在平面分布上有分选差异，而且在同一剖面中也有不同质地层次排列。但各发生层质地和色泽均一，中下部有明显锈纹斑、细小铁锰结核和砂姜。剖面石灰反应强烈，土体构型极其复杂，pH 值在 7.0 ～ 8.0 之间，根据潜水作用程度分为 4 个亚类。

褐土化潮土亚类　面积 22955.5 亩，占土壤面积的 1.49%，主要分布在河滩高地上，高程 16 ～ 18 米，潜水埋深 4 ～ 8 米，受潜水作用较弱，表土为中壤，心位有假菌丝体和不甚明显的锈纹锈斑，养分含量低，适耕性强，生产性能较好。

潮土亚类　面积 654379.7 亩，占土壤面积的 42.58%，黄泛区广泛分布，是潜水条件大致维持土壤水盐平衡状况时形成。高程 12 ～ 19 米，潜水埋深 1 ～ 8 米不等，所处地貌类型复杂，潜水多为矿化水，土壤受潜水作用较强，当土壤水盐来量大于去量时，形成盐化潮土，反之则向褐土化潮水方向发展。因表层质地、土体构型复杂多样，其理化性质和生产性能，有显著差别。以壤质潮土土属面积最大，土壤肥力较高，质地适中，生产性能好；而砂质潮土则肥力低，生产性能低下。

盐化潮土亚类　面积 118007 亩，占土壤面积 7.67%，主要分布于孙镇、九户镇等洼地边缘、洼坡地和码头镇、台子镇背河核槽状洼地上，潜水埋深 1 ～ 2.5 米，多为矿化水或强矿化水，土壤含盐量 0.2% ～ 0.8%，表土多为沙壤或轻壤，植被为碱生植物，土壤瘠薄，板结，地温低，含盐量高，影响种子萌发和作物生长发育，春季久旱适逢小雨，地表盐分随水下渗到根系部位，根系发生外渗现象而致死，故生产性能很差。

湿潮土亚类　面积 24189.6 亩，占土壤面积 1.57%。分布于孙镇东部交接洼地和芽庄湖东缘，是在较长期或季节性积水和较高潜水条件下，附加沼泽化成土作用形成的一种潮土。土壤为静水沉积物。地势低洼，排水不畅，雨季易涝。土壤剖面上部较深暗，土质黏重，底土可出现潜育层，色淡，呈灰色或蓝灰色。

砂姜黑土

面积 28887 亩，占土壤面积 1.88%。镶嵌于山前倾斜平原中下部，主要分布在好生镇、西董镇、黄山街道 3 个镇、街道交界处，在长山镇与桓台县交界处也有零星分布。是在沼泽草甸土基础上发育而成。黑土层是沼泽草甸过程生物作用的结果，地形平坦低洼，地下水排泄不畅，黏圭矿物以蒙脱为主，土体胀缩性大，干缩湿涨，旱易跑墒暴雨易内涝。其剖面特征是：表层为后期覆盖壤质土，厚度一般 20 ～ 60 厘米，下为黑色黏重坚硬“黑土”层和灰黑色潜育层及砂姜层，潜育层和砂姜层常同时并存，一般 1 米左右出现砂姜层，上层石灰反应微弱，底层碳酸钙明显聚积，土壤棱柱状结构，并附黑色胶膜。

表层质地

邹平县境内土壤层质地以中壤土为主，其次是轻壤和沙壤土，再次是重壤土，砾石土也有少量分布。

中壤　全县各镇、街道均有分布，面积 768972.5 亩，占总面积的 50.02%，其质地透水慢，透气弱，黏着性和可塑性较强，土质紧密，宜耕期短，耕作阻力大、前劲小且不易保全苗;后劲大，作物产量反而较高。

轻壤　除去西董镇、好生镇外，其余各镇、街道均有分布。面积 321161.7 亩，占总面积 20.89%。其质地、水、气、热状况协调，酥绵软，是较好一类土壤。

沙壤　土质松散，耕作阻力小；发小苗不发老苗；有前劲，少后劲。面积 206563.6 亩。占总面积 13.44%。主要分布在魏桥镇、码头镇、台子镇和九户镇。

重壤　通气、透水能力差，保水、保肥能力强，养分含量高。除长山镇和高新街道外没有分布外，其余各镇、街道都有分布。面积 166593 亩，占总面积的 10.84%。

砾石　分布于县南部山区临池镇、西董镇、青阳镇、黄山街道、黛溪街道 5 镇、街道境内和好生镇部分。地形高、坡度大，侵蚀重，砾石多，旱情重，漏水，漏肥，抗旱能力差。面积 73907 亩，占总面积的 4.81%。

土体结构

邹平县土体构型共 21 种，以均质壤土为多，次为厚黏腰、厚黏心，均质壤土增产潜力大，面积 476348 亩，占全部面积 30.99%；厚黏腰高产土体构型，面积 19.13 万亩，占总面积 12.45%。

邹平县土体构型分布面积一览表

表2-5-1

类型			土体结构			分布
类型	面积（亩）	占土壤面积（%）	名称	面（亩）	占土壤面积（%）	
侵蚀薄体型	96943	6.31	极薄层硬石层	30105	1.96	低山丘陵最上部
			薄层硬石底	43802	2.85	低山丘陵上中部
			中底硬石底	16017	1.04	低山丘陵中上部
			中层	7019	0.46	低山丘陵中上部
夹砾型	9008	0.59	厚砾石心	2473	0.16	黛溪街道、黄山街道、临池镇、青阳山前
			厚乐石腰	6535	0.43	黛溪街道、黄山街道、临池镇、青阳镇、西董山前
均质型	692778	45.06	均质砂	130951	8.51	九户镇、魏桥镇、台子镇、码头镇
			均质壤	476348	30.99	遍及全县
			均质黏	85479	5.56	黛溪街道、黄山街道、好生镇、长山镇、韩店镇、明集镇、青阳镇、焦桥镇、孙镇、九户镇、魏桥镇、台子镇、码头镇
夹砂型	172563	11.22	砂体	63815	4.15	韩店镇、九户镇、魏桥镇、台子镇、码头镇
			厚砂心	2645	0.17	长山镇、焦桥镇
			黏体	106103	6.90	高新街道、长山镇、韩店镇
夹粘型	507945	33.04	黏体	129105	8.40	九户镇、明集镇、魏桥镇、焦桥镇、韩店镇、孙镇、台子镇
			厚黏心	165440	10.76	除魏桥镇外遍布全县
			薄黏心	1757	0.11	码头镇
			薄黏腰	20316	1.32	魏桥镇、码头镇
			厚黏腰	191327	12.45	除焦桥镇外遍布及全县
混合型	57967	3.78	厚壤腰	12315	0.80	魏桥镇、台子镇
			砂心黏腰	14989	0.98	魏桥镇、码头镇、台子镇、九户镇
			薄黏心砂腰	1026	0.07	台子镇
			黏心砂腰	29637	1.91	孙镇镇、九户镇、魏桥镇、台子镇、码头镇
合计	1537204	100		1537204	98.07	

第二节 植 被

县境内有低山、丘陵、平原、河滩等多种地貌类型，植物资源较丰富，有木本植物63种，分属26科，47属。属暖温带落叶阔叶林区，森林植被以落叶阔叶林为主。受地貌影响，境内植被分为自然植被和人工植被2个植被区。

自然植被

自然植被以灌草丛植被和山区自然林木为主，多分布在境内平原地区河岸、地头、沟边、田坎及南部低山丘陵地区岭坡、崖边、渠旁、沟坡和南部长白山区域内。北部黄泛平原河滩、沟坡杂草多为麦蒿、荠菜、马唐、芦苇、羊胡子草、蒿草、茅草、节骨草、蒲公英、三棱草、苦菜、青青菜、蓬棵、蒺藜、墩草、灰菜、马齿苋、拉拉秧等温带杂草。低山丘陵地区自然植被主要为苔藓、地衣、裸子植物、藻类植物、真菌植物、被子植物等，覆盖率低。山丘地区草本植物主要为白草、黄背草、拐草、狗尾巴草等耐旱杂草。木本乔木植物少，主要有零星黑松、刺槐等，麻栎、毛白杨、臭椿、苦楝、胡枝子、栾树和山合欢也有分布。灌木和藤本植物主要有黄荆、酸枣、柘树、杠柳、连翘、野葡萄、柽柳、紫穗槐等，落叶灌木主要有酸枣、荆条等。

人工植被

主要分布在低山岭坡、近山阶地和沟、渠、路、河道两旁及庭院四周。山丘地区多为针叶林、阔叶林混交林，主要以侧柏、刺槐、黄荆、酸枣为多，林下间生紫穗槐、白蜡等灌木。间有柿树、杏树、软枣等少量经济林树种。其中刺槐、侧柏是山区分布最广、生长较好的防护林树种。山前倾斜平原地区植被良好，木本植物多为阔叶乔木，有黑杨、白杨、刺槐、侧柏、朴树、桑树、构树、苦楝、臭椿、苹果、桃、杏、梨、山楂、核桃、板栗、香椿、柿子、枣等。县境北部和西北部黄泛平原地区多为人工栽植经济林果树、防护林和农田林网，树种以白杨、柳树、刺槐居多。四旁植树主要有毛白杨、杂交杨、速生杨、泡桐、法桐、白榆、国槐、楸树、椿树和桃、杏、柿、梨、枣、桑、葡萄、苹果等。主要作物有小麦、玉米、大豆、谷子、地瓜等粮食作物和棉花、花生、蔬菜、瓜果等经济作物。

1986年初，全县林地面积163441亩，农林间作面积60109亩，农田林网面积451916亩，四旁植树1143万株，全县林木覆盖率13.2%。1999年6月至2000年9月进行普查工作。结果：林业用地面积550734亩，占总面积29.3%，林网化面积96466.5亩，林网长度3002.9千米，“四旁”植树214.7万株，森林覆盖率16.2%。2005年，林业用地面积295795.5亩，森林面积253540.5亩，灌木林面积429亩，疏林地面积379.5亩。全县森林覆盖率24%。

县城市绿地植被方面逐步引进观赏性强、绿叶时间长的海棠、紫叶李、雪松、银杏、女贞、龙柏、玉兰等多种植物和人工草坪，森林覆盖率提高。

第六章 气 候

第一节 气候特征

邹平县地处鲁北平原与鲁中山区交界处，属东亚暖温带大陆性季风气候，受自然地理环境、太阳辐射和季风影响，形成气候温和、四季分明、雨量集中的基本气候特征。邹平县大陆度指数为62.7，县境内光照充足，热量丰富，无霜期较长。但由于降水集中，旱涝灾害常有发生，以旱灾居多。年内风向变换比较明显，累年平均最多风向为东南风，冬季多西北风，春季以西南风居多。

冬季

（12月至次年2月）受极地大陆团形成的蒙古高气压控制，盛行偏北风。平均气温最低，平均气压最高，气候寒冷干燥，雨雪稀少。该季是蒙古高压鼎盛时期，也是全年最冷、降水最少季节。

春季

（3—5 月）是由冬季到夏季过渡季节，太阳辐射渐增多，南北气流相互影响，蒙古高压逐渐减弱，西太平洋副热带高压和大陆热低压逐渐增强，暖空气势力不断加强，降水逐渐增多，蒙古气旋活动仍比较频繁，发展强烈，常与海上高压形成东高西低的形势。受此影响，县境内春季常出现大风天气，尤其以西南大风居多。冷空气这时不如冬季强盛，仍有一定影响，还会出现降温和晚霜冻天气，有时还会产生雷阵雨、冰雹等天气。由于春季水汽条件还不很充足，此季降水仍较少，但温度回升较快，风力大，蒸发比较强，易发生春旱。

夏季

（6—8 月）蒙古高压已经北退，逐渐受西太平洋副热带高压影响，县境内在暖湿东南季风控制下，温度高、湿度大，常形成大量降水。7 月初进入雨季，盛行偏东风，仅 7 月、8 月两个月降水量就占全年一半，个别年份形成洪涝。由于降水不稳定性和不均匀性，伏旱时常发生。夏季气温较高，季内各月平均气温都在 25℃以上，7 月最热，平均气温 27℃。另外夏季偶尔有台风侵袭，会带来大风和暴雨。

秋季

（9—11 月）是夏季到冬季过渡季节，受极地大陆气团控制，蒙古高压又重新建立并日益增强。此期太阳辐射逐渐减弱，冷空气势力逐渐增强，气温迅速下降，降水减少，日照充足，常出现秋高气爽的晴朗天气。也有个别年份暖气流南撤迟缓，出现秋雨连绵天气。

第二节 气 温

据 1986—2005 年邹平县气象资料统计，历年平均温 13.8℃，1998 年、2002 年最高 14.8℃。1984 年、1985 年最低 12.4℃。最高年与最低年相差 2.4℃。年平均最高气温 19.5℃，平均最低气温 7.9℃，平均日较差 1.6℃。

一年内冬季以 1 月为代表月，气温最低，1 月平均气温 -2.1℃；春季以 4 月为代表月，回升较快，4 月平均气温为 15.3℃，夏季气温最高（以 7 月为代表月），7 月平均气温为 27.0℃，秋季气温又逐渐下降（以 10 月为代表月），10 月平均气温为 14.6℃。历年气温年较差为 29.1℃，历年最大年较差为 32.5℃，最小年较差为 27.0℃。

历年极端最高气温 43℃，出现在 2005 年 6 月 23 日。

历年极端最低气温 -25.1，出现在 1959 年。

日最高气温≥ 35℃的炎热天气，年平均日数为 12 天，1997 年和 2002 年最多出现 24 天。

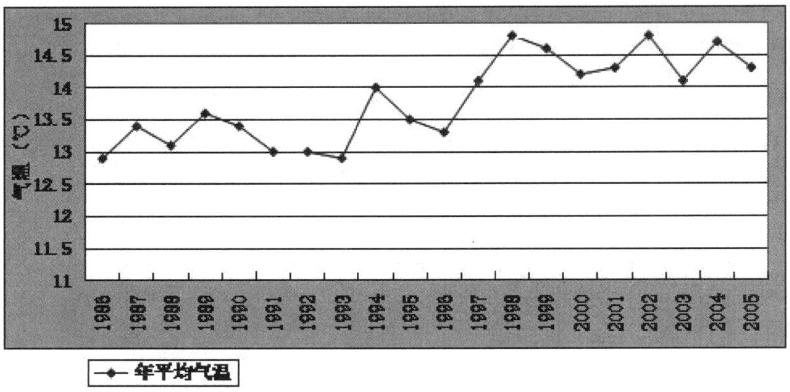

图 2-23 1986—2005 年邹平县气温变化折线图

日最高气温≥ 40℃的酷热天气极少出现，2005 年 6 月出现 3 天。

日最低气温 -10℃的寒冷日数年平均为 13 天，最多为 31 天（1981 年冬季）。1999 年、2002 年冬季没有出现≤ -10℃的天气。

日最低气温≤ -15℃的严寒日数极少出现，30 年出现 3 天，近几年没有出现≤ -20℃严寒天气。

第三节 降 水

邹平县历年平均降水（降雨、降雪）量 611.6 毫米，2004 年降水量 953.8 毫米，1989 年 281.3 毫米。一年中，冬季降水量最少，平均 24.4 毫米，季中又以 1 月降水量最少，平均 6.5 毫米。春季降水量 94.9 毫米，3 月仅为 14.5 毫米。夏季降水量 377.4

毫米，占全年降水量的61.7%，其中7月降水量149.4毫米。秋季降水量114.8毫米，占年降水量的18.8%，以9月最多，平均降水量63.6毫米。

年平均降水日数（日降水量≥0.1毫米）73.6天,7月最多,平均为12.5天,1月最少,平均3.0天。

日降水量≥5毫米的年平均降水天数为27.8天。

日降水量≥10毫米的年平均降水日数为17.3天。

日降水量≥25毫米的年平均降水日数为6.9天。

日降水量≥50毫米（暴雨）的年平均降水日数1.9天，2003年出现暴雨最多，出现5天。一年中8月暴雨出现概率最高，其次7月、4月和10月个别年份也会出现暴雨。

1986—2005年邹平县农作物生长积温、降水情况一览表

表2-6-1

温度	平均初日	平均终日	持续时间(天)	期间积温(℃)	期间降水量(毫米)
≥0℃（农耕期）	2月17日	12月6日	293	5077.9	592.1
≥5℃（喜凉作物生长期）	3月15日	11月16日	246	4892.2	571.4
≥10℃（喜温作物生长期）	4月1日	10月29日	212	4583.4	548.2
≥15℃（喜温作物适宜生长期）	4月22日	10月9日	171	4004.7	513.6
≥20℃（喜温作物旺盛生长和安全成熟期）	5月21日	9月13日	116	2952.8	415.7
≥12℃（棉花大田直播要求温度指标）	4月9日				
≥18℃（冬小麦适宜播种上限温度）		9月27日			

日降水量≥100毫米（大暴雨）的降水日数，年平均0.2天，大暴雨出现概率很小。

一日最大降水量累年最大值为129.4毫米，出现在1997年8月20日。

县平均降雪初日为11月29日，最早降雪初日为11月7日（2003年），最晚降雪初日为1月5日（2000年）。

平均降雪终日为3月15日，最早降雪终日为1月23日（1996年、1997年）最晚降雪终日为4月27日(1984年),平均降雪初、终间日数为108天。年平均雪日数为13天,最多为23天,最少为5天。

年平均积雪日数为15.4天，历年最大积雪深度为20厘米（1989年3月3日）。

1986—2005年邹平县气温与降水量情况一览表

表2-6-2

年度	气温（℃）					降水量（毫米）				
	平均	最高	日期	最低	日期	全年	月最多	出现月	月最少	出现月
1986	12.9	36.2	17/7	-14.1	4/1	357.2	111.9	7	0.5	1
1987	13.1	37.5	24/7	-16.5	4/1	572.7	223.9	8	0.2	12
1988	13.4	38.7	13/6	-17.4	5/1	557.7	226.4	7	0.0	2
1989	13.6	37.4	28/6	-11.9	28/1	281.3	94.8	6	1.4	2
1990	13.4	37.0	9/7	-17.2	1/2	847.7	217.5	8	6.3	12
1991	13.0	36.4	20/7	-13.7	23/2	669.2	230.4	7	2.7	2
1992	13.0	39.3	18/7	-15.5	10/1	383.4	92.4	8	5.3	3
1993	12.9	36.8	19/6	-15.7	22/11	754.9	170.8	7	0.9	12
1994	14.0	37.2	28/5	-15.5	19/1	644.3	158.8	8	0.8	1
1995	13.5	36.5	24/6	-12.4	2/2	812.3	297.0	7	0.0	1、12

续表2-6-2

年度	气温(℃)					降水量(毫米)				
	平均	最高	日期	最低	日期	全年	月最多	出现月	月最少	出现月
1996	13.3	38.5	12/6	−12.4	8/1	589.7	173.0	7	0.0	2、12
1997	14.1	39.4	3/7	−15.0	6/1	665.0	182.8	8	2.7	1
1998	14.8	38.5	29/6	−13.0	19/1	674.4	267.9	8	0.8	12
1999	14.6	37.5	2/7	−10.7	20/12	502.1	140.7	8	0.0	12
2000	14.2	37.4	1/7	−12.9	25/1	504.4	111.9	8	0.0	3
2001	14.3	38.2	1/7	−17.2	15/1	501.0	162.5	7	2.9	12
2002	14.8	40.6	15/7	−11.6	28/12	403.9	102.9	5	0.0	2
2003	14.1	38.5	20/6	−12.9	5/1	850.0	201.5	9	10.6	1
2004	14.7	37.8	13/6	−11.5	22/1	953.8	360.1	7	1.1	3
2005	14.7	43.0	23/6	−10.4	31/12	751.9	186.4	7	0.0	1

1985—2005年邹平县降雪初日终日一览表

表2-6-3

年　度	雪初日	雪终日	年　度	雪初日	雪终日
1985—1986	11月8日	3月18日	1995—1996	12月13日	1月23日
1986—1987	12月2日	3月24日	1996—1997	1月1日	1月23日
1987—1988	11月26日	3月23日	1997—1998	11月16日	4月1日
1988—1989	12月18日	3月27日	1998—1999	12月1日	3月21日
1989—1990	11月27日	2月23日	1999—2000	1月5日	2月25日
1990—1991	11月30日	3月27日	2000—2001	11月8日	3月27日
1991—1992	12月7日	3月23日	2001—2002	12月2日	3月5日
1992—1993	11月8日	3月6日	2002—2003	12月6日	3月6日
1993—1994	11月17日	3月12日	2003—2004	11月7日	3月5日
1994—1995	11月14日	3月24日	2004—2005	11月25日	3月10日

单位：毫米

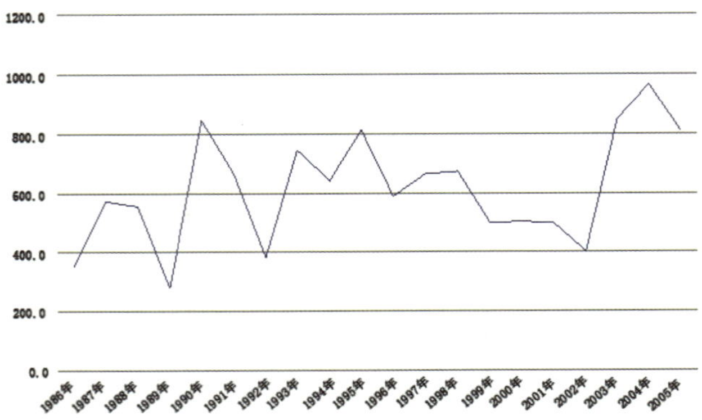

图2-24　1986—2005年邹平县年际平均降水量曲线图

单位：毫米

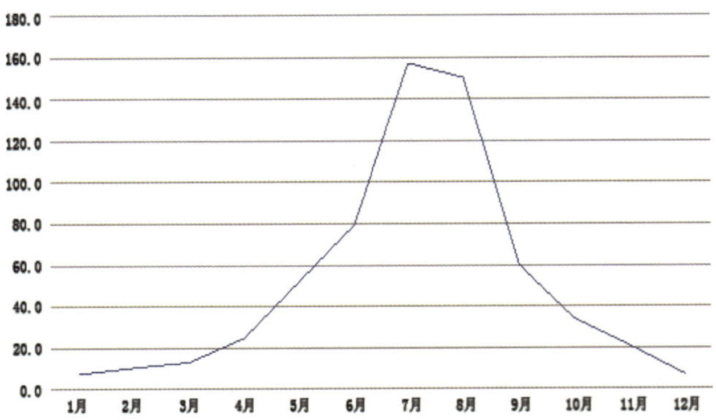

图2-25　1986—2005年邹平县月际平均降水量曲线图

1986—2005年邹平县分时段最大降水量统计表

表2-6-4

年度	各分钟时段最大降水量（毫米）															年暴雨日数
	5	10	15	20	30	45	60	90	120	180	240	360	540	720	1440	
1986	9.9	15.8	17.8	18.7	22.6	24.6	24.7	24.7	24.7	24.7	24.7	24.7	29.6	33.4	37.6	0
1987	7.4	14.7	17.9	20.7	24.4	28.1	28.9	29.5	30.7	44.3	51.7	69.1	83.8	86.5	87.9	1
1988	13.3	20.5	24.7	27.2	30.6	34.9	37.1	37.5	37.5	37.5	45.4	62.9	77.4	82.7	83.1	2
1989	9.1	14.1	18.9	23.1	33.9	40.8	41.5	41.7	42.9	43.0	43.0	43.0	43.0	46.0	46.0	0
1990	7.9	12.2	17.7	20.5	24.8	27.3	28.7	33.7	34.7	47.3	57.1	72.5	84.7	109.4	128.3	1
1991	10.6	20.4	24.7	26.4	31.1	33.5	35.7	39.0	41.3	46.2	53.1	65.3	83.6	84.3	85.8	2
1992	12.0	18.1	20.3	20.7	20.8	20.8	20.9	27.0	27.0	27.1	27.2	30.6	38.5	51.4	78.6	1
1993	10.3	14.2	16.8	19.9	28.6	38.4	42.7	48.6	58.2	60.7	60.8	60.8	74.4	75.4	82.4	4
1994	12.6	22.2	29.1	32.9	33.5	33.5	38.7	42.4	43.7	47.3	47.6	50.0	65.6	65.6	80.6	4
1995	12.4	20.9	29.4	36.7	41.7	49.5	51.7	53.0	53.0	66.1	96.1	97.9	97.9	97.9	97.9	4
1996	12.3	23.0	28.5	37.2	41.8	44.9	45.8	45.9	45.9	45.9	47.4	55.9	63.8	63.9	65.5	3
1997	11.9	18.5	26.4	30.4	32.9	39.5	40.0	42.3	48.6	48.6	59.3	79.9	103.4	120.0	137.8	2
1998	14.9	27.7	39.5	46.1	47.8	49.4	50.2	52.8	56.3	68.2	73.7	73.8	79.6	88.0	88.0	4
1999	11.7	18.3	23.8	27.7	31.5	38.5	43.8	59.7	74.5	83.1	92.5	96.2	99.3	99.7	106.7	1
2000	14.4	20.9	26.9	27.6	29.9	32.3	34.6	34.7	35.3	35.5	36.6	38.9	39.3	39.3	40.6	0
2001	9.5	18.8	23.9	27.9	36.4	52.6	62.1	67.0	67.9	68.4	68.5	68.5	68.5	68.5	68.5	1
2002	9.2	13.7	19.1	25.5	35.2	40.7	42.5	42.6	46.5	50.0	50.1	50.1	50.7	51.3	53.5	2
2003	9.9	16.6	21.5	27.3	38.2	48.1	50.6	52.6	54.3	78.9	94.0	107.7	114.1	114.9	122.4	5
2004	12.3	18.9	25.7	28.9	34.7	39.2	41.0	44.5	46.9	49.7	52.2	57.3	75.3	89.7	106.1	5
2005	10.7	16.2	21.8	23.9	25.4	34.6	41.6	50.5	60.7	67.7	69.6	70.3	74.5	74.6	79.2	2

说明：24小时降水量≥50毫米为暴雨日

第四节 日 照

邹平县年平均日照时数为2615.5小时。常年日平均7.2小时。年最多日照时数2896.1小时，出现在1997年。最少年日照时数2255.5小时，出现在2003年。一年中5月日照时数最多，平均为276.5小时，12月最少，平均为171.5小时。平均日照百分率为59%，年最大日照百分率为65%出现在1997年，年最小日照百分率为51%，出现在2003年。一年中，7月日照百分率最小为50%，4月日照百分率最大为64%，5月和10月次之，日照百分率为63%。春季日照百分率最大为62%，夏季日照百分率最小为54%。

1986—2005年邹平县各月日照时数表

表2-6-5

单位：小时

年度＼月	1月	2月	3月	4月	5月	6月	7月	8月	9月	10月	11月	12月	年总时数
1986	184.2	198.3	222.3	254.1	288.5	265.6	234.2	265.4	262.7	217.5	181.4	154.0	2728.2
1987	166.3	176.4	218.2	277.3	262.2	235.9	239.9	264.1	263.1	209.2	182.4	217.8	2712.8

续表2-6-5

年度 \ 月	1月	2月	3月	4月	5月	6月	7月	8月	9月	10月	11月	12月	年总时数
1988	190.4	189.2	191.5	252.1	280.0	297.0	169.9	266.6	235.5	202.5	245.2	149.3	2669.2
1989	126.7	176.5	244.7	266.1	287.4	227.0	203.2	255.1	186.2	232.6	151.0	127.9	2484.4
1990	150.9	132.2	183.1	248.4	248.3	233.6	210.0	244.7	229.2	260.2	135.5	172.3	2448.4
1991	188.8	138.6	158.2	253.0	224.3	257.3	247.1	215.1	206.1	231.1	224.1	115.0	2458.7
1992	182.7	226.7	163.9	277.3	283.4	280.7	260.2	204.1	190.5	218.1	193.9	128.9	2610.4
1993	187.9	184.3	248.7	248.0	259.0	245.0	188.4	232.4	244.9	234.2	132.3	205.3	2610.4
1994	193.1	173.6	229.3	230.6	279.7	259.8	236.6	210.1	255.3	231.7	106.4	145.5	2551.7
1995	225.4	196.2	226.6	277.3	281.5	238.3	208.9	160.2	190.8	219.0	250.8	213.8	2688.8
1996	183.4	252	208.3	230.1	322.2	236.8	148.2	199.8	227.1	196.5	164.2	185.5	2554.1
1997	203.2	212.3	261.1	279.0	285.8	312.1	272.3	275.9	240.3	280.4	110.1	163.6	2896.1
1998	163.0	162.4	196.8	220.0	230.1	250.4	202.6	214.1	260.4	205.9	200.8	187.5	2494
1999	198.6	198.3	173.6	251.5	285.7	271.0	198.5	247.2	204.6	195.5	195.1	226.0	2645.6
2000	138.7	187.1	274.8	251.5	265.5	252.7	249.9	222.8	237.7	138.6	164.8	169.2	2553.3
2001	134.7	144.9	268.8	240.4	330.7	244.8	227.1	245.6	197.7	185.8	211.9	155.2	2587.6
2002	209.2	187.8	238.9	244.4	239.3	206.2	253.7	244.1	217.6	201.3	210.2	112.9	2565.6
2003	193.9	153.0	178.8	209.7	272.9	226.7	172.2	188.9	161.7	199.4	124.3	174.0	2255.5
2004	190.1	231.2	205.0	251.4	262.1	204.7	198.1	189.9	207.8	222.5	183.7	142.6	2489.1
2005	214.9	151.8	238.0	254.9	298.8	273.5	207.6	236.9	174.5	217.0	200.9	186.4	2655.2

第五节　气压和风、云、雾

历年平均气压为1014.2百帕。一年中以12月气压最高，历年平均为1025.3百帕，7月气压最低为1000.9百帕。气压变化规律表现为上半年逐渐下降，其中3—4月下降幅度最大；下半年（从8月开始）又开始升压，8—9月上升幅度最大；7月达最低值，12月最高值，从形式看，形成较对称“V”字形变化曲线。

1986—2005年邹平县各月平均气压值表

表2-6-6　　单位：百帕

年度 \ 月	1月	2月	3月	4月	5月	6月	7月	8月	9月	10月	11月	12月	年均值
1986	1023.9	1024.7	1016.6	1012.3	1005.9	1002.0	1001.8	1004.3	1011.7	1020.0	1024.6	1025.2	1014.4
1987	1025.2	1023.1	1017.4	1012.5	1008.7	1004.5	999.9	1002.4	1012.0	1016.9	1022.3	1024.5	1014.1
1988	1024.0	1026.5	1019.6	1012.3	1007.2	1001.8	1001.3	1004.9	1012.2	1018.1	1021.9	1025.3	1014.6
1989	1026.3	1024.3	1018.3	1012.0	1007.8	1003.4	1003.3	1005.4	1011.0	1017.6	1025.4	1024.3	1014.9
1990	1027.3	1025.1	1019.2	1010.9	1006.8	1001.5	998.9	1003.5	1011.5	1018.8	1021.2	1024.0	1014.1
1991	1025.9	1023.1	1020.6	1012.9	1008.8	1002.0	998.8	1004.9	1011.1	1016.6	1022.7	1025.5	1014.4
1992	1025.9	1020.3	1021.0	1009.2	1008.2	1004.1	1001.5	1005.5	1010.7	1020.3	1023.0	1024.4	1014.5
1993	1027.5	1021.7	1019.2	1012.9	1008.4	1001.2	1000.9	1005.1	1011.3	1019.8	1022.8	1026.4	1014.8

续表2-6-6

年度＼月	1月	2月	3月	4月	5月	6月	7月	8月	9月	10月	11月	12月	年均值
1994	1021.9	1021.9	1020.3	1010.4	1004.4	1002.6	1000.4	1005.0	1011.0	1018.8	1022.8	1026.9	1013.9
1995	1025.2	1022.8	1016.7	1011.5	1006.5	1002.2	1001.1	1004.8	1012.2	1018.0	1019.8	1027.6	1014.0
1996	1025.0	1025.6	1018.3	1013.8	1009.4	1002.1	1001.8	1006.3	1011.4	1017.7	1023.6	1021.6	1014.7
1997	1025.0	1023.7	1019.9	1014.5	1004.8	1003.6	1001.9	1004.0	1014.0	1017.3	1022.3	1025.6	1014.7
1998	1026.0	1022.3	1019.0	1010.6	1010.2	1002.7	1000.2	1004.0	1010.3	1016.5	1018.8	1025.6	1013.9
1999	1022.8	1022.8	1015.5	1011.7	1007.6	1003.8	1001.6	1004.8	1010.5	1018.3	1021.5	1025.8	1013.9
2000	1028.0	1023.2	1015.9	1009.8	1006.3	1003.6	1000.4	1005.1	1012.0	1018.8	1024.1	1023.4	1014.2
2001	1023.7	1023.2	1014.5	1013.2	1005.9	1001.8	1001.6	1007.0	1013.8	1018.0	1022.3	1029.7	1014.6
2002	1022.2	1022.3	1014.2	1010.2	1008.2	1001.8	999.9	1004.7	1012.6	1016.0	1020.4	1026.9	1013.3
2003	1024.6	1021.7	1019.3	1011.5	1008.2	1001.6	1000.8	1004.3	1010.5	1016.5	1022.8	1025.7	1014.0
2004	1024.8	1018.5	1016.9	1010.0	1005.6	1005.0	1001.1	1005.3	1012.0	1020.2	1021.6	1025.4	1013.9
2005	1024.3	1024.9	1019.2	1009.1	1005.5	998.8	1000.6	1003.6	1012.3	1018.6	1017.7	1026.4	1013.4

风

历年平均风速为 2.3 米 / 秒，上半年风速大于下半年。4—5 月最大为 3.0 ～ 2.8 米 / 秒。8—9 月最小为 1.6 ～ 1.7 米 / 秒。全年大风日数平均为 6.9 天，1978 年最多为 18 天，1996 年和 2000 年最少，仅出现 1 次大风天气。一年中，春季大风日数最多，秋末冬初大风日数最少。

极大风速 29.6 米 / 秒，出现在 2005 年 6 月 22 日，风向为东北风。

县城区最多风向（主导风向）为东南风，其次是西风、西北风和东风，最少风向是北风、东北风。

云

历年平均总云量为 4.8 成，以日平均总云量小于 2 成为晴天，大于 8 成为阴天，则历年平均晴天日数为 110 天，阴天日数为 94 天。一年中，1 月、11 月、12 月晴天最多，平均为 14 天，7 月最少为 4 天。阴天日数以 7 月最多，平均 12 天，1 月最少 6 天。

雾

县境内大雾年平均出现次数为 18.7 天，1990 年最多 32 天，2005 年出现最少为 4 天。

一年中以 12 月大雾出现最多，平均为 3.7 天，3 月大雾出现最少，平均 0.4 天。

1986—2005年邹平县各月平均风速情况表

表2-6-7　　单位：米/秒

年度＼月	1月	2月	3月	4月	5月	6月	7月	8月	9月	10月	11月	12月	年均值
1986	2.5	2.5	2.7	3.1	2.6	2.8	2.2	1.6	2.0	2.0	2.1	2.1	2.4
1987	2.1	2.7	3.2	2.6	2.7	2.2	2.0	1.7	2.2	2.3	2.6	2.1	2.4
1988	1.9	2.1	2.5	3.2	2.6	2.2	1.8	1.3	1.1	1.6	2.6	1.7	2.1
1989	1.6	2.1	3.1	2.3	2.6	2.5	1.8	1.6	1.6	2.0	1.9	1.8	2.1
1990	1.6	1.7	2.5	3.5	2.9	2.2	1.9	1.6	1.7	1.5	1.6	1.8	2.0
1991	1.5	1.9	2.8	2.8	2.6	2.1	2.1	1.2	1.3	2.3	2.0	2.0	2.1
1992	1.6	2.1	2.1	2.9	2.3	2.1	2.2	1.3	1.7	2.0	2.2	1.6	2.0

续表2-6-7

月 年度	1月	2月	3月	4月	5月	6月	7月	8月	9月	10月	11月	12月	年均值
1993	1.4	2.3	2.3	2.7	2.3	2.3	1.5	1.0	1.2	1.4	1.5	1.8	1.8
1994	1.9	1.6	2.1	2.3	3.5	1.8	1.4	1.3	1.5	1.9	2.0	1.4	1.9
1995	1.6	2.0	2.8	2.7	2.8	1.9	1.9	1.2	1.5	1.5	2.2	1.4	2.0
1996	1.6	2.1	2.4	2.6	2.0	2.2	1.6	1.4	1.3	1.7	2.0	1.7	1.9
1997	1.5	1.9	2.1	2.0	2.5	2.3	1.5	1.6	1.9	2.2	1.4	1.4	1.9
1998	1.9	2.1	2.3	2.7	2.0	2.1	1.9	1.2	1.2	1.4	1.9	2.0	1.9
1999	2.1	2.3	2.9	2.7	2.7	2.5	1.6	2.0	1.8	1.7	2.1	2.3	2.2
2000	2.1	1.9	2.8	3.1	2.7	2.5	2.1	1.7	1.3	1.7	1.8	2.2	2.2
2001	1.8	2.4	3.4	3.0	2.8	2.6	2.4	1.8	1.8	1.6	1.9	2.3	2.3
2002	2.3	2.2	3.0	3.1	2.6	3.0	2.4	1.9	2.3	2.8	2.3	2.2	2.5
2003	2.3	2.4	2.9	3.0	2.6	2.1	2.1	1.9	2.0	2.5	2.5	2.0	2.4
2004	2.2	3.3	2.9	2.9	2.9	2.4	2.3	2.0	1.9	1.8	2.2	2.3	2.4
2005	1.8	2.3	2.7	3.4	2.8	2.7	2.0	2.3	1.8	2.0	1.9	2.4	2.3

第六节　湿度与蒸发

历年平均水汽压为12.2百帕，与温度的年变化相似，7月水汽压最大为26.9百帕，1月最小为3.1百帕，极端最大水汽压为42.0百帕，出现在1991年7月23日，极端最小水汽压为0.2百帕，出现在1998年2月8日。年平均相对湿度为64%，一年内夏季相对湿度最大，秋季次之，春季最小。8月相对湿度最大为81%，3月相对湿度最小为52%。

一天中，早晨湿度最大，尤其是阴、雨、雪、雾天，当空气处于饱和状态时相对湿度最大100%。中午至下午偏小。相对湿度日变化一般与温度日变化恰好相反，夜间温度低，相对湿度大，昼间温度高，相对湿度小。

年平均蒸发量为1785.9毫米，年最大蒸发量为2015.5毫米，出现在1978年，年最小蒸发量1550.3毫米，出现在1991年。一年中各月蒸发量相差较大，6月最大为282.9毫米，12月最小仅42.0毫米。一年四季中春末夏初蒸发量很大，从3月开始，随着温度升高，风加大，蒸发量也加大，到6月最大值。冬季气温低，蒸发量最小，最大日蒸发量25.2毫米，出现在1994年5月9日。

1986—2005年邹平县各月平均相对湿度情况一览表

表2-6-8　　单位：%

月 年度	1月	2月	3月	4月	5月	6月	7月	8月	9月	10月	11月	12月	年均值
1986	61	53	58	46	57	62	71	80	69	71	57	70	63
1987	72	58	48	59	59	64	75	83	71	70	69	63	66
1988	60	46	48	43	62	57	85	82	76	67	46	57	61
1989	69	49	48	54	57	63	74	76	71	60	67	70	63
1990	68	76	60	55	68	68	80	84	78	71	78	62	71
1991	60	58	66	60	65	66	76	84	77	63	56	69	67

续表2-6-8

月 年度	1月	2月	3月	4月	5月	6月	7月	8月	9月	10月	11月	12月	年均值
1992	73	50	60	50	59	61	67	81	75	70	65	71	65
1993	65	55	46	47	63	64	82	82	72	72	79	59	66
1994	55	60	50	60	53	60	81	84	72	70	75	78	67
1995	57	56	50	49	54	70	78	87	75	73	51	55	63
1996	55	34	47	56	61	69	80	84	74	71	61	55	62
1997	54	45	59	58	65	53	67	74	65	56	77	72	62
1998	55	56	54	64	67	64	81	84	68	67	61	63	65
1999	51	43	56	58	63	63	76	78	72	69	67	51	62
2000	67	59	43	46	61	57	68	79	72	78	73	70	64
2001	71	74	39	49	50	59	77	77	71	69	61	58	63
2002	47	47	51	51	68	62	73	74	64	57	58	77	61
2003	63	59	61	55	64	61	77	80	76	66	70	61	66
2004	52	38	46	53	60	66	80	81	68	63	66	71	62
2005	51	61	45	42	49	51	72	75	70	57	55	47	56

1986—2005年邹平县各月平均蒸发量情况一览表

表2-6-9　　单位：毫米

月 年度	1月	2月	3月	4月	5月	6月	7月	8月	9月	10月	11月	12月	年总值
1986	42.8	60.3	141.8	240.6	294.0	284.5	230.9	171.6	169.7	100.7	68.7	34.4	1840.0
1987	32.6	66.9	147.9	207.4	253.8	247.4	197.7	155.0	163.0	121.3	68.2	42.7	1703.9
1988	39.7	60.7	127.7	270.8	230.6	299.1	153.1	168.3	140.4	118.3	106.2	47.8	1762.7
1989	34.9	66.0	140.4	224.0	298.3	257.0	198.4	195.2	147.4	140.8	50.9	42.1	1795.4
1990	27.0	38.5	138.7	263.1	227.4	241.4	207.6	156.4	134.3	124.0	55.2	47.4	1661.0
1991	47.1	54.9	110.6	188.9	196.8	224.8	210.6	133.1	127.2	139.2	87.5	40.7	1561.4
1992	27.0	78.7	111.0	282.0	299.8	314.3	291.0	153.1	128.1	110.3	68.8	32.0	1896.1
1993	36.1	79.9	159.3	236.7	287.0	288.8	187.5	163.4	163.5	115.2	51.0	53.5	1821.9
1994	63.0	67.3	137.4	204.8	349.0	303.1	210.8	162.1	153.0	115.6	79.1	23.9	1869.1
1995	38.0	58.7	135.3	212.1	296.1	227.0	183.5	115.0	119.3	98.4	99.0	38.1	1620.5
1996	41.1	75.6	121.2	185.8	284.1	222.3	161.1	141.5	150.5	104.1	72.7	50.8	1610.8
1997	37.1	72.9	139.5	191.3	250.9	338.0	262.3	219.3	182.7	177.9	39.9	27.4	1939.2
1998	43.6	72.5	130.0	195.0	208.6	278.6	216.2	171.0	192.0	137.3	104.2	46.6	1795.6
1999	48.2	88.9	131.2	215.1	265.4	305.1	203.3	192.8	170.4	107.6	62.2	62.0	1852.2
2000	25.2	49.3	192.0	244.9	255.7	303.3	279.1	196.7	170.4	77.9	49.4	30.5	1874.4

续表2-6-9

月 年度	1月	2月	3月	4月	5月	6月	7月	8月	9月	10月	11月	12月	年总值
2001	28.4	33.9	192.8	235.7	342.2	301.4	218.3	191.0	153.1	103.9	74.3	36.3	1911.3
2002	60.3	96.6	180.1	223.6	214.6	298.5	250.3	214.6	198.6	164.3	88.1	22.6	2012.2
2003	34.0	67.4	121.7	212.6	239.1	255.6	181.5	173.4	124.1	116.6	59.7	33.9	1619.6
2004	43.6	124.2	172.4	232.4	282.0	268.7	183.0	157.7	157.1	112.4	77.8	38.4	1849.7
2005	42.1	45.3	134.8	252.1	285.6	354.6	199.3	183.8	135.9	125.5	88.8	45.6	1893.4

第七节　地温与冻土

县历年平均地面温度为15.4℃，地温一年内变化与气温相似，一年中7月最高为30.4℃，1月最低为-2.4℃。极端最高地面温度为69.4℃，出现在2002年7月15日，极端最低地面温度为-29.6℃，出现在1979年1月31日。

地中（5厘米，10厘米，15厘米，20厘米）温度年变化趋势基本一致，地中各层地温最高值都是出现在7月。上半年上层地温高于下层地温，下半年则相反，随土层加深，地温变化越来越小。春天开始回升，到7月出现最高值，8月以后开始递渐，呈“八”字形曲线。5厘米地温稳定通过14℃初日，多年平均为4月9日，历年最早为3月25日，出现在2002年，最晚为4月24日，出现在2003年，基本都稳定在4月（大田棉花直播要求的地温指标）。

第七章　自然资源

第一节　土地资源

县内土地资源较为丰富，地势南高北低，西高东低。县境内平原地势呈簸箕形。南部由山区向交接洼地呈倾斜式下降，西北部由沿黄地带向交接洼地呈缓降状态。全县地形可分为低山丘陵、山前倾平原、黄泛平原三大地貌类型。全县土地条件较好，地势平缓，适宜园田化建设和机械作业；地貌类型较多，适宜性强；土层深厚，质地良好；适种性较广，有利于农、林、牧、副、渔全面发展。特别对发展小麦、玉米等粮食作物和棉花、花生等经济作物种植尤为适宜。

1986年年初，实有耕地面积为118.71万亩，总人口为64.51万人，按全部人口平均每人耕地面积1.84亩。

1987—1995年，全县耕地净减少面积每年控制在2%以内。据1990年全县土地资源调查，全县土地总面积为187.49万亩，其中耕地123.44万亩，占65%；园地8.16万亩，占4.4%；林地8.78万亩，占4.7%；居民点及工矿用地19.77万亩，占5.9%；未利用土地11.64万亩，占6.2%。1988—1995年，共计节约用地3000亩，其中耕地1995亩。至1995年底，全县耕地面积保持在107.33万亩。1998年底，全县耕地面积107.53万亩，比1995年增加1932亩。2001年2—9月，全县进行了基本农田保护区调整划定，共划定基本农田保护区1796块，面积96.49万亩，占1996年基本耕地保护面积的86.1%。2004年5月，全县辖区内土地外业调查工作完成。经调查，全县土地总面积为187.49万亩，其中耕地117.46万亩。

据县国土资源局2005年国土资源变更数据，

至2005年全县土地总面积187.45万亩，其中农用地146.76万亩，建设用地29.34万亩，未利用地11.35万亩，分别占总面积的78.30%、15.65%、6.05%。农用地中，耕地108.42万亩，园地11.68万亩。建设用地中，居民点及工矿用地23.96万亩，交通运输用地2.61万亩，水利设施用地2.77万亩。未利用地中，未利用土地7.60万亩，其他土地3.74万亩。

第二节 水资源

邹平县地表径流量为1.27亿立方米。过境地表径流有黄河、小清河、杏花河、孝妇河，4条河流年可利用量1.43亿立方米。地下水资源较为缺乏，由于连年大量超采，地下水补充条件差，水位急速下降。

邹平县地处黄河下游，泺口水文站距邹平河段60千米。1949—1985年，各水文站多年平均径流量：高村站442亿立方米，泺口站437亿立方米；1986—2005年，泺口站年平均径流量172.74亿立方米。黄河水资源特点：1. 径流呈减少趋势。泺口站从1985年前的437亿立方米减少到172.34亿立方米，减少量60.50%。2. 水量年内分布不均。泺口站汛期径流量占全年的55%，非汛期只占45%。3. 水量年际变化大。泺口站年径流量最大为1989年304.20亿立方米，最小量为1997年的44.16亿立方米，相差6倍。1986—1999年，泺口站有8年出现断流，共断流399天，1997年断流最长，全年断流7次，计132天。从1999年开始，黄河流域实行水资源统一调度管理，取得明显成效，至2005年，黄河再没有发生断流。

1986年，大旱。县境内降雨比常年偏少200毫米。全县大搞人畜吃水工程，兴建大口井40眼，小型扬水站39处，旱井4眼，水窖水池36座，引水管路2万米，饮灌并用工程52处。是年，在九户乡石店村北小清河修建引黄过清穿涵工程，过水流量23立方米/秒，灌区38万亩，自流补源45万亩，控制面积83万亩，灌补两区覆盖14乡镇610个村。1989年，实施三八水库调水工程，建有引水渠、扬水站、7.1千米输水暗渠，设计流量1立方米/秒,年均调水280万立方米。1989年。降水仅为255.44毫米，比多年平均减少67%。

1991年，张桥引黄闸改建后并入胡楼灌区，定为国家大型灌区。1992年，降雨量351.7毫米，比历史同期减少52%，黄河断流2个月。1995—1997年，黄河断流222天，地下水位大幅下降。1995—1999年，新建塘坝13座，谷坊21座，清淤固坝除险防渗水库塘坝31座，增加蓄水1043万立方米。1996年，三八水库调水改引黄河水。

1996年7月21日至8月11日，连续4次普降大暴雨，平均雨量321.7毫米，小清河沿线乡镇400毫米，小清河水位上涨，流量激增。1997年8月，11号台风侵袭，山区24小时平均降雨281～300毫米。

1997年，九户镇石店村北小清河引黄过清穿涵工程改建加长至411米，过水流量增大至35立方米/秒。1998年，重建孝妇河长山镇三里河闸，过水流量506立方米/秒。同年，新建孝妇河长山镇前芽拦污闸，过水流量110立方米/秒。1998—1999年，大旱。黄河断流，来水量减少，引黄灌溉由82.95万亩调整为64.95万亩，有效灌溉60万亩。

2000年，全县城镇居民生活实现统一供水。是年，对西董镇杏林、花盆河水库实施除险加固，开挖溢洪道，修建水库配套工程。2001年，建码头平原水库，库容1200万立方米。

2002年，遇特旱年份。是年，兴建韩店平原水库一期工程，2003年竣工供水，二期工程于2005年竣工，设计蓄水深7.3米，库容4500万立方米，日供水达6万立方米。2004年，城区实施封井并网转换水源，全县工农业生产及生活用水得到保障。2005年，改建郭庄水库，库容20.3万立方米。

2005年8月初，连续阴雨，淄博地区普降大暴雨，致萌山水库泄洪，孝妇河形成大洪峰，6日晚18时洪峰进入长山段，流量260立方米/秒，汛情严重。

1986—2005年邹平县从黄河引水量统计表

表2-7-1　　单位：亿立方米

年度	水量	年度	水量	年度	水量	年度	水量
1986	0.928	1991	1.487	1996	0.918	2001	0.469
1987	0.857	1992	1.120	1997	1.044	2002	0.691
1988	1.430	1993	1.200	1998	1.218	2003	0.618
1989	2.317	1994	1.330	1999	1.254	2004	1.010
1990	1.431	1995	1.097	2000	1.558	2005	1.145

第三节　矿产资源

县内地质成矿条件优越，被列入山东省重点铜矿勘查区。至2005年，发现矿产资源20种，开发利用11种，金属矿产铜、钼是优势矿产，探明资源储量分别为39951吨金属量、1852吨金属量；南部山区山石资源丰富，探明石材储量3979万立方米；矿泉水资源丰富，开发利用的碧云洞天然饮用矿泉水，品质优良，属锶、偏硅酸型矿泉水。全县共有各类矿山30家，其中铜矿山1家（主采钼，伴生铜），矿泉水1家，石材矿山8家，砖瓦黏土矿山20家。

石料

长白山脉建筑石料蕴藏量丰富，品种繁多，质地优良。建筑石料主要为侵入岩中的二长岩和辉长岩。二长岩分布于四尖山至雪花山5千米、宽约1～2千米地带。辉长岩分布于青阳镇西窝陀村、醴泉村及临池西等地的山上。

铜矿

主要分布于县城西和临池镇西山一带。黄山街道王家庄铜矿，属灰铜富矿。同时每吨矿石含金0.952克。邹平铜矿在碑楼地区勘查发现新铜矿资源，查明铜矿量200余万吨，铜金属量2万余吨。临池镇铜矿矿体分散，品位高低悬殊，不易开采。

图2-26　铜矿矿石产品　　（1991年摄）

矿泉水

矿泉水资源量较为丰富，pH值7.16，含锶1.19毫克/升，硅酸41.6毫克/升，矿化度值1007.84毫克/升，属含锶和偏硅酸达标的重碳酸钙型矿泉水。注重矿泉水保护和合理利用，建立三级保护措施，并在水源地设立卫生防护带，严格按照允许开采量进行开采。矿泉水开采利用率80%以上。

第四节　植物资源

栽培植物

禾木科　小麦、大麦、谷子、高粱、稻子、玉米、黍子、薏米、甘蔗、稷子、茭白、甜玉米、芦苇、芦粟、竹等。

豆　科　大豆、绿豆、豇豆、蚕豆、豌豆、赤豆、花生、豆薯、菜豆、扁豆、芸豆、苜蓿、苕子、黄花草木樨、三叶草、合欢、皂荚、紫穗槐、刺槐、国槐、小冠花等。

锦葵科　棉花、红麻、苘麻、木槿、扶桑、蜀葵等。

十字花科　大白菜、小白菜、油菜、结球甘蓝、花椰菜（菜花）、芜菁、球茎甘蓝、萝卜、芥菜等。

葫芦科　西瓜、甜瓜、冬瓜、南瓜、丝瓜、黄瓜、西葫芦、瓠瓜、括篓、葫芦、稍瓜、笋瓜等。

茄　科　茄子、辣椒、西红柿、马铃薯、枸杞、黄姑娘（天泡子）、烟草等。

旋花科 甘薯、月光花、茑萝（五星花）、蕹菜（空心菜）等。

百合科 大蒜、韭菜、金针菜（黄花菜）、圆葱、芦荟、吊兰等。

龙舌兰科 虎尾兰等。

天门冬科 芦笋。

葱科 葱。

莎草科 荸荠。

泽泻科 慈菇。

天南星科 芋头、马蹄莲等。

薯芋科 山药。

姜科 姜。

睡莲科 藕。

伞形科 胡萝卜、芹菜、芫荽、茴香等。

菊科 莴苣、茼蒿、菊花、菊芋、牛蒡、向日葵、黄草（艾草）等。

藜科 菠菜、君边菜等。

苋科 苋菜、籽粒苋、鸡冠花等。

楝科 香椿、楝树。

桑科 大麻、桑、构树、无花果等。

大戟科 蓖麻、铁海棠、一品红等。

胡麻科 芝麻。

伞菌科 蘑菇。

多孔菌科 灵芝。

木耳科 木耳。

银耳科 银耳。

松科 油松、赤松、马尾松、雪松、白芽松、红皮云杉等。

柏科 侧柏、圆柏、铺地柏等。

杨柳科 白杨、加拿大白杨、小叶杨、毛白杨、垂柳、旱柳、枫柳、杂交杨等。

榆科 黄榆。

银杏科 银杏。

木犀科 连翘、白蜡树、长清白蜡、丁香、迎春花、女贞、茉莉花等。

夹竹桃科 夹竹桃。

芭蕉科 芭蕉。

美人蕉科 美人蕉。

壳斗科 麻栎、柞栎、板栗等。

蔷薇科 红花果、杞梨、苹果、梨、杏、桃、李子、海棠、山楂、榆叶梅、紫叶李、紫叶矮樱、玫瑰、碧桃、月季、野蔷薇、杜梨、樱桃、梅花、风箱果等。

石榴科 石榴。

鼠李科 枣。

玄参科 泡桐、地黄、金鱼草等。

无患子科 黄山栾。

柿树科 君迁子、柿树等。

胡桃科 核桃。

悬铃木科 法桐。

梧桐科 梧桐。

千屈菜科 紫薇。

芸香科 花椒。

七叶树科 七叶树。

槭树科 复叶槭、元宝枫等。

木兰科 玉兰。

漆树科 火炬树、元宝枫等。

忍冬科 接骨木。

卫矛科 大叶黄杨、北海道黄杨、扶芳藤等。

葡萄科 葡萄、爬山虎等。

茜草科 栀子。

仙人掌科 仙人掌、仙人球等。

景天科 景天、宝石花、石莲花等。

唇形科 一串红、五彩苏等。

蝶形花科 胡枝子。

野生植物

禾本科 黄背草、金色狗尾草、狗尾草、稗、鹅冠草、结缕草、白羊草、看麦娘（山高粱）、小糠草、止血马唐、画眉草、牛筋草、白茅、芦苇、狼尾草、狗牙根（百慕达）、稗子、猫尾草、蜡烛草等。

豆科 米口袋、鸡眼草、野大豆、紫云英、山扁豆、田皂角、尖叶铁扫帚、小苜蓿、草木栖、苦参、决明子、葛藤、野槐、山野豌豆（透骨草）、炙甘草等。

菊科 苍耳、蒲公英、山牛蒡、苦菜（曲曲菜）、泥胡菜、刺儿菜、小蓟、茵陈蒿、马兰、艾蒿、青蒿、鬼针草、蒙古鸦葱等。

车前科　车前子。

旋花科　旋花、小旋花、日本天剑、菟丝子、牵牛花等。

伞形科　水芹、野胡萝卜、北柴胡、柴胡等。

千屈菜科　节节菜。

锦葵科　野西瓜苗、灯笼棵等。

牛儿苗科　牻牛儿苗、老鹳草等。

十字花科　辣椒菜、荠菜、碎米芥等。

马齿苋科　马齿苋。

苋科　刺苋、野苋、绿苋等。

蓼科　萹蓄、大马蓼、红蓼、水蓼、蓼、羊蹄棵、紫参、何首乌等。

桑科　柘树、构树。

大麻科　大麻、葎草（拉拉秧）。

浮萍科　浮萍、紫萍等。

莎草科　三棱草、莎草、牛毛毡、荆三棱等。

泽泻科　泽泻、野慈姑、华夏慈姑（小荸荠）等。

蒺藜科　蒺藜。

蔷薇科　委陵菜。

罂粟科　元胡。

天南星科　天南星。

金鱼藻科　金鱼藻。

藜科　猪毛草、小藜、扫帚菜等。

茜草科　茜草、蓬子菜等。

玄参科　河菠菜、玄参等。

唇形科　夏枯草、益母草、地瓜儿苗（地环）、薄荷等、丹参（红根）。

眼子菜科　眼子菜。

石竹科　王不留行（麦蓝菜）。

马兜铃科　马兜铃。

苦木科　臭椿。

远志科　远志。

百合科　百合、山韭、山蒜、萱草、锦枣儿、藜芦（山葱）等。

大戟科　泽漆（猫儿眼睛草）。

卫矛科　南蛇藤、爬地虎。

鼠李科　酸枣。

柽柳科　红荆条（柽柳）。

夹竹桃科　白首乌、罗布麻（茶棵子）。

萝科　扛柳（壮五加）等。

马鞭草科　荆条。

忍冬科　忍冬（金银花）。

桔梗科　沙参、杏叶沙参、桔梗等。

香蒲科　水烛（蒲草）。

黑三棱科　黑三棱。

水鳖科　苦草。

天南星科　半夏。

雨久花科　凤眼莲（水葫芦）。

鸢尾科　射干。

茄科　枸杞、龙葵草等。

无患子科　文冠果。

第五节　动物资源

禽类

家禽　鸡、鸭、鹅、鸽子等。

野禽　鹰、雁、燕子、麻雀、啄木鸟、山鸡、野鸭、猫头鹰、斑鸠、布谷鸟、喜鹊、雕、八哥、百灵、黄雀、蜡嘴、灰喜鹊、杜鹃、画眉、鹦鹉、鹌鹑等。

兽类

家畜　牛、马、驴、骡、猪、狗、羊、猫、鹿、貂、兔等。

野兽　狐狸、黄鼬、獾、野兔、鼠等。

虫类

家养虫类　蚕、蜜蜂、土园、蝎子等。

野生虫类　萤火虫、螳螂、草蛉、瓢虫、蚜茧蜂、小茧蜂、赤眼蜂、马蜂、土蜂、盗蝇、寄蝇、蠼螋、虎甲、百足虫、步行虫、苍蝇、蚊子、牛虻、跳蚤、虱子、大摇文、小摇文、龙虱、金线虫、飞蝗、黏虫、蝼蛄、金龟子、灯蛾、豆蛾、斜纹夜蛾、银纹夜蛾、旋花天蛾、大鼠蛾、棉铃虫、蚜虫、菜青虫、卷叶蛾、猿叶虫、天斗、尺蠖、刺蛾、线虫、蝉、叶蝉、飞虱、螟虫、盲蝽象、金针虫、种蝇等。

两栖类

青蛙、蟾蜍等。

爬行类

蛇、壁虎、蜥蜴等。

水生爬行动物 鳄、龟、甲鱼（鳖）等。

环节动物

蚯蚓、水丝蚓、蚂蝗、尾腮蚓等。

水族

鱼类 鲤鱼、鲫鱼、青鱼、草鱼、黑鱼、鲶鱼、鳝鱼、白条鱼、鲢鱼、捧花鱼、马口鱼、赤眼鳟、团头鱼、泥鳅等。

软体动物（贝类） 背角无齿蚌、圆顶珠蚌、剑形矛蚌、矛形蚌、球蚬、刻纹蚬、中华田园螺、梨形环棱螺、铜锈环棱螺、锥美螺、纹沼螺、小清河螺、耳萝卜螺、蛤蜊等。

水生节肢动物 螃蟹、河蟹、青虾、米虾等。

第八章 自然灾害

第一节 旱 灾

1986年，春夏秋3季连旱，全县受灾面积75万亩，68个村庄，人畜饮水困难。1992年春旱，3—6月降水量33.6毫米，为历史同期最少值，黄河断流，全县受灾面积92万亩，重旱42万亩，粮棉减产严重，1.5万户6万人口饮水困难。2002年，全县年降水量403.9毫米，造成春旱及夏秋连旱，无水浇条件农作物基本绝产（受灾地区主要是邹平、临池、青阳、好生、西董5镇），全县受灾面积58万亩，其中绝产12万亩，3.6万亩地瓜无法播种，农作物因干旱减产损失8000万元。

图2-27 1992年7月，旱灾造成尚未夏种的农田

第二节 涝 灾

境内涝灾均出现在夏季，多由于暴雨持续时间短，降水量大所致。持续多日暴雨更易形成洪涝。多集中于台子、魏桥、码头、九户一带。1994年6月24日至7月7日，全县连降暴雨，全县平均累计雨量235毫米，其中台子、魏桥、码头、九户4乡镇超过300毫米，积水面积20万亩，成灾9万亩，绝产3万亩。8月3日、6日、7日又遭大暴风雨袭击。1994年，112万亩农作物中，涝灾面积55.9万亩，绝产面积25万亩，其中玉米13万亩，棉花10万亩，其他作物1万亩，360个塑料大棚被毁坏，总经济损失3.2亿元以上。1996年7月24日至8月11日，全县连降4次大到暴雨，局部大暴雨。西北部几个镇乡的降水量都在450毫米以上。全县9个镇乡46个村庄遭受洪涝灾害，农田大量积水，42万亩成灾，18万亩绝产。

第三节 风 灾

风灾主要有大风和干热风，干热风多集中于5月下旬至6月下旬。大风以春季最多，夏秋最少。大多暴雨交加，危害最重，个别地区出现过龙卷风。1992年8月29日至9月1日，受16号强热带风暴影响，全县出现大风暴雨天气，31万亩农作物倒伏。1997年，大风造成农作物大片倒伏，10万亩玉米绝产，28万株树木倒折，经济损失2亿元。

图 2-28　1996 年 6 月 14 日，风灾致树木连根拔起

第四节　雹　灾

县内雹灾经常出现，但危害地域不同，以南部山区和县西北部较多，冰雹在县内主要有 2 条路径：一条由码头镇经章丘北部，至南部山区；一条从台子镇向东南，经九户或沿小清河南延至焦桥，或继续向东南至明集和韩店。冰雹天气多出现于 5—7 月，尤以 5 月最多，且危害最大。1986 年 7 月 17 日下午，西董乡冰雹伴有大风，积雹厚度 20 厘米，一般雹粒直径 2 厘米，受灾面积 6000 余亩。1990 年 7 月 9 日，临池、好生、长山、焦桥等乡镇降冰雹伴大风，雹粒大如鸡蛋，受灾面积 18 万亩。1996 年出现 4 次大风冰雹，其中 6 月 13 日灾害最大，邹平、礼参、长山、苑城等 11 个镇乡出现冰雹，降雹持续时间 10 ～ 20 分钟，大雹粒如鸡蛋，未收割小麦成片倒伏，麦粒脱落，经济损失在5000万元以上。6月20日(码头、临池)、7 月 6 日（西北部各镇乡）、9 月 15 日（苑城、焦桥、礼参 3 镇交界处）都出现大风冰雹，经济损失都在 1000 万元以上。1999 年 5 月 9 日 14 时左右，码头、魏桥、台子 3 镇乡遭受狂风、冰雹袭击，最大风力 6 ～ 7 级，冰雹大如小枣，小如玉米粒，持续时间 3 分钟。早春西瓜、芸豆等果蔬受灾，其中码头乡码头、草庙、大寨 3 个街道 34 个村庄灾情严重。全县受灾面积 8.7 万亩，成灾面积 5.7 万亩，其中重灾面积 1.7 万亩，直接经济损失 1000 万元。

第五节　霜　冻

据历史资料记载，县内多春霜，初霜期相对稳定，对农业危害较小。终霜期一般在 3 月 25 日至 5 月 10 日之间，变化幅度大，往往伴有倒春寒，对小麦、棉花危害最大。2001 年，出现倒春寒，3 月下旬出现一次雨雪及强降温天气，27 日降水量 7.3 毫米，28 日气温降至 -4.5℃，出现严重冰冻现象,形成典型倒春寒天气。2002 年 4 月 24—26 日，受强冷空气影响，气温急剧下降，25 日最低气温降至 2.6℃，地面最低气温降至 -1.1℃，使处于孕穗期小麦和萌芽期果树遭受冻害，全县小麦大幅减产，平均单产减少 50 千克左右。

第六节　雪　灾

1986—2005 年间，雪灾仅在 1989 年 3 月 2—3 日出现一次,全县降特大暴雪,压断树木 8.6 万棵，电力线杆 16650 根，通讯线杆 1055 根，压塌塑料大棚 278 个，房屋 510 间，黛溪商场、黄山商场铁架大棚被压倒，全县直接经济损失 1570 万元。

图 2-29　1989 年 3 月 3 日，特大暴雪压垮黛溪市场顶部

第七节　病虫害

1986—2005 年，造成农作物减产主要病害有小条锈病、叶锈病、白粉病、纹枯病、叶枯病、根腐病、全蚀病、颖枯病等；玉米大小叶斑病、苗枯病、粗缩病、丝黑穗病等；棉花黄、枯萎病、苗病（炭疽病、立枯、红腐病等）、红叶茎枯病等。

20年中，病害出现概率为52.86%。其中，小麦虫害有蚜虫、红蜘蛛、地下害虫（蝼蛄、蛴螬、金针虫）、一代棉铃虫等。玉米虫害有玉米螟、蓟马、棉铃虫、黏虫等。棉花虫害有棉铃虫、苗蚜、伏蚜、棉盲蝽、烟粉虱、甜菜夜蛾等。20年中，虫害出现概率为100%。

1986年，一代玉米螟中等偏重发生。棉花苗蚜偏重发生。

1990年，小麦条锈病中度流行，发生面积55万亩。小麦叶锈病中等偏轻发生，为1975年以来最重年份。小麦白粉病偏重发生，该年小麦病害明显重于常年。

1991年，麦田白粉病偏重发生。棉花苗病大发生，平均死苗率21%，大部分棉田进行补种。

1992年，二代棉铃虫爆发成灾，全代累计诱蛾9648头/支，较常年多9570.1头/支，百株累计卵量2310粒，是常年的7.2倍，从此，棉铃虫成为棉田病虫害防治的重点和难点。

1996年，二、三代棉铃虫大发生。玉米粗缩病中等发生，发生面积40万亩，成为玉米减产的主要因素。

1997年，美洲斑潜蝇在蔬菜作物上发生，为害严重。二、三代棉铃虫大发生。

1999年，玉米弯孢叶斑病流行为害，病叶率95%以上，但没有造成大的减产。抗虫棉开始大面积种植，棉铃虫危害得到有效控制。

2000年，小麦纹枯病大发生，造成部分麦田倒伏。麦蚜大发生。玉米叶斑病偏重发生。

2002年，小麦蚜虫在拔节期为害严重，为害期之早为历年罕见。烟粉虱在多种作物上为害严重。麦田野燕麦、猪殃殃等恶性杂草发生量明显上升，成为农田化学除草的难点。

2004年，棉盲蝽为害严重，造成棉花蕾大量脱落，成为该年棉花减产的重要因素。小麦蚜虫大发生。

2005年，二代棉铃虫在魏桥、明集镇部分棉田爆发危害，造成绝产棉田近千亩，为抗虫棉普及以来为害最重年份。玉米丝黑穗在苑城等地为害较重，主要发病品种为“莱农”14号，成灾面积500亩。

1986—2005年邹平县病虫害一览表

表2-8-1　　　　单位：次

年度	病害	虫害	年度	病害	虫害	年度	病害	虫害	年度	病害	虫害
	重	重		重	重		重	重		重	重
1986		4	1989		3	1992		3	2003	1	6
1987		2	1990	1	3	2001	1	5	2004		3
1988		3	1991		3	2002		3	2005	2	4
									合计	5	42

第九章　环境保护

第一节　机构沿革

1978年，县成立环境保护办公室。1979年9月，《中华人民共和国环境保护法（试行）》颁布实施，环境保护工作结束无法可依的局面，开始走上法制轨道。1989年4月，成立县环境保护局，正科级单位，行使政府在环境保护方面的各项职能。2005年，县环境保护局下设办公室、管理污控股、环境监察大队、环境监测站等机构。

第二节 环境质量

水环境质量

地表水县境内河流主要有小清河、杏花河和孝妇河，此3条河流均属于季节性雨源河流，河流受工业废水和生活污水污染,水质较差。2004年，通过对3条河流4个断面进行监测，3条河流水体均受到严重污染，全部超过5类水质标准，水体中主要污染物有有机耗氧物、氨氮、挥发酚、总氮、总磷和石油类等。

1997年，全县开展工业废水排污审批工作，主要是控制工业废水和主要污染物排放情况。以1995年为基准年，共调查出废水污染源132个，废水排放总量124万吨，COD排放量1953吨，造纸及纸制品业废水排放量最大，占排放总量的66%。随着全县工业企业不断增多，纺织印染业成为主要废水污染行业。

地下水监测，1998—2000年，市、县环保局组织对全市地下水质测试，按GB/T148-93《地下水质量标准》评价。2005年6月，县环保局开展全县地下水普查工作，普查范围包括：县城区及黄山、黛溪、高新3个街道办事处所属大型企业、各中心镇驻地、4条河流（小清河、孝妇河、六六河、杏花河）沿岸35眼水井。水质监测结果表明，除六六河和孝妇河沿岸个别村庄饮用水井有超标项目检出外，其余水质均达标。

大气环境质量

1986年初，城区有生产用锅炉23台，工业烟囱20根、民用煤灶10000个，年排放燃烧废气11343万标立方米，烟尘187.076吨，有毒气体二氧化硫471.586吨，一氧化碳17.629吨。1986年，全县开始调查和上报大气污染源排放污染物的情况。以1995年为基准年，调查出工业污染企业343家，包括污染行业20种。其中非金属矿物制品业、化学原料及化学制品制造业、有色金属冶炼及压延加工业、普通机械制造业、食品制造业、黑色金属冶炼及压延加工业6个行业企业数占计查总数的73%，共调查出大气污染源333个，废气排放总量13.95亿标立方米，烟尘排放量8367吨，二氧化硫排放量3795吨，非金属矿物制品业废气排放量最大，占排放总量的48%。

工业废气中主要污染物有二氧化硫、烟尘、工业粉尘等；产生废气污染能源主要是燃料煤，其次是焦炭。2004年，对全县重点污染源进行调查，全县重点污染企业废气排放量为279.36亿标立方米。二氧化硫排放量为33304吨，烟尘排放量6891吨，工业粉尘排放量150吨。

第三节 环境监理

1990年，环境监理站成立。该站成立后，通过对污染源的调查，进一步明确全县重点污染源、重点污染行业及存在主要环境问题，认真履行“三查两调一收费”监理职能，对辖区内排放污染物单位和个人执行环境保护法律法规情况、企事业单位污染物排放情况和污染防治设施运转情况进行监督检查，调查并参与处理环境污染事故和环境污染纠纷。2005年，全县排污收费额900余万元。

图2-30 1990年，邹平县第一辆环境监测车

2005年，出动执法人员260余人次，检查企业60余家，明察暗访73次，对18个单位下达限期纠正违法行为通知书，64起环境违法行为受到行政处罚，罚款15.5余万元，申请法院强制执行案件36起。

在处理信访案件时，严格办案程序和办案时限，开通“12369”投诉热线，做到“有报必查、有访必接、有信必复”，保证案件“件件有着落，事事有回音”。“九五”计划（1996—2000年）期间，处理环境纠纷100余起，接待来访群众500人次，为群众索赔15余万元。“十五”计划（2001—2005年）期间，共受理信访案件418件，其中来电234件，来信、来访138件，处理省、市交办案件46件，处理率、结案率100%。

在改善城区空气环境质量方面，县环保局严格按照《邹平县烟尘控制区管理办法》有关规定，对所有使用锅炉和茶水炉单位下发书面通知，规定锅炉必须使用无烟低硫煤，不得使用劣质煤，城区90%以上实现集中供热，大气环境稳定在国家二级标准。大力控制噪声污染，严禁使用高音广播喇叭，禁止汽车高音鸣笛，控制建筑工地及饮食娱乐场所夜间工作时间，每年中、高考期间，加大巡查力度，专门组织人员对城区生活噪声、建筑施工噪声及卡拉OK进行昼夜检查整顿，对噪声扰民投诉及时查处，认真处理。

2002年，结合县内生态环境现状，环保局编制《邹平县生态环境保护与建设规划》，完成邹平县生态环境现状调查工作，以及鹤伴山国家森林公园生态环境保护定量化考核工作、马庄流域自然保护区生态环境保护资金情况报表及分析报告等，被国家环保总局批准为“全国生态建设试点县”。

2004年，邹平县被批准为全省第一批生态建设示范县，并开始组织编制《邹平生态县建设规划》，2005年8月4日，规划通过省环保局论证，成为山东省第一个通过生态县建设规划论证县区。11月22日，县十四届人大常委会第21次会议批准通过规划进一步明确生态建设发展方向和工作重点。

2001—2005年邹平县涉环境信访案件情况统计表

表2-9-1

案件数 年度	信访总量（件）	来电量（件）	来信来访量（件）	省、市交办案件（件）	案件数 年度	信访总量（件）	来电量（件）	来信来访量（件）	省、市交办案件（件）
2001	68	18	42	8	2004	142	115	21	6
2002	42	13	15	14	2005	103	61	30	12
2003	63	27	30	6	合计	418	234	138	46

第四节 环境治理

县环保局狠抓重点污染源限期治理和“土小”企业关停工作，2000年，投资3000余万元，对魏棉纺织厂、西王发酵厂等18个重点废水污染源、16个废弃污染源及一大批小污企业实施限期治理，依法搬迁6家淀粉厂，年削减主要污染物化学需氧量16854.6吨，二氧化硫2932.6吨，烟尘7565.2吨，实现污染物排放总量控制和污染物达标排放，全面完成“一控双达标”工作目标。“十五”（2001—2005年）期间，环保局多次与县法院联手，对160余家国家明令禁止污染严重“土小”企业进行彻底关停。2004年，对青阳、临池等镇出现“土小”企业“死灰复燃”现象，进行全面调查，集中对群众反映强烈、污染严重34家土法小炼铝厂、小电镀厂和6家土法小炼焦厂、小皂角厂，采取果断措施，实施关闭，同年，对威胁城区地下水安全的8家小电镀厂下达《关于责令关闭城区周围小电镀厂的通知》，消除县城区地下水污染隐患，保护地下水安全。2005年，对全县34家污染企业分两批实施限期治理，使全县大气环境和水环境质量明显改善。

新污染源控制

严格贯彻执行环境影响评价和“三同时”制度，按照“先评价，后建设”原则，对新、扩、改建项目严格把关，坚持做到“三不批”：耗能高、污染重、难治理的项目不批，选址不当、布局不合理项目不批，污染防治措施不可行、违反国家产业政策项目不批。“十五”计划期间，审批项目517个，建设项目环境影响评价执行率及“三同时”合格率均为100%。

城市污水处理

县城市污水处理厂，位于城北马庄桥东500米处，占地105亩，设计规模为6万吨，采用DE型氧化沟工艺，具有脱氧除磷功能。一期工程日处理污水4万吨，投资5385万元，于2002年10月开工建设，2004年1月竣工并调试运行；12月，通过山东省环保局验收，出水水质达到国家一级排放标准，处理后的污水部分用于农田灌溉和绿化，回用率25%，大大改善城区水环境质量。

图2-31　2004年1月竣工的邹平县城市污水处理厂

环境宣传教育

1991—1996年，县环保局与县团委、县教委、报社等共同组织4次环境保护知识竞赛。1992年，环保局组织吉尼斯孔孟之乡齐鲁儿女保护环境10万人签名绘画活动。1993年，以“贫穷与环境”和“保护蓝天碧水，促进改革开放”主题，环保局与县教委联合举办小学生环境保护夏令营活动，培养少年儿童环境意识。1995年，与县团委联合举办环保杯青年登山比赛，同年，在县实验二小举办主题为“一个家庭，一个地球”小学生绘画比赛。在《今日邹平》上开辟“环保之窗”专栏，在电视台制作环保公益广告，播放环保专题片，充分利用各种新闻媒体进行宣传。每年“六五”世界环境日，环保局在主要街道悬挂宣传横幅，设立宣传站，每年散发环保宣传材料4000余份。积极开展争创绿色学校和绿色社区活动，2005年，黛溪中学被评为省级绿色学校，政苑社区被评为省级绿色社区。

第三编
人　口

Population

笑脸　　　　(2008 年摄)

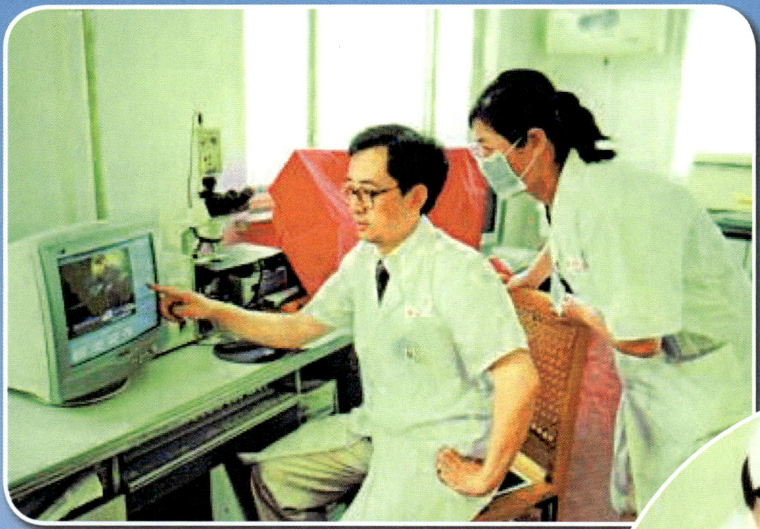

胎儿健康检查分析 (2010年摄)

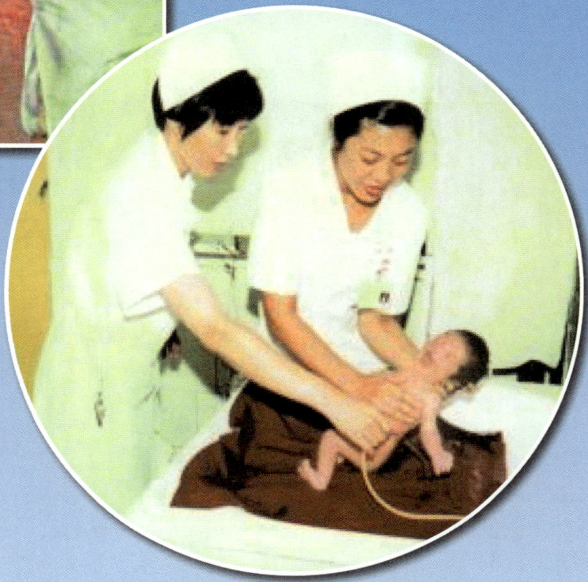

为新生儿清洗 (2010年摄)

幼儿戏水 (2010年摄)

1986—2005 年，共进行过 2 次全国人口普查：1990 年第四次全国人口普查，2000 年第五次全国人口普查。1986 年，全县总人口 649115 人；1990 年，“四普”全县总人口 665597 人；1995 年，全县总人口 670030 人；2000 年，“五普”全县总人口 686590 人；至 2005 年，全县总人口 713488 人。

1986 年，邹平县被国家计生委授予“计划生育工作先进集体”称号；1991 年，被中央宣传部、国家计生委授予“全国计划生育宣传工作先进集体”称号；2003 年，被国家计生委授予“全国人口和计划生育法制建设先进集体”称号，被中国计生协会授予“全国计生生育协会工作先进单位”称号；2005 年 11 月，被中宣部、中央文明委办公室、国家计生委、教育部、民政部、文化部、国家广电总局、全国总工会、共青团中央、全国妇联联合表彰为“全国婚育新风进万家活动先进县”；2005 年 12 月，被国家计生委授予“全国计划生育优质服务先进县”称号。

第一章　人口状况

第一节　人口数量

1986 年，全县常住居民 149536 户，总人口 649115 人。其中，男 324530 人，女 324585 人，性别比为 99.98∶100。

1990 年，第四次人口普查（简称“四普”），全县 7 月 1 日零时，有常住居民 167995 户，总人口 665611 人。其中，男 332308 人，女 333303 人，性别比为 99.70∶100。

2000 年，第五次人口普查（简称“五普”）全县 11 月 1 日零时，有常住居民 204859 户，总人口 686590 人。其中，男 342701 人，女 343889 人，性别比为 99.65∶100。

2005 年底，全县有居民 204760 户，总人口 713488 人。其中，男 358571 人，女 354917 人。性别比为 101.03∶100。1986—2005 年，增加 64373 人，增长 9.01%，平均递增 4.51‰。

1986—2005年邹平县总人口情况一览表

表3-1-1

年　度	总户数（户）	总人口数（人）			性别比（女=100）
		人口数	男	女	
1986	149536	649115	324530	324585	99.98
1987	153333	656020	328508	327512	100.3
1988	158377	660489	331987	328502	101.1
1989	165391	664281	332643	331638	100.3
1990	168798	670571	336281	334290	100.5
1991	175346	673127	336942	336185	100.2
1992	179704	671664	336553	335111	100.4
1993	177490	669836	335971	333865	100.6
1994	179312	668821	335946	332875	100.9

续表3-1-1

年　度	总户数（户）	总人口数（人）			性别比（女=100）
		人口数	男	女	
1995	183120	670030	337064	332966	101.2
1996	182711	672532	338433	334099	101.3
1997	183333	677977	341903	336074	101.7
1998	185549	681861	342445	339416	100.9
1999	189515	684079	345228	338851	101.9
2000	192937	689203	347508	341695	101.7
2001	193647	693198	350000	343198	102.0
2002	195219	698475	352857	345618	102.1
2003	199485	701841	354611	347230	102.1
2004	201070	709570	356527	353043	101.0
2005	204760	713488	358571	354917	101.0

注：此表数字采自《邹平县人口计划生育志（1956—2010）》

第二节　人口分布

人口区域分布

按城镇乡村分　1990年，“四普”全县城镇建成区人口43039人，乡村人口622571人。城镇人口占全县总人口的6.5%。2000年，“五普”全县城镇建成区人口140209人，乡村人口525402人。城镇人口占全县总人口的21.1%。

按户口性质分　1986年，全县农业人口613467人，非农业人口35648人。农业人口占94.5%，非农业人口占5.5%。2002年，全县农业人口621361人，非农业人口77114人。农业人口占89%，非农业人口占11%。2003年，非农业人口统计口经改变为非农业户籍人口和农业户籍从事非农生产人口合并计算，这样当年全县农业人口532464人，非农业人口169377人。农业人口占75.9%，非农业人口占24.1%。2005年，取消农业非农业户籍之分，改为居民户口。城镇与乡村人口划分按居住地划分。全县乡村人口521086人，镇建成区和3个街道人口192402人。乡村人口占73%，城镇人口占27%。

1986—2005年邹平县农业、非农业人口数一览表

表3-1-2

年 度	农业人口（人）	农业人口占人口的比例	非农业人口（人）	非农业人口占总人口的比例（%）	年 度	农业人口（人）	农业人口占人口的比例	非农业人口（人）	非农业人口占总人口的比例（%）
1986	613467	94.5	35648	5.5	1994	620203	92.7	48618	7.3
1987	617917	94.2	38103	5.8	1995	619384	92.4	50646	7.6
1988	620720	94.0	39769	6.0	1996	619103	92.1	53429	7.9
1989	623124	93.8	41157	6.2	1997	619522	91.4	58455	8.6
1990	627191	93.5	43380	6.5	1998	620713	91.0	61148	9.0
1991	628585	93.4	44542	6.6	1999	620408	90.7	63671	9.3
1992	626398	93.3	45266	6.7	2000	622626	90.3	66577	9.7
1993	623339	93.1	46497	6.9	2001	623767	90.0	69431	10.0

续表3-1-2

年 度	农业人口（人）	农业人口占人口的比例	非农业人口（人）	非农业人口占总人口的比例（%）	年 度	农业人口（人）	农业人口占人口的比例	非农业人口（人）	非农业人口占总人口的比例（%）
2002	621361	89.0	77114	11.0	2004	531492	74.9	178078	25.1
2003	532464	75.9	169377	24.1	2005	521086	73.0	192402	27.0

按行政区划分 邹平县下辖行政区划发生多次变动，由此引起年际按行政划区人口分布变化较大。

1990年，“四普”，7月1日零时全县17乡镇人口分布：邹平镇92811人，长山镇48475人，魏桥镇42396人，西董乡37844人，好生乡31090人，临池乡29512人，礼参乡21923人，苑城乡25981人，焦桥乡38715人，韩店乡38158人，孙镇乡37484人，九户乡39374人，青阳乡31488人，明家集乡34982人，里八田乡26802人，台子乡35926人，码头乡52650人。

2000年，“五普”，11月1日零时全县17乡镇人口分布：邹平镇113972人，长山镇47475人，魏桥镇55892人，西董镇35989人，好生镇32411人，临池镇30366人，礼参镇20885人，苑城镇24431人，焦桥镇36928人，韩店镇36767人，孙镇35586人，九户镇38212人，青阳镇32229人，明集镇33771人，台子镇34877人，里八田乡25122人，码头乡51677人。人口普查期间乡镇机构改革，礼参镇并入邹平镇，苑城镇并入长山镇，里八田乡并入魏桥镇。区划调整后，邹平镇134434人，长山镇71906人，魏桥镇81014人。

2001年，码头乡来牛、甜水、崔八、三官庙4个行政村并入魏桥镇。2002年，14个镇人口分布：邹平镇136555人，长山镇73821人，魏桥镇79314人，好生镇31805人，临池镇28970人，韩店镇38151人，孙镇39101人，青阳镇34438人，明集镇35014人，西董镇37446人，焦桥镇38672人，台子镇36099人，九户镇40558人，码头镇48531人。

2003年，撤销邹平镇，划分为3个街道办事处，全县16个镇、街道。人口分布：长山镇74028人，魏桥镇80472人，西董镇37381人，好生镇31853人，临池镇28841人，焦桥镇38760人，韩店镇38327人，孙镇38974人，九户镇40673人，青阳镇34386人，明集镇35054人，台子镇36229人，码头镇49834人，黛溪街道70405人，黄山街道28838人，高新街道38536人。

2005年，16镇、街道人口分布：长山镇75256人，魏桥镇82082人，西董镇37719人，好生镇31827人，临池镇28922人，焦桥镇39059人，韩店镇38986人，孙镇39213人，九户镇41175人，青阳镇34598人，明集镇35435人，台子镇36642人，码头镇48815人，黛溪街道75249人，黄山街道31002人，高新街道37510人。

人口密度

1986年，人口密度为519人/平方千米。1990年，“四普”人口密度为532人/平方千米。1995年，人口密度为535人/平方千米。2000年，“五普”人口密度为548.5人/平方千米。2005年，境内人口密度为570人/平方千米。

1990年“四普”、2000年“五普”邹平县乡镇人口密度一览表

表3-1-3　　单位：人/平方千米

单 位	“四普”	“五普”	单 位	“四普”	“五普”
邹平镇	945	1161	韩店（乡）镇	456	432
长山镇	732	720	孙镇（乡）	380	362
魏桥镇	541	593	九户（乡）镇	431	420
西董(乡)镇	379	361	青阳（乡）镇	634	722

续表3-1-3

单　位	“四普”	“五普”	单　位	“四普”	“五普”
好生（乡）镇	854	891	明集（乡）镇	513	469
临池（乡）镇	573	604	里八田乡	461	472
礼参（乡）镇	654	632	台子（乡）镇	402	440
苑城（乡）镇	621	584	码头乡	419	345
焦桥（乡）镇	476	426			

2005年邹平县镇、街道人口密度一览表

表3-1-4　　单位：人/平方千米

位次	镇、街道	单位	位次	镇、街道	单位	位次	镇、街道	单位	位次	镇、街道	单位
1	黛溪街道	1845.2	5	黄山街道	688.9	9	明集镇	497.7	13	九户镇	452.5
2	好生镇	874.6	6	青阳镇	640.7	10	焦桥镇	488.9	14	码头镇	425.6
3	高新街道	815.4	7	临池镇	575	11	台子镇	462.1	15	孙　镇	398
4	长山镇	697.7	8	魏桥镇	540.7	12	韩店镇	458.1	16	西董镇	377.6

第二章　人口变动

第一节　自然变动

1986年，全县出生人口9590人，出生率14.77‰；死亡人口4402人，死亡率6.78‰；自然增长5188人，自然增长率7.99‰。

1990年“四普”，1989年7月1日至1990年6月30日，全县出生人口10159人，出生率为15.33‰；死亡人口4502人，死亡率为6.78‰；自然增长人口5821人，自然增长率为8.55‰。

2000年“五普”，1999年11月至2000年10月，全县出生人口8428人，出生率为12.28‰；死亡人口4864人，死亡率为7.08‰；增长人口3582人，自然增长率为5.20‰。

2005年，全县出生人口8295人，出生率为11.55‰，死亡人口4426人，死亡率6.16‰；自然增长3869人，自然增长率5.39‰。

第二节　机械变动

迁入迁出

1986年，迁入4397人，迁出5593人。1995年，迁入4000人，迁出6400人。2005年，迁入5980人，迁出5934人。

户籍人口迁移情况　1986—2005年，迁入人口105115人，年均迁入人口5256人；迁出人口118950人，年均迁出人口5948人；累计净迁出人口13835人，年均净迁出692人。

流动人口情况　1990年“四普”时登记人口中有流动人口1812人。分别是常住本县一年以上，户口在外县市人口1706人；入住本县不满一年，离开户口登记地1年以上人口106人。到2000年“五普”时，登记人口中流动人口为35679人，其中本县23036人，本省其他县市区8328人，省外4315人。（一）居住本乡镇半年以上，户口在外乡镇人口34718人；（二）在乡镇居住不满半年，离

开户口登记地半年以上人口 961 人。

1986—2005年邹平县人口变动情况表

表3-2-1

年　度	自然变动（人）						机械变动（人）	
	出生人口		死亡人口		自然增长人口		迁入	迁出
	人数	出生率（‰）	人数	死亡率（‰）	人数	增长率（‰）		
1986	9590	14.77	4402	6.78	5188	7.99	4397	5593
1987	11962	18.23	4132	6.30	7830	11.94	6655	7546
1988	9810	14.85	4462	6.76	5348	8.10	5250	5926
1989	9225	13.89	4235	6.38	4490	7.51	4983	5668
1990	10435	15.56	4784	7.13	5651	8.43	6172	5493
1991	8605	12.78	4255	6.32	4350	6.46	4239	5833
1992	6208	9.24	4728	7.04	1480	2.20	3884	6833
1993	4841	7.23	4611	6.88	230	0.34	3920	5920
1994	6569	9.82	4610	6.89	1959	2.93	7526	10500
1995	8722	13.01	5113	7.63	3609	5.39	4000	6400
1996	8735	12.99	5442	8.09	3293	4.90	4578	5839
1997	8684	12.81	4922	7.26	3762	5.55	6460	5165
1998	10281	15.08	4872	7.15	5409	7.93	4438	4568
1999	8005	11.70	4544	6.64	3461	5.06	4779	5570
2000	8556	12.41	5521	8.01	3035	4.40	5765	4489
2001	7275	10.49	4311	6.22	2964	4.28	6332	6224
2002	7370	10.55	3901	5.59	3469	4.97	5534	5252
2003	6807	9.70	4293	6.12	2514	3.58	4445	5079
2004	9113	12.84	3301	4.65	5812	8.19	5778	5118
2005	8295	11.55	4426	6.16	3869	5.39	5980	5934

第三章　人口构成

第一节　性别、年龄构成

性别构成

新生儿性别构成　1986 年，全县新生儿 9590 人，其中男 4964 人，占 51.76%；女 4626 人，占 48.24%，性别比 107.31∶100。1990 年，新生儿 10435 人，其中男 5397 人，占 51.72%;女 5038 人，占 48.28%。新生儿性别比 107.13∶100。2000 年，新生儿 8428 人，其中男 4360 人，占 51.73%；女

4068人，占48.27%。新生儿性别比107.18∶100。2005年，全县新生儿7930人，其中男4115人，占51.89%；女3815人，占48.11%。新生儿性别比为107.86∶100。

死亡人口性别构成　1986年，死亡人口4402人，其中男2324人，占52.79%；女2078人，占47.21%。1990年，死亡人口4784人，其中男2476人，占51.76%；女2308人，占48.24%。2000年，“五普”死亡人口4864人，其中男2540人，占52.22%；女2324人，占47.78%。2005年，死亡人口5211人，其中男2778人，占53.31%；女2433人，占46.69%。

1990年邹平县“四普”常住人口性别年龄状况一览表

表3-3-1

类别 / 年龄别	人口数（人）			占总人口的百分比（%）			性别比（女=100）
	小计	男	女	小计	男	女	
合　计	665611	332308	333303	100.00	49.93	50.07	99.74
0～4岁	57114	29656	27458	8.58	4.46	4.13	108.00
5～9岁	42211	21740	20471	6.34	3.27	3.08	106.20
10～14岁	53876	27573	26303	8.09	4.14	3.95	104.83
15～19岁	72000	36212	35788	10.82	5.44	5.38	101.18
20～24岁	72500	36070	36430	10.89	5.42	5.47	99.01
25～29岁	61713	31034	30679	9.27	4.66	4.61	101.16
30～34岁	55035	28393	26642	8.27	4.24	4.00	106.57
35～39岁	55379	28445	26934	8.32	4.27	4.05	105.61
40～44岁	42420	21803	20617	6.37	3.28	3.10	105.75
45～49岁	28802	14660	14142	4.33	2.20	2.12	103.66
50～54岁	30112	14991	15121	4.52	2.25	2.27	99.14
55～59岁	26144	12603	13541	3.93	1.89	2.03	93.07
60～64岁	22976	10559	12417	3.45	1.59	1.87	85.04
65～69岁	19366	8585	10781	2.91	1.29	1.62	79.63
70～74岁	13137	5466	7671	1.97	0.82	1.15	71.26
75～79岁	7926	3046	4880	1.19	0.46	0.73	62.42
80～84岁	3629	1128	2501	0.55	0.17	0.38	45.10
85～89岁	1113	310	803	0.17	0.05	0.12	38.61
90～94岁	138	30	108	0.02		0.02	27.78
95岁以上	20	4	16				25.00
其中百岁老人	2		2				

2000年邹平县“五普”常住人口性别年龄状况一览表

表3-3-2

类别 / 年龄别	人口数（人）			占总人口的百分比（%）			性别比（女=100）
	小计	男	女	小计	男	女	
合计	686590	342701	343889	100.00	49.91	50.09	99.65
0～4岁	41996	21929	20067	6.12	3.19	2.92	109.28

续表3-3-2

年龄别＼类别	人口数（人）			占总人口的百分比（%）			性别比（女=100）
	小计	男	女	小计	男	女	
5～9岁	36778	19236	17542	5.36	2.80	2.55	109.66
10～14岁	58467	29849	28618	8.52	4.35	4.17	104.30
15～19岁	42476	20796	21680	6.19	3.03	3.16	95.92
20～24岁	47729	22962	24767	6.95	3.34	3.61	92.71
25～29岁	64211	32842	31729	9.35	4.73	4.62	102.37
30～34岁	72856	36715	36141	10.61	5.35	5.26	101.59
35～39岁	61789	31198	30591	9.00	4.54	4.46	101.98
40～44岁	50897	26335	24562	7.41	3.84	3.58	107.22
45～49岁	54840	28051	26789	7.99	4.09	3.90	104.71
50～54岁	41902	21483	20419	6.10	3.13	2.97	105.21
55～59岁	27523	13940	13583	4.01	2.03	1.98	102.63
60～64岁	26783	13258	13525	3.90	1.93	1.97	98.03
65～69岁	21649	9981	11668	3.15	1.45	1.70	85.54
70～74岁	17219	7461	9758	2.51	1.09	1.42	76.46
75～79岁	11239	4317	6922	1.64	0.63	1.01	62.37
80～84岁	5776	2026	3750	0.84	0.30	0.55	54.03
85～89岁	1905	552	1353	0.28	0.08	0.20	40.08
90～94岁	471	95	376	0.07	0.01	0.05	25.27
95岁以上	84	35	49	0.01		0.01	75.56
其中百岁老人	5	1	4				25.00

年龄构成

1990 年 7 月 1 日零时，“四普”登记人口为 665597 人。按国内标准划分年龄构成主要类型有：0 岁婴儿年龄组人口 10230 人，占总人口的 1.5%；1～6 岁学龄前儿童年龄组人口 60598 人，占总人口的 9.1%；7～12 岁小学年龄组人口 59237 人，占总人口的 8.9%；13～18 岁中学年龄组人口 77383 人，占总人口的 11.6%；13～15 岁后备劳动力年龄组人口 35449 人，占总人口的 5.3%；15～49 岁育龄妇女年龄组人口 191232 人，占总人口的 28.7%；男 16～59 岁，女 16～54 岁劳动力年龄组人口 418252 人，占总人口的 62.8%；0～15 岁少年儿童年龄组人口 165516 人，占总人口的 24.9%；男 60 岁以上，女 55 岁以上老年年龄组人口 81846 人，占总人口的 12.3%。总抚养比 59.1%。少年儿童抚养比 39.6%。老年抚养比 19.5%。老少比 49.4∶100。

按国际通用少年儿童、劳动力、老年人口划分标准：0～14 岁少年儿童年龄组人口 153201 人，占总人口的 23%；15～64 岁劳动力年龄组人口 467081 人，占总人口的 70.2%；65 岁以上老年年龄组人口 45329 人，占总人口的 6.8%。总抚养比 42.5%，少儿抚养比 32.8%，老年抚养比 9.7%，老少比 29.6∶100。年龄中位数 26.2 岁。

2000 年 11 月 1 日零时，“五普”登记人口为 686590 人。按国内标准年龄结构主要类型有：0 岁婴儿年龄组人口 8301 人，占总人的 1.2%；1～6 岁学龄前儿童年龄组人口 49427 人，总人口的 7.2%；7～12 岁小学年龄组人口 54210 人，占总人口的 7.9%；13～18 岁中学年龄组人口 58580 人，占总人口的8.5%；13～15岁后备劳动力年龄组人口32841人，占总人口的4.8%；15～49育龄妇女年龄组人口196259人，占总人口的28.6%；男16～59岁，女16～54岁劳动力年龄组人口443102人，占总人口的64.5%；0～15岁少年儿童年龄组人口144779人，占总人口的21.1%；男60岁以上，女55岁以上老人年龄组人口98709人，占总人口的14.4%。总抚养比35.5%。少年儿童抚养比21.1%。老年抚养比14.4%。老少比68.2∶100。

按国际通用少年儿童、劳动力、老年人的划分标准：0～14岁少年儿童年龄组人口137241人，占总人口的20%；15～64岁劳动力年龄组人口491006人，占总人口的71.5%；65岁及以上老年年龄组人口58343人，占总人口的8.5%。总抚养比39.9%。少年儿童抚养比28%。老年抚养比11.9%。老少比42.5∶100。年龄中位数31.4岁。

根据这一标准衡量，1990年，“四普”本县部分指标已呈现老年型年龄结构特征，但基本上属成年型年龄结构后期。2000年，“五普”本县全部指标都已属老年型年龄结构特征，表示全县已跨入老年型年龄结构社会。

静态人口类型划分标准一览表

表3-3-3

类型	0～14岁人口比例（%）	65岁及以上人口比例（%）	老少比（%）65岁及以上人口/0～14岁人口	年龄中位数（岁）
年轻型	40以上	4以下	15以下	20以下
成年型	30～40	4～7	15～30	20～30
老年型	30以下	7以上	30以上	30以上

第二节　民族构成

1990年“四普”，全县有24个民族。汉族人口665390人，占总人口的99.97%。其他23个少数民族人口207人，占总人口的0.03%。分别是回族72人，藏族2人，维吾尔族1人，苗族6人，彝族19人，壮族17人，布依族9人，朝鲜族5人，满族15人，侗族1人，瑶族2人，白族8人，傣族9人，黎族1人，傈僳族7人，佤族2人，高山族4人，拉祜族13人，水族2人，纳西族1人，土族2人，布朗族5人，撒拉族1人，怒族1人。另外，尚有未识别民族1人。

2000年“五普”，全县有32个民族。汉族人口685920人，占总人口的99.99%。其他31个少数民族人口670人，占总人口的0.01%。分别是蒙古族29人，回族84人，藏族10人，维吾尔族1人，苗族59人，彝族109人，壮族28人，布依族25人，朝鲜族11人，满族32人，侗族7人，瑶族6人，白族19人，土家族21人，哈尼族5人，傣族21人，黎族4人，傈僳族34人，佤族27人，高山族5人，拉祜族87人，水族3人，纳西族8人，景颇族6人，达斡尔族1人，布朗族10人，仡佬族1人，怒族11人，京族1人，独龙族3人，赫哲族2人。

“五普”与“四普”比少数民族成分由24个增加至31个，增加7个。少数民族人口也由207人增加至670人，增加463人。

第三节　文化构成

“四普”全县6岁及6岁以上人口601364人，占全县总人口的90.35%。各种文化程度人口中：大学本科文化程度的427人，占0.07%；大学专科文化程度的1801人，占0.3%；中专文化程度的7165人，占1.19%；高中文化程度为29633人，占4.93%；初中文化程度的198936人，占33.08%；小学文化程度的260880人，占43.38%；

不识字或识字很少的102522人，占17.05%。

“四普”全县15岁及15岁以上文盲半文盲人口99038人，占同龄人口的19.33%。文盲半文盲人口中男性21579人，占21.79%；女性77459人，占78.21%。

“五普”全县6岁及6岁以上人口635639人，占全县总人口的92.58%。各种文化程度人口中：研究生文化程度31人；大学本科文化程度2137人，占0.34%；大学专科文化程度10659人，占1.68%；中专文化程度17320人，占2.72%；高中文化程度40476人，占6.37%；初中文化程度283777人，占44.64%；小学文化程度221026人，占34.77%；扫盲班文化程度12305人，占1.94%；未上过学47908人，占7.54%。

“五普”全县15岁及15岁以上文盲半文盲人口47225人，占同龄人的8.6%。文盲半文盲人口中男性7985人，占16.91%；女性39240人，占83.09%。

文盲半文盲人口“五普”与“四普”比下降52.3%。“四普”到“五普”10年间年均减少文盲半文盲人口5181人。

第四节　职业构成

行业构成

1990年，“四普”在业人员421220人，占全县总人口的63.3%。在业人员中农业从业人员占87%，非农从业人员占13%。与“三普”比8年间在业人员增加77752人，增长22.6%。其中非农从业人员由29536人，增加为54653人，增长85%，年均递增8%。

2000年，“五普”在业人员443390人，占全县总人口的64.6%。在业人员中农业从业人员占70.6%，非农从业人员占29.4%。与“四普”比从业人员增加22170人，增长5.3%。其中非农从业人员增加75537人，增长138.2%，年均递增9.1%。

1990年邹平县“四普”在业人员行业构成一览表

表3-3-4

行业类别	在业人数（人）	其中		占在业人员比例（%）	男女比例（%）	
		男	女		男	女
总　计	421220	220034	201186	100.0	52.2	47.8
一、农、林、牧、渔业	366567	182557	184010	87.0	49.8	50.2
二、工业	24717	14932	9785	5.9	60.4	39.6
三、地质普查和勘探业	1	1			100.0	
四、建筑业	3624	3429	195	0.9	94.6	5.4
五、交通运输、邮电通信业	3131	2958	173	0.7	64.5	5.5
六、商业、公共饮食业、物资供销和仓储业	6923	4516	2407	1.6	65.2	34.8
七、房地产管理、公用事业居民服务和咨询服务业	1191	849	342	0.3	71.3	28.7
八、卫生、体育和社会福利事业	1908	1144	764	0.5	60.0	40.0
九、教育、文化艺术和广播电视事业	7432	4818	2614	1.8	64.8	35.2
十、科学研究和综合技术服务业	88	53	35		60.2	39.8
十一、金融、保险业	850	598	252	0.2	70.4	29.6
十二、国家机关、政党机关和社会团体	4788	4179	609	1.1	87.3	12.7

2000年邹平县“五普”在业人员行业构成状况一览表

表3-3-5

行业类别	在业人数（人）	其中		占在业人员比例（%）	男女比例（%）	
		男	女		男	女
总 计	443390	23280	211010	100	52.4	47.6
一、农、林、牧、渔业	313200	154450	158750	70.6	49.3	50.7
二、采掘业	910	720	190	0.2	79.1	20.9
三、制造业	71220	37700	33520	16.1	52.9	47.1
其中：纺织业	30760	10120	20640	6.9	32.9	67.1
家具制造业	11030	8070	2960	2.5	73.2	26.8
四、电力、燃气及水的生产和供应业	1280	950	330	0.3	74.2	25.8
五、建筑业	8260	7410	850	1.9	89.7	10.3
六、地质勘探业、水利管理业	280	220	60	0.1	78.6	21.4
七、交通运输、仓储及邮电通讯业	6760	6180	580	1.5	91.4	8.6
八、批发和零售贸易、餐饮业	16130	8750	7380	3.6	54.2	45.8
九、金融、保险业	1600	1020	580	0.4	63.8	36.2
十、房地产业	140	90	50		64.3	35.7
十一、社会服务业	3260	1870	1390	0.7	57.4	42.6
十二、卫生、体育和社会福利业	3560	1730	1830	0.8	48.6	51.4
十三、教育、文化艺术及广播电影电视业	8080	4140	3940	1.8	51.2	48.8
十四、科学研究及综合技术服务业	80	70	10		87.5	12.5
十五、国家机关、政党机关和社会团体	8350	6860	1490	1.9	82.2	17.8
十六、其他行业	280	220	60	0.1	78.6	21.4

职业构成

1990年，“四普”全县在业人员中农、林、牧、渔劳动者占86.6%，各类专业技术人员占3%，生产工人和运输工人以及有关人员占6.4%，其他占4%。

2000年，“五普”全县在业人员中农、林、牧、渔劳动者占70.6%，各类专业技术人员占4%，生产工人和运输工人及有关人员占17.3%，其他占8.1%。

对比二次普查的数据，全县在业人员职业构成呈以下几个特点：农、林、牧、渔劳动者所占比例逐年下降；生产工人和运输工人以及有关人员增加迅速，比例逐年增加；各类专业技术人员、国家机关、党群组织企事业单位负责人、办事人员和有关人员在人数增加的同时，妇女所占比例明显增加；商业和服务性工作人员大幅度增加。

2000年邹平县“五普”在业人员职业构成一览表

表3-3-6

行业类别	在业人数（人）	其中		占在业人员比例（%）	男女比例（%）	
		男	女		男	女
总 计	443390	232380	211010	100.0	52.4	47.6
一、各类专业技术人员	17890	9440	8450	4.0	52.8	47.2
二、国家机关、党群组织企事业单位负责人	9230	8200	1030	2.1	88.8	11.2
三、办事人员和有关人员	5460	4340	1120	1.2	79.5	20.5

续表3-3-6

行业类别	在业人数（人）	其中		占在业人员比例（%）	男女比例（%）	
		男	女		男	女
四、商业工作人员	13140	7010	6130	3.0	53.3	46.7
五、服务性工作人员	7400	3910	3490	1.7	52.8	47.2
六、农、林、牧、渔劳动者	313060	154460	158600	70.6	49.3	50.7
七、生产工人、运输工人和有关人员	76940	44800	32140	17.3	58.2	41.8
八、不便分类的其他劳动者	270	220	50	0.1	81.5	18.5

第四章 婚姻 家庭

第一节 婚 姻

婚姻状况

1990 年，“四普”全县 15 岁及 15 岁以上人口 512410 人，占全县总人口 77%。其中未婚 122072 人，占 23.8%，其中，男 67734 人，占 55.5%，女 54338 人，占 44.5%；有配偶 352945 人，占 68.9%；丧偶 35585 人，占 6.9%，其中男 9897 人，占 27.8%，女 25688 人，占 72.2%；离婚 1808 人，占 0.4%，其中男 1411 人，占 78%，女 397 人，占 22%。

2000 年，“五普”全县 15 岁及 15 岁以上人口 558580 人，占全县总人口 81.4%。其中未婚 95110 人，占 17%，其中男 51990 人，占 54.7%，女 43120 人，占 45.3%；初婚有配偶 413190 人，占 74%；再婚有配偶 12470 人，占 2.2%；离婚 2550 人，占 0.5%，其中男 1890 人，占 74.1%，女 660 人，占 25.9%；丧偶 35260 人，占 6.3%，其中男 10360 人，占 29.4%，女 24900 人，占 70.6%。

婚姻登记

1978 年，全县登记结婚 4955 对，离婚 87 对，离结婚标准比 1.76 ： 100（以结婚为 100，下同）。1997 年，民政局协议离婚 26 对；1998 年，50 对；1999 年，91 对。2000 年，全县登记结婚 5639 对，离婚 393 对，其中民政局协议离婚 90 对，法院判决离婚 136 对，法院调解离婚 167 对，离结婚标准比 6.97:100。

2005 年，全县登记结婚 3344 对，离婚 604 对，其中民政局协议离婚 363 对，法院判决离婚 100 对，法院调解离婚 141 对，离结婚标准比 18.06:100。

2000—2005年邹平县结离婚状况一览表

表3-4-1 单位：对

状况＼年度	2000	2001	2002	2003	2004	2005
登记结婚数	5639	5028	5827	7492	7592	3344
离婚数	393	390	318	435	602	604
其中：民政局协议离婚	90	100	93	175	354	363
法院判决离婚	136	130	115	87	93	10
法院调解离婚	167	160	110	173	155	141
离结婚标准比	6.97/100	7.76/100	5.46/100	5.81/100	7.93/100	18.06/100

第二节 家庭与住房

家庭

1990年，“四普”全县总户数167915户。其中家庭户167310户，集体户605户。家庭户平均每户人数3.92人。家庭户按人口规模划分：1人户6815户，占4.1%；2人户16053户，占9.6%；3人户46005户，占27.5%；4人户48302户，占28.9%；5人户30040户，占17.9%；6人户11971户，占7.2%；7人户4932户，占2.9%；8人户1766户，占1.1%；9人户817户，占0.5%；10人及10人以上户687户，占0.3%。家庭户按结构划分：单身户6815户，占4.1%；一对夫妇户9537户，占5.7%；二代户106897户，占63.9%；三代户36043户，占21.5%；四代户1502户，占0.9%；五代户5户；一代户和其他亲属及非亲属户715户，占0.4%；二代户和其他亲属及非亲属户3342户，占2%；三代户和其他亲属及非亲属户2399户，占1.4%；四代户和其他亲属及非亲属户133户，占0.1%。二代户为核心家庭户。

2000年，“五普”全县总户数204859户。其中家庭户200939户，集体户3920户。家庭户平均每户人数3.32人。家庭户按规模划分：1人户14133户，占7%；2人户33972，占16.9%；3人户70546户，占35.1%；4人户48797户，占24.3%;5人户24596户，占12.2%;6人户7365户，占3.7%；7人户1140户，占0.6%；8人户297户，占0.2%；9人户72户；10人及10人以上户21户。家庭户按结构划分：一代户42219户，占21%；二代户115874户，占57.7%；三代户41128户，占20.5%；四代户1718户，占0.8%。二代户为核心家庭户。

二次普查资料表明，家庭户平均人口数在减少，家庭规模越来越小。

住房

1986年，全县城镇私人建房168户，10100平方米。2000年“五普”，全县200939户家庭户，住房按间数分组：住0间124户，占0.1%；住1间7312户，占3.6%；住2间18830户，占9.4%；住3间44093户，占21.9%；住4间15183户，占7.6%;住5间77514户,占38.6%;住6间24713户，占12.3%;住7间9437户,占4.7%;住8间1808户，占0.9%；住9间612户，占0.3%；住10间及以上1313户，占0.6%。平均每户住房4.34间。住房存在3间和5间偏好。按人均住房面积分组：8平方米以下8573户，占4.3%；9～12平方米23274户，占11.6%；13～16平方米35852户，占17.8%；17～19平方米21302户，占10.6%；20～29平方米63377户，占31.5%；30～39平方米27599户，占13.7%；40～49平方米10286户，占5.1%；50平方米以上10676户，占5.4%。住房面积在9～29平方米的居民绝对多数，占总户数的71.5%。平均每户住房面积74平方米。人均住房面积21.2平方米。2005年，全县城镇居民人均居住面积23.6平方米，农民居住面积25.68平方米。

第五章 计划生育

1986年，全县开始实行人口与计划生育目标管理责任制。县委、县政府逐级签订《人口与计划生育目标管理责任书》，并逐步建立健全各项计划生育法规。20世纪90年代中期，全县处于第三次人口生育高峰期，经全县各级不懈努力，使人口出生率持续稳定在较低水平。1998年，全县人口自然增长率在7‰以下。由于实行计划生育政策，全县自1986—2005年，人口自然增长率均控制在7‰以内，2005年，人口自然增长率5.39‰，人口出生率11.55‰，人口死亡率6.16‰。

第一节 机构沿革

1986年年初，县计划生育委员会为县政府序列，正科级行政单位。内部未设中层机构，乡镇设计划生育办公室。1989年，经县编制委员会批准，内设办公室、统计股、宣传股。1990年，宣传股改为宣传教育股，统计股改为计划统计股，增设行财股。1991年7月，计划统计股改为业务股。1993年10月，县级机构改革，县计生委核定编制30人。至1995年，机构未变化，编制增加5人。1996年初，内设办公室、业务股、宣教股、政策法规股、县直计生办、服务站、药管站、计生协会办公室、流动人口管理办公室。至1998年，机构编制未变化。1999年年初，内设办公室、县直办公室（流动人口办公室）、业务股、计生协会办公室。2002年6月，县级机构改革，县计划生育委员会更名为县计划生育局，内设办公室、业务股、计生协会办公室。至2005年，机构编制未变化。

第二节 宣传教育

自1986年始，每年采取县领导发表电视讲话、幻灯宣传画、黑板报、宣传栏、座谈会、宣传车、张贴标语、发放宣传品、举办培训班等多种形式宣传计划生育政策。1991年，县政府下发《邹平县实施〈山东省计划生育条例〉暂行规定》，县计生委将《暂行规定》印发14万份小册子分发到全县每个家庭。1995年，在全县农村广泛开展“计划生育一条街”创建活动，村村建立融计生政策法规、人口形势、优生优育知识、致富信息于一体的“宣传街”。7月，滨州市在县内召开“计划生育宣传一条街现场会”，推广这种做法。

自1999年5月始，全县开展婚育新风进万家活动。此活动开展7年。

2002年11月，在全市计划生育法律法规知识竞赛中荣获第一名。

2004年4月，为平抑第四次人口出生高峰，县计划生育局与县委宣传部、县民政局、县妇联等7个部门和群团组织联合发出《关于大力倡导晚婚晚育致全县青年朋友的公开信》，让群众了解国家鼓励晚婚晚育的政策、好处和早婚早育的害处，并组织“提倡晚婚晚育，建设美好邹平万人签名”活动。2003—2005年，1700对夫妇主动退掉2胎生育指标，终生只要1个女孩。

第三节 计划生育管理

1986年后，各级领导逐步增强人口忧患意识和人口观念，把计划生育工作摆到与经济工作同等重要的战略地位，形成各级主要领导亲自抓、负总责局面。自1990年始，县委、县政府按人口与计划生育目标管理责任书，逐年同各乡镇和县直单位负责人签订责任书。

每年生育指标安排主要是发放一孩准生证和符合二孩条件的夫妇。一孩指标先对初婚妇女按出生年月排出名次，按大小依次安排，直接到户到人。结合政务公开，进行张榜公布。要求安排二孩指标的，必须在上一年9月前由个人提出申请，提供婚育状况材料，经审查符合二孩生育政策，与发放一孩准生证通盘考虑，合理解决。建立健全育龄妇女档案，按生育状况将育龄妇女分8类管理，月报表增设人口出生明细表。1986年后，进城经商务工流动人口越来越多，加强对流动人口的管理成为计划生育工作的一个新课题。1994年，县政府下发《邹平县流动人口计划生育管理办法》，办法共22条，文件规定乡镇人民政府管理流出育龄妇女的职责。文件要求离开常住户口所在地30日以上的育龄妇女赴异地前，应当到当地乡镇人民政府开具婚育证明。流动人口必须严格遵守现居住地计划生育工作各项规定。流动人口中育龄妇女申请暂住证、营业执照、务工许可证等证件之前，应到现居住地乡镇人民政府交验婚育证明，经查验合格者，予以登记并出具查验证明。流动人口中育龄妇女办理暂住证，应同时持婚育查验证明，对无查验证明和查验证明不符合规定的，公安机关不予办理。1997年，邹平县计划生育领导小组又出台《邹平县流动人口计划生育管理规范》,对组织建档、档案管理、联合办公、合同管理、双向管理、已婚查体、收费标准等做进一步规范。

2003年3月，印发《邹平县流动人口计划生育管理服务工作规范》，对流动人口的管理范围、管理原则,婚育证的管理以及合同管理、信息管理,对违法生育的处理、两地协作制度、服务制度和考核等，做出明确规定。2005年，流出人口发证率达100%，流入人口验证、建档管理服务率99%以上。

第四节　计划生育服务

1990年，全县各乡镇均建起符合标准的计划生育服务站。各村均建起计划生育服务室。1994年，全县实行避孕药具以免费供应为主、零售为辅的“双轨制”管理办法。

2000年3月，县政府印发《邹平县开展计划生育优质服务年活动实施方案》，提出通过开展优质服务年活动，力争年底达到全省优质服务试点县标准，使已婚育龄妇女普遍享有基本生殖保健服务。2002年9月，召开全县创建全省计划生育优质服务先进县动员大会,11月,顺利通过省验收,成为山东省计划生育优质服务先进县。2005年11月，经过验收，邹平县跨入全国计划生育优质服务先进县行列。

2000—2005年，全县符合政策生育率保持在99.5%以上,出生婴儿性别比控制在正常范围以内,避孕节育措施落实率100%。全县出生缺陷发生率逐年降低，由2000年8‰降至2005年的4‰以内。

第四编
城乡建设

Urban and Rural Construction

2001 年建成的县体育广场

黛溪三路黄山三路街景　　(1998 年摄)

建设中的黄山南新区　　(2010 年摄)

1986年，县城各项建设依据《邹平县城总体规划》进行。1991年7月，对《邹平县城总体规划》进行调整完善，城区总面积规划为44.75平方千米。2003年，《邹平县远景城市发展概念性规划》确定邹平县规划控制面积为300平方千米。2005年5月，邹平县进入山东半岛城市群规划后，把全县1251.75平方千米作为一个整体，构建“大邹平”开放式城市格局。1986年前，全县各镇、村都制定粗线条建设规划，1995年，魏桥、长山两镇被建设部确定为全国小城镇建设试点镇。城市管理从起步到逐步规范。1998年底，机关干部职工福利分房制度结束，房产进入市场。2004年5月，县政务大楼启用。

2005年，邹平县被山东省政府命名为“山东省园林城市”；同年，邹平县荣膺“国家卫生县城”称号。

第一章 县城 镇 村规划

第一节 机构沿革

1986年，县城乡建设委员会列政府序列，为主管城乡建设事业行政职能部门，内设人事秘书股、农房股、质检站、建筑总公司、设计室、市政处。1987年，增设计财股、房管所、矿产所。1989年，增设企管股、规划室，市政处下设园林所、环卫所。1989年12月，建委党委成立。1990年，撤销人秘股，成立党委办公室，同时新设施工股。1991年，股室进行调整，股改为科，内设党委办公室、财务科、企管科、建管科、城乡房管科、规划管理科、设计室、质检站，城管队、测绘办、市政处、园林所、环卫所。1992年，增设房改办公室。1993年10月，县级机构改革。1996年，内设党委办公室、财务审计股、质检股、建管处、村镇建设办公室、房管处、市政处、规划设计院、建筑材料检测站。1997年5月，房管处从建委析出，更名为县房产管理局，为正科级事业单位。

2001年，成立园林处，为副科级事业单位；自来水公司从建委析出，隶属水务局。

2002年6月，县机构改革，建委更名为建设局。9月，市政处从建设局析出，更名为县城市管理行政执法局，为正科级单位。12月，经省建设厅批准，成立邹平大地招标代理有限公司。至2005年，机构未变化。

第二节 县城规划

1986年，县城各项建设基本依据《邹平县城总体规划》。1990年，《中华人民共和国城市规划法》（下称《城市规划法》）颁布实施。1991年7月，根据《城市规划法》和邹平县城实际，再次请省城市规划设计院专家对《邹平县城总体规划》进行调整完善。调整后县城规划范围：东起七里铺园艺场，西至十里铺，南起月河村，北至滕家村，城区总面积44.75平方千米。县城规划建成区范围：东起七里铺村西沿，西到染织厂西沿，南起济青高速公路，北至环城路，面积13平方千米。

1996年，山东省城乡规划设计院与邹平县建委在完成规划大纲基础上，编制完成新一轮总体规划。该规划确定城市规划区包括邹平镇全部，北到肖镇干渠北的肖台路向东延伸线处，并将鹤伴山作为飞地纳入城市规划区范围，总面积80平方千米。1997年10月31日，该规划经县第十二届人民代表大会常务委员会第34次会议通过，并报省政府批复实施。

2000年，由上海同济大学重新对县新规划进行修编，把城南新区5.6平方千米作为城市副中心纳入总体规划，形成老城区、新城区、工业园区新格局。

2003年，聘请上海同济大学完成《邹平县远景城市发展概念性规划》。该规划确定邹平县规划控制面积为300平方千米，向东连接长山镇，向西涵盖明集镇，向南融西董镇为一体，向北发展韩店镇和焦桥镇工业片区。2004年对《城市总体规划》进行修编。确定城市性质为鲁中现代化中等城市，以纺织和冶金为支柱产业，以食品加工和造纸为主导产业，以旅游为特色的现代化生态型园林城市。城市用地布局为“一核、两轴、两环、三片区、五组团”。“一核”：黄山景观核，城市用地以此为核心展开；“两轴”：东西向工业发展轴和南北向景观轴；“两环”：城市外围景观水环和生态绿环；“三片区”：中心城市片区、城南居住片区和城东工业片区；“五组团”：中心城区组团、城南组团、城东工业组团、西北工业组团、黛溪居住组团。

2005年5月，邹平县进入山东半岛城市群规划后，城市建设迎来难得机遇，也面临严峻考验。邹平县紧紧咬住建设生态型现代化鲁中中等城市“一个目标”；突出县城建设和镇驻地建设“两大重点”；坚持高起点规划、高标准建设、高效能管理“三高标准”；强力推进城市基础设施建设、生态环境建设、绿化亮化美化、城市文明“四大工程”；构筑邹平—明集—魏桥—台子—码头，邹平—韩店—孙镇—九户，邹平—黛溪—青阳，邹平—高新—长山—焦桥，邹平—黄山—好生—西董—临池5大“城乡一体化发展体系”。打破城乡二元结构，把1251.75平方千米的邹平作为一个整体，构建“大邹平”开放式城市格局。委托山东省城乡规划设计院编制《县城老城区控制性详细规划》。该规划立足滨州，借势济南，对接淄博，呼应青岛，将通过全面融入济南都市圈，充分对接胶济城市带、积极互动环渤海区域这“三大战略”，实现近期“实力邹平”、中期“魅力邹平”、远期“和谐邹平”3大目标。

县城定位，现代化、生态型鲁中中等城市；城区规划布局：“一核、两轴、两环、三片区、五组团”；城市特色：山、水、城一体，河、湖、园相连。

第三节　镇村规划

1986年前，全县培训村镇规划人员1000余名，3个建制镇（邹平镇、长山镇、魏桥镇）、14个乡政府驻地和869个自然村都制定粗线条建设规划。省政府在邹平县召开全省村镇规划经验交流会。1987年，县建委农房股与农业局土地管理股合并成立县土地管理局，析出。1988年6月，县政府决定恢复建委农房股建制。1993年，17个乡镇调整、修订、完善驻地规划“七图一书”。1994年，邹平县被省政府确定为全省小城镇建设试点县。举办全县村镇建设规划管理学习班，对全县858个村级规划进行调整完善。1995年，出台《邹平县关于加快小城镇建设的规定》，按照“一点两翼三线”总体思想，全县加快村镇供水、道路、农贸市场、工业小区等建设。魏桥、长山两镇被建设部确定为全国小城镇建设试点镇。

1996年、1998年，邹平县两次获“省‘十百千’活动村镇建设先进县”称号。

2003年，全县小城镇规划进行第三轮改编，并通过县政府审批，市级评审论证。全县小城镇详细规划覆盖率80%。

2005年，全县用于编制各类村镇规划投资308.2万元，其中村庄规划投资86.6万元。

第四节　基本建设

1986—1993年，县基本建设总投资为12.74亿元，其中工业投资10.6亿元，占投资总数的83.6%；商业投资0.12亿元，占投资总数的0.9%；水利投资1亿元，占投资总数的8.2%；电力投资0.23亿元，占投资总数的1.8%；电信投资0.1亿元，占投资总数的0.75%；教育投资0.3亿元，占投资总数的2.4%；城区道路投资0.3亿元，占投资总数的2.3%。

1994年，全县社会固定资产投资37627万元，比上年增长36.9%，其中基本建设投资9657万元，更新改造投资6489万元。生产性投资增长继续加快，全年生产性投资31410万元，比上年增长41.4%，占整个固定资产投资的83.5%。290个投资技改项目全部交付使用。全年非生产性投资6217万元，占投资比重的16.5%，比上年减少2.7个百分点。住宅建设速度加快，全年投资4107万元，竣工面积75015平方米，比上年增长26.3%。

1996—1998年，县基本建设总投资63481万元。其中农业基本建设总投资2249万元，占投资总数的3.54%；工业基本建设投资20573万元，占投资总数的32.41%，其中电力基本建设投资16072万元，占基本建设总投资的25.32%，占工业投资总数的78.12%；商业投资2626万元，占基本建设投资的4.14%；电信投资1743万元，占投资总数的2.74%；水利基本建设投资12360万元，占投资总数的19.47%；教育、文化艺术与广播影视业基本建设投资3654万元，占投资总数的5.75%；国家党政机关和社会团体基本建设投资13840万元，占投资总数的21.8%；城区道路建设投资365万元，占总投资的0.57%。基本建设，新增固定资产57438万元，城区道路扩建长度17千米，城市自来水日新增供水能力4万吨。教育，学校新增建筑面积3230平方米，新增学习席位2008个。城市供热能力、蒸汽，新增50吨/小时。住宅建设，总投资16601万元，占基本建设总投资的26.5%。1998年，住宅投资7594万元，竣工面积117.621万平方米。

1999—2003年，县基本建设总投资62.091亿元，其中县城建设投资14.931亿元，小城镇建设投资47.16亿元。

2005年，开工城建项目27个，完成投资10亿元，县城建成区面积40平方千米，人口30万人，全县人口城镇化率52%。

第二章 城市与镇村建设

第一节 城市建设

1986—1995年，通过改造和扩建，初步形成县城区主要街道，初步形成4纵5横的城市道路框架，全长26.77千米。1994年，为适应县城商业中心逐渐向东南侧转移，以加强同淄博经济区和济青高速公路经济带的联系，完成1510米黄山二路东延工程。1995年，投资40万元，新建汽车站门前广场环路。对中兴桥西路（长478米，面积3071.7平方米）、黄山二路、三八街、黛溪四路南段（总长1955.8米，面积25237平方米）道路进行沥青罩面。

2001年，县城南部新区建设启动，开工建设项目29个，投入资金5亿元。其中新修道路5条，改造3条，总长9120米。2003年，新开工6条，长15000米。开工道路同时埋设排水、供水、燃气、通信、广电、供热地下管线，并预留部分备用管。另外，全力推进以县政务大楼为重点行政办公区和住宅小区开发建设。县政务大楼自2002年3月19开工，2004年5月1日全面竣工投入使用，15个县直单位办公楼相继开工。新建邹平一中于2002年8月下旬动工建设，至2003年9月投入使用。世纪花园、阳光花园、建宇花园住宅小区于2002年7月动工，总开发建筑面积30万平方米，可入住居民2000户以上，至2003年，陆续投入使用。在路网建设中，对县城东外环、北外环进行改造，完成黛溪五路、黄山二路东段配套改造，完成地下管线、路灯、绿化、人行道铺装等工作。在公益基础设施建设方面，自2001年开始，黛溪公园、黛溪河流域综合治理，黄山广场、体育广场、黛溪广场、翠屏公园等倍受社会各界关注的城建项目相继动工并陆续建成使用。同时，东升商城、天意商城、热电厂、热网建设等工程都为老城区功能完善、环境改造起到积极作用；黄山小区、安居工程小区和黛溪花园相继建成使用，为县城居民改善居住条件。在园林绿化方面，大力推行“拆墙透绿”工程，以黄山公园、黛溪湖、黛溪河风景区为重点，对新建设项目实施高标准绿化。至 2005 年底，县城绿化覆盖率 36.6%、绿地率 29.3%，人均公共绿地 16.1 平方米。

图 4-1　2001 年 6 月，建成的鹤伴二路

第二节　镇村建设

1986 年，全县有 3 个建制镇、14 个乡、858 个行政村。乡镇驻地各种建设占地 14856.45 亩，平均每个乡镇占地 928 亩。全县乡镇驻地房屋建筑总面积 51.9 万平方米。农村房屋建筑总面积 101.8 万平方米，人均占有建筑面积 16.5 平方米。其中 80% 是土坯房。邹平镇东关、北关、安家村，长山镇小牛、大齐村，韩店镇西王村达到设计合理，功能齐全、配套完善小康屋标准。1994 年，明集、青阳、好生、临池、孙镇 5 个单位撤乡设镇。全县重建道路 109 千米，其中硬化路面 98 千米。是年，全县住宅楼投资 4107 万元。1995 年，韩店、焦桥、苑城、台子、西董、礼参 6 个单位撤乡设镇。全县投资 9667 万元，新建道路 238 万平方米，有 548 个行政村开通电话。自来水普及率 76%，村庄通电率 100%。

1996 年，有 741 个村庄开通程控电话，电话普及率 1.83 部 / 百人，自来水普及率 82%，全县城镇化水平 33.7%。

1999 年起，大力加强村镇规划编制工作，并请上海同济大学、山东省规划设计院等单位参与并主持规划编制工作。至 2003 年 11 月底，已全面完成小城镇规划编制工作，并通过省、市级评审论证。

2005 年，小城镇驻地建成规模 44.6 平方千米，各镇基本解 ,1 场（集镇市场）、3 区（工业小区、居住小区、文化娱乐小区）、5 类（路、水、电、讯、楼）问题。实现村村通电、通电话、通有线电视、通自来水，受益村庄 637 个，村庄街道硬化条数 891 条，农民人均居住面积 35 平方米。

图 4-2　黄山街道周家小区　(2010 年摄)

第三章　城市管理

第一节　机构沿革

1985年，县城乡建设环境保护委员会成立城建监察管理大队，下设城建监察管理队、环卫所、园林所、市政工程队，负责城区主要街道规划及市容、环境卫生监察执法工作。2002年9月，成立县城市管理局，正科级行政单位。下设综合办公室、城管监察执法大队（下设4个执法中队）、环境卫生管理处、市政管理处、城市资源管理科、城管督查大队。2003年4月，改称县城市管理行政执法局。2005年，内设综合办公室、城管监察执法大队、环境卫生管理处、市政管理处、城管监察督察大队、城市资源管理科。环卫处下设1个清运公司和3个保洁公司、生活垃圾处理厂，市政管理处下设路灯管理所。

第二节　城管执法

1993年前，城市管理主要是县城规划管理、房产管理、公私房管理。1993年，成立城管大队，工作人员15人，负责县城规划区内市政工程、园林绿化、市容市貌、城市规划监察执法工作。1996年5月，城管大队开展学习济南交警活动，进行为期1个月军事训练，在滨州地区城管队伍专业知识和军事队列考核中，取得2个第一名；1996年，查处违章建筑52起、违章面积19363平方米，清理违章摊点150个、乱倒垃圾230起、乱贴乱画20起、乱搭乱建10处、破坏花木20起，办理摊点证453个。2002年，下发《人民城市人民管，管好城市为人民》公开信3000余份，以城市管理法律法规为主要内容的"明白纸"3500余份，《争做文明市民，共建文明城市》倡议书3000余份。提出"同住一座城，共爱一个家"倡议。

2003年，"非典"防治期间，执法大队向城区所有沿街商店、摊点发放防治"非典"明白纸2000余份，提高经营业户对"非典"防治工作认识和自我保护意识。8月，结合国家卫生城市争创活动，先后开展3次市容环境综合整治活动。活动中，下发"同住梁邹热土，共建美好家园"宣传材料4000份。

2005年年初，县创建国家卫生县城进入攻坚战阶段，集中清理规范各类摊点1000余个，取缔所有占道经营摊点，使其规范进入市场、居民小区、多功能服务亭入室经营。11月，通过国家爱卫会专家组对创城工作考核验收。邹平县成为全省首个国家卫生县城。

图4-3　2005年，邹平县成为首个国家卫生县城

第三节　环境卫生

1986年前，县城区环卫工作由县爱委会负责，清洁队隶属爱委会领导。1987年年初，环卫工作移交县城乡建设委员会，清洁队划归建委。2月，县建委成立县环境卫生管理所，定为股级事业单位，隶属于县建委市政处。至1995年，环境卫生管理所下属组织有清扫保洁队、垃圾清运队、粪便垃圾处理场。保洁队有环卫工人98人，多为从社会招收的家庭妇女，负责县城区内12条主要街道、44.2万平方米路面清扫保洁工作，实行分段专人负责。清运队有各种车辆13台，主要负责城区内50个垃圾箱、22个果皮箱，上百个垃圾池和部分厕所粪便清运任务。垃圾处理厂占地20亩，于1989年投资40万元建成，年处理垃圾41400吨。

1995年，发放摊点证700个，取缔违章摊点300余个,查处乱倒垃圾100余起。投资40余万元，新征地30亩，扩建垃圾处理场，对废弃垃圾全部隔离填埋，进行无害化处理。

1996年4月，为部分环卫工人及子女办理农（业户口）转非（农业户口）手续；投资20万元，在城区主要街道增设22个地下隐蔽式垃圾箱。2002年，环卫保洁工人扩招增加至166人，城区170万平方米保洁区域，清扫保洁率100%。

2003年6月，借助山东省海河流域污染治理整体项目运作，开展亚洲开发银行贷款建设申请申报工作。7月，委托山东省工程咨询院完成垃圾处理项目选址，确定在孙镇与韩店镇交界处732农场。

图4-4　城市美容师　　（2005年摄）

2005年，对县城区每条道路、每个角落、每个环卫设施都详细落实到责任人，170万平方米保洁区域，清扫保洁率100%。城区日产180吨生活垃圾，清运率100%。

第四节　市政设施

2002年前，城区市政设施建设和管护工作由县建设局负责，2002年9月，成立县城市管理局后移交此项工作。2003年，在城区所有主干道安装道路指示牌52个。2005年，在城区主干道安装35个包括公共信息导向、早餐、车辆停放、市场、公厕、修鞋等6类7种指示牌。

2003年4月以前，路灯管理工作归县电力总公司管理。5月1日，路灯管护职能移交城市管理局行使。是年，城市管理局对城区路灯及相关配套设施进行全面检测和维修。路灯亮灯率保持在98%以上，配套设备正常运转率100%。2004年，对灯具进行检查和维修，全年共换修灯头2500个，更换灯座800余个。

2005年，使全城区亮灯率保持在98%以上。

第五节　园林绿化

1986年，县园林所有职工8人，城区绿化覆盖率13.5%，人均绿地7.5平方米。6月，孙镇乡怀家村怀京宝捐款1.5万元，在黄山上建成仙遐亭;11月，魏桥镇小田村捐款3万元，建成步云亭。1987年，发动数万名干部、职工、军人、学生上黄山植树造林,绿化荒山,植松29万余棵。1988年，黄山二路树木进行更新，法桐换为国槐。1996年，城区面积由原来的5.5平方千米扩至7.5平方千米，城区绿化覆盖率30.1%,人均公共绿地17.3平方米。

2001年3月，园林处成立，下设黄山公园管理所和黛溪湖风景区管理所。2002年,绿化覆盖率、绿地率分别为41.2%、36.6%，人均公共绿地面积12.6平方米。

2005年，县城绿化覆盖率38.7%，绿地率33.2%，人均公共绿地面积15.2平方米。同年，被省政府命名为山东省园林城市。

公共绿地建设

至2005年，县城区已建成公园、广场绿地、沿街绿地17处，公共绿地面积6426亩。以增绿、扩绿为重点，按照500米以上“绿地服务半径”标准，在县城区重要地段规划新建政务广场、市民公园、黄山广场、体育广场、范公像广场、魏桥创业文化广场、国际商贸城广场等10处面积不小于5000平方米公共绿地，新增公共绿地面积3000亩。同时，在原有基础上，对黛溪河风景区、黄山公园、翠屏公园、范公像广场、老车站广场等公园、游园绿地进行续建和改造，以栽种大乔木为主，各种花灌木和花草为辅。

道路绿化

至2005年，县城区有道路31条，全部绿化美化。以创建园林式道路为目标,本着城市道路“建设一条，绿化一条，边建设，边绿化”原则，严格按照《城市道路绿化规划与设计规范》先后对县城区14条（段）主次干道进行绿化或改造，新增绿化道路35千米，重点新建或改造：鹤伴一、二、三路、醴泉一、五、七路、月河一、三路、会仙一、二、三路、黛溪三路、黄山南路、三路等一批高标准的景观大道。

城区以黄山三路、会仙二路为横轴、以黛溪三路、醴泉一路为纵轴的道路绿化已初步构成，道路绿化形成乔、灌、花、草相结合的复层种植结构，呈现出“一路一品、一街一景、常绿为主、花草点缀”“树树各相异、季季景不同”新景观。

单位庭院绿化

2005年，全县有8个单位获得省级花园式单位称号，30个单位获得市级花园式单位称号，33个单位获得县级花园式称号，全县花园式单位已占庭院绿化单位的67.3%。

第四章 房地产管理

第一节 机构沿革

1986年，房地产管理隶属于县城乡建设委员会。1997年5月，县房产管理处升格更名为县房地产管理局，属正科级全额事业单位，主管全县住房制度改革和行使房产管理事业职能，担负全县房改、房屋确权、发证、产权产籍管理、房产交易、评估以及房屋拆迁、房屋安全鉴定、物业管理和房地产开发经营管理等工作。2005年，内设办公室、物业管理办公室、住房保障办公室、房地产交易办公室、房屋安全鉴定中心、房屋租赁办公室、房地产测绘大队、房地产市场监察大队、财务室、档案室、法规室股级科室11个。

第二节 房地产产权产籍管理

1997年，产权产籍管理工作全面展开。8月，对城区内168个单位的房屋所有权进行验审登记，房改房发证1407户。

1999—2003年，完成公、私房确权登记以及房改产权过渡15659户，面积165万平方米。

至2005年，累计完成公有房屋登记发证163处，建筑面积84.6万平方米；完成私有房屋登记发证6450件，建筑面积73.6万平方米；完成房改房屋登记发证11571户，建筑面积110万平方米。

第三节 房地产交易

房地产转让

1997年，办理公房交易2户，交易额243万元；私房交易43处，交易额241万元；房改房交易914户，交易额1520万元。

1998年，办理公私房交易75户，面积2300平方米，其中公房2户，私房73户，办理房改房交易1407户，交易额3137万元。

2001年，完成私房交易1147户，公房40户。

2005年，办理私有住宅房产交易手续4285户，交易面积52.75万平方米，交易金额6.19亿元；办理商业房交易手续81户，交易面积9983平方米，交易金额2123万元；为9户公房办理交易手续，交易面积33498平方米，交易金额3062万元。

房地产抵押

2003年，办理商业用房抵押97户，抵押额3901万元，面积2.9万平方米；办理个人住房抵押贷款791户，抵押额8284万元，面积10.6万平方米。

2005年，办理商业房抵押手续42套，抵押房产面积7679平方米，抵押金额1910万元；为2178套住宅办理房产抵押手续，抵押面积22.78万平方米，抵押金额2.78亿元。

房地产评估

1997年，办理抵押贷款评估41个单位，评估额1926万元；完成房改评估单位33个，评估额

1520万元。

1999—2000年，评估公房85个单位，私房140户，评估额1.3亿元。

2001年，评估单位19个，私房750户，评估额1.21亿元。

2003年，办理评估抵押1292户，评估额达9.3亿元。

2005年，评估出具报告371份，评估房产面积43.37万平方米，实现评估额近4.1亿元。

房屋租赁

2003年，为4个单位200余户办理租赁许可证，租赁面积3万余平方米。

2004年，为22个单位194户租赁户办理租赁许可证，租赁面积2万余平方米。

2005年，完成8个单位与个人租赁发证工作。

房地产测绘

2001年，成立测绘队，测绘队经省测绘主管部门审批、培训，取得房产测绘资质，办理营业执照。至2003年底，测绘私人住宅4680套，企业厂房、商业用房504个单位，合计测绘面积160万平方米。

2004年，进行房屋测绘面积204.196万平方米。

2005年，测绘队完成测绘房产面积118.65万平方米。

第四节　城镇住房制度改革

1997年，以邹房改发〔1996〕3号《关于邹平县1997年度出售公有房有关问题的通知》精神，房改工作继续深入进行。是年，有33个单位参加房改，出售公房914户，面积70.34万平方米，收回资金1520万元，全县房改率100%。

1998年，有47个单位参加房改，累计出售公有住房1407户，回收资金3137万元。至此，城区98%以上公有住房全部售给干部职工，福利分房和标准价售房阶段结束。

2000年，98%房改单位完成产权过度套改工作，发放全部产权证书10287户，面积80万平方米。

2001年10月31日起，取消福利分房制度。

1999—2003年，县城新建住宅60万平方米，职工人均住房面积由1997年的11平方米，提高到22平方米，住房成套率95%以上，基本实现户均1套，人均1间的住房小康水平。2004—2005年，县城新建房面积790640余平方米。

公有住房出售

1999年1月1日起，公有住房出售价格一律执行成本价。1993年至1995年6月30日房改成本价460元/平方米，市场价580元/平方米；1995年7月1日至1996年12月31日房改成本价544元/平方米，市场价652元/平方米；1997年1月1日至1998年12月31日房改成本价609元/平方米，市场价730元/平方米；1999年1月1日起房改成本价655元/平方米，市场价760元/平方米。

优惠政策

1999年1月1日后，按成本价购房并一次性付清房款的，其标准面积部分及所属附房、设施装修给予10%的折扣；原已按标准价购房并按购房当年成本价过渡套改的分别给予不同的一次性付清房款的折扣，即执行成本价464元/平方米折扣20%，544元/平方米的折扣16%，609元/平方米的折扣14%，1999年购房的每平方米折扣10%。

租金改革

1999年，砖混结构新房使用面积，月租金2.10元/平方米，各类房屋实际租金还需视其结构、地段、楼层、设施、装修等因素评估确定，但实际租金不得低于每月1.5元/平方米。附房、门洞等按使用面积每月租金0.80元/平方米计算。以后，租金涨幅由市场确定。

图4-5　2000年，第一个投入使用的黄山南居民小区

第五编
交通运输

Transport

2004 年 3 月奠基，2006 年 5 月竣工的交通大厦

邹（平）鹤（伴山）路　　（2008 年摄）

2009 年建成的西外环路

1982 年 8 月 15 日，胶济铁路不再过县境，邹平县不再通火车。2002 年，邹平县铁路运营有限公司成立，2004 年 12 月，邹（平）周（村）货运铁路通车，邹平县复通火车。至 2005 年，县境内有 309（荣成—兰州）国道 7.5 千米，青（岛）银（川）高速公路 25.4 千米，省道有 3 条 85 千米：庆（云）淄（川）路 33.8 千米，寿（光）济（阳）路 35.1 千米，台（子）莱（芜）路 16.1 千米。县道有 7 条 178.9 千米。乡道有 23 条 204.9 千米。黄河在县境内长 22 千米。至 2005 年，全县年货运量 521.6 万吨，货运周转量 34970.4 万吨千米。

第一章 交通管理

第一节 机构沿革

1986 年，县交通局内设交通监理站、公路管理站、运输管理所、交通检查站、交通管理队、运输公司，乡镇设交通运输管理站。1987 年 3 月，道路交通管理体制改革，交通监理站、交通管理队移交县公安局。8 月，乡镇交通运输管理站改为乡镇交通管理所。1988 年 7 月，公路站升格为副科级事业单位，隶属关系不变。1989 年 6 月，设立县乡公路管理股。1990 年 7 月，公路站由副科级升格为正科级机构，从交通局析出。1991 年 7 月，公路股取消，建立邹平县县乡公路管理处。1992 年 3 月，成立邹平县筑路公司，为全民所有制企业。1997 年 3 月，交通检查站改为交通稽查大队，升格为副科级事业单位，隶属关系不变。

图 5-1 1995 年建成使用的交通局办公楼

1999 年，内设办公室、政工科、财务科、县乡公路管理处、县运管所、交通稽查大队和镇乡交管所。2001 年 8 月，增设邹魏公路管理站。2003 年 3 月，撤销政工科，业务并入办公室。全局编制 102 人，其中行政编制 10 人，事业编制 92 人，实有正式职工 182 人，超编 80 人。至 2005 年，未变化。

第二节 县运输公司

1986 年，县运输公司开始实行单车承包责任制，运量大增，全年实现公路货运量 4.9 万吨，货运周转量 607.8 万吨千米。1994 年，举办司机培训队、汽车修理厂、织布厂、汽车出租公司、旅行社、物资公司、汽车配件公司、茶叶公司、加油站，全年实现总收入 353.5 万元。2005 年，公司有货运车辆 48 台，年货运量 18 万吨，货运周转量 1356 万吨千米。有教练车 30 部，年培训学员 1300 余人次。货运配载中心年吞吐量 32 万吨。

第三节 汽车出租公司

1992 年，县汽车出租公司成立。为客运、出租客运、旅游客运道路班线，经营乙种、丙种、丁种客运班线，公司注册资金 1610 万元，下设航空铁路售票处。公司拥有跨市线路59条，市内15条，县内53条。拥有班线客车127辆，2845个座位，其中大型高一级客车2辆，出租车126辆，自用服务车2辆。总计营运客车255辆，从业人员388人。1996年，山东省交通厅公路运输管理局公布邹平县汽车出租公司具有省内道路客运班车经营资格。1995年，加入山东省公路客运联合会，1998年转入山东省道路运输协会。2001年11月，被省道路运输协会公布为理事单位。同年，公司通过三级客运企业资质评审，成为三级客运企业。

第四节　公交客运公司

1999年，县公交客运公司成立。始隶属于汽车出租公司。有客运车辆6辆，公交线路1条。2002年，车辆增至10辆。2003年，公交客运公司与汽车出租公司分离，正式注册独家经营；同年，开辟县城2、3路公交线，车辆增至56辆。2004年，新增公交车47辆，开通城区4路、5路、6路公交线路。至2005年，公司有公交车103辆，城内公交线路6路，农村公交线路15条，有干部职工220人。

第二章　道路管理

第一节　机构沿革

1962年，县公路站设立，隶属交通局。1986年，内设行政办公室、财务股、路工股、机务股。下设杨堤、肖镇、张庄、十里铺、长山、台子6个分站。1987年，增设临池分站。1988年7月，公路站升格为副科级事业单位，隶属关系不变。1989年6月，公路站改为公路管理站。1990年7月，公路管理站由副科级单位升格为正科级事业单位，从交通局析出。1992年，邹政发〔1992〕68号文件同意邹平县公路局更名为邹平公路管理局。1996年，公路管理局内设办公室、财务科、路政科、养护科、机料科、路面工程队、三产办及国省道养护站（长山公路站、临池公路站、十里铺公路站、张庄公路站、南范公路站）。1998年，机构精简，内设办公室、财务科、路政科、征收科、路工科，下设公路工程处、公路养护公司和玄武岩石料厂。2002年3月，玄武岩石料厂改制更名为邹平县凯利达有限公司。至2005年，机构设置未变。

图5-2　2004年启用的公路局办公楼

第二节　公　路

高速公路

济青高速公路1990年7月19日动工，1993年11月4日竣工，12月18日交付使用。济青高速公路邹平段西起青阳镇与章丘市刁镇交界处，途经青阳镇、黛溪街道、黄山街道、高新街道、东至长山镇与周村区交界处，全长25.4千米。邹平县城是济青高速公路穿过的唯一一座县城。县境内段共动用土方2209万立方米，石方284万立方米。建大桥1座、中桥3座、小桥12座、涵洞59座。设有邹平、长山2个出入口，路口处有互通式立交桥。邹平城区设有服务区，服务区分南区、北区。济青高速公路路面结构为沥青混凝土，双向4车道，全封闭，全立交，设计时速 100 ～ 120 千米。

国道

县境内有国道 1 条：309 国道荣兰线（东起荣城，西至兰州），途经临池镇，原名王（村）潍（坊）公路。309 国道从周村水库附近入县境，至临池镇望京村西入周村区，长 7.5 千米。1986 年，王潍公路实施改建工程。1987 年，铺筑沥青路面，11 月 15 日建成通车。改建后王潍公路路基宽 15 米，路面宽 14 米，通车能力 5000 辆次 / 日；是年，改称 309 国道。通车 1 个月后，沥青路面开始破碎。1988 年春节后，沥青路面大面积损坏，4—8 月，路面进行大修。

省道

县境内有省道 3 条：庆（云）淄（川）路、寿（光）济（阳）路、台（子）莱（芜）路。

庆淄路　自北向南由孙镇坡庄村小清河桥处入县境，至好生镇八里河村东入周村区，县境内段长 33.8 千米。1986—1995 年，有 2 段路进行改造：邹平镇至肖镇段，长 3.17 千米，1991 年冬开工，1992 年 7 月竣工通车；邹平城至周村段，亦称邹周路。全长 10.4 千米，1992 年 10 月，县政府通过贷款和发行公路债券方式集资 2100 万元，采用招标方式分段承包，于 1993 年 10 月 1 日竣工通车。改建后邹周路路面宽 23 米，油面宽 20 米，通车能力提高到 5000 辆次 / 日，平均时速 80 千米，为一级汽车专用公路。1997 年，肖镇至坡庄段进行改造，于 1998 年 9 月竣工通车，通车能力 5000 ～ 8000 辆次 / 日。2004 年，改建庆淄路韩店至邹平县城段，全长 3.5 千米，标准为一级路。

寿济路　由桓台县经长山镇三里村东入县境，至青阳镇西董村西入章丘市，县境内段长 35.1 千米。1986—1995 年，有 3 处进行改造：过县城段，西起成五村，东至七里铺，长 4.5 千米，由原穿越县城改为环城北，1989 年施工，1990 年建成通车；过青阳镇段，西起青阳村西，东到刘家村西，长 2.4 千米；县城至长山西关段，长 9.18 千米，1994 年破土动工，1995 年 10 月建成通车。通车能力为 5000 辆次 / 日。

1999 年，寿济路长山至桓台段进行改建，全长 9 千米，标准为二级路，被滨州市公路局评为市级优良工程。2000 年，寿济路县城至青阳镇驻地段进行改造，全长 10.9 千米。2001 年，寿济路县城西外环段和庆淄路西外环段进行改造，全长 4.6 千米，当年开工、竣工。2003 年，寿济路邹长段及西外环段进行改建，总长 11 千米，中央控制区宽 100 米。

图 5-3　2000 年，台莱路机械化路面工程施工现场

台莱路　台莱路起点台子镇，终点到莱芜市。县境内 16.1 千米，经过台子、魏桥镇。2000 年，魏桥镇驻地 2 千米路面进行大修，路面拓宽为 20 米，县境内有小清河大桥，桥长 280 米。2005 年，实施台莱路改建工程，路面由原来的 12 米加宽改造为 15 米。

1986—2005年邹平县国道、省道变化情况一览表

表5-2-1　　　　单位：千米

年　度	省　道	国　道	年　度	省　道	国　道	年　度	省　道	国　道	年　度	省　道	国　道
1986	80.50	0	1991	77.90	7.50	1996	77.90	32.90	2001	95.00	32.90
1987	79.60	7.50	1992	77.90	7.50	1997	77.90	32.90	2002	95.00	32.90
1988	79.60	7.50	1993	77.90	32.90	1998	94.20	32.90	2003	95.00	32.90
1989	79.60	7.50	1994	77.90	32.90	1999	95.20	32.90	2004	95.00	32.90

续表 5-2-1

年 度	省 道	国 道	年 度	省 道	国 道	年 度	省 道	国 道	年 度	省 道	国 道
1990	77.90	7.50	1995	77.90	32.90	2000	95.00	32.90	2005	95.00	32.90

说明：1.1986年，省道80.5千米，王（村）滩（坊）10.9千米，庆（云）淄（川）路36.7千米，章（丘）索（镇）路36.7千米。

2.1987年，省道79.6千米，王滩路更名为济（南）青（州）路10.0千米。1987年，国道309线建成通车，长度7.5千米。

3.1990年，省道77.9千米：庆淄33.4千米、章索路34.5千米、济青路10.0千米。

4.1993年，国道32.9千米：济青高速建成通车，长25.4千米，荣兰路7.5千米。

5.1998年，省道94.2千米：台莱路县道升级为省道，长16.3千米，庆淄路33.4千米，章索路更名寿（光）济（阳）路，长34.5千米，济青路10千米。

6.1999年，省道95.2千米：台莱路16.3千米、庆淄路33.4千米，寿济路改线，延长为35千米，济青路10千米。

7.2000年，省道95千米：公路普查，里程相应变更，庆淄路33.8千米、寿济路35.1千米、济青路10千米、台莱路16.1千米。

县道

县级公路有 7 条，全长 178.9 千米。

邹魏路　南起黛溪街道前城村（寿济路），经黛溪、韩店、明集、魏桥 4 镇、街道，北止魏桥镇驻地（孙章路），全长 27.9 千米。工程总投资 7600 万元。

图 5-4　2001 年建成的全省第一条高等级县级公路——邹（平）魏（桥）路

焦周路　北起焦桥镇兴隆村西焦临路口，经焦桥镇、长山镇，南止长山镇南坛村南周村界，全长 19.0 千米。

焦临路　北起焦桥镇韩套村北陶塘口小清河大桥，经焦桥、高新、好生、临池 4 镇、街道，南止临池镇驻地 309 国道，全长 42.1 千米。

邹普路　北起县城驻地黛溪三路高速路桥，经黄山、西董 2 镇、街道，南至西董镇张洞村南与章丘市普集镇交界处，全长 15.1 千米。

邹焦路　南起高新街道东范村南环城路口，向北经高新、黛溪、韩店、焦桥 4 镇、街道，北止焦桥镇爱贤村东焦临路，全长 15.2 千米。

孙章路　东起孙镇驻地庆淄路，经孙镇、九户、魏桥、码头 4 镇，西至魏桥镇五龙堂村西，全长 37.5 千米。

周西路　东起周村区西外环，经好生，西董 2 镇，西止西董镇驻地邹普路三岔路口，全长 7.7 千米。

九青路　九户镇刚斧寨经明集镇至青阳镇醴泉村，全长 29.6 千米。

乡道

境内有乡道 23 条，全长 204.9 千米。

邹（平）南（石）路　北起县城中医院西质量技术监督局路口，向南经郎君、崔家、崔家营，

图 5-5　路域治理后的农村公路　　(2000 年摄)

南止西董镇南石村东十字路口，全长 6.1 千米。

见（埠）杨（家峪）路 北起黄山街道见埠村北省道庆淄路，向南经见埠、北禾、皇后、于张、西庵，南止西董镇杨家峪，全长 10.8 千米。

长（山）（大）姜路 西起长山镇长山中学东十字路口，向东经增盛、前石，东止周村区大姜镇分界处，全长 3.4 千米。

柏（林）实（户）路 东起长山镇前柏林村东与桓台县新城镇分界处，向西经西庄、姚孙、董家、苏家、西言礼、大白、小白、仓林，西止韩店镇实户村，全长 22.9 千米。

焦（桥）孙（镇）路 东起焦桥镇爱贤村，经义和、东直房、刘家桥、杜家、曹王、辉里、西止孙镇驻地的省道庆淄路，全长 14.9 千米。

西（夏）李（家套）路 东起焦桥镇西夏村，向西经牛家子、后三元、南段，西止焦桥镇李家套村，全长 6 千米。

中（王）朱（家）路 北起西董镇中王村北的县道周西路，向南经中王、大杨，南止西董镇朱家，全长 3.7 千米。

朱（塘）会（仙）路 东起西董镇朱塘村的县道邹普路，向西经坊子、西王、南石、冯家、黄家河滩，西止西董镇会仙村，全长 7.3 千米。

青（阳）东（窝陀）路 北起青阳镇钟家村的省道寿济路，向南经徐家村东，南止青阳镇东窝陀村，全长 5.8 千米。

明（集）刁（镇）路 东起明集镇驻地，向西经曹家、宋集、王少唐，西止章丘市刁镇分界处，全长 8.6 千米。

东（安）孙（镇）路 东起孙镇小清河岸边东安村，向西经张赵、有里、东郭、小三户、大三户，西止孙镇驻地北的省道庆淄路，全长 9.7 千米。

邹焦路 南起高新街道东范村南环城路口，北向经高新、黛溪、韩店、焦桥 4 镇、街道，北止焦桥镇爱贤村，全长 15.2 千米。

石（店）里（八田）路 北起九户镇石店村，向南经兴和、哈庄、房家、官牛、吴庄，南止魏桥镇里八田村，全长 7.6 千米。

迷（河套）南（潘）路 北起九户镇小清河南岸的迷河套村，向南经南北张、小陈、皂户王、都路平、安祥，南止九户镇南潘村，全长 9 千米。

安（祥）丁（家）路 东起九户镇安祥村，向西经成家、长槐、关爷寨、房家，西止九户镇丁家村，全长 11.8 千米。

刚（斧寨）胥（家）路 北起九户镇刚斧寨村，经小刚斧寨、水牛韩、布王、长兴，南止胥家村南县道孙章路，全长 7.5 千米。

临（河）五（龙堂）路 东起魏桥镇临河村的省道台莱路，向西经印家、康庄、吴东、大坡、朱官，西止魏桥镇五龙堂村西县道孙章路，全长 10.1 千米。

孟（湖）方（家）路 东起台子镇孟湖村，向西经大赵、躲庄、大卢、（北）高王，西止台子镇方家村，全长 10.7 千米。

张（博）引（黄处）路 北起台子镇黄河南大堤处的张博村，向南经方家、曹务、疯李、小田，南止魏桥镇堂子村处省道台莱路，全长 8.3 千米。

高（青）至东（升）路 东起台子镇孟湖村东与高青县黑里寨镇交界处，向西经孟湖、张石辛、台子镇驻地、新邵、田家、沙窝、魏家、刘先生，西止台子镇东升村南，全长 11.6 千米。

孙（章）炭（刘）路 北起码头镇任家村北县道孙章路，向南经任家、小师寨、归苏，止于码头镇炭刘村，全长 6.1 千米。1993 年，按四级路标准铺设沥青路面，路面宽 5 米。2003 年至 2005 年，码头镇将该路进行改造，在旧路基础上铺设 18 厘米厚水泥砼路面。

梯（子）甜（水）路 北起码头镇黄河南大堤梯子，向南经小牛王、黄龙、港牛、路家、崔八，南止魏桥镇甜水村处县道孙章路，全长 5.7 千米。

延（安）码（头）路 北起码头镇黄河南大堤延安村，南止码头镇驻地县道孙章路，全长 4.2 千米。

第三节 铁 路

1899 年，胶济铁路始建。1904 年，通车。胶济铁路通过原长山县境一段，东起临池镇古城村，西至郑家村以西，全长12千米。县内历史上有306、312、大临池3个车站。306车站在高旺与兴安村之间，312车站在兴安与大临池之间，都以站至青岛的距离命名。大临池车站办理客货运输，其他2站不办理客货运输。1982年8月15日，胶济铁路复线通车，县境内段移至周村区境内，县境内旧铁路及3个站随之废除，胶济铁路不再过县境。

2002年，邹平县铁路运营有限公司成立，开始修建邹平至周村火车站专用铁路线。专用线由齐星集团投资。正线长9.15千米，东起周村站，西止黄山街道小杨堤村。综合货场占地416亩，设计站线6条，全场5600米，总计投资1.6亿元。综合货场可同时装卸煤炭、矿石、铝锭、钢材、木材、棉花、油料、淀粉等货物，每年200万吨运输能力，从开工建设到通车历时3年。2004年12月，正式通车，邹平县复通火车。

第四节　水　路

河道

黄河在县境内长21.9千米，水面宽300～1500米，水深1～4米。1949年前，全年通航期约9个月，水路运输可上通济南，下达利津。1986年后，黄河来水量逐年减少，河道淤积严重，春季经常出现断流，加之公路运输迅速发展，黄河水上运输基本结束。

小清河为县内主要航道。历史上溯河而上可到济南，顺流而下可抵寿光县羊角沟，历经数次治理，可通百吨以下各种船只。1986后，小清河上桥梁、渡槽增多、河水量减少，加之陆路交通发展迅速，航运中断。至2005年，小清河航运尚未恢复。

渡口

1986年，县境黄河渡口有8处：旧城渡口、教场渡口、方家渡口、官道渡口、阎家渡口、梯子坝渡口、延安渡口、苗家渡口。有渡船14条，总吨位290.5吨。其中旧城渡口、教场渡口船只较大，能运渡各种机动车辆，其余渡口只渡运马车、地排车、手推车和行人。至2005年，各渡口无变化。

1986年，县境内小清河有渡口11处：五龙堂渡口、炭刘渡口、归苏渡口、田家渡口、李坡渡口、来牛渡口、饮马渡口、刚斧寨渡口、新河渡口、前刘渡口、东安渡口。有渡船11只，均为个体经营。农忙时服务于过河种地农民，方便从此过路的行人，可运渡自行车、电动车、摩托车等小型车辆。

第五节　桥梁、涵洞

2005年，县内尚存数座古桥梁。建筑时间有据可查最早的是明万历年间修建的焦家桥，建筑艺术较高的有长山南门外永安桥、邹平西关黛溪桥、苑城中王裴家桥等。

古桥

焦家桥　位于焦桥村西，跨孝妇河古道。明万历二十四年（1596年），知县马一豸修。

永安桥　又称长山城南关大桥，位于长山城与范公（河南）村之间，跨孝妇河，始建于清康熙四十九年（1710年），为青石板桥。清乾隆十七年（1752年），邑人朱廷宗，劝募重建，改为石墩青石板桥，29孔，长42.8米，宽3.3米，高2.4米。桥面石板厚0.33米，两侧有护栏，桥头和中间各有一雕龙石刻，造型精美，保存完好。汛期山洪暴发时则漫水。常年可通小拖拉机、马车、地排车、行人。

图5-6　1710年建成的长山永安桥

黛溪桥　位于邹平西关与河西张家庄之间，以跨黛溪河得名。清嘉庆二十年（1815年）冬，乡人王文谦（北关村人）、知县李文耕捐资倡议修建，翌年春建成，名黛溪桥。道光三十年(1850年)、光绪九年（1883年）曾两次重修。至光绪二十四年（1898年）重修为12孔石台石板桥，一直沿用，由于桥面低，易漫水，1975年，改建为井柱式钢筋混凝土拱桥，6孔，单孔跨度6米。

裴家桥　位于长山镇中王村西北，跨孝妇河。清康熙三十三年（1694年），文化普等始建，后张赞廷等续修，为木结构。乾隆二十二年（1757年）毁于水。后改砌石，周焦路仍通过此桥。

广济桥　位于临池镇柏家村西头，跨西沟，顺村内东西老街。清乾隆三十六年（1771年）重修，由柏家村柏氏十世柏正业、柏正观等人主持修建。桥根基坐在自然岩石上，为单孔石拱桥。桥体用方块石垒砌到顶。桥面用条石铺就，宽3米，两侧有条石护栏。至2000年虽经风雨侵蚀，仍无损坏。2004年，村内修水泥大道，将沟壑部分填平，桥栏石被拆除，但桥的原貌犹在。广济桥碑由村委会拆下保管。

公路桥

1986年，全县主要公路上有大型桥3座：长山大桥、坡庄大桥、魏桥（小清河）大桥，中型桥13座：望京桥、月河桥、南营桥、王伍桥、霍家坡桥、马庄桥、上口桥、新上口桥、辛梁桥、管道南桥、九户西桥、刘家桥、明集桥。小型桥44座。1986—2005年，随着公路网络不断升级改造，桥涵工程也同步进行加宽、接长和新建，普遍采用新工艺、新技术，提高设计标准，增大通过能力。2005年，全县国省干线公路共有桥梁35座，其中大桥3座，寿济路长山大桥（130.7米）、台莱路小清河大桥(286米)、庆淄路坡庄大桥(300.36米)，中桥4座，小桥28座。

涵洞

县内有公路涵洞181处，全长2281米。涵洞种类有石台石拱涵、石台石板涵、石台混凝土管涵、水泥管涵、混凝土管涵、砖台砖板涵、石台混凝土拱涵、砖台石板涵、砖板涵、瓷管涵等12种。形状有管形、拱形两种。涵洞最长73米，涵洞孔径最大4米。县内309国道段有涵洞11个，其中孔径超过2米的涵洞7个。济寿路段41个，其中孔径超过2米的涵洞17个。庆淄路段23个，其中孔径超过2米的涵洞9个。孙刁路段有涵洞26个，周焦路段8个，肖台路段22个，邹焦路段7个，好临路段20个。

第三章　公路管理

第一节　公路养护

1986年，全县公路养护里程219.7千米，其中干线路养护里程80.5千米，县乡公路养护里程129.2千米，全年综合好路率39.7%。1989年，县公路站升格为公路局，县公路局负责干线公路，即国道、省道的养护，县乡路由交通局负责。县公路局养护里程87.1千米，好路里程41.50千米。1990年，县公路局养护里程85.4千米，好路里程40.5千米。县交通局全年投资养护费90万元，好路率41.4%。1994年，县编委印发关于在各乡镇设立乡村公路管理站文件。1996年，养路费支出140万元，应养护的县乡公路141千米，乡路好路率53.6%。1999年，养护费支出128万元，养护县乡公路里程159.5

图5-7　传统路面喷油作业　（1985年摄）

2006年邹平公路局公路养护质量示意图

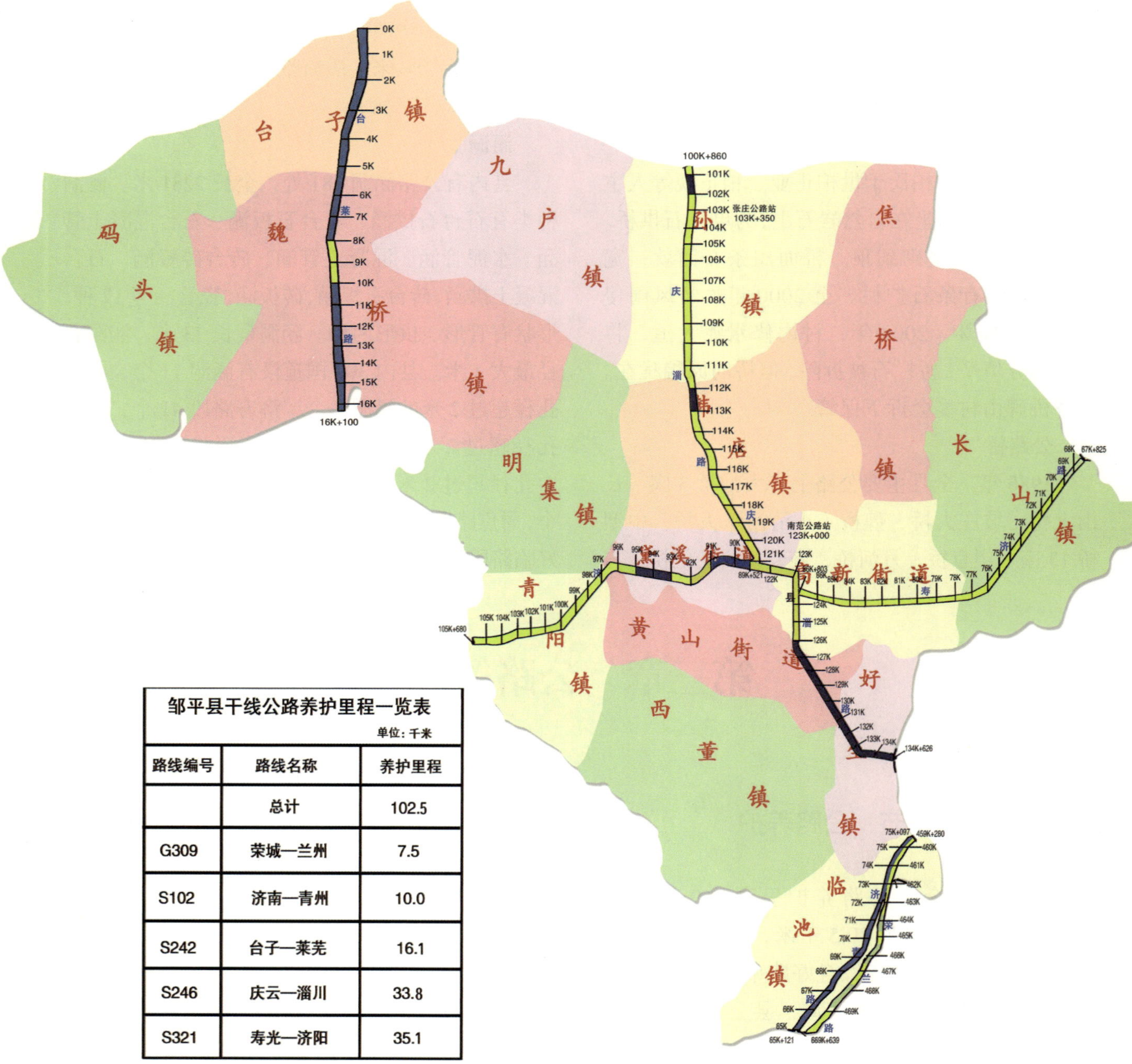

邹平县干线公路养护里程一览表

单位：千米

路线编号	路线名称	养护里程
	总计	102.5
G309	荣城—兰州	7.5
S102	济南—青州	10.0
S242	台子—莱芜	16.1
S246	庆云—淄川	33.8
S321	寿光—济阳	35.1

图 5-8　2006 年邹平县公路局公路养护质量示意图

图5-9　机械化修罩路面作业　　（2010年摄）

千米，植树1.6万株，县乡公路好路率78%。2000年，县乡公路养护费支出116万元，养护里程135千米，植树1.2万株，好路率83%。2003年，养护费支出354万元，养护里程137.3千米，好路率93.4%。至2005年，全县干线公路养护里程102.5千米，其中国道7.5千米，省道95千米，好路率65%。县乡路养护里程135千米，好路率60%。

第二节　路政管理

1985年2月，公路站设专职路政管理员。1988年6月，交通部下发《中华人民共和国公路管理条例实施细则》。1991年，公路局设路政股。1992年，县公路局会同公路沿线各乡镇政府，依据《中华人民共和国土地法》，对公路用地进行地籍调查、确权登记工作，明确用地范围及权属，埋设公路界桩。1998年，受理路政案件21起，追补损坏公路补偿金3.8万元。

2000年以后，路政管理工作实行“四位一体”：在麦秋季节，以政府名义发文禁止公路上打场晒粮；与城建、土管部门建立联合会审制，制止公路沿线违章建筑；与工商部门合作，搬迁公路市场多处，制止在公路上设集市贸易；在公路沿线聘请群众举报员，发放路政联系卡。

2003—2005年，以查处超载超限车辆为重点，查处路政事案1349起，收取路赔费41.2万元。路产好路率实现98%。

第三节　规费征收

1986年，规费征收项目有汽车、拖拉机养路费、运管费、车购附加费、客运基金、货运基金、建设基金、建勤费、道安费、路港费等。是年，全县征收养路费324.5万元，其中汽车养路费254.3万元，拖拉机养路费68.7万元，征收运管费25.82万元，车辆购置附加费19.3万元。此后各种规费征收逐年增长。1994年，突破千万元；2004年，完成养路费征收2998万元；2005年，完成养路费征收3869.59万元，汽车保有量9051辆。

1986—2005年邹平县养路费征收情况统计表

表5-3-1

计划完成数 年度	计划征收（万元）	实际完成（万元）	完成计划率（%）	计划完成数 年度	计划征收（万元）	实际完成（万元）	完成计划率（%）
1986	263.5	324.5	123	1996	1473.3	1449	98.43
1987	342	391.5	114	1997	1652	1670	101.64
1988	293	348.97	119	1998	1771	1549.5	87.51
1989	375	445	118.7	1999	1615	1459.67	82.89
1990	472	546	116	2000	1445	1488.14	102.99
1991	720	746.9	103.75	2001	1500	1738.50	115.9
1992	830.7	849.5	102.26	2002	1820	1952	107.25
1993	955	978.5	102.4	2003	2180	2235.58	102.55
1994	1145	1010	109	2004	2593	2998.74	115.65
1995	1361	1380.2	101.41	2005	3449	3869.59	112.9

1991—2005年邹平县交通客货运输公司公路运输情况一览表

表5-3-2

年度	专业客运				专业货运			
	车辆（辆）	座位（人）	客运量（万人）	周转量（万人/千米）	车辆（辆）	吨位（吨）	货运量（万吨）	周转量（万吨/千米）
1991	85	1360	27.5	1090.7	975	3803	63.7	3630.9
1992	93	1490	28.9	1186.9	1034	4035	68.4	3898.8
1993	110	1760	30.1	1264.2	1168	4557	72.1	4109.7
1994	122	2074	33.5	1592	1272	5063	75.6	4279
1995	187	3159	48.9	2374.1	1226	4879	6568	3568.9
1996	202	3424	72.6	3391.4	1242	4943	64.9	3523.1
1997	217	3669	107.5	5107.3	1249	4971	143.6	12412.7
1998	225	3815	118.6	5928.8	1102	4386	158.2	15478.4
1999	258	4386	127.8	6316.4	1129	4493	146	12922.5
2000	275	4625	151.7	7560.3	1117	4445	206	15237
2001	305	5105	227	12902	1024	4076	313.7	20899
2002	410	6980	235.3	13647.4	1042	4147	325	22750
2003	490	8339	211.2	12249.6	1458	5802	3083	21581
2004	560	9536	315.2	12604	1724	6862	419.1	29337
2005	618	9913	379.2	15443.2	1886	7506	521.6	34970.4

第四章　运　输

第一节　公路运输

长途客运

1986年后，购置客车、参与客运的个体户逐年增加，县内形成各种经济成分并存、相互竞争的局面。至济南、魏桥、滨州等线路客流量大，由原来间隔1小时发车缩短为30分钟、15分钟。至1995年，全县营运客车187辆，营运范围北京、天津、济南、青岛、淄博、东营、烟台、临沂等周边大中城市及县内所有乡镇、部分办事处、大村。至2005年，全县专业客运车辆618辆，9913个座位，年客运量379.2万人次。乡镇通车率100%，行政村通车率80%。

出租客运

1986年后，县城内始有出租客运，多为改装机动三轮车，也有少量人力三轮车，在汽车站周围定点等客。从1990年起，逐步发展到人力车、机动三轮车、摩托车和少量面包车定点等客，档次低，运量小。1992年，县汽车出租公司建立。1995年，全县有出租“面的”车数十辆。从2000年起，人力车、机动三轮车逐步被淘汰，各类档次小汽车开始参与客运出租，县城城区开始流动运营，县内各乡镇、大的行政村均有经营出租客运业务。至2005年，全县出租客运汽车300余辆，车型由原来多为“面的”发展到夏利、桑塔纳等多种车型。

公交客运

1999年，县公交客运公司成立，始隶属于县汽车出租公司。有6辆中型客车，开通城西成五村至城东高速公路立交桥1条线路，每半小时发一次车。2002年，公交车增为10辆，发车间隔时间缩短为20分钟。2003年，公交客运公司与汽车出租公司分离，正式注册，独家经营。是年，开通县城2、3路公交线，车辆增为56辆。同时，魏桥镇境内开通23条农村公交线路，设停靠站点220个。2004年12月，公交公司新增47辆公交车，在城区开通4路、5路、6路公交线路。至2005年，县公交公司有运营车辆103辆，县城运营路线6条。

1路　唐李庵风景区—汽车站，途经成五村、染织厂、中医院、黛溪街道驻地、卫生局、邹平商厦、供销大厦、祥云商场、机关招待所、土地管理局、宏城集团、实验中学、汽车站。

2路　新一中—邹魏第一工业园，途经黛溪花园、世纪花园、交通局、铜矿、国税局、县政府西门、供销大厦、祥云商场、专修学院、体育广场、汽车站、实验中学、宏诚集团、邹魏第一工业园。

3路　黄山中学—齐星集团电解铝厂，途经黄山广场、铜矿、国税大厦、三八街、县医院、邹平商厦、啤酒厂、北外环、实验中学、汽车站、邹魏第二工业园、齐星集团电解铝厂。

4路　黛溪五路北首—韩店镇实户村，途经体育广场、汽车站、高速路口、景观大道、政务大楼、交通大厦、铜矿、商业大厦、啤酒厂、马庄、肖镇、西王集团、实户村。

5路　韦家村—五里村，途经前城、啤酒厂、中行、白云酒店、机关招待所、宏诚集团、邹魏第三工业园、礼参、五里。

6路　经济开发区内环形运行。

货运

1985年，全县有运营汽车501辆，年货运量61万吨，货运周转量2146万吨千米。从1986年起，公路货运市场发生重大变化，个体车辆运力超过运输企业，运输市场竞争激烈。1991年2月，县工商联组织成立"邹平县汽车运输同业公会"。1992年，县运输公司对营运货车实行风险抵押和车值抵偿承包，全面推行承包责任制。从1996年起，各种货物运输专用车辆、集装箱运输车开始出现。县内以魏桥创业集团、电力集团等大厂矿企业和商品集散地为中心，形成货运有形市场。从2000年起，随着信息技术的发展，货运配载市场逐渐形成。形成大吨位车辆全国各地配货运输局面。至2005年，全县共有专业货运车辆3400辆，17506个吨位，年货运量521.6万吨，货运周转量34970.4万吨千米。

图5-10　20世纪80年代中期使用的拖拉机运输工具

国营汽车站

1985年，邹平汽车站下设孙镇、长山、魏桥3个售票处，苑城、焦桥2个代办站。1994年，邹平汽车站进行改建扩建，扩建后站房建筑面积2000平方米，日始发班车300余个，年客运量109万人次，营业额360万元。后因运输市场变化，长山、孙镇、魏桥、台子售票处相继撤销。2000年，实现微机售票。2002年12月1日，邹平汽车站迁至县城会仙一路西首。新址占地13320平方米，车场面积10190平方米，下辖孙镇售票处、高速路服务区售票处、县城西外环、北外环补票点。有职工60人。2005年，邹平汽车站有发车位24个，客运营线路51条，进站运营班车225辆，日始发班次448个，过路班次2个。

第二节　水路运输

航运

历史上，县内航运主要有黄河航运和小清河航运。1986年后，公路运输迅猛发展，加之黄河来水量逐年减少致多次断流；小清河水量不足，且河道上渡槽、水坝增多。水上运输业相继停止。少数船只改营渡运。

1990年后，县有关部门曾以黄河航道运输为龙头，积极启动小清河运输，并邀请省有关部门进行实地勘测，进行论证，制定航运规划，至2005年，水上运输尚未恢复。

渡口

旧城渡口　位于台子镇东北部黄河大堤内，是邹平县通往惠民县的交通咽喉，宋代名曰赵岩渡。有木制摆渡3只，120马力拖轮1艘，年渡运量2万人次。能渡运马车、地排车、拖拉机等。1998年11月，台子—大年陈黄河浮桥建成通车，旧城黄河渡口只在浮桥停运时经营。

教场渡口　位于台子镇东北部黄河大堤内，有公路与肖台路相接，过河后有公路通惠民县城，是邹平县西北部交通要道。1998年11月，台子—大年陈黄河浮桥建成通车，教场黄河渡口在浮桥停运时经营。

梯子坝渡口　位于码头镇东北部黄河大堤内，是邹平县西北部通往济阳县交通要道。清光绪年间设渡口码头，因靠近梯子坝而得名。2005年，有渡船2只，分别载重20吨、15吨。

官道渡口　位于台子镇西北部黄河大堤内，官道村北。此处曾是通往京津地区交通要道，因而取名官道。渡口由村集体设船，派专人负责渡运，专供村人过河种地、往来运输之用。2005年，有机动摆渡1只，载重12吨，每天可渡运100～150人次。能渡运地排车、手推车等。

小清河渡口　县内沿小清河各村几乎都有渡口，主要为村民和行人服务，由当地群众自办。收费低廉，农忙时服务于农业，农闲时作为副业经营。

小清河邹平段渡口一览表

表5-4-1

渡口名称	位　置	性　质	船　只	吨　位
五龙堂渡口	码头镇西南部与章丘交界处	联产承包	木驳1只	5
炭刘渡口	码头镇炭刘村	集体经营以服务农业为主	木驳1只	5
归苏渡口	码头镇归苏村南	联产承包	铁驳1只	
田家渡口	码头镇田家村南	联产承包，以服务农业业主	木驳1只	5
李坡渡口	码头镇李坡村南	联产承包，以服务农业业主	木驳1只	5
来牛渡口	魏桥镇来牛村南	个体承包，以服务农业业主	木驳1只	5
李家坟渡口	九户镇与台子镇交界处	联产承包	木驳1只	5
饮马渡口	九户镇钦马村西北	联产承包	木驳对槽1只	10
刚斧寨渡口	九户镇刚斧寨村北	联产承包	铁壳船1只	4
新河渡口	孙镇前刘村北	个体承包	木驳1只	5
前刘渡口	孙镇北安村北	个体承包	木驳1只	
东安渡口	孙镇东安村北	集体经营	木驳1只	

浮桥

台子—大年陈黄河浮桥　1998年6月，邹平县交通局、惠民县交通局、邹平县黄河河务局、惠民县黄河河务局、台子镇政府、大年陈镇政府6单位合伙投资，建台子—大年陈黄河浮桥，11月，竣工通车。浮桥宽7米，桥长420米，由28对97式承压舟组成。浮桥通车后，实行股份制经营。这是邹平县境内黄河上第一座浮桥。

2001年，6单位投资100余万元，对浮桥配套安全设施进行整修与维护，浮桥更加安全，使用效益逐年提高。

码头—济阳黄河浮桥　2001年5月，邹平县交通局、邹平县黄河河务局、邹平县码头镇政府，济阳县交通局、济阳县黄河河务局、济阳县仁凤镇政府6单位合伙投资1100万元，建码头—济阳黄河浮桥，12月18日，竣工通车。浮桥借鉴台子—大年陈黄河浮桥管理经验，实行股份制经营。

第六编

邮政 电信

Postal Service and Telecom

1988 年 10 月竣工的邮政局办公楼

2000 年，联通公司办公楼启用

2001 年 7 月 13 日，北京获得 2008 年奥运会举办权，中国国际钱币邮票有限公司发行《梦想成真》奥运钱币邮票珍藏册

2002 年 11 月 8 日，中国共产党第十六次全国代表大会胜利召开，上海中银纪念卡有限公司发行《伟大复兴》钱币邮票纪念册

1986年8月23日，县邮电局邮政储蓄业务开业，全县17处乡镇邮政所相继开办邮政储蓄业务。盲人读物自1989年1月1日起，按水陆路平常邮件寄递，一律免费，按挂号或航空件交寄，收取挂号费和航空费。之后，邮费资费收费标准几经调整。1990年，魏桥镇开通程控电话交换机，进入全县市话网，成为全区首家开通自动电话的乡镇。《邹平报》于1995年7月1日创刊。是年，邹平县报刊发行实现微机联网。1996年12月1日，取消商品包裹业务，统一按包裹业务收寄。1998年6月1日，全国范围内联网开办直递邮件业务。1998年9月，邮电分营，成立邮政局、电信局。

电信局于1998年9月11日成立。1999年7月，邹平县电信局剥离为中国电信集团公司山东省邹平县电信分公司、中国移动通信集团公司和山东省邹平县移动分公司。电信公司曾一度中断在邹平的业务，自2003年9月19日恢复。

第一章　邮　政

第一节　机构沿革

1986年，邮电局下设办公室、计财股、业务股、机线股、话务班、报务班、机务班、邮政营业班、封发邮运班、城里邮电所及乡镇17个邮电支局。

1998年9月，邮电分营，成立邮政局、电信局。邮政局内设综合办公室、计划财务部、经营服务部、邮政营业室、邮政储蓄所、封发邮运室、发投室、集邮音像中心、速递站、城东邮政所，下设17个邮政支局。年底，有干部职工119人。2002年，机构改革，内设办公室、市场部、营业部、速递分局、储汇分局、投递分局、商函广告公司及17处镇支局。至2005年，机构未变化。

第二节　函　件

1985年，县邮电局开办的函件业务有信函、明信片、印刷品、盲人读物、挂号信、邮件回执、保价信函、特种挂号信函、存局候领等。是年，县局办理函件3176847件。

1987年，开办邮政快件业务。11月，对寄往台湾地区的函件，同港澳地区一样实行特殊资费。1989年1月1日起，盲人读物按水陆路平常邮件寄递，一律免费，按挂号或航空件交寄，收取挂号费或航空费。1990年7月1日，国内平信资费每重20克或其零数，本埠由0.04元提高到0.10元，外埠由0.08元提高到0.20元。从1992年起，每年由国家邮电部统一制作“中国邮政贺年（有奖）明信片”，发各邮政营业窗口销售。1996年12月1日，国内平信资费每重20克或其零数不分本外埠一律0.50元，同时取消商品包裹业务、普通件查询费、纸质品包裹业务、国内航空信函业务。

1998年6月1日，全国范围内联网开办直递邮件业务。7月1日，停办邮政快件业务。1999年3月1日，外埠平信首重100克内每20克资费由0.50元提高到0.80元，续重资费由原100克累计资费2.50元降为每100克2.00元；本埠（县）信函首重100克内每20克资费调整为0.60元，续重每100克资费调整为1.20元；明信片由每件0.40元提高为不分本外埠一律0.60元。12月7日，恢复省内邮政快件业务。从2000年6月起，开办香港到内地直接进放业务。是年，全县函件业务1737166件，收入123.4万元。2001年后，邮政局函件业务量减少。是年，全县函件业务收入为80.6万元，比上年减少46.7%。2002年，函件业务量有所复苏，全年实现收入93.9万元，2003年为108.3万元。

图6-1 2000年11月，邮政工作人员上门服务

2005年，全县办理国内平常函件734225件，挂号函件78092件，国际函件916件。

第三节 包裹件

1986年7月1日,包裹业务种类分为民用包裹、商品包裹和纸制品包裹。

1990年7月，国内包裹一律实行保价，取消普通包裹和保价包裹之分，甲类保价和乙类保价随之取消。7月31日，提高国内邮政资费，国内包裹资费在原定标准基础上加收50%，同时将包裹计费单由100克恢复为500克。1995年，进口国际包裹单到达之日起免费保管7天，逾期每天收保管费1.5元，最多不超过45元。

1996年12月1日，取消商品包裹业务，统一按包裹业务收寄；取消纸制品包裹业务，原收寄内容按印刷品收寄；取消普通邮件查询费；保价邮件最低收取保价费1.00元。包裹资费按标准上调50%，取消包裹处理费，按件收取挂号费。2000年10月1日，改变原先用户持包裹单到邮局领取包裹的方式，实行包裹直投到户；如果2次投递到户找不到收件人，即改为局内窗口投递。是年，县局包件业务量为14523件，实现收入17.66万元。2004年，完成运件业务15680件。

2005年，全县办理包件业务17775件。

第四节 报刊发行

1985年，全县农村报刊发行站475个，50%的村庄有发行站、员，全年报刊订销期发数为123829份，流转额为554082元。同时开办报纸零售业务。

1990年，开始使用微机订销报刊。1994年7月1日，《邹平报》试刊，由邮政发行包销。8月29日，《滨州日报》在邹平县设立记者站、发行站，在乡镇建立发行点，开始自办发行。1995年7月1日，《邹平报》创刊，全年发行10310份。是年，报刊发行实现微机联网。

2000年后，邮政部门采取便民措施，每天准时将报刊投递到户。是年，全县报纸收订期发数29079份，报纸累计份数7234019份，杂志期发份数为15353份，杂志累计份数390464份，全县报刊流转额415万元。发行业务实现收入109.7万元。

2005年，全县报纸收订期发份数33147份，报纸累计份数7224600份。杂志累计份数529902份。全县报刊流转额638.8万元。

第五节 汇 兑

1985年，县邮政局及其分支机构共办理计费汇票85538张，其中进口56564张，出口28974张。电报汇款电报费为每件1.00元。1988年5月1日起，地区范围内开办“快件汇款”业务，每张汇票加收快递手续费0.50元。“快件汇款”优先处理，优先传递，在时限上优于普通汇款，次于电报汇款。1990年7月31日，每张汇票最低汇费调整为0.30元。

1996年6月1日起，邮政汇票每笔最高限额调整为1万元，“高额汇票”最低限额调整为1000元。同年，电报汇款费调整为2元。1998年7月1日，普通邮件提速，快件汇款停办。1999年，开办国内入账汇款业务、国内邮政礼仪汇款业务，将每笔汇款最低汇费改为2元，最高汇费50元；在省内开办特快汇款业务。2000年，试行为用户送汇业务。是年，全县实现汇兑业务收入 28.15 万元。

2005 年，国内汇票合计 61935 笔，开发汇票金额 6085.7 万元，总付汇票 28549 笔，总付汇票金额 2858.9 万元。

第六节 邮政储蓄

1986 年 8 月 23 日，县邮电局邮政储蓄业务开业，全县 17 处乡镇邮政所相继开办邮政储蓄业务。1987 年 5 月，开办定额定期储蓄业务。1988 年 9 月 1 日起，增设二年期储蓄种类，9 月 10 日起,办理 3 年期以上整存整取保值储蓄业务。1989 年 6 月 1 日，增设 3 个月期储蓄种类。9 月，开办定活两便储蓄业务。1990 年 1 月 1 日，邮政储蓄业务由向人民银行交存款改为转存款。1993 年 7 月 11 日，恢复办理对个人 3 年期以上的定期存款实行保值贴补的业务。是年，邮政储蓄实现电脑储蓄和内部处理自动化。1995 年，县邮政储户为 29969 户,邮储余额 9631.45 万元。1999 年，开通邮政储蓄绿卡工程。从 4 月 1 日起，实行个人存款账户实名制。9 月 18 日，实现邮政储蓄绿卡全省联网。

2005 年，邮政储蓄年末余额 8.95 亿元。

图 6-2 1993 年，邮政储蓄宣传活动

第七节 邮政特快专递

1993 年 8 月 18 日，县邮政局始办邮政特快专递业务。1995 年 4 月，设立速递站。全县 18 处邮政营业网点均可办理特快专递业务。业务分为信函、文件资料和物品 3 类。受理范围，国内遍及全国各地，国际可达 30 余个国家和地区。1995 年 9 月，国内特快专递物品类邮件，实行按距离计收资费。

1997 年，县邮政局开通“185”特快专递服务业务，为用户提供上门揽收特快专递邮件、业务咨询及邮件查询等综合性服务。1998 年，全县特快专递业务收入实现 49 万元，为全地区县级单位第一名。

1999 年，县邮政局开办速递生日蛋糕、鲜花礼仪、金榜题名大中专生录取通知书和商业信函广告业务。2000 年，县邮政局速递部门开办代售代送航空机票业务，与县人民法院、交警联合开发速递法律文书、驾驶执照等新型业务。是年，开发邮政广告业务。

2005 年，国内特快专递 62511 件，其中特快专递信函 44692 件，国内特快专递物品 17819 件，国际特快专递 2100 件。

第八节 机要通信

1985 年，上级下发邹平县的机要文件由淄博市邮电局随自办邮运汽车送达邹平县。同年，机要与邮运合并，机要投递业务归并到邮政股。1995 年，省际寄递范围增加，扩大到县以上民主党派、社会团体等。从 12 月 1 日起，实行机要文件与普通邮件运输合押，以机要文件为主。

2000 年，全局办理机要文件收投 288 件。2005 年，304 件。

第九节 集 邮

1988 年 4 月，县邮电局集邮公司成立。1990 年 4 月，建立报刊集邮经营部。1992 年 4 月 28 日，邹平县集邮协会成立。

20 世纪 90 年代

图 6-3 1992 年发行的《中华人民共和国邮票》集邮册

图 6–4　1997 年，国家邮政局发行的小型张邮品

图 6–5　1999 年，国家邮政局发行的小型张邮品

中期，集邮业务量大增。1999 年，全县集邮收入实现 111.4 万元。2001 年，全县集邮收入为 67.4 万元，出现负增长。2002 年，县邮政局开办邮资信封、邮资明信片和集邮专题册、集邮品制作宣传等新型业务。是年，开发“刘徽”纪念品和首届读书文化节邮资封，这在邹平集邮史尚属首次。

2003 年，开发邮资信封 9 万枚，邮资明信卡 12.45 万枚，实现集邮收入 46.2 万元。

第二章　电　信

第一节　机构沿革

1998 年 9 月 11 日，电信局挂牌成立，至年底，共有干部职工 126 人。1999 年 7 月，邹平县电信局剥离为中国电信集团公司山东省邹平县电信分公司和中国移动通信集团公司山东省邹平县移动分公司。

1999 年 7 月 23 日，电信局更名为“中国电信集团公司山东省邹平县电信分公司”。

2003 年 9 月 19 日，电信公司恢复在邹平县的业务。

2004 年 9 月，中国网通山东省通信公司邹平分公司改称中国网通（集团）有限公司邹平县分公司。

第二节　电　报

1985 年，全县有 2 部电传打字机。1986 年，全县电报并入济南 256 自动转报系统，有邹平—济南电报电路 4 条。1988 年，全县 17 个乡镇全部开通传真电报业务。是年，开办县城礼仪电报。1990 年，电报实现全国自动转接，全县共有电报电路 5 条。1991 年，全县 17 个乡镇实现电报传真。12 月，开办请柬电报业务。1993 年，邹平到滨州 480 路微波通讯开通，实现无线寻呼全区联网。1995 年 5 月，开办鲜花礼仪电报。1995 年后，电报业务量锐减，电报电路随之逐年减少。2000 年后，电报业务萎缩。2005 年，县电信局只保留 1 条邹平—滨州电报电路。

第三节　长途电话

1985 年，全县有磁石长途交换机 2 台，总容量 60 门，接入市话中断线 24 条，长途电话电路 18 条。1992 年 12 月 31 日，一次割接开通，电话号码由 5 位升至 6 位，长途进入国际国内直拨大网。1993 年，邹平—滨州 480 路数字微波开通，长途线路实现自动化。1994 年，实现传输数字化。1998 年 7 月 15 日，山东第一条 SDH 数字微波二级干线邹平—高青—滨州数字微波（1×55mbit/s）投入运营，数字端机采用符合国际标准的武汉 NEC 端机。2003 年，邹平县长途电话业务有信息服务、语音信箱 200 业务、300 业务、中国国际电话卡业务、600 业务、800 业务、“108”直拨国外话务员受话人付费电话业务等。

2005 年,全县长途电话业务量为 1292.49 万次。

第四节　市　话

1985 年，县有市话磁石交换机 6 台，总容量 600 门，实占 571 门，用户电话 401 部。1988 年，县邮电局开通 2000 门纵横制自动电话，取代使用几十年的“摇把子”。1992 年，电话号码由原来的 5 位升至 6 位，电话实现程控数字化。1995 年 10 月,电话号码由 6 位顺利升至 7 位。2001—2005 年，市话农话交换机扩容超过历史上的总和，全县程控电话交换机总容量 205192 门，其中电话交换机总量 15712 门，网通电话交换机总量 189480 门。2005 年，全县有市话电话机 54077 部。

图 6-6　1999 年，IC 卡公用电话

第五节　农　话

1985 年，全县农话交换机 22 部，总容量为 1310门,实占 927门。全县农用电话 804 户。1990年,魏桥镇开通 256 门程控电话交换机进入全县市话网，成为全区首家开通自动电话的乡镇。

1995 年 12 月，建成邹平 C4 级自动网，17 处乡镇全部实现程控交换数字传输。自动电话并入全区 C3 本地网，电话号码由 6 位升至 7 位，结束电话交换靠人工接续的历史。

1999 年 12 月，全县 858 个行政村全部通电话。2000 年，全县农话用户 40330 户，电话普及率 8.59 部 / 百人。

2005 年，县农话交换机总量 132840 门，农话用户 123381 户，电话普及率为 68 部 / 百人。全县电信业务总量为 27608.93 万元。

图 6-7　1999 年，村村通电话

第三章　移动网络通信

第一节　机构沿革

1994 年，移动通信交换基站建成投入运营。1995 年，实现全县移动电话全国漫游。1999 年 7 月，山东移动通信有限责任公司邹平县分公司成立。2004 年，邹平移动通信更名为山东移动通信集团山东有限公司邹平分公司。2005 年，邹平移动分公司下设综合部、市场部、重点客户服务部及 3 个城区厅、14 个乡镇支公司。

第二节　网络通信

1993 年，无线寻呼基站开通。1996 年，全县电话用户装机5395部，电话累计到达12716部。6月15日，全区第一处乡镇“大哥大”模拟基站在魏桥开通。1999年7月，邹平信息港开通。电信分营（移动剥离），无线寻呼业务从电信局剥离，划归联通公司。1998年8月，全县第一批接入网在见埠、韩家、新民、杨堤先后开通。2002年，ADSL专线用户数559户。2003年，宽带接入业务用户3802户。年底，网络通信在全县人口覆盖率为99.8%，地理覆盖率为99%以上。2005年，宽带接入业务用户11726户。是年，全县电话用户装机21381部，累计总数为170753部。

图6-8 邹平移动公司第二通信枢纽营业大厅

第七编

农业　气象

Agriculture and Meteorology

春　耕　　（2010 年摄）

孙镇辉里皂角树 （2015 年摄）

临池镇古城村三义殿唐槐 （2015 年摄）

1986年，全县深化以家庭联产承包为中心的土地使用制度改革，推行两田制（口粮田、承包田）。1990年，全县调整优化农业产业结构，粮食作物与经济作物并行，农、工、商、贸综合协调发展。1998年，县直机关干部示范服务基地开始创办，包括韩店镇肖镇蔬菜示范服务基地和好生镇周前花卉示范服务基地。2001年5月，开始农村税费改革；2002年，全面铺开。2004年，比全省规定提前1年取消农村“两工”（农民向村集体出一定数量的义务工、劳动积累工），全县农民人均税费负担为59元。2005年，全县取消农业税及附加，只保留水费，全县农民人均负担14.8元；同年开始，对种粮农民实行每亩13元补贴政策。至2005年，全县主要粮食小麦、玉米产量分别为26.6万吨、28.2万吨；畜牧肉类总产量6.61万吨；水果总产量4.75万吨；全县蔬菜面积17.15万亩，总产量54.49万吨。

第一章　农村经济体制改革

第一节　机构沿革

1986年，县农牧渔业局下设人事秘书股、财务股、土地管理股、农业技术推广站、种子站、植物保护站、土壤肥料工作站、棉花技术指导站、农村合作经济经营管理指导站、畜牧兽医工作站、农业广播学校邹平分校、农技服务中心经营部及九户农场、王伍农场、农业实验农场。乡镇设农技、经管、兽医站。有干部职工383人，其中局直属单位干部职工122人，乡镇3站176人，3场85人。1987年8月，土地管理股从农牧渔业局析出，建立邹平县土地管理局。1988年3月，成立邹平县黄淮海平原开发领导小组，办公室设在农牧渔业局。同年，乡镇农技、经管、兽医3站，人、财、物“三权”下放回乡镇。5月，建立邹平县棉花办公室，为副科级单位，隶属农牧渔业局。6月，农业广播学校邹平分校升格为副科级单位。1989年12月，成立农牧渔业局党委，党组织关系从县机关党委析出；设立党委办公室，与老干部股合署办公。1990年11月，农业广播学校邹平分校改为国家成人中专学校，更名为山东省农业广播学校邹平分校。1993年10月，县级机构改革，人秘股、党委办、老干股、科教站4个行政单位合并为政工股，行政办改为行政股；乡镇3站改名为“农业办公室”，县农牧渔业局退出政府序列，工资实行财政差额拨款。同时，撤销蔬菜站，成立邹平县蔬菜开发中心，为副科级单位，隶属农牧渔业局管理。1995年1月，畜牧兽医工作办公室从农牧渔业局析出，成立县畜牧业局，农牧渔业局更名为农业局。7月，农业局恢复全额拨款。2002年6月，撤销农业委员会，职能移交农业局，棉花生产办公室改为农业局所属。11月，成立邹平县农村经济经营管理局，为副科级事业单位，隶属于农业局管理。2003年2月，农产品销售站与棉花生产办公室合署办公。6月，农业试验场整体移交生活垃圾处理厂筹建处。2005年12月，组建生产计划科，与蔬菜中心合署办公；组建科教科，与农广校合署办公。

第二节　农村经济结构调整

1986年，全县土地继续实行家庭联产承包责任制，农业生产快速发展，农民温饱问题得到解决。1988年，全县粮食作物和经济作物的种植面积比为3.42∶1。1992年后，全县农村经济开始向社会主义市场经济转轨，农民以市场为导向，以效益为中心，按照市场需求，组织发展生产。棉花受市场价格、虫灾等诸多因素影响，经济效益逐年下滑，影响了农民种植积极性。1997年，棉花种植面积21.29万亩。20世纪90年代中后期，粮食生产实现歉年保平、丰年有余，同时粮食生产出现增产不增收现象。蔬菜、瓜类投入产出当年兑现，经济效益明显，播种面积逐年扩大。2005年，全县蔬菜种植面积28.8万亩，瓜类3.5万亩。农民人均纯收入4683.5元。粮食和经济作物种植面积比为1∶1。农业发展带动了农村第二、三产业发展。

1986—2005年，由家庭承包经过市场经济、产业结构调整，林、牧、渔各业均有较大发展，农业收入结构发生明显变化。农村经济快速发展，促使农副产品加工业、建筑建材业、交通运输业、商贸饮食业、服务业等二、三产业迅速崛起。1990年后，第二、三产业发展速度加快，收入比例大幅度上升。2005年，农业收入比例下降到3.6%，第二产业比例上升为76.4%，第三产业比例上升为15%。

2005年，全县从事第二、三产业的劳动力10.73万人，占镇办农村实有劳动力的33%。

第三节　农村税费改革

2001年上半年，部分农村开展税费改革试点。5月，税费改革政策调整，恢复执行农民负担现行政策。2002年，全面铺开，在农村进行以“三取消、两调整、一改革”为主要内容的税费改革，农民负担项目改为农业两税及附加、乡村公益事业金和“两工”，水费列为生产成本项目，重新确立征收标准、方式和方法。其间完成现状调查、方案制定、面积核实、常产核定、计税到户、改革前后减负测算、乡村2级必保支出测算等工作，全面完成各项改革任务，达到改革预期目标。2003年，继续深化农村税费改革，取消农业特产税及附加，停止乡村公益事业金收取，农民负担项目仅限于农业税及附加、“两工”及水费。2004年，比全省规定提前一年取消农村“两工”，全县农民人均税费负担为59元。

2005年，全县取消农业税及附加，只保留水费，全县农民人均负担14.8元。

第二章　种植业

第一节　粮食作物

1986年后，全县粮食作物主要是小麦和玉米，大豆、高粱、地瓜和谷子等也有小面积种植。

小麦

小麦是本县主要粮食作物之一，产量占全县粮食年总产量的45%左右。20世纪80年代，推行农村承包责任制，调整农业生产结构，小麦种植面积有所减少，由于水利、肥料、农业机械等条件改善，平均单产却有较大提高。1985年，全县小麦种植57.75万亩，平均亩产251千克，总产14.5万吨。1988年，全县推广小麦精播半精播技术，推广面积42万亩。2000年后，小麦平均单产稳定在400千克左右。随着农业种植结构

图7-1　1990年4月30日，省农科院专家到孙镇冯家村麦田考察

调整，全县以“压粮稳棉扩菜”为主，粮田面积逐年减少。2004年，全县小麦种植52.05万亩。全国上下狠抓粮食生产，中央和省委分别出台“一号文件”，对种粮农民实行直接补贴。全县种粮

农民每亩享受13元补贴，小麦种植面积大幅度增加。

2005年，全县小麦种植61.95万亩，占粮食播种面积的48.6%，单产提高到430千克，总产26.6万吨。同时，实施优质专用小麦良种补贴项目，每亩补贴10元，30万亩，补贴300万元。项目区为魏桥、码头、台子、韩店、明集、九户、孙镇、长山、焦桥、高新等10镇、街道。主要推广品种有济南17号、济麦19、20、21号等。

玉米

玉米是本县主要粮食作物之一，产量占粮食年总产量的35%左右。1985年，种植42.6万亩，占秋粮播种面积的67.7%，亩产252千克，总产10.8万吨。1985—2001年，进行品种更换，全县玉米亩产增加至450千克左右。2004年，全县玉米种植49.3万亩，占秋粮播种面积的92%，平均亩产476千克，总产23.5万吨。2005年，全县玉米种植62万亩，占秋粮播种面积的94.7%，平均亩产456千克，总产28.2万吨。

大豆

1985年，种植面积6.4万亩。1988年后，面积稳定在6.5万亩左右。20世纪90年代，全县种植稳定在3万亩左右。2000年以后，种植面积逐年减少，至2005年，全县种植2730亩，总产330吨。

谷子

主要分布在青阳、西董、临池等山区乡镇，1985年，种植7.4万亩，后逐年减少。20世纪90年代，全县种植1万亩左右，至2005年，全县种植5828亩，单产222.2千克，主产地青阳镇注册“清风泉”牌商标，申报国家级无公害农产品，售价突破4元／千克。

高粱

1985年，全县高粱种植1.3万亩，单产97.5千克，总产124.5万千克。之后，种植面积逐年下滑，至2005年，全县种植536亩，单产351千克，总产188吨。

地瓜

年际之间差别较大，20世纪80年代种植面积稳定在4万～5万亩，20世纪90年代以后减少至3万～4万亩，主要集中在山区旱地。2005年，地瓜仍然是全县除小麦、玉米以外的第三大粮食作物。

第二节 经济作物

全县经济作物主要有棉花、花生、芝麻。

棉花

1986—1988年，全县棉花面积、单产比较平稳。1992年，全县植棉43.89万亩，棉铃虫大暴发，平均百株有卵万粒以上，出现6.8万亩的绝产地块。平均单产皮棉24千克，总产1.051万吨。1993年，棉农恐虫心理严重，全县植棉20.26万亩。1998年，引进转基因抗虫棉新品种菏棉3号1000千克，分别在码头乡路家村和县良种棉场示范种植，面积

图7-2 1996年6月16日，全国棉铃虫防治工作现场会在邹平县召开

200亩。2000年，全县基本普及抗虫棉，单产大幅度上升，治虫成本比上年平均亩降90元。2003年，受秋季长时间雨涝灾害影响，棉花单产、质量均有不同程度下降，造成棉价上升，平均每千克籽棉7.5元。2001—2005年，引进高产多抗棉花新品种，棉花单产提升，植棉效益提高，植棉面积稳定。

花生

1986年，种植4.07万亩。1990—2001年，种植面积稳定在1万亩左右。至2005年，全县种植3873亩，单产177千克，总产686吨，仅码头镇一带种植。

图 7-3　1986 年 8 月 27 日，省专家到孙镇冯家村花生田调查

芝麻

全县种植面积一直较小，1985 年，全县种植 3000 亩，最高单产 66 千克，平均单产 38.5 千克，总产 115 吨。1987 年，种植 2100 亩。至 2005 年，全县仅种植 65 亩。

第三节　主要作物品种

小麦

1986—1987 年，主要种植鲁麦 5、7 号，晋 21 号。1988—1989 年，种植烟 1604、烟中 144。1990—1995 年，推广种植鲁麦 12、14、15 号、济南 13 号、烟 1934、鲁 215953、滨 89-2 等。1996—1998 年，主要种植鲁麦 21、22、23 号等。1999—2005 年，优质专用小麦繁育推广比例逐年扩大，品种有济南 17 号、济麦 19 号、泰山 21 号、955159、济麦 20、21 号等。

玉米

1983—1989 年，玉米种植以聊玉 5 号、烟单 14 号、鲁玉 2、3、5、7 号、丹玉 13 号为主。1990—1996 年，以掖单 2、4、12、13 号、鲁玉 10 号、西玉 3 号为主。1997—2005 年，以鲁玉 16 号、掖单 22 号、农大 108、郑单 958、莱农 14 号、金海 6 号为主。

棉花

1986—1989 年，棉花种植以鲁棉 6 号、中棉所 12 号，短季棉以中棉所 10 号为主。1990—1997 年，主要以中棉所 12、19 号、中杂 028 为主。1998—2000 年，引进转基因抗虫棉新品种，主要种植菏棉 3 号、美棉 33B 等，短季棉主要种植中棉所 30 号。2001—2005 年，主要推广种植鲁棉研 21、15、18、45 号、山农丰抗棉 6 号等，短季棉主要种植鲁棉研 19 号。

第四节　套种模式

耕作制度长期以一年两熟为主。麦棉套种始于 1990 年，年套种面积 2 万亩。1992 年后，随着耕作制度逐步优化，县内间作套种模式迅速改变。棉花西瓜间作、棉花土豆间作、棉花地芸豆间作，棉花菜花（甘蓝）间作等模式相继产生。

1992—2005 年，每年间作套种面积约 9 万亩，棉花西瓜间作，亩产西瓜 2000 千克，籽棉 210 千克，棉瓜（棉花、西瓜、地瓜）套种主要分布在九户、韩店、明集、魏桥、码头、台子等棉区。2005 年，棉瓜套种面积近 5 万亩。麦菜套种主要分布在长山镇，有近 2 万亩麦田套种菠菜等。菜菜间套种，甘蓝、菜椒、菜花、菜椒、菜花、茄子等，经济效益显著。

第五节　土壤肥料

1984 年，全县组织大批技术干部对县境内土壤进行普查，通过调查，全县范围内有 3 个土类，9 个亚类，17 个土属，76 个土种。土壤养分状况：有机质含量为 1.14%，碱解氮为 62.2ppm，全氮为 0.065%，速效磷为 8.0ppm，速效钾为 134.9ppm。评价是有机质较低，氮素不足，极度缺磷，钾素丰富。

1994 年，全县开始实施国家提出的“沃土计划”，测土配方施肥，大力推广秸秆还田、秸秆过腹还田、增施有机肥、加大化肥施用量。通过一系列培肥地力活动，提高土壤肥力。2005 年，全县土壤监测结果有机质为 1.36%，全氮为 0.123%，碱解氮为 82.5ppm，速效磷 36.32ppm，速效钾为 83.27ppm，比 1984 年除速效钾下降外，其余各种养分含量均有所增加。

第六节　农作物保护

主要农作物病虫害

1978—2005 年，全县境内病虫害发生 310 次，其中棉花苗蚜 25 次，伏蚜 22 次，二代棉铃虫 14 次，三代棉铃虫 11 次，四代棉铃虫 9 次，棉盲蝽 3 次，烟粉虱 5 次，棉红蜘蛛 7 次，甜菜夜蛾 8 次，美洲斑潜蝇 10 次，棉花黄萎病 6 次，棉花枯萎病 5 次，棉花苗病 27 次，麦蚜 28 次，麦叶蜂 2 次，一代棉铃虫 5 次，小麦纹枯病 28 次，小麦锈病 12 次，小麦白粉病 26 次，一代玉米螟 28 次，三代玉米螟 17 次，粗缩病 6 次，玉米蓟马 4 次，三代黏虫 2 次。

图 7–4　1991 年，喷雾防治棉铃虫

病虫害防治

1985 年前，全县农作物病虫害防治以化学防治为主。1986 年，全县开始大面积推广化学除草技术。用数理统计、计算机等手段，及时发布病虫情报，通过报纸、电视、科技下乡等多种途径，指导防治。1987 年，开始推广应用增产菌技术。2005 年，全县种子药剂处理率在 80% 以上，病虫害防治率在 90% 以上，病虫害综合防治面积 45 万亩。

第三章　畜牧业

第一节　机构沿革

1994 年前，县农牧渔业局内设畜牧兽医工作站、家畜良种改良站，负责全县畜牧业生产及管理。1995 年 1 月，畜牧工作从县农牧渔业局中析出，撤销畜牧办公室，成立邹平县畜牧业局，为正科级行政单位。内设办公室、药政股、畜牧兽医站、畜牧中心、兽医卫生督查所、动物检疫所、基层管理站等 7 个股室，编制 44 人，其中行政编制 5 人，事业编制 39 人。至 2005 年，机构未变化。

第二节　畜牧生产

1986 年，大牲畜饲养量 66650 头，猪 55857 头，家禽饲养量 88.71 万只。1988 年，大牲畜头数 11.96 万头，羊年末存栏数回升明显。1990 年，全县发挥饲草资源丰富优势，大力发展生猪生产和以草食为主的牛、羊、兔等，大牲畜 12.29 万头，生猪存栏 10.5 万头，肉类总产 1.86 万吨，蛋类总产 1.24 万吨，畜牧业总产值 6145 万元，占农业总产值的 18.5%。1995 年，积极开展“畜牧年”活动，实施“112238”工程：发展 1000 个年出栏猪 30 头以上的养猪专业户，2 万个年收入万元以上的饲养大户，建成 300 个畜牧专业村，培植好 8 个养

图 7–5　2003 年，长山镇某生猪规模养殖场

殖状元户。上半年，投放畜牧生产资金1884万元，扶持专业户3879户。是年，全县有10个镇乡被评为全省畜牧强乡镇，邹平县被评为全省畜牧强县。

1986—2005年邹平县畜牧生产情况一览表（一）

表7-3-1　　　　单位：万头、万只

畜别 年度	大牲畜					猪	羊	兔	家禽				
	合计	牛	马	驴	骡				合计	鸡	鸭	鹅	蜂（箱）
1986	6.67	4.89	0.68	0.67	0.42	5.59	2.52	6.92	88.71	83.18	2.81	2.72	997
1987	9.16	6.99	0.82	0.73	0.62	5.83	2.24	12.18	144.08	135.03	4.36	4.69	1074
1988	11.96	9.71	0.91	0.61	0.73	10.31	4.92	16.12	248.08	236.66	5.86	5.56	1118
1989	12.23	10.19	0.83	0.61	0.60	9.85	4.66	17.50	164.42	158.45	3.20	2.77	1150
1990	12.29	10.30	0.77	0.62	0.60	10.54	4.82	18.02	197.58	190.71	3.27	3.60	1408
1991	13.51	11.25	0.84	0.81	0.61	8.53	5.31	86.30	210.05				1600
1992	15.21	13.11	0.84	0.71	0.54	9.22	7.27	44.17	276.29	267.63	4.79	3.87	1800
1993	18.10	15.82	0.90	0.67	0.71	11.64	10.35	51.16	657.31	623.64	7.09	26.58	2213
1994	26.43	23.96	0.92	0.58	0.98	19.72	15.46	78.77	1196.31	1152.01	27.6	16.7	3240
1995	27.20	24.80	0.85	0.54	1.01	22.10	16.52	73.17	1197.17	1172.17	14.52	10.66	2805
1996	28.19	25.81	0.89	0.58	0.91	23.52	17.45	83.98	1315.41	1289.97	15.41	10.03	3287
1997	21.61	19.74	0.81	0.44	0.62	32.48	16.63	93.42	1195.83				
1998	10	9.5	0.21	0.13	0.16	19.02	9.55	61.06	866	855	6.94	4.06	2074
1999	12.6	11.8	0.3	0.3	0.2	20.8	12.1	53	1035	1015	12	8	2039
2000	10.3	9.46	0.33	0.26	0.25	24.32	14.53	64	1216	1186	19	11	3682
2001	9.79	9.16	0.29	0.24	0.1	23.76	12.19	64.3	966	954	8	4	3800
2002	11.51	11.2	0.14	0.16	0.19	25.15	15.05	60	951	931	14	6	4100
2003	13.8	12.21	0.6	0.54	0.45	27.18	12.04	60	701	652	45	4	3400
2004	12.26	12.22	0.01	0.01	0.02	29.42	13.22	27	696	612	81	3	3550
2005	10.84	10.55	0.12	0.12	0.05	40.3	9.48	18.6	832	672	159	1	3302

1986—2005年邹平县畜牧生产情况一览表（二）

表7-3-2　　　　单位：万头、万只

畜别 年度	肉类总产量（吨）	禽蛋总产量（吨）	奶总产量（吨）	畜禽出栏				畜牧业产值（万元）	占农业总产值（%）
				猪	牛	羊	禽		
1986	6545	3548	431.5	9.27	0.18	1.34	85.11	3351	4.1
1987	9100	4748	665	5.60	1.03	3.95	130.55	4582	9.1
1988	11892	7200	673	7.39	1.23	4.36	205.98	8906	15.7
1989	17547	12404	887	12.90	1.90	7.38	164.23	13124	18.9
1990	18613	12449	1029	12.95	2.16	6.05	160.59	15629	18.5
1991	18588	15457	1035	11.75	2.39	5.70	210.05	16660	24.5

续表7-3-2

畜别 年度	肉类总产量（吨）	禽蛋总产量（吨）	奶总产量（吨）	畜禽出栏				畜牧业产值（万元）	占农业总产值（%）
				猪	牛	羊	禽		
1992	24945	20106	1412	11.44	4.18	5.70	282.46	19972	30.4
1993	36877	25294	23	12.50	4.85	6.611	439.31	26109	34.8
1994	37049	51914	30	15.01	7.62	5.80	794.05	40778	42.5
1995	46990	56059	30	29.62	7.54	8.01	924.27	49020	45
1996	51500	56059	34	31.49	8.21	8.57	1224.88	55200	44.7
1997	60100	65800	137	44.65	7.85	15.02	1149.85	60900	45.1
1998	50308	108212	1083	32.27	5.42	8.73	826	61766	41.48
1999	55000	108469	794	34.97	4.06	9.13	961	64900	42
2000	57840	99007	8091	38.05	3.73	12.51	1196	71544	40
2001	63270	84145	11970	49.04	4.16	9.18	927	73000	43
2002	70142	81000	36500	50.13	4.58	9.34	948	75604	46
2003	75222	57263	60644	57	4.65	8.07	894	95600	47
2004	81309	70190	60439	67	3.72	10	926	120564	46
2005	66100	92000	71200	64.33	4.25	11.43	926	121331	48

1997 年，全县遭受特大干旱和暴风雨袭击，农作物受害严重，致使饲草饲料严重不足。全县开展饲料青贮和部分乡镇对口支援活动。

1999 年，成立县家畜改良中心，为全县提供液氮与优质细管冻精。至 2005 年，改良黄牛 5.1 万头，引进、繁育、推广小尾寒羊 3200 余只。

图 7-6　肉鸡养殖

2001 年，投资 700 万元的芳绿乳业扩产竣工，投资 2100 万元建设的伊怡乳业投产运营。两个乳业公司设计日生产能力 80 吨，实际日生产能力 25 吨，带动发展奶牛专业户 1200 个。

2002 年，全县有县镇畜牧兽医机构 15 个，专业技术人员 200 余名，明集六和肉食鸡饲养场存栏肉鸡 12 万只；西董镇于张村于长浩蛋鸡饲养场存栏蛋鸡 3.8 万只，为全县规模最大蛋鸡养殖专业户；魏桥镇鑫源田奶牛牧场占地 100 亩，存栏奶牛 195 头；长山镇仁马牧场占地 30 亩，存栏奶牛 316 头；孙镇怀家奶牛养殖小区占地 30 亩，存栏奶牛 280 头；长山镇大闫村元木良种猪繁育场占地 100 亩，存栏生猪 4042 头，通过官方渠道与上海签订合同，产品成功打入上海市场，在全市属首例，被国家经贸委列为国家活体储备库基地产品。明集六和肉食品加工厂生产的肉鸡产品顺利打入北京市场。焦桥蛋鸡标准化生产项目建设完成，“安心牌”鸡蛋是省内唯一通过省无公害农产品认证的鸡蛋产品。2002 年 11 月，邹政发〔2002〕78 号文件《邹平县畜牧大县建设实施方案》印发，确定从 2003 年开始，用 3 年时间建成畜牧大县。

2005 年 4 月，正式启动畜牧强县建设，决定利用 3 年时间，建成畜牧强县。

第三节　兽医卫生监督

1995 年，全县不具备中专学历的畜牧兽医从业者进行系统专业教育。1998 年 1 月 1 日，《中华人民共和国动物防疫法》正式实施。1999 年，兽医卫生监督所审核办理“兽医卫生合格证”362 个，验证 567 个。处理兽医卫生案件 87 起。

2001 年，5 人通过资格审查、技能培训，成为县内第一批兽医医生。2003 年,全年共办理“动物防疫合格证”520 个、“动物诊疗许可证”137 个。春秋 2 季共防生猪 36.4 万头，牛 12.6 万头，羊 12 万只，防疫密度 100%；继续强化产地和屠宰检疫工作，全年共检疫生猪 4 万头，牛 6000 头，羊 3000 只，禽兔 170 万只。屠宰生猪 93399 头，肉鸡 310 万只，屠宰检疫率 100%。

2004 年春，全国发生高致病性禽流感疫情，全县上下开展大规模高致病性禽流感防控工作，保持全县无高致病性禽流感疫情的局面。

第四节　动物疫病监测

1997 年 5 月，设立县动物疫病监测中心。

2004 年，县成立重大动物疫病防控指挥部，在好生、青阳 2 镇重要出入口设立消毒检查站，坚持 24 小时值班。是年，邹平县被省政府命名为全县高致病性禽流感防控工作先进单位。4 月，邹平县被国家确定为“无疫区缓冲区项目建设单位”，项目总投资 80 万元，其中中央投资 60 万元，自筹资金 20 万元。

图 7-7　2002 年，化验室人员做药敏试验

2005 年，邹平县“无规定动物疫病区缓冲区建设项目”通过国家验收。

第五节　兽药饲料管理

1995 年，经山东省畜牧局批准，在县城西北郊原县畜牧兽医站旧址筹建兽药厂；7 月，通过省畜牧局验收。兽药厂隶属县畜牧局管理，是邹平县第一家兽药生产企业。

1996 年，畜牧局兽药监察所改称兽药药政股。1999 年，根据农业部第 6 号令要求，继续加大兽用生物药品监督管理力度，对 23 个违法经营户进行查处。查处货值 6 万余元。2000 年 3 月，成立县饲料工业协会。

2005 年 8 月，山东恩康药业有限公司通过农业部兽药 GMP（兽药生产质量管理规范）评审验收，是县内第一家通过此项验收的兽药生产企业。

第四章　林　业

第一节　机构沿革

1986 年，县林业局内设办公室、营林站、种苗站、林政站、果树站、林工商公司及 17 处乡镇林业站。局下属单位有鹤伴山林场、园艺场、小位苗圃、长白沟苗圃、西关苗圃。1987 年 2 月，办公室更名为人秘股，果树站更名为经济林站。6 月，园艺场更名为经济林场。12 月，林业局调整机构，成立林业技术推广中心站，种苗站撤销，业务并入营林站。1988 年 12 月，林业技术推广中心站撤销。1989 年 1 月，成立林业公安派出所。1993 年 10 月，建立树果科技发展服务中心，12 月，设立桑蚕站，经济林站改名为果树站。1999 年，建立林果科技发展服务中心，成立森保站与林政站合署办公。2002 年 2 月，森保站单独设立。2002 年 7 月，经济林场整体移交邹平县电力公司。

2005 年 4 月，林业公安派出所升格为县公安局森林警察大队。至 2005 年，林业局下辖办公室、营林站、果树站、水杏站、林政站、森保站、场圃站；下设鹤伴山林场、小位苗圃、西关苗圃、长白沟苗圃。

第二节　林业资源

全县现有林木种质资源木本植物 59 科，122 属，252 种（19 个变种、8 个变型），13 个品种。其中裸子植物 6 科，12 属，23 种；被子植物 53 科，110 属，229 种，13 个品种。野生种质资源 26 科，59 属，86 种；栽培树种（品种）种质资源 33 科，63 属，166 种，13 个品种；古树名木种质资源 13 科，16 属，18 种；珍稀濒危及特有树种 1 科，2 属，2 种。

银杏科

银杏属　银杏（白果树）

松科

云杉属　云杉、红皮云杉

雪松属　雪松

松属　黑松、白皮松、油松、日本五针松、华山松、华南五针松

杉科

落羽杉属　落羽杉（落羽松）

水杉属　水杉

柏科

圆柏属　圆柏（桧柏、桧）、匐地龙柏、塔柏、龙柏、铺地柏

刺柏属　刺柏

侧柏属　侧柏

扁柏属　洒金云片柏

三尖杉科

三尖杉属　粗榧

红豆杉科

红豆杉属　红豆杉、曼地亚红豆杉

木兰科

鹅掌楸属　鹅掌楸

木兰属　紫玉兰（辛夷、木兰）、白玉兰（玉兰）、多瓣紫玉兰、广玉兰（荷花玉兰）

樟科

樟属　樟树（香樟）

毛茛科

铁线莲属　大叶铁线莲

小檗科

十大功劳属　十大功劳

南天竹属　南天竹

小檗属　紫叶小檗

悬铃木科

悬铃木属　悬铃木、三球悬铃木（法梧）、二球悬铃木（英桐、悬铃木）

金缕梅科

枫香属　枫香

杜仲科

杜仲属　杜仲

榆科

青檀属　青檀

榉树属　榉树

榆属　黄榆（大果榆）、金叶榆、白榆（榆树）、榔榆（小叶榆）、垂枝榆

朴属　小叶朴（黑弹树）、朴树

桑科柘属　柘（柘桑）

榕属　无花果

桑属　鲁桑、桑、桑树（白桑、家桑）

构树属　构树（楮）

胡桃科

枫杨属　枫杨（枰柳）

胡桃属　胡桃（核桃）

壳斗科

栎属　沼生栎、槲树（波罗栎）、麻栎

栗属　板栗

芍药科

芍药属　牡丹、芍药

山茶科

山茶属　茶、山茶(耐冬)

猕猴桃科

猕猴桃属　中华猕猴桃

椴树科

扁担杆属　小花扁担杆

梧桐科

梧桐属　梧桐(青桐)

锦葵科

木槿属　木芙蓉(芙蓉花)、木槿、扶桑

柽柳科

柽柳属　柽柳

杨柳科

柳属　垂柳、龙爪柳、曲枝垂柳、黄金柳、旱柳(柳树),

杨属　I–214杨、中华红叶杨、八里庄杨、加拿大杨(欧美杨)、意大利214杨、抱头毛白杨、毛白杨、中林46、69杨、72杨、健杨、107杨

柿树科

柿树属　君迁子

柿属　柿树

虎耳草科

溲疏属　溲疏、钩齿溲疏(李叶溲疏)

蔷薇科

蔷薇属　多花蔷薇(野蔷薇)、香水月季、月季花、黄刺玫、玫瑰、山刺玫、重瓣紫玫瑰

棣棠属　棣棠

梨属　黄金梨、半岛梨、山东梨、杜梨(棠梨)、沙梨、白梨、秋子梨

苹果属　海棠果(楸子)、垂丝海棠、海棠花(海棠)、八棱海棠、苹果、红宝石海棠、西府海棠(小果海棠)、花红(沙果)、花红(冬红海棠)

绣线菊属　三裂绣线菊(三桠绣球)

火棘属　火棘

石楠属　红叶石楠

珍珠梅属　珍珠梅

李属　蟠桃、欧李、欧洲甜樱桃、毛樱桃、碧桃、紫叶李、紫叶稠李、樱花、美国稠李、油桃、美人梅、李、樱桃、山杏、山桃(山毛桃)、日本樱花(东京樱花)、桃(毛桃)、榆叶梅、梅、杏梅

栒子属　平枝栒子(铺地蜈蚣)

悬钩子属　黑树莓、牛叠肚(山楂叶悬钩子)

山楂属　山里红、山楂

木瓜属　木瓜、贴梗海棠

豆科

刺槐属　金叶刺槐、香花槐、毛刺槐(江南槐)、红花刺槐、曲枝刺槐、刺槐

槐属　黄金槐、国槐、白刺花(狼牙刺)、金叶国槐、龙爪槐

合欢属　山合欢、山槐、合欢

皂荚属　山皂荚、皂荚

胡枝子属　胡枝子、多花胡枝子

锦鸡儿属　锦鸡儿(金雀花)

葛属　葛藤

木蓝属　(槐蓝属):花木蓝

紫穗槐属　紫穗槐

紫荆属　加拿大紫荆、紫荆(满条红)

紫藤属　紫藤

胡颓子科

胡颓子属　牛奶子(秋胡颓子)

千屈菜科

紫薇属　紫薇

石榴科

石榴属　石榴(安石榴)

山茱萸科

梾木属　毛梾、红瑞木

山茱萸属　山茱萸

灯台树属　灯台树

卫矛科

卫矛属　大叶黄杨(冬青卫矛)、银边大叶黄杨、扶芳藤、卫矛(鬼羽箭)、北海道黄杨、丝棉木(桃叶卫矛、白杜)、金边大叶黄杨

南蛇藤属　南蛇藤

冬青科

冬青属　枸骨

黄杨科

黄杨属 雀舌黄杨、小叶黄杨、黄杨

鼠李科

枣属 圆铃枣、枣树、龙爪枣(蟠龙枣)、金丝小枣、冬枣、酸枣

鼠李属 小叶鼠李

葡萄科

葡萄属 葡萄、山葡萄、小果野葡萄

爬山虎属 爬山虎、五叶地锦

无患子科

无患子属 无患子

栾树属 栾树、复羽叶栾树(黄山栾、全缘叶栾)

文冠果属 文冠果

七叶树科

七叶树属 七叶树

槭树科

槭树属 五角枫(色木)、元宝枫(华北五角枫、平基槭)、复叶槭、美国红枫、三角枫、茶条槭、金叶复叶槭、鸡爪槭、红枫

漆树科

黄栌属 黄栌、红叶黄栌

盐麸木属 火炬树

黄连木属 黄连木(楷木)

苦木科

臭椿属 臭椿(樗)

楝科

楝属 楝树(苦楝)

香椿属 香椿

芸香科

花椒属 花椒、野花椒

枸橘属(枳属) 枸橘(枳)

夹竹桃科

罗布麻属 罗布麻

夹竹桃属 夹竹桃(柳叶桃)

萝藦科

杠柳属 杠柳

茄科

枸杞属 枸杞

马鞭草科

赪桐属 海州常山(臭梧桐)

牡荆属 荆条、黄荆

木樨科

素馨属 迎春花、茉莉

女贞属 女贞(大叶女贞)、小叶女贞、金叶女贞

丁香属 丁香、紫丁香(华北紫丁香)

木樨属 桂花

流苏树属 流苏树(牛筋子)

白蜡属 白蜡(蜡条、梣)、绒毛白蜡(绒毛梣)

连翘属 连翘

玄参科

泡桐属 楸叶泡桐、毛泡桐、白花泡桐(泡桐)

紫葳科

凌霄属 美国凌霄、凌霄

梓树属 楸树、梓树

茜草科

栀子属 栀子

忍冬科

锦带花属 红王子锦带花

荚属 八仙花(琼花)

接骨木属 接骨木

忍冬属 金银花(忍冬)、金银木

棕榈科

棕榈属 棕榈

禾本科

刚竹属 淡竹(粉绿竹)、刚竹

珙桐科

蓝果树属 多花蓝果树

蜡梅科

蜡梅属 蜡梅

芭蕉科

芭蕉属 芭蕉、香蕉

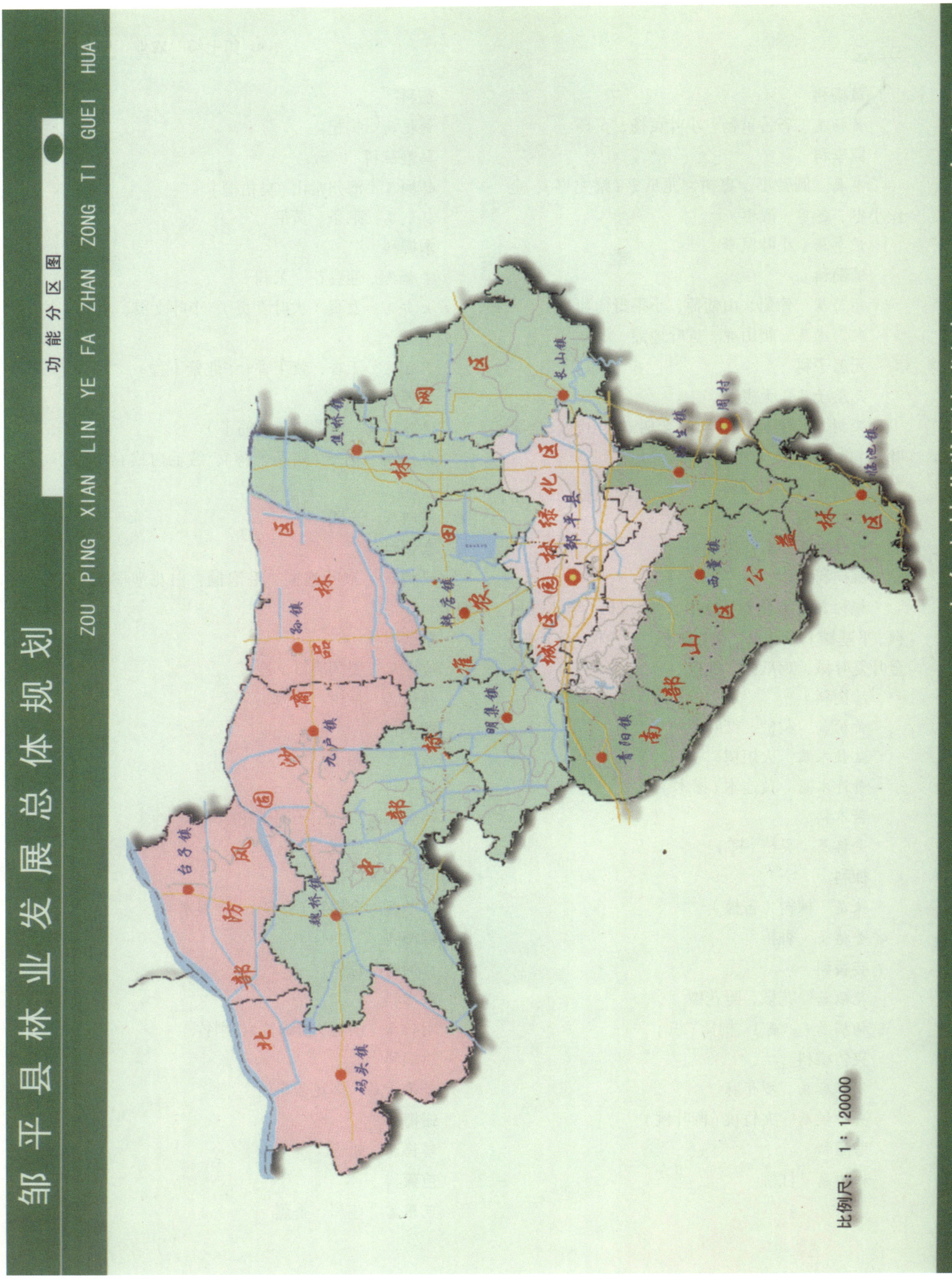

图 7-8　邹平县林业发展总体规划图

第三节 林政管理

1986 年，县政府发布《关于保护林木，发展林业的布告》及《实施细则》,全县共印发 40 万份。

1987 年，县成立林木领导小组，乡镇成立林木管理小组，村配备护林员，形成林木管护网络。

1988 年 8 月，县政府发出关于征收育林基金费的通知，征收标准：经济林产品征收 2%，木材每立方米征收 12 元，小规格材、薪炭材每立方米征收 5 元。

1989 年 1 月，成立林业公安派出所，编制 5 人。派出所业务上受公安局领导，人事列入林业局编制。1991 年，查处林木案件 20 余起。

1993 年，全县建永久性护林房 154 座，配备专职护林员 565 人，与 3517 家林农签订新幼林承包管护合同，形成县、乡、村 3 级林木管护体系。1994 年 3 月，成立林业巡回法庭。1995 年，全县签订 3517 份村、户林木管理合同。1996 年，为控制林木资源消耗，制定林木采伐限额，全县年度限额 1.1 万立方米。同时对林木盗伐、滥伐和毁林案件严格查处，全年共查处各类林木案件 77 起。

1998 年春，在全县推行林地拍卖政策，滨州地区落实林业政策拍卖现场会在焦桥镇召开。

2002 年，结合鹤伴山国家森林公园、黄山公园、唐李庵风景区旅游开发，建设防火隔离带 150 千米。

2003 年，开展严厉打击破坏林木资源“绿剑行动”，查处 25 起盗伐滥伐林木案件，加强森林防火基础设施设备建设，建瞭望台 8 个，护林房 140 个。

2005 年 4 月，鹤伴山林场派出所升格为县公安局森林警察大队。

第四节 造林绿化

1986 年初，全县林地 16.3 万亩，农林间作 6 万亩，农田林网 4.5 万亩，四旁树木 1143 万株，活立木蓄积量 36.7 万立方米，全县林木覆盖率 13.2%，略高于全国水平（12.7%）。

图 7–9 1987 年，绿化黄山行动

1990 年，全年完成育苗 1520 亩，苗木总量 420 万株，计划造林 10000 亩，实际完成 10497 亩。1991 年，县委、县政府根据省委、省政府“学习广东，奋战十年，绿化山东”决定，作出“关于全县动员，大办林业，3 年达标，5 年绿化邹平”决定。全县共完成育苗 2700 亩，造林 17000 亩，林网 43566 亩，四旁植树 183 万株。1992 年，完成第四次森林资源连续清查。1998 年，全县林木覆盖率 23.6%。是年春天，全县杨树天社蛾大暴发，虽经全力防治，但由于错过防治时机，依然造成严重损失。

1998 年底，全县香椿基地 5000 亩，其中青阳 4000 亩，台子 1000 亩。花卉基地建成冬暖式大棚 140 个，面积 10 万平方米，露天栽培花卉 1200 亩，花卉基地主要在好生镇石河村。银杏基地 160 亩，主要集中在西董镇南石村。

1999 年，对全县森林资源进行全面调查。制订《邹平县 2000 年至 2010 年林业发展规划》《邹平县封山育林规划》。

2001 年，按照山东省林业局要求，完成全县古树名木调查，并建立古树名木档案。2003 年，完成绿色通道建设 439.8 千米，新建林带 237 千米，造林 2.3 万亩。2004 年，聘请山东省林业局勘察设计院对邹平县林业发展作出规划，完成《邹平县林业发展总体规划（2004—2015）》编制；6 月，对济青高速公路绿色通道工程进行验收；8 月，编写完成《邹平县荒山绿化及封山育林项目建议书》。

2005 年 4 月，对济青高速公路可视范围内荒山绿化进行规划；5 月，对小清河沿线西水东调工程占用林地情况展开情况调查。是年，淄博颜景江竞买西董镇虎伏山、雪花山部分林地，山区总面积6000亩。

至2005年，全县成片造林2.44万亩，新建农田林网4.9万亩，绿色通道268.6千米，林业育苗1800亩，“四旁”植树20万株，村庄绿化90个，学校绿化15所，全县林木覆盖率24%。

第五节 林场苗圃

国营林场

鹤伴山林场 位于西董镇鹤伴山中。1985年，林场面积7202亩，经营面积4332亩，占林场面积的60%。植物面积2854亩，其中刺槐林2244亩，侧柏林373亩，麻栎173亩，松树64亩。1989—2003年，共投入资金1047万元，用于鹤伴山基础建设和旅游景点开发。1992年9月，经林业部批准建立鹤伴山国家森林公园。11月，滨州地区林业局转发林业部《关于建立五台山等45处国家森林公园的批复》，鹤伴山名列其中。1993年，通向林场的道路铺成沥青、水泥路面。1994年11月，在全省森林旅游工作会议上，鹤伴山国家森林公园建园、开发经验向全省推广。1997年4月，编制完成《鹤伴山森林公园总体规划》。7月，顺利通过各行业专家（学者）对规划进行的评审。2001年12月，鲁林场字〔2001〕22号文件对《邹平县鹤伴山国家森林公园与邹平县旅游开发公司共同建设鹤伴山旅游风景区的报告》给予批复，与邹平县旅游开发公司共同建设旅游景区，合作建设期限为30年。

图7-10 1993年6月18日，鹤伴山国家森林公园挂牌

七里铺经济林场 总面积668亩。1985年，改名为七里经济林场。1986年，实行投标承包、考核、定岗承包责任制。1987年6月，更名为邹平县国有经济林场。1998年，被确定为经营生态混合型林场。2002年7月，县林业局下属邹平县国有经济林场整体移交电力总公司，包括人、财、物、债权、债务等，林场人员性质不变，事业编制不变。至此，邹平县国有经济林场由县电力总公司经营管理。

国营苗圃

林业局下属3个国有苗圃：西关苗圃、小位苗圃和长白沟苗圃。西关苗圃面积79亩（不包括唐李庵风景区），有育苗土地45亩；小位苗圃总面积140亩，育苗面积80亩；长白沟苗圃，总面积433.5亩，实际育苗面积220亩。

唐李庵风景区

唐李庵风景区面积312亩，邹平县唯一古寺建筑，已列入邹平县第一批重点文物保护单位。2001年7月，根据邹政发〔2001〕40号《邹平县人民政府关于加快唐李庵风景区开发的意见》，将归属西关苗圃经营管理的唐李庵风景区租赁给邹平县建筑集团公司建设经营，租赁期50年。

第六节 经济林

南部山区主要盛产杏、柿子、栗子、山楂、桃、李子、石榴、核桃等，北部平原地区主要产梨、枣、葡萄、苹果等。邹平水杏和柿饼是县内重要土特产品。

1986年，对全县800个果园进行普查，全县

图7-11 硕果累累 （2005年摄）

果园面积3.11万亩，果树70.18万株，果品产量1209.9万千克。1987年，果树区划分为3个区：南部山区5乡镇，建成3个万亩苹果基地及1个万亩水杏基地；中部、东部平原7乡镇，建成1个万亩苹果基地；北部黄泛区5乡镇，建成1个万亩苹果基地。至1995年，9万亩优质果品生产基地，已植树8.5万亩；3万亩水杏基地植树1.4万亩；1万亩香椿基地，建成4000亩；1万亩桑蚕基地，建成6000亩。

1999—2003年，推广无公害农产品生产，“魏桥”牌华葆桃、“于祖山”牌香椿、“鲁台”牌香椿、“邹平”水杏被省农业厅认定为“无公害农产品”，并成功参加在烟台、济南、北京举办的农产品博览会。

2005年，发展高酸苹果3611亩，全年发展经济林5000亩。

1986—2005年邹平县果树生产情况一览表

表7-4-1

年度	面积（万亩）	株数（万株）	产量（万千克）	年度	面积（万亩）	株数（万株）	产量（万千克）
1986	5.69	211.9	1230.0	1996	10.12	566.6	8000.0
1987	7.85	330.7	1519.5	1997	10.30	566.5	6900.0
1988	9.54	423.7	1289.8	1998	10.35	570.0	8158.6
1989	9.72	425.5	1118.0	1999	7.50	412.50	5278.6
1990	10.50	468.4	2000.0	2000	7.75	425.25	5650.35
1991	10.80	484.0	4088.0	2001	7.95	437.25	6053.70
1992	10.90	490.0	4410.0	2002	8.19	450.45	6473.71
1993	11.41	630.0	6000.0	2003	9.30	511.50	7453.08
1994	11.50	635.0	7000.0	2004			79581.7
1995	11.74	640.0	8036.2	2005			80781.1

说明：1997年因受严重雹灾、旱灾而减产

附：获奖情况

1986年，获得省林业厅良种繁育和推广项目科技进步二等奖。

1989年，山楂密植早期丰产试验项目获省林业厅科技进步三等奖。

1990年，山区杏树开发试验研究项目获滨州地区科技进步三等奖；百榆杂交选育研究项目获省林业厅科技进步二等奖；经济林资源普查获山东省林业厅科技进步三等奖。

1991年，优良树种速生丰产林项目获林业厅科技进步三等奖。

1992年，2万亩苹果产量、质量、树相、成本与最佳效益相关性研究获滨州地区科技进步三等奖。

1993年，平原农区立体林业结构综合技术研究和推广项目获省林业厅科技进步三等奖。

2000年6月，《邹平杏品种优系筛选及丰产栽培研究》通过市科技局鉴定，荣获科技进步三等奖。

2002年5月，与气象局合作完成《气象因子与邹平水杏生长发育关系的研究与应用》科研项目，并顺利通过专家鉴定（滨科成鉴字〔2002〕第119号）获市科技进步二等奖。

第五章 水产业

第一节 水产资源

水面分布

境内有黄河、小清河、孝妇河、杏花河 4 条过境河流，沟渠 300 余条。河流沟渠面积 79000 亩。池塘 1580 个，面积 5800 亩。其中自然池塘 3300 亩，人工开挖标准化鱼池 2500 亩。水库 21 个，其中山区水库 19 个，3200 亩，平原水库 2 座，8000 亩。池塘主要集中在沿黄和小清河流域各镇，水库集中在西董、临池、青阳南部山区 3 镇，平原水库分别位于码头镇和韩店镇。

鱼类资源

全县鱼类资源有 50 多种，主要有鲤鱼、鲫鱼、鲢鱼、鳙鱼、草鱼、鲶鱼、乌鳢、鲂鱼、鲹条、麦穗鱼、翘嘴鲌、黄颡、泥鳅、刺鳅、黄鳝、鳜鱼、马口鱼、棒花鱼、鳡鱼、赤肥鳟、鳑鲏、吻吓虎、园尾斗鱼等。根据生产和市场需要，先后引进鱼类新品种近 20 种。

第二节 水产养殖

1986—1987 年，以九户乡成家村和北李家为代表，开始低洼盐碱地池塘开发。1997 年，电厂余热高密度工厂化养殖项目投产。1997—1999 年，青阳、明集 2 镇在芽庄湖实施渔业综合开发，增加池塘面积 1000 余亩；1999—2000 年，码头乡大杨家实施连片开发。2003 年，2 座（码头、韩店）平原水库建成，2004 年，平原水库开始用于养殖，养殖面积 24000 亩。

全县淡水养殖经历从粗放向精养，由低产向高产的发展过程。1986—2005 年，分别引进罗非鱼、淡水白鲳、革胡子鲶、长江鲶、建鲤、荷花鲤、杂交鲤、散鳞镜鲤、杂交鲫、澎泽鲫、日本白鲫、淡水白鲨、鲈鱼、南美白对虾、罗氏沼虾、宽体金线蛭、美国牛蛙、鳄鱼、大银鱼等新品种近 20 个。

第三节 渔政管理

1988 年，县渔技站设立专职渔政管理员，行使渔政管理职能。1992 年，成立渔政站，渔政管理员扩大到 5 名，与渔技站合署办公。1997 年 6 月，渔政职能划归农业执法办公室。2005 年，回归渔技站。其主要职能是贯彻执行《中华人民共和国渔业法》，查处违法行为，核发“捕捞许可证”及“水面养殖证”，保护水产资源，维护全县渔业生产秩序。先后核发“捕捞许可证”20 份，核发“水面养殖证”面积 16950 亩。查处违法案件 30 起，没收违法捕捞渔品 10 台套。

第四节 养殖基地

青阳芽庄湖渔业综合生态养殖基地

1997 年，开始兴建。至 1999 年建成，投资 300 余万元，开发面积 3000 余亩，开挖鱼池 1000 余亩，抬田 1000 余亩，形成上粮下鱼、上种下养，集水产养殖、畜牧养殖、农业种植、餐饮、垂钓、观光、旅游于一体的大型综合生态示范园，成为

图 7-12 码头镇大杨家水产养殖基地（2001 年摄）

机关干部包片带动农业综合开发示范基地。

码头乡大杨家上粮下鱼养殖基地

1999年兴建，2000年建成，开发面积300亩，水面100余亩，抬田100余亩。该基地高起点、高标准建设，由于靠近引黄干渠、水源可靠，单产水平、经济效益都较高，基地平均亩产750千克以上，亩净效益2000元以上。高产池1600千克/亩。该基地建成后，先后承担农业部以渔改碱推广示范项目和农业部跨越计划项目，对周边起到较大的带动作用。至2005年，带动邻村建成开发规模600余亩，水面400余亩的养殖基地，成为邹平县西北大型连片渔业养殖区。

第六章　蔬菜业

第一节　蔬菜种植

1986年年初，全县蔬菜种植面积2.58万亩，基本保证县内蔬菜供应，并有部分蔬菜销往济南、淄博、东营、滨州等地。1993年，响应省市发展特色农业号召，全县确立并实施“蔬菜产业带动”发展战略，全县蔬菜生产由零星分散的粗放生产向规模化生产转变，当年蔬菜面积4.57万亩，总产9.37万吨。1996年，进一步加大种植结构调整力度，当年蔬菜面积21.43万亩，总产量40.7万吨。2005年，全县蔬菜面积28.8万亩，总产量75.6万吨，产值9.07亿元。蔬菜产业成为全县农民增收、农村经济发展的支柱产业。

第二节　良种繁育

1989年以前，蔬菜良种主要依靠从外地引进，蔬菜育种繁育工作为空白。自1989年始，适应蔬菜生产的需要，县内进行大白菜、甜椒、西红柿等品种杂交制种工作，当年，繁育大白菜种50亩，甜椒杂交制种1.5亩，西红柿杂交种0.8亩。该项技术的引进与推广，填补地区蔬菜制种史上的空白。1995年以后，蔬菜制种渐少，规模化制种基本消失。

第三节　大棚种植

1986年以前，县内蔬菜生产主要是露天种植。1986年，东关、北关村各建5个塑料大棚，主要种植西红柿和香椿，集中于春节前后上市，收到非常好的经济效益，成为当时蔬菜产业的亮点。1989年，县政府拨款2万余元，引进10个铁架大棚，分配到各乡镇进行试验推广，主要种植西红柿、黄瓜、西瓜等。1992年，全县重点推广冬暖大棚蔬菜生产技术。积极采取走出去、请进来的方法，多次到寿光等地参观学习，并聘请蔬菜专家举办技术讲座。当年发展塑料大棚510个，面积250亩。至1995年，全县冬暖大棚3000个，面积1500亩，春秋中棚1.5万个，面积5000亩。1998年，建立县干部示范基地，占地398亩，共建冬暖式蔬菜大棚218个，在其示范带动下，全县发展新建冬暖大棚蔬菜生产基地12个。至2005年，全县设施蔬菜面积3万亩，实现蔬菜周年生产规模化经营。

第四节　新品种、新技术推广

20世纪80年代，县内引进美国特大甜椒皇冠、日本圆叶菠菜、京丰1号甘蓝、强丰和强力米寿番茄、山东6、7号白菜、滕县红皮和白头翁马铃薯等诸多新品种。1989年，引进推广蔬菜杂交制种技术。1990—1991年，重点推广大白菜高产栽培技术、西葫芦小拱棚早熟高产栽培技术及棉瓜

图 7-13 1986 年 6 月，礼参乡东吕村推广吊架栽培西瓜技术

图 7-14 1986 年 8 月，苑城乡小巩村高架栽培山药生长情况

套种栽培技术，大白菜亩产 5000 千克，较以前增产 33%，西瓜种植面积增长到 3 万亩。1992 年，重点推广冬暖大棚蔬菜生产技术。1993—1994 年，重点推广韭菜丰产栽培技术、西红柿越夏栽培技术、甜椒丰产栽培技术、棉瓜套种技术、棉薯套种技术及 3 种 3 收、4 种 4 收高效立体栽培技术等，同时着重新农药引进与推广，FA 旱地龙的引进与推广，使瓜菜增产 20% ～ 40%。1996—1997 年，引进和推广土豆脱毒种苗高产栽培技术，共引进脱毒土豆种 15 万千克，推广 1500 亩；1998—2005 年，适应蔬菜规模化需要，采用“请进来，走出去”方式，聘请省内外知名专家定期举办培训班，共举办各类培训班 300 余次，培训不同层次技术人员 6 万余人。

第五节　种植基地

大力实施“一乡一品”战略，发展区域规模经济。至 2005 年，全县建成 8 大蔬菜生产基地：

山药生产基地

主要分布在长山镇、焦桥镇、高新街道，主要品种是当地品种“细毛山药”，种植面积 1 万亩左右，总产 2 万吨。2002 年，长山镇被农业部授予“中国山药之乡”称号，所产山药被省农业厅认定为“无公害农产品”。

香椿生产基地

主要品种为红芽香椿，主要分布在台子镇和黄山街道，面积 1.5 万亩，总产 3750 吨。台子镇香椿种植在黄河内滩区，2002 年，被农业部授予“中国香椿之乡”，省级“无公害农产品”。黄山街道办事处的香椿主要种在于兹（祖）山上，当地水质好，属自然生长，所产产品天然无公害，2002 年，被省农业厅认定为“无公害农产品”。

甜椒生产基地

主要分布在九户镇，面积 1.2 万亩，总产 6 万吨。2001 年，九户镇被农业部命名为“中国甜椒之乡”，所产甜椒 2002 年 9 月被省农业厅认定为“无公害农产品”；2004 年，被农业部认定为“无公害农产品”。

黄瓜生产基地

面积 1.3 万亩，主要分布在焦桥镇、孙镇、高新街道，其中保护地 0.5 万亩，露地 0.8 万亩，总产 9.1 万吨。露地种植主要品种有津春 4、5 号，津绿 4、5 号，津优 4 号等；保护地主栽品种有李式 21、津优 2 号、超优 1 号、新泰密刺、黄瓜王等；焦桥“绿春元”黄瓜 2004 年获国家级无公害认证。

韭菜生产基地

面积 1.6 万亩，总产 6.4 万吨。主要分布在韩店、明集、码头 3 镇。明集镇“明韭”牌韭菜，2002 年，获省级无公害认证。2004 年，获国家级无公害认证。

扁豆、芸豆生产基地

扁豆 0.6 万亩，总产 1.8 万吨。主要分布在西董、临池两镇，主栽品种“大青扁豆”，纤维少，含有多种维生素及丰富的蛋白质。芸豆 1.2 万亩，总产

2.4 万吨，主要分布在西董、明集、码头等镇。

甘蓝、菜花生产基地

面积 0.9 万亩，总产 3.6 万吨，主要分布在孙镇、九户 2 镇。

食用菌生产基地

主要分布在九户、台子 2 镇，年投料 8000 吨，总产 1.2 万吨。主要有平菇和鸡腿菇。

第六节 无公害食品

2001 年 4 月，农业部组织的“无公害食品行动计划”开始全面实施。同年，邹平县响应国家号召，开始在全县实施“无公害食品计划”，建立农业环境和农产品检验检测中心，农业环境和农产品检验检测逐步与省市及国家检验检测接轨。至 2005 年，全县无公害蔬菜 13.5 万亩，1 万亩有机蔬菜进入转换期，2000 亩达到有机蔬菜标准，有 7 个蔬菜品种获得国家级“无公害产品”认证：长山山药、台子香椿、九户“一代天骄”牌菜椒，焦桥“绿春元”黄瓜、明集“明韭牌”韭菜、台子“鲁台牌”西红柿、韩店“韭久香”韭菜。

图 7-15 “大球盖菇”种植

第七节 县直机关示范服务基地

1998 年，《关于县直机关创办示范服务基地的意见》（邹发〔1998〕22 号文件）下发，县委、县政府成立县直机关示范服务基地建设领导小组，下设办公室，由县委组织部、县农委等单位抽调专人组成。基地管理实行“五统一”：统一规划、建设，统一供水、供电，统一种子育苗、技术指导，统一协调销售，统一安全保卫。在创办形式上，既可以由机关干部创办，也可以与农户联办，还可以反租承包给当地群众和下岗职工。

县直机关干部示范服务基地包括韩店镇肖镇蔬菜示范服务基地和好生镇周前花卉示范服务基地。蔬菜基地占地 398 亩，建成冬暖式蔬菜大棚 218 个（韩店镇府 24 个），棚体总长 13554.7 米，折合标准棚 271 个。1998 年 6 月中旬开始测量规划，6 月下旬组织动工兴建，9 月底竣工，10 月 6 日交付使用。花卉基地占地 32.6 亩，建有花卉大棚 12 个，面积 7980 平方米，8 月 25 日动工，10 月 22 日交付使用。2 大基地投资 400 万元，基地内水、电、路、房等全部配套，设施规划科学，布局合理，为全县乃至全区规模最大、规格最高、配套设施最齐全的干部示范服务基地。县直 75 个承办单位 400 名干部进入基地工作。

蔬菜基地以大棚黄瓜起步，逐步向高档蔬菜发展；花卉基地以种植经营传统花卉与引进全国各地名、优、稀、特花卉相结合，积极发展花卉生产。1998 年，2 大基地实现产值 400 万元，利润 100 万元，100 余农户在承包经营中得到实惠，学到实用技术，大批机关干部受到锻炼。

全县农业产业结构优化，蔬菜产业化格局迅速形成，由于机制、管理等原因，至 2004 年 7 月，肖镇干部示范基地结束，大棚全拆、整平，土地交还韩店镇肖镇村。

好生花卉生产得到空前发展，花卉业成为好生镇农业生产中最具活力的产业之一，并保留下来。

图 7-16 好生镇大棚花卉

第七章　农业技术推广

第一节　机构沿革

1986年，乡镇农技站由县农业局管理，是县农业局派出机构。1988年,农业局将乡镇农技站人、财、物3权下放当地政府，与农业局仅是业务管理关系。1995年，乡镇机构改革，部分农技站与乡镇财政脱钩。2005年，全部改为自收自支单位。

第二节　技术推广与服务

推广项目

随着播种技术的推广，小麦播种量由原来12.5千克/亩减少到6千克/亩～7千克/亩。新品种覆盖率提高到99%。2005年，实施优质专用小麦良种推广补贴项目，全县推广30万亩，重点推广济南17、19、20、21号4个优质专用小麦品种，推广种子包衣等新技术，项目区种子包衣率100%。

玉米生产重点推广郑单958、莱农14、聊玉18、农大108、鲁单984等新品种。郑单958高产田单产750千克左右。全县以郑单958、莱农14为主的玉米田面积占全县玉米总面积的80%以上。

20世纪90年代后期，开始推广抗虫棉，以新棉33B、99B为主，因抗虫性好，迅速在全县普及，至2000年，抗虫棉普及率100%。随着品种引进、试验、示范、推广，新棉33B、99B逐步被山农丰抗棉6号、鲁棉研18等新品种代替。2005年，以鲁棉研18、21、22号、中45等新品种为主的棉花面积占全县棉花面积的90%左右。

技术服务

1986年后，农技推广改变过去单纯进行技术指导的工作方法，开展综合技术服务。各乡镇设有综合技术服务部，进行技术指导，传授配套技术，同时供应农药、种子、化肥、农膜等农用物资。至2005年，全县农业经营技术服务部发展至500余家，年销售玉米良种180万千克、小麦良种500万千克、棉种50万千克,年经营额2000万元。同时，农业部门对农作物病虫害积极测报，及时制定切实可行的预防措施并印成宣传材料，平均每年向农民群众发放达2万余份。

第三节　技术培训

1981年7月，山东省农业广播电视学校邹平分校建立。1984年4月,移交农业局管理。1989年,升格为副科级单位。

自1997年始，每年春节过后，县农业局举办全县农业干部培训班，邀请农业部及省内外著名专家、教授前来授课。之后,随着农业生产的开始,全县农技人员组织小麦春季管理、棉花播种技术、蔬菜播种技术等各种类型的培训班全面展开，同时，农业局专家在县电视台、广播电台开展技术讲座，农技干部进村办农民夜校、印发明白纸等，开展技术推广服务。

2001年7月，农业局创办《邹平农业情况》，每月1期。每年都开展送科技下乡活动，将农民急需的农业生产资料发放到农民手中。

1993—2005年，联合山东农业大学、山东省农业管理干部学院等高等院校举办高等学历教育，有本、专科学历学员680人毕业。2004年，成立县农村科技教育培训中心，与农业广播电视学校2块牌子，1套人员，合署办公。2005年，开始实施农村劳动力转移培训“阳光工程”，当年共培训转移农民2521人，年增加农民收入2500余万元。

第四节　农业信息服务

2001年4月，依托县农业局农技中心组建邹平县农业科技信息服务中心。每个镇、乡设1名专（兼）职信息员，负责本镇、乡农业信息的采集、上报工作。

2003年9月，省财政厅为16个镇、街道农业信息服务站全部配备微机及打印机。2004年2月，建成“邹平农业信息网”网站，设邹平农业、农业新闻、供求消息、价格行情、实用技术、邹平特产等11个栏目，成为邹平县农业对外宣传的重要渠道。

至2005年，建成以信息中心为中心，以16个镇、街道为二级服务站，辐射全县主要基地、村、种养大户、农业龙头企业的农业信息服务网络，信息员队伍1000余人。

第八章　农业开发

第一节　机构沿革

1988年，邹平县黄淮海平原农业开发领导小组办公室设立，为临时机构，隶属农业局领导，工作人员6名。1990年10月，归口农业委员会领导，工作人员4名。1993年，县级机构改革，定为正式机构邹平县黄淮海农业开发办公室，副科级单位，编制7人，归口农业委员会领导，为县政府职能部门。1999年3月，更名为农业开发办公室，为正科级事业单位，隶属农业委员会，设综合股、计划股、项目管理股。2002年6月，县级机构改革，为县政府直属事业机构，行使全县农业综合开发职能。至2005年，编制7人，实有10人。

第二节　农业综合开发

1988—2005年，投资1.36亿元，改造中低产田42.1万亩。

1991—1994年，实施第二期农业综合开发项目，集中安排在黄河、小清河沿岸码头、台子、九户、孙镇4个乡，改造中低产田9万亩，投资1428.9万元。1994年5月，项目顺利通过国家验收，被山东省人民政府授予全省农业综合开发先进单位。

1997—1999年，改造中低产田5.5万亩，治理涝洼地1.1万亩，投资1863万元。2000年5月，开发项目顺利通过省级验收，被滨州地区行署授予农业综合开发先进单位。

2000—2002年，农业综合开发计划建设项目完成土地治理项目6.4万亩、多种经营项目3个，总投资4732.76万元。2003年8月，本期顺利通过省级验收。2004年5月，被山东省人事厅、农业厅、财政厅授予全省农业综合开发先进单位。

2003—2005年，土地治理项目7.7万亩，多种经营项目2个，总投资3859.55万元。

第三节　山区综合治理

1989—1990年，上项目390个，完成368个，投资914万元，投工148万个，动用土石方126万立方米；新建、改建县、乡、村道路52条，总长81.1千米。

1995年，山区建设完成小流域治理项目75项，投资1324万元，投工226万个，动用土石方130万立方米，新植防护林3000亩，补植2000亩，新建和改造道路78条，63.18千米，西董至青阳翻山路完成投资160万元，全线基本贯通。

1997年，完成各类开发项目88项，总投资1163.76万元，投工1084.49万个，动用土石方254.71万立方米。其中西董—青阳翻山路于9月竣工通车，总长3861米。

2004—2005年，重点对山区小水库和小塘坝，进行维修整治，提高除病防险和拦蓄能力。投资1940万元，动用土石方300万立方米。受益农田

4万余亩，受益人口8万余人。

第四节　全县帮扶救助工程

2003—2005年，全县落实脱贫致富项目580个，投入资金200万元，购买牛496头，羊、兔3680只，猪350余头，化肥21万千克，面粉、食用油6.8万千克。进行结构调整470亩，招工就业490人，提供各类信息570项，有390户成为个体经营业户，120户成为规模养殖户。

第九章　农业标准化和产业化

第一节　农业标准化与产业化

农业标准化

2002年1月，成立县农业环境保护站，主要负责包括无公害、绿色、有机农产品基地、市场、标志管理和“三品”开发工作。是年，邹平镇水杏、香椿、西董镇水杏、明集镇韭菜、魏桥镇仙桃、台子镇香椿、九户镇甜椒、长山镇山药、焦桥镇鸡蛋、黄瓜等10个农产品申报并全部通过省级无公害农产品认证。

2003年，已获省级无公害农产品认证的明集韭菜、魏桥仙桃、九户菜椒、焦桥鸡蛋、台子西红柿、邹平镇水杏、西董水杏7种农产品，申报成为国家级无公害农产品。

2003年，台子香椿基地被批准为国家级农业标准化生产示范基地。

2004—2005年，青阳小米、邹平镇甘薯、台子西红柿、韩店韭菜、码头西瓜5个农产品成为国家级无公害农产品，全县无公害农产品面积13.7万亩。

农业产业化

2000年后，全县农业产业化龙头企业发展迅猛，为推动农村经济发展、带动农民增收致富发挥巨大作用。2003年，在全县范围内对龙头企业进行全面调查统计，为销售收入200万元以上114家龙头企业建立档案。其中国家级龙头企业1家，即山东西王集团有限公司。

2005年，全县拥有国家级重点龙头企业1家、省级重点龙头企业7家、市重点龙头企业21家、县级重点龙头企业39家。2005年，建成销售收入200万元以上的农业龙头企业139家，其中年销售收入500万元以上的规模型企业81家，亿元以上的企业14家，全县农业龙头企业的资产总值54.6亿元，固定资产总值24.9亿元，年销售收入70.2亿元，净利润4.02亿元，年创汇4212万美元。

第二节　农产品质量监测中心

2003—2005年，投资350余万元，购置气相色谱仪、液相色谱仪、原子吸收分光光度计和原子荧光分光光度计等大型仪器设备100余台套，建设、改造实验室800余平方米。2005年11月，通过山东省质量技术监督局计量认证，可承担农产品质量（主要是农药残留）、土壤、肥料、水质和大气等多项检测任务，成为滨州市第一家投资规模最大、设备最先进、最早通过省计量认证的农产品质量监测中心。

第三节　农民专业合作组织

2004年，开始组织全县专业合作社和产业协会试点，培植合作社带基地、基地带农户的成功典型。县产业化办公室在长山、焦桥、九户、西董等镇设立5个农民专业合作组织试点，通过制定章程，完善制度，探索完善“企业＋合作组织＋农户”新路子，为农民专业合作组织全面推广打下坚实基础。县农业局出台《关于发展农民专业合作组织的意见》《邹平县农民专业合作组织规范化评价指标》等文件，制定合作组织联市场、建基地、带农户、兴产业“四位一体”的培育扶持政策性措施，促进农业产业化经营发展。

至2005年，全县农民专业合作组织44个，其中新组建农民专业合作社21个。

第十章 农业服务

1997年6月，县农业局成立农业执法办公室，其主要职能包括植物检疫、农药、种子管理等。1997—2005年，举办宣传周（月）10次，召开公安、工商等部门参加的联席会议15次，举办各类培训班12期，出动宣传车20次，媒体报道30余次。

第一节 种子管理

2000年12月1日，《中华人民共和国种子法》颁布实施。至2005年，全县有经营种子单位300家以上。依照有关法律规定，审查办理种子生产许可证10个次。全县年用种量9000吨左右，调出调入种子4000吨以上。

种子生产基地管理

采取生产许可与基地质量检验相结合的方法，控制乱引（进）乱繁（育）的无序生产，从源头上控制种子质量。1997—2005年，检验各类种子田（小麦、玉米、棉花、大白菜、大葱、马铃薯）18万亩次，淘汰不合格种子田近1.5万亩次，查处非法种子生产者20人次，涉及制种田1500余亩，制种量300余吨。

种子市场管理

从经营单位的资质、经营的种子是否经过审（认）定、种子包装标识是否规范、质量是否达到标准等几方面入手，严厉查处生产经营假劣种子、套牌侵权、未审先推、无证生产经营、包装标签不规范等违法行为。1997—2005年，累计检查30余次，500余个个体经营单位（人），抽检种子样品1000余份，查处经营违规种子业户60个，查处假劣种子案件20起，责令退货、转商、停止销售，验收不合格种子400吨，挽回经济损失200余万元。处理因种子质量引起的纠纷案30起。

种子室内质量检验

1998年，农业局投资10万元，建立种子质量检测中心，配备2名专职检验员，完善种子执法手段。1998—2005年，检验各类种子样品500余份，检出不合格样品30份。

生产、经营许可证办理

2000—2005年，依照有关法律法规，审查办理种子生产许可证、经营许可证10个次。

第二节 农药管理

1997—2005年，依据《农药管理条例》等法规，严厉打击非法生产、经营和使用甲胺磷等禁用农药的行为。全县检查农药品种300余个，查处无证经营案50余起次，经营违规农药案100余起，挽回经济损失近300万元。对于毒鼠强等高毒鼠药进行专项整治，实行鼠药定点经营，经市局批准合理布局28个鼠药定点经营单位，负责全县灭鼠用药供应。逐年加大对毒鼠强等剧毒鼠药查处力度，重点调查集市150次，收缴毒鼠强、闻到死等鼠药90余千克，有关涉案人员移交公安部门处理。

第三节 肥料、农业转基因生物安全管理

肥料管理

肥料管理工作，本县起步较晚。2000年6月，随着《肥料登记管理办法》实施，肥料管理逐步走向正轨。2000—2005年，以高浓度复合（混）肥、冲施肥为监管突破口，狠抓肥料登记证管理，将

县内6家肥料生产厂家和8家肥料经营大户列为检查主要对象，检查15次，涉及肥料品种20余个，处理经营违规肥料案15起。

农业转基因生物安全管理

2001年5月，《农业转基因生物安全管理条例》颁布。根据条例要求，全县以转基因农产品加工企业为重点管理对象，检查列入第一批标本目录的大豆、豆粕、棉种等产品是否按规定标识。摸清县内从事农业转基因生物加工、经营的单位和个人，组织全县8家生产单位，全部依法办理农业转基因生物标识审查认可批准文件。

第四节　植物检疫

疫情查治

1997年8月，在县利生植物油厂附近发现假高粱。1998年，蔓延至邹长路、邹焦路两侧。在疫情发生地采用人工拔除与化学防治相结合的方法，历时3年将这一疫情在未扩展到农田之前彻底铲除。邹平县防治方法为市乃至全省假高粱疫情的扑灭提供宝贵经验，此项目2000年获市星火一等奖。2001年，在好生镇石河村花卉大棚发现蔗扁蛾，随即对该镇近20个花卉大棚进行疫情普查，对发现带有蔗扁蛾的巴西木、发财树进行拔除、烧毁，使疫情得到根治。

产地检疫

对县内小麦、玉米、棉花等5种作物种子生产基地，按作物及生长季节，每年进行2～3次产地检疫。1997—2005年，累计对各类种子田进行产地检疫约16万亩，淘汰不合格种子田近1.5万亩，对检疫合格制种田签发“产地检疫合格证”。

调运检疫

邹平县是粮棉种植和加工大县，年调入调出种子4000余吨，年粮棉加工量2万吨以上的企业20余家，种子及应检植物及产品调入调出频繁，批次多，数量大。依据实际，最大限度地实施对种子、应检植物产品调运检疫的监管。1997—2005年，累计检疫调出、调入各类种子3万吨，应检植物及产品6万吨。

第十一章　农村经营管理

第一节　农村财务管理

20世纪80年代中期至90年代初期，农村财务管理一度出现混乱，针对这一情况，在全县陆续开展农村财务清理整顿工作，但农村财务前清后乱局面一直没有得到根本改变。

1996年，在借鉴外地经验基础上，开展农村财务“双代管”试点工作，于1997年在全县推开，农村财务管理取得一定成效。但随着农村政治经济体制的变化，农村财务管理出现新情况、新问题，因农村财务问题引发的群众上访时有发生。

自2002年起，以完善农村财务“双代管”为主线，从农村财务管理机制和体制入手，对农村财务管理进行一系列改革：（一）对管理体制进行改革，对农村会计实行职业化管理；（二）加强组织与制度建设，为农村财务管理提供组织与制度保障；（三）规范完善农村财务检查考核办法，健全农村财务监督管理机制；（四）改革农村财务管理手段，对农村财务实行电算化；（五）实行民主理财与财务公开，实行民主监督和民主管理；（六）建立培训机制，对基层干部进行法规制度培训；（七）规范农村财务管理工作流程，统一农村会计核算程序和办法。

2005年，全县农村财务管理基本实现规范化制度化管理。

第二节　农民负担监督管理

20世纪80年代中期至90年代初期，农民陆续承担各项集资和提留，负担加重。1991年，国务院《农民承担费用和劳务管理条例》颁布实施后，由县农委牵头开始对农民负担实施监督管理。1996年，成立减负办，挂靠农业局经管部门。减负办根据国务院《农民承担费用和劳务管理条例》《山东省农民负担管理条例》规定，对农民承担的各项负担进行预算、审批、控制、监督、检查和审计，对农民负担上访案件进行调查和处理，农民负担水平得到逐年减轻，农民负担总量控制在10.4%以内，"三提五统"不超人均纯收入的5%。2002年，在农村进行以"三取消、两调整、一改革"为主要内容的税费改革，农民负担的项目改为农业两税及附加、乡村公益事业金和两工，水费列为生产成本项目，重新确立征收标准、方式和方法。2003年，继续深化农村税费改革，取消农业特产税及附加，停止乡村公益事业金收取，农民负担项目仅限于农业税及附加、两工及水费。2004年，下调农业税率，农业税及附加减半，提前一年取消农村"两工"。

2005年，取消农业税及附加，只保留水费。农民负担显著减轻，人均减负率94%。

第三节 土地承包合同管理

1998年，全县858个行政村全部完成第二轮土地延包，签订书面承包合同，发放县政府验审的"农村土地承包经营权证书"，并建立健全合同档案。2001年，在稳定和完善家庭承包经营制度的基础上，允许土地承包经营权依法采取转包、出租、互换、转让或其他方式流转。2003年3月，新的《农村土地承包法》实施。

第四节 农村合作基金会

1988年，县农村合作基金会创办。1992年4月，县农村合作基金会联合会成立，挂靠县经管站。至1999年6月，全县拥有农村合作基金会19处，资产总额6.2亿元，存款总额5.4亿元，拥有固定资产2100万元。1999年6月14日，进行清理整顿，县成立清欠领导小组，办公室设在农业局。全县19处基金会有10处并入信用社，9处清盘关闭。

至2005年，全县基金会资金清欠工作基本结束。

第十二章 农业机械管理

第一节 机构沿革

1986年，县农业机械管理站为正科级单位。内设机务股、农机监理站、农机学校、推广站、财务股、办公室。下属县拖拉机站、拖拉机修配厂、农机公司3个股级企业单位。全县17个乡镇农机管理站，由县农机管理站和各乡镇共同领导。1988年1月，县政府决定17个乡镇农机管理站人、财、物切块下放，直属乡镇政府领导，县农机管理站负责业务指导。1989年6月，农业机械管理站更名为农业机械管理局。内设纪检、调研2个副科级科室和办公室、政工股、财务股、机务股、监理站、农机学校、推广站7个股级科室。1990年6月，县拖修厂由县农机局移交给县劳动局管

图7-17 1993年7月，建成使用的农机服务中心

理。1995年，内设办公室、基层管理股、监理站、农机修配管理站、农业机械化学校、农机推广站等6个股室。1996年，县农业机械管理局为县政府序列正科级行政单位，行政编制5人。2002年6月，县农业机械管理局由政府行政序列改为正科级事业单位，内部机构设置不变。至2005年，内设机构未变。

第二节　农机服务组织

1986年，全县17处乡镇农机管理站中，有11处不同程度存在房地产被挤占、资金设备被挪用等情况发生。

1991年，投资50万元组建山区开发农机服务队，配有东方红-70推土机8台，铲运机4台，为山区乡镇修水库2座，修路4条25千米，完成土方45万立方米。参加张桥引黄闸工程建设。

1992年，县政府投资160万元，新建农机学校教学大楼（即农机服务中心）和农机石化公司。

1993年7月，县农机学校教学楼（即农机服务中心）建成使用。1995年4月，省政府在孙镇、里八田乡召开棉花机械铺膜播种、备播现场会，省长李春亭、副省长邵桂芳及滨州地委书记王道玉出席会议。

1998年底，全县拥有农机总动力76.91万千瓦，农业机械原值2.3亿元，全县有拖拉机7661台，各类机引配套机具3万台，配套比为1∶3。农业机械已成为全县农业发展的重要支柱。

2005年，全县农机总动力为85.08万千瓦。

第三节　农机维修

1986年，农机局负责农用柴油分配管理和农机维修网点管理。

1989年，推广农机作业合同制，以机定亩，以亩定油，机、油、田挂钩的办法分配农用柴油，鼓励农机务农，为农业生产服务。1988—1989年，获省农用柴油管理分配先进单位称号。

1996年，全县有农机维修网点185个，修理工167人。

1999年，全县建立农机维修网点215个，修理工230人。2001年，为打击假冒伪劣商品、净化农机市场，县农机局联合工商局、质量技术监督局，对全县农机市场秩序进行整顿和规范，整顿和规范农机经营和维修点70余个，新办农机经营技术合作证22个，农机维修技术合作证9个。

2004年，成立农机行业职业技能鉴定领导小组，抓好特有工种职业技能鉴定和消协会员工作，增加职业技能鉴定人数560人，消协会员50人。

2005年，完成拖拉机驾驶员技能鉴定68人，增加消协会员54人。

第四节　农机监理

1986—1995年，农机监理关系得到理顺。1991—1993年，连续3年被地区评为先进单位。

1996年，有拖拉机驾驶员5072人，挂牌拖拉机5061台，审验拖拉机2496台，占应审率41.6%，审验拖拉机手4968名，占应审率的93.8%。县农机监理站被省农机局评为全省先进农机监理站。

1998年，全年拖拉机挂牌4422台，新增拖拉机挂牌182台，换牌28台，新增驾驶员147名，换证1198个，年审拖拉机2032台、驾驶员2178人次。1996—1998年，连续3年被滨州地区评为三夏期间麦场安全防盗防火先进县。

1999年，全县拖拉机挂牌、换牌3310台，驾驶员3624名，挂农田号牌1425台，换挂牌180台，新增驾驶员269名，新增拖拉机254台，健全人、机档案8000余份。总计年审拖拉机1105台，驾驶员1901名。

2000年，全县拖拉机挂换号牌3748台，新增拖拉机330台，年审拖拉机1510台次，驾驶员1634人次。2003年，新挂牌拖拉机1200台，其中新挂公路号牌880台，农田号牌320台，年审拖拉机2846台，审验驾驶员2311人，共查处无牌、无证车辆及驾驶员650余台次，纠正违章作业850余台次，并及时进行处理。至2005年，建立人、机档案9000余份。

第五节　农机推广

1986—1988 年，承担省农机局下达的“小麦精少量播种机械化推广”课题，通过验收，达到省内先进水平。全县精少量播种面积 20 万亩，占小麦播种面积的 1/3，获地区科学成果二等奖。

1986—1989 年，承担省农机局小麦收割机械化技术推广课题，经验收获县科技成果一等奖。

1986—1993 年，先后推广玉米套种耧 5000 台，小麦精少量播种机 570 台，小麦收割机 550 台，玉米秸秆还田机 13 台，棉花穴播铺膜机 13 台，棉花穴播机 14 台，铺膜机 204 台，联合收割机 11 台，弥雾机 3000 台。

1995 年 10 月，承担省农机局棉花植保机械化技术推广和小麦联合收割机械化技术推广 2 项课题，均获县科技成果三等奖。

1996 年，推广化肥机械深施，小麦联合收获，玉米秸秆还田，小麦精少量播种，棉花机械铺膜点播等 5 项新技术。全县引进化肥深施机 150 台，畜力追肥机 4500 台，小麦棉花精少量播种机 60 台。全县小麦联合收割机保有量 238 台，推广机械深耕 59 万亩，推广小麦精播机 85 台，改制 310 台，棉花机械铺膜点播机 35 台。

1998 年，全县有小麦联合收割机 850 台，机械化收割小麦达到小麦种植面积的 95% 以上，除部分山区无法实行机械操作外，其余全部实行机械化收割，结束用镰刀割麦的历史。2001 年，长山镇推广进口苜蓿收割机、打捆机各 1 台，山药挖沟机 4 台；孙镇推广牧草收割机 1 台。至 2002 年，全县建设 60 立方米标准青贮池 2600 余个，年青贮玉米秸秆 10 万吨，可消化 5 万亩玉米秸。

2003 年，推广玉米联合收割机 26 台，引进秸秆还田机 346 台，玉米秸秆机械化还田 15 万亩。年底，全县建成青贮池 20 余万立方米。

2004 年，全县农机总动力为 66 万千瓦，耕种收机械化水平为 66%，机械化生产方式在农业生产中处于低级阶段。

第六节　跨地区作业

1996 年，省农机局下发关于三夏期间搞好“跨区作业”和“西进东征”通知，与河南省濮阳县农机局取得联系，当年组织小麦联合收割机 85 台去河南支援麦收。

1997 年，组织小麦联合收割机 180 台，至 1998 年，组织小麦联合收割机 968 台参加跨区作业，范围至河南省濮阳县、尉氏县及山东省荣成、文登、莱阳、滕州、章丘、平度等地，实行有偿服务。邹平县农机局连续 3 年被省农机局评为跨区作业先进单位。

图 7–18　滨州地区邹平县小麦联合收割机跨区作业出征仪式

2001 年，全县参加跨区作业的联合收割机 1200 余台，其中到尉氏县作业的机械 300 台。跨区作业机械完成作业面积 88 万亩，平均单车收入一季 1.2 万元。

2003 年，全县拥有各种收获机 1900 余台，占到全市近一半。近千台收割机跨区到河南、安徽、江苏、河北、内蒙古作业，南割水稻，北割牧草，每台收割机年收入 1 万～2 万元。

2003 年，跨区作业取消集中组织，以机户自发为主。“非典”时期给三夏生产和农机跨区作业带来很大的组织困难。由于预防措施得力，全县 1906 台小麦联合收割机外出作业，作业人员在“三夏”生产到来时无一例疫情发生。

第十三章　气　象

第一节　机构沿革

1986年，县气象站下设观测组、预报组、农气服务组3个中层单位。1989年3月，改称气象局。1992年,设办公室、观测组和预报组3个机构，农气合并到预报组内。1997年，设人工增雨防雹办公室（兼行政）、业务装备科（内设测报组、预报组）和气象服务科（负责专业气象服务、防雷、氢气球施放及管理等），2000年3月，成立邹平县防雷技术中心(股级)。至2005年,内设机构未变。

第二节　气象观测

县气象观测站属国家一般气象观测站，地面气象观测一直是最基本的气象业务之一。观测项目主要有气压、气温、湿度（相对湿度和水汽压）、风向风速、降水（降水量和降水时间）、日照时数、蒸发量、地面温度、地中温度（曲管）、冻土深度、雪深雪压以及云量云状、能见度、天气现象等。

2004年前，以人工观测为主，仅气压、气温、空气湿度、降水量使用简易自记仪器，自记记录每天1次进行整理存档。使用的观测仪器主要有：水银气压表、气压计、干湿球温度表、温度计、湿度计、最高温度表、最低温度表、地面温度表、曲管地温表、测风器、雨量器、虹吸雨量器、量雪器、日照计、小型蒸发器等。资料采集采用定时不定时相结合的方式，在8时、14时、20时进行人工观测，2时部分数据使用自计仪器记录值，日平均数据使用4次平均值。月初将上月资料编制成报表上报并存档。观测资料实时上传采用通过邮局发电报的形式。遇到复杂天气，经常进行每小时1次加密观测，并将观测资料编成电文上传省市局有关业务单位。人工观测阶段成千上万的数据需进行人工处理。

图7-19　邹平县气象观测场

2004年前，气象观测自动化属渐进式发展，2003—2004年，全国气象系统实施全面自动化建设，除云、能见度、天气现象等少数项目外，全面进行观测项目数据自动采集、传输，传感器处于实时观测状态，处理系统每分钟进行1次数据采集，每5分钟向省局传输1次数据，实现气象资料实时共享。原人工观测仪器处于备份状态。2003年12月，建成CAWS600-B型自动气象站，2004年1月1日投入业务运行。自动观测项目包括温度、湿度、气压、风向风速、地面温度、地中温度（含深层地温）。观测方式采用自动站与人工站并行，以自动站资料为准发报，自动站采集资料与人工观测资料互为备份。实现自动观测后，

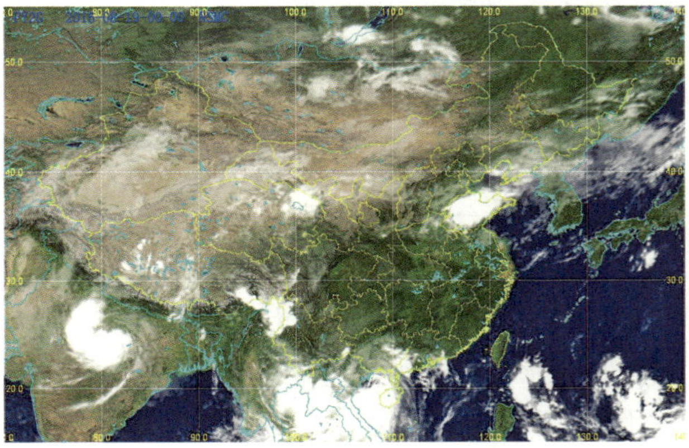

图7-20　红外气象卫星云图

资料的准确性、比较性、代表性更好，观测资料的密度由原来几小时 1 次提升到每分钟 1 次，传输时间由 3 ～ 10 分钟缩短为几秒钟。

第三节 预报服务

气象预报

20 世纪 80 年代初，使用 123 传真接收机后，能够获取北京气象中心和日本东京的数值天气预报产品，开始使用“MOS”（模式）预报方法，天气预报逐步向客观化、定量化方向发展。

预报人员可通过滨州市气象业务平台、灾害性天气预警平台、山东决策气象服务网等渠道调阅分析上级气象部门使用的有关图表资料，每天收听滨州市气象台、山东省气象台天气预报会商，预报能力和水平极大提升。

图 7-21 业务人员进行天气会商

气象现代化建设

1981 年 6 月，安装“123 型”传真机，接收北京气象中心和日本东京播发的气象资料。1987 年夏，开通县站与地区局之间的甚高频电话，加入到全省甚高频电话辅助气象通讯网中，收听省地气象台间天气预报会商，参加地区台与县站间天气预报会商。1996 年，购置第一台微机，建成地—县远程微机终端。1997 年 6 月，建成分组网，用来上传各类气象情报、调用各类信息。1999 年 4 月，建成卫星单收站，随时接收上级气象部门分发的各类气象信息，2001 年，建成 ADS（宽带拨

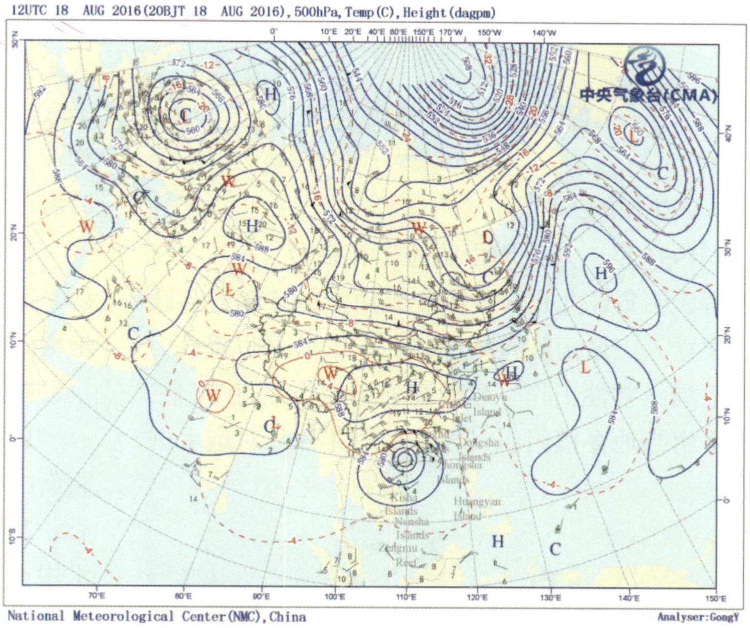

图 7-22 亚欧大陆 500hpa 高空图

号网络），2002 年，建成 VPN 虚拟局域网，并建立气象业务平台。

气象服务

20 世纪 60 ～ 70 年代，公众对气象信息获取主要通过县广播电台。

公共气象服务 1992 年 11 月，建成全县农村科技信息服务网，县气象局与各乡镇建立广播中心，定时向全县农村广播，各村通过 1 台气象警报接收机与大喇叭相连，自动开启、关闭，能使气象信息及农业科技知识迅速传播到千家万户（因种种原因 2000 年后停止）。1996 年，开通“121”天气预报自动答询系统，1998 年，天气预报搬上邹平荧屏。至 2005 年，可借助电台、电视台、报纸、手机短信、电话、电子显示屏等多种媒体接受天气预报信息。

每天通过广播、电视、电话“12121”、手机短信平台、政府网、电话、电子显示屏等多种手段开展服务；开展森林防火专项服务，开展邹平水杏、香椿、山药等特色农业的服务。

决策气象服务 当预报有天气、灾害性天气时，能及时通过电话、书面或当面汇报方式为县领导提供服务，根据农业生产需要，制作春播、小麦干热风、麦收、秋收秋种期及汛期天气预报为各级领导提供决策服务。降水过后，及时提供

雨情服务。

第四节　防灾减灾

人工影响天气

1994年，人工增雨防雹工作恢复。6月，在魏桥、明集、九户3处作业成功。1995年，县政府成立人工增雨防雹指挥部，人工增雨防雹成为气象局经常性工作。建设高炮固定作业点11个，炮手由当地乡镇组织，气象局每年3月对炮手进行岗前培训，4—10月，为高炮固定作业期。邹平人工增雨防雹系统建设位居全省先进水平。根据天气形势及经济社会需求适时开展人工增雨防雹作业，年均增雨量500万立方米左右，被滨州市政府评为人工影响天气先进单位。

图7-23　火箭增雨作业　(2004年摄)

2004年4月，购置2辆增雨防雹专用火箭发射系统。火箭发射系统全年处于作业状态，对高炮增雨防雹起到很好的加强和补充作用。

防雷安全

1995年，开始防雷检测工作。1996年，购买新的检测设备。1997年，设置防雷检测技术中心。2000年，经县编委批准设立“邹平县防雷技术中心”。最初重点检测存放易燃易爆物品仓库的避雷设施（如棉纺行业、棉花收购单位的仓库、石油部门的油库等）、高大建筑的避雷针（烟囱、高层楼房等）逐步发展为检测全县所有避雷设施。

根据《山东省防御和减轻雷电灾害防御规定》，2002年，开始审核建筑设计中避雷设施的设计图纸、验收建筑物竣工后的避雷设施安装工程。

第八编

水　利

Water Conservancy

2000 年，黛溪河流域综合治理后的于印水库

1998 年 11 月，建成通车的台子—大年陈黄河浮桥

黄河大堤鸟瞰图 （2015 年摄）

1986年后，邹平县水利以“水资源供给、防洪减灾、水环境保护、高效节水、现代水利管理”为重点，全面提升水利在经济社会发展中的综合能力。加强河道治理、大中型水库扩容，兴修农田水利，春旱能浇、夏涝能排，为农作物种植打下坚实基础。以人畜用水为重点，开展农村人畜饮水解困和“户户通”自来水建设，基本解决县区域内人畜用水问题。落实黄河委员会指示精神，开展黄河防汛工程建设，防汛防凌、调水调沙，在保证区内河段安全情况下，积极引蓄黄河水，促进当地经济发展、生态和谐。至2005年，新建韩店、码头大型平原水库2座，中型水库4座。

第一章　水利管理

第一节　机构沿革

1986年，水利局设人事秘书股、计划财务股、规划设计室、农田水利站、物资供应站、水土保持试验站、工程管理站、建筑建材供应站，有干部职工89人，乡、镇水利站有干部职工86人。直属单位孝妇河管理所、小清河管理所、杏花河管理所、引黄灌溉管理所。1993年10月，县级机构改革，设直属17个股站室。1996年，水利局组建邹平县水利土方机械工程公司。1999年11月，水利局党委成立。2000年6月，实行水务一体化改革，成立邹平县水务局，两块牌子一套领导班子。县自来水公司由县建委整体移交水务局管理。2003年12月，成立邹平县城市污水处理厂。

2004年4月，内设18个股站室：办公室、财务股、水政股、引黄灌溉处、水资源管理委员会办公室、农田水利站、水土保持监督管理站、工程管理站、规划设计室、水利科技推广站、城区排水管理站、小清河管理所、杏花河管理所、孝妇河管理所、青龙山扬水站、河道工程维护管理费征收管理办公室、自来水公司、邹平县城市污水处理厂。至2005年，内设机构未变化。

第二节　工程管理

涵闸、泵站工程管理

1986年，大型涵闸泵站均设有专门管理机构，引黄涵闸、拦沙闸由引黄处管理，小清河段涵闸由小清河管理所管理，杏花河段涵闸由杏花河管理所管理，孝妇河段涵闸由孝妇河管理所管理。1989年，青龙山扬水站及引水渠进水闸建成。

引黄工程管理

1987年1月，引黄灌溉管理处成立，为副科级事业单位。引黄干支渠堤防承包绿化208千米。黛溪湖调引黄河水后，渠道巡堤检查直到青龙山扬水站。1992年，成立公安引黄派出所。1997—2000年，引黄灌区实行责任制，干、支、斗、农4级渠系，按县、乡、村3级管理。2001—2002年，码头、韩店平原水库，渠系管理到水库泵站。2003—2004年，灌区西北部干支渠两岸实施第二轮堤防绿化承包，承包者兼护堤防固沙任务，渠系林木砍伐轮植须经管理处批准，有计划实施。

小清河治理

1990年冬，对小清河邹平段河道进行治理。长度为22千米，挖河搬堤土方577万立方米，筑堤土方166.41万立方米，其中水下方约占总土方量的42%。工程涉及永久性占地8800亩，临时性占地18500亩，房屋拆迁涉及3个镇乡9个村和1

个镇级开发区，搬迁农户126户，占青近20000亩。一期工程大部分工段需远距离隔河借土筑堤，土方量为30多万立方米，旧滩、堤，土方调度费时费工。二期工程75万立方米为水下方。工程1996年11月25日开工，两期工程共投入机械20000余台（套），劳动力10000余人。一期工程12月25日竣工，挖河搬堤动土219万立方米，筑堤用土166万立方米。二期工程1997年4月30日竣工。工程质量均达到省级验收标准，工程总投资5100万元。

第三节　水资源管理与保护

水资源管理

1989年，水资源管理办公室成立。1990年，原设在县城市建设委员会的水资源管理办公室撤并，是年，城区开始征收水资源费。1991年，城区用水大户安装计量设施。1992年，乡镇开征水资源费，发证并签订用水计划，标定取水工程位置规格及收费一并进行。1995年春，实施农业取水许可制度，858个行政村及农场、林场、苗圃全部领取许可证，工农业取水许可率100%。是年，被省水利厅授予“全省取水许可管理一等奖”单位。1996年，进行第四次地下水普查，500米以下探点600个，设置常年地下水观测点79个，其中城区32个，补源区8个；超采污染区16个，余为镇乡设观测点。1997—2002年，先后出台水资源管理规范性文件28件，学术研究成果12项。

水资源保护

1992年，《邹平县水资源勘察、开发、利用、管理实施办法》出台。1994年，制定黛溪河流域保护办法。2001年，在优质水源区，工业园地下水超采区，地下水污染区设立检测点。2002年，黛溪河上游山区农家菜馆污水污物对下游拦蓄水质构成威胁；年底，沿河向上进行清查，结合小流域治理护坡植树，恢复生态原貌。2003年，设地表水监测点，对河道水质按丰水期、平水期、枯水期，及时采样进行化验监测，定期进行地下水位观测。

节约用水管理

1991年，实行超计划用水加倍收费，超额现象减少。1995年，实行计划、指标、定额三结合管理后用水趋于平衡。1999年，县节约用水办公室与县水资源管理办公室合署办公。2002年始，搞水平衡测试，琥珀啤酒厂结合水平衡测试，对水处理设备进行改造，由一次软化改为二次软化和串连使用，吨耗水由12立方米降到8.5立方米。农业节水灌溉68万亩。2005年，邹平县被定为节水型社会示范试点县。

第四节　污水处理

城市污水处理

2002年10月，县城区污水处理一期工程动工兴建。项目为国家“渤海碧海计划”国债项目，投资5385万元，占地105亩。完成砼2万立方米，土方5000立方米，投入机械30台，建有提水泵站、厌氧池、DE氧化沟、终沉池、配菌化验室及管网基础设施。使用进口自控仪器、水下推流器、电器元件。2004年3月，投入运行，日处理污水4万吨。

矿井排水综合处理

县铜矿矿井水中，含铜、铁、硫、钼、砷、铬等元素，对周边水环境造成严重危害。1994年4月，投资50万元建设矿井排水综合处理项目。一期占地12.6亩，建有蓄水池、反应池、浓密机、沉淀池、车间、蓄浆池、石灰房、凉台等建筑物，环保检测显示有害物质去除率为98.7%，符合国家污水排放标准，日处理污水5000吨。1997年，以污水处理沉淀物碱式氢氧化铜为原料，开发生产硫酸铜、氧化铜等产品并通过化工部生产许可。

城市排水管理

1989年，县水利局开始承担城市排水工程建设，当年建成长2.5千米城北排水工程，县投资250万元，啤酒厂投资30万元。1990年春，投入使用。2002年后，相继完成黛溪一路北首至啤酒厂长570米、直径1.2米承插式砼排污管道埋设，穿庆淄路1.5米承插式砼管352米，城北排污口至六六河1200米及穿肖镇干渠2×2米涵洞工程，共计投资332万元。工业园区完成从原日清公司排污口西穿邹焦路 3130 米 1.5×1.5 米砌石暗渠，原北环路东首至黛溪五路北首，4365 米直径 1.8 米砼排污管工程，投资 320 万元。2004 年，完成经济开发区排污管网建设项目，设计排污量 2 立方米 / 秒，投资 1073 万元。

第五节　水利执法

执法体系建设

1989 年，山东省水利厅在邹平县进行水利执法体系建设试点。1994 年，水利巡回法庭成立。2000 年，县水务局成立，水务一体化管理形成。2001—2005 年，水利行政审批事项削减为 24 项，进入县“一站式”服务大厅。

水法规宣传

1988 年，广泛开展宣传贯彻《中华人民共和国水法》活动。1995 年后，利用世界水日、中国水周及“12·4”法制宣传日集中开展宣传活动。2000—2005 年，水法规宣传形式有座谈会、宣传站、万人节水签名活动，中小学生生命之水有奖征文、文艺演出、电影专场、宣传画册、警示牌、宣传车等。

水行政执法

依法行政，维护水事稳定　1989 年，水政股、水资办、水保站、工管站相继成立，均为水行政专职管理机构。2000 年，河道工程维护管理费征收使用管理办公室、城市排水管理站成立。至 2005 年，制定水行政规范性文件 38 件，有水行政执法人员 67 人，查办各类水事案件 260 起，审结 55 起，罚款 18450 元，追缴费款 520 万元，挽回直接经济损失 160 万元。

封井并网转换水源　2004 年，县开始实施封井并网转换水源。历时一年半，封井 276 眼，并网管线 30 余千米，增加供水面积 21.4 平方千米，新增供水厂 2 处。工业生产实现集中统一供水。

第六节　水利体制改革

水务体制改革

2000 年 6 月，县水务局成立，城市自来水公司、城市排水管理、城市节水办、城市污水处理统归水务局管理。2005 年，县政府为 29 位水利执法人员颁发执法证，列入政府行政执法序列，6 人取得听证主持人、应诉人资格。

小型水利工程产权制度改革

1998 年，出台《小型水利工程产权制度改革实施意见》。2002 年，临池镇经县政府批准将上河水库租赁给一家实业公司。2005 年，山东西王集团跻身邹平县水务市场，独资承揽一河两湖综合治理与开发项目。

水利经营改革

1989 年，水利经营队伍有安装队、民建队、物资站、清淤队、预制厂、采石场等。1991 年，重新成立打井队。1994 年，成立矿井污水处理厂，年创收 300 万元，1996 年春，投资 300 万元购置挖掘机 4 台，组建水利土方工程公司，在当年小清河治理工程中发挥重要作用。至 2000 年，水利经营总产值累计达 2.08 亿元，创利税 2435 万元，被评为全省水利综合经营创收先进单位。

水利投融资机制改革

1989 年，水利实体单位首次集资扩大经营范围，拓展招商引资项目。1995 年，筹建第二自来水厂，城区职工每人 50 元无偿集资。1999 年，保护邹平母亲河行动（黛溪河综合治理工程）倡议募捐，募集 700 万元，引资 1100 万元。2000 年，允许民间、个人、单位、企业等以集资入股、合资、独资等方式进入水利市场。2003 年，实体单位以独立法人资格注册。2005 年，兴建韩店平原水库，1.7 亿元资金全部自筹，实行民营股份制运作。至 2005 年，日供水 8 万立方米。

第七节　水利科技

水利基础理论研究

1989—1993 年，获学术成果：对地下水资源研究成果《县城区水资源供需现状预测及对策》《县城区优质矿泉水形成与补给途径》《区域地下水资源状况调查与研究》等。对引黄灌溉工程项目研究成果：《引黄农灌区阻沙分析研究》《淤改压碱水稻种植试验》等。对水利工程资源利用率、效益现状分析研究成果:《邹平县水利工程现状调查与分析》等。2001—2005年,修订完善《邹平县水资源规划》《邹平县水利规划》及《邹平县水长期供求计划》。

水利科技推广服务体系建设

1990年,县水利局成立科技站。1992年,水利科技中心大楼落成。1994年5月,采用化学技术科研攻关,综合处理矿井排水及铜离子回收。2000年,水务局实现办公自动化。2003年,建立供水水质化验室、污水配菌水质化验室、引黄水质化验室。2005年,建立科技人才培训基地,专业技术人员每年在水利科技中心培训基地接受继续教育。承担的水利部水科院实验项目——邹平县张桥灌区水沙资源综合利用节水高产示范工程。

1988年10月签订合同,2年后,任务全面完成,稻改2000亩,浑水管道灌溉500亩,放淤改土1500亩(合同规定200亩),完成机械化清淤造田试验和总干渠水砂因子观测;完成低压管道灌溉推广面积10056亩及老试区补源工程礼参扬水站建设。稻改平均亩产670千克(合同规定300千克),年经济效益73万元(合同规定60万元);淤改平均亩产粮食400千克,年经济效益40万元。1990年12月,工程通过部级验收。在山区搞果树滴灌节水工程320亩,其中临池乡北山村苹果滴灌120亩,西董乡马庄村苹果滴灌200亩。

科技项目获奖情况

1990年,邹平县井灌区低压管道输水灌溉综合试验项目,获地科委科技进步一等奖,万亩低压管道灌溉推广项目,获地科委三等奖,同年并获县科委一等奖;青龙山扬水站电机转换,获县科委二等奖;小果园葡萄滴灌获县科委三等奖;全自动立式挤压制管机获地科委二等奖。1991年,邹平县被水利部确定为全国水利科技示范县。1994年,通过省水利厅和国家水利部的验收,被评为全国水利科技示范县。邹平县有8项水利科技成果通过鉴定,其中“多泥沙河流新型橡胶坝引水防沙工程研究项目”被评为省厅一等奖、水利部二等奖。邹平县被评为全国水利科技示范先进县。1995年,有3项水利科技项目获县科技进步奖,其中《县城区地下水资源现状、预测及对策》《滕家洼区域地下水资源状况调查研究》获县科技进步二等奖;《低压管道灌溉的管理与运用》等4篇论文获省水利学会优秀论文表彰奖。

在总结北关、马庄、河阳三村节水灌溉成功经验的基础上,发动群众集资投劳,大搞节水灌溉工程。至1998年,全县完成15个村,2.5万亩节水工程规划设计,完成好生、临池、青阳、明集、邹平镇9个村1.522万亩地节水灌溉工程建设,完成明集镇、长山镇、水利局示范服务基地40个大棚滴灌试验。4月30日,全区节水灌溉现场会在邹平县召开。7月2日,召开全县节水现场会,提出节水灌溉优惠政策和新要求。

1999—2003年,县水利局实施科教兴水战略,开拓出一条科学治水、科技兴水的发展之路。同时,建立健全县、镇、村3级水利科技服务体系,大力推广应用新技术、新材料、开发新项目,运用先进的科技手段,加强科学研究,全局获省、地、县各类科技奖29项。其中邹平铜矿矿井排水综合治理及铜离子回收技术研究项目于2000年9月被评为“山东省科技进步三等奖”;是年,邹平县被评为“全省水利科技强县”。1999年12月,建成综合档案室并一次晋升省二级标准。

2004年,水利部将邹平县确定为山东省节水型社会建设试点县。

第八节　黛溪河流域水利风景区建设与管理

黛溪湖生态水利工程建设

1989年,投资260万元,实施黛溪湖调水工程,建有引水渠、扬水站、7.1千米输水暗渠,景观工程有喷水龙头、湖心亭、栈桥、栈台等。10月1日放水,年均调水280万立方米,保持湖中不断水。1996年,新建2千米引水渠道,改引黄河水。1999

图 8-1　1989 年 10 月建成的邹平县栈桥

年，实施黛溪湖扩容工程，完成土方 49.06 万立方米。2000 年，实施防渗工程，土方 7.1 万立方米，土工膜 817 平方米，2002 年，黛溪湖护坡防渗完成土方 21.6 万立方米，黏土回填 5.86 万立方米，砂石回填 3.51 万立方米，土工膜 3.1 万平方米，湖区东岸建成植物园林生态景观区。

黛溪河流域生态水利工程建设

1997 年，县政府发布黛溪河流域保护办法通告，确定黛溪河流域 97.5 平方千米属城区重点无公害生态水源地。2000 年，又确定在这一流域实施“上拦、中蓄、下节”综合治理。2001 年，完成城区 2.5 千米河道砌石，4 座拦水坝，排污管道及两岸硬化、绿化、亮化工程，累计投资 1820 万元。2005 年 8 月，“一河两湖”（黛溪河、黛溪湖、于印湖）景区综合治理方案出台，设计蓄水 1200 万立方米，水面 150 万平方米，景区集生态、旅游、观光、商贸、居住于一体，实行市场化运作，西王集团投资建设，景区框架基本形成。

第二章　黄河治理

第一节　机构沿革

1986 年，邹平县黄河管理机构时称黄河修防段，内设秘书股、政工股、工务股、财务股、公安派出所，下设台子、码头修防分段。1991 年，经水利部批准，邹平黄河修防段改为邹平黄河河务局（副处级），内设人秘科、工务科、财务科、水政科、公安派出所。下设台子、码头河务段。1993 年，增设工程处。1999 年，增设防汛办公室、水政水资源科、经济办公室，撤销政工科、工务科。2002 年，黄河系统改革机构，防汛办公室更名工务科，下设单位增加金河工程有限公司。2005 年，河务局机关设人秘科、工务科、水政科、财务科、经济发展办公室、工会，下设码头、台子河务段。

第二节　黄河洪峰

1988 年汛期，黄河共出现 8 次洪峰，前 4 次较小，后 4 次较大。第一次洪峰于 7 月 13 日凌晨到达邹平河段，相应泺口站流量 2780 立方米 / 秒；8 月，花园口站连续出现 4 次较大洪峰，8 月 18 日泺口站最大流量 4780 立方米 / 秒，由于河道淤积严重，使洪水在邹平河道持续半月之久高水位运行，且含沙量较大。1992 年汛期，黄河上游来水偏少，干流水枯、峰少，整个汛期只出现过 1 次 3150 立方米 / 秒洪峰。1993 年 8 月 7 日，花园口洪峰流量 4120 立方米 / 秒，水位较高，峰值不明显，水面宽浅，梯子坝险工根石全部满水，导致部分坝号根石走失，经及时抢护，没有形成大的险情。1996 年，8 月 5 日 14 时和 13 日 4 时花园口分别出现流量 7860 立方米 / 秒、5520 立方米 / 秒的洪峰。2 次洪峰的特点：洪水量大、水位高，持续时间长，漫滩面积广。7860 立方米 / 秒的洪峰流量水位为花园口站有史以来最高水位。8 月 19 日 10 时梯子坝水位最高达 25.18 米，创下历史最高纪录，险工根石全部满水。1998 年 10 月 31 日前，泺口水文站出现断流 7 次 42 天。

1999—2005 年，未出现洪峰。

图 8-2 黄河邹平段上界、下界标志

1986—2005年花园口、泺口站最大流量统计表

表8-2-1

年度	花园口			泺口		
	流量（立方米/秒）	水位（米）	出现日期	流量（立方米/秒）	水位（米）	出现日期
1986	4130	92.63	07.12	2820	29.55	07.03
1987	4600	92.96	08.29	2650	29.60	09.01
1988	7000	93.72	08.21	5810	31.23	08.19
1989	6100	93.31	07.25	5000	31.16	07.27
1990	4440	93.02	07.09	3770	30.73	07.12
1991	3190	92.86	06.14	2820	30.05	06.16
1992	6430	94.33	08.16	3150	30.45	08.02
1993	4120	93.86	08.07	3300	30.73	08.11
1994	6260	94.19	08.08	3350	31.04	07.14
1995	3560	93.87	08.01	2460	30.45	09.06
1996	7860	94.73	08.05	4700	32.24	08.18
1997	4020	93.95	08.04	1430	29.82	08.06
1998	4700	94.40	07.16	3090	31.18	08.29
1999	3250	94.04	07.24	2120	30.45	07.27
2000	1060	92.92	11.26	930	29.61	11.12
2001	1650	93.02	04.03	880	29.58	03.11
2002	3050	93.66	07.06	2520	30.94	07.18
2003	2780	93.44	07.04	2900	31.02	10.16
2004	3550	93.31	08.24	3330	30.96	08.26
2005	2860	92.51	10.04	3030	30.31	10.06

第三节　治理工程

复堤工程

1946年开始治理黄河，黄河下游进行4次大复堤工程建设。第一次大复堤工程结束于1956年冬；第二次大复堤工程结束于1965年冬；第三次大复堤工程始于1975年，分2期2个标准完成。第一期工程1975—1977年，按1983年设计水位（28.77～27.03米）超高1.1米完成大堤加培土方任务（系称小标准）。第二期施工，1980年至1982年按该设计水位超高2.1米完成大堤土方加培任务。第三次大复堤时跨8个年度。第四次工程于2000年5月9日开工，由滨州黄河工程局施工，历时1年零2个月，于2001年6月26日竣工。加培土方43.13万立方米，植树1.36万株，植草17.31万平方米，修建排水沟1703米，防汛屋台建设480平方米，投资954.94万元。

放淤固堤工程

1981年，黄委根据国家调整压缩银根精神，将放淤固堤标准调整为险工段淤宽50米，平工段淤宽30米，淤背区高于大堤浸润线出逸点1米。1990年，黄委再次将放淤固堤标准调整为“平工段淤宽30～50米，险工、老口门堤段淤宽50～100米，淤背区高程超过大堤浸润线0.5米”。1996年,长江大水之后,国家加大对工程建设投入。

县内河道放淤固堤施工分为2个阶段：第一阶段，1977—1997年，放淤施工实行计划管理模式，每年按省、市河务局下达工程量和工程投资计划，县河务局（修防段）负责组织施工；第二阶段,1998—2002年,机淤工程实行“三制”管理，项目法人为滨州市黄河河务局，监理单位为山东龙信达咨询监理有限公司，工程施工由中标单位负责承建。

县内河道机淤工程始于1977年。1988年后，机淤固堤工程快速发展。1994年，经国务院批准，机淤列入基建项目，要求所有临黄大堤都要完成机淤固堤宽度100米。至2002年，县所辖22千米堤防全部完成机淤任务（按1983年设防标准，若按2000年设防标准，机淤固堤长度8000米）。

1986—2002年机淤固堤完成情况统计表

表8-2-2　　　　单位：万立方米、万元

年　度	完成工程量	投　资	年　度	完成工程量	投　资
1986	20	15.72	1995	24.60	186.28
1987	30	57.43	1996	16.04	174.95
1988	11	15.78	1997	22.63	198.75
1989	11.23	18.99	1998	19.89	104.71
1990	15	40.91	1999	348.72	4391.90
1991	23	33.08	2000		
1992	33.5	82.67	2001		
1993	40.2	142.80	2002		
1994	22	64.03	合计	637.81	5528

堤防加固工程

锥探灌浆　分2个阶段进行。第一阶段，1978—1983年，锥探灌浆堤防长度2800米，锥探6696眼，灌入土方300立方米；第二阶段，1992年，在大堤桩号110+100至113+600堤段锥孔2.2万眼，灌入土方0.44万立方米；1994年，在大堤桩号91+653至99+480堤段，锥孔1.55万眼，灌入土方0.31万立方米。上述3段堤防长22.127千米，锥孔4.47万眼，灌入土方0.88万立方米。

后戗工程　1991年，在大堤桩号108+100至108+500堤段上，修做老海湾后戗工程，3月16日开工，6月30日竣工，动用土方4.77万立方米，

工程投资 35 万元。

截渗墙工程 系一级堤防加固工程，山东黄河勘测设计研究院设计，山东河务局以鲁黄工发〔1999〕175 号文批复，山东黄河工程局和河南新乡黄河工程公司中标承建，1999 年 5 月 4 日开工，10 月上旬竣工，砼浇筑 0.64 万立方米，铺土工布 5.42 万平方米，动用土方 13.71 万立方米，投资 1193.17 万元

堤防养护

1986 年后，日常的堤防管护，以堤防专管员和群众护堤员为主，雨季造成水沟浪窝，组织人力机械车辆进行集中填垫整平。春、秋季节按计划完成植树绿化，雨季进行植被草皮，常年坚持捕捉害堤动物，保护工程设施和标志。1998 年 4 月，邹平黄河工程管理，经水利部专家组考核验收，被评为第一批“国家一级河道目标管理单位”，2005 年 10 月 18—19 日，经水利部复查验收，县黄河工程管理继续保持这一殊荣。

控导工程

1978 年，黄委颁发《黄河下游险工坝岸加高改建意见》《山东黄河近期防洪工程标准》。1982—1985 年，对梯子坝 3 段坝岸进行拆除改建，用石料 1.1 万立方米。1999—2000 年，再次对梯子坝险工 4 段坝岸进行改建，动用土方 5.52 万立方米，石方 0.4 万立方米，投资 237.82 万元。

县内河道有张桥、官道、旧城 3 处控导工程。1986—1998 年，工程整修经费列入年度防汛岁修经费，基本满足需求。1999—2000 年，黄委批准，张桥控导工程上首续建 4 段新石坝，对原工程中的 8 段石坝进行抛石加固。对官道、旧城控导工程部分坝号进行中小型改建加固。

图 8-3 黄河邹平段梯子坝 (2015 年摄)

第四节 黄河水利用

1986 年，胡楼引黄闸建设年底竣工，设计引水量 35 立方米 / 秒，控灌农田面积 83 万亩，并承担向韩店平原水库（2003 年建成）供水任务。1991 年，张桥引黄闸 10 月 1 日竣工投入运行后，承担着以码头镇为主的 20 万亩农田灌溉用水，并担负向码头平原水库输水任务。

图 8-4 1986 年 10 月，建成投入使用的胡楼引黄闸

1990—2005 年，连续出现干旱，通过引用黄河水源，搞好农田灌溉，补给城镇农村生活和工业用水及补充地下水源发挥很大作用。韩店平原水库是向县城工业园和山东西王集团供水的重要工程设施，胡楼闸是引黄唯一水源点。

第五节 水政监察

1988 年，《中华人民共和国水法》颁布实施。1989 年 6 月，水利部下发《关于建立水利执法体系的通知》。1990 年 6 月，山东黄河河务局决定，在沿黄各地、市黄河机关设立水政监察处，在沿黄各县、市河务局，成立水政监察所。1991 年 4 月，成立惠民地区黄河河务局邹平水政监察所。后又根据黄委、省局河务部门成立水政监察大队通知要求，1997 年 12 月，撤销水政监察所，成立山东滨州河务局邹平水政监察大队。使水政监察工作进一步规范开展。2000 年 1 月，黄河内部机构体

制改革，水政监察大队更名为水政水资源科，职责不变。1991—2005年，查处各类损伤水工程行为21件，查处水事案件4起，结案4起，为国家挽回经济损失3万元。

第三章 蓄水工程

第一节 水库工程

1986年后，县内山区水库拦蓄工程老化失修，效益减退。1989年，建好生乡石河村水库，堤坝高5米，库容12万立方米，投资70万元，效益灌溉面积1000亩。1990年，投资120万元实施台头水库清淤固坝灌浆防渗工程，拦蓄能力提高30%。

1991年，建好生乡聚群水库，坝高8米，库容60万立方米，投资180万元，配套建筑称宫堰坝及放水闸，效益灌溉面积10000亩。

1994年，建大临池水库，浆砌石砼墙坝，坝高18米，库容12.5万立方米，投资96万元，效益灌溉面积1000亩。

1995—1999年，投资230万元，实施山区小型拦蓄工程，新建塘坝13座，谷坊21座，清淤固坝除险防渗水库塘坝31座，增加蓄水36万立方米。

2000年，投资120万元对西董镇杏林、花盆河水库实施保险加固，开挖溢洪道，修建水库配套工程，动用土石方5.4万立方米。

2001年，建码头平原水库，坝高7.5米，库容1200万立方米，动用土方253.9万立方米，投资3802万元，为魏桥棉纺织厂提供可靠水源。

2002年，兴建韩店平原水库一期工程，2003年竣工供水，二期工程于2005年竣工，最大坝高9.3米，设计蓄水深7.3米，库容4500万立方米，动用土方658万立方米，日供水6万立方米。

2005年，改建郭庄水库，坝高7.2米，库容20.3万立方米，效益灌溉面积1200亩，投资110万元。

1989—2005年邹平县新建水库一览表

表8-3-1

年度	工程名称	地址	库容(万立方米)	大坝高(米)	坝型	流域面积(平方千米)	效益面积(亩)
1989	石河水库	好生镇	12	5.0	碾压式土坝	20	1000
1991	聚群水库	好生镇	60	8.0	碾压式土坝	23	10000
1994	大临池水库	临池镇	12.5	18.0	浆砌石砼墙	1.8	1000
2001	码头水库	码头镇	1200	7.5	碾轧式土坝		工业供水
2002	韩店水库	韩店镇	4500	9.3	碾轧式土坝		工业供水
2005	郭庄水库	临池镇	20.3	7.2	砌石溢洪坝	1.8	1200

第二节 桥涵闸建设

涵闸工程

1986年10月，胡楼引黄闸建成送水。该闸位于台子镇胡楼村北黄河大堤，闸体3米×3米，4孔钢筋砼箱式方涵，投资330万元，动用土方9.3万立方米，砌石1527立方米，砼3274立方米。同年，在九户镇石店村北小清河修建引黄过清穿涵工程，为2孔箱式砌石结构倒虹吸，每孔2.4米×2.4米，长149米，投资139万元，过水流量23立方米/秒。1997年，投资395万元改建加长至411米，过水流量增至35立方米/秒。1998年，重建孝妇河长山镇三里河闸，结构为钢筋砼，10孔，单孔2.5米，闸底高程26.23米，过水流量506立方米/秒，投资127.6万元。同年，新建孝妇河长山镇前芽拦污闸，6孔，单孔2.5米，闸底高程26.13米，投资171.3万元，过水流量110立方米/秒，1986—2005年，新建涵闸98座，累计投资4800万元。

1963—2005年邹平县建成主要水闸统计表

表8-3-2

所在河道	闸名	闸址	结构形式	闸底高程(米)	孔数	设计流量(立方米/秒)	闸孔(米)	投资(万元)	竣工时间(年)	备注
孝妇河	三里河闸	长山镇东南1.5千米	钢筋混凝土	26.23	10	506	2.5	127.6	1963	1998年重新修建
孝妇河	前芽拦污闸	长山镇前芽村	钢筋混凝土砌石	26.13	6	110	2.5	171.3	1998	
黛溪河	黛溪湖溢洪闸	县城南	砌石	32.5	5	381	5		1979	
黛溪河	韦家闸	黛溪街道	钢筋混凝土		9		3.0	1.99	1986	
小清河	胡楼倒虹	九户镇	钢筋混凝土	进14.6 出13.7	2	35	2.4×2.4	395	1985	1998年改建
小清河	魏桥倒虹	魏桥镇	钢筋混凝土	进14.5 出13.6	2	6	Φ1.2	112	1994	
小清河	张桥倒虹	码头镇	钢筋混凝土	进14.5 出13.6	2	15	Φ1.6 Φ1.8	245	1997	
小清河	西码头倒虹	魏桥镇	钢筋混凝土	进14.5 出13.6	1	5	Φ1.0	98.2	1997	
小清河	入清沟防洪闸	魏桥镇	钢筋混凝土砌石	13.9	3	48.7	2.5	201	2004	
小清河	腰庄闸	孙镇腰庄	砌石	9.0	1		2.5	41.9	1997	
小清河	大坡闸	码头镇	砌石	15.9	1	6.5	Φ1.0	10.18	1999	
小清河	郑一沟闸	九户镇	砌石	11.0	3		2.5	85.5	1997	
小清河	马四干闸	九户镇	砌石	11.0	3		2.5	83.9	1997	
小清河	向阳闸	九户镇	砌石	11.0	2		Φ1.0	29.8	1997	
小清河	故道闸	孙镇	砌石	13.6	2	6	Φ1.0	28.2	1997	
小清河	新东闸	九户镇	砌石	11.0	1		2.5	40.7	1997	
小清河	炭刘闸	码头镇	砌石	16.05	1		Φ1.0	11.25	1999	
小清河	布王涵闸	码头镇	砌石	11.0	1		2.5	41.7	1997	
小清河	小三闸	孙镇	砌石	10.6	1		2.5	40.7	1997	
小清河	反帝沟闸	九户镇	砌石	8.2	2	15	2.5	56.3	1997	
小清河	布王闸	码头镇	砌石	11.0	1		2.5	41.7	1997	
小清河	田家闸	码头镇	砌石	15.75	1	5.5	Φ1.0	10.75	1999	
小清河	归苏南小闸	码头镇	砌石	14.3	2		Φ1.0	26.3	1998	
小清河	李坡南小闸	码头镇	砌石	14.5	2		Φ1.0	29.6	1999	
小清河	李坡闸	码头镇	砌石	13.4	1		2.5	42.5	1997	
小清河	归苏防洪闸	码头镇	砌石	13.5	2	15	2.5	60.7	1997	

续表8-3-2

所在河道	闸名	闸址	结构形式	闸底高程(米)	孔数	设计流量(立方米/秒)	闸孔(米)	投资(万元)	竣工时间(年)	备注
小清河	章历齐闸	码头镇	砌石	13.0	3		2.5	90.3	1997	
	利民闸	码头镇	砌石	13.2	2		Φ1.0	26	1997	
	魏桥大沟闸	魏桥镇	砌石	11.0	3		2.5	86.9	1997	
	堂子闸	魏桥镇	砌石	12.4	2	15	2.5	60.8	1997	
	梁桥防洪闸	魏桥镇	砌石	13.8	2		Φ1.0	29.3	1997	
	文家防洪闸	魏桥镇	砌石	14.4	2		Φ1.0	29.6	1997	
	来牛闸	魏桥镇	砌石	13.5	1		2.5	42	1997	
	南辛闸	魏桥镇	砌石	12.6	1		2.0	38	1997	
	西码头闸	魏桥镇	砌石	11.0	1		2.5	41.9	1997	
	一干排	码头镇	砌石	11.7	1		2.5	43	1997	
	章齐沟闸	魏桥镇	砌石	13.0	2	15	2.5	51	1997	
	孟寺涵闸	魏桥镇	砌石	15.5	1		Φ1.0	11.3	1999	
	魏桥涵闸	魏桥镇	砌石	15.9	1		Φ1.0	11.1	1999	
	南辛涵闸	魏桥镇	砌石	13.9	1		Φ1.8	13.2	1997	
	张官闸	焦桥镇	砌石	7.0	1		2.5	42.6	1997	
六六河	颜桥闸	韩店镇	砌石	11.0	2		3.0	0.7		
新民河	李套闸	焦桥镇	砌石	9.7	5		2.8	4.5	1991	
	新民河节制闸	韩店镇	砌石	9.8	2	25	2.5	34	2005	
新月河	大刘闸	高新街道	砌石		3	3		0.86	1978	
安袁河	辛集闸	孙镇	砌石	8.5	2		4.0	0.8	1980	
	五户闸	孙镇	砌石	9.0	2		2.6		1998	
老坞河	杏村闸	苑城镇	砌石		2		4.0	0.9	1979	
利民河	小三闸	孙镇	砌石	9.2	2		3.0	2.9	1990	
	利民河防洪闸	孙镇	砌石	8.0	2		3.0		1979	
	马四干九户倒虹	九户镇	钢筋混凝土	进11.6 出11.1	1	14.5	2.4	30.31	1988	
魏桥大沟	泄水闸	魏桥镇	砌石	11.0	4		3.0	1.2	1982	
引黄总干渠	东刁节制闸	魏桥镇	砌石	16..47	3	35	3.5		1987	魏桥分水闸、台子分水闸等
	石店闸	九户镇	砌石	12.5	3		2.0	4.4	1986	
郑一沟	辛梁干渠闸	魏桥镇	砌石	11.0	2		3.0	7.36	1985	刘井闸、西左闸、洛庄闸、马庄闸等
马四干	南宋闸	九户镇	钢筋混凝土	8.52	1		6.0		1980	
	水牛韩进水闸	九户镇	钢筋混凝土	10.0	1		6.0		1981	改建

续表8-3-2

所在河道	闸名	闸址	结构形式	闸底高程(米)	孔数	设计流量(立方米/秒)	闸孔(米)	投资(万元)	竣工时间(年)	备注
喜庆沟	石店闸	九户镇	砌石	12.5	3		2.5	21.7	1993	
	饮马闸	九户镇	砌石	12.5	3		3.5		1987	
码头干渠	泄水闸	码头镇	砌石	16.79	2		2.0	3.8	1986	
	归苏排涝防洪闸	码头镇	砌石	14.2	3		2.0	12.2	1995	
黄河	拦沙闸	台子镇	钢筋混凝土	17.25	3	35	4.0	53	1986	
	引黄闸	台子镇	钢筋混凝土	16.7	4	35	3.0	330	1986	
淦沟河	控污闸	长山镇	砌石	26.0	3	20.0	3.5	89.4	1998	
肖镇干渠	上口2号闸	韩店镇	砌石	11.0	3		2.0	4.4	1985	
西水东调	马四干明集倒虹	明集镇	钢筋混凝土	进12.3 出11.7	1	13	2.4	64.5	1995	
	段桥进水闸	明集镇	砌石	11.4	2	15	2.5	21.5	2000	
	杏花河上口倒虹吸	韩店镇	钢筋混凝土	进11.4 出10.7	2	10	1.6×1.8	113.7	2000	
潴龙河	聚群水库中放水闸	好生镇	砌石	60	2		0.5		1992	
	聚群水库西放水闸	好生镇	砌石	60	1		1.2		2004	

桥梁工程

1992年，建孝妇河长山镇范公大桥，钢筋砼平板结构，9孔宽9米，长113米，投资120万元。1997年，建孝妇河长山镇西关大桥，双曲拱和钢筋砼平板结构，7孔宽16米，长130米，投资180万元。1998年，重建小清河坡庄大桥，钢筋砼梁板结构，主桥10孔副桥5孔，宽18米，主桥长180米，副桥长120米，投资1560万元。2005年，建孝妇河长山中学大桥，钢筋砼灌注桩结构，6孔，宽24米，长114米，投资310万元。同年，新建县城鹤伴一路黛溪河大桥，钢筋砼梁板结构，4孔，宽39米，长80米，投资700万元。黄山三路黛溪河大桥，钢筋砼拱结构，5孔，宽32米，长120米，投资570万元。至2005年，全县新建桥梁43座，投资5100万元。

图8-5 黄山二路黛溪河大桥 (2007年9月摄)

1980—2005年邹平县主要桥梁统计表

表8-3-3

所在河道	桥名	位置	结构形式	孔数	宽度	长度（米）	竣工年份	备注
小清河	坡庄公路桥	孙镇坡庄村北庆淄路上	钢筋混凝土梁板	主10 副5	18	主180 副120	1998	
	台莱路小清河大桥	台子镇官道村南台莱路上	砌石拱形结构	1	13.2	13.1	1980	
	魏桥大桥	魏桥镇小清河管理所南邹魏路上	钢筋混凝土平板结构	4	10	50	1991	
孝妇河	范公大桥	长山镇范公村东北焦周路上	钢筋混凝土平板结构	9	9	113	1992	
	裴家桥	长山镇中王村西北焦周路上	钢筋混凝土平板结构	3	10	23	2001	
	长山西关桥	长山镇西关村邹长路上	双曲拱和钢筋混凝土平板结构	7	16	130	1997	
	长山大桥	长山中学东	钢筋混凝土灌注桩结构	6	24	114	2005	
杏花河	韩套大桥	焦桥镇韩套村南焦临路上	钢筋混凝土灌注桩平板结构	6	12.1	60	2000	
	上口公路桥	韩店镇上口村西邹魏路上	钢筋混凝土灌注桩结构	3	18.8	35	1999	
黛溪河	外环路交通桥	黛溪街道西外环路上	钢筋混凝土梁板结构	5	19	40	2002	
	中兴桥	黛溪街道黄山二路西首	南为砌石拱结构北为钢筋混凝土梁板结构	南4 北2	15.6	54	1999	扩建
	黄山三路黛溪大桥	黛溪街道黄山三路西首	钢筋混凝土拱结构	5	32	120	2005	
	黛溪大桥	黛溪街道邹平一中西鹤伴一路西首	钢筋混凝土梁板结构	4	39	80	2005	
马四干	马四干大桥	九户镇驻地西孙章路上	砌石拱形结构	主1 副4	30	35	2000	
	明发桥	明集镇驻地西邹魏路上	砌石拱形结构	1	17.6	36	2001	
	明达桥	明集至刚斧寨	砌石拱形结构	1	24	37.4	2002	
马四干东延	颜集生产桥	颜集村附近	钢筋混凝土拱桥	3	3.8	18.8	1983	
	马四干东延桥	韩店镇驻地庆淄路上	钢筋混凝土灌注桩结构	2	37	26	2004	
利民河	范家公路桥	孙镇范家村庆淄路上	砌石拱形结构	2	16	28	2002	
喜庆沟	九户生产桥	九户镇附近	砌石墩板桥	3	4.2	12	1994	
	石店公路桥	九户镇石店村东孙章路上	砌石拱形结构	主1 副4	12	29	2001	
郑一沟	里八田公路桥	里八田到石店路	钢筋混凝土灌注桩平板结构	3	10	64.8	1999	
	九户郑一沟公路桥	九魏路	钢筋混凝土灌注桩空心板结构	3	7.25	43.2	2002	吴家桥、郑马桥、王家三拱桥、张寨、粉张生产桥等
	王家公路桥	九户镇孙章路上	钢筋混凝土灌注桩平板结构	3	14	44	2001	
	明章路公路桥	明章路	砌石拱形结构	1	4	27	1999	
	肖台路公路桥	魏桥镇里八田东邹魏路上	砌石拱形结构	1	15	28	1999	

续表8-3-3

所在河道	桥名	位置	结构形式	孔数	宽度	长度（米）	竣工年份	备注
码头中心干	任家公路桥	码头镇三合工业园南孙章路上	砌石管道结构	2	8	18	2003	
李码沟	魏码路大桥	码头镇工业园西孙章路上	砌石拱形结构	1	15	22	1998	
	码头开发区公路桥	码头镇驻地孙章路上	钢筋混凝土拱结构	1	15	5	1992	
截渗沟	截渗沟大桥	台子镇宋坊北莱台路上	钢筋混凝土平板结构	1	26	22.1	2003	
中心河	中心河大桥	台子镇莱台路上	砌石拱形结构	2	12.8	14.5	1997	
输沙总干渠	官道桥	台子镇官道村南台莱路上	钢筋混凝土梁板结构	2	17.5	29.5	2005	
一分干	一分干大桥	台子镇官道村南台莱路上	砌石拱形结构	1	13.2	13.1	1980	
入清沟	魏码路公路桥	魏桥镇魏棉三电北孙章路上	钢筋混凝土平板结构	1	15	30	1994	
郑二沟	里六田桥	明集镇里六田村东邹魏路上	砌石拱形结构	2	32	9	2000	
魏桥大沟	临河大桥	魏桥镇临河村西北台莱路上	砌石拱形结构	1	9	28	2003	
辛梁干渠	临河公路桥	魏桥镇临河村南邹魏路上	钢筋混凝土平板结构	1	12	25	2003	
老坞河	长焦公路桥	长山镇苑城西南村西南周焦路上	砌石拱形结构	1	13	33	2000	
曹家支渠	崔韩桥	韩店镇杨村北邹焦路上	钢筋混凝土结构	1	9	45.5	1991	
潴龙河	邹周路大桥	好生镇八里河村南邹周路上	钢筋混凝土平板结构	1	30	17.5	1993	
月河	邢马桥	高新街道邢马村东寿济路上	砌石平板结构	2	33	16.5	1996	
	月河穿涵	城南新区鹤伴二路	混凝土箱涵	1	6.2	38.4	2001	
	好礼桥	焦临路	砌石拱桥	1	8	32	1991	
肖镇干渠	马庄公路桥	黛溪街道马庄村北庆淄路上	钢筋混凝土平板结构	4	70	42.5	2004	
	殡仪馆交通桥	殡仪馆南邹焦路上	砌石拱形结构	1	15	30	2003	
新民河	北外环路交通桥	韩店镇杨村西南北外环路上	钢筋混凝土梁板结构	3	44	27.7	2004	

2005年邹平县各镇、街道桥、涵统计表

表8-3-4　　单位：座

镇、街道	桥	涵洞	镇、街道	桥	涵洞	镇、街道	桥	涵洞	镇、街道	桥	涵洞
长山镇	20	18	临池镇	3		焦桥镇	14	16	码头镇	226	5
魏桥镇	40		青阳镇	8		孙　镇	23	5	黛溪街道	21	5
好生镇	22		明集镇	37	10	九户镇	63	6	黄山街道	10	4
西董镇	35		韩店镇	24	18	台子镇	66	6	高新街道	20	10

说明：2005年在建的桥涵统计在内，不包括村庄小沟渠小桥涵

第三节　引黄工程

1986年，胡楼灌区实施渠系及配套工程建设，完成5干、4分干渠系工程，码头干渠长16.5千米，台子干渠8.8千米，魏桥干渠5.75千米，过清一干渠46.46千米，过清二干渠11.95千米，干渠总长89.46千米，主要建筑物30座，疏挖渠道排水沟89条，总长409千米，修建各类建筑物358座。在台子镇连七洼建东西7.5千米，南北4千米，总计30平方千米的沉沙池。完成土方983.72万立方米，砌石3万立方米，砼1.15万立方米，投入人工687.63万个，累计投资992.23万元。为防止渗水致碱，1987—1988年，实施总干渠砼板防渗衬砌6.2千米工程。1989—2000年，4次更换沉沙池，累计投资1600万元。1991年，投资190万元改建张桥引黄闸，修建橡胶拦沙坝同时并入胡楼灌区。1994年，建桥涵闸18座。1999年，建支、斗区桥涵闸、跌水工程55处，累计投资109.25万元。2000年，投资150万元修建上口穿涵及段桥进水闸。至2005年，新建改造桥涵闸277座，开挖改造支渠以下渠道94条，土方1904万立方米，累计投资4150万元。

1987—2005年邹平县胡楼灌区引黄河水统计表

表8-3-5

年度	引水起止（月.日）	天数	引水次数	引水量(万立方米)	灌溉面积（万亩）
1987	2月19日—12月20日	97	4	12000	64.5
1988	1月6日—12月17日	134	5	14000	67.95
1989	2月8日—12月17日	254	6	23000	72
1990	1月1日—12月7日	101	5	8000	75
1991	2月12日—12月7日	153	6	10000	51
1992	2月29日—12月7日	130	5	12270	51
1993	2月18日—10月13日	96	4	9671.82	79.95
1994	3月10日—10月6日	94	2	11570	72
1995	2月18日—12月15日	74	5	9350.13	60
1996	2月13日—12月5日	70	4	9000	58.05
1997	2月1日—12月11日	89	7	8500	45
1998	2月6日—12月1日	113	5	14000	60
1999	3月5日—11月29日	108	4	21000	60
2000	2月29日—10月9日	115	5	14300	60
2001	3月16日—11月30日	92	6	16600	60
2002	3月1日—12月6日	235	6	17000	60
2003	1月20日—11月8日	75	5	11400	60
2004	1月30日—11月10日	110	8	19600	60
2005	1月1日—12月31日	139	9	14000	60

第四节　水保治理工程

1986年，全县已建山区塘坝11座，谷坊水池9座，桥涵7座，治理流失面积12.7平方千米。为解决山区贫水问题，1989年，建成好生乡石河水库,可拦蓄水12万立方米,1991年,建聚群水库，拦蓄水60万立方米。1994年，建成大临池水库，拦蓄12.5万立方米。1995—1998年，每年治理水土流失15平方千米,共完成治理面积60平方千米，塘坝20座，维修水库16座。2000—2001年，投资2600万元，黛溪河小流域综合治理，治理面积30平方千米。2002—2003年，投资140万元，治理潴龙河小流域，治理面积10平方千米。2004—2005年，投资230万元，维修治理水库塘坝31座，改建水库1座。治理流失面积30平方千米。

1986—2005年邹平县水利工程建设一览表

表8-3-6

年度	水利工程	完成土石方(万立方米)	工日(万个)	投资(万元)	年度	水利工程	完成土石方(万立方米)	工日(万个)	投资(万元)
1986	66	220	140	1312	1996	732	914	538	1853
1987	66	191.1	66	947	1997	408	840	600	2660
1988		69	44		1998	854	1313		3120
1989		304.9	170	357	1999	784	1102		6139.5
1990	951	891	486	665	2000	961	1200	851	3120
1991	406	763	489	1554	2001	658	912	520	6139.5
1992	1653	796	532	1782	2002				9200
1993	928	765	506	355	2003	634			1816.4
1994	625	750	481	1653	2004				4180
1995	552	665	446	1665	2005				28000

第四章　农田灌溉工程

第一节　河　灌

1986年前，县内引河水灌溉，主要是引黄河、小清河、孝妇河水。先后建过马四干引黄灌区、张桥引黄灌区、胡楼引黄灌区、孝妇河灌区等5个灌区。胡楼引黄灌区，为国家大型引黄灌区，始建于1984年，引黄工程由引黄闸、拦沙闸、沉沙池、总干渠、分干渠、小清河穿涵、进水闸、节制闸组成。

1986年,胡楼灌区引水流量为35立方米/秒，灌区38万亩,自流补源45万亩,控制面积83万亩，灌补2区覆盖14乡镇610个村。1987年，引水1.2亿立方米，灌溉64.5万亩。1998年、1999年大旱，黄河断流，来水量减少，引黄灌溉由82.85万亩调整为64.5万亩，有效灌溉60万亩。亩年均毛灌溉定额为420立方米，净灌溉定额为185立方米/亩，到户水价为0.302元/立方米。

第二节　提水灌溉

1986—1988年，坚持“以井保丰，引河补源”方针，井渠并举，有提水、扬水、排灌机械27220台、柴汽油机13325台、电机13895台。858个行政村平均每村拥有31台。1989年，大旱，打井1200眼，乡镇新增井架46台，灌溉农田57万亩。1990—1994年，新打井2694眼，井深平均106米，出水量均35立方米/时，井灌面积增为58.67万亩。2002年，特旱，保灌51.35万亩，实施“一帮一解水困”工程饮用水井增多，至2005年，全县拥有机井17810眼，年均灌溉面积42.66万亩,有效灌溉面积26万亩，提水灌溉方式小畦短沟和塑料软管输水，综合毛灌溉定额为354立方米/亩，到户水价为0.25元/立方米。

第三节 节水灌溉

1986年，推广应用砂土水泥节水防渗管，用于低压输水灌溉，建成防渗暗管23596米，防渗渠道10万米，控灌1.3万亩，提高水利用率40%，共投资50万元。1989—1990年，台子、焦桥两乡进行万亩软塑管灌推广试验。2001年，首次在万亩水杏基地实施微灌2000亩，山坡地2000亩。2003年，建成节水示范项目卷盘式喷灌机灌溉示范7000亩，至2005年，节灌72万亩，高标准节水16.8万亩。综合毛灌溉定额为254立方米/亩，净灌溉定额为170立方米/亩，到户水价为0.209元/立方米。

第五章 防汛抗旱

第一节 防 汛

1986年，防汛工作，按照“以防为主，防重于抢”的原则，实行防汛责任制，认真组织防漏检查，狠抓防汛岁修工程的施工，汛前维修水库、涵闸23座,小清河清联引水高渠204条，完成从九户王家至杏花河故道小清河扶堤30千米。组织常备队213人、抢险队2.3万人、预备队5.7万人，主要闸坝建筑物安排专人管护。

1987年，汛期来得早，雨量集中，6—9月降雨459.1毫米，占全年降雨量的82%。7月10—20日暴风雨，全县农作物受灾面积46万亩，成灾面积18万亩，因灾减产粮食4500万千克。

1990年，汛期提前，是近20年内降雨最多的年份。6月下旬,出现暴雨过程，降雨比常年高出203毫米；8月16日，全县平均降雨98毫米，暴雨中心西董乡208毫米，冲垮桥梁11座，倒塌房层6500间，冲倒树木12万棵，全县受灾面积31万亩。6—7月，全县降雨623.5毫米。小清河7月18日最大洪峰176立方米/秒，孝妇河7月20日最大洪峰809立方米/秒，杏花河7月16日最大洪峰110立方米/秒，山区水库皆溢洪。

1991年,汛期来得早,6—9月,降水459毫米，占全年降雨量75%，涝地45万亩。7月12日暴雨12小时，青阳、西董部分山区冲塌地堰房屋和道路。

1993年，疏通排水沟135条，长148千米，完成土方92万立方米，对杏花河拦河闸坝、利民河、芽庄湖溢洪洞、三八水库溢洪闸进行维修。组织常备队209人、抢险队35870人。是年，降雨量分布不均，地区差异很大，码头、魏桥成涝面积24万亩，其中绝产面积14万亩。

1996年，遭受历史罕见洪涝灾害。7月24日至8月11日，全县连续4次普降大暴雨，平均降雨321.7毫米，其中西北6乡镇降雨均在400毫米以上。小清河3次洪峰,最大高于防洪水位0.33米，导致全县排洪河道顶托，黄河1、2号洪峰造成码头段漫滩，全县受灾面积64.5万亩，成灾面积45万亩，绝产20.9万亩，倒塌房屋3645间，冲毁桥、涵、闸196座、道路30千米，被水围困村庄105个，大牲畜死亡32头，直接经济损失4.7亿元。

1997年8月中旬，受11号台风影响，全县平均降雨142.6毫米，山区24小时降雨量281～300毫米，出现350年一遇的降雨量，山区所有水库、塘坝在短短几小时内开始溢洪，好生聚群水库出现管涌，临池上河水库大坝裂缝沉陷、西高塘坝垮坝，西董芽庄水库水坝漫溢，三八水库水情吃紧。

1998年7月、8月，全县降雨集中，强度大，9个乡镇30万亩粮田积水，小清河治理后效益充分发挥，积水被迅速排出，基本未产生涝灾，秋季作物大丰收。

2004年，全县降雨791毫米，降雨呈现突发、集中、强度大特点。7月31日，三八水库溢洪闸闸前蓄水水位36.0米。年内投资350万元，改建入清沟闸等4处防洪工程，山区23座水库、109座塘坝最大拦蓄水量1043万立方米。

2005年，年降水751.9毫米，汛期呈现降雨集中、突发性强特点。8月5日夜间至6日，孝妇河上游普降大到暴雨，下泄流量270立方米/秒，为40年来最高值，孝妇河河道漫滩。县组织防汛队伍，调度抢险料物，及时堵复缺口，实行24小时不间断巡提，坚守7个昼夜，确保洪水安全下泄。

小清河防汛

1996年7月21日至8月11日，县内连续4次普降大暴雨，平均雨量321.7毫米，小清河沿线乡镇400毫米，小清河水位上涨，流量急增。3次洪峰超过警戒水位0.33米，最大流量244立方米/秒，县境内排涝河道顶托。汛情发生后，县防汛指挥部动员2.6万干部群众日夜守护在大堤上，排除大小险情130处，出动机械车辆108台次，运用麻袋7.5万条、编织袋7.4万个、草袋6500个、木桩9330条，9月22日，汛情解除。

山区防汛

1997年8月中旬，11号台风侵袭，县内山区24小时平均降雨、281～300毫米，为350年一遇险情，水库塘坝瞬间溢洪，好生镇4座水库大坝裂缝沉降，临池西高塘坝溃垮，西董芽庄水库漫溢，三八水库故河道渗水，汛情危机，组织抢险队1500人，赶赴险段，调集5.6万干部群众严防死守保工程保安全，出动工程机械车480台次，运送料物256车次，8月23日汛情解除。

孝妇河防汛

2005年8月初，连续阴雨，孝妇河形成大洪峰，6日晚18时，县境长山段流量270立方米/秒，6处堤防决口，村田进水。县调集3.5万干部群众投入抗洪抢险，至6月13日排除险工53处，出动机械车辆96台次，运用麻袋2.1万条、编织袋17.1万个，未造成人员伤亡。

第二节 抗 旱

1986年，全县降雨357.20毫米，比常年偏低200毫米，河水干枯，地下水大幅度下降，受旱面积110万亩，山区人畜吃水发生严重困难。全县12万劳动力投入抗旱，提调灌溉用水2.5亿立方米，浇地92万亩，全县农业取得大丰收。

1987年，1—5月雨雪稀少，井灌区地下水位下降15米以下，旱灾面积43万亩。县拨打井费11万元，打井750眼，扩大和改善灌溉面积2万亩。2月始，引黄放水4次，并放水1.2亿立方米，浇地65万亩。

1988年，春旱严重，全年引黄河水1.4亿立方米，新打和配套机井830眼，春灌面积98万亩。大旱之年全县粮食产量比上年增产1802万千克。

1989年，全县遭受40余年来罕见大旱。全年降雨255.5毫米，比常年减少378毫米，全县受旱面积62万亩，为历年同期受旱面积最大值。黄河断流，地下水位大幅度下降。全县组织200名干部，1000余名军队官兵，支援农村抗旱，全县投入抗旱劳力12万人，动用各类抗旱机械2万台，用于抗旱救灾经费50万元，全年引黄放水2.3亿立方米，抗旱面积60余万亩，夏粮总产1.88亿千克。

1990年，1—5月份降雨174毫米，春播保墒困难。全县动用机械26120台，利用机井7200眼，23处扬水站进行提水灌溉，引黄河水0.8亿立方米，春灌面积60万亩，春旱未造成重大损失。

1991年，1—5月降雨56毫米，春旱严重。县政府组织13万人，动用排灌机械16107台，引用黄河水1亿立方米，春灌面积92万亩，夏粮夺得丰收。

1992年，1—7月上旬全县降雨量69毫米。比历史同期减少52%，黄河断流2个月，全县受旱面积110万亩。全县打新井1190眼。

1995年，春夏之交，全县21座水库108座塘坝全部干涸，黄河断流118天。重旱面积30.8万亩，25个村庄3.6万人、0.83万头大牲畜吃水困难。县筹集资金20余万元，2次启动三八水库调水工程，调水150万立方米。

1996年，1—5月全县平均降雨不足20毫米，黄河比1985年提前84天断流，受旱面积60余万亩，10个村2.6万人吃水困难，16座水库干枯，109座塘坝基本无水。抓住黄河断流之前有利时机，抢引蓄黄河水9000万立方米。筹集资金20万元，向三八水库调水2次。全县投入抗旱劳力6万人，投入资金580万元，春灌面积58万亩，春田造墒35万亩。

1997年入春后，县水利局抢引黄河水8500万立方米，抓住小清河导流工程机遇引水4000万立方米，春灌93万亩。是年春季，全县平均降雨71.8毫米，较常年偏少72.3%，形成历史罕见特大干旱。全县21座水库、109座塘坝干枯，河渠断流，地下水位大幅度下降，黄河断流累计222天，受旱面积68万亩，山区20个村、2.8万人、3500头大牲畜吃水困难。

1999年，全县春夏秋连旱。县全年引黄河水2.1亿立方米，新打井460眼，新建扬水站10处，建成高标准节水灌溉面积2700亩，两次启动三八水库调水工程，累计调水170万立方米。

2000年，1—8月县城降雨量为1916年有资料记载以来最低纪录，农田受旱68万亩。县引黄河水1.43亿立方米，增打机井568眼，建成高标准节水灌溉面积2万亩。

2001年，受旱面积76.6万亩。县抢引抢蓄黄河水1.66亿立方米，新打机井623眼，配套修复旧井468眼，建成高标准节水灌溉面积2万亩，山区发展“FA旱地龙”抗旱新技术1万亩。

2002年，县抢引抢蓄黄河水1.7亿立方米，保城市供水和人畜吃水为主，并实施“一帮一，解水困”活动，打吃水井36眼，解决39个村3.2万人长期吃水困难。

2003年，实施小清河配套建筑物工程，新建入清沟防洪闸及孟寺、魏桥、前刘、南辛四座涵闸，孝妇河胜利闸等5座闸的启闭机闸门维修加固，整治中小水沟150条，田间水沟245条。引蓄黄河水1.14亿立方米，打井672眼，利用水库塘坝拦蓄雨水660万立方米。

1986—2002年邹平县干旱年份雨情一览表

表8-5-1

年度	降雨量(毫米)			受旱面积(万亩)	年度	降雨量(毫米)			受旱面积(万亩)
	全年	2—5月	9—10月	重旱(春)		全年	2—5月	9—10月	重旱(春)
1986	366.4	23.4	33.6	110	1995	663.8	80.8	94.2	30.8
1989	255.4	80.9	33.7	62	2000	469.8	78.5	109.3	68
1991	628.7	56	77.9	92	2001	351.1	85.7	87.6	76.6
1992	348.7	56.7	90.1	110	2002	372	114.2	68.2	70.7
1993	667.6	75	51.3	64					

第六章 供 水

第一节 工业供水

县内工业用水主要是纺织、电力、化工、电解铝等生产用水，供水水源主要为地下水和引黄河水。

1995年，在邹平镇滕家村农田中开凿井距150～200米、井深不超过80米水井18眼，供热电生产用水，后改由韩店水库供水（2003年）。1998年，在魏桥沿入清沟兴建38眼深井供魏桥创业采用工业用水。

1998年,全县工副企业用水量1700万立方米。1999年,全县工业企业生产用水量1850万立方米。2000年,全县工业企业生产用水量1750万立方米。

2001年，创业集团投资3800万元在码头镇与魏桥镇交界处修建库容1200万立方米的码头平原水库，专为工业生产供水，日供水2.5万立方米。2002年，县修建韩店平原水库，库容4500万立方米，开挖109千米的引黄渠道，引蓄黄河水，采用民营股份制形式市场化经营，为工业聚集区供水，日供水8万立方米，有供水管道40千米。

2001年，全县工业总产值84亿元，全县万元产值平均耗水量45立方米，重复利用率50%，总计用水量3780万立方米。其中县城区约占27%，魏棉集团约占26.46%，山东西王集团及顶峰热电厂约占15.87%，其余14个镇乡工业企业约占30.67%。

2002年，全县工业企业生产用水量为4400万立方米。对5家工业企业进行水平衡测试，通过推行水平衡测试，发现企业在用水管理和设备中存在的问题，明确节水潜力，为工业企业用水管理提供明确方向。完成县电厂扩建水源地规划、顶峰热电厂水源地新建规划。完成韩店平原水库、城东工业园区水资源论证工作。

2003年，全县工业企业生产用水量为4615万立方米，占全县用水量的17.9%。为满足日渐增长的用水需求，编制《邹平县城区水源井统一管理方案》。按照工业用水用地表水，生活用水用地下水的原则，决定对县城区水源井分3步进行封井并网，对老城区进行水源置换，对新城区和经济技术开发区实行分质供水，以实现地表水与地下水优化配置，确保优水优用。

2004年，全县工业企业生产用水量为7277万立方米；随着封井并网、水源转换工作的深入，部分单位已实现“生活用地下水，工业用地表水”目标，当年封闭水井85眼，韩店平原水库实现日供水2万立方米。

2005年，根据水资源现状，按照充分利用地表水水源，保护优质地下矿泉水资源原则，完成山东西王集团扩建18万吨淀粉糖项目用水、邹平福海集团有限公司年产加工15万吨棉籽综合利用项目用水等6个水资源论证，实现对所有新建、扩建项目进行水资源论证工作。封井并网水源转换工作顺利进行，2005年，封填自备井19眼、封停开发区内企业自备井92眼、封停城区工业用自备井10眼。

第二节 城区供水

1982年，自来水公司筹建，1984年开始供水，1985年,对清水池、二级泵站等配套设施进行完善，第一水厂正式投产供水。至1994年，有深水井10眼，井深100～120米，单井出水量为30～40立方米/小时，分别配有18.5～22千瓦潜水泵，水源地分设两地（黛溪河东、西岸），占地8.25亩，供水形式为二级供水加网后高位水池，二级泵站出水水头为40米，供水能力4000立方米/日，占城市需水量的20%，纯居民生活供水普及率60%，整个城市管网按现状供水规模连成5个小环，基本覆盖现状建城区，管线总长度为11154.6米。

由于第一水厂生产能力（深井10眼，供水能力5000立方米/日），已不能满足城区发展的需要，且地下水位急剧下降，出现严重漏斗区，对全县经济发展、居民生活和生态环境构成严重威胁，为解决这一问题，经有关专家考察论证，决定利用引黄河水设施和三八水库作为供水源地，新建第二水厂，该项目经省计委以〔1992〕鲁计基字第1006号文立项批复，被县定为重点建设工程，该水厂设计能力40000立方米/日，总投资2578.47万元。

1995年，完成第二水厂征地工作，完成水厂一期土建工程，包括沉淀池、加氯加药间、机械加速池、虹吸滤池、清水池、二级泵站安装工程。第二水厂建设因资金不到位，于1996年初停建。

2000年，自来水公司主管部门由县建委变更为县水务局，实现水务一体化。

2001年，决定在城南新区新建水厂1座，2001年上半年动工兴建，2002年下半年竣工投产，建有清水池、二级泵房、加氯间、变配电室、综合办公室、控制室、吸水井等，并配置相应设备，供水能力20000立方米/日。2003年下半年，公司计划在腾家村东侧新建水厂1座，按照现代供水要求，建标准较高的清水池、二级泵房、加氯间、变配电室、控制室、吸水井等，并配置相应设备，供水能力20000立方米/日。城北水厂2004年动工兴建，于2005年上半年建成投产。

第三节　小城镇、水质污染区生活供水

小城镇生活供水

1986年，临池乡投资5万元，在山谷打深井1眼，铺设供水管道26千米，为乡直单位及附近企业、住户定时供水，初始水价0.35元/立方米。1987年，魏桥镇投资20万元建蓄水池处理黄河水，成立镇办自来水公司，供水范围镇驻地及附近村庄。1988年，九户乡沿引黄渠系打浅井用压力罐建成供水网络，供乡直单位及企业用水。1991年，码头乡建筑公司建成集中供水网络，为乡直单位及驻地住户送水。2003年，青阳镇建供水站，承担镇直及周边村庄供水。至2005年，镇、街道驻地全部实现统一供水。

水质污染区吃水工程

平原饮水工程重点为3河（小清河、杏花河、孝妇河）沿岸200米内村庄。最早期以环保资金投入形式，1995年后，条件好的村自行联户筹资，在野外寻找好水源上自来水。2001年，利用中央安排国债资金项目款725万元，解决孝妇河沿线37个村2.9万人、1.2万头大牲畜吃水问题。2005年，中央、省、市要求，3年实现村村通自来水。年底，全县自来水通村率98%。

第四节　乡村饮水

农村通自来水工程建设起于20世纪80年代，时连年干旱，地下水严重超采，水位大幅度下降，山区部分村庄吃水困难，严重影响日常生活和农业生产。针对缺水现状，因地制宜，注重实效，以挖深井作为水源主要途径。进入90年代，地下水采补严重失调，供求矛盾日益尖锐。山区农村饮水解困，采取以凿机井为水源，安装水泵，建水塔或压力罐，干支管到村户，自来水到家，效果很好。2000年后，工业蓬勃发展，河水严重污染，浅层地下水严重超标，沿途群众长期饮用超标水，肠胃疾病和各类癌症发病率高。2001年，邹平县南部山区农村人畜吃水工程项目，争取国债资金160万元，解决青阳、临池2镇14个村、1.8万人吃水困难问题，建供水管理站1处，打吃水井15眼，安装管道64.7千米。2002年，县委、县政府提出“一帮一，解水困”工程，县直39个单位与山区39个吃水困难村结成帮扶对子，多方面筹措资金170余万元，打吃水井36眼，解决39个村3.2万人长期吃水问题。省计委、水利厅鲁计投资〔2002〕1286号文件批复邹平县农村人畜饮水工程项目主要解决邹平镇4个村3890人，好生镇4个村4335人饮水困难，先后新打100～120米深供水井8眼，配套潜水电泵8台套，蓄水池4个，

总投资129.21万元，其中国家补助40万元，地方配套资金89.91万元。2003年，续建青阳、临池山区吃水项目，建成供水管理站9处，打吃水井16眼，安装主管路76千米，投资334万元，解决17个村、2.41万人吃水问题。2004年，南部贫水区还剩43个村庄，48577人未解决。

平原地区人畜饮水工程起步比较晚。2001年，中央安排国债项目邹平县孝妇河沿岸人畜吃水工程项目。11月，开工建设。2003年，完成孝妇河沿岸人畜吃水项目，建供水管理站10处，新打机井20眼，埋设供水主管线38.6千米，投资725万元，解决37个村、2.9万人、1.2万头大牲畜吃水问题。2003年，中央安排邹平县农村人畜饮水工程项目，解决韩店镇9个村、长山镇3个村，共计6654人吃水问题。至2004年，平原地区有272个村庄，157499人未解决吃水问题。

自2005年始，县委、县政府决定2年完成村村通自来水，自来水普及率达到90%以上。2005年，完成160个村庄，其中山区29个村，平原地区131个村庄。

2005年邹平县农村自来水完成情况一览表

表8-6-1

镇、街道	村庄（个）	人口数（人）	未建村庄（个）	人口数（人）	2005年完成村庄（个）	镇、街道	村庄（个）	人口数（人）	未建村庄（个）	人口数（人）	2005年完成村庄（个）
长山镇	110	67943	19	10956	7	青阳镇	17	29393	6	16836	3
魏桥镇	82	71254	17	13480	11	明集镇	36	31665	17	17626	10
西董镇	70	35901	26	17292	15	台子镇	72	33993	55	26125	30
好生镇	39	28825	4	3496	3	码头镇	78	47280	52	25307	28
临池镇	43	25895	4	2771	4	黛溪街道	26	27508	2	2975	1
焦桥镇	48	35927	18	10234	5	黄山街道	38	27810	6	5207	3
韩店镇	46	37056	22	12456	12	高新街道	45	35137			
孙　镇	41	36357	10	8070	8	合　计			315	206076	160
九户镇	67	36177	57	33245	20						

第九编
工　业

Industry

1991 年建成的邹平县电力调度中心

宏诚集团办公楼（1982 年 1 月启用，时为国营山东邹平县棉纺织厂办公楼）

梁邹矿业集团（1988 年 6 月启用,时为邹平铜矿办公楼）

1986—2005年，邹平县工业宏观上不断改革、精简、优化管理机构，科学制定与落实工业发展目标，逐步实施工业兴县战略，培植与壮大重点骨干企业，设立工业园区，乡镇企业快速发展，主动调整与日趋优化三产比例。微观上大、中型企业引入竞争、厂长负责、目标管理等旨在激活内部的举措，提高企业管理水平为目的的经营机制系列改革，提高企业效益为目的的产权制度系列改革。县内工业量的扩张，质的提高，都达到新水平。

第一章 工业概况

第一节 机构沿革

1985年，县工业管理机构有3个：经济委员会，总管全县工交财贸工作，同时负责直接管理县属地方国营工业和一轻集体工业；二轻公司负责管理县属二轻集体工业企业；多种经营乡镇企业局，负责管理乡镇办工业企业和重点村办企业。7月，邹平县二轻公司改为邹平县轻工集团工业联社。1993年10月，县机构改革，县经济委员会改为县经济贸易委员会。2000年9月，成立邹平县对外经济贸易合作局，与县经贸委合署办公。2001年3月，县对外经济贸易合作局单列，不再与县经贸委合署办公。2001年2月，县安全生产委员会办公室移交县经贸局管理。6月，中共邹平县企业工作委员会与经济贸易局合署办公。11月，县安全生产委员会办公室改为县安全生产监督管理局，归经济贸易局管理。2002年6月，县经济贸易委员会更名为县经济贸易局，撤销县乡镇企业局，组建中小企业局，与县经济贸易局合署办公。2003年12月，县安全生产监督局不再归县经济贸易局管理。2005年，县经济贸易局下设办公室、调度室、财贸办、科技股等科室。

图9-1 1987年11月启用，2004年5月弃用的经贸局办公楼

第二节 工业综述

1986年，全县全民所有制工业企业有县棉纺织厂、染织厂、磷肥厂、水泥厂、农机厂、电动工具厂、汽车制修厂、拖修厂、啤酒厂、酒厂、面粉厂、食品厂、砖瓦厂、煤矿、罐头厂、部队化工塑料厂16家企业。职工总人数3212人，固定资产4596万元，总产值5336万元，占全县工业总产值的27.5%，上缴各种税金509万元，实现利润782万元。县属集体企业有轻机厂、印刷厂、服装厂、木器厂、五金厂、纸箱厂、毛巾厂、皮鞋厂、长山食品厂、魏桥食品厂、肉食加工厂、合线厂和6家油棉厂18家，职工3020人，主要产品27种，总产值1.23亿元，占全县工业总产值的63.6%。乡镇企业140家,另有数以千计的村办、联办和个体办企业，年产值5405万元，成为县工业重要组成部分。

1988年，全县大中型企业普遍实行厂长（经理）负责制，以引入竞争和搞活内部为重点，把竞争机制引入承包、加快企业租赁制步伐、完善企业内部经营机制3方面，进一步深化体制改革。1990年,全县工业企业按照“积极稳妥、重点突破、整体推进、务求实效”原则，以产权制度改革为突破口，采取5种形成（股份合作制、风险抵押、租赁经营、拍卖兼并、中外合资）分四块（转一块、稳一块、放一块、增一块）进行改制。1995年，县属工业企业推行企业法人代表委托任命制、副职聘任制和全员劳动合同制“三制”改革。1996年，实施工业兴县战略。

2000年，全县工业系统围绕“奋战三年，跨入全省经济三十强”奋斗目标，深化企业改革。是年，全县完成工业总产值52.02亿元，同比增长30.8%；完成工业增加值18.7亿元，同比增长25.3%；实现利税8.01亿元，同比增长32.6%；实现利润4.96亿元，同比增长44.3%。2001年8月，县委、县政府决定重新启动开发区，成立邹平工业园区。2003年,提出加快工业发展的“163”工程，即到2007年实现工业总产值1000亿元企业1家，利税过1000万元企业60家，规模以上工业企业300家。虽然受非典等不利因素影响，全县工业经济仍然实现较快增长。全县规模以上工业企业完成工业增加值93.53亿元，同比增长46.1%，实现产品销售收入359.63亿元，同比增长83.1%，实现利润20.64亿元，同比增长53.5%，实现利税33.61亿元，同比增长51%。魏桥纺织9月24日在香港联交所主板正式挂牌交易，募集资金24.14亿港元，创下H股自亚洲金融危机以来3个“之最”，即发行市盈率最高、超额认购倍数最高、锁定认购资金额最高。2004年5月8日，又在香港首次配售融资6.66亿港元，为全县企业上市融资开先河。

2005年，全县工业总产值570.52亿元，同比增长50.5%，实现工业增加值142.84亿元，增长29.7%。其中规模以上工业总产值521.37亿元，增长57.8%，实现工业增加值131.17亿元，同比增长42.4%。实现产品销售收入547.86亿元，同比增长56.6%，实现利润29.85亿元，增长48.3%，实现利税53.07亿元，增长62.7%。实现出口交货值72.64亿元，增长33.6%。经济效益综合指数143.3，同比提高31.7个百分点，在规模以上工业企业所属的23个工业行业大类中，有纺织、食品加工、医药制造、黑色金属冶炼及压延加工、有色金属冶炼及压延加工、普通机械制造6个行业的增加值超过亿元，合计实现增加值129.33亿元，占全部的98.6%。全县新增规模以上企业69家，总数270家。三产比例为8∶74∶18，二产占比比“九五”末提高24个百分点，实现由农业大县向工业强县跨越。“十五”期间，全县加大对重点骨干企业的培植力度，重点培植魏桥创业、齐星、西王、三星、长星、宏诚、广富等一批重点骨干企业，基本形成以纺织印染服装、食品医药、制造冶炼、造纸、化工5大支柱产业为主体的工业体系。高新技术产业取得新突破，西王、怡康、恩贝、会仙等28家企业进入省级高新企业。2005年，全县高新技术产业产值55亿元，占规模以上工业的9.7%。

1986—2005年邹平县独立核算工业企业情况一览表

表9-1-1　　单位：万元

年度	企业个数	工业总产值	利税	利润	年度	企业个数	工业总产值	利税	利润
1986	120	22175	2612	1855	1993	327	138713	13265	5748
1987	129	26853	3175	2271	1994	305	292975	32270	14599
1988	141	34830	5122	3687	1995	322	371304	35549	20407
1989	123	54009	7014	3816	1996	308	369119	35200	17881
1990	165	60176	6384	2736	1997	281	408874	38093	19141
1991	159	72979	7974	3305	1998	70	401229	43089	22774
1992	176	83051	8008	3924	1999	71	511374	62320	35071

续表9-1-1

年 度	企业个数	工业总产值	利 税	利 润	年 度	企业个数	工业总产值	利 税	利 润
2000					2003				
2001					2004				
2002	90	1124610	128414	78416	2005	270	5213773	530713	298557

说明：工业总产值、利税、利润按当年价格计算，工业企业单位数为乡及乡以上工业企业单位数，1998年及以后为国有和年销售收入500万元以上非国有工业企业数

2005年邹平县重点工业企业主要经济指标一览表

表9-1-2　　单位：万元

单 位	销售收入	利 润	利 税	产 值	单 位	销售收入	利 润	利 税	产 值
魏桥创业集团	3551274	210565	405378	3504555	第一油棉有限公司	30153	306	719	24227
山东齐星集团公司	248816	199361	32270	237004	梁邹工业设备公司	32512	5	38	32894
山东西王集团公司	45148	31209	38928	451719	山东梁邹东升集团	33133	1429	2595	37573
山东宏诚有限公司	57871	2380	4952	53268	金鹏铜业有限公司	44883	3970	4615	44986
山东琥珀啤酒公司	10519	-3736	-1468	7963	嘉和不锈钢公司	5781	22	96	5777
邹平三星集团公司	129779	6851	8000	131167	邹平魏桥集团公司	23329	856	1367	13464
怡康集团有限公司	113016	9168	10869	94345	开泰金属磨料公司	20887	1665	1998	20854
邹平矿业有限公司	8136	606	1112	8764	邹平三利纺织公司	10937	1472	1671	10937
山东齐明集团公司	36463	2756	3901	39918	福海油脂工业公司	13884	20	73	8638
邹平长星集团公司	30232	1403	1959	30670	天兴化工有公司	10605	215	347	11025
传洋金属材料公司	110363	5444	5870	121464	安凯铝业有限公司	8890	-599	-412	8865
山东华孟集团公司	36819	4438	4908	36289	防水帆布有限公司	3694	302	364	3769
山东广富集团公司	130102	3839	5604	132757	第二油棉有限公司	11463	58	-8	10199

第二章　工业企业体制改革

第一节　经营机制改革

1986年，以企业达标升级为主线，促进管理上水平、上档次，广泛开展企业达标升级、评选管理示范企业和管理效益年活动，加强现场管理、成本管理、财务管理、质量管理，狠抓节能降耗、企业挖潜，并在企业中推行满负荷工作法。1988年，各厂矿、企业进行承包经营，公开招标答辩会，一大批德才兼备、具有开拓精神的企业家走上企业领导岗位。1995年，开展以提高经济运行质量为核心，以降低成本、扭亏增盈、强化财务管理为主要内容的“管理效益年”活动，并在县属工业企业推行企业法人代表委托任命制、副职聘任制和全员劳动合同制“三制”改革。

1999—2005年，先后对山东碧云洞集团、县机械厂、染织厂、实习总厂、皮鞋厂、锅炉阀门厂实施破产；对印刷厂、纸箱厂实行产权出售转让。先后组建魏桥纺织、邹平电力、华中琥珀等16家有限公司。

第二节 产权制度改革

1990年开始，全县工业企业按照“产权清晰、权责明确、政企分开、管理科学”现代企业制度要求，推进多种形式产权制度改革。1993年，企业改革重点是推行股份制和股份合作制。在企业改制中，按照企业实际，实行一企一策、一企多策原则，以提高企业经济效益为目的，对企业实行各种形式改制。上半年，县农药厂进行企业改革试点，组建起全县第一家国家控股的股份制企业——山东邹平农药股份有限公司。公司以农药厂为依托，采用定向募集方式设立，公司总股本400万元，其中国有股占80%。1994年7月，企业改制工作全面展开。邹平县会仙铜金矿与加拿大环亚集团公司合作成立邹平县会仙金田有限公司，外方投资150万美元。县棉纺厂将车队、医院等6个部门与工厂实行分离，4个租赁经营，2个承包经营。县铜矿将内部招待所、专家楼租赁给个人经营，下属造纸厂出售给个人。

1996年初，邹平化工总厂实施破产，投资100万元组建国有独资企业邹平县化学工业有限公司；邹平纸箱厂、印刷厂、木器厂等企业实行资产委托经营。1997年，组建成立山东亚视纺织股份有限公司，该公司由山东亚视集团公司发起，以募集方式设立，股本总额4004万元，其中法人股3003万元，占75%。1998年2月，邹平县锅炉阀门厂、邹平染织厂进行股份制改造。4月，邹平县水泥厂10万吨水泥生产线全部固定资产、水电使用权等生产经营设施作价1500万元，一次买断性出售给青龙山水泥股份有限公司，成立青龙山水泥股份有限公司邹平分公司。6月，邹平县服装总厂一次性买断出售转让给新加坡NGUI（东南亚）国际集团有限公司，新方收购后，投资180万美元，在原服装厂基础上，以承担企业现有资产、债权、债务，接受全部现有在职职工为条件，成立外商独资企业狮龙服装服饰（山东）有限公司，新公司注册资金126万美元。7月，山东碧云洞集团公司实行先分离，后重组改制，建立邹平范公酒业有限公司和邹平碧云洞矿泉水厂。碧云洞矿泉水厂由山东琥珀啤酒厂对其进行整体租赁经营。范公酒厂50名职工共同发起入股80.5万元，组建邹平县范公酒业有限公司，整体租赁范公酒厂全部生产设施，公司当月恢复生产。

1999年初，山东碧云洞集团公司和邹平县机械厂按照边生产、边破产、边重组原则，进行破产重组。破产后，2家企业分别被山东西王集团、邹平电力集团整体收购。7月，山东琥珀啤酒厂与香港华中（亚洲）投资有限公司各出资50%合作，创建华中琥珀啤酒有限公司，股本总额为1.49亿元。12月，以山东魏桥纺织集团有限公司为主，联合邹平县第二、四、五、六油棉厂和自然人张士平发起设立、组建山东魏桥纺织股份有限公司，股本总额2.02亿元。

2000年7月，邹平县良种棉加工厂实行经营者控大股改制形式，成立邹平县三龙植物油有限责任公司，经营者持股比例占52%。10月，邹平县面粉厂、邹平县利生植物油厂、邹平怡康葡萄糖厂3家企业实行国家控股、职工参股改制形式，职工参股比例为30%。11月，魏桥纺织有限公司、第二油棉有限公司、第三油棉有限公司、福海油脂工业有限责任公司、第六油棉有限责任公司等企业实施增资扩股，共扩大股本总额2.2亿元，直接融资1.2亿元。12月至2001年年初，邹平铜矿进行改制，依照“整体改制、国有控股、自愿参股”原则，原邹平铜矿作为国有一方以净资产入股，计159万元，吸收内部职工入股，计141万元，发起成立邹平铜业有限责任公司。

2002年5月，邹平电力集团进行整体改制重组，组建邹平电力集团有限责任公司，公司总股本2.45亿元，其中国有股1.50亿元，占总股本的61.2%，个人股9506万元，占股本的38.8%。10月，魏桥纺织股份有限公司进行增资扩股，总股本由2.02亿元扩大为5.31亿元，魏桥纺织集团有限责任公司持有4.10亿股，占77.31%，张士平等企业管理人员持1.05亿股，占19.86%。另外3名自然人持股1503.8万股，占2.83%。12月，魏桥纺织集团有限公司进一步深化改革，进行股权结构调整，县供销社从占股45%降为8%，法人代表张士平从占股37%，提高为52%，高管人员及技术骨干由18%，提高为40%。同月，长期停产的邹平县染织厂进行破产，破产企业由山东海丰纺织有限公司收购，600余职工全部得到妥善安置。

2003年5月，邹平县印刷厂进行改制，投资330万元组建经营者控股，领导层参股的博鸿印刷有限公司，其中法人代表占股51%，新公司成立后全部接收原邹平印刷厂全部人员、资产、债权、债务。7月，怡康糖业有限责任公司进行优化重组和深化改革，邹平利生油脂有限责任公司并入邹平怡康糖业有限责任公司后整体改制。企业改制后，企业与职工全面解除劳动合同，并按有关政策给予经济补偿，除89名职工自愿解除劳动合同外，其余421名职工与企业续签新劳动合同。8月，邹平第一、第二、坡庄、福海、第六油棉有限公司等企业进行进一步改革，福海油脂工业有限公司公有资产一次性全部退出，其他几家企业公有股持股比例由40%降为20%。9月，邹平电力集团公司和邹平农药有限公司进行进一步改革，2家企业国有股份全部退出，实现国营转民营。邹平农药有限公司领导班子成员共同出资100万元组建新公司，其中法人代表占70%，新公司成立后，接受全部现有职工，与职工签订新劳动合同，并为职工交纳养老保险。电力集团有限公司中的国有股1.5亿元（占公司股权的61.2%）全部退出。同月，经中国证监会和香港联交所批准，魏桥纺织有限公司在香港发行上市H股，募集资金25亿元港元（折合人民币26亿元），发行H股后，总股本为8.18亿股，其中内资股5.31亿股，占总股本的64.87%，外资股2.87亿股，占35.15%。10月，邹平纸箱厂进行改制，组建邹平县长春包装有限公司。11月，长期停产半停产，严重资不抵债的邹平县电动工具厂实行破产，企业由邹平矿业有限公司收购。12月，山东亚视集团公司进行整体改制，组建国有参股、职工入股、管理层相对控股的山东亚视集团有限公司。

2004年3月，县供销社在山东魏桥创业集团有限公司7.2%的集体股权，1.15亿元全部退出，全部转让给集团公司内部职工。7月，国有独资企业邹平县化学工业有限公司由民营企业邹平县天兴化工有限公司兼并，邹平县天兴化工有限公司全部接受其全部债权、债务，安置全部职工，承担欠缴各类保险。同月，邹平服装总厂整体改制重组，由企业经营者等11名成员出资组建邹平大信服装有限公司，企业注册资本300万元，法人代表占51%，其他人员占49%，新公司组建后，全部接受原服装总厂人员、资产、债权、债务。2004年8月，县供销系统工业企业进一步深化产权制度改革，第一油棉有限公司、第二油棉有限公司、山东广明纺织有限公司、第六油棉有限公司集体股权全部退出。

至2005年，全县有县属工业企业33家，其中国有企业20家，集体企业13家。32家企业进行不同形式改制，改制面96.9%。32家改制企业中，有21家企业实行股份制改造，有7家企业进行破产重组，1家企业实行产权出售转让，2家进行兼并。21家实行股份制改造企业中，有15家国有集体资产已全部退出。这15家企业是：山东创业集团有限公司、山东齐星集团有限公司、邹平县第一油棉有限责任公司、山东广明纺织有限公司、邹平县第二油棉有限责任公司、邹平县第六油棉有限责任公司、邹平县福海油脂工业有限公司、邹平县博鸿印刷有限公司、邹平县长春包装有限公司、邹平县怡康集团有限公司、邹平县飞翔巾被有限公司、邹平县三龙植物油有限公司、邹平县农药有限公司、邹平县大信服装有限公司、邹平会仙药业集团有限责任公司。国有参股企业6家：山东宏诚集团、华中琥珀啤酒有限公司、邹平县铜业有限公司、邹平县鲁帝面粉有限责任公司、邹平县自来水公司、邹平县会仙铜金矿。有8家企业破产重组：邹平县皮鞋厂、邹平县木器厂、邹平县锅炉阀门厂、邹平县电动工具厂、山东碧云洞集团公司、邹平县机械厂、邹平县染织厂、邹平县实习总厂。出售转让企业1家：邹平县水泥厂。被兼并企业2家：邹平县利生植物油有限公司、邹平县化学工业有限公司。尚未改制的1家：邹平汽修厂。

第三章　纺织服装工业

第一节　棉花加工业

概况

1978年，县内全民所有制轧花企业5家，分别是焦桥、坡庄、九户、魏桥、明集油棉加工厂。1981年5月，县供销社在黄山公社东范村西建起黄山油棉厂。全县有6处油棉加工厂。1984年，分别改称第一、二、三、四、五、六油棉厂，总加工能力为150万吨，拥有固定资产1119万元，各类设备50余种。1985年，职工人数1800人，年生产皮棉3万吨、短绒4000吨，工业总产值1.13亿元，占全县工业总产值的58.6%，实现利润572万元。此时，棉花加工业是全县工业经济重要支柱。

1986年后，全县棉田面积减少，棉花加工企业出现设备闲置,经济效益滑坡被动局面。1988年，第五油棉厂安装国产44寸布机100台。此时，乡镇企业抓住国有轧花企业转产机会，全县新上一批乡镇办油棉加工厂。

1993年，国家取消棉花合同定购和棉花调拨指令性计划，棉花市场、价格、经营放开。

1994年后，全县棉花播种面积逐年恢复，产量不断增加。从1996年起，明集、码头、台子、韩店等乡镇农民发挥船小好调头优势，纷纷建立小型轧花厂，从事棉花加工业。2000年，农民个体办的小型轧花厂全县近百家，明集镇最多。这些厂多是季节性小工厂，每年新棉上市开始收棉轧花，经营秋、冬两季，直到当年棉花轧完，出售便停工。2000年后，部分轧花企业发展为油棉加工企业，常年坚持生产。

2005年，全县轧花企业主要以明集镇为中心，重点企业有兴发油棉、恒兴油棉、梁邹油棉、巨龙油棉等几大轧花有限公司。

重点企业

第一油棉厂　1981年8月始建，占地120亩，投资57万元，1982年5月，投产。初名坡庄油棉厂黄山分厂，后改称黄山油棉厂。1984年10月，又改称第一油棉厂，有职工244人，担负好生、临池、西董、礼参、韩店及邹平镇6个乡镇棉花收购和加工任务。1983年，全厂工业总产值822万元，1984年，上升为976万元，1985年，猛增到2070万元，实现利润62万元。1995年，全厂工业总产值2537万元，实现利税13万元。1996年后，开始转产，走多种产业并举的道路，轧花已不是主导产业。1997年9月，实施股份制改造，改为第一油棉股份有限公司。

第二油棉厂　建于1964年5月，初名焦桥轧花厂。有木制锯齿机1台，手摇打包机2台，主要任务为收购焦桥一带棉花进行加工。1964年10月，建轧花车间，安装13台皮辊轧花机，购置60马力柴油机1台，有职工94人，当年投产。收籽棉1890吨，加工籽棉1525吨。1964—1971年，焦桥轧花厂主要负责焦桥、韩店、苑城、长山、礼参、临池等6个公社棉花收购加工。黄山油棉厂建立后，负担焦桥、苑城、长山、韩店4乡镇棉花收购加工。1984年,改为第二油棉厂。1985年，有职工225人，厂区占地142亩。主要设备有90片锯齿轧花机4台、皮辊机8台，141片脱绒机9台，油压打包机4台，回收机2台，200型螺旋榨油机5台，柴油机5台，固定资产总值227万元。年收购籽棉8405吨，总产值1902万元，实现利润82万元。被省商检局定为原棉出口厂，皮棉销往国际市场。1983年后，重视技术改造，先后改制榨油预热锅，改毛刷式轧花机为气流式轧花机，对剥绒机进行风力配籽、综合集绒、合理用风、配套除尘、改人工运棉为风力吸棉等，形成轧花、剥绒、榨油一条龙生产线，提高了劳动效率。1995年，全厂工业总产值4853万元，实现利税42万元。1997年9月，实施股份制改造，改为第二油棉股份有限公司。

第三油棉厂 1951年建，位于孙镇小清河南岸坡庄村，初名坡庄轧花厂。利用村北天主教堂改制车间。设备有皮辊轧花机12台，丝杠榨油机2台，15马力柴油机2台。1983年后，收购孙镇乡大部分村庄棉花。1985年，全厂拥有90片锯齿轧花机2台，141型剥绒机7台，液压打包机2台，200型螺旋榨油机2台，610千瓦内燃机发电机组3台。固定资产总值125.4万元，创总产值864.5万元，实现利润35.1万元。1995年，全厂总产值3272万元，实现利税69万元。1998年3月，实施企业改革，由第三油棉厂、孙镇供销社2家单位组建坡庄油棉有限公司。

第四油棉厂 1950年3月，由中国花纱布公司所建，原名九户轧花厂，总投资10.5万元。建轧花、打包车间各1座，锯齿轧花机2台、人力打包机1台，60马力、100马力柴油机各1台。1951年投产，收购加工九户一带生产的棉花，当年收购籽棉4850吨，产皮棉1500吨，创工业产值68.2万元，实现利润1.85万元。1955年，投资30万元，征地60亩，新建轧花、脱绒车间各1座，购置5571型轧花机2台，141片脱绒机9台，规模进一步扩大。1957年，石店轧花厂并入，固定资产达到44.30万元，年产值530万元，利润9.80万元。1983年，企业实行经营承包和生产岗位责任制，经济效益显著提高。1985年，全厂固定资产总值206万元，年总产值1808万元，创利润80.50万元。主要生产设备有90片锯齿轧花机4台，皮辊机8台，141片脱绒机11台，油压打包机4台，200型螺旋榨油机5台，内燃机7台。1985年，被省供销社授予"优质产品先进单位"称号。1995年，全厂总产值4263万元，实现利税25万元。1996年后，走一业为主、多业并举发展道路。

第六油棉厂 建于1951年，初称解家人力轧花厂，年收购籽棉1500吨。1959年秋，并入明集轧花厂，建轧花、剥绒2个车间，固定资产35万元。年收购籽棉2500吨。1964年，更名为明集油棉厂。

图9-2 1985年改称的第六油棉厂

1978年后，实行厂长负责制，建立健全企业管理制度，企业规模不断扩大，生产能力大幅度提高。1985年，改称县第六油棉厂。有职工254人，轧花、剥绒、榨油3个车间，固定资产总值168万元，工业总产值1171.65万元，年创利润111万元。主要设备有70片锯齿轧花机4台，皮辊机8台，141片脱绒机7台，油压打包机2台，200型螺旋榨油机6台，内燃发电机6台。1985年开始，所产皮棉大部销往国外，被省商检局定为棉花出口定点厂。1995年，全厂工业总产值3919万元，实现利税185万元。1996年后，走一业为主、多业并举的路子，棉花加工业退出主业的位子。1997年9月，第六油棉厂实施股份制改造，成立第六油棉有限公司。

邹平县兴发油棉有限公司 2001年9月，邹平县兴发油棉有限公司成立，由9位股东发起成立，占地127亩，职工270人，注册资金930万元，公司拥有90片以上的轧花机18台，年加工皮棉1万吨。

邹平县梁邹油棉有限公司 2001年9月，邹平县梁邹油棉有限公司成立，由8位股东发起成立，占地98亩，职工240人，注册资金880万元，公司拥有90片以上的轧花机13台，年加工皮棉9000吨。

第二节 纺织业

概况

1986年，全县有纺织企业12家，其中棉纺织业5家，针织业1家，化纤业6家。按经济类型分，12 家企业中有全民企业 2 家，集体企业 10 家，年总计产纱 6139 吨，布 1666 万米，工业总产值 1.56 亿元。1987 年，邹平县东关第三棉纺织厂建成投产。同年，县第五油棉厂毛巾厂建成投产，有织机 52 台，主要产品为各式毛巾、枕巾、毛巾被。1988 年，第五油棉厂安装国产 44 寸布机 100 台。1990 年，全县纺织企业发展到 26 家，年产纱 1.23 万吨，布 4000 万米，工业总值 3.61 亿元。1990 年，经济效益较好企业有县棉纺织厂和第五油棉厂,分别实现利税 1115 万元和 1232 万元，有 8 家企业出现亏损。

1991 年，全县 23 家纺织企业中亏损减少到 4 家，19 家盈利企业利润总额为 2160 万元。1992 年，第五油棉厂工业总产值 1.40 亿元，实现利税 1268 万元。1994 年，魏桥棉纺织厂产值 4.05 亿元，实现利税 7074 万元。县棉纺织厂产值 1.91 亿元，利税 1475 万元。是年，由邹平棉纺织厂以所属部分经营性净资产折股独家发起，以募集方式成立山东省邹平棉纺织股份有限公司。1996 年，邹平县棉纺织厂进行公司制改造，更名为山东亚视集团公司。1998 年，全国纺织能力增长过快市场供大于求，全县纺织工业压锭 1 万枚。

1999 年，全县提前 1 年完成国家压锭任务。是年，全县纺织企业实现销售收入 15.9 亿元，利税 2.1 亿元，利润 1.2 亿元。1999 年 1 月，滨州第一棉纺织厂实施剥离改造，将 75% 的产权转让魏桥纺织集团，组建滨州魏桥纺织有限公司。

2000 年，第三棉纺织厂股份制改造完成，更名为山东邹平东升纺织有限公司。2003 年，山东亚视集团公司经股份制改造，国有股全部退出，成立山东宏诚集团有限公司。宏诚集团征地 1000 亩建设宏诚家纺工业园。6 月 28 日，世界品牌实验室发布中国 500 最具价值品牌，“魏桥”品牌以 46 亿元品牌价值名列第 120 位。2004 年 5 月，邹平星宇科技纺织有限公司投资 8 亿元建设 30 万环锭纺，580 台喷气织机及针织染整项目。2004 年，邹平县被中国纺织工业协会授予“中国棉纺织名城”称号。

至 2005 年，全县纺织企业有 130 家，其中规模以上企业 41 家，总资产 290 亿元，纺纱能力 700 万纱锭，气流纺 13 万头、织机 7 万台，10 万纱锭以上企业 4 家，全县具有年产纱 85 万吨，布 20 亿米，服装 1000 万件的生产能力，从业人员超过 17 万人。产品涵盖两纱、两布（纯棉、涤棉）、高支高密、弹力面料、牛仔布、化纤布、灯芯绒、印染布等 10 余大类 3000 余个品种，形成魏桥、北洋、环王、豪盛、野牛、锦霞等一批国内外知名品牌，产品远销欧、美、日、韩、东南亚等 20 余个国家和地区。基本形成以魏桥创业、宏诚、三星 3 大集团为龙头，东升、德利、豪盛、三利、防水帆布为二级台柱子，一大批中小企业为基础的，即有高峰又有群山的纺织业生产新格局。形成棉花深加工—棉纱、棉布—服装、家用纺织品及产业用布等终端产品的纺织产业链。年实现销售收入 37.26 亿元,利税 4.17 亿元,利润 2.17 亿元。

重点企业

山东宏诚集团有限公司 山东宏诚集团有限公司 1977 年建厂投产，厂名邹平县棉纺织厂，有 3 万纱锭，500 台有梭织机。1996 年 11 月，更名为山东亚视集团公司。2003 年 12 月，更名为山东宏诚集团有限责任公司。至 2005 年，拥有总资产 6 亿元，从业人员 3000 人，环锭纺 13 万枚，气流纺 1280 头,织机 1062 台,其中进口喷气织机 562 台,进口筒子染色机 17 台，进口电脑测配色和自动开滴液系统一套，特宽幅剑杆织机 84 台、大小提花织机 280 台，高温高压筒子纱染色机 20 台。

图 9-3 山东名牌“北洋”牌高支高密纯棉床布

连续 3 年被中国棉纺织行业协会授予“销售收入、出口创汇、实现利税、人均利税”4 项指标排序全国棉纺织行业前 50 强“排头兵企业（集团）”称号。生产的“北洋”牌高支高密纯棉坯布获“山东名牌”产品称号。年产棉纱 9000 吨，布 3600 万米，色织布1000万米，床品50万套。公司从2003年起，在县开发区建设宏诚家纺工业园。2005年，集团公司实现销售收入5.79亿元，利税4952万元，利润2380万元。

邹平星宇科技纺织有限公司　2003年，邹平星宇科技纺织有限公司建立。主要生产纱、线、坯布、服装、纺织品等。公司拥有总资产2.5亿元，其中固定资产1亿元，占地300亩，员工1500人。设计生产规模为环锭纺30万锭，气流纺6000头，产品有普梳纱、精梳纱、化纤纱、混纺纱和气流纺纱等。2005年，形成12万锭环锭纺、6000头气流纺生产能力，年生产棉纱3.5万吨。企业通过ISO9001-2000国际质量管理体系认证和ISO14000环境管理体系认证。

图9-4　邹平星宇科技纺织有限公司外景

山东明达家纺有限公司　建于2004年10月，是集团公司与香港保利达集团合资成立的一家集针织、染整、制衣于一体的企业。项目总投资3亿元，其中固定资产投资2亿元，年产针织面料2500万平方米，与星宇科技纺织有限公司实现纺、织、染整、制衣一条龙生产。

邹平县第三棉纺织厂　1987年，邹平县第三棉纺织厂建立，位于邹平县城中心，拥有总资产2.53亿元，10万纱锭规模，年生产能力产棉纱1.2万吨、坯布1500万米。占地面积160亩。有职工2100人，专业技术人员437人，其中中高级技术人员129人。

图9-5　邹平县第三棉纺织厂车间一角

2001年度顺利通过ISO9000国际质量体系认证。2005年度实现产值3亿元，利税3500万元，利润2152万元。

邹平三利集团公司　邹平三利纺织有限公司坐落于邹平县码头镇工业园，占地面积600亩，注册资本6000万元。

图9-6　三利集团职工代表大会

经营范围：化纤、纺纱、织布、购销皮棉。主要设备有12万环锭纺和18条气流纺纱生产线，可生产5S–80S棉纱，为当地最大的民营企业之一。被金融部门评为“AAA级信用企业”，被税务部门评为“A级纳税信誉企业”，被工商部门评为“重合同守信用企业”，为“滨州市农业产业优化龙头企业”“山东省1090家成长型中小企业”。

山东滨州豪盛巾被有限公司　1997年5月，山东滨州豪盛巾被有限公司建立，是由豪盛巾被有限公司、巾品世家商贸有限公司、山东金鑫耐火材料科技有限公司、山东精诚新型包装材料有限公司组成的大型集团公司。至2005年，总公司拥有总资产7亿元，有员工1800人。

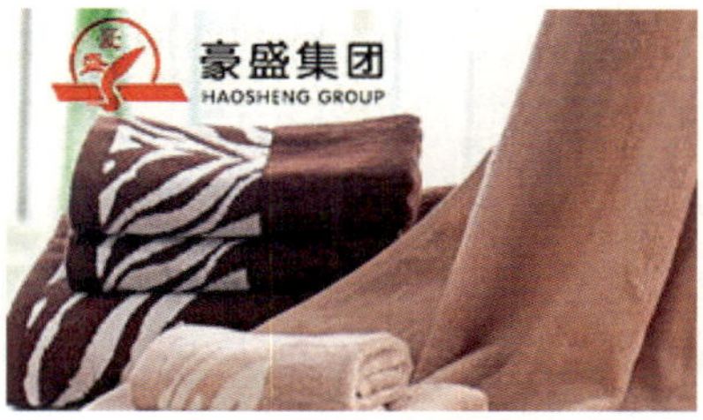

图9-7　豪盛巾被有限公司的主导产品

第三节　服　装

1986年后，个体服装企业迅速发展，市场竞争日趋激烈。1987年，县服装厂产品更新换代，经“朴莱特”品牌注册生产衬衣和防寒服。1993年，服装厂拿出部分资产与香港黎明公司联营成立县内首家服装合资企业——邹平黎明制衣有限公司。1995年，实现销售收入960万元，首批实现自营出口创汇5万美元。1997年，县服装厂更名为“邹平县服装总厂”。2000年后，外资服装企业丸昌制衣公司在邹平城西北角建厂，生产的服装全部出口日本。魏桥创业集团也建成服装厂。县内服装业有了较大发展。2004年7月，邹平服装总厂整体改制重组，由企业经营者等11名成员出资组建邹平大信服装有限公司。2005年，全县有规模以上服装企业2家，年生产服装82.4万件。实现销售收入5242万元，利税100万元，利润41万元。

邹平大信服装有限公司

邹平大信服装有限公司是由邹平县服装总厂改制成立的股份制企业，已有50余年的历史。2001年，通过ISO 9001-2000版国际认证。2005年，有员工350余名，占地面积37亩，建筑面积5000平方米，拥有各种缝纫设备300余台（套），服装流水线15条。

第四章　农副产品加工业

第一节　发展概况

1978年，全县有7家全民所有制农副产品深加工企业。1994年，邹平利生植物油厂成立，建厂初期建有1条日处理大豆200吨生产线。1996年10月，投资2000多万元引进德国200吨连续式色拉油精炼全套设备，建成1条年产6万吨色拉油生产线。1998年，新上1条日处理300吨大豆浸出生产线。2002年，邹平利生植物油厂并入怡康集团。至2005年，全县有农副产品深加工企业32家，年生产植物油37.5万吨，销售收入32.16亿元，利润1.14亿元。

第二节　重点企业

山东三星集团有限公司

2003年5月，山东三星集团有限公司建立，占地6747亩，是一家集机械制造、油脂精炼、淀粉加工、钢结构安装、棉纺织生产、热电供应、国际贸易于一体的大型民营企业集团。企业拥有总资产20亿元，2005年，销售收入16亿元，实现利税1.5亿元，自营出口创汇3700万元，有职工3500余人。

公司先后获“中国质量万里行全国先进单位”“全国用户产品质量满意”“售后服务满意示范单位”“国家高新技术企业”“省农业产业化重点龙头企业”。产品获“国家无公害农产品”“中国放心食品信誉品牌”“全国质量放心安全健康食品”“山东名牌产品”“山东省新技术新成果新产品金奖”等称号。公司连续多年被金融部门评定为AAA级信用企业。

三星油脂工业有限公司

该公司系三星集团公司主要子公司。始建于1998年，为当时国内规模最大生产和出口精制玉米油、葵花籽油的企业，年生产能力玉米油20万吨、葵花籽油8万吨。企业通过ISO 9001-2000国际质量管理体系认证和ISO 14000环境管理体系

图9-8　三星集团有限公司办公楼

图9-9　山东名牌“长寿花”玉米油生产厂区

图 9-10　公司产品——长寿花金胚玉米胚芽油

认证，拥有自营进出口权。公司2004年被省科技厅认定为高新技术企业，年产25万吨玉米油项目被科技部列入“国家火炬计划”。长寿花商标被认定为“山东省著名商标”“长寿花”玉米油、葵花籽油被认定为“山东名牌”产品，产品畅销全国，并出口至中东、东南亚等20余个国家和地区。

国家级火炬计划项目证书

项目名称：年产25万吨精炼玉米油

承担单位：邹平三星油脂工业有限公司

项目编号：2004EB020905

批准机关：中华人民共和国科学技术部

颁证机关：科学技术部火炬高技术产业开发中心

颁证日期：二〇〇四年五月

图 9-11　2004 年，公司获国家级火炬计划项目证书

内蒙古三星粮油工业有限公司

该公司系三星集团公司在县境外一家农副产品深加工企业。始建于2004年3月，生产规模为年产玉米淀粉25万吨、葵花籽油8万吨。2005年，公司被确定为全国农产品加工业示范企业、自治区农牧业产业化重点龙头企业、中国农业银行AAA级信用企业。

山东众康食品集团

2000年，山东众康食品集团建立，是一家集油棉加工，机械制造，饲料加工，种鸭孵化，以及肉食鸭养殖、加工、冷藏、销售于一体的大型民营企业。集团公司占地面积500亩，员工1000人，注册资本7780万元，总资产2.1亿元。2005年1月，“众康”牌肉鸭被国家标准化管理委员会授予“无公害农产品”称号。年加工生产能力2000万只肉鸭、肉鸡，出成品4万吨。2005年，实现销售收入1亿元，年产值1.1亿元。

山东利生植物油厂

1994年6月，在邹平县经济开发区建成一期工程，占地93亩，年设计能力5万吨。1995年后，利生植物油厂创出“利生”牌烹调油、色拉油，年加工大豆7.5万吨。1997年，投资3600万元对利生油脂厂进行技术改造，新上色拉油设备和大豆油浸出生产线，生产能力由班产200吨提高到300吨。2003年7月，怡康糖厂和利生油厂实现重组，成立邹平怡康集团公司，并顺利进行股份制改造。

邹平福海集团有限公司

2004年3月，邹平福海集团有限公司成立，前身为邹平县供销合作社第四油棉厂。经1997年和2003年2次改制，至2005年，集团共有员工1000余人，下设邹平福海科技发展有限公司、山东伊怡乳业有限公司、邹平中鑫典当有限责任公司、青岛禄奥进出口有限公司、杭州汇森科技发展有限公司。

邹平福海科技发展有限公司
Zouping Fuhai Technology Development Co., Ltd.

图 9-12　邹平福海集团有限公司商标

公司是财政部和农业部最早确定的国家级扶贫龙头企业、山东省农业产业化重点龙头企业、省科技厅命名的省级高新技术企业、武汉工业大学的产学研基地和北京化工大学清洁新工艺的科研基地、泰山医学院化工学院实践教学基地、华南理工大学轻工与食品学院全面合作战略伙伴。先后获得“山东省百姓最喜爱品牌”“全国无公害产品”等多个奖项。

第五章 医药业

第一节 发展概况

县医药工业起步较晚。1996年，邹平会仙药业开始筹建，1998年，建成投产。主要产品为珍姆钙胶囊。1998年，开始筹建邹平怡康葡萄糖厂，2000年，建成投产。

2005年，全县有医药制造业7家，实现销售收入56.84亿元，利润4.06亿元，利税5.01亿元。

第二节 重点企业

邹平怡康集团有限公司

2000年，邹平怡康集团有限公司成立，原名为邹平怡康葡萄糖厂，是山东省农业产业化重点龙头企业，国家火炬计划重点高新技术企业。2001年，改制更名为邹平怡康糖业有限责任公司。2003年,实行彻底的股份制改造,国有股全部退出，成立邹平怡康集团有限公司。公司注册资本1.01亿元，占地面积600亩，有员工670人，总资产10.8亿元。

怡康集团是国家粮食局、国家科委重点扶持企业，得到国家发改委和国家科技部拨发的860万元无偿资金支持。生产装置是公司在消化吸收国外先进生产工艺和技术基础上，自主研发创新，具有自主知识产权并完全实现DCS自动化控制生产工艺装置，填补国内空白。2003年，该新型工艺装置，获山东省科技厅鉴定的科技成果，2004年5月,通过国家药品监督管理局GMP认证,被科技部批准列入“国家级火炬计划项目”。

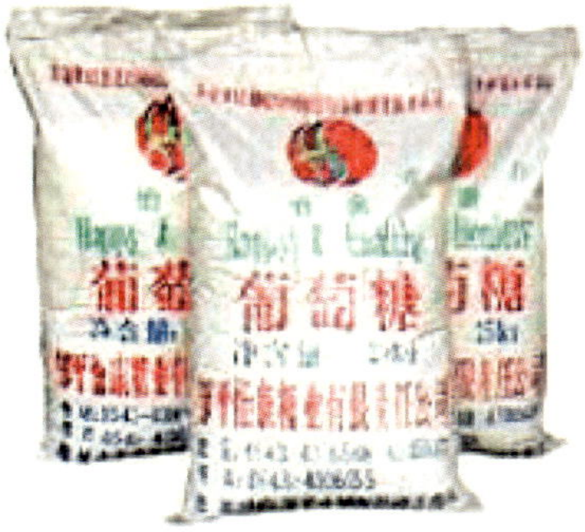

图9-13 邹平怡康集团有限公司主导产品

公司有1条年产6.3万吨玉米淀粉生产线，主产品为玉米淀粉，采用公司自主创新的玉米淀粉生产无过程水排放工艺，2000年，该工艺通过山东省科技厅成果鉴定。有年产1.8万吨无水葡萄糖生产线2条，年总产量3.6万吨，2003年，项目工艺装置通过山东省科技厅成果鉴定。有日加工大豆300吨和200吨色拉油生产线各1条。有年产1万吨大豆分离蛋白生产线1条。2005年，实现销售收入11.30亿元，利税1.09亿元，利润9168万元。

邹平会仙药业集团有限公司

山东省定点专业生产高效钙的高新技术企业，资产5800万元，珍牡肾骨胶囊系列产品是集团公司主导产品。1992年，获国家药“准”字号产品。1993年、1998年2次通过科学技术鉴定，确认“珍牡肾骨胶囊”创全国同行业领先地位。1997年至1998年，研制成功合成可溶性珍珠粉。2004年，公司投入资金1700万元对原有技术、设备作了改进，其科技含量提高。2004年，珍牡肾骨胶囊系列产品完成销售收入8000万元，实现利税3000万元。

图9-14 全国同行业领先地位的“珍牡肾骨胶囊”

山东恩康药业有限公司

公司占地面积75亩，固定资产3200余万元。是国家农业部兽药GMP认证企业。它集科研、开发、生产、销售、服务于一体。专业生产兽药制剂、药物添加剂、饲料添加剂、添加剂预混合料等。

图 9–15　山东恩康药业有限公司主打产品

邹平县恩康科技开发有限公司为恩康药业全资控股子公司，主要生产咪唑苯脲、头孢噻呋、头孢噻肟、乳酸 TMP 等多种兽药原料，是全国多家兽药原料生产商的山东总代理。2005 年，完成工业总产值 2400 万元，创利税 199 万元。

第三节　名优产品

注射级无水葡萄糖原料药

产品特点：无热源反应；杂质含量少；纯度高，质量稳定不潮解，密封状态下可长期保存；储存过程中不结块。

珍牡肾骨胶囊

主要成分：碳酸钙、醋酸钙、柠檬酸钙、泛配钙，含人体必需的 17 种氨基酸和锌、锶、镧、钴、锰等微量元素。制剂特点：不含糖、适合所有人群服用；人体吸收、利用问题已经解决，不必加服 VD；吸收好、骨沉积率高，有效防止钙迁徙（骨质增生、血管壁硬化）；富含微量元素、氨基酸，亦可用于养颜、美容。作用促进骨质形成，维持神经传导，维持肌肉正常收缩，维持毛细血管正常渗透压，保持血液酸碱平衡。用途：珍牡肾骨胶囊用于强壮筋骨，腰背肢体关节疼痛及钙缺乏症。见于：骨质疏松症、骨质增生（颈椎、腰椎）、骨痛、骨折、小儿佝偻病、骨软化症、肌肉痉挛、股骨头坏死、高血压、糖尿病（辅助治疗）、正常人体补钙等。

第六章　机械冶炼及压延加工业

第一节　机　械

发展概况

1986 年，全县有机械工业企业 36 家，年产值 1556 万元。其中农业机械企业 3 家，年产值 303 万元；交通运输机械企业 5 家，年产值 100 万元；通用机械企业 4 家，年产值 230 万元；通用零部件制造企业 10 家，年产值 450 万元；金属制品企业 10 家，年产值 218 万元；其他工业 4 家，年产值 255 万元。

1988 年，邹平县农机修理制造厂更名为“邹平县机械厂”。1993 年，全县有机械工业企业 51 家，产值 1.84 亿元。1998 年 8 月，山东安凯铝业有限公司建厂，主要产品有汽车离合器盖、磁电机盖、168 汽油机、木工机械、灯箱灯罩、通信设备、家电等 30 余种。

2004 年 8 月，山东安凯铝业有限公司变更为山东新安凯动力科技有限公司。2005 年，县内有规模以上机械制造业 35 家，主要涉及造纸机械、淀粉设备、石化配件、铝铸件、汽车配件等 5 个领域。

长星集团子公司——长星机器公司，是国内最大的生产造纸机用真空辊的专业厂家，技术水平国内领先。主要产品有造纸机用真空伏辊、真空压榨辊、真空吸移辊等。公司生产的真空伏辊为全国 3 大造纸机械公司配套。生产各种小规格真空辊占据国内 70% 市场份额，长度超过 4000 毫米大型真空辊市场占有率 100%。

新开发生产淀粉糖生产设备、高麦芽糖浆浓缩设备、三效、四效降膜式蒸发器等粮油机械市场占有率近 70%。

东尉工业设备公司主要生产各种高、中、低压法兰，弯头，三通，异径管及各种石化配件和非标设备，是石油、化工、制药、造纸、电力、供水、排水等企业的配套产品，是国家重点扶持的优势产业。公司年产法兰、异型管、折流板、标准件等5000吨；年产 φ8 ～ φ530 无缝不锈钢管等1万吨。2005年，全县机械制造企业实现销售收入20.83亿元，利税9756万元，利润6379万元。

重点企业

三星机械制造有限公司 1994年，三星机械制造有限公司建立，主导产品为“星宇”牌玉米淀粉加工设备、粮油加工设备和压力容器等，产品有10余个品种、百余种规格，畅销全国10余个省市地区，是国内最大的农副产品深加工设备生产厂家。企业已通过ISO9001-2000国际质量管理体系认证和OHSAS18001职业健康安全管理体系认证，取得D级压力容器生产许可证，“星宇”商标被评为山东省著名商标。

东尉工业设备有限公司 东尉工业设备有限公司，位于长山镇东尉村开发区，是国家重点扶持的优势产业。公司固定资产7560万元，占地面积250亩，职工500人。2001年，东尉工业设备有限公司与温州客商合资成立嘉合不锈钢公司。2004年，实现产值3亿元，完成利税4000万元。2005年，实现产值4亿元，实现利税5800万元。

图 9-16 东尉工业设备有限公司生产的不锈钢机件 (2004年摄)

2005年，嘉合不锈钢公司实现产值1.2亿元。公司在长山镇建设不锈钢专业批发市场1处，实现不锈钢产品产、供、销“一条龙”。

山东新安凯动力科技有限公司 山东新安凯动力科技有限公司位于青阳镇开发区，1998年8月创立，是一家集产品设计开发、铝镁合金熔炼、铝合金压铸件、机械加工为一体的专业化生产企业。公司占地面积118亩，建筑面积1.5万平方米。有高中级工程技术人员30余人，实行计算机网络科学管理，获“滨州市民营科技企业”称号。通过ISO9001质量管理体系认证。

图 9-17 新安凯动力科技有限公司生产车间 (2004年摄)

公司拥有30余台先进数控加工及检测设备，引进日本宇部卧式冷室压铸机，配置意大利3坐标检测设备及英国的光谱分析仪等先进设备。公司产品有铝合金熔炼、压铸、机加等3大门类的30多个品种，在同行业中市场占有率37%。年产铝合金锭2万吨，压铸件3200吨。2005年，实现产值8385万元，销售收入7966万元。

山东创新集团有限公司 2002年，山东创新集团建立，主要加工、经营各种优质合金铝、铸钢制品、铝板带箔以及承揽大型机械加工设备的制造安装等。集团公司现拥有美国、韩国进口的最新生产设备和工艺，能生产世界顶级质量标准的，用于航空、高铁动车、高速列车、计算机、

图 9-18 山东创新集团办公楼 (2008年摄)

汽车及军工领域的各类合金铝产品。先后与沈阳铝镁设计院、贵州铝镁设计研究院、上海交通大学、山东大学等国内著名科研院所建立良好技术协作关系、已开发并规模化生产各种高强度合金铝系列产品、各种铝业设备等。

公司具有全国最大合金棒材生产基地，已经落成10000平方米科研大楼、承接国家2项863项目，建立合金专业博士后工作站。与上海交大、华南理工大等多所院校成立联合实验基地在这里落户。

金阳机械制造有限公司　2001年，山东金阳机械制造有限公司成立，拥有员工300余人，公司资产总额2.02亿元。公司占地180余亩，工程师43名，各类技术人员150余名。

公司拥有中国消失模铸造设备著名品牌。是ISO9001国际质量管理体系认证单位、商务部值得信赖单位、山东大学实习基地。拥有几十项消失模铸造国家专利，是国内重点从事消失模铸造行业新产品、新工艺的产业化开发研究、技术咨询、技术转让以及铸件生产和服务为一体的高新技术企业集团。

图9-19　金阳机械制造有限公司主要产品（2003年摄）

第二节　冶金及压延加工

概况

1987年，开始筹建邹平铜矿，投资4293.6万元，1990年12月，建成投产。主要生产铜精矿粉及伴生的金、银、硫等元素矿粉，年产矿量5.6万吨，铜金属2000吨。1991年，邹平会仙金矿破土动工，总投资2887万元，形成日处理矿石100吨，建筑面积8600平方米，设备200台套的矿井规模。主要生产金精矿粉。1993年，邹平县长丰金属有限公司成立，其前身为邹平县长山钢铁厂。1994年，山东金鹏铜业股份有限公司成立，主要以生产有色金属型材、电解铜、无氧铜杆（管）、金银回收为主。同年，会仙金矿与加拿大外商合资，组建山东会仙金田矿产有限公司，吸引外资12.5万美元，国家低息贷款750万元，探明铜金矿点28处。至2005年，全县一条电解铝、电解铜、轧钢、不锈钢的产业链已初步形成。钢铁冶炼加工能力350万吨，铝锭生产能力22万吨，电解铜生产能力10万吨，铝材加工能力12万吨。生产钢材103万吨，电解铝11.52万吨。其中黑色金属冶炼及压延加工业35家，实现销售收入20.91亿元，利税1.11亿元，利润8998万元；有色金属冶炼及压延加工业18家，实现销售收入42.01亿元，利税3.73亿元，利润2.33亿元。

重点企业

山东广富钢铁有限公司　1983年，山东广富钢铁有限公司建立，占地面积900亩，职工人数2000余人，总资产10亿元，集焦化、发电、炼铁、炼钢、精炼、连铸、轧钢于一体。公司引进国内的先进设备仪器640余台（套）：40万吨捣固焦生产工艺，180立方米、450立方米高炉各1座，24平方米、36平方米烧结机各1台，20吨电炉、精炼炉5台，60吨的电弧炉、精炼炉3台（套），450精铸轧机组1套。在质量检测方面设有化验室、物理实验室、光谱分析室（有德国斯派克公司进口的直读光谱仪），产品质量管理按ISO9001-2000国际质量管理体系认证标准，规范职工操作规程，

图9-20　山东广富钢铁有限公司厂区外景（2005年摄）

合格率连续8年保持100%。

图 9-21　山东传洋集团有限公司厂区外景　（2011 年摄）

2001年，公司顺利通过ISO 9001-2000国际质量管理体系认证，是山东省首家取得全国工业产品生产许可证的民营钢铁企业。9月，通过ISO 9001-1000国际质量管理体系认证。2003—2005年，公司产品被山东省质量监督局评为免检产品。2004年，顺利通过OHSAS 18001-1999职业健康安全管理体系认证。

山东金鹏铜业股份有限公司　1994年，山东金鹏铜业股份有限公司成立，主要以生产有色金属型材、电解铜、无氧铜杆以及金银回收为主。2002年，投资9000万元建设高标准的铜业科技园区，新上无氧铜杆和电磁线项目，为山东省内生产规模和产量最大的铜生产加工企业。

2004年，拥有资产15.2亿元，固定资产净值4.3亿元，实现销售收入5.4亿元，利润4900万元。2005年，与加拿大环球科技公司共同投资6000万美元建设电解铜项目，年实现产值25亿元，利税3.2亿元。

邹平铝业有限公司　2000年5月，邹平铝业有限公司建立，占地面积357.76亩，有职工847人。2001年8月，一期工程3.3万吨建成完工，2002年10月，二期工程3.3万吨完工，至此年产6.6万吨电解铝全面达产。2004年1月，铸轧生产线投入生产，年生产能力5万吨。

主要产品为重熔用铝锭与铸轧卷，重熔用铝锭品级率始终稳定在99.80%以上，“齐星”牌铝锭、铸轧卷产品畅销浙江、南京及省内多个城市，产品供不应求。2005年，公司资产总额12.30亿元。实现产值9.47亿元，销售收入8.56亿元，利润5008.7万元，利税7296万元。

山东邹平传洋集团有限公司　2002年4月，山东传洋集团有限公司建立，占地1000余亩，职工2000余名，是一家集烧结、炼铁、炼钢、连铸连轧、金属磨料为一体的钢铁及型材生产企业。年钢铁生产能力100万吨。主要产品有连铸坯、带钢、钢丸、钢砂、槽钢、角钢、方钢等。公司拥有380高炉2座，1万立方米氧气生产装置。配套建有各种规格的型材连轧生产线，年产带钢及槽、角钢等型材80余万吨，年产30万吨金属磨料。

山东齐星铁塔有限公司　2002年9月，山东齐星集团有限公司收购破产的县机械厂，投资成立山东齐星铁塔有限公司，12月，正式生产。主要生产各类电力杆塔、变电构架、电气化铁路接触网支柱、微波塔、通讯塔、风力发电塔、立体车库等产品。产品覆盖山东全省并在内蒙古、河北、山西、天津、江苏等省广泛使用。2004年4月，投资3000万元、占地面积234.89亩的新厂区动工建设，10月，完成整体搬迁。2005年4月，电气化铁道接触网钢柱等6种产品通过铁道部检验中心检测。5月28日，省科技厅组织在北京召开电气化铁道接触网支柱等系列产品的省部级鉴定会，顺利通过省部级鉴定。6月，顺利通过国家质量监督检验检疫总局输电线路铁塔500千伏全国工业产品生产许可证的认证。

2005年，公司资产总额1.46亿元，产值9301.24万元，实现销售收入9418.4万元，利税3344.3万元，利润2867.7万元。

铁雄冶金科技有限公司　2003年6月，山东铁雄冶金科技有限公司（前身为邹平铁雄焦化有限公司）建立，是以煤制焦、煤制氢、煤化工、发电、燃气供应等为主营业务的大型能源企业。

图 9-22　山东铁雄冶金科技有限公司生产区一角　（2004 年摄）

2005年12月，进入国家发改委焦化行业公告目录，企业通过国家ISO 9001质量管理体系认证、国家ISO 14001环境管理体系认证、国家OHSAS 18001职业健康安全管理体系认证。

第七章　造纸　印刷

第一节　造　纸

概况

2005年，全县规模以上造纸及纸制品业有7家，年销售收入1.20亿元，利税323万元，利润24万元。长星、天地缘为骨干企业，生产能力15万吨，主要产品为装饰用纸、文化用纸、高档生活用纸、包装箱纸板等。天地缘纸业有限公司总资产1.6亿元，占地200余亩，职工150人，拥有国内先进的高速斜网生活用纸生产线4条，年产5万箱板纸生产线1条。主要生产各种规格的木浆、高档卫生纸、箱板纸、餐巾纸等。长星集团公司开发的系列纸产品有书刊纸、胶印纸、胶印书刊纸、课文纸、静电复印纸、打字纸、笔记本专用纸、书皮纸、字典纸、新闻纸、卡纸11大类，上百余个品种，涵盖文化用纸和办公用纸。光华板材有限公司是装饰用阻燃板、弯曲板的专业生产厂家，公司生产的"齐冀"牌阻燃板，年生产能力400万张。产品主要用于高档宾馆、饭店、飞机、轮船、火车、办公设施、体育场所、大型商场、住宅的装饰及高档家具制作。

重点企业

山东天地缘纸业有限公司　位于魏桥镇开发区内，占地320亩，有国内先进的斜网造纸机和300超短网多缸板纸机多条生产线，主要产品有包装用纸、沙管纸、生活用纸、纺织用纸等。年产C级挂面箱板纸、茶板纸、高中强瓦楞纸20万吨，高档卫生纸、餐巾纸2万吨。2004年，通过国际ISO 9001质量管理体系认证，被山东省农业银行命名为AAA信用企业，"天地缘"商标被评为山东省著名商标。2005年，实现销售收入2.09亿元，利润2628万元，税金750万元。

图9-23　天地缘纸业有限公司生产的生活用纸（2004年摄）

金桥纸业有限公司　2003年7月，邹平县金桥纸业有限公司建立。公司位于邹平县魏桥镇工业园区金桥一路，占地面积220亩，职工356人。有造纸生产流水线设备3条，纸箱流水线设备1条，纸管上绒机50台，卷管机160台，压纸机36台，打纸机58台，具有国内先进全自动纸管流水线15台套、编织机50台套及纺织配件设备67台套，设计产能达到年产滚筒纸7万吨，配套垫板8400万片，出口纺纱专用纸管4.30亿个，卷布管2700万米，塑料编织袋2800万条及纺织配件62万件套。

图9-24　金桥纸业有限公司生产的滚筒纸（2004年摄）

第二节　印　刷

概况

1985年，县印刷厂有职工115人，固定资产

37.5万元，各种设备23台，厂区占地244.2亩，年产值517.5万元，利润8.18万元。

从20世纪80年代中期开始，县内乡镇办、校办、机关办、个体私营办印刷厂点大量涌现，全县有印刷厂点数十处，规模较大的有教育印刷厂，供销社印刷厂等。县印刷厂购进激光照排系统，全部淘汰沿用多年的铅字排版和铅印设备，印刷工艺和印刷技术有明显改进，能印刷各种精美书籍、画册、图书、挂历等。2003年3月，县印刷厂按照现代企业制度的要求，改制组建成立邹平县博鸿印刷有限公司。2005年底，全县有印刷厂点数十处，年工业产值2759万元，利税191万元，利润115万元。

重点企业

邹平县博鸿印刷有限公司　邹平县博鸿印刷有限公司是在原邹平县印刷厂的基础上，按照现代企业制度要求成立的一家股份制企业。

2001年，博鸿印刷有限公司购买原破产多年的邹平县科力汽修厂，投资100万元改造厂区，拓宽生产空间，又连续投资600多万元，扩大生产规模。2005年，有职工300多人，是一个专业书刊印刷有限公司，年生产能力30万令纸。

邹平县常春包装印刷有限公司　邹平县常春包装印刷有限公司前身为邹平县纸箱厂，隶属于县经贸局，始建于1983年，当时是一家资产30万元，产值不到100万元，销售收入60万～70万元，利税几千元的企业。2003年改制后，加大技改力度，先后新建原料库、车间，引进先进的激光制版、全微控箱板生产线、双色电脑印刷机、圆压圆全自动模切和自动粘箱、打包等生产线和配套设备。2005年，顺利通过ISO 9001质量管理体系认证。公司有职工300余人，资产800余万元，销售收入700万元，利税20万元。公司主要为纺织、服装、不锈钢、家具、食品、电子制品等行业提供专业包装。以出口为主，内销为辅。

第八章　酿造工业

第一节　白　酒

发展概况

1985年，县白酒厂在省九三学社和山东大学帮助下，研制出“会仙老窖”“会仙酒”“明月楼”3个新品种，“会仙老窖”被评为地区优质酒。同年，邹平镇杨寨村张念明建杨寨酒厂。是年后，县白酒厂开始由单纯地瓜干白酒为主向以粮食白酒为主过渡，生产的粮食白酒口感和理化指标均达优质特曲酒水平。杨寨酒厂继承传统地下窑池发酵工艺，以红高粱和小麦为原料，以“月河”为商标，生产月河老窖、月河陈酿系列白酒10余个品种。1991年，青阳镇东风酒厂即贵州省清卫酒厂邹平分厂成立，该厂有职工93人，固定资产317万元，年生产能力800吨。主要生产大曲、二锅头等系列白酒。此后，村办、个体办私营酒厂发展迅速，至1995年，全县有白酒企业7家，年产白酒7800吨，实现产值3.37亿元。是年，县白酒厂改建为山东碧云洞集团公司，为山东省白酒业综合实力百强企业，跨入全国500家最大饮料制造企业行列。

1996年后，全县各酒厂生产的粮食白酒由过去的以高度酒为主，逐渐转向低度、超低度，多品种、多档次为主；由过去以酿造为主逐渐转向以购进食用酒精勾兑为主。由于国内白酒市场竞争激烈，县内规模以上酿酒厂效益出现逐年下滑趋势。1998年，碧云洞集团公司实行酒水分离，白酒厂组建成范公酒业有限责任公司，当年产酒1151吨，销售收入637万元，实现扭亏为盈。与此同时，个体小型白酒生产企业却有较大发展，至2005年，全县有“小型”白酒生产企业10余家，年生产白酒3000吨。

重点企业

山东碧云洞酒水有限责任公司　1998 年，山东碧云洞酒水有限责任公司建立，是以白酒、矿泉水、酵母和塑编等为主业的全省白酒行业骨干企业，拥有资产 2 亿元，职工 800 余人。公司主营“范公”“碧云洞”牌系列白酒，先后获“中国文化名酒”“山东十大名酒”“山东名牌”和“山东省著名商标”等称号；“碧云洞”牌矿泉水连续为“人民大会堂国宴特供饮品”。企业先后获全国质量管理先进企业、全国矿泉水信得过企业等称号，并通过 ISO 9001-2000 国际质量管理体系认证。

图 9-25　山东碧云洞酒水有限责任公司的白酒产品　(1998 年摄)

在范公酒篓基础上，公司又倾心打造 50° “精品范公酒篓”“范公多二两”和“范公 1+1”。2004 年，公司又投资 6000 万元新上年产能力 1 万吨酵母项目，同年产品顺利投产上市。

山东天地缘集团公司　1998 年，山东天地缘酒业有限公司建立，占地 200 余亩，职工 600 余人。公司拥有专业酿造车间 6000 平方米，发酵窖池 360 个，采用地下 180 米深层矿泉水，发酵时间 200 余天。年产各类白酒、果酒 1 万吨。2002 年，公司注册商标 “天地缘”。公司先后推出 “苦瓜酒” “家有喜事” “菜根谭” “1# 幸福干杯” 等系列天地缘白酒，从酒的内在质量到外包装都丰富了天地缘酒品牌和内容。

图 9-26　山东天地缘酒业有限公司生产的苦瓜酒　(2002 年摄)

公司于 2005 年 1 月经技术人员奋力攻关，研制出高档健康白酒 “彩云追月” 和 “二代苦瓜酒”。

邹平月河酒业　1985 年，月河酒业建立，是一家集研发、酿造、销售于一体的白酒企业，其前身是山东邹平杨寨酒厂。公司始终坚守“纯粮固态发酵、传统工艺窖藏”。旗下“月河”“翠竹”2 大品牌产品，窖香浓郁，绵软醇厚，优雅细腻，回味悠长。20 世纪 80 年代，获全国优质保健产品 “金鹤杯” “中国国际农业博览会名牌产品”，并被选为全国青年篮球联赛等大型活动指定用酒。

图 9-27　月河酒业生产的翠竹酒　(1998 年摄)

附：杨寨酿酒

杨寨村始建于明朝洪武年间（1368—1398），距今已有 600 余年的历史。当时，山西洪洞县大槐树几户移民，定居月河之畔建村。月河发源于于兹山泉子崖，泉水富含多种有益微量元素。村民生活安定后，重拾从山西带来的酿酒技术，利用月河优质泉水，酿造出浓郁醇厚的纯粮美酒。杨寨村与周村旱码头相距仅五六千米。得地理之便，村民推车挑担把美酒销往旱码头。鼎盛时期，全村有酿酒作坊 70 余家，几乎是家家飘酒香。一时间，杨寨美酒名扬全国。

第二节　啤　酒

发展概况

1983 年 3 月，邹平县啤酒厂由原邹平县化肥厂转产而建，试产成功。1984年，更名为山东琥珀啤酒厂。1985年，生产啤酒8633吨，实现产值323万元，利税102万元。1992年，生产能力20万吨。1994年，山东琥珀啤酒厂与香港华中亚洲投资公司合资成立山东华中琥珀啤酒有限公司。

企业在1990年和1995年两届全国行评中获第一名。公司拥有4条2万瓶/小时灌装线，2条3.6万瓶/小时灌装线，1条易拉罐生产线。1995年，企业通过ISO 9000产品质量体系认证。

主要产品有琥珀、金海岸啤酒。琥珀啤酒已形成纯生、无醇、营养、淡爽等多品位、高中档系列啤酒，被省技术监督局指定为“免检产品”。

图9-28　山东琥珀啤酒厂的主要产品（1995年摄）

2000年，投资1亿元，新上德国进口啤酒流水线，生产规模40万吨。2001年，生产啤酒21.5万吨，利税6800万元。

2005年，实现产值7963万元，实现销售收入1.05亿元。

第九章　有色金属及非金属采选

第一节　有色金属采选

发展概况

1987年5月，邹平铜矿开始筹建，主矿体铜品位4.3%，超过国家规定开采标准10倍以上。1990年12月26日，投入试生产，合计投资5000余万元。1992年，正式投产，当年完成金属量956吨。12月26日，邹平会仙铜金矿正式投产，矿区占地面积80亩，建筑面积6000平方米，产品以铜、金为主，后因品位及储量原因停产。2005年，全县生产铜精矿含铜量540吨，实现销售收入8136万元，利润606万元，利税1112万元。

重点企业

山东梁邹矿业集团公司　历经邹平铜矿、邹平铜业有限公司、邹平矿业有限公司发展演进。至2005年，公司下辖邹平钼业有限公司、邹平铭兴化工有限公司、邹平铭波电源有限公司、邹平铭扬建材有限公司、邹平铭远进出口贸易有限公司以及邹平碑楼铜业有限公司（筹建中），共涉及矿山采选、精细化工、电子制造、新型建材、进出口贸易等多种行业。

图9-29　邹平铜矿电力操控室（1992年摄）

图9-30　梁邹矿业生产区一角（2005年摄）

公司占地390亩，职工1100余人，其中各类专业技术人员160人，中高级技术人员64人，资产总额5亿元。2000年，生产铜精矿含铜量2476吨，实现工业产值2483万元，利税313万元。2000年后，公司设有省级企业技术中心，先后通过ISO 9001-

2000 质量管理体系、KHSMS 18000 职工安全健康体系和国家“质量信用 AAA 等级”认证。在 2000 年国家统计局公布的全国最大 100 家有色金属采选业企业中，排名第 32 位。先后获“全国企业文化先进单位”“全国第一批国家级征集企业”“全国质量信誉 AAA 等级企业”“中国经济百佳诚信企业”“山东省文明卫生先进单位”“山东省安全生产‘双基’工作先进单位”“山东省法制宣传教育工作先进企业”“山东省‘慈心一日捐’先进单位”等称号。

邹平钼业有限公司　山东梁邹矿业集团子公司。“七五”后期国家计委、山东省计委确定的重点建设项目。

图 9-31　邹平钼业生产车间　(2004 年摄)

1988 年，开工建设，1990 年 12 月 26 日，竣工投产，是山东省唯一铜、钼采选业企业，是国家军工原料生产基地。2004 年，公司通过职业安全健康管理体系认证，并逐年通过验收审核。2005 年，规范实施矿山安全生产标准化建设，达到省二级安全标准化企业标准，实现安全生产 10 年无重大伤亡纪录。钼业有限公司已累计生产铜 2.8 万吨，钼 450 吨。

邹平铭波电源有限公司　2001 年，建成投产。山东省内最具规模的充电电池生产企业，公司拥有国内最先进完整的镉镍、氢镍充电电池生产线，日产各种型号充电电池 10 万支，并具备生产高温电池能力。2002 年，公司通过 ISO 9001-2000 质量管理体系认证。2003 年，通过欧洲电源市场认证。2005 年，通过美国 UI 认证。

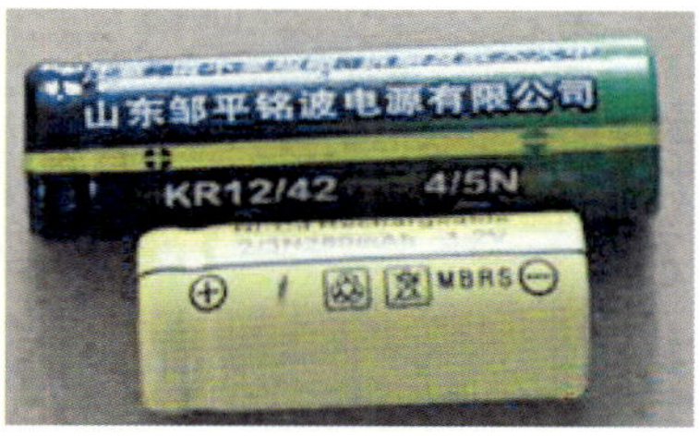

图 9-32　邹平铭波电源有限公司生产的镉镍电池 (2004 年摄)

2003 年，被授予省高新科技企业，获 3 项山东省科技成果奖励。

邹平铭扬建材有限公司　2004 年 8 月建立，资产总额 1200 万元，占地 72 亩。主要生产建筑用普通砖、地面砖、彩砖、空心砖，有一套国内最先进的混凝土压力砖生产线，日产免烧砖 20 万块，年产值 1000 余万元。2005 年，产品通过省产品质量监督检验研究院的抗压强度检验及地质矿山部建筑材料放射性核素限量检验。被滨州市命名为资源综合利用企业。

邹平碑楼铜业有限公司　2003 年 6 月 27 日立项，由山东省物化探勘查院历时 2 年，经过大量地质资料综合分析研究，最后通过钻探验证，是邹平王家庄铜矿发现 20 余年来，该地区找矿工作又一重大突破，已通过《山东省邹平县碑楼地区铜矿普查报告》专家评审。该矿拥有矿体矿石量 400 万吨，服务年限 15 年以上。2005 年开始筹建。

第二节　非金属采选

发展概况

1986—2005 年，全县非金属采选企业有 3 家，销售收入 2278 万元，利润 140 万元，利税 220 万元。

邹平县岭子煤矿

位于淄博市淄川区岭子镇沈家河村。1971 年 3 月，建成投产。1985 年，有固定资产 375.85 万元，职工 662 人，占地面积 83.3 亩，年生产原煤 5.02 万吨，总产值 107.86 万元，实现利税 8.21 万元。1986 年后，为缓解煤炭不足矛盾，仍坚持正常生产。1991 年 10 月，因资源枯竭，亏损严重，停产闭井。职工回县进行分流安置。

第十章　化学工业

第一节　发展概况

1986年起，县内化学工业发展迅速，有精细化工、轻工日化、有机化工、无机化工、农药5大类。1990年，全县化学工业企业有18家，年产值2656万元，实现利润144万元，但有6家企业出现亏损。苑城“八四”厂盈利大，县化工总厂效益不佳。1991—1993年，镇、乡、村办化学工业企业发展快。1993年,全县共有化工企业21家，年产值6428.7万元。其中基本化学原料制造业9家，年产值1128.5万元；化学肥料制造业2家，年产值403.2万元；化学农药制造业1家，年产值995万元；有机化学产品制造业3家，年产值246万元;专用化学产品制造业1家,年产值1885.2万元;合成材料制造业1家，年产值707.5万元；日用化学产品制造业3家，年产值1063.5万元。

1996年6月，县化工总厂破产。同年，通过转换经营机制，邹平县化学工业有限公司成立。公司占地95.5亩，下设4个生产分厂，2个经营性公司。主要生产普通过磷酸钙、复混肥，环氧大豆油、复合热稳定剂，稀土镁合金3大系列20余种产品，资产总额600万元，企业经济效益一度好转。

1998年后，民办化工企业数量年年增多，规模不断扩大，生产能力大幅度提升，以天兴化工、铁雄能源、双桥化工、铭兴化工、华孟集团为骨干企业，主要产品有癸二酸、二甲酯、十二羟基硬脂酸、保险粉、无水亚硫酸钠、粗笨、焦油、工业萘等。至2005年，全县规模以上化工企业39家，从业5000余人，总资产20.9亿元；实现销售收入21.5亿元、利税2.5亿元、利润1.13亿元，实缴税金1.4亿元，占财政总收入的4.6%。

第二节　重点企业

邹平县天兴化工有限公司

是一家以蓖麻籽为原料加工国标一、二级蓖麻油、癸二酸企业。公司前身为邹平县东关榨油厂，1984年，开始专业生产蓖麻油。公司总资产2800万元，净资产1500万元，年产值4500万元，利税300万元。公司占地面积42亩，职工150名，固定资产1500余万元。年处理蓖麻籽5万吨，年产癸二酸3000吨,蓖麻油2万吨,蓖麻饼2.6万吨，是国内最大蓖麻油专业生产企业。

双桥化工有限公司

位于焦桥镇，占地面积150亩，职工350人，是一家专业生产销售保险粉、无水亚硫酸钠、分散染料、纺织浆料、纺织配件和打包带的综合性企业。年产保险粉3万吨，无水亚硫酸钠1万吨。2005年，工业总产值9428万元，销售收入1.01亿元，实现利税596.7万元，其中利润268.9万元。

山东铁雄能源集团公司

2003年成立，是一家大型专业煤化工企业。主要生产经营范围有洗煤、炼焦、工业及民用燃气、发电、焦油集群加工等。公司总资产15亿元，有职工3000人。下属企业有邹平铁雄焦化有限公司、邹平帆岛化工燃气有限公司、邹平一水贸易有限公司。邹平铁雄焦化有限公司是国家发改委验收合格的首批焦化行业公告企业。年产焦炭200万吨、焦油10万吨、化肥6万吨、粗苯3万吨、工业萘1万吨，煤气6亿立方米，发电1.3亿千瓦。2005年，邹平铁雄焦化有限公司工业总产值为3525.7万元，销售收入3399.5万元，实现利税2865.2万元。

山东省邹平八四工厂

位于长山镇陈度村，是国家民用爆破器材定

点生产企业。1976 年 3 月，建厂，占地面积 300 亩，固定资产 3000 万元，职工 210 人，各类专业技术人员 52 人。拥有铵梯炸药、黏性炸药和乳化炸药3条生产线,生产6大系列20多种规格的产品。2001 年，6 大系列产品全部通过 ISO 9001 国际质量体系认证。该厂通过 1985 年搬迁，1992 年生产线改扩建，2002 年，乳化黏状炸药联合生产线进行 3 次大的技术改造，各项设备设施均符合《民用爆破器材工厂设计安全规范》(GB 50089–98)，取得安全生产许可证。该厂生产的“鲁威”牌铵梯炸药先后被评为省优质产品和省名牌产品。黏性炸药率先填补省内空白。被山东省国防科工办列为全省 12 家扶强企业之一。2005 年，八四厂工业总产值为 3681.1 万元，销售收入 3683.2 万元，实现利税 501 万元，利润 227.8 万元。

邹平县齐苑化工有限公司

原邹平县第二化工厂，位于长山镇苑城，始建于 1985 年 2 月，职工 120 人，注册资金 300 万元，固定资产 650 万元。年产草酸二甲酯 800 吨、草酸二乙酯 2000 吨、草酸二丁酯 600 吨。注册商标为“齐苑”牌。公司拥有自营进出口权，1993 年始，产品打入国际市场，年均出口量 500 吨。2005 年，实现产值 1650 万元，实现销售额 1698 万元，实现利税 115 万元。

图 9–33　“齐苑”牌草酸二乙酯（1998 年摄）

华孟化工有限公司

1996 年始建，位于临池镇，隶属于山东华孟集团公司。1996 年，华孟集团公司投资 1600 万元，购买化工部锦西化工研究所的化工产品氯乙酰氯生产专利，建立有机化工厂。1998 年，又投资 400 万元对化工厂进行技改扩建，氯化酰氯系列产品由原来的年产 1000 吨扩至 3000 吨。新上年产 500 吨的氯乙酸乙酯和年产 500 吨的氯乙酸甲酯，年产 500 吨的氯化酰胺生产线各 1 条，年产值 4600 万元，利税 1500 万元。

1999 年，与清华大学合作开展“科技常青树”工程。2001 年，组建化工研究所和生物技术开发中心，研制开发出丁酰氯、庚酸氯等 10 多个新产品。2005 年,华孟化工有限公司有总资产 1.1 亿元，注册资金 3200 万元，有高级工程师 5 人、工程技术人员 30 名、员工 272 名。有国家专利产品 2 项。企业先后被评为“山东省高新技术企业”“山东省著名商标”“山东省优秀民营科技企业”“山东省技术创新示范企业”“全国创名牌重点企业”等。年生产 1.2 万吨氯乙酸乙酯、氯代特戊酰氯、氯乙酰氯、丙酰氯等酰氯系列产品，占有全国同类产品 2/3 市场份额。

邹平铭兴化工有限公司

2002 年，建成投产，资产总额 6000 余万元，主要生产丙烯醇、二烯丙基胺、二氯丙烯胺、1，3– 丙二醇、三溴丙烯、二溴甲烷等 30 余种精细化工产品，远销 20 余个国家和地区。公司属省高新技术企业，拥有专利产品 16 项，其中 1，3– 丙二醇为国内唯一生产厂家，获科技部优秀科技成果奖励，属 2003 年国家重点新产品。2005 年，公司通过 ISO 9001–2000 质量管理体系认证。同年，通过 OHSMS 18000 职业安全健康体系认证，被授予省“二级安全标准化企业”称号。与浙江大学、山东大学等高校建立校企合作关系，与美国默克公司、浙江泛科公司有良好生产和营销合作关系。

图 9–34　邹平铭兴化工有限公司厂区外景（2003 年摄）

第十一章 电力工业

第一节 发 电

发展概况

1990年后，国家出台一系列热电联产项目建设优惠政策，地方小火力发电厂建设进入快速发展时期。1995年12月1日，邹平电力总公司城北热电厂开始兴建。一期工程投资1.83亿元，建设3台75吨煤粉炉，安装2台1.2万千瓦抽凝式发电机组，年最大发电能力为3万千瓦，最大供热能力为160万吉焦，1997年7月1日，建成投产。时为邹平县有史以来一次性投资最大工程，亦是滨州地区兴建第一座地方热电企业。

2001年8月，电力总公司城北热电厂二期工程开始建设，4、5号锅炉、3号汽轮发电机组陆续投产，经过股份制运作，改组为邹平县热电有限公司。魏棉、西王、开发区、长山等热电厂亦相继建成投入运营，彻底改变邹平县供电不足局面。

图9-35 邹平电力总公司城北热电厂外景（1998年摄）

至2005年，全县共有小火力发电厂5家，装机总容量48.6万千瓦。其中邹平县热电有限公司城北电厂装机容量7.4万千瓦，魏桥创业集团热电厂装机容量7.20万千瓦，齐星开发区热电厂装机容量24万千瓦，齐星长山热电有限公司装机容量5万千瓦，西王集团热电厂装机容量5万千瓦。电力总公司城北热电厂及齐星长山热电厂并网运行，执行发电量计划，其他热电厂为孤立运行，自发自用。

重点企业

邹平热电有限公司 （原邹平县电力总公司热电厂）位于邹平县城环城路北，总占地面积195亩。始建于1996年1月，10月1日机组投产。其主要设备为3台75吨/时煤粉锅炉、2台12兆瓦汽轮发电机组（单台最大供电负荷可达15兆瓦），最大供热能力为130万吨/年，年供电量为2亿千瓦时。1998年，实现销售收入6737万元，利润837万元，利税1738万元。2001年8月，二期工程开始建设。2002年7月，经过股份制运作，改组为邹平热电有限公司。2003年2月，3号汽轮发电机组正式投产，7月5日，锅炉投产。其主要设备为2台220吨/时流化床锅炉、50兆瓦汽轮发电机组（最大负荷55兆瓦）1台。最大供热能力为130万吨/年，年供电量为3.5亿千瓦时。2005年，实现销售收入2.74亿元，利润4590万元，利税7464万元。

齐星开发区热电有限公司 位于城东开发区内，占地面积500亩，职工305人。2003年年初，开始建设。2004年8月,1号机组并网发电,11月，2号机组并网发电。2005年1月，3号机组并网发电，4号机组开始安装调试。至2005年，生产规模为3台240吨/时锅炉、1台440吨/时锅炉、4台60兆瓦汽轮发电机组。2005年，公司资产总额

图9-36 邹平热电厂外景（1997年摄）

6亿元，发电量10.2亿千瓦时，供电量9.2亿千瓦时，实现销售收入2.85亿元，利税4600万元，利润1700万元。

山东齐星长山热电有限公司　位于长山镇开发区内，占地面积117亩。始建于2003年5月18日，2004年3月，1号机组运行投产；6月，2号机组运行投产。规模为2台130吨/时高温高压煤粉炉，2台25兆/伏高温高压汽轮机。2003年1月6日至2004年7月13日，太平洋顶峰投资有限公司出资8398万元，占股64%；齐星集团出资3458万元，占股26%；长山镇工业总公司出资1235万元，占股10%。2004年7月13日，公司重组，齐星集团公司出资9450万元，占股份90%，长山镇工业总公司出资1050万元，占股份10%。2005年，公司实现产值1.18亿元，销售收入1.18亿元，利税1689万元，利润706.51万元。

第二节　供　电

1986年年初，全县有35千伏线路5条，合计0.61千米，110千伏线路1条，合计0.12千米。同年，邹平县加快电网建设，先后建设35千伏变电站8座，110千伏变电站3座。至2005年，全县有110千伏变电站8座，总容量63.85万千伏安，110千伏输电线路总长104.57千米；有35千伏变电站10座，总容量11.7万千伏安，35千伏输电线路总长139.7千米；10千伏配电线路80条1235.92千米。配电变压器容量2488台/34万千伏安。低压线路3943.9千米，其中0.4千伏低压照明线路2467千米，为全县856个村照明用户及企业、个体企业及农业供电。全县有无功补偿设备安装容量11.543万千伏安。邹平电网已形成以110千伏为主供电源。110千伏、35千伏线路环网结构，确保供电质量和供电可靠性，基本能满足全县用电需求。

2004—2005年，为提高县城供电可靠性，缓解县城周边乡镇对110千伏黄山变电站的绝对依赖性，相继在城南、城东建设110千伏变电站各1座，城西35千伏黛溪变电站建设改造为110千伏变电站，同时对110千伏线路重新进行整改。

2005年邹平县输、变电设备情况一览表（主变电站）

表9-11-1

序号	变电站	地　址	电压等级（千伏）	主变容量（千伏安/安）台	无功容量（无功千伏安）
1	九户变电站	九户镇	110	25000/1　40000/1	1800
2	临池变电站	临池镇	110	20000/1	1800
3	郭辛变电站	郭辛村	110	16000/1　40000/1	2100
4	城南变电站	县城南	110	40000/2	6000
5	代家变电站	好生镇	110	25000/1	2400
6	东城变电站	县城东	110	40000/2	8400
7	黛溪变电站	县城西	110	40000/2	7200
8	明集变电站	明集镇	35	3150/1　8000/1	1200
9	青阳变电站	青阳镇	35	16000/1　8000/1	3000
10	码头变电站	码头镇	35	3150/1	2250
11	韩店变电站	韩店镇	35	8000/2	2400
12	周家变电站	县城西	35	8000/2	1600
13	长山变电站	长山镇	35	8000/1　16000/1	4600

续表9-11-1

序号	变电站	地 址	电压等级（千伏）	主变容量（千伏安/安）台	无功容量（无功千伏安）
14	焦桥变电站	焦桥镇	35	3150/1 8000/1	3000
15	苑城变电站	苑城镇	35	3150/1 8000/1	3000
16	孙镇变电站	孙 镇	35	3150/1 8000/1	1500
17	好生变电站	好生镇	35	3150/1 8000/1	1200
18	西董变电站	西董镇	35	3150/1 8000/1	1000
	合计			544050/33	54450

2005年邹平县输、变电设备情况一览表（用户变电站）

表9-11-2

序号	变电站	地 址	电压等级（千伏）	主变容量（千伏安/安）台
1	宏诚变电站	县城开发区	35	3150/2
2	华中琥珀啤酒厂变电站	县城黛溪三路	35	800/1 1600/1 2000/2
3	长星集团变电站	长山镇经济开发区	35	8000/2
4	传洋访华团变电站	长山镇经济开发区	35	3150/1 10000/2
5	东尉集团变电站	长山镇东尉村	35	2000/1
6	三星油脂变电站	韩店镇经济开发区	35	2000/2
7	三星棉织变电站	韩店镇经济开发区	35	2000/3
8	天兴集团变电站	韩店镇经济开发区	35	2000/1
9	西王结晶糖变变电站	韩店镇西王村	35	2000/5
10	西王淀粉二厂变电站	韩店镇西王村	35	2000/5
11	西王淀粉三厂变电站	韩店镇西王村	35	2500/4
12	西王钢厂变电站	韩店镇经济开发区	35	16000/1
13	济青路西站变电站	济青高速路邹平段	35	400/1
14	济青路东站变电站	济青高速路邹平段	35	400/1
15	碧云洞酒水有限公司变电站	县城黛溪三路	35	1600/2
16	开泰金属磨料公司变电站	青阳镇	35	1600/1 2000/1
17	第三棉纺织厂变电站	县城	35	630/1 1000/3
18	山东广富集团变电站	青阳镇	35	10000/1
19	华诚化纤集团变电站	明集镇	35	2000/1
20	西王生化公司变电站	韩店镇西王村	35	50/7 20000/2
21	青龙山水泥厂变电站	县城南	35	2000/1
22	长山腾达纺织品变电站	长山镇	35	1250/1
23	华明集团变电站	黛溪街道	35	125800/1
24	七棉科技有限公司变电站	焦桥镇	35	2000/1

2005年邹平县输、变电设备情况一览表（输电线路）

表9-11-3

编　号	线路名称	线路长度（千米）	杆基数（基）	起　点	止　点	导线型号
212001	35千伏长苑线	6.48	82	长山	苑城	LGJ-95
212002	35千伏苑焦线	7.42	69	苑城	焦桥	LGJ-70
212003	35千伏黄长线	13.4	121	黄山	长电	LGJ-150
212004	35千伏长山线	2.63	20	长电	长山	LGJ-240
212005	35千伏好生线	5.91	49	城南	好生	LGJ-95
212006	35千伏好董线	6.03	52	好生	西董	LGJ-95
212007	35千伏西董线	6.7	63	城南	西董	LGJ-95
212008	35千伏周家线	4.36	45	城南	周家	LGJ-95
212009	35千伏黄南线	6.22	61	黄山	城南	LGJ-95
212010	35千伏轻工线	6.66	69	黄山	黛溪	LGJ-70
212011	35千伏电溪线	5.82	55	热电厂	黛溪	LGJ-120
212012	35千伏黄电Ⅰ线	1.8	9	热电厂	黄山	LGJ-150
212013	35千伏黄电Ⅱ线	1.8	9	热电厂	黄山	LGJ-150
212014	35千伏电溪T线	9.13	78	黛溪	青阳	LGJ-95
212015	35千伏电韩线	5.52	55	热电厂	韩店	LGJ-150
212016	35千伏韩明线	7.58	65	韩店	明集	LGJ-95
212017	35千伏韩孙线	12.4	116	韩店	孙镇	LGJ-70
212018	35千伏孙焦线	11.55	96	孙镇	焦桥	LGJ-70
212019	35千伏九孙线	7.69	66	九户	孙镇	LGJ-150
212020	35千伏九位线	11.5	97	九户	位桥	LGJ-95
212021	35千伏韩西线	1.5	15	韩店	西王	LGJ-95
212022	35千伏黛周线	7.12	67	黛溪	周乔	LGJ-150
212023	35千伏黛明线	7.77	73	黛溪	明集	LGJ-150
212024	35千伏九明线	11.42	106	九户	明集	LGJ-150
212025	35千伏青阳Ⅰ线	9.15	53	黛溪	广富	LGJ-150
212026	35千伏青阳Ⅱ线	11.33	81	黛溪	来彬	LGJ-150
212027	35千伏长星线	2.4	22	长电	长星	LGJ-150
212028	35千伏长钢线	8.17	83	长电	东尉	LGJ-240
213001	110千伏肖黄Ⅰ线	9.4	58	肖镇	黄山	LGJ-185
213002	110千伏肖黄Ⅱ线	8.7	52	肖镇	黄山	LGJ-150
213003	110千伏肖九线	17.41	88	肖镇	九户	LGJ-150
213004	110千伏周黄Ⅱ线	10.23	51	黄山	周村	LGJ-150
213005	110千伏周黄ⅡT线	9.1	48	周村	临池	LGJ-120

续表9-11-3

编 号	线路名称	线路长度(千米)	杆基数(基)	起 点	止 点	导线型号
213006	110千伏九郭线	11.69	59	九户	郭辛	LGJ-150
213007	110千伏肖铝线	10.48	55	肖镇	铝厂	LGJ-240
213008	110千伏肖顶线	3.18	16	肖镇	顶峰热电	LGJ-240
213009	110千伏肖黄ⅠT线	1.6	11	热电厂	铝厂	LGJ-300
213010	110千伏邹铝线	4.47	24	热电厂	铝厂	LGJ-300
213011	110千伏邹铝Ⅱ线	4.47	24	热电厂	铝厂	LGJ-300
213012	110千伏肖东Ⅰ线	5.2	39	肖镇	城东	LGJ-300
213013	110千伏肖东Ⅱ线	5.2	39	肖镇	城东	LGJ-300
213014	110千伏邹黛线	7.5	44	热电厂	黛溪	LGJ-240
213015	110千伏周南线	2.62	15	周黄Ⅱ	城南	LGJ-240
	35千伏合计	199.46	1777			
	110千伏合计	111.25	462			

2005年邹平县输、变电设备情况一览表（配电线路）

表9-11-4

编 号	线路名称	供电半径(千米)	线路总长(千米)	起止点	导线型号
211001	10千伏市政线	6.66	25.38	黄变海联	LGJ-70
211002	10千伏工业线	6.65	10.39	黄变车具厂	LGJ-95
211003	10千伏黄山线	3.10	7.75	黄变韩家	LGJ-70
211004	10千伏东城线	3.57	16.93	黄变东石	LGJ-50
211005	10千伏日清线	10.88	37.36	黄变石化	LGJ-50
211006	10千伏棉纺线	0.92	1.12	黄变邹棉	LGJ-95
211007	10千伏亚视线	0.64	0.64	黄变邹棉	LGJ-150/180米 YJV22-185
211008	10千伏市南线	8.76	35.46	黄变交通	LGJ-70
211009	10千伏糖厂线	2.10	2.10	黄变糖厂	LGJ-150
211010	10千伏扬水线	12.34	12.34	黛扬水站	LGJ-70
211011	10千伏西城线	6.76	19.89	黛变崔家	LGJ-50
211012	10千伏铜Ⅰ线	0.80	0.80	黛变铜矿	LGJ-50
211013	10千伏铜Ⅱ线	0.80	0.80	黛变铜矿	缆3X2580M
211014	10千伏染织线	1.82	1.82	黛变邹染	LGJ-50
211015	10千伏郎君线	7.70	23.10	黛变石料	LGJ-70
211016	10千伏前程线	10.01	14.58	黛变黄西	LGJ-70
211017	10千伏礼参线	9.52	34.50	黄变旺面	LGJ-70

续表9-11-4

编　号	线路名称	供电半径(千米)	线路总长(千米)	起止点	导线型号
211018	10千伏青西线	5.65	19.66	青芽庄湖	LGJ-70
211019	10千伏青浒线	3.94	7.05	青浒山北	LGJ-70
211020	10千伏醴泉（南陈）线	4.48	7.81	青变醴泉（南陈）	LGJ-95
211021	10千伏青钢线	2.12	2.27	青恒昌钢	LGJ-70
211022	10千伏张钢Ⅰ线	0.80	0.80	青变张钢	LGJ-120
211023	10千伏张钢Ⅱ线	0.80	0.80	青变张钢	LGJ-120
211024	10千伏井埠线	6.85	23.14	长变张旺	LGJ-70
211025	10千伏镇直线	4.84	14.94	长变南坦	LGJ-70
211026	10千伏官南线	6.14	15.92	长变后芽	LGJ-70
211027	10千伏田由线	7.77	14.75	长变韩家	LGJ-70
211028	10千伏东尉线	7.62	16.57	长变东尉	LGJ-70
211029	10千伏大齐线	3.72	3.72	长变凯远	LGJ-50
211030	10千伏北禾线	4.30	9.28	董变中王	LGJ-70
211031	10千伏会仙线	9.61	23.97	董变杏林	LGJ-50
211032	10千伏东峪线	7.65	16.98	董大马峪	LGJ-50
211033	10千伏林场线	9.80	16.61	董变林场	LGJ-50
211034	10千伏佛生线	9.56	12.93	临变郑家	LGJ-50
211035	10千伏小房线	3.52	7.47	临变小房	LGJ-50
211036	10千伏安家线	9.97	16.35	临变安家	LGJ-70
211037	10千伏望京线	6.18	15.60	临变油站	LGJ-70
211038	10千伏临池线	4.74	9.54	临变临池	LGJ-70
211039	10千伏化工线	3.33	7.29	苑精铸厂	LGJ-50
211040	10千伏杏村线	6.08	17.24	苑变后麻	LGJ-70
211041	10千伏中王线	7.02	19.71	苑变东绳	LGJ-70
211042	10千伏陈度线	8.01	17.75	苑变柏林	LGJ-50
211043	10千伏刘套线	6.40	13.58	焦变韩套	LGJ-50
211044	10千伏镇府线	4.58	6.48	焦变潘军	LGJ-150
211045	10千伏道郭线	9.84	21.13	焦变郭家	LGJ-70
211046	10千伏焦棉线	1.02	1.02	焦变焦棉	LGJ-150
211047	10千伏孙段线	6.78	18.00	焦变朱套	LGJ-50
211048	10千伏焦直线	7.68	14.56	焦变西营	LGJ-70
211049	10千伏辛辉线	6.27	9.01	孙变杨家	LGJ-50
211050	10千伏前刘线	6.98	12.33	孙变坡庄	LGJ-50
211051	10千伏坡棉线	11.88	16.71	孙变坡棉	LGJ-50

续表9-11-4

编 号	线路名称	供电半径(千米)	线路总长(千米)	起止点	导线型号
211052	10千伏北冯线	3.08	4.28	孙变冯家	LGJ-35
211053	10千伏霍坡线	7.04	20.47	孙变霍坡	LGJ-50
211054	10千伏安祥线	7.01	14.07	九变安祥	LGJ-70
211055	10千伏水韩线	7.70	22.46	九变斧寨	LGJ-70
211056	10千伏刘寨线	7.07	19.32	九变刘寨	LGJ-70
211057	10千伏乡政线	5.88	10.19	九变路平	LGJ-70
211058	10千伏里八线	14.76	45.67	九变丁家	LGJ-70
211059	10千伏油棉线	1.96	2.46	九变九棉	LGJ-120
211060	10千伏台子线	11.97	64.32	郭变台西	LGJ-70
211061	10千伏码头线	12.80	83.19	魏变田拐	LGJ-70
211062	10千伏魏桥线	13.11	26.31	郭五龙堂	LGJ-70
211063	10千伏小田线	8.60	30.13	郭变弭家	LGJ-70
211064	10千伏麻张线	6.11	12.01	郭老王庄	LGJ-70
211065	10千伏言礼线	11.61	22.30	韩东言礼	LGJ-50
211066	10千伏镇直线	2.04	6.32	韩变上口	LGJ-50
211067	10千伏木王线	14.13	34.13	韩变木王	LGJ-70
211068	10千伏实户线	6.76	14.40	韩新试验	LGJ-50
211069	10千伏军政线	1.68	1.96	好变宗予	LGJ-120
211070	10千伏黑土线	6.86	19.74	好变河北	LGJ-70
211071	10千伏蒙家线	4.41	9.73	好变蒙一	LGJ-70
211072	10千伏山旺线	9.80	21.30	好变临变	LGJ-95
211073	10千伏西闸线	4.43	8.68	明变西闸	LGJ-50
211074	10千伏王少唐线	12.38	24.75	明王少唐	LGJ-70
211075	10千伏明直线	2.42	4.83	明棉加厂	LGJ-50
211076	10千伏苏桥线	8.15	16.30	明变苏桥	LGJ-50
211077	10千伏六棉线	0.54	1.08	明变六棉	LGJ-70
211078	10千伏城北线	0.62	0.62	九变城北	LGJ-150
211079	10千伏政务线	2.50	4.20	周家政务	LGJ-150
211080	10千伏花园线	2.30	2.30	周家世纪	LGJ-150
211081	10千伏见埠线	5.50	6.80	周家见埠	LGJ-150
211082	10千伏新华线	2.50	7.50	周家劳动	LGJ-150
211083	10千伏新民线	3.40	16.91	城南高速路	LGJ-150
211084	10千伏韩家线	3.60	8.75	城南生力源	LGJ-150
	合 计		1263.11		

第三节　用电水平及电价

用电水平

1986 年起，工业兴县步伐加快，生产用电发展迅速，全县年用电量成倍增长。至 2005 年，全县年供电量为 23.47 亿千瓦时，售电量为 22.50 亿千瓦时。

1986–2005年邹平县供售电量情况表

表9-11-5　　单位：万千瓦时

年　度	供电量	售电量	年　度	供电量	售电量
1986	9871.9	9502.9	1996	37157	34983
1987	10816	10497	1997	42611	40400
1988	12588	12124	1998	45328	43458
1989	15578	15095	1999	45124	43915
1990	16333	15827	2000	39900	37490
1991	18541	17907	2001	65000	63260
1992	22495	21514	2002	130000	126500
1993	23788	22940	2003	175000	169600
1994	28936	27545	2004	198900	193600
1995	32785	31438	2005	234700	225500

用电管理

1986—1997 年，电源建设滞后于经济发展和人民生活对电力需求，供需矛盾突出，这一时期，在搞好电源建设同时，一方面强化计划用电管理，将负荷指标和电量分配到用户，另一方面搞好节约用电，大力推广节电新技术、新工艺，安装无功补偿装置，提高用电率。1998 年，邹平热电厂投入运行后，出现电力供大于求局面，通过采取鼓励用电政策，稳定原有电力市场，采取“业扩报装”一条龙服务，积极开拓新的电力市场。

1998 年开始，实施“两改一同价”，通过对农村电网改造和对供电所、农村电工管理机制改革，将乡镇电管站改为供电所。2005 年，全县有电工组 55 个，其中公司投资 130 余万元建成高标准电工组 11 个。

调度管理

1984 年，县供电公司调度所设立，初始业务是接受淄博电业局调度所命令。1998 年 4 月，农电体制改革后，变电站行政管理交由供电所负责。2000 年，肖镇 220 千伏变电站建成投运，9 月，县供电公司调度所改由接受滨州电业局调度所命令。

电力调度中心大楼建设

1991 年 1 月 19 日，邹平县供电公司兴建电力调度中心大楼，1993 年 8 月 20 日，正式投入使用。主楼 11 层，上设塔钟和 15 米通讯塔。建筑面积 5878.46 平方米，工程造价 1037.35 万元。

电价

1985 年起，开始收取煤运加价，标志着全国电力价格改革开始。1987 年，国务院批转国家计委《关于征收电力建设资金暂行规定》，规定从 1988 年 1 月 1 日起，开始征收电力建设资金，征收标准为每度用电量 2 分钱，用户随电费缴纳。

1993 年 7 月，执行国家计划委员会和电力部颁布的新《目录电价》，即全省统一《山东省电网电价表》标准。1994 年 1 月，《山东省目录电价》公布。同年，为缓解缺电矛盾，鼓励用户调整用电负荷，削峰填谷，根据国务院《关于鼓励集资办电和实行多种电价的暂行规定》，国家计委、电力部下发《关于山东电网峰谷分时电价试行办法的批复》，同意山东电网试行峰谷分时电价办法，实行范围为电网直供的容量在315千伏安及以上大用户，100千伏安及以上非工业、普通工业用户，趸售转供单位。规定高峰时段为8：00～11：00；18：00～23：00；低谷时段为23：00～7：00；其余时段为平时段。高峰时段电价按基础电价上浮50%，低谷时段电价按基础电价下浮50%，平段电价按基础电价。

1995年12月31日，每度用电量2分钱的电力建设资金停止征收。

1996年，国家计委下发《关于在"九五"期间继续征收电力建设基金的通知》，为支援三峡工程建设，规定电力建设基金自1月1日起继续征收，居民生活用电自4月1日起执行。1997年7月，执行国家计委、电力部《关于调整山东网电价的通知》中规定的电价标准（用电不满1千伏，居民生活电价0.32元；非居民照明电价0.366元；非工业、普通工业电价0.284元；农业生产电价0.213元）。

1998—2000年，执行省政府转发的省计委、物价局、电力工业局《关于1998年全省电价调整方案的报告》中"滨州直供区电价及电费表"规定的电价标准。电价标准包括电度电价、基金及附加2大类。其中电度电价包括目录电价和还本付息2项，基金及附加包括三峡工程建设基金、电力建设基金、用电附加费、城建附加费4项。

第十编
支柱企业

Mainstay Enterprise

2003年9月24日，魏桥纺织股份有限公司在香港联交所主板以H股方式成功上市。

2004 年 12 月，魏桥创业集团总部办公楼启用

20 世纪 90 年代的西王集团

魏桥创业集团、山东西王集团，从作坊式小厂起步，改革制约发展体制机制；创新、优化公司结构；不断加大技术创新和固定资产投入；抢抓机遇，实施人才战略多点布局，延长产业链条；统筹国内、国际两个市场；企业做大做强。魏桥创业集团成为转移消化农村劳动力的惠民企业。魏桥创业集团、山东西王集团，成为支撑邹平县地方财政、改善民生的支柱企业。

第一章 魏桥创业集团

第一节 发展概况

1951年，惠民地区实业公司投资70万元，在邹平县（原齐东县）魏桥镇驻地筹建魏桥轧花厂，占地75.5亩，职工80余名。建厂之初，厂里只进行籽棉轧花生产，日轧花不到10吨。1952年，企业更名为齐东油棉厂。

从建厂之初到1978年，企业年利税一直在4万元上下徘徊。从改革开放开始，企业发展走上快车道。1980年，企业实现利税猛增至54万元。

1995年，企业累计完成工业总产值12.50亿元，销售收入14.27亿元，实现利税1.96亿元、利润1.30亿元，出口创汇1.05亿美元。1996年，完成工业总产值6.54亿元，销售收入8.05亿元，实现利税1.20亿元、利润7313万元，出口创汇4006万美元，居全国同行业首位。

1999年，集团公司完成工业总产值12.98亿元，销售收入20.60亿元，实现利税2.41亿元、利润1.40亿元，出口创汇5832万美元。

2000年，实现销售收入31.27亿元、利税4.01亿元、利润2.65亿元，出口创汇1.06亿美元。建筑面积30万平方米的魏桥工业园生产二区2座工业大楼，按期投产达产。自营出口创汇比上年增长83%，占全区总量的40%，在全国获得棉纱、棉布和2纱2布综合自营出口3个第一名。“魏桥”牌系列纺织产品作为山东省培植国际知名品牌产品，畅销国内大部分省市，覆盖美、日、韩等20余个国家和地区。年末，集团公司发展成为集棉、纺、织、染、整、热电于一体的大型综合纺织企业，职工增加至2.4万人，厂区面积扩大至3000亩，企业总资产23.85亿元，生产规模和经济效益均列全国同行业首位。

2001—2005年，集团公司先后改造完善和开工建设魏桥、邹平、滨州、威海4个生产基地9个工业园。到“十五”末，发展成拥有总资产257亿元、员工16万人的集纺织、印染、服装、家纺、热电、铝业于一体的特大型企业，成为中国企业500强（第109位）、中国制造企业百强（第47位）、中国进出口企业百强（第78位）和世界上最大的纺织企业。生产规模和经济效益连续8年居全国棉纺织行业首位。2005年8月世界品牌实验室认定“魏桥”品牌以55亿元名列中国最具价值品牌500强第97位。2005年，集团销售收入、利税、利润和自营进出口额，分别达到355.1亿元、40.5亿元、21亿元和14.2亿美元。

2002年，邹魏一园、威魏工业园先后举行奠基仪式，公司相继通过ISO 9001质量管理体系认证和ISO 14001环境管理体系认证。同年，实现销售收入60.74亿元、利税8.22亿元、利润4.90亿元、自营进出口额4.20亿美元。

2003年，山东魏桥纺织集团有限公司更名为山东魏桥创业集团有限公司。

2004年，全年实现销售收入231.25亿元、利税25.31亿元、利润15.13亿元、自营进出口额12.9亿美元，成为全省10家销售收入过200亿元的企业集团之一。集团基建技改项目完成总建筑面积 332 万平方米。

2004 年，集团总部新办公大楼及配套工程建成，总部于年底迁入新址。5 月 28 日，魏桥纺织在香港成功配售，净融资 6.53 亿港元。至 2004 年，集团公司拥有总资产 223 亿元、员工 13 万名，年产 60 万吨棉纱、15 亿米布，成为中国工业企业百强、中国出口企业百强、中国进出口企业百强。6 月 28 日，全球五大价值评估机构之一的世界品牌实验室认定“魏桥”品牌以 46 亿元名列“中国 500 最具价值品牌”排行榜第 120 位。

2005 年，集团基建技改项目完成总建筑面积 172 万平方米。邹魏一园二期工程、邹魏二园二期工程展开设备安装，部分分厂投产；邹魏三园牛仔布一期工程、魏桥工业园特宽幅印染一期工程按计划投产；滨魏工业园二期工程全面投产；威魏工业园二期工程年内设备安装完毕。

图 10-1　2005 年 3 月 18 日，邹魏三园高档纺织项目隆重奠基

第二节　所属重点企业

魏桥油棉厂

20 世纪 50 年代末，齐东油棉厂更名为魏桥油棉厂。

1981 年，企业实行承包经营责任制。把轧花、榨油、脱绒等工序承包到车间；将传统的八级工资制改为计件工资制；职工个人收入与其劳动成

图 10-2　20 世纪 80 年代的魏桥油棉厂

果直接挂钩。经过这一系列改革，企业当年创利税 93 万元，一跃成为全国供销系统效益最好企业。1986 年，全厂职工集资 89 万元，开始兴建 52 台织机毛巾厂。1988 年，全厂推行满负荷工作法，对科室、车间重新定岗、定员、定责，实行人员工作量满负荷、资金周转满负荷、设备运转满负荷。1989 年，完成工业产值 9014 万元，实现利税 1085 万元，进入惠民地区 9 个利税过千万元的骨干企业行列。年底，魏桥油棉厂已发展成为一处棉、绒、油、纺、织配套生产的中型企业，职工增加至 1000 余人，厂区面积扩大至 200 余亩，企业总资产 8188 万元。

1990—1992 年，企业完成工业总产值分别为 1.03 亿元、1.31 亿元和 1.40 亿元；销售收入分别为 1.15 亿元、1.37 亿元和 137 亿元；实现利税分别为 1220 万元、1242 万元和 1267 万元；实现利润分别为 1068 万元、1089 万元和 1051 万元；出口创汇分别为 46 万美元、441 万美元和 1121 万美元。1993 年，完成工业总产值 1.74 亿元，销售收入 1.92 亿元，实现利税 1051 万元、利润 754 万元，出口创汇 2006 万美元。1994 年，完成工业总产值 3.01 亿元，销售收入 3.57 亿元，实现利税 7074 万元、利润 5003 万元，出口创汇 3172 万美元，其中出口额位居全国供销社系统第一位。至 1994 年底，企业职工 3000 余名，总资产 2.9 亿余元，拥有环锭纺 10.5 万锭、气流纺 7800 头、织布机 350 台。2005 年，魏桥油棉厂发展成集纺纱、织布、服装等多业态的集团公司。

魏桥纺织

1989 年 9 月，1.6 万纱锭、24 台细纱机和 2

台气流纺机、年产纯棉纱3000吨纺纱厂建成投产。1990年，企业投资3200万元，新建1处3万纱锭的棉纺厂。1992年，与香港余华企业公司合资成立山东余桥纺织有限公司，项目总投资320万美元，注册资金210万美元，其中外商出资占25%，合同利用外资52.5万美元。1994年，开发出J80S、J60S合股等新品种，精梳纱比重由30%提高至70%。1月，从香港引进44台捷克产气流纺机，当年生产棉纱1200余吨，实现利税800万元，回报率200%。

同年，引进台湾割绒机8台、香港全自动浆染联合机1台、日本石川剑杆织机220台。与香港另一家企业合资成立山东魏桥染织有限公司。

图10-3　从捷克引进的先进设备

1995年，企业完成工业总产值5.04亿元，销售收入6.04亿元，实现利税9007万元、利润5118万元，出口创汇3724万美元，总资产4.06亿元。1996年5月，山东省纺织厅对全省较好4个棉纺织企业进行调查，魏桥纺织“三费”支出，在全省同行业中最低，管理费和财务费仅占销售收入的5.2%，比省纺织行业平均水平低10个百分点。吨纱耗棉仅1039千克，棉布织成率97.64%，成本费用利润率12%。

1998年4月，组建山东魏桥纺织集团有限责任公司，成立股东会、董事会、监事会、和经理层的“三会一层”治理机构，形成权力机构、决策机构、监督机构和执行机构各负其责、协调运转、有效制衡的公司法人治理机构。

1999年11月，注册资本2.02亿股的魏桥纺织股份有限公司发起成立。

2000年，集团公司具有国际20世纪90年代先进水平的无梭织机生产能力占总量的50%，高技术含量的布类产品比重60%，无结头纱比重达100%，售纱中精梳纱比重85%，比全省同行业平均水平高60个百分点。

图10-4　魏桥纺织工作车间

“十五”末，达到600万纱锭、4.5万台织机的纺织规模和年产80万吨棉纱线、18亿米布、8400吨染色纱、7200万米印染布、240万件中高档梭织休闲服装、300万件高档色织衬衣、200万套床品。

2001年，魏桥工业园第二生产区织部综合改造项目和第一生产区牛仔布生产线扩建项目投产达产。

年底，有15000台织机，无梭织机占有率20%，比全国平均水平高出10.3个百分点。“魏桥”牌棉纱棉布被评为山东省培植国际知名品牌产品。

2002年，魏桥工业园第三生产区全部投产。5月，邹魏一园正式开工建设，这是当时滨州市投资最大的投资项目。另外，魏联印染和魏桥漂染年内建成投产，与日本伊藤忠合资成立的滨藤公

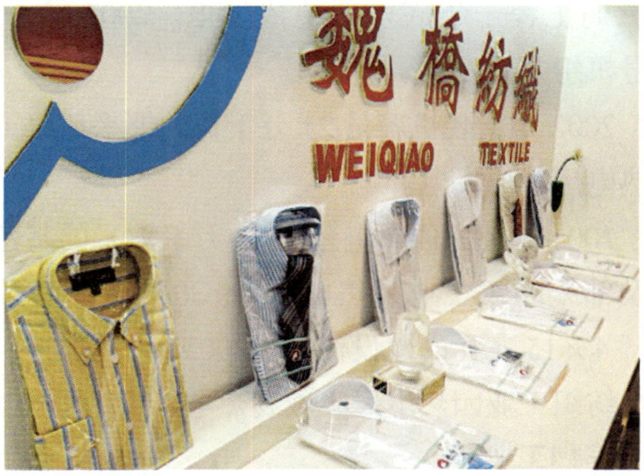

图10-5　魏桥成品服装

司开工建设。

2003年9月24日,魏桥纺织在香港成功上市,创下发行市盈率最高、超额认购倍数最高、锁定认购资金最高三个“之最”。

2004年,完成邹魏一园二期工程36万平方米和邹魏二园二期工程52万平方米的标准厂房建设,完成邹魏三园13万平方米和邹魏服装家纺工业园5.6万平方米的基建工程。

2005年,邹魏一园二期工程、邹魏二园二期工程展开设备安装,部分分厂投产;邹魏三园牛仔布一期工程、魏桥工业园特宽幅印染一期工程按计划投产。

图10-6 邹魏第一工业园第二生产区外景(2005年摄)

魏桥铝电

1999年,投资1.2亿元的3炉3机热电厂建成投产。2000年,投入资金8.5亿元(基建投资2亿元)热电厂二期工程3×15兆瓦机组于1月动工,4月,开始设备安装,10月上旬,第一台机组运行发电,年底全部并网达产。2002年1月,一号机组并网发电,年内全部运行发电。魏桥纺织热电厂三期工程于年底全部建成发电。2003年6月,一号机组并网发电。

2002年,装机容量21万千瓦的邹平纺织工业园热电厂建成发电。

2004年,完成热电公司18万平方米的基建工程及邹平纺织工业园热电厂4×30兆瓦、威魏热电厂4×15兆瓦的建设任务。2005年,热电公司、邹平纺织工业园热电厂、威魏热电厂投产运营。

滨魏工业园

1999年2月,魏桥集团公司控股累计亏损6814万元、濒临倒闭的滨州第一棉纺厂,改制组建滨州魏桥纺织有限公司。滨魏公司成立后,先后投资4700万元,对其进行设备改造及产品结构调整,对原料和产品实行统购、统销。当年,滨魏公司完成销售收入1.74亿元,实现利税2860万元。2000年,实现工业总产值3.02亿元、销售收入3.6亿元、利税6175万元、利润4400万元、出口创汇1300万美元。

图10-7 滨魏工业园外景(2005年摄)

2001年4月,滨魏工业园一期工程33万平方米工业大楼动工,2002年投产。8炉8机、装机容量18万千瓦的滨魏热电厂一期工程,2001年7月动工,2002年8月,一号机组运行发电。2002年,滨魏工业园全部投产。

2004年,完成滨魏工业园27万平方米的基建工程及35万纱锭、297台喷气织机的安装建设任务。

2005年,滨魏工业园二期工程全面投产。

黛溪山庄有限公司

图10-8 2000年7月,收购1995年1月建成试营业的黛溪山庄

2000 年 7 月，集团公司收购邹平县黛溪山庄，成立黛溪山庄有限公司。当年，接待各级各类会议 47 个，散客 6.5 万人次，外宾 90 余人次，完成营业收入 480 万元。2005 年，黛溪山庄有限公司发展成集住宿、餐饮、娱乐、旅游、商务服务于一体的高标准涉外酒店。

威魏工业园

2002 年，威（海）魏（桥）工业园举行奠基仪式，陆续建成一期工程。是年，装机容量 6 万千瓦威魏热电厂建成发电。2004 年，完成威魏工业园 32 万平方米基建工程及 204 台喷气织机的安装任务，完成热电公司 18 万平方米基建工程及威魏热电厂 4×15 兆瓦建设任务。2005 年，威魏工业园二期工程设备安装完毕。

图 10-9　威魏工业园外景　（2006 年摄）

附：成就与荣誉

1986 年，被省供销社评为“全省科技工作先进单位”，被省企业整顿领导小组、省经委评为“全省企业整顿先进单位”。

1987 年，被国家商检局定为“优质棉定点出口厂”，被商业部命名为“优质产品轧花厂”，被省政府批准晋升为“省级先进企业”，被省精神文明建设协调委员会授予“精神文明单位”称号。

1988 年，被省供销社评为“文明单位”，被省政府评为“省级先进企业”。

1989 年，被商业部评为“全国商业先进企业”，被国务院企业管理指导委员会批准晋升为“国家二级企业”。

1985—1989 年，张士平先后被授予“山东省优秀企业家”“山东省企业管理先进工作者”“山东省职工劳动模范”“全国商业系统劳动模范”等称号，并当选为山东省五届党代会代表。

1990 年，被省供销社授予“文明单位”称号。

1991 年，被省委宣传部、省经委、省总工会评为“全省思想政治工作优秀企业”。

1992 年，被商业部评为“全国商办工业十佳企业”。

1993 年，被国家统计局等单位命名为“全国 500 家最大纺织工业企业”，被国家外商投资企业协会评为“全国外商投资双优企业”，被命名为“全省工交财贸系统行业经济效益排头兵”，被省政府命名为“外商投资先进企业”，被团省委、省供销社授予“全省文明经营先进单位”称号。

1994 年，张士平被授予“山东省优秀共产党员”和“全区特级明星企业家”称号。

1995 年，被评为全省工交财贸系统“百家利润大户”。

1995 年，张士平被评为“全国劳动模范”“省经济体制改革工作先进个人”。

1996 年，张士平被全国供销社命名为“优秀厂长”。

1996 年，被评为“全国供销系统经济效益前 100 家企业第一名”，被省政府财贸办公室命名为“全省商办工业经济效益排头兵”，被省供销社评为“十强工业企业”。

1997 年，被评为“全国供销社大型工业龙头企业”，被全国总工会授予“五一劳动奖状”，被人事部和全国供销社评为“全国供销社系统先进集体”，被省委命名为“先进基层党组织”。

1997 年，张士平被批准享受国务院政府特殊津贴。同年，当选为九届全国人大代表，并被省政府授予“山东省优秀企业思想政治工作者”称号。

1998 年，张士平被评为“山东省专业技术拔尖人才”。

1999 年，被中央精神文明建设指导委员会命名为“全国精神文明建设工作先进单位”，被全国供销社评为“全国供销合作社出口龙头企业”和“十大企业”，被人事部和国家纺织工业局评为“全国纺织工业系统先进集体"。

2000年，被国家经贸委评为"全国自营出口先进生产企业"，被国家纺织工业局评为"全国纺织系统先进集体"，被省委、省政府评为"全省思想政治工作先进单位"，被省对外贸易经济合作厅评为"山东省进出口百强企业"，被省供销合作社评为"全省供销系统先进单位"，被滨州市委、市政府命名为"特级明星企业"。张士平获"山东省优秀共产党员"称号。

2001年，集团公司被评为2000年度全省供销社系统先进单位，集团党委被省委命名为山东省先进基层党组织。被评为山东省培植国际知名品牌产品。

2002年，集团公司被评为全省2001年度出口创汇先进单位和2001年度全省国税百强纳税企业。张红霞荣获"山东省优秀女企业家"和山东省"三八红旗手"称号。

2003年，集团公司被中华全国供销合作总社授予2002年度全国供销合作社"出口龙头企业""进出口十大企业"称号；省人事厅、教育厅、劳动和社会保障厅、经贸委联合授予集团公司"全省职业教育先进单位"称号。1月，张士平当选十届全国人大代表。

2004年，魏桥纺织列入中国100家最大上市公司。

2005年，张士平被授予"滨州市2004年度功勋企业家"称号，张红霞被评为"全国劳动模范"、全国"杰出创业女性"和"齐鲁巾帼十杰"。

第二章　山东西王集团

第一节　发展综述

1986年10月，西王村投资40万元，筹建西王油棉厂；1987年6月，建成投产，开启"工业立村、工业兴村"发展之路。建厂初期，厂区占地面积10亩，只有一台榨油机，40名农民工，以生产食用植物油为主，当年获纯利23万元。

1988年，西王油棉厂建成轧花、脱绒车间。至1989年，西王油棉厂有职工90人，占地面积61.65亩，有3台200型榨油机，6台脱绒机，2

图10-10　1988年西王油棉厂车间外景

台90片锯齿轧花机和6部运输车辆，固定资产230万。年加工皮棉2500吨，加工棉籽、大豆、花生7500吨，产值1460万元，利税120万元。为邹平县当时创利税最多的一家村办企业。生产各种植物油各项质量指标均达到国家二级信用油标准。产品畅销山东、江苏、广东等地，出口西欧、东南亚各国。

1990年，西王村投资200万元，兴建农产品加工项目——西王淀粉厂。投资后成为当时全省同行业经济效益最好企业。1991年，西王村投入1000余万元，自办高效农业开发区。开发区分为种植区、养殖区、加工区3大块，农业部确定该开发区为全国12个高效农业开发示范区之一。1992年，西王村在加工区内先后建机械厂、粉丝厂、加油站、成立西王建筑公司，加上原有的淀粉厂、榨油厂、棉花加工厂、加工区内有7家村办企业。

1992年10月，西王村以西王油棉厂为基础，成立山东邹平西王实业总公司。注册资金4100万元，下设企管科，财务科、供销科、总公司办公室，统管村办所有企业。

图 10–11　1992 年 5 月 30 日，农业部副部长洪绂曾（左二）到西王视察

1994 年，山东邹平西王实业总公司投入 1229.8 万元，建设具有高技术含量、高附加值、高效益的发酵甘油厂。该项目是以玉米淀粉发酵制取甘油，属国家“七五”科技攻关项目，其成果获得国家新项目金奖，是国家火炬计划实施项目之一。项目技术由无锡轻工业学院提供，技术转让费 52 万元，开创西王村办企业高价购买先进技术的先例。项目建成投产后，年产量 1000 吨。

图 10–12　1994 年 4 月 13 日，省委书记赵志浩（左二）到西王视察并题词“小村也能办大事”

1995 年，国际甘油市场价格暴跌。1996 年，西王甘油厂亏损 1000 万元，企业陷入举步维艰地步，将甘油转产谷氨酸，企业重整旗鼓，盘活 3000 余万元的资产。

1996 年 4 月，西王以山东邹平西王实业公司为核心，成立山东西王集团公司。集团公司注册资金 11072 万元。集团公司下设办公室、企业部、财务科等。所属企业有淀粉厂、榨油厂、甘油厂、机械厂、粉丝厂、建筑公司、加油站。

图 10–13　1997 年 7 月 27 日，美国第 39 届总统吉米·卡特（左一）访问西王，并题词“这是一个很好的企业”

1997 年，山东西王集团进行资产重组。1998 年初，西王以优势资产与北京一家大企业共同发起组建北京先锋粮农实业股份有限公司。2000 年 9 月 22 日，西王参股“先锋股份”在沪成功上市。沪市淘金，先后有 7000 余万元资金流入西王。同年，西王集团成功购并建厂 40 余年的大型国有企业——山东碧云洞集团公司，参股组建邹平顶峰热电，企业规模迅速膨胀。

图 10–14　2000 年 6 月 5 日，中共西王集团委员会成立并投票选举

2000 年 6 月 5 日，召开第一次党员代表大会，在原西王村党支部基础上成立中国共产党西王集团委员会。西王村党支部成为西王集团党委下辖的一个党支部。

2001 年 4 月 22 日，公司改制为山东西王集团有限公司。公司类型为“有限责任公司”。注册资本 1.11 亿元。2002 年，注册资本变更为 1.13 亿元。

2002 年 9 月，山东西王集团有限公司依法进行产权量化改制。改制后修订《公司章程》。

2004年4月，西王集团以控股方式与沙特阿拉伯的沙渥拉食用油公司等国外知名大公司合资成立山东西王沙渥拉油脂有限责任公司。2005年12月，西王糖业控股在香港成功上市，融资6.1亿元港币。挂牌当日，西王糖业成为香港股市最活跃的十大股票之一。

第二节　所属重点企业

山东西王淀粉有限责任公司

2001年6月成立，年加工玉米规模180万吨，加工淀粉120万吨，主导产品有玉米淀粉、麦芽糊精等。引进美国、瑞典的麸质分离离心机等先进设备，实现工艺自动化，各项消耗指标均在国内处于先进地位，建有单线加工能力全国最大的淀粉车间。糊精生产首次在国内行业应用真空转鼓过滤及水平叶片过滤机除渣、脱色，采用全封闭数字化做机控制，为国内最大麦芽糊精生产基地。公司通过ISO 9001:2000国际质量体系认证和ISO 14001:1996环境管理体系认证，产品为国家免检产品、山东品牌。公司玉米贮存规模35万吨。

图10-15　山东西王淀粉有限责任公司外景(2003年摄)

山东西王糖业有限公司

2001年6月22日成立，为上市公司。

公司主导产品结晶果糖，药用葡萄糖、食用葡萄糖、果葡糖浆、玉米淀粉、饲料等。产品打入国际市场，远销10余个国家和地区。食用葡萄糖、结晶果糖的生产规模为亚洲最大。通过ISO 9001:2000国际质量体系认证和ISO 14001:2004环境管理体系认证。淀粉糖系列产品被评为中国名牌产品、国家重点新产品。2005年，成为山东省环境友好企业。

西王果糖，高甜度、低GI（血糖生成指数），接轨国际健康膳食新指标，GI:19达到食用糖黄金GI值。西王果糖将以“买糖看GI，GI:19才是健康好糖”全新健康用糖理念，引领中国“糖业革命”，促进百姓生活健康用糖全面升级。

图10-16　西王糖业外景　　(2003年摄)

山东西王生化科技有限公司

2005年12月14日成立，为上市公司。主要生产食用葡萄糖、乙二醇、酒精、果糖、果葡萄、果葡萄浆、葡萄糖酸盐、玉米淀粉等产品。工艺技术装备先进，技术力量雄厚。企业通过HACCP认证。

山东西王药业有限公司

主要从事无水葡萄糖生产，是中国最大无水葡萄糖生产基地，是国家计委批复的高技术示范工程，是国家粮食局、国家高科委重点扶持项目。公司全力打造中国最大原料药生产基地。2003年，该项目获山东省科技鉴定的“无水葡萄糖外形生产工艺装置”科技成果并被认定为重点高新技术企业。

山东范公酒业有限公司

前身是建于1958年的国营邹平县酒厂，后为山东碧云洞集团公司，2000年8月，被山东西王集团公司购并，成立山东碧云洞酒水有限责任公司。

该公司以白酒、矿泉水、酵母和塑编等为主业的大中型工业企业，主营“范公”系列白酒和“碧云洞”矿泉水，先后获“中国文化名酒”“山东十大名酒”“山东名牌”和“山东省著名商标”等称号。企业先后获“全国质量管理先进企业”“全国矿泉水信得过企业”称号，并通过 ISO 9001:2000、ISO 14001、HACCP 国际质量管理体系认证，为中国工业食品协会监制产品。

该公司拥有年产能力 1 万吨的酵母项目及年产 3000 万条能力的塑料编织项目。

山东西王钢铁有限公司

2003 年 12 月 31 日成立。西王钢铁拥有 2 条 80 吨电炉炼钢生产线、4 条机械制造业用合精钢、不锈钢长材料及精品建材轧钢生产线，形成年产 150 万吨合金钢、不锈钢等特种钢（产品规格 150mm ～ 500mm 方 / 圆坯）和 210 万吨机械制造业用和金钢、不锈钢长材及精品建材（产品规格 5mm ～ 300mm）生产能力，是 2004 年全省最大电炉配套特种钢长材生产基地。

2005 年，通过北京恩格威认证中心严格审核，获 ISO 9001:2000 质量管理体系、ISO 14001:2004 环境管理体系，GB/T 28001-2001 职业健康安全管理体系认证证书。通过 3 体系的建立，全面提升公司的产品质量。

山东西王置业有限公司

2002 年 10 月 16 日成立。公司是集房地产开发、建筑工程、物业管理、钢结构、园林绿化和生态种植为一体的综合性公司。

公司具有房地产开发三级资质，房屋建筑施工总承包二级资质，钢结构以及设计，二级施工资质，物业管理二级资质。先后开发建设的主要工程项目有：新新家园 1.3 万平方米住宅区、西王新村 12 万平方米住宅楼、邹平城南新区 10 万平方米黛苑小区。西王美郡 25 万平方米和西王兰亭 8.2 万平方米开发项目开工建设。

邹平西王建筑有限责任公司

2001 年 1 月 18 日成立，公司类型为有限责任公司。公司具有三级建筑资质，技术力量雄厚，建筑设备先进，企业管理规范，已创造多个“优良工程、形象工程”，被授予市级“重合同、重守信”企业。经营范围为建筑工程施工，安装装饰，水泥预制件，木材加工，钢结构，网架结构工程设计、制作、安装，工艺管道安装，钢材销售。

山东西王钢结构有限公司

2003 年 5 月 21 日成立。该公司有切割、组立、焊接、矫正 H 钢生产线 1 条，抛丸除锈喷漆生产线 1 条，彩瓦、墙板生产线 1 条，C 型檩条生产线 1 条，铝合金制作、安装生产线 1 条。公司成立安装公司，形成加工、施工一体化服务，形成以钢结构安装为主，铝合金制作，管道压力容器安装为两翼多项发展的建筑企业。

邹平县西王物业管理有限公司

2004 年 1 月 17 日成立，公司类型为有限责任公司。经营范围为物业管理、房屋维修、水电暖维修、小区内车辆管理、绿化工程，保洁服务、房屋租赁（凡涉及许可证的凭许可证经营）。

山东西王进口贸易有限公司

2003 年 11 月 21 日成立，公司类型为有限责任公司。下设进口部、出口部、单证部、检误部。经营各类产品出口日本、韩国、新加坡、澳大利亚、加拿大、马来西亚、荷兰、比利时、丹麦、沙特等 20 余个国家和地区。

附：成就与荣誉

1991 年 7 月，邹平县西王社会福利油棉厂被山东省经委评为省级节能企业。

1992 年，西王村被评为“省级文明村”。

1995 年，西王实业总公司被山东省计委列为山东省农业产业化龙头企业，属承担国家“火炬计划”项目单位。

1996 年 3 月，山东西王集团有限公司被国家科学技术委员会火炬计划办公室授予“国家级火炬计划项目证书”（发酵制取甘油项目）。

2000 年 7 月，西王村被山东省精神文明委员会授予“省级文明单位”称号。

2002 年 1 月，山东西王淀粉有限责任公司被中国进出口商品检验总公司质量认证中心授予 ISO 9001: 2000 质量管理体系认证证书。

2002 年 8 月，“西王牌”商标被山东省工商局评为山东省著名商标。

2002 年 9 月，山东西王集团有限公司被中国发酵工业协会评为全国淀粉糖行业20强企业，名列第一。

2002年10月，山东西王集团有限公司被中央精神文明建设指导委员会授予全国创建文明村镇工作先进单位。

2002年12月、2005年4月，山东西王集团有限公司，经由农业部、国家发展计划委员会、国家经济贸易委员会、财政部、对外贸易经济合作部、中国人民银行、国家税务总局、中国证券监督管理委员会、中华全国供销合作总社9部门组成的全国农业产业化联席会议认定，被认定为农业产业化国家重点龙头企业。

2002年12月，山东西王集团有限公司获“全国精神文明先进单位”称号。

2003年4月，山东西王集团有限公司被科学技术部火炬高新技术产业开发中心授予国家“火炬计划”重点高新技术企业证书。

2003年7月，山东西王集团有限公司被山东省人民政府授予“山东省先进民营企业”称号。

2003年12月，山东西王集团有限公司被农业部授予全国乡镇企业大型企业称号。

2005年11月，山东西王淀粉有限公司被民政部和中国社会工作协会福利企业工作委员会授予“全国优秀福利企业”称号。

2005年12月，山东西王集团有限公司被农业部评为全国农产品加工业示范企业。

2005年12月9日，山东西王糖业控股有限公司在香港联合交易所有限公司主板上市。

第十一编
商　贸

Commerce and Trade

2003年，邹平商厦第三次扩建装修后的夜景

1988 年 12 月 11 日，邹平县供销合作社贸易大楼开业

1993 年 12 月 23 日，纪念毛泽东 100 周年诞辰全县大型文艺会演，商业大厦代表队获得第一名

1986年前，国有商业企业网点较少，且集中在原县城。1986年，国有商业经营购进总额3979.5万元，销售总额4268万元；2005年，国有商业经营购进总额7784.9万元，销售总额11121.3万元。1988年，市场出现抢购风。1992年，商业系统全面推进经营、价格、分配、用工（4放开），县商务局、物资局、粮食局、供销社在保留原机构设置情况下，分别组建成立以商贸经营为主的实体总公司。至1996年，随着市场经济体制基本确立，国有、集体企业因体制等原因，导致普遍经营困难，部分企业出现严重亏损。县属各商业系统以产权制度改革为重点，对所属企业以破产、兼并等形式进行改造，并由商品经济向资产经营转变。1996年，供销全系统完成工业总产值10.2亿元，实现利润7591万元，一跃成为全国供销社工业经济效益第一名。邹平商厦有限公司于1998年3月29日成立，原县商业大厦经3次扩建，扩建建筑面积3万平方米。

第一章 商 业

第一节 国有商业

机构沿革

1986年2月，商业局党委成立，下设秘书股、政工股、业务计划股、财务物价股。1987年，石油公司独立，脱离商业局隶属。1988年8月，综合公司被饮食服务公司和食品厂兼并。是月，食品公司下属17个食品站移交乡镇管理。1990年5月，局机关撤销秘书股、政工股、业务计划股、财会物价股，设立局办公室、党委办公室、业务计划科、财务科、审计检查科、政工科、基层教育科、储运保卫科，均为股级单位。9月，商业局幼儿园成立。1991年3月，成立商业大厦筹备组；9月29日，商业大厦建成开业。1992年7月28日，县商业总公司成立，属于全民所有制企业，为独立核算经济实体，依法注册登记，脱离政府序列。总公司与商业局1套机构，2块牌子。总公司设业务计划科、财务科、政工科、办公室和党委办公室。1993年，商业局被撤销。9月4日，黛溪山庄由县行管局移交县商业总公司管理。1995年1月，黛溪山庄试营业。1998年3月，组建成立“邹平商厦有限公司”。5月，黛溪山庄出售，商业总公司结束对黛溪山庄管理。至2005年，总公司机关内设办公室、业务计划科、财务科、劳资人事科、党委办公室，下属企业有：县商业大厦、商厦有限公司、县百货大楼有限责任公司、邹平三金汇合商务有限公司、县副食品公司、邹平商联糖酒有限公司、县五金交电化工公司、邹平德鑫交电有限公司、东源商业有限公司、县饮食服务公司、邹平东日商贸有限公司、县食品公司、县建筑装饰工程公司、邹平县城鑫建筑有限责任公司、邹平县商业幼儿园、邹平商业周村储运站、邹平电子机械配件厂、县食品厂、邹平鹤山制衣有限公司。

商业体制改革

从1986年起，商业企业体制改革逐步推开，主要经历5个阶段。

第一阶段：下放企业自主权，商业局陆续将经营、计划、财务、物价、人事、奖励等权下放给所属企业。

第二阶段：推行租赁和承包经营。各企业普遍推行以“包死基数，确保上交；超收分留，歉收自补”为主要内容的承包经营责任制。

第三阶段：兼并。1988年8月，原综合公司被饮食服务公司和食品厂兼并。这是全县商业系统第一例。

第四阶段："四放开"（经营放开、价格放开、分配放开、用工放开）。商业企业逐渐向市场经济转轨。商业大厦率先实行"四放开"。

第五阶段：股份制改革。1994年12月，百货大楼由内部职工入股，成立股份有限公司，产生第一届董事会。

商品购销

1986—1995年，县商业系统经历由计划经济向市场经济过渡的历史转变过程。在各个时期确立各自营销重点：1986年，商业经营重点是进一步搞活流通。1987—1990年，商业经营重点是保证市场物资供应，各单位努力扩大购销、安排好市场。1988年8—10月，社会上出现抢购风，国有商业承受巨大压力，各单位立即加强采购力量，派出外采人员150余人次，组织货源500余万元，保证市场供应，很快平息抢购风；1990年，实现购进总额4702.10万元，销售总额5185.8万元。

1991—1995年，商业经营工作的重点放在开拓市场、扩大销售、促进效益上。1995年，实现销售总额8931.4万元。

1996—2000年，国有商业在市场经济激烈竞争中，牢牢把握"抓住机遇，深化改革，促进发展，保持稳定"大局，发扬"团结实干闯难关，拼搏进取求发展"的邹平商业精神，突出发展主题，推进经济体制和经营体制改革，强化企业内部管理，盘活存量，优化增量，培植新的经济增长点，开展大购大销。由于体制改革，有多家单位不再提供统计数据。

2001—2005年，商业企业体制改革更加深入，统计数据只体现邹平商厦数据。2005年，商厦实现销售额11121.3万元，创下历史纪录。

1986—2005年邹平县国有商业经营情况一览表

表11-1-1　　单位：万元

年　度	购进总额	销售总额	年　度	购进总额	销售总额	年　度	购进总额	销售总额
1986	3979.5	4268.0	1993	6305.8	6882.9	2000	1659.8	1765.4
1987	3800.1	4300.9	1994	6756.3	6558.4	2001	2282.0	2069.7
1988	5213.02	5514.8	1995	8467.0	8931.4	2002	2845.6	2880.5
1989	4211.7	4818.9	1996	5659.6	6404.7	2003	2100.5	3010.0
1990	4702.1	5185.8	1997	4106.7	4865.5	2004	5650.3	8105.2
1991	6079.3	6115.4	1998	1424.2	2208.5	2005	7784.9	11121.3
1992	6610.2	7147.0	1999	1239.1	1381.0			

说明：2001—2005年数据由邹平商厦提供

1986年前，国有商业企业多集中在原县城。1987年，纺织品公司投资40万元，建营业楼1座，面积1500平方米；副食品公司投资50万元，建商业大楼，面积1400平方米。1990年9月，商业局投资560万元，兴建商业大厦，历时1年竣工，建筑面积6200平方米；投资300万元兴建白云大酒店，建筑面积2300平方米，1992年10月建成开业；投资350万元新建商业大楼，建筑面积4500平方米，1992年11月7日建成开业。1996年5月，商业大厦进行二期扩建，投资400万元增加面积1800平方米。同年，百货公司投资110万元兴建小商品批发市场（即祥云商场），建筑面积3333平方米。2001年，邹平商厦有限公司对商业大厦进行三期扩建。工程投资220万元，扩大营业面积1000平方米。2002年4月，县饮食服务公司与浙江兰溪天成有限公司合作兴建天意商城，该商城建筑面积9800平方米，投资950万元，被列为当年县重点工程，11月竣工投入使用。2003年，三金汇合商务有限公司投资80万元，对百货大楼进行扩建，增加营业面积1500平方米。同年，商厦进行第四期扩建，建筑面积为22000平方米，设地下停车场，投资总额为3000万元。2005年，商厦有限公司与浙商合作建设天成广场，计划投资6000万元，建筑面积30000平方米。

国有饮食服务业

1986年初，县饮食服务公司下辖饭店3处、理发店3处、照相馆2处、浴池1处、旅社1处，职工112人，固定资产98万元，年营业收入82.1万元，其中饮食业49.6万元，年实现利润5.7万元。1988年12月，饮食服务公司投资40万元购置QSS-901彩色扩印设备1套，结束县内无彩色扩印的历史。至1995年，公司下辖白云大酒店、旅社、彩扩中心、邹艺照相馆、丰盛饭店、快餐部、新新理发店、梦思达家具厂、商业汽修厂、商业建筑公司、五交化商店11个独立核算门店。职工201人，固定资产500万元，年营业收入401.2万元，年创利税23.5万元。1996年起，县城改造建设，道路拓宽，饮食服务公司大多门店被拆除。随着市场经济的发展和经营体制的改革，个体、集体、私营业增加，服务公司的业务逐步退缩。

2005年，饮食服务公司只存有白云大酒店，港邹酒楼（原快餐部）和彩扩中心3处门店，且都已对外租赁经营。

重点企业

邹平商厦有限公司　1998年3月29日成立，在原县商业大厦基础上改制组建，有员工700余人。公司经3次扩建，建筑面积3万平方米，设有地下停车场。2005年，完成销售额11121.3万元，实现利税63万元。

邹平三金汇合商务有限公司　2002年成立，在原县百货大楼有限责任公司基础上改制而成。建筑面积3500平方米，主要经营服装、鞋帽、自行车等商品。

第二节　个体私营商业

1985年，个体私营商业作为国营和集体商业的有益补充，得到政府部门的确认和支持，发展迅速，网点遍及全县城乡。是年，全县个体工商户有8071户，从业人员上万人，个体私营商业已初露端倪。

1988年，全国人大通过《中华人民共和国宪法》修正案，确立私营经济法律地位，全县个体和私营商业发展形成高潮。全县经注册的工商业户有13707户，从业人员2万余人，经营的商品品种、社会消费品零售额、上缴税金都在全县经济中占有一定比例，逐渐成为第三产业的重要组成部分。

1990年后，个体私营商业户点多面广，遍及全县城乡，经营灵活，日益成为组织商品流通的一支重要力量，特别是沿国道、省道、县道两侧的乡镇和农村，商店、饭店、宾馆、文化娱乐、维修等服务性设施竞相发展。至1992年，全县有个体私营工商业户16933户，从业人员33692人。

1993年，执行山东省有关文件规定，除59种商品需办理经营许可证外，其他商品一律放开。个体私营商业业主选择自主经营范围更广，从而加快了发展。是年，全县个体私营工商业户18689户，从业人员35896人。

1995年后，县域内城乡有许多夜市、小超市和专业批发市场，经营商品有服装、鞋帽、日用百货、文具用品、针织制品、糖茶烟酒、干鲜水果、花鸟鱼虫、图书报刊等应有尽有，琳琅满目。夜市以摆地摊者居多，小超市以经营日用生活品为主。较大的专业批发市场有焦桥镇刘道口禽蛋批发市场，好生镇石河村花卉批发市场，码头、魏桥镇西瓜批发市场，邹平镇张高村水杏、香椿、干鲜果批发市场，码头镇李坡村韭菜批发市场，焦桥、长山镇大棚蔬菜批发市场，长山、好生、邹平镇见埠中意等家具批发市场等。至1995年，全县个体私营工商业户20818家，从业人员37833人。个体私营商业已占据半壁江山，成为人们消费的主渠道、农村剩余劳动力就业的主战场。

2000年后，个体私营业者经营效益出现分化，有些人资金迅速增加，发展成为具有一定规模的商业企业或有限责任公司，建有大型综合超市。摆地摊打游击者逐渐减少，多数人建起（或租用）

自己的门店，坐店经商的人越来越多。县城沿街房几乎全为个体商业店户，仅饭店、餐馆就有数百家，全县有饭店数千家，几乎村村都有几家饭店和几家经商业主。

至2005年底，全县登记注册的个体工商业户13825户，有商业企业2826家，注册资金13889万元，就业人员超过10万人。

第三节　集市贸易

1986年初，全县有农村集市54个，开设市口345个。其中上市万人以上的集市11个，5000人以上7个，5000人以下集市36个，农贸市场3个。至2005年，全县集市发展至100个。

图 11-1　20世纪80年代初长山镇集市贸易场景

物质交流大会是一种特殊集市贸易形式，对促进市场贸易、活跃城乡物资交流、丰富人民生活发挥着重要作用。20世纪80年代，全县物资交流大会会期、时间、地点、经营范围等全由县、乡镇各级政府统一安排。安排在秋收秋种基本结束的秋末冬初，即10—11月期间。交流会由2部分组成：一部分由县政府举办，一部分由乡镇政府举办。交流会期间，济南、青岛、济宁、德州、淄博、莱芜等地均有不少商家到会。每年上市摊位都在1000个以上，上会日均人数都在10万～15万人次，最多超过20万人次。成交额日均30万元，最高100万元。大会期间，山东省吕剧团、山东省京剧团、济南市吕剧团、济南市歌舞团、滨州地区京剧团、黑龙江佳木斯杂技团、河北吴桥杂技团等演出单位前来助兴演出献艺。

图 11-2　20世纪80年代物资交流会一角

1985年前邹平县集市分布情况一览表

表11-1-2

乡镇	集市	恢复（立集）时间	集期（农历）	集市面积（平方米）	上市摊位（个）	上市人数	市口数（个）
邹平镇	邹平	传统集市	一、六 三、八	36666	2300	45000	21
	新民	传统集市	二、七	700	500	7000	6
长山镇	长山	传统集市	二、七	15000	1700	31500	9
	大由	传统集市	一、六	400	100	1000	5
	大阎		三、八	500	100	1000	2
	张旺		四、九	400	100	1000	5
	甘埠	1983年恢复	五、十	400	100	1000	5
	田家	1983年12月建立	四、九	500	120	1200	2
魏桥镇	魏桥	传统集市	一、六 三、八	20000	6000	60000	10
	大坡	传统集市	二、七	150	70	200	2

续表11-1-2

乡镇	集市	恢复（立集）时间	集期（农历）	集市面积（平方米）	上市摊位（个）	上市人数	市口数（个）
明家集乡	明家集	传统集市	四、九	30000	3000	40000	
	颜家集	1982年恢复	一、六	2000	800	8000	5
	段桥	1984年10月恢复	一、六	2000	800	800	5
青阳乡	青阳	传统集市	二、七	4600	800	30000	6
	徐家	1983年10月恢复	五、十	1300	100	2000	4
西董乡	西董	传统集市	一、六	2800	1300	4500	7
	南石	1984年11月恢复	二、七	500	400	1000	5
	段家	1984年11月恢复	五、十	1500	500	1500	5
临池乡	大临池	传统集市	三、八	6300	500	10000	7
	吕家庄	传统集市	一、六	5000			
礼参乡	吕家	传统集市	三、八	1500	300	4500	10
	礼参	传统集市	五、十	1000	200	3000	9
	司家		一、六	300	50	500	3
	梁毛		一、六	800	170	2400	3
韩店乡	韩店	传统集市	五、十	3500	900	10000	11
	小店	传统集市	二、七				
	崔韩	1982年恢复	四、九	1000	70	500	5
	旧口	1982年恢复	五、十	700	100	700	5
	大王驼	1982年恢复	二、七	2000	30	200	5
苑城乡	苑城	传统集市	五、十	500			
	陈度	1983年恢复	二、七	3000	150	3000	4
焦桥乡	焦桥	传统集市	一、六	16000	2200	12000	14
	韩套	1985年11月立集	二、七	2000	150	8000	4
	东杜	1984年4月立集	三、八	1000	100	500	3
	刘套	1980年11月立集	一、六	2000	250	1000	4
孙镇乡	孙镇	传统集市	四、九	25000	1500	30000	8
	辉里	传统集市	三、八	15000	300	2500	4
	王伍	1983年10月恢复	一、六	500	80	1500	2
里八田乡	吴庄	传统集市	三、八	4500	300	5000	2
	辛梁	1982年恢复	二、七	40000	200	3000	4
	崖镇	1983年恢复	一、六	1000	100	500	3
	里八田	1985年11月立集	四、九	5000	300	2000	4
九户乡	九户	传统集市	五、十	14000	1700	10000	8
	石店	传统集市	一、六	11200	1700	5000	6
台子乡	台子	传统集市	五、十	18000	4000	12000	13
	店子	传统集市	二、七	9000	2000	6000	10
	曹务	传统集市	四、九	9000	3500	7000	11
码头乡	码头	传统集市	一、六	4800	1800	12000	11
	草庙	1980年恢复	四、九	2400	900	6000	11
	归苏	传统集市	五、十	2400	100	600	11
	新延安		二、七				
	赵奉站		二、七				

1986—2005年邹平县集市一览表

表11-1-3　　　　单位：万元

乡镇（街道）	集市名称	农历集日	土地所有权人	收费金额
黛溪街道	邹平集	三、八	县政府	6
	韩坊集	五、十	村委	2
	张高集	一、六		
黄山街道	黄山集	二、七	村委	3.5
	新民集	二、七		
高新街道	礼参集	五、十		1.2
	吕家集	三、八		0.5
	司家集	二、七		
	梁毛集	四、九		0.3
好生镇	好生集	五、十	镇府	
	苗家集	三、八	村委	
西董镇	西董集	一、六		4
	南石集	一、六		
	段家集	二、七		
	韩寨集	三、八		
明集镇	明集集	四、九	村委	8
	段桥集	一、六		0.8
	兰芝里集	五、十		
	颜集集	一、六		
九户镇	九户集	五、十	村委	5
	石店集	一、六		0.8
	成家集	二、七		0.5
	刚斧寨	二、七		
	西河沟集	四、九		0.3
孙镇	孙镇集	四、九	村委	1.8
	小三集	五、十		
	姚村集	五、十		0.3
	王伍集	一、六		0.3
	商城集	一、六	镇府	
	霍坡集	二、七	村委	
	辛集集	二、七		0.5
长山镇	长山集	二、七	南街村委	3.3
	苑城集	五、十	西南村委	1.7
	甘埠集	五、十	村委	0.15
	田家集	四、九		0.25

乡镇（街道）	集市名称	农历集日	土地所有权人	收费金额
临池集	临池集	三、八	工商局、村委各一部分	1.8
	吕家集	一、六	村委	1.1
	柏家集	一、六		
	东黄集	二、七		0.55
	郭庄集	一、六		
	古城集	二、七		
青阳镇	青阳集	二、七	村委	0.5
	刘家集	一、六		
	耿家集	三、八		
	徐家集	四、九	村委	
	西阿陀集	五、十		
	南陈集	三、八		
	浒山集	三、八		
	西董集	三、八		
	东阿陀集	三、八		
孙镇	坡庄集	二、七	村委	
	大陈集	三、八		
	辉里集	三、八		0.3
码头镇	码头集	一、六	村委	1.65
	中站集	二、七		
	成集集	三、八		0.6
	延安集	二、七		0.5
	大寨集	五、十		0.36
	路家集	三、八		0.6
	归苏集	五、十		1.4
	草苗集	四、九		0.5
焦桥镇	集桥集	一、六	村委	4
	孙段集	四、九		0.35
	刘道口集	四、九		0.2
	刘套集	四、九		0.35
长山镇	柳寺集	五、十	村委	
	大由集	一、六		
	张旺集	四、九		0.2
	陈度集	二、七		0.5

乡镇（街道）	集市名称	农历集日	土地所有权人	收费金额
魏桥镇	魏桥集	三、八	工商局租用村委	11.44
	里八田集	一、六	镇府	1.7
	西码头集	一、六	村委	2
	吴庄集	三、八		0.9
	辛梁集	二、七		0.5
	崖镇集	四、九		0.1
	西左集	三、八		
	大坡集	二、七		
	郭辛集	五、十		
台子镇	台子集	五、十	工商局	3.5
	曹务集	四、九	村委	2.3
	店子集	二、七		1.8
	高桥集	三、八		
	豆八集	一、六		
	西庵集	四、九		0.36
焦桥镇	韩套集	二、七	村委	0.15
	东杜集	三、八		0.1
	东北集	三、八		0.05
	三元集	五、十		0.1
	姚孙集	一、六		0.1
韩店镇	韩店集	五、十		3.78
	小店集	二、七		1.92
	肖镇集	一、六		1.02
	崔韩集	四、九		0.38
	小王陀集	四、九		0.4
	实户集	三、八		0.4
	旧口集	五、十		0.54
	大王陀集	二、七		
	耿家集	三、八		
长山镇	大丁集	三、八	村委	0.15
	大齐集	三、八		0.2
	大闫集	三、八		0.15

共计100个农村集市，年收费额90.95万元。

第二章 供 销

第一节 机构沿革

县供销社党委1965年7月初建，1984年11月重建。1986年初，机关内设人事科、基层工作科、计划统计科、业务科、联营指导办公室、储运保卫科、职工教育科、理事会办公室、监事会办公室（纪委）、党委办公室。1986年10月，联营指导办公室更名为商品生产信息科，增设老干部科。1987年1月，设立审计科。1988年7月，设立企业管理办公室，撤销商品生产信息科，其职能业务并入业务科。1990年9月，设立秘书科，因县联社不再设监事会，监事会办公室自然消失。1990年底，内设10科4室：办公室、秘书科、审计科、业务科、人事科、基层工作科、企业管理办公室、财务会计科、职工教育科、储运保卫科、党委办公室、纪委办公室、计划统计科、老干部科。1991年5月，计划统计科并入业务科，企业管理办公室与基层工作科合并更名为企业管理科，职工教育科、老干部科并入人事科，秘书科并入办公室，审计科并入财务会计科，仍分署办公。1993年10月，机构改革要求，设4科2室：办公室、财会审计科、综合业务科（企业管理科并入业务科）、人事科、储运保卫科、党委办公室（纪委办公室与党委办公室合并设专职纪检干部）。1995年，下属基层供销社17处；专业公司及流通企业8处（棉麻公司、生产资料公司、土产杂品公司、果品公司、工业品购销公司、再生资源公司、供销大厦、供销社贸易大楼）；县机关招待所改为集体企业，隶属县供销社管理；商办工业8处（第一、第二、第三、第四、第六油棉加工厂和魏桥棉织厂、县供销社汽修厂、长山食品厂）。33家独立核算企业。

图11-3 1980年7月启用的县供销合作社办公楼

1999年1月，机关内设党委办公室、行政办公室、人事科、财务审计科、综合业务科、储运保卫科、山东省对外装配有限责任公司。2000年3月，设立法律服务办公室。共有31个独立核算企业。其中基层供销社15处（城关社、西董社、临池社、焦桥社、礼参社、长山社、明集社、青阳社、韩店社、孙镇社、九户社、魏桥社、台子社、码头社、里八田社），专业公司及流通企业8处（县棉麻公司、县农业生产资料有限公司、县农业生产资料公司、县再生回收利用公司、县土产公司、县供销大厦集团有限公司、县机关招待所、周村储运站），社办工业8处（第一、第二、第六油棉有限公司、山东广明纺织有限公司、山东福海油脂工业有限公司、山东魏桥创业集团有限公司、县保健品有限公司、山东双桥化工有限公司）。至2005年，机关机构及下属企业未变。

第二节 产权改革

1986年前，供销社实行计划经济体制，执行单一供销、统一管理模式。1986年后，计划商品逐步放开，不断转换经营机制。1987年6月，国务院转国家体改委、商业部、财政部《关于深化供销社体制改革的意见》，全县供销社推行以包效益、包服务、奖惩与经济效益挂钩为基本内容的经营承包责任制，实行主任（厂长、经理）任期目标责任制和离任审计制。

1988年，按照国务院颁发的《承包条例》和企业法规定，在全县供销系统普遍推行承包经营责任制，先后在县直15个企业全面推行招标，签订落实合同。同时,在县直单位推行全员抵押承包，收抵押金350万元。1992年,根据省政府下发《关于进一步搞活流通的通知》，在全县供销社系统推行经营、价格、用工、分配“四放开”，逐步把企业真正推向市场。1993年，全系统有325个门店（柜组）实行不同形式经营承包。1994年，在基层经营网点推行以“租、包、卖”为主要内容的改革，全系统实行抽本经营门店109个，实行高额风险抵押利润大包干门店137个，拍卖转让长期租赁门店、场地20个（处）。1995年，县供销社进行产权重组，在全系统相继进行租赁、兼并、拍卖、破产等形式改革。

1997年，开始推行企业股份制改革。

2003年3月，开始加快股份制改革步伐，制定《关于深化企业产权制度改革的指导意见》，至12月，对8家企业进行彻底的产权制度改革。至2005年，县供销社拥有固定资产167.4亿元，干部职工111878人（含魏桥创业集团职工），下辖31个独立核算企业。

2005年，全系统完成销售收入365.1亿元，实现利税40.7亿元，利润21.1亿元，完成工业总产值356.27亿元，自营出口创汇7.62亿美元。先后获省级“先进企业”“全省十强县联社”“全国百强县联社”“全国供销社工业国家队成员单位”等称号。

第三节　农业生产资料经营

1986年,生产资料经营品种主要有化肥、农药、农膜、药械等。

1993年，农业生产资料市场放开，实行多口经营，市场一度混乱，化肥价格上涨。1994年，国家恢复农业生产资料专营，市场渐趋稳定。1996年，县农资公司与基层社联合经营，是年，供应农资总额9220万元。

1998年4月，成立县农业生产资料有限责任公司，主要经营：“中华”牌摩洛哥二铵、“中华”牌突尼斯二铵、美国嘉吉二铵、云南三环嘉吉二铵、俄罗斯硫酸钾及省内外各种复合肥、专用肥，农用微膜，杀虫剂、杀菌剂、植物增长剂、拌种剂等400余个品种。1999—2005年，全系统以县农资有限公司为龙头，开展“两总配送”（总经销、总代理和统一配送经营），先后与美国嘉吉公司、明水化肥厂等200多个厂商建立固定业务关系，县内外经营网点发展到400余个，发展农资连锁经营店26个，统一配送农资商品80%以上，形成覆盖县内市场，辐射济南、淄博、东营等周边地区农资大流通市场。2004年，全系统销售农资总额1.63亿元。

2005年，全系统农资销售总额1.95亿元。

化肥

1986年，为扩大化肥经营范围，各基层社到全国各地组织货源，基本满足农民的需求。

1987年，化肥资源紧缺，价格上涨，碳酸氢铵吨价210～230元，尿素吨价730～750元。1989年，当年化肥供应7.59万吨。1992年，化肥价格提高，计划内供应尿素吨价950元，复合肥吨价560元，磷酸二铵吨价1100元。

1994年，国家恢复农资专营，市场渐趋稳定，是年，供应化肥4.34万吨。1995年，化肥供应出现缺口,价格大幅上涨,进口尿素每吨售价2500元，国产尿素每吨售价2400元，碳酸氢铵每吨640元，磷肥每吨540元。1996年，农业用肥转向尿素、磷酸二铵等高效肥，碳酸氢铵、磷肥滞销。同年，购销优质化肥65507吨。

1997年，化肥价格出现倒挂，县供销社对夏粮奖售化肥价格做了调整。即县农资公司对基层社尿素调拨价由国家规定每吨1555元调整为每吨1450元，供应农民的零售价格由国家规定每吨1600元调整为每吨1500元，供销社系统承担损失24.7万元。1998年，省政府决定暂不执行农民向国家交粮棉与奖售化肥挂钩的政策，是年，供应各种化肥38211吨。

1999年,国家取消指令性计划,价格随行就市，个体业户广泛参与经营。2000年，供应各类化肥

7.6 万吨。2004 年，供应化肥 19.3 万标吨。2005 年，售出化肥 19.45 万标吨。

农药

1986 年前，农药经营品种有 666、DDT、敌百虫、敌敌畏、乐果、4049、硫酸铜、1059、1605、3911、亚铵硫磷、敌锈钠、久效磷、辛硫磷、呋喃丹等 10 余个品种。

1986 年，经营敌杀死、速灭杀丁、溴氢菊酯、百树菊酯等高效低毒农药，粉剂农药逐渐被淘汰。1989 年 1 月起，农药实行专营，当年销售 634 吨。1991 年，个体业户参与经营，农民普遍注意科学用药，药械设备进一步改善，农药用量大幅度减少。1993 年，销售农药 120 吨。

1994 年，全系统销售农药 332 吨。1998 年，销售农药 109 吨。2000 年，供应农药 412 吨。2004 年，供应农药 343 吨。2005 年，供应农药 325 吨。

农膜

1986 年，当年销售农膜 317 吨。1990 年，全系统售出农地膜 284 吨。1993 年，全系统开展下乡送货，是年，售出农膜 279 吨。1995 年，售出农地膜 348 吨。1996 年起，由于棉花逐年受灾减产，农民种棉数量减少，农地膜需用量也逐年减少。2000 年，供应农地膜 397 吨。2004 年，供应农膜 561 吨。2005 年，供应农地膜 953 吨。

第四节　生活资料经营

1988 年，市场出现抢购风。

1991 年，山东省政府下发《关于进一步搞活流通的通知》，全县供销系统经营、用工、价格、分配“四放开”，企业自主权进一步扩大，工业品、日用杂品市场逐步放开。

1993 年，商品销售价格彻底放开，商品销售价格均由企业以市场为导向自主定价。

1995 年起，县供销社深化产权重组机制，加快企业改制步伐，走商、贸、工一体化，多方位发展的路子。

2005 年，全县供销系统完成销售收入 365.1 亿元，其中生活资料销售为 7317 万元。

第五节　农副产品收购

1986 年，全系统设有农副产品收购站 51 处。1998 年，按省政府〔1998〕58 号文件精神，坚持为“三农”服务为宗旨，开拓农村市场，开展农副产品收购。2000 年，全县供销系统农副产品购进总额 7.2 亿元。2005 年，全县供销系统农副产品购进总额 12.67 亿元。

第六节　棉花购销

棉花收购

1986 年，国家将棉花加价比例由 1985 年倒“三七”（30% 按牌价，70% 按加价）调整为倒“四六”（40% 按牌价，60% 按加价），并对定购外的棉花实行限收政策，影响农民种棉积极性，是年，收购棉花 44570 吨。当年，邹平县作为山东省 12 个出口棉基地县之一，首批公布。1987 年，国家恢复倒“三七”加价收购政策，并对定购外棉花按定购内的相同价格敞开收购。

1990 年，国家再次提高棉花收购价格，对新开垦棉田实行免征 5 年农业税政策；是年，收购皮棉 24296 吨。1992 年，县供销社投资 95 万元，对收棉站进行改造，当年收购皮棉 8117 吨。1993 年，棉花市场、价格、经营放开，棉田面积减少，收购量锐减。

1995 年，国家再次提高收棉价格，取消价外加价，强化棉花监督管理，棉花收购量有所回升。是年，收购皮棉 16156 吨。1999—2000 年，国家不再统一棉花收购价格，只出台指导价。2000 年，收购棉花 14100 吨。2001 年后，国家只出台预测价，棉花收购价格由市场调节，至此，棉花收购价格逐步放开。2005 年，收购棉花 3.58 万吨，占全县收购量的 80% 以上。

棉花销售

1985 年，省政府规定，供应省内纱厂棉花，在国家规定的选购价标准中，皮辊棉在每吨 3440 元基础上下浮动 10%。是年，销售棉花 10235 吨。

1988年起，实行调棉奖粮（吨棉、吨粮）政策。1993年，国家取消棉花合同定购和棉花调拨指令性计划，实行棉花市场、价格、经营“三放开”，棉花购销量减少。1995年，为扭转棉花市场的混乱局面，国务院发出紧急通知，恢复调棉奖励政策，继续实行合同定购，定购内棉花加价和奖售政策不变（倒“三七”）。1998年起，棉花价格全部放开，同时终止合同定购和定购内棉花加价和奖售政策的执行。2004年，棉花价格持续走低，棉农惜售。2005年，销售棉花38300吨。

第七节　废旧物资收购

1986年，国家放开废旧物资回收市场，农村个体业户和私营单位参与经营。1989年，山东省人民政府颁发《山东省钢材、有色金属管理暂行规定》，规定废旧钢材和有色金属由县再生资源公司统一收购，统一调拨。

1994年，企业收购、经营均实行增值税。根据从事废旧物资经营增值税一般纳税人收购废旧物资不能取得增值税专用发票的实际情况，国务院决定，对一般纳税人支付运输费用和收购废旧物资准予按10%的扣除率计算，进项税额扣除。1995年，为解决废旧物资收购经营企业在新旧税制转换过程中的实际困难，国务院批准，对从事废旧物资经营的增值税一般纳税人，按现行规定计算缴纳增值税后，实行增值税先征后返。由企业提供纳税凭证，经审核批准，按已入库增值税税额的70%返还企业。2003年，发展废旧物资经营网点120家，会员网点22家。2004年，增加废旧有色金属收购站点9个。至2005年，全系统发展废旧物资经营网点129家。

第八节　加工企业

1985年，新建黄山油棉厂、冷藏厂、印刷厂。1989年，第一油棉厂万锭纺纱车间投产，第五油棉厂1.4万纱锭车间投产。

1993年，国家取消棉花合同定购和棉花调拨指令性计划，棉花市场、价格、经营放开，棉田面积减少，棉花收购、加工企业经营困难，油棉加工企业出现设备闲置、经济效益滑坡的被动局面。

1995年，县供销社与日本日清食品株式会社合资成立山东日清食品有限公司，总投资1874.56万元，供销社投资653万元。1996年，全系统完成工业总产值10.2亿元，实现利润7591万元，一跃成为全国供销社工业经济效益第一名。

1999年起，县供销社实施龙头带动，工业强社战略。

2002年，实现销售收入60.7亿元、利税8亿元、利润5亿元、自营出口创汇2.6亿美元，其中魏桥创业集团销售收入、利税和自营出口创汇均居全国棉纺织企业第一名，并成为中国企业500强和山东省26户特大型企业之一，成为世界上纺织能力的最大棉纺织企业。1996—2000年，投资15.1亿元，扩建和新建30万平方米工业大厦、热电厂二期工程及高仿真化纤面料等9个重点项目。2001—2002年，投入31亿元，新建滨（州）魏科技工业园、邹魏科技工业园、威（海）魏科技工业园等一大批重点项目，2003年，重点项目投资达到40亿元，完成销售收入113亿元，实现利税15.1亿元，利润8.56亿元，自营出口创汇4.3亿美元。

2004年，开工建设120万纱锭、1万台织机和装机容量48万千瓦的纺织、热电等技改工程；5月，在香港成功配售净融资6.53亿港元；10月，美国《财富》杂志发布“中国上市公司100强”排行榜，魏桥纺织名列第93位，成为中国唯一一家跻身该排行榜的纺织企业。是年，实现销售收入231.25亿元。

2005年，投资60亿元，完成基建技改项目172万平方米。继2004年之后，再一次完成百亿元收入递增，登上350亿元大台阶，实现历史性跨越。美国《财富》杂志2005年10月发布“中国上市公司100强”排行榜，魏桥纺织列72位。同年，完成销售收入355.1亿元，实现利税40.5亿元、利润21亿元，自营出口创汇7.6亿美元。

以魏桥创业集团为依托，2000年，成立山东双桥化工有限公司，新上化工、纺织配件加工项目，产品由建厂初期的单一品种猛增到5大系列260余个品种。2003年初，又新上总投资1亿元、年产2万吨的保险粉及配套生产项目，年底完成投资2000余万元，一期工程全部竣工投产。总投资2000万元、年产3万吨变性淀粉和年产3000吨、面积6600平方米铸造车间也于年底建成投产。2005年，投资600万元，扩建保险粉项目，增加产量1万吨。以建设大化工为目标，瞄准市场和魏桥创业生产结构调整，在魏桥征地200亩，总投资1.2亿元，新建3万吨保险粉、3000吨靛蓝粉、2万吨二氧化硫项目。2005年，形成服务魏桥创业的5大生产项目，产品达8个系列1000余个品种。

第九节　流通网络建设

1986年底，县联社辖专业公司6个（棉麻公司、生产资料公司、土产杂品公司、果品公司、工业品购销公司、废品物资回收公司）。基层供销社17处，驻地或集镇设有零售门市部153处、修理部5处、石油供应站18处、农村代购代销点462处、商业联营8处，在全县范围内形成商品流通网。

1998年，辖基层社16处（原好生社破产后于1997年9月并入西董社），专业公司及流通企业8处（棉麻公司、农业生产资料有限公司、果品盐业有限公司、建筑装饰公司、供销大厦集团公司、机关招待所、周村储运站、台子农资专业合作社），农村经营网点686个，覆盖率80%；1999年，农村经营网点772个，覆盖率90%。2000年，农村经营网点860个，覆盖率100%。

2001—2005年，县供销社打造全新流通网络建设。2002年，投资120万元，与上海联华共同开发联华超市邹平加盟店，成为山东省县级一流加盟单位，并发展成五星级加盟店；同时，向镇村发展连锁经营，全县村级直销网点35家；组建棉花、蔬菜、农资等各类专业合作社11个；创办九户、里八田等综合经营服务中心12处。2003年，投资1200万元，重点开发镇乡驻地沿街设施，完成基础营业设施10个，改造面积1.7万平方米。2004年，总投资1000万元，总营业面积近1万平方米的联华超市有限公司、梁邹供销商厦、招待所综合宾馆、烟花爆竹经营中心等骨干网点相继竣工使用，城区骨干网络框架基本形成。

2005年，投资140万元、2000平方米的青阳社沿街设施扩建，投资125万元、1991平方米的韩店社商住楼建设，投资129万元、1637平方米的长山社农资超市改造，已全部竣工投入使用。以村级超市建设为基础，增加中介性、公益性项目，形成农村社区综合服务中心3家。

第三章　粮　食

第一节　机构沿革

1986年，县粮食局为正科级行政部门，列县政府序列，内设秘书股、人事股、财务股、购销储运股，下属单位有食品饲料工业公司和粮油贸易公司。乡镇设粮油经营管理所，辖24个粮站和16处粮食保管点（仓库）。1992年2月，编制12人，设办公室、人事股、财务股、业务股、审计股5个科室。4月，成立邹平县粮食收储中心，为副科级事业单位，经费自收自支，编制20人。6月，经滨州地区体改委论证通过，批准成立邹平县粮食集团总公司，内设股室改为科，同年成立结算中心。1993年10月，县级机构改革，粮食局不再列入政府序列，实行企业化管理，仍具有管理粮油经营的行政职能。1996年年初，县粮食集团总公司列政府序列以外，正科级单位，行使原粮食局行政职能，编制23人。内设办公室、人事科、财务科、老干科、结算中心。10 月，西董镇粮所并入邹平镇粮所管理，好生镇粮所、临池镇粮所并入长山镇粮所管理。1997 年 1 月，青阳镇粮所并入邹平镇粮所，里八田乡粮所并入明集镇粮所，食品厂并入礼参镇粮所。1997 年，增设审计科。1998 年初，设粮食批发市场办公室。1999 年 2 月，粮食局重归政府序列，为政府行政机关。4 月，粮食局党委成立。

图 11-4　利生植物油厂　（2002 年摄）

2000 年 10 月，邹平县植物油厂改组为山东邹平利生油脂有限责任公司，邹平县怡康葡萄糖厂改组为山东邹平怡康糖业有限责任公司，邹平县面粉厂改组为山东邹平鲁帝责任有限公司。2001 年 7 月，苑城粮所并入焦桥粮所，礼参粮所并入邹平镇粮所。2002 年 7 月，县级机构改革，粮食局归口县发展计划局管理，行政人员编制 8 人。2003 年，邹平利生油脂有限责任公司整体并入邹平怡康糖业有限责任公司。

2003 年，粮食局下设办公室、人事劳资科、业务科、财务科、收储中心财务科 5 个科室，12 家独立核算单位，即邹平怡康油脂有限责任公司、

图 11-5　县面粉厂　（1994 年摄）

邹平鲁帝制粉有限责任公司、邹平镇粮所、长山镇粮所、焦桥镇粮所、韩店镇粮所、明集镇粮所、九户镇粮所、孙镇粮所、魏桥镇粮所、台子镇粮所、码头镇粮所。

2005 年，粮食流通体制改革后，相继成立邹平县粮食储备库、邹平县军粮供应站、邹平县粮食购销有限责任公司、邹平县粮食行政执法大队等下属单位。

第二节　征　购

粮食定购

1986—1989 年，随着农村土地联产承包责任制政策的稳定，粮食生产发展迅速。1990 年，为保证地区下达定购任务的完成，按规定增加 7% 的系数，全县分配各乡镇定购任务 24240 吨。为保障国家粮食安全，增强国家粮食宏观调控能力，在夏季一季完成全年粮食定购任务后，又加大收购力度，超额完成地区下达的中央专项储备任务（任务 11000 吨），收购中央专储小麦 11102 吨。1991 年，在完成粮食定购任务 24240 吨后，又按计划完成中央储备粮收购任务 5000 吨。从 1992 年 6 月开始，在完成粮食定购任务后，放开粮食收购市场，价格由市场决定。1993—1997 年，粮食定购任务调减到 22700 吨，全县每年夏收一季完成任务。2001 年，小麦收购继续坚持定购与保护价同价，常年挂牌敞开收购。玉米与秋粮上市后，退出保护价收购范围，和其他品种一律按市场价随行就市收购。2004 年，粮食流通体制改革向纵深发展，国务院、省政府相继印发国发〔2004〕17 号文件和 34 号文件《关于进一步深化粮食流通体制改革的意见》，其基本思路是放开购销市场，直接补贴粮农，转换企业机制，维护市场秩序，加强宏观调控，并颁布《粮食流通管理条例》，使粮食流通及体制改革走上规范化、法律化道路。省政府为贯彻落实《粮食流通管理条例》，制定相应的行政法规，即《山东省粮食收购管理办法》，还就如何进一步贯彻执行国发〔2004〕17 号文件，制定《山东省人民政府关于深化粮食流通体

制改革的意见》(鲁政发〔2004〕54、57号文件)。2005年，县粮食局按照国务院《粮食流通管理条例》规定，实行政企分开，转变工作职能，按照省、市改革精神，粮食局归口县发改局，成为行政执法局，负责全县粮食行业管理、粮食收购资格审批、粮食流通监督检查和社会粮食统计，全县粮食收购在县粮食局管理下有序开展。全年国有粮食购销企业收购粮食57万吨。

1986—2005年邹平县粮食收购情况一览表

表11-2-1　　　　单位：吨

项目／年度	征(定)购	保护价收购	委托代购	议转平收购	中央专项储备	调控粮收购	议(市场)收购
1986	23617		5096				
1987	22867			2500			19833
1988	22714			3200			22971
1989	22658			3395			48000
1990	23881				11102		34085
1991	24241				5000		46596
1992	24240						53094
1993	22700				1000		82434
1994	22700						85956
1995	22700						83609
1996	22700	41743					83409
1997	17300	80060					77981
1998	17300	81085					88601
1999	17300	222225					
2000	17300	286260					
2001	17300	165720					223598
2002	17300	177808					199694
2003	17300	189400					162698
2004		30317				180000	221616
2005						160000	411633

第三节 销 售

农村统销

1985年，在全县取消粮食统购，实行合同定购，农村粮食统销也扭转长期购销价格倒挂的历史，按计划按比例价供应。缺粮人口不仅可以申请从国有粮食供应网点买到所需口粮，还可以通过粮食市场购到所需粮食；农业人口外出，可凭村委介绍信，向所在地粮食部门按比例售出一定数量的口粮，由粮食部门付给相应数量的粮票。1992年6月，随着“四放开”改革，农村粮食供应全部按市场价；7月起，国家对农村缺粮人口，对有购买能力的由粮食部门按市场价供应或通过市场解决，但对于无购买能力的，由个人申请，村委把关，乡镇政府担保，粮食部门借给其口粮，来年粮食收获时再按同品种同等数量归还。2004年5月，随着国务院粮食流通体制改革的深化，全县取消粮食合同定购制度，在不发生严重自然灾害等紧急情况和严重影响群众生活的情况下，农村

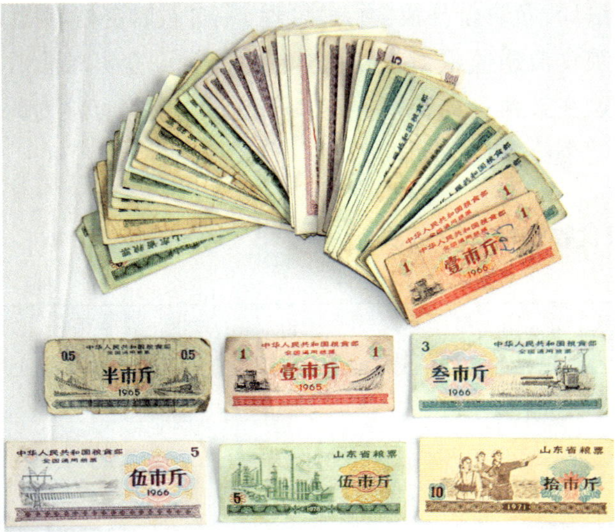

图 11-6　20 世纪 60 年代至 90 年代初使用的粮票

粮食购销完全由市场决定。

城镇粮食供应

1986 年，对城镇非农业人口，继续按照 1953 年 12 月国务院《市镇粮食供应暂行办法》规定，实行按计划、分等级、按定量凭证供应。10 周岁以下儿童按年龄段，在校学生按级别，脑力劳动及体力劳动者则按劳动强度。具体是：基本口粮到个人，工种粮差到单位，落实工种到个人，实行有城镇户口、城镇粮食关系、粮食计划才能供应粮食，居民出差、旅游、探亲等，可凭介绍信从供应粮证上提取粮票，到异地凭票就餐、购食品等。

1992 年 6 月起，经滨州地区体改委论证通过，批准成立邹平粮食集团总公司，推行“四放开”改革，走集团化经营的路子，在经营上，粮油票退出流通，放开粮油销售价格，实行市场（议价）供应。1993 年 11 月至 1996 年，粮食市场价格波动很大，县委、县政府多次研究平抑措施，粮食部门积极行动，平抑市场粮价，维护正常的粮食流通秩序。1996—2001 年，随着粮食生产的稳定和发展，粮食市场价格回落较大，城镇居民也不再需要持粮食供应证到指定站点购买口粮，可以自由选择到社会各批发、零售粮油厂家、门市部购买生活所需的任何品种。2001 年 5 月，随着全国粮食形势根本好转和农村城镇化进程的加快，标志城镇人口身份之一的市镇粮食关系全部放开，所有人口外出就学、工作调动等，不再办理粮食关系。从此，县粮食局主要职责：军粮供应、地方储粮管理、社会粮食宏观调控和社会粮食统计。

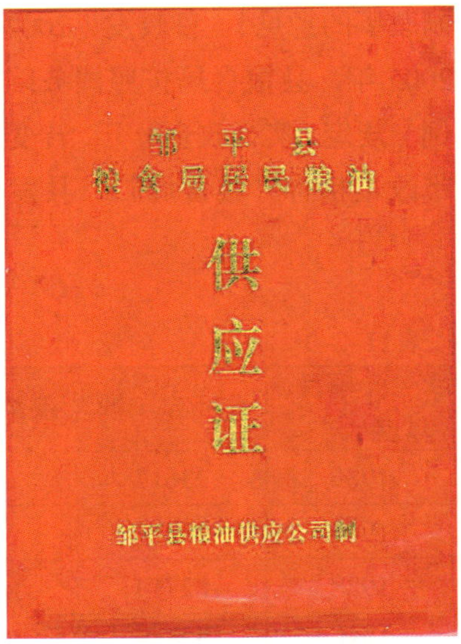

图 11-7　20 世纪 90 年代使用的粮油供应证

2003 年，县内充实地方粮食储备，建立粮食紧急预警方案，随着 2004 年国务院令第 407 号《粮食流通管理条例》和省政府令第 168 号《山东省粮食收购管理办法》颁布实施，在全省率先实行政企分开，县粮食局转变行政职能，加强全社会粮食购销市场监管，维护正常的粮食流通秩序，严厉查处抬级抬价或压级压价和掺杂使假等扰乱粮油市场秩序不法行为，使粮食市场价格保持在国家规定的合理价位上，保障生产者、经营者和消费者合法权益，保证粮食安全。

1986—2005年邹平县粮食销售情况一览表

表11-2-2　　单位：吨

项目 年度	城镇计划供应		粮食计划调出		农村计划供应		议（调控市场）价销售
	总量	其中：居民口粮	总量	其中：净调出	总量	其中：口粮	
1986	9861	6455	7340	7340	4586	530	25800
1987	10499	7060	7270	7270	3281	1313	12475
1988	11710	8365	9320	9320	2545	2545	21775

续表11-2-2

项目 年度	城镇计划供应		粮食计划调出		农村计划供应		议（调控市场）价销售
	总量	其中：居民口粮	总量	其中：净调出	总量	其中：口粮	
1989	12690	9050	1153	1153	1810	1810	32036
1990	10805	9734	6837	6538	4081	4033	42298
1991	16979	15807	12075	12075	1358	1328	37807
1992	4632	4496	3523	3523	17448	4411	46098
1993	452	452					107206
1994	2141	2141	6500	6500			91566
1995	4751	4751	5801	5801			85414
1996	8133	8133	8700	8700	1300	1300	100685
1997	621	621			30	30	91951
1998							234907
1999							123724
2000							409351
2001							393129
2002							320817
2003							402800
2004							506553
2005							629953

第四节　存　储

1986年始，随着农村改革全面展开，粮食生产水平得到质的飞跃，县粮食局多方筹措资金，新建仓房一批，满足储粮需求。从1998年伴随着国务院《粮食收购管理条例》及“三项政策、一项改革”颁布实施，为解决敞开收购农民余粮需要，县粮食局筹集资金，新建规范化仓储22250吨仓房1座，购置通风机2台、振动筛60台、输送机35台，并运用电子测温、塑料薄膜槽管密闭、机械通风等规范化先进储粮技术。

第五节　粮油加工

从1985年开始，县粮食局在全省率先尝试以工补商的发展格局，成立县食品饲料公司和县议价粮油公司，形成以粮食经营为主，以粮油、食品、饲料加工为辅的局面。1985年，投资建饲料厂1处。1987年，投资新增县面粉厂机组1套，在礼参粮所上糕点流水线。1989年，投资353万余元在饲料厂新建日处理50吨浸出食用油车间，新建年产1620吨挂面厂2处。1992年，投资500万元新建面粉厂等级粉车间，投资300万元改造油脂厂浸出油车间。1994年6月，在县经济开发区新建大豆植物油厂1处，一期工程占地93亩，形成年设计能力5万吨规模。1995年后，利生植物油厂创出利生牌烹调油、色拉油，年加工大豆7.5万吨，县面粉厂开发出鲁帝牌系列等级面粉，年生产能力3.6万吨。1997年，投资1200万元，在苑城粮所、台子粮所新建年产5万吨饲料厂2处，并投资3600万元对利生油脂厂进行技术改造，新上色拉油设备和大豆油浸出生产线，生产能力由班产200吨提高到300吨。1998年，投资300万元对面粉厂进行整套改造，12月，在县经济开发区开工建设玉米深加工项目，该项目被县政府列为全县重点项目，被省计委列为全省重点工程项目，1999年，试机投产。2003年7月，怡康糖厂和利生油厂实现重组，成立邹平怡康集团公司，并顺利进行股份制改制。至2005年，形成年加工玉米10万吨的能力。

1986—2005年邹平县粮油工业企业生产情况一览表

表11-2-3

项目 年度	主要产品产量（吨）									经济指标（万元）	
	面粉	麸类	食油	粕类	淀粉	葡萄糖	蛋白母液等	食品类	饲料加工	销售收入	实现产值
1986								2946	6162		
1987								3734	7497		
1988								3206	17086		
1989	16950	8198	843	2857				4515	12600		
1990	6706	3243	535	1813				3825	12904		
1991	10646	3128	324	1097				8293	21318		
1992	8338	2463	214	1239				6672	14368		
1993	7922	1926	876	4830				6231	9407		
1994	12808	4766	1918	10220				1776	14321	7390	7565
1995	10381	3525	1314	7836				1526	12484	6946	7642
1996	10936	4010	4188	21389				1401	13798	11062	11199
1997	13327	4818	9486	44062				1612	20753	23161	22444
1998	16209	5343	5897	58220				781	13684	24401	24990
1999	17035	5764	22708	79970	289			243	8333	29820	30691
2000	19089	7869	16930	75832	24116	9850	20418	100	4615	31308	32069
2001	15095	5427	17983	48926	30370	20062	37866			30314	29927
2002	13064	8091			23743	21137	20451			12056	11755
2003	15698	6593	5137	21194	28715	19814	28734			20049	20551
2004	10222	3073	2263	4783	21819	33419	33368			20547	20284
2005	3779	286	67409	165905	19360	32644	28026			113923	95190

第四章 物 资

第一节 机构沿革

1986年，县物资局下设综合办公室及物资服务公司、化工建材公司、燃料公司、木材公司、机电设备公司、金属材料公司、液化气供应站。1987年，综合办公室分为办公室、行政科、政工科、财务科、审计科、业务科。1989年，行政科、审计科撤销，政工科、业务科、财政科改为政工股、业务股、财务审计股，增设保卫科。物资服务公司更名为化工轻工公司，成立物资贸易中心、汽车贸易中心。1989年12月，物资局党委成立。

图 11-8　1998 年，弃用的物资局办公楼

1991 年，成立物资综合公司、物资开发公司、再生资源公司。

1992 年，成立邹平县物资集团总公司，下属物资经营部和天津分公司。另外成立物资生活服务公司，原燃料公司更名为燃料总公司。1993 年，金属材料公司更名为金属材料总公司。1993 年，县级机构改革，邹平物资集团总公司内设办公室、财务科、保卫科、史志办公室，下属 13 个分公司（物资服务公司、物资综合公司、物资开发公司、化工轻工公司、燃料总公司、物资贸易中心、化工建材公司、木材公司、机电设备公司、汽车贸易公司、金属材料总公司、再生资源综合利用公司、物资油气公司）。至 1995 年，机构未变。1998 年 6 月，受市场经济冲击，经营逐年下滑的邹平物资集团总公司破产。1999 年 11 月，物资局党委撤销。

第二节　物资经营

1986 年，县物资局实现销售额 2822 万元，比上年增加 29.5%；实现利税 73 万元，比上年增加 16%。1987 年，实现销售额 4062 万元，比上年增加 4%。1988 年，实现销售额 9172 万元，比上年增加 126%；实现利税 161.6 万元，比上年增加 123%。1989 年，实现销售额 9854 万元，实现利税 184 万元，销售、利税增幅明显减缓。1990 年，完成销售额 7734.4 万元，实现利税 152 万元。5 年来第一次出现负增长，减幅 10% 以上。1991 年，县物资系统抓住市场逐步回升的机遇，积极调整经营方针，企业内部实行承包经营，全年实现销售额 11179 万元，创利税 204 万元。1992 年，完成销售额 13537 万元，比上年增加 21%；实现利税 267 万元，比上年增加 35%。1993 年，物资系统经营效益大滑坡，全年实现销售额 1.43 亿元，实现利税只有 130 万元。

1994 年，物资经营完全进入市场，竞争激烈，国家进行宏观调控，流通行业面临诸多困难，县物资企业改革步伐滞后，经营机制不适应市场经济新形势，经营业务进一步大滑坡，效益大幅度下降，全系统出现大面积亏损。全年完成销售额 6440 万元，占年计划的 32%，比上年同期下降 34%；利税为负 140 万元，亏损面 70%。1995 年，全年完成销售额 5722 万元，全年经营亏损 538 万元，比上年增亏 352 万元，全系统所属公司全部亏损。

1986—1995年邹平县物资总公司主要物资供应情况一览表

表11-4-1

项目 / 年度	煤炭	钢材	烧碱	纯碱	水泥	轮胎	木材	汽车	机电设备	化肥	液化气
	吨	吨	吨	吨	吨	吨	立方米	辆	台	万元	吨
1986	121000	7802	242	316	10700		5660	4			
1987	109973	8263	493	560	12775		5525	118			
1988	140246	10607	1577	132	12987	2871	8803	748	2957		
1989	111932	6152	5935	628	29010	2183	7250	369	1540	1360	
1990	125700	8871	3432		6102		5602	208	1044	5350	
1991	138217	15650			10583	1833		244	1532		

续表11-4-1

项目 年度	煤炭	钢材	烧碱	纯碱	水泥	轮胎	木材	汽车	机电设备	化肥	液化气
	吨	吨	吨	吨	吨	吨	立方米	辆	台	万元	吨
1992	154664	18093	103	78	15008	2543	5805	288	1359		350
1993	84000	12000	558	7	8600		4200	190	1540		
1994	60000	1733	479	2	10427		1067				
1995	64685	2387	331	6	9055		3174				

第三节　企业管理

1986—1995年，县物资系统通过经营机制的转换和企业内部改革的深化，企业管理由过去重经营轻管理，转变为经营管理一齐抓，全面抓好企业管理工作。1990年，在升级达标工作中，有2个公司在全区首次行业管理达标升级中升为地区级企业管理先进企业。各企业健全各类人员岗位目标责任制，加强现场管理。

1992年,在“重合同、守信用”企业评比活动中，物资系统有2个企业连续5年获滨州地区“重合同、守信用”企业称号。

1993年，总公司注意发现管理中薄弱环节，采取有力措施治理深层次问题，加强对承包费管理和兑现，制定财务管理暂行规定，对财会人员实行双重领导，对不合格会计人员及时进行调整，费用开支和资金运用严格按手续和程序办理，财务管理逐步走上正轨。

1994年，总公司对下属公司管理采取“大的方面管住管好，小的方面放权搞活”原则，重点抓好“三个一”：利润指标、资本金、经营者。通过“三个一”的实施，增加国家、集体、个人三者收入，减少国有资产流失，扩大各公司经营者权力，为经营目标责任制实施，创造良好条件。1995年后，企业管理进入不良状态。

第四节　机制转换

1986年，县物资局转换经营机制，与乡镇企业联合，在乡镇建立供应点；与外地联合，物资系统6个公司都与外县、市建立联系点和办事处，在青岛、齐鲁石化、济南、大连、北京、天津等地设立联合点或常年采购组。化建、服务、机电公司参加同行业联合体，扩大营业额，提高知名度。

1987年，县物资系统开始推行经营承包责任制。实行多劳多得，按劳取酬。1988年，物资系统6个专业公司全面实行经营承包，企业为期3年。

1989年，实行承包经营责任制以来在总结经验教训基础上，坚持兴利除弊原则，对内部承包方案和考核细则进行补充和完善。

1990年，根据县政府〔1990〕62号文件精神，按照包死基数，确保上交，超收多留，歉收自补以及为国家多做贡献原则，制定本系统第二轮承包经营责任制实施方案，12月15日前，县局与各专业公司签订第二轮承包经营合同，顺利完成新一轮承包工作。1991年，为解决“大锅饭”问题，体现承包中多劳多得的分配原则，实施“联购、联销、联益、联酬”四联办法。

1992年3月，县物资局撤销，成立邹平县物资集团总公司。总公司实现职能转变，由过去单纯的行政管理，转变为集管理、服务、经营三位一体的物资系统的核心企业。1993年，按照《企业法》和《条例》要求，明确总公司与下属公司的关系，总公司把该管好的管好，把该放的全部下放到企业。各公司内部采取多种形式经营办法，能包则包，能租则租，划小核算单位，使经营更有活力。总公司在天津成立分公司，在天津办理营业执照和税务登记证，长期购销，为驻外网点建设开创新路，取得较好经济效益。是年，经济效益列全区物资系统第一名。1994年，针对市场继续疲软，资金一度紧张，亏损月月增加的局面，根据国内贸易部和地区物资局文件精神，在物资企业中开展“转机制、抓管理、练内功、增效益”活动。对个别亏损严重企业实行分户经营，对小规模的门店实行租赁或大包干经营，并着手研究公司租赁办法。1995年，对所属企业大部实行租赁经营。对个别困难较大企业，积极组织干部职工开展经营自救，解决部分待岗人员就业和吃饭问题。

第五章 石 油

第一节 机构沿革

1986年，石油公司设行政股、仓储股、业务股、财务股、审计股。下属加油站归业务股统一管理。1988年，成立劳动服务公司，下设织布厂、制腊厂。公司被省石油公司定型为小型企业。1989年，建立邹平县石林化工厂。1992年，第一加油站实行承包经营，更名为销售公司，同年，成立物资购销公司、经营开发公司、润滑油公司，均为股级单位。

1993年，公司更名为山东省石油集团邹平公司，股室调整，股改为科，内设行政办公室、财务科、业务科、人秘科、审计科、油库办公室。至1995年，公司机构有办公室、人秘科、财务科、业务科、仓储科、润滑油公司及各加油站。

第二节 经营管理

1986—1987年，公司整体运转处于计划经济框架之下，资源属国家配置，不需要外采油品，市场油品需求量大，公司效益可观，1986年，调入油品15648吨，调入总值900万元，销售总值1057万元，实现毛利109万元，上缴利润56万元，资金流转28.53天，各项经济指标居全区第一位。

1988年后，石油市场逐渐放开，国家对石油公司资源配置计划逐年减少，公司出现“吃不饱”状况。1988年，劳动服务公司挂牌营业，先后上门市部、织布厂、制腊厂等项目，实现当年筹建、当年竣工、当年投产目标，年实现产值139万元，创利润5.4万元。1988年，公司经营油料15511吨，销售总值1090.2万元，实现利税76.2万元，获纯利55.3万元，省石油公司确定企业类型为小型企业。

1989年，新建石林化工厂，年生产成品油3500吨，实现销售额2327万元，实现利润413万元。是年，公司投资24万元建300吨储油罐6个，库存总容量3050立方米，固定资产190余万元。1992年，公司新成立石油销售公司、石油物资购销公司、润滑油公司，积极推行承包经营，包死基数，确保上交，独立核算。是年，公司共经营油品12974吨，销售额1247万元，实现利税100万元，取得公司创建以来最好成绩。

1993年，公司更名为山东省石油集团邹平公司，企业类型上升为中型企业（二）。

1993年后，石油市场全面放开，炼油厂可直接对外经营，石油公司以前独家经营固有格局被彻底打破，潜在优势逐步丧失，石油公司经营出现困难。公司积极调进油源，加强外采工作力度，1993年，外采5192吨。1994年，成立石油市场整顿办公室，对邹平石油市场进行整顿。1995年，公司出资100万元购买淄博石油公司设在邹平境内月河加油站和孙镇加油站。

第六章 烟 草

第一节 机构沿革

1983年4月，县内烟草经营业务从县副食品公司剥离，成立山东烟草公司邹平公司。1984年8月，县烟草专卖局挂牌，与山东省烟草公司邹平公司合署办公，2块牌子，1套机构。1987年2月，山东烟草公司邹平县公司更名为山东烟草公司邹平支公司。1993年12月，山东省组建潍坊烟草集团之后，县烟草公司划归潍坊烟草集团。

图11-9 烟草公司办公楼 (2015年摄)

1995年6月，山东潍坊烟草集团公司更名为东方烟草（集团）有限公司，县烟草公司为该集团公司子公司。9月，县烟草公司更名为东方烟草（集团）有限公司邹平分公司。1998年9月，全省烟草系统进行综合配套改革之后，公司与1984年挂牌成立的烟草专卖局职能相对分开，公司名称变更为山东烟草购销（集团）有限公司（滨州）邹平分公司。

2000年，山东烟草购销（集团）有限公司撤销，10月，县烟草公司更名为山东滨州烟草有限公司邹平分公司。2005年8月，全市系统实行三统一改革，山东滨州烟草有限公司邹平分公司更名为山东滨州烟草有限公司邹平营销部，不再具有法人资格，与邹平县烟草专卖局合署办公。

第二节 烟草专卖

1984年8月，县烟草专卖局成立，不断加大对卷烟流通市场治理整顿力度，规范卷烟经营秩序。前期专卖管理是以打击销售假冒卷烟为主，随着市场治理的不断深入，1999年2月，县烟草专卖局开始对卷烟市场实行区域化、责任化管理，对各辖区卷烟零售户的持证经营率、合法渠道进货率、市场占有率、市场净化率等指标进行考核。2002年，对全县卷烟零售户实施“户籍化”管理。

2004年，积极开展“文明执法年”活动。活动中，聘请36名专卖执法监督员，授权他们对专卖执法人员工作中的执法程序、执法形象、廉政建设、遵章守纪等情况进行监督。

2005年，与工商部门联合开展“打击非法卷烟经营行为，依法治理烟草市场”专项行动，与公安部门联合开展打击涉烟违法犯罪“百日行动”，与公安、交通、工商、物价、文化、税务等部门联合执法，对货运站、配货站、物流中心等进行专项治理。同时，在专卖管理上采取“无常态”管理模式，打破已有规律搞稽查。通过建立晨检、午检、夜检制度，做到管理时间上无常态化。

第三节 卷烟经营

1983年4月，烟草公司成立，公司深挖市场潜力，扩大卷烟销售量，使企业总体水平有长足发展。1999年2月，公司在全地区烟草系统率先开展以“卷烟销售网点改革，实施工效挂钩”为中心，提高卷烟送货面和市场净化面为重点的“一点两面”工程，对全县卷烟零售户实行定时、定线、定量、定人的“四定”送货服务。2001年2月，公司进行专销一体化改革，在全县卷烟销售工作中实行批零“一价制”。2002 年 9 月，邹平县烟草公司推行全面访销、全面配送的新型网络运行机制。

2004 年，为实现服务方式转变，县公司对全县卷烟零售户实行分类管理，通过提供个性化服务，把全县卷烟零售户细分为 5 类：A 类为核心户，约占客户总量的 5%、B 类为重点户，约占 25%，C 类为一般户，约占 50%；D 类为离散户，约占 15%；E 类为边缘户，约占 5%。通过工作流程的整合，节约人力、物力，做到集约式经营，保证满足核心户和重点户的个性化和差异化需求。

2005 年，在全县卷烟市场上开展“亮丽终端建设”活动，全面推行“分类管理、分档营销、明码标价、限量供货、协议销售”营销模式，设立 213 家“中国烟草”形象店和 18 家“中华”卷烟定点销售点，统一配备卷烟形象展示柜和“中国烟草标识”灯箱牌匾，制定统一的管理规范，实现“中国烟草”价值最大化。

1986—2005年邹平县烟草公司销售情况一览表

表11-6-1

年度	销售量（箱）	销售额（万元）	实现利润（万元）	年度	销售量（箱）	销售额（万元）	实现利润（万元）
1986	14259	686.6	25.3	1996	10922	3566.0	262.5
1987	12611	804.9	20.9	1997	12792	4336.0	60
1988	11568	970.5	22.7	1998	12685	4978.0	–80
1989	10009	1086.0	18.3	1999	14875	4779.0	110
1990	10838	1371.5	24.97	2000	15828	5247.0	223
1991	15777	2183.4	29.8	2001	16682	6227.8	450
1992	14316	2201.0	33.0	2002	15872	6348.0	550
1993	15030	2207.3	42.9	2003	17575	8340.6	700
1994	12148	1993.0	79.5	2004	21268	12089.7	1264
1995	8414	2031.0	135.5	2005	21392	14329.9	1498

第七章　盐　业

第一节　机构沿革

1986 年前，县内用盐市场调运和批发销售由县果品公司负责，隶属县供销合作社。1994 年 8 月，县企业产权制度改革小组邹产改发〔1994〕1 号文件，根据县果品公司作为全县股份制改造试点单位，进行企业股份制改造，职工自愿入股，公司改组后注册为邹平县果品盐业有限公司。

1996 年 12 月，按照邹政复〔1996〕18 号文件要求县果品盐业有限公司加挂滨州地区盐务分局牌子，行使本县境内的盐业行政管理和食盐专营职能。

1999 年 4 月，根据邹政发〔1999〕24 号文件成立县盐务局，为副科级事业单位，隶属县经济贸易委员会，经费自收自支，负责全县盐政管理和食盐专营工作，核定事业编制 24 人，果品盐业有限公司资产、人员划拨盐务局，归盐务局使用、管理。

2001 年 4 月，县果品盐业有限公司更名为县盐业有限公司。11 月，根据鲁政发〔1999〕70 号和滨政发〔2001〕99 号文件，县盐务局人员上划市盐务局，盐业行政管理工作受县政府和上一级盐业行政主管机构双重管理。11月，根据市机构编制委员会办公室滨编办〔2001〕10号文件，盐政执法人员和食盐专营人员分离，盐政执法人员实行收支2条线，经费列入同级财政预算；食盐专营人员实行独立核算，自负盈亏，费用自理。

2005年底，局（公司）下设办公室、财务科、盐政稽查大队、盐业批发部、魏桥盐业批发站，下属益佳食品有限公司、碧隆巨佳胆碱有限公司、富力工贸科技有限公司、东申进出口有限公司、冷藏厂，已涉足食盐专营、蔬菜脱水、速冻、保鲜、氯化胆碱、纺织、水产冷藏、自营进出口贸易等行业领域，拥有职工199人，固定资产2.1亿元，实现工业产值3.1亿元，利税1500万元，创外汇1800万美元。

第二节　食盐购销

1985年，县政府成立防治地方病领导小组，办公室设在县防疫站，并成立碘盐供应领导小组，明确由县果品公司统一经营碘盐。1992年9月15日，邹政发〔1992〕65号文件《关于加强盐政管理工作的通知》，明确盐的批发业务由县果品公司按其销区划分统一经营。

1996年5月，按照国务院《食盐专营办法》要求，在全县推行食盐零售许可证制度。2001年，盐业体系垂直后，县盐业公司每月按照省盐务局分配计划，分别从无棣精盐厂和岱岳制盐有限公司进货，统一价格、统一包装、统一质量供应市场。在全县建立26个食盐零售网点，并在各乡镇分别建立代批点，实现县、镇、村3级销售网络。2002年3月，为更好为全县群众、用盐业户提供直接、周到服务，盐务局取消全县26个食盐代批点，购置专用车辆，成立4个食盐送销队，划片经营，将食盐直接送到食盐零售点、用盐户。2002年10月，公司进一步完善各种配套设备，优化办公环境，严格执行食盐批发“GB/T18770-2002”国家标准。2003年，被省盐务局评定为AA级食盐批发企业。

1999—2005年，累计销售食盐2.67万吨，合格碘盐市场占有率逐年提高，由1999年的84%增至2005年的99%。

1999—2005年邹平县食盐销售情况一览表

表11-7-1

项目＼年度	1999	2000	2001	2002	2003	2004	2005
销售食盐（吨）	3200	3600	3600	3800	4100	4100	4300
合格碘盐市场占有率（%）	84	93	91	96	96.9	96.9	99

第三节　市场管理

1986年，县政府组织果品公司与卫生防疫、工商、公安、交通等部门定期对各基层社和个体经商户进行碘盐检测，整顿盐业市场，确保碘盐供应。1992年，国务院陆续颁布实施一系列有关食盐专营政策法规。1992年3月，县政府发出《关于加强食盐市场管理的通告》；5月，成立县盐政管理办公室、盐政稽查队，并办理县政府盐政执法监督检查证。

图11-10　盐务执法人员检查盐业市场　(2011年摄)

2000 年,《山东省盐业管理条例》颁布后,县盐务局制定加强本地盐政、运销等方面的管理规定,并积极推行食盐零售许可证和准运证制度。4 月,与县公安局经侦大队联合成立“公安、盐政 110 联动办公室”。2003 年 6 月,与县公安局成立“打击非法经营食盐违法犯罪工作领导小组及办公室”(邹盐字〔2003〕6 号),负责组织全县联合稽查行动,直接查办盐业违法重大案件。

第八章 医 药

第一节 机构沿革

1986 年,县医药公司隶属县商业局所属山东省药材公司邹平县分公司。1990 年,山东省药材公司邹平县分公司更名为惠民地区医药公司邹平分公司,隶属惠民地区医药管理局。

图 11-11 滨州地区药材公司邹平分公司 (1992 年摄)

1992 年,惠民地区更名滨州地区,惠民地区医药公司邹平分公司随之更名为滨州地区医药公司邹平分公司。1998 年,滨州地区医药公司邹平分公司更名为山东滨州医药集团邹平医药公司。公司内设财务科、工会、质检科、办公室、业务科等,拥有干部职工 100 余人,固定资产 312 万元,主要负责全县及周边地区医药供应。

第二节 批零网点

1986 年,医药公司下辖邹平医药批发部及长山、魏桥、孙镇、西董、临池 6 个经营组,城里、药材公司、长山、孙镇 4 个零售部门。1991 年,撤销临池经营部和城里零售部。1999 年,山东滨州医药集团邹平医药公司所属零售药店统一用“瑞丰药店”品牌。2000 年后,随着市场经济不断深化,医药经营逐步放开。为在竞争中求发展,公司按照“布局合理,方便群众”宗旨,先后在县城增设零售网点 6 个,在好生、青阳、明集镇各增设零售网点 1 个,在临池镇增设零售网点 2 个。2005 年,县医药公司下辖邹平、长山、魏桥、孙镇、西董 5 个经营部和 15 家零售药店,从业人员 100 余人。

第三节 医药购销

县医药公司及所属各经营部,负责全县各医疗单位和合作药店的药品供应工作。

营销品种

中药材 1500 余种、中成药 800 余种、抗生素 270 余种、磺胺类 190 余种、抗结核和抗麻风病类 100 余种,解热、镇痛、抗血脂等 40 余个类别 800 余种,医疗器械 140 余种。

购货渠道

先后与山东滨州医药集团、济南药业集团、潍坊海王医药有限公司、淄博众康医药、河北英华医药公司、山东阿华医药有限公司、山东新华制药厂、漳州片仔癀药业股份有限公司、威海迪沙药业有限公司等建立业务联系。1986—2005 年,公司购进药品合格率 100%。

药品销售

1987年，公司获得县级“物价、计量信得过单位”称号。1990年前，县医药公司药品销售对象为县内各家医院、诊所。1991年，药品销售打破地域界限，除满足本县药品供应外，还销往周边县市。

1995年，公司获得滨州市工商管理部门颁发的“重合同守信誉”称号。2000年，公司被县劳动保障局定为县医疗保险定点药店。2001年,滨州市药品监督管理局授予公司“放心药店”称号。2004年，公司通过山东省食品药品监督管理局组织的《药品经营质量管理规范》认证，成为当时县内唯一具有合法资格的药品批发经营单位。2005年，公司被滨州市药品监督管理局定为县内唯一一家“过期失效药品定期回收单位”。

1986—2005年邹平县医药公司药品经营情况一览表

表11-8-1　　单位：万元

年度	药品销售			商品流动费用		利润
	合计	零售	批发	费用额	占销售%	
1986	474.4	44.4	430	35.7	7.5	19.3
1987	526.4	46.4	480	56	10.6	14.5
1988	851.2	65	786	98	11.5	35.9
1989	906.6	112	794.6	132	14.5	40
1990	1012	178	834	167	16.5	46
1991	1089	280	809	185	17	50.2
1992	1351.3	350	1001.3	221	16.4	50.8
1993	1197	370	827	237	19.8	8.6
1994	1207	430	777	278	23	5.2
1995	1826	510	1316	296	16	17
1996	2291	530	1761	373	16	20
1997	2200	560	1640	440	20	-11
1998	1614	578	1036	231	14	0.2
1999	1418	598	820	266	18.7	-14
2000	1678	630	1048	294	17.5	2
2001	1596	650	946	278	17	2
2002	1798	720	1078	292	16	-16
2003	1645	745	900	271	16	-26
2004	1689	760	929	317	18.7	-43
2005	2252	840	1412	428	19	-93
合计	31530.3	9311.7	22218.4			

第十二编
开放 开发

Openness and Development

邹平经济技术开发区全貌 （2004年摄）

2004年1月，邹平经济技术开发区办公楼启用

1987年4月，孙镇冯家村美国学者专家楼启用（邹平县为全国第一个对美国学者开放点）

1979 年 2 月，国务院副总理邓小平访问美国，与美方达成“互派留学生与学者的谅解备忘录”。1987 年 6 月 28 日，经山东省委、省政府同意，邹平县冯家村等 9 个村镇首批对美开放调查点正式设立。1997 年 7 月，美国第 39 届总统吉米·卡特到农村、农户、企业、学校进行为期 3 天考察访问。

1992 年 5 月，邹平经济技术开发区始建。2002 年 9 月，开发区管委会升格为正县级行政机构。2003 年 6 月，经省政府批准，开发区升格为省级经济开发区。

第一章 邹平经济开发区

第一节 机构沿革

邹平经济开发区前身为邹平经济技术开发区，始建于 1992 年 5 月，开发区总规划面积 6 平方千米，位于县城东侧沿济青高速公路以北的平原地带，北至省道寿（光）济（阳）（原章索）公路，西靠县城。首期开发 3 平方千米，东西长 2 千米，南北宽 1.5 千米。1992 年 5 月，筹建处成立。1993 年 3 月，滨州地区行署批文，同意成立邹平经济技术开发区管委会。管委会为县人民政府的办事机构（副县级），对开发区实行行政领导和管理，开发区自行确定内部机构设置、中层干部任免和直属企业审批，报县有关部门备案。

1993 年，受国内“开发区热”降温等不利因素影响，开发区建设基本处于半停滞状态。1997 年底，开发区编制 8 人，区内基础设施只有 10 余千米的主干道路，缺少必要的通信、电力设施。

2001 年 8 月，县委、县政府作出重新启动开发区的决定，并成立邹平县工业园区，工业园区管委会为正局级行政机构，辖 13 个行政村，下设“一室三局一部”，即：党政办公室、经济发展局、规划建设局、农村工作局、人武部。12 月，开发区管委会与工业园区管委会合署办公，2 个机构，1 套班子。

2002 年 9 月，开发区管委会升格为正县级。

2003 年 2 月，撤销邹平镇，设立黛溪、黄山、高新 3 个街道办事处。工业园区所辖村庄划归高新街道管理，撤销工业园区管委会。6 月，经山东省人民政府批准，开发区升格为省级经济开发区。自此，开发区管委会更名为山东省邹平经济开发区管委会。管委会下设办公室、经济发展局、规划建设局，均为正科级规格。2003 年 11 月，增设邹平县城市管理行政执法局经济开发区分局和计划生育办公室。2005 年，增设安全生产监督管理站（副科级机构）、财政所。同时，县公安局、县地税局、县工商局、县国税局先后在区内设立经济开发区分局，县劳动局在开发区设立劳动和社会保障所（副科级机构）。

第二节 发展概况

2002 年，工业园区 23 平方千米总体规划由山东省城乡规划设计院设计完成。5 月 28 日，山东魏桥创业集团总投资 37 亿元的邹魏第一工业园举行奠基仪式。至 2005 年，累计引进项目 149 个，进区项目总投资 286 亿元。其中引进世界 500 强合资合作项目 3 个，合同利用外资 8 亿美元，实际利用外资 6.9 亿美元。完成固定资产投资 180 亿元，已建成和在建工业园 12 个，已开发面积 36 平方千米，建成区面积 18 平方千米，从业人员 12 万人。已逐步发展成为以纺织、冶金、热电、建材、生物技术、高新技术为主导产业及商贸、房地产开发为一体的综合性开发区。

2005年，开发区共完成工业总产值303亿元，完成工业增加值85.7亿元，实现利税28.7亿元，连续2年分别占全县规模以上工业的50%以上，实现出口额6.4亿美元。

2004年，在全省开发区综合评价中列第七位。2005年，列第五位。2004年、2005年被省政府授予"外经外贸工作先进单位"称号。2003—2005年，合同利用外资、实际利用外资及出口连续3年位列全省开发区前五位。2005年12月，被省政府确定为申报国家经济技术开发区3个重点单位之一。

第三节　基础设施建设

道路管网建设

至2005年，开发区内道路总长为80千米，形成六纵六横道路框架，解决40平方千米范围内的道路交通问题。建成综合管沟12千米，排雨排污管网85千米，实现雨、污分流，完成道路亮化16千米，绿化面积87万平方米。铺设供水、通信、燃气、热力、电力、有线电视等管线。

图12–1　开发区供水干线（三期）工程施工（2004年摄）

山东大学研产基地及一站式服务大厅

2003年投入使用，建筑面积8500平方米。

住宅小区

七里、鲍家住宅小区，总投资1.2亿元，建设居民住宅楼31栋，建筑面积9万平方米。至2005年，七里、鲍家2个村整体搬迁，群众顺利入住。东范住宅小区，投资1.5亿元，建设32栋11万平方米，2004年，开工建设，2006年入住。

学校

2004年9月，开发区第一小学及附属幼儿园投入使用。2005年10月，开发区第二小学投入使用。2校均按省级规范化标准配置，设施配置省内领先。

图12–2　2004年9月，投入使用的县经济开发区第一小学

第三产业

邹魏第一工业园商贸服务区一期工程共建设商贸用房126套，总建筑面积1.26万平方米，2003年8月交付使用。主要提供餐饮、购物、娱乐等方面的服务。

国际商贸城

2005年3月，开工建设，项目由山东富而通投资管理有限公司开发建设，计划总投资15亿元，是集商贸、办公、酒店、文化娱乐及住宅于一体的多功能综合开发体，用地面积51.78万平方米，建筑面积59.49万平方米。至2005年，累计完成投资6000万元，一期工程1万平方米已经封顶。

邹平胜利花园

2005年初，开工建设。项目由东营胜鑫房地产开发有限公司投资兴建，计划投资1.2亿元，规划用地面积7.6万平方米，规划建筑面积9.2万平方米，其中住宅建筑面积8.9万平方米。2005年，完成投资6000万元，一期工程4.1万平方米已经封顶。

邹平建宇商城

2005年年初，开工建设，该项目由邹平建宇房地产开发有限公司开发建设，项目计划投资1亿元，规划占地面积36亩，建筑面积3.6万平方米，可吸纳200多业户入住经营。至2005年，累计完成投资8000万元，主体土建工程全部竣工，内外装饰工程正在进行。

东南香港商城

2005年年初，开工建设。项目由东南（山东）置业有限公司投资开发。工程计划投资5600万元，总占地面积4.4万平方米，建筑面积6.2万平方米，由商贸区和住宅区两部分组成，分别计划投资3000万元和2600万元。至2005年，累计完成投资5000万元，3万平方米的商城主体工程已经竣工。

会仙桥日用品批发市场

该项目由滨州浩泰集团投资开发，项目计划总投资3亿元，商场、住宅综合面积18.5万平方米。2005年，该项目筹备开工建设。

第四节　软环境建设

制定招商政策　创造优良投资环境

开发区制定《外来投资优惠政策》《招商引资考核奖惩实施办法》《生产性用地规定》，鼓励外地投资方入区投资兴业。对于外来重大投资项目，管委会按“一事一议”“特事特办”原则实施。

建立创新高效服务机制

在开发区内成立县级行政服务中心，28个政府部门集中办公，对入区企业实行“一站式”服务，坚持“一门受理、并联审批、一口收费、限时办结”制，为外商提供方便。

开展严打集中整治活动

从2002年5月起，县委、县政府利用3个月时间，集中力量在开发区范围内开展一次以严厉打击各类刑事犯罪活动、依法规范施工建筑市场和个体商贩占道经营为重点的严打集中整治活动。共破获各类刑事案件138起，查处治安案件16起，打掉犯罪团伙17个，刑事拘留89人，治安拘留16人，拆除乱搭乱建房屋405户4万平方米，板房180间，简易棚25个，拆除广告牌50块。对个体商贩占道经营进行依法治理，处理各类违章经营业户1100个，取缔违章摊点300个。同时，建立临时市场2处，安排摊点500个。

第五节　重点项目建设

2001—2005年，开发区主要依托县内骨干企业建设“区中园”，拉动项目建设，促进大企业拉长产业链条，打造产业集群。县内骨干企业魏桥创业集团、齐星集团、宏诚集团、怡康集团发挥了主力军作用。至2005年，魏桥创业集团邹魏第一工业园一期、二期工程，邹魏第二工业园一期、二期工程，邹魏第一、第二热电厂，邹魏第三工业园牛仔布牛仔服生产区，魏桥服装家纺工业园一期、二期工程9个项目投产达产，经济效益良好；邹魏第三工业园高档纺织项目、邹魏第四工业园、邹魏第三热电厂3个项目开工建设。齐星集团齐星高精度铝板带箔一期工程、开发区热电公司、齐星铁塔公司、铝业科技园高比能锂电池项目、齐星凯蒂复合材料公司5个项目投产运营，效益良好。宏诚集团家纺工业园一期工程竣工投产。怡康集团生物科技园一水糖改无水糖项目竣工投产，大豆分离蛋白项目开工建设。

第六节　重点外资和港资项目

开发区引进日本伊藤忠商事株式会社、芬兰斯托拉•恩因索公司和日本丰臣株式会社3家世界500强企业，引进香港中亚纺织有限公司、香港创年国际有限公司、美国利维尔公司等外资企业。魏桥创业集团与日本伊藤忠商事株式会社投资1269万美元的卡摩纺项目，员工2万人；与香港中亚服装有限公司合资的魏桥服装有限公司，总投资109万美元，年产各类服装150万套；与香港创年国际有限公司合资的魏桥创杰服装有限公司，总投资145万美元，年产各类服装240万件。齐星集团与加拿大凯帝集团投资1亿元，合作齐星凯蒂塑木复合材料项目一期工程竣工投产。2003年9月24日，魏桥创业集团在香港成功上市。

第二章 对外贸易

第一节 机构沿革

1986年初，外贸系统有职工75人。1988年3月31日，县对外经济贸易委员会成立，列政府序列，为正科级单位，负责全县外经贸工作协调指导。1989年11月20日，经县政府批准，对外贸易公司更名为县外贸局，原规格性质不变。

1992年3月6日，重新组建县对外经济贸易委员会，性质仍为县政府序列正科级行政单位，编制18人，其中事业编制11人。同时，撤销县对外贸易局、县对外经济贸易委员会。成立4个专业公司：山东省邹平县对外贸易粮油食品公司、山东省邹平县对外贸易土产畜产公司、山东省邹平县对外贸易工业品公司、山东省邹平县对外贸易中心。1993年11月15日，进行县级机构改革，决定撤销外经委、经委，组建经济贸易委员会。设有对外经济股和外商投资服务中心，具体负责外经贸方面业务。

2000年9月11日，县对外贸易经济合作局成立，为正科级事业机构，与县经贸委合署办公，履行行政职能，核定领导职数3人，人员编制由经贸委内部调剂。县外商投资服务中心职能、职责、人、财、物及债权、债务整体移交县对外贸易经济合作局。2001年3月21日，对外贸易经济合作局单列，不再与经济贸易委员会合署办公。2002年7月3日，列政府序列，为正科级单位，核定行政人员编制5人，其中副科级以上领导职数3人。2005年，下设办公室、外贸股、外资股、邹平县外商投资服务中心，其他未变化。

第二节 出口贸易

1986年初，县外贸商品收购品种主要有5类。其中食品类有菜牛、羊肉、肉食兔、桃杏脯、山楂饼等；粮油类有红小豆、麸皮、棉仁饼、豆饼、玉米、谷子、蓖麻子、卫生油等；土产类有桐木、山药、苜蓿草、椒干、香菜籽、玉米芯粉、刺槐叶粉、槐米、棉短绒、混合饲料等；工艺纺织品类有玉米皮地毯、提篮、棉纱、棉布等；畜产类包括猪鬃、羊皮、羊毛、各种兽皮等。当年，出口棉籽油1000吨，棉籽1904.75吨，棉仁饼13176.79吨，玉米9944.12吨，棉纱3420吨，棉布775.9万米，棉短绒1496.43吨。当年收购总值2616.04万元。

1990—2005年邹平县外贸出口情况一览表

表12-2-1　　单位：万元

年度	社会出口	自营出口(万美元)	出口供货	年度	社会出口	自营出口(万美元)	出口供货
1990	7200		7200	1998	88000	4360	56610
1991	8600		8600	1999	101258	6884	44327
1992	10400		10400	2000	145401	12451	42431
1993	22300	130	21195	2001	214609	17067	73465
1994	49510	1360	37945	2002	315600	28200	82386
1995	60500	2097	46732	2003	455634	46721	68935
1996	61000	1343	50265	2004	580000	62900	59287

续表12-2-1

年度	社会出口	自营出口（万美元）	出口供货	年度	社会出口	自营出口（万美元）	出口供货
1997	80000	2800	56496	2005	775000	86100	68419

说明：为使表中数字统计口径一致，1993—1996年自营出口数字为内资企业自营出口与“三资”企业出口合计数。1997年后，自营出口数字为不含“三资”企业出口的内资企业自营出口额

1990 年，全县外贸出口交货值 7200 万元，出口品种以农产品和工业初级品为主，农产品主要是县外贸公司收购供货，工业初级品主要是县棉纺厂、县染织厂的 2 纱、2 布给外贸专业公司直线供货。1991 年，外贸出口交货值稳中有升，达 8600 万元，产品结构和出口结构与上年相比变化不大。

1992 年，外贸出口交货值 1.04 亿元。1993 年，出口交货值 2.23 亿元，比 1992 年翻一番；“三资”企业自营出口实现零的突破，出口创汇 130 万美元。1994 年，外贸出口交货值 4.95 亿元。1995 年，外贸出口交货值 6.05 亿元。出口产品结构中，工业制成品比例占 97%，其中工业最终产品在工业制成品中的比例占 17%。

1996 年，国家取消“三资”企业进口设备免税政策，调低企业自营出口退税率，全年社会出口 6.1 亿元，其中自营出口 584 万美元。

1997 年 7 月，亚洲金融危机爆发，外向型经济环境受到影响。全年社会出口 8 亿元，较上年增长 31%，其中自营出口 2800 万美元，是上年的 4.79 倍，自营出口中，加工贸易出口 2500 万美元，占自营出口的 89%。

1998 年，亚洲金融危机不断加深蔓延，国家为此出台一系列鼓励外经贸发展政策，当年，社会出口 8.8 亿元，较上年增长 10%，其中自营出口 4360 万美元，较上年增长 56%。1999 年，社会出口 10 亿元，其中自营出口 6884 万美元，分别比上年增长 15% 和 58%；2000 年，社会出口 14.5 亿元，其中自营出口 1.2 亿美元，分别比上年增长 44% 和 81%。

2001 年，全县社会出口 21.46 亿元，其中自营出口 1.71 亿美元，分别比上年增长 48% 和 37%。高新技术产品出口实现突破，山东亚圣生物工程有限公司生产的灵芝液属高新技术保健产品，当年向韩国出口 102 万元。

2002 年，社会出口 31.56 亿元，其中自营出口 2.82 亿美元，分别比上年增长 47% 和 65%；经济外向度大幅提高到 53.2%。加工贸易呈现出强劲增长势头，审批加工贸易合同 103 份，加工贸易备案出口值 1.97 亿美元，是上年的 8 倍。

2003 年，社会出口 45.56 亿元，其中自营出口 4.67 亿美元，分别比上年增长 44% 和 66%；加工贸易出口 2.85 亿美元，占自营出口额的 61%。

2004 年，社会出口 58 亿元，其中自营出口 6.29 亿美元，分别比上年增长 27% 和 35%。

2005 年，社会出口 77.5 亿元，其中自营出口 8.61 亿美元，分别比上年增长 34% 和 37%。

第三节　进口贸易

外贸进口货物主要有化肥和木材。化肥有美国尿素，木材有红松、三合板等。进口货物主要用于兑换出口商品和扶持奖励外贸商品生产。1982 年，外贸公司由省调进磷酸二铵 1000 余吨，兑换棉仁饼 2000 吨出口，发放外贸商品收购奖售化肥 339 吨。2000 年，进口额为 4483 万美元。之前进口额在县内进出口贸易额中所占比例较小，主要是原材料进口。“十五”计划期间，进口额 5 年累计 20.3 亿美元，年均递增 72%。2001 年，进口额 4800 万美元。2002 年，1.59 亿美元。2003 年，4.23 亿美元，实现进出口基本平衡。2004 年，7.25 亿美元，超过当年的自营出口额。2005 年，6.75 亿美元。进口产品主要有棉花、棉纱、先进生产设备等。

2000—2005年邹平县外贸进口情况一览表

表12-2-2　　单位：万美元

年度	2000	2001	2002	2003	2004	2005
进口额	4483	4800	15900	42305	72500	67500

第四节　货源组织

队伍建设

1993年前，外贸出口主要以出口供货方式进行。1993年，“三资”企业自营出口实现零的突破,出口创汇130万美元。1997年,魏桥棉纺织厂、县棉纺织厂、县毛巾厂等企业先后争取到内资企业自营进出口权。其中魏桥棉纺织厂逐渐发展成为世界上纺织能力最大的棉纺织企业，是中国企业500强和山东26户特大型企业之一，其名称也几经变更，由原魏桥棉纺织厂到魏桥纺织股份有限公司，再到魏桥创业集团有限公司。其自营出口额一直占全县自营出口额的近90%。

魏桥创业集团、山东宏诚集团、丸昌（山东）缝制有限公司等是县内大型骨干出口企业。同时，利用国家逐步放宽外贸经营权和中国“入世”时机，力促具备条件有竞争优势的企业申请自营进出口权,参与国际竞争,促进全县外经贸队伍建设。培育、扶持西王集团、三星集团、恩贝饲料集团等出口企业。至2005年，全县有79家企业获进出口经营权，具有出口创汇实绩企业30家。

组织方式

1988年前，出口商品执行国家指令性计划，实行外贸出口代理制，其货源由外贸公司及下属外贸站组织收购，按计划为口岸公司提供货源。1988年起，外贸公司实行承包经营责任制，公司将收购计划、上缴利润分配落实到各科、站，调动职工积极性，收购保持持续增长，经济效益显著增加。

1993年,“三资”企业自营出口实现零的突破。此后，随着外贸经营权逐步放开，魏桥棉纺织厂、县棉纺织厂、县毛巾厂等企业,特别是生产型企业,获得自营进出口权、“两纱、两布”自营出口权，出口供货这种传统经营方式失去优势，自营出口成为外贸出口的主要形式。自营出口占社会出口比例由“九五”期间47.41%提高到“十五”期间84.94%。

2005年，自营出口占社会出口总额比例90%以上。

第五节　招商引资

管理组织

1998年，邹平县提出“县外都是外”口号。1999年，县委、县政府提出大开放、大招商、大发展战略，将对外开放、招商引资作为推动经济发展的工作重点来抓。为进一步加大招商引资工作力度，2000年8月，县委、县政府决定实行招商引资责任制，下达招商引资任务，成立主要领导任组长的招商引资领导小组，招商引资工作办公室设在县对外贸易经济合作局。2001年，县委、县政府研究制定《邹平县招商引资考核奖惩实施细则》,将招商引资列入“双文明”考核,兑现奖惩，在全县掀起“全民招商”热潮。

重大活动

经贸洽谈会　1984年起，开始组织企业参加省每年在青岛举办的山东省对外经济贸易洽谈会（简称青交会）。至1992年，“青交会”以洽谈利用外资项目为主，贸易成交主要为生产企业拓展供货渠道。从1993年起，随着自营进出口业务发展，“青交会”逐步转变为自营进出口企业寻找国外市场渠道的重要阵地，同时也成为推动大项目洽谈升级的重要方式。参加青交会的企业主要有魏桥纺织集团、亚视集团、西王集团等企业。从2001年起，县内企业参加洽谈会的频率和效力明显增强。“广交会”、昆明出口商品交易会、“高交会”等国内著名展会成为展示产品、结识客户、形象

宣传的重要阵地。

2001—2005年，相继组织魏桥纺织集团、亚视集团、粮食集团公司和盐业有限公司、天源市被有限公司、山东华孟集团公司、邹平电力集团铝业公司参加“日本（大阪）山东经贸洽谈会”“俄罗斯（克市）滨州经贸洽谈会”“滨州（汉城）经贸洽谈会”“滨州（釜山）经贸洽谈会”“美国（纽约）春季国际家用纺织品展览会”。

招商推介会　2000年8月，实行招商引资责任制后，招商推介活动频繁。2001—2005年，组织企业参加“中国东西部合作与投资贸易洽谈会”“山东·香港周活动”“滨州市第二届赴韩招商推介会”“滨州市赴东南亚招商推介会”“滨州市第三届赴韩招商推介会”“邹平（温州）投资环境说明会”“中国（滨州）国际家纺文化节”“滨州市赴日韩招商洽谈会”“滨州市赴浙江招商推介会”“滨州市赴泰国招商推介会”“滨州市赴台湾省纺织产业招商会”等国内外招商推介活动。

招商大会战　2005年8月7日，县委工作会议提出，奋战150天，大打一场招商引资、项目建设大会战，确保会战期间引进县外资金50亿元。重点在长三角、珠三角、闽三角、港澳台地区以及美日韩等国家开展长期招商活动，会战期间共实现招商引资55.88亿元，超额完成50亿元的任务目标。

资本市场运作　2003年9月，魏桥创业集团所属的魏桥纺织股份有限公司在香港成功上市，是全县乃至滨州市招商引资的最大亮点，在全省产生轰动效应，共吸引外资26亿港元。开企业上市融资之先河。2004年5月28日，魏桥纺织股份有限公司首次成功进行H股配股，实现市场再融资6.53亿港元，外资企业境外贷款1.08亿美元，合资企业到位资金495万美元。

2005年，西王集团所属西王糖业、西王生化利用境外上市的操作平台进行股权转让，实际到位资金2781万美元。12月9日，西王糖业控股有限公司在香港联合交易所主板上市，融资6.1亿港元，成为滨州市第一只在香港联交所发售的红筹股。

招商成果

利用外资　1990—1995年，全县批准成立“三资”企业45家，其中合资38家，合作5家，独资2家。项目总投资1.16亿美元；合同利用外资4912万美元，实际利用外资1883万美元，其中利用外国银行贷款2批次，共计200万美元；剔除被撤销和申请撤销的11家，1995年，实有“三资”企业34家，总投资9442万美元，合同利用外资4290万美元。1996—1998年，新批“三资”企业13家，合同利用外资1490万美元，实际利用外资2385万美元。1999—2002年，新批“三资”企业20家，合同利用外资4161.1万美元，实际利用外资5392万美元。2003年，全县新批“三资”企业13家，合同利用外资3.4亿美元，实际利用外资3.23亿美元。2004年，合同利用外资2.79亿美元，实际利用外资2.4亿美元，新批“三资”企业12家。2005年，按商务部和省外经贸厅的新口径统计，全年合同利用外资2.47亿美元，实际利用外资1.67亿美元，新批外资企业7家。世界500强企业有日本伊藤忠商事株式会社、美国联合能源太平洋顶峰投资有限公司、日本住友商事株式会社、芬兰斯托拉恩因索公司等5家企业落户邹平。

1990—2005年邹平县利用外资情况一览表

表12-2-3　　　　单位：万美元、个

年度	合同利用外资	实际利用外资	新批“三资”企业家数	年度	合同利用外资	实际利用外资	新批“三资”企业家数
1990—1993	931	354	26	1997	472	473	4
				1998	502	1200	3
1994	2888	393	14	1999	107.1	1208	3
1995	774	678	5	2000	828	478	
1996	516	712	6	2001	1613	1955	6

续表12-2-3

年度	合同利用外资	实际利用外资	新批“三资”企业家数	年度	合同利用外资	实际利用外资	新批“三资”企业家数
2002	9070	1751	11	2004	37900	24048	12
2003	34000	32300	13	2005	24700	16700	7

引进县外资金

2001年始，实行招商引资责任制，将招商引资列入“双文明”考核，强化招商责任，拓宽招商领域，创新招商方式，招商引资呈现出逐年快速增长的态势，“十五”（2001—2005年）期间引进县外资金（含外资）365.62亿元，年均递增69.1%。

2001—2005年邹平县招商引资情况一览表

表12-2-4

单位：亿元

年度	2001	2002	2003	2004	2005
引资额	10.04	29.25	93.71	93.82	138.8

劳务输出

1994年，向俄罗斯劳务输出99人，争取外国银行贷款140万德国马克。1995年，向日本输出技术工人4名，引进外国银行贷款60万美元。2001年，新批境外企业1家，即蒙古贵文木制品有限公司，总投资35万美元。2003年、2005年，分别批准境外企业1家。

图12-3　1994年1月，首批赴俄罗斯下诺夫哥罗德州部分劳务人员训练后合影

第三章　对外交流

第一节　对美国学者社会考察开放点的确定

1979年，国务院副总理邓小平访问美国，与美方达成“互派留学生与学者的谅解备忘录”。1984年5月，中美经过磋商，决定在中国选择一个具有中等发展水平的农村，供美国学者进行较长期（不少于5年）、连续性、蹲点式多学科综合考察。10月5日，中国社会科学院与外交部、公安部、教育部、科技部联合发文，向18个省、市征询对外开放调查点事宜。山东省政府外事办公室、山东省社会科学院组织专门人员根据其选点要求，考察省内50余个村镇，初步选定安丘县石家庄、牟平县西关村、威海市远遥村、荣成县大渔岛、邹平县冯家村5个村镇作为备选。1985年8月5日，美国哥伦比亚大学教授伯恩斯坦到山东进行学术考察，他深入到邹平县冯家村，对中国农村承包制、党政组织结构、村集体提供服务等事项进行详细调查和了解，访问许多村干部和村民，历时21天，他的考察被视为美方的第一次试考察。伯恩斯坦回国后发表《中国山东省邹平县

冯家村面面观》，在美国学术界引起反响，也引起美国美中学术交流委员会的浓厚兴趣。

1986年6月，美方再次派芝加哥大学历史学教授艾恺和加州大学教授戈尔法到邹平考察。艾恺精通汉语，曾在1972年中国代表团访美期间，担任美方翻译。戈尔法也是美国著名的东方历史文化研究专家。2人在邹平县进行为期20天考察，写出考察报告。他们认为冯家村具有中国农村的代表性，进一步促进了美方确定冯家村作为蹲点式学术考察的决心。

1986年7月5日，由山东省外事办公室、中国社会科学院、山东社会科学院、惠民（现为滨州）地区行署、邹平县政府以及山东省省直有关部门组成联合考察组，对邹平县县城、冯家村及其附近村庄（孙镇、柏家村、小田村、李坡、石河子、东关、东代）进行为期3天的实地考察。联合组认为，邹平县冯家村的条件基本达到中美双方要求，冯家村地处“北四区”，农工商齐全，农村经济特点突出，自然经济与社会的面貌保持良好，在中国北方农村有一定的代表性。该村原有公共积累雄厚，党的十一届三中全会以后发展变化大，村庄有一定规模，村容村貌齐整，村民经济生活水平与精神面貌较好，家家户户可以开放。村党支部书记冯永喜系全国人大代表，村领导班子有较强的领导和协调能力。此外，冯家村距省城济南较近，交通较为便利，在经济、政治与社会发展方面具有稳定发展的潜力，适合建点。

7月10日，山东省外事办公室、山东社会科学院向山东省委、省政府报送《关于选定我省邹平县冯家村为国家首批对外开放调查点的报告》。中国社会科学院将中方初步选定邹平县冯家村作为对美开放调查点的意见，通报给美国美中学术交流委员会。同时，邹平县在接待条件改善、档案资料搜集整理等各方面进行认真准备工作。

1987年4月初，美国美中学术交流委员会分别致信中国社会科学院和山东社会科学院。4月27日至5月1日，由中国社会科学院安排，新任美国美中学术交流委员会驻北京办事处主任查理德·苏迈德到山东，代表美方正式通报选定邹平县冯家村等9个村镇为调查基地的意见，并提供美国美中学术交流委员会《山东省邹平县区域性研究项目人员及课题目录》。

1987年6月1日，中国社会科学院〔1987〕社科外字131号文件，正式公布“1987—1988年度美国学者赴山东调查点考察和研究计划”，文件中指出：“1984年10月，经外交部、公安部、国家教委和国家科委会签批，我院发文18个省、市外办和社会科学院征询了选点事宜，最后选定了山东省邹平县冯家村、孙镇乡驻地、临池乡柏家村、好生乡石河村、好生乡东岱毛纺厂、邹平镇东关村、魏桥镇小田村、码头乡李坡村、邹平县城共9个村镇为首批长期对外开放的农村和城市调查点。决定首先开放山东省邹平县冯家村，自1987年起，接待美国学者进行较长期连续性的社会调查（为期5年，每年不超过3个月），待条件成熟以后，再开放四个调查点。”

6月28日，经山东省委、省政府同意，由山东省外事办公室、山东社会科学院联合印发鲁社科字〔1987〕35号文件《关于我省邹平县冯家村等9个村镇被国家定为首批对外开放调查点的有关通知》下发惠民地委和行署，邹平县委、县政府及山东省省直有关部门，通知进一步明确调查点的意义、开放范围和各项工作安排。至此，邹平县冯家村等9个村镇首批对外开放调查点正式设立。

1987年11月，应美国全美科学院美中学术交流委员会邀请，邹平县委书记王元甫和孙镇冯家村党支部书记冯永喜，参加山东社会科学院赴美国农村经济考察组到美国访问考察，这是改革开放后邹平县第一次派人员出国执行公务。

1988年5—6月，美中学术交流委员会副主席、美国著名中国问题专家米切尔·奥克森伯格，首次到邹平县进行学术考察和工作访问。考察结束后，应山东社会科学院之邀为山东省刊物《走向世界》撰写《美国学者在邹平的研究计划》文章。此后，奥克森伯格又先后4次到邹平县访问考察。

第二节 考察过程

第一阶段为集中考察活动

1987 年 4 月至 1991 年 9 月，邹平县接待美国学者进行社会多学科调查研究活动 87 人次，涉及邹平县 9 个乡镇、16 个村和 69 个县直部门，接触各级各类调查对象 17500 余人次，其中年龄最大的 70 岁，最小的 6 岁。

1980 年 12 月，美国在南京大学历史系留学生林琪（女）到邹平进行为期 3 天的考察，这是邹平县改革开放后接待的第一个外国人。

第二阶段为松散性考察活动

1992—1998 年。这一阶段考察的最后结果是 1997 年 7 月 25—27 日，美国第 39 届总统吉米·卡特等一行专程访问邹平县。把美国学者在邹平的考察活动和邹平县的对外开放工作推向高潮。

图 12-4　1988 年，艾恺（右）与村民交谈

图 12-5　1990 年，美国学者戴慕珍（右二）在九户乡秦家村考察农村变化

图 12-6　1991 年，奥克森伯格（右一）考察农村，向村民了解情况

1996 年 7 月，美国有线电视新闻台（CNN）驻北京记者站首席记者陈梦兰一行 3 人到邹平县采访，了解邹平经济和电力事业发展情况，这是自 1978 年改革开放后邹平接待的第一批外国记者。

第三阶段为分散式考察活动

1998 年后，以个人考察活动为主。主要侧重跟踪新形势下邹平县经济、社会、文化等方面的变化。其中最重要的是以美国斯坦福大学政治学教授、亚太研究所主任戴慕珍发起的新时期邹平发展为中心课题的研究活动，此项考察活动主旨是从基层层面研究中国改革发展对整个社会的影响，从而为中国经济社会发展提出针对性的建议，考察内容主要涉及近年来邹平县的发展变化，基层政府的政治改革和行政改革、财税改革、事业单位改革以及对外贸易发展等相关内容。

图 12-7　2006 年，戴慕珍（左三）考察西董镇农村

1980—2008年美国学者在邹平考察时间、人员及考察主题一览表

表12-3-1

时 间	考察人员	考察主题
1980年12月1—3日	林琪（Catherine Lynch）	邹平社会情况，梁漱溟研究
1985年7月9日至8月12日	美国哥伦比亚大学教授伯恩斯坦（Thomas Bernstein）	实验考察（改革如何影响体制）
1986年7月16日至8月3日	美国芝加哥大学历史系副教授艾恺（Guy Alitto）	综合性全面试考察
	美国加州大学教授托马斯·戈尔德（Thomas Gold）	
1987年4月29日至5月1日	美国北卡罗来纳大学学者韩德森（Gail Henderson）	研究美国学者考察的具体事宜
	美中学术交流委员会驻京办主任苏迈德（Richardp·Suttmeier）	
1987年6月24日至8月24日	美国艾奥瓦州立大学人类学副教授黄树民（Shu-minHuang）	传统文化背景下的保健与医疗
1987年7月5—11日	美国芝加哥大学教授、教务长盖尔·约翰逊（D.Gale Johnson）	改革对邹平农业经济的影响（世界银行副行长林毅夫陪同考察）
1987年7月5日至9月10日	美国芝加哥大学历史系教授艾恺	邹平：中国农村社会的变迁
1987年7月9—21日	美国佐治亚大学副教授奥登豪（Stewart Odend，hal）	中国农村牲畜生态能量平衡
1987年7月15—29日	美国斯坦福大学经济学助理教授史泰丽（Terry Sicular）	农村商业计划和市场专题考察
1987年7月15—17日	美中学术交流委员会驻京办主任苏迈德	工作考察
1987年7月18—29日	美国普杜大学政治学助教雷斯特·罗斯（Lester Ross）	农村经济和社会发展的公共商品
1987年8月13日至9月3日	美国密歇根州立大学学者章以本（William C）	中国农村农业活动变化对环境的影响
1987年8月18—27日	美国北卡罗来纳大学学者韩德森	传统文化背景下的保健与医疗
1987年10月27日	美国学者安东尼·伯纳斯基	考察脊椎动物生态环境
1988年3月10—12日	美中学术交流委员会驻京办主任葛立仁（Robert B·Geyer）	工作考察
1988年4月22日至6月25日	美国佐治亚大学副教授奥登豪	中国农村牲畜生态能量平衡
1988年5月21日至6月6日	美中学术交流委员会驻京办主任朱小康	工作考察
1988年5月21日至6月6日	美中学术交流委员会副主席迈克·奥克森伯格（Michel Ok-senberg）	中国县级领导班子和各部门的作用、职责
1988年5月30日至6月16日	美国哥伦比亚大学社会学助理教授魏昂德（Andrew Walder）	邹平县的工业计划与财政
1988年5月30日至6月30日	美国里海大学政治学助理教授戴慕珍（Jean C.Oi）	集体农村经济：中国农村的计划和市场
1988年6月9—21日	美国艾奥瓦州立大学人类学副教授黄树民	中国传统文化与医疗
1988年6月21日至7月22日	美国北卡罗来纳大学助理教授冯珠娣（Judith Farquhar）	传统文化背景下的保健与医疗
1988年6月21日至8月15日	美国北卡罗来纳大学学者任柯安（Andrew Kipnis）	人类学、社会学研究
1988年7月10日至8月5日	美国密歇根州立大学学者章以本	农业发展对农村环境的影响
1988年7月14日至8月30日	美国芝加哥大学历史系副教授艾恺	邹平：中国农村社会的变迁
1988年8月7—21日	美国普杜大学政治学助教雷斯特·罗斯	农村经济和社会发展的公共商品
1988年11月21—23日	美中学术交流委员会驻京办主任林培瑞（Perry Link）	工作考察
1989年1月5—21日	美国北卡罗来纳大学学者任柯安	人类学、社会学研究
1989年1月7—17日	美国佐治亚大学副教授奥登豪	冯家村发展情况考察
1989年4月2—9日	美国北卡罗来纳大学学者任柯安	人类学、社会学研究

续表12-3-1

时 间	考察人员	考察主题
1989年6月2—19日	美国北卡罗来纳大学学者任柯安	人类学、社会学研究
1989年8月6—12日	美国中学术交流委员会副主席迈克·奥克森伯格、克里默	工作访问和考察
1989年9月24—27日	美国芝加哥大学历史系副教授艾恺	邹平：中国农村社会的变迁
1989年10月7日至10月22日	美国佐治亚大学副教授奥登豪	中国农村牲畜生态能量平衡
1989年11月5日至12月4日	美国北卡罗来纳大学学者任柯安	人类学、社会学研究
1990年1月1—17日	美国普社大学政治学助教雷斯特·罗斯	农村经济和社会发展的公共商品
1990年5月18日至6月3日	美国北卡罗来纳大学学者韩德森及其研究生	邹平县居民的健康状况和健康设施的利用
1990年5月19日至6月1日	斯科特·斯特鲁普（Scott Stroup）	中国农村的计划和市场
1990年6月4日至8月7日	美国哈佛大学政治学副教授戴慕珍、北卡罗来纳大学教授冯珠娣	中医与家庭卫生保健
1990年6月21日至7月10日	美国北卡罗来纳大学学者任柯安	中国传统文化与医疗
1990年7月7—19日	美国艾奥瓦州立大学人类学教授黄树民	中国农村牲畜生态能量平衡
1990年7月19日至8月3日	美国佐治亚大学副教授奥登豪	社会情况考察
1990年8月3—29日	何维亚（James Hevia）	教育的分配及社会化过程
1990年8月30日至9月4日	美国密歇根州立大学副教授彭恩霖（Lynne Paine）	农村经济和社会发展的公共商品
1990年9月19—26日	美国哈佛大学法学院学者雷斯特·罗斯	农业发展对农村环境的影响
1991年5月28日	美国南缅因州立大学历史系教授狄克瑞（David Carey）	教育考察
1991年6月1—30日	美国北卡罗来纳大学教授冯珠娣	妇女健康善以及县中医院的临床治疗
1991年6月6日至7月11日	美国哈佛大学经济学教授史泰丽	农村商品经济的发展状况和农民商品经济活动情况
1991年6月18日至8月3日	美中学术交流委员会副主席迈克·奥克森伯格	政治、经济和社会性综合考察
1991年6月29日至8月7日	美国艾奥瓦州立大学人类学教授黄树民、陈苏敏（研究生）、傅静（Kimberley C·Falk）（研究生）	中国传统文化与医疗
1991年8月5—19日	美国哈佛大学政治学副教授戴慕珍	财政体制、地方官员作用以及乡镇企业在地方经济中的地位
1991年8月7日至8月17日	美国密歇根州立大学学者章以本	农业发展对农村环境的影响
1991年8月23日至9月26日	美国芝加哥大学历史系教授艾恺	邹平：中国农村社会的变迁
1991年8月26日至9月18日	美国密歇根州立大学副教授彭恩霖	教育的分配及社会化过程
1992年6月25日至7月14日	美国哈佛大学经济学教授史泰丽及其助手	邹平农民家庭的经济状况
1992年8月16—24日	美国学者任柯安	社会考察
1993年6月16日至8月3日	美国哈佛大学经济学教授史泰丽及其助手柯沙林（Sarah Cook）（美国哈佛大学留学生）、毛建森（Jonatlan Morduch）（美国哈佛大学副教授），美国北卡罗来纳大学教授冯珠娣	邹平综合经济、医疗卫生情况考察
1993年9月27日至1995年3月15日	美国匹兹堡大学人类学博士研究生傅静（Kimberley C·Falk）	农村妇女孕期在家庭中的地位及社会关系考察
1994年6月20日至7月9日	美国哈佛大学经济学教授史泰丽及其助手柯沙林（Sarah Cook）（美国哈佛大学留学生）、毛建森（Jonatlan Morduch）（美国哈佛大学副教授）	邹平综合经济情况考察

续表12-3-1

时 间	考察人员	考察主题
1994年7月13—18日	美国匹兹堡大学人类博士研究生梅学良（Eric Miller）	农村情况考察
1995年6月3日	美国北卡罗来纳大学教授冯珠娣	邹平社会情况考察
1995年6月8日	香港中文大学任柯安	社会考察
1995年6月21日	美国大学教师访问团冯珠娣、柯维亚一行16人	社会参观考察
1996年5月28日至6月1日	美国斯坦福大学政治学教授迈克·奥克森伯格	邹平经济社会情况考察
1996年6月15日至7月15日	美国斯坦福大学政治学教授迈克·奥克森伯格	邹平政治经济体制改革以及人事管理、精神文明和文化宣传等问题
1996年7月12—14日	美国卡特中心主任、高级研究员罗伯特·帕斯特（Robert Paster）	农村选举问题
1996年7月	香港科技大学客座教授戴慕珍	乡镇企业发展研究
1997年7月25—27日	美国前总统卡特一行18人	参观考察邹平社会经济各个方面
1997年10月至1998年11月10日	美国匹兹堡大学人类博士研究生梅学良	中国发展对农村家庭的影响以及老年人的问题
1998年4月26日至5月2日	美国斯坦福大学博士研究生白玮（Matthew Bartel）	中国地方群众团体的职责、任务以及与党委、政府的关系
1999年6月17日至7月5日	美国芝加哥大学历史系教授艾恺	邹平地方现代史研究
1999年10月26日至11月3日	美国斯坦福大学政治学教授迈克·奥克森伯格	邹平县政治经济社会综合发展情况考察
2000年7月11—18日	美国斯坦福大学东亚研究中心主任戴慕珍	国企改革和企业产权制度变更
2001年8月13—21日	美国斯坦福大学博士研究生韩忠可（Mark Henderson）	土地管理和林业管理问题
2001年9月22—23日	美国驻北京教育学院代表梅学良一行15人	参观考察
2002年3月12—13日	美国驻华使馆官员何乐进（Jim Heller）	参观考察
2002年9月21—22日	美国驻北京教育学院代表梅学良一行40人	参观农村情况
2004年8月16—17日	耶鲁大学法学院行政主管梅学良	参观农村情况
2005年6月28日至7月8日	美国斯坦福大学东亚研究中心主任戴慕珍	国有企业改革运作的方式与进程
2005年6月28日至7月15日	美国斯坦福大学博士研究生秦凯仑（Kay Shimizu）	经济资金分配给地方带来的变化
	美国斯坦福大学博士研究生万家瑞（Jeremy Wallace）	中国的经济发展和中央与地方政府之间的关系
2005年9月1日至11月11日	澳大利亚国立大学研究员任柯安	山东省中小学素质教育研究
2006年4月29日至5月10日	澳大利亚国立大学研究员任柯安	山东省中小学素质教育研究
2006年6月28日至7月6日	美国芝加哥大学历史系教授艾恺	邹平经济发展对社会文化发展的影响
2006年10月16—20日	美国斯坦福大学博士研究生洪源远（Yuen Yuen Ang）	地方事业单位转型研究
2006年10月30日至11月4日	美国斯坦福大学博士研究中心主任戴慕珍	中国改革发展对整个社会的影响综合性考察
	美国史密斯学院国际关系教授戈迪温（Steven Goldstein）	邹平对外对台贸易以及对台关系研究
	美国斯坦福大学博士研究生万家瑞	财政体制变化后邹平获得发展资金的方式
	美国斯坦福大学博士研究生秦凯仑	中国改革发展对整个社会的影响综合性考察

续表12-3-1

时 间	考察人员	考察主题
2006年10月30日至11月3日	美国福特基金会驻中国办事处柯沙林	中国基层选举发展情况
2006年10月30日至11月11日	美国斯坦福大学博士研究生李咏平(Chaharlotte Lee)	地方领导干部对改革时期重大经济增长的贡献
2007年4月6—14日	美国芝加哥大学历史系教授艾恺	中国农村社会的变迁
2007年5月24—31日	美国马里兰大学政治学副教授道格拉斯·戈伯(Douglas B.crob)	基层法制：全新行政国家管理机构和程序
2007年5月28日至6月5日	美国威斯康星大学政治学教授梅勒妮·墨宁(Melanie Manion)	党管干部以及党委和人大的关系
2007年7月17—27日	美国华盛顿大学副教授白素姗(Susan Whiting)	财税改革及政府如何扶持社会经济发展
2007年7月29日至8月3日	美国波士顿大学国际关系教授傅士卓(Joseph Fewsmith)	党的建设和善治
2007年8月15—21日	美国斯坦福大学东亚研究中心主任戴慕珍	地方经济发展与国企业改革进程
2007年10月19—20日	美国驻北京教育学院代表爱恺一行31人	农村参观考察
2008年1月2—5日	美国达特茅斯学院助理教授马丁·季米特洛沃(Martin Dimi-trov)	知识产权和产品质量法的执行中地方政府所发挥的作用
2008年1月15—16日	美国威斯康星大学政治学教授梅勒妮·墨宁	党管干部以及党委和人大的关系
2008年3月29—31日	美国芝加哥大学历史系教授艾恺	中国农村社会的变迁
2008年6月10—12日	美国劳拉斯学院海外项目主管梅学良	农村考察
2008年6月29日至7月4日	美国斯坦福大学博士研究生秦凯仑	邹平县内不同镇间经济发展的途径和村民收入来源调查
	美国斯坦福大学博士研究生李咏平	干部管理制度和现状和变迁；领导干部的教育和培训情况
2008年7月11日	澳大利亚国立大学研究员任柯安	山东省中小学素质教育研究
2008年9月22—26日	美国威斯康星大学政治学教授梅勒妮·墨宁	基层人民代表大会制度研究

第三节　考察著述成果

第一阶段集中考察活动从 1987 年 4 月至 1991 年 9 月，先后接待 87 人次，学者在邹平县进行 1487 天次全方位跟踪式社会多学科调查研究活动。专家学者查阅大量档案资料，并作大量第一手问卷调查工作。考察项目专家组成员中有历史学家、经济学家、人类学家、社会学家、环境学家、农业学家等，大多数人都是“中国通”。尽管这些学者专家专业不同、经历迥异，与当地人政治立场、价值观念也不相同，但他们在邹平调查研究都进行得非常认真，也取得出乎意料成果。

图 12-8　1999 年，哈佛大学出版的美国学者专著《转型中的邹平》

最主要的成果之一是由斯坦福大学教授魏昂德和戴慕珍夫妇共同编辑的《转型中的邹平》一书，收集多位学者在邹平县的考察报告，客观反映邹平县改革开放进程，为世界了解邹平、了解中国农村地区提供翔实材料。其姊妹篇《21 世纪的邹平》也相继出版。

1992—1998 年间的第二阶段考察，有许多重要课题研究，其中有托马斯·伯恩斯坦 (Thomas Bernstein) 教授的《中国农业改革对农村体制的影响》、哈佛大学经济系教授史泰丽 (Terry Sicular) 的《中国农村商业计划和市场》、芝加哥大学历史系教授艾恺 (Guy Alitto) 的《邹平 1911—1996：中国农村社会的变迁》、北卡罗来纳大学人类学系教授冯姝娣 (Judith Farquhar) 的《中医与家庭卫生保健》、斯坦福大学政治系教授戴慕珍 (Jean Oi) 的《改革中的农村经济：中国农村的计划与市场》和《财政体制、地方官员在发展乡镇企业中的作用以及乡镇企业在地方经济中的地位》、密西根大学大湖研究中心教授章以本 (William Chang) 的《农业发展对农村环境的影响》《工业、农业的发展对土壤和水质的影响》、阿华州立大学人类学教授黄树民 (Huang Shumin) 的《中国传统文化与医疗》《传统中国文化背景下的健康与医疗》、哈佛大学法学院教授莱斯特·罗斯 (Lester Ross) 的《司法行政、公共设施需求和环境保护》《中国农村经济和社会发展的公共商品》、密执安州立大学教授彭恩霖 (Lynn Paine) 的《教育的分配及社会化过程》、北卡罗来纳大学医药学院助理教授亨德森 (Gail Henderson) 的《流行病学、医疗卫生服务组织和医疗卫生服务设施的利用情况》《邹平县居民的健康状况和健康设施的利用》等。美国学者每次从邹平考察回国后，都先后用听证会、演讲会、发表文章和演讲等形式，介绍考察研究的成果。据不完全统计，美国学者 5 年间在重要报纸杂志上发表文章 20 多篇，出版专著 4 部，发表演讲 20 余次。1988 年，奥克森伯格为《走向世界》杂志撰写题为《美国学者在邹平的社会研究》，1989 年 4 月，在香港发表题为《是成功而不是失败带来的困难》的演讲。章以本教授的专著《中国的环境政策》、艾恺教授的专著《中国最后一个儒家梁漱溟》、罗斯的专著《从山东邹平县案例看改变中的中国农村纠纷排解工作》和戴慕珍的专著《现代中国的国家和农民》等，都是以邹平县考察研究为基础撰写的。奥克森伯格 1991 年 4 月在美国《基督教科学箴言报上》发表《中国在外交上干得很漂亮》、亨德森 4 月 11 日发表的题为《中国人变得越发健康——中国保健制度是第三世界的典范》的文章，都对中国改革开放所取得的成就给予充分肯定，对目前所面临的困难和问题做客观分析。这些研究成果的发表，对于增进美国人民对中国的了解，改变美国社会对中国的看法，都产生了重要作用。

第二阶段松散性考察活动期间，美国学者冯姝娣汇集几年来对邹平医疗事业发展的研究成果，撰写出版《对症下药——中国医药学临床诊疗》一书；任柯安先后出版《社会与历史比较研究》（1995 年）、《当代中国》（1996 年）、《关系的产生——中国北方农村的个人情绪、自身修养和文化发展》（1997 年），阐述几年来他对邹平县人际关系、民风民俗考察的情况和结论。1996 年 4 月，奥克森伯格在美国《新闻周刊》上发表题为《我们需要什么样的中国？》一文，指出美中关系重点应放在两国的共同利益上。1998 年 3 月 30 日，罗伯特·帕斯特在美国《时代》周刊上发表题为《看上去是合法的——对中国选举尝试表示赞许》的文章，对中国村镇基层选举给予肯定。美国太平洋国际政策委员会和兰德公司亚太政策中心召集数十位研究中国问题的美国专家和学者，由奥克森伯格等执笔，撰写题为《未来的中国》研究报告。该报告否定了当时美国政府和美国媒体坚持的悲观论调，否定了广为流传的“中国威胁论”“中国称霸论”“中国分化论”。美国学者在邹平的社会研究成果，对于美国人民进一步了解中国的真实情况，产生很大影响和作用。

第四节 吉米·卡特夫妇访问邹平县

1997 年 7 月 25—27 日，应中国外交学会邀请，美国第 39 届总统吉米·卡特（Jimmy Carter）和夫人罗莎林·卡特（Rosalynn Smith Carter）一行 18 人到邹平县进行访问。

主要目的：了解中国农村的民风民俗、村委会和各级领导选举、基层政权建设、宗教信仰、计划生育政策以及农村经济社会发展等情况。

26日，卡特一行参观邹平县北禾村、西王村、邹平福利公司、邹平一中、邹平县妇幼保健站、东关村卫生院、邹平热电厂，与各单位负责人进行交谈，并到邹平基督教堂做礼拜。卡特还与孙镇冯家村、邹平镇东关村、好生镇宗家村村干部进行座谈。

卡特夫人与邹平县妇联、计划生育委员会负责人进行座谈。

在县政府举行的欢迎宴会上，卡特说十几年前（1978年）他应邀访华，先后参观北京、西安等地，给他留下很深的印象；这次到邹平农村，发现中国人民生活水平有明显提高。他说，看到邹平农村的十星级文明户评比活动，看到长势喜人的庄稼，看到发展中的乡镇企业，看到残疾人的工作和生活情况以及残疾人得到全社会的关心和照顾，他感到特别欣慰。卡特与邹平县3位村干部座谈后说，他这次访问邹平对中国农村基层情况有了更深入了解，特别是弄明白了村党支部和村委会之间的关系，还结识了很多朋友。

卡特夫人在参观邹平县妇幼保健站、邹平镇东关村卫生院并与县计生委、县妇联负责人交谈后，赞扬了邹平县妇幼保健工作和农村合作医疗制度，对万分之三的产妇死亡率感到吃惊，并对中国的计划生育政策表示理解。

图12-9　1997年7月，美国第39届总统吉米·卡特（前左一）访问邹平县农村

著名中国问题专家奥克森伯格在邹平县的欢迎宴会上说：他一生中经历了2件最有意义和最难忘的事情，第一件是在前卡特政府内任职的3年里，参与中美建交的谈判活动；第二件是对邹平农村进行跟踪十多年的考察研究，使邹平成为他的第二故乡。每次到邹平，他都看到新的发展和变化，尤其是在交通、通信方面发展更为明显。他表示将来还要多到邹平，继续为增进两国人民之间的了解和友谊做贡献。

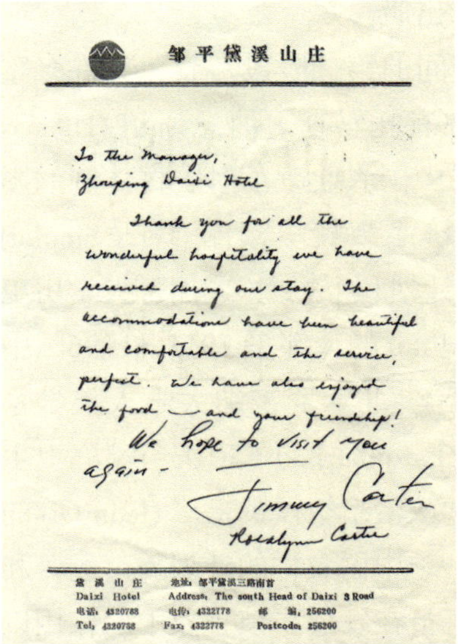

邹平黛溪山庄

To the Manager,
Zhouping Daixi Hotel

Thank you for all the wonderful hospitality we have received during our stay. The accommodations have been beautiful and comfortable and the service, perfect. We have also enjoyed the food — and your friendship!

We hope to visit you again -

Jimmy Carter
Rosalynn Carter

黛溪山庄　地址：邹平黛溪三路南首
Daixi Hotel　Address: The south Head of Daixi 3 Road
电话：4320788　电传：4322778　邮编：256200
Tel: 4320788　Fax: 4322778　Postcode: 256200

图12-10　1997年7月26日，卡特夫妇写给下榻黛溪宾馆的感谢信

在济南举行的欢送宴会上，卡特在致辞中热情洋溢地说：这次访问中国虽然是他整个行程中的最后一站（此前，他访问了利比亚、科特迪瓦、法国等国家），但在中国山东省的访问是最成功的，是他这次访问行程中的高潮，他对在山东邹平的访问感到十分愉快和非常满意。

卡特回美国后不久，在美国《纽约时报》上发表文章《将中国妖魔化是错误的》。可以说邹平县出色地完成了国家的一项政治任务。

HOME PAGE | TODAY'S PAPER | VIDEO | MOST POPULAR | TIMES TOPICS

The New York Times

Opinion

WORLD | U.S. | N.Y. / REGION | BUSINESS | TECHNOLOGY | SCIENCE | HEALTH | SPORTS | OPINION

EDITORIALS | COLUMNISTS | CONTRIBUTORS | LETTERS | THE PUBLIC EDITOR

It's Wrong to Demonize China

By Jimmy Carter
Published: August 10, 1997

ATLANTA— I spent the spring of 1949 in the seaports of China as a young naval officer on my first submarine cruise. Nearly 30 years later, Deng Xiaoping and I normalized diplomatic relations between our countries. We knew that even with this opening, decades of patience and persistence would be required before the bonds between our greatly different countries would be firm and predictable.

SIGN IN TO E-MAIL
PRINT

BEASTS OF THE SOUTHERN WILD

I consider sound Sino-American relations, along with the importance of maintaining human rights as a foundation of American foreign policy, to be legacies of my Administration. These two goals are not incompatible, but can be reached only if we try to understand each other.

Americans have benefited from the unprecedented stability and prosperity in the Asia-Pacific region made possible by close ties among the United States, China and Japan. But the greatest

图12-11　1997年8月10日，美国第39届总统吉米·卡特访问邹平县后发表在美国《纽约时报》上的文章——《将中国妖魔化是错误的》

第五节　国际文化及交流

邹平县除与美国重点文化交流外，还与日本、丹麦、欧洲、澳大利亚、奥地利、越南、瑞典等国家进行各种形式的文化交流，开始转向开展国际经贸合作及文化交流、地方政府对外友好交流的新阶段。

1992年10月，经国家教委介绍，丹麦国哈尔胡斯大学教授、欧洲汉学研究会副秘书长曹诗弟（Stig Thogersen）与山东大学合作到邹平境内考察研究邹平县教育发展史，之后曹诗弟又于1993年和1996年2次到邹平考察交流，并于2005年出版反映近代邹平教育发展史专著《文化县》。

1992年后，随着对外开放不断深入，邹平县每年因公出国人员逐年增多。1992年，全县派遣因公出国团组14批64人次。1995年8月，根据与美国东西方研究中心的交流协议，邹平县政府向在美国夏威夷的东西方研究中心派遣留学生2名，这是邹平县历史上第一次公派出国留学生。

1993年2月，应日本国山口县吉南日本中国友好协会的邀请，邹平县政府友好访问团到日本访问，访问期间邹平县与小郡町签订《发展友好交流的意见书》。1995年5月，应县政府邀请，日本国山口县小郡町町长助役高木和文率小郡町友好访问团一行11人到邹平进行友好访问，双方签订《中华人民共和国山东省邹平县与日本国山口县小郡町关于促进友好交流的协议书》，这是滨州市与国外建立的第一个县级对外友好关系，开创地方政府对外友好交流的新领域。此后，根据双方签订的协议，邹平县和小郡町每年互派政府友好访问团或青少年友好访问团互访，促进两县町青少年和两国人民的了解和友谊。

图 12-12　1995年5月，日本国小郡町访问团一行访问邹平县

1996年10月，应邹平县政府邀请，小郡町町长宫本研道到邹平县进行友好访问；11月，邹平县人民政府县长李炳众应小郡町政府邀请访问小郡町，实现两县町政府主要领导互访。1997年8月，小郡町青少年友好访问团到邹平县进行友好访问和交流；访问期间，邹平县实验中学与小郡町町立中学签订《建立友好校际关系协议书》。

为庆祝邹平县与小郡町开展友好交流5周年，1998年7月，邹平县政府友好访问团和青少年友好访问团应邀访问小郡町，邹平县向小郡町赠送纪念品——石狮1对，并出席日方举行的友好交流5周年庆祝仪式；9月，应邹平县邀请小郡町派友好访问团到邹平县访问，出席邹平县举行的庆祝仪式，小郡町政府向邹平县赠送大型太阳能石英钟1座。

2001年10月，日本小郡町庆祝建町100周年，邹平县发电祝贺，小郡町政府举办“小郡町—邹平县友好交流展”。

2004年5月，邹平县政府办公地点迁到南部新城区，小郡町政府发来贺电祝贺，并赠送50棵樱花树苗，在市民公园建立“小郡—邹平友好交流樱花园”以示纪念。2005年10月，因行政区划调整，日本山口县吉敷郡小郡町撤并入山口县山口市，邹平县政府发电祝贺，表达继续开展友好交流的愿望，日本国山口市政府复电感谢，表达继续加强友好交流的愿望。

1995年11月，奥地利凯斯卡管弦乐团一行15人到华访问，县外侨办、县文化局和黛溪山庄宾馆联合组织举办专场音乐晚会，开创邹平县中外文化交流的先河。

1996年4月，应邹平县政府邀请，

澳大利亚澳中友好协会南澳洲分会会员迈克尔·威利斯率南澳洲青年友好访问团一行30人到邹平县访问。访问期间，邹平一中与澳大利亚南澳洲阿伯芙公园中学（Aberfoyle Park High School）签订《建立友好校际关系协议书》，邹平一中成为山东省第一个与国外学校缔结友好校际关系的县级中学。1998年5月，应澳大利亚联邦市长理事协会邀请，邹平县政府友好访问团访问澳大利亚贝赛德市，在市政府会议厅，邹平县和贝赛德市签订建立友好交流关系意向书。2000年8月，县政府友好访问团应邀对贝赛德市进行友好访问，邹平县与贝赛德市签订建立友好关系协议书。

1998年2月，应中国社会科学院邀请和安排，越南共产党中央委员会委员、越南国家社会科学与人文中心副主任（副部长级）杜怀南率团到邹平县访问，先后参观部分乡镇企业和农村，了解邹平县农村经济改革和发展农村经济的经验。

2001年11月，瑞典维特尔（音之魂）室内乐团到邹平县进行2天的访问和演出，县外侨办、县电视台与乐团联合举办专场音乐会并进行电视现场转播。

图12-13　2011年4月，美国学者任柯安考察邹平县基础教育情况

2003年10月，坦桑尼亚驻华大使商务参赞一等秘书法特玛一行到邹平县考察访问，介绍坦桑尼亚政治、经济、文化情况，寻求中坦合作。

至2005年，全县共派遣因公出国团组175批544人次，其中政府和青少年友好交流团组18批90人次。

附：珍藏

1997年7月25—27日，美国第39届总统吉米·卡特及夫人一行到邹平进行为期3天的考察访问。

卡特总统共到中国访问4次，这是第四次访问，在北京他先后同江泽民、李鹏、乔石等党和国家领导人会晤后，径直到邹平县参观访问。

7月26日清晨5时，卡特夫妇由奥克森伯格带路，步行到距他下榻的黛溪山庄2千米远的邹平镇城里村，了解当地村民生活。

上午，他们一行到西董镇北禾村，在村内卡特一行走门串户，察看农民生活状况，并详细询问村办企业、家庭经济情况、村委会选举办法和农民对村干部的看法等感兴趣的问题。当他看到一些村民家门上挂的十星级文明户牌时，产生浓厚兴趣。在村党支部书记鄢圣勤家，卡特问：“你是怎么得了‘教育星’的呢？”鄢圣勤告诉说：“这个星主要是考核学生的，学生不能辍学。我有个孩子已经中专毕业，完成了九年制义务教育。”卡特又问：“像你这样的‘十星户’有多少？”鄢圣勤说：“不多，也就十来户，因为我们考核很严格，七星户、八星户占大多数。”在另外一户村民家，他又详细询问为什么没有得“和睦星”和“计生星”，并风趣地说：“我和夫人结婚51年了，可生活中还常常吵一吵，所以得不了‘和睦星’；我有4个孩子，所以得不了‘计生星’。”引得在场人员开怀大笑。

在与当地人员会谈时，他又谈起此事：“到村庄去参观的时候，看到很多家庭的门上有10颗星，代表计划生育、家庭和睦、卫生、健康等。这是一项了不起的成就，说明村民生活正在得到改善。是不是所有的村庄都这样呢？”“我觉得，让每个家庭通过10个方面来改善自己的生活，很有好处。”

接着，他又说：“我看到10颗星感到很尴尬。10颗星都有具体内容，如果用这个标准来衡量我们的家庭，我家得不到几颗星，如计划生育星、家庭和睦星。”

奥克森伯格在旁边说："我补充一下，您和夫人罗莎琳结婚只要有50年的话，就能得到家庭和睦星了。"

时任滨州地区行署专员的王宗廉也说："中国的国情与外国不一样，评选十星级文明户是农村进行自我教育的一种好形式。卡特夫妇虽偶有争吵，但并没有影响到四邻，照样可以得到家庭和睦星。"

一席话，引起宾主一阵欢笑声。

卡特非常关注当地的教育情况。在同部分村干部座谈时，他就详细询问当地学生入学、升学情况。

上午，他专程到邹平一中，详细了解邹平县教育状况、邹平一中在全省的地位以及教育资金等方面问题。

在学生课堂上，卡特用英语与学生进行对话，问他们通过何种媒介学习英语，并拿起粉笔在黑板上写了这样一段话："非常感谢，我们美国人民是中国人民的朋友，欢迎你们有机会到我们美国去。"

在语音教学室，卡特向教师询问语音教学的有关情况，并在黑板上写道："希望你们学好英语，欢迎你们有机会到美国访问。"博得学生们热烈掌声。

卡特夫妇也十分关注当地的医疗保健和计划生育情况。卡特夫人罗莎琳专门拜访县计划生育委员会，详细了解计划生育有关规定和具体做法。在考察东关村卫生院和县妇幼保健院时，当卡特夫人得知当地婴儿从一出生就登记注册、按时防疫时，深有感触地说："我们国家儿童防疫不做登记，全凭个人自愿，这一点你们比我们先进，我们要效仿。"

卡特一行还专程到邹平县福利公司，了解邹平县残疾人事业发展情况。他兴致勃勃地参观福利公司的车间，同正在做皮鞋的残疾职工交谈，询问他们的生活、工作情况。

眼前的情景使卡特激动不已，他对福利公司的领导说："看到你们能全身心倾注到残疾人事业里面，我感到非常激动，这里令人印象深刻。10年前我见过邓小平先生，他告诉我，在中国为残疾人做的事还不是很多，他要求卡特中心在这方面帮助中国，并让邓朴方与卡特中心一起搞项目。有两个项目，一个是在北京建一个工厂，用高科技生产假肢，这个工厂已于1991年建成；另一个项目是关于教育问题，教育那些年龄比较小的残疾儿童，派出一些中国教师到美国学习，然后再回到中国专门从事残疾儿童的教育。这显示出邓小平对残疾人的极大关注。你们这里又是一个证据，说明你们对残疾人事业是多么关心。"

最后，他为福利公司题词：对于正常人和残疾人来说，都是一项崇高的事业。

27日上午，卡特一行到韩店镇西王村。

是日，正值星期天，卡特同夫人一起到基督教堂做了礼拜。

在参观考察的过程中，卡特还专门与滨州地区和邹平县的负责人、部分村干部分别进行座谈，主要询问当地如何解决经济发展中的困难、缩小工农差距、消除环境污染和农业种植、村委会选举、党支部与村委会关系、党员在村委会及村民中的比例、村办企业及私营企业发展、土地所有制、农村教育、宗教信仰、农业机械化程度、农田水利建设等方面的情况。在考察了解邹平县情况的同时，卡特也非常直率地向当地人介绍他本人的一些情况。

卡特向邹平县的村干部介绍说："我曾担任过美利坚合众国总统，可是我自己的家乡是一个很小的村庄，我们那个村的居民只有700人。我是农民，我们村里面主要种植花生、玉米、小麦、大豆等。"

"我让村子里另外两户人家在我的大片土地里种地，可我还有一些覆盖着森林的土地。我和夫人主要是照看这些林业，我主要的经济来源就靠这些森林。这些森林所占的面积大约合中国的6000亩。1833年以来，卡特家族一直拥有这片森林，已经有160多年了。我和我的夫人还有我们的4个孩子的主要经济来源，就是依靠我们家庭的土地、自己的农场。"

"我和夫人都来自同一个村，我们的祖先都是出生在这个村里。在20世纪70年代初我到州里当州长之前，这片土地都是我自己经营的。后来我不再长期居住在那里，所以就把这片田地租给了其他家庭。可我和夫人回家的时候还有时间照料一下森林。我的孩子现在都到大城市去生活了，他们居住在我们州的首府亚特兰大。”

在谈到作为前总统还有没有其他收入的问题时，他说：“除了我所拥有的这片林场的一些收入和把土地租给其他村民获得的一些收入，我主要的收入是写书，还有到大学里讲课。卡特中心不发给任何工资，我作为前总统退休之后，还有一些固定的收入。但自从不担任美国总统以来，我对经营企业、经商、搞公司方面不感兴趣。”

卡特一行每到一处，人们都对他们报以热情的微笑，同他们握手，主动邀请他们到家里看看。卡特说：“所有的邹平官员、人民都热情欢迎我们。我们家乡的气候和这里差不多，所以来到这里使我们想起了自己的家乡。”“你们对我们夫妇照顾得很好，奥克森伯格先生把我带到了一个美丽的地方。”

27日下午，卡特一行赶到济南。在南郊宾馆，他向山东省省长李春亭谈了此次访华的感受：“我此行访问了很多国家，中国是最后一站，而对山东省邹平县的访问，是我整个访问活动的高潮。1949年年初，我作为一名美国潜艇上的海军军官到过山东的青岛，那时战火刚刚平息，满目疮痍，民不聊生。而现在的中国经济和人民的生活已是不可比拟的了。”

卡特说：“我此次访问邹平，看到了中国农村的发展，了解了中国农村基层政权建设。中国农民对我很热情，使我加深了对中国农村和中国农民的了解，我很受感动。人生中总有些令人终生难忘的经历，对邹平的访问，就令我终生难忘。”

卡特向陪同的中国人民外交学会的官员说：“应该消除美中两国之间的障碍，加深两国人民之间的了解，增进两国之间的友谊。回到美国后，我将对此项事业做出努力。”

卡特说到做到，回到美国后，于8月10日在《纽约时报》发表题为《将中国妖魔化是错误的》的文章，主张美中两国应保持良好关系。

第十三编
财税　金融

Tax and Finance

2008 年 5 月 1 日启用的县财税劳动大厦

中华人民共和国成立40周年纪念币

中华人民共和国成立50周年纪念币

伟人纪念币

香港回归纪念币

澳门回归纪念币

迎接新世纪纪念币

中国人民银行发行的部分纪念币　　（2015年摄）

2001年8月，邹平县税源普查工作人员合影

1986 年，全县财政财政收入 2020.8 万元；2005 年，全县财政收入 22.5 亿元。

1983 年，邹平县税务局成立。1984 年，税务局与财政局分设。1986 年，税务局完成税收 1102 万元。1994 年，税务局分设为国家税务局和地方税务局。2005 年，国税局完成税收 14.05 亿元；地税局完成 6.04 亿元。

1986—2005 年，辖区内金融机构不断增加，业务范围不断扩大。1986 年，全县各项存款余额 1.91 亿元，贷款余额 2.81 亿元；2005 年，全县各项存款余额 90.9 亿元、外汇存款 1979 万美元，贷款余额 114.8 亿元。

1984 年 6 月 1 日，中国人民保险公司邹平县支公司成立。1997 年 1 月，财产保险与人身保险分业经营。

第一章 财 政

第一节 机构沿革

1986 年，财政局内设人事秘书股、预算股、农业财政股、预算外资金管理股、企业财务股，财政驻厂员股，乡镇设财政助理。1993 年 10 月，县级机构改革，内设办公室、预算股（与控制社会集团购买力办公室合署办公）、行政财务股、企业财务股、农业财务股、综合计划股（与国库券推销办公室合署办公）、税收财务物价大检查办公室、国有资产管理局、经济开发投资公司、资产评估事务所、住房基金管理中心。1995 年 9 月，增设财源建设办公室。1999 年年初，内设办公室、预算股、农业财务股、农税股、综合计划股、国有资产管理办公室、社保股、企财股、行财股、财政监督局、税政股、财源办、会计事务管理所、县经济开发投资公司、县政府采购办公室、住房资金管理中心 16 个股室。2003 年 5 月，撤销农税股，成立农业税收管理局；撤销财源办、税政股。8 月，成立邹平县会计核算中心。2005 年 4 月，成立邹平县国有资产投资经营有限公司；同时，撤销邹平县投资公司。至 2005 年，机构设置没有变化。

第二节 财政管理体制

1986 年 1 月 9 日，全县 17 个乡镇普遍建立财政所。同时，乡镇政府和教育、卫生、农、林、水、民政、广播、公安、法庭等 13 个部门在乡镇部分的经费，划归乡镇财政所管理。同年，对预算外资金实行“财政专户储存，集中代管，支出按计划审批，银行监督”管理办法。1988 年，在邹平镇、魏桥镇、礼参乡试点建立乡镇财政金库。1989 年，17 乡镇全面建立乡镇金库。是年起，推行“厂内银行”帮助企业实行工效挂钩改革。1991 年，预算外资金实行“收支两条线”。

从 1994 年起，全县实行分税制财政体制。1996 年 5 月，全县预算外资金全部纳入第二预算管理。1997 年 1 月，全县行政事业单位和部分企业实施住房公积金制度。从 1998 年 3 月 1 日起，在公安、交通、法院、建委、房管 5 部门实行票款分离。1998 年，对镇乡实行“划分税种，划分支出范围，定额上交或补助，超支自负，超收不多解，补助逐年递减，一定五年不变”的财政管理体制。2002 年，实行农村税费改革。2003 年，取消公益金，从县级财力中安排转移支付资金用于公益金补助。同年，取消农业特产税，农业税降低 3 个百分点。从 10 月 1 日起，高新、韩店、台子3个镇、街道推行新型农村合作医疗试点。2004年，全县开始对种植小麦农户直接补贴。从11月1日起，各镇、街道机关实施会计集中核算。12月，撤销乡镇地方金库。2005年，确定新的市、县（区）税收分享方案，实行增值税、所得税、营业税分享，取消原各县（区）递增比例上解。同年，全县取消农业税。对镇、街道实行“划分税种，核定收支范围，定额上交或定额上交超收比例分成；补助递减，超支自负，一定三年不变”的财政管理体制。同年，全县实施“以县为主”教育体制改革，镇、街道教育经费上划县级管理。

第三节 财政收入

县财政收入主要来自税收和非税收。1986年，全县财政收入2020.8万元。1994年，实行分税制体制，当年完成财政收入1.07亿元。1998年，全县完成财政收入2.20亿元；2003年，完成财政收入10.1亿元；2005年，完成财政收入22.5亿元，其中地方财政收入10.03亿元。是年，地方财政收入排名全省第2位，增幅全省第一。

工商税收

1986年，工商税分解为产品税、增值税、营业税和盐税。之后又相继开征资源税、城市维护建设税、固定资产投资方向调节税。从1994年起，增值税的75%、消费税和一些重要行业营业税划为中央收入。全县工商税收主要来自增值税的25%、营业税、城市维护建设税等。2005年，全县工商税收14.05亿元。

农业“四税”

1986年，全县农业税330.8万元。从1989年起，全面征收农林特产税。1994年，取消产品税，将产品税的农林牧水产品部分应税品目改为征收农业特产税。1996年,农业税全年征收1176万元，农业税地方附加165万元；农业特产税入库150万元；耕地占用税计征税额51万元；契税8万元。1998年7月1日起，取消支农周转金。2003年，全县农业税收完成3917万元；耕地占用税征收876万元，契税征收231万元。2005年，取消农业税，耕地占用税和契税征收8036万元。

企业收入

1986年，企业所得税完成303万元。1988年，开征私营企业所得税。1992年，国有企业上缴利税下降。从1994年起，国营企业所得税、集体企业所得税和私营企业所得税并为企业所得税，企业所得税成为全县财政收入增长最快税种。2000年，全县企业所得税完成9842万元。2005年，全县企业所得税完成2.07亿元。

专项及其他收入

主要有排污费、城市水资源费、教育费附加、国有土地使用权有偿出让收入和罚没收入、行政事业性收费收入等。1986年，收入32.6万元。1996年，将养路费等13项数额较大的政府性基金（收费）及地方财政部门按国家规定收取的各项税费附加纳入财政预算。2000年，全县专项及其他收入1572万元。2005年，全县专项及其他收入3982万元。

1986—1993年邹平县财政收入情况一览表

表13-1-1　　单位：万元

项目 \ 额度 \ 年度	1986	1987	1988	1989	1990	1991	1992	1993
合 计	2020.8	2471.5	3230.6	4203.8	4841.0	5881.0	6526	9047.0
工商税收	1419.8	1848.9	2465.2	3151.3	3755.9	4402.0	5181.0	7931.0
农牧业税	331.7	335.6	370.3	387.9	448.3	458.0	558.0	632.0
国营企业所得税	303.6	298.6	447.5	449.9	418.9	490.0	532.0	184.0
国营企业调节税类		3.7						

续表13-1-1

项目 \ 额度 \ 年度	1986	1987	1988	1989	1990	1991	1992	1993
国营企业上缴利润类	2.8	87.4				78.0		
国营企业计划亏损补贴类	-69.7	-182	-15.0	-10.0		-130.0	-35.0	
专款收入	25.4	69.2	48.1	81.1	90.7	162.0	157.0	155.0
其他收入	7.2	10.1	33.9	225.6	127.2	57.0	133.0	145.0
国营企业承包收入退库类			-119.4	-82.0				
社会保险基金收入类						364.0		

1994—2005年邹平县财政收入情况一览表

表13-1-2　　单位：万元

年度 \ 额度 \ 项目	财政总收入	地方财政收入					
		合计	工商税收	企业所得税	农业“四税”	专项收入	其他收入
1994	10701	4443	2554	699	906	163	121
1995	11837	5483	2571	1520	1035	188	169
1996	14691	7611	3965	1652	1381	218	395
1997	17740	9746	5338	2640	1439		329
1998	22042	13079	6280	4198	1574	497	530
1999	27440	16888	7594	6086	1686	530	992
2000	34748	22098	8872	9842	1812	674	898
2001	56042	34628	13517	17740	1467	790	1114
2002	73038	32280	16221	7383	4693	1042	2941
2003	100081	43849	24338	7138	5024	1733	5615
2004	149853	59105	34249	6490	5858	5802	6706
2005	225127	100347	63957	7587	8036	5381	15386

第四节 财政支出

1986年，全县财政支出2787.3万元。1988年，县财政支出3819万元。1998年，财政支出1.88亿元。2005年，全县财政支出12.6亿元。

支持农业和农村经济发展支出

从1986年起，预算内支农投入稳步增长。1990年，支农资金833万元。1993年7月，全县各级财政加大对支农投入，重点支持科技兴农、农业产业化、农村基础财源等。2000年，全县财政支农投入504万元。2005年，全县完成支农投入1.8亿元，创历史最高。

企业挖潜改造资金和科技三项费用支出

1986年，全县企业挖潜改造资金和科技三项费用7.5万元。从1993年起，全县加大对企业技术改造、高新技术产业化等支持，企业挖潜改造资金、科技三项费用大幅增长，是年，企业挖潜改造资金和科技三项费用264万元。2003年，全县企业挖潜改造资金支出790万元、科技三项费用964万元。

事业性支出

1993年10月，《科学技术进步法》实施，要求财政用于科学技术经费增长幅度，高于财政经常性收入的增长幅度。1995 年，文教卫生事业费支出 4811.1 万元。2003 年，科学技术、文体、教育、卫生事业费支出 1.74 亿元。2005 年，支出 12.56 亿元。

1986—1993年邹平县财政支出情况一览表

表13-1-3　　单位：万元

项目＼额度＼年度	1986	1987	1988	1989	1990	1991	1992	1993
合计	2787.3	2824.4	3819	4910.5	5722.1	6719	7390	9278
企业挖潜改造		10	30	15	30	100	50	223
简易建筑费		4				20	13	
科技三项费用	7.5	11.2	8.5	16.6	26.3	33	38	41
支援农村生产	108.6	127.8	268.8	356.9	833	743	647	659
农林水事业费	109.2	240.4	148.3	203.5	229	255	274	381
工业交通事业费	7.8	3.6	6.4	60.2	33.7	34	43	59
商业部门事业费					13			
城市建设费	96	149.1	189.7	179.6	148	211	248	468
城镇青年就业经费类		3		4.5		1		
文教卫生事业费	1075.2	1174.6	1571.9	1878.1	2109.2	2355	2950	3394
科学事业费		4.1	6.6	3.9	4	5	5	8
其他部门事业费	64.8	84.9	95.3	230.3	233.5	305	296	326
抚恤社会救济	159.2	227.9	230.9	324.4	357.6	328	389	551
行政管理费	474.7	561.4	522.2	685.6	735.5	810	1265	1649
公检法支出类			134.6	255.1	216.8	191	231	350
价格补贴	602	157.7	230.3	304.4	272.6	414	466	448
其他支出	82.3	28.8	236.5	263.2	314.5	510	306	567
专款支出		34.2	139.0	129.2	165.4	169	169	154
国有企业改革支出		1.7						
社会保险基金支出类						235		

1994—1998年邹平县财政支出情况一览表

表13-1-4　　单位：万元

项目＼额度＼年度	1994	1995	1996	1997	1998
合计	10232	10870	13787	14923	18840
企业挖潜改造	600	250	293	80	260
科技三项费用	33	34	126	150	176
支援农村生产	642	322	553	1288	529
农林水事业费	451	554	766	821	955
工业交通事业费	54	24		43	27

续表13-1-4

项目 \ 额度 \ 年度	1994	1995	1996	1997	1998
城市建设费	212	276	295	482	567
文教卫生事业费	4148	4811	6058	6537	7926
科学事业费	22	17	25	24	31
其他部门事业费	603	487	706	863	918
抚恤社会救济	461	493	440	675	587
行政管理费	1811	1866	2368	2122	2365
公检法支出类	411	487			
价格补贴	203	311	200	97	55
其他支出	419	451	1365	3171	4031
专款支出	162	143	564	1424	413
农业综合开发支出		344			

1999—2005年邹平县财政支出情况一览表

表13-1-5　　　　单位：万元

项目 \ 额度 \ 年度	1999	2000	2001	2002	2003	2004	2005
企业挖潜改造	876	1131	300	555	790	815	1645
科技三项费用	280	368	542	736	964	1532	2048
支援农村生产支出	407	371	835	617	1064		
农林综合开发支出	169	133	514	554	578		
农林水事业费	913	970	1369	1753	2600	7082	6922
工交商事业费	35	7	3	1	1	1	5
流通部门事业费			7	1	1		5
文体广播事业费	597	695	868	1627	1844	2185	2661
教育支出	6513	6907	9143	13249	13257	15609	19662
科学支出	36	54	52	77	66	90	111
医疗卫生支出	1356	1469	2095	2110	2251	3163	4212
其他部门事业费	650	425	839	930	1295	1525	1801
抚恤和社会救济	702	1138	931	1290	1348	1699	2559
行政事业离退休支出	2973	3000	3750	4950	5205	5600	8083
社会保障支出	414	375	443	524	756	694	647
行政管理费支出	2738	3502	4396	6075	8202	10783	13618
武警部队支出	16	10	87	53	193	253	81
公检法司支出	1100	1113	1402	1645	1951	2742	4036
城市维护费	781	925	7067	4818	12409	16090	37633

续表13-1-5

项目 \ 额度 \ 年度	1999	2000	2001	2002	2003	2004	2005
政策性价格补贴	57	40	20	20	20	26	10
支援不发达地区支出	30						
土地和海域开发建设	4		3				
专项支出	764	781	807	1195	1835	6492	5241
其他支出	907	4263	5763	7662	7624	13956	15544
合 计	22318	27677	41236	50442	64254	90337	126524

第五节 财政管理

预算外资金管理

1986年，开征教育费附加，对行政事业单位预算外资金实行集中代管、专户存储。1990年，清理预算外资金，共清理40个单位，清缴财政专户代存80万元。1993年，预算外资金不再包括国营企业预算外资金。从1995年1月1日起，凡有预算外资金部门、单位，取消在银行收入账户，只允许开设一个支出账户。1996年5月24日，全县预算外资金全部纳入第二预算管理，建立起第二预算管理制度。1996年6月，清理检查预算外资金，查出违纪金额775万元。1997年，规范票据使用，建立起缴费人持非法票据到财政局退款制度。从1998年3月起，公安、交通、法院、建委、房管实行票款分离。2000年，全县推行“票款分离”办法。2002年，预算外资金首次突破亿元。2004年，省、市、县3级财政部门间联网运行和全省数据共享。自2004年1月1日始，邹平县通过“征管系统”对非税收入进行征收管理。2005年5月，12个镇、街道实行票款分离。是年，镇、街道票款分离工作走在全市前列。

行政事业单位财务管理

1997年，事业单位实行“核定收支、定额或定向补助、超支不补、结余留用”预算管理办法。行政单位实行“收支统一管理，定额、定向补助、超支不补、结余留用”预算管理办法。1999年，全县行政事业单位按预算计划、事业发展进度拨付经费。2000年始，剧团人员经费支出由原来差额拨款改为按照1999年经费为基数，采取增人不增资、减人不减资方式拨款。从2000年7月起，县直全额行政事业单位职工工资实行财政统一发放。2001年，在全县14个乡镇实行财政统一代发工资。自2003年始，全县机关事业单位工作人员实行年终一次性奖金发放。6月，工资发放网络化。至2005年，财务管理办法未变化。

企业财务管理

固定资产管理 1991年，成立国有资产管理局。1992年，固定资产使用期超过一年的房屋、建筑物、机器、机械、器具、工具等，不属于生产经营主要设备物品、单件价值在2000元以上且使用期限超过2年的也作为固定资产。1993年7月1日，取消折旧资金专用制度，允许统筹使用。

流动资金管理 1993年，取消企业资金中流动资金，企业货币资金靠生产经营产生和借入企业统筹使用。2005年，管理方式未变。

粮食企业财务管理 1992年，放开粮食销售价格。1998年5—8月，清查全县国有粮食企业自1992年4月以来的财务挂账情况。共清理出财务挂账2213万元。财政部门对粮食企业因执行国家政策而发生的利息费用给予财政补助。

利润分配 1990年，国家与企业仍为租赁承包关系。从1994年1月1日起，逐步建立国有资产投资效益按股分红、按资分利或利润上缴的分配制度。至2005年，管理方式未变。

会计管理

1986年，将会计专业职称终身制改为任期制和聘任制。年末，全县在职财会人员570名。1988年2月，会计事务管理所成立。1992年，会计员、助理会计师、会计师初中级任职资格通过考试获得。高级会计师职务资格实行评审制度。1994年，接管中华会计函授学校。至1998年，全县有会计人员2413人。1999—2003年，全县组织各类会计考试157场，考生3742人。2003年11月，在全省率先成立县级会计学会。2005年，建立会计人员数据库。

第六节 财源建设

1986年，争取国家资金209万元。社会资金25万元，帮助企业归还贷款130万元。1996年，完成财政收入1.46亿元。1997年，完成财政收入1.77亿元。是年，县委、县政府把财源建设列入各乡镇及有关部门双文明考核内容并实行一票否决。1998年，邹平镇和魏桥镇地方财政收入首次突破千万元。2001—2005年，财源建设重点转移到扶贫、支农和科技生产。2005年，对镇、街道实行“划分税种，核定收支范围，定额上交或定额上交超收比例分成，补助递减，超支自负，一定三年不变”的财政管理体制。

第七节 国库券推销与兑付

1986年，上级分配给邹平县推销国库券的任务是164.7万元。国库券利率，单位部分6%，个人购买10%。1988年，国库券偿还期由5年兑付改为3年，可转让、抵押，但不得作为货币流通。1989年，国库券利率个人部分提高到14%，特种国债15%。1992年，发行不再实行分配手段，改为有专业银行承购包销，各专业银行按承购数在柜台出售。1994年，国库券发行数量比上年有所减少。1996年，国债发行推向市场。从1999年起，国债服务部编制取消。

第八节 财政监督管理

1989年9月，税收财务物价大检查办公室成立，查出违纪金额401.1万元。1993年，查出违纪金额257万元。1994—1995年，重点检查4365户，查出违纪金额1625万。

1997年11月，税收财务物价大检查办公室可行使行政处罚权。2000年，开展依法清理税收优惠政策工作，依法清理61家“三类企业”（社会福利企业、学校办企业、中外合资企业）。2001年，组织税源普查。2002年，财政监督检查办公室设立后，查处整改各类违规违纪行为，查补偷漏税财政收入300余万元。

2005年，财政监督主要是每年对镇、街道及开发区财政资金收支、管理使用及制度建设等进行检查和调查；对财政局机关业务科室进行内部审计。

第九节 社会保障管理

1996年，社会保障工作开始。1997年，全县实施城镇居民最低生活保障制度和统一的企业职工基本养老保险。1998年8月，建立全县下岗职工基本生活保障制度。1999年，县财政社会保障支出额414万元。2003年，全县参加医疗保险单位304个，36587人；参加机关养老保险单位116个，14506人；参加失业保险单位210个，22420人；参加企业职工养老保险单位180个，26560人；参加农村养老保险19.5万人。2005年，全县企业职工基本养老保险参保39396人，基金收缴数7590万元，退休企业职工3963人，养老金发放4202万元，基金结余数9928万元，提高待遇人数3235人，人均月提高养老金54.76元。

第十节 住房资金管理

1993年10月，住房基金管理中心成立，隶属财政局。1997年1月，行政事业单位和部分企业实施住房公积金制度。至1998年，全县实行住房公积金单位122个，14604人，归集住房公积金余额1353万元。1998年底，全县结束住房实物性福利分配制度，实行住房分配货币化。1999年1月起，全县行政事业单位（含乡镇）开始发放住房补贴，发放比例为工资额的18%。2000年1月起，将住房补贴标准调整为工资额的25%，同时对全县已购住房职工的住房资金一次性补偿，至年末，全县职工已购住房产权过渡和住房资金一次性补偿审核工作结束。2002年3月，住房基金管理中心上划直属市住房资金管理中心。2003年1月1日，滨州市住房公积金管理中心邹平管理部成立。从2004年1月1日起，住房补贴比例由30%提高到35%。从2005年1月1日起，全县单位职工个人住房公积金基数按照职工工资总额计提，缴存比例不变。是年，归集住房公积金2452万元，住房贷款额869万元，归集余额7706万元。

第十一节　政府采购

1999年9月，政府采购办公室成立。2001年，办公设备、定点加油、公务用车统一投保等纳入采购项目。至2003年，全县采购425次，采购金额5048.47万元，节约资金426.75万元。2005年6月，制定邹平县政府采购方式确定规程及限额标准、公开招标操作规程、竞争性谈判操作规程、询价采购操作规程等。

第十二节　会计核算中心

2003年8月，机关会计核算中心成立后，有68个单位纳入统一核算，移交资金5653万元。至年底，办理会计业务事项2522笔。从2004年11月1日起，各镇、街道分批纳入镇办会计核算中心核算。

第十三节　财政惠民政策

2001年，农村税费改革领导小组成立。2002年4月，税费改革全面铺开。从2004年起，国家对种植小麦农户直接补贴，全县核实小麦种植面积，做到不重不漏。

2004—2005年邹平县粮农直补资金情况统计表

表13-1-6　　单位：万元

项目/年度	内容	金额	补贴标准（元/亩）	亩数（万亩）	户数
2004	粮农直补资金	682	13	52.4	129454
2005	粮农直补资金	893	13	68.7	142021

2005年6月，农村教师工资和公用经费上划县级管理；同时，成立教育会计核算中心，代理农村中小学会计核算业务。同年，在西董镇、青阳镇、台子镇、焦桥镇4镇开展计划生育困难家庭奖励扶助试点，对符合标准的243人进行扶助，补助资金8.8万元。是年，清理农村教育债务。至年底，镇、街道政府、办事处、村委会、农村义务教育阶段公办学校发生债务9188.44万元。

附：大事记及荣誉表彰

1991—1995年，大检查办公室连续5年被评为省级先进集体。

1993年，邹平镇财政所被财政部表彰为“全国财政系统先进集体”。

1999年，县住房基金管理中心被地区评为“住房管理工作先进单位”。

1999年，县财政局被地委、行署评为“全区优秀行政执法机关”“农业综合开发先进单位”“巾帼

图13-1　邹平县财政局被授予“省级文明机关”

建功先进单位”。

2001年，县财政局被滨州市政府评为“全市税源普查工作先进集体”。

2003年，县财政局获山东省财政厅“行政事业单位会计报表先进单位”称号；县财政局被授予“省级文明机关”。

2004年，县财政局被市政府表彰为“全市就业再就业先进单位”。

2005年年初，成立邹平县财税劳动大厦基建办公室。

第二章 国有资产管理

第一节 企业国有资产管理

企业产权管理

1992年，开始对企业产权登记。同年，全县国有资产总量3.90亿元，占全市11.61%。7月9日，以原商业局、粮食局为主分别组建商业集团总公司、粮食集团总公司。2000年12月21日，邹平铜矿改制，设立山东省邹平铜业有限责任公司，原159万元净资产转为国有控股。2005年，国资局代表国家投资159万元，成立国有控股邹平钼业有限公司。

股份制改造

1992年，县农药厂成为邹平股份制改造第一家试点企业。1993年4月，农药厂股份改造完成，成立邹平县农药股份有限公司。随后百货大楼、琥珀啤酒厂、染织厂等企业进行股份制改造。2000年，粮食局利生植物油厂、怡康葡萄糖厂、面粉厂改制。2001年，电力集团、西王集团共同投资成立邹平电力西王热电有限公司。2002年，电力集团有限责任公司资产重组。2003年，邹平印刷厂改制重组为博鸿印刷有限公司。至2005年，邹平股份企业的改造，使一批老企业在改革中发展壮大。

资产重组与企业改制

1992年，农药厂股份制改造试点，邹平县国企进入转变经营机制、建立现代企业制度的新尝试。1996年，县化工总厂进入破产程序。1997年，棉纺厂、白酒厂、染织厂、机械厂、商业系统、建筑集团公司、锅炉阀门厂、第二油棉厂、第六油棉厂、供销大厦10家企业为第一批改制企业。县水泥厂、木材公司等单位进行产权转移。亚视集团、商业大厦、染织厂、碧云洞集团等单位进行部分资产剥离。至1998年，有16家企业进行股份制改造，14家进行股份合作改造，15家实行兼并，20家售卖，10家外资嫁接，1家分离重组，8家资产委托经营，13家抽本经营，23家破产，18家进行其他形式改造。改制企业189家。2003年，纸箱厂改制重组为长春包装有限公司，怡康糖业有限责任公司改制资产重组。电力总公司热电厂、铝业有限公司完成改制。2005年，组建国有控股邹平钼业有限公司。至2005年，县跨地区、跨部门、跨行业、跨所有制的资产重组与企业改制主体工作完成。

第二节 行政事业单位国有资产管理

行政事业单位产权登记

全县行政事业单位国有资产总量自1992年后一直呈稳步增长趋势。1996年，向占有、使用国有资产的行政事业单位颁发中华人民共和国产权登记证。2005年，全县行政事业单位产权登记137户，资产总额280833万元。

资产处置与管理

至1996年3月31日，闲置资产账面原值2494万元。1998年，对原职教办整体、交通局部分闲置资产无偿调剂给实验中学、县建委。对兽医站在农业局与畜牧局之间办理交接，以及邹平中医药学校资产清理移交进行监管。1999年，亚视集团公司子弟小学划归县教育局，码头、孙镇、青阳、韩店、苑城、台子、明集、临池、里八田、长山、西董、礼参镇部分国有资产产权转移。2003年，邹平镇资产分别移交黛溪街道办事处、黄山街道办事处，木器厂整体移交县教育局监管。

第三节　公物拍卖

2000年4月，《滨州地区公物处理暂行管理办法》出台前，县公物处理经国资局立项评估后方可处理，严禁单位和个人擅自处置。办法出台后，行政事业单位和国有企业财产须由滨州产权交易拍卖中心有限责任公司公开拍卖。2002年，在县政府公车拍卖会上，敲响了全县公车拍卖第一槌。

第三章　国家税务

第一节　机构沿革

1978年，县财税局下设税务科，主管全县税务工作，税务科下辖18个税务所。1982年，县财政税务部门一个机构挂2个牌子。1983年1月，正式挂“邹平县税务局”牌子。1984年1月1日，

图13-2　1984年税务局与财政局分设时的办公场所

财政局与税务局正式分设，县税务局内设人事秘书股、计划会计股、税政股、基层检查股4个股，下辖18个税务所。1987年，撤销人秘股、基层检查股，增设人事检查股、行政股、稽查队。1990年，撤销人事检查股，增设监察股、人秘股、征管股。1992年，增设海外税收股。1993年，撤销人秘股、老干股，增设人事老干股。1994年，成立邹平县国家税务局和邹平县地方税务局。县国税局设办公室、计划财务科、征管科、税管科、监察室、

图13-3　1994年9月邹平县国税局挂牌成立

人事科、政工科7个科室和稽查分局，下设19个基层所。1996年12月，县国税局增设涉外分局，基层征收机构进行合并，全县19个税务所合并为6个征收分局，2个税务所。1998年，增设信息办公室，稽查分局更名为稽查局。2001年，取消计划

图13-4　1995年投入使用的国税办公楼

财务科、人事科、政工科，增设计划征收局、人事教育科，原信息办公室更名为信息中心。5月，增设纳税评估科。2003年6月，纳税评估科业务并入征收管理科，取消纳税评估科，计划征收局更名为计划征收科，同时增设发票管理所。

图13-5　2005年3月，县国税局城区分局服务大厅被授予全国"巾帼文明岗"

2005年8月，撤销分局、所办税服务厅，组建邹平县国家税务局办税服务厅，增设税源管理科、开发区税务分局，取消发票管理所，计划征收科更名为计划统计科，原青阳所升格为分局，形成8个科室、1个事业单位、1个直属机构、8个税务分局、1个税务所的征收管理格局。

第二节　税制改革

1986年，全县形成以流转税和所得税为主体税种、其他辅助税种相配合的税收体系，同时负责征收国家能源交通建设基金、国家预算调节基金。1987年，新开征个人收入调节税。1988年，恢复征收印花税。1989年，开征城镇土地使用税。1994年，实行税制改革，取消产品税，改征增值税。将集体企业所得税、私营企业所得税、国营企业所得税合并为"企业所得税"，税率统一调为33%，将个人收入调节税、个体工商业户所得税并入个人所得税，将盐税并入资源税，取消特别消费税和燃油特别税，新设立消费税。取消外资企业工商统一税，将农、林、牧、水产行业产品税改为农业税和屠宰税，新开征土地增值税，取消集市交易税、牲畜交易税、国营企业奖金税、行政事业单位奖金税和国家能源交通建设基金、国家预算基金。将由增值税、产品税、营业税组成的流转税改为由增值税、消费税、营业税组成的流转税，统一适用于内、外资企业。征收税种由改革前的32个调整为18个。1994年9月，根据国务院文件精神，邹平县税务局分设为邹平县国家税务局和邹平县地方税务局。是年，实行税制改革，税种分为2类，划归中央的称"国税"，由国税机关征收；属地方收入的税种称地税，由地税机关征收。1996年，对采取"定期定额"征收个体工商户和集贸市场税，由国家税务局征收管理改为由国家税务局和地方税务局分别按管理税种进行征收管理。12月，县国税局对基层征收机构进行合并调整，由原来按行政区划改为按经济区划设征收机构。 1999年7月1日，固定资产投资方向调节税开始减半征收，2000年1月，停止征收。2001年，中国税收征管信息系统（CTAIS）上线运行，在此基础上，从4月起，全县推行包括电话申报、银行网点申报和因特网申报在内的多元化申报方式。2001年，实行所得税共享体制改革。从2002年1月1日起，在工商部门登记注册新办企业，其所得税征收管理由国税局负责。2003年7月，对增值税一般纳税人纳税申报实行"一窗式"管理，将办税服务厅原有"发票认证""报税管理""申报征收"窗口合并，统一设置为"纳税申报"窗口，办理一般纳税人所有业务。2004年，制定并实施《邹平县2004年至2006年国税事业发展规划》。2月，将增值税纳税人"一窗式"纳税申报管理进一步完善为"一窗一人一机"模式。2005年7月，县国税局实行税收管理员制度，对经济税源实行分片、分类、分户式管理。为适应这一管理要求，8月，实行税收业务扁平化管理，撤销分局、所办税厅，在县种子站一楼成立综合办税服务厅，办理全县纳税人税务登记、行政许可、发票发售、纳税申报、认证报税、税法咨询等业务。

第三节 税种与税率

产品税

1984年，利改税时，从工商税中划出成为单独税种。凡从事生产、经营和进口税法规定应税产品的国营企业、集体企业、个体经营者和事业、机关、团体、学校、部队等一切单位和个人以及委托加工应税产品的，均就其销售收入、采购成本金额和产品销售数量征收产品税。税率从3%～60%不等。1994年，税制改革时取消。

增值税

1984年9月13日，国务院发布《增值税条例(草案)》，规定只对生产、委托加工和进口增值税应税产品单位和个人征收；征收范围只限于12种工业产品，分为甲乙2类，税率从6%～16%；计税方法分"扣税法""扣额法"。1987年，财政部发布《关于完善增值税征税办法的若干规定》《扩大增值税试行范围的通知》，调整征税范围及税率，应税产品不再分甲乙类，范围扩大到纺织工业和轻工业产品，设24个税目、11档税率(8%～45%)，以14%为基本税率；计税方法统一按"扣税法"计税。1988年，财政部发出通知，将增值税征税范围扩大到建材、有色金属等产品，增设6个税目，增加1个税率档次。1989年，国家税务总局发出通知，再增设"工业性作业"税目。1994年，国家对工商税收制度进行结构性全面改革。

工商所得税

1986年1月，国务院颁发《城乡个体、工商业户所得税暂行条例》，规定自同年1月1日起执行。至此，工商所得税演变为集体企业所得税和城乡个体工商业户所得税。

国营企业所得税

1983年1月，全区完成第一步利改税后，开征国营企业所得税。1984年10月，实行第二步利改税后，小型企业、饮食服务业按新8级超额累进税率征收，税率为10%～55%，同时放宽小型企业划分标准。1994年1月1日，工商税制全面改革后，内资企业所得税得到统一，取消按国营、集体、私营等经济性质分立税种的制度，国营企业所得税由此取消。

工商税收

1986年初，开征城市维护建设税、国营企业工资调节税和国营、集体企业、事业单位奖金税，形成包括产品税、增值税、营业税等20个税种的税收体系，当年征收税款1502.9万元。1987年，开征个人收入调节税、车船使用税、房产税。1988年10月，恢复征收印花税。1989年1月，开征城镇土地使用税。到1993年，征收税种增至32个，征收税款8273万元。

第四节 税收收入

1997年1月1日，税制改革后，县国家税务局负责征收税种有增值税、消费税、营业税、企业所得税和个人所得税。至2005年，国税管理纳税户6257个，其中国有企业43户，集体企业254户，股份合作企业1户，有限责任公司204户，股份有限公司37户，私营企业924户，港澳台商投资企业11户，外商投资企业31户，个体私营4752户。1994年，税收入库额10212万元，2005年，140537万元。

1986—1993年邹平县税务局税收收入完成情况一览表

表13-3-1　　单位：万元

项目/额度/年度	产品税	增值税	营业税	企业所得税	个人所得税	其他收入	合计
1986	357	167	578				1102
1987	404	198	667				1269
1988	259	475	899	1179		438	3250

续表13-3-1

项目 年度　额度	产品税	增值税	营业税	企业所得税	个人所得税	其他收入	合计
1989	333	926	1300	688		420	3667
1990	539	936	1339	1177		704	4695
1991	624	1105	1697	823		740	4989
1992	841	1282	2017	937		674	5751
1993	1962	2797	2150	839	30	495	8273

1994—2005年邹平县国税局税收收入完成情况一览表

表13-3-2　　单位：万元

项目 年度　额度	增值税	消费税	营业税	企业所得税	个人所得税	其他收入	合计
1994	4470	3025	949	782	57	929	10212
1995	5321	2412	79	31	65	142	8050
1996	6096	2634		10		41	8781
1997	7199	2242	85	23		86	9635
1998	8670	2600	140	30			11440
1999	10243	2934	120	42	4		13343
2000	13739	2624	443	134	562	4	17506
2001	25581	2754	389	239	1009		29972
2002	33798	2869	200	392	1063		38322
2003	46772	1556	50	546	1076		50000
2004	79114	1532		1381	1133		83160
2005	135169	963		2986	1301	118	140537

第五节　税务管理

征收管理

1978年，县税务部门按行政区划设立18个税务所，从事税款征收工作。1987年，县税务系统实行税款征收、纳税管理、纳税检查3分离管理模式。1994年,实行新税制后,普遍建立纳税申报制度。国有、集体企业一律实行申报纳税制度，个体工商户由个人自报，税务机关集体核定税款，限期到税务机关纳税，变税务专管人员下户收税为纳税户主动上门缴税。1995年，在城区实现微机开票、刷卡征收，税收银行一体化征收模式。2001年，中国税务征管信息系统（CTAIS）在全省全面上线运行。2005年8月，税务征收机构进行调整，撤销各分局、所征收大厅，在县城建立综合办税服务大厅，实现全县纳税人集中征收、办税业务。

税务稽查

1986年，对241家企业进行专项检查，查出漏欠各税104.6万元。1987年，县税务局成立税务稽查队。1988年，成立税务检察室，加大税务稽查力度，全年查处偷漏税案件15起，查补税款9.86万元。同年，进行财税大检查，查处违纪违法金额335万元，补缴入库250万元。1993年，重点稽查偷漏税大户，通过检查济青公路滨州段，查补税款71.2万元；通过全县税收专查活动，查出漏交税款204.6万元，入库201.6万元。1994年，机构分设，成立稽查分局。1998年，稽查分局更名为稽查局，具有独立执法资格。全年检查纳税人116家，查补税款327万元，罚款45万元。1999年，实行一家查账，多家认账和税收免检制度。2001年，实行县局一级稽查，全年共查处涉税案件及虚开增值税专用发票案件62起，查补税款249.99万元。2002年7月，对全县个体业户进行“拉网式”清理，清理漏征漏管户650户，补税罚款12.7万元；8月，对31家小造纸企业进行集中整顿，查补税款22.9万元。2003年，全年查补总收入885万元，入库率99%，2004年，组织开展货物运输业、烟草行业、保险行业税收专项检查，检查纳税人668户，查补收入1500万元，其中罚款222万元，加收滞纳金40万元。

税法宣传

1989年10月，全县普及税法教育全面展开。1991年，县税务局组织以宣传税法为主题的吕剧《神圣的事业》巡回演出18场。1996年，与县商业大厦、供销大厦联合举办“税收宣传进万家”活动。1997年，与县电视台联合录制税收公益广告。1998年，开展“税收宣传进校园”活动。1999年，与县电视台联合拍摄《开拓奋进的邹平国税》专题片。2002年，县国税局与地税局联合组织“春满梁州”大型广场文艺演出。2003，举办以“依法诚信纳税，共建小康社会”为主题大型税收宣传文艺演出。2005年，配合省局组织“纳税服务齐鲁行，万名党员送税法”活动。

图13-6　2002年，国地税联合开展税收宣传活动

发票管理

1984年下半年，对全县发货票使用管理进行大规模清查，共补税罚款7.5万元。1994年，税制改革，全县增值税一般纳税人推行使用增值税专用发票。3月、4月，以县税务局稽查队为主，对增值税专用发票的使用情况进行检查，检查187个用票单位，查补税款62.5万元，罚款8.7万元。5月，对全县621户一般纳税人填开和索取5万余份专用发票逐一审核检查，查处违章单位174个，违章发票3307份，并与县公安部门联合破获青阳私印、倒卖专用发票案件。1996年1月1日，山东琥珀啤酒厂、邹平县电业局启用10万元版防伪税控系统，开具10万元版增值税专用发票。1998年，实行发票交叉稽核制度，检查发票1500份，同时实施“以票管税”措施，把发票管理与税款预储、清理欠税结合起来。至年底，月均预储税额750万元。2001年1月，在全省范围内实行增值税专用发票网上对比，县国税局发票存根联采集率100%。2003年7月1日，在全省第一个将防伪税控系统与CTAIS系统对接，实现发票金额与申报表申报金额比对。

税收计划、会计、统计管理

1986年后，县税收计划按年、季编报。编前进行税源调查，计划上报上级税务部门，按年、季下核。解缴税款按旬与银行金库核对。票证领发不准委托代领、代捎，填用税票按月审核。1995年，实行税收会计制度改革，由收付记账改为借贷记账；由征收环节核算改为实现税款环节核算；由分税种、级次核算改为分企业、户设台账核算。从1997年起，税务部门采用微机开票，季度集中会计会审，不定期调换税票核查，深入基层审核税票库存与税务专管人员的票款是否相符，收入税款是否按规定存入银行账户。2001年4月，CTAIS系统上线运行后，整理各类业务资料2.8万份，录入基础数据2.8万组，全面推行包括电话申报、银行网点申报和网上申报在内的多元化申报方式，为机构、人事、征管改革奠定基础。2004年4月1日，在全县范围内通过专用通信网实现国税、国库、银行间联网，简称税银库联网，即通过网络完成税款征收、报解、入库、退库等信息化处理传递，实现电子缴税税款征解入库。2005年1月1日，全市计会统实现集中核算，县级计会统工作重点由核算、税款征解向税收预测、分析方面转化。

第四章　地方税务

第一节　机构沿革

1994年9月以前，机构设置与国税局相同。9月1日后，税务局离析设立邹平县国家税务局、邹平县地方税务局。地税局成立后设立税政股、征管股、会计股、办公室和稽查队，下设19个基层所，有干部职工106人。1995年11月，稽查队改为稽查分局。1997年6月，邹平县国家税务所更名为邹平县地税局征收分局。8月，撤销税政股，设流转税股、所得税股。1999年年初，内设办公室、会计股、征管股、地方税股、所得税股、监察室6个股室，下设稽查分局、直属征收分局和18个地税所。1999年3月，机构改革撤所建立分局，设立直属长山、好生、焦桥、明集、魏桥5个征收分局，稽查分局更名为稽查局。至2005年，局内设办公室、法规征管科、税收管理科、会计统计科、人事政工科、信息管理科、监察室，下辖2个直属分局和7个基层征收分局，实有干部职工149名。

图13-7　1994年9月，邹平县地税局挂牌成立

第二节　税制改革

1994年，实行税制改革，取消产品税，改征增值税。将集体企业所得税、私营企业所得税、国有企业所得税合并为企业所得税，税率统一调为33%。将个人收入调解税、个体工商业户所得税并入个人所得税。将盐税并入资源税。取消特别消费税和燃油特别税，新设立消费税。取消外资企业工商统一税，将农、林、牧、水产行业产品税改为农业税和屠宰税。新开征土地增值税。取消集市交易税、牲畜交易税、国有企业奖金税、国有企业工资调节税、集体企业奖金税、行政事业单位奖金税和国家能源交通建设基金、国家预算基金。将由增值税、产品税、营业税组成流转税改为由增值税、消费税、营业税组成流转税，统一适用于内、外资企业。征收税种由改革前32个调整为18个。1996年，对采取“定期定额”征收个体工商户和集贸市场税，由国家税务局征收管理改为由国家税务局和地方税务局分别按管理税种进行征收管理。1999年7月1日，固定资产投资方向调节税开始减半征收，2000年1月起，停止征收。2001年，实行所得税分享体制改革。自2002年1月1日起，办理设立（开业）登记企业，其企业所得税由国家税务局负责征收管理。

第三节　税种与税率

营业税

《中华人民共和国营业税暂行条例》自1994年1月1日起施行。

纳税人　在中华人民共和国境内提供本条例规定的劳务、转让无形资产或销售不动产的单位和个人，为营业税纳税人。

计税依据　为各种应税劳务收入的营业额、转让无形资产的转让额、销售不动产的销售额（三者统称为营业额）。

应纳税额计算公式　应纳税额=营业额×税率

税率　交通运输业、建筑业、金融保险业、邮电通信业、文化体育业为3%，服务业、转让无形资产、销售不动产为5%～20%。

城市维护建设税

《中华人民共和国城市维护建设税暂行条例》自1985年2月8日起施行。

纳税义务人　凡缴纳增值税、消费税、营业税单位和个人，都是城市维护建设税的纳税义务人。

扣缴义务人　增值税、消费税、营业税代扣代缴义务人同时也是城市维护建设税代扣代缴义务人。

计税依据　城市维护建设税，以纳税人实际缴纳增值税、消费税、营业税税额为计税依据。

纳税义务发生时间　城市维护建设税分别与增值税、消费税、营业税同时缴纳。

税率　本县按5%税率征收。

外商投资企业暂不征收城市维护建设税。

房产税

房产税自1986年10月1日开始征收。房产税是对在城市、县城、建制镇和工矿区范围内拥有房屋产权的国内单位和个人征收的一种财产税。

纳税人　房产税由产权所有人缴纳。产权属于全民所有的，由经营管理单位缴纳。产权出典的，由承典人缴纳。产权所有人、承典人不在房产所在地的，或者产权未确定及租典纠纷未解决的，由房产代管人或者使用人缴纳。上述列举产权所有人、经营管理单位、承典人、房产代管人或者使用人，统称为房产税纳税义务人。纳税单位和个人无租使用房产管理部门、免税单位房产，应由使用人代为缴纳房产税。

计税依据　房产税以房产原值减除30%后的房产余值或租金收入为计税依据，依房产余值计征房产税年税率为1.2%，依租金收入计征房产税税率为12%。

城镇土地使用税

《中华人民共和国城镇土地使用税暂行条例》自1988年11月1日起施行。城镇土地使用税是对县城和建制镇范围内使用土地的单位和个人征收的一种税。城镇土地使用税以纳税人实际占用的土地面积为计税依据，依规定的税额计算征收。

税率　根据经济情况历经几次调整，1997年以前县城繁华区每年每平方米0.30元，县城一般区每年每平方米0.25元，建制镇每年每平方米0.20元；1998—2001年，县城一等土地每年每平方米1.00元，县城二等土地每年每平方米0.80元，建制镇每年每平方米0.50元；2002—2004年，县城一等土地每年每平方米2.00元，县城二等土地每年每平方米1.5元，建制镇每年每平方米1.00元；2005—2007年，县城城区（含开发区）每年每平方米3.00元，建制镇每年每平方米1.60元。

车船使用税

《中华人民共和国车船使用税暂行条例》自1986年10月1日施行。凡在中华人民共和国境内拥有并且使用车船的单位和个人，为车船使用税纳税义务人，都应当依照本条例规定缴纳车船使用税。车船使用税采用定额税率，即对征税车船规定单位固定税额。

《山东省政府关于贯彻执行〈中华人民共和国车船使用税暂行条例〉施行细则》自1986年10月1日起施行。

1986年车辆税额一览表

表13-4-1

类 别	项 目	计税标准	每年税额(元)	备 注
机动车	十座以下	每辆	108	乘人汽车包括电车
	十一座至二十座	每辆	120	
	二十一至三十座	每辆	144	
	三十一至四十座	每辆	204	
	四十座以上	每辆	240	
		按净吨位		包括载货、乘人各种三轮摩托车
	载货汽车	每吨	42	
	三轮摩托车	每辆	48	
	二轮摩托车	每辆	36	
	轻骑	每辆	24	
非机动车	人力驾驶	每辆	3.6	包括三轮及其他人力拖行车辆
	畜力驾驶	每辆	6	
	自行车	每辆	2.4	

鲁政发〔1999〕101 号文件重新规定山东省车船使用税税额标准，自 1999 年 8 月 1 日施行。

1999年车辆税额一览表

表13-4-2

类 别	项 目		计税标准	年税额(元)	备 注
机动车	乘人汽车	小型客车	每辆	260	包括电车
		大型客车	每辆	300	
			按净吨位		三轮摩托车包括载货乘人各种三轮摩托车
	载货汽车		每吨	60	
	三轮摩托车		每辆	72	
	二轮摩托车		每辆	56	
非机动车	人力驾驶		每辆	8	包括三轮及其他人力拖行车辆
	畜力驾驶		每辆	12	
	自行车		每辆	4	

资源税

《中华人民共和国资源税暂行条例》自 1994 年 1 月 1 日起施行。在中华人民共和国境内开采《资源税暂行条例》规定的矿产或者生产盐的单位和个人，为资源税纳税义务人。

计税依据　资源税的应纳税额，按照应税产品的课税数量和规定的单位税额计算。

征收范围　应当征收资源税的矿产品和盐共有 7 类：原油、天然气、煤炭、其他非金属矿原矿、黑色矿原矿、有色金属矿原矿和盐。

企业所得税

《中华人民共和国企业所得税暂行条例》自 1994 年 1 月 1 日起施行。中华人民共和国境内实行独立经济核算的企业或者组织（外商投资企业和外国企业除外），为企业所得税的纳税义务人。

征税对象　企业所得税以纳税人取得的生产、经营所得和其他所得为征税对象。

税率　有法定税率和优惠税率 2 种。法定税率是 33%；优惠税率是指对应纳税所得额在一定数额之下的企业给予低税率照顾，分为 18% 和 27% 两种。年应纳税所得额超过 3 万～10 万元以下（含 10 万元）的，减按 27% 税率征收。

个人所得税

个人所得税，具体是指在中国境内有住所，

或者虽无住所但在境内居住满1年，从中国境内、境外取得所得的个人；以及无住所又不居住或居住不满1年但有从中国境内取得所得的个人。

征税对象　个人所得税以个人取得的各项所得为征税范围，具体有以下11项所得：工资、薪金所得；个体工商户生产、经营所得；对企事业单位承包、承租经营所得；劳务报酬所得；稿酬所得；特许权使用费所得；利息、股息、红利所得；财产租赁所得；财产转让所得；偶然所得；经财政部门确定征税的其他所得。

计税依据　个人所得税以个人取得的应纳税所得额为计税依据，应纳税所得额是指应税收入扣除一定费用后的金额。

税率　工资、薪金所得，适用5%～45%的9级超额累计税率。个体工商户生产、经营所得和对企事业单位承包经营、承租经营所得，适用5%～35%的5级超额累计税率。稿酬所得，适用20%的比例税率，并按应纳税额减征30%。劳务报酬所得，适用20%的比例税率，一次收入畸高，其应纳税所得额超过20000～50000元的部分，依照税法规定计算应纳税额后，再按照应纳税额加征五成；超过50000元的部分，加征十成。财产租赁所得，适用20%的比例税率，从2001年1月1日起，对个人出租房屋取得的所得暂按10%的税率征收个人所得税。特许权使用费所得，利息、股息、红利所得，财产转让所得，偶然所得和其他所得，适用20%的比例税率。

印花税

《中华人民共和国印花税暂行条例》自1988年10月1日起施行。在中华人民共和国境内书立、领受本条例所列举凭证的单位和个人，都是印花税的纳税义务人。

征税对象　现行印花税只对印花税条例列举的凭证征税，具体有5类：经济合同，产权转移书据，营业账簿，权利、许可证照和经财政部确定征税的其他凭证。

计税依据　印花税根据不同征税项目，分别实行从价计征和从量计征2种征收方式。

税率　购销合同、建筑安装工程承包合同、技术合同按3/10000；加工承揽合同、建设工程勘察设计合同、货物运输合同、产权转移书据、记载资金账簿按5/10000；财产租赁合同、仓储保管合同、财产保险合同按1‰；借款合同按0.5/10000；权利、许可证照、营业账簿按件贴花5元。

土地增值税

《中华人民共和国土地增值税暂行条例》自1994年1月1日起施行。转让国有土地使用权、地上建筑物及其附着物（简称转让房地产）并取得收入的单位和个人，为土地增值税的纳税义务人（简称纳税人），应当依照本条例缴纳土地增值税。

征税范围　转让国有土地使用权、地上建筑物及其附着物。

计税依据　土地增值税以纳税人转让房地产取得的增值额为计税依据。

税率　土地增值税实行四级超率累进税率。每级“增值额未超过扣除项目金额”的比例均包括本比例数。增值额未超过扣除项目金额50%的部分，税率30%；增值额超过扣除项目金额50%、未超过扣除项目金额100%的部分，税率40%；增值额超过扣除项目金额100%、未超过扣除项目金额200%的部分，税率50%；增值额超过扣除项目金额200%的部分，税率60%。

纳税地点　土地增值税由房地产坐落地地方税务机关征收。

纳税期限　纳税人应当自转让地产合同签订之日起7日内向房地产所在地主管税务机关办理纳税申报，并按规定缴纳土地增值税。

教育费附加

教育费附加是对缴纳增值税、营业税、消费税的单位和个人，就其实际缴纳上述3种税税额征收的一种附加，征收教育费附加，目的是为贯彻落实《中共中央关于教育体制改革的决定》，扩大地方教育经费的资金来源，加快地方教育事业的发展。

扣缴义务人　增值税、消费税、营业税的代扣代缴义务人同时也是教育费附加的代扣代缴义务人。

计税依据　教育费附加，以纳税人实际缴纳

的增值税、消费税、营业税税额为计税依据。

征收率　3%。

纳税义务发生时间　教育费附加分别与增值税、消费税、营业税同时交纳。

纳税申报期限　与增值税、消费税、营业税同时进行纳税申报。

纳税地点　与缴纳增值税、消费税、营业税的地点相同。外商投资企业暂不征收教育费附加。

地方教育附加

《关于征收地方教育附加有关问题的通知》(鲁政办发〔2005〕6号)规定，凡缴纳增值税、消费税、营业税的单位和个人，都应当按照规定缴纳地方教育附加。

征收率　山东省行政区域内，凡缴纳增值税、营业税、消费税(简称“三税”)的单位和个人，按照实际缴纳“三税”税额的1%缴纳地方教育附加。

计征依据　地方教育附加，以纳税人实际缴纳的增值税、消费税、营业税税额为计征依据，分别与增值税、消费税、营业税同时缴纳。

纳费地点　纳税人直接缴纳“三税”的，在缴纳“三税”地缴纳地方教育附加。

文化事业建设费

《文化事业建设费征收管理暂行办法》1997年7月7日发布施行。文化事业建设费是中国为了引导和调控文化事业的发展而征集的一种专项资金。其收入纳入财政预算管理，分别由国家和各省、自治区、直辖市建立专项资金，用于文化事业建设。

纳税义务人　在中华人民共和国境内依照《中华人民共和国营业税暂行条例》的规定缴纳娱乐业、广告业营业税的单位和个人，为文化事业建设费的缴纳义务人，应当依照本《文化事业建设费征收管理暂行办法》的规定缴纳文化事业建设费。

计税依据　文化事业建设费按缴费人应当缴纳娱乐业、广告业营业税的营业额计算应缴费额。

征收率　3%。

纳税义务发生时间　文化事业建设费的缴费义务发生时间，为缴费人收讫营业收入款项或者取得索取营业收入款项凭证的当天。

纳税申报期限　与营业税同时进行纳税申报。

纳税地点　与缴纳营业税的地点相同。

缴税时间　与营业税同时缴纳。

代征“残疾人保障金”

《山东省残疾人就业保障金征收管理办法》由山东残疾人联合会、山东省地方税务局、山东省财政厅、中国人民银行济南分行于2004年7月8日发布，自2004年1月1日起施行。

第四节　税收收入

工商税收

实行新税制后，县地方税务局征收税种有营业税、个人所得税、企业所得税、土地增值税、印花税、房产税、车船使用税、资源税、城市维护建设税、固定资产投资方向调节税、城镇土地使用税、屠宰税、筵席税和遗产赠予税(未开征)14个。2005年，全县地税纳税业户8506户，其中，各类企业977户、个体工商户7529户，纳税额60359万元。

基金

水利基本建设基金自1994年1月起，对国有、集体、联营、股份制、乡镇企业和个体工商户，按其销售收入或营业收入的1‰，征收水利基本建设基金。至1995年,征收269万元。1996年停征。

社会治安管理费

自1994年1月起，对县内国有企业、集体企业、私营企业、个体工商户和驻邹单位以及实行预算管理的事业单位，按其销售收入或营业收入的1‰征收社会治安管理费，至1996年，征收入库98万元。1997年暂停征收。

教育费附加

自1994年1月起，县设立教育费附加专户，凡缴纳增值税、营业税、消费税的单位和个人，在缴纳上述各税的同时，再按实际缴纳税款的3%计征教育费附加。至2005年，收入13968万元。

地方教育附加

征收范围、缴纳期限同教育费附加，征收率1%，自2005年1月1日起执行。至2005年，收入 379 万元。

文化事业建设费

自 1997 年 1 月 1 日起，在中华人民共和国境内依照《中华人民共和国营业税暂行条例》规定缴纳娱乐业、广告业营业税的单位和个人，以应当缴纳娱乐业、广告业营业税的营业额为计税依据，按照 3% 的费率缴纳文化事业建设费。至 2005 年，收入 22 万元。

第五节　税务管理

征收管理

1994 年，地税局成立之初，征收办法主要是上门收取。1995 年，开始探索建立纳税申报制度。1998 年，在城区建立第一个标准化办税服务厅。1999 年，在滨州地区率先推行“三个一”改革：一个征收机关改革，按经济区域合并建立一个征收机关，实行集中管理、统一征收、分级入库的管理方式；一家检查认可制度，只要纳税人合法经营、按时申报、照章纳税、无举报，1 年只检查 1 次，检查结果在系统内具有普遍认可性；“一条龙”纳税服务，实行公开办税和税务登记、纳税申报、发票发售、税务咨询、税款征收“一条龙”服务，使所有纳税业务在办税服务厅得到全部解决。2000 年 3 月，设立地税“111”指挥中心。2002 年，以网上申报为重点，积极推行电话申报、上门申报相结合的多元化申报方式，将全县 7200 个双定户纳入“双委托”管理。

图 13-8　1999 年 11 月地税工作人员在征税路上

至 2005 年，通过电话、网络、双委托等电子申报方式缴纳税款的业户占到正常登记业户总数的 90% 以上。

税法宣传

1994—2005 年，印发宣传材料 19 余万份，出宣传板报 120 余期，开展纳税辅导班 80 余期，悬挂、张贴宣传标语 720 余幅，散发宣传标牌、宣传手册及宣传画合计 17000 余份。1994—2005 年，累计发稿中央级 12 篇，省级 180 余篇，地级 120 余篇，县级 340 余篇。

图 13-9　1998 年 4 月税收宣传月活动

税务稽查

1994 年，地税局建立之初有稽查队，配备稽查人员 2 名。1995 年 11 月，稽查队更名为稽查分局。1999 年 3 月，根据省局和地区局部署，稽查分局更名为稽查局，人员扩充至 14 人。至 2005 年，立案查处 992 户，查补入库税款、罚款 7045.72 万元。

税收计划、会计、统计管理

税收计划、会计、统计、票证管理工作，简称税收计会统，具体包括税收计划编制，税收会计核算，税收统计分析。1994 年，税务机构分设后，县地方税务局由县人民政府下核税收计划，按下核指标及时分配到各基层征收机构，并具体落实到每个征收人员。

1994 年，税收统计按经济类型、税种等建立 10 余种统计报表，对大宗税源分户建立台账。自 1997 年起，计会统报表由手工操作改为微机操作。

1995 年，实行税收会计制度改革，由收付记账改为借贷记账；由征收环节核算改为实现税款环节核算；由分税种、级次核算改为分企业、户设台账核算。

1997年，制定计划会计统计“千分”考核制度，使计划会计统计工作基本做到正确指导征收、监督票款安全及税款及时足额缴入国库。

2004年4月，在经费管理上实行财务报账制度。县级局作为基层会计管理单位，实行独立会计核算。各分局作为报账单位管理，不独立设置经费账户，不实行独立会计核算，执行单据报销制度。县局负责各分局的所有经费结算和财务核算业务。规范财务支出，实行“日常零星支出备用金制”和“大额支出报审制”。

1994—2005年邹平县地方税务局税收计划完成情况一览表

表13-4-3　　单位：万元

年度	计划数	实际入库	占计划（%）	占上年（%）	递增比例（%）	年度	计划数	实际入库	占计划（%）	占上年（%）	递增比例（%）
1994	2089	2202	105.51		35.11	2000	14141	16234	114.80	136.72	
1995	2634	2907	110.33	131.85		2001	19691	26216	133.14	161.49	
1996	4345	4830	111.16	166.21		2002	28826	28906	100.28	110.26	
1997	6303	6806	107.98	140.91		2003	31224	38856	124.44	134.42	
1998	8443	9110	107.90	133.85		2004	46186	46868	101.48	120.62	
1999	10830	11876	109.64	130.34		2005	56035	60434	107.72	128.79	

1994—2005年邹平县地方税务局分税种统计一览表

表13-4-4　　单位：万元

税种 额度 年度	营业税	企业所得税	个人所得税	资源税	城建税	房产税	印花税	土地使用税	车船使用税	屠宰税	固投税	土增税	滞补税	附加	小计
1994	842	699	27	3	152	123	7	41	15		237		27	31	2204
1995	576	1520	81	5	74	230	26	61	22	4	289			18	2906
1996	1632	1652	255	5	292	238	36	50	30	10	490		52	88	4830
1997	1848	2640	416	5	587	305	52	71	14	7	715		37	109	6806
1998	1829	4198	748	8	820	349	79	129	220	11	518			201	9110
1999	2107	6064	979	5	742	500	44	161	297	16	678			281	11874
2000	2636	9750	1088	19	803	581	68	237	536	57	26		3	430	16234
2001	3285	17695	1875	18	1124	657	92	264	587	80	1		4	534	26216
2002	4396	18107	2359	55	1441	688	163	269	615	42			3	768	28906
2003	7094	21778	2514	156	3459	1009	206	554	655				4	1427	38856
2004	9696	18900	2587	109	5484	1472	1098	1574	588				3	5355	46868
2005	12557	20721	2849	210	8107	3155	2432	4520	651				5	5130	60359

第五章 金 融

1989年10月，工商银行邹平县支行中心储蓄所，应用单用户业务处理系统0520机，首家推出电脑储蓄。1991年12月，中国银行邹平支行全省首家县级支行发行长城信用卡。1993年，国家外汇管理局邹平县支局办理批汇、用汇核销、外汇留成分配、外汇额度调剂等业务。邹平县农发行是国家政策性银行，专门行使政策性银行职能。1994年5月，中国银行邹平支行在邹平首家采用C模式代办国际结算业务；1997年初，通过滨洲分行为魏桥纺织集团办理全国第一笔国际信用证；7月，按B模式直接办理国际结算业务，这是除青岛、威海发达地区外第一家开办此业务的县支行。2005年9月，中国建设银行股份有限公司在境外成功上市。

第一节 机构沿革

中国人民银行邹平县支行

1985年12月，组建中国工商银行邹平支行机构。1986年5月，与县人民银行分离。1993年，成立国家外汇管理局邹平县支局。

图13-10 1993年投入使用的中国人民银行邹平县支行办公楼

2002年8月，撤销发行库、货币金银科、保卫科，增设发行保卫科。2003年12月，邹平县金融机构监管职能从中国人民银行邹平县支行分离，设立邹平县监管组，2004年5月27日，邹平监管办事处正式挂牌成立。至2005年，人民银行内设办公室、政工科、货币信贷与统计科、国库会计科、发行保卫科5个科室，有干部职工45人。

中国银行业监督管理委员会滨州监管分局邹平办事处

2003年12月18日，滨州银监分局公布邹平县监管筹备组名单。2004年5月27日，中国银行业监督管理委员会滨州监管分局邹平办事处成立。

中国工商银行股份有限公司邹平县支行

1986年5月，工商银行邹平县支行与人民银行邹平县支行分离。

1989年10月，中心储蓄所为首家电脑储蓄单位。1997年6月，工商银行办公营业地点迁入黄山三路新办公大厦。2001年2月，依托魏桥纺织集团，在魏桥镇设立魏桥分理处。

图13-11 1997年投入使用的工商银行邹平县支行办公楼

2003年7月，工商银行邹平县支行内设公司业务部、个人金融业务部、保卫部、办公室、分理处、营业室和8个储蓄所10个营业网点。

2005年10月28日，中国工商银行股份有限公司成立。

中国农业银行邹平县支行

1994年，农村信用社与农业银行脱离行政隶属关系。1996年12月，县农业发展银行从农业银行中分设。

至2005年，中国农业银行邹平县支行辖1个营业部、2个支行、1个办事处、8个营业所、4个分理处，员工205人。

图 13-12 1993年投入使用的农业银行邹平县支行办公楼

中国农业发展银行邹平县支行

1996年12月1日，中国农业发展银行邹平县支行正式成立。

2005年，邹平县农发行内设办公室、信贷部、会计出纳部，有干部职工26人。

中国银行股份有限公司邹平支行

1990年12月25日，中国银行邹平支行成立，职工12人。1994年5月，中银大厦竣工，办公楼搬迁。

1995年，中国银行股份有限公司邹平支行内设8个科室，辖储蓄专柜、影院、黛三南路、范公、黛一南路、会仙、黄山、黛溪四路8家机构。

图 13-13 1994年5月投入使用的中行邹平县支行办公楼

2000年初，中行成立“三部一室”，范公所、黛一南路所撤并，原黛溪四路所迁至魏桥镇，更名为魏桥轻纺城储蓄所。2002年12月，黄山所撤并，会仙所升格为分理处。2003年，影院所、黛三南路所升格为分理处；2004年8月26日，中国银行邹平支行正式更名为中国银行股份有限公司邹平支行。

2005年12月，魏桥分理处撤并，邹平支行设3个部室，辖会仙、影院、黛三南路3个分理处，有职工55人。

中国建设银行股份有限公司邹平县支行

1979年5月1日，中国人民建设银行邹平县支行成立。1994年5月，建行开始向国有商业银行转轨。1996初，更名为中国建设银行邹平县支行。

2005年年初，中国建设银行股份有限公司邹平支行成立。至2005年，建行邹平支行内设综合部、客户服务部、营业室，下设机构有东城分理处、黄山四路分理处、魏桥分理处、黄山二路储蓄所，有职工85人。

图 13-14 1989年投入使用的建行邹平县支行办公楼夜景

邹平县农村信用社

1978年，农村信用社作为人民银行的基层机构，办理农村储蓄业务。1979年，农村信用社与农业银行基层营业所合署办公，受农业银行领导和管理。

图 13-15 1994年邹平县农信社办公场所

1994年5月，农村信用社与农业银行分设办公，组建成立邹平县农村信用社联合社，归属地区农业银行领导管理，不再与农业银行县支行合署办公。

1996年10月，成立地区农村金融体制改革领导小组办公室（简称地区农金体改办），农村信用社与农业银行脱离行政隶属关系，其行业管理由滨州地区农金体改办负责。1998年，在邹平县进行农村信用社县一级法人制试点工作，取消原县农村信用联社和18家乡镇信用社法人资格，按合作制原则组建邹平县农村信用社。

1999年10月1日，邹平县城市信用社更名为邹平县农村信用社城区分社，由农村信用联社代管。

2005年底，邹平县农村信用社下设17家基层信用社、营业网点35家，有职工306人。

中国人民财产保险股份有限公司邹平支公司

1984年6月1日，中国人民保险公司邹平县支公司成立。1997年1月，财产保险与人身保险分业经营，中国人民保险公司邹平县支公司更名为中保财产保险有限公司邹平县支公司。1999年3月，更名为中国人民保险公司邹平县支公司。2003年7月，公司又更名为中国人民财产保险股份有限公司邹平支公司。2005年，公司下设6个部门，有职工45名，营销人员212名。

图13–16　中国人保财险邹平支公司办公楼(2004年摄)

中信万通滨州邹平黄山三路证券营业部

1997年3月，中信万通证券滨州邹平黄山三路证券营业部成立，前身为万通证券滨州营业部邹平代办点。2001年3月，被中国证监会规范为营业部。2003年，中信证券与万通证券合并，邹平营业部更名为中信万通证券滨州邹平黄山三路证券营业部。2004年，接管中信证券博兴服务部。

图13–17　中信万通滨州邹平黄山三路证券营业部营业大厅　(2004年摄)

第二节　货币发行、流通与管理

货币发行

1984年10月1日，国家首次发行流通纪念币。1987年4月27日，中国人民银行发行第四套人民币，与第三套人民币在市场上混合流通。1992年6月1日，发行1991年版壹角、伍角、壹圆流通金属币。1995年3月1日起，发行1990年版壹圆券。1999年9月20日，为庆祝中华人民共和国成立50周年，国家发行面值50元纸制流通纪念钞，这是国家首次发行纪念钞。10月1日，国家发行第五套人民币，与第三套、第四套人民币在市场上混合流通。第五套人民币仍然采取一次公告分次发行的办法，壹佰圆券首先开始在市场上流通使用。是年，国务院授权中国人民银行发布公告，决定自2000年7月1日起，停止第三套人民币在市场上流通使用。2000年10月16日起，在全国陆续发行第五套人民币纸币贰拾圆和硬币壹圆、壹角券。2005年8月31日发行2005年版第五套人民币100元、50元、20元、10元、5元纸币和1角硬币。

货币流通

1978年，全县货币流通量为1005万元。现金结算比例扩大，货币投放量急剧增加。投放差额除1985年、1989年、1990年、1993年，1996年5个年份外，均比上年大幅度增加。随着商品经济发展和货币投放量增加，全县货币流通量逐年扩大。从 1993 年起，不再组织货币流通量测算。

货币金银管理

1983 年 6 月，国务院颁布《中华人民共和国金银管理条例》，金银收兑、配售一律由人民银行统一经营管理。个人持有的金银，不得计价使用、私自买卖和借贷抵押，只能向国家银行或银行委托机关出售；企业、个人生产的金银，应全部交售当地人民银行。从 1993 年起，国家取消金银饰品计划配给制，扩大饰品销售单位经营自主权，金银饰品销售量逐年增加。2003 年，人民银行宣布停止黄金制品零售业务核准业务行政许可。

反假人民币

1987 年，由人民银行、各专业银行、公安、工商行政管理部门组成反假币工作领导小组，组织领导全县银行及基层营业处、所，配备专职或兼职反假工作人员，形成严密反假网络。至 2005 年，全县组织举办反假币知识培训班 20 余次，培训银行系统出纳人员 300 余名，培训企事业财会人员 600 人次。至 2005 年，辖内金融机构柜面上缴人民币假币 774 张，金额 53720 元；假美元 12 张，金额 1200 美元。

第三节　储蓄与存款

1984 年，全县各项存款 15549 万元。1988 年，境内各家银行开办定期定额有奖储蓄，把利息全部或大部以奖金或实物形式支付给中奖储户（至同年底停办）。从 9 月 10 日起，对城乡居民个人 3 年期及以上定期储蓄除按现行利率支付利息外，再按照全国统一保值补贴率支付给补贴利息。后随着物价平稳，于 1991 年 12 月 1 日起，保值储蓄停办。1994 年 3 月 2 日，重新开办保值储蓄。1996 年 4 月 1 日，保值储蓄停办。1999 年 9 月 1 日起，县工商银行率先开办教育储蓄，对象为在校中小学生，采取实名制，在遵循储蓄原则基础上实行利率优惠。至 2005 年，全县城乡居民储蓄存款余额 48.98 亿元。

至 2005 年，全县金融机构各项存款余额 90.9111 亿元。

1991 年，中国银行邹平支行首先开办境内外汇存款。1992—1993 年，工商银行、农业银行、建设银行先后成立国际业务部，开办外汇存款业务。至 2005 年，邹平县外汇存款余额 1979 万美元。

1986—2005年邹平县金融机构本外币各项存款余额表

表13-5-1　　　　单位：万元

年　度	金　额	年　度	金　额	年　度	金　额	年　度	金　额	年　度	金　额
1986	19141	1990	33729	1994	110161	1998	269768	2002	501101
1987	24043	1991	37049	1995	149454	1999	309924	2003	643008
1988	20191	1992	50897	1996	188561	2000	365305	2004	795844
1989	24616	1993	57199	1997	234718	2001	397646	2005	909111

第四节　贷款与结算

贷款

贷款政策　1986 年，银行贷款在讲求经济效益前提下有所松动。1987 年，信贷工作贯彻“紧中有活”方针，既控制膨胀资金需求，又支持生产流通发展合理需要。

从 1992 年起，执行“控制总量，调整结构，强化管理，盘活总量，提高效益”贷款政策。从 1996 年起，中国人民银行适度增加货币供应量，增强货币政策调控的有效性，保持经济总量均衡。

1998 年，为应对亚洲金融危机，国家采取扩大内需、加快基础设施建设重要决策，中国人民银行采取积极措施，在防范金融风险、提高贷款质量前提下，适当扩大贷款规模和货币供应量，取消对国有商业银行贷款限额控制，实行资产负债比例管理和风险管理。

1999年，在居民储蓄居高不下、消费市场启动迟缓情况下，国家适时推出消费信贷政策，主要包括汽车消费信贷、商品房消费信贷、教育助学消费信贷、大件耐用消费品信贷等种类。从2000年起，根据国家稳健货币政策要求，中央银行综合运用各种货币政策工具，适当扩大货币供应量。

贷款规模　1987—1995年，国家强化金融宏观调控，先后提出“收紧银根”控制信贷总量，调整信贷结构和“适度从紧”货币政策，贷款增幅回落。从1994年起，金融体制改革不断深化，专业银行开始向商业银行转轨，各商业银行实行集约化经营，系统内集中资金支持国家重点建设项目和重点企业，而且愈加强调贷款以经济效益为前提。

2000年起，邹平县经济发展迅速，贷款增长迅猛。至2005年，各项贷款余额114.82亿元。

1986—2005年邹平县金融机构本外币各项贷款余额统计表

表13-5-2　单位：万元

年度	金额	年度	金额	年度	金额	年度	金额	年度	金额
1986	28051	1990	38958	1994	105609	1998	238429	2002	535277
1987	39044	1991	44187	1995	130963	1999	250439	2003	749941
1988	28546	1992	53190	1996	160701	2000	335364	2004	903325
1989	32222	1993	61102	1997	216301	2001	387686	2005	1148246

结算

结算方式　1978年，境内各银行使用结算方式有支票、汇兑、托收承付、托收无承付、限额支票和付款委托书。1980年，改进托收承付结算方式，增加异地委托收款。1983年，增加特种票汇结算。1989年4月1日，实行中国人民银行颁布的新结算办法，其主体部分为汇票、银行本票、支票、信用卡等4种结算方式，总称为“三票一卡”。境内使用的主要结算方式有银行汇票、商业汇票、银行本票、支票、汇兑、委托收款、信用卡、异地托收承付等。其中异地托收承付于1989年8月1日取消，1990年4月1日恢复(1994年10月重新修订，1995年1月1日执行)。

结算管理　账户管理。1989年5月16日，执行中国人民银行山东省分行《账户管理暂行规定》。1994年10月9日，中国人民银行总行颁布新的《银行账户管理办法》。同年起，人民银行每年都组织对各家银行和其他金融机构存款账户清理检查。

2005年7月，中国人民银行启用《账户管理系统》，对全县账户进行全面清理。年末，开立基本账户1723户，一般存款账户886户，专用账户323户，临时存款账户55户，个人结算账户340600户。

结算纪律　1989年10月，开展结算纪律大检查，并建立举报制度，设立举报中心，专门受理违反结算纪律问题查处，督促专业银行严格执行《银行结算办法》《银行结算会计核算手续》。

1991年7月25日，国务院发出《关于整顿商品交易秩序，严格结算纪律的通知》，人民银行从同年起，每年都对金融机构组织开展结算纪律大检查，使全县银行结算服务质量有明显改善，结算秩序走上规范化轨道。

2005年，继续加强支付结算管理，对辖内金融机构结算人员服务态度、服务质量、制度执行、收费标准、结算纠纷进行监督，成立结算监督管理领导小组，设立举报电话。

联行清算　从1987年4月1日起，针对联行代发报移卡不及时，跨行差错多问题，对专业银行之间停办代签发报，实行“联行仍然分开，跨行相互转汇，及时移证发报，坚持钱账两清”办法。

从1990年起，再次对联行清算制度进行全面改革，建立资金清算中心，运用卫星通信网电子联行代替手工联行。1994年8月，邹平县人民银行开通区辖电子联行，办理本地区内资金汇划业务。从2000年12月起，邹平县人民银行以“天地对接”方式实现电子联行业务到县，改变长期以来邹平县不能办理电子联行业务状况。

2005年3月14日，山东等5省区正式切换上线大额支付系统，辖内停止办理电子联行业务，全部通过支付系统办理异地大额资金划付。

同城票据交换 1987年，县各专业银行在县人民银行开立往来户，并开始办理同城票据交换业务，形成境内人民银行管理下票据清算雏形。

1994年10月20日，滨州、淄博、东营组建鲁中票据清算中心，实现跨地区票据交换。邹平县辖内6家金融机构参加鲁中票据交换，每日1次。1999年12月31日，鲁中票据清算中心根据主管部门意见停止办理票据交换业务，邹平县金融机构遂停止参加鲁中票据交换。

2004年3月23日，人民银行滨州市中心支行取消辖区内各县人民银行负责组织的县域同城票据清算业务。

第五节 资金管理

现金和工资基金管理

1994年，县人民银行重新核定各专业银行库存限额，建立大额提取现金审批报告制度，统一印制提取现金登记簿，规定开户单位凭登记簿到开户银行提取现金。1995年1月，为加强现金管理、抑制消费基金过快增长，对全县金融机构以放松现金管理为手段搞破坏性竞争行为进行查处。2003年12月，大额现金管理系统启用。

信贷资金管理

从1985年1月起，实行“统一计划，划分资金，实贷实存，相互融通”管理办法。

1993年5月，中国人民银行山东省分行决定在全省范围内推行贷款证制度。1994年1月起，实行“总量控制，比例管理，分类指导，市场融通”管理办法。1998年，实行“计划指导，自求平衡，比例管理，间接调控”信贷管理体制。1999年5月，中国人民银行总行决定在全国300个城市推广建立银行信贷登记咨询电子网络系统，信贷登记咨询系统于11月底试运行成功。2000年1月1日，系统正式在全区联网运行。至2005年，为各类借款人办理贷款卡1664张。

利率管理

1986—1993年，随着经济发展对信贷资金需求日益增长，金融机构间由储蓄竞争而引发“利率大战”时有发生。

由于1988年下半年国内出现抢购风潮，为稳定物价，9月1日和1989年2月1日，国家连续2次调高利率。1990—1992年，抢购风过后，国内生产出现滑坡，市场疲软，为启动经济，刺激消费，国家先后3次调低利率。1996—2000年，为应对亚洲金融危机，扩大内需，启动个人消费品市场，国家7次下调居民储蓄存款利率，利率水平呈逐步下调趋势。

1986—2004年邹平县城乡居民储蓄存款利率调整一览表

表13-5-3　　　　单位：年利率%

调整时间	活期	定期							零存整取、整存零收存本取息		
		3个月	6个月	1年	2年	3年	5年	8年	1年	2年	3年
1986年3月1日	2.88		6.12	7.20		8.28	9.36	10.44	6.12	7.20	7.92
1986年8月1日	2.88		6.12	7.20		8.28	9.36	10.44	6.12	7.20	7.92
1987年6月21日	2.88		6.12	7.20		8.28	9.36	10.44	6.12	7.20	7.92
1987年8月14日	2.88		6.12	7.20		8.28	9.36	10.44	6.12	7.20	7.92
1988年9月1日	2.88		6.48	8.61	9.18	9.81	10.80	12.42	7.20	8.64	9.72
1989年2月1日	2.88	7.56	9.00	11.34	12.24	13.14	14.94	17.64	9.54	11.34	13.14
1990年4月15日	2.88	6.30	6.48	10.08	10.98	11.88	13.68	16.20	8.28	10.08	11.88

续表13-5-3

调整时间	活期	定期							零存整取、整存零收存本取息		
		3个月	6个月	1年	2年	3年	5年	8年	1年	2年	3年
1990年8月21日	2.16	4.32	5.40	8.64	9.36	10.08	11.52	13.68	7.20	8.64	10.08
1991年4月21日	1.80	3.24	7.20	7.56	7.92	8.28	9.00	10.80	6.12	6.84	7.56
1993年5月15日	2.16	4.86	9.00	9.18	9.90	10.80	12.06	14.58	7.20	9.18	10.80
1993年7月11日	3.15	6.66	7.20	10.98	11.70	12.24	13.86	17.10	9.00	10.98	12.24
1995年1月1日	3.15	6.66	7.20	10.98	11.70	12.24	13.86	17.10	7.20	10.98	12.24
1996年5月1日	2.97	4.86	5.40	9.18	9.90	10.80	12.06		7.20	9.18	10.08
1996年8月23日	1.98	3.33	4.14	7.47	7.92	8.28	9.00		5.40	7.47	8.28
1997年10月23日	1.71	2.88	4.14	5.67	5.94	6.21	6.66		4.14	5.67	6.21
1998年3月21日	1.71	2.88	4.14	5.22	5.58	6.21	6.66		4.14	5.22	6.21
1998年7月1日	1.44	2.79	3.96	4.77	4.86	4.95	5.22		3.96	4.77	4.95
1998年12月7日	1.44	2.79	3.33	3.78	3.96	4.14	4.50		3.33	3.78	4.14
1999年6月10日	0.99	1.98	2.16	2.25	2.43	2.70	2.88		1.98	2.16	2.25
2002年2月21日	0.72	1.71	1.89	1.98	2.25	2.52	2.79		1.71	1.89	1.98
2004年10月29日	0.72	1.71	2.07	2.25	2.70	3.24	3.60		1.71	2.07	2.25

第六节　外汇管理

管理体制

1993年，国家外汇管理局邹平县支局正式设立，负责办理批汇、用汇核销、外汇留成分配、外汇额度调剂、调拨等原由人民银行负责的外汇管理业务。从1994年1月1日起，国家改革外汇管理额度用汇体制，实行银行结汇、售汇制度。1996年1月，国家实行国际收支申报制度。4月，实施《中华人民共和国外汇管理条例》，国家外汇管理局工作职能随之转移到外汇监督、管理、检查、统计上来。2005年，认真贯彻落实推进贸易便利化各项政策措施，确保魏桥纺织股份有限公司出口收汇自动核销和西王集团境外上市成功，为全县37家企业开办网上核销业务，加快企业出口收汇核销和退税速度，提高企业资金周转速度和使用效益。

外汇业务

1986年，中国人民银行决定，允许各专业银行业务交叉，批准专业银行总行及其分支行开办外汇业务。至1991年，境内只有中国银行邹平支行1家金融机构办理外汇业务。至2005年，全县有4家县级金融机构开办外汇业务，形成多家金融机构共同经营外汇业务的金融体系。2005年年末，县外汇存款余额1979万美元，其中单位活期存款余额756万美元，储蓄存款余额176万美元，其他类存款余额1047万美元。各项外汇贷款余额2586万美元。

第七节　保险　证券

财保范围及险种

1982年，邹平县保险公司恢复，主要业务仍是企业财产保险。3月，开始承办一般家庭财产保险。1984年，中国人民保险公司邹平县支公司成立。

1988年，业务范围：财产保险与人身保险。1989年，开办独生子女两全保险、团体人寿保险。1990年，开办机器损坏保险。1991年，开办农村干部综合保险、厂长经理意外伤害保险、司乘险、金融职员意外伤害保险、变压器保险。1993年，开办大额家财保险、少儿未来幸福保险。1994年，开办供电责任保险、锅炉保险。1995 年，开办加油站综合保险。1996 年，开办公众责任保险、现金保险、大牲畜保险、电话机保险。1997 年，开办雇主责任保险。2002 年，开办校园责任保险。

1997 年，财产保险和人身保险分业经营后，业务范围:财产保险与再保险。2003 年,业务范围:财产损失保险、责任保险、信用保险、意外伤害保险、短期健康保险、保证保险等人民币或外币保险业务，与上述业务相关的再保险业务，各类财产保险、意外伤害保险、短期健康保险及其再保险的服务与咨询业务，代理保险机构办理有关业务，国家法律法规规定的或国家保险监管机构批准的其他业务。

人保财险邹平支公司经营的主要保险产品：汽车保险、摩托车保险、拖拉机保险、企业财产保险、家庭财产保险、雇主责任保险、医疗责任保险、公众责任保险、校方责任保险、安全生产责任保险、治安保险、个人住房抵押贷款保险、货物运输保险、人身意外伤害保险、学生幼儿意外伤害保险、驾驶员意外伤害保险、交通意外伤害保险、执法人员意外伤害保险、旅游意外伤害保险、旅游综合保险和健康保险等。

1988—2005年中国人民财产保险邹平支公司保费和赔付情况一览表

表13-5-4

年　度	承　保		理　赔			年　度	承　保		理　赔		
	保险金额(万元)	保费(万元)	赔案件数(件)	赔款金额(万元)	赔付率(%)(简单)		保险金额(万元)	保费(万元)	赔案件数(件)	赔款金额(万元)	赔付率(%)(简单)
1988	58506.7	239.0	524	93.0	38.91	1997	133098.8	1427.5	1401.0	762.1	53.39
1989	87337.1	443.0	1126	167.0	37.69	1998	109259.6	1550.0	1963.0	892.3	57.56
1990	86527.3	540.0	1180	216.5	40.09	1999	142301.1	1522.3	2122.0	1091.0	71.66
1991	92635.2	784.9	1673	339.0	43.19	2000	118882.2	1750.2	2121.0	970.6	55.46
1992	96590.3	1143.0	1736	609.0	53.28	2001	345181.0	2119.5	2216.0	1094.5	51.64
1993	124801.4	1630.0	1573	1031.0	63.24	2002	396476.4	2200.5	284.6	1224.4	55.64
1994	89397.5	1535.0	1414	813.0	52.96	2003	716184.9	2690.4	367.6	1483.0	55.12
1995	127017.7	1049.6	1502	578.7	55.14	2004	654539.3	2213.9	3624.0	2119.4	95.73
1996	133118.1	1530.8	1752	785.8	51.33	2005	873312.5	2887.9	3879.0	1885.0	65.27

人寿保险

1996 年，中保人寿保险公司与原中国人保集团实行分业经营，专业经营人身保险业务。10 月，中保人寿邹平营销部成立，内外勤员工 21 人，其中经理 1 名，内勤员工 6 名;设立经理室、财务科、办公室 3 个部门科室，属人民银行监管;主要范围:人寿保险、意外伤害保险、健康保险等 7 个险种。当年保费收入 30 余万元。为邹平县唯一一家寿险公司。

2000 年 1 月，中国人寿保险邹平支公司成立，有资产 800 余万元，设经理室、客户服务中心、财务部、理赔部、综管部、个险部、银行代理部、团险部 8 个部门科室，在 12 个乡镇设立保监会审批营销服务部，有内勤员工 35 人、业务人员 720 余名，服务范围覆盖全县，年收保费 1.55 亿元，业务年均增长率超过 50%，市场份额超过 72%。

2004—2005 年，业务量发展迅速，保费收入 10699.18 万元。至 2005 年，有投资型、养老型、健康型、意外型等各类保险 70 余种。同年，给付各种保险金 341.77 万元。

1997—2005年中国人寿保险邹平支公司业务情况一览表

表13-5-5

年度	承保人数（万人次）	保费（万元）	赔付			年度	承保人数（万人次）	保费（万元）	赔付		
			人数（人）	金额（万元）	赔付率（%）				人数（人）	金额（万元）	赔付率（%）
1997	6.9	869	670	47	54	2002	16.6	7696	4520	463	60
1998	7.5	1350	720	70	51	2003	17.9	8250	4781	453	54
1999	8.3	1936	1023	97	50	2004	20.6	10699	6362	592	55
2000	11.4	2712	1920	169	62	2005	19.4	9417	417	423	45
2001	13.1	3993	2147	191	48						

证券业务

邹平营业部总公司控股股东中信证券公司是国内第一家公募上市综合类公司。2005年11月30日，成为山东省内唯一规范类证券公司。邹平营业部依托总公司大平台，软硬件服务水平不断提高。积极推广“96577”客户服务平台，实时跟踪客户账户投资状况，提供账户更好管理，揭示组合未来风险及收益预期，分析组合结构，为客户动态调整持仓结构，提供最直接参考依据，并能根据使用者收益风险偏好，有针对性地提供潜力组合，以满足用户差异性需求，分散投资风险，提高投资收益。

至2005年，开户股民发展到7000户，累计实现证券交易额35.4亿元，实现利润811万元，上缴地方税42.5万元，企业所得税267万元。

第十四编
综合经济管理

Integrated Economic Management

"科学发展、安全发展"知识竞赛 （2012 年摄）

交通安全宣传　　　　　　　　　　　　　　　　　　　　　　　　(2010 年摄)

丰富多彩的机关干部文体活动　　　　　　　　　　　　　　　　(2009 年摄)

从1986年起，县政府各经济综合管理部门，结合邹平县实际，科学编制规划，不断完善服务管理体系，为保障邹平县经济社会事业健康发展发挥了重要作用。计划编制分为年度计划和中长期规划。从1989年起，全县进行土地使用制度改革，使土地无偿无限期使用转为有偿有限期使用。从1996年起，重点负责编制全县国民经济和社会发展中、长期规划和编写年度计划，并按镇乡、行业予以分解，同时定期检查计划执行落实情况。2005年，全县登记注册个体工商户13852户，企业2826家。至2005年，基本形成国家审计、内部审计、社会审计三位一体审计监督体系。

第一章　计　划

第一节　机构沿革

1986年，县计划委员会为正科级行政单位，共9人。1988年12月，内设办公室、综合科、基建计划科、信息中心4个科室，核定编制12人。

1993年10月，县级机构改革，县农业区划办公室、经济协作办公室归并计划委员会，内设机构调整为办公室、综合股、投资股、经济协作办公室、农业区划办公室、信息中心6个股室，工作人员27人。1995年9月，增设重点项目办公室（副科级机构），内设股室增为7个。

2002年6月，县级机构再次进行改革，县计划委员会改称发展计划局，内设办公室、综合股、投资股、信息中心、重点项目办公室、农业区划办公室6个股室。其中办公室、综合股、投资股、信息中心为行政编制，重点项目办公室、农业区划办公室为事业编制。根据邹发〔2002〕8号文件，县物价局、粮食局划归发展计划局管理。

2005年12月，依据邹编〔2005〕9号文件，发展计划局更名为发展和改革局。内设机构调整为办公室、发展改革综合股、财政金融投资股、经济发展股、科技与社会事业股、重大建设项目管理办公室、规划办公室。其中办公室、发展改革综合股、财政金融投资股、经济发展股、科技与社会事业股为行政编制，重大建设项目管理办公室、规划办公室为事业编制。行政编制16人，事业编制7人。县物价局、粮食局仍归发展和改革局管理。

第二节　管理体制

1986年后，县计划委员会年度计划重点是加强宏观调控，对国民经济发展目标、总量控制、重大结构和布局调整以及关系全局重大经济活动等，主要发挥计划作用。企业生产经营活动和技术改造，主要由市场调节。对全民固定资产投资规模、结构、重点项目建设，实现政府决策和计划管理。投资使用、项目设计和施工管理，运用市场竞争机构，普遍推行招投标制。从1996年起，重点负责编制全县国民经济和社会发展中、长期规划和编写年度计划，并按镇乡、行业予以分解，同时定期检查计划执行落实情况；编写上年度国民经济和社会发展执行情况与本年度国民经济和社会发展计划报告；提出下年度国民经济和社会发展安排意见；定期向县人民代表大会报告上年度国民经济和社会发展计划执行情况，提出下年度国民经济和社会发展计划与政策措施。把国家计划作为宏观调控重要依据和手段，积极探索新形势下计划的功能、形式和方法，创造性开展工作。负责全县重点项目建设，强化固定资产投资与管理，发挥农业区划、经济协作和信息中心作用。

逐步减少和弱化对微观经济活动行政性管理，强化对宏观经济指导、调控和管理职能，综合研究拟定全县国民经济和社会发展战略、规划和政策，进行总量平衡、结构调整，指导全县经济体制改革。计划管理向着控制宏观、放开微观、压缩指令性计划、扩大指导性计划和市场调节方向发展。

第三节 计划编制与实施

年度计划

1986年，年度计划重点是加强宏观调控，加快农业生产结构调整，保持工业稳步发展，加强横向经济联系，确保市场和物价稳定。由编制固定资产投资计划改为编制全社会固定资产投资计划，全民所有制单位投资总规模实行指令性计划，集体和个体投资实行指导性计划。

1987年，重点是进一步调整农业种植业结构和工业产品结构，集中财力和物力保重点建设，加快城乡市场建设。商品房建设开始纳入国家计划管理，属指令性计划。国家建设、集体建设和农村建房3项非农业建设下达用地指标，实行指令性计划。

1988年，重点是深化企业改革，扩大和完善企业承包经营责任制，推行厂长（经理）负责制；继续控制投资规模，进一步调整投资结构，压缩非生产性建设；加强建设用地计划管理；大力发展外向型经济。开始实行自筹投资购买重点企业债券。

1989年，针对出现的经济过热情况，计划重点是加强和改善宏观调控；严格控制总需求，控制固定资产投资规模和社会集团购买力，增加有效供给，缓解总供需之间矛盾；治理经济环境、整顿经济秩序。计划工作开始对全民基建和技改项目实行省、地、县3级指令性计划管理，不再层层切块，而是自下而上申报项目，由省审批。对化肥、农药、农膜等实行专营，对重要物资实行最高限价。

1990年，重点抓好水利建设，大抓棉花生产；调整产业结构，继续贯彻有保有压方针，深入开展“双增双节”（增产节约、增收节支）运动；拓宽销售渠道，促进产品经销；加快经济稳定发展。

1995年，把农业放在各项经济工作首位，着重抓好粮棉生产；以骨干企业为龙头，大力发展企业集团；拓宽融资渠道，调整优化投资结构，保重点建设；搞好3大体系（市场体系、城乡社会化服务体系、农村社会化服务体系）建设，加快二、三产业相互渗透；改善宏观调控，抑制物价过快上涨。

2000—2005年，在面临经济全球化和知识经济兴起所带来冲击和挑战，重点发展市场农业，增加农民收入；推进现代企业制度建设，用足用活债权转股权、利用财政债券贴息搞技术改造、扩大股市直接融资3项国家政策，引导和扶持中小企业健康发展；改造提高传统产业，发展高新技术产业和产品，培养和招聘高素质人才；抓好重点项目实施，做好项目资金筹集，启动和扩大个体、集体投资；扩大居民消费需求，开拓市场；发展个体私营经济，实施经济国际化战略；实施科教兴邹和可持续发展战略，促进各项社会事业全面发展。

中长期计划

1986—2005年，全县共实施“七五”“八五”“九五”“十五”4个五年计划。

“七五”计划（1986—1990年）任务和要求是：按1985年不变价格计算，1990年工农业总产值7.43亿元，年递增8.2%。其中工业总产值3.91亿元，年递增8.9%；农业总产值3.52亿元，年均增长7%；粮食总产3.6亿千克，年均增长5%；棉花总产2500万千克；大牲畜年末存栏量9万头，年均增长10.8%；财政收入2278万元，年均增长7.6%；社会商品零售额2.5亿元，年递增8.9%；外贸总值3500万元，年递增6%；农民人均收入600元，年递增10.5%；固定资产累计投资6410万元，比“六五”期内增长36%。

至1990年，实际完成：国民生产总值5.27亿元，年均递增10%；国民收入4.79亿元，年均递增10.4%；工农业总产值10.1亿元，5年平均增长13.3%；工业总产值6.78亿元，5年平均增长21.3%；农业总产值3.32亿元，5年平均增长5.7%；粮食总产量3.6亿千克，5年平均增长5.0%；棉花总产10129万千克，5年平均增长6.0%；大牲畜年末存栏量12.29万头，5年平均增长17.8%；财政收入4841万元，5年平均增长19.2%；社会商品零售总额4.0亿元，5年平均增长19.6%；全县职工年平均工资1950元，5年平均增长11.4%；农民人均纯收入610元，5年平均增长10.9%；固定资产投资累计完成59838万元；外贸商品出口收购总值5306万元，年递增17.6%。

“八五”计划（1991—1995年） 任务和要求是：在提高经济效益和社会效益前提下，实现国民生产总值8亿元，年递增8.7%；国民收入7.3亿元，年递增8.8%；工农业总产值16.3亿元，年递增10%；全社会固定资产投资8亿元；城镇职工收入2500元，年递增5.1%；农民人均收入960元，年递增9.4%。农业总产值4.3亿元，年递增5.3%；工业总产值12亿元，年递增12%；粮食总产3.85亿千克，年递增1.4%；棉花总产3500万千克；大牲畜年末存栏量15万头，年递增4.1%；财政收入8000万元，年递增10.6%。人民生活达到小康水平。

至1995年，实际完成：全县国内生产总值31亿元，5年平均增长18.9%；工业总产值59.33亿元，5年平均增长45.3%；农业总产值10.89亿元，5年平均增长11.1%；粮食总产量4.81亿千克，5年平均增长6.0%；棉花总产1586.5万千克，未完成计划指标；大牲畜年末存栏27.2万头，5年平均增长17.2%；地方财政收入11837万元；农民人均纯收入1687元，5年平均增长9.7%；全社会固定资产投资累计完成256552万元；城镇居民人均可支配收入3114元，年递增4.1%；社会消费品零售总额7.21亿元，年递增21.3%。

“九五”计划（1996—2000年）及2010年远景目标规划纲要 任务和要求是：2000年，全县国内生产总值64亿元，年均增长15.6%，人均国内生产总值9000元；全县财政收入1.3亿元，年均增长18.8%；全社会固定资产投资累计40亿元；农民人均纯收入3200元，年均增长13.7%；城镇居民人均可支配收入6000元，年均增长14%；实际利用外资5年累计1亿美元；工农业总产值150亿元，年递增长16.4%，其中农业总产值15亿元，年递增6.6%；工业总产值135亿元，年递增17.9%。

至2000年，实际完成：全县国内生产总值60亿元，5年平均增长14.1%；工业总产值107.63亿元（现价）；农业总产值23.51亿元（现价）；全县财政收入34748万元，5年平均增长24.0%；全社会固定资产投资累计82.32亿元；粮食总产量5.79亿千克；棉花总产量1570万千克；农民人均纯收入2861元，5年平均增长11.1%；城镇居民人均可支配收入6489元，5年平均增长15.8%；实际利用外资累计完成3950万美元；三次产业比为22.4∶49.5∶28.1。

2001年1月，编制《邹平县国民经济和社会发展第十个五年计划纲要》。确定“十五”期间的奋斗目标是：国内生产总值，按现行价格计算，2005年118亿元，5年平均递增14.5%，人均国内生产总值达到16600元；工农业总产值，按不变价格计算，2005年，200亿元，5年平均递增14.9%。其中农业总产值21亿元，5年平均递增5.6%；工业总产值179亿元，5年平均递增16.3%；地方财政收入，2005年6.22亿元，5年平均递增23.1%；固定资产投资5年累计130亿元；出口商品供货总值，2005年4亿美元（其中自营出口3.5亿美元），5年平均递增19.7%。实际利用外资5年累计7500万美元；农民人均纯收入2005年4030元，5年平均递增7.0%；城镇居民人均可支配收入10000元，5年平均递增10%。

至2005年，实际完成：国内生产总值207亿元，5年平均增长28.1%；工农业总产值601.9亿元，5年平均增长35.6%；地方财政收入10.03亿元，5年平均增长45.3%；固定资产投资131.3亿元；出口商品供货总值77.5亿元，5年平均增长39.9%；农民人均纯收入4465元，5年平均增长9.3%；城镇居民人均可支配收入10623元，五年平均递增10.4%；三次产业比8∶73∶19。

第四节 固定资产投资审批与重点项目建设

固定资产投资审批

1991—2000年，全社会固定资产投资176.41亿元，2001—2005年，全社会固定资产投资367亿元。

1996—2000年，考察论证呈报审批项目468个，总投资39.3亿元。

2001—2004年，考察论证呈报审批项目分别为106个、170个、260个、375个，总投资分别为21.3亿元、34亿元、83.1亿元、119.4亿元。

2005年，为95个项目完善补办手续，对2004年部分批复项目内容修改批复97个，核准、备案生产性项目41个，非生产性项目58个，总投资141亿元。

重点建设项目管理

1995年9月，成立邹平县重点项目办公室（副科级机构）。为保证重点项目顺利实施，实行重点项目县级领导分工责任制、项目法人责任制和招投标制及重点项目调度、协调、立项督查制度。对固定资产投资500万元以上重点、非重点项目，每月调度1次，了解、掌握项目工程投资情况和形象进度，协调解决项目建设中存在的问题，并编发简报向县领导和有关部门定期通报。1995—2005年，出版《重点项目简报》60期7500份。1995—2005年，确定新建、续建重点项目246个（生产性项目194个，基础设施项目52个）。其中1995—2000年重点项目61个，完成投资28.95亿元；2001—2005年，重点项目185个（生产性重点项目133个，基础设施重点项目52个），5年分别完成投资20.9亿元、25.53亿元、55.04亿元、58.35亿元、70.8亿元，5年完成总投资230.62亿元。1995—2005年，先后有151个重点项目（其中包括邹魏第一工业园、邹魏第二工业园、齐星集团高精度铝板带箔、齐星高比能锂电池、宏诚家纺工业园、长星工业园一期、西王集团赖氨酸、三星集团10万锭高支纱等）按期通过验收，竣工投产或达标使用。

第五节 经济协作与棉花加工购销市场管理

经济协作

1996年，组织7个企业参加大连商品展销会，与16家公司、企业进行实质性洽谈；参加上海、山东商品展销会，扩大协作领域；开展与河北省黄骅市物资协作，签订协作意见。

1997年，组织33家企业分别参加青交会，大连、广州商品博览会，北京、上海、济南中国专利新技术博览会。同年，利用美国第39届总统卡特到华访邹之机，与其特使奥克森伯格联系，组织6家企业在北京与美国、英国金融界、企业界、商界等对口进行项目洽谈。

1998年，先后3次带领县热电厂、新型建材厂、华孟集团等6家企业到北京进行技术洽谈；参加天津环渤海新技术博览会和北京外商投资洽谈会。1999—2003年，组织企业或带招商引资项目分别参加1999年北京重点高校成果发布及利用外资洽谈会、太原经济协作会、北京中科院高新技术成果发布洽谈会、1999年淄博高科技成果展览会、山西阳泉清华大学研究生实践基地研讨会、2000年北京技术博览会和投资洽谈会、2001年西安第六届中国东西部合作与投资贸易洽谈会、2002年北京高新技术成果推广发布会、2003年西安第七届中国东西部合作与投资贸易洽谈会，共签订合作协议或意向50余项。

从1999年起，与清华大学建立并保持联系，将邹平县定为清华大学实践基地之一，研究开发项目课题，有针对性为琥珀啤酒厂、亚视集团、热电厂、怡康葡萄糖厂等企业解决部分技术难题。

棉花加工、购销市场管理

落实上级发改委提出棉花管理八字方针“认证、严管、重组、规范”，对棉花收购加工企业实行严格资格认证制度，呈报省发改委等部门批准，发许可证；实行年审制度，不合格者，取消棉花收购加工资格。经常会同有关部门到棉区、棉花加工企业检查解决棉花收购、加工、质量、市场秩序、安全生产等方面存在的问题。及时调度，坚持常年特别是棉花收购季节，要求棉花收购加工企业对棉花购销数量、质量、价格等相关数据一周一报，并及时将汇总情况上报市发改委。建立棉花收购加工企业运行档案，使管理科学化、程序化、制度化、合法化。建立举报制度，查处棉花收购加工领域存在的违法违纪行为。

至2005年，全县有22家棉花收购加工企业取得资格认定证书，2家棉花收购加工企业由市发改委动态管理。

第六节　招商引资、银企合作与国债资金管理

1999—2001年，帮助企业和重点工程项目分别协调引进资金17636万元、3150万元、3000万元。2002—2005年，县政府下达招商引资任务1200万、2400万元、2000万元、4300万元，实际完成4500万元、10227万元、13416万元、14191万元。1999—2005年，7年引进资金6.612亿元。得到资金支持的齐星集团、供电公司、怡康集团、三星集团、铁雄集团、县污水处理厂等20余家企业单位建设项目达标投产。

1998—2005年，先后组织企业和有关部门参加烟台APEC投资博览会、泉城恳谈会、厦门“98”投洽会、西安投资贸易洽谈会、诚信邹平银企合作成果报告会等10余次大型招商引资活动。

组织代表团参加2002年滨州银企合作项目洽谈会、2003年诚信滨州银企恳谈会、2004年诚信滨州论坛暨银企合作促进会、2005年诚信滨州银企合作推进会。

2002—2005年，4年签约合同、协议贷款项目分别为110个、104个、114个、195个，贷款金额分别为40.8亿元、110亿元、150.8亿元、227.45亿元，资金落实到位率均在98%以上，为滨州市各县区之首。

2003年，招商引进“废气综合利用发电”独资项目，由山东省节能工程有限公司独资承建，总投资5329万元，落户邹平铁雄焦化有限公司，2005年3月投产。

2002—2005年，分别争取国债资金1500万元、6000万元、3702万元、2757万元。国债资金项目农网建设改造二期工程、县污水处理厂、农村公路改造等10余个建设完成并达标。

至2005年，西王糖业已在香港联交所主板上市，魏桥纺织股份有限公司增发新H股工作已经在股东大会上通过，齐星集团、三星集团、长星集团上市准备工作进展顺利。

第七节　农业区划与信息管理

1999—2005年，坚持每年度对邹平县农业资源、后备资源、农业开发利用状况及农村社会经济信息和下年度农民经营意向等情况，从农村劳动力数量构成、土地资源利用现状与年内变化、耕地资源利用状况、园地和林地及水面利用状况、未利用土地资源、农业气候资源及年内气象灾害、农业生产和农村生活条件改善状况、主要农作物面积产量、农民人均纯收入、农产品加工销售情况、下年度农民经营意向等，10余个大项，200余个子项，逐一进行监测和调查，并依据动态监测和调查结果写出年度或专题报告。每年度对农业粮食生产与消费，从17个大项，近300个小项进行调查，内容涉及家庭状况、生产条件、资源条件、购销、消费、变化比较等；对夏粮、秋粮等农作物产量、自然灾害等情况进行抽样摸底。

同时，积极开展农业区划调研工作，完成《农民增收问题的分析与研究》《土地质量检测报告》《观光农业发展规划》《名优特新农业资源调查》《关于农民收入情况调查》《邹平县黄河滩区情况调查》《农业产业结构调整的几点建议》《邹平县农业经济发展战略研究》等调查报告20余篇。

作为综合经济管理部门，发挥信息来源广、产业政策明、软硬件条件好和与全国信息互联网优势，从中筛选适合县情的各方面信息，定期出版《信息快讯》《专供信息》84期，为领导、企业、镇、街道推荐有价值的政治、经济、社会文化信息。1999—2005年，发布信息1000余条，为镇、街道和县直有关部门提供投资和政策信息200余条，接受咨询100余人次。

第二章　土地管理

第一节　机构沿革

1985年，农业局设立土地管理股，主要负责国家建设用地征用划拨管理，乡（镇）村集体建设用地及土地纠纷案件调查处理、违法占用土地案件查处、地基档案管理等。

1987年8月，县土地管理局建立，从农业局析出。土地管理局内设办公室、用地股、监察股、地籍管理股、规划测绘站。其中办公室、用地股、地籍管理股为行政编制，规划测绘站为事业编制。核定编额20人。同时，乡镇设立土地管理站，列乡镇政府序列，编制3～5人。

图14–1　1990年6月启用，2004年1月弃用的国土局办公楼

1993年10月，县级机构改革，县土地管理局与矿产管理局合并，更名为县土地矿产管理局。内设机构调整为办公室、用地审批股、监察股、地籍股、矿产管理股、勘测规划站，其中勘测规划站为事业编制，其他为行政编制。乡镇土地管理站撤销，土地管理工作由乡镇农业办公室负责。

1994年3月，县土地矿产管理局设立地产估价交易管理所，同时，乡镇重新设立土地管理所，并增加矿产管理职能。1995年9月，成立统一征地办公室，为股级事业单位。1996年，县土地矿产管理局有干部职工33人，全县乡镇土地管理所有干部职工40人。2000年9月，根据县编委〔2000〕6号文件，成立邹平县土地储备交易中心，属自收自支副科级事业单位，隶属土地矿产管理局。2001年3月，成立农村宅基地审批股。

2002年6月，县级机构再次改革，县土地矿产管理局更名为县国土资源局。内设储备交易中心、办公室、监察股、用地审批股、统一征地办公室（与用地审批股合署办公）、矿产管理股、地价评估所、规划站、地籍股、测绘站、宅基地审批股11个股室（站、所），其中储备交易中心为副科级单位，其他均为股级单位。各镇乡设有土管所，隶属于各镇乡人民政府，县国土资源局对其进行业务指导。

2003年10月，依据县编委〔2003〕14号文件，成立邹平县土地开发整理中心，属自收自支副科级事业单位，隶属国土资源局管理。

2005年11月，各镇、街道土管所改为县国土资源局垂直领导，为县国土资源局派出机构，全县设有4个国土资源分局、13个国土所。县、镇、街道国土资源部门作为同级政府职能机构和行政执法机关，依照《土地管理法》《矿产资源法》《测绘法》，对全县土地、矿产资源和测绘行业进行统一管理和监督。

第二节　土地调查与规划

土地资源调查

1988年，邹政发〔1988〕48号文件《关于开展土地资源调查工作的意见》印发，成立土地资源调查领导小组，从11月起，开始全县的土地资源调查。此项调查历经2年，至1990年，全县土地资源调查工作基本结束。通过调查，全县土地总面积为187.48万亩。1990年2月24日，省土地资源调查办公室对邹平县土地资源调查成果进行验收，并颁发合格证书。该项成果获省土地管理局1992年度科技成果三等奖。

土地利用现状更新调查

2004年2月，开展全县土地利用现状更新调查工作。5月，完成全县辖区内16个镇、街道外业调查工作，重新核实后确定与周边县、市及本县镇、街道、村之间土地权属界线，结束土地利用现状更新调查县级统计、汇总工作。10月，顺利通过省级检查。经调查，全县土地总面积为187.48万亩，其中耕地117.46万亩。2005年4月，邹平县国土资源局与山东省地质测绘院地理信息中心合作，依据更新调查工作成果建成邹平县1∶1万土地利用现状初始数据库。数据资源、各种图件和文字资源经检查，全部达到《县（市）级土地利用数据库建设成果检查验收办法》质量要求，为“以图管理”数字化国土工程提供操作平台。

国有土地权属调查和地籍测量

1990—1991年，开展以土地权属为核心的城镇土地申报、权属调查、地籍测量等项地籍管理工作。这次国有土地权属调查和地籍测量，全县抽调近百人，并借助博山建材学院69名师生毕业实习机会，1990年3—5月，测量598宗地、5.39平方千米。其中县城驻地258宗地，测量面积3平方千米；乡镇驻地340宗地，测量面积2.39平方千米。测量过程中，处理土地权属纠纷60多起。1991年3—5月，完成剩余乡镇国有土地地籍调查工作，测量土地223宗，面积2.64平方千米。同时进行国道、省道地籍调查，测量面积17.4平方千米。至2005年，发放国有土地使用证19084本。

村庄地籍调查

1991—1992年，村庄地籍调查516个村，95460宗地。1993年，机构改革，乡镇土地管理所撤销，村庄地籍调查工作暂时停止。1994年，重新开展此项工作。至1995年，完成157675宗地，占全县总数的95%；登记发证146638个，占调查数的93%。

集体土地及公路、水利工程用地登记发证

1993—1995年，进行集体土地及公路、水利工程用地登记发证工作。其中集体土地登记发证1869个（含2个国有农场）；公路用地界定权属界址点816个，埋没水泥界桩368个，石灰界桩448个，登记发证面积2077.2亩；黄河、小清河及6条县属水利工程用地界定权属界址点2753个，埋设水泥界桩1855个，石灰界桩898个，登记发证面积33780亩。

镇居民住房用地登记发证

2002年，开展城镇居民住房用地登记发证工作，有86个单位申请住房用地登记发证，发放国有土地使用证10980个。自此，城镇居民住房用地，初始登记及住房交易用地变更登记管理，纳入日常地籍管理之中。2003年，办理住房用地登记发证358户；2004年，办理1036户；2005年，办理1123户。

规划编制

1993年，邹平县土地利用总体规划全面完成并通过省级验收。规划共分为6部分：概况、土地利用现状及存在的问题、土地利用的目标和基本方针、土地利用调整指标、土地利用分区、实施规划措施。1994年至1995年11月，乡镇土地利用总体规划全面完成，并通过县验收小组验收，部分乡镇规划县政府批准实施。

1998年年初，开展县镇二级土地利用总体规则的编修工作。8月，地区国土局对乡镇规划进行验收，全部验收合格；12月，省局对县局级规划进行验收，一次通过。

第三节 土地使用制度改革与地价评估

土地使用制度改革

从1989年起，全县进行土地使用制度改革，使土地无偿无限期使用转为有偿有限期使用。同年，县政府制定《农村宅基地有偿使用办法》，开展农村宅基地有偿使用试点，遏制农村乱占滥用宅基地歪风。1991年，国有土地使用制度改革，实行建设用地由县土地管理局代表县政府统一征

用。是年，黄山西部住宅小区实行统一征地，征地面积600亩。1991年，在临池乡开展乡镇企业用地有偿使用试点，对12个乡办企业和145个村办企业实行土地有偿使用。1992年，继续在临池乡、好生乡、邹平镇、长山镇开展乡镇企业用地有偿使用试点，并取得初步效果。1993年年初，出台《邹平县国有土地使用权出让和转让办法》，实现国有土地有偿出让。是年，出让土地5宗,面积47.9亩,收取出让金10万余元。1994年，土地使用权出让范围扩大到金融、旅游、娱乐及所有经营性用地，出让方式主要是协议出让，对土地转让、出租、抵押也实行规范管理。从1995年12月起,此项工作在全县全面展开,至2001年，全县办理土地出让76宗，面积2508.8亩，政府收益2772万元。

1996年后，国家建设用地除《房地产管理法》和原国家土地管理局颁布的《划拨用地项目目录》规定项目用地外，全部实行政府统一征地，有偿出让。在行政划拨土地中，凡使用权发生转让、出租、抵押或转入经营的，均依法办理出让或租赁手续。同时，逐步引入竞争机制，尽量减少协议出让，按照国家土地管理局《国有企业改革中划拨土地使用权管理暂行规定》，加强对改制企业国有土地资产的管理，严格执行“先评估后处置”原则，积极为企业改制、改组、合资、合作使用行政划拨土地进行资产评估，依法处置。

2000年，印发《邹平县强化征地管理建立土地一级市场制度的暂行规定的通知》，成立邹平县土地储备交易中心，强化政府统一征地，高度垄断土地一级市场。2001年3月，土地储备交易中心代表县政府开展统一征地工作。围绕地价、征地补偿等群众关心热点、难点问题，发放“明白纸”3688份,张贴公告39份,召开村委会、党员会、村民代表会、村民大会107次，群众同意签订达98%以上。组织清点地面附着物，丈量土地，签订征地协议。对征地补偿结果张榜公示无异议后，按协议足额兑现。当年，与乔木等8个村庄签订预征土地及其相关协议66份,预征土地3000余亩。2002年，储备土地3510亩。失地农民安置：将征地数量的5%用于被征地村发展村办企业，安置失地农民；按地方财政收入的18%返还被征地村发展村办企业，安置失地农民；按照县委、县政府关于妥善安置失地农民问题的政策对符合招工条件的失地农民优先招工，失去劳动能力的享受最低生活保障等。

2002年1月28日，全市国有土地使用权招标拍卖现场会在邹平黛溪山庄举行，邹平县率先在全市敲响国有土地使用权拍卖第一槌，所拍卖土地位于山南新区黄金地段，面积119亩，最终邹平县电力集团公司以1700万元竞得。2002年，招拍挂出让土地6宗，面积615.2亩，实现政府收益8516.5万元；2003年，招拍挂出让土地5宗，面积424.4亩，实现政府收益9768.51万元;2004年，招拍挂出让土地6宗，面积1059.1亩，实现政府收益25476万元。

2005年，招拍挂出让土地10宗，面积1195.5亩，实现政府收益35579.96万元。

土地定级估价

1993年，经县编制委员会批准，县土地矿产管理局设立地产估价交易管理所，负责全县土地评估和交易管理工作。1995年，对县城2000年规划区范围内土地进行定级估价。定级估价结果通过省土地管理局验收组验收，并由省内有关大专院校及土地专家进行成果鉴定，认定该项成果达到国内同类成果先进水平，被省土地管理局评为科技进步一等奖。1996年，邹政发〔1996〕16号文件公布邹平县城区标定地价标准，城区基准地价在市场经济中发挥积极作用，正确引导和规范土地市场交易行为，保护土地所有者和使用者合法权益。1996年，评估土地12宗，276.1亩；1997年，评估土地13宗，面积83.6亩；1998年，评估土地21宗，面积164.1亩。为加强金融防范，规范土地使用权抵押行为，盘活企业资产，增强企业发展活力，1996年，土矿局与中国人民银行邹平县支行联合下发《关于土地使用权抵押贷款有关事宜的通知》，1998年，联合下发《关于土地使用权抵押贷款有关问题的通知》，规范土地使用权抵押贷款行为，使土地抵押贷款管理纳入规范化、法制化管理轨道。1996年，评估抵押土地7宗，面积114亩；1997年，评估土地8宗，面积83.6亩；1998年，评估土地土地13宗，面积174.2亩。

1996—1998年，在全县17个镇乡驻地开展土地定级估价工作，共完成成果图件126张，定级估价面积45.7平方千米，制作技术文本350本。其中苑城镇驻地规划区2.0平方千米定级估价，经地区验收为优秀，该项目成果被省土地局评为科技进步三等奖。

2001年，以1995年县城区土地定级估价结果为基础对城区土地级别进行更新平衡。定级范围为南起南外环，西至成五村东界，北至热电厂，东至电解铝厂、日清公司东界，由1995年的19.07平方千米扩展为27.97平方千米。2002年11月，邹平县城区土地级别与基准地价更新平衡工作经省厅验收为优秀，2003年6月，被评为滨州市科技成果三等奖。

第四节　基本农田保护

1986—1994年，建设用土地实行年度指标计划管理，对不列入计划项目不予供地，全县耕地每年净减少面积控制在2‰以内。1994年8月，全县开始开展基本农田保护区划定和保护工作。1994年8月至1995年5月，依据各乡镇耕地资源现状、潜力及发展中所承担的土地主导功能划定基本农田保护区。1995年5月至1997年5月，对原划定的基本农田保护区有关资料自下而上进行修补和取舍，使其符合规定要求。1997年5月后，全县执行耕地“冻结”政策，先后印发《邹平县基本农田保护管理办法》《邹平县基本农田保护区耕地造地费征收使用管理办法》，实行基本农田保护责任制和占用基本农田许可证制度，县政府与各乡镇、乡镇与行政村签订基本农田保护责任书。1998年，对原划定的基本农田保护区进行级别调整、数量增减、数据整理和图件修编等工作，完成全县基本农田保护区升级调查任务。2001年，又对全县基本农田保护区进行调整划定。至2005年年初，全县基本农田保护96.1万亩，占全县耕地面积的85.81%，设立基本农田保护区16个，基本农田保护地片1800个，建立地面固定保护标牌251个。

第五节　土地复垦开发

1987年8月，县土地管理局成立后，把土地复垦开发列入重要工作议程。1988—1995年，全县共计节约用地指标3000亩，其中供地2000亩。土地开发复垦整理超额完成地区计划，平均每年开发2000亩。1993—1995年，连续3年保持全县耕地面积稳中有增。1996年，全县实现耕地总量动态平衡。1996—1998年，共开发复垦土地7695亩。2002年9月，开始邹平县土地开发整理规划编制工作，通过对农村居民点整理、耕地整理，对未利用土地开发和土地复垦补充耕地潜力的分析，确立8个整理区、4个综合区、1个开发区、1个复垦区，探索2001—2010年全县土地开发整理空间、时间组合和实施模式，取得土地开发整理规划文本及说明、农用地整理潜力分布图、农村居民点整理潜力分布图等6大成果。2003年4月，该规划通过全省县级土地开发整理规划评审组的评审。

图14-2　土地复垦　　（1999年摄）

至2005年，全县批准入库国家级土地整理重点项目3个，项目规模6.1万亩，投资8946.6万元，其中魏桥镇国家级土地整理项目开工建设；

批准入库省级土地整理项目5个，项目规模2.4万亩，投资2463万元；完成孙镇、明集、九户3个项目整理任务，在建项目1个，待建项目1个；安排县级土地整理项目17个，项目规模2.7万亩，投资1617万元。通过开展土地整理工作，全县整理基本农田11.8万亩，开发未利用土地4.2万亩，新增耕地4.2万亩。

第六节 农村宅基地使用管理

1983年，县委、县政府制订《关于清理滥占宅基地建房的规定》，明确规定耕地与非耕地区分标准、宅基地审批手续与权限、新划宅基地标准面积和条件，并抽调1561人组成清房工作组，对全县农村新建房户逐家进行丈量，丈量25168户，查出违规建房14986户，分别给予缴纳多占宅基地赔偿费和拆除部分附属建筑物处罚。退出土地136亩，收缴赔偿费144万元。

1991年，《邹平县农村宅基地、村内空闲地有偿使用试行规定》(邹政发〔1991〕39号文件)出台，在农村推行宅基地、村内空闲地有偿使用。1993年，国家为减轻农民负担，取消宅基地有偿使用费，县内宅基地有偿使用工作停止。

1998年，新修订《土地管理法》规定，农民宅基地由县级人民政府审批。印发《关于规范农民宅基地审查报批有关问题的通知》(邹政办发〔1999〕19号文件)，从1999年3月开始，土矿局实行领导分片包镇(乡)制度，对1999年1月1日以后报批的农民宅基地进行实地检查，对报批程序合法、材料齐全、符合规划和建房条件、四邻无争议的，由县政府予以审批，实现全县农村宅基地统一审批。2002年，印发《邹平县农村宅基地管理办法》(邹政发〔2002〕65号)文件，对宅基地审批实行“五不批”制度：坚持不看现场不批、用地不合理不批、与四邻有纠纷不批、证书与实地不符不批、材料不齐全不批，全县宅基地步入较规范管理轨道。2005年，依此办法执行。

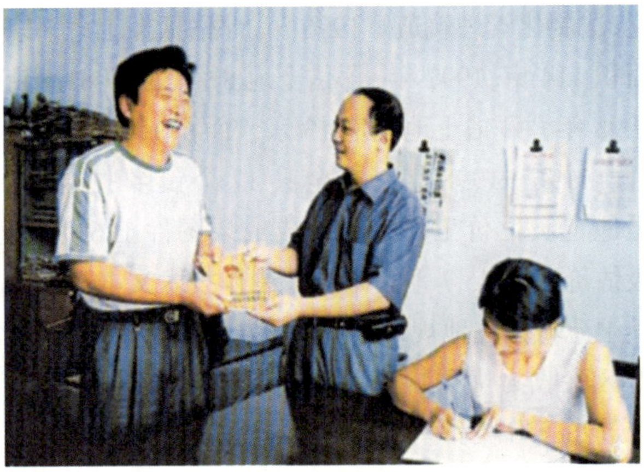

图14-3 工作人员为群众办理土地使用证(1999年摄)

第七节 土地执法监督

土地执法监察

1987年8月，土管局成立执法监察股，土地执法监察贯彻预防为主、预防与查处相结合方针，健全和完善县、乡镇、村3级执法监察网络，执法监察、信访各项规章制度逐步完善。1992年，县法院成立土地巡回法庭，实行土地管理部门与司法部门联合办案，打击土地违法行为，维护正常土地管理秩序。1987年、1989年、1992年，开展3次大规模非农业建设用地清理。1987年，清理出国家、集体、专业户违法占地679宗，面积5649.6亩；清理宅基地168996处，拆除违规房屋3364处，退出宅基地735.12亩；1989年，清理砖厂24处，公路沿线宅基地355户，面积268.48亩；1992年，查处违法占地案件79起，面积25.5亩。1991—1995年，土地违法案件每年下降10%～20%，土地违法案件处结率在95%以上。1997年，对1991年起非农业建设用地进行实地清理登记：国家建设用地271宗，面积5297.9亩，其中耕地3465.3亩；镇乡集体建设用地2680宗，面积5212.2亩，其中耕地1066.1亩。2000—2002年，邹平县连续3年被省国土资源厅授予“全省国土资源执法模范县”称号。2002年，开展全县房地产开发建设用地清理整顿工作，共清理违法用地27宗，面积100.5亩。2003年，清理出违法占地678宗，面积6610.5亩，依据有关法律法规，全部立案查处，立案查处率100%，并处罚款1321.5万元。

征迁安置

1987年，依照《土地管理法》开始向建设单位征收土地补偿费和安置补助费。具体标准：土地补偿费为该耕地征用前3年平均年产值的3～6倍。安置补助费：该耕地征用前3年平均年产值的10倍，按人均占有耕地数量计算。1999年，新修订《土地管理法》实施后，土地补偿费为前3年平均年产值的10倍，安置补助费调整为前3年平均年产值的11倍，土地补偿费和安置补助费总和不超过前3年该耕地平均年产值的30倍。2003年，房屋拆迁面积26335平方米，房屋拆迁补助金额419.7854万元。

第八节　矿产资源管理

1989年前，矿产资源管理没有专门机构，矿产资源开发比较混乱。1989年4月，县矿产管理局成立，加强对全县矿产资源的管理。矿产资源逐步得到较合理开发利用和保护。

开采管理

1989年，对全县符合条件的83家开采矿山单位颁发山东省临时采矿许可证，1996年，对全县开采矿山开始实行采矿权人年检制度，对年检不合格的责令停产整顿，整顿不合格的予以关闭。1999年，按照国务院《矿产资源开采登记办法》，全县统一换发采矿许可证。2004年，编制邹平县矿产资源总体规划，对矿产资源实行规划管理，不符合规划的一律不准开采。

补偿费征收

1994年4月1日，《矿产资源补偿费征收管理规定》颁布实施后，县内开始征收矿产资源补偿费，征收标准，铜矿按销售收入的2%，矿泉水按销售收入的4%，沙石、砖瓦黏土按销售收入的2%征收。

矿业秩序整顿

1996年，全县矿产秩序基本好转。2003年，针对石采开发存在问题，全县开展石材开发专项整治，对石采开发进行合理布局、优化整合，关闭3区2线石材矿山。解决石材开发安全隐患，进一步提高石材矿山的技术装备和开采水平，促进石材资源的综合利用水平。

地质环境管理

1998年，县政府批准建立黄山、鹤伴山2个地质景观保护区，景观得到保护。2003年，争取国土资源部矿山环境治理资金200万元，对邹平铜矿矿山环境进行治理。2004年，对于兹山、印台山、凤凰山废弃矿坑进行调查摸底，确立城市规划区范围内的废弃矿坑恢复治理方案。

地质勘查管理

2002年，县国土资源局开始对地质勘查项目进行年检。是年，年检项目4个。2004年，年检项目6个。2005年，年检项目8个。加强地质勘查工作，争取矿费勘查项目，寻找新的后备矿产资源。2001—2005年，每年争取矿费项目1个，项目资金460万元。

第九节　测绘管理

2002年6月，测绘行政管理职能划入国土资源局。国土局成立测绘股和具有丁级测量资质的山东省邹平县测绘院。2004年，对原有测量标志点进行全面普查，落实测量标志管理经费。12月，新版邹平地图出版。年底，完成全县C级GPS及三等水准控制网布设工作。2005年3月，县政府对外发布实施，作为全县进行测绘活动统一的测绘基准。6月，完成标志委托看管手续。

第三章　统计管理

第一节　机构沿革

1986年，县统计局编制11人，1987年，增至14人，内设办公室、农业科、工业科、社会科。1992年，人员增至20人，增设计算站。

1993年10月，县级机构改革，县统计局核定编制12人，内设办公室、业务股2个股室。计算站为事业编制，核定3人，实有人数20人。1997年，增设法规股，编制由内部调剂。

2002年，县级机构再次改革，统计局行政编制定为8人，其中工勤人员1人，事业编制3人，共计11人。内设办公室、业务股、法规股、计算站。办公室、业务股、法规股为行政编制，计算站为事业编制。2005年，统计局实有15人，机构没有变化。

县直行政机关、企业管理机关、企事业单位一般设有统计科、计财科等统计机构，主管或兼管本单位、本系统统计工作，也有仅设专职统计员，没有下属单位的行政机关和事业单位一般由会计或秘书兼管本单位统计工作。

1988—1989年，乡镇先后成立统计站，编制3～5人，负责本乡镇农业综合统计。1991年，农村统计方法进行改革，推行“农村基层统计一套表”制度，全县基本形成县、乡镇、村3级统计网络。1993年，推行国家新统计报表制度，即“七加一”基层统计1套表。是年，县、乡镇行政机构改革，乡镇统计站撤销，只配备1名专职或兼职统计员，农村基层统计受到不同程度影响。1998年，县政府下发《关于进一步加强统计工作的通知》，全县各镇、乡相继建立集经管、审计、统计三站合一实体型统计站。此后，全县农村统计网络健全起来。至2005年，全县各镇、街道全部建立具有综合统计职能的统计所。形成一个以政府统计为主、部门统计为辅，企业单位和行政村为基础横到边、纵到底统计网络系统。

第二节　统计业务改革

1986年，县级统计网络基本建成，各专业统计制度主要由省统计局制定，部门统计制度由各行业省级主管部门制定后经省统计局批准后执行。统计局各专业统计主要有农业、农村住户、工业、商业、物资、劳动工资、综合平衡。

1991年，全国农村统计制度进行重大改革，根据省局统一部署，推行农村基层统计一套表制度，内容涉及农林牧副渔生产情况、农田水利、农业机械和农村社会、科技、文教卫生等各个方面。1993年，停止实施“一套表”制度。从1995年起，农村统计改为除农业生产统计、农业综合统计由政府部门直接统计外，其他农村专业统计由各专业部门承担，汇总后向政府统计部门上报资料。

1993年，推行国家新统计报表制度：统计一套表，新统计报表制度由基层表和各专业综合表两部分组成。基层表由企业单位填报，综合表由计算机汇总形成。基层表按行业性质分为：农林牧渔企业报表、工业企业报表、建筑企业报表，交通运输企业报表、批发零售贸易业及餐饮业企业报表和固定资产投资统计基层表，行政事业单位基层报表，外加物资能源消耗报表。在推行实施过程中，政府统计部门不再分专业布置统计报表，而是区分不同单位性质，以“一套表”形式一次布置到基层单位填报，政府统计部门则对搜集到的基层数据进行集中录入汇总，然后划分出各个专业综合报表。从1994年起，新统计制度内容保留，但搜集资料方式不再按单位性质布置“一套表”，而是按专业内容分别进行统计调查。

1998年，畜牧生产统计由畜牧局全面统计改为统计局全面统计非农户和规模户，散养户抽取30个调查小区作为样本，推算全县散养水平，然后将非农户、规模户、散养户汇总作为全县数。

1999年，工业统计在原全面统计基础上，改为规模以上全面统计，规模以下抽样统计，样本由市局抽取。

2003年，国家行业标准调整，把原属二、三产业农林牧渔服务业部分调整入农业，原农业部分农民家庭兼营工业（商品部分）调整入工业。

2004年，批发零售贸易餐饮业改为抽样调查，样本由县抽取。

至2005年，统计报表制度内容已经涵盖国民经济各个行业和国民经济核算各个细节。统计主要报表制度有：农业产值综合报表制度、农产量抽样调查制度、乡村社会经济调查方案、工业统计报表制度、建筑业统计报表制度、固定资产统计报表制度、批发和零售业与住宿和餐饮业统计报表制度、房地产开发统计报表制度、劳动统计报表制度、基本单位名录更新制度、对外经济统计报表制度、开发园区统计报表制度、农村固定资产抽样调查方案、能源统计报表制度、工业品价格统计调查方案、科技综合统计报表制度、社会综合统计报表制度、农村住户调查方案、农产品价格调查报表制度、运输邮电业综合统计报表制度、GDP核算统计报表制度等统计报表制度。另外，还有各业务主管行政部门统计后报政府统计部门的报表：人口变动、计划生育、科学技术、文化、教育、卫生、民政、财政、金融、保险、气象、农机、水利等以部门统计为主的统计报表。

第三节 统计普查与调查

统计普查

工业普查　1986年1月，进行第二次全国工业普查，主要内容是1985年工业企业经济情况和1980年、1984年部分经济指标。全县参加第二次全国工业普查人员1200余人。历经宣传发动，选调普查人员及培训、调查摸底、普查登记、数据处理与开发，完成普查任务。经普查，1985年，全县有小型独立核算工业企业109个。其中全民所有制工业企业15个，县属集体所有制工业企业18个，乡镇办工业企业76个；职工12513人；现价工业总产值21720万元，中间物质消耗17522万元，工业净产值4198万元；工业产品销售收入22688万元；动力机械总动力38077千瓦；企业占地面积3400亩；房屋建筑面积41.9万平方米；年末固定资产原值7569万元，年末固定资产净值5836万元；企业留利395万元。全县非独立核算工业企业11个（其中全民所有制工业企业1个，集体所有制工业企业10个），年末从业人员200人；年末固定资产原值64万元；现价工业总产值84万元，销售收入69万元。农村村办合作经营、个体工业1091个（其中村办工业259个，合作经营工业197个，个体工业635个），年末从业人员11359人；从业人员收入726万元，占地面积943亩，现价工业总产值5405万元，销售收入5040万元，利润总额666万元，年末固定资产原值1611万元，上缴税金187万元。普查结束后编辑《邹平县第二次工业普查资料汇编》一书。

1995年7月至1997年7月，进行第三次全国工业普查。普查内容涉及工业生产经营基本情况、资产负债状况及其构成、生产能力利用及技术装备等。全县参加第三次全国工业普查1000余人，建立普查领导机构、宣传发动、选调普查人员、业务培训、调查摸底、普查登记、数据处理等环节。

经济普查　1995年年末，全县工业企业和生产单位4984个，从业人员74420人，资产总额29.13亿元，实收资本8.61亿元，产品销售收入61.5亿元，上缴税金2.32亿元，工业增加值11.7亿元；按可比价格计算，比1985年增长8.4倍，年均递增23.8%；与历史上其他时期相比，是工业经济增长最快的10年。

全部工业企业和生产单位主要经济指标：企业单位655个（其中国有经济22个，集体经济404个，私营经济41个，个体经济171个，股份制经济7个，外商及港澳台投资经济9个，其他经济1个），现价工业总产值46.27亿元，产品销售收入43.03亿元，实缴税金2.22亿元，利润总额2.63亿元。年末，固定资产原值14.47亿元，流动资产13.09亿元，实收资本7.04亿元，从业人员劳动报酬1.61亿元；从业人员43034人；全部乡镇及以上工业企业322个，现价工业总产值37.13亿元。全部年销售收入100万元以上村办工业企业129个，现价工业总产值3.23亿元，产品销售收入2.92亿元，年末，从业人员3114人。全部年销售收入100万元以下村办工业企业99个，现价工业总产值0.45亿元，年末从业人员1912人；全部年产品销售收入在100万元以下合作经营、私营、个体工业企业和生产单位主要经济指标：企业单位4213个，现价工业总产值18.03亿元，年末，从业人员29474人，实缴税金915万元，自有资金1.48亿元。普查结束后，主要数据收入《邹平统计年鉴（1996）》一书。

人口普查　1990年，进行第四次全国人口普查，普查时点为7月1日零时，1991年完成。全县分为824个普查区，下辖2005个调查小区。历经人口普查宣传发动，选调普查指导员和普查员及其培训，各项物资准备、落实经费，户口整顿，划分普查区和调查小区，人口普查试点，普查摸底及编制摸底册，入户登记，复查补漏、手工汇总、编码、光电录入、评比表彰、普查资料编辑和开发等工作环节。经普查，1990年7月1日零时，全县常住人口665611人，总户数167995户。普查结束后编辑出版《邹平县第四次人口普查手工汇总资料》《邹平县1990年人口普查资料电子计算机汇总》。

1999年1月至2002年8月，进行第五次全国人口普查，普查时点为2000年11月1日零时。根据国务院通知要求，县政府成立普查领导小组并组建办公室，全县17个镇乡和县直城区相继建立人口普查领导小组和办事机构。923个普查区建立普查小组，下辖2529个调查小区。全县参加人口普查人员6000余人，选调普查指导员、普查员及工作人员3660人。在2年8个月时间内，从建立健全人口普查领导机构和办事机构开始，历经人口普查宣传发动、人口普查试点、普查区和调查小区划分，普查指导员和普查员的选调和培训，户口整顿、普查摸底及编制摸底底册、入户普查登记、复查补漏、手工汇总、编码、光电录入、评比表彰、普查资料编印和开发等工作环节。经普查，2000年11月1日零时，全县常住人口户数为204859户，总人口为686590人。摸清全县人口基本情况，从城乡分布、民族、年龄、文化程度、行业职业、婚姻、家庭、生育、死亡等方面取得大量基础资料。普查结束后，县普查办公室编辑出版《邹平县2000年第五次人口普查资料》。

第三产业普查　1993年9月至1995年6月，开展全国第三产业普查。普查范围包括所有第三产业企业、事业、行政单位和社会团体，并对从事第三产业个体户进行抽样调查；普查内容涉及第三产业机构、人员、资产和企业单位收入、成本、费用、库存、税金、利润及行政事业单位经费支出等。全县有1145人参加第三产业普查工作。历经建立机构、落实经费、宣传发动、选调普查人员，组织培训、试填、普查登记、复查补漏、质量验收、数据处理等工作环节，圆满完成普查任务。经普查，首次取得一套系统完整全面反映全县第三产业规模、结构、地理分布、经济效益基础资料。汇总表明：全县第三产业共涉及12个门类，31个大类，84个中类。至1992年，全县第三产业单位为18011个（其中企、事业、行政单位3730个，城乡个体户14281个）。在企、事业、行政单位中，独立核算单位2106个，单独核算单位1624个。全县第三产业从业人员共56724人（其中企、事业、行政单位从业人员29301人，城乡个体户27323人）。

按经济类型分：1992年，第三产业独立核算单位中，国有经济单位1223个，从业人员18143人，分别占全县第三产业独立核算部分的32.79%和61.95%；集体经济单位2497个，从业人员11509人，占全县第三产业独立核算部分的66.94%和37.74%；私营经济单位8个，从业人员88人，占全县第三产业独立核算部分的0.27%和0.31%；联营单位1个，从业人员10人；其他经济1个，从业人员1人。个体业户14281户，从业人员27423人。

1992年，全县第三产业总产出79924万元，中间消耗43553万元，增加值36371万元，上缴生产税净额3612万元。在全县国内生产总值构成中，第三产业占28.8%，高于全国平均水平1个百分点。在全社会从业人员构成中，第三产业占13.6%，低于全国水平6.1个百分点。全县第三产业拥有固定资产原值191760万元。普查结束，编辑出版《邹平县第三产业普查资料汇编》。

农业普查　1996年2月至1997年12月，开展第一次全国农业普查。普查范围包括农村住户、非农村住户类农业生产经营单位，调查项目共38个。县政府建立农业普查领导及办事机构，镇乡相继建立健全普查领导及办事机构，办事处和村委会建立普查小组，并指定普查指导员，每个村民小组配备1名普查员，全县参加普查工作人员约6000人（其中直接参加入户登记、现场指导、编码转录等工作人员4351人）。这次普查，邹平县被授予“省级先进单位”称号。经普查，1996年9月30日，全县有农村住户158392户；从业人员414729人（其中农、林、牧、渔业从业人员329140人，非农业从业人员85589人）；从业人员按主要从业地区分：本乡382775人，本县14648人，本省14980人，省外2326人。年末存栏：牛，85131头；羊，65996只；猪，71589头；家禽，713.1万只。年末，实有耕地112.14万亩，果园10.88万亩，桑园2756亩，林地7.56万亩，渔业养殖面积3.19万亩，有效灌溉面积85.41万亩。全县农用生产机械有大中型拖拉机1518台，小型拖拉机10664台，联合收割机256台，机动脱粒机6867台，农用载重汽车890辆，农用运输车12667辆。全县生产用房386.1万平方米（其中库房170.5万平方米，生产加工用房21.1万平方米，畜禽用房194.5万平方米）。全县13个建制镇镇区占地面积26.4平方千米，总人口54903人（其中非农业人口29069人，有企业633个，企业从业人员16904人）。全县非农乡镇企业806个（其中镇乡办193个，村办188个，联户办64个，户办361个）；非农乡镇企业从业人员35851人。

这次普查，掌握了农业生产经营单位数量、规模和结构，农业用地在各经营单位分布和使用情况，农业生产性固定资产数量、结构和性能，农村劳动力数量、素质、从事行业和流动情况，乡镇企业和所有镇乡基本情况，涉及1132项，874个指标。普查结束后，其资料收入《滨州地区第一次农业普查资料汇编》。

基本单位普查　1996年11月至1997年10月，进行第一次全国基本单位普查。普查内容包括单位代码、单位名称、法定代表人、单位所在地、通讯号码、行业类别、经济类型、隶属关系、主管部门、企事业机关划分、执行会计制度类别、开业时间、企业营业状态、企业主要业务活动情况、产业活动单位归属等20类指标。经普查，全县有法人单位2192个，其中单产业法人单位1397个，多产业法人单位795个，多产业法人单位产业活动单位2459个。法人单位按行业分组：农、林、牧、渔业50个，采掘业7个，制造业829个，电力蒸汽、热水生产和供应业3个，建筑业66个，水利管理业7个，交通运输、仓储及邮电通讯业16个，批发、零售贸易和餐饮业118个，金融保险业37个，房地产业1个，社会服务业11个，卫生、体育、社会福利保险业28个，教育、文化艺术及广播电影电视业50个，科学研究和综合技术服务业4个，国家机关、政党机关和社会团体（包括村委会）959个，其他行业6个。从业人员94631人（其中男61019人，女33612人）。普查结束，资料收入《滨州地区第一次基本单位普查资料汇编》。

2001年10月至2005年5月，根据国务院《第二次全国基本单位普查办法》和《关于认真做好第二次基本单位普查的通知》规定和要求，进行第二次基本单位普查。县政府建立普查领导和办事机构，历经选调工作人员和普查员、业务培训、摸底并编制摸底底册、普查登记、复查补漏、编码、普查数据录入、汇总、编辑、审核、建立基本单位名录库等工作环节。经普查，2001年，全县有各类法人单位2032个，全部法人单位中单产业法人单位1708个，多产业法人单位342个；其中企业法人939个，事业法人122个，机关法人88个，社团法人25个，其他法人868个（含村委会）。

2001年，共有产业活动单位3304个，其中：生产经营性产业活动单位1495个，非生产经营活动单位1809个。同年，有个体工商户14699户（其中从事批发零售贸易餐饮业6213户，从事工业4046户，从事社会服务业2207户，从事公路运输业1124户）。普查结束后，普查数据收入《滨州市第二次基本单位普查资料汇编》。

抽样调查

农村住户调查　1985年，县统计局在全县17个乡镇171个自然村710户家庭中设农村住户实物收支登记账和现金收支登记账，进一步了解农村住户生产收入、消费、积累和社会活动情况，研究农民收入及其构成与生产和扩大再生产、物质生活和精神生活的发展情况，反映农村产业结构变化情况。1995年，为适应农村小康进程监测需要，调整为村村记账。在全县858个行政村，每村抽3～9家农户作为经济记账户，以这部分人所记经济收支水平推算全县农民人均纯收入。1998年，全县基本实现小康。1999年，通过省级验收，该检测体系中止，只保留代表农民收入功能。2005年，原小康监测记账体系，已不适用。全县记账户调整为500户，从全县行政村中抽取50个村，再从每个村中抽取10户，每村配1名辅助调查员，辅助调查员将各户记账情况报各镇、街道统计所，由统计所微机录入后，传报县统计局，由统计局汇总并上报。

农村经济抽样调查　1984年，国家抽中邹平县为农村社会经济调查县并设农调队，从全县抽取10个自然村，每村抽取10户，共计100户，作为农村经济调查记账户。同年，又把21个自然村668户定为农产量调查点。农调队属国家直属调查队，数据直接上报省队。多年后，农调队在原来记账户和产量点户基础上，逐步扩展业务，至2005年，农调队农村经济调查户已成90户，产量调查点由分布9个村，每村10户调成450户分布15个村，每村30户。业务包括农村经济记账户农产量调查，农民种植意向调查，畜牧业调查季报，农产品生产价格、农林牧渔中间消耗价格调查，队长问卷（季报），农村固定资产投资、非农户固定资产投资、农户建房投资等调查。具体操作，每村配备1名辅助调查员，辅助调查员再将各户所记账页，按时报县农调队，由农调队编码、录入、汇总后上报省农调队。1995—2004年，县农调队农村经济调查部分内容也同时代表县农户抽样调查资料上报市统计局。

人口抽样调查　1989年1月，按照省统计局部署，对以人口出生、死亡为核心指标人口变动情况进行抽样调查。1991—1993年，连续3年进行以人口出生、死亡等自然变动为核心指标人口抽样追踪调查。1995年，1%人口抽样调查（又称人口小普查），国家抽中邹平县4个镇乡16个行政村16个调查小区，这一次抽样调查主要内容为人口出生、死亡情况、人口流动情况、育龄妇女生育情况、劳动力所从事行业、职业情况、人口文化程度情况、婚姻家庭情况、民族情况、年龄结构等。2005年，1%人口抽样调查国家抽中邹平县6个镇、街道24个行政村24个调查小区。抽查调查主要内容为人口出生、死亡情况、人口流动情况、人口身体状况、民族情况、人口文化程度情况、婚姻家庭情况，劳动力所从事行业、职业情况、人口经济收入情况、育龄妇女生育情况、社会保险、生活来源情况、住房情况等。

外事调查　根据中美两国政府有关协定，选定邹平县作为美国人了解中国农村一个窗口。美国经济学者史泰丽带领其助手，1991—1994年，采用抽样调查的方法对邹平县农村经济进行追踪调查。县统计局负责调查问卷实施。调查范围划定在农调队100个记账户基础上加抽签办法，共256户。调查内容有农村生产条件、农村经济发展及经营、家庭户现金和实物收支结余状况、农村住房、劳动力受教育程度、子女入学受教育等。

一次性抽样调查　1988年，以育龄妇女生育状况为核心指标的全国生育、节育调查。1996年，以农户化肥需求结构为内容的化肥需求调查，以小城镇发展进程为内容的小城镇建设调查，以妇女儿童生活日用品和家电需求意向为内容的妇女儿童用品调查。1997—1998年，受上海天立公司委托，对杜邦公司除草剂使用效果及需求量进行追踪调查；受山东酒业有限公司委托对省内名牌酒水市场调查。1998 年，以农民税费负担为内容的专题调查。同年，以配合小城镇建设试点为内容的“百新工程检测”。1999—2003 年，全国房屋及其土地占用情况抽样调查，省委研究安排的“农村社会经济调查问卷”，山东人民广播电台及系列台收听率调查，央视中心的电视收视率调查，山东烟草消费情况调查等抽样调查。2002—2005 年，房地产调查。2004 年，农村承包土地流转调查，“平安山东”调查，省局的县城区药店、诊所调查，2004—2005 年，居民安全感追踪调查。2005 年，有关信仰问题、社会问卷调查等。

第四节　统计服务

统计信息服务

1986—1987 年，每年编印一册《邹平县国民经济和社会发展统计资料》。1988—2005 年，统计部门每年都定期发布《统计公报》和编印《邹平统计年鉴》。1987 年，编印《山东省邹平县第二次全国工业普查资料汇编》；1988 年，编印记录自中共十一届三中全会以来邹平县经济和社会发展成果的数字资料《十年成就》一书；1989 年，为向国庆 40 周年献礼，编印《奋发进取四十年》一书，将新中国成立 40 年来各行业最基本数据资料，绘成图片 45 幅，表 60 个，文字 8 万余字，概略记述新中国成立后 40 年间邹平县国民经济和社会发展所取得成就和走过的路程；1990 年，编印《辉煌的十年》（1980—1990 年资料），与经委合办《经济情况简报》，定期向党政领导和经济管理主管部门提供各行业和主要单位经济运行情况；1991 年，

图 14-4　部分《邹平统计年鉴》资料　（2015 年摄）

编印《山东省邹平县第四次人口普查手工汇总资料》和《山东省惠民地区邹平县第四次人口普查资料》电子计算机汇总本；2002 年，编印《邹平县 2000 年第五次人口普查资料》。2005 年 7 月，开始编印《统计月报》。

图 14-5　部分人口普查资料　（2015 年摄）

统计咨询服务

回答领导和有关单位查询。利用统计本身占有资料齐全且较细特点，将社会及经济发展中热点问题和重点问题仔细分析研究，认真推敲，写出具有量化特点定性统计分析报告，提供给领导作为参考依据。为社会各阶层和企业发展可行性调查提供咨询服务。

监测服务

利用统计数据从总体上反映全县经济、社会运行状态特点，实行定量检查、监测，对重要社会或经济现象中危险信号及时发出预警，以保持经济持续稳定、协调发展。1993—2005 年，进行监测和发出预警信息有：对新生儿男女性别比例失调问题发出的预警，对农村小康进程监测，对小城镇建设方面的“百新工程”监测，对《山东妇女发展纲要》《九十年代中国儿童发展规划纲要》实现程度监测等和年底各级政府及部门评比打分中数字监督。对有些统计数据失实及时进行调查、修正等。

第五节　统计执法与登记管理

从 1985 年起，规定每年 7 月和 11 月为《统计法》检查月，建立统计工作监督检查制度，每

年采取自查、互查、抽查等多种形式，检查执行情况。1987年，国家颁布《统计法实施细则》，统计执法可操作性提高一大步。1993年，山东省颁布《山东省统计管理条例》，统计行政管理和统计执法工作可操作性更进一步。1996年，国家修正后的《统计法》颁布。1998年,山东省修正的《山东省统计管理条例》颁布。2000年,修正后的《统计法实施细则》颁布。县统计部门相继制定《统计执法实施方案》和推行全员执法、统计执法责任制等措施，统计执法逐步成熟起来。《统计法》颁布后，全县查处违法案件103起，立案84起，结案处理84起，这些执法行为，有效遏制虚报、瞒报、拒报、迟报现象。

统计登记管理。根据《山东省统计管理条例》，全县对法人单位实行统计登记管理。1993—2005年，累计登记2228个单位。

第四章　工商行政

第一节　机构沿革

1986年,工商局内设工秘股、市管股、合同股、企业股、个体劳动者协会，下属机构有18个工商所。1988年，增设人监股、经济检查所。1989年，消费者协会成立。1991年，增设会计股。

1993年10月，县级机构改革，县物价局并入工商局，内设机构调整为：办公室、财务股、经济合同管理股、市场管理股、经济检查股、企业登记管理股、物价检查所、个体劳动者协会。下属机构有城中工商所、会仙工商所和18个基层工商所。1996年8月，成立市场服务中心，为股级事业单位。根据滨编〔1996〕16号文件设置县物价局，为正科级行政单位，列政府序列。1997年7月，县物价局从工商局析出。10月，工商局内增设法制股。1998年，工商管理体制改革，实行省以下垂直管理，县工商局人、财、物受省局统一领导。

1999年年初，内设办公室、纪检组、会计设、法制股、企业登记管理股、个体私营户登记管理股、合同管理股、商标广告管理股、市场监督管理股、经济检查股10个股室，下辖城关、黄山、好生、长山、魏桥、孙镇、明集、码头、临池、青阳、韩店、台子、苑城、九户、西董、礼参、焦桥、里八田18个工商所。3月，商标广告管理股并入合同管理股，新设会仙工商所。5月，礼参工商所并入长山工商所，台子工商所并入魏桥工商所。2000年6月，焦桥工商所并入苑城工商所，里八田工商所并入明集工商所，会仙工商所并入城关工商所。

2002年4月，省工商局统一部署机构改革。经省编办、省工商局批准,邹平县工商局设办公室、人事政工科、纪检监督室、财务装备科、法制科、市场合同管理科、商标广告管理科、消费者权益保护科8个科室；设企业注册局、公平交易局2个直属局，为副科级单位；设13个基层工商所，其中城关、黄山、好生、长山、魏桥、孙镇、明集、码头8个所为副科级所，临池、青阳、韩店、台子、焦桥5个所为股级所。核定编额187人。至2005年，机构、人员、编制未变。

第二节　市场建设与管理

市场建设

1986年年初，全县共有集市54个，开设集市市口345个，设立公平秤110台，建立交易咨询服务台56张，增添市场交易服务157人。1985年、1986年，县城投资63.7万元，建成黄山、黛溪2大顶棚市场；临池、台子、青阳、里八田、苑城5个乡分别建成农贸市场，投资34.25万元。全县有集市56处。

图 14-6　1985 年 7 月 3 日，黄山商场启用，2003 年 3 月 11 日拆除

1988 年，投资 40.34 万元，新建好生乡苗家、焦桥乡孙段、韩店乡肖镇、魏桥镇临河、青阳乡刘家 5 处农村集市，农贸市场 11 处，专业市场 3 处。

1989 年 3 月，投资 82 万元，修复被大雪压塌的黛溪市场，加固维修黄山市场，会仙市场第一期工程开始施工。魏桥批发市场进行搬迁扩大，苑城搬迁大集，东关村建成东升市场。

1991 年，组织工商所所长到寿光、临沂、淄博等地参观学习，全年投入市场建设资金 300 多万元，先后建成南范市场、明集农贸市场、礼参农贸市场、临池东黄沙发专业批发市场、好生木材专业市场等。全县集贸市场 78 处，专业市场 17 处。

1992 年，新建码头乡成集、九户乡成家、孙镇乡辛集、西董乡韩寨 4 处农村集贸市场。用于市场建设资金 3727 万元，新建、改造、恢复各类市场 34 处，各类农贸市场 103 处（其中专业市场 38 处）。

1993 年，投资 1242 万元，扩建市场 5 处，新建青阳镇南陈村、魏桥镇西码头村、邹平镇韩坊村、好生镇驻地、孙镇坡庄 5 处农村集贸市场，占地 12.2 万平方米。对乡镇集市进行改造，改造率 95%，增加摊位容量。县城组织秋季物资交流大会，5 个乡镇举办物资交流大会。

图 14-7　1994 年 10 月 23 日，会仙商场第三期工程竣工庆典

1996 年，顺利完成市场管办脱钩工作。新建市场 6 处，改扩建 2 处，搬迁马路集、夜市 3 处，举办秋季物资交流大会。全县城乡集贸市场发展到 113 处，年成交额 3.75 亿元，比上年同期增长 26%，有 22 处市场被命名为省、地级文明集贸市场。

1997 年，全县市场有 120 处，市场成交额 4.53 亿元，有 9 处市场被命名为省级文明市场，1 处市场被命名为省级规范化样板市场，15 处市场被命名为地级文明市场。

1999 年，全年市场成交额 5.22 亿元，同比增长 6%。

2000 年，全县市场发展到 125 处，其中文明市场数占全县市场总数的 20%，各类市场成交额 5.6 亿元。

2002 年，全县市场有 125 处，各类市场交易额 6.35 亿元。

市场管理

1986 年，在集贸市场推行编号定位、对号入市、以号带费、责任到人管理方法。在集市上设监督服务台、公平秤、公平尺、宣传栏、广告栏、信息栏和集市示意图。年底，全县评出 14 个文明市场。

图 14-8　20 世纪 80 年代初，经营户通过抓阄形式确定摊位

1987 年，对市场组织 5 次检查整顿，查出有违章违法行为的 865 户，构成违法案件 69 起，其中查处 30 起（包括移交司法机关 4 起）；查出假酒、

假烟、劣质化肥等一大批，货值28万元。

1988年，贯彻执行《山东省城乡集市贸易规范化管理暂行规定》，关闭棉花市场，制定机动车辆交易管理办法。

1989年，实行百分考核制，对聘用的151名市场协管员进行整顿，辞掉6名有贪污行为协管员。积极参与生产资料市场管理，对化肥市场进行2次检查，合格率为66.6%，对部分种子进行检查。

1990年，各市场落实“明码标价、佩戴经营证”、饮食服务人员着装规范化制度。对生产资料、棉花、文化市场进行整顿。

1991年，遵照“放而有度，活而有序，管而有法”原则，实行编号定位、佩戴“经营证”和市场信誉卡等规范化管理制度。年底，8处市场被命名为地级文明集市。

1992年，统一制作96个货架，黄山商场商品全部采用货架摆放，整齐美观。对欺行霸市和制售假冒伪劣商品等违法行为进行查处，没收不合格计量器具380余台（杆）。

1993年，对乡镇集市进行集中检查，查处无证经营、欺行霸市等违法行为112起，查获不合格计量器具152杆（台）、反动淫秽出版物13900本、录像带200盘。对全县95处商品交易市场进行登记，对协管员队伍进行整顿，由158人精减为117人。

1995年，对农资、棉花、蚕茧、石油、文化等市场进行全面治理。5月，对经营猪肉单位和个人实行信誉卡制度，县局购买肉类检查仪20个，查处注水肉案件25起，查获注水猪肉1700余千克。是年，有6处市场被命名为省级文明市场，14处市场被命名为地级文明市场。

1996年，对棉花、农资、石油、房地产等市场进行重点整治，对群众反映强烈注水肉问题进行集中治理，查处市场违法行为157起，打击欺行霸市活动26起。

1997年，进一步完善市场巡查制，全年完成市场巡查260天，处理交易纠纷130余起，实现对市场动态管理。重点加强农资、石油、文化市场监管，查获假冒劣质化肥18吨、种子4吨、农药2吨，收缴非法出版物300册、音像制品230余盘。

1998年，加强粮食市场管理，对全县用粮企业重新核发营业执照。组织生资市场检查，查处超范围和无照经营农资户49户。

2000年，捣毁制假窝点43个，查获违法物资案值700余万元。

2001年，与质量监督、公安、文化、经贸委等部门联合行动，对各类市场进行治理整顿，共捣毁制假窝点36个，查获违法物资总案值700余万元，为消费者追回经济损失120余万元。

2002年，大力推行基层所办案，加强执法力度、深度和广度，捣毁制假窝点38个，查获违法物资总案值700余万元，为消费者挽回经济损失150余万元。

2003年，严厉查处违法分子以防治“非典”名义哄抬物价、囤积居奇、制假售假、虚假宣传等行为，出动执法人员1980人次，出动执法车辆510余台次，查处违法案件75起，案值57万元。

2004年，以年检为契机，严厉查处虚假出资、抽逃出资、虚假注册资本等行为，查处违反企业登记管理法规案件26起；经严格审核，对山东魏桥纺织集团有限公司等16家企业实行免检。

2005年，查处各类经济违法案件902起，查获假冒白酒7600瓶、假商标及包装物4万套、劣质钢材285吨、不合格农药3580千克、假冒劣质化肥77200千克、不合格铝合金5吨、不合格木工板300张。

第三节　登记管理

1986年，全年工商企业登记10722户（国营133户，集体988户，个体9601户）。对1985年前的工商企业进行全面整顿，重新换发执照。全县清理整顿工商企业8971户，其中重新换发执照7358户，注销执照1613户。对全县57个公司重新复核，其中49个换发执照，8个不够条件的公司进行变更。对全县个体工商户进行验证贴花，应验证户8071户，实验证户5405户，注销1044户。

1987年，工商企业登记11707户（国营135

户、集体1136户、分支机构641户，个体工商户10436户），较上年增长9%。是年，国营企业实行集体承包经营21户，乡镇村办企业个人承包经营305户，横向联营10户。全年共检查企业和个体工商户6956户，查处违法经营工商户738户。

1988年，核发营业执照5972户，其中全民20户、集体621户、个体5331户，全县工商企业和个体工商户发展到13707户。

1989年，全县个体工商户达13190户，从业人数23512人，全县工商企业发展到1925户，其中法人企业572户，营业性企业1353户。

1990年，新发展工商企业143户，全县累计1823户。检查企业1580户，查出违章违法企业177户，其中立案查处22户。清理公司95家。

1992年，新发展企业369户，其中法人企业211户，营业性企业158户，工商企业累计1988户。企业登记由过去集中审批改为随到随批和上门办理，全年新发展个体私营企业户6350户，全县总数达16933户，从业人员33692人。

1993年，进一步改进登记管理，按省局文件规定，除59种产品需办理许可证外，其他一律放开，由企业自主选择经营范围，全年新发展工商业389户，个体工商户发展到18689户，从业人员35896人。

1994年，全县工商企业1985家，个体工商户达18866户，从业人员2万余人；私营企业276家，从业人员3800人。

1995年，全年新发展企业193家，其中按《公司法》办理新公司16家。是年，全县企业有1848家，其中法人企业811家，营业性企业1037家，"三资"企业37家。全县个体工商户20818户，从业人员37833人，私营企业528家，从业人员6721人。

1996年，通过年检为186家企业进行变更登记，对66家校办企业进行界定。全县企业发展到1847家（其中企业集体12家，外资企业43家）；个体工商户达18808户，从业人员31517人，分别比上年增加2.3%和2.5%；私营企业632家，从业人员8337人，分别比上年增加20.4%和32.6%；涌现出4个专业乡镇、106个规模性专业村。

1997年，帮助10家企业完成股份制改造，新发展企业108家，全县企业1605家。对4家市场中介服务机构进行清理整顿。全县个体工商户25856户，从业人员45609人，私营企业790户，从业人员10084人。

1998年，全县个体工商户27084户，从业人员49162人，注册资金2.15亿元，同比增长29%、30%和14%。全县4个经济园区实行"四通一平"，申请入园业户835家。

1999年，实行向企业派驻联络员制度，同全县40家私营企业结对帮扶，为企业提合理化建议100余条，办实事70余件。11月，开展无照经营专项清理活动，取缔无照经营户300余户。全县企业达1221家，个体工商户发展到24578户，从业人员14998人，注册资金9477万元，私营企业发展到841家，从业人员14998人，注册资金2.75亿元。

2000年，新发展企业214家，全县工商企业总数1377家（其中集团公司13家，有限公司234家，外商投资企业36家）。支持企业发展，帮助3户企业变更为省级企业名称。个体私营经济发展坚持"数质并举"方针，全县个体工商户发展到30128户，私营企业1013户，注册资本总额4.82亿元，从业人员89543人。

2001年，全县登记注册个体工商户13468户，从业人员40404人，注册资金6060万元，私营企业发展到808户，从业人员13700人，注册资金35810万元。在全县范围内开展无照经营专项整顿，查处各类无照经营业户2000余户，对符合条件业户及时办理营业执照，其中办理交通运输执照800个。

2002年，帮助8家企业登记注册省级企业名称，全县省级企业32户，并帮助20余家企业办理自营进出口权业务。企业发展到1313家，私营企业560家，个体工商户6569户。

2003年，首次试行企业免检制度，认定山东魏桥纺织集团有限公司等22家规模大、信用好企业为企业年检"免检单位"。

2004年，全县内资企业发展到1316户，私营企业1392户，登记注册个体工商户7986家。

2005年，全县登记注册个体工商户13852户，企业2826家。出台《关于服务“二次创业”的二十五条意见》，在“二十五条意见”出台后1个月内，全县新增个体工商户600余户、各类企业48家。

第四节　商标管理

1986年，注册商标7个。

1990年，检查注册商标32个，销毁不准使用商标标识11万张，停止使用商标标识120万张。收缴各种商标30余种，50余万套，修改不规范商标文字、图案5个，督促企业核转注册商标20个。

1992年，为企业核转申请注册商标32个，全县有效注册商标140个，查处商标侵权案件21起。

1994年，为企业核转申请注册商标51个，其中1次为山东琥珀啤酒厂注册防御商标10件。举办商标、广告培训班3期，查处商标、广告案件28起。

1995年，举办商标、广告培训班3期，全年核转商标注册22个，全县注册商标154件。在全县指定19家商标印制企业。加强商标印制管理，查获违法商标标识61万套。

1998年，帮助企业办理商标注册35件次，全县有效注册商标227件。创山东省著名商标2件。

2000年，帮助企业办理商标注册申请30次，全县有效注册商标253件。创山东省著名商标2件。

图14–9　2004年，县工商局为山东省著名商标获得单位代授牌

2001年，帮助企业办理注册商标申请24件，对全县30家商标印制单位进行统一检查，并对281件注册商标进行验证。

2003年，帮助企业查询商标60余件，大力扶持企业实施“商标战略”，努力建设“品牌邹平”，全县省级著名商标7件，市级知名商标17件。

2004年，对39家商标印制单位进行集中整顿，规范商标印制行为，全年共查处商标违法案件42起。全县著名商标总数为10件，居全市首位。

2005年，以实施“品牌邹平”为重点，验证商标197件，为企业查询、注册各类商标15件，新申报省著名商标4件。

第五节　广告管理

1986年，整理广告宣传栏2个，办理广告业务24起。

1988年，办理广告业务20起，处理虚假广告1起。

1990年，查处虚假广告5起。

1992年，在城区建起广告群，拥有6种广告媒体，全年发布公告1396条，广告经营额255万元。

1995年，有广告经营单位6家，从业人员92人。

1996年，查处广告违法案件9起，清理灯杆广告36块，收缴非法张贴广告3万余份。

1997年，广告经营单位4家，交易额140余万元。

1998年，全县广告经营单位发展到5家，从业人员57人，年交易额155万元。

2000年，全县广告经营单位发展到13家，从业人员96人，年经营额200余万元。

2001年，受理广告登记备案211件，全县广告经营单位12家，从业人员108人，全年广告经营额160余万元。

2002年，受理广告登记备案171件，加大对虚假广告、违法发布广告打击力度，坚决治理乱涂、乱画小广告行为，全年查处广告违法案件14起。

2003年，加强广告登记管理，办理各类广告登记156件。

2004年，加大对虚假广告、违法发布广告的打击力度，坚决治理乱涂、乱画小广告行为，受理广告登记备案625件。

2005年，帮助企业利用广告手段提高市场竞争力，上半年办理各类广告登记306件。

第六节　经济合同管理

1986年，全县签订经济合同9528份，金额12.4亿元，其中鉴证合同156份，金额182万元。受理合同纠纷案件23起，结案21起。开办合同培训班8期，培训550人。

1987年，鉴证合同36份，受理经济合同案件48起，结案42起。举办经济合同培训班3期，培训160余人。

1988年，40个县属企业，12个乡镇企业被评为“重合同守信用”企业。城关、长山、魏桥3个工商所建立派出仲裁庭，全年受理合同纠纷案55起，全部结案，为企业和业户追回货款5.2万元。

1989年，经考核评出72家“重合同守信用”单位。

1990年，企业普遍建立合同管理机构，完善档案管理，全年有89家企业被评为“重合同守信用”企业。

1991年，抓好“重合同守信用”企业评选审批工作，全年批准139家“重合同守信用”企业。

1992年，评出“重合同守信用”企业167家。

1993年，评出122家地级“重合同守信用”企业和10家省级“重合同守信用”企业。

1995年，107家企业被省、地命名为“重合同守信用”企业。

1996年，深入200余家大中企业检查合同5000余份，查处欺诈合同及其他违法合同17份，为企业避免经济损失90余万元。鉴证各类经济合同49870份，金额3.8亿元。开展抵押合同和抵押物登记管理工作，办理登记89件次，抵押金额1.4亿元，保障债权人债权实现。

1997年，组建企业合同管理协会，全县60%以上企业做到合同管理机构、人员、制度三落实。全年鉴证经济合同38572份，金额1906万元。加强抵押登记管理，办理抵押登记121件，登记主债权金额3.1亿元。大力开展“重合同、守信用”活动，全县省、市级“重合同、守信用”企业108家。

1998年，办理抵押合同登记263份，抵押金额3.74亿元。查处违法合同4起，为企业避免经济损失76万元。

1999年，鉴证经济合同35267份，鉴证金额39983万元。办理抵押登记199件，金额61435万元。查处合同违法案件17起。

2000年，办理合同抵押登记216件，登记主债权14.89亿元。鉴证各类合同12139份，鉴证金额14.89亿元。发放统一合同示范文本5.2万份，培训企业合同管理人员1323名，为122家企业申请到省、地级“重合同、守信用”企业称号。

2001年，办理抵押合同登记153件，抵押物价值61891万元，登记主债权金额61691万元。培育“重合同、守信用”企业100家，检查合同165份，为企业避免或挽回经济损失67万元。

2002年，鉴证经济合同137份，为企业办理抵押登记137份，鉴证金额54194万元。加强《合同法》社会宣传，利用开展培训班等形式为企业培养合同管理人员400余人。大力构筑经济诚信体系，新增“重合同、守信用”企业14家，全县省级“重合同、守信用”企业10家，市级94家；举办“重合同、守信用”企业形象展播活动，参加企业50余家。

2003年，办理抵押登记128件，新发展“重合同、守信用”企业13家，全县“重合同、守信用”企业总数113家。

2004年，为企业办理抵押登记92件，抵押物价值44.28亿元，抵押贷款20.53亿元，新增“重合同、守信用”企业9家，全县“重合同、守信用”企业115家。

2005年，上半年为企业办理抵押登记51件，抵押物价值58.17亿元，抵押贷款27.96亿元，全县“重合同、守信用”企业108家，其中省级“重合同、守信用”企业9家。

第七节 消费者权益保护

1989年3月20日,建立消费者协会筹备小组。当年,县消协接待来访40余人次,受理投诉15起,为消费者挽回经济损失1.2万元。

1990年,处理消费者投诉1013件,为消费者挽回经济损失4.8万元。接受咨询8310余人次,收到消费者表扬信24件。

1991年,接受消费者咨询3000余人次,受理消费者投诉案件364件,为消费者挽回经济损失35万余元,收到表扬信件32封,锦旗一面。

1992年,举办消费知识电视竞赛,设立8处消费者联络站,在部分村庄设立336个农村消费者指导站。

1993年,受理消费者投诉558起,为消费者挽回经济损失23.6万元。

1994年,县消协在"3·15"消费者权益日加大宣传力度,全年处理消费者投诉868件,为消费者挽回经济损失29.5万元。

1995年3月15日,县消协组织县直8家企业到全县乡镇驻地和部分集市进行贯彻《消费者权益保护法》宣传,连续5年被省、地消费者协会评为先进消费者协会。

1996年,举办11期《消费者权益保护法》学习班,受教育人员800余人。设立消费者投诉巡回点5个。评选出150余家"消费者满意单位""无假冒伪劣商店"。处结消费者投诉694起,为消费者挽回经济损失11.8万元。

1997年,举办"3·15"宣传活动,在《邹平日报》开办"3·15"专栏。全年处结消费者投诉601起,为消费者挽回经济损失16.9万元。

1998年,处结消费者投诉274件,为消费者避免或者挽回经济损失13.96万元。

1999年,配合省、地局开展"3·15"下乡巡回宣传活动。全年处结消费者投诉380起,为消费者挽回经济损失25万余元。

2000年,组织"3·15"宣传活动,在县电视台制作24期消费者之友专题节目,到有关企业举办6期《消费者权益保护法》培训班。全年处结消费者投诉497件,为消费者挽回经济损失30.8万元。

2001年,围绕"绿色消费"主题组织"3·15"宣传活动,向消费者发放宣传材料1.5万余份;举办2期厂长、经理《消费者权益保护法》培训班;在《邹平日报》连续发布消费警示20条,调解消费纠纷150起,为消费者挽回经济损失20余万元,接待消费者咨询1500余人次。

2002年,加大"3·15"宣传力度,组织召开厂长、经理和消费者代表座谈会,与有关部门共同举办大型假冒伪劣商品展和服务承诺形象宣传及文艺演出,发放宣传材料3万余份,当场销毁价值近8万元假冒伪劣产品。

2003年,围绕"营造放心消费环境"主题,组织"3·15"宣传活动,发放宣传材料3万余份,接受消费者咨询800余人次。大力提高经营者素质,全县市级"消费者满意单位"60家,县级80家。建立"12315"联动机制,全年受理各类消费投诉940件,成功调解820件,移交有关部门或立案处理120件,处结率100%。

2004年,受理消费者投诉350余起,为消费者挽回经济损失67万元。

2005年,加大消费维权力度,开展"12315"进农村活动,在全县70%以上行政村建立"12315"申诉举报联系点。

第五章　物价管理

第一节　机构沿革

1980年4月，县物价管理局成立，主要职责为贯彻执行国家价格方针、政策和法规，并负责监督和实施。1983年12月，县物价管理局成立物价检查所和农产品调查队，为物价管理局下属单位，专司物价检查和农产品成本调查工作。1985年，县物价管理局改称县物价局。

图14-10　1986年初，在市场上设立公平秤，保证交易公平，维护群众利益

1993年10月，县级机构改革，县物价局并入县工商局，工商局内设物价检查所。1996年，依据邹政发〔1996〕62号文件，撤销县物价检查所，成立县物价局，为县政府组成部门，正科级行政单位。1997年1月8日，县物价局从工商行政管理局中析出，单独办公。县物价局内设办公室、业务股，行政编制7人，下属机构设物价检查所、价格信息中心，为股级事业单位、编制9人。1998年3月，成立价格事务所，原价格信息中心业务合并到价格事务所。1999年年初，成立车损价值认定事务所，为股级事业单位，核定编制3人。2001年，价格事务所更名为价格认证中心，人员性质、编制不变。

2002年6月，县级机构再次改革，县物价局归口县发展计划局管理，核定县物价局行政编制5人。至2005年，县物价局各类人员30人，机构设置未变化。

第二节　价格调控

1985年，取消粮食统购，改为合同定购，不再向农民下达指令性生产和交售计划。除合同定购内粮棉油、蚕茧、烟叶、黄红麻等，其余农副产品价格全部放开。在取消生猪派购同时，职工每月发4元肉价补贴。同年，放开国产手表、风扇、自行车、缝纫机、收音机5种商品价格。

1988年，提高棉花等部分农副产品收购价格和工业原材料、燃料、动力价格。由于出现"抢购风"和"涨价风"，价格改革一度受到影响。

1989年，针对上年价格水平上涨过多情况，进一步加强价格管理。对彩色电视机实行专营并征收特别消费税和国产化基金，对农业生产资料实行专营，下浮13种名烟名酒价格，提高食盐零售价格，整顿棉纺织品及铁锅、铝锅、保温瓶、毛线5种日用工业品价格。物价涨幅低于上年，市场物价形势明显好转。

1991—1993年，在"调放结合，以放为主"原则下，提高石油、煤炭、钢铁和城镇粮油及相关制品价格，放开食糖、卷烟、搪瓷制品、油漆等120余种商品价格和理发、浴池、照相、洗染4个行业价格和收费标准，取消电冰箱、洗衣机等商品提价申报制度。

1993年，先后放开燃料、冶金、机电等1023种商品价格，将棉纺织品、啤酒、水泥等10多种商品由国家定价改为国家指导价。11月，粮油价格大幅度上涨，政府立即采取措施，加强对粮油价格管理，恢复国家定价。

1994—1996年，全县社会商品零售总额中国家定价比重为9.3%，国家指导价为1.6%，市场调节价为89.1%。在农副产品收购总额中，国家定价比重为17.3%，市场调节价为82.7%；在工业生产资料销售总额中，国家定价比重为15.9%，国家指导价为6%，市场调节价为78.1%。

1998年，初步制定、调整县热电厂临时电价和供热价格、城镇居民生活用水和工业用自来水价格。按照省统一布置，进一步深化粮食价格体制改革，适当降低小麦、玉米定购价、保护价和棉花收购价，加强按保护价敞开收购和顺价销售粮食政策检查落实。降低部分电信业务资费标准。推引农村分类综合电价，整顿药品价格秩序。

1999—2000年，促进工农业结构调整，先后调整小麦、玉米定购保护价格及蚕茧收购价格，并适当拉开品质差价。实行棉花价格由政府指导下市场形成价格机制。继续整顿电价秩序，疏导电价矛盾，降低高耗电企业电费负担；配合农村电力体制改革和农村电网改造，降低农村电价标准，减轻农民负担。至2000年，全县社会商品零售总额中国家定价比重为2.5%，国家指导价为1.2%，市场调节价为96.3%;农副产品收购总额中，国家定价比重为7%，国家指导价为0.1%，市场调节价为92.9%；工业生产资料销售总额中，国家定价比重为8%，国家指导价为4.6%，市场调节价为87.4%。

2002年，在农网改造、农村电力管理体制改革基本完成基础上，全县实现城乡居民生活用电同价，最终结算价格为每千瓦时0.52元。

2003年，在防治“非典”期间，对与“非典”相关药品和生活日用品进行严密监控，对部分趁势哄抬药材价格药品经销单位进行制裁，对趁机涨价食盐经销商进行经济处罚，促进全县大局稳定。

2004—2005年，主要防止价格总水平和重要商品价格发生重大波动，为改革和发展创造良好价格环境，加强对煤电油运等基础产品、化肥等农业生产资料、粮油、肉蛋菜等基本生活必需品价格监测分析，密切关注上游产品涨价对下游产品影响。配合监管措施实施先后对农资价格和涉农收费、成品油价格、药品价格、医疗收费、教育收费等一系列进行监督检查，对可能引起市场价格异动苗头性问题，及时查处，在全县行政事业单位及800个自然村，实行价格和收费公示制度，增加政府工作透明度。

第三节　收费管理

从1988年起，开始放开一般性经营收费，同时加强对行政事业性收费管理，全县试行《收费许可证》管理和年度审验制度，初步确立收费管理基本框架。根据1988年颁布的《山东省收费许可证管理暂行办法》，实施行政性、事业性收费的单位必须到物价部门申领收费许可证和收费员证，2证配套使用持证上岗、亮证收费。至1989年，全县发放收费许可证822个、收费员证156个。

从1990年始，强化年度审验制度，年底，审验37个系统105个单位，验审出违纪金额20.4万元，增发收费许可证255个。

1991年，贯彻地区创立收费“一九”系列工作法（“一”是《惠民地区行政事业性收费管理办法》;“九”是申请立项和定调标准制度、收费许可证制度、收费员证制度、明码标价制度、收费统计报告制度、收费监督反馈制度、收费档案管理制度、收费审验制度、收费票据制度）。针对社会上出现“乱收费”现象，在各单位自查自清基础上，物价部门牵头，清理收费项目2760个。对群众反映强烈的教育、卫生、建委、公安、民政、计生等单位进行重点清理，清理出违纪收费项目107个、违纪金额140余万元，责令退还用户17万元，同时废止不合法收费项目15个，增发“收费许可证”40个，变更3个，减轻企业与群众负担300余万元。

1997年，根据《滨州地区中小学收费登记制度实施办法》，建立《中小学教育收费登记册》，全县中小学每人1册，让学生家长交明白钱。同年，根据《滨州地区经营性收费管理办法》，将重要经营性收费纳入管理范围，对大中型餐饮业、娱乐业核发“收费许可证”。增发“收费许可证”160个，收费员证240个。年底审验时，清理出超标准收费32项，不属于行政事业性收费29项，废止不合法收费31项，累计减轻企业与群众负担700万元。

1998年，县物价局配合县监察局、法制局，专门清理整顿涉企收费，对现行所有收费，从立项背景、文件出处、征收范围、标准、资金用途等方面逐一进行清理审核。这次清理，涉及执收执法单位44个，保留收费项目1327个，降低收费项目100个，依法取消项目12个，开始实行企业缴费监督簿和收费批准通知书制度。同年，发放企业缴费监督簿261个，开具收费批准通知书84份，一年减轻企业与群众负担2400万元。是年，为规范村级卫生室（所）医疗收费，在全区率先实施收费许可证管理，对全县800个自然村卫生室发放收费许可证1032个。

1999—2000年，为优化全县经济发展环境，进一步细化对涉企收费管理，落实“一书两卡”（进企业收费批准通知书、企业缴费登记卡和个体工商户、门店缴费明白卡）制度，执收部门进企业不办理收费批准通知书属乱收费行为，企业不但有权拒付，一经查出，物价部门将按乱收费进行处罚。至2000年，全县核发第二轮新收费许可证1606个、收费员证1900个、企业缴费监督簿360份、缴费明白卡5000份。通过年审，变更收费项目标准150项，取消9项。一年全县减轻企业负担2700万元。

2001—2003年，按照新发布《山东省行政事业性收费项目目录》，结合年度审验，进行清理。对国家明令取消收费项目和部门自立或者变相收费项目进行复查，对废而不止及其他不合法收费实施经济处罚，吊销收费许可证，停止办理收费批准通知书等相关手续。至2003年，审证1108个，其中降低收费项目36个，取消不合法收费项目4个，核销收费许可证5个，一年为企业减轻负担400万元。

2004—2005年，各执收单位，通过制式公示栏、公示牌等方式，把收费项目、收费标准、收费依据、收费范围、计费单位、投诉电话等向社会全面公示。投资10万元，竖起30余个执收单位公示栏，全县800个自然村先后建立公示栏，全县公示率95%以上。全县义务教育阶段的97041名中小学生全部实行“一费制”缴费办法，制定高中教育“三限”政策。

第四节　监督检查

价格监督检查

1986—2005年，每年都开展各种形式各类物价检查：不定期开展日常性市场物价检查。在元旦、春节、五一劳动节、国庆节主要节假日前后，对群众生活必需品进行重点检查。配合政府重大价格政策调整，对市场出现一些不正常情况进行价格检查。根据群众举报，对商品价格或收费项目进行检查。根据各个时期社会上出现的群众反映强烈问题，由国家统一部署，开展财政、稳定物价大检查。

至2005年，全县查处价格违法案件1767起，查出违纪金额3134.8万元，实行经济制裁1080.47万元。2000—2005年，连续6年被国家批准为基层规范化物价检查所。

1986—2005年邹平县价格监督情况一览表

表14-5-1　　　　单位：万元

年　度	案件数(件)	查出金额	退户金额	没收金额	罚款金额	制裁金额	上缴金额
1986	41	7.90	4.20	2.92	0.18	7.30	3.10
1987	83	53.50	12.40	20.20	0.38	32.89	20.58
1988	48	35.90	4.20	29.10	0.25	33.56	29.36
1989	260	250.00	84.30	68.50	0.08	152.88	68.58
1990	63	320.00	34.50	40.27	0.14	74.91	40.41
1991	23	38.20	17.00	13.40	0.36	30.76	13.76

续表14-5-1

年 度	案件数(件)	查出金额	退户金额	没收金额	罚款金额	制裁金额	上缴金额
1992	61	42.00	21.40	16.30	0.90	38.60	17.20
1993	64	33.50	12.50	10.00		22.50	10.00
1997	92	120.00	48.50	28.30	1.70	78.5	30.00
1998	97	489.00	27.73	45.70	3.24	76.74	49.01
1999	44	458.70	63.26	31.40	0.50	95.16	31.90
2000	45	433.00	83.56	35.00	1.59	120.15	36.59
2001	235	105.40	38.50	65.90	1.00	105.40	66.90
2002	54	123.50	10.07	25.40	0.80	36.27	26.20
2003	256	180.20	35.60	19.24	2.51	57.35	21.75
2004	152	94.00	14.20	21.00		35.20	21
2005	120	350	57.20	25.10		82.30	25.10
合 计	1738	3134.8	569.12	497.8	13.64	1080.47	511.44.

明码标价

从1986年起，物价部门开始加强对明码标价管理。1987年，根据国务院发布《物价管理暂行条例》中关于建立健全明码标价制度规定和国家物价局关于在企事业单位和个体经营者中普遍建立明码标价制度，并统一使用红、蓝、绿3色标价签分别表示国家定价、国家指导价和市场定价。是年，国营和集体企业明码标价率为80%、个体工商户65%。

1988—1990年，按国家物价局《关于商品和收费实行明码标价制度的规定》，除商品外，有收费行为的国家机关和有收取服务费用的事业单位、其他组织，都必须实行明码标价制度，服务收费项目设收费项目价目表。实行明确标价制度的单位和个体工商业户，必须做到价签、价目齐全、标价准确、字迹清晰、一货一签、摆放醒目，价格变动及时更换。1990年底，全县收费单位标价率75%，商品标价率90%。

1994年3月1日，国家计委下发《关于商品和服务实行明码标价的规定》，同时取消3色标签，统一使用绿色价签。

1998年5月1日，《价格法》颁布实施，全县标价开始使用2色标价签制，正常商品使用绿色价签，削价处理商品使用黄色价签。

2000年10月31日，国家计委根据《价格法》重新制定《关于商品和服务实行明码标价的规定》。至2005年，全县商品标价率98%，服务收费标价率95%。

“物价、计量信得过”活动

1985年，县成立“双信”（物价、计量信得过）活动领导小组，以商业零售大楼和城关供销社为试点单位，后“双信”活动逐步在全县开展起来。是年，2单位双双被评为县级“物价、计量信得过单位”。之后，不断改进“双信”评比办法，调整“双信”内容，修订“双信”标准，拓宽“双信”领域，从原来流通领域扩展到生产厂家和事业单位。至2000年,全县有省级“双信”单位2个，地级6个，县级8个。其中县良种公司从1991年第一届开始连续三届被评为全省执行物价计量政策法规优秀单位，两届获“山东省执行物价计量政策法规最佳单位”称号。至2005年，由于政府职能不断向服务型转变，该项目活动逐渐弱化。

第五节　价格服务

1997年1月，物价局机构恢复后，下设股级事业单位价格信息中心。1998年3月，成立价格事务所（邹编复〔1998〕4 号），原价格信息中心业务合并到价格事务所。2000 年，价格事务所更名为邹平县价格认证中心。业务范围逐步扩大。应司法、行政部门委托，对国家机关及仲裁机构在办理各类案件中涉及财产价格进行鉴别和认定。同年，根据国务院〔2000〕3 号文件对价格鉴证和认证、组织机构、立法工作、操作规程作进一步规范和强化。2002 年 7 月，省人大常委会出台《山东省涉案物品价格鉴证条例》。至 2005 年，始终坚持以“涉案财产价格鉴定”为基础，以“刑事案件鉴定”为重点，以“价格事务”为依托，以“价格认证”为拓展工作思路。1998—2005 年，受理各类涉案鉴定业务 1285 件（起），案值总额 3284.6 万元；各类行政案件认定业务 307 件（起），案值 19071.9 万元；事故车辆定损 3331 件（起），案值 1229.5 万元。

图 14–11　工作人员现场勘察车辆受损情况（2005 年摄）

1998—2005年邹平县价格鉴证、认证情况一览表

表14–5–2　　　　单位：万元

年度＼项目＼额度	价格鉴证		价格认证		事故车辆定损		年度＼项目＼额度	价格鉴证		价格认证		事故车辆定损	
	起数	涉案金额	起数	金额	起数	金额		起数	涉案金额	起数	金额	起数	金额
1998	152	216.00	28	594.00	52	34.00	2002	108	457.50	42	3683.70	280	102.90
1999	168	498.00	82	3960.00	434	82.00	2003	118	453.00	27	3700.00	454	166.90
2000	201	568.00	42	3623.00	220	69.00	2004	168	621.50	20	1540.30	691	218.50
2001	156	226.60	44	1125.30	280	156.20	2005	214	244.00	22	845.60	920	400.00
合计	1285	3284.6	307	19071.90	3331	1229.50							

第六章　审　计

第一节　机构沿革

1984 年 7 月，县审计局成立，核定编制 10 人。1986 年，县审计局编制增至 12 人。1988 年 5 月，组建邹平县审计事务所，编制 3 人，10 月，增加事业人员编制 6 人，12 月，审计人员增加到 15 人。1990 年 5 月，内设办公室、工交审计股、商贸审计股、行财基建审计股，审计人员增加到 20 人。

1993 年 10 月，县级机构改革，核定审计局

图 14–12　1991 年 4 月启用，2004 年 5 月弃用的审计局办公楼

编制26人，其中行政编制19人，事业编制7人。1999年12月，审计师事务所与审计局脱钩。2000年6月，县成立经济责任审计联席会议办公室，由县纪委、组织部、人事局、监察局、审计局5部门组成。

2002年7月，县级机构再次改革，审计局核定编制16人，内设机构调整为办公室、投资审计股、企业审计股、行财审计股、经审股。

图14-13　2004年4月，滨州市审计系统“三大建设”座谈会在邹平县召开

至2005年，全县有社会审计机构2家，审计人员30人；内部审计机构43个，镇、街道审计站所17个，审计人员226人。基本形成国家审计、内部审计、社会审计三位一体审计监督体系。1998年、2005年，县审计局2次被省人事厅、省审计厅命名为全省审计机关先进集体。

第二节　国家审计

财政审计

1995年，开始对财政进行审计。是年，对6个乡镇财政决算执行情况进行审计，查出违纪资金600万元。

1996年，按照《审计法》《预算法》《山东省本级预算执行情况审计监督暂行办法》要求，对全县财政预算执行情况进行审计。是年，财政审计单位19个，查出违纪金额3768万元，上缴财政287万元。

1997年，审计财政局、地税局、金库及16个一级预算单位，查处违纪金额3042万元，上缴财政870万元。

1998年，审计财政局、地税局、金库及6个一级预算单位，查出违纪金额2227万元，上缴财政599万元。

1999—2003年，先后审计财政局、地税局、金库及35个一级预算单位，同时延伸审计单位105个，查出违纪资金1334万元。

从2004年起，本级预算执行情况审计向“一个减少和两个结合”转变：减少延伸审计单位数量，与乡镇财政决算审计相结合，与经常性财务收支审计相结合。至2005年，财政审计除对财政局、地税局、金库审计外，延伸审计一级预算单位13个，部门、单位审计46个，查出违纪资金815万元，上缴财政320万元。

农业资金审计

从1986年起，逐步对农业发展资金、黄淮海开发基金、山区平原开发基金、防汛事业费、水利基本建设资金、农田基本建设资金、林业育林基金、乡镇综合开发资金、山区吃水工程专项资金、科技3项费用进行审计。至2005年，审计金额3.83亿元，涉及被审计单位67个，查出违纪金额4100万元。

金融审计

1987年，开始对金融系统进行审计。

1991年，对县农业银行财务收支情况进行审计。

1991—1994年，对棉花收购资金、夏粮征购资金管理使用情况进行审计。

至1995年，累计审计单位（项目）727个，查出违纪金额5954.5万元，追还被侵占挪用资金270万元，增加财政收入532.7万元。

1996—1998年，审计地方金融机构18个（次），查出违纪金额3906万元，上缴财政73万元。

1999年，派出审计组参加全市统一组织对博兴县工商银行、建设银行进行交叉审计，审计总金额10.26亿元，查处各类违纪违规资金3568万元，应上缴财政金额170万元。

2003年8月，对县农村信用社及其17个分支机构进行审计，审计总金额16.4亿元，查处各类违纪违规资金 2346.4 万元。

企业审计

企业审计始于 1984 年。

1986—1995 年，企业审计以大中型企业和盈亏大户为重点，围绕查错纠弊提高企业管理水平和盈利能力开展工作。

1989 年，对第一轮承包到期大中型企业进行审计，全面考核承包期内各项指标完成情况，为第一轮承包兑现提供依据。

1990 年，结合全县“管理效益”年活动开展，对县染织厂、县面粉厂 2 家国营企业实施经济效益审计，探索效益审计路子。

1991 年，对县范公酒厂和县染织厂实施“向经济效益、企业内控制度延伸”审计。

至 1995 年，累计完成工贸企业审计项目 329 个，查出违纪金额 3456.3 万元，上缴财政金额 1368.3 万元，为企业增收节支 1006.6 万元。

至 1998 年，累计完成工贸企业审计 46 项，查出违纪金额 2220 万元，上缴财政金额 139 万元，促进企业增收节支 2206 万元。

从 1999 年起，企业审计将鉴证资金运行真实性、合法性、效益性为重点，揭示企业生产经营过程中存在问题，帮助建立健全内部管理制度。

至 2002 年，对县铜矿、利生植物油厂、电力集团公司等 24 家企业进行审计，提出合理化建议 103 条。

2003 年，对山东亚视集团公司等 4 家企业进行改制前清产核资审计，摸清企业家底，防止在改制过程中易造成资产流失问题，为领导决策提供依据。

固定资产投资审计

固定资产投资审计始于 1988 年。是年，主要以建设项目开工前审计为主，审查立项是否合法、有效，资金来源是否正当。至 1995 年，审计基本建设项目 78 个，审计总金额 1.15 亿元，查出违纪资金 1316.7 万元，基建资金来源不正当金额 2500 万元，不符合基建审批程序项目 38 个，增加财政收入 364.3 万元。

1996—1998 年，审计单位 60 个，审计资金总额 9000 万元，查出违纪资金 861 万元，上缴财政 103 万元。

从 1999 年起，投资审计重点转向市政基础工程建设领域，至 2003 年，对邹魏路、县城路面改造、体育广场、农村电网改造、黛溪水库截渗工程决算等建设项目进行审计，审计总金额 2.2 亿元，查出违纪金额 4000 万元，累计核减工程造价 4200 万元。

2004 年，县政府颁发《邹平县国家建设项目审计暂行办法》。是年，对县文化中心、广电中心、开发区污水管网实施项目跟踪审计，对邹平一中建设项目决算进行审计。

2005 年，先后对县政务大楼、政府广场等 33 个工程决算展开审计。至 2005 年，有 10 个项目已审结，项目提报值 26177 万元，审计定案值 21575 万元，审减值 4602 万元，跟踪审计为建设单位节约资金 809.9 万元。

行政事业审计

1984 年，开始对 9 个党政机关和事业单位财务收支实施审计，查出违纪金额 76.3 万元，上缴财政 14.15 万元。

从 1989 年起，按照行政审计特点，对行政事业审计开展定期审计，主要采取就地审计和报送审计相结合审计方法，重点以专项资金为主线，以重点项目、重点资金为主要内容，通过查处和揭露被审计单位在资金运用过程中不合法、不合规违纪行为，规范被审计单位在预算执行过程中会计核算行为，促进被审计单位加强内部管理和廉政建设。在对部分执法机关和有罚没收入单位进行审计时，发现大部分单位存在坐收坐支、截留挪用罚没款问题，审计局及时向县委、县政府汇报，引起领导高度重视，并作整改批示。对行政事业单位财务收支审计中，发现预算外收入财务管理不严格、费用开支过大、私设“小金库”等问题，在依法作出审计处理同时，提出严格财务收支制度、严肃财经纪律、严格财务审批制度、减少损失浪费等建议。

至 2005 年，审计单位 298 个，查出违纪金额 3670.8 万元，上缴财政 14.34 万元。

经济责任审计

1986年，进行国有企业厂长经理离任审计试点,探索审计机关发挥公正职能路子。10月12日，县政府转发审计局《关于实行厂长（经理）调离审计制度的报告》。

1997年，县委组织部和审计局联合下发《县直党政机关、企事业单位领导干部离任审计办法》，使领导干部离任审计逐步走向制度化。至1998年，完成领导干部离任审计项目32个，查出违纪金额663万元，审计后有7人晋升，11人转任，2人降职，8人被免职。

2000年6月，成立县经济责任审计联席会议办公室，由县纪委、组织部、人事局、监察局、审计局5部门组成。是年，县委批转组织部和审计局联合制定领导干部经济责任审计办法，经济责任审计由离任审计逐步向任中审计发展。

至2005年，对127名领导干部的任期经济责任进行审计，其中对8名领导干部进行任中审计。

领导交办事项审计

领导交办审计事项，从1996年起成为县审计局一项重要审计任务。至2005年，完成领导交办审计事项83个，其中因农村群众集体上访形成农村集体财产清理审计事项35项，企业职工上访或因职工举报形成财务收支审计4项，企业改制、行政事业单位资产移交等审计事项44项。

审计调查

1987—1995年，对县外贸公司亏损挂账、流通企业优惠政策落实情况、工业企业潜亏情况进行审计调查，累计调查单位46个，为政府提供专题调查报告50篇。

1997年，对县啤酒厂税外负担进行审计调查，查清税外负担来自各级政府、企业主管部门集资、政府机构借款、社会负担4类，1690万元。1998年，对全县乡镇审计工作开展情况进行调查，总结乡镇审计工作3年中取得的经验和存在的问题，根据调查情况写了题为《乡镇审计的生命力何以强盛》调研文章，得到地委、行署高度重视。

第三节　内部审计

1985年，开始内部审计工作。

1990年，临池乡审计所成立。这是全区第一个乡镇审计机构。

至1991年，全县建立内审机构5个，有内审人员23人。

1992年，17个乡镇全部建立审计所，配专职审计人员17人。

1994年，全区乡镇审计现场会在好生镇召开。

1995年，全县内部审计机构发展到16个，配备审计人员58人。

1996年，县审计局在机构建设、人员业务培训上下功夫，至1998年，内审计机构增加到24个，审计人员75人。

1996—1998年，内部审计完成审计项目166个，建立完善内部控制制度119项，促进企业增收节支2956万元。乡镇审计所完成审计项目352个，查出违纪金额704万元，追回被侵占挪用资金近64万元，为乡镇企业盘活资金3029万元。

1999年，在县审计局指导下，青阳镇审计所查处85万元“小金库”1个，涉嫌侵占挪用集体财产案1起。

2001年，为在乡镇推行经济责任审计，县审计局对青阳镇开展村两委领导、镇直部门负责人经济责任审计情况进行总结，并以《青阳镇经济责任审计呈现4个特点》为题撰写调研报告，在全县进行推广。

2005年1月26日，县内部审计师协会成立。至2005年，内审机构和乡镇审计完成审计项目5620个，查处并纠正违纪金额6012万元，查处损失浪费金额694万元，追回被侵占挪用资金318万元，挽回经济损失3265万元，促进增收节支8933万元，盘活资金4619万元。

第四节　社会审计

1989年10月，县审计事务所成立。至1999

年，开展各类审计资金验证业务3814项，验资金额61.8亿元，核减基建工程造价1749.6万元，核减虚假注册资金515万元。1999年12月，审计事务所与审计局脱钩。审计事务所成为自主经营、自负盈亏、自负民事及法律责任独立法人，归属社会中介组织。至2005年，全县社会审计机构2家，审计从业人员30人，其中注册会计师10人。每年接受审计项目300余项。

第七章 质量技术监督

第一节 机构沿革

1978年，县设计量所，归属县科委，主要负责全县衡器检定和管理工作，1979年，成立邹平县标准计量管理局，为正科级单位。1983年，机构改革，标准计量管理局改为标准计量管理所，为副科级单位。1989年，依据邹政发〔1988〕75号文件，邹平县标准计量管理所改为邹平县技术监督局，为正科级行政单位，列政府序列。1993年，县级机构改革，技术监督局退出政府序列，定为正科级事业单位，归口县经贸委管理。1996年9月，邹政发〔1996〕62号文件将邹平县技术监督局列入政府序列，为正科级行政单位，内设行政办公室、监察管理股，下属机构有：稽查队、产品质量监督检验所、计量检定测试所、衡器检定管理所、情报所，下属机构均为事业单位，编制22人，实有28人。1997年1月，邹编复〔1997〕45号文件批准技术监督局编制公务员8人。1999年1月，质量技术监督局为正科级行政事业单位。2000年3月，归属省质量技术监督局垂直管理，局机关内设行政办公室、监督管理股。下属事业单位4个：产品质量监督检验所、计量测试检定所、衡器检定管理所、情报所。按照省局编制核定，全局编制90人，实有59人，其中行政编制25人，实有18人，事业编制65人，实有41人。2001年10月，锅炉、压力容器、特种设备等安全监察职能由劳动社会保障部移交到质量技术监督部门。2003年，全局实有59人，其中公务员13人。2005年，内设机构未变，实有54人。

第二节 标准化管理

工业标准化

1986年，部分县属企业开始宣传贯彻国家标准、行业标准。

1988年，全县县属企业、部分乡镇企业开始执行国家标准、行业标准。对5339个标准进行分类、建档立卡。542家工业企业建立产品执行标准台账。县属工业有39家生产66种产品执行标准，标准覆盖率94.2%。乡镇企业115家执行标准，标准覆盖率84.4%。

1989年，《中华人民共和国标准化法》颁布实施，县啤酒厂生产“琥珀牌”啤酒，开始采用国际标准。县属工业生产138种产品有124种执行标准，执行标准覆盖率90%。

1990年，为企业提供标准138个，产品标准覆盖率93.5%。

1991年，全县195种工业产品中有176种执行标准，执行标准覆盖率91%。

1992年，对全县171家企业产品进行执行标准登记工作。登记397种产品，执行标准的342个。其中执行国际标准165个，执行行业标准161个，执行企业标准16个，标准覆盖率86%。

1994年，邹平县被省评为执行标准先进单位。

1997年5月，邹平县被省质量技术监督局列入首批消灭无标准试点县。经过3年试点，全县标准覆盖率92%以上。

至2005年，帮助企业办理标准登记916个，提供标准技术资料4591份，帮助企业办理企业标准备案手续549个，为全县46个产品办理采标证书，有8个产品办理采标标志，企业标准覆盖率97%以上，规模以上企业标准覆盖率100%。

农业标准化

1988年5月，邹平县被省农业厅、省标准计量局确定为全省第一个农业标准化示范县。经过3年标准化工作实施，制订《667平方米产500千克冬小麦栽培技术规程》等12个地方标准，累计增产粮食2亿千克，增产皮棉715.5万千克，增产瓜菜1.5亿千克，共折款4.45亿元。

1992年，被国家质量技术监督局评为“全国农业标准化示范先进单位”。

1996年，制定小麦、玉米、棉花栽培、管理等系列标准40余个。同年，被国家命名为“全国鲁中棉花标准化示范区”。

2003年9月，国家标准委批准邹平县为“国家级香椿标准化试点县”。

2005年1月，西王集团被国家标准委批准为出口深加工示范项目，承担国家级示范项目4个。

组织机构代码标识制度

1989年，国家质量技术监督局成立中国物品编码中心，随后全县积极开展物品编码工作。1993年，国家颁布《全国企事业和社会团体代码管理办法（试行）》。6月，县局成立代码办事机构，组织机构代码制度在全县广泛推广应用，并开始办理组织机构代码证书，由银行、税务、统计等部门强制执行。

至2005年，为企业、单位办理代码证书6500个，建立有效代码数据3337个，帮助企业办理厂家条码122个。

第三节　计量管理

1986年7月1日，《中华人民共和国计量法》颁布实施。县标准计量所组织学习宣传活动，印发《计量法》单行本1500份、宣传画3000份，录制法定计量单位幻灯片3张，组装宣传车，进行广泛宣传。全年检修各种计量器具1367台件，改制木杆公斤秤6230支。

1988年，结合纪念《计量法》实施2周年，组织县人大代表对全县305个单位进行视察，共抽查各类计量器具14636件。

1989年，全县企业定升级单位43个，其中琥珀啤酒厂为国家二级计量单位。全年共检修各种计量器具8646件。

1993年，全年完成3300家企业计量器具登记备案工作，发放计量器具登记证300余本，对50余家经销计量器具单位和个人发放经销计量器具许可证。

1994年，检修各类计量器具11000台件，受检覆盖率86%。开展加油机计量信得过活动，评出信得过单位5个。

1995年，检修各类计量器具16000台件，受检覆盖率90%以上，受检合格率100%。

1999年，对全县88家加油站进行“计量认可”到期复查换证工作。衡管所、计测所等法定计量技术机构顺利通过上级考核授权。年检修各类计量器具2137台件。

2000年，以衡器检定管理所为依托成立“邹平县社会计量公正站”，下设11个分站，组织编写《质量手册》和相应《程序文件》，通过省、地验收合格并正式挂牌运作。全年检修各类计量器具5005台件，其中衡器3565台（件），燃油加油机668台，压力表460块，血压计100台，天平80台，谷物水分测试仪22台，低压电器样品110个。

2001年，检修各类计量器具5300余台，其中衡器2000余台（件），燃油加油机580台，台力表600块，血压计50台，天平砝码90台，车速里程表1800块，无度量具120件，周期检率90%，周检合格率100%。

2003年，检修各类器具11461台（件），其中大衡24台（次），台秤6200台（次），杆秤3700支，燃油加油机580台，压力表500余块，血压计70台，天平120台，无度量具50余件，周期检率95%，周期检验合格率100%。

2005年，检定在用计量器具13169台（件），其中燃油加油机564台，压力表832块，天平225台，血压计279台，电能表1600块，电热仪表187件，大衡 302 台(次),台秤 5280 台(次),杆秤 3900 支,周期检率 98%,强制检定计量器具受检率 100%。同时,加强农资市场商品量监督检查,对市场上“公平秤”及时进行检定,使“公平秤”公平、准确,真正成为“放心秤”。

图 14-14 工作人员检定超市电子秤 (2010 年摄)

第四节 质量检验

1986—1987 年,县标准计量所主要行使对衡器检定管理和修理工作。

1988 年,开始对产品进行抽样检验,但技术手段比较单一,只能对黏土砖瓦进行抽样检验,全年对 59 家砖厂、17 家瓦厂生产的砖瓦进行检验,砖合格率为 86.4%,瓦合格率 93.9%。

1989 年,县标准计量管理所改为县技术监督局,组建产品质量监督检验所。

1990 年,产品质量监督 16 个种类,399 个批次,产品合格率 50%。

1991 年,全年检验 17 类 450 个产(商)品,总合格率 43%。

1993 年 9 月 1 日,《中华人民共和国产品质量法》颁布实施。县技术监督局依照法律对食品、建材,饮料、粮油制品、化工、家电、生产资料、皮鞋、眼镜、沙发等 28 种产品 512 个批次进行质量检验,合格率 43%。

1994 年,全年共出具检验报告 610 份,受理案件 42 起,查处假冒伪劣商品值 25.5 万元。

1995 年,围绕工业兴县、抓名牌战略实施,将山东琥珀啤酒厂、山东范公酒厂、好生电焊条厂、县第二水泥厂等 10 家企业推选为首批“产品质量免检企业”。全年完成 17 类 900 余批次的产(商)品检验,受理各种委托检验 100 余批次,累计提供公正数据 5000 余个。

1997 年,质量检验全年完成 14 种 528 个批次的产品和 9 种 516 个批次的商品抽样检验工作,包括食品饮料、化工五金、柴汽油、冷冻饮品等产(商)品;受理委托检验 115 个批次,出具公正数据 5000 余个。

1998 年,县内 25 家企业新上化验室,4 家企业采用国际标准,ISO 9000 认证 1 家,企业设立质检机构,配齐质检人员。县质检局对 230 余家企业产品标识标准进行审查。全年对 9 类 1179 个批次的产(商)品抽样检验。其中产品 458 个批次,合格 268 个批次,合格率 58.5%;商品 721 个批次,合格批次 505 个,合格率 70%。提供公正数据 5000 余个。

2000 年,对 9 大类 300 个批次产品和 9 大类 650 个批次商品进行抽样检验。完成委托样品 453 个批次,受理社会、企业委托检验 110 个批次。开展“农民放心工程”检查生产、流通企业 130 余家,抽取样品 113 个,合格批次 59 个,合格率 60%。

2001 年,接受委托 152 个样品检验,出具报告 145 份,其中合格 70 个,不合格 8 个,提供数据 67 个。抽查产(商)品 577 个,其中产品 281 个,合格 225 个,合格率 73%;商品 296 个,合格 184 个,合格率 62.2%。企业上化验室 8 个。开展“农民放心工程”活动期间,检查生产流通企业 60 余家,抽取样品 60 个。组织成立质量管理协会。

2002 年,抽取小麦面粉 115 个批次,小麦麸 61 个批次,奶制品 61 个批次,植物油 18 个批次,饼粕 15 个批次,砖 58 个批次,缸瓦 7 个批次,白酒、调味品等 420 个批次,占定检计划的 84%,其中合格率 86.5%。委托检验样品 76 个批次。积极完善检测手段,根据国家质监局要求,针对实际情况,新上面粉增白剂,以及六六六、滴滴锑、黄曲霉素 B1 的检测手段,经山东省质监局比对样品考核合格，被国家局公布为具有检验资格单位。

2004年,组织“3·15”及“质量月”宣传活动，累计向消费者发放宣传材料1万余份，向消费者提供计量、质量方面咨询服务1500余人次。全年抽检小麦面粉143个批次，合格96个批次，合格率66.7%；白酒43个批次，合格34个批次，合格率79%；烧结普通砖66个批次，合格57个批次，合格率77.3%；其他产品182个批次，合格122个批次,合格率67%。委托化验样品92个批次，合格51个批次，合格率55.4%。

2005年，全年检验小麦面粉、小麦麸、食用植物油、硫酸锌、硫酸镁等样品340余个，完成元旦、春节期间鉴定委托检验协议样品40个，检测日常单位及个人报检样品170余个。采用集中讲课与到企业分别走访方式为企业培训化验员30余名。

第五节　执法检查

1986—1993年，技术监督部门担负《中华人民共和国计量法》《标准化法》《产品质量法》行政执法任务，主要针对生产领域，所查案件数量规模均较小。1994年3月,县成立技术监督稽查大队，负责流通领域标准、计量和质量违法行为查处和打假治劣工作。

1999年，重点对青阳镇假冒伪劣白酒进行综合治理，对青阳镇钢材企业治理成效显著，查处违规标准化、计量、质量案件50余起，其中现场处罚39起，立案查处11起，结案43起，结案率98%。端掉造假窝点4个，没收假冒产（商）品冒充标值12万余元，罚没款11万余元，未出现1起错案，未引起行政复议和行政诉讼案件发生。申请法院强制执行1起。受理消费者投诉35起，处结35起，处结率100%。

2000年，以区域治理为重点，加大对小轧钢和白酒生产企业治理整顿力度，组织联合打假执法组，联合行动共抽调30名执法人员出动280余人次，检查轧钢企业40个，查封无证、劣质建筑用螺纹钢200余吨，地条铜胚163吨，没收用于轧制螺纹钢轧辊46个，责令停止生产企业28个。与工商等部门密切配合对全县白酒生产企业，共端掉造假窝点10个，4名造假首犯受到法律制裁。组织打假行动200余人次，查获假冒伪劣产品货值500余万元，假冒包装物、标签2000余件，举办销毁假冒物品现场会3次。对涉及人体健康和人身财产安全的5类产品（白酒、食品饮料、建筑材料、农业生产资料、低压电器）进行重点市场检查和打假，共出动执法人员1208人次，检查企业（商店、市场）309个，其中有违法行为企业（商店、市场）77个。抽取样品163个批次，经检验有55个批次不合格，合格率65%。立案11起，查获假冒伪劣商品货值20.8万元，端掉制假售假窝点4个。

图14–15　执法人员对市场商品进行检查　(2010年摄)

2001年，在全县范围内对市场上18类重点商品进行检查和打假。对农药、复合肥、种子、建筑钢材、汽车配件、低压电器、卷烟、药品、一次性输液器、化妆品、食品、白酒、饮料、燃器用品、兽药、饲料、棉花等18种重点商品进行检查。同时，加强对全县小轧钢治理整顿工作，推平炉窑40余个。

2002年，在全县范围内组织开展以保护生命健康为主题打假工作“八大战役”，开展2个专项治理。出动执法人员1200余人次,检查企业(商店)5000余个，查处案件75起，查封没收假冒伪劣货值50余万元，端掉制假售假窝点19个，受理消费者投诉案件23起。

2003年，出动执法人员1500余人次，检查企业(商店)6000余个次。办理各类行政案件87起，其中立案76起。查处青阳镇地条钢非法轧制螺纹钢、国钢案33起，没收轧辊46个。配合县法院，用4天时间，出动执法人员对全县农资化肥生产、销售企业进行拉网式检查，检查企业100余家，抽取样品20余个。“12365”举报系统既受理语音举报，又通过该系统实现电脑值班和业务咨询。

2004年，以食品、农资、建材、轻工、电器、“黑心棉”、化工、危险化学品、特种设备、“3C”认证产品10类关系人民群众健康安全产（商）品为重点，建立健全5大机制（区域监管机制，形成打假网络；企业分类管理制度；黑名单制度；巡查制度；食品质量安全应急预案），加大对重点产品、重点区域整治，开创打假工作新局面，维护正常市场经济秩序。全年查处案件130起，其中立案117起，现场处罚13起。

2005年，出动执法人员200余人次，重点抓4个专项整治工作：扎实开展食品市场专项整治，积极开展农资市场专项整治，加大节日市场的专项整治力度，认真开展建筑用钢材专项整治工作。

第八章　安全生产监管

第一节　机构沿革

1979年8月，县政府设安全生产委员会办公室，县政府直属正科级行政单位。1986年4月，县政府安全生产办公室撤销，安全生产工作交劳动局管理。1991年9月，恢复县安全生产委员会，县安委会主任由分管县长或常务副县长担任，其办公室设在劳动局。2001年2月，县安全生产委员会办公室由县劳动和社会保障局移交县经济贸易委员会，锅炉、压力容器特种设备等安全监察职能移交县质量技术监督局。11月，县安全生产委员会办公室改建为县安全生产监督管理局，为县安全生产委员会办事机构，正科级行政单位，归口县经贸委管理。2003年12月30日，县机构编制委员会下发《关于邹平县安全生产监督管理局不再归口县经济贸易局等有关事项的通知》（邹编〔2003〕23号），《通知》决定，邹平县安监局为县政府直属正科级行政单位，其职能、人员不变，核定人员编制为15名。同年，长山、魏桥等11镇设立镇、街道安监站，为全额拨款事业单位，核定人员编制各2名。焦桥、孙镇、九户、台子、码头5镇政府经济发展办公室加挂安监站牌子，核定人员编制各1人。2004年4月10日，县安监局独立办公，内设办公室、安监一室、安监二室、执法大队。2004年，安全生产监察大队成立，为副科级财政拨款事业单位，隶属县安监局管理。同年，各镇、街道调整加强安全生产委员会组成人员，设立安全生产委员会办公室，一类镇、街道建立4～5人安全生产监督管理站，二类镇、街道建立3人的安全生产监督管理站，配备副科级安监站站长。村居设立安全生产领导小组，有专（兼）职人员负责全村安全生产工作。10月，县安监局及监察大队25人人员编制配齐到位。37个县直部门、452家企业建立健全安监领导组织和管理机构，配备专职安监人员1600余名；858个村居设有2027名安全生产管理员。

2005年12月，内设机构未变。

第二节　制度建设与执法

制度建设

1991年开始，全县推行安全生产责任制，明确企业法人代表是安全生产第一责任人。

1996年，县政府首次与32个镇乡、行业主管部门签订《安全生产目标管理责任书》，明确职责，实行安全生产一票否决制度。

从2001年开始，坚持每季度召开一次安委会成员单位会议或扩大会议。

从2003年开始，督促各镇、街道、开发区与村（社区）、企业，部门系统与所属企业，企业与车间，车间与重点岗位等，层层签订安全生产责任书，将安全生产责任落实到最基层。

2004年4月，县调整充实县安委会。县政府、县安委会坚持每季度召开1次安全生产工作会议。

2005年，县政府、县安委会、县安委会办公室先后出台《安全生产检查和隐患整改责任制管理实施办法》《关于进一步加强企业安全生产工作的意见》《全县非公有制企业安全生产规范化管理创建工作实施方案》等一系列规范性文件。

2005年2月25日，县政府与各镇、街道、开发区、县直部门、较大规模企业签订《安全生产目标管理责任书》，并对责任内容细化分解，实行量化考核；各单位也层层分解，逐级签订安全生产责任书，依法落实企业安全生产主体责任，形成覆盖全县安全生产目标管理考核体系。是年，全县各级共签订《安全生产责任书》12057份。同时，建立督查通报制度，每季度对全县安全生产情况进行督查分析。

监管执法

2001年，县安全生产监督管理局对全县特种作业人员进行培训、考核、发证工作。2004年4月，由县安监局牵头，全县组织开展以“建章立制抓规范，查找隐患抓整改，教育培训抓普及，健全网络抓队伍，强化责任抓落实”为主要内容的安全生产集中整治大会战活动，开展对非煤矿山、危险化学品、建筑施工、民爆器材与烟花爆竹，消防与公众聚集场所，道路交通、锅容管特、仓储企业、中小学校和幼儿园、旅游、农村安全11个方面安全专项整治。

2004年5月1日至2005年2月，全县先后开展“深入开展安全生产执法大检查、加强重大事项隐患排查整治和重大危险源普查监控百日会战”“安全生产秋冬大会战”“百日安全集中整治”大会战活动。2004年，全县组织各类安全生产督导组、执法检查组179个，对400余家重点企业单位进行安全生产执法大检查，下达整改指令书400余份，查出事故隐患5000余条，整改安全隐患4800余条，有200条隐患制定整改计划，实行跟踪监管，责令停产停业整顿企业（业户）189家，依法整顿取缔12家，摸清400余家重点行业生产企业单位安全家底，一大批重大事故隐患得到集中治理，重大危险源得到有效监控。

2005年，全县按照“专家查隐患、政府搞督查、部门抓监管、企业抓落实”工作思路，共组成安全检查组82个，对400余家生产经营单位进行安全生产执法大检查，下达整改指令书400余份，查出安全问题、事故隐患3700余条，整改3500条，有200余条安全问题、事故隐患仍在跟踪督查整改中；责令停产停业整顿企业（业户）106家，依法取缔3家。

许可证申办管理

2004年，组织有资质安全评价机构依法对全县非煤矿山、危险化学品、工商贸企业等330家企业单位进行执法检查、安全评估和安全评价。至2005年，全县应办证49家非煤矿山企业，有43家取得安全生产许可证，发证率87.8%。全县应办许可证175家危险化学品生产经营企业单位，有130家取得安全生产（经营）许可证，占74.3%。全县42家建筑业企业全部取得安全生产许可证，发证率100%。认真做好烟花爆竹经营许可证申报审查审批工作，全县办理批发单位1家，常年销售单位31个，临时销售业户350个，推行烟花爆竹经营安全风险抵押金制度，保障烟花爆竹安全经营。

第三节　培训教育

从1986年始，县安委会办公室每年都按政府法规对特殊工种人员进行培训、考试、发证，全面提高特殊工种人员操作技能，特殊作业人员持证上岗。

1991年开始，每年元旦、春节、“五一”、国庆节集中开展4次安全生产教育活动。

2002年起，国家安全生产监督管理局规定：每年6月为“全国安全生产月”。

2004年，举办各类安全教育培训班300余(场)次，各类安全技术操作实验、应急救援演练70余场次，开展安全知识进课堂学校333处，组织培训镇办安监人员、企业主要负责人、安全生产管理人员137人，特种作业人员532人。

图14-16　企业安全生产应急演练　　(2012年摄)

2005年，县安监局举办安全培训班18期，培训生产经营单位主要负责人、安全生产管理人员、从业人员、特种作业人员等2024人，提高安监队伍和企业员工安全素质。

第四节　专项监察

职业安全监察

从1986年起，每年对商业、供销商场、门市部经营防尘口罩、胶壳鞋、劳保鞋、安全帽、安全网、安全带等劳保用品进行监察，发放经营许可证，严防假、伪、劣质产品流入市场。县防疫站对全县厂矿企业进行劳动卫生监测，建立多个测尘、测噪声点。每年对接触尘毒职工进行健康查体和劳动卫生评价，发现问题，及时提出整改建议或发放监督意见书。县消防部门全面贯彻《中华人民共和国消防法》《机关、团体、企业、事业单位消防安全管理规定》，落实消防安全责任制，对重点防火单位强化监控措施，制定火灾事故应急救援预案，并组织有关人员进行实战演习。

非煤矿山安全监察

2004年4月，县政府组织联合检查组，对全县22处采石场、35家砖厂进行执法大检查。下达整改指令书57份，整改安全隐患200余条，停业整顿企业单位22个，关闭不具备安全条件企业单位11个。经过集中整治，全县露天采石企业由原来22家，整合为9家，从源头上强化非煤矿山企业安全监管。2005年6月9—10日，省安监局在邹平县召开全省小型采石场强化“双基”工作现场会，总结推广邹平县小型采石场规范化、规模化、机械化开采经验和做法。

锅容管特安全监察

1986—2000年，锅容管特安全监察工作由县劳动局承担。期间，每年1次对新上锅炉及压力容器进行注册登记，对全县在用锅炉进行年检。

2001年10月，锅炉、压力容器特种设备等安全监察职能由劳动和社会保障部门移交到质量技术监督部门。当年，对11所中小学在用锅炉进行安全检查，提出整改意见300余条。举办司炉工培训班2期，180余人参加培训，并全部换发新证。对86台锅炉、59台压力容器、32台电梯、36台起重机械、11台厂内机动车辆进行普查，占全县普查登记任务的80%。

2002年，先后出动检查人员200余人次，涉及企业300余家，对锅炉、压力容器、电梯、起重设备、游乐设施和厂内机动车6类设备进行普查。对符合要求的208台锅炉、77台压力容器、97台特种设备进行注册登记和微机录入。先后组织水质化验人员、起重作业人员、司炉人员3期培训班，培训人员260余人。

2003年，对新上锅炉、起重机械等特种设备进行使用登记，完成锅炉定检计划90%以上，结合《安全生产法》《特种设备安全监察条例》颁布实施，先后组织安全管理人员、起重作业人员、容器操作人员、电梯操作人员、司炉人员培训班5期，200余人参加培训。6月起，联合稽查队，对各充装站及其下设经销处执行规定情况作了检查。经过检查，取缔“倒气”点40余处，没收不合格钢瓶150余只，查处违规充装单位6个。压力管道检查54个单位，完成155条、总长度7.2千米压力管道检查。

2004年，集中开展“特种设备安全生产集中整治百日大会战”，以5小企业为重点，以严厉查处“无证制造，无证使用，无证上岗”为突破口，在百日会战期间，检查企业200余家，涉及特种设备300余台件，取缔土锅炉、压力容器19台，发现并消除事故隐患；结合《安全生产法》和《特种设备安全监察条例》颁布实施，先后组织安全管理人员、起重作业人员、容器操作人员、司炉人员培训班，400余人参加培训；开展气瓶专项整治和压力管道普查工作，经过检查，取缔“倒气”点40余处，没收不合格钢瓶150余只。9月，普查压力管道7.94千米，气瓶1.5万余只，危险化学器罐16台，冷藏压力容器78台；建立健全特种设备安全监察网络，各镇、街道及特种设备比较集中的企业，确立30名安全监察协管员及联络员。

2005年，组织开展冬季“两会”、安全月、黄金周等安全大检查，危险化学品从业单位专项检查及重点场所锅炉安全专项检查等10个检查活动，检查锅炉、压力容器、电梯、起重机械等特种设备300台次，下达安全监察指令书36份，立案查处20起，培训特种设备作业人员300余人，全县无一起特种设备安全事故发生。

第十五编

中共邹平县地方组织

CPC Zouping County Local Organizations

自 2000 年始，每年 8 月 7 日县委召开工作会议

1990 年 5 月 27 日，中共邹平县第七届委员会委员合影

1995 年 6 月 28 日，中共邹平县第八届委员会委员合影

1986—2005年，中共邹平县委员会坚持邓小平理论和“三个代表”重要思想，认真贯彻执行党中央路线、方针、政策，全面落实科学发展观，以经济建设为中心，充分发挥区位优势，创造性开展工作，制定了一系列符合县情的重要决策，加强党员队伍思想政治作风建设、党的基层组织建设和党风廉政建设，宣传、政法、统战、信访等工作得到进一步加强。全县改革开放不断深入推进，城乡面貌发生巨大变化，人民生活不断改善，社会文明程度明显提升。

第一章　中国共产党邹平县委员会

第一节　组织机构

1986年，县委各职能部门：办公室、组织部、宣传部、统战部、农村工作部（1988年8月撤销）、机关党委、政法委、企业政治部（1988年8月撤销）、纪律检查委员会。

1993年10月，县级党政机构改革。县委各职能部门：办公室、组织部、宣传部、统战部、政法委。

2002年6月，县级党政、镇乡机构调整改革开始，县委系统调整改革为纪律检查委员会机关（监察局与其合署办公）、县委办公室、组织部、宣传部、统战部（内设台湾工作办公室和民族宗教事务办公室）、政法委（社会治安综合治理委员会办公室与其合署，反邪教办公室归其管理）、县直机关党工委7个。内设机构有县委、县政府信访局，由县委办公室、县政府办公室管理，以县委办公室管理为主；老干部局，由县委组织部管理；档案（局）馆为县委办公室领导的事业单位，挂档案局牌子。

2005年，组织机构继续依照2002年机构改革序列。

第二节　代表大会

1984—2005年，召开5次全县党代表大会。

中共邹平县第五次代表大会

1984年12月16—20日召开，正式代表374人，候补代表39人，特邀代表8人，列席代表19人。县委书记董凤基代表第四届委员会向大会作《锐意改革、开拓前进、为振兴邹平而奋斗》工作报告。会议选举出27名县委委员和3名候补委员。董凤基当选为县委书记，王元甫、曲克祥、刘遵芳为县委副书记，王元甫、孙士信、曲克祥、刘遵芳、苏乃军、杨基恭、周建世、贾崇福、董凤基为县委常委。选举出12名县纪律检查委员会委员。术传信当选县纪委书记，赵思勤当选县纪委副书记。

中共邹平县第六次代表大会

1987年12月22—25日召开，正式代表402人，特邀代表11名，列席代表30名。苏乃军主持大会，郑锡昌代表中共邹平县第五届委员会向大会作题为《坚持改革、乘胜追击、夺取我县社会主义现代化建设的新胜利》工作报告。大会选举产生第六届县委和新一届纪委。选出县委委员29名，县委候补委员7名，县纪委委员13名。郑锡昌当选为县委书记，苏乃军、张贵云、周建世当选为县委副书记。尹兆明、孙士信、刘贤明、苏乃军、张贵云、杨秉海、周建世、郑锡昌、燕钦国为县委常委。刘志民当选为县纪律检查委员会书记，宫敬宝、张广业当选为副书记。

中共邹平县第七次代表大会

1990年5月25—27日召开，出席党代表大会正式代表400名，候补代表38名，列席代表88名，特邀代表12名。燕钦国主持大会，张贵云代表中共邹平县第六届委员会向大会作题为《团结一致、坚定信心、为实现邹平的全面振兴而努力奋斗》工作报告。大会选举产生新一届县委和县纪委。选举张贵云为中共邹平县委书记，燕钦国、周建世、杨秉海为县委副书记。张贵云、燕钦国、周建世、杨秉海、宫敬宝、尹兆明、刘贤明、韩振庆、崔其忠、李志华、李慎猛当选为第七届县委常委。宫敬宝当选为县纪律检查委员会书记，李广建、赵书明当选为副书记。

中共邹平县第八次代表大会

1995年6月26—28日召开，出席党代表大会的正式代表400名，特邀代表11名，列席人员81名。李炳众主持大会，姜银浩代表中共邹平县第七届委员会向大会作题为《奋斗五年、建设经济强县，万众一心、奔向新的世纪》工作报告。大会选举产生新一届县委和县纪委。选举姜银浩为中共邹平县委书记，李炳众、崔其忠、赵玉德、常学锋当选为县委副书记。姜银浩、李炳众、崔其忠、赵玉德、常学锋、宫敬宝、李志华、李慎猛、李宝森、王桂香（女）、程作通当选为县委常委。宫敬宝当选为县纪律检查委员会书记，张思越、赵书明、房生当选为副书记。

中共邹平县第九次代表大会

1998年12月18—19日召开，大会应到代表380人，实到代表376名，特邀代表7名，列席代表53名。大会由李炳众主持，崔建平代表中共邹平县第八届委员会向大会作题为《解放思想、加快发展，努力把一个繁荣富强的新邹平带入二十一世纪》工作报告。大会选举产生第九届县委和新一届县纪委，选出九届县委委员34名，候补委员6名，县纪委委员15名。在九届一次全委会上，选举崔建平为中共邹平县委书记，李炳众、宫敬宝、刘士合为县委副书记。崔建平、李炳众、宫敬宝、刘士合、李宝森、程作通、商玉昌、姬德利、李泽岭、刘书忠、孙希光当选为县委常务委员会委员。刘书忠当选为县纪律检查委员会书记，房生、冯永贵、霍光当选为副书记。

中共邹平县第十次代表大会

2003年2月26—27日召开，会议正式代表380名，列席代表142名，特邀代表9名，会议由魏克田主持，刘士合代表中共邹平县第九届委员会向大会作题为《深入贯彻“三个代表”重要思想，为全面建设小康社会、在全省率先基本实现现代化而努力奋斗》工作报告。大会选举产生第十届县委和新一届县纪委，选出第十届县委委员33名，县委候补委员6名，县纪委委员15名。在十届一次全委会上，选举刘士合为中共邹平县委书记，魏克田、程作通、王传民、周军为县委副书记。刘士合、魏克田、程作通、王传民、周军、王瑜、杨万邦、马福祥、赵怀臣、张金梅（女）、李德沛为县委常务委员。王传民当选为新一届县纪律检查委员会书记，冯永贵、霍光、袭祥水当选为副书记。

中共邹平县第五届至第十届委员会常务委员任职情况一览表

表15-1-1

<table>
<tr><th>届次</th><th>职务</th><th>姓名</th><th>任职年月</th><th>籍贯</th></tr>
<tr><td rowspan="8">第五届
（1984年12至1987年12）</td><td rowspan="2">书记</td><td>董凤基</td><td>1984年12月—1986年7月</td><td>高唐县涸河镇董家村</td></tr>
<tr><td>王元甫</td><td>1986年7月—1987年12月</td><td>龙口市田庄镇</td></tr>
<tr><td rowspan="6">副书记</td><td>王元甫</td><td>1984年4月—1986年7月</td><td>龙口市田庄镇</td></tr>
<tr><td>曲克祥</td><td>1984年3月—1987年2月</td><td>潍坊市寒亭区</td></tr>
<tr><td>刘遵芳</td><td>1984年4月—1986年11月</td><td>焦桥镇刘套村</td></tr>
<tr><td>苏乃军</td><td>1986年7月—1987年12月</td><td>魏桥镇韩家村</td></tr>
<tr><td>张贵云</td><td>1987年2月—1987年12月</td><td>昌邑市</td></tr>
<tr><td>周建世</td><td>1987年2月—1987年12月</td><td>即墨市瓦哥庄镇东章村</td></tr>
</table>

续表15-1-1

届　次	职　务	姓　名	任职年月	籍　贯
第五届（1984年12月至1987年12月）	副书记	尚希志	1986年9月—1987年10月，挂职	
		张建国	1987年7月—1987年12月，挂职	
	常　委	王元甫	1986年7月—1987年12月	龙口市田家镇
		曲克祥	1984年12月—1987年2月	潍坊市寒亭区
		刘遵芳	1984年4月—1986年11月	焦桥镇刘套村
		刘贤明	1987年2月—1987年12月	高唐县
		孙士信	1984年12月—1987年12月	沾化县
		苏乃军	1984年12月—1987年12月	魏桥镇韩家村
		张贵云	1987年2月—1987年12月	昌邑市
		杨基恭	1984年12月—1987年12月	长山镇柳寺村
		周建世	1984年12月—1987年12月	即墨市瓦哥庄镇东章村
		贾崇福	1984年10月—1987年2月	青阳镇贾家村
		尚希志	1986年9月—1987年12月，挂职	
		董凤基	1984年12月—1986年7月	高唐县涸河镇董家村
		杨秉海	1986年6月—1987年12月	临池镇北寺村
		燕钦国	1987年4月—1987年12月	广饶县西刘桥镇西燕村
		尹兆明	1987年4月—1987年12月	西董镇西董村
		张建国	1987年7月—1987年12月，挂职	
第六届（1987年12月至1990年5月）	书　记	郑锡昌	1987年12月—1989年6月	滨州市滨城区
		苏乃军	1989年6月—1989年11月	魏桥镇韩家村
		张贵云	1989年11月—1990年5月	昌邑县
	副书记	苏乃军	1987年12月—1989年6月	魏桥镇韩家村
		张贵云	1987年12月—1990年11月	昌邑县
		周建世	1987年12月—1990年5月	即墨市瓦哥庄镇东章村
		杨秉海	1990年1月—1990年5月	临池镇北寺村
		尚希志	1987年12月—1988年9月，挂职	
		张建国	1987年12月—1989年7月，挂职	
		扈光礼	1989年5月—1990年5月，挂职	滨州市滨城区
		燕钦国	1989年6月—1990年5月	广饶县西刘桥镇西燕村
		董国勋	1989年11月—1990年5月，挂职	
	常　委	尹兆明	1987年12月—1990年5月	西董镇西董村
		孙士信	1987年12月—1990年1月	
		刘贤明	1987年12月—1990年5月	高唐县
		苏乃军	1987年12月—1989年11月	魏桥镇韩家村
		张贵云	1987年12月—1989年11月	昌邑县
		张建国	1987年12月—1989年7月	
		杨秉海	1987年12月—1990年5月	临池镇北寺村
		尚希志	1987年12月—1988年9月	

续表15-1-1

届　次	职　务	姓　名	任职年月	籍　贯
第六届（1987年12月至1990年5月）	常　委	周建世	1987年12月—1990年5月	即墨市瓦哥庄镇东章村
		郑锡昌	1987年12月—1989年6月	滨州市滨城区
		扈光礼	1989年5月—1990年5月，挂职	滨州市滨城区
		燕钦国	1987年12月—1990年5月	广饶县西刘桥镇西燕村
		李志华	1990年1月—1990年5月	临池镇东台村
		崔其忠	1990年1月—1990年5月	博兴县乔庄镇乔庄村
		宫敬宝	1990年3月—1990年5月	临池镇上河村
		韩振庆	1990年5月	好生镇二槐村
		董国勋	1989年11月—1990年5月，挂职	
第七届（1990年5月至1995年6月）	书　记	张贵云	1990年5月—1993年3月	昌邑市
		周建世	1993年3月—1995年3月	即墨市瓦哥庄镇东章村
		姜银浩	1995年3月—1995年6月	沾化县黄升镇大姜村
	副书记	燕钦国	1990年5月—1992年6月	广饶县西刘桥镇西燕村
		周建世	1990年5月—1993年2	即墨市瓦哥庄镇东章村
		杨秉海	1990年5月—1993年2	临池镇北寺村
		董国勋	1990年5月离职，挂职	
		邵清纯	1990年5月—1992年10月，挂职	
		姜银浩	1992年6月—1995年3月	沾化县黄升镇大姜村
		李炳众	1993年2月—1995年6月	惠民县城关镇茶院村
		崔其忠	1993年2月—1995年6月	博兴县乔庄镇乔庄村
		孙　炬	1994年3月—1995年6月，挂职	莘县古云镇东池村
		岳增亮	1994年3月—1995年6月，挂职	
		赵玉德	1995年4月—1995年6月	黛溪街道前城村
		常学锋	1995年4月—1995年6月	东营市河口区
	常　委	尹兆明	1990年5月—1993年2月	西董镇西董村
		刘贤明	1990年5月—1993年2月	高唐县
		李志华	1990年5月—1995年6月	临池镇东台村
		李慎猛	1990年5月—1995年6月	高新办司家村
		张贵云	1990年5月—1993年2月	昌邑市
		邵清纯	1990年5月—1992年10月，挂职	
		周建世	1990年5月—1993年2月	即墨市瓦哥庄镇东章村
		杨秉海	1990年5月—1993年2月	临池镇北寺村
		宫敬宝	1990年5月—1995年6月	临池镇上河村
		姜银浩	1992年6月—1995年6月	沾化县黄升镇大姜村
		崔其忠	1990年5月—1995年6月	博兴县乔庄镇乔庄村
		韩振庆	1990年5月—1993年2月	好生镇二槐村
		董国勋	1990年5月，离职	

续表15-1-1

届　次	职　务	姓　名	任职年月	籍　贯
第七届（1990年5月至1995年6月）	常　委	燕钦国	1990年5月—1992年6月	广饶县西刘桥镇西燕村
		李炳众	1990年5月—1995年6月	惠民县城关镇茶院村
		赵玉德	1993年2月—1995年6月	黛溪街道前城村
		常学锋	1992年12月—1995年6月	东营市河口区
		李宝森	1993年2月—1995年6月	沾化县大高镇
		王桂香（女）	1992年2月—1995年6月	韩店镇实户村
第八届（1995年6月至1998年12月）	书　记	姜银浩	1995年6月—1997年12月	沾化县黄升镇大姜村
		崔建平	1997年12月—1998年12月	淄博市临淄区
	副书记	李炳众	1995年6月—1998年12月	惠民县城关镇茶院村
		崔其忠	1995年6月—1997年12月	博兴县乔庄镇乔庄村
		赵玉德	1995年6月—1997年12月	黛溪街道前城村
		常学锋	1995年6月—1996年9月	东营市河口区
		宫敬宝	1996年11月—1998年12月	临池镇上河村
		刘士合	1997年12月—1998年12月	沾化县泊头镇店子村
	常　委	姜银浩	1995年6月—1997年12月	沾化县黄升镇大姜村
		李炳众	1995年6月—1998年12月	惠民县城关镇茶院村
		崔建平	1997年12月—1998年12月	淄博市临淄区
		崔其忠	1995年6月—1997年12月	博兴县乔庄镇乔庄村
		赵玉德	1995年6月—1997年12月	黛溪街道前城村
		常学锋	1995年6月—1996年9月	东营市河口区
		宫敬宝	1995年6月—1998年12月	临池镇上河村
		刘士合	1997年12月—1998年12月	沾化县泊头镇店子村
		李志华	1995年6月—1996年9月	临池镇东台村
		李慎猛	1995年6月—1996年8月	高新街道司家村
		李宝森	1995年6月—1998年12月	沾化县大高镇
		王桂香（女）	1995年6月—1996年11月	韩店镇实户村
		程作通	1995年7月—1998年12月	魏桥镇程家村
		陈继群	1996年3月—1998年1月	博兴县
		商玉昌	1996年9月—1998年12月	无棣县佘家巷镇商家村
		姬德利	1996年10月—1998年12月	滨城区杜店镇
		刘书忠	1997年12月—1998年12月	台子镇沙里村
		李泽岭	1997年12月—1998年12月	黄山街道樊家村
		孙希光	1998年1月—1998年12月	青州市刘行镇
第九届（1998年12月至2003年2日）	书　记	崔建平	1998年12月—2000年5月	淄博市临淄区
		刘士合	2000年5月—2003年2月	沾化县泊头镇店子村
	副书记	刘士合	1998年12月—2000年5月	沾化县泊头镇店子村
		李炳众	1998年12月—2000年1月	惠民县城关镇茶院村
		王建泉	2000年5月—2002年12月	寿光市

续表15-1-1

届　次	职　务	姓　名	任职年月	籍　贯
第九届（1998年12月至2003年2月）	副书记	宫敬宝	1998年12月—2000年5月	临池镇上河村
		魏克田	2000年1月—2003年2月	沾化县
		魏景芳	2001年3月—2002年12月	博兴县博兴镇
		商玉昌	2000年5月—2001年12月	无棣县余家巷镇商家村
		程作通	2000年5月—2003年2月	魏桥镇程家村
		李恩波	2001年8月—2002年12月，挂职	章丘市明水镇河南村
		王传民	2002年7月—2003年2月	滨州市滨城区
		周　军	2002年12月—2003年2月	广饶县
	常　委	崔建平	1997年12月—2000年5月	淄博市临淄区
		李炳众	1998年12月—2000年1月	惠民县城关镇茶院村
		刘士合	1998年12月—2003年2月	沾化县泊头镇店子村
		王建泉	2000年5月—2002年12月	寿光市
		宫敬宝	1998年12月—2000年5月	临池镇上河村
		魏克田	2000年1月—2003年2月	沾化县
		商玉昌	1998年12月—2001年12月	无棣县余家镇
		程作通	1998年12月—2003年2月	魏桥镇程家村
		李宝森	1998年12月—2000年1月	沾化县大高镇刘之俭村
		姬德利	1998年12月—2000年1月	滨州市滨城区
		刘书忠	1998年12月—2001年3月	台子镇沙里村
		李泽岭	1998年12月—2000年5月	黄山街道樊家村
		孙希光	1998年12月—2000年1月	青州市刘行镇
		王传民	2000年1月—2003年2月	滨州市滨城区
		王　瑜	2000年1月—2003年1月	龙口市田庄镇
		刘继京	2001年3月—2002年12月	魏桥镇曹家村
		牛利伟	2000年1月—2003年1月	河北省冀州市
		杨万邦	2001年3月—2003年2月	垦利县
		魏景芳	2001年7月—2002年12月	博兴县博兴镇
		马福祥	2002年12月—2003年2月	孙镇王伍村
		张金梅（女）	2002年12月—2003年2月	无棣县无棣镇堤头姚村
		李德沛	2003年1月—2003年2月	胶南市
第十届（2003年2月至　）	书　记	刘士合	2003年2月—2005年12月	沾化县泊头镇店子村
	副书记	魏克田	2003年2月—	沾化县
		程作通	2003年2月—	魏桥镇程家村
		王传民	2003年2月—	滨州市滨城区
		周　军	2003年2月—	广饶县
		杨万邦	2003年2月—	垦利县
		哈宝泉	2004年1月—2005年1月，挂职	东阿县

续表15-1-1

届　次	职　务	姓　名	任职年月	籍　贯
第十届（2003年2月至　）	常　委	刘士合	2003年2月—2005年12月	沾化县泊头镇店子村
		魏克田	2003年2月—	沾化县
		程作通	2003年2月—	魏桥镇程家村
		王传民	2003年2月—	滨州市滨城区
		周　军	2003年2月—	广饶县
		王　瑜	2003年2月—2004年12月	龙口市田庄镇
		杨万邦	2003年2月—	垦利县
		马福祥	2003年2月—2005年8月	孙镇王伍村
		赵怀臣	2003年2月—	青阳镇东窝陀村
		张金梅（女）	2003年2月—	无棣县无棣镇堤头姚村
		李德沛	2003年2月—2004年1月	胶南市
		滕永利	2004年1月—	夏津县田庄镇露观寺村
		刘来河	2005年8月—	青阳镇浒山铺村

第二章　决策措施

1986 年

1月25日，县委作出在全县普及法律基本知识的决定，以县委文件下发《关于转发〈邹平县一九八六年普及法律常识实施意见〉的通知》，要求全县各级党委和政府，加强领导，扎实工作，及时研究解决实施中遇到的实际问题，保证普法任务完成。

3月5日，县委、县政府两办下发《关于坚决制止干部用公款旅游的通知》。

3月31日，为贯彻上级指示精神，落实知识分子政策，县委制定《邹平县1987年底前落实知识分子政策，加强知识分子工作的规划》。

4月7日，县委、县政府两办根据县委、县政府研究意见，下发《关于整顿精简文件、简报的意见》。

5月15日，县委制定下发《关于建立常委抓党风责任制的规定》。

5月17日，为认真贯彻落实《中共中央关于教育体制改革的决定》和省地的意见，推动邹平县教育体制改革，县委制定《关于贯彻〈中共中央关于教育体制改革的决定〉的实施意见》。

6月18日，县委转发县纪委《关于在乡镇建立党的纪律检查委员会的报告》，决定在全县各乡镇建立党的纪律检查委员会。

9月23日，为彻底消灭中小学危房，县委、县政府两办联合下发《关于切实抓好中、小学危房修缮和校舍改造工作的通知》。

10月6日，县委下发《关于在党政机关中推行岗位目标责任制的意见》，决定在全县各级党政机关中推行岗位目标责任制。

11月15日，县委、县政府下发文件，作出在全县工商企业中开展向棉纺厂、魏桥油棉厂学习的号召。

12月7日，县委、县政府两办下发《关于乡镇经济联社机构设置职责范围的意见》。

1987 年

4月29日，县委、县政府下发《关于加快发展乡镇企业若干问题的暂行规定》。

5月3日，县委办下发《关于制止向农民乱集资乱摊派的通知》。

7月27日，县委、县政府在全县四干会议上作出决定，在全县建立村级干部任期目标责任制。各村党支部、村民委员会，每届任期2年。村级干部工资和工作实绩挂钩，彻底改变过去那种“大锅饭”和平均主义的做法。

8月31日，县委、县政府决定首先从县直单位做起，对全县7个乡镇、71个贫困村包村扶贫，并下发《关于搞好农村扶贫工作的通知》。

9月10日，经县委同意，县委办确定在经委、供销社、魏桥村等12个县直单位和村建立调查研究联系点。

11月13日，县委、县政府研究作出在全县范围内开展争创以“无越级上访、无重复信访、无信访积案”为主要内容的“三无”乡镇活动的决定。

1988年

1月20日，根据县委、县政府研究意见，县委、县政府两办转发县总工会、物价局《关于建立邹平县职工物价监督检查站的报告》，决定建立“邹平县职工物价监督检查站”。

2月23日，县委研究同意恢复和建立“邹平县工商联组织”，县委办下发《转发县委统战部〈关于恢复和建立邹平县工商联组织的报告〉的通知》。

3月15日，县委、县政府决定，上半年在全县建设县至乡镇的传真通信网，对全县17个乡镇开通三类传真机，并下发《关于适应对外开放建设县至乡镇传真通信网的通知》。

6月1日，县委作出进一步放活科研机构、放活科技人员的决定，并制定下发《关于进一步放活科技人员 促进商品经济发展的规定》。

7月23日，县委、县政府两办根据县委、县政府意见下发《转发〈关于在全县范围内开展打击拐卖妇女儿童犯罪活动专项斗争的报告〉的通知》。

8月5日，县委作出撤销县委农村工作部、企业政治工作部的决定。县委办下发《关于撤销县委农村工作部、县委企业政治工作部的通知》。

1989年

7月21日，为实现世界卫生组织提出的、中国政府明确做出承诺的“2000年人人享有卫生保健”战略目标，适应改革开放和建设事业对卫生工作需要，县委、县政府作出在邹平县开展创建初级卫生保健示范县和卫生县城的活动决定。

8月3日，县委下发《关于转发县人大常委会党组〈关于对非法婚姻情况的调查报告〉的通知》。

8月10日，县委决定在全县范围内开展一场严厉打击严重经济犯罪活动的斗争，并下发《关于开展严厉打击严重经济犯罪活动的意见》。

9月22日，县委、县政府批准县老龄委等四单位《关于建立乡镇老年体育协会意见的报告》，作出建立乡镇老年体育协会的决定。

1990年

6月11日，县委作出加强县委自身建设的决定，下发《关于切实加强县委自身建设的规定》。

6月20日，县委作出从县直机关选派中青年干部到基层任职、挂职锻炼的决定，制定《关于从县直机关选派中青年干部到基层任职、挂职锻炼的试行规定》。

6月20日，县委决定在全县党政群机关、行政事业单位（包括司法机关和行使管理职能的行政性公司），实行干部近亲回避制度，并制定下发《关于在党政群机关和行政事业单位实行干部近亲回避制度的规定》。

8月28日，县委、县政府作出在全县实施吨粮田和百千克皮棉开发的决定，下发《关于在全县实施吨粮田和百公斤皮棉开发的意见》。

9月7日，县委、县政府下发《关于清理超面积建房、违纪建房和占两套房的通知》，对全县清理住房工作进行全面安排和部署。

11月10日，县委下发《在农村开展社会主义思想教育的意见》，根据《意见》精神，全县1990年冬至1991年春，在农村开展社教活动。

12月5日，县委召开全县机关整顿动员大会，对机关整顿工作进行安排和部署。

同日，县委作出在全县开展创建精神文明工作先进县活动的决定。

1991年

3月11日，县委、县政府研究决定从1991年开始，在全县普遍开展社会治安综合治理达标竞赛活动，并下发《关于在全县开展社会治安综合治理达标活动的意见》。

3月23日，县委下发《关于开展建党七十周年纪念活动的意见》。

5月2日，县委、县政府作出创建“全国体育先进县”决定。

6月20日，县委、县政府作出在全县大力发展乡镇企业的决定。

7月29日，县委、县政府决定在全县组织开展紧急向江淮受灾地区捐献活动的决定，并对捐献活动进行统一部署。

9月26日，县委、县政府对全县首批8名专业技术拔尖人才命名表彰，并授予“邹平县专业技术拔尖人才”称号。

9月30日，县委、县政府下发《关于创建“双拥模范县”活动的实施意见》。

10月15日，县委、县政府下发《关于在全县开展爱惜粮食、节约粮食的通知》。

11月26日，县委、县政府下发《关于全县动员大办林业三年达标五年绿化邹平的决定》。

1992年

2月18日，县委下发《关于推行晚婚晚育缓解人口生育高峰的意见》，决定从1992年3月1日起在全县推行晚婚晚育，按意见执行新规定。

2月20日，县委、县政府研究决定，县直各行政部门、事业单位都要积极行动起来，创办经济实体，强化服务功能，促进全县工业生产大力发展，并下发《关于县直行政部门事业单位兴办经济实体的意见》。

3月10日，县委决定，对党政领导干部执行生育政策控制人口增长情况实行追踪审计。

3月27日，县委下发《关于在发展党员工作中恢复县委组织员谈话制度的意见》。

4月15日，县委、县政府研究决定按照分类指导原则，在县直党政机关、事业单位进行综合改革，并下发《关于在县直党政机关、事业单位综合改革的意见》。

4月27日，县委、县政府下发《关于创建省级卫生县城的通知》。

6月3日，县委、县政府下发《关于引进人才的优惠政策规定》。

6月5日，县委决定在全县农村开展“十星级文明户”活动。

6月12日，县委、县政府研究决定兴建邹平经济技术开发区，并下发《关于加快经济技术开发区开发建设的决定》。

6月20日，县委、县政府同意农牧渔业局《关于建立邹平县农村合作基金联合会的报告》，决定建立“邹平县农村合作基金会”。

8月1日，县委、县政府下发《关于创建省级社会文化先进县的决定》。

12月16日，县委、县政府制定下发《关于在全县建立义务教育保证金制度的实施意见》。

1993年

3月29日，按照县委、县政府研究意见，县委办、县政府办联合下发《关于严禁以各种名义参加公费出国（境）旅游的通知》，明令禁止以各种名义参加公费出国（境）旅游。

5月22日，县委、县政府研究出台《邹平县乡镇管理体制改革实施方案》。

5月22日，县委、县政府召开全县县乡机构改革动员大会，传达全省县乡机构改革工作会议精神，总结推广好生乡机构改革试点经验、做法，研究部署全县县乡机构改革工作。

6月25日，县委下发《关于选派县直机关干部到乡镇挂职、到企业和经济强村任职的意见》，决定从县直机关选派优秀干部、职工到乡镇、村和企业工作。

6月28日，县委、县政府召开县直机关兴办经济实体工作会议，动员县直各部门、各单位加快兴办经济实体步伐，为下一步机构改革创造条件。

7月12日，县委下发《关于开展毛泽东诞辰100周年纪念活动的通知》，对全县纪念毛泽东同志诞辰100周年活动进行安排和部署。

10月10日，县委、县政府制定下发《邹平县党政机构改革实施方案》。

12月1日，县委作出决定，1993年冬在全县农村集中一段时间开展思想教育活动，并制定下发意见。

1994年

3月15日，县委、县政府作出《关于大力发展棉花生产的决定》。

5月21日，县委、县政府研究决定，在全县全面开展建设农村电气化县工作，并制定下发《关于创建农村电气化县的意见》。

9月2日，县委、县政府研究决定，从县、乡党政群机关、企事业单位选调部分干部职工到贫困后进村任职，帮助改变贫困后进村面貌，并研究制定《关于选派干部职工到贫困后进村任职的意见》。

11月17日，县委研究决定，1994年冬至1995年春在全县集中一段时间开展社会主义思想教育活动，并制定下发《关于今冬明春在全县城乡集中开展社会主义思想教育活动的意见》。

1995年

2月16日，县委研究决定，在全县推行领导干部抓党风廉政建设责任制，下发《领导干部抓党风廉政建设责任制的意见》（邹发〔1995〕6号文件）。

3月5日，为纪念抗日战争和世界反法西斯战争胜利50周年，深入开展爱国主义教育，县委研究决定，在全县开展抗日战争和世界反法西斯战争胜利50周年纪念活动。

4月1日，县委、县政府作出《关于开展向李爱文同志学习的决定》，号召全县人民向韩素云式的好军嫂李爱文学习。

4月25日，县委制定下发《关于加强农村基层组织建设的三年规划》。

6月1日，县委、县政府制定下发《关于加快发展建筑业的意见》，确定到2000年，建筑业总产值14亿元，力争达到15亿元的发展目标。

6月2日，县委、县政府两办，根据县委、县政府研究意见，制定下发《关于县级领导干部汽车使用管理的规定》。

7月4日，县委、县政府制定下发《关于贯彻〈中国教育改革和发展纲要〉的实施意见》。

7月30日，县委、县政府两办根据县委、县政府研究的意见制定下发《关于严禁用公款吃喝玩乐的意见》。

11月27日，为加快经济增长方式从粗放型向集约型转变，组织实施“科教兴邦”战略，在全县创造一个尊重知识、尊重人才的良好社会环境，推动科技进步，提高劳动者素质，振兴邹平经济，县委、县政府制定下发《关于加快科技进步的暂行规定》。

12月19日，经县委、县政府同意，县委办公室转发县精神文明建设委员会《关于在全县制止婚事大操大办的意见》。《意见》制定婚事活动“五不准”制度，即：不准使用公车；租车每次动用车辆不准超过3辆；除亲属关系外，不准发请柬、下通知；婚事宴请不超过6桌，国家机关工作人员，尤其是领导干部一般不参加婚庆宴请；不准用公款请客送礼和借机发财。

1996年

7月4日，县委、县政府下发《关于创建全国卫生县城的意见》。意见要求全县上下齐努力，提高县城综合卫生水平，争创第一批全国卫生县城。

7月25日，县委、县政府、县人武部联合下发《关于加强党管武装工作的意见》。

8月26日，县委、县政府下发邹平县国家公务员制度和参照实行《国家公务员暂行条例》实施方案。邹平县实施公务员制度总体安排：在机构改革“三定”的基础上，统筹规划，分步实施，1996年11月底以前全面完成过渡阶段各项任务，然后逐步完善。具体工作分3个阶段进行：准备阶段、实施阶段、检查验收阶段。

12月10日，县委下发《关于今冬明春在全县城乡开展社会主义思想教育活动的意见》。活动安排3个月左右的时间，从1996年12月上旬开始，到1997年2月底基本结束。

1997年

1月1日，县委批转县委组织部《关于对领导干部考核的实施意见》及几项工作制度的通知。《通知》要求，深入贯彻中央、省、地组织工作会议精神，加强对领导干部的监督管理，逐步建立起用党性看干部、凭政绩用干部以及干部能上能下的用人机制。

3 月 19 日，县委、县政府批转县纪委、县监察局、县建委《关于清理整顿干部职工住房和购建住房中违规违纪问题处理意见》的通知。

3 月 26 日，县委、县政府两办印发《邹平县农村奔小康计划》的通知。通知要求，按照滨州地委、行署的工作部署，1998 年邹平县基本实现小康；17 个镇乡基本建成小康镇乡；90% 以上的村建成小康村，90% 以上的户建成小康户。

5 月 29 日，县委印发《1996 年至 2000 年邹平县干部教育培训规划》。

7 月 8 日，县委、县政府下发《关于发扬艰苦奋斗精神反对奢侈浪费的八项暂行规定》。

12 月 1 日，县委、县政府下发《关于进一步落实整改措施、切实保护耕地的通知》。

1998 年

3 月 20 日，县委、县政府下发《关于县乡机关干部创办示范服务基地、领办经济实体的意见》。

5 月 28 日，县委、县政府下发《关于进一步完善落实林地政策的实施意见》。

8 月 3 日，县委、县政府下发《关于赴京引进优秀人才工作的实施意见》。

8 月 6 日，县委下发《关于县直机关创办示范服务基地的意见》。

9 月 7 日，县委、县政府两办下发《关于进一步稳定和完善农村土地承包关系的意见》。

10 月 8 日，县委下发《关于对农村党支部实行规范化管理的意见（试行）》。

12 月 26 日，县委下发《关于在全县城乡开展党的十五届三中全会精神集中教育活动的意见》。

1999 年

3 月 1 日，县委、县政府下发《关于村镇工作规范化建设的意见》。

3 月 25 日，县委下发《关于在全县领导干部中搞好“三讲”的学习通知》。

7 月 16 日，县委、县政府两办下发《关于印发〈中共中央办公厅国务院办公厅中央军委办公厅关于基层人民武装部机构设置、干部配备原则等问题的通知〉》。

8 月 20 日，县委办下发《关于贯彻中共中央、国务院〈关于实行党风廉政建设责任制的规定〉的实施意见》。

12 月 1 日，县委、县政府两办下发《关于对县直机关离休人员实行定点医疗管理的规定》。

2000 年

1 月 2 日，县委、县政府两办下发《关于筹集农村合作社基金会存款兑付资金的紧急通知》。

2 月 17 日，县委下发《关于在县级及有关单位领导班子、领导干部中深入开展以“讲学习、讲政治、讲正气”为主要内容的党性党风教育的实施方案》。

3 月 28 日，县委、县政府下发《关于切实做好农民负担监督管理工作的意见》《关于进一步转变作风加强调查研究狠抓工作落实的意见》《关于争创全省精神文明建设先进县对县城依法实施综合整治活动的意见》。

5 月 7 日，县委、县政府下发《关于进一步加强学习的意见》《关于进一步加强村镇工作规范化建设的意见》。

6 月 2 日，县委、县政府下发《关于深入开展干部下访工作的意见》。

9 月 12 日，县委下发《关于进一步加强企业工会组建工作的意见》。

10 月 19 日，县委下发《关于加强和改进思想政治工作的意见》。

10 月 19 日，县委、县政府下发《关于实施“文明建县”战略加强精神文明建设的决定》。

2001 年

6 月 14 日，县委、县政府下发《关于进一步做好 2001 年农民负担监督管理工作的意见》。

8 月 9 日，县委、县政府下发《关于深化中小学内部管理体制改革的意见》。

10 月 31 日，县委下发《关于村级“三个代表”重要思想学习教育活动的实施意见》。

11 月 5 日，县委、县政府下发《关于加快旅游业发展的决定》。

2002 年

4 月 22 日，县委、县政府下发《关于在全县开展“三个代表”学教活动回访复查的实施意见》。

6 月 14 日，县委、县政府下发《关于印发〈邹平县党政机关机构改革实施方案〉〈邹平县乡镇机构改革实施方案〉的通知》。

6 月 21 日，县委、县政府下发《邹平县农村税费改革（试点）实施方案》。

11 月 4 日，县委、县政府下发《关于加强宗教工作的意见》。

12 月 4 日，县委下发《关于今冬明春在全县城乡集中开展党的十六大精神教育活动的意见》。

2003 年

2 月 26 日，县委、县政府下发《关于撤销邹平镇设立街道办事处工作的实施意见》。

3 月 13 日，县委、县政府下发《关于开展“三大创建”活动的决定》。县委、县政府决定在全县开展创建全国精神文明建设工作先进县、国家卫生城、全国社会文化工作先进县“三大创建”活动。

3 月 31 日，县委、县政府两办下发关于转发《邹平县农村财务“双代管”办法》的通知。

4 月 17 日，县委、县政府下发《关于实施帮扶救助工程的意见》。

5 月 4 日，县委、县政府两办下发《预防“非典”工作进行联合稽查的实施意见》。

5 月 9 日，县委、县政府下发《关于在全县广泛开展爱国卫生运动、全民健身活动和科普宣传教育活动的意见》。

5 月 16 日，县委下发《关于在全县开展“解放思想见行动，更新观念促发展”大讨论实施意见》。

5 月 28 日，县委、县政府下发《关于扶持发展农业产业化重点龙头企业的意见》。

6 月 18 日，县委下发《关于在全县实施“双基工程”，深化“三级联创”活动意见》。

7 月 6 日，县委下发《学习贯彻“三个代表”重要思想新高潮工作方案》。

7 月 18 日，县委、县政府下发《关于社区居委会建设繁荣意见》。

8 月 6 日，县委、县政府下发《关于加强企业家队伍建设的意见》《关于远学江浙，近学魏棉，干事创业，跨越发展决定》。

县委下发《关于在全县深入开展解放思想教育月活动实施意见》。

9 月 5 日，县委、县政府下发《邹平县创建国家卫生城市实施意见》。

11 月 4 日，县委、县政府下发《关于完善人口与计生利益导向和社会保障机制的意见》。

12 月 24 日，县委下发《关于今冬明春在全县城乡集中开展党的十六届三中全会精神教育活动的意见》。

2004 年

1 月 16 日，县委、县政府下发《关于清理登记规范完善农村承包合同的意见》。

3 月 8 日，县委下发《关于开展“公民文明素质提升年”活动的意见》。

5 月 12 日，县委、县政府下发《关于加快县经济开发区发展的意见》。

6 月 2 日，县委下发《关于印发〈局级领导干部选拔任用工作程序（试行）〉的通知》。

7 月 6 日，县委下发《关于开展“解放思想抢机遇，破‘空’排‘难’快发展”大讨论活动的意见》。

7 月 21 日，县委、县政府下发《关于加强城区人口与计划工作的意见》《邹平县实行人口与计划生育一票否决制（试行）办法》。

8 月 13 日，县委、县政府下发《关于在全县深入开展维护农村稳定集中治理整顿活动的意见》。

10 月 11 日，县委、县政府下发《关于突破六镇加快全县经济协调发展的意见》。

11 月 23 日，县委、县政府下发《关于在全县开展“跨入百强县我们该怎么办”大讨论活动的实施意见》。

12 月 27 日，县委、县政府下发《关于印发〈邹平县农村基层组织建设的实施细则〉的通知》。

2005 年

1 月 20 日，县委下发《关于深入开展以实践“三个代表”重要思想为主要内容的保持共产党员先进性教育活动的实施意见》。

4月21日，县委、县政府下发《关于〈邹平县政府机构改革实施方案〉的报告》。

5月31日，县委下发《关于加强镇（办）机关党员干部教育管理工作的意见》《关于加快高新技术产业发展的规定》。

8月5日，县委、县政府下发《关于开展“爱我邹平，共建美好家园”主题教育活动的意见》。

8月6日，县委、县政府下发《关于加快第三产业的意见（试行）》。

8月26日，县委、县政府下发《关于〈印发邹平县人民政府机构改革方案〉的通知》。

9月1日，县委下发《关于进一步加强关心下一代工作的意见》。

10月9日，县委、县政府下发《关于加强金融生态环境建设促进全县经济金融和谐发展的意见》。

10月24日，县委下发《关于建设学习型社会的意见》。

11月17日，县委、县政府下发《关于印发〈邹平县国土资源管理体制改革实施方案〉的通知》。

12月5日，县委、县政府下发《关于加强和改进外事管理工作的意见》。

第三章　调研　信息　督查　保密

第一节　县委办公室机构沿革

1986年，县委办公室内设秘书科、行政科、信息科、机要科、综合科5个科室，分管县委研究室和档案局。1993年10月，机构改革后，办公室内设秘书股、综合股、行政股，辖研究室、信访室、档案局、保密局、督查科和机要科6个科级单位。1996年，县委办公室内设秘书股、信息股、行政股，辖研究室、信访局、档案局、保密局、机要科、督查科6个科级、副科级单位。1998年3月，督查科更名为督查室，由副科级升格为正科级单位。1998年4月，成立文件交换站。1999年，县委办公室内设秘书科、信息科、行政科、文件交换站，辖研究室、督查室、信访局、档案局、保密局、机要科6个科级、副科级单位。2001年，根据工作需要，县委督查室和县政府督查室合并为县委、县政府督查局。至2005年，县委办公室内设机构未变。

第二节　调研工作

1990年，完成全县大型会议筹备10余次，编发《调查与研究》15期，上报惠民地区4期，发刊《参阅件》11期，开辟调研栏目，到160个点调查，召开各类座谈会100余次。

1991年，筹备全县大型会议20次，撰写、修改领导讲话、县委及县委办公室文字材料120篇75万字，编发《调查与研究》20期,《情况与资料》10期。被省地采用调研文章10篇,居全地区第一。

1992年，全年筹备县委重要会议20次，撰写、修改、印发县委文件35个，拟写县委领导讲话和各类材料90篇、80余万字。撰写县委新闻稿件116篇。其中国家级报刊采用14篇，省级报刊采用22篇，地级报刊采用80篇。居全地区第一。调研工作,全年收集调查与报告20余篇,编发《调查与研究》12期、《情况与资料》12期，有3篇被省委办公厅、省委研究室采用，9篇被地委研究室、政研室采用，稿件采用位列全地区第一。

1993年，全年筹备全县性会议和专业性会议19次，撰写、修改县委及县委办公室文件16个，拟写县委领导讲话、典型材料和署名文章38篇，60余万字。收集调查报告38篇，编写《调查与研究》20期、《情况与资料》2期，其中9篇调查报告被地委研究室采用。

1994 年,全年参与筹备县委大型会议 20 余次,撰写领导讲话 70 余篇、典型材料 100 余万字,完成领导署名文章 12 篇,省级刊物采用 6 篇,地级刊物采用 5 篇。编发《调查与研究》20 期,11 篇调查报告被地委研究室采用,编辑《情况与资料》4 期。

1995 年,完成 10 余次大型会议领导讲话和 40 余篇典型材料撰写,形成文字材料 100 余万字。完成《调查与研究》20 期,调研材料 24 个,被上级采用调研文章 15 篇,在全区位列第一。为开好县第八次党代会,制定“九五”(1996—2000 年)计划和 2010 年远景目标计划,对本县区域开展广泛细致的调查研究。

1996 年,完成领导讲话、典型材料、调查报告等 200 余篇,120 余万字。编发《调查与报告》20 期、《资料卡》6 期,其中 8 篇被地委研究室采用,1 篇被省委研究室采用。撰写领导署名文章 4 篇被地委研究室采用,8 篇被地级刊物发表。

1997 年,针对农村稳定与发展问题,5 月组成联合调查组,分赴农村调研,形成内容翔实、分析透彻、针对性强的调查报告。在此基础上形成《关于解决当前影响农村稳定和发展的几个问题的意见》(邹发〔1997〕13 号文件)。全年共撰写、起草、修改各类文字材料 130 余万字,参与组织大型会议 20 余次,起草、印发领导讲话 80 余篇,撰写署名文章 25 篇。其中,省级以上报刊采用 8 篇,地级采用 10 篇。完成县委常委会记录 26 次,形成县委常委会纪要 26 期。

1998 年,围绕全县个体私营经济发展赴镇乡及周边县市进行调查,形成调查报告《周边县区加快发展的优惠政策》,滨州地委书记王宗廉对此文作重要批示,在地委《综合与信息》上发表。组织大型会议 30 余次,领导讲话、报告起草、改审文稿 180 余篇,共形成各类文字材料 140 余万字。在地级以上报刊发表文章 14 篇,其中国家级报刊 1 篇,省级报刊 4 篇,地级 9 篇。形成县委常委会记录 34 次,形成县委常委会会议纪要 33 期。

1999 年,起草、撰写、修改领导讲话、典型材料 200 余篇,近 80 万字,编发《调查研究》23 期,在省地以上刊物发表署名文章和各类宣传报道 22 篇。

2000 年,完成各类文稿 250 余篇,150 万字,组织筹备各类大型会议 20 余次。起草各类文件 60 余份,撰写编发调查报告 40 余篇,在省、地各类报刊发表署名文章 10 篇,撰写经验介绍材料 7 篇。

2001 年,起草、撰写、修改各类文稿 250 余篇,完成县委常委会会议记录 42 次,形成纪要 42 期,编写《资料卡》11 期,领导讲话近百篇,发表领导署名文章 10 篇,各类文件 40 余份。撰写、编发调查报告 15 篇。

2002 年,完成各类材料 230 余篇,形成常委会记录 25 次、纪要 25 期,编写《资料卡》11 期、《邹办通报》5 期。编发调查报告 18 篇,发表署名文章 12 篇。

2003 年,完成各类文字材料 240 余篇,150 余万字,编撰调查研究 15 期,编写《资料卡》11 期、《邹办通报》4 期,完成常委会记录 36 次、纪要 36 期,发表署名文章 8 篇。

2004 年,起草各类文稿 260 余篇,近 200 万字。先后在《人民日报》、省委《调查与研究》等省级以上刊物发表领导署名文章 10 篇,编发《调查与研究》17 期。

2005 年,起草各类文稿 400 余篇,近 300 万字。撰写中共中央政治局常委、全国人大常委会委员长吴邦国,中共中央政治局委员、新疆维吾尔自治区党委书记王乐泉,全国政协副主席、统战部部长刘延东,团中央书记处书记尔肯江·吐拉洪等中央领导到邹平县视察工作汇报重要文稿。编发《调查与研究》15 期、领导署名文章 12 篇。

第三节　信息工作

1990 年,编发《邹平信息》61 期;搜集信息 1000 余条,采编 400 余条;上报信息 510 条,其中上报省 50 条,采用 18 条,被评为高层次信息 17 条,上报中央办公厅 1 条,信息工作名列全区第一名。

1991 年,收集各类信息 2000 条,编发信息 600 条,向省委、地委报送信息 500 条,省、地委采用180条。

1992年，收集信息2600余条，整理编写提供全县6大部门领导520余条信息；向省地委办公厅（室）报送600余条，被省委办公厅采用16条，被地委办公室采用180条。

1993年，搜集挖掘各类信息1700余条，整理编发1140条，向省、地委报送620条，其中24条被省委采用，292条被地委采用。创办并编发《邹平经贸信息》18期，为基层、企业及社会各界提供经贸信息3650条。

1994年，收集挖掘各类信息1700余条，整理编发《今日信息》62期，为县6大部门提供信息190余条，编发《邹平信息》29期、《邹平经贸信息》24期，202家单位加入邹平经贸信息网，向省、地委报送信息760条，其中33条被省委采用，328条被地委采用。

1995年，实现全省信息并网，全年整理编发信息800余条，向省、地委报送信息500条，省委采用28条，地委采用289条。

1996年，停办《邹平经贸信息》，创办《信息快报》。全省信息网点报送各类信息1300余条，整理编发信息800余条，向省委办公厅、地委办公室报送信息440余条。

1997年，各信息网点报送各类信息1500条，编发《信息快报》126期、《邹平信息》30期，上报省地信息480条。

1998年，各信息网点报送信息1200条，整理编发《信息快报》105期、《邹平信息》21期，上报省地信息607条，被省委办公厅采用21条，被地委办公室采用68条。

1999年，编发各类信息371期。

2000年，报地委信息355条，采用66条，报省委信息106条，采用7条。

2001年，编印《邹平信息》16期、《信息快报》37期。上报省委信息101条，采用17条，列全市第一位；上报市（滨州市）委信息421条，采用102条，列全市第二位。

2002年，编印《邹平信息》23期、《信息快报》31期。上报省委信息86条，采用12条，列全市第一位；上报市委信息321，采用96条。

2004年，编发《邹平信息》20期、《信息快报》40期。上报省委信息104条，被采用32条；上报市委信息300条，被采用88条。

2005年，编发《信息快报》35期。上报省委信息90条，被采用26条；上报市委信息310条，被采用75条。

第四节　督查工作

1993年10月，县机构改革后，县委办公室辖督查科等6个科级单位，县政府办公室设督查科。1998年3月，县委、县政府督查科均改名为督查室，由副科级单位升格为正科级单位。2001年3月，县委决定，撤销县委、县政府2个督查室，成立统一的县委、县政府督查局，为正科级行政单位。至2005年，机构编制未变。

建置之初，建章立制，围绕县委、县政府决策和部署，重点对创建省级卫生县城，全县对外开放工作、农科教统筹、计划生育、加快发展第三产业，全县农村经营、科教兴邹，国有企业转换经营机制，发展个体私营经济，廉政建设，减轻农民负担以及领导批办和群众反映的“热点”“难点”等问题进行督查落实，并及时向上级有关部门反馈情况。

1996年，按照“时效性、全局性、可操作性”要求，健全“领导督查、督查领导”工作机制和督查网络，完成上级交办的督查事项8件、新闻单位提出问题2件。围绕牵动全县大局重要会议事项督查10件，编辑《邹平督查》5期，完成文字材料50万字。

1997年，完成上级交办的督查事项9件，会同有关部门进行清房、“大哥大”（手机）清理和狠刹用公款吃喝玩乐歪风的查办工作，编辑《邹平督查》16期。

1998年3月，督查科升格为正科级单位，完成领导批示件17件次，完成地级以上督查事项12件，组织开展县级重大事项督查7项15次，办理政协提案18件，撰写30余份督查报告，形成文字材料近30万字。

1999年，围绕县委、县政府各项重大决策抓质量、搞督查，进行县、地级以上重大专项督查40余次，编发《邹平督查》20期。

2000年，编发《邹平督查》28期，报送汇报材料36篇，省委采用2篇，地委采用12篇，列全区各县市第一。

2001年，县委、县政府督查局成立，根据新职能和任务，进一步完善督查考核机制。围绕全县中心工作组织督查28次，编发《邹平督查》36期，形成调研报告7篇，报送汇报材料28篇，新华社《内参选编》采用1篇，省委采用2篇，市委采用12篇，列全市各县区第一位。

2002年，围绕县委、县政府中心工作，特别是“十大事件”，做好督查检查。“一帮一，解水困”活动中，坚持每周一调度，半月一检查，每月一通报。整个活动投入无偿资金160余万元，为39个村打出深水井，为6个村建起供水工程。山东电视台先后2次作专题报道。全年编发《邹平督查》38期，报送材料25篇，采用5篇。

2003年，在“非典”防治期间，抽调25名县级领导带队，对全县预防非典工作进行检查。对全县37个重点项目先后进行3次督查，召开2次调度会。全年编发《邹平督查》36期，向上级报送汇报材料15篇。

2004年，全年完成督查11项、32次，形成文字汇报材料30余万字，编发《邹平督查》18期，向市级以上部门报送汇报材料8篇，采用4篇。

2005年，对年初县委、县政府确定的35个重点项目，组织有关部门先后开展3次督查，坚持实行一月一调度，一月一通报。全年完成督查22次，形成文字汇报材料30余万字，编发《邹平督查》18期，向市级以上部门报送材料10篇，采用7篇。

第五节　保密工作

1991年，县保密局成立，归属县委办公室管理。至1995年，6年中对全县90个涉密单位进行定密工作；对全县印刷、复印行业进行普查，核发注册备案证36个；举办全县15家“三资”企业中方负责人涉外保密法规培训班。

1996年，组织全县各单位保密员190余人参加保密知识培训班。印发2万余份保密知识宣传单。

1997年，按照“预防为主，积极防范”方针，采取得力措施，提高广大群众的保密知识。县领导作纪念《保密法》颁布9周年电视讲话，县分管领导走上街头散发传单，宣传保密法规。

1998年，学习贯彻《中共中央关于加强新形势下保密工作的决定》及省委《实施意见》，组织全县有关重点部门的保密人员参加全区保密骨干人员培训班。为纪念《保密法》颁布10周年，联合司法局举办全县领导干部问卷征答活动，共发放答卷2000余份。在县图书馆举办保密工作大型书画展。至2005年，先后制定下发《邹平县国家秘密及其密级具体范围规定》《邹平县重点涉密人员教育与管理暂行规定》。

第四章　纪检监察工作

第一节　机构沿革

1979年5月，恢复建立中共邹平县委纪律检查委员会，1984年1月，升格为副县级单位。1986年初，县纪委内设办公室、审理科、检查科、信访科。1989年1月，各科升为副科级单位并更名为室，增设教育室。1993年4月27日，县纪委、监察局合署办公，内设8个室：办公室、信访室、监察综合室、纪检监察室、宣传教育室、审理室、党风廉政建设室、执法监察室。1993年10月，县级机构改革，县纪委、监察局内设：办公室、信访室、案件检查室、审理室、宣传教育室、执法监察室。1999 年，县政府纠正行业不正之风办公室设在县纪委。2002 年 6 月，县级机构改革，县纪委（监察局）机关内设办公室、信访室、案件检查室、审理室、宣传教育室、执法监察室、纠风办(党风室)。至 2005 年 12 月,机构编制未有变化。

1986 年，有乡镇纪委 17 个，县直纪委 5 个。1987 年，县直纪委机构增至 20 个。1992 年，县直纪委、纪检组 35 个。1995 年，基层纪检机构有 54 个:乡镇纪委 17 个,县直纪委（纪检组）13 个,企事业单位纪委 24 个。1996 年，基层纪检监察组织 57 个：镇乡纪委 17 个，县直设有纪委 18 个、纪检组 22 个。1999 年,基层纪检监察组织有 57 个:镇乡纪委 17 个,县直纪委 18 个,县直纪检组 22 个。2001 年，撤销礼参镇、苑城镇、里八田乡，分别合并到邹平镇、长山镇、魏桥镇，原 3 镇乡纪委一并撤销。2003 年 2 月，撤销邹平镇，设立黛溪、黄山和高新街道办事处，相应纪委撤销，相应成立纪工委。至 2005 年，机构设置未变。

第二节　违纪违法案件查处

1986—2005 年，查处各类违纪案件 1166 件，其中受党纪处分 1041 件，政纪处分 125 件，开除党籍 249 人。

1986—2005年邹平县党纪政纪处理情况统计表

表15-4-1　　　　单位：人

年度	处分													
	党纪处分						政纪处分							
	合计	警告	严重警告	撤销职务	留党察看	开除党籍	合计	警告	记过	记大过	降级	撤职	开除留用	开除
1986	41	13	10	1	4	13								
1987	106	34	30		28	14								
1988	34	9	6	3	9	7								
1989	50	6	18		14	12								
1990	50	11	15	3	13	8								
1991	61	10	8	2	26	15								
1992	61	8	15	2	25	11								
1993	44	8	8		11	17	6			3	2		1	
1994	35	4	12	2	11	6	6	1		1	2			2
1995	29	2	10	1	7	9	18	3	2	2	9	2		
1996	55	6	9	5	13	22	16	2	3	3	2	3	1	2
1997	60	13	19	6	7	16	15		2	1	3	6	1	2
1998	61	11	16	1	18	15	17	5	3	1	7		1	
1999	62	15	17	3	9	18	9	1	2	4		1	1	
2000	57	11	18	2	15	11	9	4	3	1				1
2001	63	12	13	4	20	14	5	1	2		1	1		
2002	49	13	15	1	7	13	13	4	4	2		1	2	
2003	31	10	3	4	8	6	8	3		1		1	3	
2004	47	18	10	7	5	7	3	1	1			1		
2005	45	14	8	7	1	15								

第三节 党风廉政建设

党风党纪教育

1986年，县纪委下发《关于端正党风工作意见》,对全县广大党员进行党性党风教育。1990年，县纪委牵头组织普及党规党纪教育活动。1993年，县纪委党风党纪教育工作受到省纪委表彰，其经验在1994年全省党风党纪宣传教育会议上作典型介绍。1996年，在全县党员干部中开展“学条规、守纪律、做表率”教育活动，全县2.4万人参加，获省组织奖。1999年，开展“讲学习、讲政治、讲正气”为主题的党性、党风、党纪教育。2001年，开展争创“廉政单位”和“学党章、守纪律、正党风”活动。2003年,开展“艰苦奋斗、廉洁从政”教育活动，在全省、全市经验交流会上都作典型发言。2004年，开展“为民、务实、清廉”教育活动，突出抓《中国共产党党内监督条例（试行）》《中国共产党纪律处分条例》学习、贯彻、落实。2005年，开展“廉洁奉公、执政为民”教育活动，在活动中全县建立“大宣教”工作格局。举办《建立健全教育、制度、监督并重的惩治和预防腐败体系实施纲要》《“三个代表”重要思想反腐倡廉理论学习纲要》知识竞答，全县有10120名党员参加。

领导干部廉洁自律

从1986年起，为开好民主生活会，县纪委每年发通知，提出要求。县委先后成立清车、清房、清预算外资金、刹吃喝风、刹经费出国留学等工作机构。按规定要求，逐人逐次进行清理。1993—1995年，清理登记各种小汽车112辆，罚款110万元。清理超面积建房363户；清理公款安装住宅电话514部，压缩出国团组4个12人，对15名公费出国旅游人员进行处理。

1996—1998年，逐渐形成“党委统一领导，党政齐抓共管，纪委组织协调，部门各负其责，依靠群众支持和参与”反腐败领导体制和工作格局。对全县101个单位的违规违纪购建住房，不严格执行房改政策等问题作出严肃处理，罚没违纪资金140余万元，清理多占成套住房66套；对公款安装的住宅电话和移动电话进行清理规范，把不符合规定的283部住宅电话全部转为自费，对违规使用的107部移动电话进行封存和拍卖。2001年，对领导干部收受现金、有价证券和支付凭证进行集中清理，全县共清理165个单位，登记拒收现金73600元、有价证券13200元，上缴现金91500元，上缴有价证券8000元。2003年，清理用公款为个人购买商业保险单位4个，投保人数114人,投保金额11464元,按规定全部清退。2004年，清理借欠公款单位8个，涉及11人，涉及金额72705.87元；对新任县（处）级领导干部配偶、子女从业情况进行汇总上报。2005年，建立完善小汽车购买审批制度，审核办理小汽车购买手续65辆。

第四节 纠风正纪

治理中小学乱收费

从1986年始，为治理中小学乱收费，对全县收费的范围、项目、标准等作出明确规定，教育系统对收费、办班等情况进行清理。1996—1998年，从规范收费项目和标准入手，依法查处5个学校乱收费问题。2004年，加大工作力度，落实“一费制”，在全县开展专项检查，涉及杂费、住宿费、课本费、作业费等项目，“一费制”收费办法和教育收费公示制得到贯彻落实，生均公用经费拨款基本到位。2005年10月，组织教育、物价、财政、审计、文化等部门，对全县义务教育阶段学校收费情况、公办普通高中招收择校生按政策收费情况，进行检查督导，纠正检查中发现的问题，规范各学校收费行为。

纠正医药购销中不正之风

2002年，以药品价格、购销渠道、收费项目为重点，开展专项执法监察，共检查医疗单位11个，查处违规违纪资金893.34万元，取消违规收费项目3个,纠正不规范收费行为14项。2004年，加大对药品流通秩序的整治力度，组织协调卫生、物价、药监、工商部门在药品销售站（店）门前集中悬挂监督举报牌，公布举报电话，明确责任（药品价格由物价局负责，药品质量由药监局负责，市场管理由工商局负责）。2005 年，与卫生、物价、药监等部门组成检查组，对全县的医疗卫生机构的医药购销活动情况进行专项执法监察，检查单位 22 个，涉及金额 24703.4 万元，查处违规违纪资金 736.42 万元，取消违规收费项目 3 个，纠正超标准不规范收费项目 16 个，下达《监察决定书》22 份，提出建议和改进措施 19 条。

民主评议行风活动

1997 年，发放《民主评议表》500 份，地税局、人事局、财政局、邮电局、劳动局获前 5 名。1998 年，发放《民主评议表》400 份，评议单位扩大到 21 个，财政局、人事局、地税局、国税局、建委获前 5 名。1999 年，发放《民主评议表》500 份，评议前 5 名单位：地税局、财政局、电力总公司、建委、国税局。2000 年，发放《民主评议表》400 份，地税局免评，评议前 5 名为：国税局、电力总公司、建委、质监局、交通局。2005 年，确定 40 个重点纠风部门和行业，发放《民主评议表》600 份，国税局、质监局、公安局、地税局、工商局、建设局、审计局、教育局、环保局、财政局、计生局获得先进单位。

行政执法监察

1986—1995 年，对群众反映的个别领导干部问题进行查处，通过对行政性、事业性收费罚款专项检查，查处违纪资金 416.60 万元，追缴入库 236.2 万元。通过清理预算外资金，查处违纪金额 1517 万元，追缴财政代管资金 1943 万元。1996—1998 年，先后对预算外资金征用情况及建筑工程项目等进行专项执法监察，立项 26 个，检查单位 565 个次，查出违纪资金 3696 万元，挽回经济损失 265 万元，提出监察建议 140 余条。2004 年，检查单位 59 个，涉及资金 8.06 亿元，查处违规违纪资金 666.59 万元，纠正违规资金 636.4 万元，作出监察决定 2 个。2005 年，检查单位 83 个，涉及金额 24703.4 万元，查处违规违纪资金 736.43 万元，取消违规收费项目 3 个，纠正超标准不规范收费项目 16 个，下达《监察决定书》22 份，提出建议和改进措施 26 条。

减轻企业负担

1996—1998 年，对全县党政事业单位的 1339 个收费项目进行清理，取消不合格收费项目 12 个，降低收费标准项目 100 个，实行检查许可证、企业缴费通知书等制度，对 33 家国有集体和个体私营企业进行挂牌保护，依法制止各类不合理检查 56 次，清退党政机关事业单位无偿占用企业资金 380 万元。1999 年，成立“经济 110”负责治理乱收费行为。2002 年，成立“一站式”行政服务中心，实行一门受理，并联审批，一口收费，限时办结。2004—2005 年，通过实行缴费明白卡制度，县城区 1700 余家企业门店和全县规模以上企业持缴费明白卡定时、定点、定额到县行政服务大厅缴纳规费，月均交费率 95% 以上；实行执法监督通知书制度，有效防止重复检查、多头检查和乱检查，经营发展的外部环境改善。

治理公路“三乱”

1996—1998 年，不断加大治理力度，定期或不定期明察暗访，撤销 6 个收费站口。2004 年，与县治理公路“三乱”办公室联合一起，采取明察暗访的形式，进行 2 次检查，行程 400 余千米，对发现的路查人员查车不规范等问题及时进行纠正。2005 年，全年组织协调交通、公安等部门进行 10 余次检查，行程 1000 余千米，共同制定规范性文件 2 个，及时制止处理公路“三乱”现象发生，顺利通过上级有关部门组织的明察暗访。

第五章　组织工作

第一节　机构沿革

1986年，县委组织部下设办公室、干部组、党务组。1990年，增设干部下派办公室。1993年，县机构改革后，下设办公室、干部股、组织股、县直机关干部下基层办公室。1999年，下设办公室、党务股、干部股、下派办公室。2002年6月，下设办公室、组织员办公室、组织股、干部股、干部下派管理办公室。2003年11月，成立县远程教育办公室。至2005年，机构设置未变。

第二节　党员发展

1986年，各级党组织贯彻“积极慎重”方针，有计划进行党员发展。全年发展党员536名。1991年，全县各级党组织按照《党章》《中国共产党发展党员工作细则》(1990年9月1日实施)要求，贯彻“坚持标准、保证质量、改善结构、慎重发展”方针，有计划发展党员，同年，发展党员587名。1992年，县委下发《关于在发展党员中恢复组织强制性的通知》，在全县配备27名专职组织员，制定《关于在农村生产一线发展党员的意见》《关于进一步做好优秀团员作党的发展对象的意见》，同年，发展党员492名。此后，每年县委组织部根据各基层党委人数、党员比例和上年党员发展情况，制定下年发展党员计划指标，下发各基层党委，指导发展党员工作。在发展党员工作中，坚持基层党组织培养、县委组织部谈话制度，严把入口关，保证发展党员质量，坚持在生产第一线和工作第一线发展党员，把发展青年党员、女党员、知识分子党员及少数民族党员作为工作重点。2003年，发展党员641名，其中拿出100个名额下发5年未发展党员的农村，使全县858个村都有新党员发展。2005年，全县有党员34900名，其中预备党员958名，男性党员30744名，女性党员4156名；全年发展新党员744名。

1986—2005年邹平县党员情况统计表

表15-5-1　　单位：人

年度	党员总数	正式党员	预备党员	男性党员	女性党员	发展党员
1986	24191	23336	855	22027	2164	536
1987	25253	24120	1133	22984	2269	883
1988	25587	24958	629	23229	2358	384
1989	26039	25512	527	23760	2279	263
1990	36561	25978	583	24186	2375	372
1991	27031	26336	695	24584	2447	587
1992	27445	26805	640	24965	2480	492
1993	27866	27270	596	25348	2518	442
1994	28275	27582	693	25670	2605	576
1995	29329	27959	1370	26459	2870	1233
1996	30181	29038	1143	27093	3088	930

续表15-5-1

年度	党员总数	正式党员	预备党员	男性党员	女性党员	发展党员
1997	30777	29811	966	27555	3222	758
1998	30955	30171	784	27640	3315	620
1999	31668	30808	860	28251	3147	684
2000	32311	31464	847	28746	3565	761
2001	32732	32012	720	29192	3561	658
2002	33186	32504	682	29425	3761	620
2003	33773	33050	723	29936	3837	673
2004	34469	33678	791	30505	3964	697
2005	34900	33942	958	30744	4156	744

1996—2005年邹平县发展党员情况统计表

表15-5-2　　　　单位：人

年度＼项目数量	总数	企业农村一线党员	35岁以下党员	妇女党员	学生党员	年度＼项目数量	总数	企业农村一线党员	35岁以下党员	妇女党员	学生党员
1996	930	744	676	225	5	2001	658	327	340	116	25
1997	758	599	530	156	12	2002	620	422	449	166	24
1998	620	355	445	127	6	2003	673	369	450	139	39
1999	684	406	492	146	4	2004	697	455	445	148	48
2000	761	433	546	156	10	2005	744	500	475	181	5

第三节　党员教育

党员教育

1985年，按照中共中央整党决定，全县23214名党员参加整党。党员从自身检查，带头开展批评与自我批评，带头改正自己的缺点错误。共清退超发奖金7.44万元，清退滥发实物折款12.4万元。纠正1388人自行调整升级问题，收回公物3613件，收回挪借公款65万元。

1987年上半年，全县进行村级整党工作，参加整党党员17590人。全县17个乡镇普遍建立党校。乡镇党校全年举办党员教育培训班188期，培训党员37863人次。礼参乡、里八田乡分别获得省级和地区级党员培训先进单位。

1990年，开始在全县实施电化教育。主要设备有电视机、录像机等，主要教育形式是播放录像片等，主要内容为开展党的基本知识、基本路线、基本理论教育。1991年，县委组织指导各乡镇建起电教机构，配齐电教管理人员，全年播放电教片610场次，收看党员25233人次；与有关部门联合摄制反映邹平县先进党组织和优秀共产党员典型及企业的电视专题片《本色》《火车头之歌》。1992年，全年举办农村党支部书记培训班6期，培训农村党支部书记858人；举办党员培训班136期，培训党员27109人，播放电教片1420场次，收看党员23200人次，自制反映全县党员和干部工作专题片《共产党员的风采》《闪光的足迹》《干审新篇》《再塑青春》。1996年，在全县开展“党员电教科技工程”，至年底，全县建立电教科技示范村25个，建立电教播放站点184个，投资2万余元，建立存片500余部电教片源库。1997年，投资10余万元购置专业编辑设备，走在滨州地区前列。1999年，复制下发300余部党员电教片，先后在全县各基层开展《山东省援藏援疆干部先进事迹报告会》《“三个代表”重要思想辅导讲座》《胡长清案件醒世录》等电教片收看活动，建立7处党员电教示范基地。

2000年，全县投资31.69万元，对全县电教设备进行更新。2002年，县委组织部下发《关于进一步加强和改进党员电化教育工作的实施意见》（邹组通〔2002〕24号），推动全县农村党员电教播放点建设，组织部从党费中拨出2.3万元，向43个村赠送电视机4台、VCD播放机43台，向全县各播放中心赠送农业科技片光盘2600余张。2003年，组织部下发《关于进一步加强和改进党员电化教育工作的实施意见》（邹组通〔2003〕54号）文件，全年投资9万元，向全县258处新增党员电教播放点赠送258台VCD播放机，使全县“两机一室”配套村增加到576个，普及率66.2%。2004年，按照省、市委统一安排，成立县农村党员干部现代远程教育工作领导小组及办公室，目标就是“让党员干部经常受教育，让农民长期得实惠”，分别于9月19—21日通过中央、省级验收，10月26—29日通过市级验收。2005年，整个党员电教工作顺利完成接收站点的各项配套建设，为858个终端接收站开通互联网和远程教育移动专网，全县有1614名党员管理员和农村党支部书记加入；同时，终端接收站点连接有线电视，对全县党员干部教育实现全面立体式覆盖；同时，为858个村定制发放《十项实用技术》《一切在改变》《十个优秀基层党员》《省委常委、组织部部长刘伟上党课》等教育辅导光盘11154张。

图15-1　2004年6月，机关干部到焦裕禄纪念馆接受教育

重要教育活动

三讲教育活动　从2000年2月始，在全县县级领导班子和领导干部中以开展“讲学习、讲政治、讲正气”为内容的三讲教育活动。2月19日至5月10日，分“思想发动、学习提高，自我剖析、听取意见，交流思想、开展批评，认真整改、巩固成果”4个阶段，发放征求意见表10500份，成立10个调查组，召开不同层次座谈会26个，征求意见和建议137条，解决群众关心的热点、难点问题39个。12月，利用20余天时间开展县级有关单位领导班子“三讲教育回头看”活动。

“三个代表”重要思想学习教育活动　2001年初，在全县党员干部中组织开展中国共产党“始终代表先进生产力的发展要求、始终代表中国先进文化的前进方向、始终代表中国最广大人民的根本利益”的“三个代表”重要思想教育活动，全县125个单位2.1万名党员干部参加。

图15-2　2005年，县直机关党员赴西柏坡接受革命传统教育

保持共产党员先进性教育活动　2005年，在全县党员中开展保持共产党员先进性教育活动。1月23日开始，历时1年多时间。整个活动共分3个批次。第一批次1月23日—7月4日，第二批次7月—12月10日，第三批次12月—2006年6月。每个批次分4个阶段进行：学习动员阶段、分析评议阶段、整改提高阶段和巩固扩大整顿成果阶段。全县有29个党委、1616个党支部、35634名党员参加活动。活动中，设立意见箱1026个、热线电话1241部，召开座谈会2037个，发放征求意见表54858份，征求建议意见24948条；

慰问困难党员、老党员和困难群众 9293 户，发放慰问金和生活补助 390.12 万元，解决群众生产生活难题 2883 个，结成帮扶对子 2010 个；查摆问题 7012 个，落实整改措施 4183 条。取得的成效得到中央、省、市委巡视组、督导组及山东省委书记张高丽的肯定。中央巡视组在视察邹平教育活动后指出："邹平是山东的一颗明星，发展日新月异，形势非常喜人。邹平县的干部精神状态好，有一种发展的紧迫感，有一种奋发向上的劲头。"

第四节　党的基层组织建设

1986 年，乡镇和县直单位开展整党，参加党员 4990 名，依据党章和党员标准，对 4572 名党员予以登记。1987 年上半年，进行村级整党工作，参加整党的党员 17590 名，依据党章和党员标准，对 17026 名党员予以登记。组织处理：开除党籍 11 人，留党察看 19 人，党内严重警告 28 人，党内警告 31 人。1988 年，县委制定下发《关于加强农村党支部班子建设的意见》《关于加强企业组织工作建设的实施意见》，在乡镇增设党总支 11 个、党支部 57 个。1989 年 11 月，在全县开展民主评议党员和处置不合格党员工作。通过评议，26039 名党员中，合格 22030 名，基本合格 3780 名，不合格 93 名，作处置的 80 名，其中开除党籍 5 人。全年调整农村党支部书记 109 人。

1990 年，在全县 858 个村党支部普遍开展党支部分类达标升级活动。11 月，滨州地委在邹平县召开全区基层组织建设工作现场会议，韩店镇党委、邹平镇贺家村党支部作典型发言。1991 年，全县开展争创农村基层组织建设先进县活动，受到省委提名表扬，并实行选派乡镇机关干部和招聘优秀青年农村党员到后进村任职制度。1993 年，在全县农村广泛开展"奔小康红旗党支部""全县农村党员奔小康"活动，制定下发《关于加快经济强村发展的意见》，指导乡镇党委换届工作，召开 3 次全县大中型企业党建工作座谈会。1994 年，组织实施农村党支部换届选举工作，选拔 336 名懂经济会管理的党员担任党支部书记。全年在企业方面新建党委 1 个，并在全县 17 个乡镇公交财贸办公室建立党总支。有 240 个乡镇村办企业建立党组织。在全县 10 处高中和中专建立中学生预备党校，首次发展学生党员 2 名。选配 530 名科技副镇长和科技村委会主任。1995 年，县委下发《关于加强党的建设的意见》《关于加强党的基层组织建设的三年规划》。在新型经济组织中建立党组织 10 个。1996 年，按照"五个好"目标和"促强、帮弱、带中间"工作方针，重点加强农村后进班子整顿工作。全年召开基层组织建设领导小组会议 8 次，召开调度会 39 次，选派 193 人分别到 45 个后进村进行治理整顿，向后进村派驻工作组 27 个。全县 45 个贫困村班子有 36 个村得到转化，转化率 80%。1997 年，继续把整顿贫困后进村和落后村的班子作为加强农村基层组织建设的重点来抓，选派 248 名县直机关干部对 92 个贫困村集中攻坚，组织 701 名副科级以上领导干部与贫困户结对帮扶。积极开展创建"五好党支部"活动，组织开展"怎样当好跨世纪党委书记、党支部书记"大讨论活动。

1998 年，县委印发《关于加强中间状态村党支部班子建设的意见》《关于对农村党支部实施规范化管理的意见》，在农村建立村民议事会组织，实行"民主议政日"，加强村务公开，成立村民议事组织，账务实行"双代管"。在企业党组织建设中，制定《关于在深化企业改革中党组织设置和领导关系等问题的通知》，明确企业改制后的党组织设置及隶属关系，并在企业内开展争做优秀共产党员，争做优秀党务工作者，创先进企业党组织，创党建工作先进企业双争双创活动。

1999 年，县委为做好基层党组织建设，把农村基层组织建设、民主法制建设、社会治安综合治理和精神文明建设，作为"四位一体"，首先在青阳镇进行试点，随之在全县 17 个镇乡、858 个行政村全面实行。11 月 15 日和 11 月 24 日，西董镇北禾村村委主任张方庚分别在山东省和地区农村基层组织建设工作会议中作典型发言。全年，首次实行村委会海选和村党支部选举实行"两推一选"（党员推荐参评，群众推荐测评，党内民主选举)，完成第六届村委会换届选举。选民参选率90%以上，全县858个村一次成功选举757个村，选举村委会成员3655名。

2000年开始，推行农村党支部“两票制”，选举党支部候选人必须党内推荐，群众测评，赞成票分别超过50%；倡导村两委(党支部委员会、村民委员会)交叉兼职和书记、主任一人兼。全县640个到届村支部、635个村实行“两票制”换届，选出支部成员2007名，两委交叉兼职936人，党支部书记兼任村委会主任226人。在企业党组织建设方面，制定下发《中共邹平县委组织部关于加强民营经济组织党建工作的意见(试行)》，在全县民营企业中建立党组织49个。

2001年，各级党组织积极开展“三个代表”重要思想学习教育活动，740名科级以上干部和219名下派干部进村入户，了解民情，解决问题和困难。在符合条件的企业和个体工商户集中的地方设立党支部、党小组。制定下发《关于加强民间组织党的建设的意见(试行)》《〈关于实行向非公有制经济组织选派党建指导员制度〉的通知》，全年向非公有制经济组织和民间组织选派党建指导员74名，全县民营企业中建立党组织51家。

2002年，认真组织第七届村委会换届工作，村委成员中党员比例65%，村主任中党员比例69%，两委兼职率42.2%。

2003年，县委、县政府制定下发《关于在全县实施“双基工程”“深化三级联创”活动的意见》。10月，全市“双基工程”现场会召开。

2004年，全县继续开展“三级联创”活动，

图15-3　黛溪街道南营村党员群众在“民主议政日”活动中收看党建节目　(2011年摄)

开展农村“民主议政”活动，继续搞好非公有制经济组织党建、社区党建、机关党建和学校党建工作，在全县非公有制经济组织中建立党组织380个，先后向200余家企业委派党建指导员92人。是年，邹平县被评为“山东省农村基层组织建设先进县”。

2005年，在全县开展以思想、工作、作风整顿为内容的“三整顿”活动。制定《邹平县农村基层组织建设工作实施细则》和《考核办法》，并组成检查组，对全县“民主议政”活动开展情况先后进行10余次检查，对排查出的234件热点难点问题进行集中解决。

第五节　干部队伍建设

1986年，干部工作坚持“革命化、知识化、专业化、年轻化”方针和德才兼备的标准，调整干部160人，从农村中选拔出150名合同制干部安排到乡镇、村任职锻炼。1987年，结合乡镇党委、政府换届选举调整干部141人，调整后的县直单位领导班子平均年龄44.5岁，大专以上文化程度占22.1%。1988年，按照“基本稳定、局部调整、完善结构、提高责任”精神，结合乡镇班子换届，对全县17个乡镇班子进行调整，调整任免干部83名，调整后的县直、乡镇领导班子平均年龄39.2岁，高中、中专以上文化程度的占60.8%以上。1990年，结合全县乡镇党政班子换届选举，对县8大班子组成人员、12个县直基层党委、32个部委办局、10个县属企业及17个乡镇党政领导班子286名干部在考察基础上进行调整，并制定《关于做好干部调配工作的几点建议》《关于选拔任用干部工作的程序》，增强干部工作透明度、开放度和群众参与程度。同年，制定《关于在党政机关和行政事业单位实行干部近亲回避制度的规定》，对全县104名机关人员进行回避交流。1991年，对30个科级领导班子和17个乡镇党政班子进行调整充实，任免调整干部307名。加强对干部的宏观管理，下发《关于选拔后备干部的工作意见》《关于选拔党外干部的工作规划》。1992年，按照干部的“四

化”方针和德才兼备的原则，对全县80个科级领导班子进行调整充实，全年考察领导班子114个，考察干部860名，任免干部432人，其中任职314人，免职118人，到企业、经济部门任职82人次。1993年，结合县乡机构改革，本着积极稳定的原则，对县直、乡镇的领导班子进行调整充实，全年考察干部701名，任免干部931名，其中选拔干部156名。1994年，结合企业第二轮承包和工作需要，对14个县直科级班子和10个县属企业进行调整充实，制定《关于认真做好选拔任用干部工作意见》，全年共考察干部160名，任免干部102名，选拔干部20名，平调70名，免职12名。制定《关于做好干部调配工作的意见》，为89名干部办理调动手续。1995年，对102个科级班子和607名领导干部进行全面考察，谈话人数940人，民主推荐后备干部104人。坚持调整、充实、稳定、提高的原则，对82个科级领导班子进行调整充实，任免干部355名，其中选拔126名，平调217名，免职12名，对30名干部进行交流回避，对19名本乡镇办事处书记进行跨乡镇交流，选拔35岁以下年轻干部40名。开始实行优秀大、中专毕业生到乡镇接受锻炼，同年，选拔26名大中专毕业生到乡镇工作。1996年，遵照“稳定大局、按需调整”原则，结合年终考核，对全县17个镇乡、85个县直单位、10个企业领导班子795名副科级以上干部进行考察，全年共考察干部878名，调整任免86名。1997年，贯彻执行《党政领导干部选拔任用工作条例》，使干部选拔调整任用工作逐步走向规范化。全年共考察科级领导班子128个，副科级以上领导干部771名，共调整任免干部293人。新提拔35岁以下年轻干部27名，推荐出190名后备干部。1998年，组织开展对全县17个镇乡、85个科级领导班子、6个企业领导班子和副科级以上领导干部考评工作，并对17个乡镇和73个县直部门领导班子进行充实、调整，推荐年轻干部204名。1999年5月，在个人自愿、单位推荐、组织考察基础上，选拔26名优秀年轻干部到乡镇和企业任职锻炼，提拔35岁以下年轻干部24名。由一般岗位改为重要岗位的21名。全年调整干部329名。2000年，对镇乡及部分县直部门的领导班子进行调整，任免干部80人，提拔干部25人。2001年，县委对干部管理任用工作以加强领导班子和干部队伍建设为主线，扩大民主，制定《邹平县选拔任用领导干部实行公示制的意见（试行）》《邹平县选拔任用党政领导干部实行任职试用期制的意见（试行）》，完善干部选拔任用机制。全年对县直、镇乡部分领导班子进行调整充实，共调整干部381人，其中镇乡148人、县直233人，提拔118人。2002年，机构改革中，共调整干部242人，其中交流51人，改任非领导职务37人，提前离岗146人。全年为全县107人办理出国手续。2003年，对全县38个县直单位和7个镇、街道领导班子进行充实调整，共调整干部287名，其中提拔干部80名，重用干部37名，交流干部64名。

2004年，配合市委组织部完成2004年度选调生考察工作，承担拟来滨州工作的120余名2004年度选调生体检工作。选派296名干部赴北京、天津、青岛、烟台等发达地区进行为期半年的挂职锻炼，组织外办、外经贸、镇、街道等5名干部赴韩国培训。与县委统战部、党校联合举办全县第五期党外青年干部培训班，有40名干部参加。7月，举办2002年后新任职干部培训班，有110余名新任职干部参加。为75人办理因公出国（境）政审手续，为县级干部上报出国（境）手续23人次。

2005年，组织7名镇、街道干部赴韩国培训。组织全县168名副科级以上领导干部参加省委党校、山东经济学院学习。为53人办理因公出国（境）政审手续，为县级干部上报出国（境）手续25人次。

第六节　干部培训与干部审查

干部培训

1986年，新办商业企业管理和财务会计2个电视中专班，并选送8人到省、地院校学习。1988年，制定3年干部培训规划，对全县120多名初中以下文化程度干部进行文化补课，取得大专学历干部102名，中专学历170人。至年底，全县7690名干部中，大专以上文化程度1096人，占干部总数的14.3%，高中、中专文化程度4942人，占干部总数的64.1%。1990年，组织招收刊授党校、马列理论班348名学员，完成184名干部的中专培训任务和113名干部的经济管理大专专修班任务。1991年，与县委党校联合举办科级领导干部培训班3期，培训干部188人，先后选送3批17名领导干部分别到省委、地委党校参加培训班，并对全县110名企业领导干部进行岗位培训。1992年，制定《邹平县1991年至1995年干部培训规划》，指导县直16个单位制定培训规划。全年共举办副科级干部政治理论进修班8期，培训科级干部660名；举办涉外经济干部培训班3期，培训干部220名。举办各类岗位培训班16期，培训干部724名。1993年，重点抓机构改革前后各类干部的培训。全年举办科级干部培训班5期，培训干部447名。选派22名领导干部到清华大学进修培训，有41名干部出国参加培训。全年参加各类学历培训干部1695人。1994年，干部培训工作以学习《邓小平文选》和市场经济理论为重点，培训干部861名。举办全县涉外经济培训班，培训干部120名，并对外语会话骨干51名干部分英、日、韩3国语言筹办3个班次培训班。1995年，以县委党校为主，举办各类培训班60余期，培训干部3000余人次，其中科级干部290名。1996年，全年干部培训重点是加强干部政治理论培训和专业知识培训。全年举办各类培训班78期，培训干部4713名。举办农村党支部书记培训班6期，培训人员858名。各类学习班培训人数1650人，其中研究生2人，本科层次228人，大专层次1420人。1997年，全年筹办各类培训班81期，培训干部5619人次。1998年，全年以开展“三讲”（讲学习、讲政治、讲正气）活动为主线，以学习邓小平理论为重点，对干部进行培训。全年共举办各类培训班73期，培训干部4012人次，各种学习班，培训700人。1999年，全年共举办各种类型培训班77期，培训各级干部4404名。2000年，全年举办各种类型培训班40期，培训干部2273名，其中科级领导干部430人，党外干部43名。2002年，由县委党校为主，筹办由各镇、街道党委书记、党委副书记、组织委员、县直各单位主要负责人参加的《干部任用条例》学习培训班。2003年，全年举办各种类型培训班34期，培训干部8110人次，并有62人出国（境）参加考察学习。2004年，重点选派296名干部赴京、津、青（岛）、烟（台）等发达地区进行为期半年挂职锻炼，引外地资金5.1亿元。2005年，全县76名新任干部全部进行培训，有168名干部参加省委党校经济管理专业、山东经济学院工商管理专业学习。至2005年，全县科（局）级领导干部、一般干部培训完成规定任务的65%以上。

干部审查

1986年，整顿和建立干部案件档案819件，其中历史案件441件，“文化大革命”案件378件，并对历史老案进行重点复议，对“文化大革命”案件进行部分复议。1987年，接待干部和知识分子来信来访127人次，为122人落实政策，补发工资。1988年，为4名老干部改办离休待遇，15名干部更改参加工作时间，5名抗日战争时期参加工作老干部办理定期生活补助手续。1990年，为67名“三不脱离”（不脱离农村、不脱离农业、不脱离生产）干部解决工龄问题。1991年，对99名“三不脱离”干部工龄进行审查和更改，建立干审工作制度。1992年，制定干审工作意见，审查各类干部542人，对“文化大革命”前犯错误的58名干部进行跟踪考察和审查，同时拍摄《干审新篇》专题片1部。1993年，全年共审查各类干部430人，整理干审档案16卷，为67名出国人员办理政审手续。1994年，为20名干部更改工龄，解决20名老干部职级待遇问题，为26名干部办理出国审查手续。1995年，全年先后同350名干部进行谈话，并对500名干部进行严格的政治审查。1996年，对干部档案中各类入档材料进行收集整理，共计300余册，审查干部180余名；民主评议干部900余人。1997年，对全县85个县直科级单位、17个镇乡和10个企业领导班子进行考评反馈；对14个领导班子和7名领导干部进行打招呼谈话，予以重点提醒；对11名考核不胜任领导干部给予降职、免职和改任非领导职务。1988年，县委对全年考核存在问题的9名领导干部分别进行重点谈话，对2名领导干部给予书面诫勉，对4名群众意见较大干部给予免职。1999年，开展对干部离职审计，全年审计单位74个，对32名干部进行离任审计，对58名出国人员进行政审。2000年，对12个单位的党政主要负责人进行离任审计，对138个县直副科级以上领导班子和800余名领导干部进行全面考核。2001年，全年对38名党政主要干部进行离任审计。2004年，对80个县直单位和16个镇、街道领导班子和副科级以上干部实施年度工作考核，继续对主要干部进行离任审计。全年有6个单位6名主要领导干部进行离任审计，对75名出国人员进行审查和办理出境手续。2005年，认真执行《关于对领导干部考核的实施意见》《干部监督管理责任制》《领导干部打招呼谈话、函询、诫勉制度》《领导干部经济责任审计办法》等制度，对涉及调整的16名党政主要干部进行离任审计。

干部下派工作

从1986年起，开始进行下派工作。干部下派工作先以平行挂职和包村为主要形式，被选派的科级干部到乡镇、企业挂职，一般干部包村，主要任务是促进镇乡村商品经济发展、促进班子建设和精神文明建设、提高自身素质和能力。1990年3—8月，从县直机关选派220人组成工作组，到部分后进村帮助工作。

1991年3月，县委选派219名机关干部到30个村和40个办事处帮助工作。9月，从县直机关选派150名干部组成工作组到50个贫困后进村工作，时间3年，中间轮岗一次。

1992年10月，完成省直第6批36名挂职包村、包企业干部和地直4名挂职干部的考察、总结、返回工作。

1993年7月，县委实施“强强”战略，从县直机关选派126名干部分别到21个经济强村、33人到县乡直企业和17个乡镇分别担任村党支部副书记、村委副主任、企业厂长（经理）助理和乡镇党委副书记、副乡镇长，任期时间2年。

1994年，县委在县直下派干部中建立党建工作联络员制度，选聘40名下派干部担任党建工作联络员。10月，县委从县乡机关选派62名机关干部（其中20名副科级以上干部）到30个贫困后进村担任党支部书记和副书记，任职时间为3年。

1996年5月，从全县39个党政机关和事业单位选派81名干部到焦桥镇、台子镇、码头乡3个镇乡27个村开展包村工作，其中焦桥镇7个、台子镇8个、码头乡12个。包村工作主要任务是帮助所包村实现小康，不规定包村时间，直至实现小康为止。

1997年10月，从全县75个单位中选派138名干部到台子镇、码头乡、焦桥镇3镇乡46个村参加第五批包村工作。这次包村工作的主要任务是帮助所包村实现小康，不实现小康工作组不撤回。

1998年，开展机关干部创办示范服务基地工作。

1999年9月，对县直机关干部创办的蔬菜和花卉2个基地进行体制改革，由原来分散经营和管理改为县农业局和好生镇集中经营管理，使基地成为自主经营、自负盈亏、自担风险、自我发展的法人实体。10月，选派第六批机关干部114名干部到里八田、台子、码头三镇乡38个村开展包村工作。

2000年6月，以“摸实情、解难题、启民智、帮民富”为工作宗旨，开展为期2个月的干部下访活动，从县乡选派1767名干部分赴858个村开展工作。

2002年，在全县开展干部“进千家、访万人”活动。

2003年，组织开展机关干部轮岗参与经济活动工作。全县68个机关事业单位（含16个镇、街道）派出595人（其中科级领导干部76人，正副科级非领导干部31人）参加第一批轮岗参与经济活动工作，涉及企业249家、52个县直单位与62家企业（项目）建立帮包关系。

2004年，选派150名机关干部参加第二批帮包企业工作。全县确定12个县直部门和6个金融机构作为扶持单位，对西董等6镇进行帮扶，争取用2年时间使6个镇实现财政自给自足。

2005年，本着企业需求、单位同意、个人自愿、县委审批原则，从第二批帮包企业人员中续留84人作为第三批参加帮包民营企业工作，帮包期限为1年。

第六章　宣传工作

第一节　机构沿革

1986年，县委宣传部下设办公室、社会宣传、党员教育、“五四三”（“五讲四美三热爱”）办公室4个科室。1987年5月，原邹平县“五讲四美三热爱”活动委员会改称为精神文明建设委员会办公室，副科级行政单位，1993年，升格为正科级行政单位，归属宣传部。1990年，正式设立县委新闻科，副科级行政单位，归属宣传部。《邹平报》于1994年7月1日试刊。1995年7月1日，报社正式成立，为正科级事业单位，由宣传部管理，下设办公室、总编室、采通部3个科室。1996年，县委宣传部下设精神文明办公室、新闻科、办公室、理论室、企政室、干部室6个科室。至2005年，机构设置未变。

第二节　新闻报道与社会宣传

1986年，全县深入开展“五讲四美三热爱”活动（五讲：讲文明、讲道德、讲礼貌、讲卫生、讲秩序；四美：心灵美、语言美、行为美、环境美；三热爱：热爱祖国、热爱社会主义、热爱中国共产党），涌现出文明村171个。

1987年，县委成立中心报道组，各乡镇成立中心报道站。全县举办通讯报道培训班26期，培训通讯员570人次。

1988年，召开全县新闻报道工作会议，县广播电台、电视台，按编制配齐采编人员，各镇乡健全通讯报道组，全年拍摄出《爱我邹平》《华夏古酿范公碑》《特殊节奏的脚步》等6部电视专题片。编印中英文对照的《邹平画册》。

1989年，县委宣传部和县电台，深入到乡镇举办通讯员培训班12期，培训通讯员400余人次，被省级和中央级采用稿件453件。

1993年，宣传工作围绕县委、县政府发展经济的“强强”战略构想，组织人力、物力加大宣传力度。是年，《大众日报》6月12日头版头条登载《助强——邹平抓经济不搞齐步走》文章，山东电视台新闻联播全文播出。同年，录制专题片《功在桑梓》在全国文化工作交流会上播放。

1995年，积极开展纪念抗日战争和世界反法西斯战争胜利50周年宣传教育活动。成立县新闻宣传工作委员会。7月1日，正式成立邹平报社。1996年，宣传长山镇东尉村党支部书记赵洪林、韩店镇西王村党支部书记王勇，带领群众共同致富奔小康，以及九户派出所副所长蔡建伟舍身忘死战歹徒英勇献身先进事迹；宣传报道县委、县政府组织领导广大群众抗洪救灾中的模范人物和全县人民捐资捐物支援灾区无私奉献精神；撰写《奥克森伯格的邹平情结》，在《走向世界》英文版和《山东画报》等报刊发表。

1997年，全县在地区级以上新闻单位发表稿件1800余篇，其中《人民日报》《经济日报》等中央级报刊发表12篇。7月，美国第39届总统吉米·卡特到邹平进行为期3天访问，为此拍摄电视专题片《卡特在邹平》，撰写长篇通讯《卡特在邹平》，分别在《人民日报》《大众日报》《山东画报》登载。

1998年，针对全县个体私营经济发展状况，组织新闻、电视记者到浙江省温州市进行1个月的调查研究和采访，在县委内部刊物《调查研究》上发表5000余字的调查报告。7月17日，《大众日报》在头版头条以《邹平下力营造稳定环境》为题对邹平县抓干部作风建设、解决群众关心热点难点问题、加强民主法制建设进行专题报道。“邹平水杏”品牌在中央电视台二台、山东电视台等新闻媒体进行集中宣传，使“邹平水杏”在省内外产生较大影响，直接经济效益 1000 万元以上。

图 15–4　文明交通宣传　　　　　　　　(2011 年摄)

1999 年，邹平县探索“四位一体”农村管理机制的经验在全滨州市推广。为此市委在邹平县召开经验工作现场会。在《人民日报》海外版发表长篇通讯《一个最值得看的地方》。在美国《国际日报》发表《十六位老人与农民京剧中心》《洋专家传话到邹平》等文章，向海外宣传邹平县改革开放的重大变化。在《走向世界》杂志发表的外宣作品《邹平：世界了解中国的窗口》，获省级精品工程奖。

2000 年，率先在全市介绍邹平《发展环境好，外地客商来》经验和做法，并在《大众日报》发表此文。同时，还对农村党支部换届中实行“两票制”、镇乡事业单位改制等成功做法进行广泛宣传。

2001 年，围绕全县发展个体、私营经济和农业产业化问题进行综合性宣传。在《人民日报》《经济日报》分别发表县委书记刘士合署名文章《凝心聚力促经济》《做好四个结合，加快县域经济发展》，实现在中央级报刊未发表署名文章突破。是年，编辑出版画册《邹平》《美国学者在邹平》。建设开通邹平政府网和邹平商务网。全年在省市报刊、电视台共被采用稿件 287 篇。

2002 年，先后 3 次组织报社、电视台记者去海尔集团、珠江三角洲和长江三角洲等地进行调研访问，制作播出大型系列专题片《海尔行》《潮起两江风来急》等。对外宣传方面，联系《大众日报》社知名记者、编辑，针对邹平近几年来飞速发展变化，组织策划采访《富县第一解析“邹平现象”》《邹平县振兴县域经济新探索》《兴县难得是人气》等长篇通讯系列报道，集中展现邹平良好的对外形象。是年，全县共在市级以上党报党刊发稿 1350 篇，其中省级以上党报 190 余篇，在全市率先建立“邹平宣传网”。

2003 年，宣传工作以上大报刊、中央电视台为主攻目标，发掘全县新闻资源。在《大众日报》刊发《海尔与魏纺》《邹平 12 万农民进城镇》2 个头版头条，创历史纪录。在《大众日报》还刊发《西王为何有希望》《西王新视野》2 篇长篇通讯。大型现代吕剧《梨花雨》参加全省会演，获得 5 个单项奖。

2004 年，在县内媒体开辟一系列专题、专栏，大力宣传发生在身边的好人好事。在“十一”国庆期间，组织“镇、街道风采展”和“万人看邹平，合力建家园”大型图片参观活动。宣传品牌文化活动，举办第三届邹平读书文化节、首届邹平农民艺术节暨“放歌新邹平”广场大合唱活动，全县近 7000 余人参加。举办邹平县首次跨入全国百强县文艺晚会。全年，在市级以上报刊发表文章 319 篇，在电视、电台等媒体刊发新闻稿 480 条。

图 15–5　“小手拉大手，文明一起走”活动启动仪式
(2005 年摄)

2005 年，全年围绕打造“邹平——全国双百强县（市）”“邹平——中国纺织名城”2 个品牌。全县 8 大工业项目奠基开工是全县发展史上前所未有之大事、喜事。中央、省、市级 8 家媒体共 20 余名记者前来采访报道。同年，中央先进性教育活动督导组到邹平县视察期间，《大众日报》刊登《品牌优势领跑邹平县域经济》，《滨州日报》

刊登头版头条《“三色链条”壮邹平》等稿件，山东电视台新闻联播头条先后播发邹平《构建城乡和谐社会》《春风化雨润齐鲁》等重点稿件，为中央领导了解邹平提供翔实可靠资料。至12月31日，全县共在市级以上党报党刊发稿1300余篇，其中省级以上报刊290篇。

第三节　精神文明建设

1986年，在全县“五讲四美三热爱”活动中，全县涌现出“文明村”171个、“文明单位”134个、“职工之家”25个、“青年民兵之家”253个。

1988—1989年，继续抓文明个人和文明单位创建活动，全县新增省级文明单位1个、地级文明单位6个、县级文明单位28个。

1990年，新增省级文明单位1个、地级文明单位7个、县级文明单位48个。

1991年，新增省、地、县文明单位20个。2000多名职工参加县举办的职业道德培训。6月，在邹平县召开精神文明建设工作现场会议。

1992年，全县新增省、地、县精神文明先进单位20个。在县城发动文明捐赠活动，收到30万元捐赠，全部用于黄山二路隔离栏建设。

1993年，新增省级文明单位2个、地级文明单位3个、县级文明单位11个。6月，通过省级文明建设先进县验收，录制反映全县精神文明建设专题片《千树万树梨花开》，在地、县电视台播放。

1994年，按照省、地文明委精神，对省、地级文明单位进行重新评选命名，原9个省级文明单位，选出5个单位重新命名，4个原省级文明单位落为地级，原42个地级文明单位有29个保留称号。对县级文明单位中税务、银信系统分设后的文明单位重新命名。邹平啤酒厂、魏桥棉纺厂、第一实验小学被评为全区“十佳”文明单位。

1995年，在全县开展英模宣传月活动，号召向孔繁森、王廷江、韩素云、李爱文等英模学习，印发宣传材料4000册。在县直15个单位开展“十行业文明竞赛”活动，以“提倡规范职业道德行为，文明服务，爱岗、奉献，整顿市容秩序”为主要内容，历时2个多月。组织“爱我邹平、净化黄山”活动，清理黄山垃圾，改变卫生状况。

1996年，与公安、团县委联合开展创卫生县城，做文明驾驶员活动，强化广大驾驶员交通安全意识和遵守交通秩序意识；与县邮电局联合开展“迎九七·援治清（治理小清河）电话优惠装机月”活动。

1997年，在县城开展“争做文明市民，建设文明县城”活动，举行万人签名仪式，制定印发《文明市民守则》《行业职业道德规范》。在农村开展争创十星级文明户活动，在西董镇北禾村搞好试点基础上，召开全县农村争创十星级文明户活动现场会。西董镇被省文明委确定为省级精神文明创建活动示范点，县农行、供销大厦、啤酒厂、北禾村、魏桥村被地区文明委确定为地区精神文明建设活动示范点。重视爱国主义教育基地建设，西董镇鹤伴山被命名为省爱国主义教育基地。开展文化、科技、卫生“三下乡”活动。12月26日，山东省文化、科技、卫生“三下乡”活动启动仪式在长山中学举行。广泛开展庆祝香港回归系列活动，主要活动有“迎香港回归，壮中华之威”国旗护送活动、图片展览、电视知识大赛、烟火晚会、文艺晚会等。

图15-6　1997年6月，县工商系统职工庆香港回归环山跑比赛活动

1998年，在县城继续开展讲文明，树新风和争做文明市民，建设文明县城活动。文明委评选出“百佳文明市民”。集中到西董镇北禾村、邹平镇北关村、魏桥镇魏桥村、长山镇东尉村、苑城镇弥勒村、里八田乡官牛村等村，对十星级文明户活动开展情况进行调查。投资200余万元将黛

溪三路创建为精神文明示范一条街。制定文明一条街创建规划、实施方案、文明个体户服务公约及考核细则。累计铺设人行道地面砖1.4万平方米，安装不锈钢双管路灯168盏、个体业户灯箱140余个。

是年，全县放映爱国主义教育影片98部，放映2000余场次，受教育的中小学生3万余人。重视爱国主义教育基地建设，多次到西董镇鹤伴山战斗纪念地、“西峪惨案”遗址等爱国主义教育基地实地调查了解，提出修建复修方案。

1999年，对有问题的16个单位撤销县级文明单位称号，45个单位获县级文明单位称号。在农村广泛开展争创“十星级文明户”“十星级文明村”“文明先进乡镇”活动。

2000年，出台精神文明建设《考核办法》《考核细则》。重新修订印发《文明市民守则》《职业道德规范》2000册，发放倡议书5000余份。开展争做文明市民，创建省级文明建设先进县活动，举行万人签名仪式。

2001年，县城文明单位投资85.8万元，74个结对村投资300余万元，硬化路面2万余平方米，新建乒乓球室6个、篮球场12个、门球场10个、阅览室18个、老年活动室19个、党员活动室14个，村级公园、广场4个，18个重点示范村基本达到净化、绿化、亮化、美化标准，70%的村建起一条文明示范街。在黛溪三路、黄山二路2条文明示范街沿街业户中组织开展名店、名柜、服务明星评选活动；在住宅小区组织开展争创文明小区、文明楼院、文明家庭活动；在县城驻地组织开展争创花园式单位活动；在农村组织开展好媳妇、好婆婆等系列家庭模范评选活动。5月，组建“心连心”艺术团。11月初，成立邹平书法家协会、新闻工作者协会、作家协会、戏剧曲艺协会、音乐舞蹈家协会和摄影家协会6大协会。年底，评选出20个档次高文化建设特色村。获全省第五届精神文明建设先进县称号。

2002年，举办《公民道德建设实施纲要》知识竞赛、演讲比赛。对62个文明信用村进行授牌。本年，被确定为绿化管理年，全县全年累计投资400余万元，硬化路面3万余平方米，栽植绿化苗木10万余株，新增绿地30余万平方米。新增文化大院37个、图书室45个、村级广场6个、体育活动场所180余处。在全市7县区中率先成立县文联。全县建起各类文艺团体56个、文化活动队伍300余支，涌现出文化特色村32个。县吕剧团创作《梨花雨》《铡刀下的红梅》2部大戏，新排小戏5部，其中，大型吕剧《梨花雨》在省第八届艺术节上获得7个奖项。摄协举办大型摄影展《历程》。音协举办2002新年音乐会、庆祝“三八”联欢会、“今生缘”杯青年歌手电视大赛和“喜庆十六大，放歌新邹平”文艺晚会，创作《邹平之歌》《范仲淹赞》等10余首颂扬新邹平歌曲。9月10—20日，举办邹平历史上规模最大一次群众性文化盛会——首届读书文化节。开办邹平论坛。先后邀请原中宣部文艺局局长、中国文联副主席、党组副书记李准，石家庄教育学院家庭教育专家、教授曹朝阳，台湾经典研究专家、教授王财贵，中国社会科学院婚姻家庭问题专家、研究员陈一筠，前国务院干训班太极拳导师马有清宗师等10余位国内知名专家学者到邹平县作专题报告，听众1万余人次。

图15-7　2002年，邹平首届读书文化节举办

2003年，全县有国家级文明单位2个、省级文明单位8个、市级文明单位31个，县级文明单位131个。举行第二届邹平读书文化节，发放《全面建设小康社会知识问答》5000余册，印发《〈纲要〉简明知识读本》，制作精神文明建设宣传“年画”1万余份。在抗击“非典”斗争中，开展“告别陋习，走向文明”主题教育活动和“抗击‘非

典'，让爱心与我们同行"活动，组织志愿者为"抗非"一线工作人员献爱心。至2003年，全县农村累计投资600余万元，硬化路面5万余平方米，栽植绿化苗木120余万株，新增绿地40余万平方米。是年，长山镇陈度村、东尉村，魏桥镇魏桥村、孟寺村，好生镇东董村、平原村，明集镇明集村、兰芝里村，焦桥镇孙庄村，西董镇北禾村，临池镇古城村，青阳镇青阳村，韩店镇东白村，孙镇冯家村，九户镇王号村，台子镇张石辛村，码头镇三合村，黛溪街道北关村，黄山街道东景村，高新街道东石村被评为市级文明村。

2004年，举办"来自文明村的报道""现代文明邹平人""镇办风采展""万人看邹平""走镇办，看亮点"等宣传活动。

2005年，邹平县通过省级文明城市的验收，完成首届省级文明城市的创建任务，并在全市精神文明建设工作会议上作典型发言，被评为全省第六届精神文明建设先进县。

第四节　企业思想政治工作

1990年，全县建立基层研究会50个，拥有会员350名。10月，组织30余名政工干部参加在北京举办的全国党建和思想政治工作研讨班。组织开展思想政治工作现状调查，撰写调查报告20篇。

1991年，举办形势任务报告会75场次，参会6000余人次。对全县35岁以下青工普遍进行系统"双基"教育政治轮训，轮训青工8670人。组织反和平演变学习报告会107场，受教育面占全县职工80%以上。编写《企业党的干部学习材料》，近30万字，印1000册，下发到各个企业组织学习。

1994年，组织100余名政工干部参加《邓小平文选》第三卷读书班，举办"兴粮杯"社会主义市场经济与职业道德知识竞赛，在全县范围内组织开展"主人翁与市场经济"主题教育活动。

1995年4月，结合"三学"活动，举办"奉献、敬业、爱岗"演讲会，先后到16个单位做专场演讲。组织县直企业职工参加省委宣传部的《纪念抗战胜利50周年职工爱国主义教育400题》知识问答活动，有3000余人参加答题，8月，《邹平报》和铜矿联合举办"大太极"杯党史与特色理论知识竞赛，并发试卷1.3万份。9月，配合纪念抗战胜利50周年，与中国银行联合举办"中行杯"纪念抗战胜利和世界反法西斯战争胜利50周年有奖知识大赛，有24个代表队参加比赛。

1997年，组织系列活动，庆祝香港回归。

2000年，制定下发《关于对企业青工进行政治轮训的实施意见》，有6000余名职工接受培训。

2001年9月，组织召开全县企业思想政治工作会议暨政研会年会，选举产生48名新一届理事会成员，会上聘请全国优秀企业思想政治工作者、小鸭集团党委书记李淑敏作企业思想政治工作专题报告。

2002年，积极推进企业文化建设。4月，组织县电视台、县报社记者到海尔集团进行采访，报刊、电视台分别开设专题、专栏集中对海尔企业文化进行报道。宣传部、县政研会、《邹平日报》社、海尔专卖店联合开展"学海尔精神，打造邹平企业文化品牌"有奖答题活动。组织县属企业主要负责人、部分民营企业厂长（经理）30余人在海尔大学举办创新经营与发展战略——海尔企业文化研讨班，听取"海尔企业文化""海尔创新经营与服务理念"及"海尔的OEC管理"等专题讲座，深入了解海尔的企业文化内涵。分别在10月、11月，组织县铜业公司、西王集团、三星公司中层以上干部190余人到海尔大学进行学习、考察。

图15-8　企业党员和入党积极分子收看党建纪录片
（2015年摄）

2003年，利用举办培训班、外出参观学习等形式，组织全县部分企业政工干部赴云南玉溪卷烟厂、海口乐普生商厦等单位，就企业文化建设、民族文化进行考察学习，撰写《文化力启动经济力》考察报告。

2005 年，开展讲文明、树新风，争创文明单位、争做文明职工精神文明系列创建活动。

第五节　读书文化节

自 2002 年开始，每年举办一届读书文化节活动，由县委宣传部主办。读书文化节总主题：营造书香社会，建设美好邹平。

首届读书文化节活动主题：公民道德与邹平文化。

2003 年，第二届读书文化节活动主题：兴邹平文化，做文明人。

2004 年，第三届读书文化节活动主题：创新从学习开始。文化节期间着重开展图书展销、论坛、合唱比赛、儿童经典导读、展览、表演、评先树优、邹平地方文献展等 9 大类近 30 项文化活动。

2005 年，第四届读书文化节的活动主题：构建和谐社会、共建美好家园。文化节期间举办十六届五中全会精神专家讲座、精品图书推介、儿童经典诵读、中小学生现场作文大赛、优秀影片展播、文化形象大使评选等 9 大类 30 余项活动。

第七章　统战与对台工作

第一节　机构沿革

1986 年，县委统战部为县委负责党的统一战线职能部门，没有设立中层机构。

1988 年，设立县委对台工作办公室。1992 年，对台办公室与统战部分离，为县委单列单位。1993 年，县级机构改革，对台办、民宗办归属统战部。1996 年，统战部下设办公室、民族宗教办公室（管理台湾工作办公室）、工商联（编制单列）。1998 年 4 月，设立民族宗教事务局，为正科级行政机构，与统战部合署办公。1998 年，台办、民宗局、工商联 3 个正科级单位，归属统战部管理。1999 年 1 月，统战部归属管理台办、民宗局 2 个正科级单位。2002 年 6 月，县级机构改革，统战部内设办公室。至 2005 年，机构设置未变。

图 15-9　2004 年 2 月 27 日，全县统战工作会议召开

第二节　对台工作

县委统战部在开展对台工作中，围绕县委、县政府中心工作，突出对台经济和交流 2 个重点。1986—1987 年，完成去台人员及在大陆亲属 2 次普查工作，进行登记造册。开展联谊活动，各乡镇建立台属联谊会。接待回乡探亲、观光台胞。

1994 年，县统战部系统以“三个有利于”为标准，把对台经贸放在首位，与鲁台经贸中心建立联系，输送网员 1 名，引进项目 120 余个，引进资金 456 万美元，引进技术 4 项，为 5 个乡镇企业牵线搭桥。接待台胞 40 人次，向台胞寄发贺年卡 173 件。扶持台属企业 20 余家。是年，接受台胞捐款 5 万元，用于家乡经济建设。

1995 年，接待台胞 40 人次，通过面对面接待交流，做好政策宣传。全年为企业引荐项目 4 个，继续加强与鲁台经贸中心联系，及时收集汇总项目。鼓励台属参加“向台湾亲友写一封信，邀请一位台商回乡投资，为家乡引荐一个项目”活动。

1996年，全年接待台胞37人次，为2名台胞办理大陆定居手续。10月，多方筹措资金创办经济实体——台联大酒店。是年，邀请5名台商到邹平县参观考察,洽谈合作项目。积极组稿并在《台声》杂志上宣传邹平县、邹平镇、长山牧发养殖公司3个单位。

1997年，加强台胞接待网络建设。县委办公室下发《关于进一步做好台胞接待工作的通知》(邹办发〔1997〕14号文)，县台办、各镇乡均建立起台胞接待站,健全台胞接待网络。认真做好二、三代台胞调查摸底工作，经查全县有二、三代台胞1700人。

1998年，接待台胞31人次，其中从事经贸活动3人次,二、三代台胞12人次,探亲台胞16人次。全面贯彻中央“做好台湾人民工作”方针，认真做好台胞接待工作。

1999年春、秋，2次组团参加“厦门对台商品交易会”，有9家企业20余人到厦门参会。

2002年，2名领导干部参团赴台交流，发放推介资料2000余份。

2003年，接待到邹平县探亲、旅游、经贸考察台胞150余人次，其中台湾工商界30人次、国民党退伍老兵10人次、二代台胞和随同家属30人次。10月，台商何亮投资500万元，在九户镇生产蔬菜罐头。

2005年，向台胞邮寄贺卡30张，专访慰问台属和台属企业。

第三节　民族、宗教工作

1986年，县政府牵头与有关单位就城里基督教堂地界、房产归属问题共同签署协议，落实宗教房地产政策。

1988年，统战系统配合县有关部门进行宗教情况调查工作并写出调查报告。全县宗教聚会点14个，信教群众544人，其中信徒501人，慕教友43人。加强宗教活动点管理，对全县14个活动点进行整顿，调整部分聚会点的领导人。协助教会办起经济实体——三联联营综合门市部。进一步落实宗教房地产政策，城里基督教堂交付教会使用，省拨款3万元，帮助教会维修教堂。

1989年12月24日，举行邹平县城里基督教堂复堂典礼，省、地、县有关领导参加复堂仪式。

1995年，开展纪念世界反法西斯战争和抗日战争胜利50周年活动，学习全国宗教界倡议《和平文告》，召开500多名宗教信徒参加座谈会，为世界和平、祖国繁荣祈祷。

1996年8月，制定《关于制止非法宗教活动的通知》，到8个镇乡20个自然村，制止非法宗教活动，依法捣毁台子镇的邪教组织——“门徒会”，将主要犯罪分子收审、劳改。

1997年7月1日，宗教界在城里举行“唱国歌、升国旗”活动。8月17日，在城里教堂举行隆重“世界和平祈祷日”活动，400余名信徒参加活动，为世界和平祈祷。帮助邹平镇回民李德泉在原李家羊肉店基础上，创办中高档次的“民族大酒店”，省委常委、宣传部部长董凤基为大酒店题写店名。

1998年，协同公安部门在全县范围内开展少数民族调查工作。经统计，全县有少数民族24个，少数民族人口238人。

是年，结合上年度宗教活动场所进行严格审查，取消张家山活动场所临时登记，隶属城里教堂管理，确定对青阳、大由、肖镇、前安4处临时登记场所进行正式登记，办理手续。3月，在城里教堂举办宗教活动场所负责人培训班，90余人参加培训。坚决打击邪教势力和非法宗教活动，与公安部门配合在九户、台子、码头、明集等镇乡进行清查治理工作。

2000年9月22日，基督教“三自”爱国会成立50周年,恰逢县城里教堂建堂100周年,统战部、民宗局举办庆典仪式，对基督教信徒进行一次爱国主义教育。

2002年11月4日，全县宗教工作会议召开，出台《中共邹平县委、邹平县人民政府关于加强宗教工作的意见》(邹发〔2002〕70号文件)，加强对宗教工作的领导，提高宗教工作水平。

2003 年 5 月，组织对各场所进行换届工作，历时 1 个月，全县 18 个场所完成。

2005 年，举办全县各镇、街道党委分管副书记、统战委员、宗教工作重点村党支部书记 500 人参加的培训班。

第四节　党外干部和非党知识分子工作

1989 年，县委统战部抓非党干部和非党知识分子选拔、培养、教育、管理工作。

1991 年，建立 50 余名非党后备干部档案，举办非党干部培训班。至 1994 年，全县安排 5 名党外干部担任副县级职务，11 名担任科级领导职务，聘任 14 名非党知识分子联络员。

1996 年，与组织部共同研究、制定全县培养选拔党外干部规划，制定下发《关于进一步加强培养选拔党外干部的意见》，并同组织部门加强党外后备干部队伍建设，建立一支 45 人党外后备干部队伍。

1998 年，开展非党知识分子、非党干部普查工作。利用近 1 个月时间在全县范围内对第一学历大专以上或中级职称以上非党知识分子、非党干部进行普查，确定 40 名党外干部为重点联系培养对象。

2000 年，滨州地区撤地设市，按照市委统战部要求，在推荐、协商、考察基础上，向上级推荐 31 名第七届市政协委员（共 21 个届别），其中党外代表人士 19 名。

2001 年 2 月，组织庆祝无党派人士、著名书法家、省文史研究馆馆员宋勉之九十寿辰作品展、摄影展，共展出作品 120 幅。4 月，著名书法家郭连贻被省政府聘任为山东省文史研究馆馆员。

2002 年，为适应新时期统战工作需要，对全县黄埔军校同学会会员及其后代亲属进行详细普查，16 期黄埔生王焕章家庭困难，统战部协调残联和镇村为其 20 世纪 70 年代因参加水利工程而致残的儿子王继川办理残疾人证，在农业税、农村“两工”、以资代劳等方面给予照顾，减轻家庭负担。6 月底，组织香港回归 5 周年各界人士座谈会，与会人员 30 余名，畅谈香港回归后保持繁荣安定的事实，论证“一国两制”“港人治港”“高度自治”政策的正确性，表达为实现包括台湾在内祖国统一的信心和决心。

2003 年年初，推荐 29 名第八届市政协委员（共 19 个届别），其中党外委员 18 名。1 月，在县委统一领导下，与组织部门合作考察产生 179 名县第十届政协委员。

2004 年 4 月，举办全县第五届党外青年干部培训班，参加人数 40 人。

图 15-10　2004 年 3 月 29 日—4 月 2 日，邹平县举办第五期党外青年干部培训班

2005 年，有 5 名党外青年干部被提拔为副科级领导干部。

第八章 机关党建

第一节 机构沿革

1952年，设立机关党委。1986年，中共邹平县直属机关委员会下设中共邹平县直属机关纪律检查委员会、邹平县直属机关团委、邹平县直属机关人民武装部。1993年，县级机构改革，3机构撤销。1995年12月，邹编委发文通知，同意县直机关党委设纪律检查委员会，纪委书记按同级部门副职一级干部配备或由部门党政副职兼任。1997年3月，县编委邹编〔1997〕2号文件通知，恢复县直属机关人武部。2001年7月，邹普发〔2001〕83号文件通知，建立中共邹平县委县直机关工作委员会（简称县直机关党工委）和中共邹平县纪委县直机关工作委员会（简称县直机关纪工委），同时撤销中共邹平县直属机关委员会、中共邹平县纪委县属机关委员会。至2005年，机构设置未变。

第二节 组织建设

组织情况

1986年，中共邹平县直属机关委员会辖党总支委员会10个、党的基层支部155个，党员2485人。

1987年，辖党总支委员会12个、党支部167个，党员2700名。

1988年，党总支委员会发展到14个，基层党支部182个，党员3010人。

1989年12月，公安局、教育局、农业局、卫生局、物资局、经委、城建委相继成立党委，从机关党委析出，不再隶属县直属机关党委领导。

1990年，县直属机关党委下辖总支委员会6个、基层党支部91个，党员1483人。

1991—1995年，县直属机关党委所辖党的总支委员会、党支部数量相对稳定，党员人数逐年增加。

至1995年，县直属机关党委辖党总支委员会8个、基层支部103个，党员1834人。其中正式党员1739人，预备党员95人，男性党员1583人，女性党员251人。

至2005年，县直机关党工委辖6个党总支、104个基层党支部，有党员2265人。

组织机构

1989年，有5个党总支、72个党支部进行换届改选，新建党总支1个、党支部2个。

1990年，新建党总支2个，到届改选支部30个，新建支部2个，增选补选支部委员支部11个，补选委员13人。

1991年，开展党支部达标升级活动，制订机关党支部达标升级三年规划。全年有57个到届支部进行换届选举，根据党员分布情况，对党支部进行适当调整，新建支部8个。

1992年，有20个到届支部进行换届选举。

1995年，新建党总支1个、党支部9个，到期换届的支部56个。至1995年，共评选出先进党支部140个、优秀共产党员453名。

1996年，新建党支部3个。至1999年，共计举办培训班3期，参加培训入党积极分子290名，共计发展党员165名，支部换届63个。

2001年7月，建立中共邹平县委县直机关工作委员会、中共邹平县纪委县直机关工作委员会，同时撤销中共邹平县直属机关委员会、中共邹平县直属机关纪律委员会。

县直机关党工委在审批支部班子时，严格把关，认真审查，确保班子的整体素质。在发展党员工作方面，按照党章和修改完善的《发展党员工作程序》，认真落实发展党员的预审制、公示制、基层党委派员列席支部大会制、长期不发展党员预警制、发展党员责任追究制，严把“入口”关，确保党员发展质量。

1999—2003 年，举办入党积极分子培训班 6 期，培训入党积极分子 733 名，发展新党员 228 名，班子换届 43 个。

2004—2005 年，调整改选党支部 26 个，举办入党积极分子培训班 2 期，培训入党积极分子 244 名，发展新党员 64 名。

第三节　党员教育

1986—1995 年，县属机关党委按照“坚持标准、保证质量、改善结构、慎重发展”原则，共发展新党员 682 名。每年举办 1 ～ 2 次入党积极分子培训班，采取上党课、看录像、请先进人物作报告、演讲会等教育形式，培训结束进行考试。对入党积极分子的培养实行专人负责制。党支部确定培养人对积极分子定期培养负责。在发展过程中注意把好“三关”（严格手续，把好材料关；严格考察，把好质量关；严格标准，把好审批关）。同时，采取“两会”（党内外群众座谈会和新党员谈心会）“一测”（民主测评）“一训”（新党员培训班）等办法，定期搞好对新党员跟踪教育，保证新党员的质量。

图 15–11　长山中学党员在黑铁山重温入党誓词（2014 年摄）

1996 年，党员主要学习内容为邓小平理论和中共十四届五中、六中全会精神及机关业务知识。

1997 年，党员教育重点是贯彻落实党的十五大精神，采取演讲会、报告会、座谈会等形式，增强教育效果。同时，机关党委组织十五大精神知识竞赛活动，县直 1000 余名党员和入党积极分子参加活动。

2000 年，重点抓 9 项教育：邓小平理论学习和教育，十五届四中、五中全会精神学习和教育，“三讲”教育，党的宗旨教育，以《党章》为重点的基本知识和共产党员标准学习教育，党的优良传统和作用的教育，社会主义精神文明道德学习教育，文化科学和专业知识学习等教育。

2001 年，重点学习“三个代表”重要思想，要求各党支部要组织全体党员认真学习《党在社会主义建设时期的主要历史经验》一书，结合对党的历史经验回顾，分析改革开放中出现的新情况、新问题，深刻领会、完整把握“三个代表”重要思想丰富内涵和精神实质。

2002 年，党员领导干部做到“四个带头”，即带头重视理论学习，加强组织领导；带头学习辅导，深化学习效果；带头遵守学习制度，做出表率；带头理论联系实际，树立良好学风。

2003 年，把中共十六大报告和修改新《党章》作为学习重点，组织党员系统学习，有针对性解决思想认识问题，加深对十六大精神的理解。

2004—2005 年，主要抓对共产党员和机关干部廉洁勤政、务实为民的教育，加强和改进党的建设，要求全体党员和干部廉洁自律。

第四节　县直各党（工）委建设

以成立时间先后排序。

县直属有关单位党（工）委成立情况一览表

表15–8–1

党（工）委单位	成立时间	批准文号	备　注
人武部	1961年2月	惠党知字第28号	中共惠民军分区委员会下发成立党委通知
供销社	1965年7月	邹发〔1965〕第60号	1984年11月重建

续表15-8-1

党（工）委单位	成立时间	批准文号	备　注
棉纺织厂	1979年8月	邹发〔1979〕第36号	企业后更名为亚视、宏诚集团
商业局	1986年2月	邹普发〔1986〕38号	由机关党委析出
经　委	1989年12月	邹普发〔1989〕51号	由机关党委析出
物资局	1989年12月	邹普发〔1989〕51号	由机关党委析出，1999年11月撤销，邹普发〔1999〕109号
城建局	1989年12月	邹普发〔1989〕51号	由机关党委析出
教育局	1989年12月	邹普发〔1989〕51号	由机关党委析出
卫生局	1989年12月	邹普发〔1989〕51号	由机关党委析出
农业局	1989年12月	邹普发〔1989〕51号	由机关党委析出，当时称农牧渔业局
公安局	1989年12月	邹普发〔1989〕51号	由机关党委析出
啤酒厂	1990年8月	邹普发〔1990〕82号	企业后更名为山东琥珀啤酒集团
铜　矿	1991年3月	邹普发〔1991〕50号	企业后更名为梁邹矿业集团
范公酒厂	1991年6月	邹普发〔1991〕76号	后成为西王集团党委的一个党总支部
电力总公司	1994年11月	邹普发〔1994〕80号	由机关党委析出
染织厂	1995年4月	邹普发〔1995〕63号	几经变化，于2006年10月撤销
魏桥纺织集团	1996年3月	邹普发〔1996〕9号	
农　行	1998年12月	滨农银党任〔1998〕7号	
粮食局	1999年4月	邹普发〔1999〕61号	由机关党委析出
成人中专	1999年11月	邹普发〔1999〕109号	由机关党委析出
交通局	1999年11月	邹普发〔1999〕109号	由机关党委析出
水利局	1999年11月	邹普发〔1999〕109号	由机关党委析出
县直机关党工委	2001年7月	邹普发〔2001〕83号	1952年设立机关党委，2001年更名
农信社	2002年7月		
开发区党工委	2003年5月	滨委发〔2003〕75号	

第九章　信　访

第一节　机构沿革

1986年11月前，为县委信访科，11月，成立信访局，为正科级单位。1989年，内设接访审理科、处信查办科、办公室。1993年10月，县级机构改革，信访局归口县委信访室，正科级行政单位，内设办公室、查办科、接访科。1996年9月，信访室改称信访局，正科级单位。2002年7月，根据邹发〔2002〕27号文件，信访局更名为县委、县政府信访局，由县委办公室、县政府办公室管理，以县委办公室管理为主。内设办公室和接访办公室。2005年，增设绿色邮政办公室和督查科。

第二节　信访工作

1986年，全县受理人民群众来信来访1482件次，信访量偏大。为妥善处理群众反映问题，

1989 年开始，县领导坚持接待群众来访，坚持阅批群众来信，坚持听取信访工作汇报，坚持带头包案。1995 年，县委把信访工作纳入岗位目标管理，全年研究信访工作 23 次。1998 年，在全县农村开展集中整治活动，信访形势得到好转，信访秩序得到进一步规范。2005 年，开展市、县领导大接访活动，每月 3 日为市县领导大接访日，并建立领导包案制度、督办制度，提前 3 天在《邹平日报》和电视台公告，建立长效机制。

1986—2005年邹平县信访部门受理来信来访情况一览表

表15-8-2

年度	来信(件)	来访(人次)	年度	来信(件)	来访(人次)	年度	来信(件)	来访(人次)
1986	1040	442	1993	187	320	2000	206	520
1987	756	405	1994	184	367	2001	141	322
1988	950	458	1995	152	351	2002	166	466
1989	409	587	1996	350	245	2003	156	370
1990	436	452	1997	343	369	2004	203	460
1991	350	416	1998	273	532	2005	227	448
1992	226	254	1999	201	606	合计	6956	8390

第十章　党校教育

第一节　机构沿革

1953 年 3 月，党训班改称党校。1986 年，县委党校有教职工 17 人，其中专职教师 6 人。1990 年，内设教务处、总务处、办公室、马列教研室、文化教研室。1990 年，受辽宁刊授党校聘任，设辽宁刊授党校邹平分校。1992 年，经省委干部教育领导小组、省委组织部、省编制委员会批准，以〔1992〕173 号文件公布，改为中专体制，由正科级单位升格为副县级单位。1994 年 8 月，经批准，建立邹平行政管理干部学校与党校合署。1995 年，内部机构调整为教务处、办公室 2 个处室。1998 年 11 月，经县委批准成立党校校务委员会。2003 年，内设办公室、教务处。2005 年，内设机构未变化。

第二节　教学科研工作

教学工作

从 1986 年开始，党校相继举办农村党支部书记、村委会主任、县直科级干部、妇女干部、驻村干部、基层站所负责人培训班，科级领导干部读书班、轮训班，党的十三大、十四大、十五大、十六大会议精神学习班，新上岗领导干部培训班，农村后备干部培训班，优秀青年干部培训班，市场经济、涉外经济、股票知识学习班，计生干部培训班，非党干部培训班，纪检干部培训班，“三个代表”重要思想培训班，“七一”讲话培训班，团干部培训班，WTO 知识培训班进修班，基层站所会计培训班等。至 2005 年，总计 298 期，35760 余人次，其中县直干部 3000 余人次，乡镇干部 2300 余人次，村级干部 17160 余人次，妇女干部 1300 余人次。在对党员干部进行集中培训的同时，坚持外出巡回授课，送课到基层。2002 年 4 月，与县委组织部、宣传部联合创办流动党校，共培训 6000 人次。

2005 年，完成招商引资 1600 万元；围绕全县开展“三大创建”及“保持共产党员先进性教育”学习等活动，到乡镇、县直单位授课，先后宣讲 56 场次，听众 6000 余人次。

图 15-12　2004 年，县委党校举行开学典礼

科研工作

1998 年，荣获全市纪念中国共产党十一届三中全会召开 20 周年理论研讨会组织奖。2002 年，被评为中央函授学院山东分院先进学区、全市理论教育先进单位，有 2 篇论文入选全市精神文明建设“精品工程”。2003 年，被评为山东省业余教育学院先进学区。2004 年，获山东省党校系统科研工作组织奖。2005 年，被评为山东省委党校函授教育 20 周年先进学区。至 2005 年，在省、市级以上报刊发表或获奖论文 104 篇，其中省级 54 篇、市级 50 篇。

学历教育

从 1986 年起，先后举办干部正规理论教育培训班 23 期，培训人数 1800 人次；中央党校函授大专班 10 期 606 人，本科班 6 期 368 人；山东省委党校业余函授教育经济管理大专班 3 期 176 人，本科班 3 期 132 人；辽宁刊授大学 1 期 970 人。1989 年，举办山东省委党校大专专业证证书班 1 期 77 人。1992 年 9 月，开始举办山东省委党校业余函授教育，开设经济管理、行政管理和法律 3 个专业，设有大专班和本科班。至 2005 年 9 月，招收学员 2949 人，其中专科学员 2185 人，本科学员 764 人。至 2005 年 6 月，毕业专科学员 2185 人，本科学员 764 人。

教师队伍建设

1986 年，党校有教职工 17 人，其中专职教师 6 人。1988 年，从地委党校专门培训理论教员 4 人充实进来，后从县教育系统选拔 9 名年轻教师到党校任教。至 2005 年，全校有专职教师 10 人、兼职教师 3 人，其中高级职称 12 人、中级职称 1 人。教师所学专业分别有政治、经济、法律、中文和教育管理等。

基础设施建设

党校原址在黄山北陵园街，校舍陈旧，设备简陋。1991 年，在黛溪三路南首、黄山西麓建起依山傍水新校园。至 2005 年，党校逐年增加投入，美化、绿化、硬化校园环境，不断改善办学条件。新校园占地 30 亩，建筑面积 6300 平方米，其中教学楼 1 座，能容纳 600 人同时上课；图书室藏书 1 万余册，电子图书 1.5 万册。

1985—2005年邹平县委党校学历教育情况一览表

表15-9-1　　　　单位：人

时　间	学　历	专　业	学　制	形　式	毕业人数	发证单位
1985年9月—1987年9月	中专	政治	二年	脱产	49	省教委
1985年8月—1987年8月	大专	政治	二年	脱产	48	省电视大学
1987年9月—1989年9月	中专	政治	二年	脱产	52	省教委
1988年9月—1989年12月	中专	政治	一年	脱产	98	省教委
1989年9月—1990年12月	中专	政治	一年	脱产	58	省教委
1990年7月—1991年9月	中专	政治	一年	脱产	53	省教委
1990年7月—1991年12月	中专	政治	一年半	半脱产	97	县党校

续表15-9-1

时　间	学　历	专　业	学　制	形　式	毕业人数	发证单位
1988年9月—1991年9月	大专	经济管理	三年	函授	130	中央党校
1989年9月—1991年12月	大专专业证书	经济管理	一年半	半脱产	88	省委党校
1990年9月—1991年12月	大专专业证书	经济管理	一年半	半脱产	100	省委党校
1991年8月—1994年8月	大专	财会	三年	函授	27	省电视大学
1991年8月—1994年8月	大专	文秘	三年	函授	13	省电视大学
1992年1月—1993年12月	大专	马克思主义理论	二年	函授	970	辽刊党校
1992年8月—1995年8月	大专	党政管理	三年	函授	101	省委党校
1993年8月—1996年8月	大专	经济管理	三年	函授	142	省委党校
1994年8月—1997年8月	大专	经济管理	三年	函授	36	省委党校
1993年8月—1994年12月	续读大专	经济管理	一年半	函授	218	省委党校
1994年8月—1995年12月	续读大专	经济管理	一年半	函授	187	省委党校
1993年8月—1996年8月	本科	经济管理	三年	函授	38	省经济干院
1993年8月—1996年8月	大专	经济管理	三年	函授	85	省经济干院
1995年8月—1998年8月	大专	经济管理	三年	函授	64	中央党校
1995年8月—1997年12月	本科	经济管理	二年半	函授	46	省委党校
1996年8月—1999年8月	专科	经管	三年	业余	65	省委党校
1996年8月—1998年12月	本科	经管	二年半	业余	23	省委党校
1997年8月—2000年8月	专科	经管	三年	业余	216	省委党校
1997年8月—1999年12月	本科	经管	二年半	业余	101	省委党校
1997年8月—2000年8月	专科	政法	三年	函授	63	中央党校
1998年8月—2001年8月	专科	经管	三年	业余	148	省委党校
1998年8月—2001年8月	专科	政法	三年	函授	92	中央党校
1998年8月—2000年12月	本科	经管	二年半	业余	68	省委党校
1999年9月—2002年6月	专科	经管	三年	业余	52	省委党校
1999年9月—2002年6月	专科	法律	三年	业余	70	省委党校
1999年9月—2001年12月	本科	经管	二年半	业余	31	省委党校
1999年9月—2001年12月	本科	法律	二年半	业余	47	中央党校
2000年9月—2003年6月	专科	经管	三年	业余	28	省委党校
2000年9月—2003年6月	专科	法律	三年	业余	24	省委党校
2000年9月—2003年12月	本科	经管	二年半	业余	39	省委党校
2000年9月—2003年12月	专科	法律	二年半	业余	38	省委党校
2001年9月—2004年6月	专科	经管	三年	业余	95	省委党校
2001年9月—2004年6月	专科	法律	三年	业余	33	省委党校
2001年9月—2003年12月	本科	经管	二年半	业余	77	省委党校
2001年9月—2003年12月	本科	法律	二年半	业余	71	省委党校
2002年9月—2005年6月	专科	经管	三年	业余	147	省委党校

续表15-9-1

时　间	学　历	专　业	学　制	形　式	毕业人数	发证单位
2002年9月—2005年6月	专科	法律	三年	业余	36	省委党校
2002年9月—2004年12月	本科	经管	二年半	业余	69	省委党校
2002年9月—2004年12月	本科	法律	二年半	业余	41	省委党校
2003年9月—2006年6月	专科	法律	三年	业余	123	省委党校
2003年9月—2006年6月	专科	法律	三年	业余	39	省委党校
2003年9月—2006年6月	专科	建设经管	三年	业余	74	省委党校
2003年9月—2005年12月	本科	经管	二年半	业余	71	省委党校
2003年9月—2005年12月	本科	法律	二年半	业余	60	省委党校
2003年9月—2005年12月	本科	建设经管	二年半	业余	29	省委党校
2004年9月—2006年12月	本科	法律	二年半	业余	43	中央党校
2004年9月—2007年6月	本科	法律	三年	业余	26	中央党校
2004年9月—2006年12月	本科	经济管理	二年半	业余	75	中央党校
2004年9月—2007年6月	专科	经济管理	三年	业余	63	省委党校
2004年9月—2006年12月	本科	建设经济管理	二年半	业余	81	省委党校
2004年9月—2007年6月	专科	建设经济管理	三年	业余	56	省委党校
2005年9月—2007年12月	本科	法律	二年半	业余	42	中央党校
2005年9月—2008年6月	专科	法律	三年	业余	27	中央党校
2005年9月—2007年12月	本科	经济管理	二年半	业余	124	中央党校
2005年9月—2008年6月	专科	经济管理	三年	业余	114	省委党校
2005年9月—2007年12月	本科	建设经济管理	二年半	业余	22	省委党校
2005年9月—2008年6	专科	建设经济管理	三年	业余	46	省委党校
2005年9月—2008年6	专科	会计	三年	业余	44	省委党校

第十一章　党史研究

第一节　机构沿革

1980年，成立县党史资料征集委员会，下设办公室。1986年，县党史资料征集委员会下设办公室，为正科级事业单位。1993年10月，县级机构改革，单位性质、级别未变。2004年9月27日，经县机构编制委员会批准，“中共邹平县党史资料征集委员会”更名为“中国共产党邹平县委党史研究室”，正科级单位。2005年底，设置未变。

第二节　党史资料征集

1986年后，党史资料主要以组织史资料、大事记资料、各种历史文献、回忆录为征集对象。1986年，查阅档案1000余卷，发函调信件1500余封，走访老领导、老同志200余名，查清邹平县最早中共党员，是1936年9月在乡村建设研究院入党的刘瑄（刘怀璞）。是年，征集到老干部回忆录43篇，12万字。

1987 年，征集到 1943 年 1 月邹平县委重新成立后第一次县委会召开时间、地点、参会人员等资料；1949 年，原齐东县和邹平县南下干部合影照片，原长山县南下干部名单；原邹长中心县委、南邹长、北邹长县委机构沿革，人员变化等资料。召开有 54 位老领导参加的组织史资料审稿座谈会。中华人民共和国成立前在邹平县参加革命的杜之唐、李晓民到邹平 1 个月时间，帮助查证核实资料百余条。

1988 年，进一步搞好资料的考证、核实工作。5 月 31—6 月 7 日，召开党史大事记和组织史资料审稿会，抗战时期在邹长工作的老领导马千里、王若杰、刘瑄、李梦夫、张维滋等 50 余人参加会议，对组织史资料提出许多宝贵修改意见。

1990—1993 年，一方面继续征集、补充中华人民共和国成立前后组织史资料，同时开始 1987 年以后组织史资料征集工作。这期间，征集到的重要资料有：1937 年 10 月，长山中学歌咏队宣传抗日的歌曲集，内有《热血》《在松花江上》等抗日歌曲十几首。《山东党史信息》《上海党史信息报》作了报道。

1993 年，完成《中共邹平县组织史资料》（1987 年至 1992 年 12 月）续编的征集工作。

1994—1995 年，完成组织史资料续编的审定工作，计 25 万字，完成中华人民共和国成立后《邹平党史大事记》（1949 年 10 月至 1995 年 12 月）资料征集工作，计 20 余万字。

1996—1998 年，以组织史资料、大事记、回忆录为主线，查阅档案 1700 余次，调访老干部、老同志及有关人员 500 余次，发函调信件和核对文件 600 余件，征集、整理、编纂党史资料 142 万余字。

1997 年，对民主革命时期党史资料进行进一步挖掘征集，利用老干部刘宝英回乡探亲的机会，帮他回忆撰写早年中国共产党在邹平县青阳、临池地区活动和坚持武装斗争情况的回忆录，共计 20 余万字；并在临池镇党委和政府的协助下，在临池镇召开老同志座谈会，填补邹平党史资料上的一项空白。1997 年，在全县范围内征集地区级以上英模人物先进资料 300 余份，30 万余字。至 2005 年，征集党史资料 93 辑，计 850 万字。

第三节　党史资料编写

1986 年前，县党史资料征集委员会共整理编印《党史资料选集》72 期，100 余万字。1986 年，整理编印 14 期 43 篇 12 万字。同年，编印《中国共产党山东省邹平县组织史资料》（征求意见稿），计 20 万字。

1987 年，整理编印《党史资料选集》4 期，组织史资料精编和大事记第三稿的修订工作。

1988 年，完成《中共邹平县组织史资料》《中共邹平县地方党史大事记》定稿工作。

1989 年，《中共邹平县组织史资料》一书正式出版发行。《中共邹平县地方党史大事记》一书进一步补充修改。

1990 年，为纪念黑铁山抗日武装起义 53 周年，编印《长中星火燃，义举黑铁山》一书，计 12 万字。整理编印党史资料选辑第 91 期。

1991 年，创办《邹平党史报》，每年出版 2 期，发行 1 万份。征编出版《纪念建党 70 周年专辑资料》。中华人民共和国成立前《邹平县地方党史大事记》由中共党史出版社出版发行。

1993 年，协助长山中学出版《长山中学八十年》一书。完成《中共邹平县组织史资料》续编和中华人民共和国成立后《中共邹平党史大事记》（1949 年 10 月至 1957 年）的征求意见稿。出版《历史转折关头的毛泽东》一书，计 22 万字。

1995 年，拍摄反映邹长人民抗击日军侵略英勇事迹的《邹长烽火》电视专题

图 15-13　1995 年出版的《邹平抗日烽火》一书

片。编辑出版《邹长抗日烽火录》一书，总计26万字。完成中华人民共和国成立后《中共邹平党史大事记》(1958—1966)部分。

1996年10月，为纪念红军长征60周年，组织撰写以纪念红军长征为主要内容的论文15篇，并选出5篇优秀文章报地区参加理论研讨会，其中2篇获一等奖，3篇获二等奖。

1996—1997年，征编邹平县率先实现小康村先进材料22篇，被地区《希望之光》全部录用。

1998年，为纪念改革开放20周年，编写反映邹平改革开放20年来发生巨大变化的文章3篇，计4万余字。1998年10月，《中国共产党山东省邹平县组织史资料》(1988—1995)、《中共邹平党史大事记》(1949—1995)由北京燕山出版社出版，两书合计约70万字。

1999年，审核整理原外交部驻外大使徐明远撰写的《一马三司令》手稿，并印刷出版，全书34万字，以文学形式反映邹(平)长(山)人民英勇抗日的历史事迹。在《邹平报》上发表《邹平党史发展概要》等纪念文章10余篇，介绍邹平县党的早期活动及邹平县最早的党支部、党员等情况。

2001年，《邹平英模谱》一书出版。为配合邹平县“旅游富县”战略实施，编辑出版《鹤伴白云》一书，该书全面介绍西董镇历史文化、矿产旅游资源、风土人情，并配有各类图片30余幅。党史委从江苏沛县邹平籍老干部景涛历史照片中认真筛选、反拍，整理出与邹平历史有关珍贵历史照片60余幅；还征集到景涛撰写的关于邹平革命战争年代回忆录20余万字，经过整理编辑，出版《红波曲》一书。

图15-14 2001年出版的《邹平英模谱》一书

2002年，征集邹平籍在外地工作人员的各种材料、照片6000余份，共计100万余字，其中包括在境外的人员。根据这些材料，2003年，编辑出版《天南地北邹平人》。

2005年，在搜集整理党史资料的基础上，编辑出版《中共邹平地方史》第一卷(1929—1949.10)，全书23万余字。

图15-15 1927—2005年出版的部分组织史资料

第四节 党史资料研究利用

1986—1987年，党史办公室利用广播、电视、报纸、专栏等多种形式，在县内广泛宣传中共邹平县党的历史，到学校、党员培训班讲党史课50余次。

1989年，为配合党员教育，与原在邹(平)、长(山)、齐(东)工作的老同志开展一封信活动，收集大量党史资料。

1990年7月，举办“没有共产党，就没有新中国”党史摄影展，展出历史照片120余幅。与团县委、县教委、环保局联合举办爱党、爱国、爱军知识大奖赛。积极参与地区举办的党史、团史知识大奖赛。为纪念中共建党70周年，在烈士陵园举办邹平县地方党史展览，召开党史党建理论研讨会，撰写论文20篇。为配合社会主义教育活动，举办党史党建知识竞赛。

1993年，为纪念毛泽东100周年诞辰，与县委宣传部、党校联合召开理论研讨会，与广播局联合举办“毛泽东永远活在我们心中”征文活动。

1994年，为地区党史征委会出版的《鱼水情》一书选送5篇文章，均被采用。

1995年，是中国抗日战争胜利暨世界反法西斯战争胜利50周年，围绕这一主题党史委开展一系列活动：拍摄反映邹长人民抗击日军侵略英勇事迹的电视专题片《邹长烽火》；编辑出版《邹长抗日烽火录》；召开纪念抗日战争胜利50周年理论研讨会，收到论文16篇，其中10篇获地区级奖励；在县委、县政府大门口搞宣传栏，展出照片40余幅，从不同角度反映邹长地区人民抗日的壮丽诗篇。

1996年，党史委协同宣传部、文化局等单位联合举办“庆祝建党75周年成果展览”，党史部分组成3个版面，近50幅照片，配以文字说明，从历史的窗口反映邹（平）、长（山）、齐（东）3县人民的英雄事迹和前赴后继、勇往直前的精神。党史委专门编印《中共邹平（长山、齐东）县委书记更迭示意图》《邹平（长山、齐东）县长更迭示意图》，包括机构沿革、领导人任职时间等内容。根据掌握的资料，坚持实事求是原则，先后为中共上海市委组织部、中共湖南省岳阳市委组织部出具证明，使邹平籍2位老干部久拖不决的历史问题得到妥善解决。6月，为福建省永安市委提供部分历史照片，填补他们党史展览空白。

1997年7月，成功举办庆香港回归图片展，共展出照片130余幅，参观人数5000余人，在全省党史工作会议上受到表扬。1997年，协助县委组织部较好处理原长山县独立营王乃运烈士证明材料问题。

1998年7月，成功举办“光辉的历程——纪念建党77周年”大型党史图片书画展，展出200余幅珍贵历史图片和50余幅书画作品。12月，为配合县第九次党代会召开，协助电视台拍摄专题片《光辉历程》。

1998年，应技术监督局、青阳镇委、啤酒厂等单位邀请，进行党史讲座5次以上。与邹平报社联合举办“邹平地方名人”专栏，提供邹平县党史人物资料10余期。

1999年，党史委与团县委联合举办“祥云杯”爱党、爱国、爱科学知识竞赛。党史委配合档案局建立“爱国主义教育基地”，提供具有很高历史价值照片70余幅。党史委与报社联合在《邹平报》上开辟《梁邹党史》栏目，发表文章20余篇。

2001年，举办“邹平地方革命史剪影”展览，展出珍贵历史图片150余幅，集中反映邹平县人民在党的领导下英勇进行革命斗争的历史。

2003年2月，与县报社联合出版特刊《辉煌历程》。

2004年，与焦桥镇共同研究中共邹长中心县委成立大会会址的修复工作，为滨州市党史研究室编写《渤海烽火》提供稿件资料20余万字、10余幅图片。

2005年，在纪念抗日战争胜利60周年之际，在报社、电台、电视台、媒体上开辟党史专栏，包括《党史人物》《历史的今天》等，发表20余篇。

第十二章　老干部工作

第一节　机构沿革

1980年4月，县委组织部设老干部科，副科级行政单位。1983年9月，县委成立中共邹平县委老干部局，隶属县委，正科级行政单位，下属单位有老干部休养所。1990年4月，邹平县老年大学成立，隶属县委，为正科级事业单位，日常工作及人员由老干部局负责安排、调剂。1993年10月，县级机构改革，老干部局改为正科级事业单位，隶属组织部；老干部休养所从老干部局分离出来，为副科级事业单位，隶属组织部；增设邹平县老干部活动中心，为正科级事业单位。老干部活动中心、老年大学合署办公，隶属组织部。

1998年6月，县机构编制委员会根据滨编〔1997〕5号文件精神，同意老干部局由正科级事业单位改为正科级行政单位，归口县委组织部。2005年12月，依托老年大学，县委建立邹平县委老干部党校。至此，全县老干部工作机构计有老干部局、老干部活动中心、老年大学、老干部党校、老干部休养所5个单位，由县委组织部统一领导。

第二节 老干部工作

1983年，老干部局成立后，落实老干部政治待遇各项制度逐渐完善。1992年6月，县委老干部工作领导小组制订《邹平县老干部工作暂行条例》，并把每年10月定为“尊老敬老宣传月”；1999年5月，县委组织部、县委老干部局制订《关于建立老干部几项工作制度的意见》(邹组发〔1999〕6号)，对过去执行各种行之有效的制度进行完善，建立健全老干部工作责任制、在职领导联系老干部制度、情况通报制度、走访慰问制度、老干部工作表彰制度及老干部阅文制度、学习制度、参观考察制度等，并达到制度化、规范化要求。

老干部党支部建设

1992年6月，县委制定《邹平县老干部党支部暂行条例》。1999年8月，县委组织部、县委宣传部、县委老干部局、县人事局联合转发中共中央组织部《关于加强退（离）休干部思想政治工作的通知》(邹组发〔1999〕9号)，县委组织部、县委老干部局制订《关于进一步加强老干部党支部建设的意见》(邹组发〔1999〕10号)。2003年6月，县委组织部、县委老干部局转发省委组织部、省委老干部局制定的《山东省离退休干部党支部工作暂行规定》(邹组发〔2003〕31号)。2004年3月，老干部局制定《邹平县离退休干部党支部工作制度》《邹平县离退休干部党支部考评细则》，与组织部联合制定《关于开展争创全国、全省先进离退休干部党支部活动的意见》(邹组发〔2004〕1号)。1987年7月，县供销社成立邹平县第一个老干部党支部起，至2005年，全县单独建老干部党支部51个、党小组406个，有离退休干部职工党员3766名，占全县党员总数的10.79%。

落实老干部待遇

1989年，为解决离休干部就医难问题，县委、县政府投资100万元在县人民医院修建老干部保健楼，专设老干部保健科，各镇乡卫生院也普遍设立老干部病房，全县共有老干部病房80间、床位109个、家庭病床44个。1989年，县委出台文件，要求彻底改变离休干部医药费实行包干办法，执行据实报销办法。

1993年1月，全县在全区第一个把离休干部公用经费和特需经费由每人每年350元提高到550元；并为204名离休干部办理低工资生活补助，为131名离休干部增发一级工资，为191名离休干部办理生活补助费，为346名低工资离休干部提高工资，为399名离休干部656名子女办理农转非手续。

1997年，离休干部离休费纳入全县统筹并实行社会化发放，凡有政策性增资，均做到及时为离休干部增加，离休干部离休费始终做到及时足额发放。

1998年，县委办、县政府办制定《关于对县直机关离休人员实行定点医疗管理的规定(试行)》(邹办发〔1998〕41号)。

1999年，县委、县政府两办修改制定《关于对县直机关离休人员实行定点医疗管理的规定》(邹办发〔1999〕49号)。1999年12月1日起，县财政每年春节前拨出专款用于解决困难企业离休干部的医药费，由县委老干部局逐人结算。

从2002年4月1日起，全县机关事业单位离退休人员参照在职人员执行住房补贴政策，即按照基本工资的25%发放住房补贴；2003年1月1日起，按照基本工资的30%发放住房补贴；至2003年12月31日，县财政累计拨款114.11万元，为老干部发放各种补贴。2003年，统筹基金为每人每年8500元，以后每年按上年统筹金的12%比例递增，并于2003年8月1日开始实施。2004年1月1日起，按照基本工资的35%发放住房补贴；2004年10月1日起，企业离休干部也按照基本工资的35%开始发放住房补贴。

从2004年10月1日起，136名企业离休干部的工资，依照机关事业单位离休干部3次按职务调整工资及发放住房补贴的标准进行调整，全部按新标准发放，平均每人增发650元/月，最高增发770元/月，最低增发529元/月。

积极开展老干部体育活动

1991年，县老年体育协会成立，各镇乡、县直较大单位也成立体育活动组织，并陆续成立老年人门球协会、乒乓球协会、太极拳（剑）协会、戏剧协会、钓鱼协会、麻将协会等单项协会。1999年，获第十一届“卢沟桥杯”全国门球邀请赛亚军。2000年，获迎盛世“地坛杯”全国门球邀请赛冠军。2001年，获全国门球邀请赛亚军和全省老干部门球赛冠军。2002年，获全省老干部门球邀请赛冠军。2003年，获“八喜杯”全省老干部门球赛冠军。至2005年，全县门球场56处，门球队60支，经常参加活动1500余人。

2003年，在镇、街道、县直较大单位开展“五有”（有组织、有办公地点、有场所设施、有活动经费、有活动内容）达标挂牌活动。所有镇、街道和绝大部分老干部较多的单位成立老干部协会并达到“五有”标准。

第三节　老干部活动中心（老年大学）工作

1990年4月，县老年大学成立。1993年10月，县级机构改革，增设老干部活动中心，为正科级事业单位。老年大学校长由老干部活动中心主任兼任，为正科级事业单位，由县委组织部统一领导。

图15-16　1994年1月，投入使用的老干部活动中心

1994年1月，老干部活动中心与老年大学合署办公。2005年12月20日，中共邹平县委老干部党校依托县老干部活动中心，老年大学挂牌成立。

老干部活动中心

县委、县政府重视老干部工作，筹资350余万元，于1993年5月动工，12月竣工，兴建占地6.5亩、建筑面积2000余平方米县老干部活动中心，于1994年1月8日正式投入使用。活动中心内设门球场、大小会议室、接待室、健身房、棋艺室、游艺室、图书室、书画室。成立老年迪斯科、太极拳、太极剑、五禽戏等团队和“夕阳红”演唱队。每逢春节、“七一”、“九九”重阳节，组织演出精彩节目。1997年，迎香港回归期间，组织大型“迎回归”太极拳、剑表演赛；“夕阳红”演唱队深入机关、企业演出。1998年，承办滨州地区第十届老年人门球赛。1999年10月20—26日，组织门球队参加全国“卢沟桥杯”门球邀请赛，获得亚军，取得历史最好成绩。2005年，老干部门球队参加在北京举办的“地坛杯”全国门球赛，夺得冠军，并获“道德风尚奖”。县城有32个活动点，全县16个镇、街道中14个镇、街道有老干部活动中心，有门球场49个。

2005年8月，举办“铭记历史，放飞和平”——纪念抗日战争胜利60周年专场文艺晚会。12月，举办“翠竹杯”门球赛。

老年大学

老年大学成立之初，按照“增长知识，陶冶情操，健康长寿，余热生辉”教学目的和要求，设置政治、书法、国画、音乐、卫生保健、烹饪、太极拳、太极剑、历史、花卉等20余门课程，编印讲义150余万字，教师均为聘任制。培养一批具有现代科学知识老人。至1995年，毕业学员800人。2002年，开设英语入门班，有106人报名。同年，老年大学被评为全省“老年教育工作先进单位”。2003年春，在防“非典”时期，学员捐款4350元，向在防“非典”一线工作人员献爱心。

2000年4月，县老年大学焦桥分校成立；2001年10月，明集分校成立；2003年11月，长山、魏桥、韩店、西董分校相继成立。至2005年，

6处分校，在校学员54余人。全县老年人终身教育蔚然成风。

第四节　干部休养

1986年起，干部休养所落实老干部2项待遇（政治待遇、生活待遇），为老干部创造一个“老有所学、老有所乐、老有所为”轻松快乐、健康向上生活氛围。

1990年，县老年大学成立，与干部休养所合署办公。

1999年5月，建立工作人员走访制度和为老干部祝寿制度。10月，为老干部建立图书室，订购政治理论书籍。2000年5月，对老干部住房和生活环境进行自1980年建所以来最大规模一次维修和改善。

组织老干部多次参加县老年体协组织的各项比赛。在重大节日为老干部举办一系列文体活动，并组织他们外出游览参观。2000年8月，带领老干部到武警中队给广大官兵讲授传统教育。10月，带领老干部与黛溪中学师生联合举办文艺联欢会。2001年10月，组织老干部到青州烈士陵园、青州博物馆、魏棉集团、黄山广场游览参观学习。2004年10月，组织老干部参观开发区、魏棉工业园、政务大楼、新一中。

重视老干部的思想建设和组织建设，坚持组织生活、“三会一课”制度，针对新形势下出现的新情况、新问题，定期组织老干部学习。

2004—2005年，干休所连续2年被县委、县政府评为敬老模范单位。

附：老干部工作所获荣誉

1991年5月，县委老干部局被省委、省政府授予“老干部工作先进集体”称号。

1995年11月，县委、县政府被省委、省政府授予“老干部工作先进单位”称号。

1998年5月，县委、县政府被地委、行署授予“老干部工作先进集体”称号，县委老干部局被地委、行署授予“老干部工作先进集体”称号。

1998年12月，县委、县政府被省委、省政府授予“老干部工作先进集体”称号。

2001年9月，县委老干部局被省委组织部、省委老干部局、省人事厅授予“全省离退休干部宣传教育工作先进单位”称号。

2003年11月，县委、县政府被省委、省政府授予“老干部工作先进单位”称号。

2005年12月，县委老干部局被省委老干部局授予全省老干部工作“亲情服务年”活动先进单位称号。

第十三章　老龄工作

第一节　机构沿革

1987年，县成立老龄问题委员会。1988年，县老龄问题委员会设立办公室，为常设办事机构，列入县级机关编制。1990年，老龄问题委员会更名为老龄委员会。1998年6月，根据省委、省政府有关文件要求对老龄委进行调整，下设办公室，为常设办事机构，列入机关行政编制。1999年年初，老龄工作委员会办公室为正科级行政单位。2003年12月，根据县委下发《邹平县人大、政协、各群众团体机关机构改革实施方案》（邹发〔2003〕33号）进行机构改革，核定编制5人。2005年，机构设置未变化。

第二节　老龄工作

1991年，全县有常住人口675469人，其中

60岁以上的老年人有7.5万人，占人口总数的11.31%，按联合国规定的老年人口在总人口数中的比例超过10%就属于老年型国家或地区，全县已进入老年型县市行列。

建立组织

至1995年，全县有60岁以上的老年人7.9万人，占全县总人口数的11.6%。

老龄委成立后，首先抓基层老年组织机构建设。至1995年，17个镇乡全部成立老龄工作委员会，设立办公室，配备专职干部。有790个行政村成立老年人协会，设有活动室，能够经常开展活动的有269个村，占全县农村协会的32%。39个县直机关、企事业单位也建立老年人协会。全县基本形成老龄工作网络。

签订赡养委托书

1989—1992年，累计办理签订赡养老人协议书22723份，其中4600份协议书进行司法公证。

1993年，全县签订协议书7070份，县直44个企业单位1.7万名职工实行了计划内养老保险。

1994年，签订、修订赡养协议书1.1万份，占应签数的70%。台子乡对85岁以上老人免除农业税以外的其他提留，临池乡和邹平镇的部分村对65岁以上老年人发放养老生活费。

1995年，签订赡养协议书1.1万份，全县有12个村实现定期发放养老补助金，邹平镇、长山镇、临池镇、明集镇、魏桥镇等镇乡部分村养老补助金提高到每人每月40～50元，西董镇张洞村30名70岁以上老人每月发5元生活费。

1991—1992年，全县兴办老年经济实体54家，其中正常经营26家，投资566.2万元，从业人员479人，其中离退休人员191人、社会老人85人、农村剩余劳动力203人，实现产值829.7万元，创利税91.7万元。

1993年，全县新办老年经济实体14家。是年，好生乡河阳村老年协会木材加工厂被国家评为“老有所为先进集体”。省老龄委到邹平县进行录像，滨州地区在邹平县召开老年经济实体经验交流会。

1994年，全县新办老年经济实体6家，年创利税17万元。

1995年，全县有老年经济实体57家，从业人员336人，固定资产580万元。

1996年10月，《中华人民共和国老年人权益保障法》正式颁布实施。17个镇乡全部建立健全老龄工作委员会，39个县直机关和企业事业单位建立了老龄协会；县、镇乡、村3级基本形成老龄工作网络。

1997年1月，根据省、地有关规定制定为农村70岁以上老年人免除“三提”“五统”和各种集资摊派及老年人学习、娱乐、购物、就医等方面一系列优待政策。从1997年起，办理“老年人优待证”，老年人凭证享受规定有关优待。

1998年，全县为800余名城镇老年人和2.63万名70岁以上农村老年人办理优待证。

2003年，定为“全县农村老年协会建设年”。全县858个行政村均建立起老年协会组织。“九九”老人节期间组织开展丰富多彩的庆祝活动，以县政府文件下发《邹平县老龄事业“十五”发展计划》（邹政发〔2001〕82号）和《邹平县优待老年人规定》（邹政发〔2003〕27号）。三级敬老院2003年底供养老人1329名。

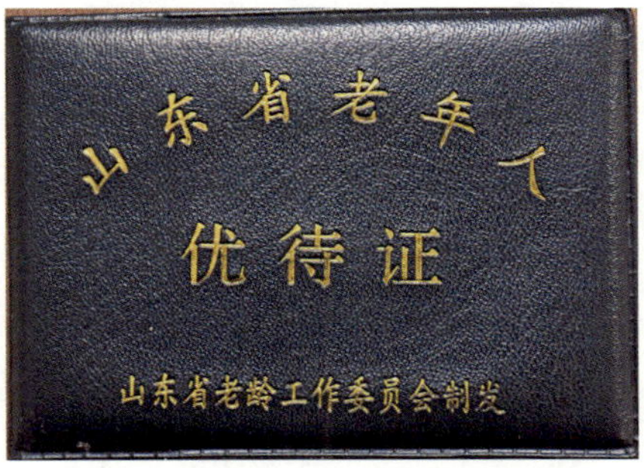

图15-17　2003年换发使用的“山东省老年人优待证”

《邹平县优待老年人规定》全部落实到位。认真督查镇、村不折不扣贯彻落实各级优待老年人规定。2003年，依法免除全县3.9万余位70岁以上农村老年人“新增农业税及附加”310余万元，免除60岁以上老年人“两工”和各种集资480余万元，全县10余万老年人经济负担进一步减轻，合法权益得到保障。老人节，县、镇党政领导对高龄老人进行走访慰问。依据《邹平县优待老年人规定》，协调督查7个镇、街道对11位百岁以上老年人全部落实“每人每月发给100元长寿补贴金”规定。设立“老年人法律援助联络室”，协助126位老年人得到法律援助。全县开展农村家庭赡养协议书签订兑现工作，应签老人签书率达到70%以上。开展换发新版《山东省老年人优待证》工作，至2005年，办理1.5万余份。

宣传法规

认真宣传《中华人民共和国老年人权益保障法》《邹平县优待老年人规定》，督导县卫生局、交通局、文体局、人民银行、县旅游管委会，行文公布配套优待老年人政策规定，并付诸实施。2002年，编印2.5万册《老年法规政策选编》，发至全县镇、村。《邹平日报》开办“夕阳红”专版。2003年，登载文章130多篇，《滨州日报》登载27篇，县电视台播出老龄新闻36条。

2001年10月，被滨州市委、市政府评为“全市老龄工作先进集体”。2002年10月，被山东省老龄工作委员会办公室、山东省人事厅表彰为“全省老龄工作先进集体”。2004年，被评为山东省“敬老、爱老、助老”先进单位。2005年，被滨州市政府表彰为“全市老龄工作先进单位”。

图15-18　2004年，县老龄办被评为山东省“敬老、爱老、助老”先进单位

2005年邹平县百岁老人情况统计表

（以出生年月先后排序）

表15-10-1

序号	姓　名	性　别	出生年月	住　址
1	孙秀云	女	1899年12月29日	台子镇店西村
2	徐志贵	男	1901年10月1日	韩店镇西言礼村
3	李桂珍	女	1902年4月13日	九户镇刚斧寨村
4	徐少云	女	1902年11月30日	长山镇前王村
5	李荣花	女	1903年2月5日	九户镇王号村
6	郭念告	男	1903年8月15日	韩店镇大白村
7	丁隆贞	女	1904年3月26日	临池镇东台村
8	赵崔氏	女	1904年10月14日	黛溪街道前城村
9	高张氏	女	1904年11月2日	明集镇大张官庄
10	张立明	女	1905年9月24日	临池镇红庙村
11	曹云峰	男	1905年10月11日	九户镇布王村
12	杨思诚	男	1905年10月30日	长山镇东鲍村
13	宫方桂	男	1905年11月4日	临池镇小黄埠村
14	牛秀芳	女	1905年12月2日	九户镇阎家村

第十六编
地方国家权力机关

Local Organs of State Power

1998 年 1 月 15—18 日，邹平县第十三届人民代表大会第一次会议

2001 年，《中华人民共和国婚姻法》宣传

韩店镇人大代表视察督导教育工作 （2013 年摄）

1984—2005年，邹平县第九届至第十四届人民代表大会及其常务委员会，共历6届。每届任期，1993年前3年一届，1993年起5年一届。历届县人大及其常务委员会依法行使国家和人民赋予的各项职权，积极推进社会主义民主法治建设，保障国家宪法、法律法规和各级人大决议、决定的正确实施，促进了全县国民经济健康、持续、快速发展和社会全面进步。

第一章　邹平县人民代表大会

第一节　代表选举

基本做法

邹平县于1984年3月至2003年1月，进行第九届至十四届人民代表大会代表的选举。

选举委员会　选举前，按照安排意见，设立县选举委员会。选举委员会在县人大常委会领导下，具体负责制定选举工作计划、培训选举工作人员、抓好宣传教育、进行选民登记、审查选民资格、公布选民名单、制发选民证、划分选区、分配代表名额、安排选举日程、印发选票、主持投票、确定选举结果等项选举事宜。

宣传培训　每次换届选举，都采取多种形式宣传《中华人民共和国宪法》《中华人民共和国全国人民代表大会和地方各级人民代表大会选举法》《中华人民共和国地方各级人民代表大会和地方各级人民政府组织法》等法律法规。

名额分配　按照规定和要求，县级人民代表大会代表名额基数为120名，每5000人可以增加1名代表。按照农村每1名代表所代表人口数4倍于城镇每1名代表所代表人口数分配到各个选区。

选区划分　选举县人大代表，农村以管理区设立选区，县直单位按系统设立选区。选举乡镇人大代表以行政村为单位划分选区。

选民登记　用10天左右时间集中宣传学习选民登记的有关法律规定，培训选民登记队伍。组织选民登记时，先由登记员按户口簿进行预登，然后再进行正式登记。登记结束后，由登记员对所登记选民按法定年龄和资格逐个进行审核，确定准确无误后再送交选举委员会复核，对选民资格进行确认。按法律规定时间张榜公布选民名单，颁发选民证。

提名推荐代表候选人　按照法定提名方式，分3步进行。第一步，召开选民小组会议，由选民酝酿讨论并10人以上联名推荐本选区初步候选人名单，然后与政党、人民团体提名推荐候选人名单一起由选区如实上报县选举委员会，并将名单按法定时间张榜公布。第二步，各选区把公布的初步候选人名单再交选区选民小组充分酝酿，根据较多选民意见，确定第二轮代表候选人名单。第三步，将第二轮讨论筛选后的候选人名单公布到各选民小组进行民主协商，按照较多单位和选民意见，县选举委员会依照差额选举的规定，对照代表条件逐个审定正式代表候选人名单，并在法定时间张榜公布。

选举日选民参选　接近选举日，县选举委员会运用各种形式，实事求是地向选民介绍代表候选人情况，组织候选人与选民见面。提前印制选票、制作票箱，制定代表选举办法，编写投票选举大会程序。选举日当天，各级选举机构依照法律规定，举

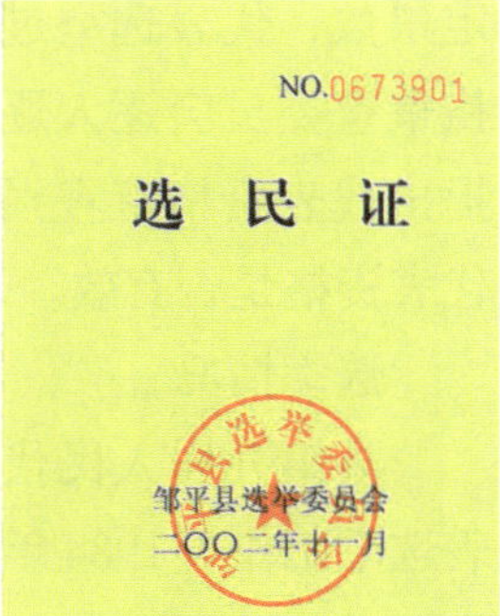

图16–1　选民证
（2014年摄）

行投票仪式，让选民充分行使民主权利。选民凭“选民证”参加投票选举。有特殊情况外出不能参加投票的选民，可书面委托自己信任的人代为投票；对那些不能离开工作岗位和老弱病残不能到投票站投票选民，采取设流动票箱的办法，在监票人监督下，分别到他们的工作岗位和住处让其投票。

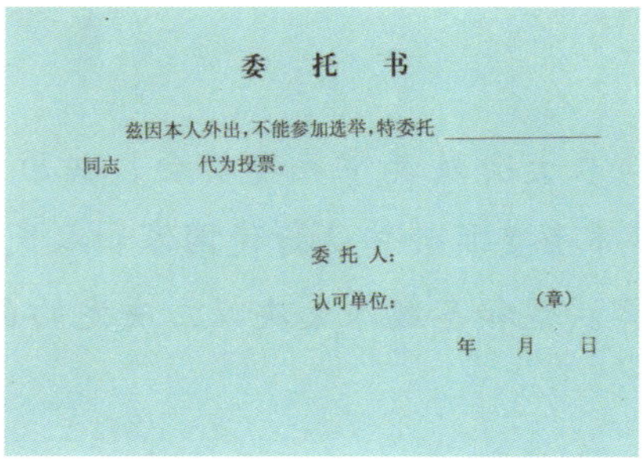
委 托 书

兹因本人外出，不能参加选举，特委托 ________ 同志 代为投票。

委托人：

认可单位： (章)

年 月 日

图 16-2 委托书 (2014 年摄)

图 16-3 换届选举日选民凭“选民证”参选(2014 年摄)

代表资格审查　主要审查当选代表合法性，包括是否具备当选条件，每一选区选出代表是否符合应选代表名额，代表候选人提名推荐是否符合法定程序，代表候选人名额是否符合法定差额比例，参加投票选举选民是否符合法定人数，选举所投票数是否等于或少于投票人数，选举代表是否采取无记名投票方式，当选代表是否获得法定票数，代表选举过程是否存在贿选等。代表资格审查委员会逐人逐项审查后，向县人大常委会提出代表资格审查报告，再由县人大常委会确认代表资格是否有效。

选举情况

县第九届人民代表大会和公社（镇）人大代表选举工作于1984年3月2日开始，5月20日结束。全县登记选民408020人，参加投票选举的393445人，选出县人大代表374名，公社（镇）人大代表1351名。在选出的县人大代表中，非党群众代表占46.7%，妇女代表占26%。

县第十届人民代表大会代表和乡镇人大代表选举工作于1986年11月底开始，1987年4月中旬结束。全县登记选民436996人，参加投票选举的411870人，选出县人大代表322名，乡镇人大代表1347名。在选出的县人大代表中党员占53.9%，妇女占23%，干部占20.4%，工人农民代表占79.6%。

县第十一届人民代表大会代表和乡镇人大代表选举工作于1989年11月开始，1990年3月底结束。全县登记选民472049人，参加投票选举的454382人，选出县人大代表325名，乡镇人大代表1360名。在选出的县人大代表中党员占61%，妇女代表占21%，工人、农民代表占64%。

县第十二届人民代表大会代表和乡镇人大代表选举工作于1992年11月上旬开始，1993年3月初结束。全县登记选民489449人，参加投票选举的473401人，选出县人大代表325名，乡镇人大代表1354名。在选出的县人大代表中党员占65.5%，妇女占25%，工人、农民占64.6%。

县第十三届人民代表大会代表选举工作于1997年11月下旬开始，1998年1月10日结束。全县登记选民508034人，97.8%的选民参加投票选举，选出县人大代表255名。其中工人31人，农民129人，工农代表占62.8%；干部60人，占23.5%；知识分子35人，占13.7%；党员177人，占69.4%；妇女60名，占23.53%。

县第十四届人民代表大会代表选举工作于2002年11月6日开始，2003年1月19日结束。全县登记选民518091人，参加投票选举的502151人，选出县人大代表251名。其中工农代表161人，占64.2%；干部55人，占21.9%；知识分子代表35人，占13.9%；妇女代表63人，占25.1%；非党群众85人，占33.9%。

1995年2月，《地方组织法》修改，县级人大任期为5年，乡镇人大任期为3年。这样，县乡人大换届分别进行。1996年、1999年、2002年分别选出乡镇人大代表1114名、1118名、999名。

驻邹平及邹平选出的全国和山东省人大代表情况一览表

表16-1-1

全国人大代表		
届　次	人数	姓名
第三届（1965年1月—1975年1月）	1	魏　斌
第四届（1975年1月—1978年3月）	1	郝怀友
第五届（1978年3月—1983年6月）	1	冯永喜
第六届（1983年6月—1988年4月）	2	郑锡昌 冯永喜
第九届（1998年3月—2003年3月）	1	张士平
第十届（2003年3月—　）	1	张士平

山东省人大代表		
届　次	人数	姓名
第一届（1954年8月—1958年10月）	8	张宪文　刘绍廷　宋金英（女） 李瑞西　王桂芬（女）　孙明德 常念邹　冯立志
第二届（1958年10月—1963年12月）	8	王佃梅（女）　王明昌　王耀生 钟胜美（女）　任学三（女） 宋金英（女）　张明江　张培江
第三届（1963年12月—1966年）	5	王居仁　李生学　禚宝南　郝怀友 樊临照
第五届（1977年12月—1983年4月）	6	周茂林　李　芹（女）闫素梅（女） 冯永喜　郝怀友　杨秉海
第六届（1983年4月—1988年2月）	7	张　昭　冯永喜　刘秀芳（女） 孟昭进　王丕汉　刘　干　周立海
第七届（1988年2月—1993年4月）	7	周敬尊　冯宝璞　王秀岗　冯永喜 赵玉德　王传玞 吴爱英（女，1991年3月补选）
第八届（1993年4月—1998年4月）	6	吕翠萍（女）冯永喜　王在忠 姜银浩　张士平　董凤基
第九届（1998年3月—2003年3月）	7	吕曰东　王在忠　张执政　赵延孝 李炳众　夏文超　董凤基
第十届（2003年3月—　）	4	王　勇　吕曰东　张　波　魏克田

第二节　历届代表大会

第九届人民代表大会

县第九届人民代表大会共召开3次会议。第一次会议于1984年5月26日至30日召开，会议代表374名，实到358名。会议选举隋庆阶为县人大常委会主任，郭宝山、王学仁、孙德聚、刘玉桐为副主任，王家荣等10人为县人大常委会委员；选举王元甫为县人民政府县长，苏乃军、陈元德、王臣修、郭玉兰（女）为副县长；选举林兆海为县人民法院院长；选举赵传武为县人民检察院检察长。第二次会议于1985年3月25日至28日召开，出席会议代表374名。会议补选姚铭业为县第九届人民代表大常委会副主任。第三次会议于1986年5月21日至25日召开，出席会议代表368名。会议补选刘志民为县第九届人大常委会副主任，补选王景山为县人民政府副县长。

第十届人民代表大会

县第十届人民代表大会共召开3次会议。第一次会议于1987年4月10日至13日召开，出席会议代表322名。会议选举曲克祥为县人大常委会主任，孙德聚、刘玉桐、术传信、王秀岗为副主任，王英康等10人为县人大常委会委员；选举苏乃军为县人民政府县长，燕钦国、王景山、韩振庆、杜凤兰（女）、孙占玉、彭永涛为副县长；选举张笑云为县人民法院院长；选举赵传武为县人民检察院检察长。第二次会议于1988年1月6日至9日召开，出席会议代表322名。会议补选马立壮、王允亮、赵思勤为邹平县第十届人民代表大会常务委员会委员，选举周敬尊、冯宝璞、冯永喜、王秀岗、赵玉德、王传玞为山东省第七届人民代表大会代表。第三次会议于1989年3月28日至30日召开，出席会议的代表320名。

第十一届人民代表大会

县第十一届人民代表大会共召开3次会议。第一次会议于1990年3月27日至30日召开，出席会议代表325名。会议选举曲克祥为县人大常委会主任，刘志民、王景山、术传信、王秀岗、王泽云、李守勤为副主任，万玉柱等14人为县人大常委会委员；选举燕钦国为县人民政府县长，韩振庆、赵玉德、张汉斌、高凯、李凤莲（女）、李念东、鞠庆麒为副县长；选举时兰普为县人民法院院长；选举赵传武为县人民检察院检察长。第二次会议于1991年3月21日至25日召开，出席会议代表324名。会议审议通过《邹平县国民经济和社会发展十年规划及第八个五年计划》，作出《邹平县人民代表大会关于依法治县的决议》。第三次会议于1992年3月17日至22日召开，出席会议代表322名。

第十二届人民代表大会

县第十二届人民代表大会共召开5次会议。第一次会议于1993年2月20日至23日召开，出席会议代表325名。会议选举陈元德为县人大常委会主任，王景山、尹兆明、王荣嘉、王泽云为副主任，马立壮等13人为县人大常委会委员；选举姜银浩为县人民政府县长，赵玉德、刘安方、李泽岭、国兴庭、王沛发、方守金为副县长；选举时兰普为县人民法院院长；选举高曙光为县人民检察院检察长；选举王在忠、冯永喜、吕翠萍（女）、张士平、姜银浩、董凤基为山东省第八届人民代表大会代表。第二次会议于1994年2月27日至3月1日召开，出席会议代表322名。会议补选史绪海为县第十二届人大常委会副主任。第三次会议于1995年4月7日至10日召开，出席会议代表322名。会议补选李炳众为县人民政府县长，补选刘继京为县人民法院院长。第四次会议于1996年3月7日至9日召开，出席会议代表322名。会议审议批准《邹平县国民经济和社会发展“九五”计划及2010年远景目标规划纲要》。第五次会议于1997年2月24日至26日召开，出席会议代表325名。会议补选李修瑞、赵佃荣为县第十二届人大常委会委员。

第十三届人民代表大会

县第十三届人民代表大会共召开7次会议。第一次会议于1998年1月16日至18日召开，会议代表255名，实到225名。会议选举宫敬宝为县第十三届人大常委会主任，尹兆明、刘安方、国兴庭、史绪海、赵佃荣、李修瑞为副主任，王勇等14人为县人大常委会委员；选举李炳众为县人民政府县长，李泽岭、方守金、王桂香（女）、刘来河、刘淑勇、朱秀东为副县长；选举刘继京为县人民法院院长；选举高曙光为县人民检察院检察长。第二次会议于1998年3月6日至8日召开，出席会议代表253名。会议审议批准邹平县人民政府《关于切实做好维护稳定工作的意见》。会议选举王在忠、吕曰东、李炳众、张执政、赵延孝、夏文超、董凤基为山东省第九届人民代表大会代表。第三次会议于1999年1月20日至22日召开，出席会议代表255名。第四次会议于2000年1月21日至24日召开，出席会议代表255名，会议补选刘士合为县人民政府县长。第五次会议于2000年12月8日至10日召开，出席会议代表255名。会议通过《关于批准〈邹平县国民经济和社会发展第十个五年计划纲要〉的决议》。会议补选刘士合为县人大常委会主任，刘书忠为县人大常委会副主任；补选王建泉为县人民政府县长；选举马方兴等63人为滨州市第七届人民代表大会代表。第六次会议于2001年2月4日至5日召开，出席会议代表254名。第七次会议于2002年1月22日至24日召开，出席会议代表252名，会议补选冯怡浩为县人民法院院长。

第十四届人民代表大会

至2005年底县第十四届人民代表大会，共召开3次会议。第一次会议于2003年1月17日至19日召开，出席会议代表251名。会议选举刘书忠为县第十四届人大常委会主任，刘安方、刘淑勇、崔明、韩玉花（女）、王敬尧、李向阳为副主任，马延武等14人为县人大常委会委员；选举魏克田为县人民政府县长，王瑜、王桂香（女）、刘来河、朱秀东、张兆杰、邱希敏为副县长；选举冯怡浩为县人民法院院长；选举贾恒武为县人民检察院检察长；选举马平之等 64 人作为滨州市第八届人民代表大会代表。第二次会议于 2004 年 1 月 5 日至 6 日召开，出席会议代表 253 名。第三次会议于 2005 年 1 月 14 日至 15 日召开，出席会议代表 251 名。书面审议县政府提出的《关于邹平县 2004 年国民经济和社会发展计划执行情况与 2005 年国民经济和社会发展计划草案的报告》《关于邹平县 2004 年财政预算执行情况和 2005 年财政预算草案的报告》。

第二章　县人大常务委员会

邹平县第一届至第七届人民代表大会未设立常委会。1981 年 1 月，县第八届人民代表大会开始，设立常务委员会（简称县人大常委会），成为常设机关。县人大常委会作为县人民代表大会常设机关，在人民代表大会闭会期间行使宪法和法律赋予各项权力，包括对本县政治、经济、科学、教育、文体、卫生、民政、民族等方面重大事项决定权，对“一府两院”工作监督权和人事任免权。

第一节　机构沿革

1986 年 2 月，县人大常委会在设立办公室、调查研究科和代表联络科基础上，增设法制科。1987 年 8 月，增设选举办公室。1989 年 1 月，撤销调查研究科，增设教科文卫科和财政经济科。1990 年 5 月，撤销选举办公室，增设信访工作室，代表联络科改为人事代表工作室，法制科改为法制工作委员会，教科文卫科改为教科文卫工作委员会，财政经济科改为财政经济工作委员会。1993 年 10 月机构改革，撤销信访工作室、教科文卫工作委员会、财政经济工作委员会，保留办公室、人事代表工作室、法制工作室。2004 年 3 月，增设研究室、信访室、老干部服务中心。至 2005 年，机构未变，工作人员 25 人，其中主任 1 人，副主任 6 人，秘书长 1 人，各室主任、副主任 7 人，一般干部 2 人，事业人员 2 人，职工 6 人。

第二节　常务委员会组成

邹平县第八届至十四届人民代表大会常务委员会设主任 1 人、副主任 4 ～ 7 人、常委会组成人员 14 ～ 23 人。

邹平县第八届至第十四届人大常委会主任、副主任、委员任职情况一览表

表16-2-1

届 次	职 务	姓 名	任职时间	籍 贯	备 注
第八届（1981年1月至1984年5月）	主 任	常念邹	1981年1月—1983年8月	好生街道乔家村	1983年8月因年龄辞职
	副主任	石志功	1981年1月—1983年8月	淄博市周村高唐乡	1983年8月因年龄辞职
		王学仁	1981年1月—1984年5月	高青县木李乡	
		靖继贞	1981年1月—1984年5月	商河县展家乡	
		郭柳宗	1981年1月—1983年8月	江苏省高邮市马棚乡	1983年8月因年龄辞职
		张毓一	1981年1月—1984年5月	沾化县冯家镇	
	委 员	马笑仙（女）　王子钰　冯永喜　石传海　赵汝岭　谢桂兰（女）　黄裕民　韩永棠			

续表16-2-1

届次	职务	姓名	任职时间	籍贯	备注
第九届（1984年5月至1987年4月）	主任	隋庆阶	1984年5月—1987年1月	广饶县牛庄乡	1987年1月病逝
	副主任	郭宝山	1984年5月—1986年5月	无棣县泊头镇	1986年5月因年龄辞职
		王学仁	1984年5月—1986年4月	高青县木李乡	1986年4月因年龄辞职
		孙德聚	1984年5月—1987年4月	淄博市周村区南营乡	
		刘玉桐	1984年5月—1987年4月	魏桥镇东刘村	
		姚铭业	1985年3月—1987年4月	淄博市张店区傅家镇	1985年3月补选
		刘志民	1986年5月—1987年4月	陕西省神木县	1986年5月补选
	委员	王家荣　石传海　冯永喜　孙立强　张　萍（女） 姚铭业（1984年5月—1985年3月）　秦佃伟　黄玉展　韩永棠　谢桂兰（女）			
第十届（1987年4月至1990年3月）	主任	曲克祥	1987年4月—1990年3月	潍坊市寒亭区	
	副主任	孙德聚	1987年4月—1990年3月	淄博市周村区南营乡	
		刘玉桐	1987年4月—1990年3月	魏桥镇东刘村	
		术传信	1987年4月—1990年3月	章丘市绣惠镇	
		王秀岗	1987年4月—1990年3月	码头镇王家村	
	委员	王英康　王桂香（女）　冯永喜　孙立强　李允贵　李守勤　张士平　张　萍（女） 荆象堃（1988年1月因工作辞职）　姚启富　马立壮（1988年1月补选） 王允亮（1988年1月补选）　赵思勤（1988年1月补选）			
第十一届（1990年3月至1993年2月）	主任	曲克祥	1990年3月—1993年2月	潍坊市寒亭区	
	副主任	刘志民	1990年3月—1993年2月	陕西省神木县	
		王景山	1990年3月—1993年2月	高青县高城镇	
		术传信	1990年3月—1993年2月	章丘市绣惠镇	
		王秀岗	1990年3月—1993年2月	码头镇王家村	
		王泽云	1990年3月—1993年2月	高新街道新三村	
		李守勤	1990年3月—1993年2月	高青县田镇	
	委员	万玉柱　马立壮　王允亮　王在忠　王桂香（女）　冯永喜　卢柏林 张　萍（女）　张士平　李庶坤　林兆海　姚启富　赵思勤　夏英勇			
第十二届（1993年2月至1998年1月）	主任	陈元德	1993年2月—1998年1月	高新街道东石村	
	副主任	王景山	1993年2月—1998年1月	高青县高城镇	
		尹兆明	1993年2月—1998年1月	西董镇西董村	
		王荣嘉	1993年2月—1998年1月	平度市香店镇	
		王泽云	1993年2月—1998年1月	高新街道新三村	
		史绪海	1994年3月—1998年1月	长清县孝里镇	1994年3月补选
	委员	马立壮　王　勇　王在忠　孙传清（女）　孙振华　肖爱珍（女）　张士平 张瑞英（女）赵佃奎　赵思勤　姜继智　姚启富　夏英勇　李修瑞（1997年2月补选） 赵佃荣（1997年2月补选）			
第十三届（1998年1月至2003年1月）	主任	宫敬宝	1998年1月—2000年5月	临池镇上河村	2000年5月因工作辞职
		刘士合	2000年12月—2003年1月	沾化县泊头镇店子村	2000年12月补选
	副主任	刘书忠	2000年12月—2003年1月	台子镇沙里村	2000年12月补选
		尹兆明	1998年1月—2003年1月	西董镇西董村	

续表16-2-1

届 次	职 务	姓 名	任职时间	籍 贯	备 注
第十三届（1998年1月至2003年1月）	副主任	刘安方	1998年1月—2003年1月	淄博市临淄区高阳镇	
		国兴庭	1998年1月—2003年1月	寿光市侯镇	
		史绪海	1998年1月—2003年1月	长清县孝里镇	
		赵佃荣	1998年1月—2003年1月	黛溪街道中兴村	
		李修瑞	1998年1月—2003年1月	好生镇刘桥村	
	委 员	王　勇　王在忠　王德梓　肖爱珍(女)　吴振萍（女）　张士平　张志东　张瑞英（女）　周庆成　赵书明　赵胜修　秦启斌　闫士柱　梁茂成			
第十四届（2003年1月至　）	主 任	刘书忠	2003年1月	台子镇沙里村	
	副主任	刘安方	2003年1月	淄博市临淄区高阳镇	
		刘淑勇	2003年1月	长山镇小韩村	
		崔　明	2003年1月	高新街道东范前村	
		韩玉花（女）	2003年1月	焦桥镇西绳村	
		王敬尧	2003年1月	魏桥镇甜水村	
		李向阳	2003年1月	明集镇东闸村	
	委 员	马延武　王　勇　王延斌　刘东升　刘恒华　吴振萍（女）　张士平　赵长水　秦启斌　高　伟　高　琦　路秀国　潘玉兰（女）　魏家国			

第三节　重要会议

从1986年2月27日县九届人大常委会第十四次会议至2005年县十四届人大常委会第二十一次会议止，县人大常委会共举行常委会会议144次，其中第九届12次，第十届20次，第十一届20次，第十二届37次，第十三届34次，第十四届至2005年底举行21次。

第九届人大常委会

第十四次会议　1986年2月27日举行。听取审议县政府关于邹平县“七五”计划草案和1986年国民经济计划草案、关于1985年财政决算草案和1986年财政预算草案的汇报，补选周立海为山东省第六届人大代表，决定设立县人大常委会法制科，通过人事任免事项。

第十五次会议　1986年4月18日举行。听取全国人大代表冯永喜关于六届全国人大四次会议情况的汇报。审议县政府《关于邹平县“七五”计划草案和关于“七五”计划草案的说明》《县人民政府工作报告》《关于1985年财政决算和1986年财政预算草案的报告》。会议决定接受王学仁因年龄原因辞去县人大常委会副主任职务请求。

第十六次会议　1986年5月16日举行。决定关于举行县九届人大三次会议的有关事宜，决定接受郭宝山因年龄原因辞去县人大常委会副主任职务请求。

第十七次会议　1986年7月25日举行。决定接受王元甫因工作变动辞去邹平县县长职务请求，决定苏乃军为代县长。

第二十次会议　1986年9月26日举行。任命彭永涛为挂职副县长。

第二十一次会议　1986年10月20日举行。听取审议县政府关于《环境保护法（试行）》《国家建设征用土地条例》《森林法》贯彻实施情况的汇报，通过免去王臣修副县长职务决定。

第二十三次会议　1986年12月10日举行。听取县政府关于财政体制改革、县城总体规划执行、代表所提意见、建议处理情况的汇报。

第二十五次会议　1987年4月3日举行。决定任命燕钦国、杜凤兰（女）为副县长。

第十届人大常委会

第一次会议　1987年6月8日举行。审议通过县人大常委会《关于听取工作报告和审议决定本县重大事项的暂行办法》《关于县人大代表持证视察的决定》《关于人事任免的暂行规定》、县政府《关于1987年普法实施规划》。

第二次会议　1987年8月17日举行。通过县人大常委会关于联系代表的制度、关于依法保障商品经济大合唱健康发展的决定。决定增设县人大常委会选举办公室。任命杨嵋峰为挂职副县长。

第三次会议　1987年10月30日举行。审议通过《邹平县地名管理细则》。

第八次会议　1988年8月3日至4日举行。审议通过县政府《关于加强黄河工程管理的布告》，任命鞠庆麒为挂职副县长。

第十四次会议　1989年7月27日至29日举行。原则通过县政府实现高标准平原绿化县规划，作出接受苏乃军辞去县长职务的请求和任命副县长燕钦国为代县长的决定。

第十五次会议　1989年9月27日至28日举行。审议通过《邹平县乡（镇）集体矿山企业和个体采矿管理暂行规定》。任命赵玉德为副县长。

第十九次会议　1990年1月16日举行。决定部分乡（镇）选举委员会组成人员的增补，任命李凤莲为副县长。

第十一届人大常委会

第一次会议　1990年5月9日举行。做出关于县人大代表持证视察的决定和关于调整加强县人大常委会办事机构的决定，撤销选举办公室，增设信访工作室；代表联络科更名为人事代表工作室，法制科改为法制工作委员会，教科文卫科改为教科文卫工作委员会，财政经济科改为财政经济工作委员会。

第二次会议　1990年6月29日举行。听取审议县政府关于五年普法情况和今后工作意见、计划生育工作情况、乡镇企业发展情况的汇报；通过《关于认真学习贯彻中央稳定的指示——致全县人大代表的一封信》。

第三次会议　1990年8月21日至22日举行。审议通过《邹平县人大常委会处理人民代表和群众来信来访试行办法》，听取审议县政府关于财政预算执行、公安工作、代表所提建议批评和意见办理情况的汇报；任命戴培卿为副县长。

第五次会议　1990年12月18日至19日举行。审议通过《关于贯彻实施〈中华人民共和国水法〉，开展依法治水的决议》，任命李友谊为挂职副县长。

第六次会议　1991年3月4日举行。审议通过关于贯彻执行《山东省人大常委会关于财政预算审批监督的若干规定》的决议。根据中共山东省委的提议，补选省妇联主席吴爱英为山东省七届人大代表。

第八次会议　1991年5月30日至6月1日举行。审议通过依法治县五年规划、《关于在全县公民中进行第二个五年法制宣传教育的决议》《邹平县县城建设管理暂行规定》《邹平县县城市容管理暂行规定》和《邹平县实施〈山东省计划生育条例〉暂行规定》，任命孙景海、李景夫为挂职副县长。

第九次会议　1991年7月29日至30日举行。通过《邹平县中等职业技术教育暂行规定》。任命刘安方为副县长。

第十六次会议　1992年6月15日举行。接受燕钦国辞去邹平县县长职务的请求；决定任命姜银浩为邹平县副县长、代县长。

第十二届人大常委会

第四次会议　1993年10月22日至23日举行。通过《关于深入开展反腐败斗争加强廉政建设的决议》《关于调整县人大常委会办事机构的决定》，撤销信访工作室、教科文卫工作委员会、财政经济工作委员会，保留人大办公室、人事代表工作室，法制工作委员会改为法制工作室；任命王建新为副县长、戴培卿为科技副县长。

第十三次会议　1995年4月3日举行。审议通过《邹平县实施部门执法责任制的决定》和《邹平县农村社会养老保险暂行办法》；任命尹康宁为挂职副县长。

第十六次会议　1995年8月23日举行。听取审议县政府关于1995年上半年国民经济和社会发展计划、关于财政预算执行、关于代表建议批评和意见办理情况的汇报，任命蒋爱学为挂职副县长。

第十八次会议　1995年11月17日举行。审议通过《邹平县人大常委会关于1996年镇乡人大换届选举工作安排意见》《邹平县人大常委会关于镇乡人大代表名额分配的决定》，任命卢立泉、慕京品、王宪、董廷之、赵文海、朱孔任为挂职副县长。

第二十八次会议　1996年11月26日至27日举行。听取审议县法院、县检察院有关案件审理和打击经济犯罪情况的汇报，作出《关于在全县公民中进行第三个五年法制宣传教育的决议》，通过《邹平县建设项目暂行办法》《邹平县人大常委会对县政府部分组成人员进行述职评议的意见》。任命王桂香、刘来河为副县长。接受王沛发辞去副县长职务的请求。

第三十四次会议　1997年10月31日举行。听取审议县政府关于1997年1—9月财政预算执行情况的报告，审议通过《邹平县县城市容和环境卫生管理规定》《邹平县城市总体规划》，作出撤销王建新副县长职务的决定。

第三十六次会议　1997年12月30日举行。作出关于调整县选举委员会组成人员的决定，任命董团章、张俊礼为挂职副县长。

第十三届人大常委会

第十四次会议　2000年1月12日举行。审议通过《邹平县人民代表大会常务委员会关于举行县第十三届人民代表大会第四次会议的决定》，作出关于变更1999年县级财政收支预算的决定。决定接受李炳众辞去邹平县县长职务请求，任命刘士合为邹平县副县长、代县长。

第十六次会议　2000年5月26日举行。决定任命王建泉、程作通为邹平县副县长；接受刘士合辞去县长、李泽岭辞去副县长职务的请求，决定由副县长王建泉代理县长职务；接受宫敬宝辞去县人大常委会主任职务的请求。

第二十一次会议　2001年3月27日举行。审议通过《邹平县人大常委会人事任免办法补充规定》，任命李恩波为挂职副县长。

第二十二次会议　2001年5月23日举行。听取县政府关于调整邹平县城总体规划、关于2000年财政决算情况的报告，审议通过《邹平县人民代表大会常务委员会个案监督暂行办法》，决定任命齐文长为副县长，接受刘继京辞去县人民法院院长职务的请求，决定任命冯怡浩为县人民法院副院长、代院长。

第二十八次会议　2002年4月12日举行，决定补选孙德汉、王强为滨州市七届人大代表。

第二十九次会议　2002年5月31日举行。作出《邹平县人民代表大会常务委员会关于批准邹平县2001年财政决算的决定》《关于批准废止〈依法治县五年规划和1991年实施意见〉等8个规范性文件的决定》。

第三十三次会议　2002年12月30日举行。接受王建泉辞去邹平县县长职务的请求，决定任命魏克田为邹平县副县长、代县长。

第十四届人大常委会

第十次会议　2004年3月3日举行。做出《关于增设县人大常委会办事机构的决定》，增设县人大常委会研究室、信访室、老干部服务中心。任命孙荣军为挂职副县长。

第十五次会议　2004年12月28日举行。审议通过县人大常委会《关于县人大代表辞去代表职务的暂行办法》。接受王瑜辞去副县长职务的请求，任命王传民为副县长。

第十七次会议　2005年4月26日举行。听取审议县政府关于2004年度财政决算情况、关于2004年度本级预算执行和其他财政财务收支审计情况、关于平抑第四次人口出生高峰工作情况的汇报。接受孙荣军辞去挂职副县长职务的请求，任命朱凤泽为挂职副县长。

第二十一次会议　2005年11月22日举行。决定批准《邹平县生态县建设规划》，并作出决议。

第四节　主要工作

听取和审议“一府两院”专项工作报告

1986—2005年，听取审议“一府两院”专项工作报告192次，作出决议决定54项。

组织执法检查

1986—2005年，先后对40余部法律法规实施情况组织执法检查200余次。

视察调查

从1987年开始，针对小清河、孝妇河污染问题，县人大常委会多次组织代表进行视察，并向省人大常委会写出报告，省人大常委会对此作出决议，省政府于1988年拨出专款135万元，年内投资61万元，在沿河27个村庄打深井27眼，修水塘10个，逐步改善人民群众饮水条件。1986—2005年，共组织代表开展视察调查180余次。

执法评议和述职评议

1991年，组织县、乡（镇）人大代表对117个乡镇职能部门工作进行评议。1996年，组织人大代表对经贸委、水利局、司法局、卫生局、财政局5个政府部门负责人进行述职评议。1997年9月初，利用3个月时间，在全县范围内组织县镇（乡）人大代表对法院、检察院等10个重点执法部门进行评议；2003年11月，首次对国税局等11个垂直管理单位依法行政、为地方经济建设服务、队伍建设、廉洁勤政、自觉接受人大监督等方面工作进行评议。1986—2005年，共组织人大代表对"两院"和政府41个职能部门及54名国家机关工作人员进行述职评议和执法评议。

受理人民群众来信来访

1986—2005年，共受理人民群众来信来访近2000件次，均按照"分级负责，归口办理"原则，进行转办和催办，保障人民群众合法权益。

代表议案及建议、批评和意见办理

1984—2005年，县历届人大及其常委会督促办理代表议案及建议、批评和意见1446件。

人事任免工作

1986—2005年，县人大常委会共依法任命国家机关工作人员969名。其中县人大常委会办事机构负责人80名、县人民政府工作人员343名、县人民法院工作人员393名、县人民检察院工作人员153名。免职256名。其中县人大常委会办事机构负责人35名、县人民政府工作人员109名、县人民法院工作人员95名、县人民检察院工作人员17名。

镇、街道人大工作

1986年12月2日，六届全国人大常委会第十八次会议通过修改《地方组织法》的决定，对乡镇人民代表大会建设作若干重要修改和补充。

1987年以前，各乡镇（人民公社）人大未设立工作机构和专职人员，人民代表大会会议召集和闭会期间的工作由乡镇政府（公社管理委员会）负责。

1987年5月，全县17个乡镇均设立人大工作联络办公室，根据不同情况配备1名专职正（副）主任，有的还配备兼职办事人员。

1989年4月，根据新修改的《地方组织法》，"乡镇人民代表大会举行会议的时候，选举主席团。由主席团主持会议，并负责召集下一次的本级人民代表大会会议"。全县各乡镇设立乡镇人大主席团。乡镇人大主席团设常务主席、副主席，由每届乡镇人民代表大会第一次会议选举产生的主席团推选（常务主席级别为正科级）。

1995年2月28日，八届全国人大常委会第十二次会议通过关于修改《地方组织法》的决定，明确规定：乡镇人民代表大会主席团主席、副主席由本级人民代表大会从代表中选出，任期同本级人民代表大会任期相同；乡、民族乡、镇的人民代表大会主席、副主席不得担任国家行政机关职务，如果担任国家行政机关职务，必须向本级人民代表大会辞去主席、副主席职务。1996年1月，各乡镇先后举行人民代表大会，选举乡镇人大主席、副主席。2003年，经省政府批准，整建制撤销邹平镇，设置黛溪、黄山、高新3个街道办事处。至2005年，13个镇设人大主席或专职副主席，在3个街道设人大工作委员会主任或专职副主任。

第十七编
地方国家行政机关

Local State Administrative Organs

县行政服务中心 (2016 年摄)

邹平县首席技师迎新春座谈会　　　　（2013 年摄）

1987 年，群众观看三八水库从黄河调水送水

1986—2005年，邹平县政府共历经6届。每届任期，1993年前每3年一届，1993年后每5年一届。

1986年，县政府设工作部门28个，乡镇政府17个。经过几次党政机关机构改革和多次区划调整，至2005年，县政府工作部门23个，镇政府13个，街道办事处3个。

县政府落实国家各项改革、发展政策，依法行政、科学施政，坚持以经济建设为中心，全面深化各项改革，使全县综合能力和可持续发展能力不断增强，促进了全县社会各项事业大发展。特别在城乡建设、社会保障、人口控制和教育、医疗等领域都发生深刻变化。

第一章　县政府机构设置与政府领导成员

第一节　县政府组成部门

1986年，县政府共辖28个行政职能部门：县政府办公室、计划委员会、经济委员会、科学技术委员会、城乡建设环境保护委员会、计划生育委员会、文化体育委员会、人事局、民政局、劳动局、公安局、司法局、统计局、物价局、财政局、税务局、审计局、商业局、粮食局、工商行政管理局、林业局、农牧渔业局、交通局、多种经营乡镇企业局、卫生局、教育局、水利局、广播电视局。1986年3月，设立经济协作办公室。

1984年，机构体制改革后，人民公社改名为乡镇，公社管理委员会改称乡镇人民政府。乡镇设正副乡镇长，全县建14个乡政府、3个镇政府。下设办公室、民政、财粮、司法、文教等所（站）。各乡镇设公安派出所，部分乡镇设人民法院派出法庭。乡镇下设办事处（管理区），各村建有村民委员会，组成人员由选民选举产生。

1988—1995年，县行政区划基本没有变动。1993年6月，县、乡镇进行机构改革，行政机构由原来的389个精简为179个，事业单位由原来335个精简为37个。精减各类人员1819人。10月，县直党政机关进行机构改革，由原来的48个部、委、办、局，精简为30个。政府机构组成：县政府办公室、人事局、统计局、劳动局、农牧渔业局、林业局、多种经营乡镇企业局、农业机械管理局、文化体育委员会、物价局、交通局、民政局、城乡建设委员会、环保局、公安局、计划委员会、技术监督局、计划生育委员会、卫生局、水利局、工商局、科学技术委员会、财政局、税务局、审计局、司法局、教育委员会、土地矿产管理局、广播电视局。

2002年6月，根据上级部署，县机构进行改革，县政府机构调整。

保留县政府办公室、监察局（与纪律检查委员会机关合署）、民政局、公安局、司法局、财政局、人事局（机构编制委员会办公室与其合署）、劳动和社会保障局、卫生局、审计局、统计局、农业局、水利局、交通局、环保局。

计划委员会更名为发展计划局，科学技术委员会更名为科学技术局，城乡建设委员会更名为建设局，土地矿产管理局更名为国土资源局，计划生育委员会更名为计划生育局，经济贸易委员会更名为经济贸易局，教育委员会更名为教育局。

保留物价局，由发展计划局管理。

保留粮食局，由发展计划局管理。

体育运动委员会与文化局合并，组建文化体育局，原2部门所属事业单位改为文化体育局所属。

撤销乡镇企业局，组建中小企业局，与经济

贸易局合署。

撤销经济体制改革委员会办公室，职能并入政府办公室；撤销农业委员会，职能移交农业局，原所属事业单位农业开发办公室，改为县政府直属事业机构，授权行使有关行政职能，棉花生产办公室改为农业局所属。

农业局改为事业单位。授权行使有关行政职能。

畜牧局改为事业单位，授权行使有关行政职能。

林业局改为事业单位，授权行使有关行政职能。

对外贸易经济合作局由授权行使有关行政职能的事业单位，为县政府工作部门。

保留经济开发区管理委员会，为县政府的派出机构。

调整改革后，县政府工作机构设置23个：

1. 县政府办公室
2. 发展计划局（物价局、粮食局归其管理）
3. 经济贸易局（中小企业局与其合署）
4. 教育局
5. 科学技术局
6. 公安局

监察局（与纪律检查委员会机关合署，列入政府工作部门序列，不计政府机构个数）

7. 民政局
8. 司法局
9. 财政局
10. 人事局（机构编制委员会办公室与其合署）
11. 劳动和社会保障局
12. 国土资源局
13. 建设局
14. 环境保护局
15. 交通局
16. 水利局
17. 农业局
18. 对外贸易经济合作局
19. 文化体育局
20. 卫生局
21. 计划生育局
22. 审计局
23. 统计局

经济技术开发区管理委员会为县政府派出机构。

同时，全县乡镇机构也进行改革，乡（镇）党委、政府机构实行合并设置，保留党政办公室，设立经济发展办公室、文化教育办公室、社会事务办公室（挂社会治安综合治理办公室、计划生育办公室牌子）。全县下辖邹平镇、长山镇、魏桥镇、西董镇、好生镇、临池镇、焦桥镇、韩店镇、青阳镇、九户镇、明集镇、孙镇、台子镇、码头镇。

2003年，镇级机构调整，撤销邹平镇，成立黛溪街道、黄山街道、高新街道。至2005年，全县下辖长山镇、魏桥镇、临池镇、西董镇、好生镇、焦桥镇、韩店镇、孙镇、明集镇、青阳镇、九户镇、台子镇、码头镇、黛溪街道、黄山街道、高新街道。

第二节 县政府领导成员

邹平县人民政府是邹平县最高行政机关，由县人民代表大会选举产生，向县人民代表大会负责并报告工作。县人民政府由县长、副县长、政府各主要部门主要负责人组成。县长、副县长在县人民代表大会会议上由人大代表选举产生，政府各工作部门主要行政负责人经县长提名，由县人大常委会批准任命。县人民政府每届任期，1993年前为3年，1993年起为5年。1986—2005年，县政府经历6届。

邹平县第九至第十四届人民政府县长、副县长任职情况表

表17–1–1

届 次	职 务	姓 名	任职时间	籍 贯
第九届（1984年5月至1987年4月）	县 长	王元甫	1984年5月—1986年9月	龙口市田庄镇
	代县长	苏乃军	1986年7月—1987年4月	魏桥镇韩家村
	副县长	苏乃军	1984年5月—1986年7月	魏桥镇韩家村

续表17-1-1

届　次	职　务	姓　名	任职时间	籍　贯
第九届（1984年5月至1987年4月）	副县长	陈元德	1984年5月—1987年6月	高新街道东石村
		王臣修	1984年5月—1986年10月	韩店镇小王驼村
		王明仁	1985年12月—1987年2月	广饶县
		邢　健	1985年10月—1987年2月	魏桥镇吴庄村
		郭玉兰（女）	1984年5月—1986年4月，挂职	
		王景山	1984年5月—1987年4月	高青县高城镇
		彭永涛	1986年9月—1987年4月，挂职	
第十届（1987年4月至1990年3月）	县长	苏乃军	1987年4月—1989年7月	魏桥镇韩家村
	代县长	燕钦国	1989年7月—1990年3月	广饶县西刘桥镇西燕村
	副县长	燕钦国	1987年4月—1989年7月	广饶县西刘桥镇西燕村
		王景山	1987年4月—1990年3月	高青县高城镇
		韩振庆	1987年4月—1990年3月	好生镇二槐村
		杜凤兰（女）	1987年4月—1990年1月，挂职	滨州市滨城区
		赵玉德	1989年9月—1990年3月	黛溪街道前城村
		李凤莲（女）	1990年1月—1990年3月	滨州市滨城区
		孙占玉	1987年4月—1990年3月	威海文登市
		鞠庆麒	1988年8月—1990年3月，挂职	
		彭永涛	1987年4月—1989年9月，挂职	
		杨嵋峰	1987年8月—1990年3月，挂职	
		李念东	1989年10月—1990年3月，挂职	
第十一届（1990年3月至1993年2月）	县长	燕钦国	1990年3月—1992年6月	广饶县西刘桥镇西燕村
	代县长	姜银浩	1992年6月—1993年2月	沾化县黄升镇大姜村
	副县长	韩振庆	1990年3月—1993年2月	好生镇二槐村
		赵玉德	1990年3月—1993年2月	黛溪街道前城村
		张汉斌	1990年3月—1993年2月	高新街道大刘村
		高　凯	1990年3月—1993年2月	青阳镇耿家村
		李凤莲（女）	1990年3月—1993年2月	滨州市滨城区
		鞠庆麒	1990年3月—1990年7月，挂职	
		戴培卿	1990年8月—1992年2月	
		缪国平	1990年10月—1992年2月，科技（挂职）	
		李友谊	1990年12月—1993年2月，挂职	
		孙景海	1991年6月—1993年2月，挂职	
		李景夫	1991年6月—1993年2月，挂职	
		刘安方	1991年7月—1993年2月	淄博市淄川区高阳镇

续表17-1-1

届　次	职　务	姓　名	任职时间	籍　贯
第十二届（1993年2月至1998年1月）	县长	姜银浩	1993年2月—1995年4月	沾化县黄升镇大姜村
		李炳众	1995年4月—1998年1月	惠民县城关镇茶院村
	副县长	赵玉德	1993年2月—1998年1月	黛溪街道前城村
		刘安方	1993年2月—1998年1月	淄博市淄川区高阳镇
		李泽岭	1993年2月—1998年1月	黄山街道樊家村
		国兴庭	1993年2月—1998年1月	寿光市侯镇
		王沛发	1993年2月—1996年11月	青阳镇西窝驼村
		方守金	1993年2月—1998年1月	台子镇张博村
		王建新	1993年10月—1997年10月	
		戴培卿	1993年10月—1995年4月，科技	
		王桂香（女）	1996年11月—1998年1月	韩店镇实户村
		刘来河	1996年11月—1998年1月	青阳镇浒山铺村
		赵东升	1994年4月—1995年11月，挂职	
		孙振华	1994年4月—1995年11月，挂职	
		王　浚	1994年4月—1995年11月，挂职	
		周　勇	1994年4月—1995年11月，挂职	
		张大同	1994年4月—1995年11月，挂职	
		陈　鹏	1994年4月—1995年11月，挂职	
		尹康宁	1995年4月—1995年11月，挂职	
		曹淑忠	1995年4月—1995年11月，挂职	
		张文海	1995年4月—1995年11月，挂职	
		蒋爱学	1995年8月—1996年8月，挂职	无棣县
		赵文海	1995年11月—1997年4月，挂职	寿光市
		卢立泉	1995年11月—1997年4月，挂职	
		慕京品	1995年11月—1997年4月，挂职	
		王　宪	1995年11月—1997年4月，挂职	
		董廷之	1995年11月—1997年4月，挂职	
		朱孔任	1995年11月—1997年4月，挂职	
		董团章	1997年12月—1998年1月，挂职	
		张俊礼	1997年12月—1998年1月，挂职	
第十三届（1998年1月至2003年1月）	县长	李炳众	1998年1月—2000年1月	惠民县城关镇茶院村
		刘士合	2000年1月—2000年5月	沾化县泊头镇店子村
		王建泉	2000年12月—2002年12月	寿光市
	代县长	刘士合	2000年1月—2000年1月	沾化县泊头镇店子村
		王建泉	2000年5月—2000年12月	寿光市
		魏克田	2002年12月—2003年1月	沾化县

续表17-1-1

届　次	职　务	姓　名	任职时间	籍　贯
第十三届（1998年1月至2003年1月）	副县长	李泽岭	1998年1月—2000年5月	黄山街道樊家村
		方守金	1998年1月—2003年1月	台子镇张博村
		王桂香（女）	1998年1月—2003年1月	韩店镇实户村
		刘来河	1998年1月—2003年1月	青阳镇浒山铺村
		刘淑勇	1998年1月—2003年1月	长山镇小韩村
		朱秀东	1998年1月—2003年1月	西董镇台头村
		程作通	2000年5月—2002年12月	魏桥镇程家村
		李恩波	2001年3月—2001年9月，挂职	章丘市明水镇河南村
		齐文长	2001年5月—2002年12月	惠民县
第十四届（2003年1月至　）	县长	魏克田	2003年1月—	沾化县
	副县长	王　瑜	2003年1月—2004年12月	龙口市田庄镇
		王桂香（女）	2003年1月—	韩店镇实户村
		刘来河	2003年1月—	青阳镇浒山铺村
		朱秀东	2003年1月—	西董镇台头村
		张兆杰	2003年1月—	滨州市滨城区
		邱希民	2003年1月—	阳信县
		李　军	2003年1月—2005年11月，挂职	
		孙荣民	2004年3月—2005年4月，挂职	
		王传民	2004年12月—	滨州市滨城区
		朱凤泽	2005年4月—　，挂职	

第二章　施政文件辑要

1986—2005年，县政府印发各类决定、意见、规划、方案、通知，内容涉及国民经济和社会发展方方面面，施政取得良好成效。2005年，完成地区生产总值230.3亿元，实现财政收入22.5亿元，社会消费品零售总额39亿元，分别是1986年的49倍、115倍、30倍。人口、教育、医疗卫生、交通、科技、文化、通信、电力等事业也有较快发展。

第一节　改革开放类

1986年6月20日，关于将酒厂东厂（原配件厂）并入轻机厂统一生产经营的意见（邹政发〔1986〕39号）。

1986年10月10日，转发财政局《关于事业单位实行企业化管理试行办法的通知》的通知（邹政发〔1986〕67号）。

1987年6月5日，关于对农业建设用地实行计划管理的通知（邹政发〔1987〕43号）。

1987年12月3日，关于国营工业企业推行承包经营责任制的实施意见（邹政发〔1987〕90号）。

1988年5月30日，关于深化金融体制改革的实施意见（邹政发〔1988〕31号）。

1989年1月10日，转发乡镇企业局《关于乡镇企业实现风险股份暂行办法》的通知（邹政发

〔1989〕3号)。

1989年8月7日，关于啤酒厂兼并轻机厂统一生产经营的意见(邹政发〔1989〕59号)。

1989年10月14日，关于印发《邹平县人民政府工作规划(试行)》的通知(邹政发〔1989〕83号)。

1989年12月1日，关于完善和发展企业承包经营责任制若干问题的通知(邹政发〔1989〕93号)。

1990年9月15日，关于邹平县乡镇社会化服务体系建设达标升级考核意见(邹政发〔1990〕63号)。

1991年1月10日，关于进一步加强对外开放工作的意见(邹政发〔1991〕1号)。

1991年4月20日，关于印发《邹平县1991年经济体制改革要点》的通知(邹政发〔1991〕23号)。

1991年8月13日，批转县公安局《关于对农村户口实行城市化管理实施意见》的通知(邹政发〔1991〕47号)。

1992年2月27日，关于进一步完善棉花生产管理体制的意见(邹政发〔1992〕7号)。

1992年3月10日，关于印发邹平县实施《山东省农民负担管理条例》办法的通知(邹政发〔1992〕12号)。

1992年3月15日，关于印发《邹平县1992年经济体制改革要点》的通知(邹政发〔1992〕19号)。

1992年4月20日，关于发布《邹平县行政事业单位国有资产管理试行办法》的通知(邹政发〔1992〕25号)。

1992年4月28日，关于县属企业亏损和处理潜亏工作的意见(邹政发〔1992〕32号)。

1992年11月11日，关于县城建设土地征用开发的暂行规定(邹政发〔1992〕71号)。

1992年11月30日,关于推行股份制的意见(试行)(邹政发〔1992〕74号)。

1993年1月5日，关于印发《邹平县国有土地使用权出让和转让办法》的通知(邹政发〔1993〕5号)。

1994年5月16日，印发《邹平县人民政府关于实行税制财政体制的意见等六个改革方案》的通知(邹政发〔1994〕35号)。

1995年4月23日，关于印发《邹平县人民政府工作规则》的通知(邹政发〔1995〕25号)。

1995年9月28日，印发《邹平县深化城镇住房制度改革实施方案》的通知(邹政发〔1995〕78号)。

1995年12月19日，关于大中专学生在校学习期间保留责任田的意见(邹政发〔1995〕96号)。

1996年2月12日，关于调整农业灌溉水费征收标准的通知(邹政发〔1996〕9号)。

1996年5月6日，批转县劳动局《关于清退农村劳动力意见》的通知(邹政发〔1996〕31号)。

1996年10月3日，关于调整县政府机构设置的通知(邹政发〔1996〕60号)。

1996年10月21日，关于印发《邹平县部分县属小企业实行资产委托经营的意见》的通知(邹政发〔1996〕65号)。

1998年1月26日，印发贯彻《山东省人民政府关于整顿全省电价秩序公布1997年电价调整方案》的通知(邹政发〔1998〕2号)。

1998年8月3日，关于县企业改革改制中有关问题的通知(邹政发〔1998〕44号)。

1998年11月27日，印发《关于贯彻滨行发〔1998〕84号文件进一步落实票款分离制度》的通知(邹政发〔1998〕74号)。

1998年12月22日，关于成立中国国际商会邹平县商会的请示(邹政发〔1998〕82号)。

1999年2月25日，关于印发《关于我县粮食流通体制改革的实施意见》的通知(邹政发〔1999〕8号)。

1999年4月23日，关于成立邹平县粮食收储中心的通知(邹政发〔1999〕28号)。

2000年3月22日，关于进一步转变作风切实改进政府工作的意见(邹政发〔2000〕3号)。

2000年3月28日，关于工业企业强化管理升级考核工作实施意见的通知(邹政发〔2000〕18号)。

2000 年 3 月 28 日，关于印发《加快中小企业改革与发展的实施意见》的通知（邹政发〔2000〕20 号）。

2000 年 6 月 25 日，关于邹平县同澳大利亚贝赛德市建立友好交流关系的请示（邹政发〔2000〕35 号）。

2000 年 9 月 11 日，关于成立邹平县土地储备交易中心的通知（邹政发〔2000〕57 号）。

2000 年 12 月 24 日，关于印发《邹平县强化征地管理建立土地一级市场制度的暂行规定》的通知（邹政发〔2000〕76 号）。

2001 年 2 月 16 日，关于县安全生产委员会办公室移交县经贸委管理的通知（邹政发〔2001〕8 号）。

2001 年 3 月 21 日，关于县对外贸易经济合作局等机构变动的通知（邹政发〔2001〕19 号）。

2001 年 4 月 12 日，关于认真贯彻《国家行政机关公文处理办法》《山东省实施〈国家行政机关公文处理办法〉细则》的通知（邹政发〔2001〕22 号）。

2001 年 6 月 18 日，关于转批县粮食局《关于进一步完善我县粮食流通体制改革实施意见的报告》的通知（邹政发〔2001〕36 号）。

2001 年 8 月 16 日，关于成立邹平县人才服务中心等单位的通知（邹政发〔2001〕49 号）。

2001 年 8 月 16 日，关于成立邹平县工业园区管理委员会等单位的通知（邹政发〔2001〕50 号）。

2001 年 9 月 10 日，关于进行行政审批制度改革的通知（邹政发〔2001〕53 号）。

2001 年 10 月 10 日，转发滨州市人民政府《关于印发〈滨州市人事代理暂行办法〉的通知》的通知（邹政发〔2001〕63 号）。

2002 年 2 月 7 日，关于成立县工业园区管理委员会内设机构等有关事项的通知（邹政发〔2002〕7 号）。

2002 年 4 月 26 日，关于码头乡撤乡设镇的通知（邹政发〔2002〕36 号）。

2002 年 7 月 26 日，关于进一步完善安全生产领导体制和工作体制的通知（邹政发〔2002〕51 号）。

2002 年 10 月 16 日，关于山东魏桥纺织股份有限公司在境外公开发行 H 股股票并上市的请示（邹政发〔2002〕71 号）。

2003 年 3 月 17 日，关于县属企业改革中产权管理工作的意见（试行）（邹政发〔2003〕21 号）。

2003 年 4 月 16 日，关于县经济开发区与街道办事处财政管理体制的意见（邹政发〔2003〕30 号）。

2003 年 3 月 7 日，关于授权邹平县会计学会投资组建邹平县国有资产投资经营有限公司的决定（邹政发〔2003〕34 号）。

2003 年 8 月 11 日，关于进一步加强政府采购管理工作的通知（邹政发〔2003〕57 号）。

2003 年 11 月 24 日，关于规范全县涉企收费行为的实施意见（邹政发〔2003〕85 号）。

2005 年 4 月 19 日，关于印发《邹平县 2005 年县政府各部门和各镇（办）行政执法责任制工作评议考核办法》的通知（邹政发〔2005〕20 号）。

2005 年 8 月 17 日，关于进一步深化政务公开工作的意见（邹政发〔2005〕35 号）。

2005 年 10 月 8 日，关于理顺城市水管理体制进一步推进市政公用事业改革的通知（邹政发〔2005〕44 号）。

2005 年 11 月 8 日，关于将邹平经济开发区升格为国家级开发区的请示（邹政发〔2005〕47 号）。

2005 年 11 月 14 日，关于调整邹平县城镇土地使用税征税范围的通知（邹政发〔2005〕49 号）。

第二节　经济发展类

1986 年 1 月 9 日，关于制定乡（镇）财政管理秩序办法的通知（邹政发〔1986〕4 号）。

1986 年 3 月 10 日，关于转发山东省人民政府印发的《山东省招用劳动合同制工人试行办法》《山东省招用农民轮换制工作试行办法》的通知（邹政发〔1986〕11 号）。

1987 年 4 月 24 日，关于县城规划区内建商品房的暂行规定（邹政发〔1987〕35 号）。

1987年6月24日，关于发布《邹平县矿产资源管理暂行办法》的通知（邹政发〔1987〕49号）。

1987年6月30日，关于公布《邹平县县城建设管理暂行规定》的通知（邹政发〔1987〕51号）。

1987年12月3日，关于小型企业租赁经营的试行办法（邹政发〔1987〕91号）。

1988年3月2日，关于发布《邹平县宅基地使用证的暂行规定》的通知（邹政发〔1988〕10号）。

1988年9月7日，关于做好耕地占用税征收加强土地管理工作的通知（邹政发〔1988〕45号）。

1988年11月21日，关于划定企业规格类型的暂行规定（邹政发〔1988〕63号）。

1988年12月1日，转发《山东省人民政府关于进一步加强物价管理严格控制物价上涨的决定》的通知（邹政发〔1988〕66号）。

1988年12月15日，关于切实搞好清理整顿公司工作的通知（邹政发〔1988〕68号）。

1989年1月1日，关于贯彻省政府《关于进一步加强税收工作的通知》的通知（邹政发〔1989〕2号）。

1989年4月5日，批转县气象局《关于进一步做好专业气象有偿服务问题的报告》的通知（邹政发〔1989〕24号）。

1989年5月25日，关于1989年小麦种子防杂保纯统一供种的实施意见（邹政发〔1989〕39号）。

1989年6月20日，关于发布《邹平县县城建设管理暂行规定》的通知（邹政发〔1989〕47号）。

1989年9月7日，关于搞好济青公路迁占工作的意见（邹政发〔1989〕68号）。

1989年11月3日，关于印发《邹平县全面清理、解决计划外用工实施办法》的通知（邹政发〔1989〕88号）。

1990年1月1日，印发《关于加快山区开发建设的意见》（邹政发〔1990〕1号）。

1990年3月15日，关于工业企业技术进步工作的决定（邹政发〔1990〕6号）。

1990年4月8日，关于邹平县民兵应付突发事件维护社会治安实施方案（邹政发〔1990〕18号）。

1990年7月24日，关于进一步抓紧抓好全县农村改水工作的通知（邹政发〔1990〕43号）。

1990年10月8日，关于压缩、清理行政、事业单位计划外用工的通知（邹政发〔1990〕70号）。

1990年12月20日，关于进一步做好棉花收购工作和兑现棉花奖惩政策的紧急通知（邹政发〔1990〕80号）。

1991年3月1日，关于印发《邹平县贯彻实施〈中华人民共和国水法〉暂行规定》的通知（邹政发〔1991〕8号）。

1991年4月16日，关于编制全县农业区域开发总体规划的通知（邹政发〔1991〕19号）。

1991年5月26日，关于搞好林业发展规划的工作意见（邹政发〔1991〕29号）。

1991年6月1日，关于印发《邹平县人民政府关于依法治县的五年规划和1991年的实施意见》的通知（邹政发〔1991〕36号）。

1991年8月20日，关于印发《惠民地区全面所有制企事业单位补充干部实行聘用制实施细则》的通知（邹政发〔1991〕50号）。

1991年10月20日，关于印发《邹平县依法行政五年规划及1991年、1992年实施意见》的通知（邹政发〔1991〕66号）。

1991年11月23日，关于进一步加强村镇建设管理工作的意见（邹政发〔1991〕83号）。

1992年1月21日，关于“奋战两年，全面实现村村通柏油路”的意见（邹政发〔1992〕2号）。

1992年4月1日，关于印发《邹平县1991—1992年度环境保护目标责任制奖惩办法》的通知（邹政发〔1992〕20号）。

1992年6月3日，关于印发《邹平县行政执法和行政执法监督检查的暂行规定》的通知（邹政发〔1992〕38号）。

1992年6月5日，关于邹平县经济技术开发区征用土地暂行规定（邹政发〔1992〕42号）。

1992年6月6日，关于加快邹平电网发展的通知（邹政发〔1992〕47号）。

1993年4月16日，关于《邹平县创汇农业示范区实施方案》（邹政发〔1993〕13号）。

1993年5月22日，关于印发《邹平县建筑市场管理规定》的通知（邹政发〔1993〕16号）。

1993年7月10日，关于印发《邹平县水土保持办法》的通知（邹政发〔1993〕20号）。

1993年9月10日，关于印发《邹平县城镇房产交易管理办法（试行）》的通知（邹政发〔1993〕33号）。

1993年12月22日，关于贯彻鲁政办发〔1993〕73号文件加强国有资产评估管理工作的通知（邹政发〔1993〕57号）。

1993年12月31日，关于印发《邹平县城镇房屋产权产籍管理办法》的通知（邹政发〔1993〕60号）。

1994年1月15日，关于实行企业经营目标责任制的意见（邹政发〔1994〕3号）。

1994年3月7日，批转县城乡建设委员会《关于加快村镇建设步伐促进农村经济发展的意见》的通知（邹政发〔1994〕12号）。

1994年3月16日，转发《山东省乡村集体企业股份合作制试行办法》的通知（邹政发〔1994〕17号）。

1994年4月20日，关于认真贯彻执行《国务院关于加强安全生产工作的通知》（邹政发〔1994〕28号）。

1994年5月4日，关于印发《邹平县住房资金管理暂行办法》等3个管理办法的通知（邹政发〔1994〕30号）。

1994年5月16日，关于《邹平县水资源勘查、开发、利用、管理实施办法》（邹政发〔1994〕32号）。

1994年7月7日，转发县计委《关于编制邹平县“九五”及二〇一〇年国民经济和社会发展规划的意见》的通知（邹政发〔1994〕52号）。

1994年10月25日，印发《关于加快发展畜牧生产的意见》的通知（邹政发〔1994〕85号）。

1994年10月23日，关于印发《邹平县公有住宅售后维修养护管理暂行办法》的通知（邹政发〔1994〕86号）。

1994年12月30日，关于印发《邹平县预算外资金管理办法》的通知（邹政发〔1994〕103号）。

1995年6月9日，关于创建省级园林城市的意见（邹政发〔1995〕35号）。

1995年6月20日，关于印发《邹平县加快小城镇建设的规定》的通知（邹政发〔1995〕45号）。

1995年7月3日，关于加强农民负担监督管理工作的意见（邹政发〔1995〕50号）。

1995年9月16日，关于实行安全生产目标责任制的通知（邹政发〔1995〕77号）。

1995年11月15日，关于印发《邹平县经济技术开发区管理办法》（暂行）的通知（邹政发〔1995〕91号）。

1995年12月20日，关于建立国家技术监督局棉花标准化示范区的通知（邹政发〔1995〕99号）。

1996年2月5日，印发邹平县团体企事业单位治安保卫工作办法（邹政发〔1996〕7号）。

1996年4月26日，印发《关于开展第一次全县农业普查》的通知（邹政发〔1996〕25号）。

1996年4月26日，印发邹平县公证管理规定（邹政发〔1996〕26号）。

1996年5月3日，印发《关于征收省水利基本建设专项资金》的通知（邹政发〔1996〕29号）。

1996年5月3日，关于印发《邹平县人大常委会关于〈邹平县依法治县五年规划〉的决议》《邹平县依法治县五年规划》的通知（邹政发〔1996〕30号）。

1996年5月9日，关于做好城镇非农业户口退伍军人安置工作的通知（邹政发〔1996〕32号）。

1996年6月16日，印发关于《邹平县基本农田保护办法》的通知（邹政发〔1996〕36号）。

1996年7月3日，关于贯彻实施《中华人民共和国行政处罚法》的意见（邹政发〔1996〕37号）。

1996年8月31日，关于印发《小清河综合治理方案可行性研究报告》讨论意见的报告（邹政发〔1996〕56号）。

1996年8月28日，印发《邹平县水土保持监督执法试点方案》的通知（邹政发〔1996〕57号）。

1996年11月7日，关于呈报邹平县商品粮基地项目建议书的报告（邹政发〔1996〕69号）。

1996年12月24日，关于严格控制“十五土小”企业污染的通知（邹政发〔1996〕79号）。

1996年12月30日，关于报批《邹平县基本农田保护区规划》的报告（邹政发〔1996〕82号）。

1997年2月17日，关于向国务院呈报邹平县经济和社会事业发展数据的报告（邹政发〔1997〕8号）。

1997年2月17日，关于小清河干流治理工程群众负担过重报告（邹政发〔1997〕10号）。

1997年2月26日，关于小造纸厂关闭停产的处理决定（邹政发〔1997〕12号）。

1997年3月26日，关于印发《邹平县企业标准化管理办法》的通知（邹政发〔1997〕16号）。

1997年4月25日，关于印发《邹平县基本农田保护区耕地造地费使用管理暂行办法》的通知（邹政发〔1997〕26号）。

1997年9月18日，印发《邹平县农村合作基金会管理暂行规定》的通知（邹政发〔1997〕60号）。

1997年9月18日，印发《邹平县农村宅基地管理规定》的通知（邹政发〔1997〕61号）。

1997年11月26日，关于印发《邹平县城市容和环境卫生管理规定》的通知（邹政发〔1997〕74号）。

1997年12月3日，关于印发《邹平县实施〈中华人民共和国城市规划法〉办法》的通知（邹政发〔1997〕79号）。

1997年12月28日，关于调整城镇土地使用税有关政策的报告（邹政发〔1997〕83号）。

1998年2月26日，印发《关于对镇乡财政管理体制调整意见》的通知（邹政发〔1998〕8号）。

1998年3月23日，关于认真落实安全生产责任制的通知（邹政发〔1998〕15号）。

1998年3月26日，关于印发《邹平县人民政府深化部门执法责任制方案》的通知（邹政发〔1998〕17号）。

1998年4月13日，关于邹平城市建设附加费使用办法的请示（邹政发〔1998〕20号）。

1998年4月20日，关于公布行政事业性收费项目及标准的通知（邹政发〔1998〕21号）。

1998年4月20日，印发《邹平县小型农田水利工程产权制度改革实施意见》的通知（邹政发〔1998〕22号）。

1998年7月2日，关于矿业秩序治理整顿工作申请验收的报告（邹政发〔1998〕38号）。

1999年3月31日，关于对《邹平县土地利用总体规划》修编方案的审定报告（邹政发〔1999〕17号）。

1999年4月20日，印发《关于进一步加强食盐专营工作的实施意见》的通知（邹政发〔1999〕25号）。

1999年5月20日，关于印发《邹平县继续实行小麦统一供种的意见》的通知（邹政发〔1999〕37号）。

1999年6月4日，关于印发《邹平县农村电管员管理办法》的通知（邹政发〔1999〕39号）。

1999年8月24日，关于滨州电业局征用集体土地后被征地单位群众生产生活安置意见（邹政发〔1999〕61号）。

1999年10月3日，关于印发《全县1999年农网改造实施方案》的通知（邹政发〔1999〕71号）。

1999年10月9日，关于印发《邹平县今冬明春农田水利建设实施意见》的通知（邹政发〔1999〕72号）。

1999年10月9日，关于转发《国务院办公厅转发农业部等部门关于做好当前减轻农民负担工作意见的通知》的通知（邹政发〔1999〕73号）。

1999年11月8日，印发《关于加强森林病虫害防治工作意见》的通知（邹政发〔1999〕86号）。

1999年11月29日，关于印发《邹平县盐业管理办法》的通知（邹政发〔1999〕89号）。

1999年11月29日，关于印发《邹平县城市房屋拆迁工程施工管理暂行规定》的通知（邹政发〔1999〕91号）。

1999年11月29日，关于印发《邹平县生猪屠宰管理办法》的通知（邹政发〔1999〕92号）。

2000年3月24日，关于印发《邹平县农村产业结构调整指导意见》的通知（邹政发〔2000〕

4 号）。

2000 年 3 月 27 日，关于依法清理税收优惠政策的意见的通知（邹政发〔2000〕17 号）。

2000 年 6 月 17 日，关于做好 2000 年度粮食收购工作的通知（邹政发〔2000〕29 号）。

2000 年 6 月 20 日，关于印发《邹平县政府采购暂行办法》的通知（邹政发〔2000〕30 号）。

2000 年 7 月 20 日，印发《关于实行全县质量工作和打假工作行政领导目标责任制的规定》的通知（邹政发〔2000〕41 号）。

2000 年 8 月 19 日，关于落实滨行发〔2000〕156 号文件精神进一步加强安全生产的通知（邹政发〔2000〕49 号）。

2000 年 11 月 11 日，印发《关于贯彻落实质量兴区战略的意见》的通知（邹政发〔2000〕66 号）。

2000 年 12 月 14 日，关于邹平县邹平城市信用合作社整顿工作检查情况的报告（邹政发〔2000〕71 号）。

2001 年 4 月 11 日，关于进一步加强土地开发整理复垦管理工作的意见（邹政发〔2001〕21 号）。

2001 年 4 月 28 日，关于加快城南新区建设步伐的通知（邹政发〔2001〕33 号）。

2001 年 10 月 29 日，关于印发《邹平县居民已购公有住房上市交易暂行办法》的通知（邹政发〔2001〕66 号）。

2001 年 10 月 31 日，关于已购公有住房上市出售后有关问题的意见（邹政发〔2001〕67 号）。

2001 年 11 月 6 日，关于成立邹平县安全生产监督管理局的通知（邹政发〔2001〕69 号）。

2001 年 11 月 20 日，关于实行县财政统一代发镇乡工资的通知（邹政发〔2001〕75 号）。

2002 年 3 月 21 日，关于提高行政效率优化发展环境的实施意见（试行）（邹政发〔2002〕13 号）。

2002 年 3 月 26 日，关于印发《邹平县无公害农产品管理办法的通知》（邹政发〔2002〕18 号）。

2002 年 8 月 20 日，关于印发《邹平县国有土地储备资金使用管理办法》的通知（邹政发〔2002〕59 号）。

2002 年 9 月 12 日，关于印发《邹平县农村宅基地管理办法》的通知（邹政发〔2002〕65 号）。

2002 年 11 月 27 日，关于印发《创建邹平金融安全区实施方案》的通知（邹政发〔2002〕77 号）。

2002 年 12 月 11 日，关于印发《邹平县旅游开发管理规定》的通知（邹政发〔2002〕82 号）。

2003 年 1 月 13 日，关于引资建设韩店平原水库的决定（邹政发〔2003〕4 号）。

2003 年 2 月 8 日，关于拓宽寿济路邹长段西环城路改建工程的实施意见（邹政发〔2003〕6 号）。

2003 年 2 月 25 日，关于加强地下水采用管理的决定（邹政发〔2003〕9 号）。

2002 年 3 月 6 日，关于印发《邹平县进一步开展整顿和规范土地市场秩序工作的实施方案》的通知（邹政发〔2003〕11 号）。

2003 年 4 月 1 日，关于印发《邹平县房地产开发经营管理办法》的通知（邹政发〔2003〕26 号）。

2003 年 5 月 27 日，关于成立邹平城市规划委员会的通知（邹政发〔2003〕42 号）。

2003 年 7 月 22 日，关于贯彻落实市政府《关于进一步整顿和规范土地市场秩序的通知》的通知（邹政发〔2003〕51 号）。

2003 年 8 月 4 日，关于印发《关于对重大行政案件实现申报复核的暂行规定》的通知（邹政发〔2003〕56 号）。

2003 年 11 月 29 日，关于印发《邹平县特大重大生产安全事故应急预案》的通知（邹政发〔2003〕90 号）。

2003 年 12 月 15 日，关于印发《邹平县招标拍卖挂牌出让国有土地使用权办法》的通知（邹政发〔2003〕92 号）。

2004 年 2 月 23 日，关于深化农村税费改革进一步减轻农民负担的通知（邹政发〔2004〕2 号）。

2004 年 3 月 30 日，关于印发《关于对种粮农民实行直接补贴的实施方案》的通知（邹政发〔2004〕16 号）。

2004 年 4 月 5 日，关于印发《邹平县 2004—2005 年山区综合治理实施方案》的通知（邹政发

〔2004〕17号）。

2004年4月6日，关于开展第一次经济普查的通知（邹政发〔2004〕22号）。

2004年5月25日，关于印发《邹平县车辆税收委托代征实施办法》的通知（邹政发〔2004〕26号）。

2004年7月9日，关于印发《邹平县污水处理费征收管理办法（暂行）》的通知（邹政发〔2004〕29号）。

2004年8月16日，关于印发《邹平县粮食安全应急预案》的通知（邹政发〔2004〕39号）。

2004年11月23日，关于实施《国有土地使用权拍卖方案》的请示（邹政发〔2004〕41号）。

2005年2月21日，关于印发《关于对种粮农民实行直接补贴的实施方案》的通知（邹政发〔2005〕8号）。

2005年3月31日，关于印发《邹平县发展农业产业化经营实施意见》的通知（邹政发〔2005〕17号）。

2005年3月31日，关于印发《邹平县畜牧强县建设实施意见》的通知（邹政发〔2005〕18号）。

2005年4月6日，关于贯彻国务院全面推进依法行政实施纲要的意见（邹政发〔2005〕19号）。

2005年4月19日，关于调整县镇（办）财政体制的意见（邹政发〔2005〕21号）。

2005年4月22日，关于转发《山东省规章和规范性文件备案规定》的通知（邹政发〔2005〕24号）。

2005年6月16日，关于印发《邹平县房屋租赁管理暂行办法》的通知（邹政发〔2005〕30号）。

2005年8月1日，关于印发《关于进一步规范各执法部门的执法行为和严格检查收费程序的暂行规定》的通知（邹政发〔2005〕32号）。

2005年8月3日，关于印发《2005年优质专用小麦良种推广补贴实施方案》的通知（邹政发〔2005〕33号）。

2005年9月16日，关于印发《2006年农业科技入户工程实施方案》的通知（邹政发〔2005〕43号）。

2005年9月23日，关于实施建筑劳务工资保证金管理制度的通知（邹政发〔2005〕44号）。

2005年9月28日，关于深化改革加强统计工作的意见（邹政发〔2005〕45号）。

2005年9月29日,关于建设县“四环”东环、北环工程的实施意见（邹政发〔2005〕46号）。

2005年12月13日，关于印发《邹平县国家开发银行贷款偿债资金办法》的通知（邹政发〔2005〕50号）。

第三节　社会事业类

1986年12月26日，关于贯彻国务院《征收教育费附加的暂行规定》的通知（邹政发〔1986〕76号）。

1987年5月10日，关于成立县、乡、村卫生管理委员会的通知（邹政发〔1987〕25号）。

1987年9月11日，关于农村教育事业费附加征收管理工作的实施意见（邹政发〔1987〕75号）。

1987年12月16日，关于优待烈属、军属和残疾人暂行规定（邹政发〔1987〕98号）。

1988年3月23日，关于卫生工作改革的意见（邹政发〔1988〕19号）。

1989年1月17日，关于在全县开展建设规范化中小学活动的意见（邹政发〔1989〕9号）。

1989年6月10日，关于贯彻执行行署《关于普遍实行乡镇五保统筹的通知》的通知（邹政发〔1989〕45号）。

1989年9月28日，关于开展第四次人口普查工作的通知（邹政发〔1989〕78号）。

1989年10月20日，关于实施《山东省计划生育条例》的几项具体规定（邹政发〔1989〕85号）。

1990年2月4日，印发《关于民办教师退休、辞职、死亡等问题的暂行规定》（邹政发〔1990〕2号）。

1990年2月23日，关于印发《邹平县实施初级卫生保健、规划目标的通知》（邹政发〔1990〕3号）。

1990年10月25日，关于乡镇聘用制干部实行社会养老保险的暂行办法（邹政发〔1990〕78 号）。

1991 年 6 月 3 日，关于印发《邹平县实施〈山东省计划生育条例〉的暂行规定》的通知（邹政发〔1991〕32 号）。

1991 年 8 月 1 日，关于印发《邹平县中等职业技术教育暂行规定》的通知（邹政发〔1991〕46 号）。

1992 年 4 月 7 日，关于切实抓好建立农村社会养老保险制度的通知（邹政发〔1992〕23 号）。

1992 年 4 月 11 日，关于公布《邹平县农村社会养老保险暂行办法》《邹平县土地开发复垦试行规定》的通知（邹政发〔1992〕22 号）。

1993 年 10 月 18 日，关于印发《邹平县文化市场管理规定》的通知（邹政发〔1993〕40 号）。

1994 年 5 月 12 日，关于认真贯彻落实《山东省农村保险互助会管理办法》的意见（邹政发〔1994〕36 号）。

1994 年 6 月 26 日，印发《关于推行全员劳动合同制的意见》的通知（邹政发〔1994〕47 号）。

1994 年 12 月 5 日，关于印发《邹平县机关事业单位基本养老保险暂行办法》的通知（邹政发〔1994〕95 号）。

1995 年 1 月 26 日，关于对残疾人实现优惠政策的规定（邹政发〔1995〕4 号）。

1995 年 4 月 10 日，关于印发《邹平县农村社会养老保险暂行办法的通知》（邹政发〔1995〕19 号）。

1995 年 6 月 19 日，关于增加教育投入的决定（邹政发〔1995〕44 号）。

1995 年 11 月 28 日，关于印发《邹平县儿童少年事业发展规划》的通知（邹政发〔1995〕92 号）。

1996 年 2 月 2 日，印发《邹平县优抚工作若干规定》的通知（邹政发〔1996〕6 号）。

1996 年 4 月 16 日，印发《邹平县妇女发展规划》的通知（邹政发〔1996〕21 号）。

1996 年 11 月 13 日，关于做好全县有线广播电视传输网建设工作的通知（邹政发〔1996〕73 号）。

1996 年 11 月 30 日，关于印发《邹平县人才需求预测和规划实施方案》的通知（邹政发〔1996〕77 号）。

1997 年 3 月 21 日，印发《关于实施再就业工程的意见》的通知（邹政发〔1997〕19 号）。

1997 年 5 月 6 日，关于印发《邹平县直单位计划生育考核奖惩办法》的通知（邹政发〔1997〕29 号）。

1997 年 5 月 20 日，关于加强对农村教育事业费附加使用管理的通知（邹政发〔1997〕33 号）。

1997 年 7 月 28 日，印发《邹平县村卫生室一体化管理办法》《邹平县个体开业医生管理办法》的通知（邹政发〔1997〕44 号）。

1997 年 8 月 8 日，批转县人事局、县教委《关于做好 1997 年大中专学校毕业生就业分配工作意见》的通知（邹政发〔1997〕45 号）。

1997 年 8 月 12 日，关于做好城镇非农业户口退伍军人安置工作的通知（邹政发〔1997〕49 号）。

1997 年 9 月 15 日，关于印发《邹平县农村合作医疗管理办法》的通知（邹政发〔1997〕56 号）。

1997 年 9 月 18 日，关于印发《邹平县企业职工养老保险基金收缴管理和离退休金社会化发放暂行规定》的通知（邹政发〔1997〕59 号）。

1997 年 11 月 18 日，印发《邹平县兵役工作暂行规定》（邹政发〔1997〕71 号）。

1997 年 12 月 10 日，关于印发《邹平县城镇居民最低生活保障暂行办法》《邹平县农村村民最低生活保障暂行办法》的通知（邹政发〔1997〕80 号）。

1997 年 12 月 29 日，关于对自谋职业的失业、下岗职工实行优待证的通知（邹政发〔1997〕82 号）。

1998 年 5 月 20 日，关于印发《邹平县中小学实施素质教育暂行规定》的通知（邹政发〔1998〕30 号）。

1998 年 10 月 9 日，转发行署关于印发《滨州地区分散按比例安置残疾人就业办法》的通知（邹政发〔1998〕58 号）。

1999 年 8 月 8 日，关于印发《邹平县计划生育社会抚养费征收使用管理办法》的通知（邹政发〔1999〕58号）。

1999年9月6日，关于认真做好1999年大中专学校毕业生就业工作的通知（邹政发〔1999〕63号）。

1999年12月30日，关于县计划生育服务站升格的通知（邹政发〔1999〕99号）。

2000年7月8日，关于印发《邹平县城镇退伍士兵转业士官安置暂行办法》的通知（邹政发〔2000〕39号）。

2000年12月12日，关于做好下岗职工基本生活保障制度与失业保障制度并轨工作的通知（邹政发〔2000〕70号）。

2000年12月20日，关于事业单位参加失业保险有关问题的通知（邹政发〔2000〕77号）。

2001年3月16日，关于印发《邹平县城镇职工基本医疗保险制度实施办法（试行）》的通知（邹政发〔2001〕15号）。

2001年8月16日，关于接管崇山煤矿子弟学校的意见（邹政发〔2001〕46号）。

2001年12月31日，关于进一步加强就业职工义务教育费征收工作的通知（邹政发〔2001〕86号）。

2002年4月15日，关于进一步做好下岗职工出中心理顺劳动关系工作的通知（邹政发〔2002〕29号）。

2002年10月15日，关于印发《邹平县农村优抚对象优待办法》的通知（邹政发〔2002〕70号）。

2002年11月27日，关于印发《邹平县参加市第十五届运动会有功人员及单位表彰奖励办法》的通知（邹政发〔2002〕79号）。

2003年3月5日，关于印发《邹平县专业技术人员继续教育暂行规定》的通知（邹政发〔2003〕13号）。

2003年3月5日，关于印发《邹平县机关事业单位基本养老保险试行办法》的通知（邹政发〔2003〕15号）。

2003年4月2日，关于印发《邹平县优待老年人规定》的通知（邹政发〔2003〕27号）。

2003年5月21日，关于印发《邹平县农民工就业管理和服务工作暂行规定》的通知（邹政发〔2003〕40号）。

2003年7月22日，关于加快推进再就业工作的通知（邹政发〔2003〕49号）。

2003年9月4日，关于建立新型农村合作医疗制度的实施意见（暂行）（邹政发〔2003〕68号）。

2003年11月10日，关于印发《邹平县再就业目标责任制考核办法》的通知（邹政发〔2003〕82号）。

2004年3月16日，关于落实“以县为主”管理体制加快农村教育改革与发展的意见（邹政发〔2004〕11号）。

2004年3月20日，关于全面开展三项教育费的通知（邹政发〔2004〕13号）。

2004年7月8日，关于印发《邹平县城镇退役士兵自谋职业实施办法》的通知（邹政发〔2004〕34号）。

2004年12月25日，关于印发《邹平县优抚对象优待金统筹发放管理办法》的通知（邹政发〔2004〕54号）。

2005年4月1日，关于印发《邹平县二胎生育“链式工作法”管理规范（试行）》的通知（邹政发〔2005〕15号）。

2005年3月29日，关于印发《邹平县农村义务教育“以县为主”管理体制实施方案》的通知（邹政发〔2005〕16号）。

2005年6月1日，关于印发《邹平县镇（办）村卫生一体化管理暂行办法》的通知（邹政发〔2005〕29号）。

2005年9月29日，关于落实滨政发〔2005〕50号文件进一步加强城市生活流浪乞讨人员救助管理工作的通知（邹政发〔2005〕38号）。

第三章　综合政务

第一节　工作调研

工作调研由县政府办公室负责。1990年，随着政治经济体制改革的深入，县政府办公室及时调整部署，合理布局，积极主动做好调研信息工作，为领导决策提供依据，为全县经济建设和各项社会事业发展服务。一年中，起草准备县人代会议、农村工作会议、经济工作会议、山区开发治理工作会议、县政府法制工作会议等12次大型会议工作报告和领导讲话，其他会议领导讲话材料33份，起草修订县政府、县政府办公室各类文件85件。编印《信息摘要》40期，向县委报送信息105条，上报信息350条，采用150条，信息工作名列全区第二，被评为全省信息工作先进县。同时，有针对性地开展调查研究，围绕棉花生产、社会化服务体系达标、山区开发、乡镇企业发展、科技兴农，试行“两田制”、制止“三乱”等，组织调查研究活动25次，编印《情况简报》20期，地以上调研刊物采用12篇，编辑出版《惠民政务通讯·邹平专辑》。向新闻单位投稿，被县电台采用98篇，省、地级报刊采用15篇。完成《县政府大事记》《中国县情·邹平县》《山东年鉴·邹平县》《黄河三角洲开发成就图片展览·邹平县》编写、搜集资料工作。

1991年，直接组织承担县人代会议、经济工作会议、山区开发治理工作会议、县政府法制工作会议、棉花生产动员大会、计划生育工作会议、农村工作会议、工业工作会议等全县性重要工作会议材料及县政府召开各种专业性工作会议、领导讲话65份，撰写典型材料20个，起草修改县政府、县政府办公室各类文件47份。同时，完成大量上报材料、县政府领导讲话及部门会议材料审核、修改工作。信息工作实现在全区“争一保二”目标。全年，向省地提供信息503条，被采用350条，荣获全区信息工作第一名，在全省42个信息联系县中名列前茅。积极开展调查研究工作，围绕县委、县政府的中心工作和人民群众关心的热点、难点问题，制定印发85个调研课题，以指导全县调研工作的开展。以发现解决问题和总结典型为重点，适时组织开展农村服务体系建设、农村财务、质量品种效益年、信贷资金运用、商品流通、庭院经济、职业教育、棉花收购、财税检查、农田水利基本建设、乡镇企业发展、搞好骨干企业等方面的调查。组织调查活动20次，撰写调查报告20篇，地区级以上刊物采用18篇，总结典型材料30份，编印《政务调研与信息》18期。全年，被地区级以上报刊用稿55篇，县电台、电视台用稿284篇，例行完成县政府大事记、《中国县情·邹平县》《山东年鉴·邹平县》《黄河三角洲开发成就图片展鉴·邹平县》编写工作。

1993年，全年组织全县大中型工作会议32次，组织起草县人代会议、经济工作会议、农村工作会议、县政府全体（扩大）会议等领导讲话53篇，起草审核县政府、县政府办公室文件110件，完成《县政府大事记》12期、《主要经济数字快报》12期、《县长参阅》89期。全年，撰写调研文章和综合性材料35篇，编印《政务调研》16期，上报省、地材料被采用10篇，其中《实施四大战略、加快经济发展》《狠抓技术改造、实现跨越发展》被省级刊物《山东内参》《山东行政》采用，《搞好社区康复工作，促进两个文明建设》被国家级刊物采用，《邹平县乡镇企业现状与今后发展思路》等调研文章分别由滨州地区专员李戈、副专员方宝田、赵秉耕批示，印发全区各县借鉴和参考，调研水平上了一个新台阶。信息工作巩固“全区第一”的位置。全年，上报省、地政务信息368条，采用184条，其中省用56条，采用数量、采用率均列全区各市县之首，较好发挥省政府信息联系县的作用，连续3年保持调研信息工作在全区名列第一。通讯新闻工作，全年被新闻单位用稿207条，其中《滨州日报》用稿35篇，县以上广播电台、电视台用稿172条。完成《走向世界》《世界了解中国的窗口——邹平》等资料文图编撰。

1994年，全年共协助县政府领导组织全县大中型会议40次，起草修改县政府领导讲话材料40篇，县政府文件30份，完成政府工作报告、县政府全体扩大会议、经贸工作、秋种、财税、棉花工作会议等材料的起草修改工作。调研信息工作连续4年名列全区第一。全年，完成高质量调研文章35篇，其中被行署《调研与综合》采用9篇，被行署《双增双节》简报采用8篇，有4篇文章被行署专员李戈、副专员吴金娃、惠华玉批示，印发全区参考借鉴，进入各级领导决策层；被省政府《山东政报》采用1篇，被地以上其他刊物采用10篇。编发《政务调研》19期，共上报省、地政务信息770条，采用280条，其中地区采用230条，省采用50条。《县长参阅》受到领导重视，编印48期85条，大量新、快、准、精信息进入领导决策。宣传报道工作取得优异成绩。全年，新闻单位用稿265篇，其中省以上报刊用稿15篇，《滨州日报》等地级新闻单位用稿45篇，《邹平报》、县电台、电视台用稿205篇。

1995年，调研工作紧紧围绕"改革、发展、稳定"主题，紧扣县政府中心工作，增强超前意识和主动意识，开展拟定题目调查、县乡联合调查、有关部门调查等。全年，完成调研文章32篇，编印《政务调研》16篇，被行署《调研与综合》等刊物采用10篇，其中有4篇被行署领导批示，印发全区参考借鉴；被省、地其他刊物用稿10篇。上报省地政务信息430条，采用193条，其中省用43条，编印《县长参阅》18期、《县政府大事记》12期、《主要经济数字快报》12期。

1996年，围绕转变经济增长方式、管理效益年、乡镇企业二次创业、土地适度规模经营、地方财源建设、发展畜牧生产等方面深入开展调查研究，撰写各类调研文章30多篇，编印《政务调研》21期，被行署《调研与综合》采用13篇，有4篇文章被行署领导批示，印发全区参考借鉴，被《山东政报》采用1篇，被《山东企业管理》《渤海论坛》等省、地其他刊物采用18篇。全年共上报省、地政务信息380条，被地区采用158条，省采用40条。编印《县长参阅》11期。全年被《滨州日报》《邹平报》等新闻单位用稿100篇。

1997年，围绕企业产权改革、劳动就业、农业结构调整、开展管理效益年、治理"三乱"、乡镇企业发展、制定"九五"计划、2000年近期规划和2010年远景目标等重大课题，撰写调研文章22篇，其中省级发表3篇，地级14篇，有3篇被地区领导批示，在全区推广，获全区"调研工作先进单位"称号。编印《政府调研》15期、《县长参阅》20期，编印《政府大事记》12期，起草印发政府文件和县政府办公室文件40余件。全年编写政务信息430条，被省、地采用180余条，其中省采用30条，省领导批示4条。向省地电台、报刊投稿80余篇，用稿70余篇，提高邹平知名度。

1999年，围绕产业结构调整、农民增收、民营经济发展、小城镇建设、地方财源建设、科技创新等重大课题，撰写调研文章24篇，在县内编发《政务调研》14期，其中11篇被省、地级刊物采用；编写《县政府大事记》12期；编印《县长参阅》20期。全年，上报政务信息520条，其中上报省190条、地410条，被省、地采用110条。全年起草《政府工作报告》、县政府常务会议、工业财税会议、财税工作会议、农业产业结构调整会议、夏粮收购、桑蚕生产、黄河防汛等工作会议领导讲话39篇，起草和修改县政府办公室文件16件。

2000年，围绕县乡企业改制、小城镇建设、地方财源建设、医疗制度改革、个体民营经济发展、教育体制创新等重大课题，撰写调研文章30篇，全年，上报政务信息550条，其中上报省210条、市400条，被省、市采用130条，全年起草《政府工作报告》、县政府常务会议、工业财税会议、财税工作会议、民营经济调度会议、夏粮收购、桑蚕生产、黄河防汛等工作会议领导讲话42篇，起草和修改县政府和县政府办公室文件 14 件。

2001 年，全年共发表调研文章 36 篇，其中有 12 篇被省、市级刊物采用，在县内编发《政务调研》14 期，编写《县政府大事记》12 期。全年，上报政务信息 460 条，其中上报省 160 条、市 410 条，被省、市采用 150 条，全年起草《政府工作报告》、县政府常务会议、工业财税会议、财税工作会议、民营经济调度会议、秋季生产、黄河防汛等工作会议领导讲话 50 余篇。

2002—2003 年，围绕生态县建设、农村劳动力转移、民营企业机制创新、教育为经济服务、城市资产经营、外向型经济等重大课题，撰写发表调研文章 59 篇，其中有 24 篇被省、市级刊物采用，在县内编发《政务调研》10 期；编写《县政府大事记》26 期。全年，上报政务信息 1240 条，其中上报省 410 条、市 810 条，被省、市采用 105 条。全年起草《政府工作报告》、县政府常务会议、创建国家卫生城市工作会议、旅游工作会议、工业财税会议、全县民营经济调度会议、全县救灾救济工作会议、整顿和规范土地市场秩序工作会议、全县农村公路建设会议、山区小流域治理、畜牧、黄河防汛等工作会议领导讲话和全市招商引资、经济工作会议等会议典型材料 80 余篇，起草和修改县政府和县政府办公室文件 50 件。《滨州日报》《邹平报》等新闻单位用稿 20 余篇。

2005 年，紧紧围绕“改革、发展、稳定”主体，紧扣县政府中心工作，广泛开展调查研究，为政府领导提供决策依据。撰写各级各类调研文章 16 篇，在县内编发《政务调研》10 期，被《山东经济战略研究》《民营经济》《现代滨州》、市《调研与综合》等国家、省、市级刊物采用 8 篇；编发《县长参阅》8 期；编写《县政府大事记》12 期。全年编发《邹平政务信息》36 期、200 余条，上报政务信息 280 余条，被省、市采用 120 余条。《滨州日报》《今日邹平》等新闻单位用稿 15 篇。

第二节　政府法制

1991 年 3 月，县法制局成立，为正科级行政部门。1993 年，县级机构改革，县法制局改为法制室，归口县政府办公室，正科级单位。县法制局成立后，政府法制工作人员，承担全县依法行政的各项工作任务，受县政府委托处理久拖未决的行政争议，解决人民群众关心的热点难点问题。同年，举办学法讲座 20 期，参加人数 4000 余人。1995 年，全县领导干部法律知识讲座向高层次发展，分别邀请农业部立法处处长王乐君、省法制局副局长肖思贵、省法学研究所研究员于向阳、省人事厅赵丽就“农业两法”、《国家赔偿法》、法制经济、《国家公务员暂行条例》等进行授课辅导，县 6 大部门负责人、镇乡负责人、县政府各部门主要负责人参加，听课人数 1000 余人。

1991—1995 年，领导电视讲法 50 余人次，举办各类专业法规培训班 220 期，培训科级干部 1500 余人次、执法人员 8000 余人次。1991 年，依据《山东省依法行政五年规划》《山东省依法治省五年规划》，结合全县实际，制定《邹平县依法行政五年规划》《邹平县依法治县五年规划》。根据规划总体要求，每年制定具体实施方案，在全县范围内有计划、有步骤、有重点、分层次开展依法行政、依法治理工作。

1991—1995 年，共受理各类行政争议案件 5 起，复议案件 1 起，代理县长出庭应诉 2 次。1991 年，依法处理明集乡政府与颜集等 7 村土地权属争议、礼参村委与礼参乡供销社土地权属争议、九户乡布王村和杨家村、台子乡李靳和小赵村与中国人民解放军某部队农场土地承包合同纠纷。1992 年，依法复议好生乡一村民不服乡政府处理决定一案，代理县长出庭应诉台子乡玉皇、胡楼村不服乡政府对其土地权属争议的处理决定一案。1993 年，依法处理青阳乡钟家村一村民不服镇政府处理决定一案，礼参乡西坦村一村民不服镇政府处理决定一案。1994 年，代理县长出庭应诉好生镇村民状告县政府违法使用其个人承包地一案。在依法办理工作中，做到事实清楚，证据确凿，合法、高效。通过审理一起行政案件，解决一个方面问题，理顺一个方面关系，促进一个方面工作。

1996—1998 年，组织起草审查规范性文件 27

件。查处10起行政争议案件，及时化解矛盾。对县直和乡镇有行政执法职能2020名行政执法人员，分11期进行系统业务培训。通过地区法制局统一考试，有1870名行政执法人员取得行政执法证件，为《行政处罚法》全面实施奠定基础。做好行政复议应诉工作，为县政府当好法律事务的参谋和助手。协调处理7起行政纠纷，经过大量调查取证和协调，均依法得到解决，被授予全省“政府法制系统先进集体”称号。

1999年，协调农行和建行与各行政执法单位签订代收代缴协议书46份，并对这一制度的落实情况进行监督检查。审查规范性文件18件，确保向县政府提报的规范性文件合法、有效、可行。坚持依法行政，协调处理20件影响大、政策性强、久拖未决的各类行政纠纷。认真做好行政执法人员培训、考试、发证工作，对全县664名行政执法人员进行培训考试、发证，建立行政执法证件管理档案，进一步规范证件的发放、收缴和审验工作。积极贯彻和学习《行政复议法》。12月25日，邀请青岛市法制局复议应诉处处长马耀青举办行政复议法知识讲座，县长、各副县长、镇乡长、县政府各部门主要负责人200余人参加听课。全年办理行政复议案件5件。

2000年，审理行政复议案件24件，受县政府委托出庭应诉行政案件3件、民事案件1件。审查规范性文件17件。继续深化部门执法责任制，抓好“两化一制”和“执法公示制”落实。组织领导干部学法3次。4月29日，在行政复议法颁布1周年之际，组织上街宣传，发放宣传材料500余份，接待群众咨询100余人次。协调、指导各部门学法与面向社会的法治宣传活动13次。调查处理各类行政纠纷16件。被授予全省“依法行政先进县”称号。

2001年，审理行政复议案件16件，受县政府委托出庭应诉案件9件，裁决行政非诉案件6件。审查涉及工业、农业、城建、文教、土地、发展环境等方面的规范性文件及涉法文件30件。加强行政执法证件的管理。4月，对全县执法证件进行清理,收回执法政件85本,审验574本。11—12月，对执法岗位上未有执法证件的434名执法人员全部进行培训、考试并颁发证件，建立行政执法人员档案，先后组织全县领导干部学法4次，组织协调各部门利用广播、电视、报纸、标语等形式开展学法活动和法制宣传活动，提高各级领导干部依法决策、依法行政水平，提高广大干部群众法律意识。

2002年，对全县1985—2001年县政府和县直各部门制定发布的各类文件进行清理，清理县政府规范性文件237件，保留81件，废止156件，废止文件占总文件数的67%。按照社会主义市场经济体制和加入WTO要求，清理原有行政审批事项499项，精简299项，压缩量占总数的60%。加强规范性文件建设，提高“立法”质量，制定、审查规范性文件30余件。依法办理行政复议案件44件，受县政府委托办理复议县政府案件4件，均被上级复议机关维持。代表县政府出庭应诉案件14件。认真组织协调领导干部、行政执法部门学法与面向社会的法制宣传活动。

2003年，制定、审查《邹平县行政执法评议考核暂行办法》《邹平县行政执法错案责任追究办法》《邹平县县城绿化管理办法》《邹平县房地产开发经营管理办法》《邹平县农民工就业管理和服务工作暂行规定》等规范性文件13件，涉及农业、城建、劳保、发展环境等方面。县政府复议机构共审理行政复议案件25件，其中维持17件，撤申5件，撤销1件，未审结2件。受县政府委托出庭应诉行政案件3件，其中维持2件。组织协调领导干部、行政执法部门学法与面向社会法制宣传活动，努力提高广大干部群众的法律意识。11月，对全县新申领证件人员进行培训、考试，474名行政执法人员取得公共法律考试合格证书，804名换证人员在各单位组织下进行培训。

2004年，政府法治工作继续深化监督、检查、指导，按照《邹平县2004年行政执法责任制工作评议考核办法》《邹平县行政执法错案责任追究办法》等考核办法要求，对全县行政执法责任制工作进行检查、考核。制定、审查规范性文件及有关法律文书29件。2004年，县政府法制室共审理行政复议案件35件，其中维持24件，撤申7件，撤销4件，被省人事厅、省政府法制办公室评为“全省行政复议应诉工作先进单位”。县政府法制室代表县政府积极出庭应诉行政案件3件。按照国务院、省、市政府的要求，做好《行政许可法》学习、宣传、培训工作，举办行政许可法培训班3期，申领“两证”执法人员进行统一考试，1035名执法人员参加考试（公务员由人事局组织）。县政府法制室在城南新区建设、高速路口拆迁绿化、邹韩路拓宽改造、台子镇李金村与九户镇水牛韩闸土地纠纷调处工作、城区交通集中整治等各项工作积极介入，一些重点工程行政争议纠纷得以解决。

2005年，县政府法制室年初制定出台《邹平县2005年行政执法责任制县直和镇、街道考核办法》，进一步强化对县政府各部门和各镇、街道政府、办事处行政执法监督，有力促进行政执法证件审验工作，县政府法制室按照省、市政府要求，对全县行政执法持证人员进行审查、汇总，确认资格合格人员1394名，调离或离岗人员136名，授理行政复议事件27件，其中维持14件，撤申8件，撤销5件。

第三节　外事侨务

机构沿革

1986年，外侨办是县政府工作序列副科级行政单位，是县政府统一管理全县涉外、涉侨工作的职能部门。1989年11月，因工作需要，机构分设为县外事办公室、县侨务民族宗教办公室，均为副科级行政单位。1993年10月，县级机构改革，撤销外事办和侨务民族宗教办公室，成立外侨办，为县政府工作序列正科级事业单位。1996年，下设秘书科、外事服务中心2个中层机构。1996年9月，外侨办由县政府正科级事业单位调整为正科级行政单位。

1999年，有干部职工12人。2000年6月，旅游局成立，与外侨办合署办公。2002年6月，县级机构改革，邹发〔2002〕33号文件批复，外侨办归县政府办公室管理，核定行政人员编制4人。2003年底，外侨办、旅游局合署办公。2005年，增设侨政科、出国管理科。

外事工作

1986—1991年，以开展对美国社会考察学者接待工作为主。1992年后，在开展对美国学者和其他国家学者接待工作的同时，主要开展对到邹平县经贸考察、项目洽谈、友好访问和参加旅游外宾的接待和对外友好交流工作，为邹平县对外开放和经济建设穿针引线、铺路搭桥。通过对外接待和国际友好交流，增进与世界各国人民的了解和友谊，对外宣传邹平，引进一批中外合资、合作项目。

图17-1　1991年，美国学者在农家考察

1996—1998年，外事工作按照“大外事，大友情，大服务”外事工作思路，发挥外事工作对外联系广、渠道多优势，积极开展工作。在外事接待、出国管理、外宣外联、为经济建设服务和办公室自身建设等方面都有很大进展，取得新的成果。1996年，有13个国家和地区外宾44批189人次到邹平县进行社会考察、经贸洽谈和参观旅游。其中经贸考察洽谈28批109人次，社会考察学者9批19人次，参观旅游7批61人次。

1999年，接待外宾33批111人次，审批和办理出国护照签证手续16批54人次（成行13批51人次）。2000年，接待外宾28批204人次。2001年，外事接待批次上升，规格较高，接待外宾83批145人次。2002年，接待外宾202批345人次。2003年，接待外宾168批287人次。

2004年，全县接待外宾193批268人次，外事办承接来自日本、英国、荷兰3个国家7个团组，涉及经贸、宣传、友好交流及学术考察等方面。

2005年，全年接待外宾157批620人次，其中英国《经济学家》驻北京首席记者麦杰思2—3月到西董镇北禾村采访。7月，美国斯坦福大学政治学教授戴慕珍一行4人到邹平县，就其2000年到邹平县考察的有关国有企业改制课题进行追踪访问，考察涉及30个单位，100余人。

侨务工作

邹平县是滨州地区重点侨乡。全县海外华侨、华人，香港同胞总人数和国内归侨侨眷总人数占全区首位。以1990年《中华人民共和国归侨侨眷权益保护法》颁布为标志，全县侨务工作走上法制化轨道，全方位开展为侨务工作服务。1986—1995年，海外华侨、华人向家乡捐款捐物折合人民币3.4万元。

1996—1998年，侨务工作以学习宣传、贯彻执行《中华人民共和国归侨侨眷权益保护法》和山东省保护法《实施办法》为重点，开展侨务接待、侨务扶贫和为经济建设服务工作。

1996年，接待回乡探亲的华侨、华人10批16人次；调查走访11个镇乡及单位归侨侨眷32户，发放救灾款4000余元，把党和政府关怀送到贫困归侨侨眷心中；依法维护侨属合法权益1起，照顾1名侨属子女分配工作；帮助明集镇惠辛村解决修路贷款8万元。

1997年，接待回乡探亲华侨、华人14批23人次。元旦、春节期间走访归侨、侨眷35户，向海外寄发贺卡60余份，加强与侨胞联系。依法维护侨胞权益，照顾“三侨”子女升学1名，安置海外华侨骨灰回故乡安葬1起。1997年12月，旅日华侨惠京仔在回乡探亲期间，代表其母旅日华侨陈秀英向邹平县小清河治理工程捐款2130元人民币，支援家乡建设。按照上级侨办部署，开展全县归侨侨眷身份认定、发证工作，印制表格1000余份，部署、指导各镇乡调查工作。

1998年，接待回乡探亲和进行经贸考察洽谈华侨、华人11批14人次，为他们提供服务，向他们介绍家乡改革开放和经济建设变化和成就。开展维护权益和为侨胞服务工作，春节期间安排回乡探亲华侨参加丰富多彩的民间活动；为华侨和归侨侨眷落实退休补助，办理涉外公证和宅基地手续，照顾归侨子女就业等，为侨胞及国内眷属解决许多困难和问题。做好归侨侨眷身份认定、登记和审核上报工作，确定全县符合发证资格的归侨、侨眷37户104人。开展侨务扶贫和奔小康工程，扶持归侨侨眷49户从事多种经营，协调各有关部门给予照顾，协调贷款10余万元。1998年底，全县90%以上归侨侨眷已实现小康。1998年10月，外侨办被省侨务办授予“侨务扶贫先进单位”称号，并颁发铜匾。

1999年，接待华侨、华人13批22人次，走访全县归侨侨眷30余户。2000年，接待华侨、华人12批21人次，接待国内归侨、侨眷和侨属23批27人次。2001年，接待华侨、华人12批14人次。2002年，接待海外华侨、华人11批17人次，并为出国定居华侨、华人提供出国和办理签证及公证服务。2003年，接待华侨、华人7批14人次，向海外华侨、华人发贺卡50余份，走访慰问归侨侨眷50余户，筹集资金和争取省、市侨务部门扶贫款物4000余元。

2004年，接待华侨、华人12批21人次，维护华人、华侨和归侨侨眷利益1起，为侨胞办实事3起，走访慰问归侨侨眷50余户，开展侨情调查1次，对全县5个镇、3个县直单位12户归侨进行调查。引进资金2笔，帮助华人田中顺仁与魏桥镇西佐村宋守金合资建厂，引进侨资40万元；向“美国欣欣教育基金会”争取1万元捐建码头镇中心小学，工程于2004年9月全部完工并投入使用。

2005年，向省侨联积极争取“山东客属工业园”落址邹平县工作；做好“2005‘海外华商’博士创业与投资山东行”工作，10月19日，到邹平县的海外人员55名，与30余家企业进行洽谈，推介海外合作项目100余项，齐星集团、三星集团、盐业开发公司等部分企业与华商达成初步合作意向；10月，协助争取“美国欣欣教育基金会”向码头镇中心小学捐助电脑10台，打印机1台，价值0.6万美元（约5万人民币）。2005年，共接待华侨、华人 13 批 61 人次，走访慰问归侨侨属 55 户，重点走访困难归侨 2 户，走访侨资企业 4 家，依法保护华侨侨属权益 2 起，为侨胞办实事 4 起。

友好交流

2004 年 5 月，日本山口市小郡町政府町长发贺电祝贺县委、县政府办公地点南迁，并捐赠 50 棵樱花树苗建立“樱花园”表示祝贺。12 月初，日本山口县周南地区日中友好协会，向西董镇西庵中日友好希望小学捐助 5 台联想牌电脑。2005 年 7 月，以县教育局名义组织邹平县青少年友好访问团一行 10 人赴日本小郡町进行友好访问。10 月，小郡町与山口市合并后，邹平县与小郡町友好交流关系转为与山口市友好交流关系。

第四节　行政事务管理

机构沿革

1989 年 12 月，成立行政事务管理局，正科级事业单位，编制 15 人，列县政府序列。1993 年 10 月，县级机构改革，改称行政事务管理处，级别未变，人员编制 32 人，归属县政府办公室。行政事务管理处，机构改革前设办公室、财务科、基建房管科、生活管理科、水电暖管理处、接待处、保卫科、机关招待所、机关幼儿园、机关劳动服务公司；机构改革后设办公室、综合服务股、水电管理股、锅炉管理股、生活管理股、机关劳动服务公司。至 1995 年，有工作人员 38 人，设有办公室、水电暖管理股、综合服务股、生活管理股。1998 年 4 月，改设办公室、财务股、水电暖管理（一、二）股、房产管理股、基建维修股、生活管理股。1998 年底，全年共有人员 37 名。至 2005 年，人员编制 32 人，内设办公室、水电科、综合科、保卫科、节能科、管理科。

基建维修

1989 年 12 月，行政事务管理局成立后，主要负责县委、县政府机关后勤服务工作，县 5 大部门召开各种会议和食宿安排及来人接待，机关招待所、机关幼儿园领导与管理。1992 年，机关招待所移交县供销社。1993 年，机关幼儿园移交县教委。1993 年 10 月，机构改革后，主要负责县委、县政府机关后勤服务工作，房屋调整与修缮，基建、水、电、暖及锅炉房管理、维修、伙房、卫生、环境规划、美化及保卫等方面的工作。1996—1998 年，为改善机关办公生活条件，建成 3 号干部职工宿舍楼、县委综合办公楼、餐厅娱乐楼各 1 幢，总建筑面积 5398 平方米。1999—2002 年，为解决机关干部职工住房紧张的状况，先后建成 6 幢干部职工宿舍楼，其中从供销大厦征用非耕地 7.8 亩，用于 3 幢县级住宅楼建设，解决住房 180 户。

水电暖管理

1996 年，更换县委、县政府 2 幢办公楼超期使用暖气片 224 组；1998 年，新上 315 千伏安变压器 1 台，更换供电线路 6030 米，安装空调专线 540 米；1998 年，新上 2.8 兆瓦热交换机组 2 台，改原来的锅炉供暖为热力公司气供暖，县机关院内成为无烟区。

机关绿化

1996 年，分别在县政府办公楼南花园和档案楼北花园栽植三叶草 2100 平方米，冬青 890 余株。1998 年，县委综合办公楼建成后，在楼前建成 1800 平方米花园式广场。1999 年，对县政府办公楼北广场进行绿化，先后栽植草坪 1620 米。2003 年，对 3 幢县级楼之间的空闲地投资 1.4 万余元进行绿化，绿化面积 1300 米。2004—2005 年，投资购置高标准机关清洁箱，设立井茆。

接待工作

1996—1998 年，接待民政部副部长严明复、省委书记赵志浩、美国第 39 届总统吉米 · 卡特、省委书记吴官正等国际友人和省部级领导 80 余人次；接待地区领导及外省市地县友好团体到邹平县视察、考察工作 1000 余人次，协助县委、人大、政协完成党代会、人代会、政协会会务服务工作 10 余次。1998 年 7 月，根据实际需要，经县政府批准，接待工作归各部门自行负责。

安全保卫

县公安局驻县政府保卫科由行管处负责协调领导。按时站岗值班，24 小时轮流巡逻，并对重点部位进行重点防范，实行外来人员登记制度和院内临时人员出入证制度。至1998年，保卫科有人员10余名，三轮摩托车1辆，电话机1部、对讲机1部、红外线微波报警座机1台。2003年1月，成立县委、县政府保卫科（护卫队）。2004年，投资6万元在生活区安装6头监控系统1套。2005年，抓获2名入室作案犯罪嫌疑人。

县委综合办公楼、政务大楼建设

为改善县委办公条件，1997年6月，多方筹资70万元，在县委办公楼北面新建县委综合办公楼1幢。总建筑面积1506平方米。底层为车库、三至四层为县委办公室、会议室等。整个工程于1998年5月正式交付使用。

为适应新形势需要，投资8000万元，在城南新区建设2.2万平方米政务大楼，于2002年3月19日，动工建设，于2004年5月投入使用。

第五节　行政审批服务中心

县行政服务中心于2003年4月组建，为县政府综合办事机构。设“四科（室）一厅”：办公室、督办科、投诉科、规费征管科和行政服务大厅。

县行政服务中心成立后，坚持“便民、高效、廉洁、规范”服务宗旨和“进一个门办好，按承诺办结，让服务对象满意”工作目标，充分发挥“一站式”服务窗口作用，努力改善全县投资环境，在行政审批服务中，为外商、为企业、为广大群众提供良好服务。至2003年，县行政服务中心受理行政审批办件96633件，其中即办件87509件、联办件212件、承诺件8575件、上报件324件、补办件5件、退回件7件，累计办件95384件，办结率为98.9%。

至2005年，县行政服务中心组成部门22个（国税局、地税局、工商局、质监局、公路局、计划局、环保局、建设局、国土局、交通局、外经局、经贸局、公安局、劳动局、卫生局、房管局、物价局、畜牧局、文体局、水务局、财政局、工商银行），负责184个审批服务事项。工作人员102名，其中管理人员15人，窗口服务人员87人。

图17-2　县行政服务中心服务大厅　(2005年摄)

第十八编
政协地方组织

Local Political Consultative Organizations

2003年1月19日，政协邹平县第十届委员会第一次会议常委合影

1987 年 4 月 13 日，政协邹平县第六届委员会第一次会议全体常委合影

1993 年 2 月 17 日，政协邹平县第七届第十五次会议常委会合影

1986—2005 年，中国人民政治协商会议邹平县委员会共历 6 届。县政协常务委员会由县政协全体会议选举产生，每届任期，1993 年前每 3 年一届，1993 年起每 5 年一届。邹平县政协认真履行政治协商、民主监督、参政议政职责。通过多种会议形式提出意见、批评、建议，促进政治协商、民主监督。第五届 3 年，委员提议案 70 件；第六届 3 年，委员提议案 180 件；第七届 3 年，委员提议案 367 件；第八届 5 年，委员提议案 642 件，第九届 5 年，委员提议案 775 件；第十届 3 年中，委员提议案 385 件。

第一章　组织机构

第一节　机构沿革

1986 年年初，县政协常委会下设 2 个办公室、1 个工作委员会和 7 个工作组：政协办公室、文史资料办公室、提案工作委员会和工业生产科技组、农业生产科技组、侨务组、对台民族宗教组、文教体育组、医药卫生组、个体劳动者工作组。1988 年，县政协机关增设工作组办公室。1989 年，县政协机关设两室两科：办公室、文史资料办公室、委员联络科和调研科。乡镇开始设置政协工作委员会。是年，全县 17 个乡镇有 13 个乡镇选配专职组长和专职干部。1990 年，乡镇全部设置政协工作委员会，并且配齐专职干部。1993 年，县级机构改革，政协机关机构改为 3 个办公室：办公室、文史资料办公室、委员联络办公室。政协乡镇工作委员会撤销，工作由乡镇党政办公室负责。1994 年，恢复乡镇政协工委，任命工委主任。1996 年，县政协下设：提案委员会和 3 个办公室（政协办公室、文史资料办公室、委员联络办公室）。工作人员 21 人，其中主席 1 人，副主席 4 人，中层领导干部 5 人，一般干部 4 人，职工 7 人。全县 17 个乡镇都设乡镇政协工委，配有 17 名政协工委主任。1998 年，新设置 3 个专门委员会：经济科技委员会、祖国统一社会联谊委员会、文教卫体工作委员会。2003 年，县政协内设机构 4 个、事业单位 1 个：办公室、文史资料办公室、委员联络办公室、研究室和老干部服务中心。工作人员 24 人，其中主席 1 人，副主席 6 人，中层领导干部 8 人，一般干部 3 人，职工 5 人。至 2005 年，内设机构未变。

第二节　历届县政协领导成员

邹平县政协第五届至第十届委员会设主席 1 人、副主席 3 ～ 6 人。

邹平县政协第五届至第十届委员会主席、副主席任职情况一览表

表18–1–1

届 次	职 务	姓 名	任职时间	党 派	籍 贯	备 注
第五届（1984 年 5 月—1987 年 4 月）	主席	曲克祥	1984 年 5 月—1987 年 4 月	中共	潍坊市寒亭区	县委副书记（兼），不驻会
	副主席	靖继贞	1984 年 5 月—1987 年 4 月	中共	商河县展家乡	
		李文彬	1984 年 5 月—1986 年 5 月	中共	沂源县张庄镇	1986 年 5 月因病辞职
		孟昭进	1984 年 5 月—1985 年 12 月	民革	魏桥镇堂子村	1985 年 12 月病逝
		傅东岳	1984 年 5 月—1987 年 4 月	无	广东省普宁县	

续表18-1-1

届次	职务	姓名	任职时间	党派	籍贯	备注
		王秀岗	1985年3月—1987年4月	无	码头镇王家村	增选，邹平一中特级教师，不驻会
		杨基恭	1986年5月—1987年4月	中共	长山镇柳寺村	增选
第六届（1987年4月—1990年3月）	主席	陈元德	1987年4月—1990年3月	中共	高新街道东石村	
	副主席	靖继贞	1987年4月—1990年3月	中共	商河县展家乡	
		傅东岳	1987年4月—1990年3月	无	广东省普宁县	
		王荣嘉	1987年4月—1990年3月	无	青岛市平度市	邹平一中教师，不驻会
第七届（1990年3月—1993年2月）	主席	陈元德	1990年3月—1993年2月	中共	高新街道东石村	
	副主席	傅东岳	1990年3月—1993年2月	无	广东省普宁县	
		王荣嘉	1990年3月—1993年2月	无	青岛市平度市	邹平一中教师
		张象墀	1990年3月—1993年2月	中共	魏桥镇丁家村	
		贾玉忠	1990年3月—1993年2月	中共	西董镇南石村	
		李允贵	1990年3月—1993年2月	无	孙镇蔡家村	水利局高工，不驻会
		李汝义	1992年3月—1993年2月	中共	孙镇辉里村	增选，县委统战部部长，不驻会
第八届（1993年2月—1998年1月）	主席	杨秉海	1993年2月—1998年1月	中共	临池镇北寺村	
	副主席	贾玉忠	1993年2月—1998年1月	中共	西董镇南石村	
		傅东岳	1993年2月—1998年1月	无	广东省普宁县	
		李允贵	1993年2月—1998年1月	无	孙镇蔡家村	水利局高工，不驻会
		李汝义	1993年2月—1998年1月	中共	孙镇辉里村	
		曲延庆	1993年2月—1998年1月	无	黛溪街道东关村	
		李志华	1997年2月—1998年1月	中共	临池镇东台村	增选
第九届（1998年1月—2003年1月）	主席	崔建平	1998年1月—2000年5月	中共	淄博市临淄区	县委书记（兼），不驻会
		宫敬宝	2000年5月—2003年1月	中共	临池镇上河村	增选
	副主席	李志华	1998年1月—2003年1月	中共	临池镇东台村	
		傅东岳	1998年1月—2003年1月	无	广东省普宁县	
		李允贵	1998年1月—2003年1月	无	孙镇蔡家村	水利局高工，不驻会
		李汝义	1998年1月—2003年1月	中共	孙镇辉里村	
		曲延庆	1998年1月—2003年1月	无	黛溪街道东关村	
		韩玉花（女）	1998年1月—2003年1月	中共	焦桥镇西绳村	
		王沛发	2000年1月—2003年1月	中共	青阳镇西窝陀村	增选
		张思越	2002年1月—2003年1月	中共	青阳镇浒山铺村	增选，县委统战部部长，不驻会
第十届（2003年1月— ）	主席	宫敬宝	2003年1月—	中共	临池镇上河村	
	副主席	李志华	2003年1月—	中共	临池镇东台村	
		王沛发	2003年1月—	中共	青阳镇西窝陀村	
		曲延庆	2003年1月—	无	黛溪街道东关村	
		张思越	2003年1月—	中共	青阳镇浒山铺村	县委统战部部长，不驻会
		朱秀英（女）	2003年1月—	无	西董镇西董村	教育局工会主席，不驻会
		王允栋	2003年1月—	无	长山镇毛张村	水利局副局长，不驻会

第三节　历届委员会

第五届委员会

政协第五届邹平县委员会第三次会议于1986年5月21—25日召开。会议听取审议政协第五届邹平县委员会常务委员会工作报告，审议政协邹平县提案工作委员会关于五届二次会议以来提案工作情况报告，审议邹平县文史资料委员会关于文史资料工作情况报告，列席县第九届人民代表大会第三次会议。会议增选杨基恭为县政协副主席。

第六届委员会

政协第六届邹平县委员会第一次会议于1987年4月9—12日召开。本届委员会共有委员162人，其中中共党员59人，非中共人士103人。会议听取审议政协副主席靖继贞代表县政协五届常务委员会所作工作报告，列席县第十届人民代表大会第一次会议。会议选举陈元德为县政协主席，靖继贞、傅东岳、王荣嘉为副主席，选举产生由23人组成的常务委员会。

第二次会议于1988年1月5—8日召开。会议听取政协主席陈元德代表政协邹平县第六届委员会常务委员会所作工作报告，听取和审议政协第六届邹平县委员会提案工作委员会和文史资料工作委员会工作报告，列席县第十届人民代表大会第二次会议。会议增选成学炎为常委。

第三次会议于1989年3月26—29日召开。出席会议委员162人。会议听取并审议政协主席陈元德代表第六届政协常委会所作题为《充分发挥政协的职能作用，齐心协力为振兴邹平而奋斗》的工作报告，审议副主席靖继贞所作提案办理情况报告，列席邹平县第十届人民代表大会第三次会议，协商讨论《政府工作报告》。会议增补李汝义、曲延庆为县政协常委。

第七届委员会

政协第七届邹平县委员会第一次会议于1990年3月25—29日召开。本届委员会有委员182人，其中中共党员63人，占34.6%；非中共人士119人，占65.4%；妇女28人，占15.4%。会议听取县委副书记周建世所作《团结起来，为振兴邹平共同奋斗》讲话，听取审议县政协六届常务委员会工作报告和提案委员会关于提案办理情况报告。审议文史资料委员会工作报告。学习《中共中央关于坚持和完善中国共产党领导的多党合作和政治协商制度的意见》，讨论通过《关于政治协商、民主监督的暂行规定》。列席县第十一届人民代表大会第一次会议，听取并讨论《政府工作报告》《关于国民经济和社会发展计划执行情况及安排意见的报告》《关于财政预决算执行情况和财政预决算报告》。会议选举陈元德为政协主席，傅东岳、王荣嘉、张象墀、贾玉忠、李允贵为副主席。

第二次会议于1991年3月21—25日召开。会议听取并审议县政协主席陈元德代表七届政协常委会所作题为《总结提高，团结奋进，开创政协工作的新局面》工作报告，审议提案办理情况报告。列席县第十一届人民代表大会第二次会议，听取并讨论《政府工作报告》。

第三次会议于1992年3月16—19日召开。会议听取并审议政协主席陈元德代表七届政协常委会所作工作报告，副主席张象墀代表提案委员会所作提案工作报告。与会委员列席县第十一届人民代表大会第三次会议，听取并讨论《政府工作报告》。会议总结表彰1991年度取得显著成绩7个乡镇政协工委和“出良策，献实绩”活动优秀成果和有关委员。

第八届委员会

政协第八届邹平县委员会第一次会议于1993年2月19—22日召开。本届委员会共有委员179人，来自19个界别，其中中共党员63人，非中共人士116人，妇女委员29人。会议听取审议政协第七届常委会工作报告、提案委员会工作报告和文史资料委员会工作报告（书面），列席县第十二届人民代表大会第一次会议，听取讨论《政府工作报告》及其他报告。会议选举杨秉海为政协主席，贾玉忠、傅东岳、李允贵、李汝义、曲延庆为副主席，选举33人为常委会委员。

第二次会议于1994年2月26日—3月1日召开。会议听取审议政协主席杨秉海代表第八届政协常委会所作工作报告，审议提案工作报告。与会委员列席县十二届人民代表大会第二次会议，会议增选王臣修为县政协常委。

第三次会议于1995年4月7—11日召开。会议听取审议政协常委会工作报告和提案工作报告，列席县第十二届人民代表大会第三次会议，听取审议《政府工作报告》。

第四次会议于1996年3月6—9日召开。会议听取审议政协主席杨秉海代表第八届政协常委会所作工作报告，审议提案委员会工作报告，列席县十二届人民代表大会第四次会议，听取并讨论《政府工作报告》和其他有关报告。会议通过专门委员会组织机构，增补孟令水、王允河、张统仁3人为常委会委员。

第五次会议于1997年2月23—25日召开。会议听取并审议政协主席杨秉海所作工作报告，审议通过提案委员会工作报告。列席县第十二届人民代表大会第五次会议，听取讨论《政府工作报告》及其他有关报告。会议增选李志华为县政协副主席。

第九届委员会

政协第九届邹平县委员会第一次会议1998年1月14—18日召开。本届委员会有委员179人，来自20个界别。其中中共党员70人，非中共人士109人，妇女委员31人。会议听取审议政协主席杨秉海所作工作汇报，审议通过提案委员会工作情况报告、文教卫体委员会工作报告（书面）。列席县十三届人民代表大会第一次会议，听取讨论《政府工作报告》及其他工作报告。会议选举崔建平为政协邹平县第九届委员会主席，选举李志华、傅东岳、李允贵、李汝义、曲延庆、韩玉花（女）为副主席，选举35人为常委会委员。

第二次会议于1999年1月20—22日召开。会议听取审议九届政协常委会工作报告和提案委员会工作报告，列席县第十三届人民代表大会第三次会议，听取并讨论《政府工作报告》。会议增选4名常委会委员。

第三次会议于2000年1月21—23日召开。会议听取审议九届政协常委会工作报告以及九届政协二次会议后提案工作情况报告。列席县第十三届人民代表大会第四次会议，听取讨论《政府工作报告》。会议增选王沛发为政协第九届邹平县委员会副主席。

第四次会议于2000年5月27日召开。会议选举宫敬宝为政协第九届邹平县委员会主席。

第五次会议于2001年2月3—5日召开。会议听取审议县政协主席宫敬宝代表九届政协常委会所作工作报告，副主席韩玉花（女）所作九届政协三次会议后提案工作情况报告。列席县第十三届人民代表大会第六次会议，听取并讨论《政府工作报告》和其他报告。

第六次会议于2002年1月21—23日召开。会议听取审议县政协主席宫敬宝所作工作报告以及九届政协五次会议后提案工作情况报告。列席县第十三届人民代表大会第七次会议，听取并讨论《政府工作报告》。会议增选张思越为县政协第九届邹平县委员会副主席。

第十届委员会

政协第十届邹平县委员会第一次会议于2003年1月16—19日召开。本届委员会有委员179人，来自18个界别，其中中共党员71名，非中共人士108人，妇女委员34人。会议听取审议县政协主席宫敬宝代表九届政协常委会所作工作报告以及九届政协提案工作情况的报告。列席县第十四届人民代表大会第一次会议，听取并讨论《政府工作报告》和其他报告，会议选举宫敬宝为政协主席，李志华、王沛发、曲延庆、张思越、朱秀英（女）、王允栋为副主席。选举出35人为政协第十届邹平县委员会常务委员会委员。

第二次会议于2004年1月4—6日召开。会议听取审议十届政协常委会工作报告及政协提案工作情况报告。列席县第十四届人民代表大会第二次会议，听取并讨论《政府工作报告》和其他报告。

第三次会议于2005年1月13—14日召开。会议听取审议十届政协常委会工作报告以及十届政协提案工作情况报告。列席县第十四届人民代表大会第三次会议，听取并讨论《政府工作报告》和其他报告。

第二章　主要工作

第一节　政治协商与民主监督

1984年，第五届政协会议之后，政协政治协商、民主监督职能作用逐步向经常化、制度化发展。协商内容主要有4个方面：党和国家有关方针、政策、法规，社会主义经济方面政策问题，群众最关心、迫切要求解决重大问题，本县重大人事安排问题。协商主要形式：开好政协例会以及参加各种会议进行协商。每年1次政协全委会，3个月1次常委会，不定期召开主席办公会。政协各主席参加人大、政府有关重要会议，研究各主席参加人大、政府有关重要会议，研究全县重大事项。全体委员列席县人代会，基层委员列席乡镇人代会，讨论决定县委重大决策。以政协名义，向县委、县政府反映委员意见要求。

1988年、1989年，县乡2级党委政府向政协各级会议通报情况50余次，其中县委、县政府向政协主席会、常委会通报情况9次，为政协委员参政议政创造良好条件。七届政协任期3年时间里，召开常委会议15次，主席会议33次，县委、县政府及计委、经委等职能部门到会通报情况15次，乡镇党委、政府向委员和联络成员通报情况101次。政协委员累计提建议、意见1000余条。

1993年，七届政协任届期满，八届政协召开第一次全体会议。1993年，召开主席会议7次，常委会议5次，各种专题座谈会12次。1994年，县政协召开4次常委会、12次主席会议，召开庆祝人民政协成立45周年纪念会。4次常委会议主要围绕全县加快企业产权制度改革、对外开放、反腐倡廉等重大问题，听取县委、县政府领导和有关职能部门情况通报，进行协商讨论，提出意见和建议，反映民意。1995年，县政协召开八届九次常委会，研究制定《县政协关于政治协商、民主监督、参政议政的规定》；八届十次常委会集中传达学习县第八次党代会精神，联系实际制定贯彻意见；八届十一次常委会传达学习中共十四届五中全会精神，听取县政府《关于政协八届三次会议以来提案办理情况的通报》和县纪委《关于全县反腐倡廉情况的通报》，对事关全县大事，特别是人民群众普遍关心党风廉政建设等问题，提出许多意见和建议。

1996年，召开八届十三次常委会，县委领导通报关于全县社会治安综合治理情况，常委们针对当时在社会上出现的一些不稳定因素，提出许多批评和建议；八届十四次常委会，县政府领导通报提案办理情况；八届十五次常委会，通报政协组织依法行政、农村基层组织建设调查情况，对一些重大问题提出建议。1997年，召开4次常委会议，围绕全县重大问题进行协商讨论，提出许多宝贵意见和建议。县政协和各镇乡政协工委先后组织100余次调研视察活动。1998年，八届政协任届期满，九届政协召开第一次全体会议。1998年，县政协共召开主席会议10次、常委会议6次，及时研究协商全县有关政治、经济和社会重大问题。常委会议坚持认真学习上级文件与通报情况相结合的方式，分别请县委、县政府、县纪委有关负责人分3次通报全县干部作风建设年、加强农村基层组织和民主法制建设及全县企业改革等情况。在第二次、第四次常委会议上分别审议、通过《关于农村用电管理情况的调查报告》《关于加快发展我县个体私营经济的调查报告》。

至2005年，县政协政治协商工作日渐规范，并取得显著成效。每年政协全体会议上，委员们都对《政府工作报告》及其他报告进行认真协商讨论，提出意见和建议。县人大会议的议程，都在政协全委会会议上进行协商，征求意见和建议。每年召开4次常委会议，每次会议都邀请县委、县政府领导或有关职能部门到会通报全县经济社会发展情况，或针对某项工作进行协商，委员们积极建言献策，履行协商议政职能。

图 18-1　1998 年春，九三学社山东省委在邹平县设立考察联系点

第二节　提案工作

1986—1995 年，县政协各级组织和广大政协委员，围绕县委县政府中心工作，围绕人民群众普遍关心的热点、难点问题，用提案形式参政议政、献计出力。第六届政协任职期间，收到委员提案 180 件，提案委员 228 人次。提案中有关城市建设、交通、环境保护、人民生活方面 47 件，占提案总数的 26%；有关农林水方面 28 件，占 16%；科技方面 8 件，占 4%；文教、卫生、体育方面 31 件，占 17%；医疗卫生方面 13 件，占 7%；财贸方面 11 件，占 6%；政治方面 12 件，占 7%；其他方面 30 件，占 17%。上述提案全部办理完毕，其中所提问题已经或基本解决 74 件，占办复提案总数的 41%；正在解决或列入计划解决 98 件，占 54%；因条件所限不能解决 8 件，占 5%。第七届政协任期内收到提案 367 件，提案委员 424 人次，经审查有 342 件予以立案。其中有关农林水方面 50 件，城建环保方面 37 件，文化教育、体育方面 60 件，卫生计划生育方面 39 件，工商财贸方面 43 件。七届提案总数比六届增加 162 件，提案委员人数增加 196 人次。所提问题已经或基本解决 257 件，占 75%；列入计划准备研究解决 44 件，占 13%；由于条件所限，暂时难以解决 41 件，占 12%。

第八届政协任期的 1993—1995 年，收到各种提案 303 件，涉及农林水、城建环保、组织人事、社会政法、工商财贸等 12 个方面。提案得到有关部门采纳并落实比较好的 188 件，占 62%；正在解决或列入计划逐步解决 87 件，占 28%；因条件所限暂时解决尚有困难 28 件，占 9%。所有提案办理情况，都及时书面答复委员，做到事事有答复，件件有着落。

1996—1997 年，第八届政协任期收到政协提案 339 件，其中有关经济建设、财政、金融方面 67 件，农业方面 40 件，交通、邮电、基础建设方面 87 件，组织、劳动、人事方面 37 件，社会、政法、统战方面 44 件，科教文卫体方面 38 件。上述提案经过各方面积极努力全部办理完毕，得到解决的 197 件，占全部提案的 58%；列入计划正在逐步解决的 88 件，占全部提案的 26%；因条件所限所提建议暂时不能解决，并向委员解释清楚的 54 件，占全部提案的 16%。

第九届任期内的 1998 年，收到提案 113 件，其中界别、联名提案 52 件，提出提案委员 148 人，占委员总数的 81%。提案中有关经济建设方面 24 件，基础建设方面 20 件，农业方面 18 件，统战宗教及其他方面 9 件。得到解决提案 68 件，占全部提案的 60.1%；引起有关方面重视，列入计划或正在解决提案 31 件，占 27.5%；因条件所限暂时不能解决已向委员解释清楚提案 14 件，占全部提案的 12.4%。所有提案办理情况，都及时书面答复委员，做到事事有答复，件件有着落，委员反馈满意率 90.5%。例如，1996 年，码头乡委员，根据近几年来出现黄河枯水期长，黄河水可用但不可靠现实，提出“下决心加快码头平原水库建设”建议，县政府很快就组成调查协调小组，向省政府申请立项。省计委批准立项后，于 1996 年 5 月 21 日，正式破土动工。1997 年，石正太、李世祥 2 位委员提出“黄山防火亟须加强”建议，县建委对此非常重视，制定具体防火措施和管理办法，落实责任制，组建救火队，安排专门防火车辆，购置灭火器具，安装内部火警电话，县电视台进行防火宣传，秋天组织力量沿环山路除草，割出20米防火带，消除环山路以外带来火灾威胁。1998年，临池镇委员提出“采取措施，减轻企业负担，为经济发展创造良好环境”提案，经县委、县政府研究确定，由县纪委、监察局牵头，会同物价局、法制局，对全县44个有收费职能行政事业单位上报的1339个收费项目，逐一进行认真审核，以邹政办发〔1998〕10号文件公开取消行政事业性收费12项，降低收费标准100项。按对比计算，全年可为企业减轻负担800余万元。

1998—2002年，第九届政协任期委员提出提案775件，经审查立案751件，转为委员来信24件。提案数量和立案率均创历届之最，提案内容涉及全县经济和社会发展的各个方面。其中经济建设方面444件，占总数的59.1%；科教文卫体、精神文明建设方面146件，占19.4%；党建政法、劳动人事、社会保障方面148件，占19.7%；统一战线、民族宗教、台港澳侨等方面13件，占1.7%。共筛选确定重点提案105件。提出提案的委员比例由九届一次会议的53%上升到九届六次会议的74%。

2003年，十届政协委员共提出提案140件，经审查立案并批办、交办138件。其中经济建设方面19件，占交办提案总数的13.8%；基础设施、城市管理方面40件，占29%；农林水方面25件，占18.1%；精神文明、科教文卫体方面27件，占19.6%；劳动人事、民族宗教、社会政法方面27件，占19.5%。未立案2件，已作为工作信件交有关单位处理，并及时向提出提案委员作解释与说明。提出提案委员110人，占委员总数的61.5%。

九届五次全委会议上，部分委员针对全县水资源供需矛盾日益突出问题提出提案。2001年10月，县政协组织委员就县城城区水资源情况进行调查，形成《关于县城区水资源情况的调查报告》。县委书记刘士合认为“该报告提出了很有见解的观点和建议，很值得研究借鉴”，并责成县政府对报告中提出有关问题进行研究。政协委员王学慧提出关于“努力加大教育投入，切实落实教育优先发展战略”建议，县委、县政府坚持以教育优先发展和科教兴县为指导，不断加大教育投入，积极创新投入机制，通过金融信贷、招商引资、实施学校后勤社会化服务等措施，3年教育投入近4亿元，形成政府投入为主、市场化运作、多元化投资教育投入新机制，实现教育超常规、跨越式发展。

2003—2005年，在十届政协三次会议中，广大政协委员认真履行政协职能，积极建言献策，共提出提案385件。其中经济建设方面226件，科教文卫体方面81件，社会政法劳动人事方面78件。提案所提出问题得到解决128件，占33.2%；基本解决和正在解决220件，占57.1%；其他37件，占9.7%，需要以后解决。

第三节　文史工作

1986年3月，县政协正式成立文史办公室。

1987—1990年，六届政协期间，建立1支50余人的文史资料征集员队伍，制定文史资料征集提纲，按照亲历、亲见、亲闻要求，围绕戊戌变法以来至“文化大革命”前在邹平县发生的重大事件和重要人物，广征博采、重点抢救，3年间征集各种资料500余万字，其中重点抢救征集20世纪30年代梁漱溟乡村建设的有关“三亲”资料100余万字、文字资料300余万字及部分图书、录音、录像资料。编辑出版《邹平文史资料选辑》第四、第五辑，与省政协合编《梁漱溟与山东乡村建设》一书，与团县委合编《知我邹平爱我邹平》乡土教材。

1987年10月，县政协与山东大学、山东社科院联合举办全国第一次梁漱溟乡村建设运动学术

图18–2　1990年，纪念抗日战争胜利45周年座谈会召开

讨论会，会后出版《乡村，中国文化之本》论文集。

1988年，梁漱溟逝世后，应其子女要求于1989年在黄山公园建造梁漱溟墓。1990—1992年，第七届政协任期3年中，编辑出版《邹平文史资料选辑》第六辑、第七辑，出版《八仙过海》《邹平县地名故事选编》。

1991年，县政协在山东大学和山东社科院协助下，主持召开全国性范仲淹研究会成立大会暨第一次学术讨论会，应邀到河南省伊川县举办纪念范仲淹名人书画展。

1992年，筹办邹平县首届白云山根艺盆景大展。诗词学会编印《邹平诗苑》《邹平历代诗选》《七月流火》等诗集。举办7次书法展览。

1993年，毛泽东主席100周年诞辰，文史资料委员会举办书画展，展出作品60余件；诗词学会举办诗歌朗诵会，收到作品30余首，从不同侧面讴歌毛泽东功绩。为省举办“纪念毛泽东主席100周年诞辰农民工艺美术展览”提供10件书画、工艺作品。10月，举办纪念梁漱溟100周年诞辰活动，并举办纪念展览，全国政协副秘书长、民盟中央副主席吴修平，省政协副主席孔令仁等有关领导出席纪念会。举办青海著名画家王广才省亲画展。出版《邹平地名故事》。协助《范仲淹》剧组完成16集电视连续剧在县内拍摄任务。

1994年，为服务于经济建设，征集、编纂出版《邹平企业大全》。在原山东乡村建设研究院旧址，筹办梁漱溟纪念馆，全国人大常委会副委员长费孝通题写馆名，展出图片100余幅、梁漱溟遗物110余件、字画64幅。协助编辑出版《范仲淹在邹平》一书。

1995年，搜集、整理、编纂出版《邹平抗日斗争史略》，以此纪念中国人民抗日战争和世界反法西斯战争胜利50周年，对广大人民进行爱国主义、革命传统教育。

1996—1998年，县政协文史资料办公室高举爱国主义旗帜，坚持实事求是原则，努力探索在社会主义市场经济条件下文史工作新路子，积极做好文史资料征集、整理、编辑、出版工作。建立起一支近百人的文史通讯员队伍，县直有通讯员30余人，各镇乡都建立5～7人文史通讯小组。1996年后，在继续征集中华人民共和国成立前资料基础上，注意向中华人民共和国成立后延伸，抓住一些重要阶段和重大历史事件，重点进行征集。1996年，征集各种资料百余万字，编辑出版《邹平文史资料》第八辑，刊用稿件63篇，20余万字。1997年6—7月，为庆祝香港回归祖国，会同教委、文化局、报社等部门联合组织诗词征集活动，共征集作品1000余首，编辑出版《情系紫荆花》诗词集，并举办“邹平县迎香港回归诗词朗诵会”。1998年，在县文物主管部门和山东大学历史系考古专业协助下，重点对丁公遗址挖掘资料进行征集，征集整理资料12余万字，将其汇编成册，出版《邹平丁公遗址研究资料集》一书。

2004年，市政协在邹平召开全市文史工作会议。县政协文史办在会上做典型汇报。部署之后文史工作任务，明确工作方向和目标，同时，对全县政协文史通讯员进行调整充实，发展壮大队伍，扩大到150余人。

2005年，《邹平文史》被省政协、省社科院评为优秀文史书刊一等奖，县文史办也被省政协表彰为文史工作优秀集体。充分发挥范仲淹、梁漱溟、陈仲子等历史文化名人优势，挖掘这方面资料，不断加强与国内外学术界人士交流与合作，努力打造“山水邹平，文明邹平”品牌。7月，为纪念中国人民和世界反法西斯战争胜利60周年，在老干部活动中心举办书画展。

第三章　重要纪念会议

第一节　纪念抗日战争胜利座谈会

1995年8月2日，县政协举办纪念中国人民抗日战争及世界反法西斯战争胜利50周年座谈会。会议特别邀请全国战斗英雄、原南京军区副司令员张明和部分革命老同志、老领导参加，与会人员共同回忆八年抗战峥嵘岁月，歌颂伟大的中国共产党和英雄的中国人民，鼓舞大家团结奋斗、建设经济强县斗志。

2005年8月3日，县政协在全国爱国主义教育基地长山中学，召开纪念抗日战争暨世界反法西斯战争胜利60周年座谈会。与会人员瞻仰鹤伴山抗日英雄群雕像并敬献花篮。

第二节　梁漱溟乡村建设专题资料征集协作会议

1987年4月2日，省政协在邹平县召开梁漱溟乡村建设专题资料征集协作会议。会期2天。邹平、菏泽、济宁、济宁郊区、金乡、兖州、嘉祥、汶上、邹县等市县政协文史工作干部出席会议。山东大学社会学系理论教研室主任杨善民，中国科学院生物物理研究所副主任梁培宽（梁漱溟长子），中国社会科学院美国研究所副编审梁培恕（梁漱溟次子）应邀参加会议。山东电视台为会议录像，并在4月3日电视新闻节目中转播。

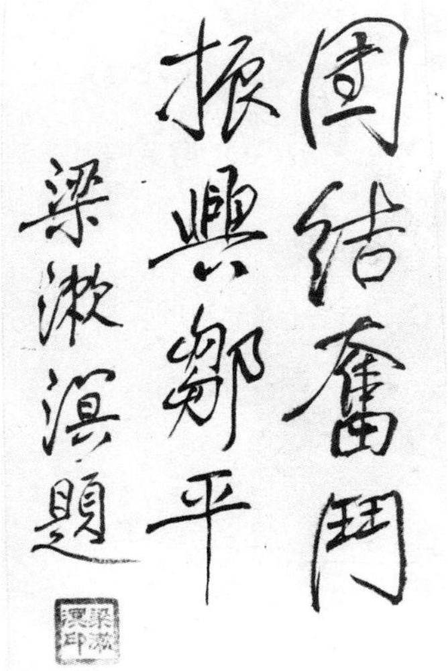

图18-3　1986年6月，梁漱溟题字

第三节　梁漱溟“乡村建设运动”学术讨论会

由邹平县政协、山东大学社会学系、山东社会科学院社会学所联合发起的梁漱溟“乡村建设运动”学术讨论会经中宣部批准，于1987年10月12—15日在邹平县召开，会议历时3天半时间。

图18-4　1987年10月12日，梁漱溟“乡村建设运动”学术讨论会合影留念

参会人员来自北京、天津、南京、武汉、厦门、安徽等7个省、市26个单位。其中有北京大学、南开大学、南京大学、厦门大学、山东大学、山东师范大学、曲阜师范大学、华中工学院8所院校专家学者，中国社科院、中国地质矿产部、中央教育科学研究所、山东教育科学院研究所、安徽社科院社会学所研究人员，省政协，潍坊市博物馆、县政协文史办、县史志办史料工作者，地委宣传部、县委宣传部宣传理论干部，地委统战部、县委统战部干部等。正式参加会议55人，列席8人，其中教授、副教授、副研究员13人。此为内部学术讨论会，按照党的“百花齐放，百家争鸣”方针，实事求是地探索研究梁漱溟乡村建设理论及其实践，目的是借鉴历史经验，促进农村改革，促进社会主义“两个文明”建设。会议围绕梁漱溟“乡

村建设运动”，从哲学、教育学、文化学、社会学不同角度对梁漱溟政治观点、学术观点进行研究探讨。重点讨论梁漱溟乡建运动性质、作用及现实意义。会议收到论文16篇。

第四节　范仲淹研究会成立大会暨第一次学术讨论会

1991年5月21—23日，范仲淹研究会成立大会暨第一次学术讨论会在邹平县召开。这次大会在山东省政协支持下，由邹平县政协、山东大学、山东社会科学院联合组织主办。山东省政协、山东省委宣传部、山东省文化厅、山东省社会科学联合会、山东省社会科学院、山东大学、山东师范大学、山东轻工业学院、华东师范大学、惠民地委、惠民行署、惠民政协工委和来自北京、河南伊川、新乡、信阳、安徽广德、蚌埠、浙江建德及山东各地负责人、专家学者、范氏后裔及10余家新闻单位记者，160余人出席大会。

收到学术讨论文、资料36篇，约计20余万字。大家围绕范仲淹政治思想、民本思想、教育思想、人才观念、军事思想、文学成就，在宋代思想学术史上重要地位，在睦州、广德、青州等地政绩进行广泛讨论。集中探讨范仲淹“先忧后乐”观社会背景、思想文化渊源及其实践活动。论证范仲淹4岁随母迁居邹平县，在邹平县生活18年对其一生的影响。通过讨论形成共识：邹平县是范仲淹第二故乡，在邹平县生长的18年是范仲淹一生思想、人格、事业奠基时期。

会议举办纪念范仲淹书画展览，展出全国征集作品250篇。《经济日报》《光明日报》《人民政协报》《大众日报》《联合报》等媒体对这次会议作报道。

第五节　梁漱溟诞辰一百周年纪念会议

1993年10月23日（农历九月初九），梁漱溟100周年诞辰，县成立纪念梁漱溟100周年诞辰活动领导小组，为保证各项活动进行，纪念梁漱溟100周年诞辰筹备工作主要有：在梁漱溟墓旁立部分名人题词碑刻，其中有全国人大常委会副委员长程思远、民革中央副主席贾亦斌，著名教授、学者冯友兰、张岱年、任继愈、启功，知名人士沈醉、吴祖光、袁晓园等人挽联墨迹。筹办“纪念著名爱国民主人士梁漱溟诞辰100周年展览”，展出图片、字画、实物400余件。全国人大常委会副委员长费孝通、孙起孟、程思远、雷洁琼，全国政协副主席赵朴初，民盟中央副主席高天、叶笃义，省政协主席陆懋曾等领导人分别为展览题词。与会人员参观纪念梁漱溟100周年诞辰图片、字画展览，拜谒梁漱溟墓。《人民政协报》《团结报》《大众日报》《联合报》《滨州日报》等新闻媒体对纪念活动进行宣传报道。

第六节　纪念范仲淹诞辰1015周年座谈会

2004年12月25日，县政协召开纪念范仲淹诞辰1015周年暨《范仲淹纪念书画集》发行座谈会。与会人员从不同角度讴歌范仲淹先忧后乐高风亮节精神。一致认为大家应结合时代与社会发展要求，丰富和发展“先忧后乐”思想内涵。

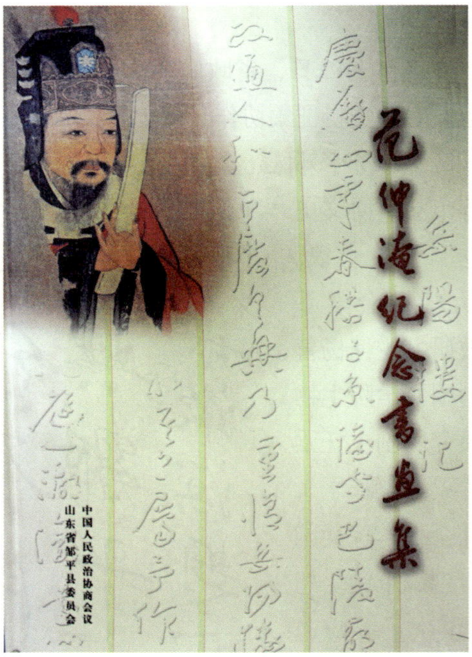

图18-5　2004年11月，《范仲淹纪念书画集》出版

第四章 协会工作

第一节 书法家协会

邹平县书法家协会成立于1983年。主要活动：1990年10月，邀请中国书法家协会理事、著名书法家林岫、张荣庆到邹平县进行书法交流。1991年5月，为配合范仲淹研究会成立大会，弘扬范仲淹精神，举办纪念范仲淹书画展，展出作品250余幅。此次书画展得到中国书法家协会支持，在全国征集200余幅书法作品。1992年，县政协在河南省伊川县举办范仲淹名人书画展。1997年6月，举办迎香港回归书画展，展出作品108幅。1999年，为庆祝中华人民共和国成立50周年、人民政协成立50周年和澳门回归，会同宣传部、教委、文化局、工会、老干中心，联合举办“两庆一迎”书画展。2002年，张延龙获首届中国兰亭奖创作奖。此奖为书法界最高奖项，在邹平县书法史尚属首次。2004年，在纪念范仲淹诞辰1015年之际，县政协将征集积累的部分纪念范仲淹书画作品结集出版《范仲淹纪念书画集》。

第二节 梁漱溟乡村建设理论研究会

1988年6月，梁漱溟逝世。1988年7月，“梁漱溟乡村建设理论研究会”成立。1989年10月，邹平县在黄山公园修建梁漱溟墓。全国政协副主席、佛教协会主席赵朴初题写墓碑。省政协、山东大学、山东社科院、北京大学、中国文化书院、广西师范大学等单位负责人和代表参加落成仪式。1993年10月，召开梁漱溟诞辰100周年纪念会。1994年10月，在邹平一中支持下，在原山东乡村建设研究院旧址，筹办梁漱溟纪念馆。全国人大常委会副委员长费孝通题写馆名，展出图片100余幅、遗物110余件。

第三节 诗词学会

1988年5月，召开邹平县诗词学会第一次会员会议，诗词学会正式成立。1989年9月，学会组织郭连贻、王红、杨景民等搜集整理邹平县历代诗词，编选成《邹平历代诗选》。1997年，为喜迎香港回归，县政协、诗词学会联合组织举办“迎香港回归”诗词征集活动，征集作品1000余首。1999年，县政协联合诗词学会组织“两庆一归”诗词征集活动，征集作品500余首，并编选90首结集题为《世纪交响》出版。

第四节 范仲淹研究会

1991年5月，范仲淹研究会成立。大会通过研究会章程，选举领导机构。1993年3月，县政协、研究会配合有关部门完成16集电视剧《范仲淹》在邹平县拍摄任务；1998年5月，在北京人民大会堂召开《范文正公文集》重版首发式暨范仲淹思想文化研究会筹委会座谈会；2004年，邹平县旅游管理委员会，按照打造范公故里文化品牌要求，采取县财政扶持、社会集资等形式，开始修复醴泉寺，至2005年，已近完工。

第五节 周易学会

1988年6月成立。会议通过《邹平县周易学会章程》，选举理事会成员。1988年12月，举办过3次周易入门讲座。1990年以后，周易学会很少组织活动。1998年后，周易学会不再在民政局登记，自动解散。

第六节　海外联谊会

1989年9月成立，会员73人。宗旨和任务：高举爱国主义旗帜，广泛联系和团结广大台胞、港澳同胞、海外侨胞及其家眷和海外友人，开展联谊交友活动，宣传一国两制、改革开放等方针政策，为引进资金、技术、人才牵线搭桥。成立后，对全县台胞、港澳同胞及海外侨胞进行调查摸底。1991年，接待侨胞、台胞86人次。接待美中学术交流委员会到邹平县进行考察研究活动。后，联谊会活动萎缩，逐渐销声匿迹。

第十九编
社会团体

Social Organizations

1985 年，建成使用的总工会办公楼

2004年3月，开展“跨百强千名妇女万里行”参观考察活动，先后有2000名妇女参加

小手拉大手，共筑碧水蓝天　　（2003年摄）

1986年，邹平县群众团体主要有工会、共青团邹平县委员会、妇女联合会、科学技术协会。1988年9月，工商业联合会恢复活动。1990年5月，成立残疾人联合会。2002年5月，文学艺术界联合会成立。各群众团体发挥党和政府联系群众的桥梁纽带作用，积极推进邹平县各项事业发展。

第一章　县总工会

第一节　机构沿革

1986年，县总工会内设办公室、工人俱乐部。1993年10月，县级机构改革，县总工会内设办公室、组织生产办公室、工人文化宫。2004年年初，县总工会内设办公室、工人文化宫。至2005年，机构设置未变。

第二节　职工队伍和工会组织

1986年，全县职工人数为15135人，其中女职工4442人；基层工会组织128个，女工委员会10个，工会会员12546人。至1995年，工会会员人数已发展到26532人，建立和配套16个局工委、159个基层工会、80个女工委员会；109家基层工会通过县总工会检查验收，被命名为“合格职工之家”；34个基层工会被地区工会办事处命名为“先进职工之家”；4个基层工会被省总工会授予“模范职工之家”称号。1996年，在临池镇华孟集团公司建立全县首家新经济组织工会。同年，在日本独资企业“丸昌制衣有限公司”和中日合资企业“日清食品有限公司”建立工会组织。1997年4月，在临池镇柏家大众实业总公司建起首家村办企业集团工会。

2000年底，全县非公有制企业工会组织由原来45家发展到239家，覆盖企业729家，1.3万名职工加入到工会组织中。2001年，在全县机关事业单位新建工会35家，发展会员1300余人。2002年12月，市总工会对邹平月河酒业有限公司工会、山东豪盛集团公司工会进行抽查，并顺利通过验收。2003年，县总工会被全国总工会授予“全国新建企业工会组建工作先进单位”称号。至2005年，全县共有工会组织352家，其中国有集体及其控股企业工会23家，机关事业单位工会96家，个体私营、外商投资、中外合资企业工会233家。全县职工人数137071人，其中女职工53043人；工会会员77528人，其中女会员38081人。专职工会干部81人，兼职工会干部947人，建立女职工委员会124个。

第三节　维护职工合法权益

1986年，基层工会每年研究1～2次对生活困难职工的救助问题，每逢春节，工会都安排到退休和困难职工家庭进行走访慰问。随着企业改制步伐加快，下岗失业人员和困难职工逐年增加，县工会积极协助劳动部门安排好待业青年，解决职工子女就业问题；对生活困难职工救济和互助成为工作重点。

1996年，县总工会开始推行平等协商、签订集体合同工作，在全县54家国有集体企业中建立平等协商、签订集体合同制度，从源头上维护广大职工合法权益。

1997年，县总工会为保障困难职工基本生活，参与和推进社会保障制度建立，做到源头维护；实施“送温暖工程”，逐步建立和完善职工利益自我保障机制。县总工会多方筹集资金31万余元，县财政拨款40万元，建立“送温暖基金”。

1998年，全县建立劳动争议调解组织53个，工会劳动法律法规监督组织34个，劳动保护监督检查组织52个。工会参加安全生产检查82次，参加处理工伤事故34件，调查处理劳动争议案件27件。

2003年，举办5期下岗职工再就业技能培训班，培训下岗职工3600余人次，安置下岗职工1234人，有1300余人通过自谋职业实现再就业。

图19-1 2005年10月，爱心妈妈为贫困儿童编织爱心毛衣发赠仪式

至2005年，全县95%以上下岗失业人员得到妥善安置。在实施“送温暖”工程方面，累计救助困难职工8600余人次，发放救助金258万余元。

第四节 职工民主管理

1986年，县总工会先后对109个基层单位145名工会干部进行考核，92个基层工会进行换届选举和组织整顿。年底，全县“职工之家”经验收合格109个，全区先进“职工之家”16个，县农业银行被山东省总工会命名为“先进职工之家”，啤酒厂、魏桥供销社、黄山中学被地区工会命名为“先进职工之家”。

1991年，县总工会在基层工会中开展“建家升级和民主管理达标”活动。全县有128个单位开展“民主管理达标”活动，占基层工会总数的88.27%。达标单位54个，占基层工会数的37.2%。有5个单位被评为地级职工民主管理达标优胜单位。

1999年，县总工会下发《关于在全县国有集体企业推行“厂务公开、民主管理、民主监督”制度的实施意见》(邹办发〔1999〕25号文件)，全县51家国有集体企业全部实行厂务公开。

2000年4月，滨州地区厂务公开领导小组在亚视集团召开全区厂务公开工作现场会，亚视集团被省厂务公开领导小组评为“全省厂务公开工作先进单位”。

至2005年，全县共有5家单位被山东省总工会命名为“先进职工之家”，1家单位被授予省级“厂务公开先进单位”称号，16家单位被市总工会授予“职代会先进星”称号，51家国有集体及其控股公司实行厂务公开制度。

第五节 劳动竞赛

从1986年开始，县总工会组织开展以“双增双节”为主要内容社会主义劳动竞赛，开展“为振兴邹平建功立业”“质量品种效益年”“技术学习、技术练兵、技术比武”等竞赛活动。全县共有128个单位12456人参赛，增收节支创经济效益113万元。1995年，有169个单位26532人参赛，增收节支创经济效益2000万元。1998年，开展以倒逼成本、加强企业管理、提高经济效益为中心“技术创新杯”“安康杯”两杯和“节约挖潜标兵”“技术创新标兵”“优质服务标兵”3项标兵劳动竞赛活动和合理化建议月活动，全县有102家企业17236名职工参加不同形式竞赛活动。在合理化建议月活动中，收到职工合理化建议3710条，被采纳510条，实施335条，为企业创经济效益1800余万元。山东华孟集团公司被省劳动竞赛委员会授予“全省劳动竞赛先进单位”称号，魏桥棉纺织厂被评为全国“五一劳动奖状”先进集体。

1999—2005年，在全县范围继续开展各种劳动竞赛和以技术创新工程为主要内容的劳动竞赛和合理化建议活动。县电力集团公司狠抓安全生产，全县电网实现安全运营6000天无事故，2002年被省总评为“安康杯劳动竞赛先进单位”。

至2005年，全县有125家企业18万余人次参加不同形式劳动竞赛和提合理化建议活动，累计提合理化建议9500余条，采纳3600余条，实施2150余条，为企业增加效益2.6亿元。

第六节　职工教育和文体活动

1984年，县总工会在广大职工中开展形势、政策、理想、法律教育，开展振兴中华读书、演讲、征文活动。在振兴中华读书活动中，全县建立读书小组140余个，参加活动职工2700余人，收到各类征文630余篇，组织巡回演讲6次，听讲人数近5000人。

1989年，县总工会组织“忆十年、话改革”等活动。

1994年，在职工中广泛开展“主人翁与市场经济”主题系列教育活动，组织举办“闯市场、讲道德、做主人、多奉献”演讲比赛，有300余人次登台演讲。

1996年3月，组织举办职工太极柔力球比赛。全县11个系统15支男女代表队参加比赛。

1997年，香港回归祖国，全县广大职工开展“迎港归知识竞赛试题答卷”活动，各基层共打印、复印竞赛试题1.5万余份。与县委宣传部联合组织举办“迎港归电视知识竞赛”。竞赛以香港基本法和香港历史为主要内容，全县有16个系统和单位组队参赛，县电视台做专题直播。参加地区“迎港归书画展”，共收到基层送展书画作品60余件，从中选出17幅作品参加全区“迎香港回归书画展”，有3人获奖。

图19-2　2004年8月，第一期“中国结”编织技术培训班

2001年5月12日—6月3日，组织举办全县首届职工体育运动会。共设田径、足球、羽毛球、保龄球、象棋、门球、群体项目等9个大项，53个小项，1500余名运动员参加比赛，填补邹平县职工体育运动空白。同时确定，全县职工体育运动会每4年举办1次。

至2005年，工会直属文化宫俱乐部发展到136个，建成工会图书室137个，藏书15万册，工会所属体育场、馆138处。

第二章　共青团邹平县委员会

第一节　机构沿革

1986年，团县委下设4部1室：组织部、宣传部、工农青年部、学少部、办公室。1990年，增设权益部、未成年人保护委员会办公室，人员由内部调剂。1993年，县级机构改革，内设农工青年部、学少部2部。1999年，内设宣传部、工农部、学少部3个部。2004年，内设组织部、宣传部、青工青农部、学少部、权益部，编制7人。2005年，机构设置未变。

第二节　组织状况

1986年，全县各乡镇设有乡镇团委，乡镇教育团委从乡镇团委分离出来独立设立。全县共有基层团委46个，专职团干部61人。1995年，基层团委增加到64个，其中乡镇团委17个，乡镇教育团委17个，直属团委30个，专职团干部69人。

1996—1997年，全县共有64个基层团委，其中镇乡团委17个，镇乡教育团委17个，县直机关、企事业团委19个，县直中学团委11个，专职团干部76人。1998年，基层团委62个，其中镇乡团委17个，镇乡教育团委17个，县直机关企事业团委18个，县直中学团委10个，专职团干部65人。

2003年，全县有基层团委66个，其中镇、街道团委16个，镇、街道教育团委21个，县直中学团委13个，专职团干部73人。至2005年，组织状况未变。

1986—2005年邹平县团组织状况统计表

表19-2-1

年度＼数量＼项目	基层团委数	团总支数	团支部数	团员总数	女团员数	当年发展新团员	超龄离团	入党	专职团干
1986	46	197	1631	27288	10633	8964	2301	206	61
1987	47	199	1861	27990	11855	9097	2023	255	63
1988	47	186	1656	27348	11466	6915	4454	219	59
1989	48	172	1574	28902	7470	3976	5097	108	57
1990	49	173	1591	29306	11630	4066	2064	216	72
1991	52	166	1624	30684	14508	5711	1368	257	77
1992	52	153	1600	30249	11541	4572	1142	139	70
1993	60	150	1820	31693	13780	5549	1638	325	88
1994	64	124	1769	33222	12221	6453	1552	384	64
1995	64	124	1769	35957	12420	7116	1679	486	69
1996	64	122	1793	36578	12213	7025	1584	578	76
1997	64	124	1802	36524	12184	7473	1678	595	76
1998	62	135	1709	35957	12420	7116	1679	486	65
1999	63	140	1750	39752	13842	7263	1789	521	65
2000	63	145	1763	44426	16952	6524	1850	502	66
2001	64	153	1780	45027	15962	6522	1921	498	65
2002	64	162	1779	46213	14952	5982	2105	450	64
2003	64	170	1782	46983	13992	6021	2253	428	60
2004	64	172	1786	47553	14025	6314	2345	436	62
2005	65	175	1788	47851	13996	5823	2159	426	67

第三节　共青团代表大会

1988年3月17—20日，召开共青团邹平县第十二次代表大会。大会审议通过共青团邹平县第十一届委员会工作报告，选举产生共青团邹平县第十二届委员会，选出委员26人，召开共青团邹平县第十二届一次全委会，选出团县委书记1人，副书记2人，常委11人。

1992年4月28—30日，召开共青团邹平县第十三次代表大会。大会听取并审议通过上届团委所作《团结全县青年在实现小康目标的伟大实践中继往开来，再展宏图》工作报告，大会选举产生共青团邹平县第十三届委员会，选出委员29名。

30日下午召开共青团邹平县第十三届一次全委会，选出团县委书记1人，副书记2人，常委10人。

1996年5月2—3日，共青团邹平县第十四次代表大会。大会听取并讨论通过上届团委所作的《团结带领全县青年为实现党的跨世纪宏伟目标努力奋斗》的工作报告，大会选举产生共青团邹平县第十四届委员会，选出委员29名。3日下午，召开共青团邹平县第十四届一次全委会，选出团县委书记1人，副书记2人，常委13人。

第四节 共青团活动

青年职工工作

1986年，团县委带领全县青年职工提高企业经济效益，增强企业活力，推进经济体制改革和技术改造。

图19-3 1987年4月12日，邹平染织厂举行工人技术比武

在全县青工中开展争夺七五功勋杯活动。染织厂、棉纺厂被团省委授予“夺杯先进单位”称号。

1987年，取得“五小”成果72项，创造价值183万元。染织厂被团省委授予先进单位称号，4人被评为先进个人。

1988年，全县青工取得“五小”成果18项，提合理化建议276条，创造价值106万元。

1989年，开展“十企业创业建功竞赛”和“五系统争当服务明星”活动。

1990年，以提高青工素质为着眼点，开展以技术比武、双增双节、优质服务等内容的社会主义劳动竞赛活动。

1991年，团县委组织全县青工开展“质量在我手中、效益在我心中”活动。

1992年5月，举办金融系统首届青工技术比赛，70余名选手参加点钞、珠算等4项比赛。

1993年，团县委被团省委授予“青春立功”活动先进单位称号。

1994年9月，团县委召开“争创青年全优岗、争当青年岗位能手”活动现场会，表彰首批10个“青年全优岗”和10名“青年岗位能手”。

1995年，在企业青工中普遍开展“我看邹平经济的发展”“为厂长（经理）进一言”征文活动，促进企业健康发展。

1996年3月和1998年4月，团地委两次在邹平县召开争创“青年文明号”和争当“青年岗位能手”活动推进会。

1997年，邹平铜矿团委开展拜师学艺活动，琥珀啤酒厂团委评比表彰“十佳岗位能手”，金融团委开展评选“十佳青年业务技术尖子”等活动。

2001年5月1日，在黛溪河畔举行首届“圆梦之春”青年世纪婚典，26对新人喜结连理。

图19-4 2001年5月1日，团县委举办世纪婚典

2003年，以县新华书店为依托，充分利用读书协会的网络优势，投资80万元购置科技、管理、工商、文学等类图书、杂志近万册，在邹平矿业公司、驻邹部队等单位建起5个流动图书馆，办理借阅证3000余份，方便青工读者借阅学习。

2005年，推进青年文明号创建活动。举办全县青年文明号集体负责人培训班，对县级青年文明号创建单位考核验收。

青年农民工作

从1986开始，团县委在农村团员青年中实施

“能人”战略，发挥“能人”效益，创造性地实施青年致富工程。团县委编印“农村青年致富千条路”小册子下发到各团支部。

1991年，向农民提供防尘黑板、水泥、大理石等30多种物资。

1992年，全县成立队伍974支，开展活动上万次，有8支队伍受到团省委表彰，15支队伍受到团地委表彰，邹平团县委分别被团省、地委授予“共青杯”千队竞赛活动最佳组织奖。

1994年，通过推荐，全县60余名科技星火带头人担任村干部，为一村一品格局做出贡献。

1996年5月，团县委聘请农科院蔬菜专家到孙镇举办培训班，全县140名种菜青年能手听取专家的技术讲座和现场指导。7月，团县委聘请10名教授、专家到孙镇、里八田乡指导科技致富活动。

1997年，团县委开展“一助一、奔小康”活动，全县有1500名农村青年科技星火带头人，自愿结对帮助一名贫困青年限期奔小康。

是年，团县委、县农委联合组织农村青年致富能手评选活动，并在此基础上先后成立“邹平县青年养兔协会”，发展会员100余人。

1998年，兔场技术员共到农户家中服务290次，开展养兔技术培训6期，培训人数300余人，发放技术资料2000册。

2001年9月，举办两期农村青年科技星火带头人培训班，180名农村青年和农村团干部参加培训。11月，全县858个村团支部得到全面整改。

2003年，抗击“非典”斗争中，团县委开展“青春抗‘非典’，爱心献百姓”青年志愿服务行动，组建118支青年志愿服务队，动员9800余名团员青年，帮助近百户外出务工未返乡青年家庭累计收割小麦1000余亩，赠送现金2.3万余元、物品500余件。

2005年，农村青年转变观念，投身新农村建设，发展现代农业。团组织开展建功新农村系列活动，举办特色种植养殖培训班。

第五节　学校团组织和少先队工作

1986年，开展“奋飞之鹰”活动，受惠民地区表彰活动26个、先进个人95人，受省表彰活动14个、先进个人1人；团县委分别被团省委、团地委授予红旗单位的称号。

1988年，围绕团省委“争做山东未来建设者”主题开展系列教育活动。邹平师范团委受到团省委表彰。1989年，职业中专团委被团省委授予“先进学校”称号。

1991年，全县加强团校阵地建设，开展“争创最佳中学生团校”竞赛活动。

1994年，团县委抓中学生团校建设和中学生预备党校建设。各中学普遍开展“十八岁成人仪式”教育系列活动。

2001年，与县交警队共同成立由100名少先队员组成的少先队交警队，少先队员身着交警服装，每周六、周日到2处岗亭体验轮岗执勤。

2002年，举办第四届全县中小学生创新教育与实践活动节，组织中学生实践技能大赛、现场书画比赛、手工制作比赛12场次，参赛学生2万余人。

2003年，全县有2名学生被评为滨州市“十佳少先队员”，10名学生被评为“滨州市小英才”。开展争创“红领巾示范学校”活动。同年，全县有市、县级“红领巾示范学校”43个。

2005年，全县学校团组织和少先队组织以不同形式，开展各种有意义活动，在中学建立党校，开展“推优”工程，向党组织输送优秀团员。

第三章 妇女联合会

第一节 机构沿革

1986年，县妇联为正科级群众团体单位，编制9人，内设4部1室:组织部、权益部、儿童部、宣传部、办公室。1989年，成立儿童乐园（事业单位）。1993年10月，县级机构改革，内设组织权益部、少儿宣传部，管理儿童乐园。2003年11月，儿童乐园移交县教育局。同月，邹编〔2003〕18号文件公布，成立妇女儿童工作委员会办公室，为事业单位，参照国家公务员制度管理。至2005年底，机构设置未变。

第二节 妇女代表大会

县妇女第九次代表大会

1988年10月20—22日，县妇女第九次代表大会召开，400名正式代表和45名特邀代表参加大会。大会审议通过县妇联八届执委工作报告，选举产生33人组成县妇联第九届执行委员会。召开九届执委一次会议，选举产生县妇联常委5人。

县妇女第十次代表大会

1993年11月28—30日，县妇女第十次代表大会召开。397名正式代表和57名特邀代表参加大会。大会总结前五年妇女工作，安排部署后五年妇女工作任务。选举产生39人组成县妇联第十届执行委员会。召开十届执委一次会议，选举产生县妇联常委9人。

县妇女第十一次代表大会

2004年9月15—16日，县妇女第十一次代表大会召开，243名各业妇女代表参加大会。大会认真总结前五年妇女工作新经验，研究确定后五年妇女工作奋斗目标和工作任务，选举产生37人组成县妇联第十一届执行委员会。召开十一届执委一次会议，选举产生县妇联常委13人。

第三节 基层妇女组织

1986年，全县有妇联组织17个。

1991年，在县直党政机关、企事业单位建立妇委会55个，正副主任88名。

1995年，全县有妇联组织17个，正副主席46人,其中专职干部18人。农村基层妇代会858个，正副主任1154人。乡镇企业妇代会69个，市场妇代会19个。

2001年，全县17个乡镇撤并为14个，有妇联组织14个。

图19-5 2001年11月，新世纪首期青年女干部培训班开学典礼

2003年,全县16个镇、街道有妇联组织16个。

至2005年，全县16个镇、街道有妇联组织16个，正副主席49人，其中专职干部16人，平均年龄30.3岁，大专以上文化程度16人，中共党员16人。农村基层妇代会858个，正副主任1154人，858名妇代会主任进“两委”比例100%，中共党员238人，初中以上文化程度848人，报酬全部实行统筹。县直妇委会66个,正副主任95人，中共党员76人，大专以上文化程度90人。

第四节　劳动竞赛

1986年，对全县妇女进行家用技术培训，举办培训班213期，16500名妇女得到培训。

1989年，在农村妇女中开展“双学双比”（学文化、学技术，比成绩、比贡献）竞赛活动，组织妇女干部外出参观考察2次，引进绣花生产项目，引导2500名妇女走上创汇生产新路子。

1990年，发动121590名妇女参加各业生产竞赛，14420人掌握棉花、BT菌实用技术。

1991年，举办农业技术培训班142期，培训妇女1万余人，308名妇女获农民技术员职称。开展“贡献万斤粮、双千斤籽棉”主题竞赛活动，参赛妇女13.8万人。在城镇妇女中开展“巾帼建功”竞赛，举办技术比武52场次，妇女参与面86.5%。

1992年，开办学制一年初等农业技术教育女子班。召开“巾帼建功”活动现场会，制定实施6条奖励措施，推动竞赛活动全面开展，在全省妇女工作会上作交流。省“巾帼建功”女能手肖爱珍当选为中共十四大全国代表，出席中共第十四次全国代表大会。

1995年，绿证教育全年培训264次，903名学员普遍掌握了2～3门实用技术。在绿证学员、致富女能手和农村妇女中开展“手拉手结对帮扶”活动，结对1600余个，成立科技示范小组800余个。

1996年，903名农村妇女获得“绿色证书”，710名妇女取得农民技术员资格认证。开展以“千户妇女手拉手，结对扶贫奔小康”为内容巾帼扶贫活动，结扶贫对子1200余个。

1997年，省“巾帼建功”女能手肖爱珍当选为中共十五大全国代表，出席中共第十五次全国代表大会。

1998年，分区域开展专项竞赛活动，好生双乳山果园被评为省“三八”绿色优质工程。46个单位妇女组织结对帮扶46名下岗特困女工。

1999年，召开个体私营企业女能人联谊会，举办17个乡镇代表队参加“万名农家女学用科技知识大奖赛”，1000名妇女获农民技术员职称。广泛开展巾帼文明示范岗和示范标兵争创活动。张红霞被授予全国“巾帼建功”标兵称号。

2000年，开展“万名农家女，十项新技术”培训推广活动，举办培训班60余期，发展科技示范基地12处，4300余名妇女获绿色证书，2136名妇女获农民技术员职称。

图19-6　2000年10月，“巾帼建功”10周年现场会暨表彰大会召开

2001年，实施“巾帼科技致富工程”五年规划，建立160余人致富女能人联络网，成立巾帼科技服务队216支，3名妇女获得省科技创新三等奖。

2002年，推进培训、服务、示范基地三大网络建设，成立各类科技协会63个，发展科技示范基地15处，联合农信社开展“新世纪新观念，妇女贷款奔富路”活动，为近6000户妇女发放小额贷款1.24亿元。

2003年，组织以“走出去解放思想，谋发展巾帼致富”为主题的“跨百强千名妇女万里行”参观考察活动，组织10余批、2000余名妇女到省内外参观考察。发展养殖专业村120个，以妇女为主养殖专业户2.8万户。李红玉被评为全国“双学双比”女能手。2004年，到广州、江苏等地考察“中国结”编织技术及销售市场，从济南聘请技术人员举办“中国结”编织技术培训班，培训骨干130余人。

2005年，以“带头致富、带领妇女群众致富”为内容，实施农村妇女干部“双带”战略，建起以200余名妇代会主任为主体的“双带”致富网络和300余人女能人联络网。评选表彰15名“优秀女民营企业家”，承办市女企业家协会2005年

图 19-7　2005 年 3 月，邹平县女企业家协会成立

会。张红霞获“齐鲁巾帼十杰”称号，寇玉芳被评为全国“双学双比”女能手。深化“巾帼文明岗”争创活动，国税局城区分局办税服务厅被评为全国“巾帼文明岗”。至 2005 年，在农村举办培训班 600 余期，1 万余名妇女接受十大农业新技术培训，4300 名妇女获绿色证书，2300 余名妇女获农民技术员职称，22% 的农村妇女掌握高新技术，90% 的农村妇女掌握两门以上实用技术。在城镇，共举办各类岗位培训、技术比武、劳动竞赛 1000 余场次，女职工参与面 90% 以上，涌现出县级以上示范岗 80 余个，岗位明星 600 余名。

第五节　少儿工作

1986 年，县妇联开展托幼工作，在 15 个乡镇实行幼师工资统筹制，全县举办幼师培训班 30 期，培训 900 余人。开办家长学校 74 处，参学家长 2100 余人。全县共办幼儿园 654 处。

1987 年，在礼参职业中专开办学制一年的 2 个幼师班，招收学员 100 名。成立家庭教育研究会，家长学校发展到 374 处。召开家庭教育现场会，山东电视台宣传大临池村家长学校的事迹。

至 1990 年，全县托幼园所发展到 731 处，村办园率 85%，入园儿童 18239 人，3 岁以上幼儿入园率 80%，幼师工资统筹解决。县妇联被评为省“托幼工作先进集体”，邹平县被山东省委、省政府评为“少年儿童工作先进县”。

1991 年，托幼工作移交县教育局，县妇联儿童工作重点转变为家庭教育、维护儿童合法权益。

1994 年，开展“十佳邹平新苗”评选活动，1 万余名儿童参赛，召开表彰大会。

1995 年，开展“实施春蕾计划，救助贫困女童”活动，各级党政领导、先进妇女代表及各界人士 6000 余人捐款 8 万余元，结对救助 326 名贫困女童。

1996 年，实施“春蕾计划再接力工程”，发动 9000 余人捐款 8.8 万元，新救助 567 名贫困儿童，评选表彰“十佳春蕾女童”，被评为省“春蕾计划”先进单位。

1997 年，组织 1200 人参加省“三优”知识百题竞赛，新救助贫困女童 150 名，开展“我与春蕾计划”征文，组织 20 名春蕾女童代表进城过节。

2000 年，开展“邹平新苗”评选和“滨州新苗”推荐活动，24 名儿童被评为“邹平新苗”，19 名儿童被评为“滨州新苗”。

2001 年，发动文明单位救助 32 名贫困女童，承办联合国儿童权利公约培训班，开展“双十佳邹平新苗”和“百佳邹平新苗”评选活动。

2002 年，发动 28 个县直妇委会结对慰问 28 名特困春蕾女童家庭，省级文明单位黄河河务局出资 6000 元救助 20 名特困女童。获省“世纪父母读书活动”优秀组织奖。

2003 年，县妇联被评为全国实施“小公民道德建设计划”先进集体。

2004 年，举办“金摇篮杯”全县儿童才艺大赛，565 名儿童参加 4 个组别 10 个项目的比赛。

2005 年，开展“百名优秀女党员结对关爱单亲特困儿童活动”，全县 200 余名女党员及社会各界人士结对关爱近 200 名单亲特困儿童，为每名儿童提供 100 元生活费。

第六节　维权工作

1987 年，县妇联配合有关部门解救外省流入邹平妇女 36 名，妥善处理妇女信访案件 304 起。1988 年，接处妇女信访 271 起。1989 年，解救受害妇女 27 名，接处信访 143 起。1990 年，处理妇女信访104起。

1991年，制定下发《关于坚决打击拐卖妇女儿童犯罪活动的意见》，配合公安部门解救受害妇女儿童28名。

1992年，开展《妇女权益保障法》颁布宣传月活动，参与审理案件26起，接处妇女信访140起，在地区社会治安综合治理经验交流会上作典型发言，被评为省信访工作先进单位。

1995年，制定落实《妇女法》责任制实施方案，为2046名女干部、女职工进行健康查体，组织3000名妇女参加“妇女与环境”法律知识竞赛。

1996年，协调县法院成立维护妇女权益合议庭，对57起侵权案件及时审理。为受县级以上表彰巾帼先模优惠安装电话900部。

1997年，向县法院推荐6名妇女干部为人民陪审员，审理妇女维权案件23起。

2000年，县妇联被评为全省“三五”普法先进集体。

2001年，开展大规模新《中华人民共和国婚姻法》集中宣传活动，邹平县成为新《婚姻法》宣传全市唯一受省妇联表彰单位。

2002年，在妇女法颁布10周年之际，争取县人大就妇女法实施进行执法检查，成立妇女法律援助联络室。

2003—2004年，联合卫生部门为副科级以上女干部进行免费健康查体，热情接待处理妇女信访67起。

2005年，开展平安家庭创建活动，在全市平安家庭创建经验交流会上作典型发言，举办2期200余名农村妇女干部参加信访工作培训班，被市委市政府表彰为平安建设先进单位。

第四章　工商业联合会

第一节　机构沿革

1988年9月，县工商业联合会恢复活动，为正科级群众团体单位。1993年10月，县级机构改革，县工商联归属县委统战部。至2005年，机构设置未变。

第二节　历次代表大会

工商联第四届代表大会

1988年9月28日，召开工商联合会第四届会员代表大会。选举产生以周立海为主任，傅桂昌、徐虎为副主任以及其他8位执委组成执行委员会。

工商联第五届代表大会

1993年4月28日，召开第五届工商联会员代表大会。选举产生以王允英为主任，高纪振、徐虎为副主任，其他17名执委组成第五届执行委员会。

工商联第六届代表大会

1997年12月4日，召开工商联第六届会员代表大会。大会选举王爱行为会长，高纪振、徐虎、李衍艇、孟令水、王泽贞、张广富为副会长。同时产生8位常委，16位执委组成执行委员会。

工商联第七届代表大会

2001年12月22日，召开工商联第七届会员代表大会。选举会长刘恒芳，副会长高现振、徐虎、张建业、刘金生、王葆珉、张来斌、马方兴、孟强、赵洪林、张广富、张仁平。同时产生8位常委、19位执委组成执行委员会。

第三节　服务与公益活动

服务活动

融资服务　1996年7月，县工商联以山东华孟集团为依托，成立邹平县商会基金会。全年吸储资金431万元。2001年，县工商联主动与县农

行协调，推荐发展前景好、规模大、科技含量高、社会信誉好40余家会员企业为县农行资金信用单位。2001—2005年，县工商联为会员企业协调、贷款引进资金1.3亿元，全县各镇、街道商会帮助企业招、引、贷资金10余亿元。

建立联系会员制度 从2001年起，县工商联重点联系华孟集团酒业公司、山东开泰有限公司和邹平杏林酒厂三家会员企业，帮助他们抓管理、建制度、改工艺、跑市场，引进资金和人才。2005年6月，县工商联领办总投资1亿元香港独资港龙化工有限公司项目。

法律服务 为维护会员的合法权益，县工商联于1996年7月成立邹平县商会法律顾问室，并联合邹平县第二法律服务所在全县8个镇进行以《合同法》为主要内容法律培训，有700余名厂长（经理）及有关业务人员参加培训，并在会员企业中发展法律顾问学位60个，代理经济诉讼案件58起，挽回经济损失200余万元。

社会公益活动

2001年，组织全县会员企业积极参加社会公益事业和光彩事业活动。东尉设备厂、开泰公司、山东华孟集团、山东广富钢铁集团、邹平八四厂、邹平杨寨酒厂等18家会员企业捐助政府修路、学校危房改造、资助残疾儿童上学的公益事业3000余万元，以明集帆布加工企业为代表的会员企业积极参与中国西部大开发，在新疆、青海、内蒙古等省（自治区）投资1.6亿元建厂，帮助培训技工4500余人，帮助再就业5000余人。

2002年10月，县工商联组织部分会员企业自筹资金1000余万元，占地23.4亩，在城南新区建设1.1万平方米的“邹平县民营经济发展研究中心”，10月开工，2004年1月竣工投入使用，成为山东工商联系统首家自筹资金千万元自建办公服务项目的县级工商联。

第五章 残疾人联合会

第一节 机构沿革

1990年5月，县残疾人联合会成立，为正科级社会团体单位，由县民政局代管。至1992年底，各乡镇残疾人联合会相继成立。1994年10月，设立县残疾人工作协调委员会，由28个成员单位组成，协调委员会办公室设在县残联。1998年7月，县残联管理关系调整，由民政局代管调整为县政府领导联系，承担县政府委托部分行政职能，业务上接受县政府有关部门对口指导。按残疾人联合会章程应该内设：办公室、教育就业部、康复部、文体部、维权部。由于编制少，工作人员兼职较多。至2005年，内设机构未变。

第二节 残疾人康复

1990年，依托县康复中心，成立“儿麻、白内障复明、聋儿语训内容”3项康复领导小组，在县中医院设立白内障复明手术点1处。7月，在全县范围内对3项康复对象组织大规模调查登记，全县3类残疾人有1127人，其中白内障患者466人，儿麻患者451人，14岁以下聋儿210人，有康复潜能498人。同年，邹平县聋哑学校建立，招收14周岁以下新生，开展聋儿语言训练。

1992年10月，国家暨省儿麻专家医疗队到邹平县对儿麻患者实施矫治手术，历时5天，对12例有手术适应征患者实施矫治，有效率100%。11月，惠民地区眼科专家代表国家暨省白内障复明医疗队到邹平县开展白内障复明手术，为106名白内障患者实施复明手术，脱盲率100%。是年，邹平县被确定为“全国社区康复工作试点县”。

1993年，邹平县被确定为全国61个精神疾病防治工作试点县之一，建立以县精神卫生中心为基地、乡镇医院和厂矿卫生室（所）为枢纽、乡村卫生室为基础的初级预防、医疗、保健、康复网络。

1999年5月，组织开展“视觉第一，中国行动”，对全县白内障患者实施集中手术，全县共筛查眼病患者800余人，检查出白内障患者300余人，实施复明手术72人，人工晶体植入67人，人工晶体植入率93%，手术成功率100%，脱盲率100%，脱残率95%。

2000年9月，山东省“4月复明车”到邹平为12例患者实施白内障复明手术。

至2005年，全县设白内障复明点、县级聋儿语训点、县级残疾人康复指导站、精神病防治康复中心各1处；共实施白内障复明手术724例，成功率100%，为540名白内障贫困患者发放困难补助金11.2万元；为15名低视力患者佩戴助视器，实施儿麻矫治手术187例次，为38名缺肢患者免费装配骨骼式普及型小腿假肢，实施肢体功能康复训练1214名，使大部分肢体残疾患者改善功能，重返社会；对292名聋儿进行训练；特殊人群补碘94817人次，补碘率99%；对145名脑瘫儿童实施康复训练；监护精神病人4095人，监护率99%，精神病康复工作达到国家规定质量标准和要求。

第三节　残疾人就业

1998年，根据省、市有关文件要求，确定“从政策上扶持和鼓励残疾人自谋职业，要求各级工商行政管理、税务等有关部门要为残疾人提供优质、优惠服务和减免税照顾”。同年底，个体开业户78户。是年，安置残疾职工265名，收缴残疾人保障金41万元，核发残疾人证8713份。11月，县政府转发县残联《关于对考取大中专院校的残疾学生进行学费补助的规定》，率先实施分散按比例安置残疾人就业，单位职工残疾子女考取大中专院校者，给予学费补助，当年对符合条件5名残疾学生补助学费8500元，此项规定补助范围随着残疾人就业保障金积累，逐步扩大到农村。

2000年5月，组织122名残疾人分别到济南、滨州残疾人职业培训机构参加计算机应用、缝纫、厨师、家电修理、美容美发、中西式面点糕点制作等项目职业培训。

至2005年，补助残疾学生32人，发放补助金6.5万元，进一步促进残疾人就业，提高残疾人，择业能力。

至2005年，全县发展21处福利企业，稳定就业残疾人465人，从事个体经营残疾人1170人。

第四节　残疾人扶贫

1998年5月，争取国家康复扶贫贷款80万元，扶持5个残疾人扶贫基地和好生镇的10户残疾人贫困户。1999年，60万元康复扶贫款用于邹平县社会福利公司。

2000年，利用3万元残疾人就业保障金扶持山区5镇15户残疾人家庭，每户使用2年，此后，该款在5镇残疾人贫困户中循环使用。

2005年，争取300万元康复扶款贷款用于第三棉纺厂扶持残疾人就业。年底，扶持540户贫困残疾人从事种植、养殖、加工等项目，脱贫户503户。

第五节　残疾人文体活动

从1990年起，县残联采取专业与业余相结合、普及与提高相结合方式，开展残疾人文艺体育活动。5月，开展《中华人民共和国残疾人保障法》知识竞赛。同时组织主题为“形成残疾人保障法”第一次“全国助残日”活动。此后，在每年5月第三个星期日分别以不同主题开展助残日活动，主要形式是县领导发表电视讲话、走访慰问、捐赠残疾人用品用具、组织人员上街宣传和深入厂矿及残疾人家庭开展助残服务，组织宣传车深入城乡宣传国家和政府的扶残助残政策、法律、法规。同月，召开全县助残先进集体、个人暨自强先进表彰大会，5 个助残先进集体、10 个助残先进个人、15 名自强模范受到表彰。2001 年，在全省举行的残疾人艺术会演中，邹平县特教学校选送 2 个节目分别获二等奖和三等奖。由县福利公司刘铁成编写的反映残疾人自强不息电视剧《太阳依然升起》在省内引起反响，受到社会各界好评。至 2005 年 5 月，发放慰问金 23 万元，残疾人用品 265 件（折款近 11 万元）。

2005 年，残联组织举办特殊教育座谈会和捐助文体活动，宣传《残疾人保障法》《残疾人就业条例》和社会各界扶残助残感人事迹。

第六章　科学技术协会

第一节　机构沿革

县科协是正科级单位。1986 年，科协内设办公室和科普部，编制 7 人。1992 年 5 月，组建县高效农业开发服务部。1993 年 10 月，县级机构改革，定编 5 人。1998 年 4 月，组建县大棚蔬菜果树科技服务中心。1999 年 11 月，增加 1 名副主任，编制 6 人，实有 6 人。至 2005 年，内设办公室、科普部，编制没有变化。

第二节　科普工作

1986 年以来，县科协把科学技术传播到千家万户、田间地头。1986—1995 年，县、乡科协每年开展科普宣传月活动 2 次，举办科普集市 2110 次、科普展览 512 次、科普报告会 1560 场次，组织放映科教电影录像 1800 场，印发各类科普资料 98 种 50 余万份。自 1994 年始，出版《邹平科普》，每月 1 期，推广科学技术，传递科技信息。1995 年 1 月 1 日，改名为《邹平科技报》。

1996—1998 年，举办培训班 60 余期，推广新技术、新成果 20 余项，受益群众 2.8 万人次。组织 76 名科技人员到 8 个镇乡送科技、送项目，举办培训班，开展义诊活动和法律咨询等。1996 年，承包王伍农场 40 亩土地，率先在全省科协系统创办科普示范基地。1997 年，采取“基地 + 农户”模式，由科协提供新技术、新品种，农户进行示范经营。1998 年，与礼参、西董等镇联合创办科普示范基地。

1999—2003 年，举办科技下乡活动 30 次，发放科普资料 113 种 70 余万份。2002 年 9 月，与县党员致富工程领导小组办公室联合创办《科技致富信息》报，每月 1 期。

图 19–8　科普教育从幼儿开始　(2005 年摄)

2004 年 10 月，邹平县被命名为“全国科普示范县”。2004—2005 年，举办科技下乡活动 10 次。组织举办“科学预防甲流感”大型科普展览 4 次，观展人数达 20 万人次；放映《全球防治假性 H1N1 流感》科教电影 5 次，观众 7 万余人。自 2005 年 10 月始，开展科普村村通工作，全县 858 个行政村全部建立科普宣传栏，统一配备科普挂图，每月 1 期。

第三节 技术培训

1986—1995年，县科协联合农业、林业、教育等部门，举办各类培训班360期，培训8万人次。1993年4月，成立中国农村致富技术函授大学邹平分校(简称农函大邹平分校),设15个专业，49个教学班，先后招收2届学员1928名。通过培训，50%以上农村党员、干部掌握1～2项先进技术和经营管理技术，示范、带动5万农户依靠科技致富。1996—1998年，每年组织举办各类培训班200余期。农村致富技术函授大学招收学员1600余人。

1999—2005年，第四、五届“农函大”招生1537名，举办技术培训班210期，受教育人数2万余人次，3500余人靠科技走上致富之路。举办其他形式培训班1700余次，放映科技录像500余场次，发放科技书刊1万余份，致富信息明白纸13万余份。

第四节 技术推广

在强化常规技术推广同时，县科协重视新技术、新成果引进、试验、示范与推广。1991年，全县推广喷施宝20万支，应用面积15万亩，增加直接经济效益1000万元以上。引进推广防治青少年近视新技术，使600余名学生摘掉眼镜。1996—1998年，推广良种良法配套、立体种植、保护地栽培等50余项先进技术。至1998年底，全县建立西瓜、花卉等研究所12家。1999—2003年，先后引进、示范、推广新技术、新成果、新品种70余项(个)。2000年，在焦桥镇和码头乡建立“浅水藕种植基地”，每亩经济效益3500元。2003年，在码头镇建立“保健西瓜生产基地”300余亩，亩增效益20%以上。

2005年，举办12次大型专题技术培训班，群众技术水平有较大提高。

第七章 文学艺术界联合会

第一节 机构沿革

2002年5月，县文学艺术界联合会成立。5月11日，县文学艺术界联合会第一次代表大会召开，选举产生邹平县文联第一届理事会。文联与县委宣传部合署办公。文联下属协会：书法家协会、美术家协会、作家协会、楹联协会、戏剧曲艺家协会、音乐舞蹈家协会、摄影家协会、读书协会、儿童经典导读协会、收藏家协会。

第二节 主要工作和活动

县文联围绕中心，服务大局，每年开展上百项文艺活动，引导文艺家扎根邹平，奉献智慧，创作文艺精品，涌现出一批创作实力强、社会影响大的文艺家。创作作品获得国家、省、市多类文艺奖项，铸造“范公故里·山水邹平”“幸福邹平”等文化品牌。

第二十编

民　政

Civil Administration

1997 年投入使用的民政局门楼

民政局服务大厅　　（2016 年摄）

军民共建　　（2015 年摄）

1986年6月10日，为迎接驻邹部队赴滇参加对越自卫反击战战士凯旋，在部队路口扎松门迎接。1992年，邹平县被省委、省政府、省军区授予全省“双拥模范县”称号。1995年9月，中国残联主席邓朴方到邹平县视察福利、康复事业和残疾人事业。1997年7月，美国第39届总统吉米•卡特前往福利公司车间参观。同年，《邹平县城乡居民最低生活保障暂行办法》公布，从1998年1月1日起实施。2003年10月，邹平县被省政府命名为“双拥共建模范县”称号；是年，实现省、市、县三级婚姻登记信息联网。2004年10月至2005年1月，完成全县第八届村民委员会换届选举工作；这次换届，村两委成员交叉任职和村党支部书记、村委员会主任“一人兼”比例大幅提高。2005年5月，成立邹平县慈善总会。同年，黛溪街道、黄山街道、高新街道，实现城区社区建设全覆盖。至2005年，全县通过落实救灾救济、优抚安置政策、五保供养、发展慈善事业等工作，逐步建立覆盖城乡的社会救助体系。婚姻登记管理、社团和民办企业登记管理、收养登记管理、殡葬管理、地名管理等各项社会事业管理工作逐步规范化、法制化。

第一章 民政管理

第一节 机构沿革

1986年，民政局内设办公室、优抚股、社会股、福管股、安置办公室，下属单位有军队干部休养所、社会福利公司、殡仪馆、烈士陵园。乡镇设民政助理员。1989年，地名办公室移交民政局，为民政局内设机构。1990年，成立残疾人联合会。1991年，增设社团股。1992年，增设养老保险股。

1993年10月，县级机构改革，县民政局内设办公室、优抚股、社会股、福管股、社团股、养老保险股、安置办公室、地名办公室、残疾人联合会。办公室、社会股、优抚股、安置办公室、残疾人联合会为行政编制，其他为事业编制。下属单位未变。乡镇民政助理归入政法办公室。1994年，乡镇重新成立民政办公室，新设养老保险所，办、所合署办公。

1996年年初，县民政局内设办公室、优抚股、社会股、安置办公室、福管办公室、社团管理办公室、地名办公室、残疾人联合会（1998年7月独立），均为行政编制。下属单位有军队离退休干部休养所、殡仪馆、烈士陵园、农村社会养老保险管理处、婚姻登记管理办公室，均为事业编制。镇乡设民政办公室、养老保险所，办、所合署办公。

1999年，民政局内设办公室、救灾救济股、优抚安置股、地名社团办公室、农村基层政权建设办公室；下辖军队离退休干部休养所、殡仪馆、烈士陵园管理处、婚姻登记处。镇乡设民政办公室。

2002年6月，根据《邹平县党政机构改革实施方案》（邹发〔2002〕8号文件），民政局将婚姻登记、地名社团办公室、殡葬管理合为社会事务股。

至2005年，县民政局下辖办公室、救灾救济股、优抚安置股、基层政权和社区建设办公室、社会福利管理办公室、区划地名和民间组织管理办公室、会计核算中心、政策研究室、信访办公室9个业务办公室，双拥办公室、慈善总会办公室、婚姻登记处、军休所、殡仪馆、烈士陵园6个民政事业单位，有干部职工99人。

第二节 村民委员会

1986年，中共中央下发22号文件，规定“民政部门负责城乡基层政权建设的日常工作”。

1987年，全县845个村民委员会进行换届选举。

1988年，县民政局经县政府批准建立基层政权办公室，在全县开展以向乡镇放权、健全乡镇政府职能为中心的简政放权工作。全县11个县直部门将设在乡镇27个分支机构6531名人员、固定资产782.7万元，下放到乡镇管理，使乡镇政府真正成为一级政权实体。

1990年，重点抓《村委会组织法》贯彻落实。县政府下发《1990年村民委员会换届选举工作意见》，顺利完成村民委员会换届选举工作。

1991年，对202个后进村委会进行整顿、调整，全县604个村落实村民议事制度，选出村民议事代表12201人，一类村委会上升到436个，三类村委会下降到12%以下。乡镇以党校为阵地，对新任职的村委会干部进行业务培训，受训人数2720人，占村干部的76%。

1993年，按照村委会组织法规定，全县进行村委会第四届换届工作。县政府下发《关于邹平县1993年换届选举工作实施意见》（〔1993〕11号文件），全县有735个村委会换届，换届率85%以上。利用县乡党校对村干部进行培训，参训人数960人。

1995年，建立健全村委会下属的各个工作委员会。

1996年，完成第五届村委会换届选举工作。3月，开始组织实施，6月底基本结束，7月份进行测评。全县858个村，新选村委会791个，新选村委会干部2769名，颁发当选证书，进行培训。

1997年，加强以村务公开为主要内容的村级制度建设，推广焦桥镇试点经验。全县成立村民代表议事会736个，选举村民代表16296名，成立电管和理财小组736个，设置意见箱816个，建立村务公开栏762块，设置村民议事展板529块，实行农村财务双代管的村608个。年底，全县92个后进村39个整顿成效显著，45个基本转化。组织第四期农村干部培训工作，对农村党支部书记、村委会主任进行培训，参训率92%。

1998年，全县农村普遍建立村民代表议事会制度，建立健全村规民约及村民委员会自治章程，实行村务、政务、财务三公开制度。

1999年，根据新颁布《中华人民共和国村民委员会组织法》《山东省村民委员会选举办法》，制定《邹平县村民委员会换届选举实施方案》。组织全县第六届村委员换届选举工作，全县858个行政村，有855个进行换届选举，新当选村委会成员2704名。

2001年，组织乡镇领导干部和部分村支部书记50余人，参加全省乡镇、村干部培训班，对“一法二办法”等法律法规进行系统学习，被省委、省政府授予“村委员建设先进县”荣誉称号。

2002年4—5月，进行全县第七届村民委员会换届选举。全县村委成员知识结构、年龄结构、能力结构更加优化。

2003年，认真贯彻落实《村（居）民委员会组织法》，以强化农村民主管理、民主决策为重点，进一步理顺村“两委”关系，结合全县农村开展“四位一体”规范化建设工作，健全完善村民议事、村务公开、民主决策等项制度，全县农村自治组织建设进一步制度化和规范化。

图20–1　韩店镇村“两委”换届选举工作动员会议（2014年摄）

图20–2　镇工作人员讲解换届选举事宜（2014年摄）

2004年10月—2005年1月，完成全县第八届村民委员会换届选举工作。这次换届选举，村党组织和村民委员会“两委”一起换届。村党组织不到届提前换届。村两委成员交叉任职和村党支部书记、村民委员会主任“一人兼”比例大幅提高。

第三节　居民委员会

2003年，为适应新形势下城市化建设的需要，积极探索研究社区居委会建设路子，在学习借鉴外县、市社区建设经验基础上，经县委、县政府同意，在黛溪街道进行社区建设试点，成立社区建设领导小组，对试点辖区的109个单位、7000余户、1.8万余人进行调查统计，印发统计材料1万余份，采集信息资料30余万条。建立健全各项规章制度，并及时总结经验，为黄山街道、高新街道2个社区建设提供建设模式，为推进全县社区建设打下坚实基础。2003年12月，黛溪街道黛中、永安社区居委会成立。

2005年，黛溪街道成立城市社区8个，黄山街道成立城市社区8个，高新街道成立城市社区7个，实现城区社区建设全覆盖。

第二章　拥军、优抚与安置

第一节　拥军工作

1986年，以迎接驻邹部队赴滇对越自卫反击战归来为中心，全县出现拥军优属热潮，全县优待烈军属4503户，发放优待金133.5万元，粮食43500千克。

1987年，围绕纪念建军60周年普遍开展宣传教育活动，多渠道、多层次、多形式开发和使用军地两用人才145人。

1989年，在全县进行爱党、爱国、爱军队“三热爱”教育和国防教育。“八一”建军节前，县政府组织慰问组，对部队和官员家属进行重点走访和慰问，对全县困难军人家属进行帮助，金额120余万元。

1991年，县乡成立国防教育培训中心，建立双拥领导小组，完善双拥工作规划，村村制定拥军优属公约，全县共建双拥组织936个，各种群众性组织1710个，双拥共建单位21个，邹平县被命名为地级双拥模范县。

1992年，召开各种“双拥”座谈会，征求部队意见20条，解决16条，邹平县被省委、省政府、省军区授予全省“双拥模范县”称号。

1996—1998年，支持部队“菜篮子”工程。3年中，为解决部队吃蔬菜难问题，邹平镇在人均土地较少情况下，无偿划定100亩土地作为部队菜地和饲养场地，长期使用。为部队每年供应粮油30万千克。3年中，地方粮油补贴每年都在40万元以上。

1998年，县城黄山二路开通，部队运输连需搬迁，双方本着互利互让原则，地方征地1.7亩，投资160万元，新建运输连营房并妥善解决水、电、路等问题。由县双拥办牵头，组织67个单位2800名妇女到部队拆洗被褥、缝补衣物3万余件；粮食系统慰问部队水饺粉60箱，色拉油60桶、精制面粉1000千克；邹平镇、金融、民政、文教、经委、县社等单位为部队送书刊、电器文体器材等慰问品，价值20万元。

1999—2003年，全县“双拥”共建点发展到27个，共建示范校6处，共建市场8个，共建文明路6条，共建商场8座。2003年10月，被省政府命名为“双拥共建模范县”称号。5年中，建立国防教育培训中心3处，设立国防教育培训站27个和民兵活动之家860个。利用夏令营、寒暑假等时机举办少年军事课堂16期，完成近8000名学生军训任务。为丰富部队“菜篮子”，邹平县无偿支援耕地30亩，打深水井6眼，建起蔬菜塑料大棚18个，定期派出技术员帮助指导部队种植蔬菜，使驻邹部队每年节约伙食费36万余元。

2005年，县财政划拨双拥工作专项经费2万元。

第二节 优抚工作

1986年，对城镇入伍义务兵普遍实行优待，对抗美援朝以前入伍复员军人定期定量补助进行调整。

1987年，统筹优待烈军属4676户，发放优待款131.5万元。

1988年，优待优抚对象3854户，发放优待金123.9万元，户均350元。

1989年，全县普遍实行优待金统筹，共优待4304户，发放优待金额117.1万元。为入伍新战士办理投保手续。

1990年，落实优待户4304户，发放优待金110万元。为60名带病回乡退伍军人办理定补手续，完成850名伤残军人换证工作。

1991年，优待烈军属3619户，发放优待金118.8万元，有855名“三属”（烈属、军属、病故军人家属）享受定期抚恤，3822名复退军人享受定期补助。

1992年，在完成正常优抚外，为优抚对象筹措治病款2.4万元。

1994年，全县普遍实行优待款乡镇统筹，统筹优待金283.5万元。

1995年，召开优抚座谈会217次，为160户特困户发补助款5000元，面粉4000千克。

1996年，将农村义务兵优待金由500元提高到800元，城镇的由270元提高到500元；“三属”（烈属、因公牺牲军人家属、病故军人家属）优待金由原来的200元提高到400元；对80户无房、危房优抚对象进行安置，二等乙级以上伤残军人的医疗费用基本得到落实。对全县887名伤残军人进行普查登记，对在乡630名伤残军人提高抚恤标准，对86名伤残军人配备假肢情况分类进行登记、建档立卡。为4人评残，为3人调整伤残等级，为5名丢证的伤残军人补发证件，为37名复员、伤残军人办理去荣军医院疗养手续。

1997年，全县开展向优抚对象送温暖活动。走访优抚对象1000余户，召开优抚对象座谈会50余次，好军嫂结对子20余户。为3200余户优抚对象、困难户发放优待金18万元，面粉4125千克，为优抚对象做好事3000余件次。农村义务兵家属优待金实行镇乡统筹，提高到1000元。

1999年，按照《关于优抚对象优待金统筹管理的通知》邹政发〔1999〕4号文件要求，农村义务兵优待金1200元，城镇义务兵优抚金400元，在乡伤残军人优抚金400元，在乡复员军人优抚金100元。优抚对象优待金兑现率100%。筹措资金2.5万元，为优抚对象修缮房屋50间，为二等乙级以上伤残军人报销医疗费20余万元。

2000年，全县烈属、因公牺牲军人家属和病故军人家属抚恤补助金由原来110元提高到130元以上，争取财政下拨专项资金138万元。

2001年，对全县优抚对象进行普查，有重点优抚对象6047名。全年为优抚对象减免提留、统筹和各种集资、义务工等共计资金92.3万元。

2002年，健全完善优抚对象医疗保障制度，二等乙级以上在乡伤残军人医疗费报销95%，全县320名在乡乙级以上伤残军人年内报销医疗费51万元。有53人纳入最低生活保障，共计发放保障金22万元，面粉3.7万千克，修缮房屋85间。

2003年，为16名退伍军人办理矽肺评残手续，12名伤残军人补发伤残证件，办理20名伤残人定做修理假肢用品，安排24人到省荣军医院疗养。

2004年，贯彻国务院《军人抚恤优待条例》和省、市关于加强优抚工作的有关规定，对全县900余人换发新残疾证。

2005年，对全县优抚对象重新建立台账，有各类优抚对象6017人，其中烈属993人，伤残军人1235人，复员军人3014人，带病回乡退伍军人829人。

第三节　安置工作

复退军人安置

1986年，全年接收复退军人594人。

1987年，安置退伍军人510人，为98名参战荣立三等功以上退伍军人办理农业户口转为非农业户口。

1988年，接收安置退伍军人562人，开发和使用军地两用人才145人。

1990年，上半年接收复退军人562人，下半年接收370人，均作妥善安置。

1991年，接收安置退伍军人400人。

1993年，接收安置退伍义务兵414人、志愿兵19名、伤残军人4人。

1994年，接收安置义务兵志愿兵146名。

1995年，安排城镇退伍义务兵113人，开发使用军地两用人才231人。

1996年、1997年、1998年，分别接收志愿兵29人、19人、12人，分别接收城镇退伍义务兵107人、117人、73人，进行妥善安置。

1999年，接收退伍士兵463人，安置126人。

2000年，接收退伍士兵591人，安置231人。

2001年，接收退伍士兵475人，安置364人。

2002年，接收退伍士兵541人，安置139人。

2003年，接收退伍士兵496人，安置126人。对需要安排工作退役士兵在待安置期间全部纳入最低生活保障，发放最低生活补助金81万余元。

2004年，接受退伍士兵452人，安置172人。

2005年，接收退伍士兵334人，安置105人。在接收退伍士兵工作中建立完善文化考试档案考核相结合和“三公开一监督”（安置办法公开、安置计划公开、考核考试成绩公开和接收社会监督）安置办法。

离退休军人安置

1985年，根据部队出钱地方建房原则，在县棉纺厂西成立军队干休所，新建住房24套，共1520平方米。当年接收军队离退休干部16人，其中团职9人，营职7人。

1986年，军干所新接收军队离休干部11人，退休干部6人。

1994年，完成第三批军休干部的接收安置任务。

至2005年，共接收离退休干部32人。

离退休军人安居

1996—1998年，地方医疗费补贴18万元，筹资75万元，为军休所人员建高标准宿舍楼1400平方米，购买小汽车1部。1998年，县军休所有军队离退休人员20名。同年被评为“全区先进军休所”。

2000年，争取地方医疗费补贴18万元。

2001年，军休所被山东省民政厅评为“全省先进军休所”。

2003年，筹资176万元，为军休人员新建宿舍楼1400平方米，购买军休干部生活用小汽车1部。

2004年，军休所离退休人员31名。筹资180万元，为军休干部遗属新建宿舍楼1100平方米。

2005年，军休所有离退休人员32名。

第三章　社会福利

第一节　福利企业生产

1986年，全县有福利企业19处，职工758人，安置各种残疾人员289人，福利企业年产值300余万元，实现利润28万元。重点企业：县福利公司、好生童鞋厂、魏桥榨油厂、临池化工厂、明集篷布厂、长山福利厂等。

1987年，全县福利企业23处，职工771人，安置四残人员314人，占生产人员的51%。年产值1150万元,利润110万元,企业资产717.05万元。

1988年，全县有“四残”人员29388人，其中16～40岁有生产能力1370人。全县福利企业40处,从业人员1120人,安置“四残”人员501人，占生产人员的51.5%，年产值4170万元，实现利税500万元。

1989年，全县社会福利企业45处，固定资产756.5万元，流动资金963.5万元，产值5230万元，实现利税532万元，从业人员1250人，安置残疾人535人。县社会福利公司、好生电焊条厂、西董罐头厂被评为地区先进企业。

1990年，全县社会福利企业48处，安置四残人员540人，全年累计创产值4380万元，实现利税238万元，有5家企业升为地区级先进企业，2家企业升为省级先进企业。

1991年，全县福利企业年产值5200余万元，实现利税550万元，有8名厂长（经理）被地区授予先进厂长（经理）称号。福利企业产品质量大幅度提高，创2个部优产品、4个省优产品。

1992年，全县新建扩建4处福利企业，总数达到50余处，有职工2200人，其中残疾职工540人，实现产值6792万元，利税202.4万元。

1993年，全县福利企业38处，县直属福利企业6处，职工2400人，其中残疾职工560人，实现产值6882万元，利税286.7万元。

1994年，全县社会福利企业38处，职工总人数1520人，其中安置残疾人600人，完成产值7909万元，实现利税498.2万元，经济效益和社会效益均列滨州地区第一位。

1994年,福利淀粉厂投资1560万元进行技改，使淀粉生产能力由年产1万吨扩大到4万吨。啤酒原料厂生产的麦芽达到国家一级标准，产品供不应求，是年投资300万元进行技改，使年产量由8000吨扩大至2万吨。投资1780万元，建成年产1000吨玉米甘油厂。

1995年9月，中国残联主席邓朴方考察邹平县福利、康复事业和残疾人事业企业。

1996—1998年，新发展福利企业6处，使全县福利企业发展到32处，职工人数1335人，残疾职工560人。1996年，全县福利企业实现产值1.15亿元，利税386万元；1997年，产值1.34亿元，利税426万元;1998年，产值上升到1.5亿元，利税上升到600万元。

1997年7月，美国第39届总统吉米·卡特一行到县福利公司车间参观。

1999—2003年，为8家福利企业改制，全县有21家福利企业，职工总数995人，安置残疾人员412名。1999年，实现产值1.7亿元；2000年，实现产值2.1亿元;2001年,实现产值2.6亿元;2002年，实现产值3亿元；2003年，实现产值3.2亿元。

2004—2005年，全县福利企业继续保持在21家。安置职工2251人，其中残疾职工931人。2年实现产值1.1亿元。

第二节　五保供养

1986年，农村社会保障网络主要抓“一厂一院一会”建立。

1988年，全县有乡镇办和乡村联办敬老院19处，收养五保老人152人，对五保供应实行乡镇统筹。魏桥、好生、焦桥、明集4乡镇在完成“一厂一院一会”的基础上，建起5个基本网络：双扶福利生产服务网络、优抚安置服务网络、孤老服务网络、婚丧服务网络和社会福利基金网络。

1989年，全县有12个乡镇实行“五保”供应统筹,4个乡镇采取财政和乡镇企业共同负担办法，全县有敬老院23处，收养“五保”老人200余名。

1992年，民政部、省政府批准邹平县为农村社会养老保险试点县。经过积极工作，9月，基本完成投保任务，全县有15万人投保，收取保费354万元，在全县初步建立起农村社会养老保险制度。是年，邹平县出席在江苏省张家港市召开的全国农村社会养老保险工作会议，受到民政部表彰。

1994年，全县858个行政村开展农村社会养老保险,有14万人投保,累计收取保险费610万元。是年，新建敬老院1处，全县17个乡镇均建起中心敬老院，集中供养420人。有2处乡镇敬老院跨入“省文明敬老院”行列。

1995年，全县有23万人参加养老保险，收取保费488万元。对1716名“五保”供养对象进行摸底登记，发放“五保”供养证书，“五保”供养费用普遍实行乡镇统筹，敬老院供养人数346人，集体供养人数844人。

1997年，全县镇乡敬老院17处，占地143亩，住房613间，工作人员67名，入院老人417名。“五保”供养实行镇乡统筹，全县统筹款120万元，粮120万千克，集中供养标准提高到每人每年1800元。年底，有3处敬老院被评为“省级模范敬老院”，2处被评为“地级模范敬老院”。

1998年，全县“五保”供养费用镇乡统筹日人均2元钱1千克粮要求，并纳入农村最低保障资金统筹范围。全县镇（乡）、村办敬老院发展到23处，接纳“五保”对象1183人。其中，集中供养446人，分散供养737人。集中供养对象年人均生活消费水平提高到2100元，分散供养“五保”对象年人均消费水平提高到800元。是年，又有4个镇乡投资140万元，按省、地区模范敬老院标准进行改建和扩建，使全县省级模范敬老院达到4处，地级模范敬老院4处。

1999年，全县“五保”费用继续按人均2元钱、1千克粮标准进行统筹，统筹资金138万元，粮食69万千克。发展敬老院农副业生产经济，年创收35万元，集中供养人均生活水平2100元。全县乡镇敬老院集中供养人数470人，新增院民56人。

2000年，按照省等级敬老院建设标准，投资250万元，对全县7处敬老院进行改造，新建60间，供养人数由1999年498人增至630人。

2002年，投入资金200余万元，新增房屋30间，新上锅炉3台，入院人数650人，其中孙镇、台子镇敬老院达省一级敬老院标准。

2003年，对分散供养对象进行摸底调查，并全部纳入低保，按每人每月不少于现金30元、粮食15千克的标准，定期送款、送粮、送衣，及时解决其住房、医疗等实际问题。是年，启动“星光计划”筹集社会福利资金300余万元，建成老年福利服务中心1处。

2004年，全县有“五保”对象1585人，发放五保证1133人。其中集中供养397人，分散供养763人。全年下拨“星光计划”资金135万元，对敬老院进行改、扩建。

2005年，全县有“五保”户1375人，其中分散供养“五保”对象973人，集中供养“五保”对象402人。由政府出资统一为“五保”对象加入农村合作医疗。接收市民政局棉被1381床，及时发放到“五保”对象手中。投资80万元新建明集敬老院，有30余名“五保”老人入住。

图20-3　明集镇敬老院　（2005年摄）

第三节　社会福利募捐

1989年，县民政局与县红十字会、县妇联、团县委联合提出在全县开展募捐救灾活动倡议，全县捐款40.79万元，粮食29.74万千克，粮票7305千克，食油1.3万千克，布匹8000米，衣物245件。

1998年夏，长江、嫩江、松花江流域遭受超历史纪录特大洪涝灾害，国家和人民群众生命财产遭受巨大损失。8月18日—9月20日，全县接收捐赠款物460万元，参加捐赠人数4.8万人，受到省、地表彰。同时，开展中国社会福利彩票赈灾专项募集活动。1个月内销售福利彩票216万元，支援灾区人民抗洪斗争。

1999—2003年，开展福利彩票销售活动，用足用活上级优惠政策，全县有电脑福利彩票35家，发行量逐年增长。1999年，发行彩票38万元；2000年，发行彩票138万元；2001年，发行彩票395万元；2002年，发行彩票1007万元；2003年，销售电脑福利彩票1180余万元。

2003年2月，为解决春节期间困难群众生活问题，全县募捐现金229万元。10月11—20日，根据滨州市委、市政府下发的《关于在全市开展为菏泽、济宁灾区捐赠活动的通知》及县委、县政府要求，在全县组织开展一次救灾捐赠活动，为灾区募捐现金27.44万元，衣被10040余件。

2004年，在全县开展“慈心一日捐”活动，筹集善款118万余元，名列全市之首。6月，实施“慈善助学”项目，出资5万余元救助100名特困、残疾、孤儿、弱智等儿童。

2005年5月10日，邹平县慈善总会成立。开展“慈心一日捐”活动,筹集善款214万余元。12月，在全县党政机关、事业单位中开展“送温暖、献爱心”社会捐助活动，接受捐助款133余万元。

第四章　社会救济

第一节　救灾救济扶贫工作

1986年，县救灾、救济和扶贫工作突破部门局限,纳入县经济发展总体规划。全年发放“双扶”款40万元，扶持贫困户1542户，扶持优抚对象2833户，其中1800户脱贫，500户致富。乡镇筹建救灾扶贫基金会，筹集资金60.5万元，部分村办起储金会。

1987年，发放救济、扶贫款35.7万元，全年扶持4160户贫困户有1700户摆脱贫困，部分户开始走上富裕道路。

1989年，全县农作物受灾面积113万亩，成灾72万亩，绝产12.9万亩；有18万人因灾缺粮生活困难。新扶持贫困户1500户，新增脱贫户1200户。

1990年，春季干旱，山区5乡镇成灾，群众生产生活困难,麦后基本无口粮村85个,11201户,43336人;缺粮290万千克，缺款100余万元。省、地、县采取有效救灾措施，安排统销粮指标255万千克，民政部门拨款2万元。6—7月，两次飓风冰雹及暴雨殃及13个乡镇，受灾面积49万亩，成灾35.8万亩，有10.8万亩基本绝产。县及时发放救灾款20万元，救济1628户48850人。

1991年,码头、明集、青阳、好生等5乡遭受风、雹、涝灾，县发放统销粮250万千克，救灾款28万元，帮助309个自然村22013户、94618人解决生活、生产困难。

1992年，全县自然灾害频繁发生，旱灾和虫灾尤为严重，全县22条河流干涸，86处扬水站无水可扬,127个塘库干涸,地下水普遍下降4～6米,有的地方下降7～8米，4600余眼机井和2500眼砖井成为枯井。全县1000余名机关干部深入灾区第一线，发动群众捐款7.5万元，县、乡50部车辆为缺水群众送水，使人畜吃水难状况得到缓解。发挥救灾扶贫储金会作用，及时将救灾款物发放到灾民手中，扶持1273个贫困户，扶持资金43万元，使1128户摆脱贫境。

1993年，实行救济和扶贫相结合方针，全年发放救济款53万元，扶贫周转金95万元，为全县1440户对象提供各种服务，有976户由穷变富，逐步脱贫，脱贫率65%以上。

1995年，春天全县旱情严重，受灾面积59万亩，县政府拨款33万元，用于救灾，扶持贫困户1500户，基本保证灾民、贫困户吃穿和生产自救的需要。

1996年，春旱严重，造成小麦减产，民政部门及时下拨救济款21万元。入夏后，全县连续遭受狂风暴雨冰雹袭击，发生特大洪涝灾害，造成夏作物受灾面积68万亩，成灾面积51万亩，绝产面积21万亩，直接经济损失5.83亿元。据查，缺粮户6452户24570人，缺粮132.5万千克；无房户 600 户 1430 人，缺房 1790 间。搬迁村庄 3 个，搬迁户 50 户 251 人。及时下拨建房补助款 100 万元，救济款 40 万元，接收捐款 60 万元、粮 15 万千克全部发往灾区，救济特困户 1740 户，安排 101 名孤寡伤残人员进敬老院集中供养。

1997 年，11 号台风灾害使全县经济造成严重损失，农作物受灾面积 100.9 万亩，成灾面积 73.6 万亩，绝产面积 11.4 万亩，农业经济损失 3.18 亿元，损坏房屋万余间。下拨自然灾害救济款 130.6 万元，粮食 33 万千克，救济受灾群众 1.68 万人，保证灾区群众正常生产生活需要。是年，扶贫周转金发展到 130 万元，扶持贫困户 1600 户，有 880 户脱贫。

1998 年，全县自然灾害发生频繁，麦季风雹、赤霉病，秋季风、涝灾，农作物受灾严重。全县受灾面积 77.3 万亩，成灾面积 46.5 万亩，绝产面积 5.15 万亩。上级下拨救济款（物）84.5 万元，帮助 1.5 万名困难群众安排好生活，使 418 间损坏房屋得到修复。同时，县、镇（乡）下拨扶贫周转金 87.3 万元，扶持有生产自救能力的贫困户 1589 户，脱贫 963 户。至 1998 年，全县累计脱贫 10189 户。

1999 年 5—8 月，部分乡镇遭遇风雹和干旱灾，造成 50.3 万亩农作物受灾害，成灾面积 26.4 万亩，绝产面积 2.73 万亩，粮食减产 8048 吨，经济损失 1 亿元以上，受灾人口 19 万人。及时下拨救灾款 114.4 万元，调剂救助粮 1825 吨，开仓借粮 47.5 万千克，救济困难群众 3384 户 7595 人。

2000 年，全县春夏少雨，干旱严重，受灾面积 68 万亩，平均每亩减产 50 千克，经济损失近亿元。特别是山区 5 镇小麦大面积绝产，绝产面积 40% 以上，造成全县 17 万人不同程度地缺粮，累计缺粮 1500 万千克，造成 18.7 万人 4.5 万大牲畜饮水困难。及时下拨救灾款 126 万元，调拨面粉 22.6 万千克，投资 16 万元，解决人、畜饮水问题，使 20 万人生产生活得到妥善安排。

2001 年，全县遭受空前旱灾，早春遭遇大范围、高强度低温冷冻灾害，因旱受灾面积 63 万亩，其中，成灾面积 30 万亩，绝产面积 9.8 万亩，经济损失 8000 万元；因低温冷冻造成椿芽、春玉米、芸豆等减产，经济损失 7800 万元以上。夏秋季，孙镇、临池、西董等镇又遭受冰雹袭击，2 万亩棉花受重灾，断头率 80% 以上，减产六成以上，个别地块绝产，造成经济损失 1500 万元。下拨救灾款 45 万元，安排受灾群众生活。

图 20–4　结对帮扶困难职工动员大会召开

2002 年，全县遭受高强度低温冷冻灾害，受灾面积 58 万亩，其中成灾面积 45 万亩，经济损失 8000 万元；造成水杏、椿芽、春玉米、芸豆等减产，经济损失 6000 万元以上。夏秋季，临池、西董等镇遭受冰雹袭击，近万亩小麦和棉花受灾，减产四成以上，个别地块绝产，造成经济损失 1000 万元。下拨救灾款 43 万元，开仓借粮，使全县 20 万受灾群众的生产生活得到妥善安排。

2003 年，全县夏粮大面积受灾，特别是山区 5 乡镇大面积减产、绝产，造成山区饮水困难。全县受灾面积 9 万亩，经济损失 990 万元。山区饮水困难群众 6.9 万人、大牲畜 1.4 万头。发放救灾款 165 万元，用于安排困难群众生活。7 月，下拨救灾款 66 万元用于解决山区 6 镇、街道抗旱打井及魏桥、码头 2 镇因暴雨、冰雹袭击造成灾民生活问题。全县近 2 万受灾群众生活得到妥善安排。

2004 年，开展进村入户调查活动，建立灾民档案及困难群众医疗救助花名册（567 户 929 人）和住房救助花名册（303 户 635 人）。全县春荒期间灾民 1782 户 3781 人。

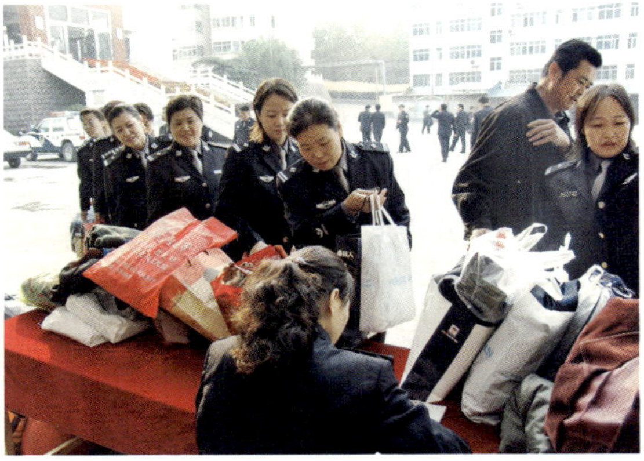

图 20-5 公安系统开展向灾区捐助活动

2005 年，全县春荒特困户 2371 户 4756 人。县民政局下拨救灾款 20.4 万元，购买粮食 21.85 万千克。入夏后，遭受暴风雨、洪涝和河水外溢等灾情，致使长山镇、高新街道、焦桥镇、临池镇沿河两岸良田大部被淹，有部分工厂、村庄进水。临池、青阳、魏桥、台子、明集、西董、黛溪街道等镇、街道农作物大面积倒伏。下拨资金 121 万元组织灾民生产自救。为全县 179 户危房户下拨 35.8 万元救济补助款，新建、修缮房屋 350 余间。省委书记张高丽等省、市领导先后对长山、台子、码头、黛溪街道等镇、街道城乡困难群众、优抚对象及敬老院进行走访慰问。全县发放慰问金 200 万元、面粉 25 万千克、食用油 10 万千克。

第二节　最低生活保障

1997 年，《邹平县城乡居民最低生活保障暂行办法》（邹政发〔1997〕80 号文件）公布，从 1998 年 1 月 1 日起实施。《办法》确定 1998 年度城镇居民最低生活保障标准为每户月人均收入 100 元，低于 100 元实行差额补助。农村村民最低生活保障线标准为每户年人均收入 520 元，低于 520 元实行差额补助。农村村民保障资金，镇乡、村负担 70%，县财政负担 30%。最低生活保障线所需粮食，从村提留公益金中解决，城镇居民的保障金由县财政全部负担。保障金发放为每季度发放一次，每季季首发放到户，半年对居民进行调查测定，高于保障标准或丧失条件（死亡）的及时停发，低于保障标准的及时纳入范围。

1998 年初，进行“百户抽查”工作，按申报保障对象的 10% 进行抽查。通过抽查摸底、排查分析，取消不符合条件的申报对象 29 户 47 人。至 3 月底，全县城乡保障对象申报、审核、审批工作全部结束。全县审批保障对象 1780 户 3260 人，占全县总人口的 4.8‰。其中农村保障对象 1733 户 3169 人，占全县农业人口的 5.1‰，年人均保障金 185 元；城镇保障对象 47 户 91 人，占全县非农业人口的 1.6‰，月人均保障金 57 元。至 1998 年 10 月底，全县发放最低生活保障金 65 万元，其中农村村民保障金 58.5 万元，城镇居民保障金 6.5 万元。

1999 年，全县审批保障对象 1847 户 3416 人，占全县总人口的 5‰。其中城镇保障对象 67 户 141 人，占全县非农业人口的 2.5‰，月人均保障金 75.25 元；农村保障对象 1780 户 3275 人，占全县农业人口的 5.3‰，年人均保障金 180 元。全年发放保障金 69 万元。从 1999 年 7 月 1 日起，将城镇保障对象保障标准由月人均 100 元提高到月人均 130 元，实行差额补助。

2000 年，全县保障对象 1887 户 3458 人。其中城镇保障对象 85 户 186 人，占全县非农业人口的 3‰，月人均保障金 73.6 元；农村保障对象 1802 户 3272 人，占全县农业人口的 5.3‰，年人均保障金 173.9 元。全年发放保障金 57 万元。

2001 年，将农村最低生活保障标准由原来年人均 520 元提高到 650 元；城镇居民最低生活保障标准由原来的月人均 130 元提高到 160 元，均实行差额补助。全县保障对象增加到 1975 户 3654 人。其中城镇保障对象 143 户 305 人，占全县非农业人口的 4.6‰，月人均保障金 63 元；农村保障对象 1832 户 3349 人，占全县农业人口的 5.4‰，年人均保障金 171.5 元。全年发放保障金 76.65 万元。

2002 年，全县保障对象提高到 2110 户 3993 人。其中城镇保障对象 235 户 526 人，占全县非农业人口的 7.3‰，月人均保障金 62 元；农村保障对象 1875 户 3487 人，占全县农业人口的 5.6‰，年人均保障金 164 元。全县共发放保障金 89 万元。

2003 年，全县低保对象增至 3937 户 7220 人，比 2002 年增长 81%。其中城镇低保对象由年初 552 人增加到 1106 人，占全县非农业人口的 15‰，月人均享受保障金 57 元；农村保障对象由年初 3508 人增加到 6114 人，占全县农业人口的 9.6‰，年人均享受保障金 194 元。

2004 年，全县有低保对象 3938 户 7049 人。其中城镇低保对象 612 户 1212 人，占全县非农业人口的 14.6‰，月人均享受保障金 59 元；农村低保对象 3326 户 5837 人，占全县农业人口的 9.6‰，年人均享受保障金 207 元。在全市率先实现应保尽保。从 7 月 1 日起，农村低保标准由年人均 650 元提高到 700 元。

2005 年，全县有低保对象 8235 人。其中城镇低保对象 1288 人，占全县非农业人口的 16‰，月人均享受保障金 60 元；农村保障对象 6947 人，占全县农业人口的 12‰，年人均享受保障金 289 元。12 月，为全县城市低保对象，按每人 120 元标准，发放冬季取暖补助金 15.6 万元。全年全县累计发放城乡低保金、特殊救助金及城市低保取暖补助金 386.42 万元，实行社会化发放。

第五章 社会事务管理

第一节 婚姻登记管理

1985 年，全县共准予结婚登记 8566 对，申请未准登记 107 对，复婚 3 对，准予登记离婚 27 对，经调解和好不离 70 对，法院处理 41 对。

图 20-6 1985 年已使用的结婚证

图 20-7 2005 年使用的结婚证

图 20-8 2005 年使用的离婚证

1988 年，乡镇建立婚姻登记处，坚持依法登记，全年办理结婚登记手续 6083 对、离婚手续 16 对，清理非法婚姻 297 对。

1990 年，全县开展《婚姻法》宣传月活动，全年办理结婚登记手续 6674 对，清理非法婚姻 61 对，全县有 7 处婚姻登记处被评为省级先进单位。

1991 年，全年依法办理结婚登记手续 7000 对。

1992 年，认真贯彻执行《婚姻法》和《婚姻登记办法》，全年依法办理结婚登记手续 4363 对、离婚手续 36 对，查处违法婚姻 130 对。

1993 年，改革婚姻登记管理办法，实行婚姻登记县乡双重管理办法，全县结婚登记合格率 100%。

1994 年，全年办理婚姻登记 6500 对，登记合格率 100%。是年，县成立婚姻服务中心。

1995 年，婚庆服务中心组织集体婚礼，实行系列化服务，全年办理结婚登记 6900 对，登记合格率 100%。

1996 年，全年全县办理结婚登记 5168 对，合格率 100%。

1997 年，全年全县办理结婚登记 5200 对，合格率 100%。

1998 年，全年全县办理结婚登记 5500 对，合格率 100%。

1999 年，办理结婚登记 6100 对，离婚 91 对，收养 3 人。

2000 年，办理结婚登记 5654 对，离婚 124 对，收养 22 人。

2001 年，办理结婚登记 5042 对，离婚 100 对，收养 48 人。

2002 年，办理结婚登记 5849 对，离婚 93 对，收养40人。

2003年，办理结婚登记7658对，离婚128对，收养46人，合格率100%。实现省、市、县三级婚姻登记信息联网。

2004年，办理结婚登记7609对，离婚登记352对，收养登记53人。同年，被山东省民政厅评为全省先进婚姻登记处。

2005年，办理结婚登记3360对，比上年减少一半以上；离婚登记363对，较之上年有上升趋势。

第二节　殡葬管理

殡仪馆

1973年，县建设火化场，1975年，建成使用。火化场建成之初，只设殡仪室，设施简陋。20世纪90年代，对殡仪室进行设备更新，建立殡仪馆。1992年，被评为山东省先进殡仪馆。1996年，投资20余万元，整修告别室、冷冻室，购置2台殡葬车，从运尸、整容、冷冻、告别到火化实行系列化服务，对社会实行服务承诺制度，做到24小时值班。

1997年，殡仪馆进一步加强内部设施和制度建设。投资近80万元，进行设备、设施改造，购置豪华、普通告别棺各1台，骨灰处理机1台，消烟除尘机2台，新建追悼告别室、接待室、业务室、消毒室、冷藏室640平方米，实行生活区、火化区分离，地面、环境全部美化、硬化。按国家三级殡仪馆标准加强管理，管理水平和服务质量显著提高。

1998—2005年，殡仪馆全面开展创建国家三级殡仪馆活动，按设备先进、布局合理、环境优雅的标准加强建设，按责任承诺制度加强管理。在被评为国家三级殡仪馆之后，开始着手创建国家二级殡仪馆工作。

静安园公墓

2000年，经省民政厅及县政府批示，投资150余万元，征地60亩，建成县静安园公墓1处。2001年，投资95万元，新建办公用房4间，开挖人工河1条，打机井1眼，修园内环形道路1300米，栽植各种花卉、树木1600余棵，对园内进行绿化美化。修建高、中、低档墓穴1500个。2003年，投资56万元购入高档墓碑30套，中档墓80套，低档墓50套，年售墓穴216套。为配合县经济园区内旧公墓拆迁工作，筹集资金60余万元，新建墓穴1000余套，购入低档墓碑1500套，绿化用松树500株，县城周围七里、东范前、鲍家等村公墓已入园安葬，有力支持开发区建设，被命名为省级合格公墓。

图20-9　静安园公墓　（2011年摄）

2004年，为支持开发区建设将开发区内2500余座坟墓迁至公墓并完成立碑工作。2005年，陆续迁坟300余座。

火化服务工作

1986年，火化尸体3009具，火化率69%。

1987年，火化尸体2700具，火化率62%。

1988年，火化尸体3258具，火化率65%。

1989年，火化尸体2800具，火化率61%。至1993年，火化率基本稳定在60%以上。

1994年，火化尸体4352具，城区保持100%，农村稳定在98%。

1996年，火化尸体4750具，城区火化率100%。

1997年4月，全县开展殡葬改革宣传月活动。为制止乱埋乱葬，清明节前后，在全县兴起平坟还耕热潮，平除坟头5000个，推倒墓碑2000余块，搬迁公墓33个，坟头栽树2600棵，还耕土地100余亩。全年化尸4036具，城区保持100%，好生、苑城、明集、里八田4镇乡为100%。

1998年，清理制、售丧葬用品厂家133家，搬迁公墓40个，销毁、深埋墓碑2000块，平除坟头5100个，基本实现县内主干路两侧无坟头。全年化尸4204具，城区保持100%。

1999年，投资45万元，新建1栋职工宿舍楼，购进新型运尸车1辆。

2000年，化尸6141具。

2001年，为适应新形势下殡葬工作需要，增设委托招待、骨灰整理装盒、殡仪引导等服务项目，全年化尸5695具。

2002年，投资近70万元，按照国家二级殡仪馆标准，对原火化车间进行扩建和改造，全年化尸6444具。

2003年，投资190余万元，建成办公楼1栋，新上火化炉1台，购置运尸车1辆，新建大型告别厅1个、小型告别厅2个，为申报国家二级殡仪馆奠定基础，全年化尸5526具。

2004年，新建火化车间，新上火化炉1台，全年化尸4698具。

2005年，硬化停车场，全年化尸5917具。

第三节 地名管理

1989年，地名办公室由县政府办公室移交民政局管理。全县建成民政系统与相关部门组成县乡两级地名工作网络，开展镇乡地名标志和资料建档工作，省地两级在邹平县进行地名补查和资料更新试点。

1990年，完成地名普查和资料更新工作，出版发行《邹平县行政区图》，完成《邹平县城镇图》设计工作，安装设置地名牌109块。

1991年，制定《邹平县地名标志管理实施细则》，初步形成地名管理体系，完成10个乡镇385个村名牌检查验收和安装，对18条公路沿线201个村名牌提出设计方案和实施办法，完成地名补查和资料更新工作。

1992年，制定县城地名命名规划，完善城区地名标志，进行农村地名标志碑设置，地名文书档案进行组卷立档，研究制定县地名志和地名历史图集编辑出版工作实施方案，完成《山东省地名录·滨州地区卷》有关部分补充修改工作。

1993年，全县农村地名标志设置完毕，为国家地名辞典省地名志提供有关邹平的内容，《邹平县地名志》开始编写。

1994年，完成临池、好生、青阳、明集、韩店、孙镇6个乡撤乡设镇工作及焦桥、苑城、礼参、台子4个乡撤乡设镇申报工作。

1995年，焦桥、苑城、礼参、台子、西董5个乡撤乡设镇工作完成。重新绘制《邹平地图》，出版《山东地名·邹平部分》《中华人民共和国地名大辞典·邹平部分》共计170个条目。

1996年，完成《中华人民共和国地名志·邹平部分》编写任务。对码头、九户、里八田3乡进行全面深入考查，按撤乡设镇标准，整理3乡设镇报告，绘制行政区划图，完善上报材料。制定农村地名城市化管理工作计划，进行国道、省道两侧标志建设准备工作。

1997年，加强地名档案管理，在全区率先达到省二级水平。完成国道、省道和永久性地名标志设置工作，设置村碑33块，撰写碑文4万余字。完成《山东省地名志》邹平部分修改任务。

1998年，为省、地“名委”出版《山东省地名图集》修改《邹平城区图》，受到省、地“名委”通报表扬。制定县城地名规划和县城地名整顿规划，完成《邹平县地图》新版编绘工作。

1999年，进行县级行政区域界线勘定工作，共涉及边界线6条，总长300余千米，埋设测量界桩52棵，测量飞地面积204亩。

2000年，完成《邹平县地图》出版发行工作。

2001年，全县11个镇、10个村入选《山东名镇名村》一书，通过全国政区名称用字读音审定工作，编纂《邹平县区划地名简册》，对29个不规范村名进行标准化处理。完成全县镇乡规模调整工作，将礼参镇并入邹平镇，苑城镇并入长山镇，里八田乡并入魏桥镇。完成部分行政区域变更调整工作，将码头乡来牛、甜水、三官、崔八4个村划归魏桥镇管辖。长山镇河南村恢复原名范公村。

2002年，完成码头乡撤乡设镇工作，地名档案管理初步信息化，通过省市对邹平县行政区域界线勘定工作的检查验收。为《中国古今地名大词典》提供数据资料。

2003年，经省政府批准整建制撤销县政府驻地镇邹平镇，成立黛溪、黄山、高新3个街道。调整邹平县地名委员会，在县城区设置国家标准路街牌55块。

2004年，编辑完成《邹平县区划地名简册》《政府地名简图》《地区街道地名简图》。8月6日，经县委、县政府同意确定南部新区和东部经济开发区道路命名。

2005年，搜集地名数据4000余条，完成与桓台县、高青县边界线界桩联检任务。完成与济阳县涉及6个村边界线联检任务。

第四节　社会团体管理

1991年，县民政局成立社会团体管理机构，开始对各种社会团体进行清理整顿。

1992年，对86个全县性社会团体清理，为首批依法注册登记65个社会团体颁发证书。完成山东社团概况滨州地区名词录邹平部分编写工作。

1993年，按照社团管理条例对社团实行年检制。

1994年，全县依法登记社会团体67个。

1995年，对全县性依法登记67个社团年检。

1996年，县民政局对全县70个社团组织进行年检，参检率100%，合格率95.8%。限期整顿的社团2个，注销登记的社团1个，变更登记完善手续2个。对10个优秀社团进行表彰。

1997年，会同公安、宣传部门联合发文《关于加强社会团体登记管理的通知》，依法对社团进行清理整顿，杜绝未经登记非法社团利用广播、电视、报纸开展非法活动。

1998年，依法新批社团4个，注销社团9个，查处非法结社组织28个，其中宣布解散18个，同意申请登记10个，对7个法人社团进行财务、档案抽查，加大监管力度，保证社团管理向着制度化、规范化方向发展。

1999年，对全县气功类社会团体进行清理整顿，依法撤销4个气功类社团；对社团进行年检，年检合格率100%。

2000年，成立邹平县民间组织管理工作领导小组，完成17个非法人社会团体向法人社会团体变更登记。

2001年，对全县1200余家民办非企业单位进行调查摸底，符合民办非企业单位条件的43个，注册登记7个。注销非法人社会团体47个，注销法人社会团体2个。

2002年，27个民间组织进行注册登记，其中社会团体19个，民办非企业单位8个。

2003年，开通邹平县民间组织信息网，新注册登记社会团体4个，培育发展行业协会2个，农村经济协会2个，变更法人登记4个，注销登记1个，注册登记民办非企业单位3个。对27个民间组织进行2002年度年检，并首次对其进行财务审计。

2004—2005年，新注册登记社会团体3个，新成立登记社团14家，民办非企业单位5个。变更法人登记7家，注销登记民办非企业单位1个。两年中，对全县39家社会团体进行年度检查。

2005年，发展农村经济协会69家，其中注册34家。

第二十一编
人事、劳动与社会保障

Personnel, Labor and Social Security

2004年8月，启用的人力资源市场办公楼

劳动保障服务大厅　　（2016 年摄）

工作人员上街宣传《中华人民共和国劳动法》　　（2009 年摄）

1986 年 10 月，邹平县党政干部考核办公室成立，把目标管理引入党政机关，称岗位目标责任制。1987 年，县职称改革领导小组成立，恢复技术职称职务评聘晋升工作。1996 年 8 月，开始进行县、乡镇国家公务员过渡工作，1997 年 6 月，国家公务员过渡工作基本完成。2001 年，县人事局开通邹平人才网，发挥网站在人才交流中的重要作用。至 2005 年，建成人才数据库 11 个，储存各类人才信息 9700 余条；有 700 余家单位通过邹平人才网招聘，网上求职 4700 余人。

从 1986 年起，县内从社会上招收新职工，除少数技术复杂专业、工种及新建单位外，一律推行劳动合同制，并开展企业优化组合。从 1995 年起，开始将全县城镇非农业和农村剩余劳动力纳入统一管理。至 2005 年，全县企业养老保险参保职工共有 4.2 万人；全县机关事业参保职工共有 1.5 万人；全县共有 20.1 万人投保农村社会养老保险；全县失业保险参保职工 2.6 万人；全县工伤保险参保职工 3.1 万人；养老保险、医疗保险、失业保险、工伤保险等社会保障机制日趋健全和完善。

第一章　人事管理

第一节　机构沿革

编制委员会办公室

1984 年，县编制委员会恢复，下设办公室，与县人事局合署办公，为常设机构。

1991 年 3 月 14 日，县编制委员会办公室被确定为正科级行政单位。1995 年 5 月 17 日，根据《关于公布县机构编制委员会的通知》（邹普发〔1995〕80 号）文件精神撤销县编制委员会，成立县机构编制委员会。下设办公室，为正科级行政单位，与人事局合署办公。至 2005 年，未变。

人事局

1986 年，县人事局实有干部 11 人，负责全县干部调配、录用和管理、军转干部安置和培训、落实干部政策、人才交流、工资福利、老干部管理、干部统计等工作。县编制委员会日常工作由人事局协调。

1993 年，县级机构改革，县人事局下设办公室、人才市场办公室、干部股、科技干部股、工资福利股、保险事业股。县岗位责任制办公室由县委归口人事局管理，编委办公室与人事局合署办公。1995 年 8 月，保险事业股升格为副科级事业单位，改称保险事业处。至 1995 年，县人事局编制 29 人，其中行政编制 20 人，事业编制 9 人，实有 22 人。

1996 年，设办公室、干部股、科技干部股、工资福利股 4 个内部机构和人才市场、保险事业处 2 个事业机构。1997 年 4 月，县人事局内设机构调整为办公室、录用调配股、考核任免股、工资福利股、科技干部股、编办综合股、退休干部管理股（与机关事业养老保险管理处合署办公）、人才市场（与县转业军官安置办公室和毕业生分配办公室合署办公）8 个股室。

1999 年 4 月，机关事业单位养老保险管理处由人事局移交到劳动和社会保障局管理。

2001 年 8 月，成立县人才服务中心（正科级）、县引进国外智力办公室（副科级），为事业编制，归口县人事局管理。

2002 年 6 月，全县党政机关再次进行改革。县人事局核定行政编制为 15 人、事业编制 8 人。内设机构为办公室、编办综合股、工资科干股、录用调配股、考核任免股。

至 2005 年，内设机构未有变化。

第二节　机构改革

1984年，对国家机关、行政事业单位进行减编。县委确定7个工作部门，县政府确定28个科级行政单位。到1985年，全县党政机关42个，实有干部6847人，其中行政单位干部1586人，事业单位干部5261人。

1993年，按照鲁发〔1993〕9号和鲁编〔1993〕5号文件精神，进行县乡改革。改革前县直党政群等行政机构94个，编制1157人，实有1531人，其中副科级干部280人；事业单位机构121个，编制2500人（不含教育），实有2644人，其中副科级以上干部154人。镇乡行政机构389个，行政编制600人，实有874人，其中副镇乡级以上干部329人；事业机构335个，编制1318人，实有1804人。经过改革，县直党政群等行政机构52个，其中县委工作部门7个，县政府工作部门31个，其他14个；内部机构154个，行政编制1221人，实有1213人，比改革前减少20.8%；镇乡行政机构179个，编制628人，实有597人，比改革前减少31.7%；县直事业单位132个（不含教育），事业编制2963人，实有2936人，比改革前增加11%；镇乡事业单位135个，编制1056人，实有1264人，比改革前减少30%。全县副科级以上领导职数编制485人，实有571人，比改革前减少25.2%。通过机构改革，对事业单位实行分类管理。全县实行全额拨款事业单位73个，实行差额拨款事业单位26个，实行自收自支的事业单位12个。

2002年6月14日，根据《关于印发〈邹平县党政机构改革实施方案〉通知》（邹发〔2002〕8号）文件，按照转变政府职能，实现政企、政事、政社分开，精兵简政，优化结构的要求，坚持精简、统一、效能原则，调整组织机构，压缩机关人员编制，提高行政效率，减轻财政负担；科学界定职能，依法行政，规范管理。全县依照方案要求，进行再次改革。

改革后县委工作部门分别是：纪律检查委员会机关（监察局与其合署）、县委办公室（县委、县政府信访局由县委办公室、县政府办公室管理，以县委办公室管理为主；档案馆为县委办公室领导的事业单位，挂档案局牌子，授权行使有关行政职能）、组织部（老干部局由组织部管理）、宣传部、统一战线工作部（挂台湾工作办公室牌子）、政法委员会（社会治安综合治理委员会办公室与其合署，反邪教办公室归其管理）、县直机关工作委员会。

县政府工作部门分别是：县政府办公室、发展计划局（物价局、粮食局归其管理）、经济贸易局（中小企业局与其合署）、教育局、科学技术局、公安局、监察局（与纪律检查委员会机关合署，列入政府工作部门序列，不计政府机构个数）、民政局、司法局、财政局、人事局（机构编制委员会办公室与其合署）、劳动和社会保障局、国土资源局、建设局、环境保护局、交通局、水利局、农业局、对外贸易经济合作局、文化体育局、卫生局、计划生育局、审计局、统计局。邹平经济开发区管理委员会为县政府派出机构。

2002年6月14日，《关于印发〈邹平县乡镇机构改革实施方案〉的通知》（邹发〔2002〕9号）文件中规定，调整乡镇党政机构，精减人员编制，乡镇党委、政府机构实行合并设置。保留党政办公室，撤销政法办公室、农业办公室、工交财贸办公室、科教文卫办公室、计划生育办公室。

改革调整后统一设置4个综合性办公室：党政办公室、经济发展办公室、文化教育办公室、社会事务办公室（挂社会治安综合治理办公室、计划生育办公室牌子）。综合性办公室为乡镇党政机关股级行政机构，负责人由乡镇党政领导干部结合分工兼任，乡镇设司法助理员1人（列政法专项编制，不占镇行政编制），乡镇以下不设办事处等管理层次。

设置全额拨款事业单位4个：财政所、农村经济经营管理站（含统计、审计）、计划生育与妇幼保健服务站、劳动和社会保障所。

第三节　编制管理

1986—1995 年，随着各项改革事业发展，机构编制管理日趋科学化、规范化、制度化。全县有党政群机关（不包括归口管理单位）45 个正科级单位。1995 年 8 月，县委、县政府设置编制委员会改称机构编制委员会。

1997 年，根据《邹平县关于事业单位分类管理的意见》，对县直 111 个事业单位按经费渠道和职责范围进行分类：全额拨款事业单位 64 个，差额拨款事业单位 20 个，自收自支事业单位 25 个，企业化管理事业单位 2 个。

2000 年 11 月，根据中央、省、市有关文件精神，为进一步加强机构编制管理，出台《邹平县机构编制管理规则》。

2003 年 2 月，撤销邹平镇，成立黛溪、黄山、高新 3 个街道办事处，各街道设置 4 个综合性办公室：党政办公室、经济发展办公室、文化教育办公室、社会事务办公室（挂社会治安综合治理办公室牌子）。

2005 年，根据《事业单位登记管理暂行条例》，对全县 267 个事业单位进行法人登记，加大对事业单位的监督管理力度。8 月，县政府机构改革，县政府设置政府办公室和 23 个工作部门。改革主要内容：将发展计划局改组为发展和改革局，将计划生育局更名为人口和计划生育局；对有关部门职能进行调整。

1992—2005年邹平县行政、事业人员编制情况一览表

表21-1-1　　　　单位：人

年　度	行政编制数	事业编制数	年　度	行政编制数	事业编制数
1992	1559	7158	1999	1312	10589
1993	803	9954	2000	1312	10661
1994	1307	10391	2001	1559	7158
1995	1390	10228	2002	803	9954
1996	1829	10735	2003	1307	10391
1997	1363	10729	2004	1390	10228
1998	1342	10749	2005	1829	10735

第四节　干部来源

转干招干

1986—1995 年，按照政治体制改革要求，积极推行干部人事制度改革。补充机关干部实行考选制。招干工作坚持面向社会、公开报名、统一考试、平等竞争、择优录用原则，招考录用干部 120 人，绝大多数充实到机关。企事业单位补充干部实行聘用制。

1991 年，《邹平县企事业单位补充干部实行聘用制的意见》在全县推行。是年，全县招考聘用制干部 1159 名。至 1995 年，全县企事业单位聘用制干部 995 名。录用乡镇干部实行合同制。全县乡镇农民合同制干部有 338 人，其中有 29 名合同制干部由于政绩突出，被转录为国家正式干部；有 20 名合同制干部担任副科级以上职务。

1997 年，对聘用期满的聘用制干部按德、能、勤、绩进行全面考核，考核不合格者予以解聘。1998 年底，全县企事业单位共有聘用制干部 870 人，农民合同制干部 311 人，14 名聘用制干部由于政绩突出转录为国家正式干部，6 名合同制干部转为国家正式干部。根据《山东省国家不包分配的大中专毕业生就业办法》，录用 365 名大中专毕业生为聘用制干部，充实到乡镇农、林、水第一线。1999—2000 年，经地区人事局批准，有 9 名农民合同制干部被录用为国家正式干部。

大中专毕业生分配

1986—1996年，分配接收大中专毕业生工作，由县计划委员会、县教育局、县人事局负责。县计划委员会负责安排分配计划，师范类院校毕业生由教育局分配，其他院校毕业生由计委分配。这期间大中专毕业生全部按计划分配。

自1997年始，非师范类大中专毕业生就业分配工作，县计划委员会不再安排分配计划，全部由人事部门负责。至1998年，接收各类大中专毕业生2700余人。分配工作坚持行政机关逢进必考和控制财政供养人员原则，做到优生优分，多渠道就业，优先保证重点项目和重点企业对毕业生的需求。完成毕业生就业从指令性分配到市场配置的实质性过渡。

自2000年始，对本科以上学历毕业生仍实行指令性计划分配，全额、差额事业单位接收本科以上毕业生，没有编制的，只要专业对口，单位急需，经县人事、财政部门批准，允许先进人，后增加增人计划。对专科以下各类毕业生，主要通过计划指导下供需见面、双向选择方式落实就业单位。高职毕业生实行学校推荐、自主择业。普通中等专业学校毕业生在国家就业政策指导下自主择业。同时，延长派遣期，毕业生派遣期为两年。

1999—2003年，全县接收大中专毕业生3300余人。2004—2005年，全县接收非师范类毕业生1785人，其中研究生7人，本科生593人，专科生837人，中专生348人。

第五节　干部管理

干部调配

1986—1995年，干部调配工作坚持保证重点、充实基层、面向科研、生产第一线的原则，注重照顾干部。夫妻异地，尽可能调动一起，解决夫妻两地分居困难。其间，全县调入441人，调出440人。调入人员中，大部分为县急需用专业人才或具有大专以上学历人员。

1996—1998年，先后为686人办理调配手续，其中县内调动533人，调往县外63人，从县外调入90人。调配人员中具有大专以上学历或助级以上职称的调进大于调出。

2002年，县内进行机构改革，在改革中调配干部275人，主要充实到基层单位和机构改革后编制缺额单位。2003—2005年，调配干部78人。

干部任免

1986年后，行政干部任免依据《山东省县级以上各级人民政府任免工作人员办法》规定实行。按照干部分级管理原则，政府序列内副职由人事局提交县政府任命。1986—1995年，全县共任命政府序列副科级干部263人(次)，免职126人(次)。

1996—1998年，办理县委提名，以县长名义提请县人大常委会任命正局级干部35人次，免职9人次；办理县委提名，县政府任命副县级干部1人，任免正副科级干部79人次，聘用正科级干部3人，解聘3人；办理7个单位的中层干部任免手续，其中正职8人次，副职12人次。

1999—2005年，办理县委提名，以县长名义提请县人大常委会任免国家机关工作人员465人次。

干部奖惩

从1985年起，执行《山东省国家行政机关工作人员奖惩实行办法》，集体奖励有授予先进集体称号、通令嘉奖，个人奖励有授予先进工作者称号、记功、记大功、升级、通令嘉奖、授予劳动模范称号，行政处分种类未变。从1995年起，执行《国家公务员奖惩暂行规定》，奖励有嘉奖、记三等功、二等功、一等功，授予荣誉称号，处分有警告、记过、记大功、降级、撤职、开除等。2002年，全县表彰先进集体110个，记集体三等功247个，嘉奖442人。2005年，县委、县政府表彰先进集体587个，先进个人331人。

第六节　国家公务员管理

1993年8月14日，国务院《国家公务员暂行条例》发布，10月1日实施。

1996年8月，县人事局制定《邹平县国家公务员制度和参照试行〈国家公务员暂行条例〉实施方案》，开始进行县、乡镇国家公务员过渡工作。1997 年 6 月基本完成。全县有 65 个单位列入首批过渡范围，设置职位 1247 个。其中设公务员领导职位 213 个（县 145 个，乡镇 68 个），机关工作者领导职位 254 个（县 67 个，乡镇 187 个），非领导职位 780 个（主任科员 55 个，副主任科员 57 个，办事员 668 个）。

1996 年 9 月 4—20 日，对全县拟列入过渡范围的 1500 人分 9 批进行为期 15 天集中培训，至 1996 年 11 月 3 日，过渡考试及补考工作结束，全县参考 1422 人，7 人缺考。按照机构改革“三定”方案确定机构编制和编制构成进行职位设置，执行规定职数限额，不超数设置，严格任职条件，按规定程序报批。全县 65 个首批过渡单位，将机构改革确定的部门职数，按决策与管理、业务指导，承担业务、保障及临时交办工作等层次细化到内部机构和职位，内设机构职责明确、任务饱满、工作量适中，各内设机构没有交叉现象。12 月，召开全县职位分类人员过渡会议，根据县委意见对职位分类中出现的一些问题，进行妥善解决。特别是对现有领导干部超职数配备问题，县委研究决定：对这部分领导干部，除县委调整外，在人员过渡上岗时原则上维持现状，不人为造成“编内编外”，在人员选配中，将部分领导职务安排调整为非领导职务，或作低职安排保留原待遇。同时鼓励一部分干部分流。

至 1997 年 6 月，有 16 名领导干部调整为非领导职务，7 名领导干部进行低职安排，11 名领导干部分流到企业事业单位任职。

在完成过渡资格审查基础上，县委组织部、县人事局联合下发《关于做好现有机关人员向国家公务员、机关工作者过渡考核和机关事业单位工作人员年度考核工作的意见》，对考核范围、内容、程序、方法原则、考核标准、组织领导及要求作详细规定，组织填报《过渡审批表》《过渡考核人员名单》《不允许过渡人员名单》《非干部身份人员花名册》《工勤人员花名册》《任职回避情况调查表》《现任中层职务人员情况登记表》。对 1995 年、1996 年每个年度考核结果复核，对不符合条件人员取消过渡资格或做暂缓过渡处理。

在向国家公务员过渡过程中，全县有 87 名中层职务人员进行职务轮换，62 名中层职务人员进行竞争上岗。

至 2005 年，全县有公务员 1439 人，其中县直 1062 人，镇、街道 377 人。1439 名公务员中政法系统 486 人。

第七节　科技干部管理

1987 年，县成立职称改革领导小组，并在科委设立办公室，恢复停止 4 年之久的技术职称职务评聘晋升工作。

1988 年，县科委增设科技干部科，组建 10 个技术职务初评委员会，对全县 80 余个全民事业单位 4054 名科技人员的专业技术职称进行评审和聘任，其中 58 人报经上级评委会评审批准，获得高级技术职称。

1989 年，对乡镇企业、集体企业、民办教师、农民技术员、全民企事业单位以工代技人员、农民合同工等进行职称评聘工作。1990 年、1991 年对全县专业技术人员全面考核。1992 年，职称晋升评聘工作实行改革，评定和晋升转入年度经常化。7 月，职称评聘工作由县科委移交县人事局负责，县人事局设职称改革领导小组办公室。年底，全县具有初级技术职务以上人员 7753 人，其中高级技术职称 87 人，中级 1212 人，初级 6454 人。是年，换发专业技术职务任职资格证书。

1993 年，人事局成立科技干部管理股，负责科技干部管理方面具体工作。1993—1995 年，按照地区人事局科干处统一部署，分别对 1992 年、1993 年、1994 年指标进行评审，全县评高级职称 388 人，中级职称 3816 人，初级职称 19811 人。

1995 年，经济、统计、会计、审计、执业药师、建筑经济、国际商务、计算机系列中、初级专业技术任职资格实行全国统一考试制度。

1996—1998 年，全县评出高级职称 295 人，中级职称 1515 人，初级职称 6241 人；全县 1642 人参加经济、统计、会计、审计、执业药师、建筑经济、国际商务、计算机系列中、初级专业技术任职资格全国统一考试，有104人取得中级专业任职资格，224人考取初级任职资格。

1998年，出台《关于加强专业技术职务评聘工作管理的意见》《关于做好一九九八年度专业技术职务评聘工作的通知》，实行岗位设置，评聘分开，按照国家和省规定比例对全县各部门设岗。对超岗位评审任职资格数量严格控制在同级设岗数的15%以内。并规定，1998年8月31日以后取得专业技术职务任职资格人员，单位设岗比例已达到或超过规定的，实行空岗竞争聘任。对专业技术职务任职资格推荐评审，坚持标准条件，严格掌握学历及任职年限，强化“六公开”监督制度，增大评审工作透明度。

1999—2003年，全县评审出高级职称890人，中级职称2917人，初级职称10510人；全县2255人参加经济、统计、会计、审计、计算机等系列专业技术职务任职资格全国统一考试，有107人考取中级任职资格，109人考取初级任职资格；632人参加质量、执业药师、企业法律顾问、国际商务等系列执业资格全国统一考试，有70人考取执业资格；1892人参加职称外语全国统一考试，有493人考取合格证书。2003年，全县1884人参加职称计算机模块统一考试，891人取得合格证书。出台《关于做好1999年度专业技术职务评聘工作的通知》《关于加强竞争聘任专业技术职务工作的通知》。出台《关于做好2002年度乡镇企业职称工作的通知》，对从事民营经济专业技术人员实行政策倾斜，在申报职称时享受“直接晋升”优惠政策，即申报人员可不受自身现有职称限制，仅根据国家条例规定的有关学历与专业工作年限直接申报评审相应级别职称，简化申报手续，降低外语与计算机要求。2002年，全县专业技术人员数据库建设工作完成。

至2005年，全县有各类专业技术人员12338人。其中正高级职称22人，副高级1115人，中级4626人，初级6575人。

第八节　离退休干部管理

1985年后，干部离退休按常规及时办理。全县凡符合离休条件干部由本人提出申请，报所在单位和主管部门，按干部管理权限由组织部门审批，批准后即享受离休待遇。1949年9月30日前参加革命工作离休干部，发放本人100%标准工资。1937年7月6日前参加工作的，每年增发2个月标准工资。1937年7月7日至1942年底参加工作的，每年增发一个半月标准工资。1943年1月1日至1945年9月30日参加工作的，每年增发1个月标准工资。全县凡符合退休条件干部，由本人提出申请，报所在单位和主管部门，按管理权限由组织部门或劳动、人事部门审批，批准后即享受退休待遇。2000年10月起，企业干部退休由县劳动和社会保障局审批。

1986年，全县有退休干部1043人。至1995年，人事局管理退休干部1869人。至1998年，退休干部2253人。至2003年，退休干部3020人。至2005年，全县有离休干部257人，退休干部3423人。

第九节　岗位目标责任制

1986年10月，邹平县党政干部考核办公室成立，正科级单位，隶属县委组织部领导。是年，通过考核评选出县级先进人物1348名，其中县级劳动模范8人，通令嘉奖27人，记大功81人，记功303人，先进工作者929人。

1987年，通过考核评选出县级先进集体80个，其中通令嘉奖单位24个，先进单位56个；先进人物911名，其中县级劳动模范13人，通令嘉奖33人，记大功240人，记功625人。

1988年，考核评选出县级先进集体93个，其中通令嘉奖单位33个，先进单位60个；评选出县级先进人物1633名，其中县级劳动模范8人，通令嘉奖49人，记大功548人，记功1028人。

1989年，考核评选出县级先进集体66个，其中通令嘉奖单位26个，先进单位40个；评选出县级先进人物2246名，其中县级劳动模范7人，通令嘉奖80人，记大功223人，记功451人，先进工作者1485人。

1990年2月，对上年评选出的66个县级先进集体和2246名先进个人进行表彰奖励。7月，县党政干部考核办公室更名为县党政机关岗位目标责任制办公室，属县委、县政府领导下相对独立单位，不再隶属县委组织部，日常工作在县党政机关岗位目标责任制领导小组领导下进行。县委（90）45号文件印发《邹平县党政机关岗位目标责任制实施方案》。12月18日，在省委、省政府召开的全省机关岗位目标责任制工作经验交流暨“双先”会上，邹平县委、县政府被授予“全省机关岗位责任制先进集体”称号。

1991年12月，经考核评选出先进集体56个，其中邹平镇、组织部、教育局3个单位为地区级先进单位，县级先进单位53个；评选出先进人物1820名，其中地区级劳动模范8人，地区级先进工作者42人，县级劳动模范28人，记功427人，先进工作者1320人。

1992年12月25日，在全省党政机关岗位责任制现场经验交流会上邹平县作《以目标管理统揽全局，开创机关工作新局面》的典型发言。会上播放县岗办编写拍摄的电视专题片《公仆赞》。

1993年10月，邹平县县级党政机构改革，岗办归口人事局管理，日常工作在县岗位目标责任制领导小组领导下进行。

1994年，县委、县政府下发《关于双文明建设目标管理责任制的实施意见》（邹发〔1994〕20号文件），决定从1994年起，推行物质文明和精神文明建设目标管理责任制（简称双文明建设目标管理责任制）。对乡镇“双文明”建设目标管理责任制考核指标分6项：农业、乡镇企业、外向型经济、村镇建设、计划生育、精神文明建设。对县直部门的考核内容为各部门年度目标执行情况，考核按百分制计分，考核结果分优秀、称职、不称职3个等次。

1995年，县委、县政府两办下发《关于对邹发〔1994〕20号文件内容进行补充调整的通知》（邹办发〔1995〕32号文件），对镇乡的考核总分由690分调整为1000分，物质文明、精神文明各占500分。其中物质文明建设中农业占150分，乡镇企业（含外向型经济）占250分，村镇建设占100分，精神文明建设中计划生育占100分，社会治安综合治理占100分，办公室、组织、宣传、纪检工作等占300分。对县直部门、企事业单位考核，凡工作相对独立的副局级以上事业单位均参加全县统一考核；大中型企业（指原按局级管理的企业）和条条管理单位，由各主管部门考核，并按总数的30%比例推荐评选出受县级表彰先进单位。

1996年，县委、县政府下发《关于深入开展双文明建设目标管理创优升位活动的意见》，对镇乡实行千分制考核，其中物质文明建设600分，精神文明建设400分。物质文明建设中农业200分，乡镇企业300分，镇村建设100分。精神文明建设中计划生育100分，社会治安综合治理100分，其他工作200分。对县直单位实行百分制考核，其中镇乡对县直机关事业单位综合评价占40分，县直单位之间相互评价占10分，县属大中型企业对县直单位评价占25分，县级领导对分管单位评价占25分。

1997年，县委办公室印发《关于双文明建设目标管理创优升位活动部分考核事项进行调整的意见》，对部分考评事项作调整，将镇乡精神文明建设考评总分调整为300分。其中计划生育100分，社会治安综合治理100分，组织、纪检（监察）、宣传、县委县政府两办和科教文卫体工作各20分。新增县委、县政府主要领导对镇乡综合评价100分（县委书记、县长各50分）。对县委单位考评，镇乡综合评价调整为40分，县直单位之间互评调整为10分，县属大中型企业评价调整为20分，县级分管领导评价调整为20分。经过考核评选出先进单位100个，命名邹平镇黄东村等349个村为“小康村”。

1998年，评选出先进单位101个，1个镇被社会治安综合治理一票否决，县直6个单位因综合考核达不到基本分被黄牌警告。1999年，表彰各类先进单位398个，一票否决单位3个，黄牌警告单位3个。2000年，表彰各类先进单位663个，先进个人200名，一票否决单位1个。2001年，表彰各类先进单位158个，一票否决单位2个，黄牌警告单位2个。2002年，表彰各类先进单位128个，先进个人713名。2003年，表彰各类先进单位234个，一票否决单位1个。2005年，表彰各类先进单位362个，先进村庄236个，先进个人331人。

第十节　工资福利

1986年，按省人事局鲁工政〔86〕5号、10号等16个文件规定和上级统一部署，全县国家机关、事业单位3836人调整工资。12月，机关事业单位7452名职工实行奖励工资。根据鲁人编〔1986〕2号文件规定，为450户病故干部遗属提高补助标准。根据〔1985〕鲁劳管字092号、鲁组〔1986〕4号文件规定，为全县1965年6月至1975年期间精减退职、无固定收入老职工133人办理退职生活补助费。

1987年，贯彻鲁工改〔1987〕2号和鲁职改字〔1987〕110号文件，重点解决部分工资平台、专业技术职务进档以及其他突出问题，共有588人增加工资；调整公安干警津贴标准。

1988年，根据鲁工改〔1988〕9、11、12号等文件，全县16789人次调整工资。1989年，根据鲁工改〔1989〕3号文件，全县3262人工资升级。根据鲁人薪〔1989〕04号文件，359名护士提高工资标准；根据鲁人薪〔1989〕5号文件，3419名中小学班主任办理津贴；根据鲁人薪〔1988〕3号文件，3062名民办教师提高工资，1053名新招收录用、调动工作人员及职务晋升人员处理工资。

1990年，根据国发〔1989〕82号文件，全县8470人普调一级工资，4856人再升一级工资，1488名离退休人员提高生活待遇；根据鲁人薪字〔1990〕40号文件，3414人调整工资；根据惠人字〔1990〕5号文件，转招的217名合同制工人确定工资；根据鲁人福字〔1990〕2号文件，600余名干部遗属提高补助标准，重新换发证件。

1991年，建立机关事业单位工作人员工资档案，全县8500名工作人员工资情况全部建档立卡，使工资管理向科学化、规范化迈进。82名在农林水第一线工作满八年人员提高一级工资。

1992年，根据国发〔1991〕4号文件，10073人增加工龄津贴；根据省、地会议精神，9784名工作人员增加职务（岗位）补贴，同时为1813名离退休人员增加生活补贴，7433人增加工资，10447人增加职务补贴。

1993年10月，国家机关和事业单位工作人员工资制度改革，改以职务工资为主要内容的结构工资制为以职务工资、级别工资、基础工资和工龄工资为主要内容的职级工资制度。这次工资制度改革确立正常增资机制。即机关工作人员在年度考核优秀和称职基础上，每两年晋升一个职务工资档次；在原级别任职期间连续五年考核称职或连续三年考核优秀的，在本职务对应的级别内晋升一个级别；工作人员随工作年限增长，相应增加工龄工资；根据国民经济发展和城镇居民生活费用增长情况，适当提高基础工资和定期调整职务工资、级别工资、工龄工资标准。事业单位工作人员在年度考核优秀和合格基础上，每两年晋升一个职务工资档次，国家定期调整事业单位工作人员工资标准。此次工资制度改革，全县10447人增加工资及职务补贴，1644名专业技术人员兑现职称工资及职务补贴，1819名离退休人员增加了生活补贴。

1994年，根据上级文件规定，10804名在职人员按新工资制度进行套改，月增资总额119万元，人均月增资额110.49元；2065名机关事业单位离退休人员增加离退休费，人均月增资170.88元。

1995年，根据政策规定，落实体育中学教师提高10%的待遇，92名民师转公办人员处理了临时工资执行标准，1967名职务（职称）变动人员处理工资，293名机关工作人员处理级别工资；根据滨教〔1994〕75号文件，聋哑学校35名教职员工提高特教津贴；根据国发〔1993〕9号文件规定，全县涉农5个单位438人由事业差额工资标准改为全额工资标准。

1996年，根据鲁人薪〔1994〕3号文件精神，行政机关中执行职级工资制的185人级别工资晋升；根据地区工资会议精神，机关事业单位11939人调整职务（岗位）补贴；根据鲁人薪〔1996〕13号文件，机关事业单位的11465人晋升职务工资档次；根据邹政发〔1996〕49号文件精神，1994、1995年度分配到乡镇企业的273名大中专毕业生更改事业全额工资标准；根据邹人字〔1996〕40号文件精神，全县镇乡事业单位（卫生院除外）的561人工资标准由差额事业改为全额事业；依据鲁人薪函〔1996〕1号文件，民师转公办教师的92人调整工资；根据鲁人薪〔1996〕13号文件规定，932名机关事业单位职务、职称晋升工作人员办理工资调整；根据鲁人薪〔1995〕27号文件规定，为248名人民警察办理警衔津贴。

1997年7月，调整机关、事业单位工作人员的工资标准。机关行政人员基础工资由每人每月90元提高到每人每月110元。事业单位工作人员工资标准也相应提高，人均月增资20元。同年，根据国发〔1993〕79号及鲁人薪〔1996〕13号文件和省、地工资会议精神，机关事业单位工作人员正常晋级；根据鲁人薪〔1996〕20号文件精神，在镇乡、村任教的3500余名教师向上浮动一级工资；根据鲁人薪〔1997〕9号文件规定，258名晋升技术等级机关事业单位技术工人兑现工资。

1998年，根据鲁人薪〔1997〕14号、鲁人薪〔1997〕16号、鲁人薪〔1996〕13号文件规定，全县13373名机关事业工作人员调整工资标准、简化归并福利补贴、正常晋升职务工资档次；根据鲁人薪〔1997〕4号文件，48名连续三年考核优秀的机关干部晋升一级级别工资。

1999年7月，机关行政人员基础工资由每人每月110元提高到180元，级别工资标准由15级至1级每人每月55～470元提高到85～720元。事业单位工作人员工资标准也进行相应幅度提高。是年，全县11398名机关事业单位工作人员调整工资标准，4011名离退休人员增加离退休费，578名职务晋升人员兑现工资。

2001年1月，机关行政人员的基础工资标准由每人每月180元提高到230元，级别工资标准由15级至1级每人每月85～720元提高至115～1166元。

2001年10月，公务员各职务工资起点标准由最低50元至最高480元提高到100～850元。机关工人和事业单位工作人员的工资标准相应提高。

2003年7月，调整机关、事业单位工作人员工资标准。公务员各职务工资起点标准由最低100元至最高850元提高到130～1150元。机关工人和事业单位工作人员的工资标准相应提高。

2004年10月，全县机关事业单位工作人员及离退休人员增发生活补贴。由于2003年邹平县被省委、省政府确定为全省30个经济强县之一，根据省政府对30个经济强县（市）的有关政策规定，县委、县政府决定，自2004年10月起，全县机关事业单位工作人员及其离退休和退职人员每人每月增发生活补贴260元。

2005年7月，增发岗位津贴和交通补贴。为妥善解决机关事业单位工作人员工资水平较低问题，参照《市直机关单位工作人员发放岗位津贴和交通补贴的通知》（市直是参照省直）精神，自2005年7月1日起为机关事业单位工作人员发放岗位津贴和交通补贴。

第十一节 人才交流

人才市场建设

1993年，邹平人才市场成立，系县人事局所属股级单位，掌握和传递人才信息，沟通人才流通渠道，开发人才资源，组织人才合理流动。

2001年8月，县人才服务中心成立，为正科级事业单位，归口县人事局管理。邹平人才市场于1998年5月和2001年3月2次迁址。2002年8月，邹平人才市场大楼动工兴建，2004年8月竣工。新建邹平人才市场投资1100余万元，占地17亩，总建筑面积6700平方米，集人才交流、人才培训、会议展览、就餐商务于一体。

邹平人才市场每月18日举办人才招聘、求职供需见面会，每周五举办人才洽谈专场会，不定期举办面向周边乃至全省大型人才供需见面会。推行招聘单位会员制，会员单位招聘人才手续从简。对下岗人员、离退休人员和复退军人，实行免费办理求职登记，吸引各类人才进场求职。邹平人才市场每年举办各类招聘会近60场，进场招聘单位300余家，提供就业岗位7500余个，进场求职者3500余人，通过双向选择，有2000余人找到合适岗位。

图21-1　人才招聘现场　　(2005年摄)

网上人才市场建设

2001年，邹平县人事局开通邹平人才网，发挥网站在人才交流中的重要作用。至2005年，建成人才数据库11个，储存各类人才信息9700余条；有700余家单位通过邹平人才网招聘，网上求职4700余人，初步达成就业意向3500余人；开办职称评审、人事考试等信息专栏，加大信息发布量。

人才引进

2001年，县人事部门每年几次派人或组织企业到北京、济南、长春、武汉、成都、兰州等地参加大型人才交流会，与省内外高等院校及各地人事人才部门进行联系与合作，为魏棉、西王等企业引进各类人才和劳动力。2005年，引进各类人才1800余人，其中博士生2人，硕士生5人，本科学历或中级以上职称560余人。

从1996年起，陆续开展从国外引智工作。2001年，县引进国外智力办公室成立，与20余个国外专家组织保持着经常性联系，在需要时引进专家指导工农业生产。荷兰花卉专家万德库、日本染色专家平田英司等7位外国专家，先后12次前来进行技术指导。2002年，日本染色专家平田英司获山东省人民政府授予外国专家的最高奖项——齐鲁友谊奖，是驻滨州市外国专家首次获此殊荣。

人事代理

1997年，依据《山东省人事代理暂行办法》，县人事局正式开展人事代理工作。至2005年，共为3530余人办理人事代理，其中为2370余名大中专毕业生、专业技术人员和经营管理人员办理个人人事代理；为75个单位办理集体代理，代理人员1160余人。人事代理制度使单位人变成社会人，克服人才单位所有，部门所有和能上不能下，能进不能出的弊端。

人才培训

2003年，县政府制定《邹平县2003年至2008年专业技术人员继续教育规划》和《邹平县专业技术人员继续教育暂行规定实施细则》，从制度上保障和促进教育培训工作良好进行。同年，县人事局设立培训部，专门负责组织开展人才培训工作。“继续教育制度化培训”主要开展专业技术人员继续教育和各项公务员培训活动，每年约培训1.5万人次。“单位需求社会化培训”主是根据企事业单位需求，采取县内岗位培训、委托高校培养、人才培训基地培训、出国培训研修和留学等多种形式，为国有、集体、民营及外资企业开发和培养专业技术人才和经营管理人才。至2005年，县人事部门为全县培训各类人才6.2万余人次。

图21-2　农村劳动力实用技术培训　　(2005年摄)

第二章　劳动与社会保障

第一节　机构沿革

1986年4月，县政府安全生产办公室撤销，全县劳动安全生产工作移交劳动局负责，劳动局设安全监察科。10月，根据邹编〔1986〕8号文件，确定县劳动局设邹平县社会劳动保险事业处，为副科级事业单位；设县劳动服务公司，暂定股级事业单位；设县劳动争议仲裁办公室，增加劳动仲裁职能。开始负责收缴管理全县合同制工人的养老保险金。至年底，县劳动局有工作人员15人。

1993年10月，县级机构改革，劳动局内设办公室、劳动争议仲裁办公室、安全监督检查办公室、劳动保护股、调配股、工资股。劳动局所属事业单位有劳动就业处、劳动保险事业处。1995年，设劳动监察室，劳动局增加劳动监察职能和职业技能资格鉴定职能。至1995年，县劳动局核定编制40人。

1999年1月，县劳动局内设办公室、劳动争议仲裁委员会办公室、安全生产委员会办公室、劳动安全卫生与锅炉压力容器检查股、劳动力管理股、工资计划统计股、劳动监察室。所属事业单位有劳动就业处、社会劳动保险事业处。

1999年4月，县劳动局更名为县劳动和社会保障局。

县劳动局更名后，原县人事局承担的机关事业单位工作人员社会保险职能、县民政局承担的农村社会保险职能、县卫生局承担的公费医疗管理和医疗制度改革职能，均划归县劳动和社会保障局。同时，将安全生产综合管理、职业安全监察、矿山安全监察等职能和县安全生产委员会办公室整体移交县经贸委，将锅炉、压力容器、电梯、防爆电器等特种设备安全监察职能移交县技术监督局。县劳动和社会保障部门不再对企业招用职工进行审批，改为依照劳动力市场管理法规和劳动合同制度进行管理；不再审检县属新建国有企业定员标准，改为重点调控此类企业的工资总额和工资水平；不再制定企业奖惩方面政策规定，改为处理劳动关系；不再承担协调企业、事业单位和国家机关工资政策职能，将职业分类、职业技能鉴定、职业技能竞赛组织实施以及劳动定员定额标准拟订等职能，交由事业单位或社会中介组织承担。

2001年，县医疗保障事业处成立，隶属县劳动和社会保障局管理，为副科级事业单位。2003年4月，县劳动保障执法监察大队成立，为副科级事业单位，隶属县劳动和社会保障局管理。

至2005年，县劳动和社会保险局内设办公室、劳动争议仲裁委员会办公室、工资计划统计股。所属事业单位有劳动就业处、社会劳动保险事业处、机关事业单位社会保险处、农村社会养老保险事业管理处、医疗保险事业处、劳动保障执法监察大队。县劳动和社会保障局有工作人员58人。

第二节　劳动就业

用工制度

从1986年起，县内从社会上招收新职工，除少数技术复杂专业、工种及新建单位外，一律推行劳动合同制，并开展企业优化组合。同时，开始实行三结合（劳动部门介绍就业、自愿组织起来就业和自谋职业相结合）就业方针。

1987年后，开始在待业人员中实行“待业证”制度和就业前进行培训考试制度。至1992年，全县完成从发放待业证到发放就业许可证过程。

1992年，县属企业实行全员劳动合同制，企业内部打破干部与工人，固定工与合同制工身份界限，所有职工在平等自愿、协商一致基础上，与企业签订劳动合同，以劳动合同形式确立劳动关系，明确双方的责、权、利。至1993年，全县企业全部实行全员劳动合同制。

1993年后，随着企业逐步改制，就业安置随之取消指标计划，改由企业根据生产发展需要，直接确定招用人员。县劳动部门成立职业介绍所，并逐步建立健全各项制度，设立信息咨询、用工求职登记、办理招聘手续、就业训练、劳务输出、劳动合同鉴证、养老保险8个服务台。

1995年起，开始将全县城镇非农业和农村剩余劳动力纳入统一管理。1994—1995年，有100余人输出到国外就业，1300余人被输送到北京、青岛、烟台等地就业。2002—2005年，全县净增就业岗位9.75万个，新增城镇就业再就业人数1.71万人。至2005年，城镇登记失业率2.12%。

下岗职工再就业

1995年7月，全国下岗职工再就业工程启动。1996年，县政府强化劳动力市场体系建设，职业介绍形成一体化服务，建立全县劳动力资源档案库。

1997年，大力实施再就业工程。同时，培育发展劳动力市场，拓宽5条就业渠道：一业为主，多业发展，内部消化下岗人员；发展劳动服务企业，安置下岗富余人员；制定优惠政策，鼓励下岗失业人员自谋职业；城乡结合，多业发展，安置下岗人员；为下岗人员专门开辟就业场地，建设下岗职工再就业一条街、下岗职工再就业商贸市场等。

1999年，全县下岗职工基本生活保障工作实现3个100%（即实现43个应建立再就业服务中心企业和主管部门100%建立中心，符合条件的3118名下岗职工100%进入中心，进入中心的下岗职工100%按时领到基本生活保障金）。是年，3118名下岗职工中有1898人实现再就业，再就业率61%。

2002年6月30日，在再就业服务中心1101名下岗职工全部出中心。其中，距法定退休年龄不足10年的，解除劳动关系出中心后，由劳动就业服务机构为其代缴养老保险费（单位部分）至法定退休年龄，享受失业保险待遇。

从2003年起，县财政每年安排再就业资金500万元，为出中心后符合条件人员缴纳社会保险费，为大龄失业人员再就业支出社会保险补贴、岗位补贴、职业介绍补贴。

2005年，县财政支出社会保险补贴733.4万元、岗位补贴47万元、职业介绍补贴38.4万元。2000—2005年，县劳动保障事务代理中心为2000余名自谋职业下岗失业人员办理档案代存，代办缴纳社会保险费300万余元。

第三节　职工招录与调配

招工

1986—1987年，实行按规定计划指标直接分配就业人员办法，由劳动部门配发招收简章，待业青年通过招收考试，根据成绩自愿报名，择优录用。1987年，根据国务院颁布“四项规定”，待业青年直接在劳务市场上竞争，按照供需双方平等自愿的原则，求业者选择企业，企业选择职工。1992年，贯彻国务院《全民所有制工业企业转换经营机制试行条例》，改革企业用工制度，由企业提出用工计划，报劳动部门审批，企业按照面向社会、公开招收、全面考核、择优录用原则，自主决定招工时间、条件，劳动部门办理录用手续。

1994年后，县劳动部门加强社会劳动力统筹管理，培育和发展劳动力市场，逐步完善市场体系建设，劳动力资源得到进一步开发。此后，企业全面推行劳动合同制，劳动部门不再为企业招工。

1986—1995年邹平县安置待业青年情况一览表

表21-2-1

年度	1986	1987	1988	1989	1990	1991	1992	1993	1994	1995
人数	505	1198	1000	1105	1064	813	217	140	850	700

调配

1986—1995年，县劳动部门根据劳动就业压力大实际情况，加强职工调配流动管理工作。贯彻调出调入平衡、重点控制调入，保证引进人才的原则。10年中，全县调出职工1255人，调入职工803人，县内流动1480人，及时办理流动职工的调动手续和养老金转移手续。

1996年后，劳动部门充分发挥职能作用，加强劳动力流动管理，职工调配按照社会主义市场经济发展要求进行，促进企业职工有序流动。

1986—2003年，全县办理职工调出1479人，调入945人，县内流动2189人。

1986—2003年邹平县职工调配情况一览表

表21-2-2

年度	调入	调出	县内流动	安置复退军人	安置转干家属	计生安置	照顾招收老职工子女	“农转非”		转招城镇合同制
								老工人子女	技术骨干	
1986	147	129	50	47	40					
1987	128	176	80	121	17	21	142			
1988	116	240	95	85	16	44	273			
1989	56	95	140	87	4	69	143	75		
1990	79	127	146	117		161	16	49	6	
1991	75	78	208	137	4	159	2	111	30	
1992	70	111	225	129	2	277	2	91	29	
1993	55	100	174	118	3	251		155	30	
1994	43	135	266	127	6	297	1	32	42	258
1995	34	64	96	88	5	513		1	8	183
1996	37	49	98	83	4	258			26	97
1997	16	40	169	88	2	525				31
1998	19	33	104	110	3	119				111
1999	30	27	72	146	17	60				42
2000	20	10	50	131		75				
2001			64	110		76				
2002	10	61	113	96		157				
2003	19	4	49	156		31				
合计	945	1479	2199	1976	123	3093	579	514	171	722

第四节　劳动关系调整

劳动争议仲裁

1986年，县劳动争议仲裁委员会成立，并在劳动局设立劳动争议仲裁委员会办公室，逐步开展和加强劳动争议仲裁工作。1988年3月，省政府颁布《山东省〈国营企业劳动争议仲裁处理暂行规定〉实施细则》后，全民企业和县以上大集体企业开始建立劳动争议调解委员会。1993年，国务院颁布《中华人民共和国企业劳动争议处理条例》。是年，全县举办调解干部培训班3期，培训168人，处理劳动争议案件22起。1996年，强化劳动关系协调机制建设，在全县17个镇乡建立劳动争议调解委员会。1997年，按照劳动争议处理工作“重在源头、重在基层、重在调解、重在执行”方针，强化劳动仲裁基层机构建设，分别在长山、明集镇建立仲裁分庭。2001年，随着全县经济迅猛发展，劳动争议案件增加，全年处理劳动争议案件69起。至2005年，全县共处理劳动争议案件775起。

劳动合同鉴证

从1989年起，劳动争议仲裁委员会在受理劳动争议案件同时，开展劳动合同鉴证和劳动合同管理工作。1990年前，审查鉴证劳动合同1.4万份。

1991年，省劳动厅下发《关于加强劳动合同鉴证工作，巩固鉴证成果的通知》，要求把合同鉴证作为招收录用工人的一个中间环节，实行组织招收、签订合同、合同鉴证、办理录用审批表和社会保险“一条龙”的工作方法。是年，鉴证劳动合同5321份。

1995年，鉴证劳动合同1.58万份。1996年，劳动合同步入正规化管理，全年鉴证劳动合同1.28万份。至2005年，全县审查鉴证劳动合同12.4万份。

劳动保障监察

1995年9月，县劳动监察室成立。1996年，全面落实劳动监察制度。全年对企业检查187次，提出整改意见100余条，下达指令书10份，依法修改厂规厂纪80条，清退童工6名，查处特种岗位无证上岗人员20余名；帮助企业建立安全组织10个，建立安全生产制度30余条；补办劳动用工手续105份，追缴养老保险费、失业保险费80余万元。1997年，建立安全年检制度。全县共检查用人单位200家，涉及职工2.87万人。查处违反工时制度单位37家，补发拖欠、克扣、超时工资88万元，查处违法厂规厂纪102条，补签劳动合同987份。1999年，实行“两化一制”和“公示制”，进一步明确执法责任，规范执法行为，全县劳动监察工作步入程序化、规范化、制度化轨道。2002年，集中开展劳动合同、民工权益保护、禁止使用童工、劳动合同和社会保险扩面专项检查，对查出的问题依法及时处理。

2003年4月，邹平县劳动保障执法监察大队成立，隶属于县劳动和社会保障局管理。2003—2005年，随着全县经济快速发展，外地民工大量涌入，清理拖欠农民工工资问题成为劳动监察工作的重点。为农民工追回拖欠工资3.05亿元。

第五节 劳动工资

1986年，参加全县企业工资改革全民企业51个，职工6227人。套改新工资标准增加工资82661元，人均6.28元；职工升级2941人，增加工资153544元，人均8.71元。集体企业45个，职工3381人，套改新工资标准增加工资47788元，人均4.80元；职工升级2227人，增加工资127971元，人均9.58元。

1988年，推行企业工资总额与经济效益挂钩。是年，全民企业实行工效挂钩单位44个，集体企业实行工效挂钩单位35个。

1989年，对计划外用工进行清理，全县清退计划外用工1500人。通过清退留转，由集体固定工转为全民固定工557人，留转临时工352人，集体企业亦工亦农和临时工转为农民合同制工人379人。

1990年，企业更换为全国统一工资基金管理簿，普遍建立工资基金专户，设立企业工资专账。1991年，进行企业职工升级工作，职工每人平均升一级半。1992年，为企业技术人员晋升一级工资。1994—1995年，为企业职工晋升二级工资。1997年，实行企业岗位工资制。1999年、2001年、2003年分别为企业职工晋升档案工资。

1998—2002年，按照中央提出的“三三制”原则，积极筹集资金，确保下岗职工基本生活保障金按时足额发放。

2002年7月—2005年6月，确保物资、外贸系统400余人的生活困难补助金及全县破、停产企业军转干部困难补助金按时到位，发放120万元。2005年3月，针对物资、外贸破产后管理特殊性，对企业职工采取下岗职工出中心的政府一次性处理。

2005年，为已签协议人员一次性发放经济补偿金92万元，养老保险单位部分与医疗保险单位部分86万元，面临退休人员部分保险费27万元。

1994—2005年邹平县企业职工最低工资与平均工资情况一览表

表21-2-3　　单位：元

年 度	1994	1995	1996	1997	1998	1999	2000	2001	2002	2003	2004	2005
月最低工资	110	150	160	170	180	210	220	280	280	310	310	380
年平均工资	4346	4501	5184	5585	6576	6815	7968	9349	9958	11075	12405	14589

第六节　社会保障

养老保险

企业养老保险　1986年10月，县社会劳动保险事业处成立。同年，实行劳动合同制的职工开始缴纳养老保险费。单位按工资总额的18%，个人按标准工资的3%缴纳。

1987年至1988年上半年，相继出台关于全民企业和县以上集体企业固定工退休费用社会统筹两个试行办法。根据“以支定收，略有节余”原则，确定全民企业以全部固定工工资总额为基数，按16%提取统筹基金，集体企业以全部固定工工资总额加退休费用为基数，按25%提取统筹基金。

1990年，根据国发〔1989〕83号和鲁政发〔1990〕20号文件，全县1555名企业离退休人员提高待遇，人均月增加24元。

1992年，计划内临时工实行基本养老保险，单位按工资总额的18%，个人按工资总额的2%缴纳养老保险费，当年全县130名临时工参加养老保险。同年，企业职工养老保险实行地区统筹，固定工个人开始按标准工资的2%缴纳养老保险费。根据鲁劳发〔1992〕578号文件，全县1987名企业离退休人员提高待遇，人均月增加66元。

1994年6月，根据地区行署〔1994〕90号文件，退休职工实行新的养老金计发办法。同年，根据鲁劳发〔1994〕367号文件，全县2035名企业离退休人员提高待遇，人均月增加88元。

1995年，开始开展县以下集体企业、私营企业和个体工商户养老保险统筹工作，当年56家县以下集体企业的799名职工参加养老保险。同年，按照鲁劳发〔1995〕271号文件，全县1715名企业离退休人员提高待遇，人均月增加39元。

1996年，企业职工基本养老保险制度改革，实行社会统筹和个人账户相结合的基本养老保险制度，参保职工个人按照缴费工资总额11%比例建立个人账户，其中8%为职工本人缴费，3%由单位缴费部分划入。

1997年，国务院下发〔1997〕26号文件，对建立统一的企业职工养老保险制度和实行新的养老金计发办法作出规定。同年，县政府下发邹政发〔1997〕59号文件，自1997年10月起，全县2200名企业离退休人员养老金通过银行社会化发放；根据滨地劳发〔1997〕3号文件，为全县2050名企业离退休人员提高待遇，人均月增加35元。

1998年，根据滨地劳发〔1998〕84号文件，全县1995名企业离退休人员提高待遇，人均月增加23元。

1999年，《社会保险费征缴暂行条例》颁布实施，全县开始实行参保单位社会保险登记，当年120家参保单位全部办理参保登记手续。同年，根据滨地劳发〔1999〕40号文件，离休人员三项补贴及抗战时期参加工作人员护理费纳入社会统筹，全县2175名企业离退休人员提高待遇，人均月增加75元。

2002年，根据鲁劳社〔2002〕12、13、50号文件，分两次为企业离退休人员提高待遇。是年，全县企业离退休人员人均月养老金为585元。同年，根据滨劳社〔2002〕16号文件，全县119名企业离休人员遗属抚恤纳入社会统筹。

2003年，开始进行“金保工程”建设。同年，企业退休人员社会化管理服务工作开展，建立78家以企业和劳动保障所为依托的退休人员社会化管理服务机构。

2004年，开始实行社会保险费“一票征缴”。同年，109名企业离休人员提高养老金和护理费，养老金从2003年10月补发，一次补发5.72万元，护理费从2004年1月补发，一次补发6.54万元；比照行政事业单位离休人员养老金标准为企业离休人员提高养老金待遇，人均月增长405元；邹政办发〔2004〕46号文件下发，积极推进企业退休人员社会化管理服务工作。

图21-3 劳动保障服务窗口 （2016年摄）

2005年，全县3235名退休职工提高待遇，人均月增加54.76元；全县102个单位的3803名企业退休人员全部转入所属镇（办）、社区，实行社会化管理服务，社会化管理服务率达到100%；对纳入社会化管理服务的企业退休人员进行免费健康查体，并为其建立健康档案和指纹档案。

至2005年，全县企业养老保险参保职工4.2万人。

机关事业单位养老保险 1991年，根据惠行发〔1990〕135号文件，全县开展农民合同制干部养老保险工作，单位缴费按人员工资总额的18%，个人缴费按工资总额的3%，参保人数360人。

1994年8月，县政府下发《邹平县机关事业单位基本养老保险暂行办法》。10月，全县机关事业单位合同制工人社会养老保险由县劳动保险事业处移交县人事局管理，单位缴费仍按人员工资总额的18%，个人缴费按工资总额的2%，参保人数1600余人；12月，成立县机关事业单位社会养老保险事业处，归县人事局管理。

1995年1月，全县机关事业单位养老保险启动全员保险统筹工作。基本养老保险费由国家、单位和个人共同负担，按照“以支定收，略有节余”原则，固定工基本养老保险费单位按工资总额30%比例缴纳，合同制工人、聘用制干部基本养老保险费单位按工资总额18%比例缴纳，个人按档案工资总额2%缴纳。

1999年4月，县机关事业单位社会养老保险事业处划归县劳动和社会保障局管理。2003年3月，县政府下发《邹平县机关事业单位基本养老保险试行办法》，基本养老保险费单位按全部在职工作人员工资总额30%比例缴纳，个人仍按档案工资总额2%缴纳。

至2005年，全县参保职工1.5万人。

1998—2005年邹平县参加养老保险明细表

表21-2-4

年度	参保人数（人）	保险费征缴数（万元）	离退休人数（人）	养老金发放数（万元）	年度	参保人数（人）	保险费征缴数（万元）	离退休人数（人）	养老金发放数（万元）
1998	14099	3080	2754	2417	2002	14199	5100	4026	5290
1999	14193	3291	3576	2957	2003	14597	5566	4241	5593
2000	14361	4132	3678	4205	2004	14852	5956	4382	6647
2001	14030	4650	3761	4212	2005	15263	7230	4516	7416

农村社会养老保险 1992年3月，邹平县被民政部、省政府确定为开展农村社会养老保险工作试点县。同年，县政府下发《关于开展农村社会养老保险工作的通知》，在全县开展农村社会养老保险工作。是年，全县17个乡镇、18.3万人投保，积累养老保险基金323万元。是年，在江苏省张

家港市召开的全国农村社会养老保险工作会议上，邹平县被评为“全国农村社会养老保险工作先进县”。

1995年10月，成立县农村社会养老保险事业管理处，隶属县民政局。各乡镇也相应成立与民政办公室合署办公的农村社会养老保险事业管理所。同年，县政府下发《邹平县农村社会养老保险暂行办法》。是年，全县参加农村社会养老保险人数20余万人，征缴养老保险费582万元。

1999年4月，全县农村社会养老保险工作移交县劳动和社会保障局管理。至2005年，全县共有20.1万人投保，有8000人开始领取养老金，共计发放养老金976万元。

医疗保险

2001年3月，县医疗保险事业处成立，隶属县劳动和社会保障局管理。6月1日，正式启动城镇职工基本医疗保险制度，缴费比例为6%（单位）+2%（个人），同步实施的还有大额医疗救助制度和公务员医疗补助办法。当年即发展参保单位130个，参保职工1.2万人。

2003年8月1日，县出台《关于离休人员医疗待遇管理的暂行规定》（邹办发〔2003〕22号），正式将全县机关、事业、企业及条条单位562名离休人员、二等乙级以上革命伤残军人和中华人民共和国成立前参加工作的老工人纳入医疗保障管理。

2001年5月至2005年12月，先后出台《邹平县城镇职工基本医疗保险制度实施办法》（邹政发〔2001〕15号）及两个《补充规定》（邹政办发〔2002〕26号、邹政办发〔2004〕12号）等近20个规范性配套文件，初步建立独立于企事业单位之外，以城镇职工基本医疗保险为主，以大额医疗救助、公务员医疗补助、企业补充医疗保险为补充的多层次医疗保障体系。基本医疗保险报销比例从最高80%调整到90%，年度最高支付限额从每人2.6万元调整到4万元，大额医疗救助封顶线调整为20万元/年·人。全县参保单位392个，参保人员4.3万人，累计征缴医疗保险费1.33亿元。

失业保险

1986年10月，全县失业保险工作启动，由劳动部门所属就业服务机构负责。参加失业保险的范围是邹平县境内的中央、省属企业职工，县以上全民、集体企业职工；实行企业化管理的事业单位职工，外商投资企业中非农业户口的中方职工；其他企业中经劳动部门办理招工手续的职工。

1992年，省政府《山东省职工待业保险办法》规定失业保险费缴纳标准。1993年前按职工标准工资额的1%，1993年后改为职工工资总额的1%。

1999年1月，《失业保险条例》颁布实施，规定用人单位按照本单位工资总额的2%、职工按照本人工资的1%缴纳失业保险费。失业保险费按月缴纳，救济对象是具备以下条件失业人员：按照规定参加失业保险，所在单位和本人已按照规定履行缴费义务满1年的；非因本人意愿中断就业的；已办理失业登记，并有求职要求的。同年，省政府下发《关于实施〈失业保险条例〉有关问题的通知》，县劳动保障部门与财政、人事部门协调推进全县机关、事业单位开展失业保险工作。

2001年，县政府办公室下发《关于全县机关、事业单位参加失业保险的规定》文件。

至2005年，全县失业保险参保职工2.6万人，共为3783名失业人员发放失业保险金1429万元，培训下岗失业人员2987人。

工伤保险

2004年1月1日，《工伤保险条例》正式实施。同年，县政府办公室下发邹政办发〔2004〕15号文件，工伤保险社会统筹工作在全县全面展

图21-4　工伤保险宣传　（2015年摄）

开。当年受理工伤认定案件108起，依法进行工伤认定78起，组织32名职工进行伤残等级鉴定，并确认医疗期；征缴工伤保险费74.4万元，参保职工2.6万人。

2005年，进一步完善、规范工伤职工接诊、住院、治疗、报销详细细则，建立邹平县工伤医疗专家库，聘请10名副主任医师为专家库成员，配置安装工伤待遇结算系统，及时为参保单位工伤职工审核、拨付，兑现有关待遇。是年，征缴工伤保险费184万元，为114名工伤职工审核、拨付工伤保险费130万元；依法进行工伤认定220起，组织56名职工进行伤残等级鉴定，并确认医疗期。至2005年，全县工伤保险参保职工3.1万人。

第二十二编

政 法

Politics and Laws

发展壮大的公安队伍（2007 年摄）

1995 年 4 月 10 日，检察院办公楼启用

2004 年 8 月 28 日，法院办公楼启用

1986—2005 年，全县实施 4 个全民普法五年规划，推进依法治县和法治创建活动不断深入开展。政法委、公安、检察、法院、司法等政法机关严厉打击各类违法犯罪活动，在维护社会稳定和保障经济发展中发挥保驾护航作用。1999—2005 年，坚持“严打”方针，开展“破大案、打团伙、打痞霸、破现案、追逃犯”等专项斗争。2005 年，在县城城区各主要路口安装道路交通、治安管理电视监控系统。全县“两抢一盗”案件发案率明显下降，县城区、开发区重点防控路段实现零发案。

第一章　政法委及综治

第一节　机构沿革

1986 年，县委政法委下设办公室，编制纳入公安部门编制数。1987 年，打击严重经济犯罪领导小组办事机构由县纪委代管移交县政法委管理。1988 年，县社会治安综合治理领导小组办公室设在政法委。1989 年，县成立清理、清查工作领导小组和打击拐卖妇女、儿童犯罪领导小组，两小组办公室均设在政法委。1991 年，县打击拐卖妇女、儿童犯罪查禁取缔卖淫嫖娼活动领导小组办公室设在政法委。7 月 2 日，县社会治安综合治理领导小组改为社会治安综合治理委员会，办公室仍设在政法委。

1996 年，县社会治安综合治理委员会办公室与政法委合署办公，县打击严重经济犯罪斗争领导小组办公室归口县政法委管理。政法委、综治办为正科级单位，打经办为副科级单位，行政编制 8 人。1997 年，邹编复〔1997〕21 号文件《关于县政法委员会机关工作者职位设置的批复》，县政法委员会及归口管理单位设领导职位 5 个：政法委书记职位 1 个，副书记职位 2 个，综治办主任职位 1 个，打经办主任职位 1 个；设非领导职位 2 个。2001 年，根据邹编〔2001〕4 号文件《关于调整、核定县政法委等单位人员编制的通知》，县委政法委增加行政编制 1 人，核定邹平县反邪教办公室行政编制 3 人，编制、人员由县政法委内部调剂解决。2002 年，邹发〔2002〕31 号文件《关于中共邹平县委政法委社会治安综合治理委员会办公室机构改革方案的批复》，核定行政人员编制 10 人，县委反邪教办公室归口县委政法委管理。至 2005 年底，机构设置没有变化。

第二节　社会治安综合治理

1986 年，县委、县政府转发县公安局《关于在县城、乡镇驻地加强治安联防工作的报告》，研究修订全县社会治安综合治理规划，提出综合治理任务和要求。全县各单位调整健全综合治理领导小组，充实办公室人员，修订综合治理规划措施。1987 年，全县社会治安综合治理工作坚持“打防并举、标本兼治”方针，落实谁主管谁负责的基本原则，大力加强防范机制建设，突出重点治理，搞好基层基础工作。1988 年，县委、县政府转发县政法委员会《关于强化乡镇综合治理能力、及时调处民间纠纷的报告》，制定《关于民间纠纷以及由此引起的斗殴、伤害、损害赔偿问题分工处理的若干规定（试行）》。1989 年 3 月，县委、县政府下发《关于加强社会治安综合治理双基工作的意见》，加强基层基础建设。乡镇派出所增加人员，由 1986 年平均 2.4 人增加到 4.6 人，实现每个乡镇 1 处法庭目标，乡镇司法助理员由 1 人增至 3 人。农村建起调解、治保、民兵三位一体的综合治理领导小组，坚持常年值班，负责本村民调、治安、巡逻等任务。全县形成“两制一网”体系，即层层实行治安保卫责任制、民事调解实行承包责任制和县、乡、村治安巡逻网。1990年，县委、县政府制订《加强社会治安综合治理的总体方案》，成立应对、处置突发事件领导小组。1991年，县委、县政府制定《关于加强社会治安综合治理五年规划》《关于在全县开展社会治安综合治理达标活动的意见》，县委政法委制定《社会治安综合治理责任书》，把打、防、建、教、管、改各项措施，分解为组织领导、基层建设、预防犯罪、打击犯罪和综合治理效果等5项工作。县委、县政府主要领导与17个乡镇和县直单位主要负责人签订《社会治安综合治理责任书》，半年1次检查。

1994年，县成立维护社会治安见义勇为基金会，接受社会各界人士及人民群众捐资28万元。4月，开展社会治安综合治理宣传月活动，印制全国人大常委会《关于加强社会治安综合治理的决定》2万份，录制宣传磁带16盒，利用邹平大集日，组织6部彩车上街宣传。全县出动宣传车55辆，张贴标语口号1720条，悬挂过街横幅45条，书写宣传栏、黑板报130期，组织宣传日13个，播放电视录像6次，分发各类宣传品3万余份，设立法律宣传站64处，复制录音磁带115盒，召开公布人犯罪行大会5次，受教育48万人。1995年，开展争创全省社会治安综合治理模范县活动，在长山镇进行争创综合治理模范镇（乡）、村、单位和文明守法试点，在公安局进行政法队伍建设试点。县综治委印发《争创活动考核细则》，把综合治理具体任务分解量化为6章53条。开展以基层基础工作为重点的争创活动，镇乡按照总人口的万分之三配齐联防队员，858个行政村建有综治办和治保、调解、普法、帮教、巡逻组织。综治办有专人值班93%，有专职巡逻队264个，义务巡逻队589个，坚持一年四季夜间巡逻。举办轻微违法人员法制教育班，参加学习的347名人员无一重新违法犯罪。在农村评选41500个“文明守法光荣户”，8580名“十好个人”，建立村民档案，兴办家教学校，印发《村民自治章程》，签订《文明守法责任书》。全县治安状况明显好转，干部群众的法制观念明显增强。

1996—1998年，每年年初，县委、县政府对全县社会治安综合治理工作进行全面安排和部署，并与各镇乡签订《社会治安综合治理责任书》，并纳入全县“双文明”建设目标管理创优升位活动千分制考核，满分为100分。

1998年，县委、县政府下发《关于切实做好维护稳定工作的意见》。1999年，大力推行《邹平县村镇工作规范化建设实施细则》落实。2000年，各镇乡全部建立起司法调解中心。2001年，在农村继续深化村镇工作规范化建设。各镇乡继续坚持领导干部包办事处、干部包村、定期督查调度等制度，并在实践中探索出“三日”活动、村情民意恳谈会等行之有效的做法，促进规范化建设各项制度的落实。镇乡实行政法办、综治办、信访办合署办公。2002年，改革农村会计管理体制，全面推行农村会计考聘制。全县有农村会计288人，平均年龄比改革前下降20岁，其中大专以上文化程度113人，中专（高中）文化程度167人。

2003年，以县委、县政府两办文件印发《农村财务“双代管”办法》《农村财务“双代管”考核办法》，各镇办成立农村合作管理中心。2005年，开展法律知识进学校、进机关、进企业、进社区、进家庭活动和创建民主法治示范村和评选万户法律型文明家庭活动。加强流动人口和租赁房屋管理，县政府下发《房屋租赁管理暂行办法》，各镇办派出所设立暂住人口管理站。是年，暂住人口登记率、办证率95%以上，全县因流动人员和外来人口引发治安刑事案件下降20%以上。

第二章　公　安

第一节　机构沿革

1986年，县公安局内设治安股、预审股、政保股、秘书股、保卫股、消防股、刑警队、看守所8个股队，下辖19个乡镇派出所。1987年3月，县公安局接管原属交通局领导的交通监理站、路查站、交通管理队，成立县公安局交通警察队。11月，县公安局引黄灌溉管理派出所成立。12月，县公安局电力派出所成立。1988年8月，县公安局各股改为科，同时增设政研科。1990年，设立户政科、治安巡逻警察队，均为行政股级单位。1991年3月，交通警察队更名为交通警察大队，原规格、性质、隶属关系不变。4月，设立信访科、通讯科、行政拘留所。政研科更名为法制科。1992年，将城关派出所、黄山派出所合并，更名为邹平镇派出所。1993年，刑警队更名为刑警大队，其行政级别不变。同年，县公安局进行机构改革，将法制科归属治安科，信访科归属办公室，全局30个下属单位，其中局机关13个，派出所17个。全局在编人员231名，其中干警229名，职工2名。1995年12月，恢复法制科。1997年，成立县公安局车辆管理所，归属交警大队。1998年4月，恢复信访科。8月，成立警务督察室和督察大队，成立县公安局指挥中心，为副科级行政机构。指挥中心设指挥调度室、秘书科、通信科、计算机管理监察科。同时批准刑事警察大队、交通警察大队升格为副科级行政单位。刑警大队下设办公室、大案中队、技术中队、机动队，刑警一、二、三中队。交警大队下设办公室、车管所、肇事处理科、交通管理科、宣传科，交警一、二、三中队，撤销县公安局办公室，设行政管理科。1999年2月，撤销局保卫科，设立经济侦察大队。2001年3月，随着苑城、礼参、里八田3乡镇撤销合并，该3乡镇派出所也随之撤销。2002年10月，设县工业园派出所。11月，进行机构改革，全局核定行政人员编制202人，核定工勤人员编制21人。机构设置为政工科、纪律检查委员会、指挥中心（为行政副科级单位，内设指挥调度室、秘书科、通讯科、公共信息网络安全监察科）、经济犯罪侦察大队（副科级行政单位，内设办公室、侦察一中队、侦察二中队）、治安警察大队（副科级行政单位，内设办公室、治安行动队）、监所管理大队（副科级行政单位，内设办公室、看守所、治安拘留所）、刑事警察大队（副科级行政单位，内设办公室、技术中队、刑警一中队、刑警二中队、刑警三中队、刑警四中队）、交通警察大队（副科级行政单位，内设办公室、宣传科、财务科、车辆管理所、事故处理科、交通管理科、交警一中队、交警二中队、交警三中队）、国内安全保卫科、出入境管理科、户政科、反邪教侦察科（对外称反邪教侦察大队）、信访科、行政财务科、督察大队、消防大队、巡逻警察大队。县公安局设派出机构16个：邹平镇派出所、长山派出所、魏桥派出所、西董派出所、临池派出所、好生派出所、焦桥派出所、韩店派出所、孙镇派出所、明集派出所、九户派出所、青阳派出所、台子派出所、码头派出所、县工业园区派出所、魏桥工业园区派出所。

2003年8月，撤销邹平镇派出所、县工业园派出所，成立黛溪、黄山、高新派出所。11月，成立邹平县公安局经济开发区分局，为副科级行政单位，设高新、第一工业园区、第二工业园区3个派出所。至此，全县公安派出所达到20个。

2005年4月，在指挥中心增设宣传科，负责全局对外宣传工作。

至2005年，内设机构未变。

第二节 刑事侦查

侦破刑事犯罪案件

1986年，县公安局始终把杀人、放火、抢劫、强奸、伤害、重大盗窃等恶性案件作为工作重点，因案施策，发动群众，及时破案，全年刑事案件发案99起，破案86起，其中重大案件19起，破案18起。

1996年，抓获各类人犯496名，追回在逃犯23名，收审333名，刑事拘留163名，逮捕118名，摧毁犯罪团伙14个，缴获各类赃款及赃物折款31万元，追回群众现金及物品折款10余万元。

1999年，破获各类刑事案件962起，其中重大案件603起；破获现案305起，其中重大现案139起，特别是在本年度发生的9起杀人案件全部破获；抓获各类违法犯罪分子359名。

2000年，破获各类刑事案件1098起，其中重大案件451起；破获现场案件373起，其中重大现场案件151起；抓获犯罪嫌疑人397人，打掉犯罪团伙18个，抓涉案成员67人。

2003年，重点组织开展打击车匪路霸，打击“两抢”犯罪等专项斗争，破获各类刑事案件1160起，破获现案549起，其中现案253起；打掉犯罪团伙27人，抓获团伙成员109人；破获团伙犯罪案件292起，其中刑事拘留385人，追捕网上逃犯22人。

2005年，立案3217起，破案1441起，打掉犯罪团伙52个，抓获团伙成员187人，刑事拘留710人，批捕421人，抓获网上逃犯25人。

开展各类严打和专项治理

1987年，开展“抓现行、破案件、挖窝子、打流窜”专项斗争。1988年，先后组织8次大规模集中统一活动。1989年，开展“打流窜、挖团伙”专项斗争，抓获各类人犯131名，挖出犯罪团伙11个。1990年，组织4次集中统一行动和“除六害、打团伙”专项斗争；立查刑事案件146起，抓获各类人犯347名。1991—1994年，组织各类严打专项斗争31次，抓获各类犯罪分子607名，摧毁团伙41个（成员61名），破获各类案件913起。1995年，组织开展以治理整顿县城驻地和庆淄路、章索路沿线村庄治安秩序为重点的“百日攻坚战”和“打击盗窃机动车”专项斗争。1996—1998年，先后开展打击“盗窃机动车”“破大案、追逃犯、打团伙”和重点村庄、区域治理等专项斗争。1999—2005年，坚持“严打”方针，开展“破大案、打团伙、打痞霸、破现案、追逃犯”等专项斗争。

1986—1995年邹平县公安局刑事案件统计表

表22-2-1　　单位：起

年度＼发破案	发案总数	破案总数	重大案件发案数	破案数	年度＼发破案	发案总数	破案总数	重大案件发案数	破案数
1986	99	86	19	18	1991	254	139	95	53
1987	85	75	14	12	1992	187	120	69	47
1988	68	58	14	23（含隐积案）	1993	288	154	102	63
1989	96	80	23	28（含隐积案）	1994	624	155		43
1990	146	98	66	44	1995	435	216	124	71

2000—2005年邹平县公安局各类刑事案件发破情况一览表

表22-2-2　　单位：起

年度＼种类＼案件	杀人		伤害		抢劫		强奸		诈骗		盗窃		抢夺		拐卖		其他	
	发	破	发	破	发	破	发	破	发	破	发	破	发	破	发	破	发	破
2000	6	5	154	150	29	20	21	17	27	20	366	107			3	3	115	48
2001	13	10	156	154	58	36	13	13	15	6	710	141	19				152	78
2002	8	7	143	136	95	53	31	27	38	16	985	125	27				117	31
2003	8	5	242	237	216	113	12	7	40	20	1083	155	35				160	31
2004	7	5	248	212	400	156	22	19	45	10	2506	371	126				258	45
2005	12	10	262	226	501	257	37	31	51	9	2048	269	48				211	73

1983—2005年邹平县公安局各类专项打击整治行动开展情况一览表

表22-2-3

年　度	打击整治重点及开展的专项斗争	取得的重大成就		
		破获案件（含隐积案）	收捕犯罪嫌疑人	摧毁团伙
1983—1986	组织开展为期4年的严打斗争	1894起	1044人	打掉犯罪团伙112个
1987	开展抓现行、破案件、挖窝子、打流窜专项斗争，重点打击流氓滋扰和强奸、抢劫等犯罪活动			
1988	开展“抓现行、打流窜、打击人贩子”专项斗争，在城区进行专项治理			
1989	开展“打流窜、挖窝子”专项斗争		抓捕犯罪嫌疑人131名	打掉犯罪团伙11个
1991—1994	组织开展各种专项斗争31次	913起	607人	打掉犯罪团伙41个，涉案成员167人
1995	开展“百日攻坚战”［集中治理县城区及章索路、庆淄路沿线镇乡（村）的治安秩序］和打击盗抢机动车专项斗争			
1996	开展冬季严打盗窃摩托车、特大扒车盗窃、系列盗窃、撬盗保险柜、村霸、路霸、流氓恶势力等犯罪活动	497起	496人	打掉团伙14个，涉案成员73人
1997	破大案、追逃犯、打团伙		288人	打掉团伙8个，涉案团伙成员20人
1998	春季农村治安整治，夏季严打，打击走私，盗抢机动车专项斗争，在县城和魏桥镇开展专项打击治理	924起	772人	打掉团伙23个
1999	春季、夏季专项严打，打击走私、禁毒、禁娼、打拐解救专项斗争，追捕逃犯	962起	359人	
2000	开展社会治安专项整治，打黑除恶、打拐解救专项斗争	1098起	397人	打掉团伙18个，涉案成员67人
2001	打击重大刑事犯罪专项斗争	1143起	1132人	打掉团伙16个，涉案团伙成员59人
2002	春季严打，城区严打，打击车匪、路霸，打击“抢劫、抢夺”犯罪专项斗争，魏桥镇及周边地区专项治理	985起		打掉团伙29个，涉案团伙成员112人

续表22-2-3

年 度	打击整治重点及开展的专项斗争	取得的重大成就		
		破获案件（含隐积案）	收捕犯罪嫌疑人	摧毁团伙
2003	打击车匪路霸，打击“两抢犯罪”；打击盗窃耕牛犯罪	669起		
2004	重点区域治理和四季严打结合	1298起	698人	打掉团伙72个，涉案团伙成员256人
2005	开展“打痞霸、破现案、打团伙、追逃犯”为主要内容专项斗争；严厉打击杀人、抢劫等严重的刑事犯罪	1538起	933人	打掉团伙52个

经济犯罪侦查

1999年2月，县公安局在保卫科基础上，组建经济犯罪侦察大队。2002年11月，该大队升格为行政副科级单位。主要职能：服务经济建设、打击经济领域犯罪、整顿规范市场经济秩序。1999—2005年，破获经济案件186起，打击处理各类经济犯罪人员239名，为国家、集体和人民群众挽回经济损失990余万元。

第三节 打击刑事犯罪

1986年是承接前期严厉打击刑事犯罪活动的第三战役，县成立打击刑事犯罪联合指挥部。三大战役破案2445起，其中大案163起，捕各类人犯1044名，判刑589名，劳教6名，作其他处理449名。1988年，全县开展4次打击拐卖妇女儿童犯罪活动，排查出外地流入本县妇女798名，其中属于拐卖来的178名，拐卖来的儿童2名，搜捕人贩子81名，解救受害妇女78人。1989年，青阳乡一伙不法分子，利用三轮车到面粉厂诈骗面粉，在公路上扒车盗窃，或以卖烂铁为名钻地磅行骗，甚为猖獗。为此，由政法委牵头，组织公、检、法、司21名干警，于1990年8月进驻青阳乡12个自然村，集中搜捕74名人犯，严惩一批作恶多端的犯罪分子，教育挽救一批失足青年。在强大政治形势和党的政策感召下，有110余名违法犯罪人员投案自首。1993年，从全县17个乡镇筛选出103个治安秩序混乱、发案率高、群众安全感差的村庄，以及所涉及的区域、路段作为治理重点。9月，县委印发《关于开展社会治安综合治理“百村会战”的实施意见》，从公、检、法、司抽调51名干警，组成17个工作组进驻各乡镇。乡镇250余人配合上阵，划分成60个小组，破获各类刑事案件189起，逮捕人犯143名，缴获赃款及赃物折款30余万元。1993年，邹平县被地区授予“社会治安综合治理先进单位”，在全区推广“百村会战”经验。

1996年5—7月，组织500名公安民警、联防队员和保卫干部分7个组深入基层开展工作。县法院于5月24日召开公判大会，对22名犯罪分子公开宣判，受教育群众3万余人。“严打”期间，政法机关收到检举信170余封、检举电话110余人次，提供犯罪线索200余条，抓获扭送犯罪分子45名，4名犯罪分子慑于“严打”声威投案自首。“严打”斗争破获各类刑事案件315起，其中现案86起，重特大案件69起，收捕各类人犯299名，摧毁犯罪团伙24个，打掉团伙成员103名，追捕逃犯21名；对709名违犯治安管理的群众进行拘留、警告和传唤教育。

1997年，县公安机关先后开展春季严打、夏季治安攻势和其他专项打击行动，破获各类刑事案件190起，其中重大案件88起，抓获各类违法犯罪嫌疑人324名，打掉犯罪团伙24个（涉及成员79名），追回逃犯13名。

1998年，开展夏季治安攻势、冬季“严打”和“扫黄打非”、“收枪治爆”、城区专项治理等专项斗争，破获各类刑事案件380起，其中重大案件192起，抓获各类犯罪嫌疑人407人，打掉犯罪团伙25个

（涉案人员84人），追回逃犯19人。

2002年，组织5次区域或专项严打整治斗争。2003年，根据县开发区拦路抢劫、魏桥区域拦路强奸、城区入室盗窃等治安比较突出问题，开展魏桥和县开发区两大区域“严打”整治斗争。侦破各类经济犯罪案件20起，打击处理犯罪嫌疑人32人，为企业挽回直接经济损失249万元，避免经济损失1591万元。在县城区、魏桥镇、县开发区先后3次召开公捕公判大会，对3名死刑犯、20名犯罪嫌疑人、20名徒刑犯进行公开逮捕和宣判。

2004年，镇、街道建立15人以上专职治安联防队，成立镇、街道调解中心。投资400余万元，在县城区、开发区9个重要交通路口安装闭路电视监控系统和自动拍照系统，将100余家重点单位和规模以上企业财务室纳入110防盗抢预警系统。

2005年，县公安局加强10个巡逻中队，黛溪、高新、黄山、魏桥、韩店、青阳分别成立30人以上巡逻防爆大队，各机关单位、居民小区设立保卫室，配备专职保卫人员。建立村级专职巡逻队238支，共2600人；义务巡逻队630支，共1万人。投资300万元，建成32个监控点和90个监控探头的开发区治安管理电视监控系统，665家企事业单位安装电视监控系统或周界报警系统，228家金融网点、企事业单位财务室安装与公安机关联网防盗抢报警系统，部分新建居民小区安装电视监控系统，20个派出所安装电子巡更系统，科学布设覆盖全县案件多发区域和重点要害部位巡更点655个。全县“两抢一盗”案件发案率明显下降，县城区、开发区重点防控路段实现“零”发案。

第四节　治安管理

1986年，查处治安案件92起，处罚130人，其中拘留114人，罚款13人，警告3人，无一人申诉。1988年，查处治安案件118起，处罚198人，其中拘留140人，罚款57人，警告1人。1989年，查处治安案件180起，处罚331人，其中拘留215人，罚款112人，警告4人，没有出现一起申诉。1994年，依法查处各类治安案件999起，调解民事纠纷956起，行政拘留156人，处理的各类治安案件未发生申诉和行政诉讼。1995年，查处治安案件1137起，处理违法人员825人，其中行政拘留156人，劳动教养15人。

1996年，全县以“收枪治暴”为重点，查处各类治安案件958起，处罚910人，其中行政拘留144人，劳动教养33人。1997年，因人民内部矛盾引起的打架斗殴及群体性上访事件约占全部治安案件的70%。查处治安案件1988起，处罚819人，其中警告407人，行政拘留81人，治安罚款331人，调节民间纠纷845起。1998年，查处各类治安案件1699起，其中群体性治安案件9起，处罚违反治安管理行为人员1726人，其中行政拘留221人，治安罚款704人。1999年，查处治安案件1684起，处罚违法人员4530人，收缴非法枪支151支，清理整顿公共场所11处，端掉卖淫窝点5处。对83名重点人口由责任区民警和基层治保组织定期考察，对36名违法青少年全年落实帮教措施。严厉打击涉爆违法犯罪活动，查处涉爆案件18起，逮捕2人，治安拘留13人，罚款12人，收缴非法枪支65支，炸药1060千克。2001年，收枪治暴工作常抓不懈，消除社会隐患。查获涉爆涉枪案件29起，抓获涉案人员33人，收缴各类枪支156支、子弹3800余发、黑火药135千克、炸药27千克、雷管150余枚、导火索1800余米；收缴爆竹6万余头，礼花、花炮1600余箱、礼花弹6万余个、发射药630千克。

2002年，检查重点单位196个，消除火灾隐患74处，下达责令限期整改通知书55份，取缔不合格网吧6家，依法取缔非法加油站37处，责令停产停业整顿加油站4家，对5家存有重大火灾隐患单位，向县政府写出专题报告。

2003年，开展集中清查行动18次，检查村庄846个19686户（其中重点村庄14个1919户），排查确定重点户55户，签订责任书13364份；查处涉爆案件16起，刑事拘留7人，治安拘留7人；收缴炸药342.5千克，黑火药158千克，雷管5万枚，导火索1500余米，烟火药280千克，发射药1800千克，烟花爆竹70余万头，礼花礼炮160箱。检查公共娱乐场所450余处，关闭涉嫌“黄赌毒”场所42家；大力加强暂住人口、租赁私房清理清查工作，签订《暂住人口治安管理责任书》1173份、《出租房屋治安责任保证书》1094份，登记暂住人口23574人，办理暂住证10037个，登记出租房屋2480户7501间。

2004年，制定《关于加强爆炸物品安全管理工作的决定》，成立爆炸物品管理中队。深入开展严厉打击非法制贩烟花爆竹集中整治活动，积极推行烟花爆竹定点销售工作，在全县建立烟花爆竹销售网络。

图22-1　2004年12月，派出所民警治安巡逻

2005年，制定《关于加强治安防控体系建设的实施意见》，指导各镇、街道建立专职巡逻队，对案件多发区域、路段进行全方位、立体式巡逻控制，最大限度压缩犯罪分子作案的时间和空间。全县有237家单位安装无线报警器，69家单位安装电视监控系统，25家单位安装电子巡更系统，总投资400余万元。

第五节　交通管理

机构沿革

1986年前，交通管理由交通局负责。1987年3月，县公安局组建公安交通警察队。1991年3月，交通警察队更名为交通警察大队；5月，组建6个交警中队，分驻县城、长山、韩店、魏桥、青阳、好生6个乡镇，每中队配备民警7名（含协警），配备长安面包车1辆，三轮摩托车1辆。1997年6月，组建公路巡逻民警大队，以辖区内国道、省道为重点，实行24小时巡逻。1998年10月，交警大队升格为副科级行政单位。至2005年，交警大队民警由1987年25人增至53人，另有协警94人。

车辆管理

随着经济快速发展，邹平县机动车和驾驶员数量迅速增加。为适应新形势下的车辆管理工作，1991年，新建车辆管理所1处，建筑面积500平方米，训练场地4000平方米。

1986—2005年邹平县机动车辆统计表

表22-2-4　　单位：辆

年度	机动车辆	年度	机动车辆	年度	机动车辆	年度	机动车辆
1986	707	1991	1731	1996	9364	2001	49819
1987	810	1992	1933	1997	15474	2002	53469
1988	1011	1993	2335	1998	20446	2003	60818
1989	1219	1994	2836	1999	29304	2004	99116
1990	1524	1995	5342	2000	39841	2005	102452

交通事故处理

1986年，广泛宣传交通安全知识，加强执勤巡逻，及时处理违章人员和交通事故，全县交通事故按法律得到有效控制。1992—1995年，交通事故发生率连续4年呈下降趋势，交通安全连续3年列全地区各县市之首，交通肇事逃逸案侦破率连续4年在95%以上。1996年，开通122交通事故报警电话。1997年，设立122报警服务台。1998年，成立122报警指挥中心，与肇事处理科24小时值班备勤，面向社会郑重承诺，接到报警城区内5分钟到达，镇、街道尽快到达。1999年，发生交通事故1303起，死亡68人，直接经济损失120余万元，侦破逃逸案件13起，结案1150起，其中具备结案条件的占事故总数的96%。2003年，接处警930次，破获肇事逃逸案件41起。2005年，纠各类交通违法行为18029人次，受理道路交通事故2336起。

道路交通安全设施

1986—1989年，机动车道与非机动车道混杂，加之车辆急剧增多，管理难度大。1992年，在县城繁华路段商业大厦路口安装第一个红绿灯岗亭，民警上岗执勤。是年，投资66万元在黄山二路建造1300米隔离护栏，在黄山三路、黛溪三路设立隔离墩及阻车带，机动车与非机动车分离，各行其道，实行非机动车停车线前置。1990—1995年，先后在黄山三路与黛西三路交叉口建立交通信号指挥岗。2004年，城区红绿灯岗亭增至7个。2005年，在县城城区各主要路口安装道路交通、治安管理电视监控系统。

图22-2　2005年10月10日，交通警察巡逻

第六节　户政管理

常住人口管理

1986年，对常住户口管理沿袭20世纪50年代的管理办法。1987年，结合实行居民身份证制度，对常住户口管理由卡片式改为表格式。1989年9月，派出所设专职户籍员，结束户口工作由各乡镇和县直单位代管户口的历史。1990年9月，县公安局设立户政科，为行政正股级单位，主要负责常住人口、暂住人口和办理发放居民身份证工作。1991年，在全县推广农村户口实行城市化管理，绘制居民区方位图、装订门牌号、做到一人一表、一村一图、一户一簿、一户一牌，实现“常住人口登记表、居民居住方位图、门牌、户口簿”四位一体的管理体系。1995年，全县新生婴儿申报户口一律凭“出生医学证明”申报登记户口。1996年，县公安局户政科及全县公安局派出所对常住人口信息管理全部实行微机化管理。1997年5月，调整户口管理方式，由过去计划经济时代按工作单位为户口管理单位改为以居住地为户口管理单位。1997—1998年，完成全县常住人口登记表、居民户口簿换发工作，一律取消手工抄写，全部用微机打印。2001年，全面完成人口信息镇乡、县、市三级联网计算机管理体系。2004年8月，山东省政府转发公安厅《关于进一步深化管理制度改革的意见》，自2004年10月1日，山东省取消农业户口、非农业户口性质区分，实行居民常住居住地户口登记制度，统

图22-3　20世纪80—90年代使用的户口簿

图22-4　1997年换发的居民户口簿

一登记为城镇居民户口。中国历史上自 1955 年正式施行居民户口实行农业、非农业二元管理制度率先在全省宣告终结。

暂住人口管理

1986 年，随着商品经济不断发展，外地到邹平经商务工人员逐步增多，对外来暂住人口管理力度逐步加大，实行发证验证检查制度。1990 年，制定“暂住人口管理办法”。1995 年，暂住人口 6116 人。1996 年，在全县开展暂住人口调查登记工作。1997 年，县成立暂住人口办公室，各乡镇设暂住人口管理站，单位和农村设协管员。2001 年，对暂住人口进行清理整顿工作，全县登记暂住人口 11940 人，出租屋 1039 户。2005 年，全县登记暂住人口 15696 人。

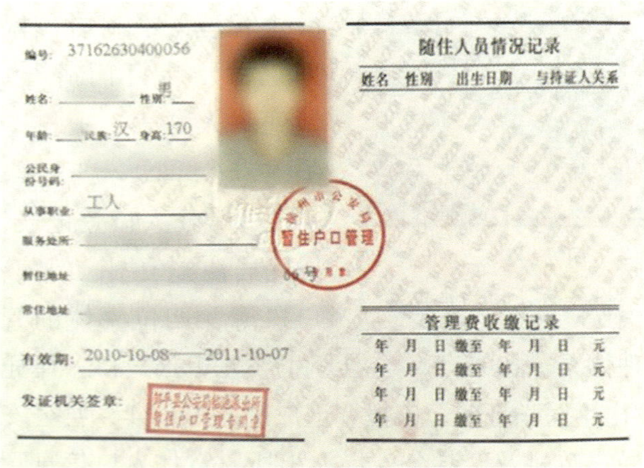

图 22-5　随住人员情况记录

居民身份证发放工作

自 1987 年始，在做好调查、登记、照相、打印、填卡和手工制证准备工作后，于 1988 年 10 月，为全县 48.56 万人颁发居民身份证，发证率 97%。1989 年后，居民身份证列入正常管理。1996 年年初，全县居民身份证底卡取消用手工抄写的操作方法，全部实现微机打印底卡，达到规范要求。1997 年 7 月至 1998 年 6 月，开展居民身份证编号纠错工作。通过运用微机核对，多次循环纠错的方法，排查人口信息中重错号和编号差错。2005 年 5 月，全县开始居民身份证二代证换证工作。

图 22-6　第一代身份证

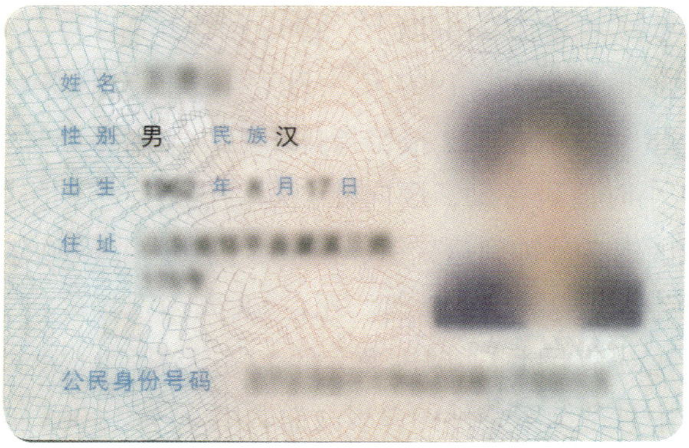

图 22-7　第二代身份证

出入境管理

1980—2001 年，出入境管理工作由公安局政保科管理。1980 年后，港、澳、台探亲访友以及出国考察、旅游、从事商务活动和出国留学、定居者逐年增多。2002 年 12 月，设立出入境管理科。自 1980—2005 年，办理入境人员 374 人，办理出境人员 993 人，其中旅游 394 人，定居 1 人，商务活动 440 人，探亲访友 45 人，留学（含自费留学）26 人，培训 2 人，劳务输出 23 人，文体交流 25 人，团队旅游 27 人，就业 7 人，其他 3 人。前往 40 余个国家和地区。

图 22-8　2004 年已使用的中华人民共和国往来港澳通行证

图 22-9　中华人民共和国护照（1992 年版）

第七节 消防管理

1979年，邹平县公安消防中队成立。1991年，公安消防中队升格为邹平县公安消防大队，下辖中队1个。自1995年始，县政府与各乡镇政府及有关部门每年签订《消防安全责任书》。同时对全县实行消防安全分级管理，划分一级消防安全重点单位33个，以后逐年调整。自1999年起，每年组织“119”消防宣传日活动，县领导亲自上街散发传单，宣传消防知识。2000年，先后为企事业单位讲授消防课158场（次），组织灭火以及逃生自救演练162次，受教育群众10万余人。2005年，全县有消防安全重点单位98个。为有效防止火灾事故发生，县消防大队不定期对辖区单位进行地毯式拉网大检查，对检查出的火灾隐患，及时下发《限期整改通知书》。对问题较多、整改难度大的单位，由县政府督办。同时，在电台、电视台、报刊等新闻媒体以及互联网上广泛宣传消防安全常识及逃生自救常识。1990—2005年，接警出动30133次，出动车辆6045台（次），出动警力42315人（次），抢救遇险人员69人，保护和抢救物资价值4078万元。至2005年，全县有专业消防人员468人，公安消防队1个，专职消防队2个，消防车16台。

图22-10 工商部门与消防部门联合查获非法销售瓶装气体（1988年摄）

第八节 监所管理

机构沿革

1948年3月，邹平县公安局成立，下设看守所，正股级行政单位，挂牌“邹平县看守所”，该单位名称历史上没有变更，一直沿用。1991年4月1日，县公安局设立行政拘留所，正股级行政单位，挂牌“邹平县公安局行政拘留所”，隶属看守所主管和领导。2002年11月27日，邹发〔2002〕38号文件批准县公安局机构改革方案。县公安局设立监所管理大队，副科级行政单位，内设办公室、看守所、治安拘留所3个机构，均为正股级行政单位。邹平县公安局行政拘留所更名邹平县公安局治安拘留所。

县看守所在管理体制上，自成立至1997年9月，一直归属公安机关预审部门主管和领导。其中，1968年8月1日至1973年6月16日，公安、检察院、法院因实行军事管制合署办公，看守所归属当时统称为“中国人民解放军山东省邹平县公安机关军事管制小组”下设审判组领导和管理。至1997年10月，公安刑事侦查工作实行“侦审合一”制度，预审工作并入刑侦部门，县公安局撤销内设预审科，看守所成为与公安其他部门并列的内设机构。

基础设施建设

1986—2005年，公安局对看守所、拘留所进行3次规模较大的工程建设。1989年，经县政府批准在黛溪西路36号（现看守所、拘留所所在地）征用土地，新建邹平县看守所。一期工程投资68.64万元，建监室12间，监控室、医务室各1间，当年竣工。1990年5月，新看守所启用，从县城黄山三路221号（原邹平城里茂盛街，现公安局交警大队院内）迁址至此。二期工程于1995年3月动工，投资95.1万元，当年10月1日竣工并投入使用，增建监室12间，容押量扩大一倍。2003年，县公安局根据公安部关于看守所等级化管理要求和标准，对看守所、拘留所进行系统建设和改造。对一期工程建设12间监室进行改造，供拘留所使用。新建监室14间，整修二期工程建设监室12间，组成有26间监室封闭式监区。同时，新建提审综合大楼1幢，3层，建筑面积720平方米。一层设有收押检查室、提审室、律师会见室、家属会见室等功能室8间。二层、三层作为办公室、会议室等其他功能室。独立建设厨房1处，建筑面积

120平方米。同时，对监室地面、内墙、监区走廊等均贴砖进行改造，监室内床铺在原来水泥铺面加铺木板等。

勤务模式改革

监管队伍建设　1986—2005年，县公安局加强监管队伍建设力度，科学设置勤务岗位，建立健全勤务制度，合理优化配置警力，监管水平整体得到提高。1992年始，看守所在全县公安机关率先实施岗位目标责任制考核。对民警定岗、定责，对工作目标细化、量化定期考核评估，并与民警评先树优等切身利益挂钩，调动民警积极性。对民警值班制度进行改革，由原来民警值班主班、副班连续工作，平均每天工作16个小时，改为民警值班24个小时后连续休息48个小时，平均每天工作8个小时。2005年,1次接收6名思想觉悟高、政治素质好、责任心强的部队转业干部充实到监管队伍。

安全防范和建设　1990年，加强安全管理工作，严厉打击在押人员暴力行为。定期开展安全检查，及时发现各类安全管理隐患，对在押人员劳动、提审、押解、外出就医等易发生问题环节上严格把关，有效防止人犯袭警、逃脱、自杀等事件发生。1993—1994年，对部分狱政设施进行技术性改造。把放风场门与监室门用钢管连接，在监室门外侧焊接垂直插销，利用杠杆原理，在放风场门外操作连杆，即可提或插监室门外插销，这样可直接打开和锁闭监室门，完成放风任务，避免民警和人犯近距离接触，确保民警人身安全。

1994年8月16日，武警看守中队撤出看守所内卫(简称“内转外”)，正式实行武警看守由内转外工作，从根本上克服看守所存在的外卫和内管不分的弊端。监所安全由原来看守民警、武警共管的一道防线，变为看守民警管内、武警管外两道防线，监所安全系数进一步增大。

科技装备和信息应用　1994年，县看守所在全市看守系统率先安装声像监控设备，实现监室、院落24小时不间断监控。每个监室都安装闭路电视，一方面可以定时收看新闻节目，一方面可以作为电教设备进行宣传教育。1998年5月，看守所将监室内单向摄控改换成双向摄控，院落内重要位置均安装监控探头，消除监控死角和盲区，监控室内的显示屏幕由原来的14英寸改换成20英寸，完成监所现代化监控设备升级换代。

2001—2005年，完成违法犯罪嫌疑人信息采集和录入工作，安装在押人员信息管理系统，实现在押人员科技化、信息化管理。

管理教育模式创新　“一看二守三送走”是监管工作固守多年传统管理模式。为适应不断发展的公安工作新形势，监管工作在实践中不断探索，把监所变为教育、感化、挽救人犯悔过自新、改邪归正的重要阵地。

将管理工作静态化转为动态化，改变人犯管理吃饭、静坐状态，组织每天读书、看报、看新闻等学习教育活动，定期组织他们军训，对其实行“准军事化”管理。

将监管场所封闭式转为开放式，改变社会、群众眼里监管场所“铁门、电网、高墙、监视塔、摄像头”等戒备森严的神秘状态，大力推行警务公开。一方面聘请执法监督员，对监管部门执法情况进行监督；邀请党委、人大、政府、政协的负责人和人大代表、政协委员到监所视察，虚心接受他们对监管工作的意见和建议；请部分在押人犯亲属参观监所、开座谈会，利用亲属感召力量对人犯挽救改造；接受媒体采访报道，以此赢得人民群众对监管工作的理解和支持。另一方面，充分利用资源，动员在押人犯到厂企、学校等现身说法，用其亲身经历对群众、学生、在职员工进行法制教育，警醒人们学法、懂法，做守法公民。1998—2003年，在押人犯数次组成演讲团，到厂企、学校巡回演讲30余场次，受教育群众、学生10余万人次。

第九节　基础设施建设

通讯保障建设

1984年，安装50门人工转接供电式交换机，安装内部电话30余部，局机关各科室所队达到每单位1部，中转线5条用于外线电话。另租用公安专线2条，用于同上级公安部门联系。1987年，新上超短波无线对讲集群，配备无线对讲机200

部。1992 年，县公安局成立通信科，新上容量为 192 门程控交换机，局机关各科室所队及部分民警家庭装上内部电话。1993 年，陆续为部分民警配备传呼机。1996 年，公安警用电话（含派出所），全部更新为程控电话。2003 年 6 月，有线通讯更新为 500 门数字程控交换机，安装固定电话 700 余部（包括办公室、民警家庭用），并且实行内外部联网。2004 年 8 月，新上 350 兆无线集群移动通信系统对讲机，手持台 109 台，车载台 37 台。

办公自动化设施建设

县公安局为适应形势和公安工作自身发展的需要，实施“科技强警”战略。1999 年，车管所投资 15 万元新购电脑 15 台，新上数码相机、电脑彩扩设备和无纸化考试系统 1 套，安装投币式监督电话 1 部，提高挂牌、办证速度。2000 年，公安三级网开通，全面铺开人口信息联网设备安装调试。2001 年，全县常住人口、暂住人口，实现派出所→县公安局→市公安局人口信息三级联网，同时完成与公安综合信息网互联。达到上级公安机关关于各类人口信息 24 小时查询的要求。2001 年，初步完成公安四级网建设。2005 年 8 月，投资 150 万元，对公安四级网进行扩容改造，基层所队由原来 125K 扩容为百兆联网，同时新增办公自动化软件 1 套，全部实现办公自动化。公安四级网建设：硬件平台。1. 局机关计算机局域网。初步实现办公自动化和多媒体应用；逐步建立统一数据库，达到信息和数据共享。2. 派出所广域网。建立以县局为中心，各派出所为支点量形数据、语音结构网络，实现数据、语音的同时传输。软件平台。1. 信息管理系统。在网上发布信息发送电子邮件。2. 办公自动化系统实现无纸化办公。3. 信息查询系统。首先开通全县机动车辆、驾驶员信息和人口信息查询，继而开通全国犯罪信息查询、打拐、DNA 鉴定信息查询。四级网开通，实现网上指挥，网上运作，网上监督，网上管理运作体系。2005 年 9 月，县公安局被确定为全省 10 家刑事案件网上办案试点单位之一。

档案建设

1998 年前，县公安局没有专职档案管理员，档案管理散乱、无序，各类档案均存放在相关科室所队。自 1998 年 7 月始，县公安局按照省公安厅关于档案建设规范化要求，统一收缴、整理、规范各类档案。17 个派出所整理各类档案 10818 卷，其中文书档案 1950 卷，业务档案 6772 卷，户籍档案 1219 卷，视听档案 518 卷，会计档案 251 卷，科技档案 108 卷。1999 年，全局 17 个派出所和局机关档案室全部达到规范化档案室的标准。其中局机关档案室和 13 个派出所档案室被评为省级先进单位。

警用交通设施建设

1986 年，县公安局配桑塔纳小汽车 1 辆。1989 年，全局 17 个派出所配备警用汽车 18 辆。其后，随着形势的发展，警用交通工具逐步更新为以汽车为主。至 2005 年，全局警用两轮摩托 33 辆，汽车 134 辆（其中派出所 50 辆，交警大队 27 辆，刑警大队 14 辆，局机关 43 辆）。

派出所规范化建设

1990 年前，全县派出所大都坐落在乡镇政府院内，办公用房为平房，设施比较落后。1991 年，县公安局开始进行派出所规范化建设。同年，邹平镇派出所率先建起第一栋三层办公楼。1992—1996 年，其他 16 个派出所相继完成办公用房新建、改建工作，办公用房以楼房取代平房。其中 14 个派出所具有独立院落。各派出所按省公安厅的统一标准和要求，建立起比较规范的户籍室、档案室、值班室、留置室、调解室等，完善图书室、小健身房、小食堂、小浴室、小娱乐室“五小工程”。1998 年，大力推行岗位责任制，在城区和农村大力实行治安承包责任制，按照“一区一警、一警多能”要求，全县建立 76 个警务区，有效预防、打击犯罪，增强社会面控制。1999 年，县公安局制定《邹平县公安局正规化建设规范建设标准》（派出所部分），从学习教育、岗位目标责任制、执法、户籍、社区警务、档案、110 处警、内务、辅警管理、一日工作生活制度等 12 个方面对派出所工作进行全面规范，对派出所标识进行规范。加强对派出所的设备装备投资。

至 2005 年，全县 20 个派出所有警用摩托车 33 辆，汽车 50 余辆。

第三章 检 察

1985年，根据中央深入开展反腐败斗争部署，先从棉花收购单位入手，查处一批经济犯罪分子，后又在建筑、银行等单位集中力量打击经济犯罪活动。1993年8月，县检察院把查办重点放在党政机关、司法机关、行政执法机关和经济管理部门（称“三机关一部门”）。是年，县检察院撤销经济犯罪检察科，成立反贪污贿赂局。1994年，检察院成立民事行政检察科。1996年，全省反贪工作会议在邹平县人民检察院召开。是年，县检察院被山东省人民检察院荣记集体一等功1次，集体二等功2次。1998年2月，县检察院被省院评为全省检察系统先进集体。1999年，县检察院根据上级院指示精神，撤销法纪检察科，成立渎职犯罪侦查局。是年，检察院建立职务犯罪预防工作专门机构。2002—2005年，连续4年被滨州市委、市政府评为全市“严打整治斗争”先进单位。2002年，被省院评为计财装备工作先进单位。2005年，被省院授予“信息化建设”先进单位，并被市检察院记集体嘉奖一次。2000—2005年，批准逮捕1074件1599人，决定起诉刑事案件1413件1930人，自行立案侦查职务犯罪案件94件108人。

第一节 机构沿革

1986年，县检察院内设办公室、政工科、刑事检察一科、刑事检察二科、经济检察科、法纪检察科、监所检察科、控告申诉科、调研科，干警58人。1988年，增设税务检察科。1993年，撤销经济检察科、调研科，成立反贪污贿赂局。1994年，增设民事行政检察科、刑事技术检察科。1995年，恢复调研科，新设明集、长山、好生3镇检察室和驻县供销社、县劳动局检察室。是年底，共有内部机构18个，干警82人。1997年，增设行政装备科和魏桥镇、邹平镇、孙镇3个检察室。1999年，撤销法纪科，成立渎职侵权检察局。12月，成立法警队、职务犯罪预防科。2000年，撤销所有派驻检察室。2002年，刑事检察一科更名为侦查监督科，刑事检察二科更名为公诉科。2005年，渎职侵权检察局更名为反渎职侵权局。至2005年底，内设13个科、室、局，干警88人。

第二节 刑事检察

审查批捕

1983年8月，全国人大常委会做出严惩严重危害社会治安的犯罪分子决定。在历时三年“严打”斗争中，县检察院坚持对重大案件提前介入，实行办案责任制，做到“三定一包”（定人员、定时间、定责任、包质量）。1987—1990年，全县检察机关继续保持“严打”声威，突出“扫黄”“除害”等专项斗争。

1991年，审查批捕工作重点为打击杀人、抢劫、强奸、盗窃、破坏电力设备等严重扰乱社会治安犯罪分子和犯罪团伙，参加“打拐”“反盗窃”专项斗争。1993年，坚持办案责任制，实行案件质量检查制，办一案回头看，月小查，季重点查，年度全面查。是年，批捕准确率100%。1996年，刑事犯罪突出，刑检干警出现场67次，重大案件提前介入100%。1997—2005年，对公安机关提请批准逮捕案件，依法做出不批准逮捕决定414件575人。对侦查活动中违法行为提出书面或口头纠正意见237件次。

1986—2005年邹平县检察院审查批捕案件情况一览表

表22-3-1

年度	受案		批捕		不捕		退补		追捕		公安机关撤案	
	件	人	件	人	件	人	件	人	件	人	件	人
1986	120	141		101		33				8		
1987	108	146		99		38						
1988	108	166		110		44		10				
1989	148	239		161		64	10	13			1	1
1990	157	244	104	167	41	61	12	16				
1991	157	250	118	176								
1992	115	184	97	148	16	31	1	2				
1993	115	160	96	126								
1994	123	197	90	135	22	40					9	16
1995	173	256	124	178	36	54						
1996	160	208	102	125	37	54	32	48		2	21	28
1997	115	144	75	91	39	51				2		
1998	176	227	106	133	67	90						
1999	202	270	138	181	64	89				1		
2000	185	244	128	140	57	104						
2001	171	240	128	212	21	28						
2002	175	267	157	247	18	20				13		
2003	208	338	191	299	17	28						
2004	245	382	207	336	38	46						
2005	331	484	263	365	93	119						

审查起诉

1986年，县检察院受理公安机关提请批捕案件120件141人，经审查批准逮捕101人。向人民法院提起公诉82件111人，依法免于起诉13人。1993年，审查起诉工作把降低贪污贿赂案件免诉率作为首要任务，严把审查关，到5000元以上的一般坚持起诉，不到5000元的做免诉处理。免诉率19.5%，下降至全省最低，出庭支持公诉率100%。1994—1996年，检察院试点庭审改革。开试点庭17个，组织观摩庭4个。

1997年1月，新《中华人民共和国刑事诉讼法》实施，审查起诉严把证据关。对证据不足的，按法定程序退回公安机关补充侦查。是年，停止使用免诉权，对4人做出法定不起诉决定，对3人做出存疑不起诉决定。1999年，县检察院主诉检察官办案责任制试点工作展开，2名检察官通过竞争成为首批主诉检察官。2000年，在全市率先配备多媒体法庭举证系统。

图22-11　检察业务宣传读本　（2014年摄）

2000—2005年，追诉漏犯44人，漏罪18项，改变公安定性31件，对认为确有错误刑事判决提请抗诉4件，依法做出不起诉决定3件。

第三节 经济检察

1986年，县检察院把打击经济犯罪作为主要任务，改变过去等案上门和“先扫外围，再打迂回战”办案方法，采取“主动出击，以快制胜，突破一点，带动一片”新方法，有力打击经济犯罪活动嚣张气焰。1988年，县检察院把反贪污、反贿赂斗争列为打击经济犯罪工作重点，强化对国家工作人员贪污贿赂等职务犯罪监督，对贪污贿赂数额在2000元以下没有重大情节的一般不予立案，交行政部门处理。1989年，最高人民法院、最高人民检察院发布《关于贪污、受贿、投机倒把等犯罪分子必须在限期内自首坦白的通告》，一批经济犯罪人员幡然醒悟，投案自首，主动交代问题的20余人。

1993年，邹平县检察院反贪污贿赂局成立，专门侦查贪污贿赂案件。是年，受理各类举报线索130余件，立案32起32人，其中涉及县处级和科级干部4人。为国家和集体挽回经济损失220余万元。1995年，挖“窝案”，破“串案”，并按照“一要坚决，二要慎重，务必搞准”原则办事，把斗争锋芒指向“三机关一部门”。全年，受理各类举报线索63件65人，立查40件43人。在犯罪人员构成上，“三机关一部门”20人，占立查案犯总数的近50%。是年，县检察院反贪局被省院荣记集体二等功。1996年，全省反贪工作会议在邹平县人民检察院召开，县检察院在会上作典型发言。

2000年，配合清理整顿农村基金会，将查办重点转向发生在金融部门尤其是农村基金会贪污贿赂案件，涉及金融部门和农村基金会案件5件5人，为国家挽回经济损失200余万元。2001年，立查贪污贿赂案件14件14人，农村基层组织工作人员犯罪案件7件7人，通过办案为国家挽回直接经济损失200余万元。2002年，立查贪污贿赂案件10件11人，国有企业工作人员职务犯罪案件7件7人，为国家挽回直接经济损失200万元。2004年，立查贪污贿赂案件14件18人，为国家和集体挽回经济损失100余万元。2005年，立案查处贪污贿赂案件14件18人。

图22-12　检察干警走上街头进行法制宣传(2010年摄)

1986—2005年邹平县检察院经济检察案件情况一览表

表22-3-2　　单位：起

年度	受理案件	立案	逮捕	审查结果			挽回经济损失（万元）
				移送起诉	撤销案件	移送免诉	
1986	26	19					23
1987	29	20					123
1988	16			2		11	11
1989	61	31					40
1990	85	31					
1991	71	39					60
1992	45	22					43

续表22-3-2

年度	受理案件	立案	逮捕	审查结果			挽回经济损失（万元）
				移送起诉	撤销案件	移送免诉	
1993	46	15		2		6	25
1994	130	32					220
1995	64	40					100
1996		34	39	31		12	200
1997	185	28					150
1998		9					100
1999	68	12		9			100
2000		14					200
2001		14					200
2002		10					200
2003		9					
2004		14					100
2005	18	18	10	15	1		321

第四节　法纪检察

1986—1989年,查处法纪案件17起。1991年，法纪检察主要是查处侵权、渎职案件。1990—1992年，受理各类“侵权”渎职案件31件，立案侦查11件，并解决处理部分因经济纠纷而非法扣押人质的违法行为。1992—1994年，法纪部门把社会治安综合治理纳入法纪检察工作任务中，对在一个时期内相继发生的几起建筑施工工地重大责任事故重点查处。1993—1995年，各种法纪案件呈上升趋势。1996—1998年，受理法纪案件线索60余件，经初查立案29件36人，为企业挽回经济损失100余万元。1999年，县检察院撤销法纪检察科，成立渎职犯罪侦查局，立查司法案件占全区立查总数的1/3。是年，检察院建立职务犯罪预防工作专门机构。2000—2003年，立查渎职案件11件12人。2004年,立查渎职侵权案件2件4人，起诉后法院均作有罪判决，实现结案率、起诉率、有罪判决率100%。2005年，县检察院立案查处渎职侵权案件4件5人。全年开展各项预防教育活动和召开联席会议165次，受教育人数1830余人，其中参与千万元以上工程项目预防16次，为国家节约资金3348万元。

第五节　监所检察

1986年,收押人犯257人,集体上课教育23次，受教育人数601人次。1990—1992年，对监所改造活动中出现的违法行为提出纠正意见50件，纠正超期羁押人犯5人，对在押人犯进行法制教育15次，召开联席会议30余次，提出安全检察建议38条，消除各类隐患14起。1991—1992年，联合公安、法院对全县67名外执罪犯，实行建档立卡、定期考察、帮教等制度。1994—1995年，检察院落实“四抓”“四促”和“三化”工作（抓检查促监管、抓教育促改造、抓典型促一般、抓跟踪促落实）。1996—1999年，积极履行监所检察职责，纠正各类违法44次，组织安全检查256次，提出检察建议86条，消除安全隐患5件，对分布在全县17个乡镇的外部执行犯罪组织大规模考察4次，帮助有关村庄、单位建立帮教组织11个，有效控制脱管人员3人，给人犯上法制课36次，维护社会稳定。

2000年，以看守所监管活动监督和外执罪犯考察为重点，组织安全检查144次，针对监管活动中的违法行为提出检察建议37条，纠正违法行为4件，消除安全事故隐患15件，对全县295名外执罪犯进行考察，建立综合治理联系点3处，并完善相关法律文书送达程序，有效防止外执犯罪脱管、漏管现象。2001年，在强化对看守所监管活动监督的同时，加大对外执罪犯的监管力度，组织外执犯罪考察活动3次，建立帮教组织26个，建立综合治理联系点3处。全年办理缓刑犯在执行期间又犯罪案件10件，严厉打击刑犯又犯罪活动，促进社会稳定。2002年，在配合看守所整顿监管秩序同时，重点对违法收押、超期羁押、违反规定不交付执行和违法保外就医、减刑、假释等问题监督，加大对外执犯又犯罪的打击力度，全年受理该类案件3件，其中审查批捕1件，审查起诉2件。2004年，依法行使检察权，积极履行职责，口头提出各类检察建议36条，消除事故隐患9起，消除不安全苗头19起。主管检察长上法制课4次，驻所人员集体教育2次，受教育381人。口头纠正看守所违法2次，办理又犯罪案件1起，批准逮捕1人，建立帮教组织101个。审查呈报、裁定减刑8起，假释8起，暂予监外执行1起。2005年，执行监督在与看守所加强配合同时，以开展保障人权绿色通道活动为载体，不断强化刑罚执行监督和监管活动监督，加大预防监管场所职务犯罪力度，提出各类建议37条，消除事故隐患5起，消除不安全苗头11起。检察长上法制课4次，对驻所人员开展教育4次，受教育869人次。口头纠正违法7次，书面纠正违法11次。办理又犯罪案件6起，建立帮教组织188个。

第六节　控告申诉检察

1986—1989年，县检察院接待受理来访来信762件次，直接查处或作出答复226件，复查历史案件161件，其余交有关部门作妥善处理。1988年9月，根据最高检察院及省、地检察院要求和部署，设立邹平县经济、法纪犯罪案件举报站，召开新闻发布会，设立举报箱。

1990—1999年，收到各类举报线索1455件，受理来信来访1930件次，直接查处或作出答复484件，其余交有关部门作妥善处理。1997—1999年，连续三年被省检察院评为文明接待室。

2000—2002年，接待来访群众489人次。其中，检察长接待来访148人次；受理举报线索446件，其中管辖范围内线索250件；受理刑事申诉案件12件，受理刑事赔偿案件3件，所受理案件均依法妥善处理，化解矛盾。2000年，控告申诉接待室被山东省人民检察院评为省级文明接待室。2001年，开通电话举报受理系统，方便群众举报，激发群众检举揭发犯罪的积极性。2002年，控告申诉接待室顺利通过省级文明接待室复查验收，再次被省检察院命名为省级文明接待室。

2004—2005年，针对农村信访工作实际，面向全县推出“涉检信访信息员制度”，通过聘任农村信访信息员协助息访息诉，促进涉检信访工作重心下移。新华社、《高管信息》、《检察日报》、《山东检察》等媒体均予报道，省院检察长国家森对此项工作给予高度评价，作出专门批示。2年受理来信来访152件，其中属于检察机关管辖的88件，非检察机关管辖的64件。

1986—2005年邹平县检察院控告申诉案件情况一览表

表22-3-3

年度	受理			查办情况（件）		
	总件次	来信（件次）	来访（人次）	自行办理	转其他部门办理	存查
1986	141	113	28	36	77	
1987	260			110		
1988	152	56	96	2		

续表22-3-3

年度	受　理			查办情况（件）		
	总件次	来信（件次）	来访（人次）	自行办理	转其他部门办理	存查
1989	248			91	157	
1990	391					
1991	177					
1992	202			63	72	38
1993		141	75	32		
1994		142		50		14
1995						
1996	327	243	84	47	50	226
1997	299			13		
1998	304			185	53	78
1999	204	186			6	
2000	307	213	104	34		
2001	133					
2002						
2003						
2004	87			62		
2005	65			26		

1986—2005年邹平县检察院审查起诉案件情况一览表

表22-3-4

年度	受理		起诉		免诉（不起诉）		建议撤销案件		追诉漏罪		出庭公诉		提请抗诉		移交分院（市院）起诉	
	件	人	件	人	件	人	件	人	项	人	件	人	件	人	件	人
1986	93	117	82	111												
1987	97	131	80	105		18										
1988	83	132	65	96	7	19			2	2			1		1	2
1989	150	248	102	171	27	39					96		1		3	8
1990	177	249	153	223	40											
1991	128	203	106	164		15									10	15
1992	150	217	86	116	24	39	5	6		5						
1993	129	193	102	156	9	21	4	4			102	156				
1994	109	159	80	122	11	22			13		80	122				
1995	175	268	113	161	17	33			2							
1996	192	263	122	159	44	64	12	13			119	153			4	12
1997	118	155	72	92	4	4				1			1		7	15

续表22-3-4

年度	受理		起诉		免诉（不起诉）		建议撤销案件		追诉漏罪		出庭公诉		提请抗诉		移交分院（市院）起诉	
	件	人	件	人	件	人	件	人	项	人	件	人	件	人	件	人
1998	156	207	122	164	1	2					114	148			8	11
1999	201	270	168	218	2	2	15	21					5			
2000	193	241	170	213									1			
2001	223	279	195	261					6	17			3	4	9	9
2002	233	317	198	271					8	10						
2003	269	287	216	259					4	17						
2004	297	465	273	432		2										
2005	421	602	361	494	1						152	249			14	32

第七节　民事行政、技术检察

1994年，县检察院设立民事行政检察科和技术检察科（简称民行科和技术科）。1995年，技术科同保险公司密切配合，办理保险理赔案件20件，为国家挽回经济损失20余万元，协助反贪部门办理经济案件5件5人，为国家挽回经济损失20余万元。1996年，收到申诉举报的民行案件25件，决定受理12件，立案审查9件，提请分院抗诉4件。1998年，受理民行申诉案件60件，立案20件，提请或建议抗诉18件。经分院提出抗诉6件，全部获法院改判。1999年，受理民行申诉案件54件，立案40件，提请或建议抗诉32件。提请抗诉的案件，法院再审13件，改判8件。是年，县检察院被省院评为全省民事行政检察工作先进单位。

2000年，息诉28件，较上年有较大增长。省院检察长赵长风对县检察院息诉工作高度评价，并在省人代会上点名表扬。全年受理各类案件110件。2001年，受理民行申诉案件33件，立案26件，提请或建议提请抗诉28件，法院经再审改判10件，继1999年和2000年后，连续三年居全市检察机关之首。是年，县检察院被省院评为全省民事行政检察工作先进单位。2002年，民行检察继续以纠正明显不公判决、裁定为工作重点，全年受理民行申诉案件29件，立案22件，提请或建议提请抗诉18件，法院经再审改判8件。

2003—2005年，民行科受理民行申诉案件105件，立案62件，提请或建议提请抗诉66件，法院经再审改判14件。2004年，县检察院再次被省院评为“民事行政检察工作先进单位”。2005年，技术科工作科技含量进一步增加。

第八节　检察队伍建设及检察改革

检察队伍建设

检察院自1986—1995年采取5条措施：狠抓邓小平特色理论为主要内容的思想教育、形势教育、廉政教育、传统教育和职业道德、职业责任、职业纪律教育；严格对照检察人员《八要八不准》

图22-13　1997年，检察干警赴孔繁森纪念馆接受教育

纪律规范要求干警，开展“学英模、树新风、讲奉献、创一流”为内容的争先创优活动；加强检察干警在职（脱产）业务培训；健全党内民主生活制度，争取社会监督；坚持每年2次执法执纪大检查，促进廉政建设。

1999—2001年，县检察院强化教育培训：开展“争创人民满意的检察院，争当人民满意的检察干警”活动；在领导班子和中层以上干部中开展“讲学习、讲政治、讲正气”为主要内容的党风党性教育；扎实开展“三个代表”重要思想学习教育活动，组织实施全员素质考试。2000年，县检察院被省人民检察院命名省级“五好”检察院。

图 22-14 2004年，县检察院干警参观孟良崮战役纪念馆

2005年，开展保持共产党员先进性教育活动和“规范执法行为，促进执法公正”专项整改活动。2005年8月，在县人大组织执法评议中，对县检察院的满意率为97.8%，居全县政法部门之首。坚持人才兴检，加大人才引进力度，当年新录入人员5人，2人通过司法考试。

检察改革

1999年，县检察院推行检察改革。形成优胜劣汰的竞争激励机制。2001年，改革业务管理工作，在公诉部门建立实行主诉检察官制度，对主诉检察官明确权责，定期考评，优胜劣汰，为提高公诉队伍素质和公诉案件质量发挥积极作用。2002年，改革外部监督机制，制定出台《与人大代表政协委员联系工作意见》，向人大、政协报告工作和与人大代表、政协委员联系经常化、制度化，

图 22-15 1995年，全体检察干警着春秋装合影

图 22-16 2002年，全体检察干警着夏装合影

把自觉接受人大监督和政协民主监督各项措施落到实处。2003年，推进制度创新，结合检察工作实践，编制《邹平县检察院规范化建设制度汇编》。

2005年，县检察院投资3000余万元，建筑面积1.3万平方米，集办公、办案、技术于一体的新办公大楼于当年底完成主体工程。警械、通信设备齐全，监控设施符合标准，讯（询）问能够同步录音、录像，监控网络实现与检察长、分管检察长办公室对接联网，安全防护措施符合规定要求。投资10余万元对办公、生活周围环境进行大规模整修和维护，实现绿化、亮化、净化和美化；对办公场所进行彻底修缮，对办公室及办公桌面作出统一要求，力求统一、规范、整洁、优美。为保障办公、办案工作需要，投资70余万元新购置车辆4台。投资近40万元，新购进微机48台、服务器1台、网络一体机1台，建成拥有宽带网多功能电子阅览室，计算机90台。

第四章　法　院

第一节　机构沿革

1986年，县法院内设刑事审判庭、民事审判庭、经济审判庭、办公室、人民接待室、执行庭、政工科，基层设长山、魏桥、好生、明集、孙镇和邹平镇法庭。1987年，接待室改为告诉申诉审判庭。1987—1989年，加强基层法庭建设，先后在临池、西董、礼参、苑城、焦桥、韩店、青阳、九户、里八田、台子、码头等乡设立人民法庭。1988年7月，增设研究室；10月，成立行政审判庭。1993年10月，县法院内设办公室、政工科、研究室、法医技术室、刑事审判庭、民事审判庭、经济审判庭、行政审判庭、告诉申诉审判庭、执行庭，基层设17处乡镇法庭。同年，成立司法警察大队。1998年，县法院实行机构改革，撤销告诉申诉审判庭，增设立案庭、审判监督庭。1999年2月，撤销临池、西董、礼参、苑城、焦桥、韩店、青阳、九户、里八田、台子、码头11处基层法庭。2002年9月，县法院机构再次改革，撤销执行庭，设立执行局，下设3个执行庭；撤销经济审判庭、邹平镇法庭，成立民事审判第二庭，原民事审判庭更名为民事审判第一庭。至2005年，机构设置无变化。

第二节　刑事审判

1986—1988年，受理各类刑事案件523件，审结510件，判处罪犯678名，为国家和集体挽回经济损失33.5万元。

1989—1990年，刑事审判工作主动为邹平治理经济环境，整顿经济秩序服务。1991年，刑事审判工作同一切企图推翻人民民主专政，破坏社会主义建设的反革命分子和其他严重刑事犯罪分子进行坚持不懈的斗争。1989—1994年，县法院受理各类刑事案件708件，审结687件，判处罪犯984名，为国家和集体挽回直接经济损失63.75万元。其中1994年审结案件101件，平均审限21天，最快8天。

1995年，县法院受理各类刑事案件146件，审结139件，判处罪犯194名，结案率95.2%，通过惩处犯罪，为国家和集体挽回经济损失76万元。审结案件，平均审限21天，上诉3件，抗诉1件，均维持原判。

1996年，县法院受理各类刑事案件198件，审结193件，判处罪犯205名，审结率97%。其中审理经济犯罪案件44件，为国家和集体挽回经济损失120万余元，创1978—1996年来最高纪录。

1997年，受理各种刑事案件96件，审结85件，判决罪犯128名，审结案件平均审期19天，无一超审限，为国家和集体挽回直接经济损失100余万元。

1998年，县法院配合县委开展农村集中整治活动，重点开展对聚众滋事、聚众抗缴国税和妨碍执行公务犯罪分子进行依法惩处，受理各类刑事案件163件，审结155件，判处罪犯166名。

1999年，受理各类刑事案件191件，审结182件，判处罪犯241名。是年，在案件审理过程中，出现案件大幅度增加、案情多变复杂的特点，县法院实事求是，依法办案，保证案件质量。

2000年，受理各类刑事案件192件，审结183件，判处罪犯244名，案件审结率95%以上。

2001年，全县刑事案件发案情况呈现上升势头，县法院开展严打整治斗争，组织公判大会4次，公开宣判罪犯43名。是年，受理各类刑事案件218件，审结214件，判处罪犯288名，审结率98.2%。

2002年，县法院开展“农村集中整治，城区严打斗争”整治活动，审理全部案件。受理各类刑事案件216件，结案208件，判处罪犯279名，案件平均审限为13天。

2003年，县法院受理审结268件刑事案件，结案256件，判处罪犯367名，案件结案率95.5%。在确保案件质量前提下，适用普通程序简化审理，案件效率提升。

2004年，县法院严厉打击黑恶势力和重大盗窃、抢夺、抢劫等严重影响群众安全感多发性、侵害面广的犯罪。受理各类刑事案件294件，审结275件，判处罪犯434名，审结率93.5%。

2005年，县法院对团伙盗窃、抢劫、强奸、涉枪涉爆、杀人、放火等严重刑事犯罪案件，实行依法快审快结、严厉打击。审结受理各类刑事案件385件，审结379件，判处罪犯523名，结案率98.4%，平均审限12天。

图22–17　刑事审判庭开庭　（2013年摄）

1986—2005年邹平县法院刑事审判工作一览表

表22–4–1

年度	受理案件数（件）	审结案件数（件）	判处罪犯（人）	审结率（%）	案件审限（天）
1986—1988	523	510	678	97.5	
1989—1994	708	687	984	97	
1995	146	139	194	95.2	21
1996	198	193	205	97.5	22
1997	96	85	128	88.5	19
1998	163	155	166	95.1	20
1999	191	182	241	95.2	18
2000	192	183	244	95.3	17
2001	218	214	288	98.2	17
2002	216	208	279	96.3	13
2003	268	256	367	95.5	14
2004	294	275	434	93.5	15
2005	385	379	523	98.4	12

第三节　民事审判

1986年，受理各类民事案件518件，审结490件，其中调解结案434件，调解率88.6%，案件类型18种，以离婚案件最为突出，约占40%，赔偿和宅基地纠纷案件，约占23%。1987年，受理各类民事案件570件，审结538件，结案率94.4%，调撤率84%。

1988—1989年，全县民事案件出现逐年增多的特点，受理各类民事案件2016件，审结1423件，确保办案数量和质量。1990—1991年，2年民事案件连续超过千件。1990年，受理1038件。1991年，受理1128件。1991年，新的《民事诉讼法》公布实施，当年举办《民事诉讼法》培训班2期，依据新《民事诉讼法》修订和完善案件质量评查制度，成立案件质量评查小组，2年审结案件2081件。

1992年，全县民事案件呈上升趋势，名誉权、不当得利等新型案件开始出现。法院采取防化措施，避免民转刑案件发生，受理民事案件2001件，审结1828件，结案率91.4%。其中审结具有矛盾激化苗头案件78件，避免民转刑案件36件。

1993年,办案人员深入到全县40余个自然村，采取诉讼外调解手段，帮助村委会解决民事纠纷400余件，为当事人追回欠款10万余元，指导鉴定赡养协议，相邻关系协议及其他民事合同200余份。全年审结各类民事案件1820件。

1994年，重点采取防激化、多疏导、平诉息争的措施，受理民事案件1933件，审结1807件，结案率93.5%。其中调解结案占85%以上。

1995年，受理各类民事案件2748件，审结2482件。是年，县法院开展专项服务，处理土地、山林、果园等纠纷660余件,收回承包金240万元。变更、调整各种承包合同500余份。

1996年，受理各类民事案件3749件，审结3301件,全年出现民事纠纷面广、量大、情况复杂、审理难度大的特点。

1997年，受理各类民事案件3563件，审结3087件。1998年，县法院以审理民事积案、超审限案件为突破口，采取排期开庭，限期审理方式，使一些积压数年案件得以审结，有效杜绝超审限案件的发生。是年，受理各类民事案件4409件，审结4061件，审结率90%以上。

1999年，受理案件4282件，审结3796件。

2000年，受理民事案件较前几年有所下降。受理民事案件3778件，审结3265件。

图22-18 县法院到偏远地区开展上门审判活动 (1999年摄)

2001年，受理各类民事案件3390件，审结3150件，案件受理继续出现逐年下降的特点。至2002年，受理案件数下降至2282件，审结案件数下降至2161件。

2003年，县法院推行“判前评断”“判后释法”做法，不断加大调解力度，注重多做说服和解释工作，提高服判息诉率。受理各类民商事案件2899件，审结2775件。

2004年，县法院在民商事审判工作中，推行专业化合议庭或专业化法官审理案件做法，继续推行“判前评断，判后释法”，实施“铁案”工程。受理各类民商事案件2535件，审结2246件。

2005年，案件审判质效保持良好势头，受理各类民商事案件2416件，审结1979件，调撤率70%，依法保护当事人合法权益，全力维护社会和谐稳定。

1986—2005年邹平县法院民事审判工作一览表

表22-4-2

年度	受理案件数（件）	审结案件数（件）	审结率（%）	调撤率（%）	年度	受理案件数（件）	审结案件数（件）	审结率（%）	调撤率（%）
1986	518	490	94.6	80.8	1997	3503	3087	86.6	
1987	570	538	94.4		1998	4409	4061	92.1	
19881989	2016	1423	70.6		1999	4282	3796	88.7	
19901991	2166	2081	96.1		2000	3778	3265	86.4	
1992	2001	1828	91.4	85	2001	3390	3150	93	
1993		1820		85	2002	2282	2161	94.7	65
1994	1933	1807	93.5	85	2003	2899	2775	95.7	63

续表22-4-2

年度	受理案件数（件）	审结案件数（件）	审结率（%）	调撤率（%）	年度	受理案件数（件）	审结案件数（件）	审结率（%）	调撤率（%）
1995	2748	2482	90.4	85	2004	2535	2246	88.6	65.3
1996	3749	3301	88.1		2005	2416	1979	81.9	70

第四节　经济审判

1982—1987年，县法院受理各类经济案件315件，审结283件，审结率89.8%；处理诉讼外经济纠纷1260件。

1988年，全县经济纠纷案件有较大幅度增加。7月，县法院从各庭室抽调骨干力量组成巡回法庭，先后深入到明集、苑城、魏桥等乡镇，帮助农行依法收贷544件，为国家收回逾期贷款32万元。与此同时，邹平、焦桥、长山、九户、孙镇等法庭也先后在本辖区内开展依法收贷活动，及时收回沉淀资金78万元。

1989年，经济案件仍呈上升势头，审结经济纠纷案件174件。经济案件类型也有所增加，案件类型有8种，突出的是购销合同纠纷和承包合同纠纷，约占全部经济案件的80%。为推动经济发展，是年，县法院配合银行理顺信贷关系，当年为国家收回逾期贷款148万元。

1990年，县法院经济审判工作人员不足、办案资金缺乏，干警们克服困难，在诉讼内审结经济纠纷案件143件。

1991—1992年，经济纠纷案件呈上升趋势。县法院对大型企业起诉的经济纠纷案件做到优先立案，优先审理，优先执行。抽调精干力量，组成数个巡回法庭，主动深入到企业、乡村，采取诉讼和非诉讼手段，为企业清理“三角债”760余笔，为青阳、苑城、西董等乡镇60余个自然村理顺土地、林业、果园等承包合同356份，依法为集体挽回拖欠承包费13万元。在全县96家骨干企业中建立经济司法联络员，对40名司法联络员进行业务培训，帮助企业审查、修订、完善经济合同400余份。两年中，受理经济纠纷案件5331件，审结5229件。1992年，经济案件大幅度上升，诉讼标的额2000余万元。

1993年，县法院经济审判工作全年审结各类经济纠纷案件2246件，结案标的额为5920余万元，通过非诉讼手段为国家、集体收回欠款200余万元。是年，县建行诉辽宁东环公司联营合同纠纷立案后，仅用1个多月的时间就审结完毕，使国家750万元巨款受到法律保护。

1994年，县法院审结各类经济纠纷案件2319件，标的额6848.3万余元，制裁经济违法行为，保护当事人的合法权益，帮助企业和生产经营者摆脱困境，促进经济发展。

1995年，经济纠纷案件有所下降。是年，审结各类经济纠纷案件1292件。

1996年，各种新类型案件不断出现。县法院发挥经济审判调节经济关系职能作用，深入基层，拓宽领域，全年审结经济纠纷案件1814件。

1997年，经济审判在抓好经济合同案件审理同时，收办票据、产品质量纠纷等新类型案件，依法及时排除改革和发展中出现的一些梗塞现象，全年收案2036件，审结1677件，结案标的额8891.76万元。

1998年，工作重点为国有企业改制、金融改革和建立完善市场体系服务，对涉及上述案件快立、快审、快执，及时妥善消除对市场经济发展的不利影响和制约，保护企业合法权益，帮助金融机构收回贷款，制裁各种违法存贷、违章拆借、违规担保行为，维护金融秩序，保障全县金融安全、高效、稳健运行。全年共受理案件1447件，审结1377件，结案标的1.32亿元。

1999年，各行各业各方面经济活动越来越规范，经济纠纷大幅减少。受理经济纠纷案件428件，审结406件。

1999—2001年，审结经济纠纷案件1058件。2002年，县法院撤销经济审判庭，经济纠纷案件由民事审判第二庭负责审理。

第五节 行政审判

1988年，《行政诉讼法（草案）》公布。10月，成立行政审判庭。当年，受理并审结行政案件4件，其中治安行政案件2件、土地行政案件2件。

1990年10月1日，《中华人民共和国行政诉讼法》正式实施，县法院配合有关部门开展学习、宣传行政诉讼法活动，深入到公安、环保、土地管理等部门进行宣讲，到各乡镇政府有关单位和各乡镇比较大的集市进行宣传，印制宣传材料和行政诉讼法律文书，发至各有关单位。是年，召开座谈会12次，出动宣传车3辆，授课宣讲41场次。

1992年，县法院受理的行政案件类型和范围明显扩大，由过去土地、治安、林业等少数领域扩大到民政、环保、公路、工商、劳动教养、烟草专卖以及控告行政机关不履行法定职责等行政执法领域。其中控告民政部门不依法核发抚恤金案件，在全省属首例；不服工商部门行政处罚案在全地区亦属首例。

1993年，受理并审结行政案件25件，执行非诉讼行政案件18件，执行标的额10余万元。

1994年，受理各类行政案件52件，审结51件，列全省前8位。审结案件中，判决维持行政机关具体行政行为的10件、撤销行政机关行政决定的26件、判令重作的2件、驳回起诉的2件、判令行政机关限期履行职责的3件，原告起诉后通过审判人员做工作，被告变更具体行政行为，取得原告谅解后撤诉的8件。是年，审查执行行政机关申请强制执行的案件87件，执行标的额7301.5元，强行拆除违法建房56间，拆除院墙107米，清理树木87株，清理非法占地5878.7亩。

1995年，受理各类行政案件64件，审结58件，执行非诉讼行政案件43件，标的额13.1万元。

1996年，行政审判工作出现持续发展势头。受理各类行政案件59件，审结53件，审查非诉讼行政案件103件，执行完毕91件，执行标的额59万元。

1997—1999年，审结行政案件127件，执行非诉讼行政案件376件，维护公民、法人的合法权益，支持监督行政机关依法行政，促进民主政治建设。

2000年，受理行政案件69件，审结68件，审查执行非诉行政案件563件，拆除违法建房50余间，向行政部门提司法建议62次。

2003年，受理行政诉讼案件110件，审结107件，审结率97%，行政案件收、结案数首次突破百件。是年，县法院被评为“全省行政审判先进法院”。

2004年，受理行政诉讼案件205件，审结率97%，审查非诉执行案件129件。

2005年，受理行政诉讼案件34件，审结率97.1%，审查非诉执行案件124件。

第六节 立案与信访

1978—1986年，处理人民来信1789件，接待人民来访3560人次。1987—1997年，县法院人民接待室改为告诉申诉审判庭，开展告诉申诉审判工作。以解决人民群众“告状难”“申诉难”和解决上访老户问题为重点，解决初信初访，做到事事有答复，案案有结果；把解决上访老户问题作为告审工作的重中之重，做到事事有人管，件件有着落，逐人逐户把问题解决在基层；对党委、人大和上级法院交办的案件，给予高度重视，逐一查处落实。至1997年，处理人民来信5369件，接待人民来访10040人次，审结各类申诉案件48件，解决上访老户问题30户，查处党委、人大和上级法院交办要结果案件124件。

1998年3月，撤销告诉申诉审判庭，成立立案庭，实行案件的立、审分离制度。

1999年，县法院实现从立案到结案，审判运行全过程科学化管理。11月，全区立案工作会议在县法院召开，省高级人民法院领导到县人民法院调研，并就县法院立案改革给予肯定。

2000年，“大立案”机制在全省各级法院全面推行，县法院注重加强“大立案”实施后各个环节衔接与相互监督。特别是下半年，县法院及时抓住计算机区域化联网机遇，实现计算机立案、计算机分案、计算机报结案，全年立案7466件。

2001年，县法院实现基层法庭网上立案，同时还在基层法庭微机中设置数字化印章和法律文书模块，各类法律文书制作更加方便、快捷。

2003年，先后对829起案件实施财产保全。2004年，县法院结合工作实际制定《邹平县人民法院信访工作管理规定》《信访工作考核奖惩办法》，建立信访档案，将信访工作纳入对干警考核和奖惩。1998—2005年，受理人民来信588件，接待人民来访1392人次。

图22-19 县人民法院立案服务大厅 （2014年摄）

第七节 判决与执行

1983年，县法院成立执行庭，但仍习惯于“自审自执”模式，执行庭专门处理各审判法庭移交重大疑难执行案件。

1998年，“执行难”成为各级党政领导和人民群众关注的热点和焦点问题，县法院根据实际情况对执行工作予以政策上倾斜，加大执行工作人力物力投入，严格审执分离，对委托执行案件认真执行，用实际行动维护法制统一，被省高级人民法院授予“委托执行先进单位”称号。是年，县人民法院执结案件2330件，执结标的额8336.02万元，在全市各县区法院率先突破执结率80%大关，并一举夺得全区法院开展的“爱民杯、振兴杯”活动“振兴杯”。

1999年，县法院及时向县委、人大递交关于解决法院“执行难”问题报告并得到转发，在全县范围内形成党委抓执行，全社会关注执行工作局面。县法院在组织执行干警采取拉网式执行的同时，分别于9月、10月组织全院干警集中力量、集中时间、集中精力进行2次规模较大的集中执行会战，使执行工作取得历史性突破，全年执结案件4947件，执结标的额1.5亿元，实现5年来第一次执结数大于审结数，扭转执行工作被动局面。

2000年，县法院在全院干警中发起解决“执行难”攻坚战，多次安排执行会战，开展专项执行活动，全年执结案件2711件，执结标的额1.8亿元。

2001年，县法院全年受理执行案件2292件，执结2195件，执结率95.8%，走出“执行难”的怪圈。

2002年9月，县法院成立执行局，执行工作以提高执行干警执法水平为突破口，对一些易于引发矛盾复杂疑难案件，注重多做疏导和法制宣传工作，讲究执行工作方式方法。是年，受理执行案件1651件，执结1640件，执结率99.6%。

2003年，执行局受理执行案件2328件，执结2268件，执结率97%。

2004—2005年，县法院面对司法环境日益复杂、案件执行难度不断增加现状，探索执行工作方式方法，注重说服教育工作，加大各方面的协调力度。两年受理执行案4976件，执结4850件，执结率97%。

附：县法院、审判庭、法庭、个人获得部分荣誉称号

1993年，被山东省高级人民法院记集体二等功；1998年，被山东省高级人民法院评为“全省先进法院”；1999年，先后被山东省高级人民法院、山东省委政法委评为“先进集体”“创人民满意活动先进单位”；2001年，被山东省高级人民法院评为“人民满意的好法院”，并记集体二等功；2002年，被山东省高级人民法院评为“一教育、三整顿”

活动先进单位，并记集体二等功；2003年，被山东省委政法委、省人事厅授予“创人民满意活动先进单位”称号。县人民法院刑事审判庭于1987年、1991年，行政审判庭于1993年，经济审判庭于1995年先后被山东省高级人民法院记集体二等功；长山法庭于2005年被山东省高级人民法院评为“全省优秀人民法庭”。

1987—2004年邹平县法院干警获得省级以上荣誉一览表

表22-4-3

年　度	干警姓名	授奖单位	荣　誉
1987	曹守臣	山东省高院	个人二等功
1989	张笑云	山东省高院	个人二等功
1990—1991	李桂生	山东省高院	个人二等功
1992	窦常智、李保国、王堂昌	山东省高院	个人二等功
1993	曹守臣、李保国	山东省高院	个人二等功
1994	曹守臣	山东省高院	个人一等功
	李保国	山东省高院	个人二等功
1995	王清敏	山东省高院	个人二等功
1996	曹守臣	山东省高院	优秀法官
	张寿海、陈志广	山东省高院	个人二等功
1997	张学华	山东省高院	个人二等功
1998	张同军	山东省高院	个人二等功
1999	张同军、赵　英	山东省高院	个人二等功
	张彩霞	山东省高院	办案能手
2000	王清敏	山东省高院	个人二等功
2001	刘继京	山东省高院	个人一等功
	王清敏	山东省高院	个人二等功
2002	鞠光斌	山东省高院	全省法院系统人民调解工作优秀法官并记个人二等功
2002	张同军	最高人民法院	全国法院系统调解工作先进个人
	张同军	山东省高院	全省法庭工作先进个人并记个人二等功
	赵　斌、齐同胜、张　勇	山东省高院	个人二等功
	冯怡浩	山东省高院	个人一等功
	赵　英	山东省委政法委、省人事厅、省综治委	全省严打整治斗争先进个人并记个人二等功
2004	张寿海	山东省高级人民法院	执行系统先进个人

第五章　司法行政

第一节　机构沿革

1986年初，县司法局有干部20人，职工2人，内设办公室、宣传股、基层调解股、公证处、法律顾问处，乡镇设司法所。1991年，法律顾问处改为县律师事务所。1993年10月，司法局设办公室、业务股，下辖公证处、律师事务所。1996年8月，增设律师管理股；12月，增设纪检组。1998年9月，司法局开通"148"法律服务专线电话，建立全县"148"法律服务协调指挥中心。2001年初，两个国办律师事务所与司法局脱离行政隶属关系，转为社会中介组织。2月，成立邹平县法律援助中心，隶属司法局。2002年，司法局内设办公室、基层股、宣传股、宣传股、法律援助中心，下辖公证处；4月，"148"法律服务专线改为"12348"服务专线。

至2005年，机构未有变化，有干部、职工23人。

第二节　普法教育

从1986年开始，全县实施第一个五年全民普法教育。是年，主要是县级领导干部、机关干部法律知识学习，举办县乡两级普法培训班，培训5500人次。编印《普法辅导教材》《法规选编》3.8万册，组织大会辅导5次，参加听课3500人次。组织机关考试3次，参考5200人，测验《宪法》《法理》《刑法》《民法通则》等学习情况。1987年，工作重点《宪法》和全国人大常委会《决定》宣传教育，中小学开设法制课和思想道德品质教育课，全县18万人参加普法学习。1988年年初，制定全县普法验收方案，在工商、税务部门进行普法验收试点，组织县直、镇乡"十法一条例"普法验收考试，500余名副科级以上领导干部参加考试。1990年，经省、地普法验收合格，邹平县被评为"全省普法工作先进县"，省委、省人大常委会、省政府颁发奖牌。

自1991年始，组织实施全县第二个五年普法教育和第一个依法治县规划。先后召开各种会议12次，拟定全县"二五"普法规划和实施方案，做好"二五"普法和依法治县启动工作。1992年，重点抓好专业法律、法规普及工作，组织592名厂长、经理参加全省经济法律、法规培训班；进行依法治村、治厂试点，在全县推广后，有177个村普法达标。1993年，532名厂长、经理、财会人员，参加省第二次法律法规培训班。1994年，组织9辆宣传车到全县17个镇（乡）进行巡回普法宣传，在县城驻地设立6个法制宣传站。1995年，对全县40名县六大班子领导成员和850名副科级以上领导班子成员及8000余名一般干部进行"二五"普法验收考试，经省、地普法验收合格，邹平县被评为全省普法工作先进县，省委、省人大常委会、省政府颁发奖牌。

1996年，组织实施全县第三个五年普法教育和第二个依法治县规划。组织举办第三期全省经济法律培训班工作，招收学员640名，年内进行考试。全县发放"三五"普法教材8.4万册，党政机关、企事业单位人手一册，农村2～3户一册。1997年，在全县推行普法责任制，把普法工作列入各镇乡，各部门、各单位述职报告和综合治理考核内容，实行一票否决制。举办各类培训班65期，培训农村普法骨干1.2万余人。组织全县1.2万名法制宣传员走上街头宣传法律知识、接待群众咨询6000余人次，发放宣传材料20万份。县普法办编印1万册普法顺口溜小册子，全部发放到群众手中。全县858个行政村，全部建立普法一条街，在邹平电视台开辟"政法之声"，在《邹平报》开辟“法律信箱”和“法庭内外”栏目。10月，组织普法考试，对全县850名副科级以上干部和5700名一般干部，农村两委成员进行普法考试。1998年，县普法办组织30余名法律工作者，组成“三五”普法讲师团，到各镇乡、各单位巡回举办法制讲座23场，受教育群众1.5万人。1999年，在全县开展依法治村民主管理宣传活动，推选10名优秀律师组成“以案讲法”宣讲团。在全县17个镇乡和县直有关单位进行巡回讲演。组织律师、公证员、法律服务工作者作法制辅导报告40余次，受教育人数3500余人。在《邹平日报》设立“政法园地”栏目，在邹平电台、电视台设立“法律纵横”栏目。设立党政领导干部正规化法律专业教育大专班教学点，学制两年；全县377名副科级以上领导干部报名参学。11月，组织全县800名副科级以上领导干部参加普法考试，考试成绩全部合格。2000年10月底，组织全县845名副科级以上领导干进行普法考试，进行法制演讲21场次，8000人受到教育。对全县52.6万普法对象进行考核，经省、地普法验收合格，邹平县被评为全省普法工作先进县。省委、省人大常委会、省政府颁发奖牌。

2001年，组织实施全县第四个五年普法教育和第三个依法治县规划。2001年，征订、发放普法教材2万册。开展“四五”普法宣传周大型活动，设立宣传站100余个，出动宣传车100余辆次，展出普法漫画200余幅，发放宣传材料5万余份，悬挂过街横幅100余幅，解答法律咨询1800余人次，组织全县950名副科级领导干部进行普法考试。2002年6月，举办“天地缘”杯法律知识大奖赛，印发刊有试题的《邹平报》2.5万份。在全县确定明集镇、电力公司等8个普法联系点。韩店镇东言礼村道德法庭建设成功经验得到省、市肯定，其事迹在《大众日报》等多家报纸刊登。12月，组织全县800余名副科级以上领导干部进行普法考试。对全县109名法律大专班学员进行考试并颁发毕业证书。2003年，在全省率先实行《党政机关事业单位干部职工中实行法律知识考试合格制度》，将普法对象扩大到县、镇（街道）两级党政机关、事业单位全体干部职工、司法干部。5月，在邹平电视台、《邹平日报》设立“评案讲法”栏目，编印《以案释法100例》2000份。6月，与县统计局等单位联合举办“西王杯”《统计法》颁布20周年知识竞赛活动。5—8月，强抓防“非典”法制宣传工作，印发《传染病防治法宣传提纲》，分发《传染病防治法》《价格法》《食品法》宣传图册2000份。2004年，全面建设民主法制示范村，开展“平安邹平”法制宣传活动，组织全县800余名副科级以上领导干部进行普法考试。

2005年，做好《滨州市全民普法依法治理工作领导小组办公室关于依法化解矛盾纠纷的通告》宣传工作，印刷《通知》15.9万份，发放至全县14.9万户中。开展“平安邹平”第二个法制宣传月活动。通过省、市“四五”普依法治理工作验收。组织全县800余名副科级以上领导干部进行普法考试。

第三节　基层司法行政

基层司法行政组织

1986年初，全县17个镇乡设立司法所，由司法局管理，所长由司法助理员兼任，同时挂法律服务站和司法所牌子，一套人马两块牌子，既负责基层司法行政工作，也开展法律服务业务。1993年，镇乡司法所与法律服务站分设；10月机构改革，各乡镇司法所与法律服务站一并撤销，由新设乡镇政法武装办公室负责原基层司法行政工作。1994年11月，17个镇乡司法所、法律服务所恢复建立，有工作人员46人。1997年，在企业建立司法办公室2个。1998年12月，全县17

图22-20　全县司法所管理体制理顺工作会议

镇乡全部开通“148”法律服务专线电话，无偿为全县人民提供方便和快捷法律服务业务。1999年6月，全县各镇“两所”改制全部完成，法律服务所成为“两不”（不占编制、不吃财政）、“四自”（自收自支、自我管理、自我发展、自我约束）社会中介组织。同时将全县原有19处法律服务所撤并为12处，有法律服务工作者77名。2002年，各镇乡司法所被撤销。2004年，全县16个镇、街道

图 22-21 2005年，韩店镇司法所被授予全国先进司法所

司法所恢复建立。2005年，韩店镇司法所被司法部评为“全国先进司法所”。2005年，全县有司法所16处，司法助理员16人，工作人员50人，法律服务所6处，法律服务工作者52人。

人民调解组织

1986年初，全县有村级调解委员会858个，调解人员1002人，达到每个行政村均建有调委会，工矿企业中建有调解委员会17个，调解人员51人。1987年，为适应经济发展要求，调委会由单纯调解民事纠纷扩展到调解经济纠纷。1989年，全县858个村级调解委员会实行岗位目标责任制。1992年，全县确定4556名调解信息员。1997年，建立企业调解委员会44个。2000年，在镇乡建立司法调解中心。2002年，全县14个镇乡调解中心全部达到规范化标准。2003年9月，在16个镇、街道858个行政村按照“四统一”（标牌、印章、徽章、人民调解员证统一）、“五规范”（场所、文书、制度、工作、组织统一）原则要求，全部建立人民调解委员会，配有人民调解员1860人。2004年，进一步完善矛盾纠纷排查调处各项制度。2005年6月，滨州市矛盾纠纷排查调处工作经验交流现场会在邹平县召开。

自1999年始，县司法局和所属各镇乡司法所接收刑释解教人员安置帮教工作。至2005年，接收刑释解教人员693人，全部落实安置帮教措施，并建档立案，建立帮教小组，实行帮教责任制。

1986—2005年邹平县司法调解纠纷数量一览表

表22-5-1　　单位：件

年度	数量	年度	数量	年度	数量	年度	数量
1986	8627	1991	3581	1996	3257	2001	1258
1987	6727	1992	3690	1997	3503	2002	1283
1988	3451	1993		1998	2847	2003	
1989	3516	1994		1999		2004	1821
1990	4340	1995	2390	2000		2005	426

第四节 公 证

1980年，建立县公证处，工作人员2人。1981年4月，开始办理国内公证业务。1982年，工作人员增至4人。10月，公证业务大量增加。1984年，在各行业中确立企业租赁合同公证试点，取得办理企业租赁合同公证的经验。1988年，与县体改委联合，对全县17个镇乡241家企业进行招标承包租赁合同公证。1990年，公证处开始办理涉外公证，同时，扩大公证业务范围，开办计划生育合同公证、农村土地承包合同公证、宅基地使用权公证、经济合同公证。1996年，利用宣传栏、电视台和《邹平报》等多种形式宣传公证工作。4月，县政府印发公证处起草的《邹平县公证管理规定》。1997年，开始办理贷款公证业务。

1998 年，做好农村第二轮土地承包和企业改制公证工作，同时开拓公证业务，办理公房出售、房地产开发、涉外婚姻、婚前财产公证等业务，公证工作日益为人们认识和重视。1999 年，县司法局对公证处实行“一所两制”管理办法，启动以主办公证员制度和要素式公证书为主要内容的办证方式和服务内容改革。2000 年，县公证处为山东滨州职业专修学院九九届 50 名新生办理《教学、学习、就业合同》公证，取得良好社会效果；8 月，首次派员参加县政府采购招标大会，对招标过程进行现场监督，首次办理政府采购合同公证。2001 年，将购房贷款公证纳入业务范围。2002 年始，公证处在招商引资、政府采购、招标投标、涉外公证等方面加大工作力度，尤其对县政府确定重大招商引资项目及时进行公证，确保项目实施。2004 年，开办事故处理协议公证事务。是年，办理公证 460 件，其中民事公证 270 件，经济公证 110 件，涉外、涉港、澳、台公证 80 件，接待当事人咨询 1000 余人次，为当事人起草法律文书 200 余份，涉及标的额近 2 亿元。2005 年 11 月，县公证处被司法厅评为全省公证队伍教育规范树形象活动先进单位，全年办理公证 749 件，其中民事公证 598 件，经济公证 79 件，涉外、涉港、澳、台公证 79 件，接待当事人咨询 2000 余人次。

图 22-22 公证员为群众办理公证业务

1986—2005年邹平县办理公证业务情况一览表

表22-5-2

年 度	合计（件）	民事公证（件）	经济公证（件）	涉外公证（件）	涉港澳台公证（件）
1986	1032	711	321		
1987	1520	1312	208		
1988	1063	420	643		
1989	993	117	818	58	
1990	899	251	626	22	
1991	928	270	653	5	
1992	3226	2753	472	1	
1993	910	456	439	15	
1994	5037	4803	209	25	
1995	932	383	526	23	
1996	1035	847	188		
1997	1375	1153	222		
1998	1615	1353	234	28	
1999	1321	974	318	18	11
2000	3531	439	3003	82	7
2001	466	202	140	115	9
2002	634	390	149	88	

续表22-5-2

年 度	合计（件）	民事公证（件）	经济公证（件）	涉外公证（件）	涉港澳台公证（件）
2003	629	410	128	91	
2004	460	270	110		80
2005	749	598	79		72

第五节　律　师

1980年12月，县法律顾问处建立，有工作人员4人，1981年4月，开始受理业务。10月，首次为乐礼造纸厂担任民事代理，为其追回欠款19620元。1983年，开始为厂矿企业担任常年法律顾问。1986年，国家实行律师资格全国统一考试制度，县法律顾问处律师增加至6人，受聘为9个单位担任法律顾问，为委托单位避免经济损失22.4万元。1987—1990年，参与县供销社土产公司“652”及其他几起重大诈骗案查处工作，为其追回部分被诈骗现款。1991年，县法律顾问处改为县律师事务所。1994年，组建“不占国家编制、不要财政拨经费、自愿组合、自我管理、自收自支、自我发展”合作制律师事务所，即邹平县经济律师事务所，配有8名执业律师。1994年年末至1995年年初，邹平县律师事务所改名为滨州博大律师事务所，邹平县经济律师事务所改名为滨州天鉴律师事务所。1995年，全县执业律师增至14人。1996年8月，经县编制委员会批准成立滨州励志律师事务所，配有执业律师8人。至此，全县有执业律师22人。1999年，县司法局将原滨州博大律事务所更名为山东梁邹律师事务所，原滨州励志律师事务所更名为山东励志律师事务所，原滨州天鉴律师事务所更名为山东天健律师事务所。2001年初，梁邹、励志2处律师事务所进行改制脱钩，由国办所改为“两不”“四自”的社会中介组织。至2005年，全县有律师事务所5处，执业律师28人。

1986—2005年邹平县律师业务开展情况一览表

表22-5-3

年度	刑事辩护及代理（件）	民事代理（件）	经济代理（件）	行政代理（件）	法律顾问（家）	非诉讼法律事务（件）	解签法律咨询（次）	代定法律文书（件）
1986	11	32	4		9	14	882	
1987	17	12	49		12	20		239
1988	21	26			22	31	1613	
1989	17	45			80	49		260
1990	28	452	104		70	70	1290	296
1991	36	77	5	48	65	1327	371	
1992	17	4	77		48	83		472
1993	87	58	38					
1994	320	20	80	2500	625			
1995	24	209	193	10	390	952	5334	1101
1996	62	460	310	16	148	68	4965	587
1997	88	364	655	26	158	209	4434	828
1998	55	364	389	26	166	308	4600	688

续表22-5-3

年度	刑事辩护及代理（件）	民事代理（件）	经济代理（件）	行政代理（件）	法律顾问（家）	非诉讼法律事务（件）	解签法律咨询（次）	代定法律文书（件）
1999	72	668	545	13	219	1621	8698	1125
2000	75	629	147	21	141	58	8810	754
2001	42	236	78	6	200	14	6634	429
2002	80	307	76	18	146	75	8830	918
2003	47	356		24	112	356	4600	753
2004	62	181	82	22	130	60	5000	1000
2005	42	440		42	124	84	6000	1240

第六节　法律援助

1999年，邹平县法律援助中心成立，暂不核定编制，其工作由滨州励志律师事务所承担。是年，全县办理法律援助案件31件。2000年，办理法律援助案件30件。2001年7月，邹平县法律援助委员会成立。8月，在县妇联、残联、老龄委设立法律援助联络室，全年办理法律援助案件47件。2002年6月，在各镇相继设立法律援助接待站，法律援助工作在全县逐步形成网络化。建立法律援助监督制度，被告人受援对象意见反馈卡，聘请9名法律援助监督员，接受社会各界监督。全年办理法律援助案件71件。2003年,在县人武部、工会、团县委设立法律援助联络室。为112名残疾人发放法律援助资格证。全年办理法理援助案件92件。2004年5月，在全县858个村全部确定法律援助联络员。全年办理法律援助案件41件。2005年10月，与团县委等单位联合设立青少年维权中心和开通“1603100”维权热线，为青少年提供法律服务和法律援助。全年办理各类法律援助案件86件。至2005年，邹平县法律援助中心为受援群众减交或免交代理费23万元，为当事人避免或挽回经济损失580万元。

第二十三编
军　事

Military Affairs

1993 年建成的县人武部办公楼

驻邹部队官兵支援黄河防汛　　（2015 年摄）

企业民兵军训　　（2013 年摄）

1986 年，县人民武装部改归地方建制。1996 年 4 月，县人民武装部收归军队建制，为正团级单位。县人民武装部开展民兵组织整顿，推进民兵组织建设，组织基干民兵加强军事训练，提升技能水平，在黄河防汛实兵演练、军事训练比武中取得优异成绩。2005 年，中国人民解放军驻邹平某部被总政治部表彰为“全军预防犯罪工作先进单位”，被济南集团军表彰为“落实‘五句话’先进单位”和“从严治军先进单位”。是年，被山东省国防教育委员会评为“纪念抗日战争胜利 60 周年国防知识竞赛先进单位”。

2002 年 9 月，邹平县被确定为人民防空重点城市。2003 年 6 月 2 日，邹平县人民防空办公室成立。2004 年 2 月 23 日，县人民防空办公室正式成立。2004 年 3 月 12 日，在县城首次进行警报试鸣。

第一章　组织设置

第一节　县人民武装部

1986 年，随着国家和军队形势的发展，国防建设指导思想进行战略性转变，国家决定人民武装部改归地方建制。中国人民解放军邹平县人民武装部划归邹平县编制序列，称山东省邹平县人民武装部，为副县级单位，实行地方党委和上级军事机关双重领导。县人武部党委第一书记由县委书记兼任，县人武部政委参加县委常委会。县人武部配部长、政委各 1 人，下设军事科、政工科、办公室，均为正科级单位。1988 年 10 月，增配副部长职位，增设以劳养武办公室。1989 年 6 月，民兵训练基地和民兵装备仓库列入人民武装部编制序列，为副科级单位。1990 年 5 月，以劳养武办公室撤建，设立后勤科，配科长 1 人、会计 1 人、军械管理员 1 人。

1996 年 4 月，山东省邹平县人民武装部收归军队建制，为正团级单位，称“中国人民解放军山东省邹平县人民武装部”，隶属于中国人民解放军滨州军分区。此时惠民地区已改称为滨州地区。配政治委员、部长、副部长各 1 人，下设军事科、政工科、后勤科。县民兵武器装备仓库和民兵训练基地仍为地方编制，隶属于县人武部领导。至 2005 年，机构无变化。

1986—2005年邹平县人民武装部党委领导干部更迭一览表

表23-1-1

职务	姓名	任职时间	职务	姓名	任职时间	职务	姓名	任职时间
党委第一书记	董凤基	1978年8月—1986年7月	党委书记	王英康	1985年12月—1989年12月	党委副书记	孙士信	1980年11月—1990年1月
	王元甫	1987年8月—1987年12月		李志华	1989年12月—1996年3月		李贞武	1990年1月—1996年3月
	郑锡昌	1987年12月—1989年6月		陈继群	1996年3月—1997年12月		张欣平	1996年3月—2000年1月
	苏乃军	1989年6月—1989年11月		孙希光	1997年12月—1999年12月		顾友国	2000年1月—2002年1月
	张贵云	1989年11月—1993年3月		牛利伟	1999年12月—2002年12月		李德沛	2002年1月—2002年12月
	周建世	1993年3月—1995年3月		李德沛	2002年12月—2003年12月		石绍成	2002年12月—2005年12月
	姜银浩	1995年3月—1997年12月		滕永利	2003年12月—			
	崔建平	1997年12月—2000年4月						
	刘士合	2000年4月—2005年12月						

1986—2005年邹平县人民武装部领导干部更迭一览表

表23-1-2

部长			政委		
正职	副职	任职时间	正职	副职	任职时间
孙士信		1980年12月—1990年1月	董凤基		1978年8月—1986年7月(县委书记兼)
	李贞武	1989年10月—1990年1月	王英康		1986年8月—1989年12月
李贞武		1990年2月—1996年3月	李志华		1990年1月—1996年3月
	耿传瑛	1990年2月—1996年3月	陈断群		1996年4月—1997年12月
张欣平		1996年3月—2000年1月	孙希光		1998年1月—1999年12月
	高献忠	1996年4月—1999年1月	牛利伟		2000年1月—2002年12月
	刘庆祥	1999年2月—2002年12月	李德沛		2003年1月—2003年12月
	杨新太	1999年2月—2001年12月	滕永利		2004年1月—
	王宝锋	2002年1月—2000年12月			
顾友国		2000年2月—2002年1月			
李德沛		2002年1月—2002年12月			
	张统海	2003年1月—2004年12月			
石绍成		2003年1月—2005年12月			
	徐德生	2005年1月—2005年12月			

第二节　基层武装组织

1984年，根据中共中央组织部、民政部、劳动人事部、总参谋部、总政治部《关于基层武装部的设置和专职人民武装干部的配备原则等问题的通知》，将公社人民武装部更名为乡镇人民武装部。是年，县乡机构改革，全县设邹平镇、长山镇、魏桥镇3个镇人武部，好生乡、西董乡、临池乡、礼参乡、苑城乡、焦桥乡、孙镇乡、九户乡、韩店乡、青阳乡、里八田乡、明集乡、台子乡、码头乡14个乡人武部和县直机关人武部、县煤矿人武部、县棉纺厂人武部，共计20个基层人武部。1984—2002年，随着县、乡行政机构不断改革，全县13个乡先后撤乡建镇，并有3个乡镇进行合并（苑城镇合并到长山镇、礼参镇合并到邹平镇、里八田乡合并到魏桥镇），基层人武部由21个减少到17个，即：邹平镇人武部、长山镇人武部、魏桥镇人武部、好生镇人武部、西董镇人武部、临池镇人武部、焦桥镇人武部、孙镇人武部、九户镇人武部、韩店镇人武部、青阳镇人武部、明集镇人武部、台子镇人武部、码头镇人武部、县直机关人武部、宏诚集团人武部（县棉纺厂更名）、县煤矿人武部。2001年，经滨州军分区批准，成立县企工委人武部、西王集团人武部、成人中专人武部、齐星集团人武部、啤酒厂人武部。2003年，随着县、乡机构改革，邹平镇划为3个街道，随之成立黛溪街道人武部、黄山街道人武部、高新街道人武部。至2005年12月，全县基层武装部有23个，其中镇、街道人武部16个、机关人武部2个、企业人武部4个、学校人武部1个。

第三节　驻地部队

中国人民解放军驻邹平县某部

1970 年 3 月，中国人民解放军某部奉命由青岛调邹平县境驻防。该部队编制为团级单位。该部队于 1985 年 3 月奉命开赴云南省参加对越防御作战。在作战中，该部队某连被中央军委授予“英雄神炮连”称号，有 2 个连立集体一等功，有 19 名官兵立一等功。1986 年 4 月 22 日，完成任务返回驻地，全县人民扎松门热烈欢迎。2000 年，该团被济南军区表彰为新闻报道工作、党风廉政建设先进单位，“百日安全”竞赛活动优胜单位。该部队在邹平县多年驻防中，多次被上级评为军事训练一级团、行政管理先进单位、后勤和装备管理先进单位、大学生干部培养和教育先进单位等。

2005 年，被总政治部表彰为全军预防犯罪工作先进单位，被集团军表彰为落实“五句话”先进单位和从严治军先进单位。

图 23-1　1986 年 5 月，中国人民解放军驻邹平县某部某连被中央军委授予“英雄神炮连”称号

中国人民解放军驻邹平县某部历任领导干部更迭一览表

表23-1-3

职务	姓　名	任职时间	职务	姓　名	任职时间
团长	李天世	1971年10月—1977年10月	政委	吴曙光	1969年10月—1979年7月
	刘志民	1977年10月—1981年4月		贾振富	1979年7月—1981年5月
	丁培信	1981年4月—1983年5月		霍清友	1981年5月—1986年6月
	陆维良	1983年5月—1985年1月		徐守福	1986年6月—1986年12月
	孙鹤山	1985年1月—1990年2月		周以忠	1986年12月—1988年6月
	杨安生	1990年2月—1995年1月		李松林	1988年6月—1993年1月
	周锦富	1995年1月—1998年1月		薛学志	1993年1月—1997年1月
	姜兆路	1998年1月—1999年1月		丰新华	1997年1月—2000年12月
	宗义民	1999年1月—2000年6月		杨东志	2000年12月—2002年3月
	贾月贞	2000年6月—2001年3月		周玉奇	2002年3月—2005年2月
	宗义民	2001年3月—2002年9月		庞允泉	2005年2月—
	张　泉	2002年9月—			

中国人民解放军驻邹平县好生镇某部

自 1970 年 3 月，中国人民解放军驻邹平县好生镇某部工兵营、修理所、汽车营、汽训队、防化连奉命驻防邹平县好生镇。该部队主要任务是负责架桥、修路、机械修理、物资及人员运输、驾驶员培训和防化训练等。

至 2005 年，驻防未变。

第二章 兵 役

第一节 征 兵

兵役登记

根据《中华人民共和国兵役法》《征兵工作条例》和《山东省兵役登记实施办法》，县人民武装部每年9月30日前，组织基层单位对当年12月31日以前满18周岁男性公民进行兵役登记。

兵役登记工作一般分准备、实施、汇总3个阶段。

准备阶段主要做5件事：（一）拟制计划。一般在每年6月15日前制定，包括兵役登记起止时间、阶段区分、工作内容、注意事项、组织领导等。（二）准备表格。统一印制《兵役登记表》《兵役登记人员花名册》《预征对象花名册》《预征通知书》等。（三）部署任务。对实施登记时间、步骤、对象、方法和要求进行具体部署。（四）培训骨干。采取按级集训方法进行，使每个登记站都有一名登记骨干。（五）建立登记站。农村以乡镇为单位设站，登记站设站长1人，由专职武装干部担任，另设登记员、宣传员、政审员和查体员若干人。

实施阶段主要内容：（一）登记工作。采取3种形式（居住比较集中的适龄公民，由民兵连长带队登记；外出适龄公民，须由本人到登记站自行登记；身体有明显伤残的，可由家长代为登记）。（二）核对工作。通过公安部门摸清适龄青年政治面貌和现实表现，通过单位人事部门核对适龄青年应登数和实登数是否相符，通过卫生部门摸清适龄青年身体状况。（三）审批工作。各乡镇武装部对登记对象按照普通兵体格检查、目测标准，征集兵员政治条件进行初审。在应服兵役对象中，按上年征兵数量1∶3比例，择优报县人武部审批。（四）发放《预征对象通知书》。

汇总阶段主要内容是县乡两级兵役登记结束后，做进一步检查，并加强对预征对象跟踪考察和管理。

义务兵征集

1978年，实行义务兵和志愿兵相结合兵役制度。年度征兵，按国务院、中央军委下达征兵命令，以及地区（市）分配征兵任务实施。1988年，总参谋部电话会议要求，每年征兵时间由10月改为3月。是年，全县无征兵任务。1989年，总参谋部规定，改地方送兵为部队接兵，兵役机关和接兵部队共同签订《征兵、接兵工作协议》。1990年8月，国防部召开征兵工作会议，确定每年征兵、退伍工作改在冬季进行，后无特殊情况，征兵、退伍时间不再变动。同年，国家公安部、总参谋部、总政治部颁发《关于征集公民服现役政治条件的规定》，对征兵年龄、文化程度、城镇征集比例做出新规定。男青年年满18～20岁，企事业

图23-2 征兵体检 （2015年摄）

图23-3 新兵训练 （2015年摄）

单位青年职工可以放宽到21岁；女青年18～19岁，只限当年应届高中毕业生；应届高中毕业生17岁本人自愿也可征集。城镇非农业户口征集比例不得超过总数的25%，并使用专用《非农业户口应征公民入伍批准书》。是年，全县非农业户口征集数占13.7%。

1993年7月，总参谋部规定：具有高中以上文化程度的年龄放宽到21岁；中专、技校毕业的学生和企业单位具有高中以上文化程度担任干部的青年也可征集。

1999年9月，被山东省人民政府征兵办公室评为“征兵工作先进单位”。

2000年，全县担负进藏兵征集任务，根据滨州地区行署与滨州军分区专门制定优惠政策规定，所有进西藏服现役义务兵优待金，均不低于当地优待金2倍，增加部分由县人民政府解决；农业户口兵员在部队服役期间获得优秀士兵以上荣誉的，退伍时由农业户口转为非农业户口，并安排就业，立三等功以上者优先安置。同年，县人武部被山东省政府、省军区评为“征兵工作先进单位”。

第二节　预备役

1986年，落实国务院、中央军委《关于退伍军人预备役登记统计暂行规定》，县人武部建立退伍军人预备役文字材料。

1988年，又进行地方和军队专业对口技术人员预备役登记工作，准确掌握专业技术兵员的数量、质量和分布情况；9月，军队转业干部恢复预备役登记。

1997年后，根据总参谋部、总政治部《关于深化民兵工作调整改革的意见》，县人武部调整基干民兵发展规模，压缩基干民兵数量，合理调整组织布局，预备役人员登记也作相应调整。

1999年，为预任军官授衔。之后，每年根据预备役军官变动情况进行授衔。

第三章　民　兵

第一节　组织建设

1985年11月，按照“减少数量、提高质量、抓好重点、打好基础”16字方针，全县民兵组织进一步调整，压缩基干民兵数量。

1989年，以基层人民武装部为单位分别组建民兵应急分队。1990年8月，民兵组织整顿以城镇民兵建设为重点，进一步巩固民兵组织。整顿组织工作理顺民兵应急分队、基干民兵和普通民兵之间编成关系。应急分队单独编组，队员按基干民兵和普通民兵条件，同时编入各单位基干民兵和普通民兵组织，列入民兵组织统计。

1991年12月，根据上级将16字方针中“减少数量”改为“控制数量”要求，对全县民兵组织再次进行调整。

1993年5月，获滨州军分区全区专武干部、民兵工作考核第一名。

1994年，按照“合理布局、均衡负担”原则，调整民兵组建布局，以行政村为单位建立民兵组织，自然村适龄青年按条件分别编入基干民兵和普通民兵。“三资”企业、第三产业和承包制、股份制、集团制企业，凡是建立党组织，并具备建立民兵组织条件的，都建立民兵组织。

1995年，结合民兵组织整顿，狠抓村级民兵连正规化建设，770个村达到正规化建设标准，被滨州行署、军分区评为“民兵基层建设先进单位”。

1996年，重点抓应急分队、专业技术分队建设，采取“小建制、大分布”办法确定民兵建制。

1997年，对全县民兵组织再次进行调整，组建2个步兵连民兵应急分队；7月，组织民兵参加全区民兵军事比武，被滨州地委、行署、军分区授予组织奖。1998年，组建汽车运输、医疗救护、邮电通信等地方与军事对口专业技术分队，另组建300人黄河防汛专业分队。坚持“练为战”思想，狠抓民兵军事训练，取得优异成绩。

2002年1月，被滨州军分区评为科技练兵先进单位。

2003年7月，被滨州防汛抗旱指挥部授予黄河防汛实兵演练一等奖；9月，组织民兵方队参加秦台军事训练中心落成典礼，获冲锋枪方队第一名。

2005年3月，获滨州市民兵“四会”教练员考核比武单位总评第一名。

至2005年，全县编有17个民兵营，872个民兵连。

第二节　装备管理

1986年10月，被惠民军分区表彰为“民兵武器装备仓库先进单位”。

1991年6月，被山东省人民政府、山东省军区表彰为“民兵武器装备管理先进单位”；12月，被惠民军分区表彰为“民兵通讯装备管理先进单位”。

1993年7月，滨州地区行署和军分区制定武器仓库建设分批次、两步走的三年规划。

至1995年，县政府和人武部按上级要求，筹措经费20余万元，进一步加强仓库基础设施建设，仓库建设达到“四有、四通”（有坚固的库房，有优美的环境，有可靠的安全措施，有配套的生活设施；水通，电通，电话通，道路通）要求。

1996年，根据总参谋部《关于对民兵轻武器进行重新封存工作的通知》，对武器进行重封。组织对报废弹药进行调整上缴，对地爆器材进行普查清理，对现役和民兵留用训练执勤武器装备和弹药进行技术检查鉴定。

1997年，县民兵武器装备仓库安装高压脉冲电网。

1999年，进一步完善配套设施，对避雷、消防、通信、气象等设施进行维修和更换。

2000年，投资5万元把装备仓库早期安装的红外微波自动报警系统更换为多维报警系统，实现装备仓库、人武部机关值班室、公安110三家联警联动，提高安全防范能力。

2001年、2002年连续两年被省军区评为“装备管理先进单位”。

2004年7月，装备仓库所有库存民兵轻武器全部上缴至军分区装备仓库集中管理。

至2005年，装备管理实现20年安全无事故。

第三节　教育训练

政治教育

1984年年初，全县858个大队民兵连中，85%建立起“三员”队伍，90%建起民兵之家。1985年，民兵组织调整，民兵政治教育除正常纳入全民教育之外，主要采用《中国民兵》《黄河民兵》进行刊授教育和利用兵役登记、整组、征兵、训练、重大集会等时机进行。

1998年，新的《民兵训练大纲》颁布，规定每期民兵训练、政治教育时间不少于3天。

2004年，政治教育集中开展两个专题：“学十六大精神，做实践‘三个代表’重要思想模范，创一流工作业绩”；“学习‘三个代表’重要思想，积极投身中国特色军事变革”。

2005年，政治教育内容：“模范实践‘三个代表’重要思想，做新时期合格民兵”教育；“心理战、法律战、舆论战”三战理论基本常识教育；反“台独”军事斗争准备教育。

军事训练

1985年，民兵军事训练贯彻“减少数量、提高质量、抓好重点、打好基础”方针，训练形式由县集中训练取代乡镇集中训练。县人武部在县城老招待所旧址建立民兵训练基地，基地设有普通教室和电教室，实现“六有”（宿舍、食堂、教室、专修室、电教室和文体活动室）、“四通”（水、电、路、电话）、“三配套”（教学、场地、生活）要求，并在黄山脚下建射击场、战术场。民兵训练基地还进行综合开发利用，实行以劳养武。

同年，新修定《民兵军事训练大纲》要求民兵军事训练时间由30天改为20天，并一次性完成，训练对象以民兵干部和专业技术兵为主。专职武装干部训练时间为60天，分2年完成。民兵干部为30个训练日，5年轮训一遍。训练难度较大专业技术兵可按实际需要适当延长时间。

1986—1995年，全县民兵进行31次集中训练，参训人数5082人次。其中大型训练5次，即：1987年，东南部4个乡镇联合举行“87长白山行动”演练，历时7天，12个民兵连500余名民兵参加，训练内容为“队伍紧急集合”“飞行射击”“投弹”等；1988年，“苑城集训”，有480余名民兵参加，集训目的主要是检验队伍整体素质，军分区首长和县直部门主要领导、全县民兵干部近万余人进行观摩，县电视台进行实况转播；1989年，为庆祝新中国成立40周年举行代号为“90”冬季阅兵式；1991年，举行代号为“星星之光”检验练习；1993年，举行“八一”演练。这些军事演练都取得成功，受到军分区表彰。

图 23-4　军事训练　（2015年摄）

1996—1998年，全县民兵军事训练以提高民兵队伍的整体素质和战斗力为根本目的，逐步实现由步兵向专业技术分队训练为重点转移。以民兵应急分队为主要训练对象，认真贯彻“两严”方针，突出规范化训练和正规化管理，狠抓训练“四落实”。集训民兵1717人。1997年7月，为迎接滨州地委、行署和军分区组织“八一”期间民兵军事比武竞赛活动，从7月2日至7月底，在县民兵训练基地集中组织80人实施强化训练。县委、县政府、县人武部高度重视，严密组织，重点保障，参加地区比赛荣获单臂射击、团体操第一名、总成绩第三。1998年，集训民兵517人，分5期施训，重点对县第一应急分队组、训、装和防爆训练。为使训练行之有效，大胆改革训练方案，采取集中与分训相结合的方法，对县直参训的120名应急分队队员进行为期10天防爆训练。8月，根据上级批示精神，提高民兵专业分队抗洪抢险技能，发挥民兵在黄河防汛中一线突击队作用，组建由台子镇、码头乡和魏桥镇民兵参加的民兵黄河防汛抢险队，共计120人。邹平县民兵军事训练任务成绩突出，连续三年受到军分区表彰。

1999年9月，为贯彻中共中央总书记、中共中央军委主席江泽民“科技大练兵、一切为打赢”指示精神，县人武部积极组织参加科技练兵比武活动，多名机关干部和专职人武干部参加军分区组织，包括军事高科技理论、计算机应用、轻武器分解结合与保养、民兵报务员抗干扰收报对抗、野战条件下车辆兵器快速伪装等10项内容比武竞赛，推动全县科技练兵活动。2000—2005年，民兵训练以应急分队为重点，全面提高专业技术兵素质，以适应未来战争需要。

第四章　国防教育

第一节　组织机构

1978 年 1 月至 1991 年 4 月，邹平县国防教育工作机构主要是县国防动员委员会、县人民武装委员会和县人武部。1991 年 5 月，按照《山东省国防教育条例》要求，成立邹平县国防教育工作领导小组（后改为邹平县国防教育委员会），组长（主任）由县委副书记、县长兼任，副组长（副主任）由分管武装工作的县委副书记、副县长及县人武部的政委、部长兼任，成员由县委宣传部、教育局、民政局、司法局、财政局、文化局（文体局）、广播电视局、人武部、工会、共青团、妇联等职能部门领导兼任。县国防教育工作领导小组下设办公室，为副科级单位，办公室设在县人武部。1996 年 4 月，县人武部收归军队建制后，县国防教育办公室设在县委宣传部，为地方正科级单位。

第二节　宣传教育

1989 年 9 月，县委、县政府制定颁发《邹平县十年国防教育规划》。1991 年，根据《山东省国防教育条例》有关规定，对该规划进行修订和补充。同时，制定《邹平县国防教育实施细则》，在全县掀起国防教育新热潮。为健全国防教育网络，县相继成立国防教育领导小组（后改为国防教育委员会）、县国防教育办公室。各乡镇、县直各单位、大型企业及学校均建立国防教育组织机构，配备辅导员，把国防教育纳入国民教育整体规划之中，列入各级党委、政府重要工作议程，常抓不懈。为强化教育效果，采取多种形式，做到内容、时间、人员、效果“四落实”。充分利用广播、电视、电影、黑板报、宣传栏、宣传车、演讲会、报告会、国防知识竞赛等形式，深入开展国防教育活动，取得良好效果。自 1991 年始，把每年 10 月确定为全县国防教育宣传月。宣传月活动中，县主要领导每年都发表专题电视讲话，全县出动宣传车每年都在 20 辆以上，印发宣传资料 3 万余份，张贴标语 5000 余条。每年召开国防教育工作总结表彰会议，激励和宣传国防教育工作中涌现出来的先进典型。全县 27 所初中、高中和中专学校都开设国防教育课，每年都组织 1～2 期学生军训。全县 858 个行政村都建立青年民兵之家。全县各级民兵组织每年征订《黄河民兵》《山东国防教育报》《中国民兵》等国防教育刊物都在 2 万份以上。1992 年，被解放军总政治部授予“征订国防刊物先进单位”。1994 年 8 月，被济南军区授予“兵役法知识竞赛优胜奖”。1996 年，被滨州地委、行署、军分区授予“国防教育组织奖”和“优秀演出奖”。1997 年，组织 10 万人参加全国国防教育知识竞赛，获组织奖。14 人分别获国家、省、地区一、二、三等奖和纪念奖。2001 年，被山东省国防教育委员会评为“国防教育基地先进单位”。同年，被滨州市国防教育委员会评为“全市国防教育十佳单位”。

2001—2005 年，连续 5 年被《黄河民兵》杂志社评为“刊授教育先进单位”。

图 23-5　对应征入伍人员进行国防教育　（2015 年摄）

2005 年，被山东省国防教育委员会评为“纪念抗日战争胜利 60 周年国防知识竞赛先进单位”。

第五章 人民防空

第一节 机构沿革

2002 年 9 月，省政府、省军区联合发文《关于调整山东省人民防空重点城市的通知》(鲁政字〔2002〕379 号),邹平县被确定为人民防空重点城市。

2003 年 6 月 2 日，县机构编制委员会发文《关于成立邹平县人民防空办公室的通知》(邹编〔2003〕4 号)，成立邹平县人民防空办公室，为正科级全额拨款事业单位。核定人员编制 5 人。为县政府直属机构。主要职能：贯彻执行国家关于人民防空工作的方针、政策和《人民防空法》，制定人民防空建设规定和措施；拟制定人民防空建设规划、计划，监督检查人民防空建设规划和计划执行情况；组织实施人民防空工程、通信、警报的建设与管理；组织制定城市防空袭预案、人口疏散计划；指导人民防空指挥业务建设，组织人民防空科学研究、成果鉴定，推广运用技术；指导人民防空专业队伍训练和人民防空知识的宣传教育；掌握、分配人民防空建设经费指标，负责人民防空战备工作统计；战时组织人民防空斗争；完成军区国防动员委员会赋予的其他任务。

2004年2月23日,县人民防空办公室正式成立。2004 年 3 月 12 日，在县城东升宾馆举行县人民防空办公室成立揭碑仪式，并首次进行警报试鸣。

第二节 防空宣传

县人防办采取多种形式开展人防宣传工作。2004 年，在山东《当代社会》杂志发表论文 1 篇，在《今日邹平》发表人防专业文章 3 篇。与县委党校联合下发文件，在县委党校开办干部培训班中开设人防知识课程，暂定 4 个课时，由县人防办主任授课。2005 年 7 月，编印 200 册《人防法律法规政策文件汇编》，分送县五大班子领导、县直各单位和 3 个办公室，宣传人防法律法规;8 月，在县电视台《评案讲法》栏目连续两期宣传人防法律法规。

第三节 自身建设

起草文件

2004 年，人防办代县委起草《中共邹平县委、邹平县人民政府、人民武装部关于加强人民防空工作的意见》(邹发〔2004〕20 号)、县政府关于明确人防办职责的通知和关于警报器维护管理的规定，与县人武部共同起草关于调整县国防动员委员会通知，为下一步工作开展提供政策依据。还按照市政府文件(〔2002〕87 号)精神为县政府起草《邹平县人民防空建设费征收管理办法》。

完善各项法律手续

按照省物价局、财政厅、人防办文件(鲁价费发〔2001〕181 号)规定，县人民防空办公室与县物价局、财政局联合出台《关于收取人民防空建设费的通知》，办理收费许可证。印制人防工程建设许可证、人防工程建设登记表、申请缴纳易地建设费登记表等业务开展必需的业务文书。县人防办参加行政法律法规培训班，全部取得行政执法证。

完善内部管理制度

根据县委提出“机关工作规范化建设”要求，结合人民防空办公室实际，人防办修改完善《邹平县人民防空办公室日常管理规章制度》，包括日常工作、学习卫生、文档管理、办公用品购置、公务接待、财务管理、车辆电话使用、廉洁自律、财务公开 9 方面内容。

第四节 组织指挥

防空袭方案制度

2004年9月，为适应高技术条件下城市防空袭需要，根据上级关于城市防空袭原则和意见，充分做好防空袭斗争准备，保障战时指挥通信系统畅通和战争潜力发挥，在反复调查研究和科学规划论证的基础上，县人防办组织专业人员编写5万余字的《邹平县防空袭方案》，于10月通过县委、县政府和滨州市国防动员委员会审批。

防空警报

2004年2月27日，建立防空警报试鸣日制度(邹政办发〔2004〕17号)，规定每年3月12日(即县城解放日)为邹平县防空警报试鸣日。从2004年起，每年组织1次防空警报试鸣。3月初，在城区安装防空警报器5台。3月12日，进行首次防空警报试鸣。根据省政府、省军区指示精神，召开警报器设置单位负责人和责任人会议，决定将安装在县啤酒厂等单位5台音响警报设施移交给所在单位进行维护管理，签订委托管理协议，采取责任到人、定期察看等措施，保证警报器安全防护和正常运转。

第五节 县城驻地民用地下室普查

2004年5月31日至6月10日，县人防办与县武装部联合对县城驻地各类民用地下室作全面普查。其间，走访各类单位57家，实际测量地下室面积25796.5平方米，纯、半地下室9387.5平方米，其中纯地下室5239.5平方米。通过普查，全面掌握县城驻地地下室分布情况，为城市防空袭预案的制定和战时人员疏散计划安排奠定基础。

第二十四编

教育　科技

Education, Science and Technology

1997年重新装修的邹平县教育局办公楼

2004年，副省长王军民（右四）到邹平县调研教育工作

2005年5月14日，邹平一中承办“山东教育社杯”中小学电脑机器人竞赛

1986—2005年，是邹平县教育快速发展的一个时期。经过改革开放前几年的拨乱反正，全县教育事业全面走向正规。乡镇教育体制在“三制改革”基础上，撤销乡镇中心校，建立乡镇教育委员会。托幼工作由县妇联主管转交县教育局主管，县教育局设立托幼办公室。1993年，县教育局改称县教育委员会，2002年，县教育委员会又改称县教育局。

全县幼儿教育、基础教育、师范教育、职业教育、成人教育、特殊教育全面发展。教师队伍建设取得长足进步，教师地位与待遇得到显著提高。

同时期，科学技术工作有显著发展，县科学技术委员会重新建立，恢复建立县科学技术协会，成立众多科技型企业、高新技术企业、科技类民办非企业（研究所）。科技规划、科技管理更注重实效，为县内经济与社会发展提供强有力支撑。

第一章 教 育

第一节 机构沿革

1986年，教育局内设秘书股、人事股、普教股、业务教育股、计划财务股、教研室、教育工会、团委等。8月，老干部工作从人事股列出，设立老干部股。1988年4月，设立勤工俭学管理站。

1989年2月，乡镇教育体制在“三制改革”的基础上，撤销乡镇中心校，建立乡镇教育委员会，为股级事业单位，编制7～9人。教委主任由乡镇分管教育的副乡镇长兼任，另设常务副主任和副主任各1人。12月，经县委批准，建立中共邹平县教育局委员会和中共邹平县教育局纪律检查委员会；设立督导调研室，编制2人。1990年1月，设立局党委办公室和纪委办公室，合署办公。5月，召开中国共产党邹平县教育局第一次代表大会，选举产生中共邹平县教育局第一届委员会和中共邹平县教育局第一届纪律检查委员会。

1991年4月，县政府决定将托幼工作由县妇联主管转交教育局主管，县教育局设立托幼办公室。

1993年3月，撤销乡镇教育委员会，乡镇政府设立教科文卫办公室，下设专职教育干部3～4人，具体负责乡镇教育工作。8月，邹平县实验中学建成。10月，邹平县教育局改称县教育委员会，设主任1人，副主任4人。县政府教育督导室成立，设主任1人，属县政府序列，副科级行政单位，与县教委合署办公。县教委下设办公室、招生办、教研室、人事老干股、计划财务股、普通教育股、职业教育股。

1994年6月，恢复各乡镇教育委员会，为股级事业单位。1995年9月，县教研室升格为副科级事业单位。

1999年8月，县棉纺厂子弟学校划归县教委管理，改建为县第三实验小学。2001年8月，崇山煤矿子弟学校划归县教委管理，更名为邹平县崇山学校。2001年，按照县行政区划变更，撤销礼参镇、苑城镇、里八田乡教委，分别并入邹平镇、长山镇、魏桥镇教委。2002年1月，第二实验中学、第二实验学校、聋哑学校分别更名为黛溪中学、第二实验小学、特殊教育学校。

2002年6月，邹平县教育委员会改称县教育局。2003年2月，邹平镇撤镇设街道，撤销邹平镇教委，设立黛溪、黄山、高新3个街道教委，邹平镇第一、第二、第三初中划为县直学校，分别更名为中兴初级中学、月河初级中学、礼参初

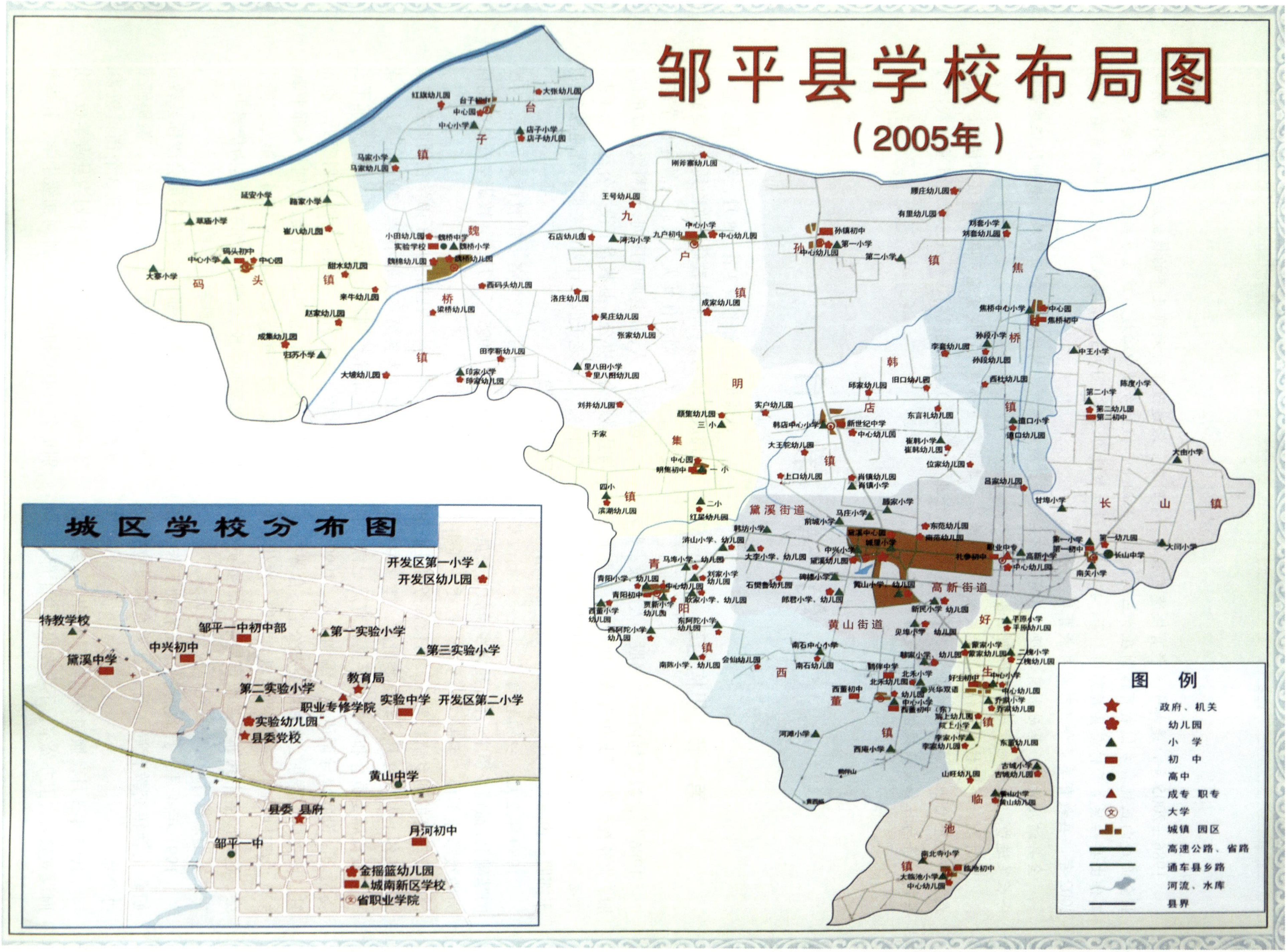

图 24–1　邹平县学校布局图（2005 年）

级中学。2003年4月，县教育局机关机构改革，普教股、职教股、幼教办合并为业务办公室，督导室、招生办、业务办公室由行政改为事业编制。8月，撤销南北寺中学，不动产由临池镇政府接管，动产由邹平一中接管，高中教职工分流到邹平一中、黄山中学等单位。2004年，县政府教育督导室、县教研室升格为正科级事业单位。9月，邹平一中新校建成投入使用。2004年8月，教育局职教、幼教工作从业务办公室列出，设立职教办公室、幼教办公室；同时，设立基建办公室。9月，开发区第一小学建成投入使用。2005年9月，教育局设立安全办公室，调研室从办公室列出独立设置；开发区第二小学开始招生。

第二节 幼儿教育

1986年，全县有幼儿园488处，515个教学班，幼儿教师515人，在园儿童11378人。1989年，全县幼儿园307处，747个教学班，入园儿童14879人。1991年4月，幼教工作由妇联移交教育部门管理。1993年，全县671处幼儿园有640处达到省注册标准，第一实验学校学前班、邹平镇中心幼儿园被中央教科所定为学前教育实验基地。1993年10月，县实验幼儿园投入使用，并被评为全区唯一省级实验幼儿园。1996年，全县675处幼儿园完成省登记注册。1997年，长山镇投资200万元新建中心幼儿园，并通过省级示范幼儿园验收。1999年，反映邹平县学前教育发展壮大的专题片《托起明天的太阳》，参加山东省学前教育10年成果展获二等奖，并在山东教育电视台黄金时间播出。是年，邹平县被评为全省学前教育先进县。

2000年，全县幼儿园由上年的551处调整为498处。魏纺集团投资1000万元建成魏桥镇中心幼儿园，并通过省级示范幼儿园验收。2002年1月，全省学前教育工作会议在邹平召开。2003年，明集、孙镇、台子、临池镇中心幼儿园成为省级示范幼儿园。3月、4月，全省连续两次召开农村学前教育工作会议，邹平县作了题为《适应市场机制需要，多元化发展学前教育》的经验介绍，聊城、济宁、东营、枣庄等市和莱钢陆续前来参观考察。4月，邹平县被教育部表彰为全国幼儿教育先进县，学前教育进入全国百强。10月，作为为数不多的县级代表参加在人民大会堂召开的全国学前教育百年庆典大会。是年，全县幼儿园调整为197处，入园幼儿23750人，入园率达到89.9%。2004年，县新华书店引进济南银座双语幼儿园管理模式的金摇篮幼儿园建成并投入使用。至2005年，全县有幼儿园113处，其中省级实验、示范幼儿园11处，市级示范幼儿园、一类幼儿园78处，在园幼儿23932人，学前三年入园率95.3%，学前一年入园率100%。

教师队伍建设

1986年，全县幼儿教师515人。1987年，全国首次教师专业知识考试，全县报考的349名幼儿教师中有182人合格。是年起，邹平职业中专开设幼教专业。1991年，对全县883名民办幼儿教师进行整顿，对考核合格的幼儿教师颁发任职资格证，清退83名不合格人员，又面向社会招考录用98名充实幼教队伍。1995年，全县共有幼儿教师988名，学历合格率85.5%。1996年10月，滨州教育学院幼教大专班招生，邹平县22名民办幼儿教师被录取。1998年，评选表彰全县十佳幼儿园园长、十佳学前教育工作者、优秀幼儿教师。

2000年，全县1044名幼儿教师参加理论知识和专业技能考试，954人取得资格证。2002年，在职幼儿教师、社会青年300余人参加第二次幼儿教师资格考核，265人取得资格证。2003年4月，邹平县被教育部表彰为全国幼儿教育先进县。

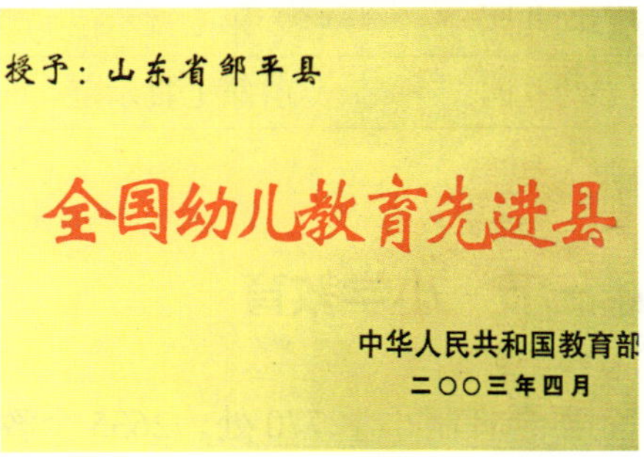

图24-2 2003年4月，邹平县被教育部授予“全国幼儿教育先进县”

至2005年，全县幼儿园教职工1379人，其中专任教师 1070 人，学历达标率 95%。

教学模式

全县幼儿园班级设置执行教育部颁布《幼儿园工作规程》中按年龄分班要求。一般幼儿园设有小班（3～4 周岁幼儿）、中班（4～5 周岁幼儿）、大班（5～6 周岁幼儿），规模较大的幼儿园还设有托班（招收 3 周岁以下的幼儿）。幼儿园一般开设健康、语言、计算、社会、科学、美术、音乐、体育等课程，部分幼儿园增设英语、计算机等实验课程。幼儿园的教学活动主要通过游戏进行。

邹平县实验幼儿园

前身为县直机关幼儿园，1956 年 11 月创办，1970 年停办，1978 年复办。1991 年，在黄山西麓征地 6.5 亩，投资 180 万元，新建园舍。1993 年 10 月竣工，更名为邹平县实验幼儿园。办园规模扩大为 6 个班，大、中、小班各 2 个，招收托幼儿 200 人。是年底，由县行政事务管理局移交县教委管理，并被省教育厅评为省级实验幼儿园。1997 年 11 月，接管琥珀啤酒厂幼儿园，办园规模扩大为 9 个班。1999 年，获“山东省巾帼建功先进集体”称号。2000 年 6 月，山东省幼儿园办园水平督导评估现场会在邹平县召开，该园以 917 分的成绩被省政府教育督导室评为优秀幼儿园。2002 年，入选滨州市首批十佳幼儿园。至 2005 年，办园规模为 12 个班，在园幼儿 400 余人，教职工 45 人。

图 24-3　实验幼儿园　（2005 年摄）

至2005年邹平县省级实验、示范幼儿园一览表

表24-1-1

单　位	批　次	文件号	公布时间
邹平县实验幼儿园	第二批实验	鲁教前字〔1993〕1号	1993年7月31日
长山镇中心幼儿园	第四批示范	鲁教基字〔1999〕1号	1999年2月25日
焦桥镇中心幼儿园	第五批示范	鲁教基字〔2000〕11号	2000年5月22日
魏桥纺织集团幼儿园	第六批示范	鲁教基字〔2002〕6号	2002年3月19日
孙镇中心幼儿园	第七批示范	鲁教基字〔2004〕5号	2004年2月17日
明集镇中心幼儿园	第七批示范	鲁教基字〔2004〕5号	2004年2月17日
台子镇中心幼儿园	第七批示范	鲁教基字〔2004〕5号	2004年2月17日
临池镇中心幼儿园	第七批示范	鲁教基字〔2004〕5号	2004年2月17日

第三节　小学教育

1986 年，全县全日制小学 770 处，2635 个教学班，在校生 8 万余人。同年，《中华人民共和国义务教育法》颁布实施，县、乡均制定义务教育规划。1988 年，组织 2000 名 6 周岁儿童入小学一年级，为以后全部过渡为 6 周岁儿童入学打下基础。是年，邹平县被中国少年先锋队全国工作委员会评为“少先队达标创优先进单位”。1989 年，县政府将 3 月定为全县义务教育宣传活动月。1990 年，礼参乡成为全区第一个基本实现五年义务教育乡镇。同年，礼参乡、邹平镇、孙镇乡被评为全省基础教育先进乡镇，邹平县被评为“全省学平度基础教育先进县”。

1991 年，青阳、魏桥、焦桥实现初等义务教育，礼参乡被省教委命名为“实施义务教育示范乡镇”。1992年，在邹平县召开学校布局调整现场会。是年，邹平镇、临池、明集、里八田、韩店、孙镇、长山、苑城8个乡镇实现五年义务教育。1993年，全县基本实现五年义务教育。1998年，县教委出台《邹平县中小学实施素质教育暂行规定》，在全县开展素质教育大讨论，中小学进行学生评语改革，小学取消百分制，实行等级制。邹平县被确定为山东省素质教育试点县。

2000年后，全县统筹规划，“减少处数、扩大规模、集中优势、提高效益”，调整优化小学布局。2000—2002年，撤并小学212处，校均在校生由1999年的150人提高到292人，小学办学主体逐步由村转移到镇，初步实现规模办学。2002年9月，台湾学者王财贵到邹平县讲学，全县小学兴起诵读经典热潮，成立邹平县儿童经典导读协会。是年，县实验一小、二小通过省级规范化学校验收，并入选滨州市首批“十佳”管理学校；5处小学通过市级规范化学校验收。2003—2004年，台子镇中心小学、孙镇中心小学等一批高标准学校建成投入使用，全县又撤并小学33处，分别有4处、10处小学通过省、市级规范化学校验收。2004年9月，规模为40个教学班的开发区第一小学建成并招生。2005年9月，规模为42个教学班的开发区第二小学开始招生。至2005年，全县有小学80处，在校生50206人。

学制

1986年，邹平县小学继续实行“五年一贯制”。2003年开始，由五年制改为六年制。

课程设置

1986年，小学设思想品德、语文、数学、自然、体育、音乐、美术、地理、历史、劳动课。1997年，县实验一小、二小开始在四、五年级开设英语课。1999年，全县小学在四、五年级开设英语课。2002年秋季，全县小学一年级全部课程进入实质性的课改实验阶段；小学从三年级起开设英语课。同年，全县小学开齐计算机课。

重点学校

第一实验小学　前身为邹平师范学校附属小学，创办于1978年。1983年，更名为邹平县实验小学，由县教育局直接管理。1985年春，从东关村征地31亩兴建新校舍。1986年春，投入使用。8月，成立初中部，更名为邹平县第一实验学校。1993年8月，实验中学建成，初中、小学两部剥离。2002年1月，该校更名为邹平县第一实验小学。3月，通过省级规范化学校验收。同年，入选全市首批十佳管理学校。2003年，县木器厂移交县教育局管理，土地用于第一实验小学扩建。2005年8月，投资970万元的综合楼投入使用。同年，成为山东省首批义务教育示范学校。2005年，学校有33个教学班，在校生2013人，占地面积22286平方米，建筑面积11877平方米，教职工88人，附设幼儿园，在园幼儿360名。

图24-4　第一实验小学　（2005年摄）

第二实验小学　前身为邹平镇安家小学。1987年11月，县政府将安家小学收归国有，改建为第二实验学校。2001年，被评为山东省电化教育示范学校。2002年1月，更名为第二实验小学。

图24-5　第二实验小学运动场　（2008年摄）

3月，通过省级规范化学校验收。同年，入选全市首批十佳管理学校。2003年11月，县儿童乐园整体移交该校。2004年9月，原县法院办公区转让该校，学校附设幼儿园迁入。2005年9月，投资724.7万元、建筑面积4800平方米的2号教学楼建成启用。至2005年，学校有34个教学班，在校生2039人，附设幼儿园，在园幼儿600余名，全校教职工159人。

1986—2005年邹平县小学基本情况统计表

表24-1-2

年　度	学校数(处)	班数(个)	在校生数(人)	入学率(%)	巩固率(%)	毕业率(%)
1986	770	2635	78365	98.3	99.5	98.3
1987	713	2707	70905	98.9	99.5	98.3
1988	728	2716	67489	99.1	99.5	98.7
1989	666	2642	64578	99.2	99.7	98.3
1990	679	2519	60127	99.3	99.7	96.7
1991	611	2511	56516	99.9	99.8	99.9
1992	611	2329	53236	97.9	99.9	99.6
1993	621	2371	53564	100	100	99.5
1994	621	2374	54101	100	100	99.3
1995	702	2293	53180	100	100	97.6
1996	559	1985	54829	100	100	99.8
1997	547	2178	56936	100	100	99.82
1998	410	1971	55513	100	100	99.96
1999	339	1632	50997	100	100	99.96
2000	239	1450	43657	100	100	100
2001	174	1275	42406	100	100	100
2002	138	1170	40658	100	100	100
2003	106	1137	47980	100	100	100
2004	79	1141	48753	100	100	100
2005	80	1187	50503	100	100	100

第四节　初中教育

1986年，全县初中102处，在校生30400人。1987年，县教育局制定“减少处数，扩大规模，首先建好乡镇中心初中”的方针，全县102处初中调整为92处。对初中学籍加强管理，对班额进行严格控制，基本解决班额恶性膨胀和毕业生返校复读问题。

1988—1990年，全县进一步调整初中布局，招收新生的初中减少到43处。

1993年，魏桥、青阳、焦桥三镇达到省级义务教育示范乡镇标准。大部分乡镇实现小学划片直升初中，小学生升初中的比例达到95%。

1994年，提高到98%。

1995年1月，邹平县通过省政府“两基”(基本实施九年义务教育、基本扫除青壮年文盲)验收，基本实现九年义务教育。1999年1月，县实验中学、临池镇初中通过省级规范化学校验收，临池镇初中成为滨州地区历史上第一所农村省级规范化学校。

自2000年始，全县将学校布局调整和危房改造有机结合，通过新建、改扩建等方式，扩大优质资源，撤并薄弱学校，加快调整学校布局，原则上每镇乡设1处初中，农村初中逐步集中到镇驻地，规模效益和办学品位同步提高。同年，明集、好生2镇跻身全市首批4个义务教育强乡镇之列，邹平镇第一初中通过省级规范化学校验收。市教委在邹平县焦桥镇、好生镇召开全市“高水平普九”现场会。

从2001年起，县教委改革中考制度，在全市率先将体育测试、理化生实验技能测试、信息技术测试、史地生结业考试按一定比例计入中考成绩，并将优秀生截留名额分配到各乡镇和县直初中。

2002年，黛溪中学、台子镇初中通过省级规范化学校验收；黛溪中学入选滨州市首批“十佳”管理学校。

2003年，青阳镇初中、长山镇第二初中通过省级规范化学校验收。

2004年10月，占地40亩、建筑面积1.2万平方米的邹平县素质教育实践基地投入使用，对全县初中生进行生活自理能力、审美鉴赏能力及各种专业技能的学习培训，至2005年，共培训初中学生40期15000余人。

2005年，九户镇初中通过省级规范化学校验收。

至2005年，全县共有初中19处（含民办学校1处）、九年一贯制学校3处（含民办学校1处），初中在校生25872人。

学制

1986年，全县初中继续实施三年制。

1991年，按照国家教委要求，开始在魏桥镇、礼参乡进行初中四年制试点，1993年，扩大到10个乡镇，至1994年全县初中过渡到四年制。

自2003年起，按照省、市要求，全县开始推行小学、初中“六三”学制。

课程设置

1986年，初中课程设：政治、语文、数学、外语、物理、化学、地理、历史、生物、生理卫生、体育、音乐、美术。1991年，四年制中学执行省1986年中学教学计划。1993年，政治改为思想政治（分青少年修养、社会发展简史、法律常识）。1994年，全县统一使用新编九年义务教育教材。1995年，开始试用省编化学实验教材。1996年，全县统一使用省编化学课本。1999年秋季，全县所有初中开设计算机课程。2002年，除化学、思想政治使用省编教材外，全县统一使用全国统编教材。2004年起，全县开始使用全国统一课程标准下的新教材。

重点学校

实验中学　前身为邹平县第一实验学校初中部，1986年8月成立，设2个教学班，教职工12人。1993年，县政府决定将第一实验学校小学、初中两部分为两校。8月，新校落成，初中部从第一实验学校剥离，邹平一中初中部亦同时并入，迁入现址，定名为邹平县实验中学。1999年，通过省级规范化学校验收。2004年，被省教育厅确定为山东省校本培训示范学校。该校还先后被评为省

图24-6　实验中学　（2009年摄）

教育先进集体、教学工作先进单位、校舍设施维护管理优秀学校。先后涌现出2名全国优秀教师，7名省级优秀教师，2名教师被评为山东省特级教师，1名教师被确定为齐鲁名师，1名学生获国家级专利，1名学生获宋庆龄基金会奖学金，1名、7名教师分别参加国家级、省级骨干教师培训。学校有28个教学班，在校生1523人，教职工151人，占地2.9万平方米，建筑面积1.8万平方米。

黛溪中学　原名邹平县第二实验中学，是

1999年原邹平县中医药职业中专撤并后改扩建而成的一所县直初级中学。2002年3月，通过省级规范化学校验收。7月，通过ISO 9001国际质量管理体系认证。8月，被省建设厅授予花园式学校。是年，该校编导的大型歌舞剧《红旗颂》代表滨州市参加山东省教育创新成果展示获一等奖。2003年，学生创新作品《机器人灭火》获山东省电脑作品科技创新成果展示比赛一等奖。2004年，学生作品《少一点构不成中国》获全国中学生电脑作品大赛二等奖。在第八届全国中小学生运动会上，该校被教育部表彰为贯彻《学校体育工作条例》优秀学校。2005年底，有30个教学班，在校生1564人，教职工127人，占地66600平方米，校舍建筑面积35255平方米。

图24-7 黛溪中学 (2005年摄)

1986—2005年邹平县初中基本情况统计表

表24-1-3

年 度	学校数（处）	班数（个）	在校生数（人）	入学率（%）	巩固率（%）	毕业率（%）
1986	102	569	30400	78	95	92
1987	92	561	31549	81	96.5	93.7
1988	86	599	29871	84	97.1	94
1989	80	574	30279	86	97.1	95.1
1990	65	567	28388	90	97.3	96.7
1991	43	563	28630	92	97.4	99.2
1992	36	561	29819	94	97.5	99
1993	35	541	30631	95.1	96	97
1994	34	574	30901	98.4	99	98.7
1995	31	564	31916	97.6	98.3	98.8
1996	29	556	29295	98.2	98.3	98.8
1997	28	572	30575	98.3	98.4	95.1
1998	27	610	32317	98.5	98.4	95.6
1999	28	626	34742	98.6	98.6	95.8
2000	29	668	38173	98.9	98.7	96.2
2001	27	710	40378	99.5	98.8	96.4
2002	24	737	40575	99.8	99.1	97.3
2003	22	743	29308	100	99.2	97.6
2004	20	547	28496	100	98.6	97.7
2005	19	531	25872	100	98.7	97.9

山东省基础教育课程实验区义务教育阶段课程安排一览表(试行)

表24-1-4

课程		年级 一	二	三	四	五	六	七	八	九	周总课时(节)		占九年课时总计比例(%)
品德与生活		3	3								6	22	8
思品与社会				3	3	2	2				10		
思想品德								2	2	2	6		
历史与社会	历史与社会							3	3	3	9	9	3.3
	历史							2	2	2	6	10	3.6
	地理							2	2		4		
科学	科学			2	2	2	2	4	6	5	23	23	8.4
	生物										6	14	5.1
	物理									3	5		
	化学									3	3		
语文		8	8	7	7	6	6	5	4	5	56	56	20.4
数学		4	4	4	4	5	5	4	4	5	39	39	14.2
外语				2	2	3	3	4	4	4	22	22	8
体育		3	3	3	3	3	3	3	3	3	27	27	9.9
艺术	艺术	4	4	4	4	4	4	2	2	2	30	30	10.9
	音乐	2	2	2	2	2	2	1	1	1	15		
	美术	2	2	2	2	2	2	1	1	1	15		
综合实践				2	2	3	3	3	3	3	19	46	16.8
地方与学校课程		4	4	3	3	2	2	4	3	2	27		
周总课时数(节)		27	27	30	30	30	30	34	34	34	276		
学年总课时(节)		911	911	1050	1050	1050	1050	1190	1190	1122	9524		

第五节 高中教育

1986年，全县有普通高中5所：邹平一中、南北寺学校、长山中学、魏桥中学、黄山中学，共有66个教学班，在校学生3566人。1987年，省政府决定拨款支持长山中学建设。1994年，全县高中规模扩大到88个教学班。1995年，长山中学通过省教委验收，成为全县第一所省级规范化学校。1996年2月，邹平一中通过省教委验收，在全区重点中学中率先跨入省级规范化学校行列。

1998—2001年，高标准扩建黄山中学。2001年起，邹平一中、黄山中学平分优秀生源，初步形成县城2处高中一个层面、驻乡镇3处高中一个层面的平等竞争格局。2001年8月，鉴于邹平一中虽几经扩建，仍显局促，且受周围条件限制，在原址基础上无法继续扩大规模，县委、县政府决定按照全国千所示范性高中标准规划设计、迁建邹平一中。2002年7月，私立兴华双语中学建成招生。8月，新邹平一中奠基。2003年9月，新一中建成，占地520亩，建筑面积15万平方米，规模108个教学班，投资2.3亿元，是全县历史上投资最大的公益性建设项目，被评为全市十大工程之一，同时将南北寺中学撤并到邹平一中。是年，邹平一中招收新生2269人，全县普通高中招生5500人，初中毕业生升入高中阶段学校的比例

93.6%，在全省农村地区率先高标准普及高中阶段教育。2005年，魏桥中学通过省级规范化学校验收。是年底，全县有普通高中5处，其中民办高中1处，在校生16710人。

教学管理

1986年，高中继续实施三年制，各学科教材采用全国统编全日制十年制高中课本。全县高中从二年级起，实行文理分科，文科开设政治、语文、数学、地理、历史、外语、体育等科，理科开设政治、语文、数学、外语、物理、化学、生物、体育等科。

1991年起，新入学的普通高中学生实行会考制度。1995年，根据国家教委指示，在高中一、二年级分别开设音乐、美术课。2000年，根据省统一部署，自高中一年级开始，参加国家新课程方案的改革实验，执行新的课程计划，增设信息技术必修课，并列入毕业必考科目。2004年秋季开始，作为全国首批4个省区进入高中新课程改革试验。

高校考录

1986年，全县本科上线51人，录取81人，专科录取150人，高中中专录取135人。1992年，全国普通高考的科目采用“3+2”（3是指文理科统考语文、数学、外语；2是指文科统考政治、历史，理科统考物理、化学）模式。2002年起，山东省实行“3+X”（3是指文理科统考语文、数学、外语；X是指文科统考政治、历史、地理，理科统考物理、化学、生物）考试科目改革。2003年起，普通高校招生时间由7月7—9日改为6月7—8日进行。是年，全县本科上线录取1360人，首次突破千人大关。邹平一中学生左玉茹以683分成绩获全滨州市理科第一名、山东省理科第二名。2005年，山东省高考语文、数学、外语三科开始单独命题。是年，全县高考本科录取1977人，占全市27.4%，实现全市五连冠。至2005年，全县向高校输送新生22022人，其中，1986—2005年，向高校输送本科生9093人。邹平一中、黄山中学入选首批滨州市示范学校。

图24-8 邹平一中北校区 （2003年摄）

重点学校

邹平一中 创建于1952年。1959年被命名为省级重点中学。1978年，该校有教职工85人，其中专任教师63人，学历达标率44.7%；在校生1076人，高中971人，初中105人。1985年，邢宪杰获山东省高考理科状元。1989—1991年投资540.9万元进行校舍改造，新建校舍1.05万平方米。1993年，初中部最后一届毕业，教师并入邹平县实验中学。1994年10月，梁漱溟纪念馆在图书实验楼落成。1996年，通过省级规范化学校验收。同年，与北京大学附属中学、澳大利亚阿伯芙公园中学建立校际友好关系。1997年7月，美国第39届总统吉米·卡特及夫人一行到该校访问。1999年，被评为“全国学校体育卫生工作先进单位”“全国学校民主管理先进单位”。2001年，被省教育厅命名为“山东省电化教育示范学校”。2003年，左玉茹获山东省理科第二名。9月，新一中开始招生，原校舍改办为国有民办的初中部。2004年，该校被评为“山东省师德建设先进单位”“体育传统项目学校”。2005年，被评为“山东省首批依法治校示范学校”“全国依法治校示范学校”。被黑龙江大学、南昌理工大学等8所高校确定为“优秀生源基地”。高考本科录取978人，实现全市五连冠。时有114个教学班，在校生7154人，专任教师384人。

黄山中学 前身为邹平县黄山人民公社五七红校，始建于1968年。1970年，改建为邹平县黄山中学，每年招生2个班。1985年，扩大为4个班。1989—1991年，投资221.69万元进行校舍改

图 24-9 黄山中学 （2005 年摄）

造。1992 年，招生规模达到 6 个班。1998 年 10 月，县政府第八次常务会议决定扩建该校。至 2001 年，通过财政投入、后勤社会化等渠道，累计筹资 4500 余万元，新建校舍 5 万余平方米，办学规模由 18 个教学班扩大到 60 个教学班。2002 年 3 月，该校通过省级规范化学校验收。2003 年 12 月，被省教育厅表彰为“省级学校民主管理先进单位”。2004 年 2 月，被省爱卫会命名为“省级卫生先进单位”。2005 年 5 月，被命名为“山东省科普教育基地”。2005 年 8 月，被中央教科所命名为“德育科研先进实验学校”；10 月，被市委、市政府命名为“滨州市示范学校”；12 月，被省建设厅命名为“省级花园式单位”。时有 86 个教学班，在校生 5500 余人，教职工 400 余人，校园占地 320 亩，建筑面积 10 万余平方米。

长山中学 1913 年创办，时称长山县立中学，四年制初中。1937 年 12 月，师生发动抗日武装起义，学校停办。1946 年春至 1948 年 3 月复办。1952 年，长山县人民政府续办长山中学，于长山城东关外征地 40 亩，筹建新校舍，1953 年春落成。1956 年，长山县划归邹平县，学校易名邹平第二中学。1969 年 10 月，更名为邹平县长山中学。1986 年，学校占地 63 亩，有 12 个教学班，教职工 59 人，在校生 600 余人。1987 年 8 月，省政府决定振兴长山中学，省、地、县三级投资 120 万元（省财政厅 50 万元、省教育厅 20 万元、地区财政局 20 万元、县财政局 30 万元）用于长山中学校舍建设。又适逢城镇校舍改造，至 1992 年，累计投资 207.23 万元，对旧校舍进行全面改造，新建校舍 7897 平方米。1995 年，通过第三批省级规范化学校验收，成为滨州市第一所省级规范化高中。至 2005 年，占地面积 120 亩，有教学班 40 个，在校生 2500 余人，教职工 178 人。学校先后被评为“山东省体育传统项目学校”“山东省爱国主义教育基地”。

图 24-10 长山中学 （2003 年摄）

魏桥中学 前身为齐东县中学，创建于 1952 年 10 月。1958 年，邹平、齐东 2 县合并后更名为邹平县第六中学，1969 年易名为邹平县魏桥中学。1986 年，学校办学规模 12 个班，在校生 600 余人，

图 24-11 魏桥中学 （1991 年摄）

教职工 62 人，建筑面积 3400 平方米。1989—1991 年，投资 180 万元进行校舍改造，新建图书实验楼、办公楼等计 6600 平方米。2001—2005 年，学校投入 1000 余万元进行校舍改造，占地面积 127 亩，建筑面积 3 万余平方米，固定资产总值 2100 余万元，办学规模 36 个班，在校生 1800 余人，教职工 159 名。

2005年，通过省级规范化学校验收。

南北寺学校　创办于1951年春，初办时为初级小学。1970年秋，增设初中班。1975年增设高中班。1978年，学校被定为国办学校。10月，被确定为省重点学校。1986年，学校办学规模为21个教学班，其中高中班12个、初中班4个、小学班5个，在校生1213人。1988年，学校立足于特色办学，扩招音、美特长生，加强音乐、美术教学。1989—1991年，县政府投资130余万元进行校舍改造，新建教学实验综合楼3130平方米，师生宿舍468平方米，扩建操场1222平方米，硬化路面3700平方米，绿化地面1100平方米，学校面貌发生较大变化。1997年，根据分级办学规划，学校撤销初中班，集中力量办高中。但因学校位置偏僻，生源逐年减少。学校先后被授予省勤工俭学先进单位、教学改革先进集体等称号。2003年8月，南北寺中学撤销，附属小学划归临池镇。高中教职工分流到邹平一中、黄山中学等学校，高中部学生合并到邹平一中。

图24-12　20世纪80年代的南北寺学校

1986—2005年邹平县高中教育基本情况统计表

表24-1-5

年度	学校数（处）	毕业生数(人)	招生数(人)	在校生数(人)	高校录取新生(人)	
					合计	其中本科
1986	5	1235	1150	3566	389	81
1987	5	1293	1232	3852	346	96
1988	5	1354	1260	3737	395	141
1989	5	1349	1200	3553	361	104
1990	5	1194	1200	3567	391	106
1991	5	1174	1250	3639	431	121
1992	5	1190	1300	3750	581	150
1993	5	1200	1500	3969	1003	117
1994	5	1263	1592	4325	906	133
1995	5	1225	1650	4731	934	21
1996	5	1539	1700	4952	790	191
1997	5	1587	1870	5259	811	236
1998	5	1612	2202	5772	836	243
1999	5	1619	3651	7638	1090	318
2000	5	1703	2693	9928	1297	343
2001	5	2178	3344	9413	1663	633
2002	5	2602	4552	10354	1659	863
2003	5	2671	5500	13121	2116	1360
2004	4	3315	5810	15919	2661	1679
2005	4	4539	5720	16710	3380	1977

1986—2005年邹平县考入清华大学、北京大学学生情况一览表

表24-1-6

年 度	姓 名	高考科别	高考分数	毕业学校	全市位次	录取学校
1986	王向东	理科		邹平一中		清华大学
	马义河	理科		邹平一中		清华大学
	成德波	文科		邹平一中		北京大学
1987	李广军	理科		邹平一中		清华大学
1988	杨文清	文科		邹平一中		北京大学
	刘宝锋	理科		邹平一中		清华大学
1990	王淑俭	理科		邹平一中		清华大学
1994	王习努	理科		邹平一中		清华大学
1996	许 波	理科		邹平一中		清华大学
	李传成	理科		邹平一中		清华大学
1996	高新华	文科		邹平一中		北京大学
2001	张 卓	理科	694	邹平一中	理科第一名	清华大学
	刘国栋	理科		邹平一中		清华大学
2002	宫 淼	理科	681	邹平一中	理科第一名	清华大学
2003	左玉茹	理科	683	邹平一中	理科第一名	北京大学
2004	贾明玉	美术		邹平一中		清华大学
	石 昊	高水平运动员		邹平一中		北京大学
2005	李 帅	理科	700	邹平一中	理科第一名	北京大学

第六节 专业教育

重点学校

邹平师范学校 1904年，邹平县创办县立师范讲习所，1907年更名为初级师范学堂。后陆续称县立小学教员讲习所、简易乡村师范学校、乡村建设师范学校等，1945年停办。1956年5月，复立邹平师范学校，校址在乐礼村。1959年8月，迁新址（黄山脚下，今“天兴城”一带）。1962年9月，奉令停办，未毕业3个班并入博兴师范。1965年7月复校，改名邹平工读师范学校。“文化大革命”期间一度停办，1969年10月复校。1970春，校舍被部队占用，师生搬入邹平一中。1973年3月，重建新校。9月，招收新生，复名为邹平师范学校。1974年10月，迁新校址（今鲁中职业学院）。1978年春，恢复高考后的首届学生入校。9月，1978级学生入学。1978—1981年，每年招生2个班，招生对象为高中毕业生，学制2年。1979年，停止文理分科，培养目标由培养初中教师改为培养小学教师。1981年，招收民师2个班，90人。这是邹平师范历史上招收的唯一一届民师班。1982年起，改招初中应届毕业生，学制改为三年，每年招生2个班。1986年1月，收归惠民地区管理，

图24-13 邹平师范学校 （1992年摄）

定为副县级事业单位，教职工由地区教育局管理，经费由地区教育局拨付。1990 年 12 月，根据全省中师布局会议精神，邹平师范学校下放到县，实行地县共管、以县为主的办学体制。1991 年 10 月，县教师进修学校并入该校。1992 年 6 月，根据全省中师布局调整方案要求，经省政府批准，邹平师范学校撤销，改办为邹平县成人中等专业学校。1994 年，最后一届普师生毕业。

邹平县教师进修学校　前身为邹平师范函授部，1977 年 7 月建立。1978 年 6 月，改称邹平县文教局函授站。1981 年 6 月，经省教育厅批准，正式定名为邹平县教师进修学校。1982 年 8 月，迁入原城关中学校址。1984 年暑假，经省教育厅批准，招收二年制中师进修班 2 个，学员 80 人。1986 年，续招中师进修班 2 个，学员 75 人；与山东教育学院联合办高师音像班，招收英语、地理专业各 51 人。1986—1991 年，举办中师函授班 5 届，总计 17 个班，招收学员 806 人。1988 年，招收高师音像班 4 个（历史、音乐、美术、汉语言文学专业各 1 个班），学员 112 人。1991 年，全县教育机构布局调整，教师进修学校并入邹平师范学校，邹平师范学校设教师进修处承担教师进修业务。

第七节　职业教育

1986 年年初，全县有职业学校 4 处：邹平县第一、二、三农技中学，韩店职业学校。10 月，韩店职业学校改办为县第四农技中学，全县 4 处职业学校招收新生由上年的 6 个班发展到 13 个班 600 人。农技中学由县教育局主管，县农业局协办，学制三年，在本县范围内招收初中毕业生，学生毕业后不包分配。各学校根据自然条件分别设有农学、兽医、林果、机电等专业。1987 年 4 月，县第一农技中学改办为邹平县职业中等专业学校，成为惠民地区第一所国家承认毕业生中专学历的职业学校，毕业生不包分配，自谋职业或学校推荐就业。同年，第二、三、四农技中学分别改称第一、二、三职业高中。1990 年 8 月，第二职业高中作为分校并入职业中专（1992 年 11 月撤销），全县 3 处职业学校共招生 1020 人，占当年高中阶段招生总数的 46%，职业学校在校生 2680 人，占高中阶段在校生总数的 43.3%。1991 年 2 月，县职业中专被国家教委、农业部等 5 部门授予“全国科教兴农先进学校”称号。1992 年，经省人民政府评估，国家教委审批同意，县职业中专被认定为省级重点职业中专。1994 年 10 月，撤销第三职业高中。1996 年 5 月，撤销第一职业高中。

1998 年后，由于全国普通高校扩大招生，普通高中大幅升温，导致职业成人教育招生困难。1998、1999 年，职成教招生连年滑坡。1998 年，针对全县职成教学校分散办学、生源不足、资源闲置的实际和人大代表、政协委员的建议，县委、县政府决定对全县职成教进行统筹，打破部门壁垒，先后将隶属于卫生局的中医药职业中专、隶属于劳动局的技工学校并入成人中专。2000 年，县教委针对“普高热”带来的困难和问题，下发《关于做好初四分流工作的通知》，加强初四学生分流工作，把分流生纳入职业学校招生范围。同时，坚持校企联合，瞄准市场需求，设置纺织、机电、计算机、旅游等 29 个专业，实施“订单教育”，广开生源渠道，多形式、多渠道办学，探索出一条“以就业促进发展”的路子，职业教育招生工作局面大为好转。是年，全县职业学校招生 2244 人。2001—2005 年，向魏桥创业集团、西王集团、齐星集团等县内大型企业输送技术工人 16598 人。2004 年 3 月，职业中专跻身首批国家级重点中等职业学校。2005 年 3 月，成人中专成为国家级重点中等职业学校。至 2005 年，全县有职业学校 2 处，120 个教学班，在校生 5882 人，教职工 421 人，其中专任教师 220 人，专任教师学历达标率 70%。

重点学校

邹平县成人中专学校　前身为邹平师范学校。1992 年 6 月，改办为邹平县成人中等专业学校，为副县级事业单位。同月，山东师范大学邹平分校成立，设在成人中专学校。同年始，为适应本县农村经济发展需要，成人中专以各镇（乡）成教中心为依托陆续设立分校。至 1995 年，在全县共设立分校 17 处。1993 年，成人中专与滨州地区广播电视大学联合办学，招收地理专业师资班。1994 年 8 月，滨州地区电大邹平分校成立，设在成人中专。1999 年始，成人中专根据社会需求，灵活设置专业，办学领域不断扩大，1999 年，学校设 6 个专业，发展至 2003 年设 15 个专业。2005 年 3 月，成人中专被确定为国家级重点中等职业学校，同时成为山东省首批省级中等职业教育教学示范学校。至 2005 年，邹平县成人中专占地 73263 平方米，建筑面积 45292 平方米。

图 24–14 2005 年时的成人中等专业学校

邹平县职业中专学校 前身为邹平县第一农技中学。1986 年，学校设置 3 个专业、6 个教学班，第一农技中学成为国家承认中专学历的农技中学。1987 年 4 月，更名为邹平县职业中等专业学校。是年，学校办学规模发展为 4 个专业、14 个教学班。1991 年 2 月，国家教委、国家计委、农业部等五部门联合授予该校“全国科教兴农先进学校”称号。1992 年 5 月，被认定为省级重点职业中专。1998 年 5 月，与县人武部联合建立邹平县预备役军人学校。自 2001 年始，学校加大投资力度，改善办学条件，逐步建起大型机电、纺织、汽修、电焊、服装、电工等实习车间，重点与县内企业联合办学，与魏桥创业、齐星、西王等集团签订用人合同，为企业定向培养人才。2003 年 3 月，职业中专被确定为市级职业技能鉴定点。2004 年 3 月，被确定为国家级重点职业中等专业学校。至 2005 年，学校占地 9.4 万平方米，建筑面积 5.2 万平方米，办学规模 24 个教学班，在校生 2628 人。职业中专先后获“教育部重点课题优秀成果学校”“山东省职成教科研基地”“全省职业教育先进集体”等称号。

邹平县技工学校 前身为惠民地区技校邹平分校，1987 年开始招生。1987 年、1988 年招收建筑、商品经营专业 5 个班，240 名学生。1989 年，经省劳动厅、省编委批准，正式成立邹平县技工学校，规模为 18 个教学班，副科级事业单位，隶属县劳动局，主要任务是为企业、事业单位培养具有中等以上操作技能的技术工人和管理人才。技工学校先后开设商品经营、纺织保全、砖瓦抹灰、烹饪、电工、公关、服装、微机、财会等专业，向社会输送合格毕业生和各类短线急需人才 5000 余人。1993 年，被省劳动厅命名为一类技工学校，1994 年被评为全省职业培训先进学校。2001 年 3 月，学校并入邹平县成人中专。

邹平县中医药职业中专学校 前身为邹平县卫生学校，始建于 1987 年 9 月。1992 年 6 月，经省政府批准，改办为邹平县中医药职业中专，副科级事业单位，隶属县卫生局。学校先后开设中西医结合医师、麻醉医师、计划生育医师、卫生财会与统计、社会医学、计划生育技术等专业，生源涵盖滨州地区各县及周边地区，培养毕业生 2300 余人。1999 年 3 月，中医药职业中专撤销，该校学生分流到成人中专和技工学校。

1986—1994年邹平师范培养人才情况统计表

表24–1–7

年 度	招生人数(人)		毕业生数(人)		年 度	招生人数(人)		毕业生数(人)	
	总 计	女	总 计	女		总 计	女	总 计	女
1986	87	22	82	22	1991	96	52	96	50
1987	90	45	81	19	1992	—	—	88	53
1988	95	49	94	20	1993	—	—	88	47
1989	96	53	87	22	1994	—	—	98	53
1990	90	48	90	45	合计	554	269	804	331

第八节 成人教育

扫除青壮年文盲

1981年10月，全县贯彻中共中央“极大地提高农民、首先是青年农民科学文化水平”的指示。1983年，按省委要求推行农民教育工作责任制。1984年，重建邹平县农民教育委员会，教育局和各镇（乡）配齐专职干部，推行以“四定”（定任务、定职责、定考核、定奖惩）为主要内容的农民教育责任制。

1988年2月，国务院颁布《扫除文盲工作条例》，提高扫盲标准，青壮年非文盲率由原来的90%提高到95%。1991年，青壮年年龄段由原来的15～40岁扩大为15～45岁。1993年，根据第四次全国人口普查（1990年）统计数字，邹平县1949年10月1日后出生、年满15周岁以上45周岁以下青壮年人口326845人，青壮年非文盲率94.2%。1995年1月，省政府“两基”验收团抽签确定邹平镇、好生镇、临池镇、里八田乡、青阳镇为重点，对邹平县“两基”工作进行全面验收，确认邹平县基本实现九年义务教育、基本扫除青壮年文盲，邹平成为鲁西北四区第一个“两基”验收合格县，全面完成扫除青壮年文盲任务。1997年，全县扫盲工作机构不撤，人员不减，经费不少，工作不停，继续扫除剩余文盲。是年底，全县青壮年人口379118人，其中文盲1541人，青壮年非文盲率99.59%。1998年11月，教育部、财政部授予邹平“全国扫盲工作先进县”。

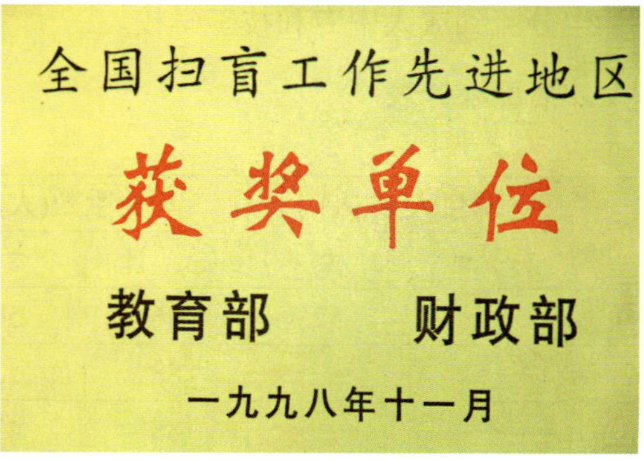

图24-15　1998年11月，教育部、财政部授予邹平县“全国扫盲工作先进县”

农民实用技术培训

1979年，全县农民业余教育的工作重点开始向农民技术教育转移，先后举办棉花、小麦、缝纫、正骨、兽医等业余技术班62个，学员3217人。1981年，开始举办中央农业广播学校邹平分校。1983年，全县办技术长班112个，学员5625人；技术短班185个，学员12958人。1985年，台子、里八田、明集、青阳、礼参、焦桥、长山、临池等乡镇设立农民技术中心学校，举办各种培训班25期，培训专业人才1250人。

从1986年起，全县17个乡镇相继成立成人教育中心，以农村实用技术培训为主要内容，以回乡高、初中毕业生为主要对象，广泛开展文化技术教育，初步形成了县、乡、村三级农民教育网络。1992年，经省教委验收，韩店、明集、苑城、青阳4个乡的成人教育中心学校达到山东省农村成人教育示范学校标准，占全区的2/5。是年，邹平师范学校改办为邹平县成人中等专业学校，韩店镇成人教育中心学校被国家教委授予“全国农村成人教育先进学校”称号。1990—1995年，各乡镇成教中心和村级农民文化技术学校，采取长短班结合的方式，开设政治、文化技术、人口等专业，培训在岗劳动者5万多人次，基本普及初级实用技术。1996年，14处乡镇成教中心达到省级示范学校标准，村办农民文化技术学校达到858所，办学面达100%。1997年，成人教育重点转移到实验实习基地建设和项目开发上。至1998年，12个乡镇成教中心建起实验实习基地，取得效益的项目11个。是年3月，省教委在邹平召开成人教育基地建设现场会，总结推广邹平充分利用乡镇成教中心实验实习基地开发农业示范项目、带动当地农业经济发展经验。4月，中央电视台《走近科学》栏目组对邹平县成人教育工作进行采访报道。

在2001年核编工作中，镇乡成教中心未纳入核编范围，成人教育工作由镇教委一名副主任兼管，工作开展通过协调有关涉农部门共同实施。2001年，利用各镇乡成教中心实验实习基地，举办各种实用技术培训班100余期，培训5000余人

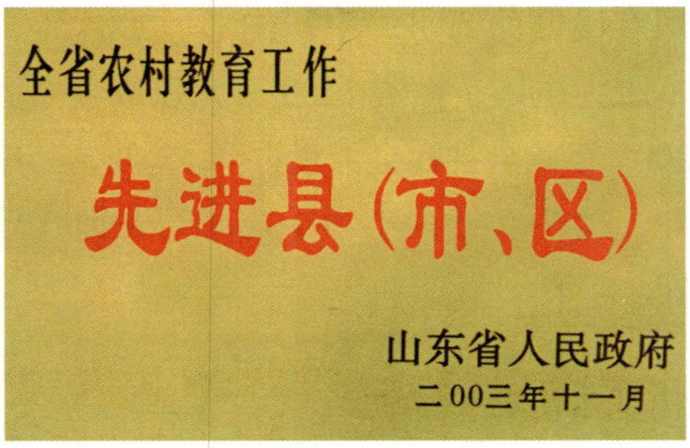

图 24-16 2003 年，邹平县被评为“全省农村教育工作先进县”

次。码头乡蔬菜种植，孙镇肉牛养殖饲料加工青贮、食用菌养殖取得长足发展。2003 年，聘请专家举办科技讲座近 80 场次，8.6 万人次参加实用技术培训。2005 年，由农业部门牵头，依托职业中专、成人中专实施阳光培训工程，进行农民工转移订单培训，组织 2500 人参加各种技能培训，使他们掌握一技之长，并实现城镇企业就业。

第九节 特殊教育

1985 年 5 月，邹平县在普通小学招收聋哑和弱智儿童入学，特殊教育逐步发展起来。至 1988 年，全县已有 10 处学校举办弱智儿童辅读班 11 个，在校生 176 人，专任教师 11 人。1989 年 12 月，在第二实验学校创办特教部，招收 1 个班 13 人。从 1990 年起，全县弱智儿童都能随班就读。1991 年 3 月，县政府批准特教部为独立的事业单位，并命名为邹平县聋哑学校，主要招收聋哑儿童。10 月，对原教师进修学校进行改造，将聋哑学校迁入，办学条件达到省优良标准，在校生 3 个班 40 人。1998 年 9 月，由社会各界和外国友人捐资 30 余万元，县政府投资 100 余万元，为聋哑学校建起 2200 平方米的教学大楼。1999 年 12 月，邹平县被省教委评为山东省特殊教育先进单位。2001 年，聋哑学校增设启智班，招收弱智儿童。2002 年 1 月，更名为邹平县特殊教育学校。2003 年，通过省级规范化学校验收。

特殊教育学校学制九年，除开设文化课，让学生掌握普通文化基础知识外，还开设律动、语训、行为矫正等课程，对学生进行康复训练，提高学生自理能力；并开办缝纫、刺绣、刻盘等职业课，对学生进行劳动技能训练，让学生有一技之长，为学生就业和将来自立于社会奠定基础。2005 年底，县特教学校教职工 42 人，其中专任教师 25 人，校舍建筑面积 2818 平方米，教学班 12 个（其中启智班 5 个，聋教班 7 个），在校生 92 人。

第十节 社会办学

1979 年，经省教育厅批准，邹平县后城村青年农民孙科源创办邹平县科普电子技校，是全区第一所民办中等职业学校。1982 年，邹平县棉纺厂办小学 1 处。1983 年 10 月，农民高成水在黄山石家村创办电子技校 1 处。1984 年，全县社会办学达到 45 处，在校生 3000 人，主要学习无线电、农机电、缝纫、果树栽培等技术。同年，县教育局制定《关于对集体和私人办学加强管理的几项规定》，规范对社会力量办学的管理。1985 年，因办学条件和生源不足，有 20 处技校停办。1986 年 3 月，县教育局制定《关于社会力量办学暂行管理办法》，加强对社会力量办学的审查和指导。1987 年，邹平县科普电子技校在延安、上饶、兰州和佳木斯各设 1 处分校。1988 年，社会力量办学经历一个优胜劣汰的自我发展阶段，个体、集体办学还有 11 处。邹平县科普电子技校挂靠山东师范大学，改名为邹平县电子专科学校，除继续办好邹平主校及上饶、佳木斯、延安 3 处分校外，还在济南、淄博开设无线电门市部，走理论与实践结合之路，为社会培训一批电子专业人才，成为全省个体办学典型。1990 年，电子专科学校由邹平迁至济南。1990 年 9 月，商业局幼儿园建成招生。

1991—1996 年，邹平县社会力量办学多以服装裁剪、摩托车维修等实用技术培训为主，且随着市场需求呈现一种不稳定状态，断断续续，时多时少，多数办学层次不高，规模较小。商业幼儿园逐步发展壮大。随着电脑的兴起和社会对英语教育需求的增长，1997 年，县物资局下岗职工孟兰新创办邹平县希望电脑培训学校，商业局下岗职工刘红云创办邹平县艺豪英语培训学校。

1998年，邹平县外贸幼儿园、邹平县先锋美术学校和邹平新世纪英语培训学校相继成立。

2002年4月，九年一贯制的民办学校——邹平县黛溪双语学校成立。7月，私立邹平兴华双语中学建成招生。2003年7月，邹平一中原校舍改办为国有民办的邹平一中初中部。2004年，以县新华书店为主体、投资1200万元建成金摇篮幼儿园。2005年，全县社会力量办学13处，其中，高中1处，初中2处，小学1处，幼儿园3处，其他6处。

至2005年邹平县社会力量办学机构基本情况一览表

表24-1-8

学校名称	学校地址	在校生数（人）	专任教师（人）	兼职教师人数（人）	占地面积（平方米）	建筑面积（平方米）	固定资产(万元)	批准机关
邹平县华夏艺术学校	黛溪二路108号	120	9	1	1000	900	8	县教育局
邹平县先锋美术学校	黄山二路6号	200	9	3	500	800	5	县教育局
邹平县艺豪英语学校	黄山路86号	260	6	6	3300	800	10	县教育局
邹平县新世纪英语学校	县档案局一楼	160	5	3	800	512	3	县教育局
邹平县新华培训中心	县城三八街1号	450	6	8	300	260	23	县教育局
邹平英才电脑培训学校	魏桥派出所西邻	123	3	6	300	200	10	县教育局
邹平县金摇篮幼儿园	城南新区	350	53		25000	7600	1200	县教育局
邹平县外贸幼儿园	黄山东路44号	150	8		2100	490	10	县教育局
邹平县艺术幼儿园	黛溪四路66号	75	9	3	1334	387	25	县教育局
邹平县商业局幼儿园	黛溪四路100号	282	12	11	1600	713		县教育局
邹平县黛溪双语学校	黄山二路西首	2770	165		14652	30000	3981	市教育局
邹平县兴华双语学校	西董镇北禾村	445	43	1	33333	19300	3600	市教育局

第十一节　教师队伍

1978年，全县中小学教师有6440人。其中中学教师2922人（公办1455人，民办1467人），小学教师3518人（公办916人，民办2602人）。

1986年，全县中小学专任教师5694人，其中小学3604人，学历达标率67.1%；初中1865人，学历达标率11.2%；高中225人，学历达标率22.2%。

1987年8月，教师职称评定工作在全县铺开。1988年完成。全县参加职改的公办教师总计6个系列3111人，评定中学高级教师63人，一级教师469人，二级教师837人，三级教师462人；小学高级教师436人，一级教师595人，二级教师131人；中专高级讲师6人，讲师19人，助理讲师32人，教员25人；教育系统会计16人，会计员13人，图书馆员1人，助理馆员4人，管理员1人；医师1人。教师执行职称工资，从1987年1月起补发。

从1993年起，小学一、二、三级和中学二、三级教师评审权下放到县。至2005年，邹平县共有教职工7022人，小学专任教师2420人，初中1988人，高中961人；小学教师中具有中学高级教师专业技术职务的74人，小学高级教师专业技术职务的1362人；初中教师中具有中学高级教师专业技术职务342人，一级教师专业技术职务880人；高中教师中具有中学高级教师专业技术职务217人，一级教师专业技术职务260人；职业学校教师中具有高级专业技术职务45人，中级专业技术职务138人。小学教师学历达标率100%，初中93.3%，高中86.4%。全县逐步建立起一支由34名国家级和省级骨干教师、263名县级以上教学能手、345名县级以上学科带头人为核心的适应教育事业发展需要的教师队伍。

民办教师

1978年，全县有民办教师4069人，占全县教师总数的63.18%。其中小学2602人，占小学教师总数的73.96%；中学1467人，占中学教师总数的50.21%。6月，根据省教育厅指示，经文化测试，全县从民办教师中择优录用77人为公办教师。

从1980年起，部分民办教师考入中等师范学校学习，毕业后按中师毕业生分配为公办教师。

1984—1998年，按照中共中央、国务院有关政策和省、地民师转正的具体条件和指标，全县6次1631名民办教师转为公办教师。

1988年2月，完成民办教师核编定编工作，全县民办教师2853人，定编2803人。

1990年2月，县政府出台《邹平县人民政府关于民办教师退休、辞退、死亡等问题的暂行规定》（邹政发〔1990〕2号）。“九五”期间，根据市教育局（委）的要求对全县拟转正的1240名民办教师分三批进行培训。

2002年，全县尚有在编民办教师415名。4月，按省、市彻底解决民办教师问题的精神，334名在编民师转为公办教师；21名因超龄不能转正的在编民师比照同等条件的退休公办教师提高了待遇。60名在博兴师范学习的民办教师暑假毕业后安排为公办教师。

2003年，县教育、人事、财政、劳动和社会保障等部门联合制定《关于解决民办教师遗留问题的意见》，为符合条件的244名老民办教师提高工资待遇，平均工资900元。至此，全县民办教师问题得以彻底解决。

教师培训

1984—1986年，组织全县中小学、幼儿教师参加教材、教法过关培训、考试，全县小学、初中、高中教师合格率分别为93.8%、93.5%、98%。

1987—1991年，县教育局组织中小学、幼儿教师专业合格证考试。

1991年，县教育局制定《邹平县中小学校长岗位培训实施意见》（邹教字〔1991〕64号），组织高、初中校长参加省、地教育学院的面授、辅导和考试；举办2期小学校长培训班，培训小学校长78名。

1992年起，地区针对高中学历的小学教师举办中师学历培训班，邹平县1183名小学教师参加培训。

至1993年8月，地区组织统一考试，全县共有1060名教师成绩合格，取得毕业证书。

从1992年下半年开始，开展中学教师函授、卫星电视教育、自学考试相沟通培训工作（简称“三沟通”），加快中学教师学历培训步伐，至1994年，有1040名初中和150名高中教师取得专业合格证，全县中学教师岗位合格率80%；至1996年，1050名参训教师取得本、专科学历。

1994年1月，县教委聘请全国著名教育改革家魏书生到邹平县作学术报告并执教观摩课。

1996年，县委组织部、县人事局、县教委联合下发《关于转发〈省委组织部、省人事厅、省教育厅关于实行中小学校长持证上岗制度的通知〉的通知》，推行校长持证上岗制度，组织32名初中校长参加地区教育学院举办的校长岗位职务培训班。至此，培训初中校长（含教委主任）127人，初中校长持证上岗率95%。同年起，开展中小学教师基本功训练：对全县初中、小学、幼儿园教师进行以普通话、三字（粉笔字、钢笔字、毛笔字）、一画（简笔画）、教具制作和使用为主要内容的通用基本功训练；对所有小学教师进行学科基本功和综合能力训练。

2001年3月，训练任务结束，验收结果：优秀率40%、良好率70%、合格率99%。“九五”期间，有21名高中校长、62名初中校长、210名小学校长分别参加省、市、县教育部门组织的校长岗位培训班，有7名高中校长、12名初中校长、113名小学校长参加提高培训。为确保中小学新任教师对新环境、新岗位的适应能力，举办4期小学新教师和3期中学新教师岗前培训，有1036人参加培训。

1999—2002年，举办中学教师助学考试，其中专科报考人数为195人，本科报考人数为322人，本、专科毕业168人。

2001—2005年，组织1730名中小学教师参加自学考试。至2005年,有428人取得本、专科学历;4名、31名、538名中小学教师分别参加国家、省、市级骨干教师培训;295名校长参加中小学校长岗位培训班和提高培训。

2002年10月至2003年1月，选派9名年轻业务校长到浙江萧山挂职锻炼。

2002—2005年，选派10名教研员到乡镇和县直学校任校长、业务副校长或校长助理。

2003年,县教育局制定《关于开展“农村支教”教育活动的实施意见》,在全县开展城镇支援农村、近郊支援边远、强校支援弱校的“农村支教”活动。

从2005年起，教师晋升职称必须具有一年以上在农村基层学校任教经历。至2005年，有68处学校结对支教，有115名教师参加长期支教和跟班培训，842名教师参加短期支教。同时，实施“133”骨干教师培养工程（1名优秀骨干教师用3年时间培养出3名同级别的优秀教师），535名优秀教师与821名教师师徒结对。2004年，委托山东理工大学外国语学院对63名小学英语教师进行为期3个月的封闭式培训。

2005年4月，为贯彻落实《山东省中小学教师校本培训实施方案（2004—2008）》，缩小城区和农村师资水平差距，解决工学矛盾，制定《邹平县中小学教师新一轮全员培训实施方案》，以校本培训为主,启动以“三新一德”(新理念、新课程、新技术和师德教育）为主要内容的教师全员培训。是年,县实验中学被确定为省级校本培训示范学校。

教师管理

管理体制　1980年1月起，按照地区教育局规定,凡调往外省、外地(市)或外系统的公办教师,须经地区教育局研究批准。1988年8月，省派遣援藏教师，邹平县选派南北寺学校吴贯孝到日喀则支教1年。1992年，县委组织部、县委宣传部、县人事局、县教育局制定《关于严格控制教师出系统问题的通知》，凡具有大中专以上学历的教师实行服务期制度，服务期为8年，服务期不满者实行培养经费补偿制度。1992年10月，县教育局被山东省教委评为山东省教师队伍建设先进单位。

从1994年起，中小学教师职称晋升和评定工作每年1次，逐步形成制度。1996年，根据省教委教师资格过渡工作的实施办法，县教委对1993年12月31日以前在岗的6247名教师实施过渡。1997年11月,县教委下发《关于转发地区教委〈关于严禁系统外人员调入教育系统任职的通知〉的通知》，对系统外人员调入作出明确规定。

1999年2月，地委组织部、地区人事局、教委下发《滨州地区关于加强教师队伍管理的几项暂行规定》。据此规定，包括代课教师在内的所有中小学教师均必须由县教育行政部门依法进行管理，特别是教师（包括临时代课人员）的录用、调动、聘任、辞退等必须经县级教育行政部门批准；其中录用教师须经县教委审核，报地区教育部门、人事部门批准。8月，省教育厅派遣援藏教师，邹平县选派黄山中学赵元平赴西藏日格则支教2年。

2000年起，除省级优秀毕业生外，中师生、师专毕业生不再安置。2001年，从2000年、2001年专科毕业生中选招143人充实到全县中小学任教。是年，开始面向社会认定教师资格。2002年8月，省教育厅派遣援疆教师，邹平县选派张文平赴新疆支教2年。从2003年起，师专、中师省级优秀毕业生不再安置。是年开始，教师晋升职称必须具有教师资格证。从2004年开始，教师晋升职称必须具有相应的教师资格。2005年，从2002—2005年专科毕业生中选招78人充实到全县中小学任教。

2005年7月，“以县为主”的义务教育管理体制落实到位，乡镇教师管理权上收到县，全县教师由县教育局统一管理。

“三制改革”　20世纪80年代末，教育发展面临着许多困难和问题，突出表现在教育经费紧缺、教师待遇偏低、办学活力不足等几个方面。1988年6月，成立邹平县教育体制改革领导小组，开始重点在农村中小学进行以“双向选择”为核心、以校长选聘责任制、教师定编聘任制、教育教学目标责任制为主要内容的“三制改革”。至1991年，进行2轮聘任。全县在编民办教师由1988年的2803人下降到1991年的2484人，杜绝超编现象。各乡镇普遍建立干部岗位补贴和教师奖金制度，农村中小学干部教师的待遇得以提高，干部岗位补贴每月一般为7～12元，教师奖金年人均120元左右，教师的经济收入随着工作数量和质量的不同适当拉开档次，一定程度上改变了过去的“大锅饭”局面。1992年3月，地区教育局第二轮教师聘任整顿工作检查，邹平县“三制”实施情况列全区第一。

“五定四制”改革 1994年年初，在总结“三制”改革经验基础上，制定《邹平县教育改革工作意见》及实施方案，在全县各级各类学校组织以人事制度、分配制度为重点的学校内部管理体制改革，简称“五定四制”改革。首先实行“五定”（定规模、定编制、定经费、定岗位、定工作量）；再推行“四制”（改革领导体制，实行竞争上岗、能上能下的校长负责制；改革人事制度，实行双向选择，能进能出的教职工聘任制；改革管理体制，实行目标管理、强化职责的岗位责任制；改革分配制度，实行劳酬挂钩、能多能少的校内结构工资制）。通过改革，调整公办教职工865人，精减民办教职工887人，民办教师比例由改革前占教职工总数的36%下降为32%；小学、初中、高中教师的学历达标率分别由改革前的86%、47%、48%提高为95.4%、50.1%、48.6%；专任教师由改革前占教职工总数的78%提高为82%；小学、初中、高中师生比由改革前的1∶16.63、1∶13.07、1∶11.73提高到1∶19.36、1∶15.56、1∶14.25，实现满负荷工作。完善校长负责制、教职工聘任制、结构工资制，进一步调动各方面的积极性。改善经费支出结构，全县因精减人员节约经费122万元，因合班并校节约50万元；公用经费由改革前占经费支出的10.73%增加到15%，改变过去教育经费基本上被人头吃掉的状况。各级党委政府办学积极性得到提高，各乡镇加大教育投入，用于提高教师待遇，改善办学条件。好生镇民办教师月提高工资90元，月工资达到190元，是当地人均收入的1.8倍。

“一评三制”改革 2001年暑假，根据《中共中央、国务院关于深化教育改革全面推进素质教育的决定》精神和省、市关于深化中小学内部管理体制改革的有关规定和要求，县委出台《关于深化中小学内部管理体制改革的意见》，以优化教育人力资源为重点，以激活机制为目的，在全县开展以“一评三制”（综合考评、校长竞聘制、教职工全员聘用制、校内岗位津贴等级制）为核心的中小学内部管理体制改革。通过改革，全县初中、小学58名干部落聘，精减在编教职工403人，辞退临时代课教师197人，补充本、专科优秀毕业生196人，调整教师213人。小学、初中、高中教师学历达标率分别由改革前的98.7%、82.5%、57.8%，提高到100%、91.3%、62.2%；专任教师由改革前占教职工总数的84.3%提高到91.7%。自2001年11月起，实行固定工资加校内岗位津贴等级制新工资分配制度。

教师地位与待遇

表彰奖励 1979年，1名教师被评为全国“三八红旗手”。1983年，1名教师被表彰为全国“三八红旗手”，8名教师被命名为省优秀教育工作者、优秀教师，1名教师被表彰为省“三八红旗手”。1984年，1名教师被评为全国模范班主任，2名教师被评为省模范班主任，1名教师获省园丁奖，1名教师被表彰为省新长征突击手。1985年，国家确定9月10日为教师节。教师节期间，国家、省、市、县集中表彰优秀教师、优秀教育工作者。至2005年底，分别有22人、69人、241人被评为全国、省、市级优秀教师、优秀教育工作者，2202人受县级表彰。此外，还有2人被评为全国教育系统劳模，2人被评为省劳模，1名教师被表彰为省“三八红旗手”，2名教师被表彰为省新长征突击手。

特级教师评选及其他待遇 1979年，全省在中小学和师范学校中评选第一批特级教师。12月，开始实行班主任津贴。至2005年，全县共有2名小学教师和5名中学教师被评为山东省特级教师。1991年，县人事局、财政局、教育局联合下发《关于转发〈退休公办教师增发退休补贴费的通知〉的通知》，对满30年教龄的公办退休教师的退休补贴费，在省规定标准上再提高5%，适用范围为普通中小学、普通中专及县教研室教学

研究人员。1996 年 2 月，实验中学校长肖爱珍获国务院颁发的政府特殊津贴。是年，按照省人事厅、教委、财政厅《关于提高任教三十年的中小学教师退休待遇问题的通知》，对符合条件的中小学教师退休金按原工资的 100% 发放。1998 年 5 月，省人事厅、教委、财政厅联合发文，规定连续从事教学工作满 25 年的女教师退休金按原工资的 100% 发放。2005 年，19 人入选首批滨州市优秀园丁，县财政每月补助 200 元，管理期为三年。

1988—2005年邹平县教师职称评定情况一览表

表24-1-9　　单位：人

类别 年度	公办教师				民办教师			
	高　级	中　级	助　级	员　级	高　级	中　级	助　级	员　级
1988	69	942	1507	557		23	1161	
1990			28	210				
1992			372	299				
1993	70	495	1003	240		332		
1994	80	392	261	105		10	953	
1995	62	201	272	112		68	5	
1996	57	441	508	76		40		
1997	85	417	315	172		94	113	6
1998	61	123	172	14		2	4	3
1999	57	588	167	33				
2000	75	316	274	83				
2001	177	354	377	85				
2002	161	349	462	21				
2003	145	385	128	15				
2004	197	821	381	18				
2005	54	279	224	10				

第十二节　教学研究

1985 年，县教研室研究改变标准化、同步化的“三中心”（即以课堂教学为中心、教师为中心、教材为中心）教学体系，在教学过程中探索研究多种课型的新教法。1986 年 5 月，县教育局建立初中、小学县级中心教研室。1987 年，高中建立校级学科教研组。1988 年 4 月，调整充实全县中心教研组。1989 年起，全县先后开展黎世发推出的“发现法”、布鲁姆的“目标教学法”、卢扎洛夫的“暗示教学法”、沙塔洛夫的“纲要信号图表法”、魏书生的“六步教学法”等教改实验。在王敏勤指导下，“和谐教学法”于 1995 年 6 月通过省级鉴定。同年起，全县组织开展以课堂教学为中心的教学系列达标活动。至 1998 年 7 月，有 3675 名中学教师和兼课校长通过验收，占中学教师总数的 95.5%；有 2891 名小学教师和兼课校长通过验收，占小学教师总数的 95.75%。

1999 年 5 月，教研室牵头的全国教育科学规划办公室重点科研课题《和谐教学的研究与实验》通过专家委员会鉴定。是年，县教研室被评为山东省教育科研先进单位；举办首届全县中小学创新教育与实践活动节，此后每年一届。

2001 年 3 月，在全县中小学开展争当科研型教师、争做科研型校长、争创科研型学校活动。

是年，邹平被确定为全国和谐教学示范实验单位和省级新课程改革实验区。2003年5月，教师分层发展研究课题通过省教育科学规划办公室鉴定。9月，面向全县公开竞岗选聘10名教研员、44名兼职教研员，修订《关于加强教研室内部管理的若干规定》《教研员工作评估量化标准》。2004年，黛溪中学、实验一小、二小通过省级教学工作示范学校验收。县教研室承担的《初中语文读写教改实验》、台子初中承担的《作文全程优化研究》通过中国语文教学研究会专家组鉴定，县教研室被评为山东省教育科研先进单位。2005年，70余项中小学创新成果参加全市创新成果评选，14项获一等奖，28项获二、三等奖；40余项代表滨州市参加全省科技创新作品展示活动；县实验中学获优秀组织奖。4月，全市创建省、市级教学工作示范学校及校本教研工作现场会在邹平县召开。是年，在数、理、化、生4科全国竞赛中，邹平县一、二等奖分别占全市的44.2%、40.4%、47.5%、48.5%，居全市各县区之首。

第十三节　教育设施

校舍改造

1986年，全县新建校舍70处1148间、院墙15184米、厕所390间、大门70个、新制课桌凳2981套，改造校舍1383间、厕所543间，累计投资363.11万元。1987年10月，全县达到“六配套”标准学校745处，占学校总数的98%，成绩列全区第一名。

1988年11月，长山中学投资120万元，新建办公楼、教学楼、实验楼、学生宿舍及学校大门，成为滨州市第一所省级规范化高中。1989年3月，县委、县政府作出《关于依靠社会集资改造公办中小学校舍的决定》。是年，投资60万元建起第二实验学校教学办公大楼；投资40万元建成魏桥高中教学实验楼；投资280万元新建技工学校办公教学楼、宿舍楼。1990—1991年，国办学校校舍改造重点在邹平一中、黄山中学、实验中学和技校。投资970万元新建邹平一中教学大楼、改造学生宿舍楼，新建黄山中学教学大楼，新建实验中学，建成技校教学大楼。1991年12月，邹平县城镇校舍改造通过省政府验收。1992年，重点抓乡镇初中校舍改造。至1995年，中小学校舍全部达到规范化标准。

1996—1998年，加强以校舍设施为重点的学校全面管理。县政府规定，县直学校每年从城市教育费附加中列支50万元，农村中小学每年从教育事业费附加中提取10%作为校舍设施维护经费。全县累计投资5000余万元，新建教学楼52幢、平房1800间，总建筑面积13万平方米；新增各种教学仪器，价值1400万元。绿化面积在20%以上的学校达到212所。55所中小学校舍设施维护管理工作达地级优秀标准。1997年12月，省教委、财政厅对邹平县校舍设施管理工作进行评估验收，总成绩列全区第一。

1998年10月31日，县政府第八次常务会议决定扩建黄山中学，至2001年，新建校舍5万余平方米，办学规模由18个教学班扩大至60个教学班。1999年，将原中医药职业中专改建为黛溪中学。2003年9月，新一中建成招生。2004年9月，规模40个教学班的开发区第一小学建成投入使用。2005年9月，县实验一小综合楼、实验二小新教学楼投入使用。各乡镇学校建设力度加大，2001—2005年，韩店镇新世纪中学、魏桥实验学校、台子镇中心小学、孙镇第一小学等一批高标准、现代化学校相继投入使用。全县初中、小学分别由2000年的29处、239处调整至19处、80处，教育资源配置得到整合优化，省、市级规范化学校60处，占全县中小学总处数的57.7%。

至2005年，全县各级各类学校有土地340万平方米，校舍建筑面积98万平方米，固定资产总值95068.1万元。

教育信息化

1984年，县教育局在教研室设立电教组，负责指导全县学校电化教育工作。1987年，电教组独立，改称电教仪器站，具体负责全县电教仪器工作。1988年，教育局建起全县首套教育卫星地面接收站，开始接收中央电教馆制作的教育教学节目，免费为基层播放。1993年，电教仪器站并入教研室，设电教组。至1997年，全县建学校教育卫星地面接收站63个，教育闭路电视系统25套。1998年，启动“二机一幕”（录音机、电视机、投影仪）进教室。1999年，邹平一中等4处学校通过首批山东省电化教育示范学校验收。2000年，县教委依照《滨州地区县级现代教育技术示范学校标准及验收办法》，开展县级现代教育技术示范学校创建工作。同时，“二机一幕”升级为“四机一幕”（录音机、电视机、录像机、VCD机、投影仪）。至2003年，全县“四机一幕”1034套。2001年9月，县教委制定《邹平县教育信息化建设实施意见》《邹平县教育现代化实施方案》，整体推进教育信息化。当年，建成开通邹平县教育城域网。至2003年，基本实现全县贯通。从2003年开始，在全县启动多媒体进教室工程，将网络资源引进教室。2004年，按照教育部、财政部、发改委统一部署，启动农村中小学现代远程教育工程，县财政投资111.43万元，98处项目学校分别达到相关建设标准，通过县、市级验收。2005年5月，承办山东省教育社杯智能机器人大赛，邹平代表队获得2个一等奖、8个二等奖，按县域评比全省第一。

至2005年，全县建设公用型多媒体电教室75个，班级型多媒体教室909个，微机室132个。全县微机总数12101台，学生人机比为12∶1，教师人机比为1.5∶1，可共享教学资源1600G，有省级电教示范学校9处，市级现代教育技术示范学校46处，县级现代教育技术示范学校37处，市级教育信息化示范学校14处。

实验室建设

1984—1993年，全县开展实验室、仪器室标准建设工作。1994年起，开展市级实验室管理和实验教学优秀学校创建工作，至1997年，全县有63处学校和8个乡镇被评为市级实验室管理和实验教学优秀学校、示范乡镇。1999年，开展创建省实验教学示范县工作，先后筹集资金2171万元，新建实验楼11幢，建成面积1.83万平方米，平房87间。投资121万元，购置实验桌凳、仪器、图书架2775套，投资782万元购置各类器材16.1万件，投资168万元购置图书31.6万册。2000年12月，通过省政府验收，成为全省“创建普及实验教学县”工程全面启动后通过验收的第一个县。2005年，3处学校被确定为首批市级实验室管理及实验教学示范学校。

至2005年，全县中心小学以上学校实验室和教学器材全部达到部颁一类标准，全县共有一类实验室学校47处，全县教学器材总值11476万元。

第十四节　教育经费

1986年起，全县开征教育费附加。是年，全县教育经费总额为731.03万元，比上年增长8.3%，教育经费主要来源是财政拨款。1993年，教育经费2392万元，教师工资支出占93.3%，公用经费占6.7%。

从1994年起，财政采取“零基预算法”，安排预算内教育经费，即各级财政部门根据上年末实际人数核算人员经费，公用经费按照教职工人数或学生数进行安排。1997年，为加强对城乡教育费附加的监督管理，县政府下发《关于加强对农村教育事业费附加监督管理的通知》，进一步明确了征收范围和比率、征收方法、管理使用、监督与奖惩等。1999年，县政府下发《关于开征四项教育费的通知》，明确规定四项教育费的开征范围、征收比例、征收部门及管理使用。2003年9月，制定关于转发省财政厅、教育厅《农村中小学公用经费标准有关问题的通知》的通知，适当提高农村中小学公用经费标准。为落实“以县为主”的义务教育管理体制，从2004年起，县政府先后下发《关于落实“以县为主”管理体制加快农村教育改革与发展的意见》《关于落实“以县为主”管理体制的实施方案》等文件。县政府成立领导小组和工作小组，调整理顺财政管理体制。6月，各项工作到位，邹平县在滨州市率先落实“以县为主”的义务教育管理体制。教师工资纳入县财政统一发放，中小学公用经费、教学设备维护费按定额纳入县财政预算。成立教育会计集中核算中心，负责对全县教育经费进行集中管理。教职工工资和学校正常运转所需经费得到保障。

2005年，全县教育经费总额34824.2万元，其中预算内24368万元。

第十五节　教育督导

1993年，县政府教育督导室成立。主要职责：实施教育执法目标责任制，对县直部门和各镇乡政府贯彻教育法律、法规和履行教育职责的情况进行督导检查，对教育先进单位评选提出主导性意见；对教育工作中的重大问题进行调查研究，向县政府或上级教育行政部门提出意见和建议；对学校的办学方向、条件、质量和效益进行检查评估，对学校主要负责人的奖惩、任免，向有关部门提出建议。1994年，在争创“两基”工作中，督导室依据省、市有关规定，严格要求各镇乡及办学单位尽职尽责，依法加大投入，努力实现财政拨款“三个增长”（政府教育拨款的增长要高于财政经常性收入的增长，并使按在校生人数平均的教育费用逐步增长，保证教师工资和生均公用经费逐年有所增长），改善办学条件；足额征收城乡教育费附加，并做到专款专用。1995年1月，经省政府验收，邹平县在鲁西北4区率先实现“两基”。之后，把工作重点转移到“两基”的巩固提高上来。1998年起，每年底，督导室都成立由专业人员组成的评估组，对全县中小学办学水平进行全面督导评估，按督导评估成绩表彰办学先进单位，并将结果纳入全县“双文明”考核，作为县委、县政府考核干部的重要内容。1999年，实施“两化一制”和执法公示制，强化政府行为，增强全民依法治教意识，制止中小学生辍学。

2000年6月，全省幼儿园办园水平督导评估试点会议在邹平县召开。是年，首次对各镇中心幼儿园、村办幼儿园实行年终督导评估。2001年起，教育系统各种检查验收统一由教育督导室管理，实行年终一次性督导和“五个一”（一个系统、一支队伍、一个标准、一个方案、一个结果）制度，检查结果信息共享，结果共享，作为表彰先进单位依据。2002年3月，督导室配合县人大对全县《义务教育法》贯彻实施情况进行视察。是年起，对学生辍学超标单位实施教育工作考核一票否决。5月，邹平县被国家教育督导室确定为全国第一个“普九”巩固提高试点县。2005年4月，组队参加全市教育法律法规知识电视大奖赛获第一名。

在创建省级教育工作示范县过程中，督导室依法对“以县为主”农村义务教育管理体制落实情况进行督导。2005年6月，“以县为主”农村义务教育管理体制落实到位。9月，邹平县顺利通过省政府评估验收，成为鲁西、鲁北、鲁南第一个省级教育工作示范县。淄博、泰安、聊城、临沂、东营、日照等市先后到来参观学习。

第二章　科学技术

第一节　机构沿革

县科学技术委员会

1978年1月，重新建立县科学技术委员会，列政府序列，分别管理工业、农业、地震情报资料等科技研究工作。

1986年，设办公室、科技成果专利科、科技情报科，编制增至12人。1988年，增设科技干部科。1990年，增设技术市场管理办公室。1992年，科技干部管理工作归县人事局管理，撤销科技干部科。1993年10月，县级机构改革，设办公室、科技成果专利科、科技情报科、地震办公室，编制20人。1996年，设办公室、综合管理办公室、技术市场管理办公室，及县防震减灾领导小组办公室。2002年6月，县级机构改革，县科学技术委员会更名为县科学技术局，撤销综合管理办公室，增设计划成果股、科技信息中心。2004年，增设高新技术发展及产业化股、政策法规股和政策研究室。4月，县科技局加挂县地震局牌子。至

2005年，内设机构未变。

县科学技术协会

1981年4月，恢复建立县科学技术协会，下设科普部与办公室。1992年，组建县高效农业开发服务部。1998年4月，组建县大棚蔬菜果树科技服务中心。2005年机构无变化。

第二节 科研组织

科技类民办非企业（研究所）

1986年以来，县科技局贯彻落实《中华人民共和国技术合同法》《中华人民共和国促进科技成果转化法》《山东省技术市场管理条例》，鼓励支持发展各类科技机构。至2005年底，审批科技类民办非企业25家，其中省级2家，具有技术贸易资质的11家。这些科技机构聘请专家、教授，开展技术开发、科技服务活动，促进科技成果、专利技术转化，取得显著经济社会效益。

孙镇冯家村鲁北小麦研究所，聘请省内著名小麦专家余松烈、赵君实、李晴祺为技术顾问，选育出3个小麦优良品系，小麦良种繁育年增收100万元以上。

邹平水杏研究所多次聘请山农大园艺系书记、教授李宪利举办水杏管理技术培训班；同时，承担省科技厅“水杏保护地栽培技术开发”课题，解决水杏保护地栽培技术难题；同时，推广人工授粉、疏花疏果、果园覆草、果品套袋、水杏大棚种植等实用技术。水杏种植面积发展到5万亩，亩产量最高为1700千克。水杏已发展成为全县的特色农业产业。

企业技术开发中心

2000年，全县市级技术中心2家，分别是琥珀技术开发中心和亚视集团技术开发中心。2001年，组织部、科技局、人事局组织开展科技创新示范活动。以西王、亚视、齐星等十大企业集团为示范，引导企业加大科技投入，引进科技人才，建立企业内部技术开发机构，走“以企业为主体、市场为导向、产学研结合”道路，企业技术开发机构有较大发展。至2005年，全县80%以上规模企业建立技术开发中心，其中市级4家，新增西王和怡康集团技术中心。同年，西王集团技术开发中心被认定为省级中心。企业技术中心开展技术创新，实施产学研结合，每年开发新产品上百项，企业效益的40%来自科技创新。

山东西王集团技术开发中心拥有专业人员40余名，中心主任阿纳斯系卢旺达人，江南大学食品科学与工程专业博士。中心专职人员均为本科以上学历，另有兼职人员90余名。中心下设分析测试中心、研发部、质量部和实验室，拥有国内一流的先进仪器设备64台套。中心申请专利34项，取得省级科技成果3项，开发果葡糖新产品多项，承担国家火炬计划4项。

怡康集团技术开发中心成立于2001年，当年通过市级验收，成为县内第一家市级技术开发中心。中心技术开发人员35名，占企业职工总数的31%。其中本科学历15名，高级工程师1名，工程师4名，执业药师1名。集团技术开发中心在引进世界最先进的丹麦DSSE公司“全酶法”生产技术基础上，消化吸收再创新，实现设备国产化，降低一次性投资。首次将芬特过滤技术应用到制糖行业，保证产品纯度，实现清洁化生产。中心取得省级科技成果8项,其中“注射级无水葡萄糖”项目获省科技进步三等奖。

第三节 科技型企业

高新技术企业

从1994年起，组织省级高新技术企业认定工作。重点围绕电子信息、生物医药、新材料等高新技术领域发展高新技术企业。至2005年，全县有28家省级以上高新技术企业。其中国家火炬计划重点高新技术企业2家，分别是山东西王集团和怡康集团。高新技术产业产值实现57亿元，占规模以上工业比例10.94%。

省级以上高新技术企业名单

1. 山东西王集团有限公司（国家级）
2. 邹平怡康集团有限公司（国家级）
3. 邹平县齐苑化工有限公司

4. 山东华孟集团有限公司
5. 山东恩贝集团有限公司
6. 山东会仙生物有限公司
7. 山东西王粮油股份有限公司
8. 邹平三星油脂工业有限公司
9. 山东开泰金属磨料有限公司
10. 福海油脂
11. 山东恩贝有限公司
12. 山东省邹平县机筛厂
13. 邹平铭兴化工有限公司
14. 邹平铭波电源有限公司
15. 邹平三木化工有限公司
16. 邹平县天兴化工有限公司
17. 山东邹平农药有限公司
18. 爱德伊怡生物公司
19. 邹平县会仙恒亮科技有限公司
20. 齐星铁塔有限公司
21. 山东省邹平江泷食品有限责任公司
22. 邹平县华星热能环保设备有限公司
23. 山东新安凯动力科技有限公司
24. 齐星新能源科技有限公司
25. 邹平县特种陶瓷材料研究所
26. 山东大地环保设备有限责任公司
27. 邹平美罗福农化有限公司
28. 山东西王集团有限公司（省级）

民营科技企业

2002 年，开展市级民营科技企业认定工作。至 2005 年，全县共认定市级以上民营科技企业 39 家。其中省级优秀民营科技企业 5 家，市级民营科技企业 34 家，分别占全市的 48% 和 37%。

第四节　科技项目

工业科技项目

1986—1995 年，共完成省、地、县科技攻关项目 101 项。其中省计划项目 10 项，地区计划项目 15 项，县计划项目 76 项，科技经费总投入 255 万元，创直接经济效益 2800 万元，科技投入产出比为 1∶11。邹平县特种陶瓷材料研究所承担的省计划项目“热解氮化硼坩埚”处国内领先地位。“Φ6 坩埚”填补国内空白,满足全国“863”“八五”攻关和军工任务要求。县水利局承担的“铜矿污水处理及铜离子回收”列省科技攻关项目，年回收铜 120 吨，年处理污水 50 万立方米，达到农业灌溉用水标准。曲线拉门开发公司研制的 QLM 型建筑用曲线拉门，1988 年列省科技攻关计划，1989 年列国家级新产品。

1996—1998 年，实施科技项目 78 项，其中省级 5 项、地级 3 项、县级 70 项。科技经费总投入 520 万元，创经济效益 6240 万元，科技投入产出比 1∶12。1997 年，邹平县拓展建筑机械厂承担的省计划项目“GT6/12 型带肋钢筋调直切断机”填补国内空白，主要技术指标达到或超过国外同类产品技术水平，解决国内调直切断带肋钢筋的难题，年产 300 台，创产值 1500 万元，实现利税 600 万元。1998 年，邹平冶金耐火材料厂承担的省计划项目“镁碳质狭缝直筒式钢包底（侧）吹氩透气元件”采用独特的材质和工艺，完成可与钢包包龄同步，不但能底吹还可侧吹，中间不须更换，吹氩不受时间、地点制约，既减轻劳动强度，又提高钢水精炼度，冶金部、山东省冶金厅对此高度评价。该项目年生产能力 500 吨，创产值 1800 万元，利税 1000 万元。

1999—2003 年，邹平县科技局组织完成科技计划项目 126 项，其中国家级 1 项、省级 2 项、地区级 123 项。科技经费总投入 1520 万元，创经济效益 106240 万元，科技投放产出比 1∶14。

以电子信息、生物技术、新材料三大高新技术领域为主攻方向，加大投入，建立研发中心，增强企业创新能力。同时以学研产基地为平台，引进、转化一批国内、外高新技术成果，培植新的经济增长点，形成高新技术产业化。科技三项经费重点扶持开泰、华孟、会仙、齐苑化工、铭兴、铭波等一批科技型中小企业。

山东西王集团连续结晶葡萄项目，2002 年 4 月，在北京召开科技成果鉴定会。会议邀请中国发酵工业协会理事长石维忱、中国淀粉工业协会副会长陈敬等国内著名专家作鉴定会成员。集团公司开发25立方米卧式连续结晶技术为国内首创。另外，在连续喷射液化全酶法制糖工艺中，采用自动控制层流工艺，总糖转化率10.9%，比传统工艺提高2%；过滤系统中采用芬特过滤技术，改善车间生产环境；采用连续离子交换技术，提高糖的质量和糖的收得率98%以上。其中结晶工艺、液化工艺、离子交换工艺3项技术申报国家发明专利。项目列入“国家2004年火炬计划”，集团公司被科技部认定为“国家火炬计划重点高新技术企业”。怡康糖业有限公司在引进丹麦全酶法制糖工艺基础上，开发芬特过滤技术、玉米胚芽逆向浸出技术、玉米淀粉生产无过程水排放工艺等多项技术。全酶法制糖工艺列入国家重点扶持的农业科技成果转化项目，企业被认定为省级高新技术企业。

农业科技项目

1986—1995年，完成科技计划项目286项，其中省级7项、地级49项、县级228项。“邹平县20万亩小麦中产变高产示范开发”项目，以引进良种统一供种为龙头，以播期、品种、密度为中心措施，带动各项配套技术，使示范开发区的礼参、长山、苑城、焦桥、孙镇、韩店6镇乡，由平均单产307.2千克，变为平均单产405.2千克，创出2000亩单产超过500千克的高产示范田。1992年,实施“玉米规范化夏播制种高产技术开发”项目，玉米夏播制种单产由200千克左右，达到万亩制种平均单产超过325千克，属国内同类产品先进水平。开发区生产的优质杂交种除满足本县需求外，还支援外省地，山东省两年推广面积400万亩。冯家村成为省内小麦、玉米试验开发基地。自1986年后，组织实施棉花套种万亩开发及栽培技术研究，小麦、玉米、棉花立体种植效益及模式研究、夏谷增产技术开发、井灌区低压管道输水灌溉技术综合试验、香椿矮化密植丰产栽培技术研究、毛白杨优良无性子选育、山药栽培技术开发研究、2万亩苹果产量、质量、成本树相与最佳纯化利润相关性研究、土豆、红薯、脱毒种苗技术开发、棉铃虫综合防治技术研究等农业科技项目。

1996—1998年，实施科技计划项目83项，其中省级3项、地级1项、县级79项。1997年，农业局植保站承担的“化学除草”项目获省星火二等奖，“玉米锌肥试验开发”等8项获地区进步奖，36项获县级成果奖。同年，“邹平水杏高产优质综合技术开发研究”省级项目实施2年，水杏亩增产500千克，全县2万亩水杏增效益5000万元。先后组织举办13期水杏技术管理培训班，由过去的粗放管理转变为科学管理，推广修剪、施肥、病虫防治等技术，过去的劣质园变为优质园，郁闭园变成丰产园，并在邹平镇建起5000亩密植丰产园。1998年4月，邹平、西董处“水杏保护栽培”研究成功，水杏提前上市20余天，属国内首创。1997年，邹平镇前城村“秸秆气化示范工程”点火成功，秸秆变废为宝，为群众解决生活中的困难，解决露天燃烧造成空气污染问题。

1996年，从沾化县引进冬枣500余株，在西董镇建起育苗园、结穗园，嫁接的酸枣树结果。1998年，在省内首引的大球盖菇食用菌新品种在九户镇试验成功，栽培的盖菇单株重500克，菇盖22厘米，每平方米产量20余千克。1996—1998年，邹平县引进果树新品种20余种，主要农作物新品种16种，蔬菜新品种10余种。葡萄、西瓜、草莓、油桃、甜瓜、蔬菜、花卉等保护地栽培技术应用推广。

1999—2003年，县科技局和黛溪街道共同承担完成“省级水杏高产优质综合技术开发项目”，在科技副县长、山东农业大学教授李宪利组织下实施，主要进行水杏园相优化模式研究、高产优质栽培配套技术研究。该项研究在国内首次阐明邹平水杏高效保护栽培技术，提出水杏保护地栽培的技术规程，获得亩产1009.2千克的高产量；解决中国杏设施栽培技术难题，总结出高产优质配套栽培技术，优化筛选出12个优系配套品种。成立邹平水杏研究所，每年繁育杏苗20万株。1999年，开发2000亩，亩产982.5千克。至2003年，水杏面积发展到5万亩，亩产最高达到1700千克，仅水杏一项，人均收入2000元。水杏大棚保护栽培项目，由传统方式种植改为冬暖式大棚种植，加大密度，提早上市1个月，减少果品污染，提高品质。2001年，大棚5个。2002年，发展到20个，价格最高的售价100元/千克。一个大棚投资1万元，当年见效，年产1000千克左右，收入2万～3万元。

第五节 科技管理

科技规划与政策

科技规划 1978—2005年，制定6个科技发展五年规划。2005年12月，制定《邹平县国民经济和社会发展第十一个五年总体规划纲要》。纲要回顾总结“十五”期间科技发展情况，确定“十一五”指导思想、奋斗目标、重点任务及保障措施。

2004年10月，邹平县被科技部命名为“国家科技进步示范县”，成为全国83个、全省8个示范县之一。按照科技部示范县建设与发展要求，在调研论证基础上，制定《邹平县国家科技进步示范县建议与发展规划》，并于2005年10月28日通过第十四届县人大常委会第20次会议审议。

科技政策 县委、县政府制定出台一系列科技政策。为加快高新技术产业快速发展，2005年，制定《关于加快高新技术产业发展的规定》(邹发〔2005〕8号)文件并实施。

科技计划、成果、奖励

1978—2005年，全县组织实施科技计划812项，其中国家级10项，省级33项，市级80项，县级750项。10项国家项目分别为火炬计划6项，重点新产品3项(西王集团“结晶葡萄糖”、会仙集团“珍牡钙”、铭兴化工“1,3丙二醇”)，以及怡康集团承担的国家农业科技成果转化资金项目“无水葡萄糖”。

1978—2005年，取得科技成果635项，其中省级82项，市(地)级156项。获科技奖励352项，其中省级8项，市(地)级185项。

为鼓励自主创新，2005年组织评审81项县级科技进步奖。其中一等奖28项、二等奖38项、三等奖15项；获奖项目中工业52项、农业10项、社会科技19项。

专利申报及管理

1985年4月，《中华人民共和国专利法》实施，县科技局组织有关部门参加省科技厅和省专利局举办的各类《专利法》培训班。1996—1998年，邹平县申请专利19项，每年实施持有专利和转让他人专利技术5项。“M316木工台式带锯机”“馒头生产专用节能蒸汽锅炉”两项实用新型专利产品，减轻操作者的劳动强度，节省燃料等，产品销势好。

1999—2003年，邹平县申请专利77件，其中外观设计4件，实用新型61件，发明12件。每年实施持有专利和转让他人专利技术8件，其中山东邹平县福正木器工艺品厂生产的“福正牌”马扎凳，获5项专利，参加2003年广交会，该产品远销新加坡、澳大利亚。

至2005年底，全县申请专利352件，列全市第二位。长山机筛厂、江泷食品有限公司被评为省级专利明星企业。西王集团申请发明专利27项，江泷食品有限公司申请专利8项，其中发明专利4项。

科技进步目标责任制考核

2001年后，国家科技进步目标责任制考核每两年一次。2001—2004年，邹平县连续2次考核名列全市第一。2003年7月22日，省、市考核组到邹平县对2001—2002年度科技进步目标责任制进行考核。通过听取汇报，实地查看，审查材料，考核组一致认为，邹平县科技进步目标责任制考核材料充实、完善，科技工作走在全市前列，并向科技部推荐为全国科技工作先进县。2005年6月，考核组对邹平县2003—2004年度科技进步目标责任制进行考核，考核成绩获全市第一，通过考核并被科技部命名为“全国科技进步示范县”。

图24-17 2004年1月，邹平县被科技部授予“2001—2002年度全国科技进步先进县”

全县党政领导干部科技进步目标责任制考核工作每年1次。

技术市场管理

1990年1月，县科委设立技术市场管理办公室，依照《中华人民共和国技术合同法》《山东省技术市场管理条例》，依法管理县辖区技术市场，审批技术贸易机构，审查技术成果交易会，认定登记技术转让、技术服务、技术开发、技术咨询等技术合同，监督审查报纸、广播电视刊播技术商品广告。至1995年，全县技术贸易机构25家；县属企业、骨干乡镇企业技术转让费突破200万元；组织参加国家、省、市技术贸易会3500人次；山东大学、山东省科学院等院校专家教授多次受邀到邹平县召开技术信息洽谈会，提供技术信息上千条。

1998年，利用电视、报刊、发放法规汇编等形式，重点宣传《中华人民共和国技术合同法》《中华人民共和国促进科技成果转化法》和《山东省技术市场管理条例》，同时积极支持和鼓励发展各类科技服务机构。1996—1998年，审批从事技术转让、技术开发、技术咨询和技术服务的技术经营机构6家；审批以科技人员为主体，利用当地传统产业和资源优势，科研、生产、经营联合体的民办科技组织19家；认定以科技开发为主的民营科技企业8家，其中山东华孟集团公司被省政府授予“山东省优秀民营科技企业”，是滨州唯一获此殊荣的民营科技企业。聘专家、请教授，开展技术服务、技术开发、转化科技成果。孙镇冯家村“鲁北小麦研究所”聘请省内著名小麦专家余松烈、赵君实、李晴祺为顾问，选育出3个小麦优良品系，小麦良种繁育年增收100万元以上。“邹平水杏研究所”聘山农大教授李宪利兼任所长，选育水杏新产品种，应用先进栽培管理技术，自1997年起，结束邹平县杏树不修剪的历史。1998年，里八田乡“邹平西瓜研究所”引进大棚西瓜嫁接技术成功，西瓜提前上市20余天。科委组织县业内人员参加省内外技术交易会3000余人次，全县年技术交易额突破400万元。

第六节　科技服务

科技培训

1986—2005年，县科技局共聘请大专院校专家、教授到邹平县举办各类专业技术培训班50余次，培训人员近万人次，印发各类技术资料25万册。组织水杏、花卉、食用菌、瓜菜等专业研讨会12次，参会人员600余人。举办科技大集、科技下乡13次，发放资料15万份。1998年，成立邹平县农业科技专家咨询站，解答农民技术难题3000余项，服务农户上万个。

科技合作

学研产基地建设　2001年5月，邹平县与山东农业大学开始合作，聘请山东农业大学园艺系书记李宪利为科技副县长，聘请4名教授为科技顾问。2002年1月，“山东大学—邹平学研产基地”正式揭牌成立，双方签订全面合作协议。8月，召开项目对接会，聘任材料学院院长李剑峰为科技副县长，聘请9名教授为科技顾问，签订合作项目53个。至2005年，全县70%以上规模企业与大专院校、科研单位建立稳定的产学研合作关系。2005年，三星集团与江南大学食品学院合作成立国家重点学科“食品科学与工程一级博士点”教学研究实习基地，研制成功国内独有的“全连续法常温快速脱蜡”工艺，降低物耗，提高产油率，填补国内空白。

至2005年，邹平县科技副县长、科技顾问名单

科技副县长：

1. 李宪利　山东农业大学园艺学院书记
2. 李剑峰　山东大学机械学院院长、教授
3. 李　军　山东省建设厅

科技顾问：

1. 高宝玉　山东大学环境学院院长、教授
2. 黄传真　山东大学学院副院长、教授、博士生导师
3. 邓建新　山东大学机械学院教授、博士生导师

4. 孙奉仲 山东大学能源与动力学院副院长、教授
5. 吉小青 山东大学管理学院副院长、教授
6. 陈靠山 山东大学生命科学学院教授
7. 谭业邦 山东大学化学院教授
8. 管延锦 山东大学材料学院博士
9. 杨建平 山东农业大学园艺学院副主任
10. 刘训理 山东农业大学林学院副院长
11. 董海洲 山东农业大学食品学院院长
12. 王建民 山东农业大学动物生产系主任
13. 李吉海 山东大学有机化学教授

清华大学博士生暑期社会实践活动 2003 年始，清华大学应届博士毕业生到邹平县进行暑期社会实践活动。先后有电子、化工、生物、机械等专业博士研究生 30 余人到县内 22 个企事业单位实习，帮助解决实际问题 30 余个，由此与清华大学建立合作关系。

农业科技推广

1986 年，新型植物生长调节剂“喷施宝”、高效生物农药“包杀敌 I”、国际新一代特种化学肥料生长促进剂“强力高产素”及新型杀菌剂“西瓜重茬剂 1 号”等科技新产品进行试验示范及应用。1991 年后，全县推广“喷施宝”20 万支，应用面积 15 万亩，增加经济效益 1000 万元以上。1992—1993 年，县科协主持进行的“大田八种八收立体高效栽培技术研究”，被地区科委批准立项并通过验收。蛋鸡新品种综合开发技术，被山东省科协列为全省科普示范点之一，并大加推广。

1999—2003 年，先后引进示范推广新技术、新成果、新品种 70 余项（个），提高全县农业科技含量和产业化水平。2000 年，在焦桥镇、码头乡建立浅水藕种植基地，每亩经济效益 3500 元。2003 年，种植面积 1300 亩。同年，在码头镇建立保健西瓜生产基地，示范种植面积 300 余亩，亩增效益 20% 以上。

1986—1995年邹平县获省、地科技成果进步奖项目一览表

表24-2-1

成果名称	获奖级别	获奖等级	完成单位	获奖年度
QLM建筑用曲线拉门	省	三	县曲线拉门开发公司	1990
邹平县综合发展规则	省	三	县农业区划办	1990
JZ11-STD酒精蒸馏微机控制	省	三	县计算机应用管理所	1990
玉米规范化夏播制种高产技术开发	省	三	县种子站	1993
砂土水泥管研制及灌溉应用	地	一	县水利局	1986
冬小麦高产稳产配套栽培技术	地	一	孙镇冯家	1988
邹平井灌区低压管道输水灌溉技术综合试验	地	一	县政府	1990
食管渗疗器及应用研究	地	一	县政府	1990
小麦、玉米、棉花优良品种提纯、保纯、供种技术推广	地	一	县农技站、县种子站	1992
辽宁绒山羊与本地黑山羊杂交效果研究	地	一	县畜牧兽医站	1993
热解氮化硼坩埚	地	一	邹平特种陶瓷研究所	1994
水性阻尼涂料新产品研制	地	一	邹平汽车材料厂	1994
关于蒸煮工艺改进价值分析	地	二	县酒厂	1988
硫醇锑复合热稳定剂	地	二	邹平化工总厂	1988
惠民地区夏谷增产技术开发研究	地	二	县科委、农业局	1988
价值工程在冷却系统改造中的应用	地	二	县啤酒厂	1988

续表24-2-1

成果名称	获奖级别	获奖等级	完成单位	获奖年度
PL-1小型喷粉锻造加热炉	地	二	县科委、乡镇企业局石油化工配件厂	1988
QLM型建筑粉锻造加热炉	地	二	邹平曲线拉门开发公司	1990
邹平县综合发展规划	地	二	农业区划办	1990
ZJL自助立式挤压制管机研制应用	地	二	县水利局	1990
香椿矮化密植丰产栽培技术研究	地	二	县科委、县水利局	1990
实心轻体板新产品研制	地	二	邹平县轻体板制品	1992
推广应用静电超低容量喷雾防治棉铃虫新技术	地	二	县植保站	1993
SBS橡胶改性沥青柔韧毡	地	二	邹平县防水材料厂	1993
邹平县综合国土规划	地	二	县计划委员会	1993
西瓜枯萎综合防治技术推广	地	二	县农业局	1994
邹平县20万亩小麦中产变高产示范开发	地	二	县种子站	1994
微机辅助建筑工程钢筋下料软件GJ01系统	地	二	县科委	1994
毛白杨优良无性系统选育	地	二	县林业局	1995
玉米综合增产技术开发试验	地	二	县开发实验组	1986
太阳能木材干燥技术	地	三	县木器厂	1986
小麦丰产田综合增产技术开发试验	地	三	县开发试验小组	1986
氦氖激光在兽医临床上应用研究	地	三	县畜牧兽医站	1988
山药栽培技术开发研究	地	三	县农业局	1988
小麦丛矮病、玉米粗缩病综合防治	地	三	县农业局	1988
果蔬保鲜膜材质研究	地	三	县塑料厂	1988
QLKR-4B电动雕刻机	地	三	县电机工具厂	1988
FK-Ⅰ-Ⅱ广播程控机、TB-1军号自动播放机	地	三	南北寺电子仪器厂	1988
JZ-STD酒精蒸馏微机控制系统	地	三	县计算机应用研究所	1988
黛溪河卵石开发应用	地	三	建筑工程公司	1990
水浇地小麦规范化高产栽培开发	地	二	县农业局	1990
低压管道灌溉技术推广	地	二	县水利局	1990
加长直管段钢制弯头新产品研制	地	二	建筑机械配件厂	1990
离心铸造铁直管铸造工艺	地	三	县离心铸造厂	1990
邹平县5000亩玉米高产制种技术开发	地	三	县种子站	1992
50%复方多菌灵胶悬剂推广应用	地	三	县农业局	1992
利用麦饭石饲喂肉仔鸡试验	地	三	县兽医站	1992
迷宫堰溢流坝试验研究	地	三	县水利局	1992
邹平县建行营业办公楼工程设计	地	三	县建筑设计室	1992
琥珀牌10° P、琥珀干啤酒	地	三	琥珀啤酒厂	1992
GZY-1000D2吊瓶式蒸汽电熨斗	地	三	县服装电器厂	1992
阻尼胶版新产品研制	地	二	县汽车材料厂	1992

续表24-2-1

成果名称	获奖级别	获奖等级	完成单位	获奖年度
GT-901水基金属铸润涂料	地	二	县科技开发中心	1992
惠民地区吨粮田科技开发	地	二	县农业局、科委	1992
棉花间套栽培技术开发研究	地	三	县农业局	1993
麦饭石磷肥用于农作物生产试验	地	三	县棉办	1993
麦饭石饲料添加剂产品开发研究	地	三	县种鸡厂	1993
良种肉兔引进推广	地	三	县牧工商联合公司	1993
2万亩苹果产量、质量、成本树相与最佳纯化利润相关性研究	地	三	县经济林站	1993
邹平县水长期供求计划	地	三	县水利局	1993
ZF-1单片机浆纱伸长率监测研制应用	地	三	县棉纺织厂	1993
点焊密封胶新产品研制	地	三	县汽车材料厂	1993
邹平县农业区域开发总体规划与对策研究	地	三	县农业区划办	1993
邹平县地瓜茎线虫病综合防治技术开发	地	三	县植保站	1994
塑料暖棚在冬季养猪生产上应用试验	地	三	县畜牧兽医站	1994
淡水白鲳引进高产养殖技术	地	三	县渔技站	1994
邹平县滴灌、喷灌开发应用	地	三	县水利局	1994
邹平县苑城乡土地利用总规划	地	三	苑城政府	1994
黄河滩区活动式扬水站试验研究	地	三	台子水利站	1995

1996—1998年邹平县获省、地科技攻关奖、星火奖一览表

表24-2-2

序号	项目名称	获奖级别	承担单位	类别	获奖年度
1	水被克放水油膏	省	县福利公司	星火奖	1996
2	棉籽饼深加工配套技术	省	邹平县第四油棉厂	星火奖	1996
3	小麦检疫性综防技术	省	县农业局农技站	星火奖	1996
4	汽车强制怠速节油装置	省	县科技开发中心	攻关奖	1996
5	管件成型技术	省	邹平县建筑机械厂	攻关奖	1996
6	水杏高产优质综合开发	省	县政府	攻关奖	1997
7	G16/12带助钢筋调直切断机	省	邹平县拓展建筑机械厂	攻关奖	1997
8	山区冬枣快速引繁技术开发	地	西董镇政府	攻关奖	1997
9	氨浸法生产硫酸铜工艺技术	地	县水利局	攻关奖	1997
10	热解氮化硼材料开发	地	县特种陶瓷材料研究所	攻关奖	1998
11	镁碳质狭缝直筒包底吹原件	地	邹平冶金耐火材料厂	攻关奖	1998
12	整体式多微孔顶吹氩枪	省	邹平冶金耐火材料厂	攻关奖	1998

1996—1998年邹平县获地级科技进步奖、星火奖一览表

表24-2-3

序号	项目名称	完成单位	类别	等级	获奖年度
1	农田四适化学除草技术	县植保站	星火奖	1	1996
2	土壤微量元素含量分布	农业局土肥站	星火奖	2	1996
3	薯棉间作高产配套技术	农业局土肥站	进步奖	2	1996
4	化学除草技术开发	长山镇农技站	星火奖	3	1996
5	化学除草技术开发	县植保站	星火奖	3	1996
6	县城区土地定级骨架	县土地管理局	进步奖	3	1996
7	铜矿污水处理	县水利局	进步奖	1	1997
8	柱头外露种植在棉花中应用	县植保站	进步奖	1	1997
9	化学除草	县植保站	星火奖	2	1997
10	开展农科教育、振兴邹平经济	县农业局	星火奖	2	1997
11	风沙区林果综合开发	县农业局土肥站	进步奖	2	1997
12	30万亩中低产田改造	县畜牧兽医站	进步奖	2	1997
13	高蛋白棉饼饲料研究	县环保局	进步奖	2	1997
14	饮用水除氟处理	县脱毒中苗研究所	进步奖	2	1997
15	黑籽南瓜引种技术	农业局蔬菜开发中心	进步奖	3	1997
16	菜棉间作立体种植	农业局蔬菜开发中心	星火奖	2	1997
17	西瓜枯萎病综防技术开会	农业局科教站	星火奖	1	1998
18	科技下乡搞培训过好科技推广年	农业局科教站	星火奖	2	1998

2003年首届山东省新技术、新产品、新成果评审会金奖名单

表24-2-4

完成单位	项目名称	完成单位	项目名称
邹平县天兴化工有限公司	癸二酸	邹平神龙酒业有限公司	32度神龙百粱白酒
邹平县福正木器工艺品厂	珍品马扎凳	邹平保健品有限公司	蟠风酒
山东亚视集团公司	大提花产品	邹平保健品有限公司	秀身醋
邹平光华板材有限公司	热固性树脂高压装饰板	韩店华宝造纸厂	环保型高级生活用纸
邹平县机筛厂	旋鼓式粗筛、内流压力筛	齐星凯帝复合材料有限公司	塑木复合材料及货运托盘生产线
邹平怡康糖业有限责任公司	无水葡萄糖生产新工艺	黛溪街道畜牧兽医站	仔猪阉免驱新技术的应用和推广
山东恩贝集团有限公司	氯化胆碱	县林业局	华葆挑选育研究
邹平爱德伊怡生物工程有限公司	胚胎移植	邹平晟佳食品保鲜厂	山药深加工
邹平三星集团有限公司	新型节能管束干燥机		

至2005年邹平县主要专利成果一览表

表24-2-5

序号	名称	类型	授权情况	单位	发明人
1	一种靠背式弯腿折叠马扎	外观设计	授权	黛溪街道北关村	王培春
2	折叠马扎（靠背式弯腿）	外观设计	授权	黛溪街道北关村	王培春
3	酒瓶（酒娄）	外观设计		碧云洞酒水有限公司	李晓明
4	爬车架	外观设计		孙镇建化厂	王聿明
5	腰椎间盘摘除术	发　明		中医院	槐业东
6	植树节水保活装置	实用新型		黛溪街道西关村	成延经
7	酒瓶（鱼篓）	外观设计		碧云洞酒水有限公司	李晓明
8	前纵韧带环切开刀	外观设计	授权	中医院	槐业东
9	环切开刀保护套	外观设计		中医院	槐业东
10	腰椎间盘摘除术专用刮勺	外观设计		中医院	槐业东
11	包装袋	外观设计	授权	恩贝饲料有限公司	左克峰
12	腰椎间盘摘除术专用髓核钳	外观设计		中医院	槐业东
13	饮酒饮水两用机	实用新型		石油公司	张乃健

第七节　地震监测与防震减灾

地震机构

1978年，邹平县防震减灾工作由县科委代管，设地震办公室兼管业务。1996年，调整县防震减灾工作领导小组，按照国务院颁发的《破坏性地震应急条例》和滨州地区行署统一部署，制定《邹平县破坏性地震应急方案》，以邹政发〔1996〕4号文件批转实施。2004年5月，成立地震局，直属科技局（邹编〔2004〕6号）。7月，成立县防震减灾工作领导小组，领导全县的防震减灾工作。10月，制定《邹平县破坏性地震应急预案》《邹平县地震安全性评价管理办法》，把抗震设防纳入基建管理程序。2005年5月，县政府办公室出台《邹平县人民政府办公室关于进一步加强防震减灾工作的通知》。6月，地震局工作人员进入行政审批大厅办理抗震设防审批手续。

地震监测与预报

1976年7月28日唐山大地震后，在惠民地区地震办公室帮助下，邹平一中、魏桥中学、西董中学、长山中学和青阳中学先后建立5个微观观测点，在王伍农场建立以观察群体动物生活习惯为对象的宏观群测点，配备土地电、应力仪、倾斜仪、地磁仪等设施仪器。1981年3月6—7日，邹平一中地震观测点观测到土应力有12vA幅度的突跳，立即汇报地区地震办公室。3月8日，县城东18千米处长山镇境内果然发生2.6级地震，对应情况很好，受到地区表扬和奖励。1984年后，全县各乡镇均建立地震宏观网，宣传地震知识，观测收集宏观地震情报。此后，又建立两个地震异常联系点，负责观测地下水位、气压和气温的异常变化。

邹平一中观测点由1名教师和3～5名学生组成观测小组，每日对各种仪器观测3次，做出记录，求出平均值、5日均值，做出曲线，5日1次通过科委向地区地震办公室汇总报表，每年提供上千个数据。1985年，邹平一中测报点派员参加全国地震夏令营活动。

1990年，县政府调整防震抗震领导小组。1991年5月，县防震办公室新上FD-105水氡仪1台，对县自来水厂的自喷深井水氡气含量定期测试。1992年4月，FWP-1型地下水动态、光纤监测系统在县观测点500米深井安装使用，自记水位、水温、浑浊度、气泡度、酸碱度。1995年6月，调整充实地震办公室，增设邹平一中、邹平铜矿、水利局引黄处、邹平县良种棉加工厂4个县属观测点，各镇乡分别设1～2处观测点。12月，制定邹平县破坏性地震应急方案。

1996年1月9日，临池镇东台村一村民家中水井发生水温急剧升高现象，最高46℃，地、县地震工作机构赶赴现场调查，分析认为属近期地壳活动显著增强的征兆，解释为本县附近地带小震活动有所增强、应值得重视的异常现象。同年7月28日，以纪念唐山地震20周年为契机，全县开展以防震减灾知识为内容，旨在增强全社会防震减灾意识的宣传活动，印发宣传资料12万余份，在全县中学生中以印发答题卡的形式，开展防震减灾知识竞赛。1997年，县直有关部门和单位根据各自职责，制定破坏性地震应急预案。同年3月《中华人民共和国防震减灾法》颁布实施，组织开展贯彻落实《防震减灾法》宣传周活动，印发资料10万余份，县城、镇乡驻地、各中学学校设立宣传站。

1999年1月，在好生镇、邹平镇、礼参镇3镇交界处发生里氏3.3级地震，属于浅源地震，地震发生时有响声，县城有强烈震感。全县处于“惠民—临朐中”强地震带上，属于烈度7度区，县领导高度重视，拨专项经费，在临池水利站设观测点。国家地震局地应力研究所于1999年9月打孔到大理石岩面，孔深61.7米，安装体积式钻孔应变仪。

1978—2005年，全县发生20次地震，其中1982年1月20日发生在九户公社、1999年1月22日发生在县城区域的2次地震有感，但均未造成财产损失和人员伤亡。

图 24-18　2004年，地震科普知识宣传签字现场

图 24-19　2004年，山东省地震科普示范学校在邹平一中挂牌

1978—2005年邹平县发生地震情况一览表

表24-2-6

时　间	纬度(N)	经度(E)	震级	震源深度	时　间	纬度(N)	经度(E)	震级	震源深度
1978年3月6日	37°05′	118°05′	2.7		1990年10月1日	36°32′	117°54′	3.3	
1978年10月9日	36°40′	117°37′	2.4		1991年6月23日	36°34′	117°56′	2.2	
1981年3月8日	36°58′	117°52′	2.6		1994年8月31日	37°09′	117°22′	2.5	
1982年1月20日	37°02′	117°31′	4.2	26千米	1996年9月20日	36°30′	118°07′	2.6	
1982年11月29日	36°34′	117°26′	2.5		1997年1月13日	36°37′	117°20′	2.6	
1983年1月30日	36°58′	117°31′	2.3		1998年4月25日	36°48′	117°35′	2.4	
1984年3月5日	36°43′	117°30′	2.3		1999年1月22日	36°54′	117°46′	3.3	
1985年10月15日	36°30′	117°48′	2. 3		1999年12月2日	36°44′	117°37′	2.4	
1988年8月25日	36°32′	117°43′	2.3		2000年2月7日	36°30′	117°33′	2.5	
1990年9月26日	36°53′	117°50′	3.5	22千米	2004年12月19日	36°34′	117°46′	2.5	

第二十五编

卫 生

Health

疾病预防控制中心　　　　（2010 年摄）

1983 年启用的邹平县中医院门诊楼

2007 年启用的县中心医院门诊楼

1986年，县内医疗机构有县人民医院、县中医院、县卫生防疫站、县妇幼保健院、县第二人民医院、县结防所、县药品监察所及15处乡镇卫生院等。1988年，邹平县康复研究中心建立。1989年，西董医院改为西董精神病院，1992年改为邹平县精神卫生中心。医疗机构布局更趋合理。妇女保健、儿童保健与疾病控制、农村医疗制度改革、社会健康教育、学校健康教育均有很大进步。

2002年，以县卫生局药品检验所为基础，县药品监督管理局成立，承担本县药品质量监督检查，药品质量监督检查人员及药品生产、经营、使用部门药品管理业务技术人员培训，综合上报和反馈药品质量情况信息工作。2004年，药品监督管理局更名为县食品药品监督管理局。在原有职能基础上，增加对食品综合监督、组织协调和依法组织对重大事故查处职能。

卫生防疫工作取得进步，重点传染病防治、计划免疫、地方病防治、公共卫生监督检测等有序进行，未出现重大疫情。

第一章　卫生管理

第一节　机构沿革

卫生局

1986年，县卫生局内设人事秘书股、业务股、财务股。1987年，增设老干部股。1988年，增设行政办公室、科教股。1989年，设中医股，与业务股在一起办公。1993年10月，县级机构改革，内设行政办公室、业务股、财务股、卫生执法监督股、爱卫会办公室、老干部人事股。1995年，撤销卫生执法监督股，其职能由业务股负责。2003年12月，成立新型农村合作医疗办公室，隶属卫生局管理。2005年3月，成立县健康教育所。至2005年，县卫生局内设行政办公室、人事秘书股、业务股、财务股、新型农村合作医疗办公室、爱卫会办公室、红十字会办公室、健康教育所8个股室。

食品药品监督管理局

前身为县药品检验所，隶属卫生局。2002年3月，邹平县药品监督管理局成立，为滨州市药品监督管理局直属单位，正科级行政单位，内设综合办公室、药品稽查队、药品检查室3个队室。与此同时县卫生行政部门承担的药政、药检职能和医药管理部门的药品生产、流通监管职能移交药品监督管理局，成为集药政、药检、监督三位一体的机构。2004年11月，邹平县药品监督管理局更名为邹平县食品药品监督管理局。在原有职能基础上，增加对食品综合监督、组织协调和依法组织对重大事故查处职能，下设综合办公室、稽查队、药检室3个队室。至2005年，内设机构未变。

爱国卫生运动委员会

1952年4月，成立防疫委员会。1953年，改称爱国卫生运动委员会,简称“爱卫会”。1978年，恢复爱国卫生机构和爱国卫生工作，爱卫会办公室设在卫生局内，设专职主任，配备2～4名工作人员。2005年4月，爱卫会办公室由副科级行政单位改为正科级财政拨款事业单位，未核定编制，列为县政府常设机构。同月，成立邹平县健康教育所，由爱卫会办公室管理，人员编制在卫生局所属事业单位的同性质人员中调剂。

第二节 医疗机构

1986年，县卫生局下辖县人民医院、县中医院、县卫生防疫站、县妇幼保健院、县第二人民医院、县结防所、县药品监察所及15处乡镇卫生院。1987年下半年，14处乡镇卫生院下放乡镇政府管理。1988年，建立邹平县康复研究中心，后改为康复中心，为副科级事业单位。1989年，西董医院改为西董精神病院，1992年，改为邹平县精神卫生中心。

1991年，山东省实施医院分级管理，将县级医院设定为二级医院，乡镇卫生院为一级医院。

1994年9月，贯彻实施国务院《医疗机构管理条例》，将医疗机构的分类、设置、审批、登记、监督管理等作明确规定，使医疗机构管理纳入法制化轨道。

1996年6月，根据《滨州地区医疗机构设置规划》，对全县医疗机构进行调整，布局更趋合理。

至2005年，全县有二级医院3处，一级医院14处，民营医院4处，皮肤病防治医院1处，结核病防治医院1处，妇幼保健院1处，精神病防治中心1处；二级甲等医院3处，一级四等医院7处；19所医疗机构获爱婴医院称号。

重点医院

县人民医院　建于1953年，原名邹平县卫生院。1956年，邹平、长山两县合并，两院人员调整，易名为邹平县第一人民医院。1986年，全院职能科室7个，临床科室8个，医技科室8个。1991年，获山东省卫生系统先进集体称号。1994年9月，医院通过省卫生厅二级甲等医院评审验收。1995年，全院有职工363人。临床科室增口腔、皮肤、传染、康复理疗、家庭病床等科；医技科室增营养、病理、核医学、治疗室、肠道门诊。1996年8月，县机构编制委员会批复成立邹平县急救中心，编制33人，归属县人民医院管理，同时撤销急诊科。1997年，县人民医院被命名为爱婴医院，被地区卫生局评为先进医院。

2001年9月，县人民医院与中国科学院大恒集团共同投资600余万元建成的放射治疗中心正式运行。12月，县康复中心整体移交县人民医院。

2002年12月，投资2000余万元建成内科病房楼正式启用，面积8000平方米。2004年1月，投资200余万元装修手术部正式投入使用。

2004年9月，被市爱国卫生运动委员会评为卫生先进单位。12月，被中国初级卫生保健基金会、中国健康扶贫工程组委会授予中国健康扶贫工程定点医疗单位称号。2005年4月，被山东省爱国卫生运动委员会评为省级卫生先进单位。6月，被中国初级卫生保健基金会和中国健康扶贫工程组委会授予中国健康扶贫工程定点医院先进单位称号。7月，被山东省社会保险事业局评为医疗保险定点医院规范化管理先进单位。12月，完成对原宏诚职工医院接管工作，更名为邹平县东城职工医院。

2005年，全院职工507人，开放病床426张，全年入院病人12954人，出院病人12743人，治愈率42.2%，病床周转率29.36%，病床使用率61.81%，病死率0.2%，平均住院日6.68天，诊断符合率98.6%，无菌手术感染率0.5%，预防接种人数46224人，门诊量118758人次，急诊接诊7500人次，抢救3700人次，抢救成功率96%。业务收入7100万元，资产总值13879万元。临床科室有神经内、心内、呼吸内、消化内、外一、外二、外三、泌尿外、神经外、妇、产、耳鼻喉眼、口腔、中医、小儿、急救、肿瘤等科。医技科室有药剂、检验、放射、特检、CT、病理、康复理疗、器械、治疗、放疗、供应、高压氧、供氧、血透析、手术等科室。

县中医院　1983年3月，县人民政府批准“邹平镇城关医院”改为“邹平县中医院”。占地16亩，有平房20间，开放床位40张，人员75人，设妇产、内、骨伤、针灸、五官、心电图、检验、透视等科室。

1986年，全院有职工89人，床位100张，设16个科室。1988年12月，获全国卫生文明建设先进单位称号。1989年10月，通过省卫生厅“省重点中医院”达标验收。

图 25-1 邹平县中医院"中医药、自制制剂"知识竞赛

图 25-2 医务人员司药 （2014 年摄）

1995 年，医院建筑面积 11080.29 平方米，职工 163 人。1997 年 2 月，开通急救电话"999"。12 月，被国家中医药管理局评为二级甲等中医院。1998 年，被省卫生厅评定为爱婴医院。2000 年，肿瘤防治中心被省卫生厅确定为省重点专科建设单位。

2005 年，全院有职工 405 人。床位 120 张，年入院病人 6336 人，平均住院 8.9 天，床位使用率 86.6%，床位周转率 28.5%，治愈率 64.8%，好转率 25.4%，病死率 1.5%。全年门诊 114313 人次，急诊 5106 人次，健康查体人数 7118 人，预防接种 12269 人。总收入 4357 万元，固定资产 7800 万元。

县中心医院 1978 年，时称邹平县人民医院魏桥分院，占地 29.91 亩，建筑面积 3751 平方米，职工 93 人，科室 11 个，床位 70 张，年门诊 64800 人次，住院 1850 人次。1981 年，改名为邹平县魏桥人民医院，恢复为县级医院。1984 年，改名为邹平县第二人民医院。

1986 年，有职工 144 人，设 13 个科室。

1995 年，医院占地 33.59 亩，职工 191 人。其中卫生技术人员 154 人。临床科室有内、外、妇产、儿、急诊等科。1997 年，被省卫生厅评定为爱婴医院。

2003 年 6 月，更名为邹平县中心医院。

2005 年，医院占地 71.34 亩，建筑面积 35523 平方米，设有急救、外一、外二、外三、内一、内二、内三、妇产一、妇产二、小儿、眼、耳鼻喉、口腔、中医、理疗、皮肤、肛肠、疼痛等临床科室，药剂、检验、放射、超声、特检、手术、麻醉、设备、供应等医技科室。职工 370 人。床位 120 张，年门诊 41440 人次，住院 3521 人次，治愈率 56%，好转率 38.4%，病死率 2.4%，床位使用率 56.8%，周转率 35.6%，平均住院 5.7 天。

县精神卫生中心 1985 年，在县人民医院西董分院的基础上开始筹建精神病房。建筑面积 890 平方米，病房 14 间，病床 40 张，科室设置较完整，有内、外、妇产、化验、药房、社会卫生组等科室，职工 43 人。

1989 年，改名为西董精神病院。1992 年，改为邹平县精神卫生中心。1995 年，全院职工 57 人，卫生技术人员 53 人。

2004 年，全院职工 270 人，其中副高级医生 1 人，中级 10 人，初级 58 人。业务收入 115.2 万元，固定资产 181.2 万元。年门诊 22681 人次，床位 49 张，精神科出院人数 218 人，治愈 131 人。

2005 年 4 月，在魏桥镇医院设精神病门诊 1 处。

2005 年，全院有职工 271 人，其中副高级医生 1 人，中级职称 10 人，初级职称 59 人。业务总收入 135.3 万元，年门诊 25621 人次，固定资产 182.6 万元，床位 49 张。精神科全年出院 299 人，治愈 194 人，治愈率 65%；治疗好转 288 人，治疗好转率 96.2%。

2005年邹平县卫生机构、床位、人员统计表

表25-1-1

卫生机构名称	机构数（个）	床位数（张）			人员数（人）										
		编制床位	实有床位	标准床位	合计	卫生技术人员							其他技术人员	管理人员	工勤人员
						小计	执业医师	执业助理医师	注册护士	药剂人员	检验人员	其他			
总计	22	927	1196	487	1941	1770	617	179	471	167	98	238	75	9	87
县	22	927	1196	487	1941	1770	617	179	471	167	98	238	75	9	87
一、医院	4	539	848	380	1076	982	381	44	341	103	45	68	36	2	56
县	4	539	848	3850	1076	982	381	44	341	103	45	68	36	2	56
综合医院	2	370	539	120	743	672	268	14	230	66	34	60	25	2	44
县医院	2	370	539	120	743	672	268	14	230	66	34	60	25	2	44
中医医院	1	120	260	260	262	241	98	15	90	30	8		10		11
专科医院	1	49	49		71	69	15	15	21	7	3	8	1		1
精神病医院	1	49	49		71	69	15	15	21	7	3	8	1		1
二、卫生院	14	356	316	107	671	622	148	131	94	52	34	163	26	5	18
乡镇卫生院	14	356	316	107	671	622	148	131	94	52	34	163	26	5	18
县	14	356	316	107	671	622	148	131	94	52	34	163	26	5	18
中心卫生院	5	189	145	49	297	284	63	47	37	20	15	102	4	5	4
乡卫生院	9	167	171	58	374	338	85	84	57	32	19	61	22		14
三、妇幼保健院（所、站）	1	30	30		82	72	31	1	25	5	4	6	4		6
县属	1	30	30		82	72	31	1	25	5	4	6	4		6
妇幼保健院	1	30	30		82	72	31	1	25	5	4	6	4		6
四、专科疾病防治院（所、站）	2	2	2		47	38	17	3	4	6	7	1	6	1	2
专科疾病防治院（站、中心）	2	2	2		47	38	17	3	4	6	7	1	6	1	2
皮肤病与性病防治所（站、中心）	1	1	1		21	16	17	1	1	4	3		3	1	1
结核病防治所（站、中心）	1	1	1		26	22	10	2	3	2	4	1	3	1	1
五、疾病预防控制中心（防疫站）	1				65	56	40		7	1	8		3	1	5
疾病预防控制中心/防疫站/防病中心	1				65	56	40		7	1	8		3	1	5
县属	1				65	56	40		7	1	8		3	1	5
卫生防疫站	1				65	56	40		7	1	8		3	1	5

说明：本表指标不含诊所等情况

第三节 防 疫

卫生防疫站始建于1956年12月，占地面积11341平方米；建筑面积2306平方米。隶属县卫生局，为副科级差额拨款全民事业单位。

1985年，卫生防疫站设地方病科、流行病科、食品卫生科、劳动卫生科、检验科、行政科及办公室，工作人员42名。职责范围为预防接种，传染病、地方病的监测和预防，环境卫生的监测，劳动卫生，学校卫生监测及《食品卫生法》的贯彻执行等。2005年，职工66人。下设防病、计划免疫、预防接种门诊、卫生宣传、检验、财务、行政办公室、办公室、卫生监督一、二、三、四、五、六、七15个科室。负责全县的流行病、地方病、传染病防治与管理，疾病控制，计划免疫，冷链运转，健康教育，食品卫生，环境（公共场所）卫生，劳动卫生，职业病的预防性检测，放射卫生，学校卫生，化妆品卫生，医疗器械消毒质量检测等卫生监督工作。

1999—2003年，防疫站投资27万元购入气相色谱仪、原子吸收仪、血液分析仪、粉尘仪、B超各1台、电脑6台。1999年，投资18.4万元购置计免检测车1辆。2000年，投资18万元为业务科室配备7辆卫生监督用车。2003年，投资24.1万元购置疾病控制车1辆。2005年，固定资产总额400余万元。

第四节 妇幼保健

1986年7月，在东关村征地5亩，建成现址，职工10名，年门诊1177人次，业务收入3409元。10月，县妇幼保健站改为妇幼保健所，为副科级事业单位，隶属卫生局，核定编制20人。1988年12月9日，省卫生厅授予甲级妇幼保健所称号。

1992年8月12日，妇幼保健所更名为妇幼保健院，其规格、性质、隶属不变，增加事业编制8人。1995年，核定编制55人。

图25-3 20世纪80年代的妇幼保健所

2004年12月10日，与县计划生育服务站合并实行“站院合一”，成立邹平县计划生育妇幼保健服务中心，隶属县人口和计划生育局，卫生局负责业务指导。

2005年，全院在职职工81人。设有妇产科、小儿科、中医科、社会保健科、内科、新生儿疾病筛查中心、儿童保健门诊、乳腺病门诊、孕期保健门诊等19个科室，开展妇女病普查普治、婚前健康查体、孕期保健、儿童保健、计划生育手术、接生、产后访视，妇、内、儿科病治疗，不孕不育治疗，新生儿疾病筛查、新生儿听力筛查、智力测试、新生儿抚触、洗澡等项目。

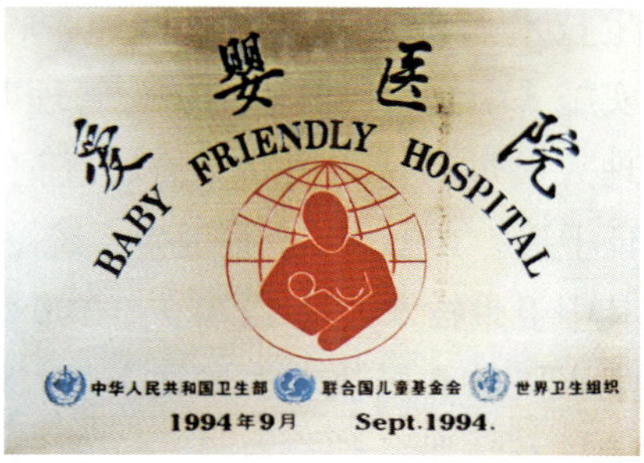

图25-4 爱婴医院

2005年，门诊30001人次，出院2194人，业务收入607.9万元，固定资产674万元，建筑面积7800平方米。

第五节 药材经销

县医药公司，1956年8月始建。1978年8月，隶属邹平县商业局。1986年，改属省药材公司。1990年，山东省药材公司邹平县分公司更名为惠民地区医药公司邹平分公司，隶属惠民地区医药管理局。

1992年，更名为滨州地区医药公司邹平分公司。1998年，更名为山东滨州医药集团邹平医药公司。

公司内设经理室、财务科、工会、质检科、办公室、业务科等科室，有干部职工100余人，固定资产312万元，主要负责全县及周边地区医药供应。

第二章　医　疗

第一节　医疗队伍

1986年底，全县卫生系统总人数1230人，其中卫生技术人员989人。床位854张，业务收入372万元，固定资产256万元。1992年，全县卫生技术人员实行技术职称评、聘分开。1994年，实施《中华人民共和国护士管理办法》，对全县护理人员进行任职资格审查、登记、注册，实行持证上岗。1995年,全县卫生系统总人数为1594人，其中卫生技术人员1270人。1998年8月,实施《中华人民共和国执业医师法》，对医师的执业资格、考核及注册条件、责任与义务等作明确规定。至2005年底，全县卫生系统职工总人数1941人，其中卫生技术人员1770人。

1986年，县内有公立中医医疗机构1所，私立中医诊所5家，从事中医工作的专业技术人员58人，中医42人。1995年，县中医专业技术人员共124人，中医90人，中药师27人，中医护师1人、护士6人。2005年，县中医专业技术人员177人，其中中医105人、中药师52人、中医护师9人、中医护士11人。

1985年，全县有西医人员249人。2005年，全县西医人员共计864人，其中主任医师6人。

第二节　医疗技术

诊断技术

1986年，放射方面能利用X光机开展胸、腹及四肢透视、钡餐透视、常规拍片、静脉肾盂造影、输卵管造影诊断；检验方面能对血、尿、大便进行常规化验，对血糖、肝功能进行检查，对细菌进行培养；特检方面能利用心电图、脑电图、纤维内窥镜、B超进行诊断。

1988年，开展血流变学检测。1993年，可开展纤维胃镜检查。1994年，利用CT、多普勒进行疾病诊断。1996年，开展介入性超声及彩超诊断。1997年，开展乙肝免疫五项、类风湿因子检测及经皮穿刺活检。1998年，利用胎心监护仪对晚期妊娠胎心检测，NST及OCT试验判断宫内胎心情况；开展电子胃镜诊断。1999年，利用超声BBT检测排卵协助治疗不孕症。

2000年，利用多普勒对脑、颈椎疾病诊断；开展电子结肠镜诊断；利用电脑验光仪诊断屈光不正，明确因视角疲劳引起头痛的病例诊断。2001年，启用全自动血凝检测仪诊断。2002年，开展支气管镜检查。2003年，开展乙肝五项定量和DNA病毒定量分析。2004年，可利用核磁共振诊断。2005年，开展十二指肠镜诊断、螺旋CT血管成像诊断。

治疗技术

1985年，县人民医院神经外科开展各种颅内脑肿消除、重度颅脑外伤术，急诊室开展心肺脑复苏术，骨外科开展腰椎间盘切除术、加压螺纹钉固定、股方肌骨瓣移植治疗股骨颈骨折手术。中心医院外科开展输精管吻合术。

1987年，中医院妇产科开展利凡诺羊膜腔内注射中期妊娠引产术，骨外科开展阑尾切除、疝气修补术、腰椎间盘突出手术摘除术，颅骨肿瘤切除术。1988年，人民医院普外科开展横切口黏膜下阑尾切除术。中医院妇产科开展第一例剖宫产手术，并首次开展子宫下段剖宫产术，提高危产儿存活率。1989年，人民医院“食管半透膜渗疗器”研究获国家专利。

1990年，人民医院妇产科开展第一例子宫全切术，眼科开展白内障囊内摘除术、泪囊摘除术、青光眼手术、泪小管断裂吻合术，骨外科开展髋关节滑膜切除、旋股外动脉移植治疗人工全髋关节置换术、股骨头无菌性坏死手术。

1991年，中心医院外科开展第一例患者自体骨颅骨修补术，外科与放射科共同开展上消化道小直径气腹诊疗技术。1992年，人民医院胸外科开展左侧开胸贲门癌切除术。1993年，人民医院胸外科开展食管癌切除术。1994年，人民医院胸外科开展肺癌肺叶切除术。中医院骨外科开展第一例脊柱侧弯矫治术、第一例股骨头置换治疗股骨颈骨折手术。中心医院外科开展第一例重度肝破裂肝固有动脉结扎术。

1995年，人民医院外二科开展纵隔肿瘤摘除术，神经外科开展重度颅脑外伤坏死脑组织消除去骨瓣减压，CT室开展颅内血肿肿瘤定位。中医院眼科首次开展白内障囊外摘除术加人工晶体植入术。中心医院外科开展腰椎间盘摘除术、中央型静脉血栓形成患肢注射溶栓技术，内科开展急性心梗溶栓治疗。

1996年，人民医院急救中心开展静脉溶栓治疗急性心肌梗死；神经外科开展高血压脑出血手术；胸外科开展心脏破裂修补术；开展第一例拇指再造并获得成功，同时开展吻合血管皮瓣移植断植再植显微手术；第一例肝囊肿在超声引导下穿刺成功。中心医院外科成功完成首例部分胰体+胰尾切除术。

1997年，人民医院神经内科开展椎颅侧脑室引流术。中医院急救中心开展气管插管、洗胃、心肺脾胃复苏等急救技术。中心医院外科成功切除一例6.5千克子宫阔韧带囊肿。

1999年，人民医院骨外科开展足跟再造手术；神经内科开展尿激酶超早期溶栓治疗急性脑梗死；普外科开展直肠癌骶前吻合术、全胃切除术；消化内科开展胃肠镜下止血治疗、胃肠镜下息肉切除术、胃试管异物驱除术；妇产科成功为1例三胞胎产妇实施剖腹产手术，胎儿最大重1.95千克，最小重1.5千克。中心医院外二科开展髋关节置换术；耳鼻咽喉科引进应用电测听、近视治疗仪、耳鼻喉科微波治疗仪，对鼻炎、咽炎、耳聋治疗取得进展。中医院急救中心开展急性心肌梗死溶栓治疗技术；妇产科开展第一例宫颈癌根治术，利用超声BBT检测排卵协助治疗不孕症，开展输卵管结扎再通术；眼科开展白内障超声乳化术；耳鼻喉科开展扁桃体摘除术、下鼻甲切除、鼻中隔矫正等治疗术。

2001年，人民医院耳鼻喉科开展鼻窦内窥镜治疗鼻窦炎鼻息肉、支撑喉镜治疗声带肿物、耳用显微镜治疗中耳炎、微波治疗仪治疗慢性鼻炎；神经内科开展降纤维—低分子量肝素治疗急性脑梗死；普外科开展腹腔镜下阑尾切除术、静脉肌袢代瓣术、腹腔镜下胆囊切除术，为一老年女性患者使用高频电刀成功切除0.2厘米×3.0厘米大小的肾息肉；急救中心抢救在济青高速公路邹平段发生恶性交通事故的3名韩国游客，第一次涉外抢救获得成功。中医院急救中心开展经食道心脏调搏术；妇产科开展“hellp综合征的综合诊断”技术；普外科开展肾盂穿刺造影术。中心医院妇科开展脐静脉断端用药抢救新生儿；儿科引进并临床应用于微量注射泵；开展新生儿洗胃术，为新生儿咽下综合征患儿的治疗提供技术支持；开展体外碎裂石。

2005年，人民医院神经外科开展重度颅脑外伤低温治疗，血液透析中心开展血液灌流联合透析治疗重度中毒。中医院急救中心开展快速血糖检测、洗胃机快速洗胃、重症中毒病人透析术，神经康复科开展尼莫地平持续恒速灌注防治蛛网膜下腔出血后脑血管痉挛技术，肛肠科开展国内外肛肠治疗新技术项目PPH术，普外科开展膀胱镜输尿管支架管取出术、开展首例肝血管捆扎术。中心医院外二科开展股骨颈折闭合穿针内固定术、肱骨远端骨折“人”字形钢板固术、肱骨近端骨折三叶草钢板内固定术、前路颈椎间盘摘除+颈椎融合术、腰椎骨折椎弓根钉固定术、骨踝骨折可吸收螺钉固定术、腰椎爆裂骨折后路钉棒固定植骨融合术、肩峰骨折重建钢板内固定术；内三科开展肝硬化腹水浓缩再回输治疗、重症肝炎血液透析治疗；妇产科开展水囊引产术；儿科应用经皮给药治疗仪。

第三节　医疗设备

1978年，全县医疗机构的医疗器械实行上级卫生主管部门配给制，各医疗机构医疗设备配置陈旧、匮乏、简单，全县卫生院及以上医院设床位760张。

至1990年，各级医疗设备仍较落后，难以满足各类患者的诊疗需要。1992年，根据《山东省大型医用设备配置与应用管理办法》有关规定，对核磁共振、CT、直线加速器、眼科准分子激光治疗仪等8种大型医疗设备实行申报制度，由购置单位申报地区卫生局、省卫生厅批准后购买，其他医疗设备根据医疗机构业务开展情况，申请上级行政主管部门拨款或自筹资金购置，增强购置医疗设备灵活性。

至2005年，全县有10万元以上大型设备152台，基本满足各类患者诊疗需求，为群众就医提供方便。

至2005年邹平县10万元以上医疗器械数量统计表

表25-2-1　　单位：台（套）

科别	器械名称	数量
特检科	全息动态心电	1
	经颅彩色多普勒	2
	电子结肠镜	3
	电子胃镜	4
	B超	7
	彩超	5
	碎石机	2
检验科	脑电图机	1
	生化分析仪	5
	凝血仪	1
	血气分析仪	1
	血球计数仪	3
	冷冻切片机	1
	病理图像分析系	2
	尿沉渣	2
	超高倍显微镜	2
	尿十项	1
	血流变仪	1
	粪沉渣	1
外科	创伤浇灼治疗仪	1
	腹腔镜	
康复	脑反射治疗仪	1
	减重步态训练器	1
	牵引床	1

科别	器械名称	数量
手术室	前列腺电刀镜	1
	监护仪	5
	手术电刀	7
	氩气刀	2
	膝关节镜	2
	膀胱镜	1
手术室	C形臂	2
	麻醉机	7
供氧室	高压氧舱	3
	中心供氧	3
	制氧设备	1
	冷干一体机	1
介入室	监护仪	1
	已形臂	1
信息	网络管理系统	3
泌尿	尿道膀胱镜	1
眼科	手术显微镜	1
	膜曲率	1
	A/B超	1
	眼压计	1
内科	心电工作站	
	监护仪	2
	胎儿中央监护	2
	无创伤呼吸机	1

续表25-2-1

科　别	器械名称	数　量	科　别	器械名称	数　量
妇产科	阴道镜	2	放射科	CT机	6
	宫腔镜	1		X光机	9
	子宫内膜治疗仪	1		CR成像系统	3
透析室	人工肾机	4		摄影装置	1
	水处理机	2		NRI	1
	血液净化	2		拍片机	2
放射科	直线加速器	1		数字胃肠机	1
	计算机后装系统	1		原子吸收光谱仪	1
	X刀	1	急救中心	监护仪	2
	多通道输液泵	1		呼吸机	1
				救护车	11

第四节　护理技术

1986年，县级医院相继成立护理部，实行总护士长、护士长两级负责制。是年，全县有护理人员195人。1988年，县级医院相继实行“责任制护理”。

1994年，县人民医院创建为二级甲等医院。在创建活动中，护理工作按照卫生部颁发标准，狠抓“三基”（基础知识、基本理论、基本技能）、“三严”（严密组织、严谨态度、严格要求）训练，使全县护理质量上升到一个新高度。1995年，开展“整体护理”“晨间护理”技术。1998年，能配合医生进行心脏除颤器、起搏器、心电监护仪、心电图各种治疗及手术后护理。

2000年后，能够利用呼吸机、容量泵、输液泵、冰帽、冰毯等现代化仪器设备，对各种急、危、重症病人进行持续性监护和治疗；对危重、长期输液病人实施静脉留置针技术。

第三章　卫生防疫

第一节　传染病防治

1986—2005年，全县报告法定传染病24种，14734例，死亡43例。其中，病毒性肝炎5448例，死亡4例；细菌性痢疾4475例，死亡1例；流行性出血热1914例，死亡3例。肺结核1493例，死亡3例；麻疹539例，死亡1例；流行性腮腺炎266例。流行性感冒180例；淋病93例；布氏杆菌病55例；流行性乙型肝炎50例，死亡6例；伤寒副伤寒38例；流行性脑脊髓膜炎32例，死亡1例；梅毒31例；狂犬病24例，死亡24例；百日咳22例；斑疹伤寒19例；其他感染性腹泻17例；风疹15例；猩红热11例；脊髓灰质炎5例；疟疾4例；炭疽1例；新生儿破伤风1例；艾滋病1例。

1986年，发病人数最多，1580例，以后病例数逐渐减少。1992年，出现第二个发病高峰，发病913例。1993—2003年，发病人数维持在较低水平。自2004年始，疫情实行全国网络直报，传染病疫情报告质量提高，漏报现象减少。

各种传染病发病构成比依次为：病毒性肝

炎36.976%，细菌性痢疾30.372%，流行性出血热12.990%，肺结核10.133%，麻疹3.658%，流行性腮腺炎1.805%，流行性感冒1.222%，淋病0.631%，布病0.373%，乙脑0.339%，伤寒0.258%，流脑0.217%，梅毒0.211%，狂犬病0.163%，百日咳0.149%，斑疹伤寒0.129%，其他感染性腹泻0.115%，风疹0.102%，猩红热0.075%，脊髓灰质炎0.034%，疟疾0.027%，炭疽0.007%，新生儿破伤风0.007%，艾滋病0.007%。

重点传染病防治

霍乱、副霍乱　1986—2005年，各级卫生部门贯彻实施《霍乱防治方案》，开展业务技术培训，每年组织专业队伍加强外环境疫源检索、疫源地的查源灭源、饮水消毒、食品卫生管理、医院腹泻病门诊疫情监测与报告工作，控制疫情的发生。

白喉　1986—2005年，无病例报告，消灭白喉成果得到巩固。

流脑、乙脑、百日咳　1986年起，继续加强完善免疫接种工作，保护易感人群，降低发病率。流脑、乙脑、百日咳发病率逐年下降。

脊髓灰质炎　脊髓灰质炎俗称“婴儿瘫”。实施计划免疫及消灭脊髓灰质炎时期（1979—2000年），年发病率在0.78/10万以下，县内最后一例临床诊断脊髓灰质炎病例发生于1991年。1991年，建立县、镇乡脊髓灰质炎疫情监测系统。至2000年，报告42例AFP病例，经病毒学监测和临床随访，全部排除脊髓灰质诊断。

麻疹　1986年，麻疹继续被列入计划免疫。1993年，麻疹疫情监测纳入脊髓灰质炎监测系统管理。1998年，全国提出消除麻疹工作意见，同时下发《全国加速麻疹控制指南》。1999年，建立麻疹实验室。

病毒性肝炎　1987年，全县各级卫生医疗单位制定综合防治措施，加强对重点人群保护和监督管理及各级医疗单位消毒管理工作，切断疫源性传播。2000年后，将乙肝免疫预防接种纳入免疫管理，发病率呈下降趋势。

布氏杆菌病（简称布病）　1986—1990年，没有新发病人。1991年，省考核验收组确认县境为布病达到稳定控制区标准。1996年6月，在邹平镇城伍村发现新发病人后，省地领导随即派员对布病防治进行调查和指导。由于各项防治措施得力，畜牧部门对健康羊群开展接种免疫工作，对有病羊群进行捕杀淘汰，疫情得到控制。1998年，新发病人3例，呈点状暴发形态。2001年，制定《邹平县布病监测方案》，对重点疫区高危人群进行常态监测。年度内计监测西董、好生、青阳3镇7村，人口658人，采集98人血样，实验方法为试管凝集试验，试验阳性5份，经流动调查，3例为既往感染，2例为新发病人。2002年，监测青阳等4镇13个自然村，流调817人，血检187人，阳性9人，阳性率为1.61%；新确认病人2名，既往病人治愈3人，阴性感染4人，部分羊群有胎羊流产现象。

计划免疫

疫苗管理　1986年6月，县成立计划免疫冷链系统；12月，正式运转。装备冷链系统后，疫苗运输保存条件得到改善，疫苗常年接种得到可靠保障。2000年始，全县对基层冷链设备进行更新。

预防接种　1987年1月始，疫苗接种每年进行6次，逢单月进行。1996年，全县推行以乡镇为接种点。1997年7月始，全县疫苗接种周期由原来2个月1次，改为每月接种1次，实行计划免疫集中式接种门诊管理办法，解决疫苗接种质量和疫苗利用率问题，“四苗”接种率100%。

1986—2005年邹平县计划免疫疫苗接种情况一览表

表25-3-1 单位：例

年份	伤寒	麻疹苗	白破二联	炭疽苗	乙脑苗	A群流脑	A-I流脑	风疹苗	甲肝苗	乙肝苗	卡介苗	脊灰苗	白百破	麻疹苗	接种率(%)
1986	3000			2500	31500	99000					18200	89366	27030	364400	
1987					50096	117692					19991	93647	77150	46883	78.05
1988			37057		40918	74694					31645	40709	23492	31481	93.33
1989					11977	76173									
1990			35541		56212	56212					29191	108091	70243	14387	94.10
1991			29830		52114	53237					25620	228666	70211		
1992			28645		52105	53405					25605	138235	70052	24671	96.61
1993			106262		40445	80623					27460	88363	27420	25651	88.20
1994			87606		40445	41348					7890	91963	19573	18061	89.10
1995			104278		28521	46556					9349	85535	21216	7476	83.70
1996					28172	447337		13773			24467	106395	30753	24916	94.27
1997			15804		25544	48304		1370			22753	76099	31881	23092	99.20
1998			21985		24986	42756					6710	88276	31059	24523	95.00
1999					13211	40461					6973	88393	31247	70627	96.47
2000					13211	42755		11000		5621	4205	47878	21734	21661	96.47
2001			12171		22326	40685		13776	11611		6925	81707	30377	28143	98.30
2002			12445		28376	33687		14249	11121	9376	6240	85069	27703	82302	88.90
2003			9056		24001	26781		14052	9216	22897	5751	75596	26111	21134	97.20
2004		11447	9205		22543	5589	14644	10253		19895	6994	101112	26773	45880	97.80
2005			8577		16176	8368	24487	14574		24506	8004	33078	33094	25751	95.30

免疫水平和成功率监测 1986年起，每年开展除脊灰以外其他计划免疫相应传染病的人群抗体水平和免疫成功率监测。1990—2005年，全县每年完成2种疫苗相应传染病人群抗体水平和免疫成功率监测工作。

结核病防治 1980年7月15日，邹平县结核病防治所在县医疗门诊所基础上成立。1989年，结核病防治所被省卫生厅授予甲级结核病防治所称号。1992年3月，国家计委、财政部、卫生部建立世界银行贷款结核病控制项目，县政府成立结核病控制项目科。1993年3月，启动世界银行贷款结核病控制项目。1996年10月，邹平县被确定为山东省结核病耐药检测项目县。11月14日，世界卫生组织顾问、韩国结核病研究所细菌学专家Dr.kimsj和世界卫生组织官员Dr.Bustreof考察县结核防治所。2001年12月31日，世界银行贷款结核病控制项目结束。在项目实施的9年内，累计初诊可疑病人7394人，登记各类结核病人1370人，免费治疗1029人。2002年9月1日始，全县实施加拿大政府赠款结核病控制项目。至2005年，免费治疗各类结核病人795例，其中初治涂阳病人594例，复治涂阳病人162例，初治涂阴重症病人39例。

麻风病、性病防治

麻风病 1986年，全县实有麻风病现症病7人，其中复发病2人，新发病5人，需要服药巩固治疗的27人。1990年，对全县235名麻风病治愈病人调查,其中死亡111人(其中治愈死亡64人、未治愈47人)，治愈后外迁7人，存活117人（其中治愈112人、现症病5人），巩固治疗期6人，

观察期15人，复发1人。1991年，省所对麻风病防治进行验收，邹平县达到基本消灭麻风病标准。1992年，对全县5名现症病人进行程序化管理，麻风病防治成果得到巩固。1993年，全县麻风病人降至3人，经卫生部对山东省麻风病防治验收，达到国家级基本消灭麻风病标准。2002年，全县基本消灭麻风病。随后每年对分布于全县各镇乡86名麻风治愈存活病人1～2次免费查体送药，同时对重点人群进行线索调查，并为全县所有存活病人建立档案。

性病 1986—1989年，未发生疫情。1990年，出现新疫情，感染系外源性。此后，疫情逐年上升。流行的主要有梅毒、淋病、非淋菌性尿道炎、尖锐湿疣、霉菌感染、生殖器疱疹、软下疳等。1992年，建立性病监测防治中心。至1995年，全县性病呈蔓延趋势。1999—2005年，县防疫站成立合办、协办形式皮肤病、性病防治中心，开展诊治工作。每年对饮食、服务人员进行查体，对现症病人彻底治疗，防止性病蔓延。

第二节 地方病防治

寄生虫病防治

1986年，全县黑热病、丝虫病基本消灭。

1988年，在省寄防所有关专家指导下，寄生虫调查项目（国家级）在韩店乡邱家和西韦、礼参乡徐毛、好生乡尹桥和苗家5村展开。采集粪便2500份，查出14种寄生虫，分别是蛔虫、蛲虫、兰式贾弟鞭毛虫、滴虫、结肠内阿米巴、鞭虫、溶组织内阿米巴、布氏嗜碘阿米巴、美洲钩虫、十二指肠钩虫、微小内蜒阿米巴、哈门氏阿米巴带绦虫卵、钩虫。其中感染率最高的为蛔虫（23.5%），其次为蛲虫（5.4%）。至2000年，组织发动新一轮整体人群驱虫服药工作，全县服药人数1万余人。至2005年，未发生疫情。

疟疾

至1988年，经省、市两级考核验收，患病率、发热病人血检率、流动人口管理及群众疟防知识4个方面已达到卫生部制定的消灭疟疾指标。

华支睾吸虫病

1986—1995年，平均感染率下降为0.06%，防治工作达到有效控制标准。2000—2005年，全县处于低流行状态。

流行性出血热

1986年，举办出血热防治学习班1期，培训65人；出血热防治技术指导小组成立，全年安排春秋两季灭鼠。是年，发病456人，死亡1人。1987—1998年，全县共发生426例，无死亡。2001年，全年发生病人73例，县卫生局组织开展集中灭鼠、灭螨和疫苗接种等预防工作。至2005年，未发现病人病例。

地方性氟中毒

1986年，对全县7个村进行除氟改水。1987年，对5个自然村进行改水除氟。1988年，完成11个村改水降氟工程，群众用上低氟水。1989年后，每年对高氟区有计划有步骤地进行改水降氟。1996—1997年，针对11个重点镇乡水源重新进行普查，发现107个行政村水氟超标。完成除氟工程30处，受益人口2.7万人。1999—2005年，继续坚持除氟改水工作，直接受益人口63万人。

碘缺乏病

1986年，邹平县基本达到控制地甲病标准。邹平县制定到2000年消除碘缺乏病行动计划。1995年，邹平县通过省基本消除碘缺乏病考核达标验收，提前5年实现消除碘缺乏病危害的目标。

第三节 “非典”防治

“非典”为重症急性呼吸综合征（SARS），是一种由SARS冠状病毒引起的急性呼吸道传染病，世界卫生组织（WHO）将其命名为重症急性呼吸综合征。

2003年4月底，针对“非典”疫情，邹平县建立组织网络。对全县近3000名医务人员进行培训。5月9日晚，举行“非典”防治应急处理模拟演练。5月中旬，对全县农村、城区“防非”工作进行拉网式检查。

健全完善留验站、发热门诊、监测点3级预

防网络，对外来、返乡人员严密监控。在县内重要交通路口和车站设立11个留验站，抽调320人对外来车辆、人员一律进行消毒、体检，消毒车辆10.18万辆、检测人员17.5万人。在县直医疗单位和镇、街道卫生院设立19个发热门诊，实行24小时值班制，指定专车专人转运到定点医院隔离治疗。全县定点医院投入230余万元购置专用医疗器械和救治药品。在县直企事业单位、各镇、街道和858个行政村设立监测点，配齐监测员、督导员和联络员。

对外来、返乡人员逐一登记、体检，对来自疫情流行区的居家隔离15天。6月4日，举行高考防治非典实战演练。至6月10日，无输入病人和疑似病人。

第四节　公共卫生监督检测

食品卫生

1986—2005年，全县每年定期对粮食、蔬菜、水果、肉类、水产品、冷饮、酒类、罐头、油脂、调味品等卫生状况进行监督检测，对生产制造厂家严格规范，建立健全监测设备，做到批批检验，合格出厂，对食品流通销售环节一年2次进行卫生监督，一年1次抽样监督，对不合格产品一律没收销毁。对重点行业及特殊食品的卫生监督，按照卫生法规、生产规范要求，对图纸审查、工艺流程、房间布局、规章制度等进行严格审查，严格食品卫生准入，把好卫生许可关，对食品从业人员进行预防性体检和卫生知识培训，体检率和培训率每年均100%。

公共场所卫生

1986年，开展旅馆业、理发业卫生技术建档工作，为32家各类公共场所单位建立卫生技术档案。同时进行各项卫生指标监测。监测指标有微小气候、二氧化碳、噪声、照度、空气菌落总数、顾客用品表面细菌总数、大肠菌群、溶血性链球菌、霉菌、HBSAg。经过监测和一般卫生检查，给合格单位发放卫生许可证。

1987年4月，公共场所卫生领导小组成立。在全县范围内进行宣传。对部分旅馆、理发店进行卫生监测，采集样品290份，进行18个项目检验。

1990年，公共场所从业人员健康查体方式稍有变化：县直单位由县防疫站进行；乡镇防保站对从业人员进行一般项目检查后，将采集检验标本送县防疫站检验。查体997人，查出职业禁忌证14人，全部调离原工作岗位。共办验公共场所卫生许可证243个。全县进行58家公共场所经营单位127个监测点卫生监测。

1992年，公共场所从业人员查体1403人，其中县直918人、乡镇485人，查出23名职业禁忌证患者，全部调离原工作岗位。为创建省级卫生县城，对全县食品、公共场所卫生进行执法检查。检查公共场所经营单位193家，提出整改措施85家，对其中13家进行行政处罚；同时对工作比较突出的单位进行表彰。

1994年，公共场所从业人员查体1253人，其中6人HBSAg阳性，全部调离原工作岗位。办验卫生许可证325个。监测100家单位231个监测点，合格率86.6%。

2003年“非典”期间，卫生防疫人员分赴各镇、街道、各县直单位、各公共场所进行“非典”技术指导，实现堵住源头不让“非典”疫情进入县内目标。

学校卫生

1986—1987年，对全县中小学进行学生常见病防治工作。进行小学生肠道寄生虫感染调查，调查35处小学2123名小学生，蛔虫感染率24.3%。城镇小学感染率22.9%，乡村小学生感染26.0%，略高于城镇小学生。

1988年，进行中学生视力不良调查，共调查学生1150人，近视患病率38.9%。3月，进行学校肝炎预防工作；进行中小学生预防爆竹伤害事故宣传教育和调查工作，全县在2—3月无爆竹伤害事故发生。

1990年，对部分乡镇的18000名中小学生进行肠道寄生虫驱虫工作，应用药物内硫咪唑。8—9月，应用小孔眼镜对中兴初中一、二年级92

名学生进行视力不良实验治疗，总有效率62.8%。实验治疗结果报告《应用小孔眼镜治疗学生视力不良疗效观察》一文作为论文交流，参加在青州召开的“全国小孔眼镜治疗近视学术研讨会”并获鼓励奖。

至2005年，学生食堂卫生许可证和从业人员健康证办证率99%。学校教室照明合格率93%，教室人均占地合格率86%，课桌椅合格率78%，黑板合格率100%。

饮水卫生

1986年，对全县各种饮用水源进行卫生学调查和水质监测。1989年，对县城自来水供水系统水源和末梢水进行水质监测，合格率100%。2003年，抗击“非典”期间，加强水源地保护和供水系统监测。全县各类供水系统运转正常，未发生介水传染病流行。

1990—2005年，每年对各类水源及供水系统进行监测、监控。

第四章　妇幼保健

第一节　妇女保健

妇科普查

1986年，查治妇女病35379人，其中患病9226人，治疗9514人。1987年，7113对青年男女做了婚前健康查体。1988年，组织第一批妇幼卫生人员培训班。1990年，与县工会、妇联、计生局联合，开展以生殖健康为主的妇女病普查普治，建立个人健康档案。2001年，采用分层整群抽样方法，在礼参、韩店2镇开展妇科疾病普查，为全省制定防治妇女病对策提供依据。2004年，完成妇女查体5255次。开展无痛人流、无痛分娩技术，填补县内空白。

2005年，全县有育龄妇女114349人，普查97560人，普查率85.31%。患病人数25231人，患病率25.86%，全部进行治疗和随访。妇产科无痛人流项目取得较好效果，做人工流产1352人，其中无痛流产876人，药物流产328人，放取环562人。妇女查体8470人次。在生殖道感染防治工程方面，育龄妇女健康查体13.11万人次。

新法接生

1986年，接生7495人，新法接生率96%。是年，妇幼保健站更名为妇幼保健所。1992年，妇幼保健院设床位30张。1994年，创建爱婴医院，推行母乳喂养；全县出生5886人，新法接生率98%。

1995年6月1日，县内医院加强产儿科建设。1999年，邹平县成为全市第一个爱婴县。全县出生8401人，新法接生率100%，住院分娩率99.5%。

2004年，确定10个乡镇卫生院有接生资格。是年，全县孕产妇死亡率12.3/10万，5岁以上儿童死亡率12‰。

孕产妇系统化管理

1986年，建立县、乡、村三级妇幼保健网，对乡镇妇幼保健人员和乡村女医生进行培训。1998年始，以婚检为龙头，开展母婴保健保偿，实行婚检、孕期保健、科学接生、产后访视及儿童保健一条龙服务，全县孕产妇系统化管理走向正规化。2003年，孕产妇系统化管理98%以上。

1987—2005年，每年举行1次妇幼保健和妇产科业务培训班，学习产科建设标准和产前产后并发症预防和处理，逐步对全县孕产妇实行系统化管理。

第二节　儿童保健与疾病控制

机构沿革

县妇幼保健院原名县妇幼保健站，始建于1953年10月。1986年初，全站有职工21人。1992年，更名为县妇幼保健院。1999年，有职工78人，

2001年，有职工80人，2005年，有职工81人。

1999年，业务收入320万元，年门诊25168人次，病床使用率65.8％。2000年，业务收入350万元，年门诊23561人次，病床使用率56.3％。2001，年业务收入356万元，年门诊24827人次，病床使用率52.8％。2002年，业务收入380万元，年门诊27858人次，病床使用率45.6％。2003年，业务收入385万元，年门诊27496人次，病床使用率49.4％。2005年，业务收入607.9万元，年门诊30001人次。

2004年11月，撤销县计划生育服务站和县妇幼保健院，整体合并为县计划生育妇幼保健服务中心。设有内科、妇产科、外科、五官科、中医科、社会保健科、检验科、B超室、心电图、放射科、供应室、医务科、护理部。

2005年，先后派出9名业务人员外出学习和学术交流。

儿童保健

1979年，县妇幼保健站组织人员对儿童进行健康检查，普查21897人，查出患有各种疾病儿童4936人，占23％。同年，省卫生厅拨款2万元，对全县1～7岁儿童8.07万人免费服用驱虫净，购买驱虫净37.2万片、哌吡嗪2万片，由公社医生分别到生产大队，在赤脚医生协助下看服到人，全县实服药78666人，服药后驱虫率88％。

2003年，全县0～7岁儿童有50999人，系统化管理率80％以上。

2004年1月，开展新生儿听力筛查，开展新生儿洗澡、新生儿抚触等项目。新生儿疾病筛查率100％，听力筛查初筛率100％，复筛率70％。共查出小儿“两病”14例，其中甲状腺机能低下12例，苯丙酮尿症2例。

2005年，做好5岁以下儿童生命监测工作，开展0～3岁儿童保健，入保人数1117人。

儿童疾病控制

1986年起，每年对县直幼儿园儿童进行健康查体，约查600～2000人，患病人数占10％～50％，对查出的各种疾病及时治疗。

1993年，县内开展5岁以下儿童监测工作。1995年，全县婴儿死亡率14.10‰，3岁以下儿童佝偻病的患病率降6.6％，缺铁性贫血的患病率10.05％，营养不良患病率降至1.5％。

1996年，省卫生厅将邹平县作为5岁以下儿童死亡监测点。全面推行《出生医学证明》制度。

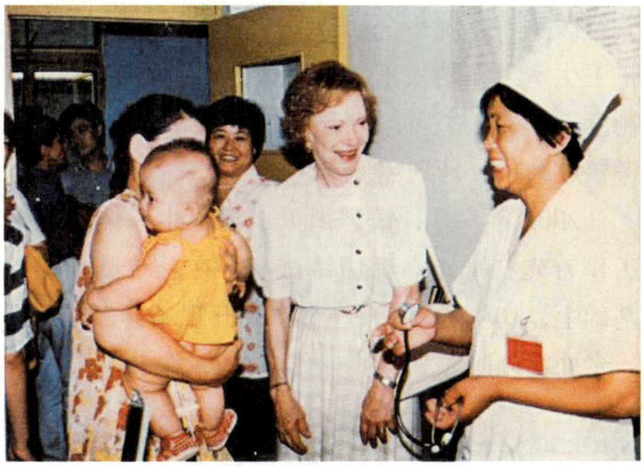

图25-5　1997年7月27日，美国第39届总统吉米·卡特夫人到妇幼保健院考察

2004年，推出儿童保健套餐，完善保健功能。开展新生儿听力筛查工作，全年出生8355人，进行听力筛查7253人，复筛2100人。2005年，做好孕妇及5岁以下儿童生命监测工作。开展0～3岁儿童保健，入保1117人次。开展婴儿洗澡、新生儿抚触、生长发育监测等新项目。完成儿童入园查体2118人次。

1993—2005年，连续13年作为孕产妇死亡及5岁以下儿童死亡生命监测点，2项监测工作，为省卫生厅提供科学数据。

第五章　农村卫生与个体行医

第一节　农村医疗制度改革

1986年年初，全县落实卫生室责任合同制，858个行政村有848个签订合同。加强乡村医生管理，对全县1195名乡村医生进行全面考核，颁发行医执照，统一全县村卫生室名称，颁发牌匾，村卫生室工作纳入正规化管理，建立“五簿一卡”制度，统一农村卫生室处方签、门诊日志、月报表、考核成绩单、计划免疫卡。

2005年6月，镇、街道、村卫生一体化管理工作首先在孙镇、韩店镇试点。在总结试点经验基础上，10月27日，在2镇召开现场会，全县进入全面实施阶段。

第二节　村卫生室

1986年年初，全县858个行政村，设卫生室918个，其中甲级卫生室12个，乡村医生1212人，主要承担农村基层医疗、预防保健任务。

至1995年，行政村建立卫生室100%，甲级卫生室70%。到2000年，全县新增设社区门诊42处，设立社区服务车10辆，开设28个专科，卫生室总数1080个，85%的村卫生室达到甲级卫生室水平。

2005年，全县80%以上的乡村医生达到中专以上学历，卫生室总数1080个，90%以上的卫生室达到甲级卫生室标准。

图25-6　为群众免费测血糖　(2010年摄)

2005年邹平县农村卫生室基本情况统计表

表25-5-1

指标名称	总计	按设置/主办单位分				按行医方式分		
		村办	联合办	私人办	其他	西医为主	中医为主	中西医结合
机构总数（个）	737	538	21	174	4	649	14	74
乡村医生和卫生员（人）	737	538	21	174	4	649	14	74
乡村医生数	737	538	21	174	4	649	14	74
在职培训合格者数（人）	737	538	21	174	4	649	14	74
年总收入（千元）	26841	20133	697	5829	182	23694	481	2666
村或集体补助收入	2		2					2
业务收入	26774	20086	677	5829	182	23648	480	2646
年总支出（千元）	26354	19891	672	5609	182	23268	470	2616

续表25-5-1

指标名称	总计	按设置/主办单位分				按行医方式分		
		村办	联合办	私人办	其他	西医为主	中医为主	中西医结合
其中：人员经费	10783	8364	258	2084	77	9536	190	1057
药品支出	15307	11410	404	3388	105	13508	280	1519
诊疗人次数	4975250	3531803	191366	1232340	19741	4255440	84408	635402
孕产妇检查人次数	12	6		6		12		
儿童疫苗接种人次数	6	3		3				

第三节　新型农村合作医疗

2003年7月，邹平县被确定为全市首批新型农村合作医疗试点县。从10月1日起，试点工作在韩店、台子、好生3镇率先启动，参合人数89519人，参合率93.4%。参合农民每年每人缴费15元，县镇财政扶持每人每年分别为10元和7元，加上省、市的补助资金，每人每年筹资总额38元，3镇筹集新型合作医疗基金313.3万元。

参合农民看病补偿有3种方式：（一）为参合农民每人建立10元家庭账户，用于门诊费用支出，余额可转入下年度使用。（二）对住院医药费用补助，只设立封顶线，不设起付线，规定在不同级别的医疗机构住院医药费用实行分级、分段累进制报销。住院费用3000元以内（含3000元）的部分，按20%补助；3000元以上至6000元（含6000元）部分，按30%补助；6000元以上至10000元（含10000元）部分，按40%补助；10000元以上部分按50%补助，补偿金额年度内最多不超过10000元；分级标准按镇、街道、县级、省市级定点医疗机构和非定点医疗机构审核，即100%、90%、70%、50%4个层次。（三）建立慢性病补助制度，门诊医药费按20%补助，年内封顶2000元。按照就近、便利原则，确定镇、街道、县、市、省级定点医疗机构，对村级医疗机构纳入定点医疗机构，家庭账户可以直接消费。所有参合农民在任何医疗机构就医，均可纳入相应报销范围。报销实行县镇分级审核、镇、街道统一支付方式。在全县二级医疗机构及镇、街道经办机构安装新型农村合作医疗信息管理系统，实现网上审核报销。参合农民的基础数据、报销费用等可以通过公用数据网络传输，完善查询分析、档案管理、医疗报销费用审核管理等多种功能，住院费用当日出院当日结算。

试点期间，3镇兑付医疗费用167.8万元，总受益农民75945人次。其中大病住院7488人，报销108.13万元；家庭账户68457人，报销支付59.7万元。2004年4月，全市新型农村合作医疗试点现场会在邹平县召开。

2004年4月，邹平县被确定为第二批省级新型农村合作医疗试点县。全县参加新型农村合作医疗农民50.1万人。在7月1日到2005年6月30日运行周期中，补偿农民医疗费用1385.79万元。其中补偿参合农民住院医疗费用1108.34万元，占大病统筹基金的88.9%；家庭账户支付277.45万元。累计受益农民26.27万人次，占全县参合农民的58%，其中住院农民3.92万人次。

图25-7　2004年，新型农村合作医疗工作动员会召开

2005年7月1日，第二周期开始运行。全县农民参加新型合作医疗50.1万人，参合率86.9%，筹集基金1904.3万元。至2005年底，第二周期运行6个月以来，累计补偿参合农民医药费989.59万元，14.11万农民受益。其中住院农民2.66万人次，补偿788.49万元，20余万参合农民进行免费查体，5.6万60岁以上农民建立健康档案。

第四节　个体诊所管理

1986年年初，县卫生局取缔缺乏专业训练、未经卫生主管部门考核批准的医生、巫师、江湖游医，对个体诊所进行检查、整顿。

1995年，卫生局对城区内45家诊所进行审核，13家不合格诊所被取缔。

1997年7月，县政府规定个体开业行医须由县卫生行政部门定点、定员、定范围执业，严禁虚假广告，所需药品由所在地卫生院统一提供，并一次性交纳机构设置费1500元、年验证费100元。

1998年8月，对个体行医者进行理论考试和全面考核，合格率75%。9月，对175家个体诊所进行注册发证，49家不符合条件的被停止行医活动，98家逾期不办行医证的，按有关规定给予取缔，净化医疗市场。

2000年6月，清理78家无证行医户，没收违法药品器械200件，销毁假劣药品千余箱。

2005年邹平县诊所基本情况统计表

表25-5-2

指标名称	合计	按管理类别分			按经济类别分			按设置/主办单位分				按诊所类别分		按市县分
		非营利性	营利性	其他	集体办	私营	其他	企业办	事业单位办	社会团体	其他	普通	口腔	县
机构总数（个）	520	3	516	1	47	5	468	4	16	1	499		3	520
总人员数（人）	546	3	540	3	47	5	494	7	33	1	505	543	3	546
执业医师（人）	7		7	3			7		1		6	7		7
执业助理医师（人）	30	29	1		27	3	6		21	30		30		
注册护士（人）	10		9	1			10	1	9			10		10
药剂人员（人）	4		3	1			4		4			4		4
其他（人）	495	3	492		44	5	446	3	13	1	478	492	3	495
房屋建筑面积（平方米）	25737	706	24911	120	1859	290	23588	890	1380	40	23427	25562	175	25737

第六章　红十字会

第一节　机构沿革

1986年11月，县红十字会恢复工作，并成立基层红十字会组织。1987年1月，县红十字会第一届理事会成立，设会长1人，副会长7人，秘书长1人，副秘书长1人，常务理事8人，理事8人。

1988年，乡镇先后成立以分管乡、镇长为会长，由教育、卫生、民政、财政等相关单位为成员的红十字会。学校成立红十字青少年工作委员会，厂矿企业也相继成立红十字会。

红十字会组织成立后，在全县建起基层红十字工作委员会53个，其中，县直机关、学校、医院、厂矿等企事业单位36个，乡镇17个，有会员 45207 人，其中成年会员 12907 人，青少年会员 32300 人。全县农村建立红十字工作站 350 处，占全县行政村的 41%，有会员 37232 人，占全县会员总数的 82%。农村成立红十字会服务队 350 个，队员 3484 人。红十字会献血队 350 个，队员 2156 人，以保障临床用血。

为进一步开展残疾人康复工作，红十字会组织医务人员对全县残疾人进行普查登记。有残疾人 4761 名，其中盲人 456 名，聋哑人 1032 名，痴呆 1216 名，肢残 2057 名，占全县总人数的 7‰。对残疾人分门别类进行康复训练和服务活动，使他们有能力自食其力，回归社会。

1990 年，县、乡两级红十字会理事会进行调整充实，调整充实后的县红十字会工作委员会由原来的 28 人增加到 36 人。

1997 年 5 月 9 日，邹平县红十字会第二届理事会进行换届选举。

图 25-8　齐鲁电视台红十字博爱卫生站揭牌仪式

第二节　救助与无偿献血

1997 年，县红十字会开展抗灾募捐和无偿献血活动。12 月 25 日，红十字会收到由地区红十字会转送台湾红十字组织捐赠的喷雾器 2 部，价值 1000 元。收到地区红十字会转送国际联合会捐献的特二粉 4000 千克，价值 7120 元，全部发往西董镇、台子镇灾区。

1998 年，长江、嫩江抗洪救灾期间，先后募集资金及衣物 5 次，及时运往灾区。同年，向台湾抗震救灾捐款 1 万元。1999 年 2 月 20 日，县红十字会组织救灾募捐活动，捐款 13822 元，寄往西藏、青海灾区。

2002 年，收到市红十字会转送的运动服 150 套，T 恤衫 600 件，大米 1410 千克，救助金 3900 元，全部支援台子镇、临池镇、西董镇以及企业困难职工。

图 25-9　2000 年已使用的无偿献血证

2003 年，为赈济菏泽受灾地区，县红十字会发动职工积极捐赠资金、物品，通过民政部门发往灾区。

县红十字会分别于 1998 年 5 月 28 日、6 月 4—5 日，利用 3 天时间组织县直党政机关、企事业单位开展无偿献血活动，有 538 人参加，献血 10.76 万毫升，在全区首批完成献血任务。

1999—2003 年，全县有 11136 人参加献血，采血 222.72 万毫升。2004 年，3337 人参加献血，献血量 66.74 万毫升。2005 年，3259 人参加献血，献血量 65.18 万毫升。

第七章　爱国卫生运动

第一节　城镇卫生

1986 年，全县卫生达标单位 256 个，建立不同工种和类型的卫生专业队伍 2 支，128 人。

1988 年 11 月，县城被地区爱卫会评为卫生先进县城。1989 年 1 月，全县 1.1 万人参加“爱国卫生月”活动，印刷宣传资料 1.8 万份，出动宣传车60辆次，清理污水沟11.26万米，铲除蚊蝇滋生地260余处，消灭不卫生死角120余处，用于卫生治本建设投资70余万元。是年，被评为“全省爱国卫生活动月先进县”。此后，爱国卫生活动月每年开展1次。

1996年6月15日，全县广泛学习宣传《山东省爱国卫生工作条例》，举办学习班26期，培训骨干1200余人，出动宣传车30辆次。

至2005年，全县开展爱国卫生活动月17次，铲除蚊蝇滋生地860处，增设垃圾箱、果皮箱160个。

第二节　农村改水改厕

农村改水

1986年起，全县开展改水工作，开始饮用安全卫生水。1990—1991年，长山镇43个自然村全部用上安全卫生的自来水。1995年，全县自来水普及率为55%，受益人数60万人，占全县总人口的90%。

农村改厕

1990年，开始试点推广“双池联圈水封式”农村家庭厕所。1991—1992年，为实现2000年人人享有初级卫生保健目标，全县农村建双池联圈水封厕所2600座，单池式1200座。2000年9月，有90%农户用上卫生厕所，基本消除人畜混圈。

第三节　灭鼠　灭蚊　灭蝇

灭鼠

1986年5月，开展“一疫达标”（通过一次战役短期突击灭鼠，达到基本无鼠害标准要求）活动，全县灭鼠75%。1987年1月5—14日，山东省爱卫会对邹平县灭鼠工作考核验收。全县室内鼠密度由投饵前的11.8%下降为0.06%，野鼠密度由灭鼠前的7.25%下降为0.2%。1987年5月，邹平县被省爱卫会命名为“无鼠害县”。

1988年4月，国家爱卫会组织专家到邹平县考察，确认邹平县灭鼠工作达到国家无鼠害县标准。7月30日，世界卫生组织高级顾问、教授霍华德专程到邹平县考察。

1994年和1995年春季，又分别进行2次大规模“拉网式”检查。对全县各个镇乡860余个村及县城驻地饭店、粮店、商店、面粉厂、养鸡场、机磨坊、供销社仓库和各级机关食堂进行大面积拉网式检查，随机抽查1860间房屋。结果阳性间52间，阳性率占2.8%。访问群众4200人，反映有鼠情的61人，占访问人数的1.45%。鼠密度检测，室内布粉1200块，阳性10块，阳性率为0.86%。

2000—2005年，全县每年春、冬2次进行集中灭鼠活动。平均每年投入毒饵9万千克，灭鼠经费10万余元，投饵到位率95%。

蚊蝇消杀

1986—1989年，全县蚊蝇消杀单位89%，消杀覆盖率95%以上，蚊蝇滋生地消杀率100%，消耗各种消杀药物（溴氰菊酯、力克净、罗必松、敌敌畏等药）2860千克（包括下水道灭蚊蚴投放B、S液900千克）。

1990年8月，对县城蚊蝇密度进行考核，蚊密度为3.5只/人2小时，蝇密度为4只/天。抽查垃圾、粪便苍蝇滋生地15处，均未发现蚊蛆滋生。

至2000年，全县利用爱国卫生月活动这一时机，铲除杂草、杂物，治理垃圾、粪便，消灭卫生死角，畅通污水沟渠。

2003—2005年，邹平县将6月22日定为灭蝇灭蚊集中消杀日，蚊蝇密度明显降低，夏、秋季传染病得到有效控制。

第四节　创建卫生县城

1989年7月，全县结合实际，制定卫生管理办法并开展创建省、地级卫生单位（乡镇、村庄）活动。2000年，达到省级卫生县城标准。

从2001年起，加大基础设施建设投资。2003年3月，“三大创建”（“创建全国精神文明建设先进县”“创建国家卫生城”“创建全国社会文化先进县”）活动正式启动。9月，全县掀起创建国家卫生城市和省、市级卫生单位、卫生镇、卫生村的活动高潮。

2005年11月，创建工作通过国家验收，成为全省第一个国家级卫生县城。

第五节　健康教育

卫生宣传

1985年，出版卫生小报24期。1990年，举办性病防治展览，播放《黄色瘟疫》《艾滋病阴影》《性病病例》等录像电视片60场次，有2000余人观看录像。

2003—2005年，省、市、县电视台录用卫生电视新闻300余条，《大众日报》《滨州日报》《今日邹平》等刊发卫生新闻稿件和图片200余幅。在《今日邹平》开设“卫生与健康”专栏，刊发卫生科普文章78期。

2004年，创办《健康教育小报》，发行24期4800余份。至2005年，健康教育网络化建设覆盖率100%。

健康教育

1989—1993年，全县结合农村初级卫生保健工作，全面开展农民健康教育工作。编印《成人健康教育》读本4万余册。

1994年，县电视台定期和不定期播放健康教育行动录像，收到较好效果。

从1995年起，每年开展健康教育培训工作。针对老人、青少年、妇女等重点人群开展每月1次经常性健康教育活动，农民基本卫生知识知晓率75%，居民健康行为形成率68%。

2003年，“非典”期间先后印发“非典”防治知识传单30余万份，举办卫生知识讲座15期，通过县对镇、街道宣传骨干，镇、街道对乡村医生、乡村医生对村民层层培训，垂直接受讲座人数20余万人次。2003年后，卫生局从县防疫站、县中医院、县结防所、县皮防站等单位抽调5名具有高、中级职称的相关卫生专业技术人员，组建健康教育宣讲团，利用“三下乡”、医院义诊、为偏远山区农户送医送药，为贫困村庄、贫困家庭、社区居民送健康保健常识。

每年在“3·24”结核病防治宣传日、“4·25”计划免疫宣传日、“5·25”防治碘缺乏病宣传日、“5·31”世界无烟日、“9·20”全国爱牙日、“12·1”世界艾滋病宣传日等相关卫生宣传日，组织相关专业技术人员上街开展街头宣传咨询，下乡开展义诊服务、宣传咨询活动。至2005年，开展各种形式宣传咨询活动32次，参与人数120余人，展出宣传版面270余块次，分发各种宣传资料1万余份，直接受教育人员1.5万人次。

学校健康教育

1980年，为防治学生近视眼、沙眼，要求培养正确读书写字姿势，搞好眼睛卫生和发放眼睛保健操挂图，改善教室采光照明，培养学生个人卫生习惯。在学校提倡分盆分巾、流水洗手。在预防蛔虫病方面，向全县各类学校散发《个人卫生十条》，提倡饭前便后洗手。为预防龋齿，向中小学生发放口腔病防治传单，提倡正确刷牙、饭后漱口、睡觉前淡盐水漱口，少吃糖等做法。

1994年，全县有98%以上的中、小学开设健康教育课，做到有课本、教师、课程、考评。1996年，在全县开展中小学生和学龄前儿童预防龋齿工作。中小学生服用康齿王，组织发动利用预防接种、儿童查体等多种形式开展工作。2005年3月，县健康教育所成立，为副科级事业单位，隶属县卫生局管理。至年底，全县各类学校健康教育资料覆盖率100%，相关卫生知识知晓率90%。

图25-10　卫生专业人员到学校进行传染病防治知识讲座　（2008年摄）

第八章 医药管理

第一节 医政管理

1986年初，对全县1212人乡村医生进行全面考核，建立县、乡、村三级医疗网。

围绕“2000年人人享有卫生保健”总体目标，从1989年始，开展创建初级卫生保健示范县工作，按照示范县一村一室标准，对行政村卫生室统一管理。全县有行政村卫生室858个，其中619个达省甲级卫生室标准，个体医疗点78个。1991年，初保13项指标全面达标，经国家验收，初保工作跨入全省前5名，成为17个示范县之一。

1995年，行政村建立卫生室100%，甲级卫生室70%。

2000年，全县增设社区门诊42处，设立社区服务车10辆，开设28个专科，卫生室总数1080个，85%的村卫生室达到甲级卫生室水平。

至2005年，全县80%以上乡村医生达到中专以上学历，卫生室总数1080个，90%以上卫生室达到甲级卫生室标准。

第二节 药政管理

1992—1993年，进行药品市场整顿，查处药品违法案件70余起，没收假劣药品300余个品种，中药材107千克，价值18余万元。

1996年4月16日，县政府办公室下发《转发县卫生局关于整顿医疗秩序、加强药品管理工作的报告》（邹政办〔1996〕47号），成立由卫生、公安、工商、法院等单位组成的整顿医疗秩序、加强药品管理工作领导小组。7—9月，先后对县城、镇乡医药经营户进行清理整顿，净化医药市场，打击违法经营药品行为，保证医药市场的正常秩序。

1998年，县卫生局聘请县法院、县司法局专业人员，对全县100余名卫生执法人员进行有关法律、法规培训考试，考核合格人员持证上岗。对全县城区、镇乡医药市场进行清理整顿，清理出非法药品经营业户5家，查扣不合格药品2万余元。对全县保健品市场进行检查。规范医疗单位药品采购管理，加强镇乡药品代购分发工作，加大对镇乡药品抽验力度。完成对各医疗卫生单位特殊药品管理单项检查，防止麻醉药品流入社会。全年对系统内医疗卫生单位平均检查2次以上，未发现违规情况。

2002年3月，县药品监督管理局成立。2002—2003年，出动执法人员1380人次，监督检查药品经营、使用单位2175家，取缔无证营业户3家，立案查处300起，查获假劣药品600余品种，价值10余万元。

2003年4月，“非典”后，出动执法人员149人次，检查药品经营使用单位361家，立案查处142起，查处制售假药案件72起，处罚3.89万元。

2004年，整顿和规范药品市场秩序专项行动领导小组开展对农村药械、中成药非法添加化学成分和药品、医疗器械、保健食品广告专项整治。

2005年，开展打击各种形式的无证经营、挂靠经营、超方式超范围经营、销售使用假劣药品、药械虚假广告宣传等违法行为。

图25-11 2009年5月，省食药局负责人到山东西王药业调研

第二十六编

文体 旅游 广电

Culture & Sports, Tourism and Radio

范公祠 （2012年摄）

2002 年 5 月 1 日建成的唐李庵禅林胜景坊

1997 年 12 月 5 日，在山东省美术馆举办邹平县长山镇农民书画展

1986—2005年，县文化、体育、旅游、广播电视事业发展迅猛。文学创作、戏剧与曲艺、美术、书法、绘画、摄影等都取得重大收获，获得国家、省、市级奖励多项。

群众性文化活动蓬勃开展，丰富了人民群众文化生活。1986—1995年，元宵节举办传统民间文艺表演活动在全县各乡镇已形成风气。县城先后举办元宵节传统民间文艺调演大会7次。

旅游事业发展迅速。2000年，县旅游局成立。旅游资源规划与建设取得重要成果，鹤伴山国家森林公园、唐李庵、醴泉寺、雕窝峪、范公祠等风景区相继开发建设。

广播、电视、电影、报纸等取得突飞猛进的发展。1986年，县广播电视管理站改为县广播电视局。是年，设立县广播电视转播台。1987年，设小功率电视转播台。1988年，增设广播电视转播台、音像制品发行管理站。1991年，邹平电视台建成开播。1993年，县广播电视局改为县广播电视中心。1996年，县广播电视中心改为邹平县广播电视局。

第一章 文化管理

第一节 机构沿革

文化局

1978年，县革委文教局下设文化组，具体管理文化工作。1979年3月6日，建立县革委文化局，1981年改为县文化局，负责管理全县群众文化工作。1993年10月，县级机构改革，县文化局与县体委合并，成立邹平县文化体育委员会，下设办公室、文化股、体育股，编制15人。1994年4月，邹平县文化体育委员会分为文化局和体委。文化局下设行政办公室、业务股、文化市场办公室、文化旅游开发管理办公室，有干部职工12人。文化局下辖全民事业单位：文化馆、图书馆、文物管理所、吕剧团；全民企业单位：电影发行放映公司、艺术学校、广告公司、文化艺术中心。

1996—2002年，县文化局编制12人，下设行政办公室、文化市场管理办公室、业务股、财务股，下辖文化馆、图书馆、文物管理所、吕剧团、电影发行放映公司、艺术学校6个股级事业单位和广告公司、工艺美术公司。1999年7月25日，加挂邹平县新闻出版管理办公室牌子，行使新闻出版管理职能。

2002年6月，县文化局与县体育运动委员会合并为县文化体育局，行政编制16人，工勤2人，实有16人；下设办公室、计财股、业务股、文化市场管理办公室、新闻出版管理办公室五个股室，下辖体育中学、文化馆、图书馆、文物管理所、群众体育指导中心、吕剧团、电影发行放映公司7个事业单位和广告公司、工艺美术公司2个企业单位。至2005年，机构编制没有改变。

体育运动委员会

体育运动委员会简称“体委”，是县政府管理和指导全县体育事业的职能部门。1986年，内设办公室、群众体育股、田径训练股。1991年，成立邹平县业余体育学校。1994年，更名为“邹平县体育中学”。1993年，县级机构改革，县体委与县文化局合并为县文化体育委员会。1994年4月，恢复县体育运动委员会，内设办公室、业务股、体育中学，有职工34人。2002年6月，县体育运动委员会与县文化局合并为县文化体育局。

第二节　文化市场管理

1990年5月，县文化局增设文化市场管理办公室。7月，邹平县社会文化管理委员会成立。1991年5月，文化局牵头，由宣传部、公安局、工商局、税务局、物价局、广播电视局共同组建文化市场稽查队，先后对图书、录像、舞厅、桌球、印刷等115家文化经营业户检查登记，颁发营业许可证。1994年6月，县文化市场管理办公室被山东省新闻出版局、山东省人事厅授予“创建文明书刊音像市场活动先进集体”称号。1995年，“扫黄打非”工作小组检查音像销售出租放映点35处，查处激光视盘465盘，取缔录像点1家；查处书摊12家，查缴图书214册，取缔书摊点1家。1997年5月，文化市场管理人员散发宣传法律法规材料2000余份。1998年底，全县文化经营业户212家。县“文化中心”建设是县委、县政府2003年确定的十件大事之一，于2004年动工建设。

第二章　文学艺术

第一节　文艺创作

1986年10月，滕福成导演的《攀亲记》获“省第三届戏剧月”优秀导演奖，房庆海获优秀舞台美术设计奖。同月，邹平影院绘制的幻灯剧《儿女情》获省计生委、文化厅组织的幻灯会演二等奖，陆军获绘画二等奖，王莉莉获解说二等奖。

1988年2月9日，王红的论文《试论群众文化发展的时代特征》被评为1985—1987年省社会科学优秀成果三等奖。10月，黄宗堂的小说《门楼事件》获吉林省优秀小说大赛二等奖。

1989年1月，孙桂芹的小说《关于烈属待遇问题》，获“全国小小说大奖赛”三等奖。12月16日，吕宗斌编剧《离婚计》在省“首届计划生育文艺调演”中获剧本一等奖。

1990年1月，王红的论文《节日民俗发展争议》获山东民俗学业会优秀论文奖。同月，张迎军的论文《以火焰的方式为你送行》获山东大学社会科学优秀成果一等奖。10月，张迎军的组诗《又见那人》获全国大学生爱情诗大展二等奖、安徽省青春诗会二等奖。

1991年2月，张迎军的诗《北方》获省1990年度优秀作品奖，小说《谵语》获《作家报》优秀作品奖。是年，黄宗堂的报告文学《壮哉，邹平铜矿人》获华东地区纪念建党70周年报告文学奖，报告文学《邹铜之魂》获中国文联、中国作协、共青团中央联合颁发的作品奖。

1992年2月，李志邦谱曲的《农家村院》获文化部等六大部门举办的当代农民之歌征歌三等奖；周汇俭谱曲的《山乡新韵》获创作奖。3月，张迎军主编的《管理科学论文选粹》获山东大学社会科学优秀成果一等奖。4月，黄宗堂的报告文学《医坛怪杰许新升》获中国文联、中国作协颁发的报告文学作品奖。6月，张迎军的报告文学《黛溪河，你听我说》获省“驼铃杯”一等奖。张萍在省文化厅举办的文化艺术业务技能比赛中获表演一等奖。

1993年4月，巩建华作词、周汇俭谱曲的歌曲《生男生女一样好》获省计生委征文三等奖。5月，巩建华的歌词《假如我是一只海燕》获全国首届“中音杯”音乐大赛优秀奖。8月，周汇俭谱曲的《东方的中国》获四川省《东方文化艺术报》创作三等奖。9月，吕宗斌创作的大型京剧《孝子董永》获省第四届文化艺术节编剧奖。12月，巩建华的歌词《在一起》获河北省纪念毛泽东100周年诞辰征歌三等奖，歌词《东方的中国》获山西省第三届“黄河杯”征歌一等奖。

1994年，王红的论文《浅论村落文化的消费引导》获中国群众文化优秀论文奖。4月10日，电视剧《太阳依然升起》在邹平县开拍；8月29日，在中央电视台第三套节目播出。

1995年3月10日，电视剧《太阳依然升起》（编剧刘铁城）获省第七届优秀电视剧评选短剧二等奖。5月，赵竟成的诗歌《老师是什么》获诗刊社“金鹰杯”全国朗诵诗大赛佳作奖。1995年，巩建华的《晒太阳》获省第二届农民歌手大奖赛优秀作品奖。

1996年，县文化局组织排演的吕剧《平安村》获省委宣传部精品工程组织奖，吕剧团排演的吕剧《平安村》获1996年度省委宣传部精品工程奖。9月，张选之创作的国画《春光明媚》获香港回归祖国首届北京国际书画摄影艺术博览会一等奖，入选《北京国际艺术精品博览》。同月，周汇俭创作的歌曲《山泉》获中国大众音乐学会首届大众杯歌曲评比三等奖。

1997年5月，滨州地区文联组织召开农民词作家巩建华作品研讨会；12月，其歌词集《我的歌》获滨州地区精品工程奖。6月，滕福成等创作的小品《男孩女孩》在地区第二届儿童戏剧赛中获剧本二等奖，胡福祥、牛相华获导演一等奖，徐丽、姚洁分别获表演一、二等奖。

1998年10月，在省第六届艺术节中，韩华获表演一等奖，刘爱华、荆延怀获表演二等奖，房庆海获舞美二等奖，张福永获作曲二等奖。

1999年，王红的散文集《红尘四季》，吕剧团编演的大型现代吕剧《家住小山村》，胡福祥、赵岩杉、张萍编导的广播剧《“110”和爸爸》获滨州地区“精品工程”奖。

2000年5月，赵竟成诗歌《北方的树》，由中国文联出版社出版。8月，在青阳镇举办由省、市、县著名诗评家等30多人参加的赵竟成诗歌作品研讨会。诗集《北方的树》获市第五届精神文明建设“精品工程”奖。

2001年，巩建华、李志邦创作的歌曲《福字歌》，在2001年北京电视台春节文艺晚会上由著名歌唱家梦鸽、魏金栋演唱，在中央电视台“心连心”艺术团赴重庆演出时由张燕、魏金栋演唱，并获市第五届精神文明建设“精品工程”奖、省文化厅庆祝建党80周年征歌二等奖。

2002年，在市“地税杯”专业吕剧演员电视大奖赛中，韩华获一等奖，沈红萍获二等奖，刘爱华获三等奖。5月，张晓燕、张娟、宋歌在全省声乐比赛中分获二等奖、三等奖和优秀奖。

2003年，赵竟成文学评论《诗心无忌》获作家报全国征文一等奖。在中国戏曲“红梅奖”山东赛区选拔赛中，沈红萍获表演一等奖，吕卫华、张爱云获表演二等奖，孙伟获戏曲音乐演奏一等奖。是年，王奎强、张延龙书法作品入选中国书法艺术节正楷书法展。

2004年5月1日，吕剧团排演的现代小戏《王邪招亲》参加第二届中国滨州、博兴国际小戏艺术节，获得演出金奖、优秀导演奖、优秀编剧奖；7月3日，吕剧团排演的小品《馄饨情》《特殊征婚》《环卫世家》参加全市“梨花杯”曲艺小品大赛，其中《馄饨情》获一等奖。

2005年10月、12月，《作家报》以2个专版专题介绍赵竟成诗歌创作。在省青年戏曲演员比赛中，吕剧团3名演员获二等奖，5名演员获三等奖。宋勉之书法作品《和平》（遗作）在省首届农民文化节书法比赛中获金奖。郭连贻书法艺术被“现代名家”栏目专题介绍。

1990—2005年邹平县文化专著出版情况一览表

表26-2-1

编著者	著作名称	出版社	出版时间	体裁	备注
张迎军	《男娃诗选》	山东文艺出版社	1990年3月	诗集	
刘思勤	《黄河柳》	山东文艺出版社	1990年4月	诗集	
成学炎	《梁漱溟与山东乡村建设》	山东人民出版社	1991年7月	人物传记	省政协优秀文史图书一等奖

续表26-2-1

编著者	著作名称	出版社	出版时间	体裁	备注
曲延庆	《邹平县志》	中华书局	1992年10月	地方志	全国地方志评比二等奖
刘希华	《基层文娱活动实用手册》	济南出版社	1993年4月		
巩建华	《我的歌》	广西民族出版社	1997年6月	歌词集	第三届滨州地区精品工程奖
刘秀臣 刘　骏	《尊严与公正》	黄河出版社	1997年9月	散文集	
赵竟成	《世纪旅痕·最初的河》	海南国际出版社	1997年12月	诗文合集	多人合集
曲延庆	《邹平通史》	中华书局	1999年5月	地方史	1999年山东省史学会科研成果一等奖
王　红	《红尘四季》	山东文艺出版社	1999年5月	诗文集	第四届滨州地区精品工程奖
景　刚	《农金拾穗》	中国文联出版社	1999年11月	散文通讯	
魏红前	《经纬集》	作家出版社	2000年1月	诗文集	
赵竟成	《北方的树》	中国文联出版社	2000年5月	诗集	第五届滨州市精品工程奖，市社科一等奖
咆　哮 （郭保孝）	《绝恋》	中国文联出版社	2001年11月	诗集	
张明武	《黄山听潮》	中国文联出版社	2001年7月	通讯散文	
刘秀臣	《真相》	中国文联出版社	2002年6月	散文集	
郭蒸晨	《梁漱溟在山东》	人民日报出版社	2002年10月	人物传记	滨州市社科一等奖
曲延庆 孙才顺	《先忧后乐范仲淹》	齐鲁书社	2002年10月	人物传记	
赵敬源 张明武 孙曙光	《潮起两江风来急》	当代中国出版社	2002年12月	通讯集	
范廷伟	《故乡的笛手》	漓江出版社	2003年3月	诗歌散文	
巩建华	《福字歌》	广西民族出版社	2003年6月	歌词集	首届滨州孙子文化艺术奖
郭连贻 王忠修	《萧亭诗选》	中国文史出版社	2003年9月	古诗选注	
王奎强	《中国实力派书法家王奎强作品集》	中国艺苑出版社	2003年10月	书法集	
郭蒸晨	《邹平逸事缀英》	中国文史出版社	2003年12月	散文集	滨州市社科二等奖
孙克忠	《邹平文史》十一、十二辑	中国文史出版社	2003年12月 2004年11月	史料整理	十二辑获全国政协优秀文史书刊评选一等奖
曲延庆等	《东尉村志》	中国文史出版社	2004年2月	地方志	
成　刚	《花开的声音》	中国文联出版社	2004年10月	诗集	
赵竟成	《家园》	中国文联出版社	2004年10月	诗集	滨州市首届孙子文化艺术奖、第七届精品工程奖
曲延庆	《范仲淹纪念书画集》	中国文联出版社	2004年11月	书画集	
苏曰敬	《苏曰敬水粉风景写生集》	中国国际文化出版社	2004年11月	书画集	
张国华	《张国华书法作品集》	华夏文艺出版社	2004年12月	书法集	
曲延庆	《邹平政协四十五年》	中国文史出版社	2005年9月	文史	

续表26-2-1

编著者	著作名称	出版社	出版时间	体裁	备注
王奎强	《黄河三角洲书法群落.王奎强》	中国文史出版社	2005年3月	书法集	
郭连贻	《黄河三角洲书法群落.郭连贻》	中国文史出版社	2005年3月	书法集	
郭燕晨	《郭燕晨书法集》	远方出版社	2005年5月	书法集	
董晓东	《绿肥红瘦》	香港天马出版社	2005年7月	长篇小说	
王　红	《解读邹平丛稿》	中国文联出版社	2005年7月	文史研究	
刘士合 赵承宏	《中共邹平地方史》	档案出版社	2005年7月	地方史	山东省党史评选二等奖

说明：以作品出版时间为序

第二节　戏剧与戏曲

中华人民共和国成立前，县内流传的主要剧种有京剧（二黄）、吕剧、五音戏（又名郑国戏、周姑子）、西路梆子（笛梆子）、东路梆子（山东梆子）、柳腔等。京剧一般从河北、高青传入；吕剧起源于博兴，直接传入县境；西路梆子即河北梆子，由商河、济阳、章丘一带传入；东路梆子来自惠民、阳信等地；五音戏发祥地为淄博市，对长山一带影响较大；柳腔从黄河以北传入。

以上剧种在邹平县境内的流传分布大致是东南部靠近淄博市，多五音戏，如长山、好生、西董、临池等地，这与五音戏创始人之一的邓洪山（艺名鲜樱桃）常年在这一带演出有关。仅好生一镇，邓洪山的过门弟子就有30余人。县境东北部多东路梆子，后渐渐被京剧所代替，这与较早成立的高苑京剧小班子影响分不开，其中苑城、焦桥、孙镇为甚。西北部多东路梆子，如码头、九户、台子、魏桥等镇，这些地方与惠民、阳信接壤。西南部多西路梆子，如里八田、明集、青阳等镇，这一带与章丘毗邻。县境处于各种戏剧样式的交接地带，因而剧种繁多，边缘相对清晰。但亦有例外，多东路梆子的码头、魏桥，就出了归苏、大坡两村的五音戏，而在西路梆子包围中的明集乡南成村，却独树一帜地唱吕剧。

西路梆子

梆子戏，又叫笛梆子，是由笛子、梆子及板胡为主要伴奏乐而得名，相传20世纪20年代传入当地，60年代有一名叫赵乐的艺术家进行指导，使这一戏种得以进一步完善，广为流传。本戏种属大戏，常演剧目有《二进宫》《三娘教子》《铡美案》《杨家将》等，其布景、服饰、动作与京剧相同，只是唱腔不同，其唱腔高亢、快捷，富有激情。

东路梆子

该剧种唱腔优美，明亮活泼，表现形式多样。群众喜闻乐见。主要剧目有《五加坡》《三疑计》《双官诰》《黄桂香出家》《全恩孝》《骂阎罗》《梨园辞朝》等。

吕剧

主要剧目有《占花墙》《马寡妇开店》《小姑贤》《小姑不贤》《王天保下苏州》《穷人借粮》等。主要演员成道谦，1917年生，22岁从艺，明集镇成家村人，工旦角，演出过《占花墙》《王郎休妻》等剧目。解放初期多次参加县举办的戏曲培训班，有较大影响。

五音戏

主要剧目有《走娘家》《亲家婆顶嘴》《砸车子》《拐磨子》《王小赶脚》《狐狸精闹书房》《金镯玉环记》《莲花盏》《王宝珠》《紫金镯》等。

聊斋俚曲

聊斋俚曲被誉为我国明清俗曲的活化石。是清初文学家蒲松龄将自己创作的唱本配以当时流传的俗曲时调和淄博方言而创作的一种独特的说唱与戏剧作品，其形式类似今天的琴书说唱，所用曲调借用当时流传的几十种曲牌音乐（填词）演唱的。因蒲松龄的斋名为“聊斋”，故称“聊斋俚曲”，也称“蒲松龄俚曲”。在清朝康熙年间（1662—1722），被临池镇柏家村男女老少以杂耍剧的形式编制成民间传统节目。

南陈梆腔

是青阳镇一种特有的地方戏种，流行于醴泉（南陈）村、东窝陀等村，起源于民国初期，原属东路梆子，最早由该镇南陈村潘文章和章丘县丁善俊组织领导，并组建“同聚剧班”。“七七”事变后，日军入侵山东，该剧班解散，潘文章回到村里，闲暇之余组织本村群众进行业余演出，始称南陈梆腔。潘死后，其弟子又多次邀请丁善俊指导演出，使演出技艺日臻完善。南陈梆腔的腔调特点非常突出，每句唱词不是唱出来，而是半白话说出来。从一句台词的最后一个字开始，有阴有阳的滑腔，拖出一个大尾巴。至2005年，能完整唱出剧目的唯有醴泉（南陈）村。

第三节　艺术表演团体

县吕剧团

1979年6月，邹平吕剧团成立后，先后排演《李二嫂改嫁》《姊妹易嫁》《逼婚记》等优秀剧目百余台。常年上山下乡巡回演出，每年演出200余场次。

1996年，吕剧团排演的大型现代吕剧《平安村》参加全省吕剧会演，获10个奖项，并获省精品工程奖。

2002年起，先后创作排演大型现代吕剧《平安村》《家住小山村》《梨花雨》《皮笊篱外传》《平民书记》等剧目，参加省第五、六、七、八届文化艺术节，获省精品工程奖。吕剧团排演的《皇亲国戚》《哑女告状》等18台传统吕剧，被齐鲁音像出版社录制成VCD光盘在国内外发行。

2003年10月29日，县吕剧团排演的大型现代吕剧《铡刀下的红梅》，赴济南参加省“全国民族团结进步宣传月”展演，引起强烈反响。

2004年5月，吕剧团创作排演的吕剧《王邪招亲》参加第二届中国国际小戏艺术节，获金奖。

2004年10月，邹平吕剧团排演的《梨花雨》晋京汇报演出，姜春云、迟浩田等中央领导及北京艺术专家观看演出，对该剧给予肯定。

至2005年，该团有演职员40余人，其中一级演员1人、二级演员8人、中级演职员20余名，并常年坚持文化下乡演出，组织承揽以展现行业风采的大、中型晚会，在国家、省、市各类艺术大赛中先后多人次获奖。

庄户剧团

随着经济快速发展和村民生活水平不断提高，邹平县许多村庄农民纷纷自筹经费，建立庄户剧团，利用农闲时间进行排练，村里有文艺专长的人成了剧团的老师和骨干。演出剧目除农民喜爱的传统古装剧外，还自编自演一些反映当地新人新事的现代小戏，活跃在乡村演出，受群众欢迎。

韩店镇庄户剧团　自新中国成立后，韩店当地的戏曲文化活动一直很丰富，并催生一大批自发组织的庄户剧团，流行传唱戏曲种类以吕剧、京剧、五音戏、笛梆子为主，辅以歌曲等艺术门类。随着当地经济、文化、社会各项事业发展，戏曲文化进一步繁荣，比较活跃的有西言礼村剧团、东言礼村剧团、徐王村剧团、肖镇村剧团等。

焦桥镇戏曲协会　成立于2001年，最初由几个京剧戏迷牵头成立，会长袁聿正。经过几年发展，拥有会员126人，遍及焦桥各个村庄。庄户剧团没有报酬，大家全凭兴趣和热情。演出所需服装和道具除镇上和村里解决一部分外，其余全部由会员们自己筹资购买。剧团利用闲暇时间排练后，深入各村巡回演出，剧目有《李二嫂改嫁》《小姑贤》《红灯记》等人们耳熟能详的经典剧目。

西董镇庄户团　1986年，崔营村举办元宵灯节，从正月十五到十七，近4万观众前往观灯，并有济南、淄博、滨州等地的近百名摄影爱好者和记者现场采风。

明集镇戏曲协会　2001年成立，每年举行2次戏曲演唱交流座谈会，成家、西闸、颜集、曹家几个村在文化大院设立村办小型演唱组，春冬两季吸收附近村庄、乡镇的吹、拉、弹、唱爱好者在一起清唱、演奏，活跃农村文化生活。演唱节目多是自编、自导、自演，配合政治宣传。

魏桥镇崔八村京戏协会 1991年，由本村6名戏曲爱好者自发组织成立，有唱、拉、创作全精通的薛培龙担任会长，每月阴历的二、四、七、九日是会员集中日，共同切磋技艺。成员由最初6人发展到现30余人，冬闲季节能达到200余人，占全村人数的五分之一。平日除在本村演出，全镇82个村他们几乎都被邀请演过戏，演出剧目100余部。演出内容最初为娶亲、贺子、做寿助兴，发展到后来把身边的事编成节目作为宣传的主题，寓教于乐。该协会主要以自创各类文艺作品为主，有戏曲《庆香港回归》《梁邹赞》《歌唱国庆60年》《歌唱党的路线好》；歌曲《党的恩情说不完》《歌唱魏棉歌唱党》等10余个曲目，深受群众欢迎。

邹平县"广电梨园俱乐部" 邹平县"广电梨园俱乐部"是全国第一家由县级广电媒体牵头成立的戏迷俱乐部，以提高会员文化素养、弘扬戏曲艺术为目的，以学习、交流、探讨、推广京剧艺术为宗旨，发挥广播电视领域独有的贴近群众、覆盖面广、宣传效果好的特点，不定期组织集体演出、比赛等社会交流活动，为戏曲爱好者提供在荧屏上展示才华机会。

第四节 文化场所

县城区影剧院

1976年，投资33万元，筹建邹平影院。1979年9月22日全部竣工，全国书法家协会主席舒同题写"邹平影院"4个大字。2002年10月，县政府拨款200余万元对影院进行装修。12月初动工，12月29日竣工。2003年1月，重新营业，更名邹平县影剧院，为县重要演出场所。

乡镇影剧院

1980年，各公社陆续兴建影剧院。至1986年初，全县有魏桥、长山、焦桥、孙镇、台子、西董、临池、青阳、明集、码头等乡镇建影剧院10

图26-1 邹平影剧院 （2015年摄）

处，总座席为8549个。至2005年，随着社会经济文化的变迁，电视、电子设备家庭普及，历史上曾发挥作用的乡镇影剧院基本失去其原有功能，不再是人们获取文化生活的场所。

镇村文化广场

至2005年上半年，全县所有镇、街道都建有高标准文化广场。其中，长山镇投资350万元建设占地近20亩的"金鹏文化广场"。明集镇投资160余万元建成占地60亩的2处文化广场，投资20万元改建镇文化中心；码头镇建设占地20亩的文化广场，安装健身器材，并在文化广场对面专门拿出一层楼作为"五室一校"，书刊及活动器材等一应俱全。至2005年，全县60%以上村庄建起文化大院，魏桥镇魏桥村，好生镇八里河村、乔家村，焦桥镇后三、孙庄村、东平，韩店镇实户村等一大批文明村也相继建起村级文化广场和文化公园。

企业文化演出场所

山东魏桥创业集团先后投资6000余万元，建设魏桥纺织影剧院和魏桥创业剧院2个现代化的综合文艺演出场馆，以及魏桥创业文化广场，广场设施齐全，是一大型综合活动中心。西王集团建设带有音乐喷泉和黄河微缩景观的文化广场，常年开展各种文化活动。

第三章　民间舞蹈艺术

第一节　概　况

县境内历史上民间舞蹈形式多样，有芯子、龙灯、高跷、旱船、狮子舞、虎斗牛、跑驴、大头舞、车子灯、云灯、花竿、平台、撅杠等。这些舞蹈多用道具，表演形式自由生动，往往借助故事传说，形象鲜明生动，内容与形式紧密结合。一般在春节、元宵节和重大节日演出。中华人民共和国成立后，多以村庄或乡镇组织演出，有时组织进城会演，群众喜闻乐见，雅俗共赏，成为一项重要的群众文艺活动。

第二节　艺术表现形式

长山芯子

长山芯子起源可追溯到明清时期，主要集中在甘埠村一带。

每年从正月初三，长山人就开始张罗着迎泰安奶奶回娘家，自此日开始至正月十五返回，长山便开始一年一度精彩的社火祭祀表演。据传是聪明的长山人看到点燃后的蜡烛，由蜡芯上火苗的摇摆受到启发，并结合龙灯、狮子、竹马、旱船等表演，逐步发展而成，故称之为芯子。

高跷

高跷是一种双足踩着木跷做舞的杂要形式。木跷高矮不一，矮者一、二尺，高者五六尺。踩高跷又分文武2种，文者重于踩和扭，武者主要是特技表演，要求演员具有较高的武功，如肩上驮人、单腿跳步、后折腰、劈叉坐地跃起、翻筋斗、跳凳子等。一般二三十人为1队，踏着锣鼓节奏，边踩边舞，变换队形。舞者多扮演唐僧取经、八仙过海、梁山伯与祝英台、哪吒闹海、白蛇传等传说故事中的人物，还有的扮演丑婆、傻小子，风趣幽默，活泼生动。

龙灯

龙灯普遍流行于县境各地。一般用竹篾扎龙架，装上龙头，外面糊纸或用绸布缝成圆筒，饰成龙的形象。龙体内置蜡烛或彩灯，下面装有木柄，舞者手持木柄挥舞。龙前一人持彩绸“宝珠”，施放烟火，引龙戏舞。四周以云灯配舞，夜晚舞动，格外壮观。龙灯表演节目主要有垛龙、龙打滚、龙摆尾、浪中游、龙闹海、跳龙门、龙盘柱等。龙灯要舞时，灯火闪耀，鞭炮齐鸣，龙在万点火花中滚进滚出，金光灿烂。龙灯队常为双龙齐舞，配以锣鼓，气势壮观。焦桥、长山、孙镇等乡镇的龙灯尤佳。

狮子舞

狮子一般由2人扮演，一人扮狮头，一人扮狮身，外面罩以狮衣，装扮成一只大狮，称太狮。由一少年扮演小狮子，称少狮。两狮美其名曰“太狮少保”。逗引狮子的叫狮子郎，手拿绣球引逗狮子做舞。狮子表演分为文狮、武狮2种。文狮表情细腻，柔和而稳重，做搔痒、舔毛、抖毛、打滚、抢球等动作，着重刻画狮子温驯可爱的性格。舞太狮、少狮，着重刻画母狮子对幼狮的抚爱，富有生活情趣。狮带崽、生狮崽尤惹人喜爱。武狮着重武功技艺，表现狮子的威武雄壮，勇猛矫健，有跳跃、跌扑、腾翻、直立、走梅花桩、窜桌子、叠罗汉、滚绣球等动作。

旱船

旱船又叫跑旱船。一般用竹木扎成船形，外罩彩绸或布，船上插莲花篷。表演者居其中，用布带将船系于腰部，装假腿盘放船上。船顶用彩绸围饰。一般由2人表演，一人扮渔妇，渔夫划桨，渔妇坐船。表演节目有荡舟歌唱、与风浪搏斗等。

跑驴

跑驴活泼健康，富有乡土气息。驴的道具分

前后两截，系于舞者腰部前后，下面围饰绸布，以遮住腿脚。一男一女扮演，女的骑驴，男的赶脚，相互唱和。动作忽急忽缓，边舞边唱，伴以驴颈下的一串铃声，情趣横生。表演有跑驴、惊驴等情节。几十头小毛驴组成跑驴队，更为活泼可爱。

舞蹈

县内流传的民间舞蹈主要有腰鼓、秧歌、花杆、花棍等，多为青年男女列队进行表演。一人用大钹击打节奏指挥，队员们按拍节做舞变换队形，整齐有序。近年来又增添花环、大头舞等形式。

图 26-2 传统舞蹈 （2013 年摄）

车子灯

车子灯舞主要流行于西董镇。传说该舞最早起源于隋朝，距今已有 1400 年历史。车子灯布料颜色以大红、紫红为主，以绿、蓝相衬。车子四面留有 4 个小窗，还根据活动不同内容，写有“喜”“风调雨顺”“国泰民安”“五谷丰登”“六畜兴旺”等字样，有的则描龙绣凤，或绘成色彩艳丽的海浪、太阳等图案。

古城竹马

临池镇古城情景竹马形成于清代中叶，鼎盛于清末民初，为原长山县三大著名杂耍之一，是一项元宵节期间以扮玩杂耍的民间习俗。表演者均着满族人衣帽，节目亦以清朝为背景，9 位骑马者中，为首者名称“老汗王”，身份为清朝顺治帝，另 8 人则分别代表 8 位皇子（亦有 8 位皇爷之说）。

西董东峪村车子灯

东峪车子灯来源于革命根据地延安。抗日战争时期，负有山东“小延安”之称的东峪村是著名的革命根据地，是胶东红色走廊的重要枢纽。东峪人民曾在这里护送过高级别干部，车子灯就是在那个时期由来自延安的文艺工作者传授的。

长山云彩灯

云彩灯已有 100 多年历史。行走表演有串柳树行子、大翻云、小翻云等，场地表演有单十字梅、双十字梅、剪子股、正斗、反斗、蝴蝶、摆字（“四个山字”“天下太平”等大字）、十六块云彩灯盘柱、三十二块云彩灯盘柱等。

西董尚庄狮子舞

尚庄狮子以其表演历史悠久、威武大气、观赏性强、技艺高超、无人敢斗而闻名。尚庄狮子头硬、耐撞、灵活、凶猛，狮头用 36 层毛头纸裱糊而成，所用纸浆密度大，结构紧凑，狮首坚硬如铁，特别坚固。

西董花杆表演

花杆表演由抗日战争时期来自延安的驻东峪八路军文艺战士引入陕北秧歌演化而来。其表演刚柔相济，动作整齐划一，团队协作性强，舞姿优美，变化多样，充分体现劳动人民的智慧和创造精神。表演队形有川行舞、行进舞、跳跃舞、棋子块、龙门阵、手巾条等多种形式。

黛溪中兴龙灯

起始于大约 100 余年前。龙灯有 2 条，一条蓝色，一条绿色。舞龙道具包括龙身、神珠、龙门等。龙灯一般自己扎，自己画，龙衣色彩自己染，不用市场货。中兴龙灯龙头较大，龙身较粗，龙身 7 节，舞龙时龙头需 5 人轮换，龙尾需 34 人轮换，中间 5 节每节需 2 人轮换。

台子舞龙舞狮

舞龙也叫耍龙灯、龙灯舞。龙用草、竹、布等扎制而成，龙的节数以单数为吉利，多见 9 节龙、11 节龙、13 节龙，多者可达 29 节。还有一种火龙，用竹篾编成圆筒，形成笼子，糊上透明、漂亮的龙衣，内燃蜡烛或油灯，夜间表演十分壮观。舞龙的动作千变万化，9 节以内的侧重于花样技巧，较常见的动作有蛟龙漫游、龙头钻裆子、头尾齐钻、龙摆尾和蛇蜕皮等。11 节、13 节的龙，侧重于动作表演，动作有龙翻身、龙盘房，金龙追逐宝珠等，飞腾跳跃，时而飞入云端，时而入海破浪。配合龙珠及鼓乐衬托，是一种集武术、鼓乐、戏曲与龙艺于一身的艺术形式。

台子舞狮属北派狮舞，以表演“武狮”为主。配以特有的锣鼓伴奏，常用的伴奏曲目是《闹龙舟》《九龙翻身》《四丁柱》等。

虎斗牛

虎斗牛是一种娱乐群众、强身健体、增强合作性与协调性的集体舞蹈，具有浓厚的北方地方文化特色，流行于黛溪、黄山、韩店、九户等镇、街道。传统舞蹈项目虎斗牛历史悠久，清朝光绪年间就有正月十五张灯闹虎斗牛的记载。著名学者王庆云（清拔贡）曾撰写邹平城关民间舞蹈（三义村虎斗牛）的文章。

西董于张村七巧图

七巧图是于张村已故老木匠于廷连创造的，已有近百年的表演历史。七巧图表演所用道具俗称七巧，分别由绘有瓜果花草的2个大三角、2个小三角、1个中三角、1个正方形、1个平行四边形木板组成，总面积约为2平方米。以这7块木板为道具，编排出七巧图舞蹈。

现代舞蹈

泛指当今时代流行的各种舞蹈。为活跃群众文化生活，提高舞蹈艺术水平，培养舞蹈艺术后备人才，县文化部门非常重视现代舞蹈培训工作。文艺工作者举办各种成人、少儿舞蹈培训班，系统培训舞蹈技能，并通过参加各级比赛、会演等，推动现代舞蹈艺术普及和提高。

近年来，邹平少儿艺术培训中心担任舞蹈总指导，期间培养少儿舞蹈演员以及青年舞蹈爱好者近3000人，其中有近30名分别获全国、全省、市、县各类舞蹈比赛的多次奖项。

县文化馆多次举办以农村妇女为主的集健身、娱乐为一体的健身秧歌、筷子舞、竹板舞等多种类型的舞蹈培训班，同时配合县妇联、团县委等部门广泛开展群众性舞蹈活动，包括健身操、形体训练等。为县、镇、村、企业编排辅导的群众舞蹈节目，在省、市、县文艺比赛中曾多次获奖。

1988年4月，邹平县举办“琥珀杯”舞蹈比赛，并举办舞蹈培训班。1992年，舞蹈《黑头发飘起来》在省青年科技文化节获舞蹈表演一等奖。为老年体协舞蹈队编导的《好收成》等舞蹈获全地区舞蹈大赛总分第一名，并代表滨州地区参加全省舞蹈大赛。2001年，文化馆少儿舞蹈队排演的少儿舞蹈《新世纪新太阳》在省第一届舞蹈电视大赛中获少儿组舞蹈编导一等奖。2005年，文化馆少儿舞蹈队排演的少儿舞蹈《快乐太阳娃》在山东卫视《大家一起来》栏目播出。

第四章　美术　书画　摄影

第一节　美　术

美术形式

剪纸　流行于县境东部长山、焦桥和北部孙镇、九户一带。春节到来，家家户户在门楣、窗楣、屋梁和墙龛粘贴七色罗门钱（俗称骡马钱、萝卜钱），预示来年人财兴旺。罗门钱多用祥云、梅花、紫荆、双鱼、圆铲等吉祥与祝福的图案，并刻上“吉星高照”“天官赐福”“人财两旺”等字样，微风吹动，轻飘拂摇，呈现出一种欢乐祥和的气氛。其制作材料多用未经着色的原生纸，刻纸用宽窄不同、大小各异的凿子10余种，在木质的底板上涂蜡，将大摞的纸切成长方形，抻平压实，铺在底板上，用铅笔或者炭条在罗门钱草样上打上九宫格，选取不同刃口的凿刀，以枣木槌击凿入纸，然后再以刻刀“搜边”，最后把原生纸放进盛满各种颜色的热锅里，漂染成花花绿绿的颜色。

窗花品种极多，以大红单色为主，间亦有半剪半染五彩并用的，形式多随民居窗子的格式而变化。棂子窗花，适应狭长窗棂。单幅多为长条形，但农村剪纸能手，在窗棂上创新许多形式，四个角各用三角形图案装饰，名为窗角。正中以四、五幅长条作品拼成一个大幅，起统领作用，名为窗心。其余空间或花鸟，或人物，或鱼虫，或走兽，随意点缀，名为小花。

长山门笺　是剪纸艺术形式之一，又称过门笺、门笺、罗门钱、骡马钱。门笺一门有 5 张，结构为长方形，由膛子（中心花纹）、边框（上、左、右）和穗子（俗称牙子）3 部分组成。门笺的膛子可分为 2 大类，一类膛子由花、鸟、龙、凤、鹿等纹样组成；再一类，门笺由图案衬托着吉祥的文字组成。由于门笺悬挂在门楣下，要承受一定的拉力，因此门笺和边框、穗子之间必须像网络样紧密相连。门笺构思巧妙，衔接自然，富于线条韵律装饰。

五色纸门笺通常为大红、绿、黄、粉红、蓝紫（或蓝）。贴门笺时，顺序不能乱，喜事全贴红的，丧事全贴蓝的，灶上贴黄的，牲口槽、水磨上贴蓝紫的，不贴红的。即“头红二绿三黄，四小红，五子（紫）登科”。

李氏五谷画　五谷画，顾名思义，是用平时常见的小米、绿豆等五谷杂粮作画。这是好生镇的一位普通农民李艳考独创的绘画艺术。

玻璃、木板、纸盒是画布，镊子、牙签是画笔，种子是颜料。大自然中随处可取的谷、黍、芥麦、稻谷、芝麻、绿豆等农作物经过李艳考的巧手设计、精心粘贴后，就变成一幅幅栩栩如生的绘画作品。五谷杂粮的天然色泽和质感经过精心搭配，表现出不同于其他绘画品种的独特韵味：朦胧而不失精细，生动而又质朴。

经过多年探索，李艳考的五谷画，不仅具有中国传统的绘画特色，而且还融入西画绘画风格，给人们耳目一新的感受。

艺术协会

至 2005 年，县内美术、书法、摄影等艺术协会相继成立，各种民间美协组织也迅速发展，如高新街道新大村的“紫藤农民书画会”、韩店镇农民书法家协会等。各美术组织开展各种活动，组织写生活动，进行创作研究，培养美术人才，不断壮大美术创作队伍。

美术辅导

美术辅导主要是少儿美术培训。除文化馆的少儿美术培训工作外，民间私人举办的少儿美术学习班、培训班也渐成规模，举办各种少儿美术假期班、高中考美术教育辅导班等，开设课程有国画、陶艺、水彩、书法、油画、剪纸等。同时参加各类美术比赛，获多种奖项。少儿美术教育为邹平美术创作队伍提供源源不断的后备力量。

第二节　书　画

书画组织

邹平县书法协会　1983 年 6 月 5 日成立，第一批会员 40 人，理事会 15 人。1985 年 12 月 28 日，调整组织机构，理事会 21 人。1989 年 3 月 6 日，召开第三届理事会议，选举产生理事会 23 人，会员 65 人，其中，中国书协会员 7 人、省书协会员 16 人、市书协会员 49 人。全县形成县、镇、村三级书法网络管理体系，有各类书法协会 10 个，发展会员 515 人。

2001 年 4 月，第四届书协调整机构。至 2005 年，全县有全国书法家协会会员 9 人，省书协会员 27 人。协会举办几十次大型书画活动，包括每年一届的临帖展。1993 年，在滨州举办郭连贻书法艺术研讨会。1996—1997 年，《山东文化报》《书法艺术报》《联合报》《书法家报》和山东电视台专题报道郭连贻的书法艺术成就。1997 年 12 月，吕宗祥作品获第三届全国农民书画展三等奖。1999 年，王奎强作品获全国第七届书法篆刻奖，2000 年，获第二届全国书法兰亭提名奖。2000 年，《中国书法》杂志第七期在《现代名家》栏目中介绍郭连贻的生平和他的书法艺术。是年，全国第八届中青年书法家书法篆刻展中，王奎强、朱秀利、张国华、张延龙 4 人入选。张延龙 2002 年获中国首届书法兰亭奖创作奖，2003 年获全国第二届行草大展银奖，2005年入展第二届中国书法兰亭奖书法展。

邹平县青年书画协会　邹平县青年书画协会前身是青年书法协会，1997年11月1日成立，办公地点设在县图书馆，会员62人。理事会由28人组成，常务理事17人。

黛松书画社　2005年成立，设立于黛溪街道鄢家村，汇集全县50余位书画爱好者。书画社成立以来，吸引了全县书画爱好者，大家每月都会聚在一起相互切磋。

高新书画协会　2003年成立，有会员60余人，包括工人、农民、退休教师、机关干部等各阶层爱好书画人士。书画协会活动比较规范，高新办事处提供活动场所，提供免费笔墨纸砚，提高了广大书法爱好者的积极性。

新大村“赏藤书画协会”　新大村20余名农民自发成立赏藤书画协会，村民张志宽家中有一棵30余年的紫藤花，每年紫藤花开之时，便邀请县内及周边地区书画爱好者，齐聚一堂，赏花作画，切磋技艺。

西董镇书画协会　1986年10月成立，吸收会员19名，先后举办美术、书法展览11次。

长山镇白云书画社　1998年成立，汇集长山知名书画家14人。白云书画社落户大由小学，协助该校拓展第二课堂，开展书法、绘画等艺术活动，营造书香校园，弘扬民族文化。

主要书画活动

县书法协会成立后，1986—1995年，同社会各界共举办书法展览和书艺交流50余次，宋勉之、郭连贻、郭蒸晨、王泽浚、王福庭等十几人在全国及其他省区书展中获奖。1990年7月，举办全县书法大赛，62人参加。1991年5月，县政协与县书协举办大型“纪念范仲淹书画展览”，展出邵宇、沈鹏、赵朴初、周而复、王学仲、权希军、臧克家、孙轶青、丁振来等来自全国各地的名家作品。

1996年7月1日，地区建设银行、地区文化局联合举办“建行杯”庆七一全区书画大奖赛，文化馆选送2幅作品参赛。

青年书法协会成立后，与社会各界共同举办书画展、艺术交流、送文化下乡12次。协会中十几位作者的作品在全国及省地展览中入选获奖，在专业刊物上出版发表，为普及和提高全县青年书画艺术水平做出贡献。

1999—2003年，邹平县青年书画协会成为全县书画界的活跃力量。举办大型展览和书画联谊活动10次，开展送文化下乡、下基层6次。协会会员在国家和省级展览中多人多次获奖。

第三节　摄　影

邹平县摄影家协会2001年11月22日成立。协会成立后，参加各类大型文化活动。在各类重大节日、各届读书文化节、农民艺术节和元宵节等活动中，举办不同类型的摄影展和摄影比赛。同时，协会组织广告摄影、婚纱摄影、人像摄影、新闻摄影比赛和展览，并与企业、学校、金融等部门联合开展“一日纪实”摄影，影响力和摄影队伍不断扩大。同时，加强与中国摄影家协会、省摄影家协会、其他摄影家协会联系，进行异地采风摄影活动，不断提高摄影水平，每年组织协会人员到云南、西藏、广西、内蒙古进行采风活动，先后有10人加入省、市摄影家协会。至2005年，有10人在省、市级摄影比赛和展览中获奖和入选。

第五章　庙会文化

第一节　历史主要庙会

庙会，是宗教信仰者朝拜神灵的定期聚会。庙宇在平原者，称庙会;庙宇在山上者，又称山会。庙会期间，除善男信女烧香拜佛外，同时进行商贾贸易和民间艺术活动。传统庙会，一直是包括宗教信仰、伦理道德、文化娱乐、经济贸易等在内的综合文化现象。原邹平、长山、齐东三县庙会甚多，据统计，有50余处。

黄山庙会

黄山庙会又称盂兰会，俗称浴佛会。但实际上黄山庙会是以药会闻名遐迩。黄山庙会始自明代，1937年终止，历经500余年。据说农历四月初八是佛祖释迦牟尼诞辰，届时要仿照释迦牟尼诞生时的情景给佛像洗浴，于是成了节日，所以也叫浴佛节，又称盂兰会。旧时黄山主峰虎头岩有碧霞元君庙，俗称泰山奶奶庙。东山有玉皇庙，现遗迹尚存。北坡软枣峪有清静姑姑庵（大体位置在现连心亭一带），以北是王灵观。南坡有刘猛将军庙，俗谓蚂蚱神庙。这些建筑在黄山上形成一个庞大的庙宇群。每年农历四月初一开庙门，香客开始进香。庙会期间，南北商贾多汇聚于此交流物资，尤其以全国各地前来交流药材的药商为众，因此形成远近闻名的黄山药会。四月初八为鼎盛，到四月十五日，渐次散去，前后约半月时间。邹平旧城北门外有药王庙，庙会期间香火颇盛。

大云寺庙会

大云寺，县志记载："在城西北十五里，不详所始，邑父老所谓，未有邹平城，先有大云寺也。"今存古碑，螭首有："敕赠大云祥寺。"大云寺位于现明集镇解家村北，始建于唐代。四进院落，占地25亩。山门、钟鼓楼、天王殿、大雄宝殿、东西厢房、僧舍、后院等一应俱全，寺南有石砌大戏台1座，且有庙产数十亩土地。每年阴历六月初六为大云寺庙会，会期5天。庙会期间，善男信女焚香祈福，商贾云集，杂艺毕至。常请乐陵、济阳等地剧团演出梆子戏、京剧等。有时聘请河北吴桥杂技团到会演出。零散民间艺人争相设摊卖艺。1948年，庙会废止。1950年，大云寺毁圮。

会仙山庙会

会仙山顶有金母祠，不知建于何时。传说金母即西王母，长生不老的最高女神，掌管神界女仙。王母寿辰是三月初三，女仙麻姑在绛珠河畔以灵芝酿酒，为王母祝寿。农历三月三，会仙山有金母祠香火会，附近的信众纷纷上山进香设供，祈祷王母赐福人间，长命百岁。庙会期间，山下搭台唱戏。

醴泉寺庙会

农历六月初六为醴泉寺庙会，不详始于何时。庙会时，周围香客进寺，焚香烧纸，给佛爷挂袍。同时，搭台唱戏四天，山果市贸易最盛。1939年，日寇纵火烧寺，庙会遂废。

长山关帝庙会

农历四月初八为庙会，一般等黄山庙会结束后，到4月15日才逐渐兴盛，持续时间较长。关帝庙门内，有搭顶棚的戏楼，多请周村戏班演京剧。1939年12月，日寇飞机轰炸长山城，庙会渐趋冷落。1944年，庙会终止，庙宇被毁。

杏村庙会

长山镇杏村北老乌河岸，原有碧霞元君庙。农历四月初八为庙会，实则等黄山庙会、长山庙会结束后才渐趋兴盛，四月二十日方为鼎盛，持续时间很长。香客多来自桓台、博兴、高苑一带。庙前搭有戏台，请戏班演京剧。

麻姑庙会

魏桥镇麻姑堂村有麻姑庙，相传建于唐朝，

庙内供奉麻仙姑。一年2次庙会，第一次为农历三月二十三至二十六日，第二次为农历十月二十三至二十六日，会期皆为4天。庙会期间，物资贸易繁盛，有牲口、木器、铁器、陶瓷、粮食、日用杂货等，占地长约四里。文娱活动多为小型弹唱、拉洋片等，偶有戏剧演出。中华人民共和国成立前，麻姑庙会改建为学堂，庙会停止。

归苏圣母庙会

码头镇归苏村原有圣母庙，农历三月二十八日和九月初九有2次庙会，每次都请戏班唱戏，多为京剧，偶有梆子戏，杂以鼓书、杂要之类民间艺术活动。庙会费用由归苏等24个村共同负担，称为“义会。”1937年后终止。

面山会

好生镇李家村西的面山原有院山寺，寺内供奉观音菩萨、碧霞元君、关帝等神。每年农历三月十五至二十四日为庙会，俗称面山会。山下有牲口、药材、布匹等经济贸易，并有戏班演京剧，杂以鼓书、杂要、拉洋片等文艺活动。1940年，寺院毁于大火，山会遂止。

段桥庙会

明集镇段桥村原有泰安奶奶庙，清末民初，明集一带盛行“泰安社”组织，由段桥、宋集、大碾、青阳等24个村联合组成，信奉泰安奶奶，共同祈祷神灵保佑，显示民众心齐志诚。每年3次庙会，正月初三、三月初三、六月十三。届时庙门大开，香客络绎不断，商贾云集。走社是重要活动，24个村的人组成几里路长的队伍，前面是泰安奶奶的銮驾，后面跟着24个村的玩艺队。

临河庙会

魏桥镇临河村原有圆通寺，供奉如来佛，相传建于唐代。农历四月八日至十一日为庙会。文娱活动有戏剧、杂要、鼓书等。方圆20千米以内的百姓纷纷到此赶会。

信家庙会

码头镇大信家村原有会真寺，农历四月八日有庙会，会期4天。庙会时，有一台京剧，并有物资贸易。抗日战争时期庙会终止。

山头会

西董镇东赵村印台山下有小山，上有石大夫庙。农历三月十五日、六月五日各有庙会1天。相传石大夫为治病去灾之神，香客前来求医还愿。1937年，庙会终止。

伏虎山会

西董镇西伏虎山原有云罗寺，供奉玉皇大帝等，农历三月八日庙会，会期4天。山会期间，有京剧演出，商贾有来自蒙阴、沂水等地者。

崔家营圣母会

西董镇崔家营，原有圣母庙，农历三月十八日有庙会。

雕窝峪庙会

青阳镇雕窝峪原有泰安奶奶庙，农历九月九日有庙会，延续至今。

第二节　现存主要庙会

会仙山庙会

青阳镇东窝陀村北的会仙山，相传群仙曾会集于此，故名会仙山。每年农历三月初三日，为王母寿诞之日，此地举行香火庙会，方远百里内的善男信女纷纷上山进香设供。庙会期间，正值春暖花开，草绿花红、争奇斗艳，特别是杏花刚落，桃花盛开，满山遍野，香气袭人，令人舒爽陶醉。众多商贾云集，进行山果和药材贸易。山下搭台唱戏，并有各路杂艺为庙会助兴。

醴泉寺庙会

醴泉寺建于南北朝时期，自唐代后为盛，自古有庙会。盛时一年四季香火不断，但以农历六月初六这天兴旺。时值盛夏，寺院周围群山万壑，郁郁葱葱，峰岩秀拔，云蒸霞蔚，风景壮美；商贾云集，摊铺林立，商贸繁荣；善男信女纷至沓来，进香求安，祈福讨寿；地方梆子戏、舞狮跑龙、口技杂耍，纷纷登场，热闹非凡。前来赶会的人来自黄河以北，济南长清、淄博、青州等地。三五结伴，络绎不绝，富家其乐融融，盛况空前。

2004年，县政府重修并扩建醴泉寺，主建筑面积5400平方米，总投资1700万元，筑有大雄宝殿、范公祠等一系列建筑群。2006年4月8日，醴泉寺对游人开放，山会香火再度兴旺，并发展为集燃香祭祀、商贸、风俗文化、旅游休闲为一体的盛大庙会。

雕窝峪庙会

雕窝峪位于青阳镇西窝陀村南，长白山西段，摩诃山群西北侧。

雕窝峪是隋末农民起义领袖王薄之根据地，后在此地逐渐形成庙会。每年农历九月有庙会，以九月初九日为盛。方圆百里，人们从四面八方赶来赶会，烧香购物，品小吃，逛山游玩，休闲娱乐。香客、游客、商家云集，生意兴隆。

红庙庙会

临池镇红庙庙会始兴于明朝后期，有400余年历史。最初是为纪念明正德年间红庙村大孝女高大姑所建。

红庙庙会由文化、商贸、祭祀三大部分组成。期间，曲艺剧团前来助兴，节目精彩纷呈；书画协会组织会员前来展销作品；各类民间经贸团体亮相；日用品经销商摆摊经营；各种特色民间小吃纷纷登场，香火盛况空前。

白云山庙会

白云山被誉为泰山副岳，素有小泰山之称。其山体形状极似泰山，其建筑也模仿泰山建置。自唐代开始，陆续建有玉皇阁、碧霞元君祠、眼光奶奶庙等，且有中天门、南天门、望海石、王母池、水帘洞、后花园、大殿等，每年三月十五有庙会。明清时期，白云山是邹平、长山、章丘、淄川四县的界山，庙会时远近百姓、道教信徒齐聚白云山，规模宏大。1943年，庙宇被毁，庙会随之停办。近年，附近村庄投资重建，庙观、庙会有所恢复，但规模尚不及从前。

第六章 群众文化

第一节 经常性文化活动

1986—1995年，元宵节举办传统民间文艺表演活动在全县各乡镇已形成风气。县城先后举办元宵节传统民间文艺调演大会7次，参加表演的人数约15000人。文艺形式有芯子、龙灯、狮舞、旱船、高跷、跑驴、云灯、花竿、腰鼓、平台、橛杠、虎斗牛、车子灯等。1986年元宵节，青阳、西董等8个乡镇2100余人进县城参加演出，观众10余万人。2月23日，邹平镇东关村芯子队参加地区首届传统民间文艺调演，轰动滨州，获全区一等奖。1994年元宵节，民间文艺进县城表演，长山镇五交化公司制作的一面直径2.42米特大牛皮鼓，被吉尼斯世界纪录上海办事处申报验准为世界之最。1995年2月14日，长山镇民间文艺代表队参加地区会演，获一等奖。

1999—2003年，全县群众性文化活动蓬勃发展，丰富了广大人民群众的文化生活。1999年元宵节，全县各镇乡组织民间传统节目表演；县文化馆与团县委联合举办全县“玫瑰杯”十佳歌手卡拉OK大奖赛，51名歌手参赛，评选出十佳歌手和十名优秀歌手；6月12—20日，与县老年大学联合举办首期老年人交谊舞培训班，近百人参加，年龄最大的76岁。“七一”“十一”期间，县文化局组织全县文艺骨干参加县“心连心”艺术团下乡演出。

2002年12月18—20日，举办全县首届京剧票友电视大赛，近百人参赛，受到各界好评。30日，县委宣传部与县文体局联合举办元旦文艺晚会。为庆祝中共十六大召开，推出以“喜庆十六大、放歌新邹平”为主题的文艺节目，内容丰富，形式多样，格调昂扬，鼓舞人心，受到群众好评。

2003年始，连续举办迎新春电视文艺晚会，录制后于春节期间在县电视台反复播放，在市电视台选播。2004年1月31日—2月20日，以传统节目为基础，历时40天，举办首届农民艺术节，先后策划彩车大拜年、农民书画展、民间工艺展等20余项大型活动，直接参与的干部群众3万余人，观众50余万人次。

2005年5月27日，县吕剧团排演的大型现代吕剧《平民书记》在影剧院首演，该剧反映党的好干部牛玉儒鞠躬尽瘁、为人民服务的事迹，受到观众好评。

第二节　重点文化活动

企业文化活动

1999年6月18日，济青高速公路滨州管理处排演话剧小品《倒计时》，京剧舞蹈《澳门回归》等节目，参加省高管局会演，获1个一等奖、2个三等奖。2000年2月，县文化局与团县委、县移动通信公司联合举办“中国移动通信杯”全县青年歌手大奖赛，参赛歌手56名。2003年，西王集团投资建设以黄河微缩景观为特点的文化广场，夏季每天举办文化活动。2004年，魏桥创业集团创业剧院竣工，2005年2月1日，“精彩邹平”春节电视文艺晚会在此录制。2005年，企业文化活动日趋活跃，魏桥创业、西王集团、宏诚集团等文化活动经常性开展，丰富职工业余文化生活。

广场文化活动

1999—2005年，以广场为主要载体的社区文化活动成为邹平文化新亮点。2002年5月至2003年12月，在体育广场相继举办第一、二届读书文化节，4个镇、街道、9个县直单位在此举办专场文艺演出。电影公司为市民公开放映电影。县文化馆、吕剧团举办10余场文艺比赛和舞蹈教学。

1999年后，体育广场几乎天天有活动。黄山广场、安家广场每天早晚都有数百名群众开展各种娱乐健身活动。祥云商场、东升商城每晚都举办舞会。黛溪湖公园、中兴村头、各镇驻地广场，每天都有居民扭秧歌、练太极拳（剑）。

2002年，邹平县被评为全市广场文化活动先进单位。2004年5月4日—10月11日，先后举办“放歌新邹平”广场大合唱系列演出活动，以党委（党组）为单位，分别举办企业专场、教育专场、镇、街道专场、县直单位专场，最后选拔出优胜节目参加第三届读书文化节闭幕式演出活动。

读书文化节

邹平县从2002年开始每年举办1届读书文化节，这是一项由县委、县政府倡导组织、全社会共同参与的大型群众性文化活动，以提高全民文明素质为宗旨，成为邹平最具影响力的社会文化品牌和省著名品牌文化活动之一。

读书文化节在国庆节前后举行，时间10～20天。设立总主题和分主题、子主题。总主题为“营造书香社会，建设美好邹平”。分主题结合当前形势和本县实际，各届内容不同，如第一届为公民道德与邹平文化，第三届为创新从学习开始。子主题围绕分主题展开活动，各承办单位自定，都具有鲜明的时代特色和行业特点，如全民一小时读书计划、儿童经典导读、民间工艺展、文明单位风采展（摄影）、歌手大赛、器乐大赛等。

农民艺术节

2004年后，邹平县每年举办大型节庆活动——农民艺术节。农民艺术节按照“文化建设在基层、文化服务为农村”的要求，以“发展群众文化、繁荣民间艺术、活跃农民生活、建设美好邹平”为主题，坚持“三贴近”的原则，突出农村特点和地方特色，相继举办一系列农民群众喜闻乐见的传统文化活动，如彩车大拜年、灯展、焰火晚会、民间戏曲调演、工艺展、农民书画展、摄影展等活动。农民艺术节开幕式通常在县城举行，开幕式后各镇、街道表演传统文娱节目。闭幕式通常在镇举行，总结经验，表彰先进，举行文艺演出。如第一届农民艺术节闭幕式在明集镇举行，第三届农民艺术节闭幕式在长山镇东尉村举行。每年直接参与艺术节活动的群众5万余人，观看各类演出和展览的群众50余万人次，显示了基层群众文化活动的强大生命力和感召力。这成为县内继读书文化节之后又一特色文化品牌，《大众日报》、滨州电视台等新闻媒体曾多次报道。

第三节 文化、卫生、科技三下乡活动

1997 年 12 月 26 日，山东省暨滨州地区 1998 年“文化、卫生、科技”三下乡活动启动仪式在长山镇举行，时值黑铁山起义 60 周年，参加活动仪式的有省表演艺术家、书画家、图书发行单位、科技卫生工作者、计划生育工作者、新闻工作者、长山镇农民和中小学师生代表 1 万余人参加，主会场设在长山中学体育场，分会场设在长山镇政府、长山镇大集上。

图 26–3 1997 年 12 月 26 日，“三下乡”活动演出主会场

三下乡活动设科技咨询、医疗门诊、计划生育门诊、书画家书写春联作画、图书赠送等内容。中央、省、市、县等主流媒体均予以报道。

2001 年 2 月 17 日，山东省文化厅送文化下乡活动暨滨州市“三下乡”总结表彰会在韩店镇举行。

第四节 长山镇农民书画到省美术馆展出

1994 年 12 月，83 岁长山农民书法家宋勉之在省美术馆举办“墨禅老人书法展览”,《农民日报》《大众日报》《滨州日报》《邹平报》、香港《大公报》及省、地电视台均作报道。

图 26–4 1994 年 12 月，宋勉之个人书画展在省美术馆举行

1997 年 12 月 5 日，长山镇在山东省美术馆举办“邹平县长山镇农民书画展”，展期 4 天，有 50 多位农民书画爱好者、200 余幅作品参加展出。省、地、县有关负责人及群众 300 余人参加开幕仪式。山东省委常委、宣传部长董凤基出席仪式，并为书画展题词。省、市、县等主流媒体予以报道。这次展出为省美术馆自成立以来，第一次组织农民书画展。

第七章 文物古迹

第一节 古遗址

鲍家遗址

位于长山镇鲍家村南 200 米处，属新石器时代龙山文化遗存，面积约 50000 平方米。

该遗址地面暴露遗物较多，1973 年，经省、地、县调查确定为新石器时代遗址。遗址分墓葬区和居住区。墓葬区分布着商、周至汉代墓群；居住区发现多处灰坑陶片。出土文物标本 60 余件，有石器（石斧、石凿等）、蚌器（蚌锯、蚌镰等）、陶器（鬲、钵、豆、罐等）。1977 年 12 月，被山东省革命委员会公布为第一批省级重点文物保护单位。

丁公遗址

该遗址系大汶口文化、龙山文化、岳石文化、商周至汉代遗址。位于长山镇丁公村东，南与石羊村为邻，北约500米处为“创业河”。遗址东西长约560米，南北宽约490米，为平原埠形地貌。1985年春，惠民地区文管所与邹平县图书馆联合进行较为细致的钻探，确定遗址的范围及文化层的堆积情况。

1985年秋季开始，山东大学考古专业先后进行过4次挖掘。揭露面积1.5万平方米，出土可复原的陶器近1000件，石、骨，蚌器1500余件。其中，薄如蛋壳的黑陶高柄杯和光洁的白陶鬶尤为精致。筒腹乳状袋足素面鬲的大量存在，构成鲁北地区龙山文化的重要特征之一。

1991年，山东大学考古实习队在挖掘时，发现一座保护较好的龙山文化城址，平面略呈方形，四周城墙比较规整，城内部分南北约长350米，东西宽约310米，面积10万余平方米。城墙宽约20米，残存高1.5～2米。遗迹主要有房基、陶窑、窖穴和墓葬。房基有2类，一类是半地穴式建筑，面积较小，一般不超过10平方米，另一类为地面建筑，面积较大，有的近50平方米。墓葬以中小型为主，有的还在废弃的窖穴内扔弃人骨。清理陶窑3座，均为横穴室，整体由窑室、窑箅、火道、火膛和工作面5部分组成。陶窑的发现，对于研究海岱龙山文化高超的制陶技术，是极其珍贵的实物资料。从出土的陶器组合和典型陶器的演化分析，丁公城址的龙山文化延续时间较长，其绝对年代约在距今4000～4600年之间，基本上包括了目前所认识的龙山文化全过程，对探索中国古代城市的产生与发展，深入研究中国文明的起源等课题，具有重要意义。

该遗址1984年被确定为邹平县重点文物保护单位。1985年，经省文物事业管理局批准，确定为山东大学历史系考古专业实习工作站。1992年，被公布为省级重点文化保护单位。2001年6月，被国务院公布为第五批国家级重点文物保护单位。

苑城乌河遗址

位于苑城西南村西南50米处，创业河大桥西侧，定为北辛文化遗址。出土文物有骨器、蚌器、敛口红陶钵等。采集标本有夹砂红陶、泥制灰陶、红陶，纹饰丰富多样。器形以鼎、鬲居多，也有秦汉卷云纹瓦当。

於陵古城遗址

位于临池古城村南。村庄坐落于遗址上面，村东为重点保护区，面积为17110平方米。遗址西南、东南各有一段残存的於陵城城墙，东西长约1000米，南北宽约800米。遗址地势高低错落相同，文化层厚1.4米。地表暴露大量陶片。文化层包含物有灰陶、夹砂红陶、夹砂灰陶。在城墙夯土层中有石斧、石镰等器物发现。经考定为商周遗址，1980年，被定为县级重点文化保护单位。

西鲍遗址

位于长山镇西鲍村大道以南100米处。出土文物有夹砂红陶、方唇折沿陶鬲、灰陶罐等，属典型的商周文化遗存。1984年，被定为县级重点文物保护单位。

梁邹故城遗址

亦称旧口遗址。属平原高地遗址，位于韩店镇旧口村北100米，保护面积约7万平方米，文化堆积厚约0.5米。自秦汉到宋，先后为梁邹县城、梁邹戍城、平原郡城、东平原郡城、平原县城、邹平县城。宋宣和末年城迁始废。采集标本多为商周时代的鬲腿、豆把和汉代的布纹瓦片等。2001年，公布为县级重点文物保护单位。

化庄遗址

位于青阳镇化庄村北400米处，西南、东皆为山岭，西邻河滩，遗址呈梯田形，面积为1582平方米，为商周文化遗址。文化层厚1.7米，先后出土文物有陶鬲、鬲腿、盘。1980年，被定为县级重点文化保护单位。

夫于邑遗址

位于西董镇夫村，为春秋齐公子周采邑。邑内原有亭阁，故名夫于亭。东南有牌坊。出土文物有陶鬲、陶豆，并有彩鼎、彩壶等。

王薄起义遗址

位于青阳镇西窝陀村东南雕窝峪内。该峪四面环山，长约1.5千米，西北仅有宽约20米峪口，俗称山门。此峪层峦叠嶂，森林繁茂，地势险要，易守难攻。隋末炀帝东征高丽，养马山东，横征暴敛，百姓苦不堪言。县人铁匠王薄聚众于此，首举义旗，历时8年。1980年，定为县级重点文物保护单位。

邹平故城遗址

位于孙镇南1千米处，西为利民桥和庆淄路，中间为利民河。旧志记载，夏、商、周至宋，先后为邹侯国城、邹平县城。旧基暴露大量碎瓦片，利民河南侧与南北沟交接处，发现旧城墙基夯土痕迹。

朝阳故城遗址

位于码头镇甜水村2千米处，地处高埠。此遗址自汉始，历经魏、晋、南北朝，皆为朝阳县城，俗称魏王城。出土文物有周代鬲腿等。

芦泉遗址

位于西董镇芦泉村南150米山坡高台地，面积7696平方米，文化堆积厚1.5米左右，出土器物有鼎足、陶拍子、鹿角、鬲足和口沿、豆把等，并发现有灰坑，文化内涵丰富，保存基本完整。1994年，公布为县级文物保护单位。

高苑故城遗址

位于苑城村北王世庄。汉置高苑县，后县废，清代称苑城店。该遗址1米深处有大量古代砖瓦。

孙家遗址

位于黄山街道黛溪湖南缘，为高台地势，系商代文化遗址。东接黄山西麓，南为长白山，黛溪河经遗址东缘注入水库，东西长约300米，南北宽约200米，总面积为6万平方米。南北排水沟将遗址分隔为东、西2块，俗称西部为王家台，东部为梁家茔。1981年3月，文物普查时发现。1982年，又做实地考察，在地表下1米左右发现灰坑并夹杂大量陶片。土质为黄沙黏土。据村民反映，曾出土完整的陶豆、陶鬲等器物，均遭破坏。采集标本有鼎足、鬲足及豆盘、豆把、口沿等。陶质分夹砂红陶、泥质灰陶，多饰绳纹。1986年5月，省文物考古研究所调查济青公路沿线古文化遗址时，在遗址中心南侧挖5米×5米探方一个，出土部分器物残片。1994年，公布为第三批县级文物保护单位。

周西遗址

位于高新街道五里堠村，属平原高台遗址。1994年，被公布为第三批县级文物保护单位。

苑城西南庄遗址

位于长山镇苑城西南村，西临孝妇河约500米，创业河自西向东从遗址中穿过。该遗址早于大汶口文化，其相对年代约相当于北辛文化遗址。从河底断层暴露的遗迹观察，遗址东西长自创业河原周焦公路大桥以西50米处至小西庄西边缘小路125米，南北长自北岸往南100米，距地表深约4米。1981年，邹平县图书馆在文物普查时发现。1985年春，惠民地区文管所对遗址河底部分进行抢救性挖掘。由于群众挖沙，河底文化层堆积均被破坏。沙层中出土丰富的文物，计有陶器、石器、骨器、蚌器四大类。生产工具有砍伐使用的石斧，翻地使用的石铲，收割用的石刀、蚌刀；加工粮食用的石磨盘、石磨棒；有鼎、釜、支脚之类的炉具，盆、碗、钵、器座之类的饮食器具；汲水用的小口双耳罐；打猎使用的弹丸、石球、箭头。捕鱼用的鱼标、鱼钩、骨针、骨笄、骨锥尤为丰富。陶器分为夹沙陶和泥质陶。陶纹以各种刻划纹，附加堆纹、乳钉纹、锥刺纹、指甲纹等。泥质陶中的钵类器物口沿外侧多有一周带状红彩。文化面貌具有鲜明的地方特色，是该地区发现较早的人类活动遗存（距今约7000年）。它的发现对研究大汶口文化起源提供实物资料。1992年，被公布为第二批省级文物保护单位。

第二节 古墓葬

伏徵君墓

秦朝博士伏生之墓，位于魏桥镇冢子村西20米处。墓地封土直径45米，残高2米，有伏徵君墓、伏生墓序石碑2通。1980年，被定为县级重点文物保护单位。

梁邹侯墓

位于县城安家村南，属汉代墓葬。第一代梁邹侯，名武虎，汉初功臣，汉高帝六年（公元前195年）封为梁邹侯，死后葬于安家庄。封土已于

1956年取土铲平。1980年，定为县级重点文物保护单位。梁邹侯先后传五世，梁邹侯墓则有11处，真伪已难分辨。

马骕墓

位于黛溪街道韩坊村西500米处，为清初著名历史学家马骕之墓。墓址封土高1米，长8米，宽8米，未开掘。原有石碑1通，1956年，打井修闸时毁掉。1980年，定为县级重点文物保护单位。

天子墓

位于魏桥镇甜水村西2千米处，北临公路，相传为赫胥氏墓，又称李密墓，俗称天子墓。旧志记载，墓旁周环数里有池隍遗址。原封土直径30米，高约2米。由于年久，群众挖土，封土不存。1994年，被公布为县文物保护单位。

陈仲子墓

位于长山城内十字街东北，为战国时齐人陈仲子墓。原有墓碑一通，后遭毁坏。墓直砖砌，于1958年毁坏。

景范墓

位于县城西南相公山下。景范为五代后周中书侍郎同平章事，相公山由此得名。原墓高大如丘，墓前有翁仲、石马、碑碣。1955年被挖，封土被平。1980年，定为县级重点文物保护单位。

大省古墓葬

位于长山镇大省村东南约300米处。1979年10月，省博物馆、地区、县有关人员挖掘葬9座，出土青铜器12件、陶器10件、贝2枚。内有铜鼎、铜舟、铜鉴、铜匜、铜罐、铜壶等。墓内无任何文字记载，有4座断为春秋墓葬。

第三节　古建筑

范公祠

范公祠位于长山镇孝妇河畔范公村，坐北面南，院墙相围，大门前有宋槐1株，主干胸围3.8米，高4.5米。老树干空，老干内又生出1株新槐，人称怀中抱子，实为一胜景。大殿面阔5间，16.7米；进深3间，10.3米；高10米。大殿采用歇山式建筑，雕龙吻兽，四角飞檐，斗拱相扣。大殿有4排柱子，共24根。该殿砖木结构，清新肃雅，已有900年历史。后经元、明、清多次修复。清道光三十年（1851年）进行较大维修。1984年定为“县级重点文物保护单位”。1990年，长山镇筹资进行部分维修。2004年1月，被滨州市人民政府公布为第一批市级文物保护单位。

唐李庵

清代佛教建筑，位于邹平县城西约5千米的会仙山下。尚存建筑有山门、影壁、大殿、东西偏殿、僧房、藏经房、客房、姑子庵，总计32间，建筑面积820平方米。据传因有唐、李二仙曾在此修炼，故名“唐李庵”。始建年代失考，据山门两侧所嵌四通石碑记载，该建筑分别于明隆庆元年（1567年）、清康熙十年（1671年）、清嘉庆十一年（1806年）、清道光二十五年（1845年）进行重修。现存建筑从其风格看，均为清代所建。主体建筑北大殿，为砖木结构，面阔9.5米，进深4.72米，高6米。殿内原有泥塑及其他文物均被破坏，部分壁画也剥落严重。残存的部分内容有南海大士、上八仙、下八仙。院内有丁香、柏树、文冠果。1982年文物普查后，列入县级重点文物保护单位。1984年，被公布为县级重点文物保护单位。1985年，省文物部门拨专款对北大殿进行维修。1998年3月6日，唐李庵二期维修工程开工，6月完工，经建委有关部门验收合格。2004年1月，被市人民政府公布为第一批市级重点文物保护单位。

伏生祠

坐落于韩店镇苏家村西。伏生为秦朝博士，秦焚书坑儒后，秘藏《尚书》于壁中。汉兴，取《尚书》教于齐鲁间。汉文帝命晁错前来受书。祠堂正殿3间，雕梁画栋，砖墙瓦顶，有伏生及伏生女塑像。西厢房供奉晁错。祠内彩色壁画为晁错授书情景。祠前有石碑数通。伏生祠始建于宋，元至顺二年（1331年）重修，明清历次修葺，至建国时保存尚完整。1980年，祠堂渐毁，伏生后裔辟为宅院。

基督教堂

坐落于邹平城里大街南侧，为英浸教会传教牧师仲钧安、商德成等主持修筑，建于1900年。教堂为英式建筑。堂内有合抱立柱8根，横梁4

根，南北约12米，东西约14米，可容纳500余人。1937年后，日本棉产改进会株式会社占据为仓库。解放后一度作为监狱，后为吕剧团使用。2001年10月，邹平县人民政府公布为第四批县级文物保护单位。保存完整，仍为基督教会使用。

高孝女祠

位于临池镇红庙村，俗称老姑庙或红庙，明正德年间为纪念孝女高大姑而建。祠堂坐北朝南，直观凤凰山峪口。经多次修缮，已形成结构严谨、布局合理的一古代小型建筑群。分为东西两院。主要建筑有大殿、娥江继绩楼、关公庙、文昌阁等，共计房屋22间，占地面积615.6平方米。整个建筑青砖碧瓦，古色古香，具有浓厚的明清建筑风格，极具保护价值。2001年，公布为县级重点文物保护单位。

李家祠堂

李家祠堂位于好生镇李营村，坐西面东，属明末清初刑部尚书李化熙为其家族而建的祠堂。占地面积789平方米，建有房屋3排9间，为3进院落式布局结构。整个建筑青砖碧瓦，古朴典雅，具有浓厚的清代建筑风格。前排屋内墙上镶嵌有康熙“清慎”碑和黄庭坚书法碑刻。具有较高保存价值，保护面积790平方米。

永安桥

建于清康熙年间（1662—1722年），位于长山镇南门外，为南北向青石板方孔桥，南北长42米，东西宽3.4米，桥面边侧原有竖石栏杆相护，桥东侧有3个雕刻龙头，桥墩东首为船首形，桥墩西首为船尾方形。水自东往西流过。桥面由105块石头组成。该桥造型美观，坚固耐用，极有研究保存价值。保护范围自桥体向外10米。1994年，公布为县级重点文物保护单位。

袁紫兰避暑山庄

在西董镇任家峪村西南头，清代乾隆年间焦桥袁紫兰在此创建。整个山庄占地30余亩，3进院落，依山势而上，层层递进，利用各种台阶、回廊以及隐门过道巧妙组合分隔，每一院落具有相对独立的完整性，房屋用料和设计都十分考究。众多房屋，有的高大庄重，有的小巧玲珑，有的重门垂檐，又有廊厦月台，还有别具一格的引梯。回廊结合，错落有致，亭台楼阁，甚为豪华。避暑山庄的一部分由本村李姓人家居住。日军侵华期间曾遭多次破坏，余下的遗址仍可见当年气势。

第四节 古树木

文冠果树

位于唐李庵东墙外，高约5米，树干虬曲苍劲，相传已500余年，仍开花结果，枝叶茂盛。果实入药，是县内稀有树种。

宋槐

位于长山镇范公祠，原有3棵，旧志记载：“宋治平二年邑人知县韩泽所植”。“文化大革命”（1966—1976年）中，两棵被伐，仅存一棵。因早年树干空心，于空心树干中又发新芽，称“槐中抱子”。树高10米，干径1.5米，树冠阔径15米。每至夏日，枝叶茂盛，浓荫蔽天。

尚庄古槐

位于西董镇尚庄村东公路南侧，相传为清代所植。树高约12米，内空裂，树冠直径约9米。夏日行人多在此乘凉。2001年，被公布为县级文物保护单位。

图 26-5 尚庄古槐 （2015年摄）

王家寨古槐

位于魏桥镇王家寨村东。树高7米，周长5米，树身已空。原树北有关帝庙，树南有土地庙，中为土台，槐立台中。“文化大革命”期间，部分主枝被伐，但仍生长茂盛，相传为唐代所植。

南石银杏

在西董镇南石村贾氏祠堂。又名白果树、公孙树，高 20 米，苍劲挺拔。碑刻记载为清同治七年（1868 年）7 月 7 日所栽。

后麻柘条树

位于长山镇后麻村，民谚有“先有柘条树，后有麻寨村”，相传为隋代所植。树高 4 米，树冠分东西两树杈，夏秋仍枝繁叶茂。

牛官古枣

明集镇牛官村有古枣 1 棵，高 8 米，阔 5 米，树干中间有干裂，弯曲遒劲。树冠皆为新枝，年年收枣，相传有二三百年历史。

兰芝里古槐

位于明集镇兰芝里村内，树高 10 米，干径 1 米，中空，冠为环形，相传已逾 300 年。

苑城古槐

位于长山镇东南村南北大街中，相传明代所植，高 3 米，干呈弓形。夏秋若绿色巨伞。

皂角树

位于台子镇犁寨村，树干高 9 米，直径 66 厘米。2000 年 6 月 17 日据省林业专家考证，该树树龄在 200 年以上，属国家一级保护植物。

图 26-6　台子镇皂角树　　（2016 年摄）

第五节　古石刻

王家石刻

在长山镇王家村粮所内。石刻 20 余块，分为墓室浮雕和院门石雕。长 1.5 米，宽 0.8 米，高 0.7 米。石刻内容有人物故事、花卉图案、树木等，工艺精美，技法高超。此石刻为号称“长山八大家”之一的张伯仁所书，尔后从外面雇石匠 3 年雕刻而成。

苏庄石雕

魏桥镇苏庄出土，石雕为文武人像两尊。高 1.9 米，膀宽 0.6 米，石像戴冠着袍，文臣双手抱笏，潇洒文雅；武臣双手执剑，威武英俊。石雕造型优美，和谐对称，形象逼真。

牛家太湖石

在焦桥镇牛家村原袁氏花园内。高 7 米，埋入地下约 1 米，状如老人偎依。相传清朝袁氏向新城王家索得此石，借寒冬路上泼水结冰，用滚木负石拖，3 个冬天运来，现此石完整，为县级保护文物。

醴泉寺唐碑

在醴泉寺，唐开元三年（715 年）立。碑高 2.5 米，宽 1.1 米，厚 0.3 米，碑座已坏，碑首断裂。正面碑文已模糊难辨，碑首刻文尚清晰，为“大唐齐州章邱县长白山醴泉寺志公之碑”。背面阴刻南北朝高僧志公半身像。该碑是醴泉寺留下的唯一碑碣。1980 年，定为县级文物保护单位。

书法碑

在焦桥镇东平村，共 4 通。其中一通有清代四大书法家之一铁保题写的清代诗人刘凤诰《咏大明湖》“四面荷花三面柳，一城山色半城湖”的名句。其余 3 通 6 面刻有宋代书法家黄庭坚《墨竹赋》，22 行，赋后为元代书法家赵孟頫的跋语《书黄庭坚〈墨竹赋〉卷后》。碑碣石质细腻，雕刻精美，行草笔法刚劲挺秀，为黄庭坚晚年得意之作。现存该村村委会办公室。

不畏强御碑

在孙镇辉里村东首。碑分首、身、座 3 部分。碑高 3.66 米，座宽 1.2 米，碑首雕有二龙戏珠。碑身两侧刻佛 8 尊，正面阴刻碑文，右上为“大英畏烈士殉难纪念碑”。正面碑文为“不畏强御”，此碑是 1929 年邹平、长山 19 个村庄的村民集资为纪念英勇抗击土匪张鸣九骚扰、保护群众而殉难的辉里村民李机庆、李友长、李恭长、段维烈 4 人所立。

徐子正纪念碑

该碑是梁漱溟 20 世纪 30 年代在邹平县搞乡村建设运动时，为表彰王伍村徐子正创办长白公学，辛勤培育后代而立。碑为青花岩石，高 2 米，宽 0.79 米，厚 0.08 米，正面右上方刻着“徐子正先生纪念碑”，中为大字“功在桑梓”，左下为“桂林梁漱溟”。此碑原立于长白公学旧址，已移于县图书馆内。

袁守侗神道碑

在焦桥镇东北村东北。碑高3.1米，宽0.86米，厚0.31米，清乾隆甲子年（1744年）立。碑文主要记载袁守侗官高爵显及赐葬谥号。1984年，定为县级重点保护文物。

梁漱溟墓碑

位于黄山南坡，广场东侧，盘山路东段路北侧。建于1989年。2003年，被列为市级文物保护单位（2006年12月，被省人民政府公布为省级重点文物保护单位），墓前有名人挽词石碑10通。墓园正中是《梁漱溟生平述略》碑，碑文由梁漱溟的四位学生撰写，丁振来书丹。碑文记述了梁漱溟的生平及其思想。

图 26-7 梁漱溟墓 （2013年摄）

附：《梁漱溟生平述略》碑文

先生一八九三年生于北京，祖籍广西桂林，卒于一九八八年，享年九十有五。

先生尝言：自有知识以来，便不知不觉萦心于一个人生问题，一个社会问题或中国问题。先生正是毕生忧国忧民，不谋衣食利禄，为此两个问题而思索，而行动。

一九一一年，先生顺天中学毕业后，加入中国同盟会，从事革命活动。后潜心佛典，独得心悟，以《究元决疑论》之发表，为学术界所瞩目。一九一七年，应蔡元培先生之聘，任教北京大学。一九二一年出版了成名之作《中西文化及其哲学》，独树一家之言。

先生根据自己对中国文化、历史的见解，提出由农村入手，图中国民族自救的主张，并为此作出不懈努力。一九二九年出任河南村治学院教务长，一九三一年创办山东乡村建设研究院于邹平。先生躬率同仁、同学，以邹平为实验县，深入农村，从教育入手，设乡学、村学。发扬人生向上伦理情谊、我民族固有精神；普及文化，移风易俗；通过组织合作社，培养人们民主政治生活习惯；吸收运用科学技术，发展生产。不数年，成效昭著，方期扩大实验，讵料一九三七年日寇入侵，工作被迫中断。

抗战时期，先生以促进团结抗日为己任，一九三八年赴延安访问；一九三九年巡视敌后，历尽艰险；一九四一年参与创建民主同盟；一九四六年参加政治协商会议及和谈，为促成和平建国而殚精竭虑。当见内战终不可免，遂专事著述与讲学，并于一九四八年创办“勉仁文学院”。

先生一生，著书不辍，主要著述有：《乡村建设理论》《中国文化要义》《人心与人生》等。

纵观先生一生，胸怀博大，诚如先生自励之语：“吾生有涯愿无尽，心期填海力移山。”其治学为人，确如先生所言，独立思考，表里如一。

先生视邹平如桑梓，三十年代携家眷来邹平工作，解放后又两度来此，联系不断，地方人士对先生亦多缅怀，故将先生骨灰安放于邹平之黄山，以为永久纪念。

学生李澂、徐树人、张俶知、田镐拜识。

一九八九年十月立 丁振来书

第六节 革命纪念地

邹平烈士陵园

坐落于黄山北麓。1971年开始修建，1976年竣工。占地面积4万平方米。陵园建筑左右对称，按山势分为五个台级。第一级为陵园大门，坐南朝北的牌坊式门楼，上书“烈士陵园”镏金大字。第二级为绿化区，苍松翠柏，绿树青草。第三级，东为烈士纪念堂，西为烈士纪念馆。第四级为两座六角纪念亭，东曰忆英亭，西曰怀烈亭。亭内各立石碑一通，碑文记述邹平县人民在历次革命战争中的英勇事迹。第五级是烈士墓地，正中矗立着白色纪念碑，正面碑文为革命烈士纪念塔。烈士墓冢144座，后又陆续迁入。

长山烈士陵园

位于长山镇神坛村南高埠上。1953年，长山县人民政府修建，占地24亩。大门坐北朝南，门内左右两碑亭对峙，亭内各1座六棱纪念碑，碑上镌刻着省长赵健民、副省长晁哲甫和马保三的题词，由长山县人民政府撰写的碑文。其余碑面镌刻着为国牺牲的1570位革命烈士的英名。亭北为烈士陵墓，东西26座，南北10排，共262座。正中为八路军清西二团团长罗少卿之墓。陵园周围是砖砌花墙，整个陵园掩映在青松绿树之中。

刘家井烈士陵园

位于魏桥镇刘家井村东。建于1963年，扩建于1974年，占地6亩。该地是抗日战争初期著名的刘家井战役所在地。园内安葬着73位革命烈士，有纪念碑1座，高8米，正面碑文为“为人民而死，虽死犹荣”。1980年，定为县级重点文物保护单位。

鹤伴山抗日沟

抗日沟原称浔沟，四面环山，形势险峻。1943年9月14日（农历八月十五），日军纠集胶济铁路沿线日伪军1000余人，于夜间将驻守在西董地区的长山县大队包围，因敌我双方力量悬殊且地形不利，70余名指战员壮烈牺牲。二中队原属清西独立团，被誉为“钢八连”，改编到长山县大队后，人们依然称其为“钢八连”。新中国成立后，当地人民将此大峪命名为抗日沟，并修一桥曰抗日桥，建有怀烈亭、忆英亭等。2002年，县委、县政府在抗日桥南侧竖立一座英雄群雕石像，举行揭幕仪式，成为县内爱国教育基地之一。近年，鹤伴山开发为旅游风景区，抗日沟又称九瀑涧。

邹长党组织发源地

位于长山镇东南原县立初级中学校址。1937年抗日战争爆发以后，中国共产党先后派姚仲明、廖容标、赵明新等共产党员到长山中学，开展抗日武装斗争，建立党的组织，举行著名的黑铁山起义，因此，该地成为邹长地区抗日斗争的策源地。

邹长中心县委成立纪念地

位于焦桥镇孙家村，原为孙家祠堂。祠堂大殿保存完好。1939年5月，中共邹长地区首次代表大会在此召开，选举产生以李寿岭为书记的中心县委。

抗日民主政府成立纪念地

位于焦桥镇姚孙庄原学堂内，现为姚孙小学。1939年10月，邹长各界代表会议在此召开，成立邹长抗日民主政府。

第七节　馆藏文物

通过文物普查、征集工作，2005年12月，文物管理所对文物库房藏品进行统计，共计873件。其中一级1件，二级15件，三级85件。另有1991年“全国十大考古发现”的丁公遗址器物4000余件。馆藏文物系列较为齐全，其中有石铲、石斧、陶豆、铜鼎、铜镜、印章、宣德炉、瓷器、黑陶杯等。丁公遗址的器物以陶器为主。

1. 动物化石4件，属远古时期，其中有古化石鸵鸟蛋。

2. 石器23件，内有新石器时代的石镰、石斧、石簇等。

3. 蚌器2件，蚌锯、蚌刀，皆属龙山文化。

4. 陶器133件，有龙山文化的黑陶杯、陶鼎，商周至汉代的陶器为最多。

5. 青铜器133件，有商周至战国时期的铜剑、铜戈、铜簇、铜、铜盘等；西周至春秋时期的铜鼎、汉代的铜镜等；还有一批钱币，从秦至清代，皆有出土。

6. 瓷器30件，主要为明清时代的传世文物、流散文物。其中有明“成化年制”字款的青花盘和蟹青盘，清代的双龙大花瓶、造型别致的粉彩果盘等。

7. 玉器88件，大部分是明清墓中出土，有玉镯、翠镯、玛瑙、玉鸡、玉猴、玉兽、玉羊等艺术器，工艺精细，造型逼真，其中高14厘米的王士祯（王士禛，渔洋山人）滑石印章，尤为珍贵，1982 年 10 月被省定为一级文物，在省展出 3 个月。

8. 古字画 27 幅（件），有刘墉字画、翁同龢字画、马明亮字画、王阳明大草等。

9. 古书 8 部，内有《金石索》《群芳谱》《篛园日札》《左传事纬》《绎史》等，有善本书《文选谕注》1 册。另外还有县志办公室收藏的《梁邹诸景图》，清代王兆曾（墨池）作，分春夏秋冬 4 册，共计 32 幅，内容皆为邹平山水古迹，每幅皆配诗。此画诗为县内诗画珍品。

第八节 纪念馆

长山中学“民族魂”纪念馆

建于 2003 年。按照“完善资料、丰富内容、扩大规模、提升内涵”原则，既保持原有历史特色，又富有创意和时代特色。纪念馆结合当时的历史背景，利用现代化展示手段和运作模式，以生动的形式、清晰的脉络、丰富的内容真实地反映了百年长山中学所走过的不平凡历程，记录了无数可歌可泣的事迹。纪念馆占地面积 360 平方米，共展出珍贵照片 2 万余幅，实物 30 余件。分为忧国忧民、共图大计、铁山烽火、彪炳青史、承传伟业、与时俱进 6 大部分。被确定为市德育基地、省青少年教育基地、关心下一代教育基地、全国爱国主义教育基地。

图 26-8 2003 年 9 月，建成的长山中学民族魂纪念馆

梁漱溟纪念馆

梁漱溟（1893—1988），原名焕鼎，字寿铭，祖籍广西桂林，1893 年生于北京。著名思想家、教育家，现代新儒家代表人物，爱国民主人士，曾任全国政协常委、中国孔子研究会顾问、中国文化书院院务委员会主席等职。1931 年，在邹平创办山东省乡村建设研究院，进行长期的社会改造活动，历时 7 年。1988 年，梁漱溟逝世后，根据其家属愿望，将其骨灰安放于邹平。1989 年 10 月，梁漱溟墓在黄山南麓落成。之后，邹平一中在梁漱溟之子梁培宽、梁培恕与县政协协助下，于 1994 年在梁漱溟创办的原山东乡村建设研究院旧址（邹平一中）院内，建立梁漱溟纪念馆。

图 26-9 始建于 1994 年 10 月的梁漱溟纪念馆

梁漱溟纪念馆是全国建馆最早、馆藏最丰富、影响最大的梁漱溟学术研究基地。自建馆以来，不仅接待国内党政、学术、新闻、文艺、教育等各界人士和团体，还吸引许多来自美国、日本、韩国、澳大利亚等国家的专家学者和社会团体。1997 年 7 月 26 日，纪念馆接待美国第 39 届总统吉米·卡特一行。

郭在贻纪念馆

又名旻盦故居。2004 年 6 月，在黄山街道碑楼村揭牌，县委、县人大、县政府、县政协等单位负责人及文化界人士 50 余人参加揭牌仪式。县委书记刘士合为纪念馆题写馆名。郭在贻（1939—1989），黄山街道碑楼村人，生前任杭州大学汉语史博士生导师、中国训诂学会第一副会长等职，为享誉海内外的著名学者。主要著作有《训诂丛稿》《训诂学》《郭在贻文集》《郭在贻教授语言学论文集》等。纪念馆内陈列郭在贻教授著作、文稿、信札、书法作品等 30 余件。建馆以来接待近万名参观者。

第八章 体 育

第一节 学校体育

开展状况

1986年，全县28所初中、小学配备专职体育教师48人、兼职体育教师32人，初步建立以高中带初中、初中带小学的业余体育教研网，学校体育教育工作逐步恢复正常。县内中小学一般每周开设2节体育课，按时做早操和课间操，并辅以适量的课外体育活动。是年，全县中小学生体育达标54347人，达标率83%。

1987年12月，省教育厅转发国家教委发布的《中学生体育合格标准试行办法》，规定体育不合格者不得评为三好学生，不得报考高一级学校。1990年3月，国家教委、体委颁发《学校体育工作条例》，规定体育为学生毕业、升学考试科目。1991年起，按照省、市教育行政部门要求，全县初中毕业生升普通高中加试体育，成绩根据上级有关政策按一定比例折算计入中考成绩。县内学校体育工作逐步趋于规范。

1995年，县教委出台高中招收音体美特长生政策，高考报考体育专业人数、本科录取人数及回乡毕业生逐年增多。2000—2005年，累计有975名学生报考体育专业，本科录取445人，70余名回乡体育本科毕业生安置到各级学校任教，体育师资得以充实。

1986—1998年，在地区举行的全区中小学田径运动会和冬季场地长跑比赛中，邹平县均获前三名。1999—2003年，在参加省第七届中小学田径运动会上取得2个第一名。2003年，在市十五届运动会比赛中获团体第一名、金牌第二名。

从2005年起，初中毕业生体育考试采取仪器测试，以保证中考体育成绩严肃、公正和真实。

至2005年，绝大多数学校建成附400米或200米环形跑道的运动场，邹平一中、黄山中学还铺设400米塑胶跑道。全县中小学《体育合格标准》实施率达到100%，有省田径体育传统项目学校7处（邹平一中、长山中学、明集镇初中、中兴初中、实验中学、黄山中学、韩店镇新世纪中学），有省篮球体育传统项目学校1处（黄山中学）。

县体育中学

1991年6月，邹平县业余体育学校成立，为股级事业单位，隶属县体委领导，业务工作受县教委指导。首次招收初中一年级1个班，学生30人，分田径、武术、举重、柔道、摔跤5个专业。1994年11月，更名为“邹平县体育中学”。1995年，学校有教职工22人，初中一至四年级5个班，近100人。生源主要来自各乡镇小学和初中，学生毕业后以向体育院校和体育专业队输送为主，每年招生30人左右。1997年7月，合并至县实验中学。

2001年7月，体育中学恢复独立办学，由实验中学划归县体委管理，属正科级全额拨款事业单位，核定编制37人。

至2004年，学校有教职工60人，11个教学班。其中，小学四年级1个班，小学五、六年级，初中七、八、九年级各2个班。开设田径、篮球、足球、拳击、射击、武术、跆拳道、摔跤、柔道、散手、举重、乒乓球、幼儿体操等13个运动项目，24支专业训练队，在校生400余人。2002年、2003年，每年拨款30万元用于设备购置。先后购置拳击台、跆拳道垫等大型体育器材，并建成高标准拳击、散手、跆拳道、乒乓球训练房。投资10万元配备微机室。2004年，投资38万元配备高标准物理、化学、生物实验室、仪器室和校园网络。

2002年，学校被省人事厅、省体育局授予省群众体育工作先进单位，被市政府授予参加省二十届运动会突出贡献奖；2003年，市十五届运动会上获得参赛总分第一名、参赛金牌第二名的好成绩。2004年，被县政府记参加滨州市第十五届运动会集体三等功，并通过省级优秀体育后备人才基地验收。学校培养输送的运动员，在省级比赛中，获金牌21枚、银牌22枚、铜牌39枚，在全国比赛中，获金牌12枚、银牌5枚、铜牌4枚，在国际比赛中获银牌3枚、铜牌2枚、1个第四和1个第五。其中，成冉在2004年雅典举行的第28届奥运会上获得八人赛艇第四名，实现滨州市奥运会参赛运动员和奖牌零的突破。2004年，被国家体育总局授予2001—2004年度全国群众体育工作先进单位。

第二节　群众体育

活动概况

1986—1995年，全县组织运动会和单项比赛238次。1990—1991年，先后成立体育总会、农民体协、田径协会、老年体协、太极功研究会、信鸽协会、篮球协会等体育组织。1990年9月22日，县太极功研究会的50余名会员，在济南国际武术演武大会上做精彩表演，受到国际武术界瞩目。

1990年9月，在全县范围内举行邹平县第十一届亚运会火炬传递交接，亚运圣火燃遍齐鲁大地火炬点燃仪式，传遍全县17个乡镇。

1991年5月，举办县第四届运动会，设田径、举重、摔跤、武术、篮球、自行车、乒乓球、门球、羽毛球9个项目，运动员、教练员、工作人员达1600余人，规模之大，水平之高，在县体育史上前所未有。1992年，邹平县被国家体委命名为全国体育先进县。

1996—1998年，全县共组织运动会和单项比赛68次，其中承办地区运动会2次。1997年，通过国家体育总局全国体育先进县复查验收，群众性体育活动进一步深入普及。

1998年，邹平县获1995—1998年全区群众体育先进奖，受滨州地区行署表彰。

1999年，召开第一届全县老年运动会。2004—2005年，群众体育从各方面都体现出新颖的一面，先后举办农民运动会和职工运动会。邹平县被市人民政府授予黄河三角洲滨州市第三届体育节突出贡献奖。先后获国家级表彰3次，省级表彰2次，滨州市委、市政府表彰2次。体育中学被授予全国群众体育先进单位。

体育活动类别

机关企事业体育　1986年，全县2/3以上机关、企事业单位群众性体育活动活跃，常年参加跑步、登山、打拳、气功、球类、棋类等体育活动的干部职工近12000人。

1993年，琥珀啤酒厂被评为全省职工体育先进单位。1994年，县妇联举办家庭运动会，有200余个家庭参加。琥珀啤酒厂、魏桥棉纺织厂、教育系统、商业系统、公检法系统、邮电系统、金融系统等均举行2次以上体育活动。1995年，县直机关元宵节运动会设篮球、象棋、乒乓球、羽毛球、拔河、接力6项比赛，参加人数1500余人。

1996年，县总工会举办迎“三运”环城跑活动，35个方队、1750名运动员参加。

1996年10月，举办全县职工乒乓球比赛。1998年10月，县人民银行举办金融系统运动会。是年，琥珀啤酒厂、魏桥棉纺织厂、教育系统、邮电系统、金融系统、公检法系统举行2次以上体育活动。琥珀啤酒厂于1997年被省总工会和省体委评为全省职工体育先进单位。

农村体育　1986年以来，县内农村体育活动广泛开展，主要由乡镇农民体协、团委组织，以乡镇文化中心、青年之家、中小学为阵地，因地制宜开展活动，节假日、农闲时节集中组织比赛。

1991年，邹平镇东关村举行第二届运动会，设8个项目，全村人口1700人，参加运动会有400余人。

1992年，全县农村有文化站17处，文化室960处，青年之家960处。农村经常参加体育锻炼的人数为93392人，占农村人口的18%。有各类代表队612个，运动员12390人。

1993年，举行全县第一届农民运动会，设田径、篮球、乒乓球、象棋4个项目，历时1个月，参赛运动员1500人。是年，邹平镇被国家体委评为全国群众体育先进单位。1995年，参加第三届省农民运动会获得2枚金牌、2枚银牌、2枚铜牌。

是年，魏桥镇被省农委、省体委评为亿万农民健身活动先进乡镇。1991—1995 年，孙镇、礼参、焦桥、邹平、好生、明集、临池、魏桥 8 镇先后被省体委命名为全省体育先进乡镇。

1996—1998 年，农村体育有较大发展，17 个镇乡全部成立农民体协和老年体协，建起“一场（篮球场）一室（乒乓球室）”，建立各种体育代表队。全县 80% 以上的行政村都建起青年之家，组建运动队。1996 年，魏桥镇被国家体委、农业部、中国农民体协评为第三批全国亿万农民健身活动先进乡镇。1997 年，韩店镇被评为全省体育先进乡镇。是年，魏桥镇又被评为全国群众体育先进集体。1998 年，元宵节期间，举办全县首届小康村运动会，比赛设篮球、射击、乒乓球等项目，历时 2 天，来自全县 20 个小康村 100 余名运动员参加比赛。

2002 年 11 月，举办第二届农民运动会，历时 30 天。2004—2005 年，农民自发地组织体育活动成为农村体育的一大特点，尤其是老年体育锻炼越来越普及，全县 85% 以上的行政村都建立起文体活动中心，促进农村体育活动开展。至 2005 年，全县经常参加体育活动的农村人口达 20.07 万人，占农民总人口的 35%。

第三节　竞技体育

1986 年，县体委和县教委直接管理 14 所体育传统项目学校和 51 个业余训练网点、1230 余名业余运动员，在全县范围内形成体育人才培训网络。

1991 年，邹平县业余体育学校成立，设田径、武术、柔道、射击、摔跤、举重 6 个专项。至 1995 年，体校学生在全省重大体育比赛中获金牌 8 枚、银牌 19 枚、铜牌 25 枚，3 人被输送到省以上体育专业队，17 人升入地区体育运动学校。

运动员成冉，在 1997 年第八届全运会上获得八人单桨有舵手赛艇比赛冠军，成为滨州地区第一位在全运会上获金牌的运动员。在 1998 年省第十七届运动会上，邹平县运动员代表滨州地区参赛，获金牌 6 枚、银牌 8 枚、铜牌 3 枚；由于成绩显著，被行署授予“振兴滨州体育突出贡献奖”。至 2005 年，在省级比赛中获金牌 21 枚、银牌 22 枚、铜牌 39 枚。在全国比赛中获金牌 12 枚、银牌 5 枚、铜牌 4 枚。在国际级比赛中获银牌 3 枚、铜牌 2 枚、1 个第四和 1 个第五。

田径

田径是全县体育运动的传统项目。全县有田径一级裁判员 5 名，二级裁判员 15 名。2004 年，左鹏在省田径锦标赛中获得男子 10000 米竞走第三名，李国臣在省田径锦标赛中获得男子标枪第三名。2005 年，贺雨婷在省田径锦标赛中获得女子 200 米第二名。2003 年，参加市第十五届运动会获金牌总数和团体总分双第一。

柔道

柔道项目自 1992 年成立体育中学以来，向北京体育大学等体育院校输送多名队员，并在国际比赛中获得优异成绩。由于体制改革，体育中学又从 2001 年 9 月恢复办学，柔道队继续发挥重要作用，成为体育中学主力军。高延芝在 2001 年世界杯女子摔跤 51 千克级比赛中获第二名，在第十四届世界女子摔跤锦标赛 51 千克级比赛中获第三名，获全国女子摔跤锦标赛冠军，全国女子摔跤冠军赛冠军。刘伟伟在 2001 年省青少年女子柔道锦标赛中获 52 千克级第二名，在 2002 年全国女子柔道冠军赛中获第三名。许允盼获 55 千克级冠军。2003 年，韩延东获省柔道锦标赛 60 千克级第一名。2004 年，吕明月获省女子柔道锦标赛 44 千克级第一名；同年，刘森获省柔道锦标赛 100 千克级第二名。市比赛，柔道连续 2 年比赛列全市总分第一名。

拳击

2003 年，在省青少年拳击锦标赛中，郭康获 54 千克级冠军。2004 年，省青少年拳击锦标赛，杨康获 60 千克级冠军。2005 年，省青少年拳击锦标赛，张荣真、张志敏、杨康获各自级别的第二名，另有 6 人次获得前三名。在参加市比赛中，2001—2005 年，连续 5 年获全市金牌总数和团体总分双第一。

射击

2005 年，输送队员曹凯在省射击飞碟双多向比赛中获得冠军，同时参加的飞碟双向和飞碟多向又获得2个第二名。在市比赛中，连续4年获全市团体总分第一。

散手

2005年，全国散手比赛获第七名，省青少年散手锦标赛中获52千克级第三名。2005年，省青少年散手锦标赛中获70千克级第一名。王延田在2005年省青少年散手锦标赛中获75千克级第二名。仇晨晨在2003年省青少年散手锦标赛中获女子56千克级第三名。韩玉珍在2003年省青少年散手锦标赛中获女子70千克级第五名。在市比赛中，2004年、2005年连续两年获全市金牌总数和团体总分双第一。

举重

培养输送的队员李锐在2005年省青少年举重锦标赛中获得抓举、挺举总成绩第一名。在市比赛中，2003—2005年连续获全市团体总分第一。

邹平县运动员参加国际比赛成绩一览表

表26-8-1

姓名	性别	项目	成绩（名次）	运动会名称	时间	地点
刘素兰	女	七项全能	2	亚太地区中学生运动会	1988	澳大利亚
孔　燕	女	摔跤61千克级	3	第四届世界摔跤锦标赛	1992	法　国
孔　燕	女	摔跤61千克级	3	第七届世界摔跤锦标赛	1995	俄罗斯

第四节　体育设施

1999年开始，邹平县体育设施向规模化、高档次迈进。体育中心被列为县2002年十大重点工程，占地面积218亩，分为体育广场、小型综合训练馆、体育馆和综合训练馆、游泳馆，总投资8000万元，于2001年6月开始建设。体育广场占地41.2亩，投资730万元，2002年5月竣工。位于黛溪五路南头的小综合训练馆改造工程投资380万元，2003年5月竣工。各镇、街道、学校、厂矿、企事业单位体育设施也有快速发展。新建邹平一中修建1个国家一类标准体育场，1个二类标准体育场，1个中学标准游泳馆。黄山中学建成全市第一个中学标准塑胶田径场。全县田径场发展到60余个，门球场50处，篮球场1260处，灯光球场18处，乒乓球场1280处，羽毛球场70处，排球场60处，足球场26处。至2005年，全县有体育场馆9个，标准场地398个，非标准场地310个。

第五节　创建全国体育先进县

1991年4月，县委、县政府做出创建全国体育先进县决定。5月2日，召开全县创建全国体育先进县动员会。1992年6月21—23日，国家体委一行6人对邹平县体育工作进行检查验收。1992年10月，邹平县被命名为第四批“全国体育先进县”。

第九章　图书与文化市场管理

第一节　图书馆与图书资料

1998年8月启用的县图书馆是一所综合性公共图书馆，占地4000平方米。实行全开架借阅服务，电子阅览室终端数量80台。在1998年全国公共图书馆第二次评估定级中被评为二级馆，在2004年全国公共图书馆第三次评估定级中被文化部命名为一级馆。

图 26-10　1996 年 8 月，县图书馆新馆启用

图书馆内设办公室、综合阅览室、外借室、资料室、儿童阅览室、电子阅览室、地方性资料室、采编辅导部、信息咨询部。藏书总量 11.6 万册，其中古籍线装书 5000 余册，电子图书 6400 余册，阅览席位 263 个，计算机 50 台，复印机、打印机、扫描仪、防盗仪等设备 21 台。

年购进新书 8000 余册，依据标准对图书进行标引、著录加工，条码、磁条加工及数据库建设。2003 年起，所有服务科室实行全开架服务，年书刊借阅 19 万人次；设服务点 11 处，包括企业、学校、幼儿园、休养所、村镇等。图书馆坚持送图书下乡活动，农科、养殖、维修类图书及图书馆编印小资料受群众欢迎。

2003 年 7 月 20 日，与中国数字图书馆签订技术服务协议书，建立中国数字图书馆邹平分馆，8 月 1 日，正式挂牌服务。

年检索课题 20 余项，信息服务 260 余条，涉及教育、卫生、工业、农耕、企业、养殖等，还为县里的重点作者、读者、修志者提供资料，有多种书籍正式出版。对老年群众实行跟踪服务和上门服务。向军休所、干休所、老年公寓年送书 1000 余册。

2004 年春节，参与邹平首届农民艺术节，图书馆承办滨州市全市农民书画展。

第二节　文化市场管理

机构设立与管理

1990 年 5 月 30 日，县文化局增设文化市场管理办公室。7 月 9 日，县人大常委会决定成立邹平县社会文化管理委员会，下设文化市场管理办公室。

1991 年 5 月 11 日，由文化局牵头，宣传部、公安局、工商局、税务局、物价局、广播电视局共同组建文化市场稽查队，共 9 人。

1992 年 4 月 16 日，县文化市场管理办公室被惠民地区新闻出版局授予创建文明书刊市场活动先进集体。

1993 年 3 月 20 日，县文化市场管理办公室获“山东省文化市场管理先进单位”称号。10 月，文化局与体委合并为文化体育委员会，文化市场管理工作由文化股负责。10 月 18 日，县政府印发公布《邹平县文化市场管理规定》，对文化市场实施规范化管理。

1997 年 7 月，社会文化管理委员会印发《告全县人民书》，举办《山东省文化市场管理条例》宣传月活动，支持有益，允许无害，取缔反动。10 月 5 日，制定《关于加强营业性演出管理》，发至镇乡党政办、文化站，规范对农村演出市场管理。

1998 年 9 月 2 日，印发《关于加强电影放映和演出管理》的通知。12 月 24 日，县委、县政府要求各级党委政府做到守土有责，切实管好农村文化市场，加大文化市场法律法规宣传力度。

1998 年底，全县文化经营业户 212 家，其中歌舞厅 22 家，音像发行站 2 个，租赁销售点 20 个，书报零售点 15 个，录像放映点 7 个，电子游戏厅 15 个，卡拉 OK 餐厅 76 家，电影放映单位 47 个，工艺美术经营店 8 个。

2002 年 6 月，文体局下设文化市场办公室、新闻出版管理办公室。文化市场管理遵循“一手抓整顿，一手抓繁荣”的方针，先后对图书、录像、舞厅、桌球、印刷等 115 家文化经营业户进行检查登记，颁发营业许可证。

至 2005 年，县内文化市场发展迅速，有文化经营业户 300 余家，其中网吧 121 家。音像市场、图书市场盗版现象严重，网吧接纳未成年人和超时经营现象较突出，网上传播有害信息问题、隐蔽的黑网吧时有发现，严重危害青少年身心健康，成为社会关注热点问题。县政府组织公安、工商、教育部门开展专项治理活动，打击各种不法分子及破坏社会治安行为。

文化市场及稽查

娱乐市场　主要包括电子游戏厅、歌舞厅。县歌舞厅自2003年兴起，至2005年，共14家，以高中档次为主。电子游戏厅自2002年兴起，至2005年，有23家，主要以供儿童娱乐机型为主。

音像市场　自2004年兴起，至2005年，有26家音像商店。

网络文化市场　自2000年兴起，至2005年，有160家网吧，主要提供互联网上网服务，消费人群以工人为主。随着外来务工人员逐渐增多，2003年起，网吧开始普及。邹平县的互联网接入服务单位有网通公司、电信公司。

演出市场　作为新兴文化的一部分，县内演出市场活跃。每年都有许多知名艺人到县内演出，如李双江、李谷一、毛阿敏、宋昌林等。

演出场所主要有3家：电影公司影剧院、魏桥创业影剧院和广电大剧院。县内演出团体主要有县吕剧团、县群众文化艺术团、县曲艺队等。

对演出市场管理，主要法规依据是《营业性演出管理条例》《营业性演出管理条例实施细则》。

1999年后，县文化市场发展迅速，有文化经营业户近300家，其中网吧96家。

2005年，组织9次大的联合行动，出动车辆120余台次、人员560余人次，检查业户1200余户次。查缴盗版音像制品1.2万盘，取缔集市音像制品经营摊位21家，取缔无证印刷企业8家，查缴非法出版物18000余册，查缴淫秽光盘61张。对19家不法经营业户实行行政处罚。查获河北书商盗版教辅书1万余册。

第三节　新华书店

1986年，县新华书店有干部职工28人，设有魏桥、长山2处乡镇门市部。12月，从高中应届毕业生中通过考试录取9名学生，充实职工队伍。

1988年，自筹资金36万元，在黛溪四路东侧征地5.8亩，建职工宿舍450平方米。

1991年，组织开展《毛泽东选集》（1～4卷）

图26-11　1998年1月新华书店图书营业楼开业仪式

发行工作，发行12000套，受省委宣传部和省出版总社表彰。1993年，筹集资金70万元，在县城黛溪四路建起1000平方米营业宿舍楼，在县城东区设置第二门市部。为加强农村图书发行增加农村网点，从孙镇购买房屋1处设立门市部。1995年7月，县新华书店由山东省出版总社批准由小型二类升格为中型二类企业。1995年，图书销售收入1012.0万元。

图26-12　1996年新华书店营业楼投入使用

1996年，筹资150万元，建960平方米的图书营业楼，当年投入使用。门市部更换新货架，安装空调。图书、音像品种增加至8000种，并全部实行开架售书，改善购书环境。成立音像门市部，营业额当年实现10万元。是年，被中国书刊发行协会授予“全国成绩优异　服务优秀”先进单位。1996年，全年销售额达到1306.2万元。

1997年，开始尝试探索多元化发展路子。4月，成立邹平县读者俱乐部，俱乐部以图书、音像制品租赁借阅为主。图书品种有文学艺术、各类期刊、中外影视光盘等。筹建初期，图书、期刊、音像制品1700余种。12月，由县委宣传部、县教委、新华书店等8部门联合下发《关于在全县组织开展全民读书活动的意见》，通过开展读书学习活动等方式，在全县倡导爱书、读书、藏书和学习知识、崇尚科学的新风尚。

1998年8月12日，新华书店电脑培训中心开学。9月22日，新华书店总店原总经理、中国书刊发行协会顾问汪轶千到邹平县考察工作。

图26-13　2004年10月邹平一中流动图书馆开馆典礼

1999年，发行重点图书《光辉的五十年》8.3万册、《中国大百科全书》100套、《五十双眼睛》180套、《学习的革命》370册，共计54.3万元。

从2000年12月起，全面推行人事、劳动用工、分配制度改革。在店内推行内部退养制度，结合上级文件精神，制定《关于职工内部退养、内部退休、自谋职业的规定》，凡男年满48周岁、女年满43周岁的职工，均办理内部退养手续。在用人上采用聘用制和竞争机制，初步建立起干部职工能上能下、人员能进能出的适应市场经济要求的用人机制，向社会公开招聘5名大专以上学历的大学生。

2001年6月，县新华书店将从音像门市部发展起来的、以经营家电为主的家电部和以经营计算机等办公设备为主的电脑事业部从主业中分离出来，由职工共同出资，注册成立股份制邹平新世纪文化发展有限公司。

2002年8月，在全省新华书店系统组织的门市部大检查中，中心门市部获“全省新华书店系统规范化门市部”“全省新华书店规范化管理先进门市部”称号。9月5—22日，在首届邹平读书文化节期间，县新华书店组织精品图书特价展销，有300余种精品图书参展，销售图书50余万元。同时，在中心门市部组织5000余种新书展销，新书日销

图26-14　2002年9月全民读书活动启动仪式

售额3万元，创建店来门市部日零售额最高纪录。

读者俱乐部通过几年的发展，规模不断扩大。为满足全县掀起的读书学习热潮，方便各乡镇和工作、居住相对集中的读者读书需求，推出流动图书馆服务模式。9月18日，全县第一家流动图书馆在西王集团设立开馆，该馆配备图书6000余册，集团全部员工办理借阅证。2002年，读者俱乐部办证人数2800人。

图26-15　2002年9月19日，全县第一家流动图书馆在西王集团揭牌

2003年10月，第二届读书文化节期间，在各门市部开展让利促销活动。县委宣传部在滨州职

图26-16　2003年10月邹平县流动图书馆经验交流现场会

业专修学院组织召开邹平县流动图书馆建设经验交流会，与会人员现场参观西王集团、驻邹部队、亚视集团、滨州职业专修学院流动图书馆。流动图书馆建设在全县推开。至 2003 年，建立流动图书馆 12 个，会员人数 8500 人。

2004 年，山东省新华书店在经营上推行多元化发展战略。县新华书店在城南新区征地 38.52 亩，以股份制形式筹建邹平县金摇篮幼儿园。幼儿园于 3 月 23 日开工建设，10 月 23 日开园。幼儿园按照山东省最高标准规划建设，投资 1500 万元，建筑面积 9600 平方米，一期工程设 15 个班，二期工程 7 个班，园内设有感统训练场、旱冰场、多功能厅、古筝房、钢琴房、娱乐休闲大厅、蒙抬梭利教室、计算机机房、科学宫、图书室、美术室等 9 个功能活动室，购置古筝、架子鼓、琵琶、二胡等乐器设备。幼儿园配置电脑 51 台、电视 22 台、钢琴 16 台、图书 5000 册。

图 26–17　2004 年 3 月 23 日，新华幼儿园开工奠基仪式

金摇篮幼儿园由山东英才·银座幼教集团实施管理，招收幼儿从 2 岁半开始，实行全日制与寄宿制相结合的办法，采用汉语、英语双语教学，配有教师 36 人，教师达标率 100%，全园本、专科学历 90% 以上。

2005 年，县新华书店在抓好教材发行、一般图书销售、连锁经营工作同时，继续推行以利润为目标的考核办法，实现由码洋管理向利润管理转变。教材教辅发行中继续坚持“确保教材订数，重点加强教辅发行”的工作思路，确保教材教辅发行稳定局面。在工作中实现从熟悉订单到熟悉图书、从找领导到找市场、从依靠关系到提供超值服务、从单纯教材征订到全方位服务转变，注重与学校沟通，了解在教学中教材、教辅使用与需求情况，及时向学校推荐图书样本，推荐的初中毕业班复习资料《世纪金榜》征订发行 3000 余套，码洋 30 余万元。门市部通过改善服务环境，提高服务质量，图书品种 2.5 万种，通过开展节日促销、店外销售、送书下乡等服务活动，并直接面对客户，根据读者需求，提供一对一服务，在邹平一中建立校内图书门市部。2005 年 10 月，根据山东省新华书店连锁经营要求，图书门市部更换计算机管理系统，与省新华书店实现连锁。2005 年，门市部全年销售 179.8 万元，连续 3 年图书零售增长率超过 10%以上。

2005 年 6 月 2 日，《大众日报》以《长“腿”的图书馆走遍乡村》为题报道流动图书馆的建设情况。10 月 24 日，邹平县委在《关于建设学习型社会的意见》中，把流动图书馆的建设作为学习型社会建设的主要载体向全县推广，要求全县每个镇、街道、县直单位、社区、企业、学校都要建成一个馆室，为全县经济和文化建设服务。县新华书店与山东省图书馆建立合作关系，成为省馆流动图书站，每年可从省馆调剂 1 万册图书参与流转，可节省资金 10 万元。至 2005 年，全县已建成流动图书馆 30 处、会员 2.1 万人，馆藏图书 17.36 万册，办证收入 43 万元，同比增长 31%。

新华培训中心把卓越儿童英语作为发展重点，至 2005 年底，设 22 个班，在校学生 530 人，培训 1420 人，实现培训收入 30.2 万元，同比增长 46%，利润 6 万元。金摇篮幼儿园 2005 年 11 月通过省级示范幼儿园验收，在园儿童 260 名。

至 2005 年，邹平新世纪文化发展有限公司经营范围为计算机、数码产品、家用电器。2005 年，销售收入 1364 万元。

2005 年，县新华书店全年实现图书销售码洋 1901 万元，是 1986 年的 16 倍。1986—2005 年，县新华书店发行各类图书码洋 2.1 亿元，6129 万册。

2005 年，县新华书店有正式职工 41 人，其中在岗职工 29 人，内退职工 12 人；离退休人员 15 人。设办公室、财务科、教材科、中心门市部、读者俱乐部、新华培训中心、科技商场、家电商场、金摇篮幼儿园和魏桥、长山门市部。

1988—2005年邹平县新华书店图书销售情况一览表

表26-9-1　　单位：万册、万元

年度	课本及大中专教材		一般图书及其他		科学技术		图　片		合　计	
	数量	金额	数量	金额	数量	金额	数量	金额	数量	金额
1988	147.1	69.2	150.3	98.7	3.3	3.8	10.5	11.4	311.2	183.1
1989	134.0	116.8	128.4	132.9	0.9	1.1	1.8	5.5	265.1	256.3
1990	177.4	141.2	154.4	157.4	0.7	1.3	1.2	6.9	333.7	306.8
1991	220.8	180.1	153.4	164.3	1.6	4.3	2.9	13.5	378.7	362.2
1992	180.9	161.0	203.8	216.5	1.4	2.8	4.2	11.1	390.3	391.4
1993	214.1	212.7	149.8	190.5	0.4	1.0	1.0	19.4	365.3	423.6
1994	218.4	288.9	157	224.5	1.3	3.2	0.3	7.2	377	523.8
1995	255.7	508.2	127.9	406.3	0.7	2.4	0.1	0.1	384.4	917
1996	226.0	811.0	105.9	490.7	0.8	4.1	0.1	0.2	332.8	1306
1997	274.0	856.4	163.6	689.4	2.2	13.6	0.2	4.1	440	1563.5
1998	212.5	1084.9	90.5	462.9	1.5	14.8	0.1	3.9	304.6	1566.5
1999	247.4	693.9	137.0	936.8	1.0	10.6	0.2	2.8	385.6	1644.1
2000	236.4	1222.8	145.6	1214.8	1.1	14.3			383.1	2451.9
2001	201.6	1126.6	84.2	876.8	43.8	8.6			329.6	2012
2002	203.8	1064.7	117.5	656.1	0.8	11.9	0.1	0.7	322.2	1733.4
2003	164.0	898.0	127.9	788.8	0.8	11.2	0.1	1.3	292.8	1699.3
2004	192.5	1405.7	87.8	346.2	0.2	2.7			280.5	1754.6
2005	191.8	1373.9	59.7	519.5	0.6	7.6			252.1	1901.0
合计	3698.4	12216	2344.7	8573.1	63.1	119.3	22.8	88.1	6129	20997

第十章　旅　游

第一节　机构沿革

2000年6月6日，县旅游局成立，与县政府外事侨务办公室合署办公。下设办公室、旅游服务质量管理科、旅游投诉中心、秘书科、宣传科、财务科。9月，增设县旅游资源普查办公室，工作人员5人。2001年11月，县旅游开发有限公司成立，工作人员8人。同月，县旅游管理委员会成立。旅游管理委员会下设旅游局、景区开发局、农村工作局、党政办公室。至2005年，机构未变化。

第二节　旅游资源

1986—1999年，县内旅游处于自由发展状态。2000年11月17日起，全县旅游资源普查工作在各镇乡展开，至12月15日，旅游资源普查结束。全县有景点、景物232处。其中自然旅游资源108处，含名山6处，山峰3处，景石16处，洞穴4处，特色山峡与山涧13处，天象景观4类，其他地文景观8处，湖泊8处，泉10处，瀑布3处，风景河段4处，密林2处，特色果林5处，古树名木18处，其他生物景观3处。人文旅游资源124处，其中人类与社会文化遗址9处，古城遗址1处，宗教礼制建筑与遗址17处，碑碣20处，陵墓7处，亭台楼阁2处，塔1处，桥2处，纪念地15处，观景地3处，特色村落5处，特色农林渔牧场1处，其他古迹与建筑7处，公园2处，历史名人12人，民情民俗5类，节庆1个，庙会5个，地方产品5类。

旅游资源类型

县旅游资源普查共获得36个基本类型的232个类型实体，6大类36个基本类型旅游资源占《中国旅游资源普查规范》所列的全国76种基本类型的47%，超过30%，属旅游资源丰富之列。根据调查统计结果，旅游资源类型特征主要有以下几种：古迹与建筑类资源90处，占41%；地文景观52处，占25%；水域风光25处，占12%；生物景观26处，占12%；消闲求知健身12处，占5.5%；商品与购物10处，占4.5%。反映出全县悠久历史文化和南部山区山林资源优势。

资源空间分布

县内旅游资源除鹤伴山森林公园比较集中外，在调查的215处基本类型中，景石、泉、古树名木、宗教礼制建筑与遗址、碑碣、陵墓、人类与社会文化遗址、纪念地总数110个，占50%以上，空间分布分散，景点小，存留少，组合困难。

第三节　旅游发展总体规划布局

2000年6月28日，县旅游开发领导小组研究决定，由山东旅游发展与规划研究中心编制《山东省邹平县旅游发展总体规划》。规划小组全体成员于2001年1月开始，在县地方史专家陪同下分别对全县的自然资源和人文资源进行为期6个月的详细考察，并根据实际情况，于2001年7月12日完成规划初稿。旅游局组织讨论研究修改意见，规划小组于2001年8月22日完成修改稿。2001年9月1日，提交《邹平县旅游发展总体规划》评审小组讨论。

2001年9月1—2日，《邹平县旅游发展总体规划》专家评审会召开，参加会议的评委由国家旅游局、山东省旅游局、北京师范大学、北京旅游学会、山东海洋经济研究所、滨州市旅游局、邹平县政协及中国文化学会等单位专家组成。经讨论，一致同意通过规划评审。

整个规划由13章5大部分组成，规划年限20年，分近期（2001—2005年）、中期（2006—2010年）、远期（2011—2020年）3个阶段；提出建设“泰山副岳”“范公故里”2大品牌。2001年9月30日，县人民政府邹政复〔2001〕16号文件，同意按照规划发展县旅游事业。

第四节　景区建设

唐李庵风景区

位于县城西3千米，会仙山北凝岚岩下，石樊鲁村西北。2001年6月28日，唐李庵风景区建设指挥部成立，由县建筑集团公司投资，县旅游局承建。唐李庵禅院建筑为明清时期所修，新建佛教园林唐李庵风景区占地面积1138亩，总投资660万元。二期工程投资260万元，兴建7层杏林塔1座，环翠亭、抱香亭、红叶亭3座，观景环山路1组及景区绿化美化工程。

图26-18　2002年9月，唐李庵杏林塔建成

鹤伴山国家森林公园

县城南15千米，西董镇南4千米。由县政府投资，县旅游管理委员会承建。鹤伴山国家森林

公园景区总面积7200亩，有九瀑涧、九潭溪、水帘洞、鹤鸣谷、鹤翔岭5条旅游线路。除鹤翔岭游线外，其余4条为2002年开发线路，全长6035米。2002年，进行林场绿化，栽植油松、红松、洒金柏等树木，并植草坪3000平方米。修建花岗岩山门1座，并整修办公设施，铺石1400平方米。在抗日桥附近建成抗日英雄纪念群雕1座，同时开发英烈石、碧血潭等景观。景区内修筑水坝38座，总蓄水量60万立方米，为鹤伴山营造水景创造条件。治理及绿化主河道1500米。拓宽景区主道路，路面宽6米，部分路段宽10米，长2400米，建停车场5处，可容纳大小车辆300余辆。2003年，改建原有收费亭；新建怀烈亭、忆英亭，开辟九潭溪游线内红色之旅。在九瀑涧天门坎新建天门亭，在九潭溪游线新建观虎亭。在2万平方米林地上修建鸟语林。进行公园林相改造，种植常绿乔木近万株，购置各类花灌木2万余株，达到乔灌草有机结合。

图26-19　鹤伴山长生苑　（2013年摄）

雕窝峪风景区

位于县城西15千米，青阳镇政府西南3千米。由县政府投资，县旅游管理委员会承建。2003年，重点完成风景区基础设施建设，拓宽并硬化通往景区道路500米，路面宽8米，游人车辆可直达景区停车场。铺设景区道路1500米。修筑拦水坝3座，扩建水库1座。修建游人休闲观光景亭2座，其中莲花亭位于莲花峰南侧海拔500米山脊之上。重建山门建筑群，安装花岗岩牌坊1座，宽10米，高9米。修建仿隋山门，门内绘制隋末农民起义战争场面和农民生活场景，室内展示雕窝峪景区的大型风光照片。新建义旗台1座，高4米，面积80平方米。重塑王薄雕像，高6米。山门东部800米游线两侧，新建十二生肖石雕。修复碧霞祠，建筑面积600余平方米，主殿面阔3间，设东西配殿，南部长廊内安置历代重修碑文，配殿设立王薄起义陈列室。

醴泉寺风景区

2002年，由县政府投资，县旅游管理委员会承建，明清建筑风格。风景区建有山门、天王殿、大雄宝殿、范文正公祠、新罗院、观世音菩萨殿、地藏王菩萨殿等建筑，投资1200万元，占地30亩。山门内侧塑有哼、哈二将；天王殿内塑有弥勒佛和四大天王像；大雄宝殿内塑有三世佛祖和十八罗汉像；范文正公祠内塑有范仲淹塑像，四面墙壁彩绘范仲淹划粥断齑、窖金捐僧、谪戍边关、修建学堂等故事场景。二楼设范公书画院，陈列全国各地著名书法家书写的和范仲淹有关的书法作品。沿醴泉寺至范公读书洞3000米山路两侧建范公碑林，碑刻100余通，碑亭3座。

范公祠风景区

位于县城东10千米处，长山镇范公村。风景区由县政府和长山镇政府投资，县旅游管理委员会承建。一期工程占地面积2400平方米，建筑面积1400平方米，总投资500万元。根据乾隆十九年（1754年）碑记内容，按原样恢复而成。景区内建有大门、垂花门、忧乐亭、烟雨亭、东西碑廊、东西厢房、范文正公祠和菜根荃舍等设施。整组建筑沿袭明清建筑风格，雕梁画栋，斗拱飞檐，小巧玲珑，典雅别致。碑廊内恢复制作自宋以来历史上8次重修长山范公祠的碑记，以及当代著名人士书写或颂扬范仲淹的诗词碑刻。东厢房为长山历史沿革展室，西厢房为书画展室。范文正公祠内塑有范仲淹和两名书童塑像，东墙壁绘有范仲淹青少年时期在醴泉寺刻苦攻读、划粥断齑的故事；西墙绘有范仲淹63岁时礼参长山父老的故事。菜根荃舍展柜内陈列着范仲淹手书《道服赞》《伯夷颂》的复制品、宋元明清等时期的历史文物及与范仲淹相关的历史文献资料等。

第十一章 广播 电视 电影 报纸

第一节 机构沿革

1986年3月，县广播电视管理站改为县广播电视局，下设办公室、编播股、机务股、事业股和17个乡镇广播站。1988年7月，增设广播电视转播台、音像制品发行管理站。1990年，广播电视转播台改为电视台，下设总编室、新闻部、发射部、广告文艺部。1991年9月29日，邹平电视台正式建成开播。1993年初，有线电视台筹建完成；10月，县级机构改革，县广播电视局改为县广播电视中心，隶属县委宣传部。1996年，县广播电视中心改挂邹平县广播电视局牌子，隶属关系不变。1999年6月，成立稽查科，办公室分为文秘部、行政部；7月，有线管理部改为有线技术部、农村部改为管理部、城区部改为邹平工作站；11月，成立广播电视广告有限公司。至此，中心（局）辖7个单位（1个副科级，6个股级）：邹平电视台（副科级），文秘股、行政股、财务股、广播编辑部、邹平广播电视器材站、邹平有线电视台。2000年2月，成立有线电视工程施工队；2月18日，邹平电视台经济频道建成试播，3月正式开播。2003年12月，邹平通讯编辑部成立，为副科级事业单位，归邹平广播电视中心（局）管理。2004年初，县广电中心（局）设2个副科级和16个股级单位及16个有线工作站，其中广电中心辖邹平电视台、《邹平通讯》编辑部、办公室、基建办公室、财务审计部、人力资源部、广播电台、有线管理部、有线技术部、有线器材站等。

第二节 广 播

广播组织与设施

1986年4月，投资6万元，购置电台所需机器设备、仪器，开始筹建调频电台。台址在黄山电视差转台。5月19日，省无线电管理委员会颁发邹平县建成调频广播电台的电台执照。6月10日，调频广播电台建成试播。7月1日正式开播。呼号为“邹平人民广播电台”，发射功率为50瓦，广播频率为94.6兆赫。8月，邹平、长山、礼参、好生、西董、明集、韩店、孙镇、苑城、焦桥10个乡镇广播站配备带调频的双卡收录机，码头、台子、魏桥、九户、临池、青阳、里八田7个乡镇配备调频收转机，接收县电台广播信号。至此，广播电台形成无线、有线相结合的广播网形式。

此后，由县至乡镇广播信号专线逐步放弃使用。长山、苑城、韩店、焦桥、明集、里八田6个乡镇调频广播普及到村。好生、西董、礼参、邹平4个乡镇大部和部分普及调频广播，全县50%以上的村有调频广播。在调频广播普及同时，重视有线广播的巩固提高和发展。长山、孙镇、里八田在乡镇驻地安装喇叭，全县广播杆线193千米。1987年，全县上下集资11万元，用于广播电视事业。先后帮助台子、码头、明集、孙镇等7个乡整修机房广播设备，新架广播线杆34千米。17个乡镇广播站全部配备电台信号接收机。县城和15个乡镇驻地街道安装低音喇叭96只，2个乡镇安上高音喇叭。

1988年，有线广播线路200余杆千米，有120个村通有线广播，喇叭1000只。500余个村庄安装调频收音机600余部。县城驻地新架设广播专线3150米，安装低音喇叭15只。苑城乡广播发展尤为突出，广播专线20余杆千米，高音喇叭42只，舌簧喇叭600只，80%的村庄通广播。8月31日，全县17个乡镇广播站下放到各乡镇，业务仍属县局（县电台）领导。

1989年10月，改用高69米广播电视天线铁塔。

1993年，17个乡镇广播站基本被撤销。11月

15日，县电台频率由94.6兆赫改为91.1兆赫，备用频道95.7兆赫。1995年12月，建立长山、青阳两个文化广播电视站。1996年，县电台改用备用频道95.7兆赫。1997年，县电台在县城主要街道安装调频喇叭。1998年，投资2万元，购置大小采访机各1台，更换信号传输电缆550米。

2000年，机房广播机撤除，县电台以无线广播为主要传播手段。2001年8月，投资6万元，建立备用发电机房。2002年，投资30万元，更新县电台播出、发射设备。

至2005年，县电台主要设备3千瓦调频发射机1台、播音室控制桌1套（GK201-B型）、MD采访机2部、其他采访机2部、卡座3部、调音台2部、英夫美迪AIR2000音频工作站一套、TH804A电话耦合器2台、音频延时器1台、MD录放机2部、CD录放机2部、模拟音频处理器1个、博汇四路等机器设备。

广播宣传

邹平人民广播电台（站）建立后，以宣传为中心，开办新闻性、知识性、文艺性、服务性节目，使广播宣传做到大众化、地方化、通俗化，易于群众掌握和理解。发挥广播优势，为工农业生产和两个文明建设服务。

电台（站）首要任务是完整转播中央人民广播电台、山东人民广播电台新闻节目。同时，有针对性地转播中央和山东人民广播电台的其他节目和文艺节目。1995年后，转播时断时续。

邹平人民广播电台（站）《邹平农村》节目是从建站以来就固有的一个综合性节目。随着事业的发展和形势的需要，广播电台（站）陆续开办各种服务性和娱乐性节目。2001年，《邹平新闻》改为当日新闻，每周7次。

1985—2001年，全天播音390分钟。其中自办新闻20分钟，专题节目40～60分钟，文艺节目30～60分钟。2002年，全天播音1140分钟，自办节目480余分钟。2003年，全天播音695分钟，自办节目360分钟。2004年，全天播音805分钟。其中自办新闻节目110分钟、专题180分钟、文艺节目245分钟，其他270分钟。2005年，全天播音1065分钟，全部为自办。其中新闻节目51分钟、专题119分钟、文艺节目609分钟，其他286分钟。

2003年，是电台宣传大改革的一年，推出以节目主持人命名的3个节目《子曰直播室》《铃儿响叮当》《星语时间》。2004—2005年，新增《整点新闻》《广播书场》《中国笑星》《边走边听》《音乐欣赏》《小说联播》《可乐加冰》《放歌新邹平》《音乐双双飞》等。

1986—2005年，连续19年获山东人民广播电台先进集体和记者一、二等奖（其中一等12次，二等7次）。

第三节 电 视

电视（转）播出机构与设施

1986年7月1日，县广播电视转播台设立。1987年，设小功率电视转播台。台名为邹平电视转播台，功率50瓦，频道1，海拔高度168米，参考坐标东经117° 44′，北纬36° 53′。8月，广电局集资8万元，建成地面卫星接收站。6频道发射机开始使用卫星电视信号。12月初，增设安装1套100瓦电视发射设备，全县同时收看中央电视台2套节目。

1988年1月29日，设置邹平电视发射台。11月5日，经县政府常务会研究同意，县广电局筹建邹平电视台。11月14日，筹建邹平电视台。1989年10月，投资11万元，竖起高69米的广播电视天线铁塔；购买节目编辑机1套，字幕机1部，摄像机1部，新闻背包机1部，彩色监视器1部，新闻采访车1辆。

1990年1月，4频道1000瓦分米波电视发射机开播。电视发射台能用3个频道同时转发中央1、中央2、山东电视台3套节目。10月，电视台建成试播，有发射机3部，总功率1.3千瓦。

1991年9月28日，举行邹平电视台开播典礼。邹平电视台成为鲁西北地区第一家县级电视台。电视台除以6频道发射自办电视节目外，能同时用3个频道发射中央1、中央2和省电视台节目。1992 年，县广电局统筹资金 13.5 万元，为电视台购置 1820 摄像机、日产 ZONEA Z-ONE-6 三管摄像机 3 台；集资 6 万元，购置编辑机、字幕机，改善编辑功能。

1994 年，县广播电视中心投资 80 万元，为电视台购置新奥特字幕机、大 1/2 高带放机 1 套、3/4 摄像机 2 套、台标发生器 2 台、游动字幕机 1 台、录像机、监视器、特技机、3/4 编辑机 3 台，形成全新 3 套编辑系统。

1995 年，投资 10 万元购置高档特技机、控制台。1996 年，投资 18 万元，购置电视编辑机 1 部、A-850 控制器 3 台。1998 年，县局投资 50 万元为电视台购置高档摄像机 5 台（其中 DSR-200 摄像数字机 1 台，松下 EZ-1 摄像机 2 台），以及字幕机、话筒、特技机等。

1999 年秋，电视台租用 1000 平方米办公楼，成立经济频道。

图 26-20　2001 年，邹平电视台新闻演播室

2001 年，投资 6 万余元，建立演播现场备用发射机设备，保障电视节目不间断播出；投资 30 万元，新购 2 套数字编辑系统和 1 部摄像机。一、二套节目全部实现采、编、播数字化。经济频道改原来的网内传输为无线开路发射和网内传输并存的传输手段。

2002 年，投资 60 万元，改进电视设备，做到安全、优质播出。

2005 年，投资 36 万元，购买 1 套大洋非线性编辑工作站、摄像机等。是年，县电视台 4 套节目同时播出（其中 2 套开路播出）。各频道全部实现硬盘播出。电视台配备 1 千瓦彩色发射机 2 部，索尼、松下等摄像机 20 余部，4 路载播 1 套，多路角标机 1 套，AJ-D230 机 8 部，AJ-D450 机 1 部，数字音频处理器 1 套，4 路字幕插播机 1 部，线性编辑系统 3 条，大洋非线编 3 套，新奥特字幕机 1 部等设备；配有液晶提词器等配备齐全的近 40 平方米新闻演播室和 1 个设备较齐全的使用高级服务器硬盘播出形式的播控中心。

电视宣传

1986—1990 年，县电视台由电视差转台、转播台、发射台逐步发展而来，以转播发射上级台节目为主。

1991—1992 年，《邹平新闻》成为固定节目，每周 2 次，每次 10 分钟。安排电视剧 45 部 885 集。1992 年，在新闻节目中安排 5 分钟口播新闻。

1993—1995 年，《邹平新闻》改为每周三次，一、三、五为首播，二、四、六为重播，每年播出 156 期。其间播出新闻 4800 余条、专题片 29 部、系列报道 88 集，电影、电视剧、文艺节目 6460 部集。

1995 年，县广电局投资 5 万元，与新华社、经济日报社、市场快讯社、中央电视台、山东电视台等联网，把重要信息通过《今日要闻》传达给观众。同年，15 个乡镇投资 30 余万元，购摄像机 15 台，扩大电视台宣传面。

自 1997 年始，《邹平新闻》改为周六新闻，实现当日新闻当晚播出。1998 年，设置《域外来风》，制播系列报道 18 期、专题片 1 部；新闻节目开设 20 个小栏目；专题栏目播出 215 期。

1999—2000 年，播出新闻 4800 余条，系列报道 33 个 155 集、专题 192 期，安排文艺节目、电影、电视剧、动画片等 2874 部集。

2000 年 3 月，邹平经济频道开播，先后开办《邹平报道》《田园》《生活周刊》《健康伴侣》等栏目。

2001 年，播出新闻 312 期 3770 条，系列报道 20 个，各类专题 450 期，电影、电视剧、动画片 5785 部集。6 月 28 日，举行庆七一“建行杯”文明单位歌咏比赛，这是建台以来，第一次独立现场直播。

2002 年，电视台两个频道每天播出 22.5 小时，自办节目1.45小时。制作新闻节目313期，播出新闻3500条、专题28期。《一周视点》开设栏目16个，播出52期。

2003年,制作《邹平新闻》313期,《一周视点》52期。设招商视窗、三大创建在行动、重点项目巡礼、关注163工程、警方报道等18个栏目。播出新闻2800余条、系列报道15个、专题报道18期、新闻社教类189期，举办直播活动15场次。

2004年，播出《邹平新闻》314期3100余条新闻;《一周视点》52期。开设关注“163”工程2年终岁说变化、建设平安邹平筑牢发展基石、劳模风采、县医院之窗等21个栏目。播出各类专题416期。

2005年，播出《邹平新闻》313期(设再访长三角、扬帆新世纪、百强之路等20余个栏目),《一周视点》52期,《梁邹纵横》52期,《乡村四季》52期,《走出家门的邹平人》52期。

2003—2005年，县电视台连续三年获对省电视台发稿先进集体一等奖。

卫星地面接收设施

1987年，县广播电视局集资8万元，建成卫星地面接收站。12月25日，举行开播典礼。先后接收亚洲1号、亚太1号A卫星电视节目，增设安装100瓦电视发射设备，可以同时收看中央电视台2套电视节目。

1993—1995年,为县染织厂、九户、台子、码头、韩店、明集、里八田、长山小由、焦桥刘道口村等建立卫星地面接收站。至1995年，安装卫星地面接收站31座，由广播电视局颁发使用许可证。

1997年，有线电视迅速发展，卫星地面接收站减少到17座。至1998年，除县广播电视局外，其他单位全部拆除卫星地面接收站，电视用户并入有线电视传输网。

有线电视

1988—1991年，广播电视局以事业股为主，开始对外安装共用电视天线(闭路电视)。先后为17个单位670户安装闭路电视。

1991年，开始筹建安装有线电视台，选用带宽300兆赫，投资10万元，购进有线电视调制设备12套(其中美国进口吉洛德调制器8台)，调制解调器4台，卫星接收天线2面，东芝卫星电视接收机8台。

图26-21 1992年建成的广播电视发射塔

1992年8月28日，有线电视台建成。中央1套、中央2套、山东电视台、滨州电视台、淄博、四川、云南、贵州、浙江、邹平等10套电视节目开通送网。当年架主干杆线1080米、支杆线850米、分支线500米，为8个单位600余户安装闭路电视。12月，制定《邹平县有线电视台管理细则》《用户须知》。

1993年，先后架设有线电视主干线5700米、支杆线3000米，县城64个单位2000余户安装有线电视。11月5日，以县人民政府文件发布《关于加强有线电视设施管理的通告》。

1995年，有线电视飞速发展，城区有线电视主干线向四面延伸。1996年，从北京华广公司购进数字解码器4套，在全省县级广电系统率先实现中央电视台3、5、6、8频道收费电视入网，丰富前端节目源，提高信号质量。是年,《邹平县有线广播电视发展总体规划方案》《邹平县有线广播电视系统技术实施方案》被山东省广电厅专家组论证通过。有线电视节目传输由1995年的14套增加到能传输中央1～8套、山东卫视、山东有线体育、山东有线影视、山东有线新闻、滨州、邹平、邹平有线、四川、浙江、福建东南等18套节目。每日2次自办文艺节目，安排播出电影、电视剧等1480部集。

1997年，有线电视发展重点在农村，投资350万元用于有线电视发展。首先,投资26.13万元,建成邹平至临池的全县第一条光缆传输有线电视线路，全长22千米，立水泥杆420条，解决好生及县东南部村庄安装有线电视问题。

1998年6月，广电局制定全县光缆联网方案，与上海光纤电视工程技术有限公司合作，购进设备，采用1310nm、1550nm两个窗口传输光信号，建立光纤CA邹平TV网，投资186.5万元，全年架设主干线330千米，开通光接点100个，全县17个镇乡实现有线电视光缆传输。这是滨州地区第一家。

1999年，有线电视发展步伐加快。新开通光接点24个，发展用户8000余户。

2000年，成立有线电视开发部，开通有线电视数据广播业务，为广大股民、学生、家庭提供股市行情、同步教育、远程教育等信息服务，开拓有线电视网增值业务。是年，新发展有线电视用户2000余户，全县有线电视用户5万户，形成上接省地、下通镇乡村庄有线电视网络。新开通1套节目，有线电视节目传输27套。

2001年，县局制定县内村村通光纤CATV网络工程，建立魏桥、明集、韩店、长山、焦桥、西董、临池、九户8个远端机房。年底，有线电视传输节目28套。

2002年，对部分网络进行整网、改造，严格工程验收，验收工程项目166个，合格率100%。节目传输29套。

2003年，新安装有线用户4.1万户，全县有线电视用户12.5万户，成为有线电视发展史上安装户数最多的一年。12月，新开设5套节目，传输节目34套。

2004年，858个村全部开通，实现全县村村通有线电视，有线电视用户16万户。

2005年9月，县广电局争取到县城管道建设权，在县城黛溪一路、二路、三路、黄山三路、三八街等道路修地下管道13千米，城区线路主要街道由架空改为地下。进行管道经营，相继出售给铁通、电信、联通等电信运营商，收回资金160余万元，成为拥有管道资源最多的运营商。至此，全县有线电视累计投资7697.38万元。

第四节 音像制品与网站管理

音像制品管理

1986年7月，县广播电视局建立县音像制品管理邹平站（股级单位）。

1987年，音像制品管理站所属各放像点除正常播放节目外，配合司法部门进行一系列法制教育宣传，并播放农村科技知识方面的片子。

1991—1992年，对全县经销录音带商店、摊点、放像点等50余家颁发“音像制品经营许可证”。各放像点放映5200余场次，放映影视节目9000余部集，其中组织新片5600余部，未出现违法违纪现象。

1993年，音像制品管理工作移交文化局。

网站

邹平政府网站 县政府网是由县政府主办、县委宣传部承办的政府工作网站，域名www.zouping.gov.cn，于2000年11月28日正式开通，由邹平报社建设维护。2002年11月，交由县广播电视局建设维护。

梁邹商务网 梁邹商务网是经县政府同意，由县广播电视局主办的B2B电子商务平台，域名www.liangzou.com.cn。商务网于2000年11月28日正式开通，由邹平报社建设维护。2002年11月，交由县广播电视局建设维护。

广电网络传媒 广电网络传媒经县政府同意，于2003年建立，由县广播电视局主办，域名www.zpgd.net。

第五节 电 影

电影设施

1979年8月，由县文化局函求全国书法协会主席舒同书写“邹平影院”4个大字（原稿每字宽高45厘米，放大2米使用）。9月22日，邹平影院竣工，交付验收。10月1日，举行首映式，放映宽银幕故事片《济南战役》。

1992年年初，投入资金40万元，对电影院进行改造，新上锅炉房、中央空调。后又投资28万元，安装高背软座椅。

2000年8月，省文化厅拨款6万元对影院重点部位作部分改造。2001年5月，县政府拨款9万元对影院宣传栏进行更换。

2002年12月至2003年1月，县政府投资200余万元，对电影院进行为期30天的装修改造（包括内、外装）。邹平电影院改称邹平影剧院。

邹平县各乡镇剧院情况一览表

表26-11-1

乡　镇	投入使用日期	座席数	备　注	乡　镇	投入使用日期	座席数	备　注
魏桥	1979年秋	840	礼堂改造	临池	1983年9月	980	新建
焦桥	1980年12月	782	礼堂改造	苑城	1983年12月	1099	新建
长山	1981年10月	680	礼堂改造	青阳	1984年11月	1024	新建
孙镇	1982年12月	840	礼堂改造	明集	1985年1月	1077	新建
台子	1983年1月	607	礼堂改造	码头	1984年		礼堂改造
西董	1983年9月	540	礼堂改造	里八田	1984年		礼堂改造

电影事业发展

1986年5月，电影院绘制计划生育幻灯剧《儿女情》在全县各乡镇巡回上演。10月，参加山东省计划生育委员会、省文化厅组织的幻灯会演，获二等奖。

1988年8月14日—9月10日，全县乡镇影院首次放映立体电影，放映104场。

1989年4月25日—5月25日，影院举办电影放映突击月活动，月营业额4.4万余元，创全地区影院月收入最高纪录。

1991年7月，组织《开天辟地》《大决战》等献礼影片放映活动，观众18万人次。1991年11月至1992年4月，先后组织学生专场，放映英雄少年赖宁的影片《未完的日记》、歌颂人民教师的影片《烛光里的微笑》。

1994年5月，县、镇乡两级电影系列化教育领导小组成立，电影公司专设电影系列化教育办公室。1994年下半年，全县放映2700余场。1995年，县电影公司和镇乡放映队多方开辟片源，深入学校巡回放映，投入63个节目，749个拷贝，全年放映5000余场，中小学生观众73200人。

1995年，省委宣传部、省教委联合举办全省爱国主义优秀影片知识竞赛，邹平一中、乐礼中心小学获最佳组织奖，参赛学生中2人获一等奖，2人获二等奖，12人获三等奖。

2000年4—10月，举办第二届农村科教影片进村活动，在全县74个放映点巡回放映1100余场，观众70余万人次。

2001年3月31日，在全县放映公安部纪实影片《迷信害人》《打击团伙犯罪》。整个活动历时半年，在全县74个放映点巡回放映500余场，观众20万人。

2002年4月5—7日，组织有关单位人员观看安全防火电影《人命关天》。10—11月，在全县放映影片《邪教的本质》140余场，观众10余万人。

2003年9月，配合县中医院开展医疗知识宣传，放映140余场宣传影片，观众6万人次。11月，在全县城乡放映科技片《农村防控非典型肺炎》。

2003年10月，组织中小学生观看大型爱国主义教育影片《邓小平》《惊涛骇浪》。同月，设农村业务股，直属放映队。

第六节　邹平通讯编辑部

邹平通讯编辑部主办的《邹平报》，经地区新闻出版局批准，于1994年7月1日试刊。最初由县委宣传部主办，县委新闻科具体负责办报工作，工作人员6名。

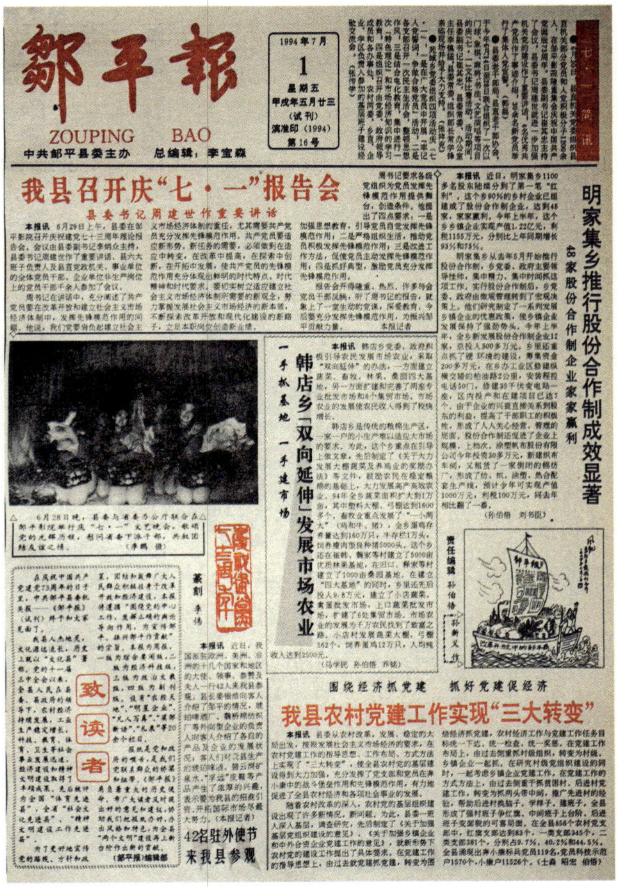

图 26-22 1994 年 7 月 1 日，《邹平报》试刊

1995 年 5 月，省新闻出版局批准省内刊号（报字第 168 号），在工人文化宫租借办公室 4 间、暗室 1 间，工作人员发展到 12 人。

1995 年 7 月 1 日，《邹平报》创刊。9 月 1 日，邹平报社成立，为正局级全额拨款事业单位，编制 14 人。其中总编辑 1 人，副总编辑 2 人，工作人员 9 人。下设办公室、总编室、采通部 3 个部室。同年，办公地点迁至邹平县种子公司三楼，租赁办公室 7 间、暗室 1 间。

1998 年 5 月，报社迁至黄山二路 60 号县委大院，有办公室 6 间、车库 1 间，工作人员 14 人。其中高级职称 1 人，中级职称 4 人，初级职称 8 人。下设办公室、总编室、要闻政教部、经济信息部 4 部室。

2000 年 8 月，《邹平报》改为《邹平日报》，报头由沈鹏题写，人员增至 21 人。11 月，增设政府网站。

2002 年 8 月，邹平报社更名为邹平日报社。11 月，政府网站及工作人员并入县广播电视中心。

2003 年，报社有工作人员 26 人，在编人员 14 人，聘任制人员 12 人，其中社长、总编辑 1 人、副总编辑 4 人。下设办公室、总编室、记者部、经济信息部、生活编辑部 5 个部室。12 月，《邹平通讯》编辑部成立，为副科级事业单位，归口邹平县广播电视中心管理。同时撤销邹平日报社，其人员、资产整体移交邹平县广播电视中心管理。

2004 年，《邹平通讯》编辑部设主任 1 人、副主任 2 人，下设编辑一部、编辑二部。

2005 年，《邹平通讯》编辑部设编辑部、记者部、广告部。

第十二章 地方史志

第一节 机构沿革

1982 年 6 月，地方史志编纂委员会成立。翌年，设立办公室（称史志办公室），在全县宣传编志。1984 年，重新组建史志办公室，有正式人员 5 人，临时抽调 5 人。1993 年 10 月，县级机构改革，史志办公室编制 3 人。至 2005 年，机构未变化。

第二节 县志编纂

第一轮《邹平县志》编纂

《邹平县志（1840—1985）》编纂，历经 9 年，九订篇目，五易其稿，至 1991 年，编纂完成。

《邹平县志》编纂分为 3 个阶段。

第一阶段 组织发动，编写部门志，为县志

收集资料。从 1985 年开始，县政府每年召开一次全县史志工作会议，广泛发动编志。县直 50 多个单位、17 个乡镇，全部建立编志领导小组，下设编志办公室，全县编志人员达 250 余人。至 1986 年，全县史志工作者共收集资料 1673 万余字，其中县直单位搜集 1164.8 万字、乡镇收集 208.2 万字、县志办收集 300 多万字，为县志编纂提供大量翔实资料。1987 年，县志办组织县直部门和各乡镇分别编写部门志和乡镇志。至 1988 年上半年，14 个乡镇写出乡镇志，51 个县直单位写出了部门志。其中 30 多部部门志和 13 部乡镇志经过审定，打印或铅印成书。

图 26-23　1988 年 6 月，张维滋为《邹平县志》题词

第二阶段　县志编纂总纂合成。这一阶段用时 3 年，分为两步。第一步，分纂：1988 年 5 月，史志办选拔一部分部门志主编与县史志办工作人员组成《邹平县志》总编辑部，组织 4 期，分纂出专业志初稿 20 卷；同时，县史志办纂写出综合志初稿 8 卷，完成县志内容的 90%，基本分期形成县志雏形。第二步，总纂：1989 年 4 月，县志初稿完成后，在县政府支持下，选拔人才，组建《邹平县志》总纂班子，从 1989 年 4 月至 1990 年 5 月，完成县志征求意见稿总纂任务。

图 26-24　部分部门志　（2015 年摄）

第三阶段　县志审定修改。1989 年春，县政府组建县志审稿委员会，采取县志审稿委员会审稿和专业部门审查资料相结合的办法，召开 35 次审稿会，审查志稿 33 个卷，参加审稿人员 540 余人次，共提出审改意见 2200 余条。1990 年 12 月 20 日，惠民地区行署在邹平县召开《邹平县志》志稿评审会，全省各地 60 余名史志专家及同行参加会议，对《邹平县志》送审稿进行反复审查，提出大量有价值的意见和修改建议。后经县审稿委员会和地区审稿委员会审查批准，报请省史志办公室备案，于 1991 年 8 月下旬送交中华书局出版。1993 年 3 月，《邹平县志》参加在北京革命历史博物馆举办的全国新编地方志成果展览，获二等奖。1993 年 5 月 7 日，县政府在东升宾馆举行《邹平县志》首发式。

图 26-25　部分村志　（2015 年摄）

第二轮《邹平县志》编纂

《邹平县志（1986—2005）》编纂工作始于 2005 年 10 月。续修过程已经进行两个阶段。

第一阶段　组织准备阶段（2005 年 7 月至 10 月）。县史志办公室就修志有关理论和技术问题进行研讨，学习借鉴周边县市（区）的成功经验和做法，多易其稿，修订志书篇目设置，由县政府批准执行。制定业务相关文件，指导修志工作。

第二阶段　组稿阶段（2005 年 11 月至 2010 年 3 月）。其间，县政府办公室印发《续修〈邹平县志〉实施方案》，各镇、街道、县直各部门成立修志领导小组。2005 年 11 月 15 日，召开邹平县第二轮修志工作动员会，县史志办公室邀请省史志办公室县志指导处修志专家对各镇、街道、县直各部门供稿人员进行业务培训，从修志意义、资料整理、方志体例结构、编纂方法、编纂步骤及操作技能等方面作详细讲授。县史志办公室通过业务指导、召开会议、介绍经验、发放范本由供稿部门参考、组织人员内查外调等措施，督促供稿工作开展。

第三节　年鉴编纂

1992 年 11 月 30 日，省政府办公厅下发《关于做好年鉴、县（市区）情编纂工作的通知》，提出“凡已完成志书编纂任务的市地和县（市区），政府要及时组织史志部门编写年鉴或县（市区）情等”。1994 年 3 月，全县年鉴工作会议召开，部署征集全县 1986—1995 年年鉴资料工作。1994 年起，征集前 8 年资料。1996 年年初，征集后 2 年资料。

《邹平年鉴（1986—1995）》是继《邹平县志》出版之后的又一部地方资料典籍。这部年鉴上限与《邹平县志》相衔接，下限至 1995 年底。内容编排卷首为序，正文设 22 个部类，全书 114 万余字，由齐鲁书社出版，1997 年 11 月，出版发行。

图 26–26　部分《邹平年鉴》　　　（2015 年摄）

《邹平年鉴（1996—1998）》承上部《邹平年鉴（1986—1995）》体例，时限相衔接，内容编排卷首为序，正文设 23 个部类，全书 106 万字，由中华书局出版，2001 年 3 月，出版发行。

《邹平年鉴（1999—2003）》为 5 年综合年鉴，是第三部年鉴，记述时限与第二部年鉴相衔接，下限至 2003 年，部分资料适当上溯或下延。全书设 21 个部类，90 万余字，2004 年 9 月，出版发行。

第十三章　档案工作

第一节　机构沿革

1985 年，县档案科升格为档案局，局、馆仍合署办公，履行档案行政管理和保管利用 2 种职能。

1987 年，实施档案开放，开放 30 个全宗，837 卷。

1988 年 2 月，投资 90 万元的县档案馆新馆落成，新馆系办公用房和库房一体的楼房，建筑面积 1291 平方米。

1991 年 11 月 8 日，通过省档案局考评，成为惠民地区第一个省二级先进档案馆。

1993 年 10 月，撤局留馆，保留局的牌子，归口县委办公室管理，全额事业单位，定编 16 人。

1996 年，为庆祝第十三届国际档案大会召开，组织人员参加“万人签名、书画展、档案工作展览、档案法知识竞赛”活动。

1999 年，县档案馆建立爱国主义教育基地，举办爱国主义教育暨国庆 50 周年成就展和档案工作成就展。

2002 年，为便于社会各界利用现行文件，邹平县现行文件服务中心建立。

2005 年，县档案馆被评为省一级档案馆。投资 5.5 万元在全市率先推广、安装 40 套世纪科怡档案管理软件。全县机关、企事业单位、农村建档率 100%，档案工作走在全市前列。

第二节　馆藏与设备

1979 年，馆藏档案 4983 卷，资料 2389 册，多为文书档案，门类单一，结构不够合理。

1990 年后，加大征集力度，启动声像档案、科技档案、纪检档案、破产企业和撤并单位档案、名人名优档案、会计档案、书画档案等不同载体档案的收集整理工作。

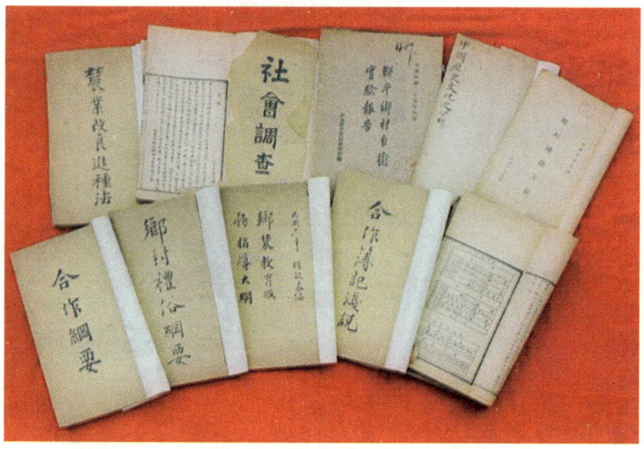

图 26-27 梁漱溟在邹平县乡村建设时期(1931—1937年)部分档案

1995年，馆藏档案120个全宗，23986卷。主要有革命历史档案29卷，新中国成立后档案23957卷，资料10864册。

至2005年底,馆藏档案21个门类,167个全宗,50235卷(件)，资料69类，23152册。为加强档案馆硬件建设，配备空调器10台，电脑6台，打印机4台，复印机1台，防磁柜1台、消毒灭菌机1台及温湿度记录仪、吸尘器、灭火器、消防栓、防盗报警器、电视机、录放机、照相机等多种设备。投资30万元，安装2个库房的密集架56列，为档案资料安全保管和科学管理创造条件。

第三节 档案利用

1980—1985年，以馆藏为基础，编写《邹平县历届人民代表会议汇编》《邹平县组织机构沿革》《邹平县地域沿革和现行区划设置概况》《山东省乡村建设研究概况》等13种档案资料汇编。为落实政策、机构改革、编史修志及社会各界提供档案13315卷(册)、9803人次。

1991年，编写出版《邹平县档案馆指南》。之后为编写《邹平县改革开放以来经济优惠政策文件汇编》《邹平县古今名人录》《邹长烽火录》《邹平县主要特产及发展状况》《邹平县组织史资料》《档案利用效果实例汇编》《邹平县招商引资、人才引进汇编》《邹平县旅游资源简介》《邹平县农业产业化调整情况汇编》《邹平县大事记》等提供资料42种，318万字，为经济建设、各级领导及社会各界提供服务。

1996年，在对馆藏档案进行分析、审查、鉴定基础上，确定30个全宗，1078卷，9702份文件对社会开放，满足社会各界利用需求。

1999年，县档案馆接收整理进馆79个单位档案资料10000卷，案卷目录462册，全引目录663册，全宗介绍76份，组织沿革26份。

2001年，接收3个撤并单位的档案600卷，征集特色档案资料14种。为提高档案管理水平，微机录入全引目录10万条，编制土地征用档案专题目录66个全宗、4700条、664万字。对1968年以前形成的76个全宗、2394份文件向社会开放。

至2005年，编制全引目录、案卷目录、专题目录、文件字号索引目录、人名卡片等检索工具22749册(张)，部分文件录入微机，初步实现文件目录微机检索，档案查寻利用更加快速、准确。

1986—2005年邹平县档案馆提供档案查阅案卷人数统计表

表26-13-1

年　度	提供案卷数(卷)	接待查阅案卷人数(人)	年　度	提供案卷数(卷)	接待查阅案卷人数(人)	年　度	提供案卷数(卷)	接待查阅案卷人数(人)	年　度	提供案卷数(卷)	接待查阅案卷人数(人)
1986	1800	3316	1991	1631	2276	1996	1534	1674	2001	1100	2000
1987	1982	4981	1992	640	6140	1997	976	1954	2002	524	398
1988	923	1071	1993	1883	4220	1998	831	1703	2003	1182	1520
1989	2350	3860	1994	1489	3067	1999	410	2518	2004	628	876
1990	1800	3546	1995	1140	3134	2000	1950	4038	2005	4090	7780

第二十七编
社会生活

Social Life

“绽放”　　　　（2011 年摄）

闹元宵 （2008 年摄）

1986 年，全县农民人均年收入 431 元。2005 年，全县农民人均收入 4465 元。1991 年，全县职工年平均工资为 2006 元。到 2005 年，在岗职工年平均工资 14589 元。

20 世纪 80 年代，经济日渐繁荣，生活水平提高，迎亲嫁娶，攀比之风又盛。

县内方言属官话方言的冀鲁官话区，但又有自己明显特点，邹平话自成一类，是一种舒声“入声”。声母和韵母方面，没有开口呼的零声母音节，声母“r”不拼合口呼，多以声母“l”代替，没有卷舌韵母“er”，也没有普通话那样的带卷舌色彩的儿化韵。邹平话中有相当数量的特有词语，很具地方特色。语法方面也有较显著的特点，人称代词单复数相同，没有类似普通话里的“们”词尾；指示代词是三指的，有近指、中指、远指之别。

县内没有主流宗教信仰，以道教为底色的俗信较多。佛教、道教、天主教、基督教、伊斯兰教各有部分信众，但人数不多。

第一章 居民生活

第一节 农村居民生活

农村居民收入

1986 年，全县农民人均年收入 431 元，粮食总产 325922 吨，单产 240 千克。农业生产关系的变革解放大批劳动力。随着乡镇企业异军突起，很多富余劳动力开始进厂当工人或者外出打工，工资收入较稳定，比从事农业生产收入有所提高。

1988—1991 年，全县把发展乡镇企业、多种经营作为战略任务抓，调整农业种植结构，完善农村承包责任制，推进科技、农机、购销 3 大服务体系，理顺土地所有权与经营权、土地发包与承包的关系，农民收入进入稳定增长阶段。1991 年，农民人均年收入 750 元，部分群众开始向小康型生活迈进。

1995 年，农民人均年收入 1687 元。据第一次农业普查，至 1996 年底，全县牛存栏 85131 头，羊存栏 65996 只，猪存栏 71589 头，家禽存栏 713.1 万只。1998 年，农民人均年收入 2680 元。至 1998 年底，全县有 14 个乡镇和 775 个行政村实现小康。

2000 年，农民人均年收入 2861 元，比上年增长 91 元，增长 3.2%。

2001 年，全面推进农民负担“总量控制，一定三年不变”政策，提留统筹费基本控制在 1997 年的数额之内。

2004 年，全年农民人均年收入 3942 元，比上年增长 13.0%，其中工资性收入 1320.25 元，增长 4.73%。

2005 年，农村居民收入持续增长，生活水平逐步改善。全年农民人均纯收入 4465 元，比上年增长 13.3%，其中工资性收入 1634.57 元，增长 23.8%。

农村居民消费

随着联产承包责任制完善，农业生产快速发展，乡镇企业“异军突起”，多种经营收入不断增加，加之商品流通体制的改革，农村居民收入大幅增加，消费水平有较大提高。

1985—1990 年，农村居民食品消费开始由“吃粗吃饱”向“吃细吃好”转变，食品消费支出结构有明显改善；衣着改变色泽单调、款式单一的状况；自行车、收音机、缝纫机、手表、钟表等日用耐用消费品已经普及，黑白电视机、电风扇等大量进入农村家庭；居住支出增长迅速，居住条件明显改善，新建、翻新住房多为砖瓦结构。1990年，农民人均年生活消费支出为440元。

1991—1995年，农村居民的生产、生活消费增加，在全面解决温饱基础上，部分农村居民开始向小康生活迈进，食品消费结构优化；彩电、冰箱、洗衣机、摩托车等中高档家庭日用消费品开始进入农村家庭;居住条件明显改善，砖瓦结构、钢筋混凝土结构房屋比例增大；农业生产经营投入加大，大型工业农业机械、运输机械、生产用房大幅增加。1995年，农民人均生活消费年支出1316元。

2000年，农村居民人均生活消费年支出2156元。家庭日用耐用消费品在自行车、电风扇、电视机普及的基础上，电视机由黑白到彩电、由小屏幕向大屏幕升级换代。据农村百户检测，2000年末，全县农村居民居住面积27.6万平方米；农村百户家庭有彩电61台，黑白电视机49台，照相机4架，摩托车71辆。2000年后，农村居民生活消费观念变化较大，城镇农村消费无明显差别。

2004年，农村居民生活消费年支出3087.03元。其中食品支出1060.59元；衣着支出143.68元；居住支出675.49元；家庭设备用品及服务支出125.24元；文教娱乐用品及服务支出450.99元。全县农民人均居住面积23.68平方米，比上年增加0.44平方米。年末每百户农民家庭拥有摩托车88辆、电话机86部、移动电话41部、彩色电视机102台、电冰箱33台、汽车7辆、洗衣机46台。

2005年，住房条件极大改善，在面积逐步增大的同时，钢筋混凝土结构楼房逐步增多；住宅电话、移动电话进入寻常百姓家庭，农村实现社会化供水。食品消费在总的消费中所占比例缩小。农村居民人均生活消费支出3231.15元。其中食品支出1141.82元，衣着支出197.84元，居住支出536.57元，家庭设备用品及服务支出148.78元。文教娱乐用品及服务支出418.53元。全县农民人均居住面积25.68平方米，比上年增加2平方米。年末每百户农民家庭拥有摩托车103辆、电话机95部、移动电话68部、彩色电视机118台、电冰箱42台、汽车7辆、洗衣机66台。

随着经济发展和家庭收入不断提高，私家小汽车开始进入普通家庭。群众出行方式呈多元化发展格局，出行越来越方便快捷。

第二节　城镇居民生活

城镇居民收入

1985年，国家对工资制度进行改革。此后，企业职工工资调整同国家机关、事业单位工资调整脱钩，逐步实行工资总额与经济效益高低自主确定。同年，对国家机关、事业单位部分人员工资进行套改，调整工资。1987年，推行劳动合同制，并开始按规定缴纳合同制工人养老保险基金和国营企业职工待业保险基金。1991年，全县全部职工年平均工资为2006元，城镇居民可支配收入1527元。

1993年，机关工作人员实行职级工资制；事业单位分全额拨款、差额拨款、自收自支3种类型，实行分类管理。1994年后，实行分税制财政体制，国家连续几次提高事业单位工作人员的工资标准及档次。1996年，县劳动局加强工资基金管理，完善工资总额分级分类调控办法，工资宏观调控措施完善。是年，有19家企业的4724名职工实行工效挂钩办法。有99家企业继续实行工资总额包干办法。1998、1999年，全县机关事业单位工作人员工资标准进行调整，并简化归并福利补贴。2000年，全县城镇居民人均可支配收入6489元，比上年增加690元，增长11.9%。2001年，为全县机关事业单位工作人员2次调整工资。是年，对全县企业工资指导线进行调整。2001年，全县全部职工年平均工资9349元，城镇居民可支配收入7878元。

2002—2005年，在岗职工年平均工资持续上升。2004年10月，全县机关事业单位工作人员及离休退职人员每人每月增发生活补贴260元。是年，城镇居民人均可支配收入9197元，比上年增长9.5%；在岗职工年平均工资12422元，增长12.2%。2005年，全年城镇居民人均可支配收入

10623元，比上年增长15.5%；全年城镇在岗职工年平均工资14589元，比上年增长17.4%，是1985年的15倍。

城镇居民消费

1986—1991年，农副产品有效供给增加，初步形成“三多一少”（多种经济成分、多种经营方式、多条流通渠道，少流通环节）的流通格局，连续几次为职工增加工资，为城镇居民消费水平提高奠定基础。食品消费中副食品消费量增大；衣着服饰消费猛增，改变颜色单调、款式单一、质地差的状况；彩电、电冰箱、洗衣机等高档家庭日用耐用消费品大量增加；文化娱乐用品消费被提上日程；家庭装修从无到有；学生学杂费支出增加较快。

图27-1 使用于20世纪80—90年代单位粮食供应证

1992—1995年，随着社会主义市场经济体制确立，农副产品供应量增加，品质提高；商品流通体制趋于完善，全面放开粮食购销价格及副食品价格；商业网络更加健全，相继建成一批商贸市场，市场价格机制基本形成。此阶段，食品消费中肉、蛋、奶及水产品的消费量增幅较大；衣着服饰消费在大幅提高的同时，开始追求美观、舒适和新潮；彩电、电冰箱、洗衣机等日用耐用消费品继续保持较大增幅；文化娱乐消费品支出增加；教育支出、医疗保健支出、居住支出随着教育体制改革、医药卫生体制和住房制度改革，增长迅猛；随着交通及通信条件的极大改善，城镇居民在该方面的消费迅速增加；高档照相机、录放机、空调、太阳能热水器等进入城镇家庭，城镇居民饮食讲究营养搭配。

1996—2000年，国家实施积极的财政政策和稳健的货币政策，连续几次较大幅度地提高国家机关、事业单位人员工资，以及城镇居民基于未来住房、养老、医疗、教育支出的心理预期，即使在消费热点不突出的情况下，仍然保持较高的消费水平。此阶段，城镇居民饮食消费在平稳增长的同时，更加注重营养，讲究科学，其中以奶制品消费支出增长为最快；衣着服饰消费支出保持平稳；随着教育、医疗、养老、住房体制改革深化，用于这些方面的支出增幅较大；随着交通及通讯业发展和消费观念的变化，用于交通通讯及文化娱乐的支出增速较快；家用电器进入更新换代期，家用电脑进入寻常百姓家庭，普通居民购买手机比例已经很高。

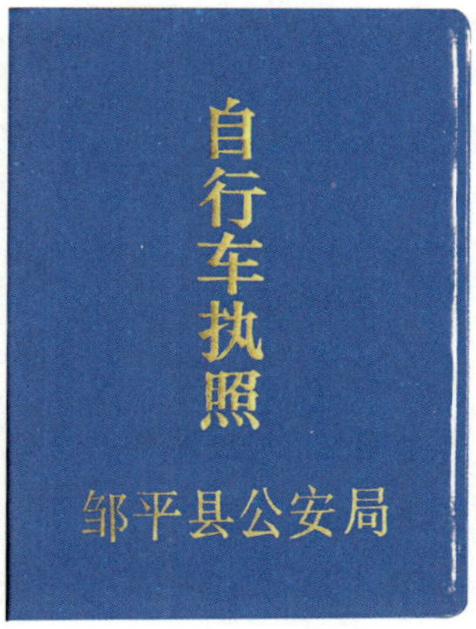

图27-2 使用于20世纪80—90年代自行车执照

2001—2005年，住房、教育、医疗保健继续为消费主要项目，尤其随着住房体制改革深化，住房市场化，城镇居民的消费思想发生很多变化，大多采取住房按揭贷款方式购房。同时，大宗日用消费品进入城镇百姓家庭。2004年，城镇居民人均消费支出6668元。其中食品消费支出2191.4元，全县城镇居民人均住宅使用面积22.5平方米。

2005年，城镇居民生活质量提高，人均消费性支出7453元。其中食品消费支出2614.69元，全县城镇居民人均住宅使用面积23.6平方米。

随着经济发展和家庭收入不断提高，私家小汽车开始进入城镇寻常百姓家庭，并且拥有数量不断增加。出行方式发生巨大变化，从过去的步行到自行车、公交车，再到私家小汽车。至2005年，县内民用汽车拥有量14778辆，其中私人汽车11651辆，轿车4705辆。

第二章 习 俗

第一节 节日习俗

正月初一

春节，俗称“年节”“过大年”。天未明即起，煮水饺，燃放鞭炮。庭院置香案祭天地鬼神，有的还祭祀门神、湾神等，以祈求一年平安。之后，一家人围坐在一起吃水饺。吃到有硬币、糖、枣的水饺为一年有好福气。说话严禁讳语。人人穿新衣，以示迎新辞旧。天亮，开始拜年。先从同族姓开始，尔后在村内串拜，晚辈向长辈拜年，长辈要给小辈“压岁钱”。旧时拜年行叩头礼，现在行拱手礼或说些吉祥话。机关、农村通行“团拜”，领导、干部带头向烈军属及有声望的劳模或长者拜年，素有仇隙者，也以拜年为契机联络感情，捐弃前嫌。

正月初二

走亲戚拜望老人。女婿到岳父母家拜年。俗称“走丈人家”，新婚夫妇尤不可免。未婚男女可代父母去看望外祖父母。

正月初三

“送百神”，又称“圆年”。从正月初一至十五日，邻里之间有相互请“年酒”习俗。

正月十五

元宵节，县内有挂灯、“扮玩”等传统文化习俗。挂灯主要在县城和乡镇驻地，家庭和单位也有挂灯的。一般 3 ～ 5 天。灯具所绘多以神话故事为题材，并制作灯谜悬挂闹市，供人赏玩。扮玩的形式有龙灯、狮子、旱船、芯子、高跷、竹马、虎斗牛、小型剧目等。村与村之间还互相送演，叫“送玩艺”，以加强联系，增进友谊。20 世纪 80 年代后，为提高演出水平，县内提倡文艺会演。届时各乡镇演出队，少则百十人，多则几百人，进城会演。正月十六日晚上，例有焰火晚会。

正月二十五

为“填仓日”。撒草木灰于庭院，作圆形，象征粮囤，三圈、两圈不等。一边作梯形，中间置五谷杂粮少许，以象征年景丰收。

二月初二

俗谓“龙抬头”，又谓“青龙节”。家家“炒蝎豆”，有“吃了炒蝎豆，一年不被蝎子蜇”之说。家有属龙者要提前进行。蝎豆一般以黄豆炒制，有的加上糖水或盐水浸渍而后炒。有的把面片切成菱状，晾干炒熟称“糖棋子”。近年又加上瓜子、爆玉米花等。农村亦有“打灰囤”之习。

清明节

二十四节气之一的“清明”为清明节，前一日为寒食节，是农村扫墓祭祖的日子。培坟土，压坟头纸，祭悼祖先。门前插柳条，给孩童吃红色染鸡蛋。农村游戏活动有放风筝、荡秋千、踏青等。新中国成立后，机关团体、工矿学校集体到烈士陵园扫墓、献花圈。学校组织学生登山、郊游活动。

四月初八

为浴佛节。中华人民共和国成立前黄山、长山等地有大型庙会。黄山碧霞元君庙会为最盛，是闻名全国的中药材交易大会。届时，远近香客赶来进香还愿。抗日战争时期逐渐势微，新中国成立后，庙会逐步废止。

五月初五

端午节。旧时农村家家户户门插艾枝，吃粽子，饮雄黄酒，小儿手足系五色线，称“长命缕”。少女以各色绸料缝香荷包，内装五种香料。式样多种，制作精巧。俗谓佩带香囊，可避虫蝎。

六月初一

俗称“过半年”。时值新麦刚收，用新麦磨面做馒头，包饺子或其他食品祭奠祖先。西董东部，此日摆香案，敬神祇。

七月初七

为“乞巧”日。此日晚间，女孩子常结伴三五人于瓜棚架下，凝神谛听牛郎织女私语。临池一带，常以盆水置庭院，女孩把自己的针线活儿摆出来，在夜色朦胧中穿过绣花针，先胜者谓被织女赏中，手会变得更巧。

七月十五

“中元节”，又称“鬼节”。家家户户备鲜果、食品祭祀祖先。长山一带有放河灯、超度无主鬼魂之俗。码头一带有扎五谷一束置门上，祭祀教民稼穑的后稷之俗。

八月十五

中秋节。阖家赏月饮酒，吃月饼，俗称“圆月”。邻居相互请吃酒，探亲拜友多以月饼为馈赠。

九月初九

重阳节。吃花糕，有庙会，旧时文人登高赏菊，结社赋诗，此俗久已不存。现改为“老年节”，届时，机关学校多举行敬老活动，到敬老院或离退休老人家进行慰问。

十月初一

俗谓“寒衣节”。家家上坟祭祀祖先，焚烧纸衣，称“送寒衣”。官府祭祀厉坛，民间作小馒头，傍晚撒于荒郊野岭，焚化纸钱，俗称“祭孤魂”。小儿争抢馒头，俗说吃了可以长寿。

腊月初八

俗称“腊八日”。以黍谷米、红枣做“腊八粥”。旧时“腊八”，有施粥济困之习俗，意在修福积德。腊八正值隆冬，俗谓“腊八腊八，冻死叫花”。俗习出嫁的姑娘喝了腊八粥就必须回婆家过年了。旧时财主为表示仁慈，过腊八节才辞退长工。临走时，赠送几个腊八糕。人们多在此日作“腊八蒜”，以备春节食用。

腊月二十三

俗谓“小年”，又称“辞灶日”。旧说此日灶王升天，将本家一年功过回禀玉帝，故供以麦饴糖瓜，以粘塞灶王之口，使勿多言。女主人将灶王像并纸钱一齐焚烧。到除夕灶王下界，又换贴一张新灶王像。两边贴对联：“上天言好事，回宫降吉祥。”新中国成立后，仅在“辞灶日”清扫房屋，包水饺，谓“过小年”。

腊月三十

除夕，又叫“大年三十”。家家打扫卫生，贴春联、窗花、落门钱等。中午祭请祖先。中堂设置祖先轴、置香案、供品。午饭后，燃放鞭炮，送祖先。夜晚，全家团圆，包水饺，以备辞岁。水饺中有的放上硬币、糖、枣等。全家团聚守岁，置酒宴饮，俗称吃年夜饭。小孩燃放爆竹、烟花，至深夜不散。从1983年开始，中央电视台每年除夕夜举办春节联欢晚会，丰富多彩。老少围看电视节目，为春节增添新的欢乐气氛。

第二节 礼仪习俗

婚俗

婚姻既是个人大事，更是家族大事，因为它事关家族繁衍，体现着家族荣辱。旧时婚姻程序比较烦琐，先期要经过聘媒、纳采、问名、纳吉、纳征、请期等，届期要经过亲迎、过门、交拜、合卺等程序。但这些仪节多依男家礼，要看家境条件、地位高低情况，并不是一成不变。新妇入门三日内要早起，打扫堂厨，拜见舅姑（公婆）；有庙的到庙上祭拜，无庙者要去上坟，意思是告诉祖宗家族又添人口。

民国以后在旧俗基础上又添新礼。结婚前，男女交换订婚物品（戒指类）；结婚时，庭设礼案，按新式结婚手续举行迎娶。不用花轿，改用花车，前有西乐或雅乐导引。新夫妇站在礼案前，证婚、主婚、介绍人等站在案后，司仪员照秩序礼单唱节举行。证婚人讲证书，新夫妇及证婚、主婚、介绍人盖章，交换饰物，对向行结婚礼，还要有演说，新夫致辞谢来宾，婚礼方成，然后设宴款待宾客（据民国《齐东县志》）。

现在的婚俗则是新旧结合，旧礼有所革除，新礼更添花样。既有旧时陋俗，也有时代新规，但不合礼仪处多有。

男方请媒人到女方家提出结亲之事，叫“聘媒”，也叫“提亲”。也有女方先请媒人的现象，俗称“倒提媒”。待双方父母同意，亲事初定之后，要再请一媒人称为双媒，沟通双方，议妥诸事，择吉定亲。20 世纪 50—60 年代后，有些婚姻是经过媒人牵线搭桥的，但也有男女双方同意后，再请媒人出面与双方家长协商定亲事宜的。

接下来就是“送柬”，也叫下柬、就亲、定亲等，即举行“换柬”定亲仪式。这是由旧时的“对亲帖”“请庚帖”等演变而来。所以换柬成了民间公认的订婚契约。柬的式样为三折大红帖，男方请本村知名士绅代笔写好柬帖，上面记有订婚人姓名、年龄、生辰八字，男方帖上写“敬请金诺”或“恭恳金诺”等，女方帖上写“仰答玉音”或“谨遵钧命”等。用红包袱包聘礼，意寓“包福”，由媒人送往女方。女方写出回帖，附回礼，由媒人带回。此后，男方设酒宴请女方代表、媒人举行订婚仪式。定亲虽是民间约定，却也包含着一经定亲，双方都不可违约之意。从定亲到结婚期间，双方如有红白大事，皆照成亲礼仪登门庆贺或吊唁，逢年过节也要有礼物相送，尤其男方要送女方。中华人民共和国从成立后，大多是经介绍人到双方交流要求后，双方父母出面认亲，称“订婚”。男方向女方赠送礼物、衣料、现金等聘礼。20 世纪 70 年代后，曾出现部分女青年订婚时索要“三大件”(自行车、手表、缝纫机)为聘礼现象。目前，订婚的聘礼一般为首饰、现金。90 年代礼金一般在几千元。现在多为 10001 元，取“万里挑一”之意；有的多达 28000 元，取意为“两家发”。其他巧立名目，索取礼金花样还很多。

图 27-3　20 世纪 60 年代使用的订婚证书

结婚前要“择吉”，即由男方聘人选定吉日良辰，并将吉日、男女双方年龄、属相、生日时辰、禁忌、迎送女客属相、上下轿方向等，用红纸写成“年命帖”，由媒人专程送交女方长辈，俗称“送日子”。这是要定下结婚具体日期。自 20 世纪 60 年代至 90 年代中期，人们选择结婚日期常常选“五一”节、国庆节、新年及腊月里等日子。但近年来，又逐渐恢复请人“看日子”习俗，即参照一对新人生辰八字，选择良辰吉日，提醒禁忌事宜，写为柬帖。

结婚前 3 日内，男方用食盒给女方送酒、肉、麦、衣料、现金等(皆双数)，名曰“催妆”，实际是催促女方准备好结婚事宜。

婚期确定之后，女方父母要为闺女出嫁置办奁房(主指木质家具)。在闺女出嫁前一天送往男家，送称“送奁房”。旧时，大户人家讲究奁房件多且豪华，一般按“大五色”来置办，即：八仙方桌、罗汉椅子、条几板和条几杌子一对、箱子四顶(两大两小，带箱架子，家境殷实且非常讲究的人家则以箱柜子代替箱架子)、罗汉床或顶子床(与床配套的还有“脚踏子”“手摁子”)。“大五色”奁房一般为富户发送，一般人家只能按“小五色”来置办。“小五色”即一张桌子、两把椅子、大小箱子各一顶，以件来计算。样式多是一般化的，配套的小件可有可无。“大五色”“小五色”均为大漆描金。而贫苦人家受条件所限，送一顶箱子亦可，给一对杌子或条凳子也行。实在贫穷的人家只能勉强为女儿做几件衣服，买两面镜子、铜盆等物权作陪送。随着社会发展进步和人们生活水平提高，女方的陪送发生很大变化，常常有家电、家具、首饰，甚至汽车等。在婚前一天(现在也有为了简化程序，在结婚当天的)，女方将陪嫁的床上用品(一般为两铺两盖)、衣物等送至男方新房内，并装入箱(橱、柜)，名曰“装箱子”，男家要设宴招待。同日下午贴喜联，张灯结彩，并派人到贺喜者家中送请柬。请柬多用毛笔自右而左竖写，然后放入写有“××× 台启”的红纸袋中。

迎亲是结婚过程中最重要的环节。大多数人家是为了体面，也有人家是为了炫耀，炫耀自己的财富或权势。迎亲场面因家庭、社会地位、经济条件而异。民国年间至20世纪50年代，一般要租赁花轿或花车迎娶。新郎穿长袍马褂，头戴礼帽，身披红绸，乘轿并以旗、锣、伞、扇开道，雇吹鼓手吹吹打打到女方家中。已经“开脸”、挽了发髻的新娘头戴凤冠，顶蒙头红，下系彩裙，脚穿绣花粉红鞋，由合属相的两少女搀扶上轿。娘家人由兄弟或叔辈（称男送客）、姊妹或年轻女性长辈（称女送客）陪送，侄儿辈或小弟压轿，新娘的兄弟带“随身面”至男方家中。有的人家姑娘出嫁时还讲究脚不粘地，要由叔叔或兄弟背到婚车上。女方家里要事先准备一瓢水，放上一捏米，在女儿上轿以后，轿子抬起或轿车子移动时把水泼到底下，寓意“嫁出去的女，泼出去的水”。现在依然有人家这样做，只不过现在是往轿车底下泼水了。此日，有新郎为“状元郎”、迎亲为“小登科”之说。中华人民共和国成立初，迎娶新娘以花轿、马车、洋车为主。20世纪60～70年代，以自行车、拖拉机为主。80年代至90年代中期，有人家用拖拉机、吉普车、面包车迎娶。2000年后，迎亲车队往往由数辆豪华轿车组成车队，且轿车数量越来越多，档次越来越高，有的甚至达二三十辆之多，打头一辆多为白色，取“白头偕老”之意。车队从男方到女方娶亲，讲究不走回头路，所以事先要研究好来去的路线。路上过桥或街要鸣放鞭炮。还有不少地方有娶亲路上闹媳妇习俗，即在娶亲回来的路上停下车，同学好友向新娘要喜糖吃，图个热闹喜庆。新娘除了要准备喜糖外，往往还准备一定数量、包了钱的“红包”来应付取闹的人们。新郎到新娘家迎娶时叫门要掏红包，否则不给开门。

新娘下轿至入洞房称“过门”。将新娘迎至男方家门，大红毡铺地，新娘轿至大门口后，男家关上大门，让新娘在轿内等候过门的时辰，称作“蹲性子”，以让新娘嫁过门后性子绵软，服婆家约束。然后新郎在前，新娘在后，由伴娘搀扶过门。此时，男方的大门楼上压红砖，须“龙递虎压”，即属龙的男子将两块用红纸分别包好的砖坯递到属虎的男子手中，由后者将砖坯压在大门楼上。两块砖坯下各放一双红筷子。在院内举行婚礼，在司仪的号令下，跪拜天地、父母，夫妻对拜后同入洞房，抛撒喜糖、栗子、花生、枣、小火烧等食品，婚礼告成。此时对前来贺喜的亲戚朋友一律设宴招待，以“送客席”最为重视，当菜上到“大件”时，由端盘子的人或厨师向“送客”讨要赏钱。中华人民共和国成立后至20世纪末，村人多选择良辰吉日举行结婚典礼。50年代多在本家院内举行婚礼，典礼程序有向领袖像致敬，向主婚人致敬，新人互相鞠躬，主婚人讲话，来宾讲话等。“文化大革命”期间（1966—1976年）及其后期，曾时兴向毛泽东像鞠躬，向男方父母鞠躬，向来宾鞠躬等。80年代，提倡集体婚礼，由村领导讲话，新人代表讲话，家长代表讲话，向来宾致敬等。近年婚礼多请婚庆公司主办，结婚典礼则由专职司仪主持，有证婚人宣读结婚证书、主婚人讲话、介绍人讲话、来宾代表讲话、家长讲话、新人讲话等程序。一般是男方家长出席，近年也有双方家长均出席婚礼的。新人向家长鞠躬、向来宾鞠躬、对拜、喝交杯酒、交换礼物等。婚礼多在酒店举行，同时录像、照相留念。多数婚礼搞得隆重、典雅、喜庆；有些司仪很会煽情，经常有令人感动的场面；也有些失之冗长。典礼后酒宴开始。新郎新娘和新郎父母要在礼宾引导下给来宾敬酒，否则视为失礼。“圆饭”“回门”一般在结婚当天进行完毕。

入洞房后，新娘要坐在床席上，面朝喜神所在方位盘腿坐着，不能乱动，俗称“坐时辰”“坐庐床”。接着吃由娘家带来的“随身面”，随身面不可煮熟，象征性吃点。此时，前来凑热闹者频问“生不生”，新娘要大声回答“生”，寓意婚后早生贵子。现在坐时辰虽不那么严格，但大多还是要象征性地坐一坐。有的人家讲究婚房的床一定是新床。婚床买来之后要斜放在新房内，不能摆正；有的还要支起一脚，示意谁也不能坐。要等新娘入洞房后方可摆正放平。

邹平过去有在结婚当天晚上“闹房”习俗。届时无论辈分及年龄大小，都可以取闹，俗曰“新婚三日无大小”。用语言挑逗，以恶作剧让新郎新娘难堪，直到深夜。新人入睡后，有些年轻人还在窗下戏闹，或悄悄偷听，谓之“听房”。现在“闹房”习俗基本消失。

婚后次日，新娘早起后拜公婆，给公婆扫地、端尿盆、叠被子、掏锅底灰、烧火做饭，以尽主妇之责。婆母事先用红纸包好钱置于笤帚、尿盆、灶下，新人随干活随得喜钱，意谓“新人到家，生财发家”。

新婚第二天，新郎、新娘由长辈带领到祖茔上坟。然后去新郎外祖母家上坟。此后数日内，新娘由婆家人带领，到本族各家给长辈磕头，俗称“上拜”，受拜者要给以红包，称拜钱。

结婚后第三天，由女方的兄弟到男方家搬新娘，俗称“回门”，旧说是为了“躲瞌睡”。在娘家住的时间规定不一，一般三天，也有六天、八天、九天的。

结婚是人伦之大事，亲戚朋友之间要互相致贺，叫“贺喜”。亲戚之间贺喜，过去称“送盒子”。前去“送盒子”的人叫“盒子客”(读音huodekei)，之所以叫“送盒子”，是因为过去的确要拿“盒子”盛礼物的，如被面、绸缎等，现在则主要是送现金。朋友乡亲之间将贺喜送礼称“随份子”，是婚俗的一个伴生物，自古就有。20世纪50—60年代以喜幛(用作被面的布或绸缎)为主；70年代以喜幛、被面、炊具、茶具为主；“文化大革命”期间多以毛泽东著作、语录、宣传画和镜子、肥皂盒、茶叶筒甚至农具为贺礼；自90年代起，则多以礼金为主，且数额有增无减。时下，贺礼一般每人100～200元不等，视关系亲疏或交情厚薄而定，也有贺喜拿千元甚至万元的。“文化大革命”期间除非常知己的亲戚外基本上不设宴席待客，回礼只是几块喜糖加小面火烧、点支喜烟而已，禁止摆设酒席。“文化大革命”后至90年代初的请柬一般用油印机印制而成。请柬要提前一二日发送，宴席开始前还要派人到被邀人家当面恳邀，称为“速客”。而自90年代后期始，请柬样式越来越精美，宴席也越来越丰盛。

丧俗

受儒家礼制影响，县内过去丧事非常繁琐。解放前至20世纪70年代初，实行土葬。因丧主经济条件、社会地位等情况不同，丧礼时间长短、程序简繁不一，时间一般为1～7天。

旧时有所谓“叫魂”习俗。在老人“病革”(病势垂危)之时，家人要站在屋顶上向北号哭，并呼其称谓，谓之“叫魂”，来源于古礼的“复于屋”。现在此俗已经革除。

人死之后，家人要穿丧服。丧服分等级，按与死者关系亲疏而定。子女、媳妇服重孝，孙辈次之，以此类推。五服之外可不戴孝。家人称“孝家”，即丧主。在大门外放上几案，丧主要绕着几案号啕三声，俗谓“指路”，来源于古礼之“复于门”。现在，“指路”习俗依然存在，但略有变化。死者去世当晚或第二天晚上(如果当天出丧，则必须在出殡前)，由长子手执扁担，捆上点燃的四炷香，踏上高杌或凳面向西南高喊“爹(娘)啊，上西方大路”三遍，且一声比一声高，喊毕，扔掉扁担，全家跪到死者灵前痛哭致哀。大门外要烧纸、烧“倒头马”，女丧则烧纸牛。

人死后2天内，家人相率到庙中哭奠。1天3趟，俗谓“送盘缠”。意思是死者在赴西天路上需要花钱，家人焚烧冥钱作为盘缠(路费)。还要在人死之日当天傍晚到土地庙“送浆水”。现在多无庙宇，这些活动多到十字路口去做。

人死后第二天晚上，家人要相率设筵，哭奠于庙外，俗谓“上路”，犹古礼的“复于社”“复于庙”。现在则多在路口摆几案设筵，且仅在第二天晚上，称“过二日后晌”，届时乡邻、亲友也要来祭拜。

人死后家人要“守灵”。人亡后，子女用温水给亡者洗面净身，梳头或剃头(理发)，穿寿衣(俗称“老衣裳”)，戴帽(女性戴首饰、帕巾之类)，穿靴袜。将死者置于房屋中间灵床上，用细麻绳缚住其两脚掌，口中放入一枚拴红线的制钱。随后设香案供祭品，点“长明灯”，头前设一碗未煮熟的小米干饭，筷子直插其上，称为“倒头饭”。晚辈穿白孝服，白布裱鞋(第一位老人去世，只裱前半部分，若第二位老人去世，则要全裱)。当晚通宵守灵，不断香火，随时烧纸。

人死之后，其家人要立即将死讯告知至亲好友，若死者为女性，通知其娘家人则显得尤为重要，俗称“报丧”。报丧者见到对方，要先下跪磕头。接到死讯的亲友一般要带香、纸或点心、水果前来拜祭，俗称“吊丧”。父母亡故，前来吊丧的已出嫁的女儿则须从村头哭号至灵前。男亲友则到死者灵案前祭拜后才跪地痛哭。守灵者见到前来吊丧的亲朋时，要跪拜陪哭。

将死者装入棺材称“入殓”。死者去世当日或次日下午，其子女或娘家人（若死者为出嫁的女性）到全后，以新棉絮蘸酒为死者净面，同时口中念念有词，多为愿死者在阴间能眼观六路、耳听八方、有吃有喝等内容，然后用黄表纸盖脸。入殓时，由长子或长孙捧住死者头部，其他子孙抬两侧或脚，平稳地将死者放入棺内。也有请亲朋帮助入殓的，孝家只做象征性帮助。棺内要放上死者生前所爱之物，还要在其手中握元宝、手绢、打狗棒等。20 世纪 70 年代以来实行火化，不再用棺材，但入殓的大多数仪式还象征性地保留着。

过去人死后七日内要作佛事，谓之“修经”，为死者超度灵魂，使亡灵得以往生净土。现已没有做此事了。

出殡时启动灵柩叫作“起灵”。大户人家一般在起灵之前由长者宣读祭文。之前，若死者配偶已亡，孝家则要迎灵，迎接死者先亡配偶的灵位，安灵祭奠。至亲祭奠后起灵，执事者大喝一声：“起灵！”随即有人喊：“大吉大利！”由数名壮汉将棺材抬放在院门外叉架上。灵棺由长子顶瓦，长媳兜罐，次子执幡，外甥执花幡、拄哀杖引路，戴孝的送葬人随后，至十字路口，长子摔瓦，接过白幡，哭送至茔地。有的乡镇女孝家就此停步，不上茔地。

安葬多在申时。安葬前由女儿“扫炕”，墓穴内点长明灯，将棺材以绳牵引，小心翼翼送入穴中，并问声：“正当不？”死者长子则回答：“正当！”然后盖顶封坟，长子将幡插在坟头，墓祭（过去谓之“参灵”）。孝家哭绕三匝，谓之“圆坟”。然后脱去孝袍，不回头按原路回家。因当地多为一墓双穴，死者配偶健在的，即在空穴内放置卵石一块，上写“石烂人来”，以祈在世者健康长寿。

殡葬后次日黎明时分，死者子孙穿孝衣登门致谢亲戚、乡亲及助忙人，称为“谢客”。谢客时，先拍其门，待门内有人应声时，高喊“谢客了”，即离开。孝家不能进人家的门。若路遇熟人均要叩头“谢客”。俗说“孝家的不拉盖（膝盖）——不值钱”，指的就是家里有人去世后逢人就要行跪拜礼。现在居住条件多为楼房，以前的谢客礼仪已经非常不方便，但谢意还需要表达，许多人家就事先准备好“谢帖”，上面写上“承蒙吊唁，恕不登门拜谢”之类的话，在亲友前来吊唁时每人给一张，也算是古礼的一种变通式表达。

出殡后要上坟。殡后次日黎明，死者的男女子孙着孝服一同上坟祭奠，绕坟正反各转三圈，并铲土培坟，俗称“圆坟”。在此后的日子里，死者亡 21 天时要上“三七”坟，35 天时要上“五七”坟，100 天时要上“百日”坟。死者有几个儿子，上五七坟时则要提前几天，上百日坟时则拖后几天，俗称“长百日、短五七”。但死者亡故时间距春节较近时，“五七坟”“百日坟”均要在节前上完，不能拖到第二年，讲究“不上两年坟”。“五七”坟一般焚烧纸扎的金山、银山、金垛、银垛、童男、童女、冥楼、香伞、车马等冥器。此后每年遇死者去世之日时都要上“祭日”坟。

治丧时间一般为 3 天，经济状况好的也可以安排 5 天或 7 天，通知亲戚或朋友，多为面报，非常正式的情况下，可以发丧帖。丧帖要写明死亡人姓名、死亡的时间、亡者年龄、死亡原因及地点，发丧吊唁或遗体告别或入殓时间、地点等。写丧帖首先需要确定谁是丧主。一般是长子以孝子名义发丧帖。如果长子先于父母去世，应该由长孙出面办理祖父丧事。现在也有以治丧委员会名义署名的。有的人家还要印发死者简历，或称生平事迹介绍，是写悼词或墓志的基础。有身份的人需要经有关部门编制审批，发表在报纸上，一般人附在丧帖上即可。一般情况下，丧主要聘请熟悉丧礼程序者前来“执事”，主持办理丧事。小户人家和贫困户之葬礼虽遵此式，但极简陋。

中华人民共和国成立后，不断推进葬礼改革，提倡丧事从简，人们开始以花圈代替白幡，以黑纱代替披麻戴孝。20 世纪 60—70 年代，出殡前由大队干部主持举行追悼仪式，宣读悼词，为新旧结合的殡葬仪式。各家坟墓一律平除，进行复耕，建立集体公墓。70 年代后开始推行火葬，禁止土葬，村民亡故者全部实行火化。过去有家族选择茔地，为老人做寿坟、寿棺等活动，现在多已不存。现在城市化运动进展很快，城镇人口迅速增加，这些人在工作的地方故去，一般不再回原籍按传统丧礼办理后事，而是去殡仪馆，一切都按新形式办。

俗礼

敬重老人是传统良习。走路让老者居先。同桌共餐长者或辈分高者居上位。宴请宾客，主人居下首，逊让而后坐。斟酒满茶，先给长者，对方以手招迎示回敬。

产妇生孩子后须在屋里一个月不出门，由家人细心照顾，谓之“坐月子”。门口挂一红布条，提醒外人不可大声喧哗、不要随意闯入。怀孕妇女和月经期间的妇女更不可进入屋内。婴儿出生12天时，娘家人备小米、红糖、面条、鸡蛋等礼物前来慰问，乡亲好友前来赠送营养品、小孩衣物、钱等以示祝贺，俗称“送米”。主家回赠喜蛋，以示谢意。婴儿满月时，要请“全合人”来代剪胎发，剪发者多为姥娘、妗子或姨，剪发时前面剪七下，后面剪八下，谓之“前七后八”。同时口中念念有词，多为“前铰金，后铰银，中间铰个聚宝盆。铰铰嘴，早说话；铰铰鬓，长得俊……”剪发是象征性地在耳、目、口、鼻及手脚尖等处比划比划，意谓婴儿长大后，耳聪目明嘴不馋，手脚灵便做完人。满月后娘家来人将母子接去住几日，俗称“住满月”。

小孩出生100天，家人及亲朋相聚祝贺，俗称“做百岁”。祝贺者带点了红点的小馒头、百岁衣、百岁钱等，俗语曰“姑做裤，姨做袄，妗子做鞋跑不了(长命)”。小孩从这时起可带银手镯、“长命锁”。

小孩出生一周年，是新生命在世间的第一个生日，要给孩子过周岁生日。时兴给男孩子过“抢生日”，即提前几天给男孩过生日。亲朋好友多来祝贺。期间要举行“抓周”的活动：在床上或一个大案子上摆放文房四宝、算盘、食物、玩具等物品，让孩子从稍远的地方爬过来随意抓。以孩子所抓的物品来预测其未来志趣、命运和职业，小孩的家人同时设宴款待宾朋。

成年人过不过生日是极为讲究的。旧时一般说“父母在不做寿，不到60岁不做寿”。就是指家里老人尚在时，自己不能大张旗鼓地过生日，一般只在寿辰之日早上吃碗“寿面”而已。给老人做寿，则要非常隆重。老人过生日，只能安排在老人生日当天，不可提前。有“老不催，少不补”之说，指给老人拜寿不能提前，给小孩过生日不能拖后。一般10年为一庆(寿)，其中60岁花甲、70岁古稀、80岁耄耋这3个年龄最为隆重，俗称“整生日”。以前给老人过生日，家境好的人家要搭喜棚，请厨师，盘炉灶，设寿堂，做堂会，晚辈行叩拜礼。现在礼数简化,晚辈只给老人鞠躬，亲朋们说些祝愿的话，送上寿礼，就到饭店去喝“寿酒”。青年人遇生日,则买食品或衣物孝敬双亲，报答养育之恩。

给孩子起名也很有讲究。旧时给小孩起名多按家谱中所规定的行辈来设计，姓名一般三个字组成，即：第一字为姓氏，第二字为行辈，第三才是名字。亦有行辈字在后者。男性的名字多以仁、义、礼、智、信、富、贵、荣、华、寿、岐、善、顺、祥、安等祈求吉祥如意和励志励德的字为主；而女性名字多见兰、云、琴、花、玉、珍、贞、霞、莲、菊、美等，希望她们姣好美丽。小孩多有乳名，并为众人所知，如拴住、链住、锁住、铁柱、铁蛋、狗剩、狗蛋等，人们认为乳名越难听孩子越长命，有“名贱好养活”的说法，有些人的乳名甚至被人从小叫到老。自20世纪50年代末至90年代中期,起两个字姓名的人较多。起名也多带时代色彩。如解放初期多新民、建国、援朝、爱党等名字，“文化大革命”期间多红卫、文革、反修、反资等名字。时下，不少的人信奉姓名与一生命运相关，故请人测字起名，以期有一个好名字，带来好运气。

清朝，男人蓄辫子。辛亥革命后，明令禁止此俗，男子剪辫变为短发，以后又有剃光头者。女子古代以脚小为俏，家人强制女孩从小裹足，足以小为美，越小越好，名曰“三寸金莲”，大脚丫的闺女嫁不出去。辛亥革命以后，政府明令禁止女子缠足，但女子缠足之风仍未绝迹。1931年，梁漱溟到邹平创办乡村建设研究院，提倡新风，邹平一带女子缠足习俗才逐渐根除，许多原来缠脚的女子开始放脚，故产生不少“地瓜脚”。而原来不属邹平管辖的地区，如长山、齐东一带，许多妇女直到解放后才放足，所以又称“解放脚”，即脚的大小介于天足与缠足之间，脚形已变，行走起来仍不利落。

为已死去的未婚男、女结亲，称为结阴亲。这也要由媒人在中间撮合，经双方家长同意后，仿照生者结婚的礼仪办理，只不过少了许多程序而已。礼仪毕，将已死的男女尸体或尸骨合葬。双方家庭要以礼当作亲戚走，逢年过节、红白喜事更要走动。“文化大革命”后，此陋习已杜绝。近几年此俗又开始流行，且有死人比活人还值钱的现象。有一种说法是孤魂野鬼会不利于家族。

旧时妇女若丈夫先逝，不论自己多么年轻，都要坚守不嫁，称为守节。守节的妇女要继续承担孝敬公婆、教养子女的义务，并以守节为荣、改嫁为耻。也有虽无子女却守寡一辈子的。甚至还有订婚没出嫁，男方死了，女子为他守节，所谓以处子而成“未亡人”的。守节成名者，官方可以立贞节牌坊予以昭彰。偶尔有寡妇嫁人的，被视为有悖礼法。寡妇亦自视轻贱，即使再婚，事前也绝不张扬。再嫁的女子要在天亮前接至男家，且不举行正式的婚礼。中华人民共和国成立后提倡男女平等，寡妇或离婚女子嫁人，同样受法律保护，和正常人一样办理结婚登记。亦可娶男，叫坐山招夫，均不受歧视。

中华人民共和国成立前，家贫无力娶妻者，觅一孤女或家贫无力抚养的女孩，接来养大，到一定年龄为他们圆房，称童养媳，俗亦呼作团养媳妇，或为“童”音之讹。也有一些贫寒的人家因无力抚养女儿，便将幼女（有的仅七八岁）提前订婚由婆家抚养。一般在十几岁时在灶前挽髻成婚，俗称“灶头前上头”，一般不举行婚礼。中华人民共和国成立后此习废除。其他如娃娃亲、指腹为婚等陋俗，中华人民共和国成立后基本绝迹。

来客先敬烟茶，饭多备酒。送客至门外，相互招手致意。客不远不回身。邻居朝夕相见，皆打招呼。朋友相见，多有关照之语。

搬迁新房，邻居亲朋皆有礼品为贺。农村多买锅、碗之类以赠，称温锅。兄弟分家，亦类此。

对教师无年龄、性别及是否受业之限，例称老师。职业虽非教师，在群众中素负德望者，亦尊称老师。在农村一般按辈称呼；辈分高低，不在年龄大小。对工人称师傅，对干部一般称同志或其职务。

第三节　生活习俗

服饰

妇女善纺织。中华人民共和国成立前除富绅商贾，农民衣料主要是自己纺织的土布。遇婚娶、节日、做客，才有穿细布的。富者，冬季穿长棉袍，外罩大褂（更阔气者，外加“卐”字团花马褂），穿毡靴或布底棉靴，戴黑缎帽垫，外套披肩，俗称将军盔；春秋穿夹衣，夏季多穿苧麻夏布或丝绸衣料。一般农民多短打扮，穿大裆裤，自制布鞋布袜。妇女一律穿大襟衣、大裆裤，讲究者裤脚袖口镶以贴边。贫富只有衣料好坏之差，款式基本相同。老、中年男女服色以青、蓝、白为主，间有深褐、古铜。年轻妇女喜红、绿、绛紫、桃红、墨绿、月白等色。民国后，政界、学界少数人穿西装、中山装；农民服装无多大改变，唯衣料多用细布。

20世纪50年代后，中、青年通行列宁服、中山服、国防服。冬季穿中式棉衣，外罩制服褂。妇女多穿方格花布或其他花色的套褂，穿襻带方口鞋。老年人衣服式样，无大改变。80年代青年穿西服已较普遍。衣料多为化学纤维，色以青、蓝、灰、白为主。中年妇女少数穿西装，多数仍为翻领双袋的普通式样，色以深灰、银灰、深蓝、藏青、咖啡为多见。夏季多穿白色或素地碎花上衣，倾向于淡雅朴实。发式单一，除文艺团体，多数是平梳齐剪，无发饰，少数烫发。随着群众生活的提高，时装风由城市浸及农村，青年男女服装款式新颖多变，色调倾向艳丽。衣料由化学纤维已发展到高档毛料。鞋多高跟，发多染烫，争奇斗艳之风渐盛。城镇与农村青年男女服饰上的差距，亦逐渐缩小。

饮食

县内产粮有小麦、玉米、谷子、高粱、大豆，少量芝麻、绿豆。传统饮食，是以粗粮磨成细粉，蒸窝头和贴锅饼，或用小米、玉米、豆子磨成面糊，在铁鏊上摊平烙熟，薄如厚纸，叫作煎饼，在县境内普遍食用。节日、待客食水饺，馅分荤素。春秋冬三季早晚餐必喝粥。夏季喝小米或大米稀饭。面食有馒头、花卷、单饼、油饼、火烧、锅饼、麻花、油条、面条、蒸包等。20世纪80年代后，粗粮多用作禽畜饲料，传统面食已成为生活主食。

常吃蔬菜主要有白菜、菠菜、黄瓜、萝卜、芹菜、莴苣、芫荽、茄子、辣椒、西红柿、土豆、大蒜、大葱等。

饭菜制作有煎、炒、烹、炸。喜庆宴友或节日待客，一般为8盘4碗，或12盘6碗。传统席式有“四大件”。四大件皆为名贵海味，每一大件跟着若干盘碗。全席上菜60样。此为盛宴，因太奢，已不多见。

宅居

农村民房多南向，一般为3间，高约4米，内宽约3.8米不等，称主房。两边各一间，稍低于主房，谓挂耳房。若高于主房，称二郎担山。忌4间或6间，俗称四六不通脊。主房以外再配以东、西、南屋，称四合房。房基一般石砌，墙用土坯，房架用木材，屋顶披以麦秸。富家有4梁8柱，砖瓦到顶。但不论贫富，传统的造房格局基本一致，都有院墙、大门、影壁等。

县境北部、西部因常受风沙水害侵袭，多造平房。砖镶门窗，屋顶部稍凸，敷以灰泥。20世纪80年代后，渐改为起脊，上覆瓦，与县境南部、东部造房渐渐相同。农村建房改用砖瓦水泥，房屋式样多为前出厦、锁皮厅。长山、苑城一带，多以炉渣、石灰建墙基，亦相当坚固。实行新村规划后，传统的造房格局，已被排房所代替。一般为南向5间，一檐一脊式。开东南门或西南门。

第四节　信奉习俗

俗信

中华人民共和国成立前，城里、农村多建有庙宇，如关帝庙、菩萨庙、炎帝庙、土地庙等。各种俗信活动一般以庙宇为场所。遇旱灾有祈雨打醮活动。家宅不安，祸福未定，多有祷神占卜。老年妇女崇奉碧霞元君，俗称泰安奶奶。元宵节后，结伴步行到泰山进香，以苦行示虔诚，祈求来世福报。有的家设佛龛，供奉痘神娘娘、送生娘娘。遇小儿生痘疹、妇女难产，便供以香火，许制神衣，求为保佑。

久旱不雨，群众敲锣打鼓，祈神降雨，还有“打旱魃”之俗：于古墓、石井、墙角阴暗处偶见少许潮湿地，即认为旱魃作祟，群起而掘之。

订婚嫁娶、建新拆旧、修坟安葬，都要请阴阳先生查年命、择日子、看风水、定房基。新中国成立后，此类活动已较少见。

习俗

买卖交易讲究不少斤短两。传说古时十三两为一斤，周文王于秤上增“福、禄、寿”三星，改为十六两。如短秤一两减“福”，依例减“禄”、减“寿”，以劝人公平诚实。

遇日蚀、月蚀，俗谓天狗作祟，敲击铜器、铁锅以“救护”，直至复圆。若雨不晴，吊一棒槌于屋门后，命小儿敲击，使之旋转，口诵“吊棒槌，转悠悠，明日出来红日头”。生两女不男，第二女多命名转子、领子、换子，以期生子。

遇小儿夭折，再生者多命名狗不吃、狗剩等，俗谓贱名长寿。生子多夭折，再生者俗谓难养。周岁时，向邻家乞方寸之布，集百家结缀成衣，称百家衣，使婴儿服之，俗谓可长命百岁。小儿周岁，置笔砚、书册、兵械、衡器任其抓取，验其志趣。

旧时沿街乞讨的乞丐，常折花枝，上缀铜钱，做成摇钱树，挨家挨户地说莲花吉语，祝人家来年财源茂盛，主人一般要赏给钱物。

泰山石用以镇宅，据说可以驱邪避祸，逢凶化吉。倘若宅基直冲街道，或面对庙宇、林岗、大湾，人们便认为是阳宅犯忌，必须在宅子外安一石碑，上刻“泰山石敢当”。

盖房上梁，梁上贴有“太公在此”或“姜太公在此，上梁大吉”等字样。俗说民间以其为镇邪趋吉。

吉祥

吉祥物纷繁多样，以其寓意或含意来满足人们的心理期待。常见的有民俗吉祥物、庭院种植吉祥物、动物崇拜演化出来的吉祥物、祈子吉祥物、祈富求财吉祥物、延年益寿吉祥物、企盼团圆吉祥物、贺婚嫁吉祥物等。

祈子吉祥果实有枣、栗子、石榴、花生、莲子、桂圆、葫芦等。旧时婚娶多用吉祥果实，取其早生贵子、连生贵子、儿女双全等祥瑞。葫芦形似母腹，腹内多籽，先民视为孕育人类万物的母体。宅院中堂屋两侧栽种石榴树，有榴开百子之说，留下子孙之寓意。院中植枣树，意为早立子、早发财。院外种槐树，俗说“门前一棵槐，银子滚滚来”。

吉祥动物主要有麒麟与蛋。麒麟是幻想中的瑞兽，繁殖能力极强，古人视为生殖象征物。故民间有“麒麟送子”的说法。乡间旧时曾流行嫁妆中放红喜蛋的习俗。后来，各种喜庆节日，儿童吃红喜蛋，已渐渐淡化了原始祈子的寓意。

喜鹊为吉祥物，院中喜鹊登枝鸣叫，是吉兆。乌鸦为不祥之鸟，若乌鸦聚集或鸣叫，是凶兆。家中有病人，乌鸦飞临鸣叫，更为凶兆。蝙蝠是院内常有动物，民间视为灵物。“蝠”谐音“福”，因而民间把蝙蝠看作福的象征，人们严禁伤害它。燕子在谁家垒窝，预兆谁家兴旺发达。燕子窝，大人禁止儿童戳坏，说捅坏要瞎眼睛。

凡举办喜庆宴会，必须有鸡有鱼，言其吉庆有余。鱼多用鲤鱼，取年年得利的吉兆。鲤鱼跳龙门、鲤鱼与儿童为题材的年画，亦是吉祥图之一。

筷子谐音“快子”，寓“快得子”之意，赋予其繁衍子嗣的象征意义。婚俗中常用红筷子，红表示喜庆，深层寓意为期望子孙满堂、人丁兴旺。在餐桌上分筷子，也有此意。“灯”为祈子吉祥物之一，“灯”之老字中有“登”，寓意登第、登科。旧时元宵节挂灯、送灯、妇女观灯都或显或隐地含有祈求贵子之意。

象征发财的吉祥物有摇钱树、铜钱、聚宝盆、元宝等。

禁忌

除夕之夜说话要吉庆，兆一年祥瑞。禁说颓唐话和打骂孩子。包水饺禁说“完”字、“破”字，以齐、满、挣等字替代。自除夕至正月初三，避免打碎器物，不得向门外泼水。拜年忌朝人叩头，要到家里作堂拜。正月里忌空锅，饭后要向锅里放一瓢水或一个馒头。

妇女忌抓盐出门，男人禁入产房。借水桶不能空桶送还，要送还一桶水。借药锅用完不送，由原主自己来取。药渣忌倒大门口，要往远处倒。

出嫁的闺女不能在娘家过春节。祝寿贺诞，以木盒、瓷碗盛礼品，忌用条编物。走亲探病忌在初一、十五两日。婚娶择日忌取四、七及月尽日。

女嫁忌与孕妇相遇，事出唐突，双方交换饰物为破解。商店忌把算盘翻置，关门称作销门。农房收粮忌实估产量，一般要往高处说。逢闰年忌盘炕，家有属龙者二月二日忌炒蝎豆。造房木材忌用樗、桑、槐、松木。木制窗房忌用七棂。

院中忌栽桑、柳、桃等树。桑谐音“丧”，俗说桑树不吉利，有丧(桑)失人口之嫌。柳树有留(柳)不住人口或钱财，有败家之象。桃花、桃枝、桃子皆为血红色，有血光之灾又有逃亡之意。屋前忌栽桑树，屋后忌栽柳树，门前忌栽杨树，有“前不栽桑，后不栽柳，门前不栽呱嗒手(杨树)”的说法。杨叶被风吹动，哗啦啦响，认为此家过分张扬。

筷子忌在碗内饭中直立插放。直立插筷，意谓死人食用的“倒头饭”。儿童忌用筷子敲击空碗，意味着没饭吃，亦不雅观。忌将筷子横担在碗上，说是供奉死人的作法。忌用手托着饭碗，说这是端着讨饭的碗，受一辈子穷。盛饭菜忌讳勺子往外翻，说这是对犯人的舀法。忌讳从窗口递送食物。饭桌上有人尚未吃完饭，忌讳收碗筷，意为不礼貌。给别人倒茶水或放茶壶，忌将壶嘴对着人，尤其客人。因为“壶”谐音“虎”，“壶口”谐音“虎口”，以“虎口”对人当然就不礼貌。

对长辈，不能直呼其姓名，更忌讳说乳名，认为是大不敬。上学后，除父母长辈外，一般人不可再叫乳名(小名)。称乳名，认为是一种羞辱。

到亲友家作客吃饭忌把鱼翻过来，谓“客不翻鱼”。要吃另一面，应说“正过来”。人们追求避俗就雅，屙屎撒尿，旧言“如厕”“解手”、“方便”(大解、小解)；今言“到洗手间”“上卫生间”等。买卖人忌亏损折本，将“猪舌头”改称“猪赚头”“猪口条”，避开“舌”的音。调料中的醋，忌说“吃醋”，而说“用忌讳”，以避“争风吃醋”之意。

结婚忌在本命年(属相之年)，择日忌取农历四、七及晦日，亦不能选在生日及生月。结婚所有物品礼物，忌单取双。女子出嫁时的陪嫁品内包有铜镜(或铜盆)、鞋等之类，寓意“同偕以老”。结婚贺礼忌送钟，因为与“送终”谐音，十分不吉利。父母给女儿送嫁妆，忌送刀剪，以免误解为“一刀两断”。婚嫁衣服，旧时忌用白色与黑色。丧葬品忌用红色及其他鲜艳色彩。人有喜事，忌穿孝服入门。衣服下摆忌讳毛边(不锁边)，因为那是丧服式样。衣服扣子喜单忌双，说是“四六不成材”。

走亲探望病人或出远门，忌在农历初一、十五。俗说：“待要走，三六九；待回家，二五八。”县内有“起脚饺子落脚面”的说法，家人或客人要出门远行，要吃水饺为其饯行。饺子形若元宝，祝出行人发财，亦有盼望早日归来团圆之意。迎接家人或客人归来，吃面条。面条，有绵长之特点，情意绵长多留几日，表示留恋。

忌下午探视病人，下午属阴，据传看后病人的病会加重。老人将至百岁，忌说一百岁，认为旧时以为一百岁是人寿的极限，到时要死。说某人“百年之后”，就是指其死后。所以长寿者只说九十九，有的只说九十六，不予增岁。问老人年龄，忌说七十三、八十四。俗有“七十三、八十四，阎王不叫自己去”(孔子活到七十三，孟子活到八十四)的说法。男子忌说四十一，说四十一岁妨妻，要跳过去多说一岁。

正月初十为“石头生日”，此日忌搬动碾、磨、碌碡等石物。乡间盖屋，忌讳在农历五月，五月为恶月。按易经，五月属媚卦，一阴灭五阳，故不宜盖屋。住房忌直冲小胡同，小胡同又名箭道，会射伤其家人。禁忌大门在南墙正中向南，又正对正堂屋门，被以为是“水火相克”。因为按五行说法南方属火，北方属水。鸡窝不能垒于正房屋檐下，谓之“双落泪”，不吉利。

当地俗信，祭祖敬天，烧香磕头，讲究“神三鬼四”，严禁混淆。三者，阳数，神如天，属阳；四者，阴数，鬼者，在阴曹地府。所以祭神敬天要用“三”(三炷香，三件祭礼，每件里边放三份，等等)，祭祖上坟则用“四”。也有个别特意祭祖用“三”数的，意味着自己的祖先已经等同神灵了。

第三章 方 言

第一节 方言特点

邹平方言属官话方言的冀鲁官话区，但又有自己明显的特点。

邹平方言与官话方言的最大区别在声调方面。古清声母的入声字，冀鲁官话归阴平，而邹平话自成一类，如“不、仆、福、笃、秃、谷、哭、忽、竹、出、叔、促、屋”等字，均读高平调，可以仍然称之为“入声”。

邹平话声母和韵母方面的特点：①没有开口呼的零声母音节，普通话的零声母音节邹平话多有“ng”声母或读古音。②声母“r”不拼合口呼，多以声母“l”代替。③没有合口呼零声母音节，普通话里的这类音节均把“w(u)”发成唇齿音“v”。④没有前鼻韵尾“n”，普通话的前鼻韵母，邹平话均读成鼻化韵母。⑤没有卷舌韵母“er”，也没有普通话那样的带卷舌色彩的儿化韵。

邹平话中有相当数量的特有词语，例如：“不拉盖”(膝盖)，“额(ye)拉盖”(前额)，“三官脉”(太阳穴），“拉不平”（连襟），“八八子”（鸭子），“捎老钱”（蝉），“要光”（戏弄），“念诵”（劝导），“二思”（犹豫不决），“容过”（有空闲），“拽”（扔），“摆”（冲洗衣物），“从先”（刚才）等等。还有一些表示程度深的副词如“刚”“楞”“老么”等。

方言中较显著的语法特点：①人称代词单复数相同，没有类似普通话里的“们”词尾。②指示代词是三指的：近指代词“这”，中指代词“乜”（nie[41]），远指代词“那”。③比较句式很有特色，如“我不强的他”“他不重的你一些”“抱孙子强似攒金子”等。④反复问句式与普通话有很大不同，如“吃了没”“吃了不”“吃了了不”“能吃了不”等。⑤个别副词的语序颠倒，如“知不道”“挺手冷”“老么肚子疼”等等。

现在的邹平县是由解放前的邹平、长山、齐东三个县合并而成，因此邹平方言语音的地域差异表现为东西部的不同。主要有三：

西部腔（靠近章丘的乡镇，包括原齐东的部分区域）：主要是青阳、明集、码头、魏桥等镇，及韩店、九户、台子等镇的西部地区，其显著特点是没有“r”声母，普通话的“r”声母全部用“l”声母代替，如“人、然、日、肉、热、扰、让、扔、容、如、若、瑞、软、润”等音节，声母都是“l”。其他镇、街道区分“r”和“l”，但“r”声母不拼合口呼。

东部腔（主要是原长山县的几个乡镇和邻近的乡镇）：包括孙镇、焦桥、长山、高新街道等镇、街道及九户、韩店、好生等镇的东部地区，其特点是把央元音“a”发成圆唇音，基本规律是儿童比成年人明显，女性比男性明显。

县城腔（主要是原邹平县的中心区域）：包括黛溪街道、黄山街道及西董、好生、韩店、九户等镇的大部分地区，其特点是区分“r”和“l”（但“r”不拼合口呼）；“a”为展唇，不是圆唇。

本节的记音以县城音为准。为了阅读方便，记音用汉语拼音，不用国际音标。必须使用国际音标时以方括号“[ ]”示之。声调用“五度标调法”，轻声不标调值。只记原调，不记变调。

第二节 语 音

声母

邹平方言有声母 24 个（比普通话多三个）：

b 布班　p 怕盘　f 夫冯　m 门忙

z 糟祖　c 仓粗　s 丝苏

d 端到　t 太平　n 难女

l 兰路　lr 儿耳

zh 招邹　ch 潮初　sh 书生　r 日热

j 经精　q 轻秋　x 虚休

g 贵姑　k 开葵　h 红胡　ng 肮袄

y 衣鱼　v 屋乌

在邹平方言中，卷舌边音 lr 只用“儿、耳、二”诸音节；ng 用于开口呼韵母前，v 仅用于合口呼韵母前。

韵母

邹平方言中有韵母 37 个（比普通话少两个，没有卷舌韵母 er 和舌面韵母 ê）：

a 八拿　ia 家虾　ua 瓜花

e 波哥　ie 写姐　ue 我罗　ü e 学月

i 衣鸡　u 朱夫　ü 女吕

–i（前）资私　–i（后）知师

ai 开态　iai 街鞋　uai 歪怀

ei 宅色　uei 伟追

ao 包高　iao 挑交

ou 勾周　iou 牛求

an 班干　ian 烟天　uan 关酸　ü an 软宣

en 真身　in 银心　uen 温轮　ü en 云军

ang 帮当　iang 羊江　uang 王庄

eng 丰更　ing 英京　ueng 翁瓮

ong 东容　iong 拥兄

邹平话韵母有以下特点：

1. 没有前鼻辅音韵尾。类似普通话中的前鼻辅音韵尾均读作鼻化元音。

2. 二合元音 ai、ao 动程比较小。有单元音化的倾向。

3. 没有卷舌韵母 er，普通话读 er 的音节，邹平话中均冠以持阻时间较长的带卷舌色彩的边音

l，把“儿、耳、二”诸音节读成 ler。

4. 没有圆唇元音 o，后元音 e 发音也较靠前。邹平方言中，常把普通话中的 o 和 e 发成中元音 [ə]，这是邹平人说话松散，造成元音弱化的结果。

5. 元音发音比较松散。邹平话单韵母发音时的松散情况比较严重，其他韵母的发音也有这种倾向，导致了邹平话的几乎每个元音与普通话都有音质上的差异。

6. 邹平话中的儿化韵母，只改变基本韵母的读音，而没有卷舌动作，且儿化的范围很有限：仅前鼻化韵母、舌尖韵母和舌面韵母 i 能儿化，其他韵母则不能。所以可称之为“儿变韵”。基本规律如下：

基本韵母	儿化韵母	例词语	
an	ai	饼干儿	木板儿
ian	iai	笔尖儿	一点儿
uan	uai	铁环儿	去玩儿
üan	üai	花圈儿	烟圈儿
en	ei	大门儿	赔本儿
ien	iei	捎信儿	干劲儿
uen	uei	飞轮儿	打盹儿
i	iei	小鸡儿	玩意儿
–i(前)	ei	瓜子儿	没词儿
–i(后)	ei	没事儿	大侄儿

声调

邹平话有五个调类：

阴平	213	春天	高山	诗篇
阳平	45	平常	品行	学名
上声	45	群名	短体	老卵
去声	41	巨抱	快斗	目日
入声	55	八德	吃色	谷择

注：上声单字调的调值与阴平声相同，但在语流中可以区分出来。借助语气词或轻声词可以把上声和阳平声区别开来，看出它是一个中降升调，这样的双音节词语的调值可以记作 42•5。如“柳树”“闪下”“我的”“走了”“马上”“假的”。再如在语气词前边，“你姓刘啊还是姓柳啊”“你是赶集呀还是赶挤呀”。

邹平话声调与中古音的对应关系如下：

邹平方言语音与中古音对应关系一览表

表27–3–1

邹平声调	中古声调	例　字
阴平	清音平声	杯崔思诗追刀天高
阳平	浊音平声	雷牛持谁维毛桃劳
上声	清音上声 次浊上声 全浊入声	腿水保讨早酒贬闪 耳里老脑柳有眼免 达十习集拨铡别截
去声	去声 全浊上声 次浊入声	快半内累拉洞共店 巨抱罪妇渐甚辨件 目日猎聂立入抹来
入声	清音入声	接吸割八杀瞎哲笔

说明：1. 邹平入声字是一种舒声入声，没有塞音韵尾，如：节jie^{55}，渴kuo^{55}，割ga^{55}，色shei^{55}。

2. 还有少数浊音入声字也读入声，如：液掖袭辑倔橛穴疾突柞踱值殖泽择额（ye^{55}）夕掷犊淑等

第三节　词　汇

名词

太老爷爷　tai^{41}lao^{45}ye^{45}ye　高祖父。

太老奶奶　tai^{41}lao^{45}nen^{45}nen　高祖母。

老爷爷　lao^{45}ye^{45}ye　曾祖父。

老奶奶　lao^{45}nen^{45}nen　曾祖母。

爷爷　ye^{45}ye　祖父。

奶奶　nen^{45}nen　祖母。

爹 die^{213} 父亲。

娘 niang^{45} 母亲。

大爷 da^{41}ye^{45} 伯父。

大娘 da^{41}niang^{45} 伯母。

老姑 lao^{45}gu^{213} 父之姑，亦称“姑奶奶”。

姥爷 lao^{45}ye 外祖父。

姥娘 lao^{45}niang 外祖母。

老姥爷 lao^{45}lao^{45}ye 母之祖父。

老姥娘 lao^{45}lao^{45}niang 母之祖母。

姨姥娘 yi^{45}lao^{45}niang 母之姨。

舅 jiu^{41} 母之兄或弟。与舅同辈者亦如称。

妗子 jin^{41}ne 舅之妻。与舅同辈者之妻亦如称。

丈人 zhang^{41}ren 岳父。面称随妻称“爹”或“爸”。

丈母娘 zhang^{41}mu niang^{45} 岳母。面称随妻称“娘”或“妈”。

舅子 jiu^{41}de 妻之兄弟。妻之兄面称为“哥”；妻之弟直呼其名。

姨子 yi^{45}de 妻之姐妹。妻之姐面称为“姐姐”；妻之妹，直呼其名。

公公 gong^{213}gong 夫之父。面称随夫呼“爹”或“爸爸”。

婆婆 pe^{45}pe 夫之母。面称随夫呼“妈”或“娘”。

大伯子 da^{41}beide 夫之兄。面称随夫称“哥哥”。

小叔子 xiao^{45}shude 夫之弟。面称直呼其名。

大姑子 da^{41}gude 夫之姐。面称随夫叫“姐姐”。

小姑子 xiao^{45}gude 夫之妹。面称直呼其名。

亲家 qin^{213}jia 夫妻双方父母辈之互称，面称“哥”或“嫂”，无年龄大小之分。

拉不平 la^{213}buping^{45} 连襟。面称随妻呼“哥”或“弟”。夫从妻，不论女婿年龄大小。

贵客 guei^{41}kei^{55} 女婿，门婿。他人尊称和岳父母背称，面称以姓名。

老爷爷 lau^{45}ye^{45}ye 指太阳。

日头 ri^{41}tou 太阳。

月明 yue^{41}ming 月亮。

光明 kuang^{213}ming 月亮。

月明奶奶 yue^{41}ming nen^{45}nen 月亮，儿语。

勺星 shao^{45}xing 北斗星。

风圈 feng^{213}quai 月晕。

河崖 huo^{45}yai^{45} 河岸。

崖头 yai^{45}tou^{45} 高坡。

天井 tian^{213}jing 庭院。

隅领子 yu^{55}ling ne 墙与屋或屋与屋之间的空隙，不通透。如果通透了则叫胡同。

夹股道 jia^{55}gudao^{41} 特别狭窄的胡同。

屋当场子 wu^{55}dachang^{45}ne 屋内的地面。

栏 lan^{45} 厕所。过去农家把喂牲口的地方和厕所合为一处，故称。派生词：栏台，指猪圈里的平台；栏坑，坑读音 qing^{213}，指厕所里存放粪便的坑；上栏，指上厕所；跑栏，指拉肚子。

茅房 mao^{45}fang 厕所。上厕所叫“上茅房”。

埝儿 niai^{45} 地方。

年下 nian^{45}xia 过年的时候。

头年 tou^{45}nian 去年。

年时 nian^{45}shi 去年。

春上 chun^{213}shang 春天。

夜来 ye^{41}la 昨天。

后晌 hou^{41}shang 晚上。

噜苏明 lu^{55}suming^{45} 黎明。

头晌午 tou^{45}shangwu 上午。

傍晌午 bang^{213}shangwu 接近中午时分。

晌午头子 shang^{213}wutou^{45}de 中午。

过晌午 guo41shangwu 下午。

傍黑天 bang^{213}heitian^{213} 傍晚。

将才 jiang^{213}cai^{45} 指刚才。

多咱 duo^{213}zan 什么时候。

盼子 pan^{213}ne 一段时间。如：干了一盼子活了，歇歇吧。

见天 jian^{41}tian 每天，整天，天天。

时截 shi^{45}jie^{45} 时间（长）。如说“大时截”“老时截”，指很长时间；问经历了多长时间，也可以说“多时截”。

麻眨眼儿 ma^{45}zhayai^{45} 黄昏。也指时间短暂。

过半夜 guo^{41}banye^{41} 后半夜。

马虎　ma²¹³hu　狼。

黑瞎子　hei⁵⁵xia⁵⁵de　狗熊。

仙家　xian²¹³jia　对黄鼠狼的一种迷信称呼。也有称黄鼠狼为“邻室家”的。

貔狐子　pi⁴⁵hude　狐狸。

犍子　jian²¹³ne　公牛（阉过的）。

爬牯　pa⁵⁵gu　小公牛（未阉割的）。

氏牛　shi⁴¹niu　母牛。

叫驴　jiao⁴¹l ü　公驴。

草驴　cao⁴⁵l ü　母驴。

头牯　tou⁴⁵gu　牲口。即牛、马、骡、驴等的总称。

老跷腿　lau⁴⁵qiao²¹³tui　生产过多次的老母猪。

鸽打木子　can²¹³damu⁴¹de　啄木鸟。

老雕　lao⁴⁵diao²¹³　鹰。

老鸹　lao⁴⁵gua　乌鸦。

野鹊　ye⁴⁵qiao　喜鹊。

家鹳儿　jia²¹³chei　麻雀。也称“家鹳子”。

光棍儿　guang²¹³guei⁴¹　杜鹃。以其鸣叫声命名。

檐边虎子　yan⁴⁵bianhu⁴⁵de　蝙蝠。

捎老钱儿　shao²¹³laoqiai　蝉。

嘟了子　du²¹³liao⁴⁵de　知了。

促织子　cu⁵⁵zhide　蟋蟀。也叫“蛐蛐”。

蚰子　you⁴⁵de　蝉的幼虫。也叫“老捎猴”“蛴子”。

叫知子　jiao⁴¹zhide　雄蝈蝈。

咬蝈儿　yao⁴⁵guai　雌蝈蝈。

蝎虎溜子　xie⁴⁵huliu²¹³de　蜥蜴、壁虎的统称。也称“蛇虎溜子”。蜥蜴,有的地方叫“地出溜子”。

磨郎牛　mo⁴⁵langyou⁴⁵　蜗牛。也叫“榔郎牛子”“蛤拉牛子”等。

蛛蛛子　zhu²¹³zhude　蜘蛛。

八八子　ba⁵⁵ba⁵⁵de　鸭子。以鸭子走路时迈“八”字步命名。

儿猫　ler⁴⁵mao　公猫。

女猫　n ü ⁴⁵mao　母猫。

长虫　chang⁴⁵chong　蛇。

搓鞋底　cuo²¹³xiedi⁴⁵　百足虫。又称“刮头篦子”。

鹁鸪　bo⁴⁵gu　鸽子。也叫“鸽鸽（音guo45guo）”。

泥狗　ni⁴⁵gou　泥鳅。

瞎撞　xia⁵⁵chuang⁴¹　金龟子。

曲蟮　qu⁵⁵shan　蚯蚓。

苍羊　cang²¹³yang　苍蝇。

米羊　mi⁴⁵yang　蚂蚁。也叫蚁羊。

蛤蚤　guo⁵⁵zao　跳蚤。

火镰虫　huo⁴⁵lianchong　萤火虫。

腻虫子　ni⁴¹chongzi　蚜虫。也叫“蜜虫子”。

蛤拉　ga⁴⁵la　指贝类。

蚂蚍　ma⁴⁵pi²¹³　蚂蟥。

长果　chang⁴⁵guo⁴⁵　花生。

果末子　guo⁴⁵mode　统称各种水果。

长阳花　chang⁴⁵yang⁴⁵hua²¹³　向日葵。也作“朝阳花”。

光光花　guang⁴⁵guanghua²¹³　蜀葵。

指甲桃子　zhi⁵⁵jiatao⁴⁵de　凤仙花。

婆婆丁　po⁴⁵poding²¹³　蒲公英。

索草　suo²¹³cao　香符，香符子。

马札菜　ma⁴⁵zha⁴⁵cai⁴¹　马齿苋。

青青菜　qing²¹³qingcai⁴¹　小蓟。

花子菜　hua²¹³decai⁴¹　金针菜。

蒜毫　suan⁴¹hao⁴⁵　蒜薹。

枸桡子　gou⁴⁵naode　枸杞，也叫“枸奈子”。

囊瓜　nang⁴⁵gua　南瓜。

躺枣　tang²¹³zao　长形枣。

铃枣　ling⁴⁵zao　圆形枣。

枪杆　qiang²¹³gan　谷类有秸无穗。

忌讳　ji⁴¹hui　醋。

馋窝　chan⁴⁵we　颈项后凹处。

额拉骨盖　ye⁵⁵lagugai⁴¹　前额。

门楼头　men⁴⁵loutou⁴⁵　前额特别突出。

后奔楼　hou⁴¹ben²¹³lou　脑后骨。

三官脉　san²¹³guamei⁴¹　太阳穴。

腮骨掌子　sai²¹³guzhangne　面颊。

胳肢窝　ga⁴⁵zhiwe²¹³　腋窝。

胳膊肘子　guo⁵⁵pe⁵⁵ju²¹³de　胳膊肘。

腚槌子　ding^{41}chuide　屁股。

腚巴骨　ding^{41}bagu　坐骨。

干腿肚子　gan^{213}tuidu^{41}de　小腿。

脚巴丫子　jiao^{55}baya^{213}de　脚，脚趾。

脚骨拐　jiao^{55}gu^{35}guai　大趾和脚掌相连向外突出的地方。

耳碎　ler^{45}sui　耳屎。

斜涎　xie^{45}xie　口水。

皮槽子　pi^{45}caode　皮肤。

雀瞽　qiao^{55}gu　夜盲症。得了夜盲症，又称招了“鬼打墙”。

脾汗　pi^{45}han　疟疾。害了疟疾叫“发脾汗”。

细病　xi^{41}bing　旧指年轻妇女得肺结核病。

不济　bu^{55}ji^{41}　生病。也指运气不好,如说“时气不济”。也指精神、力气等不顶用,力不从心。如：人老了，心力不济了。

物业　wu^{41}ye^{41}　家产。如说“置下了很大的物业”。

过货　guo^{41}huo　家庭中所积蓄的财富。如说“家里有不少过货”。

底货　di^{213}huo　储备。

私房　si^{213}fang　私蓄财富。可以说“私房货”“私房钱”等。

褯子　jie^{41}de　尿布。

绒子　long^{45}ne　已经弹好的棉絮。

套子　tao^{41}de　用过的棉絮。

奁房　yan^{45}fang　女子出嫁时娘家陪送的箱、柜、被褥等物。

窑货　yao^{45}huo　杯、盘、碗、碟等陶瓷器皿的总称。

篼子　yuan^{45}ne　用绵柳条或竹篾(mie)等编成的盛东西的用具，如：你拾掇好篼子，我明天早晨走亲戚去。

胰子　yi^{45}de　肥皂。

擦床子　ca^{55}chuangne　一种可以把萝卜、土豆等擦成条或丝的器具。

杌扎子　wu^{45}zha^{213}de　马扎。纯木板做成的，叫“板杌扎子”；如果是用绳子穿起来当坐具的，叫“撑子”或“撑杌扎子”。

抽头　chou^{213}tou　抽屉。

头枕　dou^{41}zhen　枕头。

顶指子　ding^{45}zhide　顶针。

调羹　tiao^{45}geng^{45}　供一个人使用的汤勺，也叫“调羹勺子”。

电棒子　dian^{41}bangne　手电桶。

电棍　dian^{41}gun　日光灯。

风葫芦　feng^{213}hulu　鼓风机。

风匣　feng^{213}xian　风箱。也作“风掀”。

插关子　cha^{55}guanne　门闩（shuān）。

逗条　dou^{41}tiao^{45}　晾衣物用的铁丝或绳子。

地排子　di^{41}pai^{45}de　一种小型的两轮车，可以用牲畜拉，也可以用人拉。也叫“地排子车”。

恶盆子　wo^{55}penne　指盛泔水的盆子。相应地泔水叫作“恶水”。也有人把尿盆称作恶盆子。

磨脐子　mo^{41}qi^{45}de　石磨分上下两层，下层中间有个洞，里边装一个短轴，上层磨以此轴为圆心转动；因为在中间，像人的肚脐之所在，所以这样称呼。

营生　ying^{45}sheng　东西。

遮护子　zhe^{213}hude　围裙。

下水　xia^{41}shui　猪、羊、牛等牲畜内脏的总称。

脂罗索　zhi^{213}luosuo　猪身上不成块的脂肪。也指已经榨过油的猪脂肪，即“大油渣子”。

馍馍　me^{45}me　馒头。

卷子　juan^{45}ne　长方形馒头。

咕渣　gu^{213}zha　面疙瘩汤。

黏粥　nian^{45}zhu　粥。

麻糁　ma^{45}shan　榨过油的豆饼。

引子　yin^{45}ne　酵母老面。

剂子　ji^{41}de　包饺子、包子、馄饨时做成的小面块，擀皮叫“擀剂子”。做馒头时成型前的小面块也叫剂子，做这样的小面块叫“做剂子”。

罩子　zhao^{41}de　酱油、醋及咸菜缸中水面长的白醭。现在食品都加防腐剂，很难见到了。

撅连　jue^{55}lian　粥类凉了后表面凝结的一层。也指裱糊的东西边角翘起。

阔落　kuo^{55}luo　旧时指用砖、坯等垒砌的炉灶。喻指尚待育肥的猪。

行行　hang^{45}hang　儿语，指玩具。

坎子　kan^{45}ne　歇后语。

礓礤子　jiang^{213}chade　门前的斜坡，为了出入方便。比较讲究的人家可能修成踏步。

踏步　zha^{213}bu^{41}　台阶。

照策　zhao^{41}chei　凭证，依据。

活路　huo^{45}lu　棺材，又指手艺。

嘲巴　chao^{45}ba　傻瓜。

结拉巴子　jie^{55}labade　口吃的人。

背生子　bei^{41}sheng^{213}zi^{213}　遗腹子。

替头　ti^{41}tou　娘家人称亡女丈夫所娶继室。如有“替头姑”“替头姨”等。

锢炉子　gu^{41}lude　小炉匠。

觅汉　mi^{41}han　长工。

老娘婆　lao^{45}niangpe^{45}　旧时接生的妇女。

一把连子　yi^{55}ba^{45}lian^{45}ne　从小在一块长大，年龄相近，且现在还能在一起玩的一伙朋友。相当于北京人说的“发小”。

二勾　ler^{41}gou　指脾气暴躁，行事莽撞的人。

二百五　ler^{41}beiwu^{45}　指傻头傻脑，不很懂事，而又倔强莽撞的人。

二混五子　ler^{41}hun^{41}wu^{45}de　指游手好闲、混吃混喝的人。

二不扯子　ler^{41}buche^{45}de　指不懂人情、半吊二气的人。

二杆子　ler^{41}gan^{45}ne　指人的脾气莽撞、火暴。

二把刀　ler^{41}badao^{213}　对某知识或技艺不精通、一知半解或技术上凑凑合合的人。

二婚头　ler^{41}hun^{213}tou^{45}　旧称再婚的妇女。

二流子　ler^{41}liude　不务正业游手好闲的人。

二鬼子　ler^{41}guide　抗战中对汉奸卖国贼的蔑称。

二嘲彪　ler^{41}chao^{45}biao^{213}　行为不正、粗鲁莽撞的人。

二急眼　ler^{41}ji^{213}yan^{45}　性情粗暴的人。

半吊子　ban^{41}diao^{41}de　不通事理的人，通“二百五”。

烂鱼肺　lan^{41}yu^{45}fei^{41}　无用之才。也称“烂牛肺”。

黏道鬼　nian^{41}daogui^{45}　言行不干脆利落的人。

迷瞪小　mi^{45}dengxiao^{45}　迷迷糊糊、成天像睡不醒的人。

土条子　tu^{45}tiao^{45}de　地头蛇。

光棍（子）guang^{213}gun^{41}（ne）　单身汉。单身叫“打光棍”。

家光棍　jia^{213}guanggun　指专在家里或内部逞威风的人。

眼子　yan^{213}ne　与光棍相对，指经常被人欺负，老是吃亏的人。俗语“没有眼子就没有光棍”。眼子也可作动词用，如：你这不是眼子人吗（指欺负人或耍弄人）？

耳子（班）　ler^{45}de（ban^{213}）　平庸愚昧的人。

老哏头　lao^{45}gen^{45}tou　脾气板滞、倔强的人。

犟橛子　jiang^{41}jue^{45}de　性情执拗的人。

愣头青　leng^{41}tou^{45}qing^{213}　做事没脑子，莽撞粗鲁的人。

闷头相　men^{213}touxiang^{41}　不爱说话、但心里很有主意的人。

游尸鬼　you^{55}shigui^{45}　不务正业，东游西荡的人。

阴干兔子　yin^{213}gantu^{41}de　尖刻难以对付的人。有歇后语曰“阴干兔子——难剥（音 ba^{55}）”。

滚刀肉　gun^{45}dao^{213}rou^{41}　软硬不吃，又无利不图的人。

横里砖　hueng^{41}lizhuan^{213}　专好寻衅的人。

鬼吹灯　guei^{45}chui^{213}deng^{213}　伎俩。

滑溜杆子　hua^{45}liugan^{45}ne　徒有外表而无才干的人。

下巴骨　xia^{41}bagu　下颌，即下巴。派生词：下巴骨水，指别人的剩饭或施舍，贬义。如：你就是喝人家点儿下巴骨水吧。

脖楞颈　bo^{45}lenggeng^{45}ne　脖颈儿，指脖子后面。也作“脖拉颈子”。

不拉盖　bu^{55}lagai^{41}　膝盖。也作“膊拉盖”。

补区　bu^{45}qu　肚脐眼儿。

鼻嘎渣　bi^{45}gazha　指鼻腔分泌物凝固形成的鼻屎，也指用衣袖擦鼻涕后形成的干结物。按:“嘎渣”，原指烙、煎食物或煮饭时焦化的部分，如：

锅嘎渣，糊嘎渣。可以引申指黏稠状东西形成的干结物，如：给孩子换换衣服，你看他前怀里全是粘粥嘎渣。

拃 zha^{213} 长度单位，拇指与中指或无名指之间的长度。如：你看这孩子，真是一拃不如那四指近来。拇指与食指间的长度也特称“一虎口”。

妈妈 ma^{45}ma 指乳房，也指“奶”。如：小孩子吃妈妈。派生词：妈妈头子，指乳头或乳头状的东西。

腚 ding^{41} 指臀，俗称屁股。

腚眼子 ding^{41}yan^{45}ne 肛门。

眵 chi^{213} 眼睛分泌出来的液体凝结成的淡黄色的东西，俗称“眼屎”。也作“眵目糊”“眵么糊”“眵吗糊”。派生词：眵目瞪眼，形容人比较愚蠢，不机灵，贬义；眵狗子，指愚钝，蠢笨。

耳碎 ler^{45}sui 指耳屎。

扽喷 den^{41}pen 指喷嚏。打喷嚏叫“打扽喷”。

昧 mei^{41} 谜语。派生词：把昧，指出谜语；猜昧，指猜谜语。如：我给你把个昧吧——别，俺可不会猜昧。

天河 tain^{213}huo^{45} 银河。

呱啦 gua^{213}la 霹雷，霹雳。

雹子 ba^{45}de，冰雹。

饭巴拉子 fan^{41}balade 霰（xiàn），即米粒状的雪团，一种固态降水。

箔障子 bo^{45}zhangne 用高粱秸做成的篱笆一样的东西，用来分割内外；在室外的叫“箔障子墙”，相当于篱笆。

叉手 cha^{213}shou 当地建筑术语，指横梁上的“人”字形斜梁，上面放檩，用于起脊的房屋，因像人两手相叉，故称。

砟子 zha^{45}de 指用碎煤掺上黏土做成的煤泥，也指用这种煤泥做成的煤饼或煤球。派生词：砟子土，可以用来和（huo）砟子的黏土。

动词

梭 suo^{213} 泛指打人。

撸 lu^{213} 泛指打人。

撮 cuo^{55} 用拳头打人。

搐 chou^{55} 用鞭子或条状物打人。

括 gua^{213} 用手触摸。

将 jiang^{213} 用手牵引或扶持。

拽 zhuai^{213} 扔。

掺和 chan^{213}huo 几种东西相混合；参与；在人际之间拨弄是非。

𢭏 kuai^{45} 用手瘙痒。

撧 ① jue^{55} 折。② jue^{213} 用手搔痒。

搡 sang^{45} 以手掌心向口中进食。

摆 bai^{45} 用清水冲洗衣物。

铰 jiao^{45} 剪。

颠 dian^{213} 慢跑。

团由 tuan^{45}you 合掌圆转，把物揉作团状。

扑撒 pu^{55}sa 将洗后晒干的衣服用手拍打熨平。

鼓捣 gu^{45}dao 收拾，整理。

要光 shua^{45}guang 戏弄。

堵摩 du^{55}mo 穿在身上摩擦。如：把衣服堵摩坏了。

敛和 lian^{45}huo 收集。

勾搅 gou^{45}jiao 无理取闹，难缠。

踢蹬 ti^{55}deng 故意刁难。如：她娘家人又踢蹬着要钱。小孩调皮。如:这孩子着实能踢蹬了。

搅和 jiao^{45}huo 挑拨；搅拌。

落磨 la^{213}mo 办事拖拉。

扎裹 zha^{55}gua 打扮；修理。“扎裹”在修理义上也可以戏指扎裹人，即用武力教训别人，如：你这家伙欠扎裹了你！

草鸡 cao^{45}ji 指耍赖、不认账。如：输了不许草鸡，咹？也指过分劳累。如:可把我累草鸡了。

做笼子 zu^{41}long^{41}ne 设圈套。

抠约 kou^{213}yue 吝啬刻薄。

别楞 bie^{45}leng 别扭，不顺脱。

掉蛋 diao^{41}dan^{41} 顽皮。多指儿童。也指磨奸使滑，即干活不卖力。

出溜 chu^{55}liu 溜走。多指同人共事，中途妥协。

务求 wu^{45}qiu 钻研。

戳星 chuo^{45}xing^{213} 做事不讲质量，敷衍塞责。

讨还 tao^{45}huan 寻找（比较稀罕的东西）。也指借。可以说“讨还两个钱”。

护驹子 hu^{41}ju^{45}de 偏袒自己的孩子或徒弟。也说护犊子。

脏人 zang^{45}ren 恶意地攻击、污蔑别人；叫人看了感到厌恶。

戳哄 chuo^{55}hueng 挑拨；怂恿他人做坏事。

告讼 gao^{41}song 背后说人坏话。

熏人 xun^{213}ren^{45} 骗人；虚言吓人。

怨慰 yuan^{41}wei 向神祈祷求福；做事不认真。

默量 mei^{55}liang 估计。

闷浑 men^{41}hun 纳闷。

欺零 qi^{213}ling 钱财或物品不能用于大处，零碎消耗掉。

计留 ji^{41}liu 节约，节省；特意留着。如：过年回家的时候，奶奶还给我计留着好几个石榴。

闪下 shan^{45}xia 遗落，留下。

频算 pin^{45}suan 计划，打算。

各自着 guo^{45}zizhao 挑拣出来，单独处理。

仰戛 yang^{45}ga 仰卧。也说“仰戛游”。

趄下 qie^{213}xia 躺下。

歪快 wai^{213}kuai 侧身而卧。

古得 gu^{213}dei 蹲下。大约是“骨蹲”的音转，指蹲下，圪蹴，一种半蹲半坐的姿势。如：前面的人古得下，挡着后头了。

睃么 suo^{213}mo 斜着眼睛四处看，寻找或观察。也作“撒么”“踅么”。

谝 pian^{45} 夸耀，显示，显摆，卖弄。如：就这么点儿本事，你谝啥？老宋买了把清朝的破扇子，这两天到处里去谝。

欢气 huan^{213}qi 笑。如：你光欢气啥？有事赶紧说。

唉哼 yai^{41}heng 因痛苦而呻吟。如：姥娘抱外甥，使（累）煞不唉哼。

盱过 xu^{45}guo 注意，在意。如：看见我手机了么／没（mu）盱过。

嘘溜 xu^{55}liu 轻轻地慢慢地喝液体状的东西。如：他从锅里舀了一点汤，嘘溜了一口，尝尝咸还是淡。

打拢 da^{45}long 精心地喂养宠物或小孩，尤指在困难情况下四处寻找点东西来喂养。如：这只猫刚满月，你可得好好地打拢它／六十年代生活那么困难，她把几个孩子都打拢得不孬。

借就 jie^{41}jiu 凑合。如歇后语：爷两个看牌（赌博）——借就局。再如：就这户的日子了，借就着过吧。

舒伸 shu^{213}shen 伸懒腰，伸展肢体。如，早晨起来，打个舒伸，可舒服了。

叶蔫 ye^{213}yan 也说“叶由”“蔫由”。花木、蔬菜、水果等因丧失水分而萎缩。如：这芹菜都叶蔫了，炒出来也不脆生。

枝生 zhi^{213}sheng 叶蔫的反义词，蔬菜、水果等水分充足，显得很新鲜。如：吃根黄瓜吧，刚摘的，可枝生咧。

骨拥 gu^{55}yong 轻轻地动。如：稍微上这边骨拥骨拥，空太小了／别乱骨拥，要不然刚接上的骨头就接不上茬了。

叉 cha^{45} 普通话念 chá，阳平声，指挡住、堵住、卡（qia）住。如：他在那儿叉着门，不让俺进／一辆车叉在路口。起阻挡作用的东西也叫“叉”，如长白山之九节青龙山与会仙山之间有一小山，有阻挡山口的形势，名叫“叉拉山子”。又如：你叉拉上个箔障子墙，那羊不就进不来了吗？

调贴 tiao^{45}tie^{55} 老实本分。如：这孩子挺调贴的。

调横 tiao^{45}hueng 性情不专一，挑三拣四。

老作 lao^{45}zuo 老练。

糗鬼 qiu^{45}gui^{45} 闹情绪，多指儿童。

急刨 ji^{45}pao 因烦心事而焦躁。如：这几天心里老么急刨得慌了。

折腾 zhe^{55}teng 变卖东西；虐待人。

作害 zuo^{55}hai 糟蹋。

拥撮 yong^{213}cuo 赞成，赞助，帮助。如：大伙子都挺拥撮这件事。

抿划 min^{45}hua 调解，斡旋。

拢划 long^{45}hua 拉拢，收集。也作“拢合”。

趁和 chen^{213}huo 等待。

悠合 you45huo 迁就，将就。也指慢慢适应。如：你这腿刚刚愈合，得悠合着锻炼锻炼。

侧楞 zhei55leng 置物不平，向一方倾斜。

念诵 nian41song 劝说。

挖持 wa45chi 用手或工具触物，连续刮或挖。如，挖持耳朵。

都悠 du45you 把书籍、纸张弄皱弄坏。

拧磨 ning45me 指儿童缠着大人闹。

敲打 qiao213da 批评；冷语讥人。

碾悠 nian45you 用手指或脚板旋转，使物破碎。也作"捻悠"。

漉拉 lu55la 液体断续流出或渗出。

指别 zhi45bie 手指或脚趾僵直、抽搐。

扬翻 yang45fan 传播消息；把东西弄得乱七八糟。

驱拉 qu55la 用脚几乎触地，将东西轻轻移动。

戳置 chuo45zhi 惹人；把器物乱拨弄。

拾翻 shi55fan 乱翻乱弄。

絮道 xu45dao 唠叨。

拙骨 zhuo55gu 性情执拗。喻指病情顽固。如：谁叫他这病得的拙骨来呀?

扎煞 zha213sha 过分张扬；不守规矩。

帮衬 bang213chen41 帮助。

囔送 nang55song 不停地进食。

刺挠 ci41nao 身上发痒。

劙心 li45xin 胃酸过多在胃部引起的一种烧灼感。

悟苏 wu55su 后悔。

烦恶 fan41wu41 讨厌。

二思 ler41si 犹豫不决。

恶映 we55ying 恶心。

熨可 yu55kuo 舒适。

瓦古 wa45gu 委屈。

打直式子 da45zhi45shide 婴儿撒尿前身体微微一颤。

叹虔 tan45jian 可怜。

扒查 ba213cha 到处乱翻。

把查 ba55cha 抚养。

戛翅 ga45chi 用手搔动腋部使人感到难受。

值过 zhi45guo 值得；讲信用。

花销 hua213xiao213 开支。

出落 chu55luo 成长变化。

带利 dai41li 连累。

对撇子 dui41pie55de 两人情趣一致，合得来。

嚼沫 jiao41me 反刍。

着手 zhao45shou45 注意。

倒发 dao41fa 果实摘取后树又生芽。

填还 tian45huan 饲养禽畜获利，指禽畜为"填还"。也戏指女性及时生养或生养得多。

转文 zhuai45wen45 嚼文咬字。

对和 dui41huo 凑付；与别人计较或算计。

砸牙 za45ya45 闲扯。

由服 you45fu 将就，迁就。

圆成 yuan45cheng 从中撮合。

搡 sang45 塞紧；拼命地吃。

拔 ba45 置热食于冷水中使迅速变凉。

熥 teng213 冷食放热锅中热一热；干粮蒸熟，稍停取出。

糗 qiu45 用文火焖煮。

逮 tai45 暴食。

撑 cheng213 吃得过饱。

奓 zha41 娇惯，专指对小儿。

捅 tong45 液体水从器皿中洒出。

潲 shao41 斜雨侵墙。

掐大头 qia55da41tou45 一种打赌行为。失败方出所有费用，称为"掐大头"，也叫"抓大头"。

坐鳖子 zuo41bie55de 遇到困难，没有解决办法。

形容词

恣本 zi45 ben 举止雅重，多指女性。

直实 zhi45shi 耿直。

拐古 guai45gu 狡诈。

煞实 sha55shi 指处事老练；指做事实在，不飘浮。

丧哏 sang41gen 言语粗鲁、态度蛮横。也可作动词用。如：那家伙又把我丧哏了一顿。

心映 xin213ying 因长时间等待而产生的一种厌

烦感。

尖生　jian^{213}sheng　刻薄。如：你说话这么尖生了干啥?

出条　chu^{55}tiao　长相精干。

夹挤　jia^{55}ji　小气。

赖呆　lai^{213}dai　做事没有精神。

文范　wen^{45}fan　雅重。

精爽　jing^{213}shuang　精明能干；贬斥得意忘形的人。

尖涮　jian^{213} shuan^{41}　刻薄、吝啬。

实落　shi^{45}luo　忠厚诚实。

敞快　chang^{45}kuai　性情大方，直率。

赊留　she^{213}liu　义同“赖呆”。

寒渐　han^{45}jian　指人身体瘦小。

迂磨　yu^{41}me　慢慢腾腾。

紧趁　jin^{45}chen　办事迅速，赶在别人前头。

挺托　ting^{45}tuo　衣服板正；身体强壮。

索　suo^{45}　指小儿好动。

踹　chuai^{41}　义同“索”。

松　song^{213}　做事不顶用。

倒蔑　dao^{213}mie　越来越退步。

踩干边儿　chai^{45}gan^{213}biai^{213}　拈轻避重。

抡风扫地　lun^{45}feng^{213}sao^{45}di^{41}　怒形于色。

狐脂狗油　hu^{45}zhi^{213}gou^{45}you^{45}　办事无正经。

飞扬浮躁　fei^{213}yang^{45}fu^{45}zao^{41}　举止轻狂。

花里胡哨　hua^{213}lihu^{45}shao　模糊不清；追求表面。

棉头瓜叽　mian^{45}toukua^{55}ji　萎靡不振。

稀溜胡淌　xi^{45}liuhu^{45}tang　敷衍塞责。

哈大忽什　ha^{55}dahu^{55}shi　性格粗鲁，少计较得失。

黏牙絮胡　nian^{45}ya^{45}xu^{41}hu^{45}　无话找话。

应扩　ying^{213}kuo　指东西坚挺；指有后台作护。

鲜豁　xian^{41}huo　色彩鲜艳。

澥离　xiai^{41}li　粥或粥状的东西由于因温度、水分不合适而变得米面与水游离，稀稠不均，甚至呈云状。如：你看你这黏粥做得澥漓光荡的，调得稠一点不行吗/这稀饭趁热喝,凉了就澥漓了。

赊呆　she^{213}dai　义同“赊留”“赖呆”。指做事打不起精神，该做的做不了。如：你别看他那么大个子,干活可赊呆了/你这就赊呆得掉了裤了，办事机灵点不行吗?

灵翻　ling^{45}fan　身体灵活。如：他年轻时可灵翻了,天天张跟头打旁连的(用手着地侧翻、空翻)。

腻歪　ni^{41}wai　因重复的次数过多或时间过长而感觉厌烦。如：天天白菜豆腐，我都吃腻歪了/办公室里那些活，实在把我腻歪煞了。有时也指两人（一般指情侣）之间的亲密之举，不含贬义。如：你看这两人又腻歪上了!

魔道　me^{45}dao　疯癫，精神不正常，神经病。如：他这几年练功练得都魔道了/你看你魔魔道道的，可吓煞我了。

割舍　guo^{55}shao　舍得。如：今年生日把那瓶茅台喝了吧?别不割舍的了。

恣　zi^{41}　高兴，兴奋。如：顿顿两杯小酒，喝巴得楞恣啊，嗯?/他那个跟头摔得那个利索，可恣煞我了（幸灾乐祸，戏谑）。

人相　ren^{45}xiang　小孩或宠物乖巧，有礼貌，懂得人情。如：老张家养的那个狗可人相了，不咬人，也不上头扑脸的/老刘家那个孙子可人相了,见了人老远就打招呼。按:不能用来说成年人，否则有戏谑、蔑视之意。

刨躁　pao^{45}zao　烦躁。如：这两天心里老么刨躁的慌咧。

嗝映　ge^{45}ying　指事物令人恶心，讨厌，几乎作呕。如：他那个吃相太叫人嗝映得慌了/他那创口都长了蛆了，可嗝映煞我咧。

恶影　wo^{55}ying　恶心，想呕吐。这两天打字打得太多，我都快恶影了。按:“嗝映”与“恶影”的区别：“嗝映”是一种被动的感受，“恶影”是一种主动的感觉。

横厉　huengli　粗野，不讲道理，也说“横厉八斜”,多指女性。如:他家里那个女人可横厉了，简直是个母老虎。

扎煞　zha^{213}sha　行为放肆，不管不顾。如：才有了这么点成绩，就翘尾巴了，你扎煞啥?

拔骨碌子　ba^{45}gu^{55}lude　本是动词，指摔跤，其比喻义是不分上下。如：干完活中间休息时，他们又在那里拔骨碌子了（动词）/他俩的学习成绩拔骨碌子（形容词），分不出上下来。

凘恼 si213nao 食物发霉变质。

全环 quan45huan 完整。

胎孩 tai213hai 生活过得舒坦。

态活 tai213huo 指馒头之类发得松软。

窄住 zhei213zhu 住处狭窄。

简窘 jian213jun 生活贫困。

活翻 huo45fan 经济宽裕；处事灵活。

快兴 kuai41xing 专指妇女生产顺利。

烧包 shao213bao213 得意忘形。

老相 lao45xiang 指长相与年龄不相符，显得老。

少相 shao41xiang 与“老相”相反。

窝囊 we213nang 指食物不洁净；指内心有委屈，说不出来。

光棍 guang213gun 指办事精干，同样的事，做得格外出色。老想赚便宜不想吃亏。

四称 si41chen41 指人的长相局部与整体统一和谐。

觉自是 jiao55zishi41 数量极少。

副词

盅盏 zhong213zhan45 有时读若“周展”，表时间短暂，只有喝一盅、吃一盏的工夫。如：刘老师呢？——去文印室了，盅盏就回来。

尽 ji41 也作“尽着”，略同普通话的尽（jǐn）。①表示状态，指由着某人的意见，如：好哇，尽你不咋。②表示让某些人或事物尽先，占先，如：先尽着女同志上，其他人慢一点；③表示程度加深，如：我尽着就没钱，这不又病了。④表时间长，如：咋尽着不来了呢，一家人都等着你？

敢自 gan213zi ①相当于“敢情”“当然”“的确”，表示情理之中，不必怀疑，如：你要是能亲自去，那敢自好哇。②表示发现了意外情况，如：怨不得他不来呀，敢自是下了雪了。③表推测原因，如：敢自人家有钱来，还不摆摆阔？④表假设，如：你敢自有钱么，还这么折腾？

大喷 da41pen41 表时间，指果蔬等正在大量收获、上市。如：现在西瓜正大喷里下，趁便宜多买下点吧。

老么 lao45me 表程度深。如：老么热，老么好，老么大，老么长等。

备不住 bei41buzhu41 表猜度，可能、说不定，如：你去找老王问问吧，备不住他能知道。

爽 shuang45 干脆。如：他就是冲你来的，爽走吧你，别在这里添乱了。

刚 gang213 有人也说“刚子”，表示程度深，意为“太”“非常”。如：他新装修的房子，刚好咧。

得为 dei55wei41 故意。也可作“得味”。

容过 long45guo 有空闲时间。

将才 jiang213cai45 刚才。

从先 cong45xian213 从前，刚才。

机孤另的 ti213ku55ling213di 突然；意外地。

门日 men45ri 从前。

迭忙 die45mang45 马上。

真个地 zheng41ge45di 真正地。

直门子 zhi45men45ne 不停地。

现打现的 xian41da45xian41di 立时，马上。

一憋气 yi55bie55qi41 一口气。

不叫准 bu55jiao41zhun45 拿不准，不一定。

代词

乜 nie41 中指代词，介于“这”和“那”之间。可以说“乜个”“乜里”“乜样”等。

多昝 duo213zan，又 duo45zan 什么时候。

多时截 tui213shijie 多长时间。

自家 zi45jia 自己。

咋着 za41zhao 怎么的。

数词、量词

来 lai45 用在一些数词或量词后表示约数。如说“十来个”“三十来岁”等。

拉 la213 表示约数，仅用于数词“十”后，可以看作“来”的音变。如说“十拉个”。

亭 ting45 表示把东西分成几份，相当于普通话的“成”。如说“三亭子去了一亭子了”，就是说把东西分成三份，已经去了一份了。

页 ye41 表示倍数，后缀助词“子”，“三页子”即三倍。

货 huo41 物量词，表示成套的东西。例“一货门”。

行　xing^{41}　层。如说“垒了三行砖”。

培　pei^{55}　量词，表示成叠的东西，相对于“沓”。例“一培纸”。

升活　sheng^{213}huo　表示动作的次数。例“用棍子打了他三升活”。

一丁丁　yi^{55}ding^{213}ding　表示数量少。

一歹歹　yi^{55}dai^{45}dai　表示数量很少。

一滴答　yi^{55}di^{55}da　表示数量极微。

一弧打　yi^{55}hu^{213}da　片状东西之中的一块。

一余连　yi^{55}yu^{213}lian 一片。

一提留　yi^{55}di^{45}liu　可以用手提的一组东西。

一户　yi^{55}hu^{41}　一种。

一掐掐　yi^{55}qia^{213}qia　用手可以握取的数量。

第四节　语　法

邹平方言语法与普通话很接近，也有一定差异。

邹平话中有一个多功能的语缀，是语音弱化的结果，作用相当于普通话的“着”“子”“在”等，其读音根据前面音节的尾音不同而有区别：鼻（化）韵母后面相当于“着”“子”“在”的成分读 ne（但这里的 n 有卷舌色彩，e 的舌位较靠前，是个中元音），如“凳子 deng^{41}ne”，“看着 kan^{41}ne”，“放在 fang^{41}ne；非鼻韵母后面的成分读 de，如“豆子 dou^{41}de”，“拿着 na^{45}de”，“搁在 gao^{55}de”（这里的 d 有卷舌色彩，e 是中元音）。下文中为叙述方便，根据其语法功能分别写作“着”“子”“在”。

词

几个特殊的词缀

1. 巴（后缀）

（1）名词后缀，表一类人，稍含贬义。如：

哑巴　嘲巴　谗巴　瘸巴　聋巴　结巴

（2）形容词后缀。例如：

窄巴　挤巴　紧巴　利巴（利害）　瘦巴

这类形容词可受程度副词修饰，如“挺挤巴”“真利巴”等；重叠式为“AABB”式，如“窄窄巴巴”“挤挤巴巴”；词义上有弱化的倾向，如“挺紧巴”程度比“挺紧”要差。

（3）动词后缀。如：

拉巴　提巴　压巴　打巴　洗巴

撕巴　揉巴　拧巴　塞巴　掰巴

这类动词表动作短暂，所以多以“ABAB”式出现，偶尔也单用。如“你把馒头掰巴掰巴”“你拉巴啥？”

2. 溜（形容词中缀）　用于“A 溜 BC”式的形容词。

多含贬义。“溜”略等于普通话中的中缀“里”。如：

稀溜糊涂　一溜歪斜　稀溜撇扯　稀溜哗啦　稀溜糊查　懈溜晃荡

滴溜轱辘　稀溜忽隆

3. 由（动词后缀）　含有这个后缀的动词表示前边动素所表示的动作反复多次。如：

搓由　捻由　团由　转由　缠由

磨由　卷由　哈由　活由　荡由

4. 查（动词后缀）　此类动词表示动作反复多次，语义更重。如：

刮查　扒查　抠查　划查

5. 子（名词后缀）　“子”作为名词后缀，用的范围比普通话大，普通话中部分没有“子”尾的词，邹平话中也有“子”，但读音不同于普通话（参见本节《语缀》）。如：

锅子　泉子　眼子　蛹子　蛾子　酒盅子　灯罩子　茶碗子　楼壶子（茶壶）　腮帮子　手腕子　腚槌子　胸脯子　指甲盖子　后脑勺子　鼻子眼子　肩膀头子

代词

1. 人称代词　常见的有：我、俺、咱、你、他。其特点有：

（1）没有数的区分。受过教育的人多加“们”表复数，但“俺”不加“们”。

（2）“咱”的用法不同于普通话。它既可表示包括听话人在内，如“咱走吧”，也可表示不包括听话人在内，如“咱这钢笔多好哇”（得意的语气）。还可表示语气委婉，如“你是咱哪个村的？”

2. 指示代词　主要有 3 个指示代词：

近指代词：这（这里、这个、这样、这些）。

远指代词：那（那里、那个、那样、那些）。

中指代词：乜（乜里、乜个、乜样、乜些）。“乜”读 nie[41]。

例如：

这个是我的，那个是他的，乜个是你的。

“乜”还可以代“这”或“那”，指刚才提到的人或事。如：

乜个人真好哇。

乜块埝子我没去过。

3. 疑问代词

谁、啥（什么）、咋（怎么）

哪、多昝（什么时候）

助词

1.着　表动作正在进行，但读音为 de 或 ne。（见本节《语缀》）。

2. 了　读 ler（这里的 l 是个持阻时间较长的卷舌边音），大体相当于普通话的“了”，表动作已经完成，如“吃了没”；也可表未完成，如“能吃了不”。（参见本节《句·反复问句》）

3. 过　表经历态，读 guo[41]，如“去过北京”。

4. 来　语助词。如：“你干啥的来？”“他还没走来。”

5. 不咋　语助词，表命令或催促，如“来不咋”“吃不咋”“走不咋”。

句

比较句

1. 用“伴”“跟”表比较，形式是：A+ 跟 +B+ 比较语，如：他伴你高。

这里伴乜（那）里可干净咧。

他跟你胖吧？

——他不跟我胖。

——他可跟我胖。

如果表示 A 超过 B，则须用“比”或“伴”，如：

他比我胖。

他伴我可胖多了。

2.A+ 比较语 + 的 +B

邹平话	普通话
我不强的他。	我不比他强。
我不重的你一些。	我不比你重很多。
他还快的你吗？	他还能比你快吗？

这种比较句有时用“似”（音 si[41]）代“的”，是一种强调式。如：

抱孙子强似攒金子。

饿时给一口，强似饱时给一斗。

反复句式

邹平话中的反复句式，除有普通话的“A 不 A”，“AB 不 AB”式外，还有几种较为特殊的形式。

1. 动词（形容词）+ 了 + 没　问动作是否完成，“没”读 mu[45]。如：

邹平话	普通话
吃了没？	吃了没有？
走了没？	走了没有？
找到她了没？	找到她没有？
好了没？	好了没有？
行了没？	行了没有？
快了没？	快了没有？

2.A+ 了 + 不　A 为动词，问动作是否准备实行；A 为形容词，则是问态度、看法或感觉。如：

邹平话	普通话
你走了不？	你走不走？
去了不？	去不去？
困了不？	困不困？
行了不？	行不行？
好了不？	好不好？
冷了不？	冷不冷？

3.AB+ 了 + 不　问能力，B 是 A 的补语。如：

邹平话	普通话
走动了不？	走得动走不动？
吃了了不？	吃得了吃不了？
看见了不？	看得见看不见？

4. 能 +A+ 了 + 不　问可能。如：

邹平话	普通话
这东西能吃了不？	这东西能不能吃？
这水泥路能走了不？	这水泥路能不能走？
这本书能看了不？	这本书能不能看？

语序

1. “A 他 A”重叠式

邹平话中除有类似普通话的“AA”“AB”“A

一 A”等重叠形式表示动作短暂或尝试外,还有“A 他 A”式，即把 A 的宾语放在中间，但仅限于人称代词，名词则不行。如：

发了新书要包它包。

我本来想念诵他念诵。

你要早点叫我叫。

明天咱到医院去看他看吧?

2. 某些副词的语序。如：

邹平话	普通话
知不道。	不知道。
挺手冷。	手很冷。
老么肚子疼。	肚子很疼。
快头疼。	头很疼或对某事感到很为难。

第五节 俗 谚

农事

清明秫黍谷雨谷。

清明前后，种瓜种豆。

榆钱落地，赶时耩地。

小满花，不还家。

四月芒种麦在前，五月芒种麦在后。

麦收芒种谷立秋，豆过天社忙着收。

蚕老一时，麦熟一晌。

六月六，看谷秀。

豆子入了伏，打着有和无。

头伏萝卜末伏菜。

秋不秋，六月二十头。

七月核桃八月梨，九月柿子赶大集。

七月八月地萝筛，九月十月泛上来。

七月十五见红枣，八月十五打没了。

七月十五定旱涝，八月十五定年景。

棉花立了秋，便把头来揪。

立秋三日无生谷。

白露早，寒露迟，秋分麦子正宜时。

早谷晚麦不多打。

麦扎黄泉谷露根。

麦耩黄泉谷露糠。

麦喜胎里富。

白露麦，不用粪。

麦子不怕草，就怕坷垃咬。

有钱买种，无钱买苗。

霜降麦子不倒股。

七宿麦子八宿谷，十天半月看秫黍。

麦子过了九月节，不怕来年二月雪。

麦收寒天。

立冬蔓菁萝卜葱。

小雪白菜大雪菠菜。

种地不上粪，等于瞎胡混。

旱锄田，涝浇园。

稀谷长大穗，来年长好麦。

谷锄十遍饿死狗，瓜锄十遍瓜上走。

天河调角，南瓜豆角。

歇地如上粪。

三分种，七分管，十分收成才保险。

气象

早上烧，晚上浇。

倒照，晒得老猫叫。

朝霞不出门，晚霞行千里。

早看东南，晚看西北。

早晨下雨一天晴，晚上下雨到天明。

旱了东风没有雨，涝了东风不晴天。

有钱难买五月旱，六月连阴吃饱饭。

春刮南，秋刮北，六月里西风到不了黑。

夏至东南风，当日就搬兵。

刮了坟头土，大旱一百五。

大旱三年，忘不了五月十三。

东虹（音 jiàng）云彩西虹雨。

燕子钻天，大水来淹。

六月北风当日雨。

大雾不过三，过三十八天。

先下雨毛不下雨，后下雨毛不晴天。

冷雨热雪。

星星眨眼，雨在眼前。

一场春雨一场暖，一场秋雨一场寒。

重阳无雨看十三，十三无雨一条干。

大雪不封地，不过三两日。

早哇阴，晚哇晴，半夜哇子不到明。

会仙山戴帽，觅汉睡觉。
八月十五云遮月，正月十五雪打灯。
日没胭脂红，非雨即是风。
淋了伏王，一天一场。
淋了伏头，下到伏尾。
云彩向东一阵风，云彩向西水没了鸡，云彩向北一阵黑，云彩向南水涟涟。
磨面雷声触地闪，倾盆大雨在眼前。
瓮穿裙，山戴帽，燕子钻天蛇过道。
老牛憋得哞哞叫，大雨要来到。

事理

争着不足，让着有余。
打人不打脸，骂人不揭短。
偷人之心不可有，防贼之心不可无。
待要好，大敬小。
骡子大了值钱，人大了不值钱。
细水长流，吃穿不愁。
见人难处拉一把，胜似磕头拜菩萨。
早起三光，晚起三慌。
饥时给一口，胜似饱时给一斗。
舌头倒了砸死人。
不受磨难不成佛。
好男不贪坟头土，好女不穿嫁时衣。
兔子不吃窝边草。
秋天弯弯腰，强似冬天满坡跑。
省囤尖不省囤底。
师傅领进门，修行在各人。
晚睡早起来，天上掉下元宝来。
狗不嫌家贫，孩不嫌娘丑。
不怕不识货，就怕货比货。
家不和外人欺。
家有黄金用斗量，不如养儿送学堂。
害人如害已。
家教不严出败子。
抱孙子强似攒金子。
饱了带干粮，热了带衣裳。
是亲三分热，是灰热得土地。
哪座庙里也有屈死的鬼。
在家千日好，出门一时难。
买卖不成仁义在。
当面数钱不薄人。
账目清，好弟兄。
勤借勤还，再借不难。
人不混账，账不混人。
行下春风望秋雨。
酒肉朋友不长久。
多个朋友多条路，多个冤家多堵墙。

讽喻

一个巴掌拍不响。
无风树不响。
吹着土勃（音 bú）土找裂纹。
云彩里的太阳，后娘的巴掌。
做贼的见不得月黑天。
强龙不压地头蛇。
舌头硬，穿不过腮帮子。
阎王好见，小鬼难缠。
守着秃子不说亮。
纸里包不住火。
无家贼引不来外鬼。
再好的月亮不如太阳。
太阳总有落山的时候。
县官不如现管。
有钱能使鬼推磨。
大树底下好乘凉。
咬人的狗不露齿。

第六节　歇后语

本节所录歇后语，一部分为本地人民创作，非常有地域特色；一部分虽非本地创作，但在县内广泛流传。分别辑录于后。

姜家洞子打仗——姜（将）打姜（将）。

（县内黄山街道有姜家洞村，村内人口全是姓姜，因此村内打仗，就是姜姓打姜姓，谐音为“将打将”。将打将是本地方言，意为几乎、刚刚好、恰好）

魁星楼上摸鸽鸽——炸（奓）得没了孩形了。

（邹平旧城东南角城墙上建有魁星楼，楼内存有防匪用的几瓮炸药。1936年，乡村建设研究院的两个学生爬上楼去摸鸽子，掉下砖头触爆炸药，楼飞人亡。“炸”谐音“奓”。“奓”，比喻对子女娇惯放纵。）

张店雇驴——马尚（上）。

（长山去张店，中间有一马尚站，一般多在马尚雇驴赶路。“马尚”谐音为“马上”，比喻立办之意。）

袁宅出丧——没有日期。

（县内焦桥袁氏多有人在朝中做官，家中只要有丧事，前来吊唁者络绎不绝，且要等在外地做官的孝子回来奔丧，所以丧期不定，寓意为没有盼头。）

八月十五蒸糕——趁枣（早）。

（本地农历八月十五时，红枣已熟。这时蒸糕刚好趁枣下来。“枣”谐音为“早”，意为做事要早动手，不宜等待。）

老鼠啃盘子——满嘴里净瓷（词）。

王羲之写字——横竖都好。

皮带没眼——系（音jì）不住。

一根筷子吃藕——挑眼。

竹笆（音pá）子搂地——道道不少。

扫帚顶门——岔（差）多了。

枣核（音hú）子解板——一锯（句）不锯（句）。

屎壳郎拴在鞭鞘上——只知腾云驾雾，不知死在眼前。

灶王爷翻跟斗——胡闹锅台。

墙上挂帘子——没门。

土地爷爷钻鸡窝——想庙（妙）。

当铺里扔出孩子来——拿人不当。

张飞纫针——大眼瞪小眼。

对着镜子作揖——自己恭维自己。

捏着耳朵擤鼻子——有劲使不上。

打破砂锅——璺（音wèn）（问）到底。

孔夫子搬家——净书（输）。

黑瞎子滚山沟——熊到底。

河龙子（鹅卵石）腌咸菜——一盐（言）难进（尽）。

豆虫尾巴——自撅（觉）着。

锅腰子（罗锅腰）上山——前（钱）上紧。

骑着墙头看报纸——夹（加）墙（强）学习。

蜗牛上墙——又一回。

武大郎盘杠子——上下不够头。

猪鼻子插葱——装象（相）。

马尾拴豆腐——提不得。

窗户眼里吹喇叭——鸣（名）声在外。

砂锅子捣蒜——一锤子买卖。

张飞卖刺猬——人又刚强，货又扎手。

武大郎玩夜猫子——啥人玩啥鸟。

剃头的挑子——一头热。

六月六吃炒面——看唵（俺）吧。

六指子划拳——有一得一。

绱鞋不用锥子——针（真）行。

老虎吃天——无处插嘴。

端着布瓦喝黏粥——顾了这头顾不了那头。

墙上挂狗皮——不像画（话）。

猪八戒啃锯条——拉（啦）大嘴。

狗头上挂角——装羊（佯）。

裁缝掉了剪子——光尺（吃）。

八尺布扯成两下——四（死）尺（吃）一块。

锢炉子抿石灰——锔（足）拉。

砘鼓碌碰门砧——石（实）打石（实）。

旱田里蛤蟆——干鼓肚。

二月二拜年——胡扑。

秃墓田——没树（数）。

八千岁上殿——不称臣。

碟子喝水——慢慢来。

下雨不打伞——淋（轮）着俺。

和尚庙里借木梳——走错了门。

百家姓少了头一个字——开口是钱。

戴着席帽子亲嘴——差得远。

碌碡掉了脐——各顾各。

嗑瓜子嗑出臭虫来——啥仁（人）也有。

噘嘴骡子卖个驴钱——吃了嘴的亏。

土地庙里小鬼——见不得大神大将。

铁匠挑炉——散火（伙）。

巴狗子咬月亮——不知天高地厚。

高射炮打蚊子——大材小用。

瞎子量宅子——四至不摸。
瞎打神流鼻涕——越大越没出息。
西瓜皮挂鞋掌——不是那块料。
电线杆底下埋地雷——崩没根。
一家十五口——七嘴八舌头。
老榆树——没钱。
竹筒子吹火——直来直往。
七仙女走娘家——云里来雾里去。
门框脱坯——大模大样。
夜猫子进宅——无事不来。
土地庙里进水——灌（惯）了鬼啦。
秃子头上插驴毛——定发（法）不是发（法）。
城门楼上挂藁荐——半截一忽打。
抱着元宝跳井——舍命不舍财。
豆腐掉到灰堆里——吹不得，打不得。
瞎子踢毽子——一个不个。
扛着牌坊卖猪肉——好大架子。

第四章 宗 教

第一节 佛 教

佛教传入县内，始于齐梁而盛于隋唐。历史上，著名僧侣，宋齐有庄严，唐有仁万，金有圆本，元有惠因、维赏，明有圆湖、维电、正寿、重湘、隆观、祖兴、觉新，清有纯兴、卓锡、悟进、成脉、成清等。

醴泉寺在长白山黉堂岭，始建于南北朝时期，相传是庄严法师创建。原名“醴泉寺”，后因泉涸，又奏有龙舞寺南之龙台山，奉敕改名“龙台寺”。唐中宗景龙二年（708 年），齐州正智寺都维僧仁万和尚为寺院住持。时有义净法师奉敕于京城大荐福寺广演经律，敕取仁万至京师翻经院担任校勘，归赐宝函一藏供奉本寺。寺圮，仁万上表中宗重修。寺成，恰有泉水涌出，赐名“醴泉”，又更名为醴泉寺，一直延续至今。712 年，仁万圆寂，葬醴泉寺南之龙台。

醴泉寺在齐鲁一带影响很大，对邹平乃至中国的文化发展有很大贡献。北宋时范仲淹寄读醴泉寺，留下了划粥断齑、窖金遗僧等佳话，后成一代名相，其“先忧后乐”思想对后世影响极大。元大德四年（1300 年），工部尚书邑人贾驯倡建范公祠于寺东。明正德三年（1508 年）按察副使王哲命知县秦环改建于寺南，祠寺如尻相对。自此醴泉寺儒释相融，祠寺相彰，美誉倍增，盛名播芳于天下。一庙之内，人神共享，很有特色。范仲淹对邹平文化的影响极其深远，邹平精神概括为“先忧后乐，创新超越”，邹平旅游宣传以“范公故里，山水邹平”为号召，均有范仲淹影响。

醴泉寺在中日朝韩的文化交流中也起过重要作用。唐代日本僧人圆仁于唐开成五年（840 年）曾经到过醴泉寺，据其后来所著《入唐求法巡礼行记》记载，醴泉寺在当时就有新罗院，说明当时醴泉寺的对外交流已经很频繁，规模很大。直到民国年间，醴泉寺新罗院尚有僧舍 20 余间，但多用于接待香客。2004 年，醴泉寺重建时，恢复新罗院，以示对这段文化交往史的尊重。

明万历间（1573—1620 年）僧维电住持“真如寺”，香火颇盛。顺治时（1644—1661 年）佛寺坍塌不整，僧侣多他徙，只留寺院佛图。清康熙时（1662—1722 年）僧卓锡在摩河山启建禅林，造“万佛殿”“大悲阁”。卓锡精于佛理，得皇家礼遇，被“亲王礼请北去，数月还山，而问道者愈盛”。至清乾、嘉时（1736—1820 年）寺院倾圮不存。清末至民国间，为衣食谋，僧侣寄身寺宇者多不谙佛理，佛教渐趋衰微。民国间有士绅韩纯一、宋河清等在大云寺倡议创立佛教会，有会员 50 人，定期聚会拜佛诵经，会员佩戴圆形教徽。1945 年，佛教会自行解散。民国年间，全县约有僧尼 80 余人，靠庙产及化缘做祭为生。新中国成立后，各村庙宇改办学校或为公共所用，僧尼还俗。

2005 年，县内陆续申请登记醴泉寺佛教活动场所、唐李庵佛教活动场所等，佛教活动有所恢复。现佛教信徒 2000 余人，主要分布在魏桥、青阳、西董、临池、黛溪、黄山、高新等镇、街道，也有不少到外地参加佛事活动。

第二节　道　教

邹平县道教历来兴盛。传说彭祖高徒白兔子在武夷山学道之后，来山东长白山修行。经过长年修炼，最终得道成仙，也成为彭祖那样的长寿之人。他平时出游就乘坐一只白兔，故人称“白兔仙翁”“长寿白兔公”。所以“白兔公”成为邹平历代吟咏题材。

有记载的道教活动可以上溯至晋朝，产生了许多著名的道教人物。道教人物，晋有元阳子，隋有由吾道荣，唐有李元枝，金有张志道、郭道安、徐福贵。明有郑道兴、李道春、王玉山、王玉川等。

元阳子，长白山人，传说曾于伏生墓石函中得《金碧潜通》一卷，皆蝌蚪文字，细加注释，又演为《还丹诀》，后修真于华阳宫十九年仙去。著《元阳子解》，现书失传。传说在山时人不见其饮食，惟昼夜燃香，香不用火而气味可达于城市。

由吾道荣，琅琊沐阳人，入长白山修道，颇有名气。隋开皇初征授上仪同三司谏议大夫、沐阳县公。唐李元枝，居泗水南天花桥，少读书不第，乃游四方。59 岁还乡，应考获中，值妻死，遂弃家游于黄山西峪，后结茅于兹山。

黄山有“碧霞元君祠”，为县境内最大宫观，建于明朝，清代重修。康熙三十年（1691 年），道人柴元贞在黄山东岭建玉皇阁，香火颇盛。清末，尚有道徒 30 余人。绕黄山有庙地数十亩，生活来源一半靠道徒种地自养，一半来自进香者的布施。流传既久，道徒中多有不奉行道规者。有的在民间行医，看阴阳宅，以符箓惑人，演为巫觋。民国间全县有道徒约 28 人。解放战争时期，黄山碧霞元君祠被毁，道徒四散。

道教是中国的本土宗教，对邹平县民俗影响深远。邹平县庙会文化、节庆文化、风俗礼仪、民间禁忌等，无不深深打上道教烙印。

近年，道教活动有所恢复。现有道教信众 1500 余人，主要分布在西董、临池镇等地。自主自发活动较多，尚无固定正式活动场所，其中长生苑、白云观 2 个道教活动场所正在申请办理中。

第三节　伊斯兰教

伊斯兰教又称回教、清真教、天方教等。一般认为伊斯兰教是在唐永徽二年（651 年）从阿拉伯传入中国的。当时主要是一些来中国的阿拉伯商人、士兵和阿訇。

伊斯兰教何时传入邹平尚无确切记载。齐东民国县志载：“回族莫不奉教。其教以求长生、说天道为宗旨。教规甚严，虽妇孺亦知恪守。故日与汉人间处而不能同化焉。邑内除赵奉站有一二家外，他无闻焉。”由此看来，邹平回教的传入应该与回族人进入邹平同步。

县内现有伊斯兰教穆斯林 220 名，主要分布在黛溪街道、台子镇、码头镇，由 4 个回民家庭形成。他们没有固定活动场所，多数在自己家中诵经，举行宗教仪式。因距离较远，几个家庭之间基本互不联系，未形成规模。

第四节　天主教

天主教传入县内，约在 20 世纪 20 年代。1927 年，美籍神父傅德辉经齐东县杨公勤等人引进，由桓台县邢家到刚斧寨传教。陆续在小清河沿岸布王、孙镇等村庄发展教徒 30 余人。1934 年，因购地建教堂，遭到当地群众极力反对，遂不得已转向坡庄。1935 年，天主教周村教区出资在刚斧寨村北又建起教堂 8 间，占地面积 234 平方米。

1930 年，周村教区天主教徒费方彪（德州人）到邹平县东言礼一带传教，借为人治病，发展教徒。1937—1938 年，由美国神父罗海亭主持建立天主教堂，建礼拜堂 6 间、宿舍 4 间，占地 300 平方米。有教徒三四百人。东言礼教堂还创办一个诊所，由费方彪主持为教徒治病；创办一处学校，有学生 30 余人。

1934 年，天主教由刚斧寨传入坡庄，教徒不断增加。陆续发展到孙镇、大三户、孟家坊、党里庄、霍坡等村。1937—1938 年，由周村教区拨款在坡庄村北建教堂 1 座、神父楼 1 座。时值日军入侵，美籍神父靠国际关系保护教民，发给教友每人 1 个盖有天主教印章的黄色布条，出入带在身边，可免日军检查，一时入教者甚多。同时教会也用救助穷人子弟上学等方法吸引人们入教，教徒发展到六七百人。

1938 后，周村教区在邹平北关购民房建立教堂，先后在崔家庄、韩家、张家庄、十里铺等周围村庄传教发展教徒。经常参加活动的有 100 余人，节日大瞻礼时有 400 余人。美籍神父罗海亭则经常来往于邹平至周村之间。教堂设小学 1 处，有学生 150 余人，后并入北关小学。

1941 年 12 月 7 日，太平洋珍珠港事件爆发后，县内美籍神父全部被拘留于潍县集中营，经济断绝，天主教由此衰落。1946 年后，停止活动，教民星散各村。1980 年后，又有少数旧教徒去周村天主教堂参加活动。

天主教于民国初年传入西董，传教人英国传教士万神父、美国传教士鲁神父协同毛玉珂、张子厚、甘大姑（不知名）等人，先后在郭庄、马庄、上回、下回、夫村、崔家营、西董、杨李等村发展教徒 30 余人。在下回、上回、郭庄、西董、马庄等村购地基，设教堂。在下回村中央有天主教堂，东西 30 ～ 40 米，南北 30 米，美国传教士罗神甫、白神父在此传教。外国神父每年春秋两季从周村骑摩托（当时群众视为奇观，称摩托为“气蹦子”）下乡宣讲教旨。重大节日时，信徒去周村天主堂过瞻礼。每逢星期日信徒去教堂或在家做礼拜。1939 年农历二月，日寇火烧 6 个庄（上回、下回、东峪、西峪、小马峪、由家河滩）后，周村天主教堂曾来发放赈灾款 21300 余元（按烧屋一间赈济 5 元）。后因战争动乱，该教在镇内活动中断。

改革开放以来，天主教在县内逐渐恢复。现有天主教徒约 80 人，主要分布在西董镇马庄村和孙镇坡庄、坊子村、孙镇村及码头镇路家村。信徒一般每星期聚会一次。农历重大节日或天主教节日时，部分信徒到淄博市周村区天主教堂做礼拜。码头镇部分信徒到惠民县姜楼镇天主教堂活动，农忙时很少聚会。

第五节　基督教

基督教传入邹平，始于光绪十二年（1886 年）。时滨县一带黄水为患，英国传教士仲钧安等以倡议赈灾为名来邹平境内布道。在邹平南门里租用民房，一面施赈，一面传教 。

光绪十四年（1888 年），发展到受洗礼信徒 140 人，听道者千余人。之后，向县境南部发展至东赵、南洞、郭庄，东至长山、苑城，北至临河、孙镇、蔡家、九户、张平庄、桑家、八孟湖（后三村现属高青县境）等地。相继在九户、孙镇、蔡家、坡庄、东道、马庄、礼参、苑城、张平庄、孙家等地建立小教堂。英国传教士蔚兰光等除在县内布道外，还经常到周村大集布道。光绪二十六年（1900 年），由英浸礼会传教士仲钧安主持在邹平城东门里大街南侧建筑一座规模较大的基督教堂，作为传教中心。胶济铁路改线后，周村成为交通要道，教会逐渐将活动中心由邹平转向周村。

英浸礼会在山东教区曾设四个大段，邹平教会被划为西段，下设邹平、齐东两个堡。1920 年，成立中华基督教会，邹平教会遂改为中华基督教会山东大会邹平区会。英浸礼会在邹平县城南门里开办“光被学堂”，招生 37 名，英国教士蔚兰光任校长，课程设《圣经》《算术》《语文》。1931 年夏，学校迁往周村，改名光被中学。此后，在邹平还有教会所办儿童道学班 1 处，在坡庄设有 1 个小学班。

光绪十五年（1889 年），英浸礼会仲钧安在邹平办一处诊所，由英国教士商德成主持药房。光绪二十四年（1898 年），商德成调往周村，医院由英国教士巴德顺接任。为扩建医院，在邹平东门外强征土地。光绪二十六年（1900年），义和团起事，捣毁医院，英国教士30余人逃离邹平。1901年，义和团被镇压，传教士重返邹平再建医院，定名为施医院，巴德顺任院长，设有病床10余张，另有传道员对病人进行传道。1915年，施医院全部迁往周村与其他诊所合并，更名为复育医院。

图27-4　光绪二十六年（1900年）英浸礼会传教士仲均安主持建成的县基督教堂

1938年，英“浸礼会”在邹平办“贫儿教养所”，经费来源于“华洋义赈会”救济的1万元。负责人夏光传、殷玉新、刘瑞亭、李升和、王玉珍（女）、王世恩担任教职，收学员100余人。课程有耶稣生平和语文、常识等文化课。教养所开办两年，用完经费后结束。

英“浸礼会”在邹平发展过程中，作为基督教的一个支派——耶稣家庭，于1938年在齐东，1940年，在小郑家（今属高青县）先后发起，源于1921年间以灵恩派领袖人物荆奠盈等在泰安马庄组织的耶稣家庭。信徒入家，必须卖掉所有家产，叫破产入家。入家后绝对服从家长命令，共同劳动，共同生活。1952年，耶稣家庭革新时先后解散。

1966年5月至1976年10月，基督教停止活动。1978年中共十一届三中全会后，落实宗教政策。

1981年，山东省召开基督教“三自”爱国运动委员会大会。1984年5月，2次在济南召开全委会，邹平基督教牧师王佐前出席会议。7月9日，邹平基督教会制订《邹平基督教爱国公约（草案）》。从此，邹平基督教开始正常宗教活动。

1986年，县政府牵头与有关单位就城里基督教堂的地界、房产归属共同签署协议，落实宗教房地产政策。1987年12月，成立邹平县基督教“三自”爱国运动委员会，王佐前任主任。1988年，城里基督教堂交付教会使用，省拨款3万元，帮助教会维修教堂。1989年10月，举行邹平县城里基督教堂复堂典礼，省、地、县有关领导出席复堂仪式。2001年10月，邹平县人民政府公布城里“基督教堂”为第四批县级文物保护单位。2002年，被县政府列为重点文物保护单位。2005年，从县财政预算中列8万元为教堂加固维修经费。

西董镇无影山基督教堂始建于1993年，占地2.6亩，是邹平城里基督教堂之分堂，属邹平县基督教“三自”爱国委员会管理，宗教活动较多。

至2005年，基督教信众约6500人，其中女性信众和年龄50岁以上的老年信众比较多，中青年信教人员312人，下岗职工信教40余人。宗教教职人员14人，其中牧师2人、长老7人、执事3人、神学生1人，神学函授生5人。

图27-5　1993年始建的西董乡韩寨村教堂

第二十八编

镇乡·街道

Towns and Sub-District

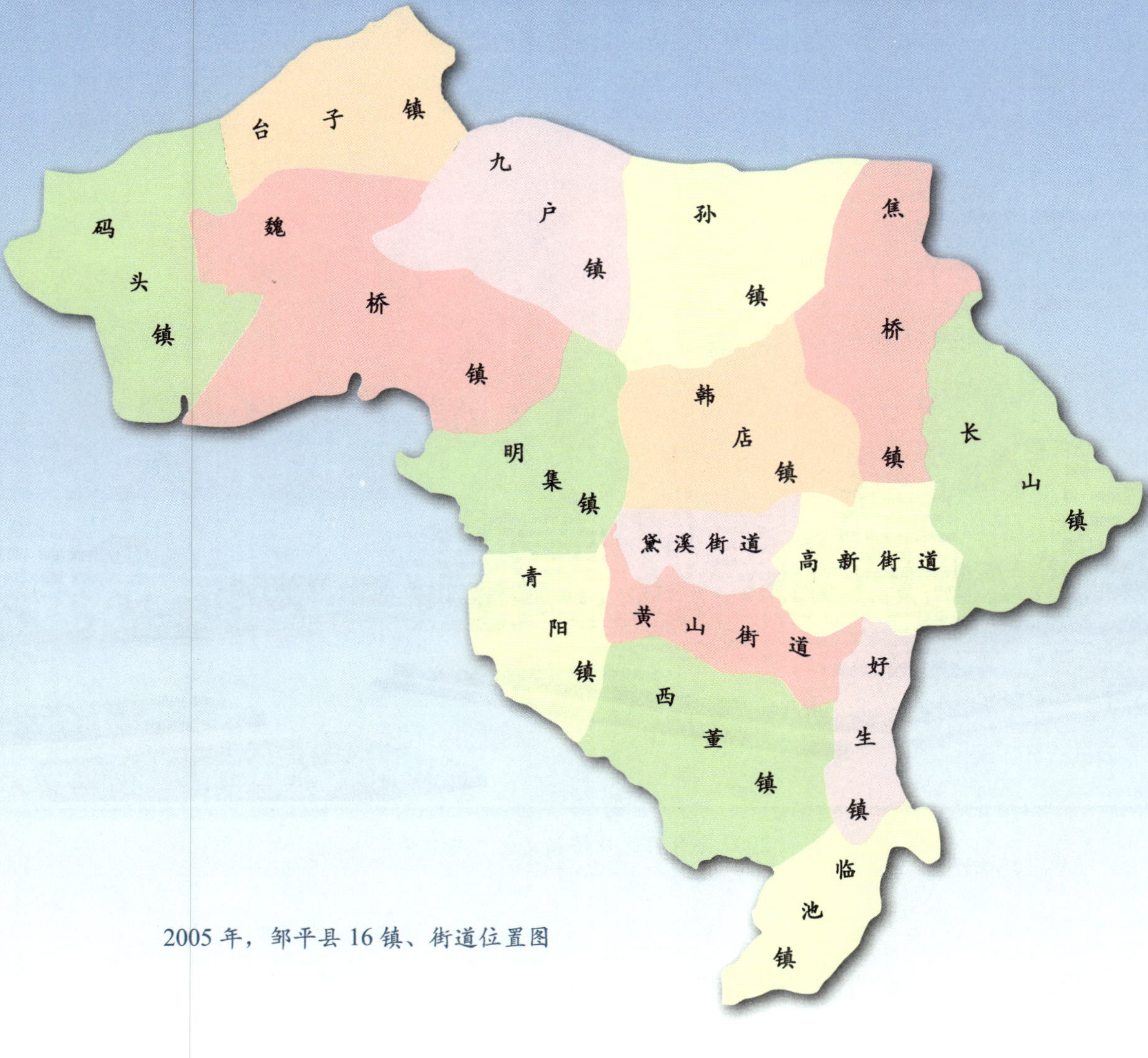

2005年，邹平县16镇、街道位置图

2001 年 7 月，长山镇金鹏广场启用

2002 年 8 月，魏桥镇文化广场启用

1986年，全县辖3个镇、14个乡：邹平镇、长山镇、魏桥镇、临池乡、好生乡、明家集乡、韩店乡、青阳乡、孙镇乡、苑城乡、焦桥乡、台子乡、礼参乡、西董乡、九户乡、码头乡、里八田乡。1994年9月，临池乡、好生乡、明家集乡、韩店乡、青阳乡、孙镇乡改为临池镇、好生镇、明集镇、韩店镇、青阳镇、孙镇；1994年12月，苑城乡、焦桥乡改为苑城镇、焦桥镇；1995年4月，台子乡、礼参乡改为台子镇、礼参镇；1995年6月，西董乡改为西董镇；1996年12月，九户乡改为九户镇；2002年4月，码头乡改为码头镇。2001年3月，撤销礼参镇、苑城镇、里八田乡分别并入邹平镇、长山镇、魏桥镇。2001年8月，码头乡的来牛、甜水、三官、崔八4个行政村划归魏桥镇。2003年2月，撤销邹平镇，分设黛溪街道办事处、黄山街道办事处、高新街道办事处。至2005年，全县辖13个镇：长山镇、魏桥镇、临池镇、西董镇、好生镇、韩店镇、青阳镇、九户镇、孙镇、焦桥镇、明集镇、台子镇、码头镇；3个街道办事处：黛溪街道办事处、黄山街道办事处、高新街道办事处。

第一章　长山镇

第一节　概　述

长山镇地处县域最东端，东临桓台县，南靠淄博市周村区，西部、北部与高新街道、焦桥镇相连。1986年，全镇辖6个办事处，67个行政村：南街、西街、东街、南关、（河南）范公、朱家、前芽、后芽、南（坦）坛、鲍家、明礼、茶棚、东关、增盛、北前、北中、北后、前洼、后洼、前石、后石、北史、邵家、官庄、尚旺、菜园、永池、甘前、甘中、甘后、杨家、（南）王家、焦家、裴家、前槐、后槐、马（家）洼、张旺、小井、大齐、小祁、小位、西店、东店、前店、（大）尹家、大由、小牛、柳寺、郭家、三里、东尉、前尉、后尉、高（王）旺、小马、石官、长韩、西江、田家、大（阎）闫、东鲍、后鲍、西鲍、沟盈、前栗、后栗。

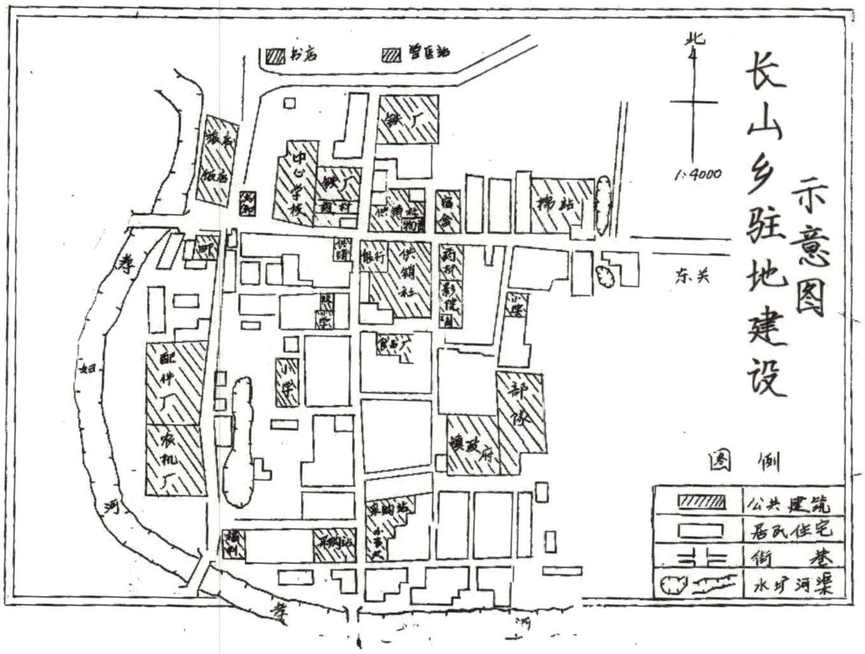

图28-1　1984年长山乡驻地建设示意图

是年，全镇人口47925人（男23717人，女24208人），其中非农业人口2058人。1995年，全镇汉族人口占99.9%；少数民族中，苗族1人，佤族12人，布朗族2人，傣族1人，回族3人，多为通婚迁入。

1990年，全镇社会总产值7134.7万元，农村经济总收入3448万元，农民人均纯收入710元。1995年，综合经济实力列滨州地区城镇首位。

1996 年，在全县率先实现小康镇目标。1997 年，经滨州地区检测验收，成为全区第一批小康镇。1998 年，被建设部列为全国小城镇建设试点镇。

图 28-2　1997 年 9 月，投入使用的镇政府办公楼

2001 年 3 月，苑城镇并入长山镇，版图面积由原先的 66 平方千米扩大为 107.87 平方千米，辖 10 个责任区、110 个行政村。原苑城镇 43 个村并入长山镇：苑城东南、苑城西南、苑城东北、苑城西北、任（仁）马、王世、石羊、买湖、傅（付）家、西庄、董城、丁公、大省、毛张、杏村、闫（阎）家、弥勒、后麻、前麻、小张、小韩、李富、大巩、小巩、陈度、黄王、公孙、梁郭、柏林、积格、大演马、小演马、后王、中后、中前、前王、西宰、东绳、大丁、西丁、南夏、北夏、东夏。

2001 年，全镇山药面积突破 1 万亩，被国家命名为“中国山药之乡”。2003 年，长山镇先后被省、市授予“民营经济强镇”“社会文化先进乡镇”“美在家庭示范镇”等称号。

2005 年 1 月，被授予“全国小康建设明星镇”称号。2005 年，长山镇辖 110 个自然村，110 个行政村，设 110 个村民委员会；版图面积 107.87 平方千米。全镇有居民 21026 户 75256 人（男 37712 人，女 37544 人），其中，非农业人口 3019 人。是年，全镇完成地区生产总值 12.42 亿元，财政总收入 8106.02 万元，其中地方财政收入 3509.05 万元，实现农民人均纯收入 4861.81 元。

第二节　农　业

农业

1986 年，全镇有耕地 7.10 万亩，人均 1.55 亩，粮食面积 12.62 万亩，总产 3.33 万吨。1990 年，全镇实施吨粮田开发工程，粮田面积 10.92 万亩，总产 4.04 万吨。1992 年，在滨州地区率先实现吨粮田，平均亩产 1020 千克。1998 年，全镇 6 个村创办蔬菜生产基地，全镇蔬菜种植面积 3.63 万亩，总产 9.72 万吨。1999 年 4 月，日本农学博士吉武哲夫到长山就蔬菜栽培进行讲学。2001 年，苑城镇并入长山镇后，全镇有耕地面积 12.56 万亩，人均 1.7 亩。主要种植小麦、玉米、蔬菜，全镇粮食种植面积 15.19 万亩，农村经济总收入 34.54 亿元。2002 年，长山山药被国家命名为“无公害农产品”，注册“长苑”牌商标。2005 年，全镇耕地面积 10.87 万亩，粮食总产 10.12 万吨，耕地单产 501 千克，蔬菜总产 9.76 万吨，单产 3953 千克。

图 28-3　1999 年 4 月，日本农学博士吉武哲夫到长山镇无土栽培实验基地参观

林业

1986 年以来，组织桐粮间作林业会战，完成桐粮间作 56000 余亩，建成 2400 余亩经济林基地。1991—1993 年，建成林网 67928 亩。1986—1995 年，四旁植树 38 万余株，消灭荒地荒滩 157 亩。2003 年底，全镇果园面积 300 亩，产水果 600 吨，林业收入 850 万元。2005 年，全镇有经济林 100 亩，防护林 10000 亩，成片造林 4000 亩，道路绿化长度 150 千米，全镇森林覆盖率 15%。

水利

1986—1995年，长山镇农田水利建设共开挖沟渠65千米，修生产桥370座，打井200眼，年均引水7000万立方米。至1995年，共有蓄水坑塘43处，蓄水总量120万立方米，有效灌溉面积6.8万亩，形成系统的农田灌溉网络。1996—1998年，共疏浚整治沟渠63.3千米，清挖土方21.6万立方米，打机井311眼，修复机井135眼，建桥涵21座。2005年，全镇共有桥、涵、闸25座，机井2520眼，标准化灌溉沟渠66千米。

图28–4　1999年建成的长山范公大桥

第三节　乡镇企业

1986年，全镇有镇办企业9家，从业人员540人；村办企业54家，从业人员721人；各种经济联合体288个，从业人员576人；个体工商业户256家，各类专业村6个。1990年，乡镇企业总收入5797万元，比1986年增长390.9%；实现利税684万元，比1986年增长372%。1999—2003年，全镇累计完成基建技改投资11.6亿元，开工建设百万工程项目106个。2003年，全镇私营企业发展到187家，从业人员1.8万人。2005年，全镇完成工业投资11.08亿元，其中引进外来资金2.4亿元，实际利用1.6亿元。年内全镇工业企业实现工业总产值68.8亿元，完成工业增加值13.43亿元，销售收入65.16亿元，利税6.42亿元。

图28–5　长山镇距济青高速公路仅1千米(1999年摄)

第四节　社会事业

教育

1986—1995年，全镇各校校舍均达到规范化学校要求和标准。1995年，适龄儿童入学率、巩固率、毕业率均为100%。1994年，通过省政府“两基”（基本实施九年义务教育和基本扫除青壮年文盲）验收。1998年，全镇有小学19处、初中4处、幼儿园50处，通过两基复查验收。2003年，义务教育阶段由五四学制改为六三学制。小学10处，在校生4661名；初中2处，在校生3032名。幼儿园调整为10处，入园儿童1987名，3～6周岁儿童入园率96%。2005年，全镇有初中2处、小学8处、幼儿园6所。有中学教师226人、小学教师332人、幼儿教师36人，其中高级职称54人、中级职称261人、初级职称279人。

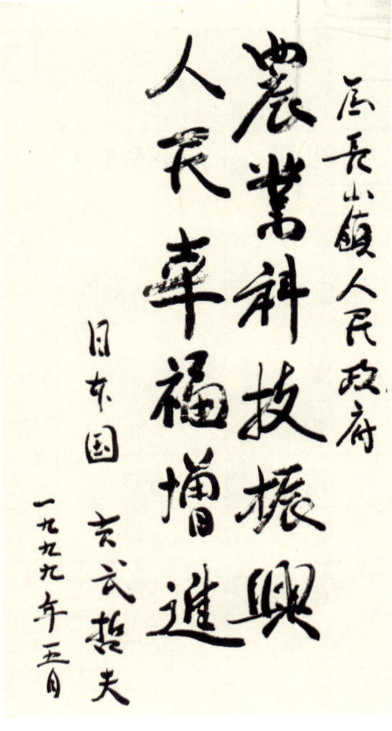

图28–6　1999年4月，日本农学博士吉武哲夫为长山镇题词

文化体育

1986年，长山镇有文化站、广播站各1处。1994年，三A集团制作的直径达2.42米的大鼓轰动县城，创世界吉尼斯纪录。1995年春节，镇组织300余人的民间艺术代表队去地区参加会演。全镇有中国农民书画研

究会会员9人,省书法协会会员1人。1994年12月,邵家村83岁的宋勉之在省美术馆举办“默禅老人书法展览”。1997年12月5日,在山东省美术馆成功举办邹平县长山镇农民书画展,成为全国首家乡镇举办的省级农民书画展。12月26日,承办1998年山东省“文化、科技、卫生”三下乡活动启动仪式。长山镇被誉为文化之乡。是年,镇恢复图书馆。2005年,全镇有文化体育活动场所21处,其中图书馆7处,门球场4处,基层文化体育队伍63支,相对固定人员2352人。

卫生

1986年,长山医院设内儿科、中医科、妇产科、药剂科、检验、放射、心电、供应室、防保组等科室。1986年,全镇有村卫生室(所)73处,乡医78人。1989年,村村成立红十字会。同年7月,成立镇防保站。1990年,新建门诊楼一座。从1990年开始,在全镇开展改水、改厕。1991年,全镇初级卫生保健工作通过省地两级达标验收。1992年,创建县级卫生乡镇。1994年创建地级卫生乡镇。1995年,行政村卫生室覆盖率100%。

2001年,苑城镇并入长山镇后,两处卫生院依然采用垂直管理、独立核算。2003年,在抗击“非典”工作中,镇中心卫生院被记集体三等功。2005年,全镇有卫生院1家,卫生室(诊所)148处,医务人员194人。全镇新型农村合作医疗参合率44%。

计划生育

1986年,镇设计生服务站1处,全镇有计划生育协会75个,会员5235人。1987年,镇成立人口学校1处,村成立人口学校67处。1994年,镇计生协会被地委行署表彰为模范协会。1995年,茶棚村计生协会获省计生协会表彰。是年,全镇晚婚率96.9%,晚育率99.7%,计划生育率99.8%,节育率99.8%,人口出生率11.04‰,人口自然增长率4.79‰。2003年,全镇计划生育率100%。2005年,全镇人口出生率9.23‰,计划生育率99.7%,人口自然增长率0.61‰,节育措施落实率100%。

第五节 人口普查

长山镇第四次(1990年)、第五次(2000年)人口普查情况一览表

表28-1-1 单位:人

<table>
<tr><th rowspan="2">村 庄</th><th colspan="3">第四次人口普查</th><th colspan="4">第五次人口普查</th></tr>
<tr><th>合 计</th><th>男</th><th>女</th><th colspan="2">合计</th><th>男</th><th>女</th></tr>
<tr><td>长山镇</td><td>48475</td><td>24062</td><td>24413</td><td colspan="2">47475</td><td>23804</td><td>23671</td></tr>
<tr><td rowspan="4">前后中菜</td><td rowspan="4">1913</td><td rowspan="4">948</td><td rowspan="4">965</td><td>菜园</td><td>464</td><td>236</td><td>228</td></tr>
<tr><td>北前</td><td>516</td><td>260</td><td>256</td></tr>
<tr><td>北后</td><td>505</td><td>261</td><td>244</td></tr>
<tr><td>北中</td><td>419</td><td>204</td><td>215</td></tr>
<tr><td>增盛</td><td>556</td><td>277</td><td>279</td><td colspan="2">562</td><td>271</td><td>291</td></tr>
<tr><td>东关</td><td>695</td><td>353</td><td>342</td><td colspan="2">1243</td><td>660</td><td>583</td></tr>
<tr><td>东街</td><td>347</td><td>169</td><td>178</td><td colspan="2">310</td><td>148</td><td>162</td></tr>
<tr><td>南街</td><td>454</td><td>227</td><td>227</td><td colspan="2">523</td><td>262</td><td>261</td></tr>
<tr><td>茶棚</td><td>796</td><td>399</td><td>397</td><td colspan="2">711</td><td>342</td><td>369</td></tr>
<tr><td>西街</td><td>487</td><td>266</td><td>221</td><td colspan="2">658</td><td>325</td><td>333</td></tr>
</table>

续表28-1-1

<table>
<tr><th rowspan="2">村 庄</th><th colspan="3">第四次人口普查</th><th colspan="4">第五次人口普查</th></tr>
<tr><th>合 计</th><th>男</th><th>女</th><th colspan="2">合计</th><th>男</th><th>女</th></tr>
<tr><td rowspan="3">河朱南</td><td rowspan="3">1259</td><td rowspan="3">590</td><td rowspan="3">669</td><td>河南</td><td>758</td><td>367</td><td>391</td></tr>
<tr><td>朱家</td><td>324</td><td>160</td><td>164</td></tr>
<tr><td>南关</td><td>299</td><td>154</td><td>145</td></tr>
<tr><td>张旺</td><td>1037</td><td>506</td><td>531</td><td colspan="2">1090</td><td>533</td><td>557</td></tr>
<tr><td>小位</td><td>458</td><td>229</td><td>229</td><td colspan="2">416</td><td>209</td><td>207</td></tr>
<tr><td>尹家</td><td>1062</td><td>526</td><td>536</td><td colspan="2">981</td><td>483</td><td>498</td></tr>
<tr><td>西店</td><td>906</td><td>436</td><td>470</td><td colspan="2">840</td><td>404</td><td>436</td></tr>
<tr><td>东店</td><td>810</td><td>398</td><td>412</td><td colspan="2">774</td><td>383</td><td>391</td></tr>
<tr><td>小井</td><td>578</td><td>292</td><td>286</td><td colspan="2">514</td><td>268</td><td>246</td></tr>
<tr><td>前店</td><td>582</td><td>297</td><td>285</td><td colspan="2">589</td><td>285</td><td>304</td></tr>
<tr><td>南（坦）坛</td><td>333</td><td>169</td><td>164</td><td colspan="2">345</td><td>181</td><td>164</td></tr>
<tr><td>前芽</td><td>308</td><td>158</td><td>150</td><td colspan="2">293</td><td>156</td><td>137</td></tr>
<tr><td>后芽</td><td>627</td><td>296</td><td>331</td><td colspan="2">578</td><td>283</td><td>295</td></tr>
<tr><td>尚旺</td><td>523</td><td>251</td><td>272</td><td colspan="2">525</td><td>259</td><td>266</td></tr>
<tr><td>前石</td><td>556</td><td>268</td><td>288</td><td colspan="2">502</td><td>256</td><td>246</td></tr>
<tr><td rowspan="2">官庄邵家</td><td rowspan="2">949</td><td rowspan="2">448</td><td rowspan="2">501</td><td>官庄</td><td>613</td><td>291</td><td>322</td></tr>
<tr><td>邵家</td><td>354</td><td>173</td><td>181</td></tr>
<tr><td>北史</td><td>642</td><td>308</td><td>334</td><td colspan="2">604</td><td>299</td><td>305</td></tr>
<tr><td>后洼</td><td>389</td><td>208</td><td>181</td><td colspan="2">376</td><td>199</td><td>177</td></tr>
<tr><td>前洼</td><td>304</td><td>137</td><td>167</td><td colspan="2">301</td><td>145</td><td>156</td></tr>
<tr><td>后石</td><td>332</td><td>160</td><td>172</td><td colspan="2">297</td><td>152</td><td>145</td></tr>
<tr><td>永池</td><td>1054</td><td>525</td><td>529</td><td colspan="2">992</td><td>497</td><td>495</td></tr>
<tr><td>裴家</td><td>452</td><td>231</td><td>221</td><td colspan="2">388</td><td>197</td><td>191</td></tr>
<tr><td rowspan="2">大由小马</td><td rowspan="2">2104</td><td rowspan="2">1040</td><td rowspan="2">1064</td><td>大由</td><td>1710</td><td>839</td><td>871</td></tr>
<tr><td>小马</td><td>281</td><td>146</td><td>135</td></tr>
<tr><td>小牛</td><td>1399</td><td>676</td><td>723</td><td colspan="2">1362</td><td>656</td><td>706</td></tr>
<tr><td>石官</td><td>341</td><td>173</td><td>168</td><td colspan="2">338</td><td>173</td><td>165</td></tr>
<tr><td>小祁</td><td>282</td><td>143</td><td>139</td><td colspan="2">274</td><td>138</td><td>136</td></tr>
<tr><td>柳寺</td><td>1147</td><td>581</td><td>566</td><td colspan="2">1112</td><td>578</td><td>534</td></tr>
<tr><td>三里</td><td>627</td><td>321</td><td>306</td><td colspan="2">611</td><td>305</td><td>306</td></tr>
<tr><td>郭家</td><td>520</td><td>263</td><td>257</td><td colspan="2">506</td><td>257</td><td>249</td></tr>
<tr><td>大齐</td><td>820</td><td>404</td><td>416</td><td colspan="2">755</td><td>380</td><td>375</td></tr>
<tr><td rowspan="3">东后前尉</td><td rowspan="3">1385</td><td rowspan="3">682</td><td rowspan="3">703</td><td>前尉</td><td>162</td><td>79</td><td>83</td></tr>
<tr><td>东尉</td><td>701</td><td>353</td><td>348</td></tr>
<tr><td>后尉</td><td>498</td><td>245</td><td>253</td></tr>
<tr><td>高（王）旺</td><td>757</td><td>382</td><td>375</td><td colspan="2">734</td><td>372</td><td>362</td></tr>
</table>

续表28-1-1

村庄	第四次人口普查			第五次人口普查		
	合计	男	女	合计	男	女
鲍家	695	347	348	638	328	310
明礼	1063	505	558	1014	510	504
前栗	618	306	312	600	298	302
后栗	556	268	288	533	263	270
大（阎）闫	1921	954	967	1884	966	918
东西后鲍	1677	827	850	西鲍 209	103	106
				东鲍 989	490	499
				后鲍 432	225	207
沟盈	1319	673	646	1319	660	659
田家	1821	913	908	1758	896	862
长韩	910	466	444	831	430	401
西江	1120	561	559	1063	536	527
甘中	1825	908	917	1722	868	854
甘前	817	407	410	753	382	371
焦家	546	254	292	495	241	254
南王	655	308	347	604	298	306
马（家）洼	751	385	366	736	370	366
前槐	1243	619	624	1179	582	597
后槐	969	493	476	901	462	439
杨家	1128	593	535	1118	561	557
甘后	1049	535	514	989	511	478

附：苑城镇

第一节 概 述

苑城镇位于县域东北部，西南距县城 15 千米，西隔孝妇河与焦桥为邻，东与桓台县相连，南与长山镇相接，北与桓台县、焦桥镇接壤，南北长 8.85 千米，东西宽 7.45 千米，面积 41.87 平方千米。全镇辖 4 个办事处，43 个自然村。

1986 年，全乡人口 26370 人（男 13074 人，女 13296 人），其中非农业人口 1038 人。1994 年 12 月，撤乡设镇。

苑城镇以农业为主。1986—1995 年，全镇积极发展高产、高效、优质农业，强化发展畜牧业，

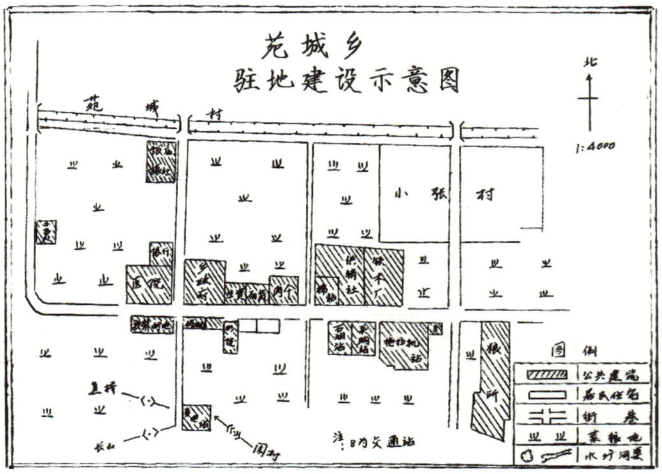

图 28-7　1984 年，苑城乡驻地建设示意图

大力发展乡镇企业，加速发展第三产业，全镇经济和各项社会事业蓬勃发展。1995 年，农民人均纯收入 1710 元。1998 年，全镇工农业总产值 7.2

亿元，其中乡镇企业产值4.8亿元，农业产值2.4亿元，农民人均纯收入2815元。2000年，全镇农村经济总收入实现6.72亿元。

2001年3月17日，苑城镇并入长山镇。

图28-8　2001年3月，弃用的苑城镇办公楼

第二节　农　业

农业

1986—1995年，苑城镇不断调整种植结构，加大科技投入，粮田面积由1986年的4.2万亩调整到1995年的3.1万亩；蔬菜面积由1986年的0.2万亩调整到1995年的0.63万亩，林果面积由1986年的0.15万亩调整到1995年的0.35万亩。1998年，全镇粮食播种面积比上年略有减少。2000年，全镇实有耕地面积4.13万亩，粮食总产量2.95万吨，平均单产483千克。

林业

1986年，全乡有林地面积4531亩。1987年，大力发展经济林，林地面积发展到8531亩，木材蓄积量38769立方米。1996—1998年，全镇果园面积1642亩，年产水果2791.40吨。

2000年，全镇实有果园面积524公顷，水果总产量1181吨。是年，全镇林业收入达到1135万元。

水利

苑城镇境内主要河流，南北流向的有孝妇河；东西流向有老坞河，系孝妇河的一条支流。这两条河均属季节河，汛期接容水。1986—1995年，开掘胜利渠、东风渠、双庆渠、循环渠等。1990年，进行引黄济苑水利工程。至1991年，完成引黄济苑3千米暗渠衬砌、水利站首期工程设备安装及6500米干渠部分面砌工程、12000米支渠的土方工程，同时还打机井250眼。1996—1998年，从根本上解决镇驻地饮水问题。2000年，全镇耕地总灌溉面积43500亩。

第三节　乡镇企业

1986年，有乡办厂8个，村办2个，联户办7个，个体227个。1988年，全面深化改革，推行企业承包，在经济结构上首次出现工业收入超过农业收入。1989—1991年，乡镇企业在改革中稳步发展，全镇企业拥有固定资产总值1808万元。1994年，全镇有各类企业669家。1995年，八四工厂跨入中国化工百强企业、国家大型二级企业行列。

1998年，工业总产值4.83亿元，全镇形成以化工为龙头，建材、铸造、加工等各业并进，协调发展的乡镇企业格局。

第四节　社会事业

教育

1986年，苑城镇有幼儿园36处，小学34处，初中5处。1992年，镇教委被滨州地委、行署评为“滨州地区社会主义文化先进镇”。1994年，中小学布局调整，小学调整为5处完全小学、12处简易小学，初中调整为1处。1995年，建成苑城中学教学大楼。是年，通过省政府“两基”验收。

1996—1998年，小学学龄儿童入学率、巩固率、毕业率97.5%以上。至1998年，连续8年被省教委科学应用研究中心评为“和谐教学实验单位”，并通过国家鉴定。

2000年，全镇有中学1处，专任中学教师94人，在校学生1637人；小学6处，专任小学教师150人，在校学生2328人；幼儿园28处，专任幼儿教师52人，在园幼儿1218人。

文化体育

1986年，苑城乡有文化站、广播站、电影院各1处。同年，中王村离休老教师裴信华办义务图书室，藏书2万余册，被团中央授予“红领巾读书活动先进个人”，1987年被授予“省群众文化先进工作者”“优秀离休教师”等称号。自1996年始，镇里都组织群众排演各种文艺节目，在全镇范围内巡回演出。全镇有4处图书室，藏书6万余册，常年对群众开放。省级重点文物保护单位丁公遗址和西南遗址，得到妥善保管。

卫生

1986—1995年，苑城镇卫生事业逐步形成三级医疗预防保健网络，儿童计划免疫、妇幼保健、社会康复等工作得到巩固和发展。1987年，乡卫生院下放乡政府管理，设有内、外、妇幼、治疗等7个科室。1995年，有村级卫生室43个，其中甲级卫生室34个。1998年，全镇形成卫生保健网络，农民生小病一般在村内就医。2000年，全镇村级卫生室60处，其中村或群众集体办卫生室43处，镇卫生院设点10处，个体办7处。达到甲级卫生室标准33处，乡村医生和卫生员50人。

计划生育

1986—1995年，苑城镇加强计划生育一条街和镇村人口学校建设。1995年，全镇晚婚率98.7%，晚育率99.5%，计划生育率99.7%，人口出生率12.01‰，人口自然增长率3.04‰。1996—1998年，镇设计划生育办公室，村有计划生育专职干部，成立计划生育协会，有会员3100多人，村村成立人口学校。2000年，全镇已婚育龄妇女人数5712人，领取独生子女证人数1490人，女性初婚137人，出生人口总数290人，其中计划内出生289人。

第五节 人口普查

苑城乡（镇）第四次（1990年）、第五次（2000年）人口普查一览表

表28-1-2　　单位：人

<table>
<tr><th rowspan="2">村　庄</th><th colspan="3">第四次人口普查</th><th colspan="4">第五次人口普查</th></tr>
<tr><th>合　计</th><th>男</th><th>女</th><th colspan="2">合　计</th><th>男</th><th>女</th></tr>
<tr><td>苑城乡（镇）</td><td>25981</td><td>12897</td><td>13084</td><td colspan="2">24431</td><td>12323</td><td>12108</td></tr>
<tr><td>毛张</td><td>979</td><td>470</td><td>486</td><td colspan="2">863</td><td>428</td><td>435</td></tr>
<tr><td>大省</td><td>999</td><td>470</td><td>529</td><td colspan="2">863</td><td>423</td><td>440</td></tr>
<tr><td>丁公</td><td>805</td><td>384</td><td>421</td><td colspan="2">710</td><td>346</td><td>364</td></tr>
<tr><td>石羊</td><td>258</td><td>127</td><td>131</td><td colspan="2">250</td><td>124</td><td>126</td></tr>
<tr><td rowspan="2">傅（付）家西庄</td><td rowspan="2">591</td><td rowspan="2">290</td><td rowspan="2">301</td><td>傅（付）家</td><td>374</td><td>187</td><td>187</td></tr>
<tr><td>西庄</td><td>182</td><td>88</td><td>94</td></tr>
<tr><td>买湖</td><td>231</td><td>118</td><td>113</td><td colspan="2">207</td><td>108</td><td>99</td></tr>
<tr><td>任（仁）马</td><td>328</td><td>165</td><td>163</td><td colspan="2">320</td><td>158</td><td>162</td></tr>
<tr><td>王世</td><td>542</td><td>265</td><td>277</td><td colspan="2">537</td><td>266</td><td>271</td></tr>
<tr><td>董城</td><td>429</td><td>210</td><td>219</td><td colspan="2">389</td><td>205</td><td>184</td></tr>
<tr><td>东南</td><td>582</td><td>270</td><td>312</td><td colspan="2">691</td><td>333</td><td>358</td></tr>
<tr><td>西南</td><td>643</td><td>332</td><td>311</td><td colspan="2">726</td><td>370</td><td>356</td></tr>
<tr><td>东北</td><td>713</td><td>349</td><td>364</td><td colspan="2">590</td><td>298</td><td>292</td></tr>
<tr><td>西北</td><td>481</td><td>244</td><td>237</td><td colspan="2">456</td><td>227</td><td>229</td></tr>
<tr><td>梁（良）郭</td><td>296</td><td>149</td><td>147</td><td colspan="2">308</td><td>158</td><td>150</td></tr>
</table>

续表表28-1-2

村庄	第四次人口普查			第五次人口普查		
	合计	男	女	合计	男	女
公孙	250	125	125	233	125	108
黄王	1116	562	554	1010	524	486
小演马	265	124	141	250	114	136
大演马	606	301	305	592	292	300
柏林	644	333	311	614	300	314
积格	659	331	328	602	319	283
陈度	3025	1501	1524	2876	1464	1412
东绳	639	312	327	592	295	297
西宰	601	291	310	495	244	251
后王	351	158	193	342	171	171
中后	520	262	258	498	250	248
中前	569	273	296	505	247	258
前王	394	204	190	368	182	186
西丁	368	188	180	351	179	172
大丁	1048	551	497	1047	553	494
北夏	398	188	210	353	180	173
东夏	657	334	323	645	326	319
南夏	376	194	182	406	210	196
前麻	368	179	189	360	190	170
小韩	328	160	168	297	145	152
杏村	538	274	264	483	246	237
大巩	925	455	470	854	429	425
小张	401	190	211	491	246	245
弥勒	592	269	323	571	279	292
后麻	946	471	475	842	428	414
阎家	306	161	145	308	159	149
小巩	524	265	259	448	231	217
李富	498	242	256	532	276	256
乡直村民委员会	193	119	74			

第二章 魏桥镇

第一节 概 述

魏桥镇地处县域西北部，东与九户镇、西与码头镇、东南与明集镇、南与章丘市、北与台子镇接壤。

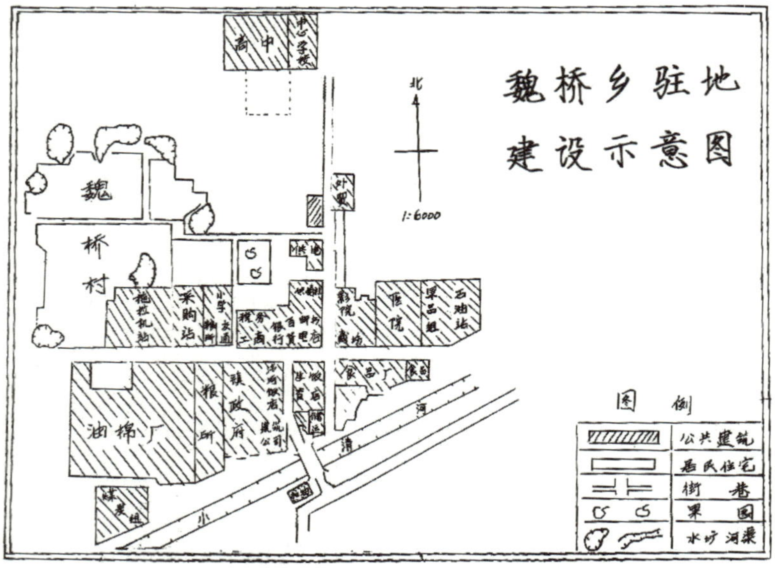

图 28-9 1984 年，魏桥乡驻地建设示意图

1986 年，全镇辖 3 个办事处，42 个行政村，人口 40310 人（男 20121 人，女 20189 人），其中非农业人口 1437 人。1986—1995 年，被建设部、省建设厅、地区建设局确定为小城镇建设试点镇。1995 年，国家大型企业魏桥棉纺织厂拥有职工 4860 人，规模效益在全国商办纺织行业领先。1996—1998 年，全镇地方财政收入居滨州地区乡镇第一位。1998 年，全镇人口 43728 人（男 22193 人，女 21535 人），汉族人口 43724 人。回族、壮族、蒙古族、彝族各 1 人，均为通婚迁入。

图 28-10 1987 年 9 月，投入使用的镇政府办公楼

2001 年 3 月，里八田乡并入魏桥镇；8 月，码头乡来牛、甜水、三官、崔八 4 个行政村划归魏桥镇。全镇辖 10 个责任区，82 个行政村。至 2003 年底，全镇人口 80472 人（男 41286 人，女 39186 人），其中非农业人口 8688 人，农业人口 71734 人，汉族人口 80455 人。少数民族 17 人，均为通婚迁入。同年，全镇工农业总产值 39.2 亿元，地方财政收入 3631 万元，连续九年居滨州市各镇乡第一位。山东魏桥创业集团拥有职工 7 万人，连续 3 年排名中国企业 500 强和山东省 26 户特大型企业之一。

2005 年，魏桥镇辖 82 个行政村：魏桥、堂子、南辛、朱家、东宋、东刘、范家、弭家、疯李、部家、西刘、宋辛、大田、小田、张平、赵瓦、孟寺、冢子、西码头、东码头、老王庄、辛刘前、刘王庄、麻张、田李靳、郭辛、梁桥、大坡、小坡、文家、五龙堂、孙家、曹家、菅家、康庄、印家、周家、朱官、吴东、吴西、（小）苏家、临河、里八田、丁家、郝庄、程（和铺）家、辛梁（镇）、河沟崖、王（家）寨、南杨、张（家）寨、北杨、崖镇、孙官、薛官、郭吕、张家、南郑、孔家、粉张、（西）马庄、郑家、刘聚桥、（北）韩家、西左、刘井、吴家、大碾、魏家、北于家、仇家、吴庄、豆腐赵、苏庄、官牛、夏庄、楼子张、洛庄、甜水、来牛、崔八、三官。设 82 个村民委员会；版图面积 151.80 平方千米。全镇有居民 26629 户 82082 人（男 42047 人，女 40035 人），其中，非农业人口 9183 人。是年底，全镇完成地区生产总值 7.18 亿元，财政总收入 1.32 亿元，其中地方财政收入 4759 万元，实现农民人均纯收入 5090.78 元。

第二节 农 业

农业

1986 年，全镇有耕地 8.82 万亩，人均 2.19 亩。1995 年，全镇耕地为 7.91 万亩，人均 1.97 亩，主要种植小麦、玉米、棉花、西瓜、蔬菜、花生等。1993 年，在全县率先推行“两田制”（口粮田、经济田）改革。1986—1995 年，提高复种指数。1986 年，全镇粮食种植面积 8.20 万亩，总产 2.47 万吨，单产 301 千克。1995 年，全镇粮食种植面积 6.88 万亩，总产 2.81 万吨，单产 410 千克。2003 年，全镇有耕地面积 12.34 万亩，人均 1.72 亩。全镇粮食播种面积 11.66 万亩，总产 4.52 万吨。棉花播种面积 6.51 万亩，单产 65 千克。农村经济总收入 34.4 亿元。2005 年，全镇耕地面积 12.31 万亩，粮食总产 3.24 万吨，耕地单产 460 千克，蔬菜总产 0.98 万吨，单产 2154 千克。

林业

1986 年，育林 2240 亩，桐棉桐粮间作 4320 亩。1995 年，全镇宜林面积绿化 7.89 万亩，占总宜林面积的 95.18%，林木覆盖率 19.8%，通过省平原绿化达标乡镇验收。全镇经济林面积 5700 亩，年果品总产 360 万千克，实现产值 300 万元。1999—2003 年，魏桥镇新建与完善农田林网面积 1.1 万亩，四旁植树 27 万株。2003 年，全镇发展“魏桥仙桃”种植面积 1 万亩，每亩收入 2 万元。林木覆盖率 31%。2005 年，全镇有经济林 1059 亩，防护林 5.62 万亩，成片造林 1.4 万亩，道路绿化 150 千米，全镇森林覆盖率 29.5%。

水利

1986 年，魏桥镇有效灌溉面积 49050 亩，占总耕地的 54.4%。1985—1990 年，完成魏桥大沟辛梁干渠、东码头大沟、大坡沟、朱官沟等大型土方工程，修建临河桥带闸，弭家总干渠魏桥大沟节制闸等大型骨干工程建筑及配套建设。1999 年，魏桥镇有耕地 9.2 万亩，实现沟、渠、路、林、桥、涵、闸、井八配套，做到“旱能浇，涝能排”，为农业增产增收奠定坚实基础。2005 年，全镇有桥、涵、闸 242 座，机井 1402 眼，标准化灌溉沟渠 89 千米。

图 28-11　2002 年建成的魏桥小清河大桥

第三节 乡镇企业

1986 年，全镇有镇办企业 5 家，从业人员 400 人。1986—1990 年，魏桥镇制定发展乡镇企业优惠政策，镇办、村办、联办、个体办四轮驱动，乡镇企业蓬勃发展，成为全镇经济发展的重要生长点。1990 年，全镇有镇办企业 11 家，从业人员 755 人。1999—2003 年，魏桥镇完成“百万工程”投资额近 9 亿元，上百万工程 75 个。2005 年，

图 28-12　魏桥镇世纪花园　（2005 年摄）

全镇完成工业投资 4.7 亿元，开工建设固定投资在 100 万元以上的工业项目 15 个，当年竣工投产 10 个。年内全镇工业企业实现工业总产值 30.55 亿元，完成工业增加值 2.98 亿元，销售收入 26.20 亿元，利税 2.55 亿元。

第四节 社会事业

教育

1986年，魏桥镇有小学37处，初中6处。1990年，镇中心初中建教学办公大楼。1991年，新建第二初中，完成初中合班并校。1992年，在全县率先实行初中四年制。1994年，实现初级中等义务教育。1997—1998年，小学进行合班并校。1997年，率先推行素质教育，并在全县推广经验。是年，被省教学研究室评为“奥林匹克竞赛优胜单位”。2003年，魏桥镇建设规模100个教学班的现代化魏桥实验学校，占地264亩;撤并小学8处，小学由原来的31处并为23处；撤并幼儿园4处，幼儿园由原来的32处并为28处。是年，魏桥一中被中央教科所评为“整体构建学校德育体系深化研究与推广实验”先进学校，中心园被评为全国民办优秀幼儿园和市级十佳幼儿园。2005年，全镇有初中1处、小学3处、幼儿园3所，有中学教师240人、小学教师237人、幼儿教师190人。

图28-13　2005年，魏桥镇新农村新貌

文化体育

1986年,魏桥镇设文化站、广播站、电影管理站、电影院各1处。1990年后，喜庆电影成为群众喜欢的新时尚。1986—1995年，全镇举办物资交流会6次，每次都邀请省吕剧团、京剧团、歌舞团、杂技团等到会公演。1995年，被验收为省级体育先进乡镇、省亿万农民健身活动先进乡镇。1999—2003年，建设影剧院、体育广场、游乐园、图书馆等文化基础设施。2005年，全镇有文化体育活动场所25处，其中图书馆1处、门球场3处，基层文化体育队伍37支，相对固定人员780人。

卫生

1986年，魏桥镇有农村卫生室37个，乡村医生83人。1990年，镇成立防保站。1993年，魏桥镇被列为全省第一批“社区康复综合模式”试点单位。1995年，接受全国康复中心视察。

2001年，里八田乡合并魏桥镇后，里八田卫生院于2003年并入邹平中心医院。2003年，全镇村级卫生室112处，38个行政村实行合作医疗或医疗保险。2005年,全镇有卫生院2家,卫生室(诊所)112处，医务人员524人。全镇新型农村合作医疗参合率98.5%。

计划生育

1986年，村村设立人口学校、计生服务室，为全镇8700名育龄妇女建立档案。1995年，计划生育逐步成为群众的自觉行动。1998年，全镇计划生育率99.3%，晚育率99.8%，出生率11.53‰，人口自然增长率4.73‰。2005年，全镇人口出生率12.53‰，计划生育率99.67%，人口自然增长率8.00‰，节育措施落实率93.4%。

第五节 人口普查

魏桥镇第四次（1990年）、第五次（2000年）人口普查情况一览表

表28-2-1　　单位：人

村　庄	第四次人口普查			第五次人口普查		
	合计	男	女	合计	男	女
魏桥镇	42396	21205	21191	55892	26164	29728
魏（位）桥	3685	1971	1714			

续表28-2-1

村 庄	第四次人口普查			第五次人口普查		
	合 计	男	女	合 计	男	女
堂子	1818	905	913	1873	932	941
南辛	865	428	437	858	423	435
朱家	276	145	131	263	138	125
东宋（家）	523	262	261	452	238	214
东刘	454	221	233	447	221	226
大田	407	197	210	395	194	201
小田	250	126	124	219	109	110
孟寺	482	237	245	492	232	260
范家	1556	759	797	1469	754	715
弭家	1916	934	982	1802	894	908
疯李	459	220	239	402	201	201
宋辛	437	220	217	431	212	219
西刘	367	189	178	370	183	187
部家	183	92	91	175	93	82
冢子	555	287	268	532	273	259
张平	546	283	263	534	269	265
赵瓦	249	122	127	263	136	127
西码头	3775	1904	1871	3442	1714	1728
东码头	1964	978	986	1821	923	898
梁桥	2903	1447	1456	2820	1405	1415
田李靳	2453	1233	1220	2398	1193	1205
郭辛	1381	667	714	1273	622	651
辛刘前	850	417	433	795	393	402
刘王庄	648	330	318	583	298	285
麻张	582	286	296	589	295	294
老王庄	342	179	163	315	156	159
大坡	1958	975	983	1867	942	925
小坡	1172	569	603	1112	567	545
文家	1332	658	674	1311	661	650
五龙堂	860	438	422	867	445	422
孙家	409	186	223	382	180	202
朱官	557	278	279	543	281	262
訾家	394	203	191	376	192	184
曹家	401	187	214	383	182	201
吴西	479	239	240	444	235	209
吴东	707	352	355	701	339	362

续表28-2-1

村　庄	第四次人口普查			第五次人口普查		
	合计	男	女	合计	男	女
康庄	543	265	278	516	248	268
印家	828	414	414	857	432	425
周家	1399	702	697	1392	716	676
临河	967	469	498	964	465	499
（小）苏家	463	229	234	409	198	211
油棉厂虚拟居委会				13325	4570	8755
虚拟居委会				2178	1203	975
镇直虚拟居委会				3252	1807	1445

附：里八田乡

第一节　概　述

里八田乡地处县域西北部，总面积53.3平方千米，辖4个办事处，36个行政村。

1986年，全乡总人口26762人（男13286人，女13476人），其中非农业人口690人。

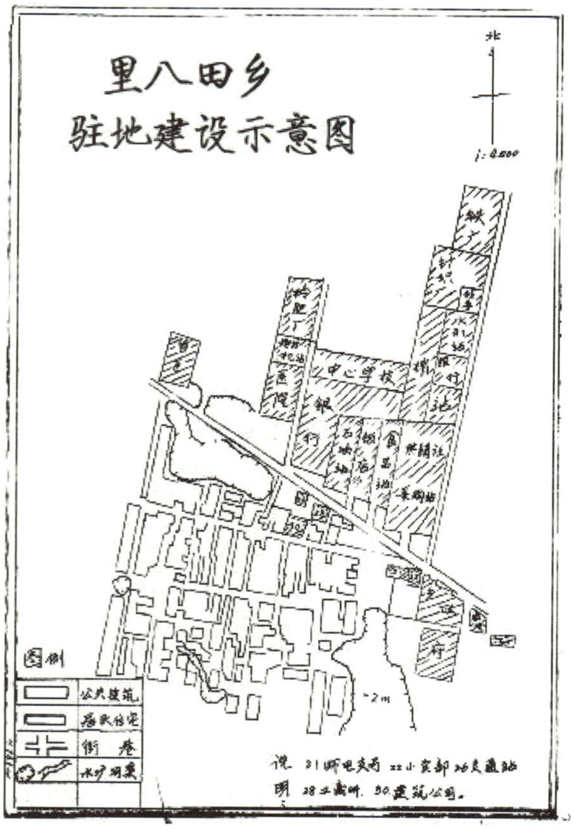

图28-14　1984年里八田乡驻地建设示意图

1986—1995年，10年间全乡社会总产值和人均收入翻了一番。1998年，全乡总人口25432人，其中非农业人口1936人，农民人均纯收入2180元。2000年，全乡农村经济总收入实现1.65亿元。2001年3月，里八田乡撤销，并入魏桥镇。

图28-15　2001年3月，弃用的里八田乡办公楼

第二节　农　业

农业

1986年，全乡有耕地5.14万亩，农业总产值2284万元。1995年，粮田和棉田大体各占一半。1995年，在全乡范围内推广“三田制”（口粮田、承包田和高效经济田），大体按4∶5∶1的比例。1998年，调整种植结构，加大复种指数，粮食种植面积略有减小。2000年，全乡粮食总产量4.25万吨，平均单产365千克。蔬菜瓜果总产量2.41万吨。

林业

1986—1987年，全乡组织林业会战，共建林果基地2000亩，四旁植树23万株，桐粮间作3500亩。1998年，全乡有林地面积1.6万亩，其中经济林0.14万亩、用材林0.32万亩，林木覆盖率18.1%。2000年，全乡实有果园面积7785亩，水果总产量724吨。是年，全乡林业收入25万元。

水利

1986—1995年，里八田乡大力发展井灌，粮田每50亩配套1眼机井，棉田每70亩配套1眼机井，增强抗旱保丰收能力。1991年，全面推行方田化建设。1996—1998年，全乡基本形成纵横交错的水利灌溉网。2000年，全乡耕地总灌溉面积4.74万亩，其中有效灌溉面积4.61万亩。

第三节　乡镇企业

1986年，乡办企业5家，固定资产63.72万元，年产值119.69万元。村办、个体办企业24家，个体工商户1300户。1988年，新建乡办企业6处。1998年，成立里八田乡个体私营经济发展保护区。1998年，全乡共有个体工商户916家，工商户年销售总收入1.65亿元。

第四节　社会事业

教育

1986年，里八田乡有中学2处，小学35处，幼儿教育处于初创阶段。1989年秋，教育实施“三制”（教师职务聘任制、校长目标责任制、全员岗位目标责任制）改革。1991年，全乡基本普及规范化学校。1993年，实施九年制义务教育。1994年，通过省级“两基”验收。1995年，全乡初中1处，小学18处，幼儿班35个。1997年，初中教育由三年制改为四年制。1998年，小学进一步调整布局，合并为10处。是年，乡中心小学整体搬迁。全乡有幼儿园25处。2000年，全乡有中学1处，专任中学教师94人，在校学生1391人；小学10处，专任小学教师98人，在校学生1505人；幼儿园26处，专任幼儿教师26人，在园幼儿459人。

文化体育

1986年以来，文化活动比较活跃。主要形式有戏剧演出、学校文艺活动、“五四”青年篮球友谊赛。1994年，里八田乡获滨州地区“社会文化先进乡”称号。1996—1998年，里八田乡文化活动随着经济繁荣和人们生活水平提高，日益活跃。冬春两季文化活动最为集中。

卫生

1986—1995年，里八田乡卫生事业逐步形成三级医疗预防保健网络，儿童计划免疫、妇幼保健、社区康复等工作得到巩固和发展。1987年5月，卫生院下放乡政府管理。1990年，卫生院分为卫生院和防保站。1996—1998年，全乡有村级卫生室36个，初级卫生保健通过了地级达标验收。1998年，完成乡卫生院整体搬迁，成为全县医院整体搬迁的先例。2000年，全乡村级卫生室32处，乡卫生院设点1处，个体办4处。

计划生育

1986—1995年，乡计划生育管理人员13人，村级计划生育专职干部36人，育龄妇女小组长153人。1992年后，计生办公条件得到改善。1998年，新出生266人，人口出生率10.12‰，人口自然增长率2.85‰，计划生育率100%，晚育率100%。2000年，全乡已婚育龄妇女人数5810人，领取独生子女证人数1488人，出生人口总数349人，其中计划内出生345人。

第五节　人口普查

里八田乡第四次（1990年）、第五次（2000年）人口普查情况一览表

表28-2-2　　　　单位：人

村　庄	第四次人口普查			第五次人口普查		
	合计	男	女	合计	男	女
里八田乡	26802	13202	13600	25122	12421	12701
刘井	773	392	381	686	350	336
西左	1354	666	688	1280	630	650
（西）马庄	875	429	446	760	383	377
北韩	706	349	357	657	336	321
刘聚桥	567	283	284	462	225	237
粉张	1006	499	507	923	449	474
吴家	492	252	240	446	226	220
大碾	1068	520	548	968	469	499
郑家	469	221	248	375	192	183
孙薛官	644	303	341	孙官 479	222	257
				薛官 137	65	72
崖镇	907	451	456	854	416	438
北杨	611	298	313	574	288	286
郭吕	409	200	209	409	201	208
张家	981	466	515	903	446	457
孔家	354	177	177	305	156	149
南郑	704	362	342	701	360	341
官牛	967	484	483	952	469	483
于家	278	148	130	265	134	131
夏庄（集）	320	163	157	320	158	162
仇家	881	437	444	874	441	433
豆腐赵	254	115	139	186	88	98
苏庄	814	395	419	736	364	372
洛庄魏家	2204	1100	1104	洛庄 1936	976	960
				魏家 220	110	110
楼子张	501	254	247	462	227	235
吴庄	1410	669	741	1426	681	745
辛梁（镇）	1600	772	828	1433	710	723
丁家	802	469	333	781	372	409
程（河铺）家	408	194	214	376	186	190
张家寨	776	387	389	679	332	347

续表28-2-2

村　庄	第四次人口普查			第五次人口普查		
	合计	男	女	合计	男	女
南杨	616	303	313	587	294	293
郝庄	986	467	519	899	449	450
河沟崖	304	154	150	273	130	143
里八田	1449	756	693	1569	767	802
王（家）寨	312	148	164	229	119	110

第三章　西董镇

第一节　概　述

西董镇位于县域南部，东与好生镇为邻，西隔四尖山与青阳镇相望，南以白云山、摩诃山分别与临池镇和章丘市搭界，北与黄山街道相接，总面积99.89平方千米，辖7个办事处。

西董镇为山区乡镇，经济基础较为薄弱。1986年，全乡工农业总产值1849万元，农民人均纯收入319元。是年，全乡人口38986人（男19706人，女19280人），其中非农业人口1082人。1993年，乡镇企业迅速崛起。1994年，全乡工农业总产值1.76亿元，财政收入144万元，农民人均纯收入780元。1995年6月，撤乡设镇。1996年3月，西董镇被省、地精神文明建设委员会命名为“文明示范乡镇”，北禾村被命名为“精神文明建设示范村”。1999年，西董镇实现小康镇。2003年，各景点接待游客37万人（次），旅游业带动第三产业增收980余万元。重点旅游开发区内人均增收300元，2000年直接从业人员均增收至5000元，成为全镇农民增收的重要来源。2003年，全镇人口37381人（男19071人，女18310人），其中非农业人口1523人。汉族人口占99.99%，少数民族人口全为通婚迁入。

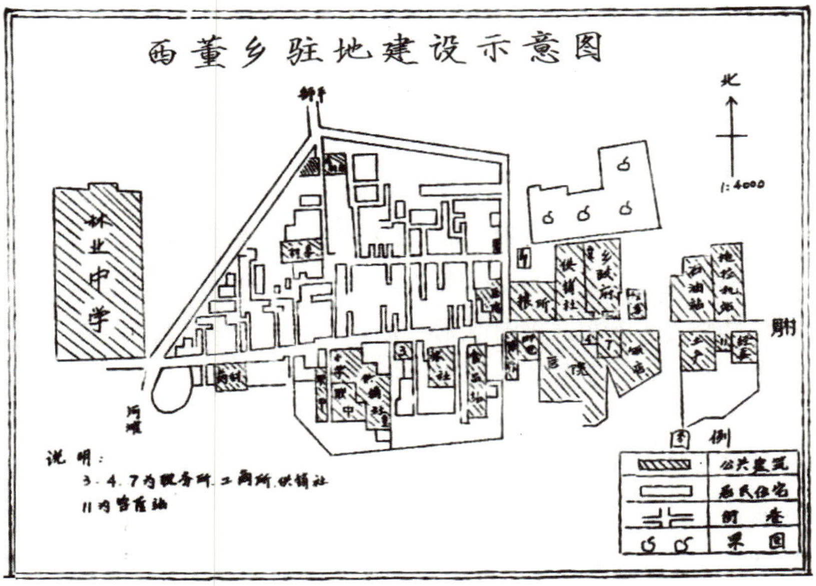

图28-16　1984年，西董乡驻地建设示意图

2005年，全镇辖70个行政村：西董、台头、杨李、马庄、沟西、于张、陈家、地佛、西庵、韦家坡、芽庄、大杨、小杨、朱家、齐家、小西河、任家峪、白云涧、杨家峪、马家台、由家河滩、上回、下回、东峪、西峪、小马峪、大马峪、尚庄、八柱台、张家洞、朱（家）塘、段家、太平、夫村、侯家、坊子、宋家、刘家窝、马（家）寨、韦家岭、南塘、韩寨、中王、皇后、于桥、东禾、西禾、北禾、樊大庄、会仙、聚仙、上娄、下娄、西赵、杏林、吉祥、贺家、孙峪、黄家河滩、郭家峪、

图 28-17　1990 年启用的镇政府办公楼

图 28-18　西董镇农科避暑山村　（1999 年摄）

西井、南石、冯家、象伏、芦泉、西王、东赵、崔营、丁家、南洞。全镇有居民 10976 户 37719 人（男 19175 人，女 18544 人），其中非农业人口 2149 人。是年，全镇完成地区生产总值 2.64 亿元，财政总收入 670 万元，其中地方财政收入 488 万元，实现农民人均纯收入 4035.11 元。

第二节　农　业

农业

1986 年，全乡有耕地 48900 亩，人均 1.29 亩，农作物以粮、棉为主，有计划地减少棉田，扩大瓜菜种植面积，并实施退耕还林 1.8 万亩。1987 年，农业灾害较为严重，但仍然取得好收成，粮食总产 1068 万千克。1988 年秋季，灾害严重，粮食总产 1104.25 万千克，与 1987 年基本持平，棉花歉收。1989 年，遇特大干旱，粮食总产仅 385 万千克，其他收入也大幅下降。1990 年，开始全面实施山、水、林、田、路、村综合治理，粮食总产 1370.4 万千克。1993 年，“两田制”试行，确定农业经济以林果和蔬菜种植为主体的高效农业发展战略，实行小麦统一供种。1995 年，有耕地 44280 亩，57% 为山地或山坡地，主要作物以小麦、玉米、地瓜、谷子、蔬菜、小杂粮为主。是年，优质果品基地、畜牧基地、蔬菜基地基本形成。地瓜种植在西董镇历史悠久，并以淀粉含量高、食用口感好而名扬四方。1996—1998 年，全镇地瓜年产量都在 2000 万千克以上。1998 年，全镇有 12 处淀粉加工厂，年加工淀粉 250 万千克以上，成为西董镇新的经济增长点。同年，蔬菜栽培实现大棚或小拱棚种植，成为农民又一新的经济增长点。1999—2003 年，农村产业结构发生较大变化，林果、蔬菜面积连年递增，纯粮作物面积相对减少，至 2003 年，全镇粮经种植比例为 1∶3.5。2005 年，全镇耕地面积 6.21 万亩，粮食总产 1.55 万吨，耕地单产 280 千克；蔬菜总产 0.8 万吨，单产 2000 千克。

林业

林业是西董镇的支柱产业。1986 年，退耕还林 18000 亩。1988 年，在地边堰上发展经济林 2509 亩，林木育苗 125 亩，栽植侧柏 1500 亩，“四旁”植树 16.5 万株。1991 年，进行老树种更新换代。1992 年，林果基地基本形成规模。1993 年，林木覆盖率 44.2%。1993 年，提前一年通过省级绿化达标验收。是年 11 月，大雪造成气温骤降，形成冻害，葡萄、石榴、香椿等作物枝干基本冻死。1996 年，南石村被确定为邹平县银杏良种繁育基地。1998 年，推广苹果果实套袋技术，当年苹果套袋 5.5 万个，利用酸枣资源嫁接冬枣 1.5 万株，获得成功。1998 年，万亩水杏、优质苹果、杂果基地形成。2003 年，实现粮经比例合理配置。2005 年，全镇有经济林 2.23 万亩，防护林 2.55 万亩，成片造林 1000 亩、道路绿化 33 千米，全镇森林覆盖率 37.05%。

水利

1986 年，打机井 150 余眼。1990 年，水浇地面积占耕地面积的 1/2。1994—1995 年，完成芽庄、花盆河水库维修工程，使花盆河水库成为远近有名的游览胜地。1999—2003 年，先后进行于印、台头两座水库的清淤防渗扩容工程，新打机井 47 眼，截潜流 7 个，清修河道 3000 米，黛溪河流域综合治理 3.5 千米，新建拦水塘坝 11 个，新通自来水村 14 个，全镇农民投资近百万元，新打吃水用井 109 眼。2005 年，全镇有桥、涵、闸 8 座，机井 1500 眼。

第三节 乡镇企业

1986 年前，西董乡工业基础薄弱。1989 年，乡镇企业在治理整顿中求生存，全乡企业总产值 1072 万元，乡办工业总产值 192 万元。1997 年，全镇企业总产值突破 5 亿元，比上年增长 25%。1998 年，全镇工业总产值 6.7 亿元，其中个体私营企业完成 5.72 亿元；个体工商户 1933 户，私营企业 46 家。2005 年，全镇完成工业投资 5.6 亿元，开工建设固定投资在 100 万元以上的工业项目 21 个。年内全镇工业企业实现工业总产值 23.6 亿元，完成工业增加值 5.3 亿元，销售收入 23.4 亿元，利税 18.4 亿元。

第四节 社会事业

教育

1986 年，中心校进行改建，初具规模。1987 年、1988 年，全乡校舍基本达到地区颁布标准。1994 年，完成中心初中和 7 处中心小学改造任务，建设 1 处标准较高的中心小学和幼儿园，通过国家“双基”验收。1995 年，顺利完成 2 处初中的合班并校，实现初等义务教育，中专录取率全县第一，重点高中生截留数全县第三。1996 年 8 月，县第一职业高中下放西董镇，原西董中心初中扩编为一中、二中。1997 年，日本友人捐建西庵希望小学。1998 年，全镇有初中 2 处，小学 39 处，镇中心幼儿园 1 处，村办幼儿园 51 处。2002 年，香港应善良基金会捐资 20 万元，镇政府投资 30 万元，建起南石小学教学楼，同年 10 月投入使用；投资 1500 万元动工兴建鹤伴中学。至 2003 年，全镇有初中 1 处，完全小学 6 处，幼儿园 7 处。2005 年，全镇有初中 1 处、小学 6 处、幼儿园 5 所，有中学教师 144 人、小学教师 153 人、幼儿教师 63 人。

文化体育

1986 年，西董乡设文化、广播站各 1 处。1993 年 5 月，文化站撤销。1995 年，恢复文化站，更名为“文化广播站”。1998 年元宵节，文化站组织戏曲、小品等比赛活动，美国学者梅学良与马庄村群众一起扭起了秧歌。1999—2003 年，全镇建有篮球场 52 个、乒乓球台 77 张，棋类游艺室 127 个，老年门球场 11 个，舞蹈健身队 70 个。北禾、中王等 5 个村建起街心花园和大型健身活动场所。2005 年，全镇有文化体育活动场所 27 处，其中图书馆 2 处、门球场 3 处，基层文化体育队伍 50 支，相对固定人员 1200 人。

图 28-19 西董镇鹤伴山老年公寓 （1999 年摄）

卫生

1986 年，西董乡有医院 1 处、农村卫生室（所）60 处。1988 年，设防保站，属医院管理，1989 年 3 月与医院分离。1989 年 4 月，建立邹平县精神卫生中心。1993 年，全乡初级卫生保健通过省、地两级达标验收。1994 年，精神卫生中心被省卫生厅评为一级甲等医院。1998 年，行政村卫生室覆盖率 100%。2003 年，全镇有村级卫生室 58 个、诊所 21 个，卫生室负责全镇的妇幼保健、计划免疫、预防和爱国卫生工作。2005 年，全镇有卫生院 1 家、卫生室（诊所）53 处，医务人员 124 人。全镇新型农村合作医疗参合率 66.3%。

计划生育

1986 年，计生服务站在全省建站最早，誉为“山东第一站”，被国家计生委授予“全国计划生育先进集体”称号。1988 年，乡成立计划生育协会，村村建有计生协会。1998 年，全镇晚婚率

95.6%，出生率13.19‰，计划生育率99.7%，晚育率99.5%，人口自然增长率8.34‰。2002年，全面推行村级计生干部“联村主任制”。2003年，对农村计生干部实行“职业化”管理。2005年，全镇人口出生率10.10‰，计划生育率99.5%，人口自然增长率1.60‰，节育措施落实率91.8%。

第五节 人口普查

西董乡（镇）第四次（1990年）、第五次（2000年）人口普查情况一览表

表28-3-1

单位：人

村 庄	第四次人口普查			第五次人口普查		
	合计	男	女	合计	男	女
西董镇（乡）	37844	19237	18607	35989	18306	17683
聚仙	361	188	173	356	187	169
孙峪	270	142	128	254	130	124
贺家	402	214	188	354	177	177
会仙	689	353	336	642	332	310
黄家河滩	328	158	170	329	168	161
西赵	514	252	262	503	259	244
西井	538	287	251	453	246	207
丁家	561	284	277	525	272	253
东赵	567	277	290	539	268	271
崔营	831	421	410	872	428	444
太平	582	292	290	580	295	285
杏林	624	302	322	533	264	269
郭家峪	319	167	152	324	168	156
下娄	537	268	269	460	238	222
上娄	445	238	207	426	220	206
吉祥	308	160	148	321	156	165
象伏	546	290	256	619	308	311
冯家	260	125	135	234	122	112
南石	710	372	338	703	354	349
芦泉	374	188	186	385	188	197
西王	521	256	265	515	257	258
夫村	883	444	439	868	431	437
宋家侯家	481	240	241	宋家 256	133	123
				侯家 184	94	90
段家	1261	651	610	1314	693	621
马家寨	607	318	289	587	302	285
南洞	633	333	300	561	295	266
坊子	386	189	197	350	180	170

续表28-3-1

村 庄	第四次人口普查			第五次人口普查		
	合 计	男	女	合 计	男	女
韦家岭	538	279	259	538	279	259
朱塘	912	461	451	886	448	438
刘家窝	402	207	195	405	211	194
北禾	1004	499	505	999	504	495
西禾	308	156	152	312	156	156
东禾	406	204	202	413	205	208
樊大庄	1162	567	595	944	473	471
杨李	591	292	299	585	290	295
台头	537	271	266	513	263	250
西董	1505	796	709	1237	622	615
皇后	786	379	407	800	399	401
韩寨	740	361	379	699	347	352
南唐	521	259	262	499	248	251
上回	595	307	288	502	260	242
下回	725	375	350	612	318	294
西峪	700	343	357	604	301	303
由家河滩	1019	528	491	939	473	466
尚庄	864	444	420	768	383	385
马庄陈家	1049	534	515	马庄 894	447	447
				陈家 162	86	76
地佛	497	255	242	459	232	227
沟西	475	241	234	421	217	204
于张	751	395	356	738	387	351
于桥	492	251	241	458	240	218
中王	936	451	485	989	488	501
东峪	483	241	242	433	218	215
小马峪	434	225	209	358	182	176
张家洞	226	111	115	175	84	91
大马峪	257	128	129	208	101	107
八柱台	147	71	76	107	52	55
马家台	246	127	119	187	93	94
杨家峪	329	180	149	285	149	136
白云涧	216	109	107	196	95	101
小西河	101	51	50	90	45	45
任家峪	355	182	173	334	167	167
西庵	454	240	214	400	212	188

续表28-3-1

村　庄	第四次人口普查			第五次人口普查		
	合 计	男	女	合 计	男	女
韦家坡	520	275	245	445	235	210
芽庄	360	185	175	393	202	191
大杨	547	273	274	531	268	263
小杨庄	185	99	86	156	87	69
齐家	306	158	148	325	181	144
朱家	625	322	303	627	319	308
镇直虚拟居委会				316	174	142

第四章　好生镇

第一节　概　述

好生镇位于县域东南部，东与淄博市周村区、西与西董镇、南与临池镇、北与高新街道相连，西北与黄山街道相邻，面积36.39平方千米。镇下辖3个办事处。

1986年，全乡人口30816人（男15311人，女15505人），其中非农业户口1027人。1986—1995年，人口增加1360人，年增长率为4.4‰。人口以汉族为主，少数民族人口均为通婚迁入。1994年9月，好生撤乡设镇。1995年，社会总产值11.3亿元，农村经济总收入84101万元，财政总收入397万元，农民人均纯收入1712元，农

图28-20　1996年5月，投入使用的镇政府办公楼

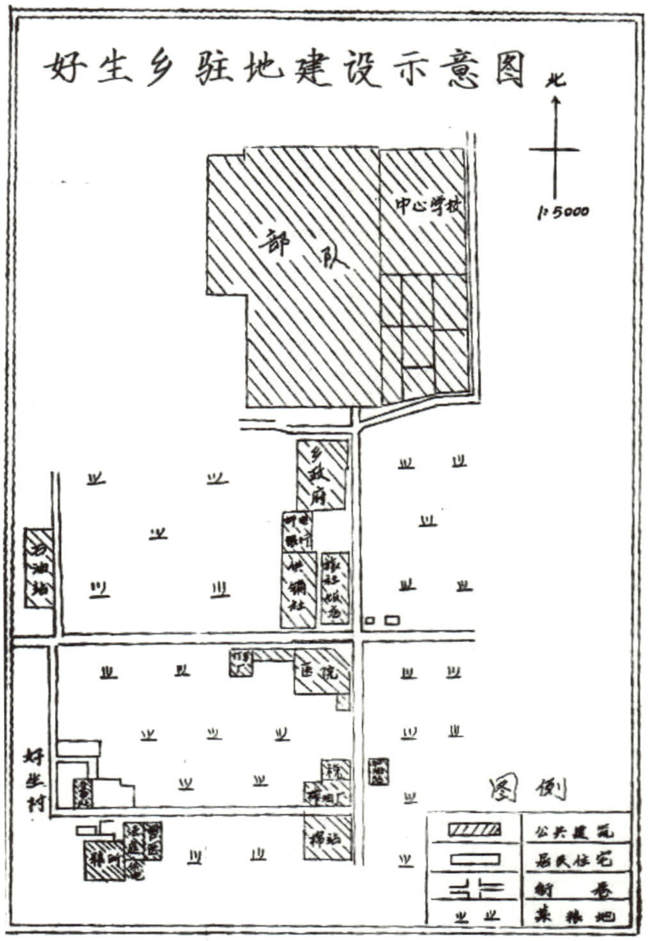

图28-21　1984年，好生乡驻地建设示意图

村社会储蓄余额6100万元，分别比1986年增长391%、655%、248%、163%、281.3%。1998年，全镇人均储蓄余额4270元，位居全县第一，全镇跨入小康行列。2003年，全镇人口31853人（男15687人，女15735人），其中非农业人口1593人，全镇人口以汉族为主。

2005年，好生镇辖39个行政村：好生、姜家、小高（家）、周前、尹家河、院上、河阳、史营、乔家、马家、展店、八里河、蒙一、蒙二、蒙三、蒙四、河西、河南、河北、新华、黑土、平原、张家、苗家、尹桥、二槐、宗家、东代、鹿家、曹家、蓦涧、山旺、李庄、石河、屯里、贾（村）庄、李营、刘桥、东董。全镇有居民8723户31827人（男15680人，女16147人），其中非农业人口2650人。是年，全镇完成地区生产总值4.08亿元，全年财政总收入实现2271.3万元，其中地方财政收入1086.20万元。全社会固定资产投资5亿元，利税实现4.35亿元。农民人均纯收入4492.91元。

第二节　农　业

农业

好生镇属半山区乡镇，南部山区土地属沙土性土质，北部平原土地属黏土性土质。全镇农作物主要种植小麦、玉米，兼种地瓜、大豆、高粱、芝麻、绿豆、花生等。1986年，全乡耕地面积3.48万亩，人均1.13亩。1994年，蔬菜在塑料小拱棚种植基础上，向中型塑料棚和塑料大棚的方向发展，蔬菜种植面积2958亩，收入1774万元。1995年，农业总产值9000万元。1986—1995年，粮田面积逐年减少，粮食总产和蔬菜种植收入1995年比1986年增长289万千克，增收1240万元。1998年，全镇有花园110家，大田花卉种植面积1700亩，成为有名的大型北方花卉种植和南方及国外花卉集散地之一。2005年，全镇耕地面积2.76万亩，粮食总产4.71万吨，耕地单产376.61千克，蔬菜总产1.87万吨，单产2600千克。全镇花卉专业村7个，建成冬暖式花卉大棚280余个，高标准花卉超市30余个。

图28-21　好生镇万亩花卉基地　　（2000年摄）

林业

1986—1990年，林业生产以农林间作和四旁植树为重点，在北部平原村庄普遍推行桐粮间作。至1995年，全镇有林地17460亩，林木覆盖率31.8%，达到省颁“八五”绿化标准。1998年，开始推广苹果套袋技术。建立东董、李营、黑土桃树生产基地。至1998年底，全镇林果面积4390亩，林网面积2543亩，林木覆盖率23.5%。2005年，全镇有经济林700亩、防护林2400亩，成片造林7538亩，道路绿化4.2千米，全镇森林覆盖率24.93%。

水利

1986—1995年，先后建聚群水库，蓦涧水库、汇龙水库、曹家塘坝、石河塘坝、贾庄塘坝、鹿家塘坝，屯里节水工程及刘桥节水渠道等水利工程。至1995年，增加灌溉面积8000亩，改善灌溉面积12000亩，人畜吃水工程由原来的21处增加到31处，基本满足人畜吃水问题。至1998年，全镇有水库2座、塘坝10处、机井380眼，除南部少数山区村庄，全镇水利灌溉率达80%，基本实现水利化。2005年，全镇共有桥、涵、闸42座，机井1016眼。

第三节　乡镇企业

1986年，乡办企业7家，总收入176万元，利税18万元。

1990年后，乡镇企业发展进入快车轨道。在第三产业发展上，境内周邹路、周西路两条干道，逐步形成商业走廊。至1995年，全镇有镇办企业18家，村办企业27家，个体、联合体1221家。

图 28-22　好生镇金河家具商场

图 28-23　1998 年，好生镇在滨州地区率先实现农村中小学生专用车接送学生上学、放学

1996—1998 年，乡镇企业和个体私营经济发展迅速，成为闻名遐迩的沙发家具之乡。2003 年，全镇有个体私营企业 2679 家，其中规模企业 21 家，实现总产值 25.42 亿元，利税 2.48 亿元，出口交货值 1508 万元，实现招商引资额 2.85 亿元，引进项目 42 个。年产值过亿元的强村 3 个，超过 5000 万元的强村 15 个。2005 年，全镇完成工业投资 19668 万元，开工建设固定投资在 100 万元以上的工业项目 36 个，当年竣工投产 28 个。年内全镇工业企业实现工业总产值 448076 万元，完成工业增加值 98122 万元，销售收入 440988 万元，利税 44499 万元。年底，全镇有居民 8723 户，人口 31827 人（男 15680 人，女 16147 人），其中非农业人口 2650 人。

第四节　社会事业

教育

1986 年，全乡有初中 4 处、小学 32 处。1989 年 5 月，中心初中校舍搬迁。1991 年 8 月，全乡初中布局调整到位。1992 年，全乡通过地区规范化学校验收。1994 年春，通过省级验收。1995 年初，全镇教育通过省政府“两基”验收。1996 年，小学合并为 18 处，初中合并为 1 处（暂为两地办学）。是年，中心初中经地区验收成为滨州地区农村初级中学第一处地级规范化学校。1998 年，小学合并为 7 处，取消教学点，初中并为 1 处。1998 年 8 月 24 日，成为滨州地区第一个开通学生专用车的乡镇。1999 年 4 月，初中被评为省艺术教育示范学校、县素质教育示范学校。镇中心幼儿园被确定为国家“九五”重点课题幼儿民间艺术教育研究实验单位。李家小学被中国教育学会评为“艺术教育特色学校”。2005 年，全镇有初中 1 处、小学 7 处、幼儿园 11 所，有中学教师 97 人、小学教师 147 人、幼儿教师 43 人。

文化体育

1986 年，好生乡有文化站、广播站、电影管理站各 1 处。1992 年，建起文化活动中心。1993 年 5 月，文化站、广播站、电影管理站撤销。1995 年 10 月，文化站、广播站恢复编制。

1998 年 4 月，举办全国著名书画家高潮书画捐赠义卖活动，筹资全部捐给希望工程。1999—2003 年，好生镇建有文化广场、镇文化活动中心各 1 处，达到省文化厅规定标准，被省文化厅命名为“社会文化先进镇”。2001 年，在全县率先实现电话普及率 70% 以上，被评为全县首个“电话镇”。2005 年，全镇有文化体育活动场所 3 处，其中图书馆 1 处，门球场 1 处，基层文化体育队伍 3 支，相对固定人员 100 人。

卫生

1986 年，好生乡卫生院有 30 名医务工作人员。村级卫生室（所）37 处。1989 年，成立防保站，村级卫生室（所）发展到 45 处，个体诊所 2 处，行政村卫生室（所）覆盖率 100%。1991 年，村村成立红十字会。1993 年，全镇初级卫生保健通过省、地两级验收。2003 年，全镇有村卫生室 34 个，个体诊所 22 个，行政村卫生室覆盖率 98%。2005 年，全镇有卫生院 1 家，卫生室（诊所）15 处，医务人员56人。全镇新型农村合作医疗参合率92.6%。

计划生育

1986—1995年，陆续投资80余万元建设乡人口培训中心。1995年底，全镇有人口培训中心1处，村级人口学校39处。1998年，全镇晚婚率98%，晚育率98%，计划生育率97%，人口出生率10.88‰，人口自然增长率10.66‰。1999年，实现“站院合一”。2001年，好生镇名列滨州市乡镇计生工作第一名，同年被评为全国婚育新风进万家活动先进乡镇。2005年，全镇人口出生率11.67‰，计划生育率99.8%，人口自然增长率4.55‰，节育措施落实率88.8%。

第五节　人口普查

好生乡（镇）第四次（1990年）、第五次（2000年）人口普查情况一览表

表28-4-1　　　　单位：人

村　庄	第四次人口普查			第五次人口普查		
	合计	男	女	合计	男	女
好生乡（镇）	31090	15370	15720	32411	16454	15957
河北	376	192	184	349	176	173
河西	448	206	242	408	187	221
河南	384	202	182	389	198	191
黑土	322	158	164	293	146	147
新华	304	149	155	311	150	161
平原	776	388	388	786	388	398
鹿家	474	236	238	463	232	231
尹桥	823	401	422	806	399	407
苗家	681	344	337	668	355	313
二槐	1001	508	493	955	478	477
东代	335	161	174	295	141	154
张家	1081	532	549	1107	560	547
蒙一	1040	507	533	1000	506	494
蒙二	871	409	462	861	410	451
蒙三	683	346	337	700	347	353
蒙四	542	259	283	520	261	259
宗家	799	393	406	759	377	382
展店	311	148	163	313	153	160
小高（家）	603	308	295	611	303	308
姜家	966	482	484	911	451	460
八里河	1462	733	729	1581	800	781
好生	1688	859	829	1632	841	791
马家	344	148	196	384	199	185
乔家	1899	900	999	1875	940	935
史营	1193	590	603	1269	654	615

续表28-4-1

村 庄	第四次人口普查			第五次人口普查		
	合计	男	女	合计	男	女
尹家河	619	303	316	623	314	309
周前	486	239	247	504	268	236
河阳	1053	521	532	1246	672	574
院上	1132	554	578	1190	605	585
屯里	784	394	390	931	495	436
石河	614	323	291	662	345	317
李庄	981	473	508	1033	516	517
曹家	879	432	447	1092	565	527
刘桥	548	270	278	632	338	294
贾（村）庄	345	165	180	373	185	188
东董	1279	605	674	1210	606	604
李营	116	60	56	113	57	56
蓦涧	1053	521	532	1063	529	534
山旺	1447	755	692	1531	795	736
乡直机关（镇直虚拟居委会）	344	201	143	962	512	450

第五章　临池镇

第一节　概　述

临池镇属山区乡镇，地处县域最南端，东南与淄博市周村区、西与章丘市、北与好生镇、西北与西董镇隔山相连，总面积50.30平方千米，辖5个办事处。1986年，全乡人口29427人（男14668人，女14759人），其中非农业人口1083人。1994年9月，临池撤乡设镇。1995年，全镇农村经济总收入5.2亿元，乡镇企业总产值6.2亿元。1998年，全镇人口28256人（男14209人，女14047人），其中非农业人口1534人。人口以汉族为主，少数民族人口皆为通婚迁入。是年，通过地、县两级小康镇验收。1998年，华孟集团的真菌系列保健品和蒜素液项目研制开发并投产。

临池镇水源奇缺，土地瘠薄，在稳定粮食生产前提下，突出林果生产，建立高效农业、旱作农业、林果生产三大开发基地。同时，依托自身优势，利用当地资源，发展乡镇企业和第三产业，逐步形成以砖瓦建材工业为主体，塑料、化工、机械制造、木器加工等多业并举的格局。

图28-24　1993年3月，投入使用的镇政府办公楼

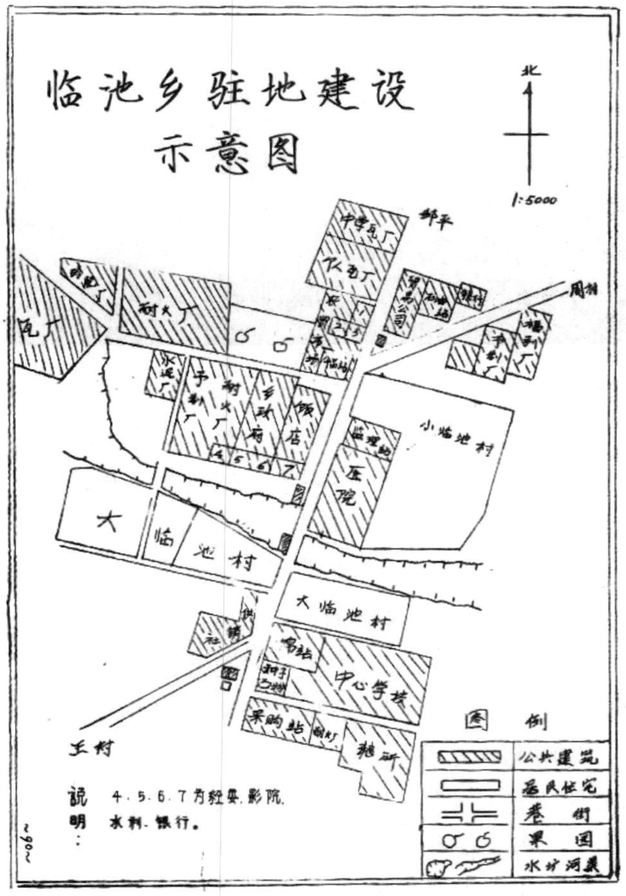

图 28–25　1984 年，临池乡驻地建设示意图

2005 年，临池镇辖 43 个行政村：大临池、小临池、王家村、（小）西庄、南寺、北寺、郭庄、望京、古城、红庙、高旺、兴安、郭家泉、西黄、中黄、东黄、北山、南山（涧）、北台、西台、东台、吕家、东兑、西兑、大房、小房、梁家、北园、大洞、小洞、西永和、东永和、桥子、殷家（庄）村、佛生、西高、东高、上河、下河、双青、小黄埠、郑家、柏家。

是年，全镇有居民 9177 户 28922 人（男 14464 人，女 14458 人），其中非农业人口 2326 人。是年底，全镇完成地区生产总值 3.97 亿元，财政总收入 1796 万元，其中地方财政收入 851 万元，实现农民人均年收入 4231.31 元。

第二节　农　业

农业

1986 年，全镇有耕地 3.2 万亩，人均 1.2 亩。1987 年遭受旱灾，造成大面积减产，粮食总产 732.9 万千克。1990 年，调整农业种植结构，发展果品生产。1994 年，发展“两高一优”（高产、高效、优质）农业，调整种植结构，集中连片开发。1995 年，全镇有耕地 2.75 万亩，人均 1 亩。主要种植小麦、玉米、地瓜、大豆。1996 年，旱作蔬菜作为重要经济作物，种植面积为 3881 亩。至 1998 年,发展到 6250 亩,总产量 9660 吨。2003 年,由于公益占地和工副业占地,全镇人均耕地 0.8 亩。在耕地逐年减少的情况下，粮食生产由于气候灾害原因，单产、总产起伏不定。2003 年，临池镇创建无公害蔬菜基地，注册“临池牌”商标，使旱作蔬菜经济作物得到进一步发展，种植面积由 1999 年 5039 亩发展到 2003 年 7900 亩，总产量达 11462 吨，成为农民增收的一个新的增长点。2005 年，全镇耕地面积 2.50 万亩，粮食总产 1.02 万吨，耕地单产 408 千克；蔬菜总产 0.88 万吨，单产 1103 千克。

林业

1986 年，发展果林地 5500 亩，补植 2200 亩，有果树 14300 亩。1990 年，营造用材林 909 亩、防护林 1851 亩，完善经济林 1000 亩。1995 年，有林果面积 2.4 万亩，沟、渠、路绿化 40.81 千米。1997 年，被滨州地委、行署评为全区“科技兴农”先进单位。1999 年 1 月，临池镇在成功拍卖东高村林地经营权的基础上，对全镇集体所有的 2900 余亩林地全部进行集中拍卖。1999 年底，林地经营权拍卖工作完成。2005 年，全镇有经济林 3500 亩、防护林 12000 亩，成片造林 3000 亩，道路绿化 7 千米，全镇森林覆盖率 28%。

水利

1986—1995 年，临池镇水利建设主要是上河流域、白云山流域两大流域治理。1990 年，被评为省级水土保持治理先进单位。1996—1998 年，临池镇水利设施得到全面修复和改造，加强水资源管理。1999—2003 年，完成雪山及柱似山的引水上山工程。集中解决 13 个村共计 6300 人的人畜吃水问题。2005 年，全镇有桥、涵、闸 21 座，机井 1049 眼，标准化灌溉沟渠 5.6 千米。

图 28-26　从雪山看柱似山—凤凰山—簸箕山—葫芦山—大临池　（2013 年摄）

第三节　乡镇企业

1986 年，全乡有乡办企业 11 家，从业人员 568 人。1996—1998 年，全镇 8 家镇办企业和 2 家村办企业进行改制，在全县率先完成镇办企业改制任务。1998 年，乡镇企业发展到 1714 个，其中私营企业 86 个，个体工商企业 1623 个；乡镇企业总产值实现 7.5 亿元，利税 6834 万元，其中工业产值 7.16 亿元。2003 年，规模以上企业增加到 11 家，纳税过百万元企业 3 家。2005 年，全镇完成工业投资 4.09 亿元，开工建设固定投资在 100 万元以上工业项目 29 个，当年竣工投产 24 个。

图 28-27　20 世纪 90 年代的临池镇砖瓦企业

第四节　社会事业

教育

1986 年，全乡共有中学 6 处、小学 37 处。1994 年，通过省政府“两基”验收。1995 年，全镇有中学 1 处、小学 29 处。是年，中心初中被命名为“省化学竞赛优秀学校”，成教中心被命名为“省级规范化学校”。1998 年，临池镇初中被省教委命名为“省级规范化学校”。1999 年 1 月，中心初中通过省教委验收，成为滨州市第一所农村“省级规范化学校”。中心幼儿园被命名为“省级规范化幼儿园”。2003 年 8 月，南北寺中学撤销，教师分流至邹平一中、黄山中学，校舍转让给临池镇。全镇撤并 6 处小学，将 28 个村 1 ～ 5 年级学生合并为南北寺小学。2003 年，全镇完全小学 3 处，布局调整基本到位。2005 年，全镇有初中 1 处、小学 4 处、幼儿园 14 所，有中学教师 124 人、小学教师 123 人、幼儿教师 39 人。

文化体育

1986 年，临池乡设文化站、广播站、电影院各 1 处。1989 年，电影院实行责任制目标管理，按计划下村放映。1993 年，柏家村建起容纳千人的大众会堂暨电影院。1993 年 7 月，镇乡机构改革，文化站撤销。2001 年，在镇驻地建占地 600 平方米文化广场 1 处，80% 以上的村和单位建起文化大院和文化活动室。2005 年，全镇有文化体育活动场所 1 处，其中图书室 41 处，基层文化体育队伍 22 支。

卫生

1986—1995 年，农村改厕 6163 处。1987 年 5 月，乡卫生院下放乡政府管理。1995 年，28 个村卫生室达到甲级卫生室标准。1989 年，消灭疟疾。1995 年，消灭脊灰。2000 年 10 月，镇中心卫生院完成整体搬迁。2003 年，全镇有乡医 56 名，设有 35 处卫生室。2005 年，全镇有卫生院 1 家，卫生室（诊所）38 处，医务人员 93 人。全镇新型农村合作医疗参合率 78%。

计划生育

1986 年，设计划生育服务站 1 处。1988 年，获全国计划生育先进单位称号。1995 年，全镇晚婚率 100%，计划生育率 98.2%，人口出生率 12.50‰，人口自然增长率 1.51‰。1997 年，镇计生办开展“合格村”“示范村”“合格村协会”创建活动。1999—2003 年，全镇 43 个行政村均实现计划生育村民自治。2005 年，全镇人口出生率 9.15‰，计划生育率 97.5%，人口自然增长率 6.26‰，节育措施落实率 99.5%。

第五节　人口普查

临池乡（镇）第四次（1990年）、第五次（2000年）人口普查情况一览表

表28-5-1　　单位：人

村　庄	第四次人口普查			第五次人口普查		
	合 计	男	女	合 计	男	女
临池乡（镇）	29512	14728	14784	30366	15490	14876
红庙	771	395	376	710	356	354
高旺	482	239	243	473	239	234
兴安	954	477	477	920	452	468
古城	2640	1284	1356	2760	1343	1417
郭家泉	420	215	205	430	219	211
西黄	648	301	347	725	390	335
中黄	301	152	149	344	187	157
东黄	393	196	197	562	291	271
北山	456	229	227	548	330	218
南山（涧）	216	112	104	306	172	134
北台	907	448	459	941	513	428
西台	654	322	332	664	342	322
东台	811	415	396	921	480	441
吕家	260	126	134	231	113	118
东兑	351	182	169	202	98	104
西兑	286	147	139	217	110	107
小房	722	370	352	762	414	348
大房	656	338	318	663	350	313
梁家	223	113	110	152	76	76
北园	1308	677	631	1246	642	604
大涧	850	431	419	711	360	351
小涧	285	142	143	191	93	98
西永和	224	121	103	222	107	115
东永和	419	212	207	390	197	193
桥子	642	307	335	593	297	296
殷家庄	708	359	349	629	327	302

续表28-5-1

村 庄	第四次人口普查			第五次人口普查		
	合 计	男	女	合 计	男	女
大临池	1370	681	689	1183	589	594
小临池	857	440	417	622	312	310
王家（庄）村	711	367	344	674	332	342
小西庄	433	223	210	418	212	206
北寺	573	281	292	449	217	232
南寺	493	238	255	452	219	233
望京	1092	526	566	1086	526	560
郭庄	1365	666	699	1367	693	674
佛生	722	367	355	673	336	337
下河	672	354	318	653	329	324
上河	429	204	225	415	209	206
东高	770	397	373	685	358	327
西高	497	249	248	475	236	239
双青	1014	486	528	992	493	499
柏家	956	467	489	955	490	465
郑家（庄）	506	244	262	494	228	266
小黄埠	465	230	235	476	237	239
镇直虚拟居委会				1132	597	535
南北寺学校虚拟居委会				652	379	273

第六章　焦桥镇

第一节　概　述

焦桥镇地处县域东北部，北靠小清河，与高青县隔河相望，东与桓台县接壤，南部与长山镇、高新街道，西部与韩店镇、孙镇毗连，总面积79.89平方千米，辖5个办事处。1986年，全乡总人口38777人（男19241人，女19536人），其中非农业人口1630人。1995年1月，撤乡设镇。1998年，全镇总人口38239人（男19146人，女19093人），其中非农业人口1817人。汉族人口占99.9%，少数民族人口多为通婚迁入。

2005年，全镇辖48个行政村：东南、西南、东北、西北、四马、义和、孟王、朱崖、东平、西营、西绳、北绳、爱贤、刘套、张官、西直、东直、韩套、刘桥、小杜、孙庄、南段、北段、前大成、后大成、李套、朱套、张套、高道口、东杜、西杜、小位、姚孙、董家、史辛、刘道口、纪家、郭家、小赵、小北杜、刁宋、赵旺、牛家、西夏、太平、前三、后三、兴隆。全镇有居民11830户39059人（男19579人，女19480人），非农业人口2368人。是年，全镇完成国内生产总值3.46亿元，财政总收

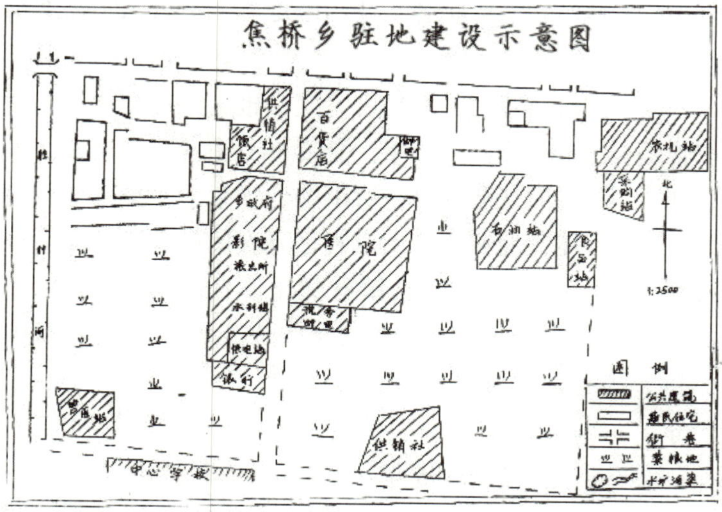

图 28–28 1984 年，焦桥乡驻地建设示意图

入 676 万元，其中地方财政收入 388.10 万元，实现农民人均纯收入 4085.59 元。

图 28–29 2004 年 7 月投入使用的镇政府办公楼

第二节 农 业

农业

焦桥镇属农业镇。1986 年，全乡耕地 8 万亩，粮食作物以小麦、玉米为主。1989 年，推广科学种田，大力推广小麦新品种“83–1”，小麦亩产 350 千克，玉米亩产 346 千克，粮食总产 3183.5 万千克。1992 年前棉花是主要经济作物，1992 年后，经济作物逐步向瓜菜转移。1993 年，玉米大面积患叶斑病，造成减产。1998 年，推行良种种植。是年，全镇瓜菜种植面积 10256 亩，后三村及机关干部示范服务基地建起冬暖式蔬菜大棚，形成 13 个蔬菜专业村，牛家村成立全县第一个蔬菜专业合作社。2005 年，粮食总产 6.61 万吨，耕地单产 439 千克；蔬菜总产 2.81 万吨，单产 3060 千克。

图 28–30 通过远程教育进行黄瓜种植技术培训

林业

1986 年年初，焦桥乡有林地面积 6524 亩。1990 年，全乡实现农田林网化，达到部颁平原绿化标准。1994 年，按期达到省“八五”绿化标准。1996—1998 年，全镇林木成活率、保存率均在 95% 以上。2005 年，全镇有经济林 1082.5 亩、防护林 8890 亩，成片造林 10004 亩，道路绿化 6.5 千米，全镇森林覆盖率 15.9%。

图 28–31 焦桥镇林网密布的高效农业示范区（2000 年摄）

水利

1986—1990 年，开挖焦桥干渠东延及大城、西杜沟渠 10600 米，解决近 2 万亩农田灌溉用水。1987—1993 年，建桥涵闸等配套工程 64 座，改善灌溉面积 1.5 万亩。1999—2003 年，改造中低产田 5.1 万亩，开挖河渠 151 条，整修道路 96 条，打机井 640 眼，建配套机井房 43 座。2005 年，全镇有桥、涵、闸 20 座，机井 1895 眼，标准化灌溉沟渠 32 千米。

第三节 乡镇企业

1986年，全乡乡镇企业产值544万元，利税44万元。1990年，乡办企业全面推行集体承包和厂长（经理）负责制。1993年，对长期资不抵债、经营亏损的企业依法实施破产。1995年，一批起点较高的联办、个体办企业相继建成，全镇乡镇企业年产值1.8亿元。1998年，设立经济工业园，至年底，入园34户，完成投资330万元。1999—2003年，焦桥镇民营经济迅速发展。2005年，全镇完成工业投资4.16亿元，开工建设固定投资在100万元以上的工业项目20个。年内全镇工业企业实现工业总产值24.5亿元，完成工业增加值3.19亿元，销售收入22.45亿元，利税2.2亿元。

第四节 社会事业

教育

1986—1991年，建设校舍347间，征地25亩建操场，16处定点小学、1处中学达到规范化标准。1990年，中心初中完成规范化建设。1990年以来，撤并5处初中、12处小学，消除复式班。1995年，基本扫除青壮年文盲。1996年，镇成教中心被省政府命名为“规范化学校”。1997年，初中合并为1处。2000年，镇中心幼儿园通过省级示范园验收。2005年，全镇有初中1处、小学4处、幼儿园5所；有中学教师135人、小学教师143人、幼儿教师76人，其中高级职称33人、中级职称138人、初级职称95人。

文化体育

1986年，焦桥乡设文化站、广播站、电影管理站、电影院各1处。1992年，被省体委命名为体育先进乡镇。是年，在全乡48个行政村安装接收机，转播县气象台天气预报。1993年7月，文化站撤销。2000年，全镇48个村全部安装有线电视，成立全县第一所镇办老年大学。2002年，被省体育局授予“山东省亿万农民健身活动先进乡镇”。2005年，全镇有文化体育活动场所28处、门球场24处，基层文化体育队伍20支，相对固定人员150人。

卫生

1986—1995年，焦桥乡逐步形成医疗、预防、保健三级网络。1987年5月，卫生院下放乡政府管理。1994年，卫生院达到部颁一级甲等医院标准。1987—1995年，社会防疫工作逐步普及全乡。1996年，镇中心卫生院通过卫生部一级甲等医院验收。1999—2003年，焦桥镇对乡医实行一体化管理，村办乡管，行政、业务、药品三统一，镇卫生院与乡医签订合同，实行药品统一化购分发。2005年，全镇有卫生院1家，卫生室（诊所）18处，医务人员128人。全镇新型农村合作医疗参合率65%。

计划生育

1991年后，乡计划生育办公室配备微机、B超、化验、无影灯等设备、药械。1994年，镇、村成立人口学校，扩建服务站（室）。1998年，全镇晚婚率97.6%，晚育率98.5%，计划生育率99.6%，人口出生率14.88‰，人口自然增长率9.8‰。2001—2003年，连续3年被滨州地委、行署评为“计划生育优质服务先进镇”。2005年，全镇人口出生率8.14‰，计划生育率100%，人口自然增长率1.58‰，节育措施落实率100%。

第五节　人口普查

焦桥乡（镇）第四次（1990年）、第五次（2000年）人口普查情况一览表

表28-6-1　　　　单位：人

村　庄	第四次人口普查			第五次人口普查		
	合 计	男	女	合 计	男	女
焦桥乡（镇）	38715	19185	19530	36928	18538	18390
郭家	808	401	407	814	413	401
刁宋	975	490	485	905	466	439
史辛	752	384	368	732	381	351
赵旺	917	451	466	844	423	421
高道口	1163	576	587	1101	561	540
刘家口	488	251	237	582	298	284
纪家	683	341	342	665	333	332
董家	936	471	465	898	449	449
姚孙	1180	573	607	1081	535	546
小位	251	122	129	226	111	115
西杜	864	412	452	793	391	402
东杜	792	405	387	715	354	361
小赵	176	80	96	152	71	81
小北杜	251	123	128	219	102	117
牛家	1242	601	641	1153	572	581
西夏	1088	534	554	1032	491	541
前三	547	281	266	506	264	242
后三	1264	628	636	1174	602	572
太平会	446	222	224	438	216	222
兴隆	217	100	117	186	88	98
爱贤	399	194	205	381	185	196
西南（虚拟居委会）	1387	690	697	1773	887	886
东南	699	341	358	684	338	346
东北	981	462	519	855	410	445
东平	1412	718	694	1298	658	640
西绳	360	175	185	326	175	151
北绳	213	120	93	215	112	103
西营	851	426	425	844	412	432
四马	1400	696	704	1431	732	699
西北	746	361	385	684	323	361

续表28-6-1

村 庄	第四次人口普查			第五次人口普查		
	合计	男	女	合计	男	女
朱崖	483	255	228	481	254	227
孟王	211	99	112	183	90	93
义和	294	145	149	253	125	128
东直	872	432	440	868	438	430
西直	465	221	244	402	193	209
刘桥	497	238	259	430	209	221
小杜	463	215	248	440	227	213
刘套	2215	1122	1093	2190	1101	1089
韩套	2373	1186	1187	2208	1099	1109
张官	1169	582	587	1147	599	548
后大成	587	294	293	516	264	252
前大成	1162	566	596	1028	526	502
北段	899	435	464	805	405	400
南段	582	285	297	504	253	251
孙庄	864	434	430	775	396	379
李套	933	468	465	915	464	451
张套	736	379	357	666	338	328
朱套	422	211	211	410	204	206

第七章 韩店镇

第一节 概 述

韩店镇位于县域中部，面积85.10平方千米，东与焦桥镇、西与明集镇、南与黛溪街道、北与孙镇、东南与高新街道相连，辖5个办事处。

1986年，全乡有人口36629人（男18129人，女18500人），其中非农业人口1254人。1994年9月，撤乡设镇。1986—1995年，在农业稳步发展的同时，依托自然优势，发展乡镇企业和第三产业，以工业带动全镇经济发展。1998年，全镇财政收入254.6万元，农民人均纯收入2850元。同年底，全镇有41个村被评为小康村，小康率89.3%。2001年，山东省文化厅举办“文化、卫生、科技”三下乡活动启动仪式在韩店镇举行。

图28-32 2000年10月，启用的镇政府办公楼

2005年，全镇辖46个行政村：西王、韩店、孙家、小李、东白、波渣店、东（卫）韦、袁屋、

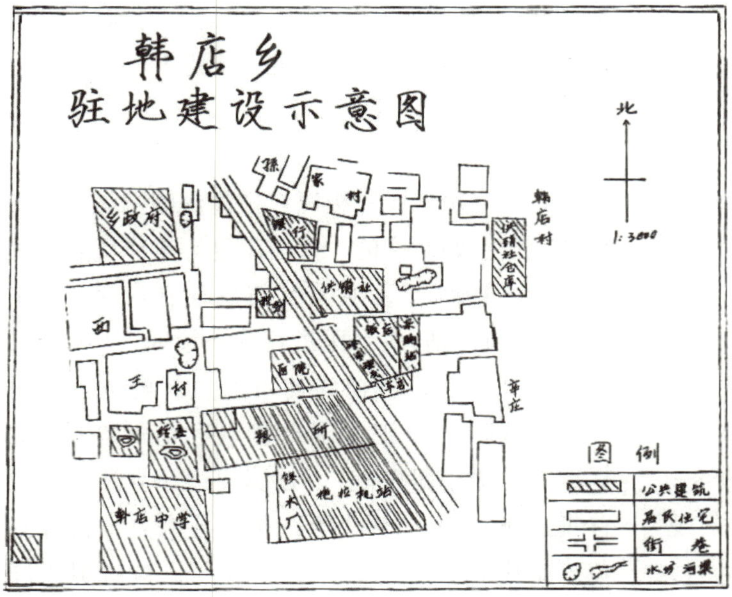

图 28–33 1984 年，韩店乡驻地建设示意图

官庄、邱家、颜桥、青眉、赵家、辛庄、白桥、肖镇、开河、小言、东王、大王驼、小王驼、上口、实户、刘楷、小宋、大白、小白、甲子、仓林、西韦、旧口、东言礼、西言礼、释家、耿家、冯家、徐王、姚家、小店、大位家、崔韩、杨村、穆王、曹家小庄、苏家、黄里。全镇有居民 10360 户 38986 人(男 19383 人，女 19603 人)，其中非农业人口 2506 人。是年底，全镇完成地区生产总值 19.41 亿元，财政总收入 1.2 亿元，其中地方财政收入 4950 万元，实现农民人均纯收入 5027.39 元。

第二节 农 业

农业

1986 年，全乡有耕地 8.7 万亩，人均 1.8 亩，主要种植小麦、玉米、棉花、蔬菜。1990 年。实施吨粮田开发工程。1991 年，推广科学种田，粮食面积 7.94 万亩，总产 3187 万千克。1997 年，尽管遇到特大干旱和严重风暴灾害，仍取得较好收成，粮食总产达 2343 万千克。2005 年，全镇耕地面积 8.87 万亩，粮食总产 5.73 万吨，耕地单产 450 千克；蔬菜总产 2.8 万吨，单产 3500 千克。

林业

1986 年年初，韩店乡有林地面积 7342 亩，其中用材林 6961 亩，经济林 381 亩，农田林网面积 56896 亩。1988 年，森林覆盖率 15%。1995 年底，全乡林地面积 14387 亩，比 1986 年增 7045 亩。1998 年，全镇有林地 1.06 万亩，林木覆盖率 18%。2005 年，全镇有经济林 3256 亩、防护林 976 亩，成片造林 17899 亩，道路绿化 28 千米，全镇森林覆盖率 18.67%。

水利

1986 年，开挖沟渠 2883 米，打井 11 眼。1995 年，开挖渠道 18531.5 米，黄河三角洲开发及其他桥、涵、闸建设投资 48.84 万元，打井 25 眼。1998 年，建桥、涵 11 处，完成黄河三角洲新民河东开发区工程，建成机井房 25 座，打机井 36 眼，完成马四千河东段清淤及郑一沟清淤工程。2005 年，全镇有桥、涵、闸 140 座，机井 2320 眼，标准化灌溉沟渠 20 千米。

第三节 乡镇企业

1986 年，全乡有乡办企业 9 家，村办企业 26 家，各种经济联合体 39 个，个体工商业户 323 户，各类专业村 6 个。至 1995 年，全镇镇办企业 11 家，从业人员 2102 人，年收入 24022 万元，创利税 2364 万元。1998 年，以小店、西言礼、实户、上口 4 个工贸小区为基础的个体私营经济园区形成。至年底，全镇有集体企业 5 家，私营企业 8 家，

图 28–34 韩店镇新貌一角 （2016 年摄）

个体户1131家。2005年，全镇完成工业投资21亿元，开工建设固定投资在100万元以上的工业项目35个。其中引进外来资金20.4亿元，实际利用20.4亿元。年内全镇工业企业实现工业总产值67亿元，完成工业增加值18亿元，销售收入69亿元，利税6.6亿元。

第四节　社会事业

教育

1986年，全乡有6处中学、43处小学。1988—1991年，完成3处定点初中、17处定点小学的规范化建设任务，建成乡成教中心。1992年4月，被评为“全国农村教育示范学校”和全国成教办学先进单位。1994年，教育“双基”工作通过省级验收。1995年，全镇适龄儿童入学率、巩固率、小学生毕业率、中学生毕业率均为100%。2005年，全镇有初中1处、小学3处、幼儿园5所，有中学教师108人、小学教师171人、幼儿教师89人。

文化体育

1986年，韩店乡设文化站、广播站各1处。1996年，镇文化站、广播站合为1处，负责组织全镇的文体娱乐活动。西王、实户、小白、颜桥等村每年举办跑旱船、赶毛驴、扭秧歌、踩高跷等民间传统文艺节目。2005年，全镇有文化体育活动场所6处，其中图书馆1处，门球场3处，基层文化体育队伍17支，相对固定人员150人。

卫生

1986年，韩店卫生事业以实施初级卫生保健为中心，逐步形成三级医疗预防保健网络，儿童计划免疫、妇幼保健、社区康复等工作得到巩固和发展。1987年，卫生院归乡政府管理。1988年，成立防保站，对乡医进行统一管理。1991年，经省、地验收，被评为初级卫生保健试点先进单位。1994年，卫生院被省卫生厅命名为部颁标准“一级甲等医院”，是滨州地区乡镇卫生院首批达标单位。1997年，在全县率先推行计划免疫集中式接种门诊工作。同年，被省卫生厅命名为“农村卫生工作先进集体”。2005年，全镇有卫生院1家，卫生室（诊所）17处，全镇新型农村合作医疗参合率100%。

计划生育

镇设计划生育服务站1处。1995年，全镇晚婚率100%，晚育率99.7%，计划生育率99.6%，人口出生率10.40‰，人口自然增长率4.91‰。1998年，形成镇、办事处、村、育龄妇女小组长四级计划生育管理网络，人口管理实现微机数据化。2005年，全镇人口出生率12.81‰，全镇计划生育率100%，人口自然增长率6.83‰，节育措施落实率95%。

第五节　人口普查

韩店乡（镇）第四次（1990年）、第五次（2000年）人口普查情况一览表

表28-7-1　　单位：人

村　庄	第四次人口普查			第五次人口普查		
	合计	男	女	合计	男	女
韩店乡（镇）	38158	18974	19184	36767	18547	18220
肖镇	2892	1412	1480	2747	1387	1360
上口	1795	905	890	1789	888	901
大王驼	1701	844	857	1681	854	827
小王驼	1102	548	554	1069	533	536
开河	895	445	450	869	418	451
东王	946	480	466	1012	497	515

续表28-7-1

村 庄	第四次人口普查			第五次人口普查		
	合 计	男	女	合 计	男	女
小言	339	166	173	313	157	156
西王	828	430	398	1037	634	403
韩店	857	429	428	835	428	407
白桥	274	138	136	266	138	128
辛庄	164	81	83	143	75	68
东韦（卫）	260	137	123	263	131	132
东白	861	419	442	805	393	412
小李	306	152	154	290	142	148
孙家	372	186	186	388	188	200
波渣店	563	285	278	545	281	264
官庄	415	213	202	407	208	199
颜桥	1214	604	610	1102	552	550
青眉	236	113	123	224	110	114
赵家	319	160	159	280	135	145
邱家	677	326	351	696	337	359
袁屋	202	97	105	179	91	88
大白	664	340	324	588	300	288
小宋	926	454	472	873	436	437
西韦	830	408	422	797	396	401
甲子	308	159	149	286	146	140
刘楷	649	314	335	629	316	313
实户	1104	558	546	1036	517	519
仓林	805	394	411	651	338	313
小白	212	104	108	195	104	91
释家	615	303	312	543	265	278
旧口	897	442	455	799	378	421
东言礼	1015	505	510	1004	492	512
徐王	387	188	199	407	210	197
姚家	432	216	216	403	212	191
耿家	633	307	326	585	293	292
西言礼	1082	560	522	1045	535	510
冯家	485	239	246	474	238	236
苏家	1084	525	559	1026	497	529
黄里	539	281	258	516	273	243
小店	1022	504	518	945	472	473
崔韩	2820	1416	1404	2606	1332	1274

续表28-7-1

村庄	第四次人口普查			第五次人口普查		
	合计	男	女	合计	男	女
穆（木）王	948	476	472	940	478	462
曹家小庄	562	292	270	545	286	259
大位家	1661	831	830	1583	782	801
杨村	959	476	483	947	473	474
第三职业高中普查区	298	109	189			
732农场虚拟居委会				54	28	26
镇直机关虚拟居委会				350	173	177

第八章　青阳镇

第一节　概　述

青阳镇地处长白山北麓，位于县域西南部，东与黄山街道相邻，东南与西董镇隔山相望，南、西与章丘市相接，北与明集镇相连，东西宽7千米，南北长10千米，面积54平方千米，辖3个办事处。

1986年，全乡人口29991人（男15354人，女14637人），其中非农业人口528人。1994年9月，撤乡设镇。1995年底，全镇人口31726人（男16230人，女15496人），其中非农业人口808人。人口除汉族外，少数民族中土家族3人，系通婚迁入。是年，全镇社会总产值5.46亿元，农村经济总收入4.3亿元，财政收入184万元，农民人均纯收入1765元。1996—1998年，青阳镇经济逐渐形成“四大基地”（酿酒饮料、砂石建材、轧钢及废旧金属熔炼、橡胶），“一大生态农业示范园”（芽庄湖开发区）、“三大私营经济园区”（邹平青龙、凤凰、橡胶经济园）和“九大支柱行业”（轧钢、废旧金属熔炼、酿酒、橡胶、劳务输出、针纺织品、交通运输、食品加工、砂石建材）的格局。2001年5月，青阳镇被中宣部、司法部表彰为全国法制宣传教育先进单位。

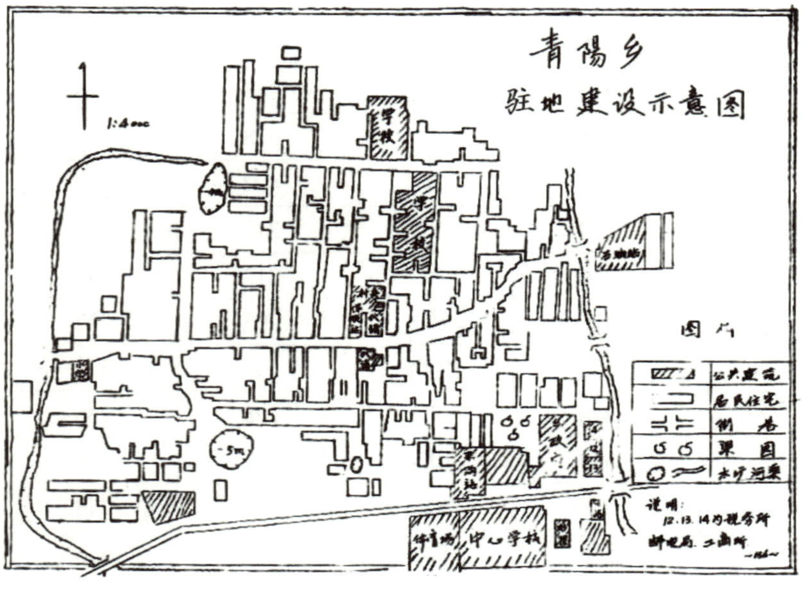

图28-35　1984年，青阳乡驻地建设示意图

2005年，青阳镇辖17个行政村：青阳、西董、韩家、贾庄、代庄、辛立、耿家、刘家、钟家、马埠、东窝陀、浒山铺、郭庄、徐家、化庄、醴泉（南陈）、西窝陀。全镇有居民8965户34598人（男17627人，女16971人），其中非农业人口989人。2005年，全镇完成地区生产总值6.50亿元，财政总收入6782万元，其中地方财政收入2282万元，实现农民人均纯

图 28-36 1992 年 10 月，投入使用的乡政府办公楼

收入 4431.54 元。

第二节 农 业

农业

1986 年，全乡有耕地 30160 亩，人均 1.03 亩。主要种植小麦、玉米、谷子。1986—1995 年，发展“两高一优”农业，青阳小米作为地方特产闻名全省。1987 年，遭受旱、风、虫灾，受灾面积 8190 亩。1998 年冬，青阳镇对芽庄湖外的 2 万亩中低产田实施改造，被国家列入农业综合开发重点项目。2002 年，水利部激光整平土地项目，在青阳村整平土地 1453 亩，深耕地 2800 亩，全部实行节水灌溉。青阳镇玉米制种已有 20 余年历史，常年玉米制种 5000 亩，最多时制种面积 1 万亩。夏播玉米制种单产连续多年稳定在 300 千克以上，创省夏播育种最高纪录。2003 年，注册“青风泉”牌系列农产品商标。2005 年，全镇耕地面积 24178 亩，粮食总产 1.08 万吨，耕地单产 447 千克；蔬菜总产 15.5 吨，单产 674 千克。

林业

1986 年，全乡有经济林 5000 亩，防护林 7045 亩，桐粮间作 8000 亩，道路绿化 4.8 千米，林木覆盖率 17.8%。1995 年，林果面积 1.15 万亩，防护林 1.41 万亩，林木覆盖率 30.2%，林果收入 1281 万元。2001 年，成立邹平县青阳柿子研究所。2003 年，林木覆盖率 30%。2005 年，全镇有经济林 1605 亩、防护林 9000 亩，成片造林 8000 亩，道路绿化 9 千米，全镇森林覆盖率 27%。

水利

1986—1995 年，建成西阿陀雕窝峪水库，维修南陈红旗水库，完成青龙山扬水站工程。1996—1998 年，青阳镇对南陈醴泉水库塘坝、刘家塘坝进行截渗处理。2002 年，兴建现代化供水中心 1 处，解决 2.2 万人用水问题。2003 年，在雕窝峪风景区修建塘坝 4 座，对龙潭水库进行清淤、扩容和加固，库容增加到 1.5 万立方米。2005 年，全镇共有桥、涵、闸 267 座，机井 335 眼，标准化灌溉沟渠 10 千米。

第三节 乡镇企业

1986 年，全乡有乡办企业 5 家，村办企业 6 家，经济联合体 22 个，个体工商户 73 户。1986—1992 年，乡镇企业形成镇办、村办、联办、个体办多种经济并存的局面。1999—2003 年，民营经济、个体企业发展迅猛。2003 年，青阳镇有民营经济项目 3296 个。2005 年，全镇完成工业投资 3.5 亿元，开工建设固定投资在 100 万元以上的工业项目 35 个，年内全镇工业企业实现工业总产值 39 亿元，完成工业增加值 21 亿元，销售收入 35 亿元，利税 1.3 亿元。

图 28-37 山东广富集团厂区

第四节 社会事业

教育

1986 年，全乡有中学 17 处、小学 15 处。1987 年，实施初等义务教育。1991 年，实施九年义务教育。

1992年，成教中心被省教委命名为“成人科技教育省级示范学校”。1995年，教育“两基”工作达到省级标准。是年,全镇共有中学1处、小学16处、幼儿园17处。2000年，中小学通过“省级实验教学普及县”验收。2005年，全镇有初中1处、小学12处、幼儿园12所，有中学教师113人、小学教师132人、幼儿教师25人。

文化体育

图 28-38　唐·志公碑(715年立)

1986年，青阳乡设文化站、广播站、电影管理站各1处，有电影院1处。1993年和1994年，先后恢复农历六月六南陈村醴泉寺山会、九月九西窝陀村重阳山会、三月三东窝陀村会仙山会。1996—1998年，全镇有中国书画协会会员1人，地区作家协会会员2人。2003年，对雕窝峪风景区进行改建，门楼、匾额、牌坊由中国书法家协会副主席欧阳中石、李铎书写。2005年，全镇有文化体育活动场所18处，其中图书馆3处。基层文化体育队伍18支，相对固定人员300人。

图 28-39　1009年秋天，传说范仲淹在此山洞读书

卫生

1986年，全乡有村级卫生室17处。1998年，建卫生院门诊大楼，改善办公条件和医疗环境。2003年，建成高标准门诊楼，改善医疗条件。2005年,全镇有卫生院1家、卫生室(诊所)18处、医务人员57人。

计划生育

1986—1995年，全镇计划生育工作逐步形成制度化、规范化，组织机构健全。1995年，全镇晚婚率98.2%，晚育率97.7%，人口出生率6.43‰，计划生育率96.9%，人口自然增长率-6.49‰。2003年，全镇有流动人口739人，村均已建档。2005年，全镇人口出生率12.76‰，计划生育率86.5%，人口自然增长率6.59‰，节育措施落实率100%。

第五节　人口普查

青阳镇(乡)第四次(1990年)、第五次(2000年)人口普查情况一览表

表28-8-1　　单位：人

村　庄	第四次人口普查			第五次人口普查		
	合计	男	女	合计	男	女
青阳镇(乡)	31488	16031	15457	32229	16311	15918
贾庄	511	253	258	487	246	241
代庄	502	246	256	474	236	238
辛立	459	219	240	385	194	191
韩家(韩家虚拟居委会)	867	433	434	1501	767	734
青阳	4934	2517	2417	4631	2356	2275
西董	1731	863	868	1852	924	928

续表28-8-1

村 庄	第四次人口普查			第五次人口普查		
	合 计	男	女	合 计	男	女
耿家	2446	1244	1202	2657	1360	1297
刘家	3644	1822	1822	3926	1962	1964
马埠	1371	701	670	1133	569	564
浒山铺	2004	1016	988	2130	1092	1038
钟家	1685	851	834	1706	860	846
东窝陀	2072	1058	1014	2088	1054	1034
西窝陀	3688	1884	1804	3699	1866	1833
醴泉（南陈）	2245	1190	1055	2158	1120	1038
化庄	1239	644	595	1140	554	586
徐家	1045	532	513	1109	563	546
郭庄	1053	556	497	1153	588	565

第九章 九户镇

第一节 概 述

九户镇位于县域北部，东邻孙镇，东南部与明集镇相连，西部、南部与魏桥镇接壤，西北部与台子镇相邻，北濒小清河，与高青县相望。东西长12.8千米，南北宽9.7千米，总面积91平方千米，辖3个办事处。

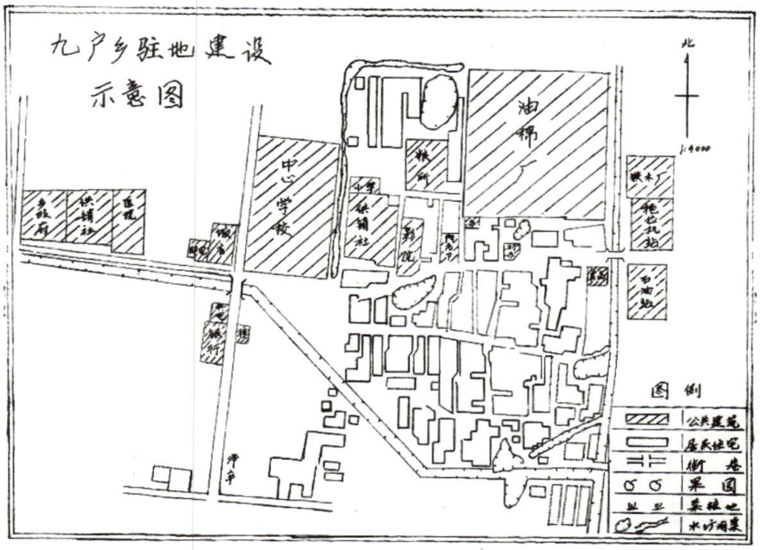

图28-40 1984年，九户乡驻地建设示意图

九户镇是一个农业大镇。1986年，全乡人口38918人（男19399人，女19519人），其中非农业人口1065人。1995年，全乡社会总产值3.4亿元，农村经济总收入1.64亿元，财政预算内收入143.75万元。1996年12月，撤乡设镇。1998年，全镇人口40050人（男20166人，女19884人），其中非农业人口1288人，均系汉族。2001年9月，被农业部命名为“中国甜椒之乡”。

2005年，九户镇辖67个行政村：九户、皂户王、利民、爱东、爱西、韩杠、大郑、铁匠、左李、古王台、都路平、潘辛、石店、兴（和）合、房家、黄家、丁家、西郭、南李、大王、刘寨、刘宦、彭家、哈庄、金斗、饮马、小王、西河沟、杜家、高曹、刘英勃、芦家、闫（阎）家、草于头、关爷寨、东赵、西赵、长兴、北宋、北郭、北李、王号、北新民、商家、秦家、布王、胥家、坡南阳、韩（家）

图 28-41　1996 年 10 月，投入使用的镇政府办公楼

湾、安祥、刘祥、南潘、成家、张德佐、张重粮、长槐、道民、陈玉平、南北张、小陈、新（河）东、新（河）西、迷河套、闫（阎）七庙、刚斧寨、水牛韩、北河沟。全镇有居民 11089 户 41175 人（男 20574 人，女 20601 人），其中非农业人口 1324 人。全镇完成地域生产总值 3.8 亿元，财政总收入 736 万元，其中地方财政收入 546 万元，实现农民人均年收入 3923.30 元。

第二节　农　业

农业

1986 年，九户乡有耕地 8.9 万亩，主要种植小麦、玉米、棉花、西瓜、蔬菜及各种豆类。是年，粮食面积 8.51 万亩，遭受旱灾面积 3200 亩，成灾面积 1150 亩，粮食总产仍取得 2552.3 万千克的好收成。1990 年，实施吨粮田开发工程，有 3 万亩土地经省科委验收达到吨粮田要求，玉米创造单产 781 千克的全区最高纪录。2000 年，建闫家瓜菜批发市场和刘寨大型批发市场，并申报国家农业部定点批发市场。2005 年，全镇耕地面积 8.59 万亩，粮食总产 3.58 万吨，耕地单产 521 千克；蔬菜总产 11.21 万吨，单产 4725 千克。

图 28-42　九户镇万亩菜椒基地　（2000 年摄）

林业

1986 年，九户乡林地面积 15140 亩，农田林网 7330 亩。1990 年，实现部颁平原绿化标准。1994 年，林木绿化通过省林业厅达标验收。1995 年，获地委、行署“八五绿化达标乡镇”。2005 年，全镇有经济林 600 亩、防护林 260 亩，成片造林 370 亩，道路绿化 70 千米，全镇森林覆盖率 24.8%。

水利

九户水资源丰富，小清河东西横贯，马四干、郑一沟纵穿九户镇。1986 年前，全乡沟渠河道纵横交错，灌溉面积 5.3 万亩。1986—1995 年，先后建大小桥、涵、闸 215 座，开挖沟渠、河道 39 条，打机井 850 眼。2003 年，全镇拥有引黄穿清闸 2 处，小清河放水闸 10 处，桥 563 座，河道 78 条，机井 3500 眼，8.9 万亩耕地全部实现旱能浇、涝能排。2005 年，全镇有桥、涵、闸 380 座，机井 945 眼，标准化灌溉沟渠 112 千米。

图 28-43　2002 年秋，实现自来水户户通

第三节　乡镇企业

1986 年，有乡办企业 6 处，村办企业 4 处，个体企业 149 个。1994 年，乡镇企业总产值 1.4 亿元，获县双文明建设外向型经济第一名。1998 年，全镇个体私营业户 1286 户。2005 年，全镇完成工业投资 8426 万元，开工建设固定投资在 100 万元以上的工业项目 23 个，当年竣工投产 17 个。年内全镇工业企业实现工业总产值 13.8 亿元，完成工业增加值 2.79 亿元，销售收入 13.82 亿元，利税 9320 万元。

第四节　社会事业

教育

1986年，九户乡有初中6处、小学64处。1988—1994年，中学逐步由6处并为2处，小学由64处并为53处。1988年，全乡实现九年制义务教育。1996年，两基工作达到省级标准。2005年，全镇有初中1处、小学5处、幼儿园6所，有中学教师123人、小学教师144人、幼儿教师87人。

文化体育

1993年7月，文化站、广播站被撤销。1995年，恢复文化站、广播站各1处。1998年，有文化广播电视站1处。1998年秋，镇驻地接通有线电视光缆。1999—2003年，镇驻地建设文化街，全镇村文化大院67处。2005年，全镇有文化体育活动场所36处，图书馆56处，门球场2处，基层文化体育队伍7支，相对固定人员65人。

卫生

1986年，九户乡有卫生院1处，村卫生室67个，个体诊所5处，镶牙馆4处。1986—1995年，全乡村级卫生室共创建甲级卫生室56个。1996年，镇卫生院被省卫生厅命名为一级甲等医院。2000年，被省卫生厅命名为全省“百佳医院”称号。同年，被卫生部、联合国基金会、世界卫生组织命名为爱婴医院。2005年，全镇有卫生院1家，卫生室（诊所）58处，医务人员129人。全镇新型农村合作医疗参合率85%。

计划生育

1986年以来，计划生育工作步入正规化、科学化、法制化管理轨道。1995年，全乡计划生育率99.8%，晚婚率98.6%，晚育率99.8%。人口出生率14.06‰，自然增长率7.49‰。1997年，计划生育服务站被评为地区级优秀服务站。2003年，全镇67个村全部实行计划生育村民自治。2005年，全镇人口出生率12.30‰，计划生育率99.21%，人口自然增长率6.29‰，节育措施落实率94.16%。

第五节　人口普查

九户镇（乡）第四次（1990年）、第五次（2000年）人口普查情况一览表

表28-9-1　　单位：人

村　庄	第四次人口普查			第五次人口普查		
	合 计	男	女	合 计	男	女
九户镇（乡）	39374	19659	19715	38212	19049	19163
南北张	578	280	298	535	261	274
闫（阎）七庙	303	158	145	286	141	145
小陈	288	150	138	270	144	126
新（河）东	467	231	236	434	225	209
新（河）西	381	202	179	356	182	174
迷河套	452	220	232	435	224	211
刚斧寨	1527	740	787	1491	746	745
水牛韩	674	355	319	670	326	344
北河沟	583	291	292	614	307	307
陈玉平	591	278	313	566	275	291
道民	761	382	379	736	362	374
刘祥	338	169	169	324	171	153

续表28-9-1

村庄	第四次人口普查			第五次人口普查		
	合计	男	女	合计	男	女
安祥	469	245	224	406	205	201
南潘	338	163	175	328	159	169
张德佐	544	274	270	513	277	236
成家	1169	595	574	1089	566	523
长槐（怀）	623	309	314	583	277	306
张重粮（良）	434	217	217	436	220	216
九户村	2089	1161	928	1700	862	838
大郑	1469	727	742	1434	698	736
都路（入）平	726	357	369	728	364	364
利民	533	253	280	529	259	270
爱东	388	201	187	378	195	183
爱西	422	225	197	404	207	197
皂户王	1804	877	927	东风 1719	861	858
韩杠（子）	533	273	260	507	262	245
铁匠	228	106	122	235	119	116
潘辛	328	157	171	295	142	153
左李	359	174	185	342	177	165
古王台	365	184	181	343	166	177
高曹	404	204	200	378	191	187
芦家	255	129	126	233	116	117
西河沟	1505	774	731	1366	676	690
东（前）赵	449	234	215	435	214	221
西赵（庙）	612	295	317	574	287	287
刘英勃	673	336	337	648	328	320
关爷寨	619	297	322	568	273	295
闫（阎）家	1040	518	522	1050	510	540
杜家	1187	562	625	1163	564	599
草于头	618	320	298	620	316	304
西郭	1134	549	585	811	407	404
南李	363	182	181	353	182	171
刘宦	383	191	192	388	186	202
黄家	643	337	306	655	329	326
房家	348	158	190	335	161	174
彭家哈庄	551	275	276	彭家 339	166	173
				哈庄 221	114	107
石店兴（河）合	835	424	411	石店 589	295	294
				兴（河）合 258	127	131

续表28-9-1

<table>
<tr><th rowspan="2">村　庄</th><th colspan="3">第四次人口普查</th><th colspan="4">第五次人口普查</th></tr>
<tr><th>合 计</th><th>男</th><th>女</th><th colspan="2">合 计</th><th>男</th><th>女</th></tr>
<tr><td>饮马</td><td>556</td><td>283</td><td>273</td><td colspan="2">588</td><td>295</td><td>293</td></tr>
<tr><td>金斗</td><td>359</td><td>177</td><td>182</td><td colspan="2">334</td><td>161</td><td>173</td></tr>
<tr><td>刘寨</td><td>933</td><td>444</td><td>489</td><td colspan="2">872</td><td>424</td><td>448</td></tr>
<tr><td rowspan="2">大王小王家</td><td rowspan="2">420</td><td rowspan="2">194</td><td rowspan="2">226</td><td>大王</td><td>271</td><td>122</td><td>149</td></tr>
<tr><td>小王</td><td>123</td><td>62</td><td>61</td></tr>
<tr><td>长兴</td><td>498</td><td>242</td><td>256</td><td colspan="2">519</td><td>257</td><td>262</td></tr>
<tr><td>秦家</td><td>242</td><td>119</td><td>123</td><td colspan="2">248</td><td>120</td><td>128</td></tr>
<tr><td>韩湾</td><td>268</td><td>141</td><td>127</td><td colspan="2">287</td><td>146</td><td>141</td></tr>
<tr><td>胥家</td><td>285</td><td>140</td><td>145</td><td colspan="2">289</td><td>144</td><td>145</td></tr>
<tr><td>商家</td><td>320</td><td>165</td><td>155</td><td colspan="2">310</td><td>160</td><td>150</td></tr>
<tr><td>布王</td><td>706</td><td>342</td><td>364</td><td colspan="2">728</td><td>358</td><td>370</td></tr>
<tr><td>新民</td><td>552</td><td>272</td><td>280</td><td colspan="2">533</td><td>264</td><td>269</td></tr>
<tr><td>北李</td><td>432</td><td>220</td><td>212</td><td colspan="2">418</td><td>217</td><td>201</td></tr>
<tr><td>北郭</td><td>293</td><td>146</td><td>147</td><td colspan="2">304</td><td>152</td><td>152</td></tr>
<tr><td>北宋</td><td>569</td><td>277</td><td>292</td><td colspan="2">543</td><td>263</td><td>280</td></tr>
<tr><td>坡南阳（杨村）</td><td>583</td><td>286</td><td>297</td><td colspan="2">549</td><td>273</td><td>276</td></tr>
<tr><td>王号</td><td>975</td><td>473</td><td>502</td><td colspan="2">1001</td><td>492</td><td>509</td></tr>
<tr><td>丁家</td><td></td><td></td><td></td><td colspan="2">225</td><td>111</td><td>114</td></tr>
<tr><td>镇直虚拟居委会</td><td></td><td></td><td></td><td colspan="2">400</td><td>206</td><td>194</td></tr>
</table>

第十章　孙　镇

第一节　概　述

孙镇地处县域北部，东与焦桥镇、西与九户镇、南与韩店镇相连，西南部与明集镇接壤，北以小清河为界与高青县相邻。南北长 11.2 千米，东西宽 11.5 千米，面积 98.53 平方千米，辖 6 个办事处。

1986 年，全乡人口 36915 人（男 18537 人，女 18378 人），其中非农业人口 1281 人。1987 年 4 月，冯家村被选定为对美国学者开放的 9 个村之一。1991 年后，积极发展两高一优农业，大力发展乡镇企业，加速发展第三产业，各项社会事业迅猛发展。1994 年 9 月，撤乡设镇。1995 年，全镇人口 39213 人（男 19810 人，女 19403 人），其中非农业人口 1614 人，汉族占 99.99%，少数民族人口多为通婚迁入。2003 年，实现工农业总产值 11.1 亿元。其中农业总产值

图 28–44　1991 年 10 月，投入使用的镇政府办公楼

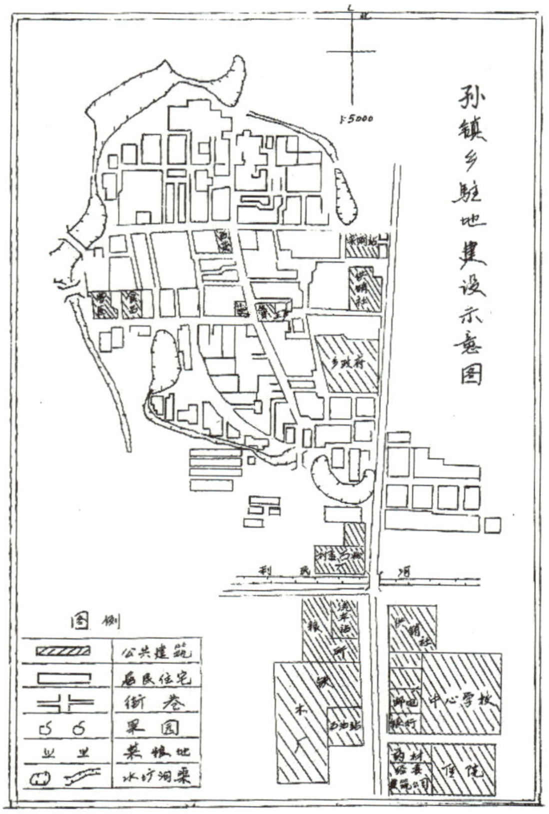

图 28–45　1984 年，孙镇乡驻地建设示意图

3.6 亿元，工业总产值 7.5 亿元。地方财政收入 580 万元，农民人均纯收入 3530 元。

2005 年底，孙镇辖 41 个行政村：孙镇、范家、冯家、小陈、大陈、张家、坡庄、大里庄、大三、小三、高唐、前刘、北安、怀家、时家、孟坊、岳官、霍坡、信家、罗家、东安、腰庄、张赵、有里、车郭、潘刘、辉里、于何、辛集、杨家洼、郑家、曹王、王伍东、王伍西、蔡家、刘张、北王、新高、党里、五户、周家。全镇有居民 9777 户 39213 人（男 19810 人，女 19403 人），其中非农业人口 4796 人。全镇完成地区生产总值 3.59 亿元，财政总收入 1014.7 万元，其中地方财政收入 529 万元，实现农民人均纯收入 4055.26 元。

第二节　农　业

农业

孙镇属农业镇。1986 年，全乡有耕地 9.3 万亩，以种植棉花、小麦、玉米、大豆为主，盛产洋香瓜、大白菜、甘蓝、韭菜。粮田与经济田比例 4.7∶4.5。1995 年，推广粮棉、桐棉、棉瓜、粮菜间作，提高复种指数；90% 棉田使用地膜覆盖。1997 年，新高村小麦繁育基地高产攻关田亩产 649.5 千克，创全区、全省历史最高水平，并通过省、地专家验收。2003 年，小麦、棉花良种繁育面积稳定在 1 万亩以上，年产销售良种 200 多万千克。2005 年，全镇耕地面积 9.5 万亩，粮食总产 4.19 万吨，耕地单产 513 千克；蔬菜总产 3.12 万吨，单产 431 千克。

图 28–46　孙镇大牲畜交易市场　（1999 年摄）

林业

1986 年初，孙镇乡有林地面积 4919 亩，林网化面积 40623 亩，林粮间作 2825 亩。1995 年，全镇有林地 7538.3 亩，其中桑园面积 2100 亩，林木覆盖率 15.9%。1999—2003 年，建设“绿色通道”22 千米，绿化面积 2840 亩，植树 11.99 万株。2005 年，全镇有经济林 2000 亩、防护林 5500 亩，成片造林 3.1 万亩，道路绿化 23 千米，全镇森林覆盖率 27.3%。

水利

1986 年，开挖清淤支、干渠 12 条 53 千米，修桥、涵、闸 16 座，打井机 16 眼，改善灌溉面积 3 万亩。1990 年，孙镇乡被列入黄淮海项目开发区。1995 年，达到“路、林、沟、渠、桥、涵、闸全面配套，旱涝碱田综合治理”。2003 年，新挖、清淤沟渠 13 条，长 9.5 千米，年水利投资 320 万元。2005 年，全镇有桥、涵、闸 229 座，机井 1898 眼，标准化灌溉沟渠 153 千米。

第三节　乡镇企业

1986 年，全乡有乡办、村办企业 13 家，个体联户600家。1988年，建筑业发展迅速。1994年，镇办企业由原来的厂长经理任期目标责任制改为法人代表租赁承包制，镇办部分企业实行关停并转。1999—2003年，孙镇完成基建技改项目86个，开工建设生产性重点项目12个。2005年，全镇完成工业投资6589万元，开工建设固定投资在100万元以上的工业项目16个。年内全镇工业企业实现工业总产值16.3亿元，完成工业增加值32960万元，销售收入13.54亿元，利税8492万元。

图28–47　1997年，孙镇商城落成

第四节　社会事业

教育

1986年，全乡有中学7处、小学40处、幼儿园40处。1992年，中学调整为2处，村办小学合并为17处。至1993年底，全乡41处幼儿园全部注册。1995年，通过省政府“两基”验收。1996年春，中小学布局调整，设中学1处、完全小学10处。2001年，采用股份制形式，兴建达省级示范园标准的中心幼儿园。2002年，建成达省级规范化学校标准的中心小学。2003年，8处完全小学全部并入第一小学和第二小学，26处幼儿园并入3所幼儿园。2005年，全镇有初中1处、小学2处、幼儿园3所，有中学教师109人、小学教师114人、幼儿教师64人。

文化体育

1986年，孙镇设文化站、广播站各1处。1993年6月，文化站撤销。1996年5月，恢复文化站并更名为文化广播电视站。1999年，开始安装有线电视。2000年12月，对辉里村“五子登科遗址”等史迹资料进行登记调查。2005年，全镇有文化体育活动场所1处，基层文化体育队伍41支，相对固定人员5678人。

卫生

1986年，乡卫生院设内、外、妇、中医等11个业务科室。1990年，卫生院被省卫生厅列为中心卫生院建设单位。1992年10月，卫生院被省卫生厅命名为部颁一级甲等医院。1995年，全镇创建村甲级卫生室33个。1999—2003年，卫生院统一乡医进药渠道，保证群众用药安全，村级卫生室85%达到甲级卫生室标准。2005年，全镇有卫生院1家，卫生室（诊所）44处，医务人员131人。全镇新型农村合作医疗参合率93%。

计划生育

1986—1995年，计划生育工作逐步走上科学化、制度化、法制化管理轨道。1995年，计划生育率99.4%，晚婚率98.9%，统计合格率100%。人口出生率13.68‰，自然增长率6.80‰。1999—2003年，计划生育妇幼保健综合服务站有工作人员15人，计划生育协会1个，村级计划生育协会41个。2002年，孙镇党里村作为样本点之一代表全县通过省级计划生育优质服务县验收。2005年，全镇人口出生率11.72‰，计划生育率97.8%，人口自然增长率5.91‰，节育措施落实率100%。

第五节 人口普查

孙镇（乡）第四次（1990年）、第五次（2000年）人口普查情况一览表

表28-10-1 单位：人

村庄	第四次人口普查			第五次人口普查		
	合计	男	女	合计	男	女
孙镇（乡）	37484	18790	18694	35586	17987	17599
孙镇	3722	1949	1773	3822	1964	1858
范家	784	407	377	782	390	392
冯家	1167	579	588	1127	570	557
大陈	1481	718	763	1445	721	724
张家	693	353	340	695	345	350
小陈	560	281	279	499	267	232
小三	1173	584	589	1083	525	558
大三	1145	586	559	1116	590	526
大里	602	283	319	581	290	291
坡庄	1115	558	557	1056	530	526
高唐	609	303	306	608	306	302
北安	528	265	263	472	231	241
前刘	1120	549	571	1011	518	493
怀家	865	421	444	850	412	438
东安	1087	545	542	1022	505	517
腰庄	1243	621	622	1197	604	593
张赵	868	422	446	786	405	381
车郭	923	470	453	878	443	435
有里	947	465	482	866	434	432
潘刘	680	329	351	656	331	325
曹王	686	348	338	613	305	308
郑家	763	387	376	661	335	326
杨家洼	813	402	411	735	360	375
辛集	1368	678	690	1192	585	607
辉里	1670	830	840	1431	707	724
于（河）何	742	376	366	714	354	360
王伍西	739	352	387	808	405	403
王伍东	718	358	360	678	354	324
周家	906	446	460	844	427	417
伍户	732	366	366	742	381	361
党里	852	439	413	815	430	385

续表28-10-1

村 庄	第四次人口普查			第五次人口普查		
	合 计	男	女	合 计	男	女
新高	441	216	225	386	194	192
刘张	331	158	173	293	143	150
北王	241	116	125	193	107	86
蔡家	924	478	446	883	459	424
霍坡	1456	739	717	1423	722	701
时家	1149	582	567	1027	530	497
孟坊	286	148	138	257	131	126
岳官	255	131	124	243	125	118
信家	673	326	347	652	328	324
罗家	426	228	198	444	224	220

第十一章 明集镇

第一节 概 述

图 28-49 1992 年 7 月，投入使用的明集镇政府办公楼

明集镇地处县域西北，东与韩店镇、东南与黛溪街道、黄山街道，东北与孙镇相邻，西与章丘市搭界，南与青阳镇接壤，北与魏桥镇、九户镇相连，面积 71.20 平方千米，辖 4 个办事处。

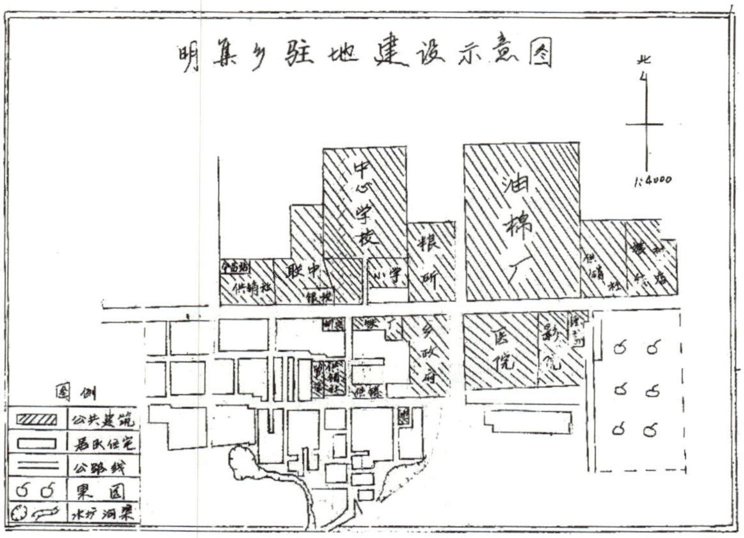

图 28-48 1984 年，明集乡驻地建设示意图

1986 年，全乡人口 34592 人（男 17008 人，女 17584 人），其中非农业人口 1106 人。1994 年 9 月，撤乡设镇。1995 年，全镇人口 35435 人（男 17655 人，女 17780 人），其中非农业人口 1185 人，全为汉族人。1996—1998 年，全镇工农业总产值由 6.98 亿元增加到 8.48 亿元，年均递增 10.2%；农民人均纯收入由 2250 元增到 2822 元，年均递增 12%。2005 年底，明集镇辖 36 个行政村：明（家）集、惠辛、曹家（平）坪、许道口、里六田、宋集、大张官庄、东张、解家、兰芝里、高洼、柴家、东闸、西闸、高家、南宋、（南）成家、段桥、罗圈、王少唐、于家、

孙李辛、张辛、王家桥、营家、西宋、颜集、窝村、二辛、牛家、小耿、大耿、苏桥、邢家、东左、牛官。全镇有居民9407户35435人（男17655人，女17780人），其中非农业人口2326人。全镇完成地区生产总值6.76亿元，地方财政收入1820万元。2005年，实现农民人均纯收入4818.21元。

图28-50　2005年，明集镇小城镇建设新貌

第二节　农　业

农业

1986年，全乡有耕地7.5万亩，人均2.8亩，主要种植小麦、玉米、棉花。1990年，实施吨粮田开发工程。1991年，推广科学种田。1995年，全镇有18个村推行“两田制”改革。1998年，蔬菜种植面积1.97万亩，总产量5.27万吨，经济收入不断提高。2005年，全镇耕地面积6.16万亩，粮食总产5.93万吨。

林业

1986年，造林3000亩。1989—1995年，造林1.3万亩，达到部颁平原绿化标准，林木覆盖率17.1%。2003年，全镇林网面积4.1万亩，森林覆盖率22%。2005年，全镇有经济林900亩、防护林5000亩，成片造林200亩，道路绿化30千米，全镇森林覆盖率27%。

水利

1986—1995年，先后完成张辛渠、红星支渠、惠辛支渠、惠新渠等工程，全长16千米。1998年，全镇基本形成纵横交错的水利灌溉网，保证农业生产的发展。1999—2003年，对马四干、郑一沟和西水东调渠许道口、高洼段、高洼至马四干进行清淤，修桥、涵10座。2005年，全镇有桥、涵、闸393座，机井1120眼，标准化灌溉沟渠42.28千米。

第三节　乡镇企业

1986年，有乡办企业7家，村办企业5家，各种经济联合体105个，个体工商业户361个。1995年，在全县率先实现乡镇企业股份合作制，建成10家股份制企业，经济效益跨越发展，乡镇工业总产值5.40亿元，实现利税5900万元。1998年，全镇企业发展到945处，企业总产值7.3亿元。连续三年被评为“全区乡镇企业强乡镇”。明集镇素有“帆布之乡”美称，帆布远销全国20余个省、市和地区，占全国帆布生产的三分之一。2003年，明集镇有帆布生产厂家130家，年产值4.5亿元，利税4200万元。

2005年，全镇开工建设固定投资在100万元以上工业项目25个。年内全镇工业企业实现工业总产值49亿元，完成工业增加值2.7亿元，销售收入47.6亿元，利税4.5亿元。

第四节　社会事业

教育

1986年，明集乡有初中6处、小学36处。全乡开始推行九年制义务教育。1988年，完成初中规范化建设。1991年，全乡初中合为1处，小学由36处合为33处。1992年，成立邹平县成人中专明集分校，被评为山东省农村教育示范学校。1994年，被国家教委评为全国农村教育系统改革

图28-51　明集镇中心小学教学楼

先进单位。1998年，全镇有初中1处，完全小学10处，幼儿园17处。2005年，全镇有初中1处、小学4处、幼儿园4所，有中学教师84人、小学教师156人、幼儿教师14人。

文化体育

1986年，明集乡设文化站、广播站、电影管理站各1处。1992年，建立的影剧院、体育场、图书室、展览室、游艺室、桌台球室、广播录像室及农民夜校，组成"一院一场五室一校"的文化中心。全乡各村都建立文化大院，被省授予体育先进乡镇。1993年，文化站撤销。1995年，广播站设机房，转播县电台信号。2003年，全镇有34个村安装有线通讯电缆。2005年，全镇有文化体育活动场所6处，其中图书馆3处、门球场2处，基层文化体育队伍15支，相对固定人员160人。

卫生

1986—1995年，逐步形成三级医疗预防体系，儿童计划免疫、妇幼保健、社区康复等工作得到巩固和发展。1991年，被省红十字会评为先进单位。是年，22个村用上自来水，受益人口1万余人。1992年，镇卫生院达到卫生部颁发的一级甲等医院标准。全镇村卫生室36处，覆盖率100%。2005年，全镇有卫生院1家，卫生室（诊所）10处，医务人员66人。全镇新型农村合作医疗参合率97.8%。

计划生育

1986—1995年，逐步走上经常化、科学化、制度化、法制化管理轨道。1994年，镇设计生服务站1处。1995年，全镇晚婚率100%，节育率91.5%，计划生育率98.6%，人口出生率12.98‰，人口自然增长率5.66‰。2003年，全镇36个行政村全面实行村民自治。2005年，全镇人口出生率13.49‰，计划生育率99%，人口自然增长率9.93‰，节育措施落实率100%。

图28-52　2000年，一对老人在敬老院内举行婚礼

第五节　人口普查

明集镇（乡）第四次（1990年）、第五次（2000年）人口普查情况一览表

表28-11-1　　单位：人

村　庄	第四次人口普查			第五次人口普查		
	合 计	男	女	合 计	男	女
明集镇（乡）	34982	17415	17567	33771	16848	16923
明（家）集	1616	881	735			
兰芝里	1003	486	517	974	479	495
解家	1527	754	773	1440	729	711
大张官	807	403	404	791	400	391
东张	387	190	197	346	173	173
里六田	725	349	376	625	306	319
惠辛	992	486	506	901	442	459
宋集	738	363	375	676	323	353
曹家坪（平）	1198	599	599	1100	566	534
高洼	789	386	403	721	358	363

续表28-11-1

村 庄	第四次人口普查			第五次人口普查		
	合计	男	女	合计	男	女
许道口	1359	694	665	1359	665	694
颜集	1398	700	698	1324	661	663
窝村	1033	537	496	991	500	491
邢家	487	254	233	481	253	228
苏桥	372	181	191	389	198	191
小耿	203	95	108	195	91	104
大耿	683	347	336	665	328	337
牛官	835	407	428	835	405	430
牛家	808	401	407	764	376	388
二辛	471	242	229	455	233	222
东左	544	265	279	530	267	263
西闸	2147	1049	1098	1978	986	992
东闸	779	385	394	727	360	367
柴家	691	343	348	645	328	317
高家	510	253	257	514	253	261
南宋	1717	847	870	1562	787	775
(南)成家	1778	892	886	1791	910	881
菅家	650	314	336	610	313	297
西宋	855	426	429	810	409	401
王家桥	508	248	260	466	227	239
于家	736	356	380	673	327	346
张辛	723	358	365	661	329	332
罗圈	719	335	384	626	299	327
段桥	4054	2033	2021	3728	1835	1893
孙李辛	491	243	248	465	233	232
王少唐	649	309	340	618	303	315
镇直虚拟居委会	—	—	—	2335	1196	1139

第十二章　台子镇

第一节　概　述

台子镇位于县域西北部，北与惠民县大年陈镇隔黄河相望，东与高青县黑里寨镇接壤，西与码头镇相邻，南、东南与魏桥镇、九户镇相连，面积79.3平方千米，辖4个办事处。

台子属农业乡镇。1986—1995年，大力发展

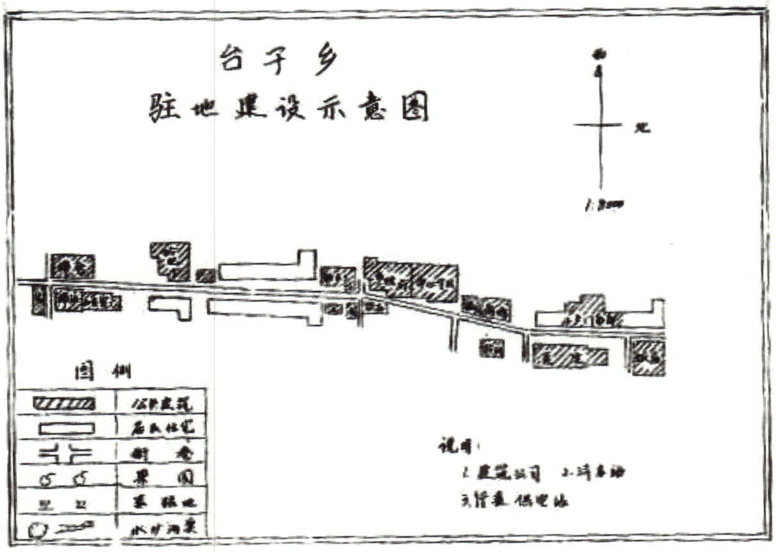

图 28–53　1984 年，台子乡驻地建设示意图

图 28–54　1996 年 11 月，投入使用的镇政府办公楼

“两高一优”农业，积极发展镇村工业和第三产业，以工业带动全镇经济发展。1986 年，全乡人口 35407 人（男 17619 人，女 17788 人），其中非农业人口 800 人。1995 年 4 月，撤乡设镇。1996 年 11 月，镇政府驻地迁移至高桥村。2002 年，台子镇被中国特产之乡暨宣传活动组委会命名为“中国香椿之乡”。

2005 年，台子镇辖 72 个行政村：台西、台东、长船、沙窝、长庄、北苏、田家、杨家、张家庵、东庵、赵水、老邵、新邵、绳刘、教场、大齐、城关、旧城、小桥、院新、盛家、常家、大张、张石辛、南董、北董、孟胡、宋四牌、北魏桥、宋坊、高桥、沙里、红宋、店东、店西、大卢、小卢、双庙、刘家、大赵、贾寨、小赵、李金、高家、卢辛、刘湾、姜陈、姚家、官道李、康家、犁寨、豆八、西升、东升、刘先生、老鸦赵、（北）魏家、阎家台、曹务、北郑、牛张、马家、东刁、西刁、（北）高王、方家、犁六、胡楼、玉皇、邵家、张博、官道。全镇有居民 9748 户 36642 人（男 18103 人，女 18539 人），其中非农业人口 769 人。全镇完成地区生产总值 3.38 亿元，财政总收入 1083 万元，其中地方财政收入 601 万元，实现农民人均纯收入 4141.50 元。

第二节　农　业

农业

1986 年，全乡有耕地 8.71 万亩，以种植小麦、玉米、棉花、大豆、花生、瓜菜为主。1988 年，春季干旱，夏秋洪涝，造成减产。1995 年，粮食种植面积 7.99 万亩，总产 2701.23 万千克；棉花 3 万亩，总产 225 万千克；瓜菜 0.1 万亩。1998 年，粮田与经济田的比例为 9.36∶4.11。2002 年，全镇香椿面积 1100 亩，被山东省无公害农产品委员会认定为“无公害农产品”，注册“鲁台”牌商标。2003 年，被国家标准化委员会批准为“国家级香椿标准化示范区”。2005 年，全镇耕地面积 6.89 万亩，粮食总产 3.25 万吨，耕地单产 384 千克；蔬菜总产 3.75 万吨，单产 3411 千克。

林业

1986 年，全乡林地面积 1300 亩。1990 年，达到部颁平原绿化标准，被省、地、县评为绿化先进单位。1993 年初冬，寒流早到，400 亩 5 龄以下的果树受冻害。1995 年，全镇有林地面积 1.97 万亩。2005 年，全镇有经济林 180 亩、防护林 420 亩，成片造林 5100 亩，道路绿化 4 千米，全镇森林覆盖率 27.5%。

水利

台子位于引黄渠首，担负着全县的引黄灌溉和补源任务。1986 年，全乡灌溉面积 8.1 万亩，占耕地面积的 92%。1986—1995 年，加快中低产田改造，农业生产条件改善。1993 年，“黄淮海开发项目”全面竣工，建成方田 110 个。至 1995 年，排涝工程全部竣工。1998 年，实现旱能浇，涝能排。

2000年，建第四道沉沙池。2003年，实现农田水利化、耕作机械化、种植区域化。2005年，全镇共有桥、涵、闸506座，机井300眼，标准化灌溉沟渠1.3千米。

图28-55　1998年，建成的台子黄河浮桥

第三节　乡镇企业

1986年，全乡有乡办企业8家，村办企业17家，各种经济联合体28个，个体工商户592户。1994年度，台子乡办企业受地委、行署表彰，获“最佳名次前移奖”，同时被县委、县政府授予一等奖。1998年，全镇有镇办企业2处，私营企业10家，股份合作制企业1处，个体工商户1084户。1999—2003年，台子镇共有各类专业村13个。2005年，全镇完成工业投资41067万元，开工建设固定投资在100万元以上的工业项目19个，当年竣工投产19个。年内全镇工业企业实现工业总产值16927万元，完成工业增加值4071万元，销售收入16743万元，利税1409万元。

第四节　社会事业

教育

1986年，全乡有初中5处、小学48处。1995年，

图28-56　2003年10月，投入使用的台子镇中心小学

有初中1处、小学43处、幼儿园38处。2002年，“滨州职业专修学院中专部”在台子初中挂牌。2003年8月，全镇合班并校工作全部到位，全镇设1处中心初中，3处完全小学，5处幼儿园。2005年，全镇有初中1处、小学3处、幼儿园5所，有中学教师96人、小学教师138人、幼儿教师48人。

文化体育

1986—1995年，台子乡设文化站、广播站、电影管理站各1处。1996—1998年，文化站、科教文卫办公室、团委、妇联共同举办书法绘画展、球类比赛等活动，参与人数3.2万余人次。2005年，全镇有文化体育活动场所2处，其中图书馆1处、门球场1处。基层文化体育队伍72支，相对固定人员2人。

图28-57　2005年7月，黄河公园建成投入使用

卫生

1986—1995年，卫生事业以初级卫生保健为中心。1987年5月，乡卫生院下放乡政府管理。1986年，全乡有村级卫生室70个。1995年，全镇创建甲级卫生室39个。2000年，镇卫生院迁至原台子建筑公司。2005年，全镇有卫生院1家，卫生室36处，医务人员28人。全镇新型农村合作医疗参合率98.1%。

计划生育

1986年，设计生服务站1处。是年，被评为全国计划生育先进单位。自1986年以来，计划生育工作形成制度化，建立健全组织机构。1995年，镇计生服务站被地区计生委授予合格单位。1998年，全镇晚婚率95.87%，晚育率99.65%，计划生

育率 99.77%，人口出生率 11.73‰，人口自然增长率 5.22‰。2005 年，全镇人口出生率 12.49‰，计划生育率 99.9%，人口自然增长率 3.87‰。

第五节　人口普查

台子镇（乡）第四次（1990年）、第五次（2000年）人口普查情况一览表

表28-12-1　　单位：人

村　庄	第四次人口普查			第五次人口普查		
	合 计	男	女	合 计	男	女
台子镇（乡）	35926	17833	18093	34877	17451	17426
豆八	1802	921	881	1765	893	872
（北）苏家	465	206	259	469	217	252
沙窝	249	116	133	243	111	132
长庄	622	294	328	581	280	301
长船	319	160	159	320	149	171
老鸦赵	465	229	236	462	242	220
刘先生	356	173	183	343	163	180
北（位）魏家	527	253	274	496	252	244
闫（阎）家（台）	1089	541	548	1102	549	553
东升	336	161	175	332	163	169
西升	270	126	144	249	115	134
曹务	897	437	460	783	413	370
东刁	375	182	193	321	164	157
西刁	359	177	182	331	170	161
牛张	567	290	277	513	265	248
北郑	657	328	329	593	311	282
犁六	251	129	122	230	123	107
玉皇	369	177	192	319	149	170
胡楼	348	164	184	303	155	148
邵家	507	237	270	449	222	227
张博	635	334	301	622	333	289
方家	487	239	248	412	210	202
（北）高王	827	448	379	780	406	374
马家	404	200	204	330	171	159
宋四排	730	381	349	727	361	366
东张赵	773	375	398	东（安）庵 421	209	212
				西安 188	92	96
				赵水 182	88	94
北董	546	269	277	530	262	268

续表28-12-1

村庄	第四次人口普查			第五次人口普查		
	合计	男	女	合计	男	女
南董	374	193	181	380	190	190
常家	216	106	110	212	99	113
盛家	211	95	116	184	92	92
教旧小	804	371	433	教场 342	164	178
				旧城 289	151	138
				小桥 107	52	55
城关	542	265	277	512	261	251
台东修防段	500	248	252	424	214	210
台西供销社	924	459	465	台西 759	371	388
杨田邵村	1061	530	531	杨家 416	202	214
				田家 247	121	126
				老邵 196	101	95
				新邵 190	101	89
胜(绳)刘	368	177	191	337	166	171
(北)位桥	584	294	290	479	237	242
宋坊高桥	1167	578	589	宋坊 866	415	451
				高桥(虚拟) 232	117	115
大齐(虚拟)	659	360	299	485	243	242
院新	405	205	200	436	207	229
大张	726	351	375	710	353	357
张石辛	352	175	177	336	160	176
孟胡	491	247	244	506	253	253
店东	1083	531	552	1088	544	544
店西	915	455	460	850	413	437
红宋	317	151	166	307	154	153
沙里	374	199	175	364	184	180
大卢	404	194	210	382	186	196
小卢	206	106	100	179	87	92
卢新	304	145	159	306	149	157
刘湾	436	202	234	421	210	211
高家	544	276	268	524	272	252
姜陈	419	211	208	425	210	215
姚家	395	191	204	361	175	186
官道李	333	169	164	305	157	148
康家	299	152	147	312	163	149
贾寨	1395	702	693	1373	712	661

续表28-12-1

村　庄	第四次人口普查			第五次人口普查		
	合计	男	女	合计	男	女
犁寨	508	248	260	510	254	256
李金	850	431	419	824	406	418
小赵	584	303	281	602	311	291
大赵	685	338	347	699	337	362
刘家	520	262	258	533	279	274
双庙	253	124	129	264	129	135
官道	479	242	237	522	265	257
镇直虚拟居委会				665	346	319

第十三章　码头镇

第一节　概　述

码头镇位于县域西北部，北隔黄河与济阳县相望，西南与章丘市黄河镇、水寨镇相连，东与魏桥镇、台子镇相邻，辖8个办事处。

图 28-59　1997 年 7 月，投入使用的镇政府办公楼

1986年，全乡人口50210人（男25027人，女25183人），其中非农业人口1041人。1997年6月，乡政府驻地迁至码一村东南。1998年，全乡农村经济总收入2.09亿元，预算内财政收入165万元，农民人均纯收入2156元。2001年8月，辖区内来牛、甜水、三官、崔八4个行政村，4604人划归魏桥镇。2002年4月，撤乡设镇。至2003年底，全镇人口49834人（男24934人，女24900人），其中非农业人口1265人。

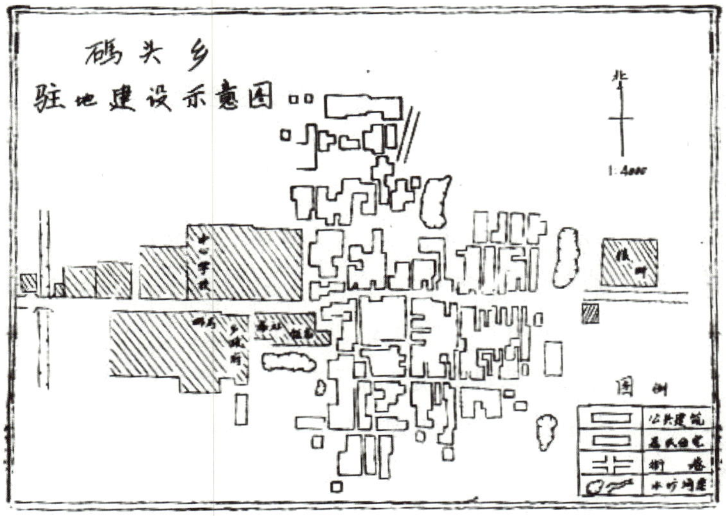

图 28-58　1984 年，码头乡驻地建设示意图

至2005年，码头镇辖78个行政村：码一、码二、乔家、于店、前安、后安、胡家、小太平、李码、大王、成集、炭刘、东站、中站、西站、小郭、大郭、孟家桥、纪家、小赵、牛坊、李坡、赵家、田家屯、归苏、

小王家、任家、胡坡、高家、师家、大寨、小寨、大杨、小杨、还乡、刘平、邵店、肖家、冯王、延东、延西、旧延安、三合、蔡家、大信、小信、王庄、窑头、边家、李家庄、西韩、草庙、田拐、谷家、谷王、东段、仁和、老张桥、高王、苗家、新马家、西孙家、新张桥、潘桥、刘桥、小邵家、路家、码头寨、大牛王、小牛王、南高、黄龙、洼里、陈寨、范井、时圈、赵坊、北高。面积 114.70 平方千米。全镇有居民 12672 户 48815 人(男 24428 人,女 24387 人),其中非农业人口 2854 人。全镇完成国内生产总值 3.21 亿元,财政总收入 473.30 万元,其中地方财政收入 301.4 万元,实现农民人均纯收入 4100 元。

第二节 农 业

农业

1986 年,全乡耕地 11.86 万亩,以种植小麦、玉米、棉花、大豆、花生、瓜菜为主。1987 年,利用沟塘湾河发展鱼藕等水产养殖,粮田与经济田比例为 5.4∶6.4。1988 年,春季干旱,夏秋洪涝,造成减产。1993 年 6 月,部分村庄遭大风冰雹袭击,造成粮食作物减产,棉花大面积减产。1998 年,全乡早春西瓜成为农业经济支柱。是年,小麦获历史最高产,比 1997 年增产 5.5%。2005 年,全镇耕地面积 84964 亩,粮食总产 3.40 万吨,耕地单产 370 千克;蔬菜总产 1.42 万吨,单产 2699 千克。

图 28-60　2001 年,蚕茧喜获丰收

林业

1986 年年初,全乡林地面积 27000 亩。1990 年,林木覆盖率 30.4%,达到部颁平原绿化标准,被省评为绿化先进单位。1993 年初冬,寒流早到,8000余亩果树遭冻害,5 龄以下果树大部分被冻伤、冻死。2003 年,全镇经济林面积 6417 亩。2005 年,全镇有经济林 3650 亩、防护林 4600 亩,成片造林 8800 亩,道路绿化 18 千米,全镇森林覆盖率 21%。

图 28-61　邵店百年枣园　　　　(2015 年摄)

水利

1986 年前,全乡基本形成纵横交错的水利灌溉网。1986 年,改善农田灌溉面积 6.5 万亩。1986—1995 年,完成 3 万亩方田化建设。1993 年,黄淮海开发项目和引黄闸配套工程全面竣工,建成万亩方田 2 个。1999—2003 年,扩大高产稳产田 3 万余亩,提高经济效益近 500 万元。2005 年,全镇有桥、涵、闸 210 座,机井 310 眼,标准化灌溉沟渠 10 千米。

第三节 乡镇企业

1986 年前,码头乡工业基础薄弱。1986 年,有乡村企业 69 个,个体企业 532 个。1990 年,乡镇企业 479 个,其中乡办 3 个,村办 13 个,个体办 463 个。1991 年,乡镇企业减至 14 家。1999—2003 年,全镇民营经济取得前所未有的发展。三利气流纺项目和钛塑厂的建设填补码头无规模工业企业空白。

2005 年,全镇完成工业投资 1.9 亿元,开工建设固定投资在 100 万元以上的工业项目 18 个,当年竣工投产 18 个。年内全镇工业企业实现工业总产值9.9亿元，完成工业增加值2.9亿元，销售收入9.9亿元，利税7800万元。

第四节 社会事业

教育

1986年,全乡有初中9处、小学72处。1989年，中小学校长实行聘任制，中学并为3处。1993年，中心校建教学大楼，3处中学和62所小学达到规范化要求。1994年，先后建起成教中心和幼教中心。到1995年底，基本扫除青壮年文盲。1996—1998年,码头乡对中小学（幼儿园）合班并校（园）进行布局调整。1998年，有成人教育中心学校1处，中学2处，小学36处，幼儿园、学前班40处。1999—2003年，22处完全小学逐步并为6处完全小学和2个教学点，幼儿园由32处合并成11处。2003年,码头二中（原归苏中学）迁并到码头一中。李坡、归苏、成集、孟家4所小学合并为归苏小学。2005年,全镇有初中1处、小学5处、幼儿园8所，有中学教师172人、小学教师157人、幼儿教师14人。其中，高级职称14人、中级职称211人、初级职称74人。

文化体育

码头乡有悠久的历史和丰富的文化，境内有古“朝阳城”“天子墓”“圣井”“无盐牧马场”等古迹。赵奉站的狮子舞有百年的历史，孟家村的踩高跷已延续200余年，三合村的旱船、任家村的龙灯、崔八村的京剧等民间传统文艺，深受广大群众喜爱。1987年6月，成立“绿芽”诗社和“百灵鸟”歌唱队。1992年，在全国第二届科教影片汇演中，受省文化厅、广播电视厅、农业厅等6个单位表彰。1992年，建电影管理站和乡文化活动中心。1993年，文化站被撤销。1998年，文化站独立设站，更名为文播站。2003年，建成文体活动中心。2005年,全镇有文化体育活动场所5处，其中图书馆1处，门球场1处。基层文化体育队伍9支，相对固定人员31人。

卫生

1986—1995年，码头乡卫生事业以初级卫生保健为中心，逐步形成三级医疗保健网络。1987年5月，卫生院下放乡政府管理。1986年，全乡有村级卫生室75个。1995,全乡创建甲级卫生室21个。2001年，建起卫生院门诊大楼。卫生院加强对村医的培训和管理,村卫生人员全部持证上岗。2005年,全镇有卫生院1家，卫生室（诊所）82处，医务人员83人。全镇新型农村合作医疗参合率90.2%。

计划生育

1986—1995年，计划生育工作走向经常化、科学化、制度化、法制化管理轨道。1993年，实现育龄妇女自我监督、约束。1998年，全乡计划生育率98%，晚婚晚育率99%，统计合格率、节育措施落实率100%，人口出生率10.96‰，自然增长率0.71‰。2000—2003年，实行已婚育龄妇女管理信息化。2005年，全镇人口出生率12.67‰，计划生育率99%，人口自然增长率3.94‰，节育措施落实率100%。

第五节 人口普查

码头镇（乡）第四次（1990年）、第五次（2000年）人口普查情况一览表

表28-13-1 单位：人

村 庄	第四次人口普查			第五次人口普查		
	合 计	男	女	合 计	男	女
码头乡	52650	26448	26202	51677	25912	25765
李码	1146	577	569	1211	604	607
码一	882	454	428	837	426	411
码二	1174	665	509	932	477	455

续表28-13-1

村 庄	第四次人口普查			第五次人口普查			
	合 计	男	女	合 计		男	女
于店	1417	723	694		1402	723	679
乔家	305	155	150		306	148	158
前安张村	436	211	225	前安	461	220	241
胡安大王	542	253	289	胡家	256	132	124
				大王	251	118	133
后安太平	366	175	191	后安	192	100	92
				太平	184	97	87
归苏	1827	926	901		1745	883	862
任家	1529	779	750		1435	738	697
高家	518	264	254		524	267	257
师家	299	161	138		293	161	132
王家胡坡	481	243	238	王家	271	135	136
				胡坡	208	99	109
李坡	1792	904	888		1784	889	895
来牛	1829	897	932		1688	859	829
甜水	1572	785	787		1580	803	777
赵家	1105	545	560		1107	534	573
田家	852	414	438		866	429	437
牛坊	711	356	355		743	371	372
纪家	539	275	264		537	264	273
成集(家)	2061	1043	1018		2120	1057	1063
孟家	1464	744	720		1574	781	793
小赵	360	178	182		364	192	172
大郭	1028	517	511		1015	518	497
西站	1069	552	517		1112	551	561
中站	866	418	448		829	413	416
东站	698	338	360		630	326	304
小郭	836	405	431		852	425	427
炭刘	1027	509	518		977	499	478
大寨	788	389	399		806	403	403
刘平	656	327	329		650	332	318
还乡	692	349	343		746	382	364
冯王	286	144	142		278	143	135
大杨	991	496	495		1001	494	507
小寨	472	229	243		468	241	227
邵店	517	256	261		451	220	231

续表28-13-1

村　庄	第四次人口普查			第五次人口普查			
	合计	男	女	村庄（分）	合计	男	女
肖家	274	145	129		283	143	140
草庙	1064	524	540		1036	528	508
小邵家小杨	313	166	147	邵家	139	70	69
				小杨	159	77	82
谷王	304	143	161		278	128	150
谷家	427	216	211		406	196	210
田拐	445	210	235		379	185	194
（东）段家	239	128	111		231	119	112
苗家	267	129	138		237	113	124
仁和	260	143	117		256	141	115
马高张村	390	196	194	马家	200	90	110
				高王	92	46	46
				老张	99	52	47
孙家	413	216	197		412	205	207
新张桥刘桥	385	203	182	新张桥	190	94	96
				刘桥	174	78	96
潘桥	523	247	276		502	250	252
延西	806	391	415		738	362	376
延东	543	266	277		496	242	254
大信小信	417	197	220	大信	91	44	47
				小信	318	156	162
窑头	443	231	212		436	227	209
蔡家	356	188	168		356	180	176
三合	1273	644	629		1236	618	618
边家	807	409	398		770	385	385
王庄	605	305	300		581	282	299
旧延安	579	293	286		569	293	276
西韩	285	140	145		237	115	122
李家庄	335	170	165		306	153	153
路家	1274	628	646		1139	553	586
赵坊	672	347	325		620	313	307
崔八	865	421	444		884	432	452
三官	419	208	211		365	185	180
黄龙	272	131	141		255	128	127
时圈	371	194	177		320	169	151
陈寨	910	467	443		906	457	449

续表28-13-1

<table>
<tr><th rowspan="2">村　庄</th><th colspan="3">第四次人口普查</th><th colspan="4">第五次人口普查</th></tr>
<tr><th>合 计</th><th>男</th><th>女</th><th colspan="2">合 计</th><th>男</th><th>女</th></tr>
<tr><td>洼里</td><td>577</td><td>293</td><td>284</td><td colspan="2">577</td><td>280</td><td>297</td></tr>
<tr><td rowspan="2">北高范井</td><td rowspan="2">386</td><td rowspan="2">198</td><td rowspan="2">188</td><td>北高</td><td>244</td><td>118</td><td>126</td></tr>
<tr><td>范井</td><td>160</td><td>82</td><td>78</td></tr>
<tr><td>南高</td><td>255</td><td>127</td><td>128</td><td colspan="2">205</td><td>107</td><td>98</td></tr>
<tr><td>大牛王</td><td>708</td><td>354</td><td>354</td><td colspan="2">659</td><td>331</td><td>328</td></tr>
<tr><td>小牛王</td><td>491</td><td>243</td><td>248</td><td colspan="2">516</td><td>255</td><td>261</td></tr>
<tr><td>码头寨</td><td>559</td><td>281</td><td>278</td><td colspan="2">514</td><td>261</td><td>253</td></tr>
<tr><td>乡直虚拟居委会</td><td></td><td></td><td></td><td colspan="2">420</td><td>215</td><td>205</td></tr>
</table>

第十四章　黛溪街道

第一节　概　述

黛溪街道地处原县城驻地，成立于2003年2月22日，东与高新街道，西、南与黄山街道，北与韩店镇，西北与明集镇相连，总人口3.2万人。济青高速公路从境内横穿东西。

2003年，全街道社会总产值实现37.8亿元，利税2.6亿元，GDP实现9.1亿元，完成固定资产投资4.52亿元，地方财政收入实现2725万元，农民人均纯收入3836元。城市化水平56%以上。

图28-62　2003年2月，黛溪街道办事处办公楼（原邹平镇政府1986年5月启用的办公楼）启用

2005年，全街道辖26个行政村：城里、北关、安家、南关、东关、三义、言坊、河西张、南营、代一、西关、中兴、郭庄、前城、后城、韦家、滕家、马庄、成五、聚和、张高、十里铺、韩坊、西范、北范、鄢家。设26个村民委员会，下辖黛中、永安、东明、中兴、顺和、环翠6个社区居民委员会。面积40.78平方千米。全街道有居民25354户75249人（男38408人，女36841人），其中非农业人口44946人。全街道完成地区生产总值8.60亿元，财政总收入1.16亿元，其中地方财政收入5262万元，实现农民人均纯收入4746.7元。

第二节　农　业

农业

2003年底，有耕地1.9万亩，人均耕地0.67亩，以种植小麦、玉米、蔬菜为主。全年实现农业总产值9184万元。推进土地集约化经营，大力发展观光农业、品牌农业、有机农业，肉、蛋、奶、菜和绿化苗木等发展迅速。2005年，全街道耕地面积18398亩，粮食总产1.30万吨，耕地单产452千克；蔬菜总产4505吨，单产1022千克。

林业

2003年，全街道栽植用材林10.56万株，经济类苗木4万株。有水杏面积2520亩，桃树350亩，苹果550亩，香椿3000亩，冬枣30亩，柿子30亩，高酸苹果110亩，用材林2800亩，林木覆盖率28.5%。2005年，全街道有经济林2500亩、防护林1300亩，成片造林2100亩，道路绿化20千米，森林覆盖率26.5%。

水利

2003年，累计投资300余万元，打深水井40余眼，完成方田生产路4000余米，修建连村等级公路1万余米，有效改善农业生产条件。2005年，有桥、涵、闸40座，机井350眼。

第三节 工 业

2003年，全街道完成生产性固定资产投资4.52亿元，实现工业总产值25亿元，利税1.9亿元。齐明集团和东升集团发展成街道两大骨干企业。2003年底，有年销售收入过500万元规模企业22家，过亿元企业2家，通过ISO9000质量体系认证企业20余家，拥有自营进出口权企业7家。

2005年，完成工业投资8.75亿元，开工建设固定投资在100万元以上工业项目50个。年内工业企业实现工业总产值47.41亿元，完成工业增加值11.28亿元，销售收入45.86亿元，利税3.79亿元。

第四节 社会事业

教育

2003年，有小学6处、幼儿园4处，学龄儿童入学率、巩固率、毕业率均为100%。是年，黛溪街道被县评为教育工作综合考评先进单位。2005年，有小学6处、幼儿园6处，有小学教师145人、幼儿教师45人。

文化体育

2003年，街道设文化站1处。家家户户通有线电视。元宵节组织群众创作排练民间传统节目，中兴龙灯、东关芯子、三义虎斗牛及言坊等村杂耍、高跷、旱船，历年参加县文艺演出活动并获奖。东关的芯子曾获地区第一名。2005年，有文化体育活动场所10处，其中图书室7处，门球场2处。基层文化体育队伍9支，相对固定人员90人。

卫生

2003年，全街道有村级医院2个，卫生室24个，个体诊所35个。行政村卫生室覆盖率100%。在防治非典型肺炎攻坚战中，街道被授予防治非典工作先进集体。2005年，全街道有卫生室（诊所）66处，全街道新型农村合作医疗参合率95%。

图28–63 邹平北关康复医院 （2015年摄）

计划生育

黛溪街道设计划生育与妇幼保健服务站1处，人口学校1处，计划生育协会1个，村级计划生育协会26个。2003年，全街道计划生育率99.7%，统计合格率100%，人口出生率9.85‰，人口自然增长率3.73‰。2005年，人口出生率9.58‰，计划生育率100%，人口自然增长率7.07‰。

图28–64 黛溪街道五保供养服务中心、敬老院 （2015年摄）

附：邹平镇

第一节 概 述

邹平镇地处县城，总面积98.24平方千米，辖7个办事处，75个行政村。1986年，全镇人口85622人（男43636人，女41986人），其中非农业人口17653人。1994年，全镇社会总产值、农村经济总收入双双突破10亿元，跨入全省农村经济综合实力200强乡镇行列。1995年，全镇社会总产值实现15.35亿元，农村经济总收入实现16亿元,财政收入830万元,农民人均纯收入1775元，农村社会储蓄余额2亿元，综合经济实力列全县乡镇第一。1998年，跻身于山东省综合经济实力百强乡镇行列。被评为滨州地区综合经济实力强乡镇和农村小康乡镇，被誉为“滨州第一镇”。

2001年3月，礼参镇划归邹平镇。总面积129平方千米，辖10个办事处，109个行政村，总人口13.9万人。2003年2月22日,撤销邹平镇，设立黛溪、黄山、高新3个街道办事处。

第二节 农 业

农业

1986年,全镇有耕地82500亩,人均1.21亩。主要种植小麦、玉米、蔬菜。1987年,遭受自然灾害，仍取得较好收成,粮食总产2930万千克。1994年，发展“两高一优”农业，优化农业结构，粮田面积99035亩，总产4162万千克。1986—1995年，粮田面积减少27326亩，由于实行科学种田，粮食总产1995年比1986年增加554万千克。2002年，全镇农作物总播种面积13.2万亩。小麦播种面积57261亩，总产量2.24万吨。玉米播种面积54081亩,总产量2.28万吨。棉花播种面积669亩，总产量51吨。蔬菜瓜类播种面积10903亩，总产量4.02万吨。

林业

1986年，全镇组织林业会战，完成桐粮间作32000亩，经济林4000亩，“四旁”植树43万株。1990年，实现部颁平原绿化达标。1995年，有林果面积31827亩，其中经济林17267亩，用材林14560亩，林木覆盖率31%。2002年，全镇有果园面积7614亩，桑园面积192亩，全镇水果总产量7345吨。是年，全镇林业收入855万元。

水利

1986—1995年，完成大李扬水站向“三八”水库送水渠道工程。1995年，全镇共有小型水库3座、塘坝4座、机井2400眼、扬水站4处，灌溉面积6.2万亩。2002年年末，全镇总灌溉面积5200公顷。

第三节 乡镇企业

1986年，全镇有镇办企业13家、村办企业47家，各种经济联合体230个，个体工商业户5730户，各类专业村8个。1995年，全镇有镇办企业21家，村办企业61家，个体及私营企业5194家。1996—1998年，乡镇企业和个体私营经济迅速发展，连续三年被地委、行署命名为乡镇企业强乡镇。在济青高速公路以南、邹周路两侧规划设计了占地500亩的私营工业园。

第四节 社会事业

教育

1986年，邹平镇有初中13处、小学64处。是年，开始推行九年义务教育。1989年，完成中心初中、黄山联中等16处学校的高标准规范化建设。1990年,被省政府评为“基础教育先进乡镇”。1991年，完成城里小学、黄山初中迁址基础工程，全镇将64处小学合并为51处。1994年,教育“两基”工作顺利通过省级验收。1995年，全镇初中合并为中心初中、黄山联中2处，小学43处。1997年，城里小学配备全县小学最高标准的微机室、语音室。是年，成教中心经省政府验收合格。全镇实现小学直升初中。中心初中培养的运动员刘素兰和成冉在亚太地区运动会及1998年，全国八运会上分获五项全能铜牌和赛艇冠军。2002年，全镇有中学3处、小学18处。

文化体育

1986年，邹平镇设文化站、广播站、电影管理站各1处。传统杂耍节目历年参加县文艺演出活动并获奖，东关村芯子1986年获惠民地区第一名。1992年，被滨州地委、行署命名为“社会文化先进镇”。1993年7月，文化站撤销。1996—1998年，修复佛教圣地唐李庵风景区。家家户户通有线电视。条件好的家庭购置录放机、影碟机等音响设备。

卫生

1986年，邹平镇有村级卫生室（所）75处，个体诊所3处，镶牙馆4处。1988年，经联合国卫生组织检查验收确认为“无鼠害乡镇”。1990年，成立防保站。1993年，全镇初级卫生保健通过省、地两级达标验收。1998年，行政村卫生室覆盖率100%。

计划生育

1986年以来，计划生育工作形成制度化，组织机构健全。1988年，成立镇人口学校1处，村人口学校75处。1994年，计生办被评为全区计生宣传标兵单位。1996—1998年，全镇计划生育工作已形成规范化、制度化。2002年，全镇已婚育龄妇女人数19940人，领取独生子女证人数4944人，女性初婚600人，出生人口总数1003人。

第五节 人口普查

邹平镇第四次（1990年）、第五次（2000年）人口普查情况一览表

表28-14-1　　单位：人

村庄	第四次人口普查			第五次人口普查		
	合计	男	女	合计	男	女
邹平镇	92811	46460	46351	113972	56615	57357
染织厂（虚拟）	932	435	497	645	319	326
中医院（虚拟）	1135	571	564	496	233	263
南关居委会	2027	1019	1008	南关北区 1531	732	799
南开发区				25	13	12
安家	1344	685	659	649	303	346
县医院	1487	767	720			
县政府（虚拟）	815	410	405	841	414	427
农机公司	629	311	318			
师范	826	421	405	学院 1252	583	669
鄢家	2572	1277	1295	2001	986	1015
盖家	1278	702	576	743	374	369
皮鞋厂	765	401	364			
东石	779	367	412	757	359	398
七里铺	1281	664	617	1079	527	552
棉纺厂	3483	1597	1886	亚视 3889	1842	2047
南范	3042	1497	1545	1855	915	940
百货公司	315	190	125			
范公酒厂	2123	1297	826	847	422	425

续表28-14-1

村庄	第四次人口普查 合计	男	女	第五次人口普查	合计	男	女
啤酒厂	1242	757	485	琥珀	2217	1090	1127
东关	3353	1716	1637	东区		2253	1110
				中区		259	84
				西区		917	452
城里（虚拟）	3366	1725	1641		1824	898	926
消防队	53	53	0	武防	189	157	32
张高	1157	577	580		1194	588	606
大李	2427	1194	1233		2428	1212	1216
韩坊	1902	964	938		1885	841	844
王家聚合	1084	532	552	聚合	512	247	265
				王家	504	259	245
成五	1256	658	598		1154	588	566
十里铺	1175	602	573		1214	612	602
张山	1302	658	644		1324	643	681
鲁东鲁西	798	409	389	鲁东	370	195	175
				鲁西	400	199	201
石家樊家	1456	737	719	石家	1068	523	542
				樊家	357	186	171
东景	1005	497	508		898	436	462
郎君	1287	645	642		1272	653	619
郭庄	1204	592	612		1186	589	597
碑楼	1222	611	611		1145	588	557
贺家	1157	552	605		1146	551	595
小李	516	257	259		481	240	241
姜洞	280	139	141		279	143	136
溪河（孙家）代家	616	314	302	溪河（孙家）	351	162	189
				代庄	274	146	128
崔家抱印	786	395	391	崔家	502	253	249
				抱印	293	147	146
前城后城	2321	1143	1178	前城	1687	849	838
				后城	608	303	305
韦家	1804	883	921		1743	879	864
滕家	1653	797	856		1681	826	855
马庄	1661	842	819		1614	803	811
新大	1927	968	959		1923	980	943
新三	926	453	473		806	386	420

续表28-14-1

村　庄	第四次人口普查			第五次人口普查			
	合　计	男	女	合　计		男	女
新四新五	1478	719	759	新四	679	322	357
				新五	739	353	386
西杨中杨	1701	802	899	西杨	802	392	410
				中杨	646	316	330
东杨太河	1626	799	827	东杨	955	476	479
				太河	426	217	209
黄东	908	444	464	939		456	483
月河小吕	318	153	165	月河	201	105	96
				小吕	183	95	88
黄西侯家	708	366	342	黄西	499	255	244
				侯家	207	104	103
见埠	2466	1193	1273	2413		1171	1242
代家惠杨	868	423	445	代家	502	244	258
				惠杨	327	167	160
小杨堤	799	372	427	742		346	396
韩家	1431	707	724	1387		700	687
刘家高家	796	383	413	刘家	480	248	232
				高家	290	141	149
柳泉唐家	1621	820	801	柳泉	1184	595	589
				唐家	314	160	154
杨寨	941	467	474	888		441	447
周家	1083	559	524	1071		550	521
乔木	611	307	304	585		298	287
东前	1329	674	655	1401		693	708
东后	1936	909	1027	1916		960	956
北苑西苑	1438	697	741	北苑	1086	544	542
				西苑	384	201	183
鲍家	971	467	504	978		482	496
代一	581	289	292	610		302	308
中兴	1692	809	883	中兴南区	1849	889	960
				中兴北区	254	131	123
西关	928	445	483	935		432	503
北关	1448	698	750	1932		968	964
三义言坊	1360	655	705	三义	836	427	409
				言坊	615	297	318
南营				481		239	242

续表28-14-1

村　庄	第四次人口普查			第五次人口普查		
	合 计	男	女	合 计	男	女
河西张				325	167	158
镇府虚拟居委会				285	141	144
邹平镇开发区虚拟居委会				290	148	142
第一初中虚拟居委会				219	110	109
第二初中虚拟居委会				71	33	38
公交虚拟居委会				926	469	457
城西虚拟居委会				132	87	45
电信虚拟居委会				399	208	191
农药厂虚拟居委会				403	154	249
热电厂虚拟居委会				762	393	369
一油棉厂虚拟居委会				307	144	163
开发区虚拟居委会				242	146	96
国税虚拟居委会				449	215	234
棉麻公司虚拟居委会				296	160	136
黄山高中虚拟居委会				1775	938	837
烟草虚拟居委会				593	303	290
实验中学虚拟居委会				543	282	261
民政局虚拟居委会				1652	814	838
土管局虚拟居委会				880	447	433
工会虚拟居委会				603	310	293
农业局虚拟居委会				1236	603	633
运输虚拟居委会				590	298	292
北城虚拟居委会				1911	970	941
一中虚拟居委会				1762	896	866
公安虚拟居委会				522	254	268
司法虚拟居委会				455	242	213
林业虚拟居委会				91	50	41
工商虚拟居委会				677	329	348
新华虚拟居委会				436	206	230
商场虚拟居委会				72	35	37
电业虚拟居委会				629	325	304
卫生虚拟居委会				1524	741	783
黄山小区虚拟居委会				2147	1097	1050
铜矿虚拟居委会				1438	727	711
法院虚拟居委会				1038	532	506

续表28-14-1

村 庄	第四次人口普查			第五次人口普查		
	合 计	男	女	合 计	男	女
审计虚拟居委会				932	459	473
部队虚拟居委会				248	107	141
招待虚拟居委会				382	183	199
建筑虚拟居委会				873	440	433
黄山商场虚拟居委会				129	70	59
水利虚拟居委会				501	247	254
商业虚拟居委会				291	151	140
农行虚拟居委会				632	324	308

第十五章 黄山街道

第一节 概 述

2003年2月，撤销邹平镇，设立黛溪、黄山、高新3个街道办事处。黄山街道地处县城南部新区，北依济青高速公路与黛溪街道、西北与明集镇相连，西与青阳镇隔山相望，南与西董镇接壤，东与好生镇、高新街道相邻，总面积45平方千米，辖4个管理区。

2003年，全街道总人口28838人（男14218人，女14620人），其中非农业人口310人，全部为汉族。实现国内生产总值6.6亿元，完成固定资产投资8220万元，实现财政总收入1009万元，其中地方财政收入649万元，农民人均纯收入3800元。

图28-65 2004年11月，投入使用的街道办事处办公楼

2005年底，黄山街道辖38个行政村：崔家、抱印、郎君、小李、东景、代庄、溪河（孙家）、碑楼、姜洞、贺家、王家、石家、樊家、鲁东、鲁西、大李、张山、小吕、月河、黄东、黄西、侯家、太和、西杨、中杨、东杨、见埠、惠杨、代家、小杨堤、柳泉、杨寨、高家、刘家、韩家、唐家、周家、乔木。全街道有居民8613户31002人（男15276人，女15726人），其中非农业人口8993人。全街道完成地区生产总值2.32亿元，财政总收入1950万元，其中地方财政收入1267万元，实现农民人均纯收入4536.28元。

第二节 农 业

农业

2003年，全街道有耕地2.79万亩，人均0.97亩，播种面积38339亩（含复种），主要种植小麦、玉米、蔬菜。形成1万亩水杏、0.7万亩杂果、0.4万亩有机蔬菜基地，以鸡、猪为主的畜牧养殖业成为群众的支柱产业。2005年，耕地面积22905亩，粮食总产1.44万吨，耕地单产405千克；蔬菜总产3720吨，单产3566千克。

林业

2003年，有林果面积17850亩，其中经济林17000亩、用材林850亩，森林覆盖率25.2%，林果收入2000万元。2005年，全街道有经济林1.29万亩、防护林2000亩，成片造林5200亩，道路绿化9千米，全街道森林覆盖率27%。

水利

黄山街道坚持山、水、林、田、路综合治理。2003年，全街道有水库2座，蓄水池9个，塘坝6处，机井488眼；除部分山区外，基本实现水利化。2005年，全街道有桥、涵、闸90座，机井300眼，标准化灌溉沟渠6千米。

第三节　工　业

2003年7月，生力源牌面粉被省认定为无公害农产品。是年，完成百万工程项目14个，固定资产投资6040万元，其中投资过1000万元项目4个。大力发展第三产业，2003年9月，开工建设全县第一条高标准商业步行街。2005年，完成工业投资6.9亿元，开工建设固定投资在100万元以上的工业项目34个。年内工业总产值9.1亿元，完成工业增加值2亿元，销售收入9亿元，利税5113万元。

第四节　社会事业

教育

2003年，全街道有完全小学6处、教学点1处、幼儿园7处。是年，实现小学直升初中。2005年，有小学6处、幼儿园9所，有小学教师142人、幼儿教师30人。

文化体育

2003年，街道办事处成立社会文化工作委员会，按照明星村、示范村、达标村标准梯次推进，西杨、周家、韩家、柳泉4个村建起高标准文化大院。家家户户通有线电视，90%的家庭购置VCD等音响设备。2005年，全街道有文化体育活动场所12处，基层文化体育队伍20支，相对固定人员500人。

卫生

2004年，街道办事处有卫生室38处，医务人员106人。2005年，全街道有卫生室(诊所)38处，医务人员156人，新型农村合作医疗参合率99%。

计划生育

2003年，设计划生育服务站1处、人口学校1处、村级人口学校38处，计划生育协会1个、村级计划生育协会38个，计划生育率100%，人口出生率9.95‰，人口自然增长率2.76‰。2005年，全街道人口出生率10.52‰，计划生育率100%，人口自然增长率2.76‰。

第十六章　高新街道

第一节　概　述

2003年2月，高新街道是撤销原邹平镇设立的3个街道办事处之一。地处县城东城区，东与长山镇接壤，西与黛溪街道为邻，南接好生镇、黄山街道、淄博市周村区，北连焦桥镇、韩店镇。2003年2月，挂牌成立。东西9.38千米，南北7.5千米，总面积46平方千米。辖3个管理区。

2003年，全年实现国内生产总值2.08亿元，社会生产总值16.35亿元，农业实现产值1.65亿元，工业实现产值11.5亿元，第三产业实现产值3.2亿元，外贸出口交货值实现960万元，地方财政收入实现3150万元，农民人均纯收入3760元。

图 28-66　2007 年 5 月，投入使用的高新街道办事处办公楼

城市化进程不断加快，高标准规划建设七里小区，城市化水平 36%。是年，全街道总人口 38536 人(男 19426 人，女 19110 人)，其中非农业人口 4410 人。少数民族人口多为通婚迁入。2004 年，财政总收入 2170.6 万元，其中地方财政收入 2082 万元，实现农民人均纯收入 5153.98 元。

2005 年，高新街道辖 45 个行政村：南范、七里、鲍家、盖家、东石、东范前、东范后、新大、新三、新四、新五、东吕、西吕、南吕、北吕、司家、房家桥、牛王、高新、东崔、山旺埠、大刘、小刘、廉家、西神坛、礼参、邢马、祉房、莲花池、徐毛、梁毛、崔毛、王毛、温孟、邓家、大新、小新、大菓、小菓、周东、周西、乐礼、三里、向家、五里堠。全街道有居民 10414 户 37510 人（男 18652 人，女 18858 人）。是年，全街道完成地区生产总值 4.86 亿元。

第二节　农　业

农业

2003 年，高新街道有耕地 4.04 万亩，人均 1.25 亩，主要种植小麦、玉米、蔬菜。是年，建立以司家、吕家为中心的蔬菜种植基地，种植大蒜 450 亩，早春大棚莴苣 300 亩，春秋两季黄瓜、茄子 500 亩。街道东南部以林果业为重点，发展大棚葡萄、水杏 500 亩。2005 年，全办事处耕地面积 2.1 万亩，粮食总产 2.1 万吨，耕地单产 500 千克；蔬菜总产 2000 吨，单产 3000 千克。

林业

2003 年，绿色通道工程建设 22 千米，林网建设 7200 米，四旁植树 125.8 亩，总计植树 73714 株，全部拍卖到户，发放林权证。发展冬枣、桃树、桑园等经济林 152 亩，冬暖式大棚水杏、大棚葡萄 82 亩。2005 年，全街道有经济林 6000 亩，育材林 6000 亩，绿色长廊 30 千米，森林覆盖率 20%。

水利

2003 年，加大水利建设力度，实施孝妇河沿线村民的饮水工程，新打深水机 15 眼，疏浚孝妇河山旺闸段河道 2 千米，维护加固大堤 2.4 千米，对七星沟进行治理改造。2005 年，全街道有桥、涵、闸 14 座，机井 570 眼。

第三节　工　业

2003 年，全街道有民营企业 80 家，其中规模以上企业 8 家，个体工商业户 1921 家。天地缘纸业公司等企业相继崛起，成为高新街道经济亮点。“天地缘”酒业公司获山东省著名商标。2005 年，全街道完成工业投资 40472 万元，开工建设固定投资在 100 万元以上的工业项目 27 个。年内全街道工业企业实现工业总产值 30.88 亿元，完成工业增加值 7.04 亿元，销售收入 30.11 亿元，利税 1.41 亿元。

第四节　社会事业

教育

2003 年，全街道有 45 处村级农民文化技术学校、6 处小学、12 处幼儿园。青壮年非文盲率 100%。新建高新中心小学 1 处，优化学校布局。2005 年，全街道有小学 2 处、幼儿园 2 所，有小学教师 116 人、幼儿教师 44 人。

文化体育

2003 年，39 个村建起文艺演出队伍，街道文艺演出小分队为群众义演 30 场次。2005 年，有文化体育活动场所 1 处，其中图书室 11 处、门球场 2 处、篮球场 10 处，基层文化体育队伍 5 支，相对固定人员 100 人。

卫生

2003年，全街道有卫生院1处、村级卫生室68处，达到甲级卫生室标准的12个，行政村卫生室覆盖率100%。防保站在全县率先实行计划免疫集中接种，2003年10月，成为省级规范化接种门诊。2005年，有卫生院1家，卫生室（诊所）45处，医务人员125人。新型农村合作医疗参合率100%。

计划生育

2003年，街道设计划生育服务站1处，人口学校1处、村级人口学校45处，晚婚晚育率分别为98.7%和95%，人口出生率11.83‰，人口自然增长率3.91‰。2005年，人口出生率12.00‰，人口自然增长率5.70‰。

附：礼参镇

第一节 概 述

礼参镇位于县城东5千米，地处平原，东靠长山镇，西与邹平镇相连，北与焦桥镇相接，南与周村区毗邻，济青高速公路和寿济路横穿境内。南北长8.7千米，东西宽6.53千米，总面积33.05平方千米。全镇辖3个办事处，34个行政村。1986年，全乡总人口21464人（男10703人，女10761人），其中非农业人口875人。

1986—1995年，礼参镇发展高产高效农业，大力发展乡镇企业和第三产业，全镇经济健康稳定发展。1995年，全镇社会总产值3.5亿元，农业产值4400万元，农民人均纯收入1600元，比上年增加300元。全镇综合经济实力明显增强。1995年，总人口21810人（农业人口20800人，非农业人口1005人）。1995年4月，撤乡设镇。1998年，全镇工农业总产值6亿元，其中农业总产值突破1亿元，工业总产值5亿元，财政收入346万元，农民人均纯收入2810元，比上年增加210元。是年，被省、地命名为安全文明（乡）镇和农村小康（乡）镇。2000年，全镇农村经济总收入实现1.17亿元。2001年3月，礼参镇划归邹平镇。

图28-67 1984年，礼参乡驻地建设示意图

图28-68 2001年3月弃用的礼参镇办公场所

第二节 农 业

农业

1986年，全乡有耕地3.32万亩，人均1.62亩，主要种植小麦、玉米、蔬菜。1987年，遭受自然灾害，仍取得较好收成，粮食总产1370万千克。1990年，实施吨粮田开发工程，粮田面积48755亩，总产1640万千克。2000年，全镇实有耕地面积3.22万亩。

林业

1986年，全乡组织林业会战，完成林粮间作15000亩，经济林940亩，“四旁”植树15万株。1990年，实现部颁发平原绿化达标。1998年，林木覆盖率20.5%，是年，在全区林地拍卖现场会上作为典型经验进行推广。2000年年末，全镇实有果园面积304公顷，水果总产量801吨。

水利

1986—1995年，全镇建扬水站2处，开挖引黄渠道6.5千米，修建桥、闸、涵17座；建成孝妇河水西调工程。1995年，全镇有效灌溉面积3.1万亩。1996—1998年，全镇打深井105眼，其中60米以下93眼。北吕村打150米深井，结束村民饮用孝妇河污染地下水的历史。1998年，农田水利基本建设完成“南水北调”工程。2000年年末，全镇耕地总灌溉面积2000公顷，其中有效灌溉面积1600公顷，果园灌溉面积100公顷，其他灌溉面积300公顷。

第三节 乡镇企业

1986年，全乡有乡办企业9家、村办企业17家、个体工商业户260家。1997年，路域经济和镇驻地经济迅速发展。对6家镇办企业以租赁、拍卖的形式进行改制。1998年，成立礼参商会，组建了化工、家具等3个企业集团公司。是年，全镇个体私营工商业户发展到800家，工业总产值5亿元，比上年增长40%。

第四节 社会事业

教育

1986年，礼参乡有初中4处、小学29处。1988年，中学并为1处、小学7处和教学点11个，搬迁了镇中心小学。1990年，成为全区第一个实现规范化建设的乡镇，获“地区规范化建设先进乡镇”“省基础教育先进乡镇”称号。1994年，实现国务院高标准扫盲乡要求，通过省政府“双基”验收。1996年11月，镇成人教育中心被评为“省级农村成人教育规范化学校”。1998年，将全镇小学调整为3处完全小学和4处简易小学。2000年，全镇有中学1处、小学5处、幼儿园14处。

文化体育

1986年，礼参乡设文化站、广播站、电影管理站各1处。每年元宵节组织群众排演民间传统节目。山旺村的车子灯、西坛村的龙灯、礼参村的高跷、吕家的芯子、东崔村的花瓶灯、高新村的百鸟朝凤等传统杂耍闻名四方。有省作协会员1名。1990年，成立社会文化工作委员会，建文化活动中心1处。

卫生

1986年，有村级卫生室（所）30处。1988年，经联合国卫生组织检查验收灭鼠工作合格。1990年，成立防保站，行政村卫生室（所）覆盖率100%。1993年，全镇初级卫生保健通过省、地两级验收。2000年，全镇村级卫生室30处，均达到甲级卫生室标准。

计划生育

1986—1995年，计划生育工作逐步走向经常化、科学化、制度化、法制化管理轨道。1988年，全镇村村建立人口学校、服务室。1996—1998年，全镇人口自然增长率在6‰之内。2000年，全镇已婚育龄妇女人数4911人，领取独生子女证人数1009人，女性初婚147人，出生人口总数269人。

第五节 人口普查

礼参乡（镇）第四次（1990年）、第五次（2000年）人口普查情况一览表

表28-16-1　　单位：人

村庄	第四次人口普查			第五次人口普查		
	合计	男	女	合计	男	女
礼参镇（乡）	21923	10812	11111	20885	10481	10404
山旺埠	1486	723	763	1448	738	710
牛王	1349	715	634	1378	706	672

续表28-16-1

<table>
<tr><th rowspan="2">村 庄</th><th colspan="3">第四次人口普查</th><th colspan="4">第五次人口普查</th></tr>
<tr><th>合 计</th><th>男</th><th>女</th><th colspan="2">合 计</th><th>男</th><th>女</th></tr>
<tr><td>礼参村（虚拟）</td><td>1783</td><td>919</td><td>864</td><td colspan="2">1764</td><td>881</td><td>883</td></tr>
<tr><td>高新</td><td>674</td><td>336</td><td>338</td><td colspan="2">647</td><td>325</td><td>322</td></tr>
<tr><td>邢马</td><td>422</td><td>200</td><td>222</td><td colspan="2">787</td><td>407</td><td>380</td></tr>
<tr><td rowspan="2">温孟邓家</td><td rowspan="2">522</td><td rowspan="2">255</td><td rowspan="2">267</td><td>温孟</td><td>340</td><td>157</td><td>183</td></tr>
<tr><td>邓家</td><td>143</td><td>76</td><td>67</td></tr>
<tr><td>社房</td><td>561</td><td>286</td><td>275</td><td colspan="2">551</td><td>285</td><td>266</td></tr>
<tr><td>莲池</td><td>462</td><td>226</td><td>236</td><td colspan="2">441</td><td>223</td><td>218</td></tr>
<tr><td>徐毛</td><td>494</td><td>244</td><td>250</td><td colspan="2">455</td><td>229</td><td>226</td></tr>
<tr><td>梁毛</td><td>435</td><td>220</td><td>215</td><td colspan="2">420</td><td>217</td><td>203</td></tr>
<tr><td rowspan="2">崔毛王毛</td><td rowspan="2">347</td><td rowspan="2">163</td><td rowspan="2">184</td><td>崔毛</td><td>251</td><td>130</td><td>121</td></tr>
<tr><td>王毛</td><td>80</td><td>43</td><td>37</td></tr>
<tr><td>礼参职业中专</td><td>588</td><td>318</td><td>270</td><td colspan="2"></td><td></td><td></td></tr>
<tr><td>小刘</td><td>516</td><td>241</td><td>275</td><td colspan="2">490</td><td>237</td><td>253</td></tr>
<tr><td>廉家</td><td>759</td><td>367</td><td>392</td><td colspan="2">716</td><td>378</td><td>338</td></tr>
<tr><td>大刘</td><td>673</td><td>333</td><td>340</td><td colspan="2">628</td><td>319</td><td>309</td></tr>
<tr><td>乐礼</td><td>454</td><td>197</td><td>257</td><td colspan="2">405</td><td>194</td><td>211</td></tr>
<tr><td rowspan="2">三里向家</td><td rowspan="2">303</td><td rowspan="2">149</td><td rowspan="2">154</td><td>三里</td><td>185</td><td>90</td><td>95</td></tr>
<tr><td>向家</td><td>103</td><td>54</td><td>49</td></tr>
<tr><td>西神（坦）坛</td><td>992</td><td>474</td><td>518</td><td colspan="2">992</td><td>493</td><td>499</td></tr>
<tr><td>周东</td><td>412</td><td>185</td><td>227</td><td colspan="2">370</td><td>174</td><td>196</td></tr>
<tr><td>五里堠</td><td>589</td><td>287</td><td>302</td><td colspan="2">590</td><td>290</td><td>300</td></tr>
<tr><td>大新</td><td>399</td><td>198</td><td>201</td><td colspan="2">370</td><td>190</td><td>180</td></tr>
<tr><td rowspan="2">大（果）菓小新</td><td rowspan="2">447</td><td rowspan="2">215</td><td rowspan="2">232</td><td>大（果）菓</td><td>305</td><td>148</td><td>157</td></tr>
<tr><td>小新</td><td>135</td><td>70</td><td>65</td></tr>
<tr><td>小（果）菓</td><td>376</td><td>177</td><td>199</td><td colspan="2">353</td><td>163</td><td>190</td></tr>
<tr><td>周西</td><td>510</td><td>255</td><td>255</td><td colspan="2">438</td><td>209</td><td>229</td></tr>
<tr><td>司家</td><td>1651</td><td>823</td><td>828</td><td colspan="2">1580</td><td>798</td><td>782</td></tr>
<tr><td>房家桥</td><td>803</td><td>402</td><td>401</td><td colspan="2">763</td><td>387</td><td>376</td></tr>
<tr><td>东崔</td><td>517</td><td>236</td><td>281</td><td colspan="2">492</td><td>241</td><td>251</td></tr>
<tr><td>东吕</td><td>1020</td><td>493</td><td>527</td><td colspan="2">946</td><td>460</td><td>486</td></tr>
<tr><td>南吕</td><td>892</td><td>430</td><td>462</td><td colspan="2">858</td><td>422</td><td>436</td></tr>
<tr><td>北吕</td><td>922</td><td>466</td><td>456</td><td colspan="2">891</td><td>456</td><td>435</td></tr>
<tr><td>西吕</td><td>568</td><td>272</td><td>296</td><td colspan="2">570</td><td>291</td><td>279</td></tr>
</table>

第二十九编
人 物

Figures

1989 年 11 月，范仲淹（989—1052）雕像落成，1998 年 5 月，迁至黛溪湖畔

2000 年 10 月，梁漱溟（1893—1988）石像落成

2002 年 8 月 20 日，刘徽（约 225—295）纪念邮票发行

本志人物共分人物传略、人物简介、人物表三部分。对历史人物，1992 年版《邹平县志》已载的不再重复，主要补充上志所缺及本志断限内有影响人物，以生年先后排序，共 89 人。人物简介收录历任中共邹平县委书记、县人大常委会主任、县长、县政协主席正职，以任职先后排序，共 27 人；省部级以上人物 4 人；邹平籍中将、少将及副军职人物 11 人；赴延安参加革命人物 7 人。人物表收录邹平籍副团职以上人物、全国劳模、全国优秀教师、省劳模、省优秀教师、受省部级以上表彰的各类人物共 316 人。因单位和个人未提供资料或资料无法确认的人物未予收录。

第一章 人物传略

第一节 古代人物

崔 杼 （？—前 546），又称崔子、崔武子。崔邑（在济南东古朝阳城西北，今邹平县魏桥镇崔八村）人。

春秋时齐国大夫，后为齐国执政。齐惠公时为正卿，以弱冠之年有宠于齐惠公。惠公死，为高氏所逐，与国氏出奔卫国。后返齐，齐灵公时曾率军伐郑、秦、鲁、莒等国。灵公病危，迎立故太子吕光（齐庄公），杀太傅高厚。公元前 548 年，因齐庄公与崔杼妻子棠姜私通，联合棠无咎杀死庄公，立庄公弟杵臼（齐景公）为君，自己为右相。

崔杼杀庄公后，齐国太史书曰“崔杼弑其君”。崔子杀之。太史的两个弟弟太史仲和太史叔也如实记载，都被崔杼杀之。崔杼告诉太史第三个弟弟太史季说，要他把庄公之死写成得暴病而死，太史季坚持据实直书，崔杼便不敢再杀。公元前 546 年，其子崔成等互相争权，家族发生内讧，左相庆封乘机攻灭崔氏，崔杼上吊自杀，尸体为齐景公戮曝。

陈仲子 （约前 350 至约前 265），亦称陈仲、田仲、於陵仲子等。本名陈定，字子终。今山东省淄博市临淄区人。

陈仲子是战国时期齐国著名思想家、隐士。其先祖为陈国贵族。陈仲子父亲早年去世，由他的哥哥田戴继承卿大夫的爵位，封地在盖邑，年俸万钟。

陈仲子因见其兄食禄万钟，以为不义，故避兄离母，坚辞不受齐国大夫，迁居於陵。於陵是具有五千年文明的於陵古城，今邹平县临池镇古城村。

其间辞聘楚国国相，隐居长白山中，终日为人灌园，以示“不入污君之朝，不食乱世之食”，最终饥饿而死。著名诗人陶渊明有诗赞曰：“至矣於陵，养气浩然。蔑彼结驷，甘此灌园。”

荀子把他列为战国时六大家代表人物。齐宣王时，孟子来齐，评价其为“齐之巨擘”。

陈仲子思想、事迹主要保存于《於陵子》一书。今邹平县长山镇城内十字街东北侧，原有陈仲子墓，有墓碑一通，后遭破坏。陈仲子墓 1958 年被铲平，1968 年被拆毁。

刘 徽 （约 225—295），邹平县人，魏晋期间数学家，中国古典数学理论奠基者之一，被誉为世界数学泰斗。著有《九章算术注》和《海岛算经》，是中国宝贵数学遗产。

《九章算术注》约成书于东汉之初，有 246 个问题解法。在许多方面如解联立方程，分数四则运算，正负数运算，几何图形体积面积计算等，都属于世界先进之列。

刘徽画像

刘徽重大贡献是“圆周率”计算。刘徽用“割圆术”计算圆面积，计算出圆周率3.1416，称“徽率”。后经祖冲之改造，计算到圆周率在3.1415926和3.1415927之间，称为“祖率”。圆周率精确度领先世界1000多年，是奠定刘徽数学思想的基础。

段志玄 （598—642），名雄，字志玄，以字行，隋唐时期齐郡邹平（今邹平县）人。唐初名将，唐开国功臣，唐太宗“凌烟阁二十四功臣”之一。

隋朝末年，隋炀帝征伐高句丽，志玄14岁，从军远征，勇冠三军。李渊起兵时，段志玄募兵得千余人，被授右领大都督府军头。曾跟从刘文静与隋将屈突通相持于潼关。嗣后从秦王李世民于东都（今河南洛阳）征讨王世充。破王世充、窦建德后，以功迁秦王府右二护军，进封楚国公。太子李建成、齐王李元吉见段志玄为秦王府勇猛之将，便赂以金帛，企图诱其归顺。志玄不为所动，拒而不纳，并将此事告知秦王，李世民对其更加信任。武德九年（626年）六月“玄武门之变”中，志玄与尉迟敬德等共同讨杀李建成与李元吉兄弟。李世民即位后，被迁左骁卫大将军，封樊国公，食封九百户。贞观十一年(637年),太宗封建功臣，志玄被改封褒国公,世袭金州刺史。贞观十二年(公元638年),拜右卫大将军。贞观十四年（640年），加镇军大将军。贞观十六年(642年)重病弥留时，太宗亲临其家探望，扶志玄后背哭泣，并许诺封他的儿子为五品官，志玄却让太宗改授给他的弟弟段志感。太宗深为感动，封段志感为郎将。病卒后，赠辅国大将军、扬州都督，陪葬昭陵，谥号“忠壮”,一说是“庄肃”。贞观十七年(643年),图形于凌烟阁位列第十。

段文昌 （773—835），字墨卿，一字景初，其先人是齐州临淄郡邹平人，后世居荆州。今明集镇段桥村，传说即因段文昌修桥而得名。唐穆宗时著名宰相。其高祖（五世祖）段志玄（598—642），唐开国功臣。

元和十五年（820年），穆宗即位，正拜中书舍人,寻拜中书侍郎、平章事。长庆元年（821年），拜章请退。朝廷以文昌少年时期生长在西蜀，熟悉当地的风土人情，诏授西川节度使、同中书门下平章事。文昌治蜀期间，以宽政为治，严静有断，蛮夷畏服。长庆二年（822年），云南入寇，黔中观察使崔元略上言，朝廷忧之，乃诏文昌御备。文昌派去一介之使，晓之以利害，蛮寇即退。文宗立（827年），拜御史大夫，封“邹平郡公”，自检校左仆射徙帅荆南。唐文宗太和九年（835年）三月，赐春衣中使至，受宣毕，无疾而卒，年63岁，赠太尉。文昌著有文集三十卷，诏诰二十卷，食经五十卷，并传于世。

景　范 （903—955），字万卿，淄州长山（今邹平县）人。五代时杰出政治人物，仕至后周中书侍郎、平章事、判三司。世称景相公，葬碑楼村北相公山下，旧有神道及巍然大墓，今已毁圮。

景范以明经及第，后历经后晋、后汉。936年至950年，是景范从政时段，从最低的贝州清阳郡主簿开始，做到濮州（在今河南）范县令。后周建国时，被周太祖郭威赏识，于广顺初年（951年），以秋曹郎进阶至朝散大夫，后任刑部侍郎。显德元年（954年）柴荣继郭威为帝。北汉刘崇勾结契丹人南犯，世宗亲征，分命大臣保（釐）厘，景范以太祖旧臣仍拜二卿，做东京副留守。世宗初战获胜，趁胜整饬军纪。班师后，因景范留守治饷有成，又封赏景范，以功加晋阳县开国伯，食邑七百户，以枢密院学士、工部侍郎擢升为中书侍郎、平章事（宰相）、判三司。

显德二年（955年），时年52岁的景范疾病缠身，渐感身体不适。因年事已高，精力大不如从前，虽悉心尽瘁，面对繁剧的国事，犹力不从心。乃上书请求致仕，八月丁未，景范罢判三司。不久，从老家传来父亲景初去世消息，遂再次上书请求归乡葬父，“寻以父丧罢相东归”。身心疲惫的景范在埋葬父亲之后，一病不起，于显德二年（955 年）十一月卒于乡梓。

周　越　生卒年不详，字子发，一字清臣，北宋淄州邹平（今邹平县）人。

宋初著名书法家、书法教育家和书法理论家。兄周起，宋真宗时官礼部侍郎枢密副史，《宋史》有传，邹平旧志载其生平事迹甚详。

周越一生皆任小官，然而其书法艺术又得益于此，因此，其门下出了黄庭坚、米芾、蔡襄三位中国书画史上的扛鼎大家。黄庭坚说：“予学草书三十余年，初以周越为师。”米芾也在其自述中说：“余年十岁写碑版，学周越、苏子美札，自作一家。”章惇介绍蔡襄书艺时说：“君谟（蔡襄字）少年时，乃师周越。”苏东坡说：“草书非学聊自娱，落笔已唤周越奴。”可见周越的书法艺术在北宋书坛的影响巨大。周越是中国书法艺术历史断层的重建者，周越的字，真、草、行、隶均落笔刚劲，婉隽神韵，字字不妄书，切中规范。尤其草书最佳，学养博厚，最具法度。王安石不轻易称许他人，但对周越书法却大为赞誉：“惠周公与其弟越，皆以能书为世所称，每书辄为人取去。”为此，宋徽宗命内府编《宣和书谱》时，把周越的真行列入妙品，草书列入能品。

周越与兄（周起）撰著《书苑》一书，原著已散轶。

姜　遵　（963—1030），字从式，淄州长山（今邹平县）人。长山历史上常尊称其为“姜谏议”，祀“忠义祠”。

宋真宗咸平三年（1000 年）进士。初为蓬莱尉，后升登州（在今蓬莱市）司理参军。后迁太常博士。王曾荐为监察御史、殿中侍御史，任开封府判官。后知吉州（在今江西省）。高惠连（福建晋江进士）与姜遵有矛盾，污蔑他在庐陵（今江西吉安）时有贪赃枉法之事，后经查验，没有事实根据，但还是降为延州（今陕西延安）通判。复入为侍御史、判户部勾院。利州路（相当于今四川绵阳、陕西汉中一带）闹饥荒，姜遵“体量安抚”，后因此迁知邢州。仁宗即位，徙滑州（在今河南滑县），为京东转运使，徙京西，历三司副使。天圣四年（1026 年）再迁右谏议大夫、知永兴军（辖境相当于今甘肃、陕西、山西、河南交界地区）。奏罢咸阳富民元氏岁贡梨。天圣六年（1028 年）召拜枢密副使。天圣七年（1029 年）迁给事中。天圣八年（1030 年）卒，赠吏部侍郎。

姜遵在长山历史上，被人记起的常常不是他在各地的宦绩，而是他慧眼识才，奖掖鼓励范仲淹。嘉庆《长山县志》载：“初，范仲淹偕客谒遵，遵退，谓家人曰：‘朱学究年虽少，奇士也，他日不惟为显官，且立盛名于世。’后果然。”范仲淹在其鼓励下发奋读书，终成一代名相。

韩　泽　生卒年不详，宋代长山人。由于年代久远，他的事迹已不可详考。

他为长山、邹平留下最大一笔文化遗产是创建长山“范公祠”。嘉庆《长山县志》载：“范文正公祠在城南一里。宋治平二年邑人知县事韩泽建。”宋治平二年是 1065 年，范仲淹 1052 年去世，其间隔 13 年。范公祠在原长山县河南村，该村是范仲淹青少年时期生活成长的地方，现因范公祠，改名为“范公村”。韩泽建祠后，将范仲淹《留别乡人》诗镌于碑，并亲手栽下大槐三株。嘉庆《长山县志》载：“古槐在城东南范公祠内左偏，大槐三株，各合数抱，宋治平二年邑人韩泽所植，今犹郁茂。”当时的《留别乡人》诗碑已无处寻觅，但后人另立了新碑。大槐树仅剩一株，在范公祠正门西侧，历经近千年风雨，依然郁郁葱葱。

祠成之后，韩泽亲为之记，高度赞扬范仲淹出将入相、治国安邦丰功伟绩和以天下为己任，“先天下之忧而忧，后天下之乐而乐”崇高情怀。说明建祠本意是“非只为公也，为民也；非只为民也，为天下也”，希望用范仲淹思想品德来教化世人，并发扬光大。

刘汝翼　（约 1187—1252），字舜卿，金代淄州邹平（今邹平县孙镇大三户村）人。道光十六年（1836年）《邹平县志》曰：“汝翼，邹平人，贞祐四年（1216年）状元，至是封彭城伯（据元好问碑）。”

刘汝翼30岁时，高中状元（经义第一名），特授儒林郎，赐绯衣银鱼，调兖州录事。还没来得及上任，他的母亲去世，于是按例回家丁忧。孝期满，改任卢氏县主簿。1234年，金亡，刘汝翼被元朝重臣耶律楚材带回北方，侨居镇阳，再被元朝重臣史天泽聘请为幕僚，做了史侯幕府行部郎中。1240年（庚子），元朝政府任命他为尚书省参佐。1243年（癸卯），元朝政府再晋升他为六部侍郎、廉访使者，佩金符。这时刘汝翼年事已高，力求引退，往来于今河北、北京、山东一带。

王　宣（？—1281），字仲宣，生年不详，长山县大由村（今邹平县长山镇大由村）人。元开国勋臣。

青年时代世袭百户军职，随元世祖忽必烈、济南大都督张某南下攻打襄、樊等地，以至渡江。至中统三年（1262年），青州盗起，并攻占济南，王宣奉命率军讨伐，连战平定，又立战功，蒙济南府周某申呈为其请功，元廷颁旨委托张大都督予以重奖，充任正百户，率部驻守立、沂、郯等地，并巡哨淮南。至元六年（1269年），元军渡江北归，不料正在渡江时，被南宋军队用战船横截阻断其归路，王宣率劲旅与宋军浴血奋战，击退宋军，再次获重赏。至元十四年（1277年），授予忠显校尉管军总把职务，奉命镇守淮安等州郡。至元十八年（1281年），王宣卒。元世祖忽必烈颁旨赐葬祭及墓门龙章碑，儿子王顺、孙子致享承袭百户。

王文烨　字章甫，生卒年不详，齐东县（今邹平县台子镇）人。元至顺元年（1330年）左榜状元（汉人状元）。

由于各种原因，王文烨没有留下太多资料。《中国历代文状元》：“王文烨（生卒年不详），字章甫，山东邹平人。元至顺元年（1330年）左榜进士第一人。元至顺元年（1330年）左榜此科进士及第97人。王文烨得中状元后，授翰林院国史修撰，累官至枢密院判。余事不详。”

据说王文烨出身贫寒，父亲是大清河（济水，即今黄河）上的船工。王文烨是一个从社会最底层走上科举宝塔尖的“寒士状元”。小时候，王文烨常住在青城（今高青县青城镇）外祖父家。那是个书香门第，舅舅饱读诗书，家中文友常聚，诗酒唱和，文烨深受教诲熏陶。他博览群书，才华横溢，被舅舅和他的文友们视为小神童，名冠一方。世传王文烨为人耿介有气节，居官有刚直之声，居家有孝友之名，居世有助人之誉。死后入祀乡贤祠。齐东县元至顺间（1330—1333年）有“聚奎坊”，俗称“魁星楼”，即“为状元王文烨建”，希望家乡文运其昌，科第蝉联。据说王文烨著作颇丰，多毁于元末明初战火。

陈野仙　字彦武，生卒年不详，历城人，元至正中任邹平县尹（县令）。兴学礼贤，不尚苛猛，创立县城，建伏生书院。

可以详考的陈野仙事迹，一是“创立县城”，二是“建伏生书院”。首先是创立县城。至正十二年（1352年），县尹陈野仙修县城。越十月，乙卯日落成。这次创立县城，意义重大。本来邹平是有城的，“维昔梁邹，土沃民殷”。但时间长了，“阅岁滋久，城废不修”，以至于“西鄙陆梁，夜入焚劫。民庶嗷嗷，孰究其居”。这时陈野仙来邹平，受命来牧。他施行仁政，“变呻为谣，既庶而封。人力有余，百废斯举”。财力富足了，“乃咨邑士，爰作城扃”。

其次是“建伏生书院”。道光《邹平县志·总纪》：“十五年（1355年），建伏生书院于伏生祠。邑人赵进奉施地建伏生书院，山东宪司以闻于省部。”《邹平县志·学校》：“伏生书院在县北十八里伏生祠内，元至正十五年（1355年），县尹陈野仙建。”这次建伏生书院，意义非常重大，这是第一次以“伏生”之名建书院，为地方培养大批人才，受到官方重视。

贾　驯　生卒年不详，字致道，元朝邹平（今邹平青阳镇贾庄）人，官至工部尚书。

贾驯给后人留下两座不朽建筑，为中华文化继承与发扬光大做出贡献。主持修建北京国子监和孔庙。元世祖忽必烈至元四年（1267年），开始谋划在北京设立国子监和孔庙，开办国学。大德三年（1299年）春，朝廷专委贾驯负责此事。1299—1308年，用10年时间奉命完成北京国子监和太学建设任务。主持修建邹平县范公祠。贾驯自幼生长在长白山下青阳贾庄村，范仲淹的故事对他影响很大。在主持修建国子监期间，他就积极倡议修建范公祠，并带头捐款。大德四年（1300年）开始动工，来年春天落成。在建筑史上，醴泉寺和范公祠建筑格局非常独特：醴泉寺坐南朝北，而范公祠坐北朝南，两者背向而建，这种建筑格局在建筑史上不多见。从文化艺术层面来审视，贾驯所修建的醴泉寺范公祠，其文化内涵更加丰富，这种建筑礼制更为邹平特色。

孙 忠 （1368—1452），原名孙愚，明代济南府邹平县醴泉乡青阳店人。以太学生资格入仕，初任永城县主簿，为正九品。以督建天寿山皇陵有劳绩，升鸿胪寺序班。宣德三年（1428年）女儿孙氏由贵妃册封为皇后，孙愚即获赐名孙忠，官职也由中军都督进封推诚宣忠翊运武臣，正二品，特封荣禄大夫、左柱国、会昌伯，食禄二千石；妻封伯夫人，夫妻俩一步登天。

皇帝对孙忠前后四次封赠，他死后赐葬燕京之香山。景泰三年（1452年）赠会昌侯，谥靖康，妻封侯夫人。英宗复辟，加赠太傅、安国公，改谥恭宪，妻封安国夫人。成化十五年（1479年）再赠太师左柱国。

孝恭孙皇后 （约1400—1462），孙氏，名讳失考，明宣宗朱瞻基第二任皇后。世为济南府邹平县醴泉乡青阳店人。其父孙忠。年幼时，因容貌俊美，被明仁宗皇后张氏的母亲彭城伯夫人看中，被选入宫中。明成祖命太子妃张氏即诚孝昭皇后育之，孙氏与宣宗朝夕相处，感情很深。永乐十五年（1417年），朱棣为皇太孙朱瞻基主婚，却选取胡善祥为妃，孙氏只能居侧室为嫔。洪熙元年（1425年），朱瞻基继位，是为宣宗。册封正室胡善祥为皇后，孙氏为贵妃。宣德三年（1428年），宣宗废胡皇后，册立孙贵妃为皇后。宣德十年（1435年），宣宗逝世，张太后立皇太子朱祁镇为皇帝。新皇帝尊张太后为太皇太后，孙皇后为皇太后。

正统十四年（1449年），英宗朱祁镇被俘，朱祁钰即位，为景泰皇帝（明景帝）。十二月，为孙太后加上尊号“上圣皇太后”。天顺元年（1457年）正月，英宗复辟为帝，废景泰皇帝为郕王。给孙太后上徽号曰“圣烈慈寿皇太后”。明代后宫的徽号自此开始。天顺六年（1462年）九月，孙太后逝世。全谥为孝恭懿宪慈仁庄烈齐天配圣章皇后，附太庙。

许 进 生卒年不详，字可升，长山县（今邹平县高新街道办事处）司家村人。明代平民慈善家。

许进先世于明初徙自直隶枣强，靠勤劳智慧跻身于长山一带名门望族行列。当时的长山连续蒙受重大旱涝之灾，饿殍塞路，哀鸿遍野，一片悲惨景象。急公好义的许进屡屡慨然开仓赈灾。除周济亲邻乡党之外，大型赈灾举措有三次，都受到皇帝嘉奖。明英宗、宪宗颁旨奖谕，旌其门为“义民”，士民称许进为“义官”。灾荒之年许进捐粮赈灾，救民于水火，同时“凡邑中祠宇、公庠，不惜捐重资倡始修建”，对于社会教化、文化传承大有助益。见之史册记载的事迹还有修县学宫、重修扩建范公祠、修东岳庙、建关帝庙等。其子晟、杲咸有父风，继承父志，先后多次慷慨捐资，重修孙少府祠，始建董孝子祠，扩建槐荫书院，参与治理小清河等。许进一生殚精竭虑，热心于慈善事业，捐粮赈灾共九次之多，修学宫，建范祠，慷慨捐助巨资，然而他临终却嘱托死后不立墓碑，充分展示其高洁的精神和无私的品格。

李士翱 （1488—1562），字如翰，号长白。长山县（今邹平县长山镇）北关村人。15岁即补县弟子员。21岁那年，父亲病故，家境日趋窘迫。23岁时母亲故去。这时，二弟士羽刚8岁，季弟

李士翱画像

士翼刚6岁，其长子廷华已2岁，抚弟养子重担全部落在他的身上。

弘治十一年（1498年），以治诗中举人。嘉靖二年（1523年）癸未科进士。李士翱先在刑部观政，嘉靖三年（1524年）任直隶安庆府潜山县知县。嘉靖四年（1525年），改任婺源县知县。嘉靖十三年（1534年），由巡按御史转任荆州府。在荆州任职期间，李士翱对后来成为名相张居正的举荐，历来传为佳话。

嘉靖二十七年（1548年）夏五月转户部左侍郎。嘉靖二十八年（1549年）己酉年冬十二月，擢工部尚书。嘉靖二十九年（1550年）夏三月，充殿试读卷官；夏四月改刑部尚书；秋七月，改户部尚书；冬十月因得罪权相严嵩褫官闲住。家居十载，杜门著书，有《长白集》传世。

陈其蕴 生卒年不详，字道甫，号此泉，明代嘉靖年间解元（乡试第一名）。

对《中庸》研究有独到见解，为著名历史学家成瓘所叹服。陈其蕴父陈嘉言，嘉靖乙酉年（1525年）举人。嘉言科举名次虽然不高，但颇得闱墨之道，授法于其子陈其蕴。其蕴天资颖异，刚刚开始学习作文，下笔动辄千余字，文字洒脱，毫无羁绊，但又不出题目约束范围。16岁补县学生，每试都名列前茅。丙午（1546年）科考得乡试第一名，称“解元”，年仅24岁。监临党公阅其文云：“我朝二百年来，是为举业家第一手。”其蕴领解时才24岁，恰遇上内外两艰（父母双丧），哀毁而死，那年才35岁，非常可惜。从明朝中叶开始，学界多否定程朱理学。在这种大背景下，陈其蕴却逆流而上，欲求经书真谛。其蕴作《中庸对问》一卷，用问答形式，阐述《中庸》微妙的道理。道光《邹平县志》全文收录。成瓘也择其要者，以《名邹平解元陈其蕴中庸问对录要并跋》收在《篛园日札》卷八《春晖载笔》中。

张　松 生卒年不详，字汝乔（据《邹平县志》），又字瀛涯（据《池北偶谈》），号元乔，又号瀛南（据族谱），明代邹平河西张人。

嘉靖十二年（1533年），布政山东的固安杨状元杨维聪，因为欣赏张松的才华，想把他收入自己门下，并许诺让他考上解元（乡试第一名），张松竟没有答应。张松也终于没有考中进士。后以贡生（太学生）身份入仕，任祁县令。《邹平县志》说他有治行。张松于嘉靖癸巳年（1533年）撰写第一部《邹平县志》，为邹平文化做出巨大贡献。著有《瀛南子》《祁大夫祠记》等，但都已失传。

刘一相 （1542—1624），字维衡，号静所，又号顷阳，长山县（今邹平县）太和庄人。

刘一相自幼丧父。万历丁丑科（1577年）获中第七名进士。考中进士后，被任命为高平县知县。刘一相为官30余年，两次播州平叛。刘一相在平叛中屡立大功，皇上特赐金银，改任贵州参议，不久又晋升为陕西按察司副使，分守商、洛（正四品）。这是刘一相的最后职务，因此，后代人尊称“按察公”。万历三十七年（1609年），68岁的刘一相回到当年就读的韩家窝附近董孝子祠旁“槐荫书院”讲学，为生员授课，培养了大批人才。有《船政要览》和《燕喜堂文集》行世。

刘鸿训 （1565—1634），字默承，号青岳，明代长山县（今周村区太和村）人。刘一相子。

明万历四十一年（1613年）中进士。先授庶吉士，后改授翰林院编修，参与修国史。明泰昌元年（1620年），出使朝鲜，回国时辽阳被清军占领，朝鲜为其建造二艘洋舰，让他绕道回京。天启七年（1627年），崇祯登基，诛杀阉奸魏忠贤，启用忠良贤臣，改组内阁。按照“中枚卜典”的古法，将写有十人姓名的纸团放进玺瓶之中，焚香跪拜后，皇帝用玺筷夹出需要数目的纸团，写有刘鸿训名字的纸团第六个被夹出。于是刘鸿训成为六个东阁大学士之一。不久，又担任首辅。首辅便是不称宰相的实际宰相，故称“玺筷相国”，后人称之为“刘阁老”。明崇祯元年（1628年），在小人及阉党挑拨下，昏庸之帝崇祯竟以“票拟”“受贿”“结党营私”等罪名欲治刘鸿训罪。尽管朝中数十位大臣为其据理力争，但是崇祯固执己见，还是将刘鸿训革职充军，发配雁门关充任戍卒。1634年，刘鸿训死于戍所。十年后，南明福王为其平反昭雪，恢复原官，谥太子太保、光禄大夫。刘鸿训一生著有《四素山房集》《皇华集》《玉海纂》《困学纪闻抄》等传世。

张延登画像

张延登（1566—1641），字济美，号华东，邹平县人。生父张一亨，实为伯父张一元养子。

张延登生下21天，母亲中蓐风身亡，从小由伯母抚育长大。19岁为廪生，25岁中万历辛卯（1591年）科举人，万历二十年（1592年）壬辰科进士。初授河南内黄县知县。万历四十八年（1620年）被弹劾归里，翌年又起。天启二年（1622年）转大理寺左少卿，天启三年（1623年）转太仆寺正卿。崇祯五年（1632年），屡官至工部尚书，以都察院右都御史两掌南京都察院。崇祯十一年（1638年）清兵第一次大举入关掳掠，张延登与其子张万钟指挥乡人奋力坚守邹平县城，敌未力攻而去。崇祯十四年（1641年）又署理刑部。时值大赦，又是酷暑，案牍如山。张延登昼夜参阅，不惜官吏文书，每有一人出罪，则高兴地说：圣明浩荡，殊恩旷世，难逢沉狱，望此一线生机，不啻再造，吾敢以一时苟安误人性命，令一家哭邪？案牍处理完毕，他却耗尽了全部心血，怔忡之疾（心悸）发作。稍微休息好转，遵旨从南京单车北上，路上顺便回到邹平老家，住了几天，就想快走。亲戚朋友前来送行，还像平时一样。到了晚上，怔忡大作，第二天早晨，坐起来感叹说：我不能再披肝沥胆地去工作了。中午，端然而瞑。谥号“忠定”，世称“忠定公”。著有《黄门纪事》十卷，《诗文集》二十卷，《古诗十九首注》一册。

张梦鲸画像

张梦鲸（1569—1630），字仲麟，号华阳，齐东县崇文乡西庵（今邹平县台子镇张家庵村），后移居张家庄（今高青县黑里寨大郭村）。

万历丁酉年（1597年）乡试，弟弟梦蛟先于他得中举人，庚子年（1600年）梦鲸乡试又落榜，由此而发愤图强背负荆条，步行到百里外的邹平长白山醴泉寺苦读。炎夏在石壁阴凉处，夜里靠一盏如豆的小灯刻苦攻读，两年未回家一次，声言：“此乃我破釜沉舟之处！”终于在癸卯科（1603年）乡试以第二名高中举人，相继中庚戌（1610年）科三甲第210名进士。中进士后，任工部观政。不幸父亲张调元病故，归省守孝三年。万历乙卯年（1615年）丁母忧归里守孝三年，服阕补户部山西司员外郎、榷浒墅关，已而擢户部山西司郎中，因政绩卓异，被誉为“万历三杰”。天启四年（1624年），张梦鲸在漳河岸边发现传国玉玺，亲自携带玉玺晋京，觐见皇上。皇帝派文武大臣到午门迎接张梦鲸并赐帛嘉奖慰劳。因勤劳过当，于崇祯三年（1630年）农历正月初六日亡故于陕西神木县行军途中。梦鲸去世，崇祯皇帝沉痛哀悼，追赠其为兵部左侍郎，赐御葬，锡雁祭。

成端征（？—1642），生年不详，县武秀才。在崇祯壬午年（1642年）保卫县城战斗中壮烈殉国。

清兵继崇祯十一年（1638年）入侵山东后，又于十五年（1642年）冬卷土重来。时第一次率领邹平军民抗击清兵、保卫县城的都御史张延登已故，其子张万钟乃向邹平籍邱磊将军求救。时邱任辽东副将，接到张万钟的求援后，即派守备张某率兵28人飞驰邹平增援。12月底，清兵在攻克桓台、长山、淄川等县城后突至邹平城下，绕城放箭以探虚实。时邹平知县杨可经已升任青州同知，还未赴任，闻清兵至，乃留下守城，与城中士民协力御敌。清兵见城内守御严整,不得而去。第二天，清兵大军压境，共有甲骑3000余，步卒600人，拥云梯轮番攻城，城内军民众志成城，奋力守护，城上城下飞矢如雨。清兵攀云梯如潮水般涌上，靠云梯突至城上女儿墙，守城军民殊死抵抗，展开生死肉搏，生员成端征、韩之琦、刘玺，典史张恩等，奋不顾身，英勇出击，用火点燃芦席,火烧云梯。成端征抵制城垛边,奋力推梯，使梯上清兵跌入护城河中。同时，城上滚木礌石齐下，清兵死伤惨重。然而由于焚烧云梯的火势凶猛，不幸又火连城楼，致使城上军民被烧死30余人,邱磊派来的辽兵死5人,成端征也壮烈牺牲。最后清兵攻城不下乃退，山东巡抚王铁山亲自到现场勘验，对成端征因抗击清兵壮烈殉身，题请优恤。知县杨可经题其墓曰“烈士之墓”。

张万钟 (1592—1644),字扣之,邹平城里人。

张万钟是张延登第三子。崇祯十一年（1638年）清兵侵入山东，时张延登正养病在家。张万钟偕父组织民众守城，使邹平县城免遭涂炭。崇祯十五年（1642年）冬，清兵再次入侵山东，张万钟邀请辽东副将邱磊派兵与邹平县令共同守城，经过顽强抵抗,使孤城得以保全。崇祯十七年(1644年)随着清军对北方的占领,张万钟举家迁往南京。南明福王即位后，被南明福王授镇江府江防同知兼推官。

其间，他做了一件被人交口称誉的大事：庐州府守将费得功乘乱率军抢占扬州，危及镇江，威胁着刚刚建立的南明政权。在这危难关头，万钟携二仆往，一语平之。其次子、诗人张实居对父亲这一壮举赋诗赞曰：“先君一语全京口，共道胜于十万兵。恰似襄阳羊叔子，千秋泪堕岘山碑。”这年夏秋之际，张万钟突然在巡查防务时中暑病逝。先被厝置南京西郊,后返葬邹平。著有《鸽经》一书，被誉为世界鸽子研究真正开创者。《鸽经》全书分六部分：论鸽、花色、飞放、翻跳、典故、赋诗,共1万余字,成书时间约在1604—1614年间。

邱　磊　生卒年不详，字文石，诸生。明末清初邹平县邱家村人。

自幼喜文好武，有才名，颇自负。他参加过武举人考试，却被考官赶出场外。从此，他决意到战场上，凭一刀一枪博取功名。邱磊结交邹平城里的张延登之子张万钟。张万钟为满足邱磊心愿，举荐邱磊到辽东边关。不久，邱磊被提拔为辽东副将。后升任山东总兵官，佩镇东将军印。崇祯十五年（1642年）十二月，清军自山西河北入山东，进攻邹平。时张万钟在家，写信向邱磊求救。邱磊派守备张君率辽兵28人，飞驰邹平，与邹平知县杨可经和张万钟等协同守城，并组织全城军民上城联合守御。粉碎清军计划，取得邹平保卫战胜利。此战邱磊虽未到邹平,但功不可没。1644年，崇祯帝死，清顺治帝进京。邱磊投南明福王。时藩镇刘泽清妒其能，密告史可法，说“邱磊有异谋”，被收监，在狱中自尽。

李化熙 (1594—1669)，字五弦，邹平县临池镇古城村人，祖籍山西省盂县。

明崇祯七年（1634年）中进士，授湖州推官。后升为天津道尹。时值久旱大灾，灾民外逃，他主持各地设立粥厂，救济河北、山东、河南灾民达数十万。后改任陕西巡抚,尚未到任,皇帝旨谕,命他任榆林三边总督，统理西征军务。1644年年初，李自成率大军直逼京城，崇祯帝任命李化熙为榆林三边总督，令其率军驰援京城。李化熙即刻启程，未至半路，京城已被攻陷，崇祯帝自缢于煤山。李化熙只好率部回到家乡长山县，以静待时局之变。后归顺清廷，先后任工部右侍郎转左侍郎、兵部右侍郎转左侍郎、太子太保、光禄大夫及刑部尚书等职。1653年,以“母老乞养”为由，辞官回归故里。李化熙回乡后的最大善举，是在家乡周村代完市税，设立义集，扶商安商。在其影响下，其后三世子孙代完周村市税80余年传为美谈。

朱世光　生卒年不详，字文征，顺治辛卯科（1651年）拔贡。

为文精于理解，他的重大贡献，在于他与友

人刘孔怀依据范仲淹年谱、手牍、碑记、志铭等参与剖析，合撰成数千言的《范文正公流寓考》，言之凿凿地确认范仲淹青少年时代所居为邹平长山，实非池州青阳之长山。只是他为人谦恭，淡泊名利，世人只知该文系刘孔怀一人所为。朱龙光、朱世光兄弟晚年尽全力纂修顺治辛卯（1651 年）版《长山朱氏家谱》，为以后几次续修奠定基础，并因在谱牒中载有众多有关范仲淹的史料，为后世研究范仲淹提供珍贵人文史料。

刘孔中 （1610—1673），字药生，号峄巃，明末长山县太和村人。

崇祯末年（1644 年），为避战乱，刘孔中去了南京。次年，清豫王攻占南京，选拔他担任内阁中书，两个月后改授泰州知州。此时，扬州周围的州县还有许多士人不归顺清朝，纷纷组织乡勇等地方抗清武装奋力抵抗。心地善良的刘孔中不忍心在自己的辖区内重演“嘉定三屠”“扬州十日”这样惨绝人寰的大屠杀悲剧，他多方劝谕，又备上礼物犒劳清军，终于说服清兵不发泰州，避免了一场大屠杀。泰州人感激地说：“於陵（长山县）产贤太守，前有徐日升（明万历年间，长山人徐日升曾任泰州知州，有贤名），后有刘孔中。”泰州百姓共议在徐公祠东为他建生祠，他坚决制止。后来就在东门外为他立了一块“刘公德政碑”以作纪念。他饱学善诗，工于书法。著作有《凤游草》《读史腋》《柘枝集》《倦飞楼集》《困学纪闻抄》等行于世。书法精于狂草。

刘孔和 （约 1613—1644），字芸生，号节之。他出生在长山县太和庄之宦门，其父刘鸿训。

刘孔和，史称“奇士”。他生有异相，身高八尺，既能力举石鼎，又聪明绝特，能诗善文，有《日损堂集》《练要堂集》若干卷。刘孔和论诗，推崇抒怀，鄙薄有意为诗。明末，国家内忧外患，百姓流离失所。刘孔和自著兵书一册，训练 20 余名壮士，教以领兵布阵之术。北京失陷后，他毁家纾难，变卖家产，招募 3000 余人的队伍，驻扎在长白山中，以此为根据地，抗闯王，拒清兵，保明朝，声势浩大。为避开清军锋芒，刘孔和率精兵万骑南进，投奔南明政权。总兵左都督刘泽清妒其能，将刘孔和杀害，时年 31 岁。而就在这时，金陵明王朝刚刚发布任命书，任刘孔和为副总兵官。刘孔和在民间影响很大，百姓以神灵祀之。旧时长山县沿孝妇河有不少村庄建有“大王庙”，专祀刘孔和。

成晋徵 生卒年不详，字昭其，邹平成氏第九世。清初邹平县城里人。曾参与康熙《邹平县志》修纂，著有《邹平景物志》《邹平艺文志》等，成氏文化先驱者。

顺治戊子年（1648 年）、己丑年（1649 年）联捷成进士，授浙江衢州府西安县知县。在任五年，升山西太原府管粮同知，因事得罪总督，被“非罪罢归”，优游林下四十年，卒年八十。

顺治乙未年（1655 年），成晋徵从太原罢官归来，在其老家，即今邹平城里村，原城里小学一带，构小园，曰“瞻衡小圃”，读书其中。期间到历城教书，培养了不少很有成就的学生，如赵吉士、方犹、胡文学、朱廷献、范岗等，而清初诸多文化名人张玉书、马世俊、华亦祥、叶方霭、陆肯堂、黄梦麟则是他“徒孙”辈的人。他们有的是状元、榜眼、探花，为中国文化做出过巨大贡献。

李文熙 （1615—1682），号野臣，李化熙之六弟。戊子科（1648 年）举人，顺治九年（1652 年）壬辰科二甲第 61 名进士。

初授中书舍人，1660 年，任乡试分校官。这次任分校官，是对他人格、官德的大考验。其他考官，上至主考、同考，下至分校，集体舞弊，案发都获罪下狱，或杀头或充军，唯李文熙一人因廉洁自守、奉公选才而得脱，他的名字也因这次震惊全国的文场舞弊案而远播。历四川、江西、浙江、山西诸道御史，条奏节省、裁汰诸疏，皆著为令。出按广西，约束暴兵，还难民子女数千人。再巡河东盐课，奏除弊累。以疾乞归。回乡后，闭门课子读书，并与其兄化熙、太和庄名士刘孔中、长山东街的太常寺少卿王桢、陕西按察副使鲍开茂结成“五篁会”，谈天说地，诗酒唱和。

王应统 （1664—1715），字绪光，号敏斋。长山县王毛驼村（今邹平县高新街道王毛村）人。

王应统文武双全，康熙二十六年（1687年），24岁中丁卯科（1687年）武举，次年（1688年）戊辰科武状元及第，授山西中路利民参将（武秩三品），是邹平县科举史上唯一的武状元。康熙三十六年（1697年），任边陲上的神木副将。38岁时，兵部准备调他任山东文登副将，康熙皇帝越级提拔他任河南、河北总兵，诰授荣禄大夫，驻军怀庆。不久，有人以王应统军中盔甲损坏严重隐瞒不报为由，向皇帝进谗言以诬陷。康熙皇帝未派员调查，即偏听偏信，草率地交刑部议处，王应统及部属数人被逮捕入狱。后知盔甲损坏是当时各地绿营兵的普遍问题，系战争频繁所致。但皇帝没有给王应统澄清问题，恢复职务，而是从宽罢官放归故里。被削职家居时，正值时任长山县令孙衍修县志，苦于无旧志可依，王应统鼎力相助，竭尽全力，收集齐全旧志。修志期间，县令经常拜访请教，与其切磋文献，为修撰康熙《长山县志》做出贡献。

孙　衍 生卒年不详，字宰工，号醒岩，浙江嘉善人。康熙二十三年（1684年）举人。康熙五十二年（1713年）二月任长山县令，在任五年。

孙衍任内，兴义学，敦教化，劝诸生，拔人才，辑县志，建桥梁，修河堤，筑城池，葺公署，重修范公祠、勒石孙少府祠，为先贤万章墓培土勒碑，对长山的文化和社会发展做出贡献。康熙五十五年（1716年），孙衍在众乡绅帮助下，主修《新修长山县志》，该志是长山历史上最好的县志之一。

刘尔整 字肃若，生卒事迹不详，大约生活在康熙、雍正年间。长山县（今邹平县长山镇）朱家村人。存《韵助略集》一书。

《韵助略集》反映18世纪初叶山东长山方言的音系。当代人通过对《韵助略集》研究，整理出18世纪初叶山东长山方言大致面貌，并对几个重要语音演变进行系统研究，从而显现出当时山东方言特点，对汉语音韵史研究具有一定意义。《韵助略集》以长山语音为主，有些与“雅言”（犹今之普通话）有别，所以限制了它的普及和推广。

袁紫兰雕像

袁紫兰 （1671—1734），名景芳，字兰馥，号紫兰。长山县焦家桥（今邹平县焦桥镇）东平村人。

袁紫兰从政后履任多地，几易其职，政绩颇著，政声颇佳。曾任陕西按察司副使，期间赈济灾民，百姓称为“袁青天”。柳州知府任上，整饬吏治、轻徭薄赋、清理积案、平反冤狱，化解社会矛盾，平息部落争端，充分显示其政治才能和胆识。后调右江道篆，思恩府知府，后晋升陕西按察副使，分巡平庆道，官至从三品。之后因脚疾严重，告老还乡。致仕归田后，他体恤乡亲疾苦，为乡里百姓做了众多善事实事，如捐资赈灾，建议官府灾年以工代赈、修筑孝妇河大堤，以防山洪泛滥成灾。他热心地方公益事业，修桥筑路，建庙宇，办义学，助学子，善行懿德不可计数，被乡亲们誉为“活财神”。

李斯援 （1684—1752），号整庵，长山县（今邹平县）田家庄人。

他“虎颈燕颔，天资凝异”，康熙丁丑年（1697年），13岁中秀才，16岁中己卯科（1699年）武举人。康熙四十二年（1703年），19岁中癸未科（1703年）二甲武进士，钦选为三等侍卫，跟随康熙皇帝八年。他严谨勤奋，恪尽职守，深得康熙帝信任，特授他福建南澳游击（武职从三品）。在任期间，训练兵勇得法，军纪严明，不久调台湾游击，旋又调湖广襄阳游击。因军功升广西城守参将（正三品），又升广东肇庆协副将（武职从二品）。乾隆元年（1736年）特授陕西凤翔协镇（正二品）。李斯援历经三朝，是康雍乾三朝老将，先后受三位皇帝封爵，康熙朝封他为骁骑将军，雍正朝乙卯年（1735 年）三遇覃恩，晋阶骁骑将军。

李宏道　（1706—1798），清代邹平人。

乾隆丙午科（1786 年）乡试，他适值 80 岁，巡抚见他耳目口齿未衰，思维清晰，题赐为举人。翌年他赴京会试，皇帝钦赐翰林院编修，成为轰动一时的传闻。巡抚赠匾曰“阆苑耆英”，知府赠匾曰“凤池人瑞”。乾隆六十年（1795 年）尚能千里入都，翌年（嘉庆元年）（1796 年）恭与千叟宴，且获登名于《万寿盛典》之书。

李　晖　（1707—1787），字连曙，号青溪。

乾隆丙辰科（1736 年）恩科顺天乡试举人，初授云南剑川州知州，再任白盐井提举司提举、普洱府威远同知，升沅江府知府。在剑川州知州任上，他深入乡间考察，穿行于田间阡陌。他发现剑川土地肥沃，但由于气候干旱无雨，庄稼经常歉收，亟待引水灌溉农田，确保庄稼丰收。后来他勘察到境内老君山以东有泉水，但苦于重岭叠峰阻隔。他上书引水以灌农田，征得批准后，亲自带领民众凿井穿洞引来泉水灌溉农田，变旱田为水田，确保了庄稼丰收，深得当地百姓爱戴。他为人重信尚义，诚实守信。年轻时，初聘邹平城东关张家姑娘，这位张氏女不久因病致盲。张氏以眼盲不配欲辞婚，他听说后断然拒绝。他将心比心，说：“人瞽而我弃之，我瞽人将若何？”两人最终得以完婚。乾隆五十年（1785 年），他晋京赴千叟宴，乾隆皇帝亲赐诗杖一柄。

成兆豫　字建吉，号悦岭，生卒年不详，清代邹平人。

雍正乙卯科（1735 年）拔贡，授广西全州州判。全州境内是瑶族等少数民族聚居地区，历代封建统治者视之为异类，推行民族歧视政策，残酷镇压，疯狂掠夺。成兆豫从小受儒家思想熏陶影响，牢固树立“仁者爱人”的理念，莅任后，对历任地方官统治大为反感，他说：“瑶族兄弟和我们一样都是人，正如庄子所说，夫道覆载万物者也。都是父母所生，天地所养啊！”由于政绩卓著，改调武士州州判。武士州是苗族兄弟聚居区，原由土司治理，刚刚“改土归流”，生活方式原始落后，近于原始部落社会。成兆豫到任后，致力教化，引导他们男女分别，以媒妁通婚。挑选优秀者教他们识字学文化，并呈请上官，允许他们参加各级科举考试。他开办学校，推广教育，提高他们的文化素质，为当地培养大量人才。从此，武士州有苗族兄弟当训导、教谕等学官，不少人中秀才。因政绩卓著升任山西乐平知县。尚未到任，父亲病故归里服丧，孝满补安徽太和县知县。在任四年内，以挂误（被别人牵连而受到处分）被议，不久复职，又逢母亲去世。孝满起署浙江宁波府同治，补开化县知县。任内尤其重视平反冤案，清理积年陈案，惩恶抚善。县内百姓多在佛道院中为他立位祝福，他多次明令禁止却禁而不止。后调里安县知县，治里安亦如开化。里安濒海多盗，诘之无纵无枉，大吏数以豫所诘盗案刊示诸属，其见器重若此。

王碧莹　女，生卒年不详。性爱菊，别号东篱居士。有诗集《东篱集》传世。诗宗三唐，注重情景，以天地性情为师，清新雅丽，超凡脱俗。

碧莹生有异质，幼年早慧，读书过目不忘，好作有韵之言。在诗歌创作理论上，王碧莹有独到见解。她说：所谓诗歌，不过情与景而已。景在天地，情在人心，诗人应该融而出之。所以天地景物是我的老师，胸中性情也是我的老师。她特别崇拜唐代的王、孟、韦、柳、元、白、皮、陆，认为他们都是自己的老师。晚年遭遇饥荒，家道益落，又遭丧母之痛。英年早逝，年仅 40 岁。其诗歌内容范围很广，凡日用居室、米盐琐细，以及顺逆常变、忧悲愉怿，以及物序人风，花开花落，一切可欣可悲可惊之事，皆用诗歌写出。她自集其诗，题曰《东篱集》，收诗 144 首。

孙　洙　（1711—1778），字临西，号蘅塘退士，金贵县（今无锡市）人。

孙洙乾隆九年（1744 年）以庠生考中顺天举人，授景山官学教习。乾隆十六年（1751 年）进士，任直隶卢龙、大城知县。公务之暇，专心读书。朝廷赏其博学多才，特授“文林郎”衔，曾两次主持山东乡试，擢拔名士。后被人谗陷罢官，平复后于乾隆二十八年（1763年）任邹平县知县。后因功左迁，调补江宁府教授。孙洙说：“读书最乐，此获我素心矣。欢然而去”。孙洙于邹平任内，与继室徐兰英商榷，开始编选《唐诗三百首》，乾隆二十九年（1764年）编定完成，书写唐诗编选史上辉煌的一页，泽被华夏，功莫大焉。孙洙工诗文，擅书法，书宗欧阳询，诗学杜少陵。著有《蘅塘漫稿》《异闻录》等。

袁守侗 （1723—1788），字执冲，号愚古。清代长山县（今邹平县）焦桥人，袁紫兰孙。

他生性沉静，敏而好学，自幼立有匡时济世大志。22岁时乡试以五经夺魁中举人，再试礼部不中，循例入贡，授内阁中书。品虽不高，但位在枢府，职掌机要，身近天子，最是精结之选，内可升部郎，外转犹不失郡司马，两榜进士尚盼此推选，望若登天之难，这为他施展政治才能创造了有利条件。之后，历官入军机处，迁侍读，改吏部文选司郎中。内阁侍读，主要就是替皇帝起草诏令，处理政务。袁守侗一生为官几十年，在宦海中扬帆远航，一路凯歌，民众誉为“袁青天”，皇帝视为干城，身入枢机，位极人臣，死后谥“清悫（què）”，入祀贤良祠，宣付国史。他以清代十大清吏之一而流芳后世。袁守侗先后当过军机章京，吏、户、礼、刑四部侍郎，户、刑、兵三部尚书，成为乾隆皇帝的“救火大臣”，哪里危机，哪里需要，袁守侗必定出现在哪里。曾五次被委为钦差大臣，出京查办大案重案，是朝廷公认的乾隆皇帝的宠信大臣和办案能臣。袁守侗去世后，乾隆帝告谕将袁守侗宣付国史，在其家乡焦桥修建“清悫公祠”，以亲王的葬礼仪式和标准赐祭葬。诰封光禄大夫，赐太子太保，入祀贤良祠。

袁守诚 （1736—1781），原名袁光裕，字孝本，号海曙。袁紫兰之侄孙，袁守侗堂兄弟，清代长山县（今邹平县）焦桥人。

袁守诚13岁即中秀才，15岁与其兄守诠同中庚午科（1750年）举人，在家乡引起轰动，在士人中传为美谈。他的父亲袁承宠官至湖北按察使，后来官至山西按察使，人称“父子两臬使”。每遇疑案或发现冤案，他更是慎重，必驳回重审。因而在他任按察使期间，人称“平允无冤民”，得到乾隆皇帝赞赏和褒奖，颁旨令其兼署布政使。皇帝五巡浙江，令其伴驾。皇帝恩赐他御制全韵诗一部。

袁守诚恪职尽守，殚精竭虑。乾隆皇帝驾幸五台山，守诚带病工作，日夜骑马长途跋涉勘察营盘道路，清除路障，维护治安，因而再次蒙幸皇帝召见，赏赐大缎、貂皮、荷包、玉器古玩和酒食。袁守诚倍加感激，更加尽职，亲率僚属送驾至龙泉关，回署后一病不起而卒，朝野皆惜其“未竟其用”。

李化龙 字禹门，生卒年不详。乾隆十七年（1752年）壬申恩科武举人。乾隆二十五年（1760年）庚辰科武进士。

李化龙举武进士后，先是备官禁近，旋授贵州铜仁协中军都司。乾隆三十二年（1767年）七月，从军滇省，进征老官屯，累著战功。擢贵州荔波营游击。1772—1776年，李化龙参与征伐大、小金川（在四川西部）全过程，取得赫赫战功。以功列超等，擢贵州丹江营参将。乾隆五十一年（1786年），奉命平定台湾叛乱，权福建水师提督。乾隆五十三年（1788年），安南（今越南）阮岳、阮惠兄弟内讧，李化龙从督臣孙士毅前往征讨，让安南王黎维祈在黎城复其故位而还。不久，阮惠复恃众自戕其国，命重臣安集之。李化龙由富良江（越南北部河流）过桥，不慎落河淹死。他死后，诏赐矜恤，照“阵亡”议典，赏银七百两，全葬银四百两，授武显将军。世袭骑都尉恩骑尉，入昭忠祠。赐御葬，乾隆皇帝颁“谕祭葬碑文”。

李廷桂 （1736—1811），字丹亭，清代邹平孙镇人。自幼聪颖好学，但父亲早逝，哥哥廷藩宦游在外，他便过早地担起家政重担，失去科考入仕机会。

李廷桂育有6个儿子，除长子李景严17岁早逝外，其余五子或中举人，或登进士，这便是名扬后世的“五子登科”。并因此于乾隆年间（1736—1795年）被敕封为文林郎、内阁中书，后又晋封中宪大夫、宗人府主事加三级。他对儿子管束严谨，每有儿子登科服官，他必谆谆教诲，劝勉他们“以忠事上，以勤奉职，以惠抚民”。为了解孩子们政绩，他暗地里到其任职地方察访，人们无怨言则感欣慰。到官署后，他总是劝诫孩子们“常俭朴，去奢华”,勤政惠民。嘉庆十六年（1811年）三月，在溧阳赶往平乡县的路上，李廷桂得病卒于旅所。上官赠“五子登科”匾以褒奖。次子李鹏，乾隆丙午科（1786年）举人，乙卯科（1795年）进士，官至福建福州府知府，诰授中宪大夫。三子李景岱与五子李景峄，同中甲寅科（1794年）恩科举人。李景岱历任平乡、安肃、邢台、清苑等县知县。李景峄以咸安宫教习选任江苏溧阳、丹徒、元和、长洲等县知县。官至苏松太兵备道，死后一品封典晋封光禄大夫。

四子李鹄中嘉庆庚申科（1800年）副榜，辛酉科举人，辛未科（1811年）进士，历任直隶成安县知县、云南宜良县知县，敕授文林郎。六子李景嵩，中乾隆乙卯科（1795年）举人，嘉庆己未科（1799年）进士，选任河北深泽县知县。

成　琅　生卒年不详，字宾西，号西园，成瓘仲弟，清代邹平城西郭庄人。

嘉庆丁卯科（1807年）举人。博览群书，淹贯经史，酷嗜训诂学，长于方志，世称与其兄成瓘齐名。癸巳年（1833年），与兄受聘重修《济南府志》。不久，济南太守王赠芳升任离去，嘱咐成琅兄弟修纂府志。著有《锄经摭记》。济南太守王赠芳为叙。成琅去世后，县内士民联名公呈，恳祀乡贤祠。

郝秋岩　女，生卒年不详，齐河县人。约生于乾隆四十三年（1778年）。

郝秋岩的作品，有《秋岩诗集》三卷。《碧梧轩吟稿》是其闺中之作，98首，风格清新可爱，透着青春气息；《蕴香阁诗草》是出嫁后的作品，正编70首，补遗5首，诗写得雍容典雅，生活情趣浓厚;《恤帏吟》则是夫亡子丧后的作品，40首，每首诗都哀婉悲凉，令人不能卒读。秋岩诗是她的生命纪实。

李震甲　（1808—1892），原名宗泌，字森林，号叔郷。今邹平县临池镇古城村人。监生，性情刚直，勤俭持家，精于岐黄，著有《日用切要》12卷、《寒温辨治》12卷、《女科汇编》10卷、《外科灯右路》12卷、《小儿科》10卷。

第二节　近现代人物

袁牟氏　生卒年不详，女，诗人，大约生活在咸丰、同治、光绪年间，日照县人。

父亲牟衍騋（lái）是清咸丰六年（1856年）丙辰科进士，官至山东浮山县知县。牟氏是日照县望族，文化氛围浓郁，家中建有藏书小楼，藏书万卷。牟氏年未及笄，即喜在此楼流连，脂痕粉印，都在笔墨之间。她博闻强记，广采博取。貌美有才气，善书画，精音律，尤擅文采，虽则吟椒咏絮，也有不少诗词歌赋，流散云林，被文人学士誉为“不栉进士”。时逢袁启增之弟袁启咸任日照县教谕，知其才高德贤，从而促成其远嫁长山名门袁启增为妻。优裕家境，美满婚姻，安适的心境使她的创作迈上新台阶，曾有《萝云轩诗草赋草》问世，惜今无存。

张汝钧　生卒年不详，字公衡。安徽祁门（古隶徽州，今属黄山）人，附贡出身。初任职于“抚院”（省最高行政机关，犹省政府）营务处。光绪三十年（1904年）任邹平知县，是邹平新式教育的发轫者。

光绪三十年（1904年）1月13日，清政府颁布《奏定学堂章程》。是年，县令张汝钧借梁邹书院旧址建立高等小学堂，并附设师范传习所，是邹平新教育之发轫，也是邹平师范教育的发端。这比周边县早至少一年。光绪三十一年（1905）

八月，张汝钧赴任夏津知县。1911年，武昌起义胜利后，安徽各地纷纷响应。1918年8月，曾当选安福国会（中华民国第二届国会，1918年8月至1920年8月）参议院议员。1924年，张汝钧任外交部特派安徽交涉员兼芜湖海关监督。

张德元 （1883—1956），又名张绪成，乳名张凳子，邹平县黛西街道十里铺村人。

1914年，俄国加入第一次世界大战。1916年，俄国在周村招募华工。张德元不顾生死安危，即报名参加。1917年11月，张德元等华工经过短期训练后加入苏俄红军，开赴前线作战，为保卫新生苏维埃政权立下功劳。1918年，张德元加入苏联共产党，后转入地方工作。1937年，抗日战争爆发后回国，转为中国共产党党员，后分配云南省做部队后勤工作。不久，调回山东，在许世友部队做后勤工作。1945年，抗日战争胜利后转业回本县工作。1949年，任邹平县成五乡乡指导员。他对工作忠心耿耿，满腔热忱，博得群众的拥护爱戴，恭誉为“老苏联”“老党员”“老干部”。

梁漱溟 （1893—1988），著名思想家、哲学家、教育家、社会活动家、爱国民主人士，现代新儒家代表人物，祖籍广西桂林。

1911年，加入同盟会京津支部，顺天中学毕业后任京津同盟会机关报《民国报》编辑兼记者。1916年，任南北统一内阁司法总长秘书。1917年10月，应蔡元培之聘，任北京大学印度哲学讲席。1924年，辞离北大，赴山东主持曹州中学高中部。1928年，任广州政治分会建设委员会主席。1929年，任河南村治学院教务长并接办北平《村治月刊》。1931年至1937年，与同仁在邹平创办山东乡村建设研究院，倡导乡村建设运动，期间曾任研究部主任、院长，邹平实验县县长。1937年，抗日战争爆发后，山东乡村建设研究院撤离，此后主要从事协调国共两党合作事宜，任民国政府最高国防参议会议员、国民参政会参议员。两次访问延安，与毛泽东等中共领导人多次交换意见。1939年，参与发起组织“统一建国同志会”。1941年，参与创建“中国民主政团同盟”，创办《光明报》等。1947年，创办勉仁文学院。新中国成立后，历任第一、二、三、四届全国政协委员，五、六届常委。1953年，受到不公正对待，闲居家中研究学问。1978年后，作品大量出版。主要著作《东西方文化及其哲学》《中国文化要义》《乡村建设理论》《人心与人生》等书。

张茂萱 （1897—1990），原名张实椿，字茂萱，邹平县台子镇大张村人。

1917年，考入山东省立第一师范学校学习，因受“五四”新文化、新思潮影响，积极参加爱国学生运动。毕业后，任齐东县立师范讲习所教师，一年后，升任齐东县立第七高等小学校长。1924年，考入北京大学历史系。1927年冬，经北大同学张含清介绍，到邓演达领导的国民革命军第五方面军第三军九师政治部工作（政治部主任是张含清）。1928年，随北伐军到达天津。由于蒋介石背叛革命，疯狂屠杀共产党员，国民革命军政治部解散。

1929年秋，被任命为齐东县教育局局长。1930年秋，由张含清、徐哲介绍，加入农工民主党。1931年，遭到国民党政府山东省主席韩复榘密令缉拿，幸得齐东县县长相告，出走北平脱险。经章伯钧、张含清等人安排，任北辰中学国文教员。张茂萱在北辰中学边教学边进行革命活动。

1933年，经人介绍到设在河北定县的中华平民教育促进会，从事农村教育研究和实验，提倡教育救国。1936年，由该会推荐至河北省宛西乡村师范学校任教务主任。1937年“七七”事变后，“平教会”迁往湖南长沙。张茂萱由宛西赶往长沙，任“平教会”农民抗战教育团分团团长，在湖南农村开展抗日救亡运动。抗战胜利后，到杭州青年中学任教。

1949年5月，杭州解放，在中共浙江省干部学校学习后，被派往杭县县立中学代理教导主任。1952年，调杭州市机关干部学校任语文教师。1962年退休，1985年改为离休。

孟昭进（1904—1985），邹平县魏桥镇堂子村人。

1924年，北京朝阳大学毕业，曾就读于西北陆军干部学校、重庆陆军大学。任冯玉祥西北军排长、连长、营长、团长、参谋处处长等职，一生追随冯玉祥。1937年，回家乡组织中国民众抗日义勇军，任义勇军司令。后编为国民党第十军团暂编第一师，任师长。后任三十九集团军独立旅旅长。1943年，在重庆陆军大学学习，毕业后任山东第十行政督察区专员兼保安司令。1948年9月，济南战役时，率部起义，任解放军新一军旅长、三十五军副参谋长等职。1954年，转业回乡，历任县一至九届人大代表，县政协四、五届副主席，省人大代表等职。

高元贵（1908—1993），邹平县焦桥镇高道口村人。

1936年，中国大学肄业，"一二·九"运动中国大学学生运动主要领导人之一。同年加入中国共产党。历任山东省冠县县委民运部部长，鲁西北地委民运部部长，鲁西区党委民运部副部长，冀鲁豫边区抗日救国联合总会主任，冀南区党委民运部长兼财委副主任、行署副主任，武汉物资接管处处长。新中国成立后，历任中原临时政府工业部副部长，中南财委秘书长兼统计局副局长，中南建筑工程局局长兼党委书记，建筑工业部兰州总公司经理兼党委副书记，北京地质学院院长兼党委第一书记，湖北地质学院、武汉地质学院党委书记、革委会主任，国家地质总局顾问，地质部顾问。1993年2月21日逝世。时任中共中央办公厅主任温家宝等参加遗体告别仪式。

孟瑞臣（1908—1986），邹平县西董镇朱塘村人。1940年，加入中国共产党。

1940—1956年，先后任朱塘村支部委员、支部书记、长山七区宣传委员、副书记、长山三区书记、长山县合作部副部长。1957年秋后，申请回村任支部书记，将自己的安置费救济贫困户，安定人心，粮食产量逐年提高。1961年，领导群众办起染房。两次参加省召开的劳模大会。1963年，参加华东局农业劳动模范代表大会，获"劳动模范"称号。同年，参加山东省农业先进集体代表大会，获奖品、奖章等。

王进忱（1908—1959），原名王复逡，字进忱，邹平县韩店镇小王驼村人。

1922年，毕业于邹平县职业学校。1923—1924年，在邹平县师范讲习所学习后，一直作教学工作。1945年8月，任邹平县第一高小（驻肖镇）副校长兼教导主任。1946年，调县政府文教科工作。1946年10月，被选举为邹平县参议长。1948年，邹平解放后，主动辞去县参议长职务，回到教育岗位。同年，参加山东省教育厅在青州召开的教育座谈会，回县后任辉里完小副校长。1957年，被错划为右派分子，并受到开除公职劳动教养处分。在劳改现场，因年老体衰，体力不支，摔坏大炼钢铁的砖坯，又被打成现行反革命。1959年，病故于劳教所。1979年，平反昭雪。2000年后，其遗骨从博山秋口寻回，葬于家乡公茔。

伏伯言（1908—1992），曾用名王兴国，邹平县韩店镇苏家庄人，是汉朝伏生"伏圣人"后裔。

1937年黑铁山起义后，参加抗日第五军，任秘书，1938年2月，任八路军四支队四团秘书。1939年7月，任临淄县县长。1940年5月后，历任清河专署副专员，清西办事处主任，清中专署专员兼临淄县、博兴县县长。1942年8月，任渤海区专署三专署专员。1948年3月，到华北党校学习；9月，任华东支前司令部粮食部副部长。

1949年7月，任浙江省粮食局局长，后任浙江省交通厅副厅长、省农产量调查队队长。"文化大革命"中遭受严重迫害。1978年1月，任浙江省粮食局顾问。1983年3月，离休。

宋勉之（1912—2003），名懋业，字勉之，

号默禅，亦号默僧、端甫，别号耐菴、野鹤等。斋号百桐书屋。现代书法家。

1947年，在安徽淮南煤矿作工。1948年，到解放后的济南华东旅行社任会计，1951年，因历史原因返乡务农。

一生临墨不辍。1994年12月9日，在山东省美术馆举办个人书画展，展出作品210件。开幕式上，在四张六尺宣纸上即兴挥毫书写“齐鲁腾飞”四个大字，力惊四座，书展引起泉城轰动。

由于他的艺术成就，1995年4月8日，省长李春亭代表省政府特聘宋勉之为山东省文史研究馆馆员。1995年，为台湾名人孔德成、陈立夫、蒋纬国、张学良、郝柏村、沈智慧等书赠墨宝，为祖国统一大业献微薄之力。1997年12月5日，以宋勉之为代表的“山东省邹平县长山镇农民书画展”在山东省美术馆开展，宋勉之书写的10多米长卷《前后出师表》等多幅作品同时展出。2001年，90岁时为县范公祠撰写长联“僧舍苦读断齑划粥苦心人天不负，出将入相忧先乐后有志者事竟成”。

宋勉之工正楷，善榜书，行草更是一绝，尤长楹联，形成自己独特艺术风格。正如中国书协副主席、著名书法艺术家佟韦贺词：“白发已然心未老，青春犹在笔不衰”。宋勉之系山东省书法家协会会员、山东省名人促进会书画委委员、中国老年书画研究会创作研究员、邹平县书协暨淄博市老年书协顾问、滨州市书协会员、北京大地书画院院士。

马振希 （1914—1982），邹平县码头镇孙家村人。

1947—1949年，任村贫协主任。1950—1954年，任黄河河务局锥探队队长。1955—1956年，任乡人委委员。1957—1962年，在黄河护堤。担任锥探队队长期间，领导队员钻研锥探技术，由原来的每天20个锥眼提高到40个。经过长期探索，总结经验，他最后能在锥探前知道是什么样的洞穴，为消除黄河大坝隐患做出贡献。1952年，参加全国劳模大会，被授予“全国劳动模范”称号，还被水利部黄河工程指挥部授予“锥探模范”称号。

张子玉 （1914—1988），曾用名张开珂，邹平县长山镇小张庄村人。

1938年2月，加入中国共产党，后任山东纵队第三支队特务团三营情报员，邹平县五区区委书记，高苑县三区区长、高苑县旧镇区区委书记、县委组织部副部长，周村市委副书记兼组织部部长等职。

1949年，随军南下，参加上海市华东人民革命大学二部学习。入闽后，1950年1月，任福建省平潭县委书记、福建省闽侯地委宣传部副部长、福建省闽侯地区副专员。1958年8月，任福建省晋江地区副专员、永春县委书记。1961年6月，任福建省晋江地委财贸部部长、晋江专署副专员。

韩星五 （1915—1986），邹平县西董镇回路峪村人。

1930年，就读于周村高小，后在本村任教。1937年“七七”事变后，毅然弃教投入抗日救亡活动，任村自卫团团长。1939年8月，参加革命工作；10月，加入中国共产党。历任长山县八区由家乡乡队长、邹平县委组织干事、长山县区委书记、各救会主任、邹平县委民运部部长、清河地委办公室主任。1950年，任张周市委副书记。1951年，任邹平县委书记。1954年后，调任惠民地委常委、合作部部长，后任淄博地委常委、农村工作部部长。1965年，任泰安地委常委、行署副专员。

傅玉柱 （1916—2003），邹平县西董镇朱家村人。1947年加入中国共产党。

1944年，参加民兵队。1948年春，在一次战斗中缴获敌军子弹2万发、步枪30支、步兵炮1门、轻机枪2挺、冲锋枪1支。

1953年前，先后任长白山大队班长、长白山武工队队长、长山县八区人武部副部长、淄川县九区人武部副部长。1953年转业后，先后任互助组组长、合作社社长、村党支部书记、西董公社计划生育办公室副主任。1973年，担任护林员。1985年退休。1960—1964年，担任村支书期间，带领群众，战胜自然灾害，增产粮食，养猪种树，支援国家建设，成绩显著。1960年，参加全国群英会，被授予“全国民兵英雄”称号。1960—1964年，连续5次参加“山东省社会主义农业建设积极分子代表大会”。

张维滋（1917—1992），邹平县明集镇大碾村人。

1937年12月，参加黑铁山起义，后任山东人民抗日救国军第五军宣传员，参加夜袭长山城、小清河伏击战和三官庙战斗。第五军改编为八路军三支队后，历任三支队特务营班长、排长、连指导员、特务团三营教导员等职，参加著名的刘家井等战斗。1940年6月，与韩子衡将邹长五大队改编为三支队基干三营，任教导员。同年9月，该营又编为山东纵队三旅八团三营，先后任教导员、团政治处副主任。11月，清西军区建立，张维滋任政治部主任。

1942年，邹长地区抗日战争进入最艰苦时期，长山独立营营长朱庆云叛变，长白山根据地面临最危险境地。张维滋率军分区六中队南进长白山区与张永忠所率独立营剩余人员，组建长山县大队，任大队政委兼长山县委书记。带领根据地军民进行艰苦的反“扫荡”、反“蚕食”斗争，运用灵活机动的游击战术，炸火车、拔据点，反击敌人“扫荡”，先后指挥虎伏山、白云涧、杨家峪等战斗。此后，又出色地指挥奇袭西关伪十一旅老巢，奇袭碱场店（韩店青眉村）、孟家堰伪据点等战斗，受到军区通令嘉奖。

1945年4月，长山县大队升编为独立营，任政委兼长山县委书记。1945年8月，随长山独立营升编入渤海军区警备七旅十三团，任团政治委员，后又任军区特务二团政委、山东解放军第七师二团政委。1947年2月，升级主力部队，历任华野十纵二十九师八十五团政委，二十八军八十四师副政委、八十三师副政委兼政治部主任，三十一军九十二师政委、师长兼政委。随军转战南北，参加淮海、渡江、福厦等重大战役。1956年6月后，任福州军区公安军副司令员，二十八军副军长、参谋长，三十一军副政治委员。1970年后，任福州军区炮兵政治委员、福州军区政治部主任。1983年离休。

韩　光（1917—1994），原名韩万德，邹平县高新街道新民村人。1938年2月，参加革命。1938年8月，加入中国共产党。

1938年2月，参加山东人民抗日救国军第五军；5月，随廖容标南下沂蒙地区与日伪军作战。1946年，调解放军13纵队。福建解放后留在当地工作。抗美援朝战争爆发后，调总政治部联络部工作。1958年，调回福州军区。1974年，调江西省军区，后到南昌陆军学校工作。1978年，调任南昌陆军学校副政委。1983年5月，调回福州军区任纪检委专职委员。

杨兴民（1917—1988），邹平县韩店镇韩店村人。

早年就读邹平乡校简易师范，抗日战争爆发后，去长山县焦桥一带八路军根据地从事教育与宣传工作。1948年秋，在辉里完小任教导主任。1949年春，任马庄完小校长。1951年，惠民地区设邹平一中，杨兴民任校长，校址在马庄完小。后筹建新校，校址选在邹平东门外路北（原山东乡村建设研究院院址），杨兴民负责筹建。学校从马庄迁新址，教学与后勤等工作大致就绪后，组织派韩永棠接替他的校长职务，杨兴民又回到马庄完小任校长，兼任邹平镇总校长。1958年，省委宣传部部长王众音率省直机关教师、教育工作者多人，从济南到邹平锻炼、指导工作，省委干部蔡立先到邹平县委任宣传部部长，其爱人孙玉英随其调到邹平，接替杨兴民邹平镇总校长的职务，杨兴民只任马庄完小校长。

1959年春，杨兴民调码头从事教育工作，后到韩店镇从事教育工作。

李仲汉（1918—1986），邹平县魏桥镇魏桥村人，1950年，加入中国共产党。

1946年，任魏桥村农会会长。1952年，领导本村农民成立齐东县第一个初级农业生产合作社。1955年，该合作社棉花亩产籽棉60千克，粮食亩产150千克，向国家贡献粮食4万千克。1956年年初，由18个村联合成立“五一”高级农业合作社，李仲汉任社长。1958年，该社向国家贡献粮食50万千克，籽棉25万千克，收入现金40余万元，日工值1.40元，是全县收入最高的单位。1959年，任魏桥人民公社社长，1960年，任村党支部书记。1956年，出席全国先进生产者代表会议，获全国农业劳动模范称号。

戈　华（1919—1996），原名郭念春、郭华，邹平县魏桥镇郭吕村人。

1937年前，在邹平乡建师范读书，加入“民先”组织。1937年10月，去延安，在陕北公学学习，后留校工作。1937年，在华北联大工作，到敌后晋察冀抗日根据地，在联大、抗日建国学院、群众干部学校做教育工作。1942年，到地方，历任教育科科长、县政府秘书、中共雁北地委宣传干事、山西浑源县委宣传部部长、浑源县委书记、中共北岳区党校组教科副科长、中共察哈尔省南下四地委宣传部部长。1949年，南下到皖南任池州地委宣传部部长、皖南党校副校长，安徽省党校党委书记、副校长，安徽大学党委副书记。1952年，调中央组织部工作，任干训处副处长。1957年，任河北大学党委书记、副校长。1963年，调北京大学任党委第一副书记、副校长。1981年，调林业部工作，任教育局局长、部党组成员。

李奎德（1919—1991），临朐县城关镇田集村人。

1937年秋，加入青年抗日救国团，参加抗日救国活动。1938年4月，加入中国共产党，任中共临朐县沂山区委书记、组织委员。解放战争与中华人民共和国成立后，先后担任中共临朐第七区委、大关区委书记兼区长，益都县县长，山东省人民政府办公厅政策研究员，历城县委常委、县长，山东省水利厅小清河航运局第一副局长，邹平县委副书记等职。在担任邹平县委副书记期间，1964—1966年，连续三次参加全国棉花会议，受到毛泽东、周恩来、邓小平、彭真等党和国家领导人接见。1980年，调任山东省农科院区划所所长。

孙　锐（1919—1987），曾用名孙炳禧，邹平县黄山街道见埠村人。

1938年1月，参加革命，任三支队指导员。1939年秋，调山东纵队政治部保卫部学习三个月。1940年1月，调山东纵队九支队，历任山东纵队二旅六团保卫股股长、科长、滨海军团政治部保卫部青岛点线工作组组长。解放战争时期，任滨海行署公安局科长、高苑县公安局局长。新中国成立后，任青岛市公安局治安科科长、秘书主任；上海市公安局嵩山分局局长，上海市委政法委处处长；上海市农场办公室主任。“文化大革命”中受迫害，“文化大革命”后恢复一切职务。

李　峰（1919—1995），邹平县明集镇东闸村人。

1937年12月，参加黑铁山起义，任抗日救国军第五军政治部宣传员。1938年6月，加入中国共产党。1939年4月上旬，在杨国夫副司令员指挥的太河反击战中，指挥得当，作战勇猛，被破格提升为教导大队教导员。1939年9月，被选送到延安抗大总校受训，1941年4月毕业，先在八路军山东纵队保卫部任科员，翌年7月被派往清河军区保卫部。在1942年底到1943年10月日伪对清河根据地进行的四次“大扫荡”期间，他多次带领武工队深入敌后，惩除叛徒和汉奸，创下5天拔掉3座日伪岗楼的战绩。

1944年1月，因多次负伤致残离开主力部队到渤海行署公安局工作，历任一科科长、垦利专署公安局局长。1947 年，渤海区土改整党会议和公安系统“三查三整”期间，因不同意康生给区党委和公安局的领导人扣“大帽子”，被认为是替右倾机会主义“鸣冤叫屈”，被撤职。

1950 年 5 月，任惠民专署公安处首任处长。1951 年 8 月，任惠民地委委员、公安处处长。1952 年 8 月，任惠民专署副专员。1953 年 5 月，任专员、地委第一副书记。1954 年 10 月，任地委书记。在中共八大会议上，毛主席听取山东代表团发言时，对李峰汇报的工作情况给予充分肯定和表扬。1957 年 11 月底，在帮助省委整风干部大会上，因不同意省委农村工作的某些意见，受到批判。1958 年 3 月，被撤销党内职务。1959 年 9 月，李峰的冤案得到部分纠正，任新成立的渤海农垦局副局长。1964 年年初，任省农业办公室副主任。“文化大革命”中受到批斗。1972 年 10 月，任南四湖流域工程指挥部党委书记。1980 年 1 月，中共山东省委撤销 1958 年对李峰所作的错误结论和处分，同月，担任省气象局副局长，又担任省政府驻德州、聊城两地区棉花工作组组长。1988 年，中共山东省纪委撤销强加在李峰身上所有不实之词，恢复原职级待遇。

吕夫功（1919—2002），邹平县黄山街道中杨堤村人。1938 年 4 月，参加革命。1939 年 4 月，加入中国共产党。曾任南京军区原步兵学校校务部部长（副军职）。

在抗日战争期间，吕夫功历任山东清河军区三支队九团一连战士、二营文书、三支队司令部供给部会计、粮食股股长、华东野战军第八纵队 23 师供给处处长、第 26 军 77 师后勤处处长、26 军后勤部供给部副部长。曾参加淮海、渡江、解放上海等战役。中华人民共和国成立后，曾任中国人民解放军志愿军 26 军后勤供给部副部长，南京军区后勤部军需部副部长等职。1953 年，荣获朝鲜人民政府颁发的三级独立自由勋章。1957 年，获中华人民共和国颁发的三级独立自由勋章、三级解放勋章。1988 年，被授予中国人民解放军独立功勋荣誉章。

韩洪甫（1920—1993），又名牟潜修，博兴县闫坊镇龙河里村人。

1935 年，到济南乡师读书。1937 年冬，在惠民做兵运工作，后任博兴县区委书记、县委青年部部长。1939 年，任博兴县委书记。1940 年 2 月，任益青临广四边县委书记，11 月，调任清西地委组织部部长、宣传部部长。1942 年秋，任南邹长县委书记。1943 年后，任清西地委组织部部长、渤海六地委组织部部长、三地委组织部部长、地委副书记。1948 年冬，调任长春铁路分局党委书记，到东北铁路局政治部宣传部工作。1952 年后，历任《人民铁道报》总编辑、铁道部宣传部部长、办公室主任、交通部政治部干部组组长、铁道部政治部干部部长、副主任等职。

张　鼎（1920—1990），原名张兰玉，邹平县九户镇道民村。

1936 年，考入长山县立初级中学。1938 年 2 月，参加抗日游击队，被编入山东抗日救国军第五军第三支队。1939 年 5 月，加入中国共产党，任池上教导队政治指导员。先后在邹（平）长（山）地方抗日武装任指导员、政治协理员、武工队队长、县大队副大队长、独立团参谋主任等职。旧口战斗中，带领两个排生俘日军 3 名，缴获机枪 1 挺，受到军分区表扬。1942 年，在最艰苦的环境下，活捉伪六团副团长高竹筠，与叛变投敌的长山独立营营长朱庆云作坚决斗争。在朱叛变后，做了大量的工作，将不明真相的大部分战士拉了出来，减少了抗日力量损失。1944 年 3 月，带领队伍化装奇袭青阳店敌据点。1945 年，用两个半月歼灭 700 名匪特，为开辟和保卫清河抗日根据地做出突出贡献。抗日战争胜利后，随部队升编为解放军，历任警备七旅十四团二营、华东野战军十纵队二十八师八团二营教导员、团政治处副主任、二十八军二五〇团参谋长。参加过东言礼、解放邹平、明水、锦阳关、运城、桃林岗等重要战斗，参加济南、淮南、渡江和解放上海、福州等战役。

1955年，被授予上校军衔，被授予三级独立自由勋章、三级解放勋章。1959年后，任南昌步兵学校训练部部长、福州军区步校副校长兼训练部长。1964年7月，任福州军区司令部军训部部长。1969年11月，任福州军区副参谋长。1981年7月，任福州军区司令部正军职顾问。1988年7月，被授予中国人民解放军独立功勋荣誉章。

韩洁石 （1922—1986），原名韩守廉，曾用名袁振国，邹平县韩店镇崔韩村人。

1938年9月，参加革命。同年12月，加入中国共产党。曾任县动员委员会秘书、区委组织科科长、区委书记。1941年开始从事公安保卫工作，历任寿光县、长山县公安局局长、淄博特区公安局科长、副局长等职。1947年"三查三整"中，被错捕关押，蒙受不白之冤。中华人民共和国成立后，任博山市代理市长兼淄博特区公安局局长、淄博市公安局局长、淄博市地区公安处副处长。1950年，调山东省公安厅，历任政保处秘书室主任、副处长、处长、厅办公室主任、副厅长、常务副厅长、党委副书记。1953年，被打成"反党宗派"，受到错误处分。1959年，调任潍坊柴油机厂副厂长。1963年，调任广州市公安局副局长、党委副书记。1973年，任广州市黄埔区区委书记、革委会主任。1975年，任市外事办公室副主任。1979年，调任公安部政治部副主任。

孙立德 （1922—1941），邹平县焦桥镇姚孙村人。

1937年，在长山中学上学，参加抗日队伍，加入中国共产党，担任长山县抗日民主政府财政科科长。孙立德参加工作后，经常冒着生命危险，夜间和战友到长山八区西董一带抗日村庄开展工作，为抗日部队募捐粮款，筹措饷资。

1941年6月，他和战友袁聿起化装到焦桥、苑城一带执行任务。由于满坡高粱棵，看不到人，走到姚孙村东南的神道碑处时，不幸碰上从苏家回苑城的日伪汉奸队，来不及藏躲，当场被汉奸队长"马狗子"抓捕，并从孙立德身上搜出携带的公章、文件。汉奸队把他们带到苑城，事隔几天，又把他俩押送到焦桥鬼子据点。在据点里，凶恶的鬼子对孙立德百般折磨，用尽酷刑，妄图使孙立德屈服变节。但是，孙立德宁死不屈，为了党和人民的利益，始终没有出卖同志和泄露党的秘密。他为了保护战友袁聿起，咬定说他俩是不期而遇的人。敌人不死心，进一步威胁利诱。其间，焦桥据点的鬼子还把孙立德两手反绑起来，身上给披上日本鬼子的黄军装，嘴里套上口绳，眼睛戴上墨镜，押着孙立德到姚孙村他的家，孙立德不屈服，也不告密，充分表现了一个优秀共产党员临危不惧、视死如归的英雄气概和大无畏革命精神。最后，凶恶的鬼子无计可施，便气急败坏地砍下孙立德头颅，残忍地将他杀害，年仅19周岁。

郝怀友 （1922—2000），邹平县焦桥东平村人，1939年参加革命，1941年3月加入中国共产党。

历任村儿童团团长、青年会会长。他带领民兵配合区中队在战斗中消灭日军30名，镇压敌特、恶霸、汉奸40名，先后活捉7名日军和汉奸。抗战的最艰苦阶段，东平村八路军交通站从未出过问题。杨国夫、李曼村等领导在这里安全地居住和路过，与他结下深厚友谊。八年抗战中，郝怀友是山东涌现出的41名民兵英雄之一，和地雷大王赵守福、于化虎等齐名。解放战争时期，数次率领民兵配合部队作战，屡立战功。全国解放后，被评为生产模范。1951年9月，当选为全国英模大会代表，出席全国英模会议，被中央军委授予"全国民兵英雄"称号。1956年，郝怀友脱产担任焦桥公社分管工业的书记。1960年，再次被中央军委授予"全国民兵英雄"称号。生活困难时期，回村担任村支部书记。"文化大革命"中，被选为邹平县贫协主任，担任邹平县革委会副主任等职务。

刘贞云 （1922—1989），广饶县高家村人。

1943年，任青抗先队队长，3月加入中国共

产党，10月，任村党支部书记。1945年，参加反奸诉苦、减租减息工作队，9月，调惠民县任何李区委组织委员、火龙居区委书记。1952年，任广饶县三柳区区长。1954—1964年，任广饶县副县长、县委副书记、县长。1964年5月至1966年4月，任邹平县委副书记。1966年4月至1967年3月，任邹平县委书记。后历任惠民县委副书记、桓台县委书记、广饶县委副书记、惠民县委书记、惠民地区农委主任。1984年离休。

常念邹（1923—2001），原名常法孟，邹平县好生镇乔家村人。

1945年2月，在长山县八区参加革命，后任乔家小学校长。1949年5月，加入中国共产党。1951年6月，在长山县政府文教科工作。1952年3月，参加整党工作，任长山县整党队组长。1953年，任长山县焦桥区委副书记，1955年5月，任书记。1956年4月，邹平、长山合县，焦桥区划归苑城区，任苑城区委书记。1958年1月，苑城与焦桥分别设乡后，又任焦桥乡党委书记。1958年10月，全县人民公社化，乡改社，社改区，区划几经变动，一直在焦桥担任党委书记职务。1972年6月，调码头公社任党委书记，带领干部群众根治盐、碱、涝、洼土地，把10万亩盐碱地改造成丰产田。1975年5月，被任命为邹平县委常委、县革命生产指挥部副指挥、党的核心小组副组长。1979年5月，任邹平县委副书记。1981年1月，当选为县人大常委会主任（委副书记兼）、党组书记。出席全国棉花工作会议，受到李先念等党和国家领导人的接见。

韩永棠（1924—1995），博兴县寨郝镇寨高村人。

1947年，参加工作并加入中国共产党。曾任华东军管会文教部济南接管组组长、中共博兴县二区区委宣传委员、中共博兴县委宣传部宣传干

事、博兴县文教科副科长。

1954年，韩永棠调任邹平县第一中学副校长，为新中国培养一大批人才。1963年后，他贯彻党的“调整、整顿、充实、提高”方针，担任高中班政治课教学工作，学校教学质量迅速提高，邹平一中成为省重点中学。“文化大革命”期间，韩永棠受到迫害，导致终身残疾。1982年10月，被授予“山东省劳动模范”。1983年3月，被评为“山东省优秀教育工作者”。

高　克（1924—2005），邹平县魏桥镇文家村人。

1938年，在沂水岸堤军政干校参加中华民族解放先锋队。1939年4月，到晋东南参加抗日军政大学学习，正式参加八路军。1939年9月，加入中国共产党。1940年5月，分配到八路军115师344旅任政治部主任室文书，组织科青年干事、组织干事。1945年，任政治教导员。1948年，任116师作战科科长、团参谋长、副团长。1950年5月，任348团团长，11月，任志愿军团长。1954年，任116师副师长。1956年，任师长，1965年，任39军副军长。1969年年末，任沈阳军区副参谋长、参谋长、副司令员。1988年，授中将军衔。全国政协第七、第八届委员。

张　明（1925—2001），邹平县临池镇北山涧村人。中将军衔。

1938年，参加八路军山东纵队第三支队。1946年，在八师二十三团一连任指导员。1947年春，鲁南战役，带伤参加战斗，在攻打马庄守敌七十六师师部的战斗中，右腿负伤，趴在地上组织指挥战斗，再次被排炮击中，仍不下火线，直到捣毁敌师部才离开战场。

1948年，左臂伤未痊愈，即投入洛阳战役，被评为甲等战斗英雄。后参加济南战役、淮海战役。1948年，被华东野战军授予一级人民英雄奖章一枚。1949年渡江前，部队改制为二十二军六十五师一九五团，调任团参谋长。1950年9月，当选为第一届全国英模代表大会代表，出席全国英模代表大会，并做事迹报告。会后，随中国青年访苏代表团到苏联参观学习三个半月。这时，他自战争年代写的通讯报道小册子《英雄的记录》一书出版发行。

1951年2月，到全国各地部队、机关、工厂、学校巡回演讲，宣传爱国主义和国际主义精神，并完成《访苏记》写作。6月，被任命为一九五团团长。1952年，赴朝鲜战场实战学习三个月。回国后，到三野军事干部高干队学习三个月。年底《访苏记》出版发行。1954年，当选为第一届全国人民代表大会代表出席全国人民代表大会。1969年，当选中国共产党第九届全国代表大会代表。1969年9月，调任南京军区副参谋长。1971年，调六十军任政委。1973年，任六十军军长。1981年，调南京军区任副司令员，被选举为党的第十、十一、十二、十三届代表大会代表，在十三届党的全国代表大会上当选为中纪委委员。1988年，出版回忆录《钢枪铁笔录》。1991年，出版回忆录《洛阳营》。1993年，出席中国人民政治协商会议第八届全国代表大会，当选为第八届常务委员会委员。

隋庆阶 （1927—1987），东营市广饶县牛庄乡东隋村人。1946年2月，加入中国共产党。

1947年5月，参加工作。历任广饶县第八区区公所财粮员，八区粮库主任、区委委员、团委书记，广饶团县委宣传部部长，惠民地区实业公司团委书记、党委副书记、书记，惠民专署工业局局长、党委书记，孤岛县委副书记、主任，中共垦利县委副书记、革委会副主任，中共阳信县委副书记，渤海化肥厂筹建组组长等职。1979年3月，任中共邹平县委副书记；1981年1月至1984年3月任县委副书记、县长；1984年5月，任县人大常委会党组书记、主任。

韩仲民 （1930—1989），邹平县黄山街道碑楼村人。

1949年7月至1957年，在新闻出版总署、人民出版社任校对、助理编辑、宣传科副科长等职。1958年至1960年9月，在文化部出版局出版处任审读，从事出版信息调研工作。1969—1972年，被下放劳动改造。1973—1984年，任文物出版社总编室主任、《革命文物》编辑部主任。1984年，调任文献研究室副主任、《文物天地》主编。所撰写《中国书籍编辑史稿》首次从编纂学角度总结中国古代书籍发展，获得中外学者的好评。《考古论著出版三十年》一文系统总结文物出版事业成就。所撰写《古代中国五千年的历史与考古》《考古学及考古重要发现》等文章，为了解中国古代文明史提供了丰富资料。

郭在贻 （1939—1989），邹平县黄山街道碑楼村人。

1957年，考入杭州大学中文系。1961年，留校在语言文学研究室工作。“文化大革命”后转中文系任教。曾任杭州大学中文系教授、博士生导师、古籍研究所兼职教授。是浙江省第六届政协委员、九三学社社员。在学术界的职务：中国语言学会理事、中国敦煌吐鲁番学会理事、中国训诂学研究会副会长、中国敦煌吐鲁番学会语言文学分会副会长、浙江省语言学会副会长。主要著作：《训诂从稿》《训诂学》《郭在贻语言文学论稿》《郭在贻敦煌学论集》《敦煌变文集校议》等。

郭在贻毕生致力于汉语言文学教学和研究工作，在训诂学、敦煌学、楚辞学诸领域取得卓越成就，受到海内外学术界推崇和瞩目。香港《大公报》两度载文评价赞誉《训诂丛稿》,《人民日报》（海外版）、《光明日报》《语文导报》等报刊多次载文介绍他的研究成果。他主持撰著的《敦煌变文集校议》获北京大学第四届王力语言学奖；论文《楚辞解诂》《唐代白话诗释词》获中国社科院首届青年语言学家奖；《训诂从稿》一书获浙江省高校文科科学特等奖；有关敦煌学、训诂学的论著，连续三次获浙江省社会科学优秀成果奖。1988年，被人事部核准为国家级有突出贡献的中青年专家。

张贵云 （1946—2004），昌邑市人，1975年6月，加入中国共产党。

1967年9月，毕业于山东莱阳农校。1968年8月起，历任无棣县车镇公社经管员、县良种公司会计、县农业局经管员等职。从1977年4月起，历任无棣县信阳公社党委副书记、公社管委会副主任、公社管委会主任等职。1983年4月，任无棣县信阳公社党委书记。1984年3月，任无棣县委副书记兼组织部部长。1987年2月，任邹平县委副书记。1989年11月，任邹平县委书记。1993年3月，任滨州地区中级人民法院院长。1998年2月，任省人大常委会滨州地区工作委员会副主任。2001年1月，任滨州市人大常委会副主任。

明 星（1963—2002）邹平县黛溪街道马庄村人，1980年6月，邹平一中毕业。南开大学理学学士、中国科学院理学硕士、美国莱斯大学经济学博士。

读研及工作后有大量学术论文及专著发表或出版，代表作《高级计量经济学》《激励机制与管理层持股》等。1998年回国前，为美国印第安纳大学经济系教授，博士生导师；回国后任山东省资产管理公司总经理助理兼投资发展部经理。曾资助贫困学生30名。

曾担任北美经济家协会会员、中国经济学会会员、山东省高级人民检察院经济顾问、山东大学产权研究所特邀研究员、山东财政学院客座教授，民建山东省委常委、民建中央经济委员会委员。

第二章 人物简介

第一节 县主要负责人

以县委书记、县人大常委会主任、县人民政府县长、县政协主席为序，按任职先后排序，27人。

张文韬 又名张海邦，1915年11月生，博兴县闫坊镇高家渡村人。

1935年9月，参加中国共产党。1937年，抗日战争爆发后，在本县从事抗日游击战争的发动，创建博兴县抗日人民志愿军，任博兴县委副书记兼志愿军指导员。1940年3月，任邹（平）长（山）中心县委书记。中华人民共和国成立后，任华东建筑工程管理总局局长，中国科学院上海分院党委书记等职。

杜之唐 又名杜和光，1918年7月生，广饶县李雀镇前大张村人。

1938年2月，参加革命，同时加入中国共产党。1939年6月至1941年2月，任广饶县委青委部部长（青救会长），益、寿、临、广四边县委青委书记，邹长中心县委青委书记。1941年2月至1942年12月，任清西地委青委书记、地委委员，清西地委各县救国联合会会长兼清西青救会会长。1943年1月至1951年1月，任邹平县委书记、副书记、书记，寿张县委副书记、书记。（1947年2月至7月，曾任渤海区支前司令部第二路政委。）1951年8月至1954年5月，任中共济南市委组织部科长、济南市第一机床厂党委书记。1954年7月至1960年1月，任长春第一汽车制造厂工具分厂党委书记，一汽总厂党委监察委员会书记、厂党委委员。1960年1月至1982年5月，任第一机械工业部六局（汽车局）副局长兼机关党委书记，汽车工业公司政治部副主任，一机部汽车工业总局副局长兼汽车配件公司党委书记。

何方明 曾用名于涛，1918年11月生，淄博市临淄县皇城镇大蓬科村人。

1937年10月，参加临淄县学生抗日志愿军训团。1938年4月，加入中国共产党。1938年9月，调中共苏鲁豫皖分局党校学习，1942年，任寿光县委宣传部长、县委副书记。1947年，任邹平县委书记兼县大队政治委员。1949年1月，任渤海区三地委宣传部部长，5月，任一地委宣传部部长。中华人民共和国成立后，历任中央税校教育长、中央财政学院教务处、中央财经学院副教务长、中央财政干校教务长、华东财政分校副校长、上海市财政干校副书记兼副校长，1977年，任上海市财政局顾问。

焦干卿 曾用名焦其型，1919年9月生，莱芜市和花乡左家峪村人。1939年7月，参加革命，同月加入中国共产党。

1941年，任新甫县委组织部干事。1943年，任博莱县委整支工作组组长。1946年，任博山口头区区委书记。1947年后，先后任博山支前指挥部政治部部长、组织部副部长，泰山地委组织部组织科科长，博山县委组织部部长、副县长、代理县长等职。1952年12月，任邹平县副县长、代理县长。1953年7月，任邹平县委副书记兼县长。1954年11月，任县委书记兼兵役局、人武部第一政委。1960年12月，任县委书记兼政协主席。1966年3月，调任惠民地委委员、党校校长兼党委书记。1970年12月，任北镇中学校长。1972年6月，任惠民地革委政治部副主任兼教育组组长。1976年6月至1983年12月，任地区文办副主任兼党委书记。1984年1月，离休。

陈宝玺 曾用名赵福堂，1920年6月生，高苑县（现高青县）丁家村人。

1939年10月，加入中国共产党。1940年8月，被推选为乡青救会会长。1940年9月，任县委组织部统计干事。1942年冬，陈宝玺5人偷袭高苑城东城门楼，俘虏伪军5人，缴枪5支。1945年7月，调清西地委组织部任组织科长。1947年2月，调任邹平县委副书记。1949年10月至1952年6月，任邹平县委书记。1952年6月，调章丘县任县委书记。1953年4月，调淄博特委工作。1958年11月，任淄博市委书记处书记、副书记。1971年8月，任淄博市委副书记、革委会副主任。1975年4月，调任济南市委副书记、市革委会副主任。1983年4月后,历任济南市政协第六、七届委员会副主席、主席。1990年10月，离休。

刘传经 1922年12月生，河南省范县人，1944年2月，加入中国共产党并参加革命工作。

1946年6月，任冀鲁豫边区濮县一区区委土改试点工作组组长、宣传委员。1947年4月起，历任濮县一区区委保卫委员、公安助理员、代区长。从1948年8月起，历任冀鲁豫边区寿张县八区区委副书记，县委办公室副主任，六区区委副书记，四区区委副书记、书记，县委组织部副部长、部长。1952年8月起，历任聊城地委组织部组织科科长、地委办公室主任、地委合作部合作科科长等职。1956年11月，任莘县县委第三书记。1959年11月，任范县县委第二书记。1960年7月，任齐河县委第二书记。1961年7月，任齐河县委第一书记。1965年7月，任中共惠民县委书记。“文化大革命”初期受冲击。1969年10月，任惠民县革委会副主任、党的核心小组组长。1971年5月，任邹平县革委会副主任、核心小组副组长。1971年11月，任邹平县委书记、县革委主任。1977年1月，任惠民地区基本建设委员会副主任，同年10月任主任。1978年1月，任惠民地革委副主任兼建委主任。1978年7月，任惠民地区行署副专员。1984年2月，离休。

樊临照　1926年生，滨州市人。1944年，参加工作。同年，加入中国共产党。

1947年至1948年，任蒲台县乔庄区区长。1952年，任惠民第四专署财委办公室主任。1953年，任惠民第四专署民政科科长。1954年，任邹平县长。1959年6月，任邹平县委书记处书记。1960年3月至1963年6月，兼任邹平县政协副主席。1965年，任高青县委书记。1972年，任惠民地委科委主任。1978年，任惠民地区交通局局长。1983年，任滨州黄河大桥建桥指挥部副指挥。

魏　斌　曾用名夏克成，1926年11月生，昌邑县城关镇铁匠营村人。1943年1月，参加革命。1945年11月，加入中国共产党。

1951年，任蒲台县委委员、副县长。1952年，任蒲台县委副书记、县长。1954年，任桓台县委副书记兼县长。1963年，出席中共中央召开的全国七千人大会。1964年，被选为全国第三届人民代表大会代表。1973年，任邹平县生产指挥部副指挥。1974年，任邹平县革命委员会副主任、县委副书记。1975年，任邹平县革命委员会主任、县委书记。1976年，出席全国农业学大寨大会。1983年，任县委顾问。

董凤基　1937年5月生，高唐县涸河乡董庄人，1960年参加工作。

1960年9月，毕业于菏泽农业专科学校。1964年至1965年，参加省委组织的齐河县、桓台县社教工作队。1975年，任桓台县马桥公社党委书记。1977年，任邹平县委副书记。1978年，任邹平县委书记。1986年6月，任惠民地委副书记。1988年3月，任惠民地委书记、惠民军分区党委第一书记。1992年3月至1998年4月，任中共山东省委常委、省委宣传部部长、山东省对外交流协会会长。1998年4月，任山东省人大常委会副主任。

王元甫　1934年11月生，龙口市人，1956年9月，加入中国共产党。

1951年7月，在山东省招远师范、山东省农业厅畜牧学习班学习。1953年12月，分配到惠民地区农业局工作，先后任技术员、书记员。1965年12月，任山东人民广播电台驻惠民记者站记者。1975年12月，任博兴县委办公室主任。1976年6月，任博兴县委常委、办公室主任。1981年1月，任博兴县委常委、副县长。1984年4月，任邹平县委副书记、县长。1986年7月，任邹平县委书记。1987年12月，任惠民地区监察局局长。1989年3月，任惠民地区行署秘书长。1991年1月，任省人大常委会惠民地区工作委员会副主任。1995年3月，退休。

郑锡昌　1946年2月生，滨州市滨城区人。1970年2月，参加工作。1971年6月，加入中国共产党。

1965年9月至1970年2月，在北京大学学习。1970年2月至1971年，在济南军区政治部农场锻炼，任班长。1971年至1973年，

在济南军区后勤部任副政治指导员。1973年至1975年，在济南军区后勤部化肥造纸厂任技术员、副连长。1975年至1978年，任滨县工业局生产科科长。1978年至1983年，任滨县北镇化肥厂书记、厂长。1983年至1987年，任中共惠民地委委员、地委企政部部长。1987年至1989年，任中共惠民地委委员、邹平县委书记。1989年至1992年，任中共惠民地委委员、地委组织部部长。

苏乃军 1948年生，邹平县魏桥镇韩家村人，大学学历(函授)。

1968年至1975年，任邹平县郑马公社农业学大寨工作队员、韩家村团支书、党支部副书记。1975年至1978年，任中共郑马公社党委副书记。1978年至1980年，任邹平县委办公室秘书。1980年至1981年，任邹平县礼参公社党委书记。1981年至1983年，山东农学院干部专修科学员。1983年至1984年，任魏桥公社党委书记。1984年至1986年，任中共邹平县委常委、副县长。1986年至1989年，任中共邹平县委副书记、代县长、县长。1989年6月，任中共邹平县委书记。1989年11月至1990年1月，任中共沾化县委书记兼县长。

周建世 1943年9月生，即墨市人，1969年12月，加入中国共产党。

1967年7月，山东农学院毕业。1968年，到部队农场劳动锻炼。1970年1月，调邹平县韩店公社工作。1979年4月起，历任邹平县农业局站长、副局长等职。1984年5月，任邹平县委农村工作部部长；12月，任县委常委、农工部部长。1987年12月，任邹平县委副书记。1993年2月，任邹平县委书记。1995年3月，任省人大常委会滨州地区工委副主任；6月，任地委组织部副部长。1995年9月，任山东政法干部学院副院长。

姜银浩 1957年8月生，沾化县人，本科学历，1975年8月，加入中国共产党，山东省委党校研究生。

1975年9月至1977年6月，历任沾化县委驻冯家公社王尔庄工作组成员、义和公社梁家工作组副组长、泊头公社工作队副队长兼季姜工作组组长。1977年6月至1983年3月，任共青团沾化县委副书记、书记、县委委员。1983年3月至1984年8月，任沾化县冯家公社党委副书记、管委会主任。1984年8月至1989年12月，任共青团惠民地委书记、共青团山东省委委员。1989年12月至1992年6月，任博兴县委副书记(正县级)。1992年6月至1995年3月，任邹平县委副书记、县长；1995年3月至1997年12月，任邹平县委书记、县人武部党委第一书记。1997年12月至2001年1月，任滨州地委统战部部长。

崔建平 1957年11月生，淄博市临淄区人。1981年10月，加入中国共产党，1975年8月，参加工作。中央党校研究生学历，经济学学士。

1975年8月至1976年12月，博兴县椒元大队下乡知青。1976年12月至1978年2月，惠民地区商业局办事员。1978年2月至1982年2月，山东大学经济系经济学专业学习。1982年2月至1984年4月，任惠民地区商业职工培训学校教师、商业局政工科科员、团委副书记。1984年4月至1985年4月，任惠民地委组织部干事、副科长。1985年4月至1989年3月，任惠民地委组织部干训科科长。1989年3月至1989年12月，任沾化县副县长。

1989年12月至1992年12月，任滨州地区计委副主任、党组副书记。1992年12月至1993年1月，任无棣县委副书记。1993年1月至1993年2月，任无棣县委副书记、代县长。1993年2月至1996年11月，任无棣县委副书记、县长。1996年11月至1997年12月，任无棣县委书记。1997年12月至1998年1月，任邹平县委书记。1998年1月至2000年1月，任邹平县委书记兼县政协主席、县人武部党委第一书记。2000年1月至2000年5月，任菏泽地区行署副专员，邹平县委书记兼县政协主席、县人武部党委第一书记。2000年5月，任菏泽地区行署副专员。

刘士合 1955年3月生，沾化县人，中央党校研究生。

1971年1月，参加工作。1980年12月，加入中国共产党。

1971年1月至1973年8月，沾化县泊头公社店子村民办教师。1973年8月至1975年8月，山东省北镇师专（现滨州学院）英语系英语专业学习。1975年8月至1978年11月，任沾化县第五中学教师。1978年11月至1986年11月，历任沾化县第一中学教师、教导处副主任、主任。1986年11月至1989年4月，任沾化县文教局副局长。1989年4月至1992年2月，历任沾化县齐鄱乡乡长、党委书记。1992年2月至1995年4月，任沾化县委常委、县委办公室主任。1995年4月至1997年5月，任沾化县委常委、常务副县长。1997年5月至1997年12月，任沾化县委副书记、常务副县长。1997年12月至2000年1月，任邹平县委副书记（其间：1995年9月至1998年7月，山东经济干部管理学院业余本科班经济管理专业学习）。2000年1月至2000年5月，任邹平县委副书记、县长。2000年5月至2000年12月，任邹平县委书记。2000年12月至2003年1月，任邹平县委书记、县人大常委会主任。2003年1月至2003年4月，任邹平县委书记。2003年4月至2005年12月，任滨州市委常委、邹平县委书记。2005年12月，任菏泽市委常委、常务副市长。

曲克祥 1933年10月生，潍坊市寒亭区河滩镇宏伟村人。1955年7月，参加工作。1966年，加入中国共产党。山东大学中文系函授班毕业。

1955年，任邹平师范附小校长。1958年，任邹平县函授师范教导主任。两次出席省函授师范代表会议，受省表彰。1966年至1975年，调邹平县革委政治部教革组工作。1975年至1980年，任县文教局副局长、教育局局长。1980年10月至1987年4月，先后任邹平县人民政府副县长、县委副书记兼政协主席。1987年4月至1993年2月，任邹平县十届、十一届人大常委会主任。1993年退休后，担任邹平县咨询委员会主任。

陈元德 1936年9月生，邹平县高新办事处东石村人，1959年，加入中国共产党。

1958年8月至1971年8月，先后任寿光三中、四中教师、教导副主任、县文教科干部。1971年8月，任邹平县台子公社党委秘书。1973年5月后，任邹平县委办公室秘书。1978年9月，任孙镇公社党委副书记。1980年7月，任郑马公社党委书记。1982年2月，任邹平县副县长、县政府党组成员。1987年4月，任邹平县政协主席、党组书记。1993年2月，任邹平县人大常委会党组书记、主任。1998年2月退休后，任邹平县老年体育协会领导工作。

宫敬宝 1950年11月生，大学学历。邹平县临池镇上河村人。1972年4月，参加工作，7月加入中国共产党。

1972年1月至1975年5月，在明集公社颜集管区工作。1975

年6月至1976年8月，任明集公社红星管区总支书记。1976年9月至1981年1月，任明集公社党委副书记。1981年2月至1983年1月，在北镇师专政治系学习。1983年2月至1987年1月，任明集公社党委书记。1987年2月至1989年12月，任县纪委副书记。1990年1月至1996年11月，任中共邹平县委常委、纪委书记。1996年11月至1997年12月，任中共邹平县委副书记、纪委书记。1997年12月至1998年1月，任中共邹平县委副书记，提名县人大主任。1998年1月至2000年5月，任中共邹平县委副书记、县人大主任。2000年5月，任政协邹平县委员会党组书记、主席。

刘书忠 1954年9月生，邹平县台子镇沙里村人。1982年5月，加入中国共产党，大学文化程度。

1971年1月至1974年8月，邹平县台子镇沙里村乡村医生。1974年8月至1976年9月，在山东牧校学习。1976年9月至1980年10月，邹平县农业局干部。1980年10月至1984年11月，邹平县人事局干部。1984年11月至1985年9月，任中共惠民地委组织部副科级干事。1985年9月至1994年6月，历任邹平县人事局副局长、党组书记、局长、编办主任。1994年6月至1997年12月，任中共邹平县委党校校长（副县级）。1997年12月至2000年12月，任中共邹平县委常委、县纪委书记。2000年12月至2001年3月，任中共邹平县委常委、县纪委书记、县人大常委会党组副书记、副主任。2001年3月至2003年1月，任邹平县人大常委会党组书记、副主任。2003年1月，任邹平县人大常委会党组书记、主任。

周茂林 1930年1月生，滨州市滨城区尚店乡周集村人。1945年7月，参加革命。1947年5月，加入中国共产党。

1948年3月至6月，任滨县支前大队二中队

司务长。参加过章丘县北韦院一带战斗和潍县、坊子解放战役。1954年11月，任滨县县委副书记。1966年7月，任邹平县委副书记。1967年4月至1980年9月，历任邹平县革委副主任、党的核心小组副组长、县委副书记、县革委主任。在1970年和1973年，分别出席全国北方农业会议和林业会议，受到周恩来总理接见。1980年9月，任惠民地委统战部副部长兼行署侨务、民族宗教办公室主任。1985年3月，任地委人大联络处主任。1989年1月，任省人大常委惠民地区工作委员会副主任。1992年7月离休。

燕钦国 1954年8月生，1969年9月，参加工作。1972年9月入党，业余大学学历，会计师。

1969年6月至1971年12月，桓台县化肥厂工人。1971年12月至1972年12月，任桓台县起凤公社团委书记。1972年12月至1976年9月，任共青团桓台县委常委、副书记（其间：1975年9月至1976年9月，任桓台县农业学大寨工作队田庄分队副分队长、宗王大队工作组组长）。1976年9月至1980年6月，任桓台县委常委、县革委会副主任。1980年6月至1982年7月，任桓台县委常委、共青团县委书记，共青团惠民地委宣传部部长。1982年7月至1986年7月，任共青团惠民地委副书记（其间：1984年9月至1986年7月，在惠民地委党校大专班学习）。1986年7月至1987年3月，任惠民地区民政局副局长、党组成员。1987年4月至1989年7月，任县委常委、副县长。1989年7月至1990年3月，任县委副书记、代县长。1990年3月至1992年6月，任县委副书记、县长。1992年6月至1993年3月，任滨州地区财政局局长、党组书记。

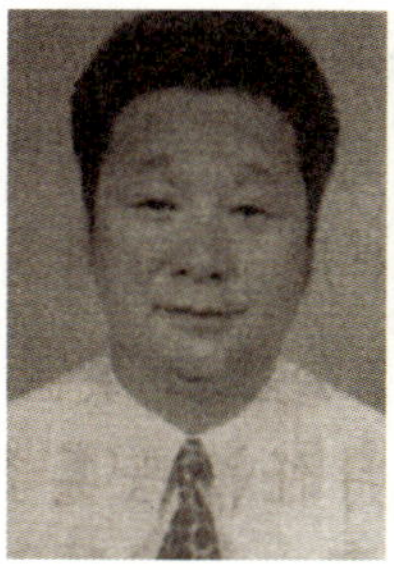

李炳众　1948年12月生，惠民县城关镇茶院村人。1981年7月，加入中国共产党，大专文化程度。

1977年7月至1980年7月，山东曲阜师范学院政治经济系学习。1980年7月至1984年3月，任惠民县计划生育办公室秘书、县政府办公室秘书。1984年3月至1984年7月，任惠民县委办公室副主任。1984年7月至1985年1月，任惠民县委宣传部部长。1985年1月至1990年2月，任惠民县委常委、宣传部部长。1990年2月至1991年3月，任惠民县副县长。1991年3月至1993年2月，任滨州地委宣传部副部长。1993年2月至1995年4月，任邹平县委副书记。1995年4月至2000年1月，任县委副书记、县政府党组书记、县长、山东省第九届人大代表。2000年1月，调任滨州地委副秘书长。2000年2月，任滨州地区行署秘书长。

王建泉　1961年10月生，寿光市人。农学学士，工商管理硕士。1984年5月，加入中国共产党。

1978年9月至1982年7月，在山东农业学院林业专业学习。1982年7月至1984年9月，任惠民县联五乡林业技术员。1984年9月至1987年5月，任惠民县林业局营林站副站长。1987年5月至1992年7月，任惠民林业局副局长、党组成员（1991年4月至1992年7月，任桑落墅镇挂职党委副书记）。1992年7月至1992年11月，任何坊乡党委副书记、乡长。1992年11月至1997年12月，任辛店乡党委书记（1994年9月至1997年4月，在大连理工学院工商管理专业学习，在职研究生）。1997年12月至2000年5月，任滨州地区林业局党组成员、副局长。2000年5月至2000年12月，任中共邹平县委副书记、代县长。2000年12月至2002年12月，任中共邹平县委副书记、县长。

魏克田　1956年7月生，沾化县人。1974年10月，参加工作。1987年9月，加入中国共产党，大学学历。

1974年10月至1978年3月，在惠民地区水利局工作。1978年3月至1982年1月，在山东工学院电子系仪表专业学习。1982年1月至1985年3月，任惠民地区技工学校教师。1985年3月至1986年12月，任惠民地区技工学校副校长。1986年12月至1994年6月，任滨州地区劳动局培训科长。1994年6月至1999年4月，任滨州地区劳动局副局长。1999年4月至2000年1月，任滨州地区劳动和社会保障局副局长。2000年1月至2000年8月，任中共邹平县委副书记。2000年8月至2002年12月，任邹平县委副书记兼县委企业工委书记。2002年12月至2003年1月，任中共邹平县委副书记、代县长。2003年1月，任中共邹平县委副书记、县长。

毕玉贞　1922年6月生，邹平县西董镇西庵村人。

1940年，参加抗日，在长山县抗日民主政府文化协会工作。1946年后，先后在长山县公安局、渤海行署公安局、邹平县公安局、惠民专区公安处工作，先后担任秘书、公安局局长、公安处政治处副主任等职。1962年，任邹平县政府副县长。“文化大革命”中受到冲击，遭到迫害。1975年，调任阳信县革委生产指挥部副指挥。1978年，任高青县革委生产指挥部副指挥。1980年，任邹平县副县长。1981年，任邹平县政协主席。1983年2月，离休。

杨秉海　1939年10月生，邹平县临池镇北寺村人。1966年6月，加入中国共产党，大专文化。

1958年6月至1978年，任邹平县南北寺学校校长。1978年11月，任邹平县教育局副局长、党组书记兼南北寺学校校长。1984年5月，任邹平

县临池乡党委书记。1986年6月，任邹平县委组织部副部长；6月，任邹平县委常委、组织部长。1990年1月至1993年2月，任邹平县委副书记。1993年2月至1998年1月，任邹平县政协主席、党组书记。1998年2月，任邹平县级调研员、县政府经济顾问，山东省第五届人大代表。2000年6月，退休。

第二节 邹平籍省部级以上人物

邹平籍省部级以上干部，4人。

董　涛　曾用名董景芳，1921年生，邹平县长山镇柳寺村人。原长山中学第十一级(班)学生。

1937年12月底，参加黑铁山抗日武装起义。1938年秋，到沂水岸堤、马牧池一带与山东八路军第四支队汇合，编为第四支队第四团。抗日战争期间曾参加三官庙、蒙家庄、杨家横、孙祖、青鸵寺、葛庄歼灭战，攻克沂水县城、蒙阴县城暨多次反顽、反吴(化文)等战斗和战役。渡江战役时，随部队从浦口强渡长江成功，首先冲进南京，占领伪总统府。1955年，荣获国务院颁发的“中华人民共和国二级独立自由勋章”和“中华人民共和国二级解放勋章”。1960年，晋升为大校军衔。1970年3月，任中央气象局副政委。1979年6月，任中国农科院副院长。1983年2月，离休。

王　钊　1923年1月生，邹平县焦桥镇韩套村人，1939年，加入中国共产党。

1938年，在长山县六区组织儿童团、青救会，参加抗日活动，担任青救会会长。1941年2月至1945年10月，先后任山东公学支部委员、第二分队长，沂南县界湖镇中心小学校长，沂南行署文教科副科长，费东县政府文教科副科长等职。1945年10月至1950年2月，先后任中共方正县珠河区委书记、县委宣传部部长，中共松江省委宣传部科长。1950年2月至1985年5月，历任中共宾县县委书记，中共松江省委办公室副主任、农委副主任，中共伊春市委第一书记，中共黑河地委、大兴安岭地委书记，黑龙江省革委会副主任，中共哈尔滨市委第二书记，中共黑龙江省委书记，中共哈尔滨市委书记。1985年5月至1993年1月，当选黑龙江省第五、六届政协主席。中共十三大、十四大代表。1994年，离休。

李　准　1939年11月生，邹平县长山镇北前村人，中共党员，文艺研究员、博士生导师。

1964年，山东大学中文系毕业，先后就职于马克思主义研究院，宣传、文艺部门。1974年年末，任《光明日报》总编室副主任。1983年春，任中宣部文艺局局长。1997年春，任中国文联副主席、书记处书记。

曾兼任全国哲学社会科学规划文学评议组副组长，国务院学位委员会中国文学评议组召集人，重大革命历史题材影视创作领导小组副组长，中央马克思主义理论研究和建设工程文学组首席专家。

主要著作：《艺术现代意识和它的参照系》《繁荣与选择》《新时期文学艺术成就总论》《全球化浪潮中的民族文化》《最美丽的垂钓》《读书札记》等。

参加策划与论证的电视剧有《钢铁是怎样炼成的》《开国领袖毛泽东》《长征》《走向共和》《绝对权力》《人间正道》《大法官》《大染坊》等。

曹广晶　1964年3月生，邹平县明集镇人。1985年8月，参加工作。1991年6月，加入中国共产党。天津大学建筑工程学院管理科学与工程

专业在职研究生学历、管理学博士，教授级高级工程师，享受国务院政府特殊津贴。

1980年9月至1985年8月，在华东水利学院水港系港口及航道工程专业学习。1985年8月至1986年10月，在中国三峡工程开发总公司筹建处见习。1986年10月至1988年9月，任中国三峡工程开发总公司筹建处工程技术组助理工程师。1988年9月至1990年12月，在河海大学管理工程系水力发电工程专业学习，获硕士学位。1990年12月至1993年12月，任中国三峡工程开发总公司筹建处工程技术处工程师。1993年12月至1996年8月，任中国长江三峡工程开发总公司工程技术部技术处副处长。1996年8月至1997年3月，任中国长江三峡工程开发总公司工程技术部技术处处长。1997年3月至2000年2月，任中国长江三峡工程开发总公司工程建设部厂坝项目部副主任。2000年2月至2002年1月，任中国长江三峡工程开发总公司工程建设部副主任兼厂坝项目部主任（其间：2001年3月至2002年1月，在中央党校第17期一年制中青年干部培训班学习）。2002年1月，任中国长江三峡工程开发总公司副总经理、党组成员（1999年9月至2004年6月，在天津大学建筑工程学院管理与工程专业在职研究生学习，获管理学博士学位）。

第三节　邹平籍中将、少将及副军职人物

邹平籍中将、少将及副军职人物，11人。

中　将

毕惠义　1941年8月生，邹平县临池镇佛生村人，中共党员，中将军衔。

1962年6月，山东济南工业学校毕业后参军入伍。1963年4月，加入中国共产党。历任战士、班长、干事、舰队副政委、舰队政治部组织部副部长，团大队政委，师政治部主任，军政治部副主任、主任、副政委、政委，海军政治部副主任、主任等职。1992年7月，晋升为海军少将。2001年7月，晋升为海军中将。中共第十五、十六次全国代表大会代表。2004年12月，退役。

少　将

王若杰　原名王志鼎，1914年9月生，邹平县魏桥镇东码头村人，少将军衔。

1936年1月，初中毕业后，考入山东省立济南第一师范学校。1946年10月，王若杰任山东军区渤海七师政治部主任。1949年1月，全军统一整编，第十纵队改为二十八军。王若杰改任八十二师政委。先后参加渡江、淞沪和进军福建战役。中华人民共和国成立后，王若杰历任第三十一军政治部主任，浙江军区政治部副主任。1955年9月，被授予少将军衔。曾获二级独立自由勋章和一级解放勋章。1960年2月，入政治学院学习。1963年10月结业后，被调到外交部工作。1964年2月至1972年12月，任中国驻阿拉伯也门共和国首任特命全权大使。1973年5月至1976年11月，任驻越南首任特命全权大使。1977年9月至1982年3月，任驻毛里求斯特命全权大使。1991年，离休。

张实杰　曾用名赵浩然，1922年1月生，邹平县码头镇三合村人。中共党员，少将军衔。

1938年3月，参加孟昭进组织的中国民众抗日义勇军。1939年，加入中国共产党。1945年8月，渤海军区部队编为山东军区第七师。张实杰任十九团三营教导员。1945年10月，随七师奉命进军东北。1947年，参加夏季攻势。9月，升任四十九团团长。1950年4月，率团参加解放海南岛战役。1960年7月，任海南军区副

司令员兼参谋长。1961年5月，任广州军区空军参谋长。1964年，晋升为少将军衔。1975年9月，调任福州军区空军副司令员。1983年5月，按副兵团级离职休养。

张立志 1943年3月生，邹平县长山镇西鲍村人。中共党员，少将军衔。

1960年7月入伍。1961年10月入党。1962年6月，任解放军某班班长。1964年11月，任某部副排长。1965年7月至1968年7月，任某部排长、副指导员。1969年5月至1970年8月，任某部连指导员。1970年8月，任某部连营教导员。1972年12月，任某团副政委。1974年2月，任某师副政委。1983年4月，任某师政委、党委书记。1985年8月至1990年6月，任上海警备区政治部主任。1990年6月至1996年3月，任福建省军区副政委、纪委书记（1991年7月，被授予少将军衔）。1996年3月至1996年7月，任南京军区政治部副主任、军区纪委副书记。1996年7月至2000年4月，任某集团军政委、党委书记（1998年3月，当选第九届全国人大代表）。2000年4月，任上海警备区政委、党委书记。2002年，当选中国共产党第十六届党代表。2003年7月，退休。

杨家杰 1944年8月生，邹平县魏桥镇范家村人，少将军衔，1966年6月，加入中国共产党。原任武警山东省总队总队长。

1969年12月，调惠民地区东营公安局工作。1984年12月，调任武警山东省总队副总队长（副师级）。1988年1月，任武警山东省总队总队长（正师级）。1990年11月，任武警山东省总队总队长、山东省公安厅副厅长职务。1994年7月，高配为副军职总队长。1996年12月，调武警天津市总队任总队长。2000年8月，重返武警山东省总队工作，任总队政治委员、党委书记。第八届、第九届全国人大代表，中共山东省第八次代表大会代表（1995年7月，被授予武警少将警衔）。2002年8月，退休。

刘清仁 1946年6月生，邹平县青阳镇刘家村人。中共党员，少将军衔。

1965年12月入伍。1975年1月，被提升为海军鞍山军舰副政治委员。1986年3月，调某驱逐舰支队，先后任政治部副主任、主任、副政委委员。1995年11月，调任海军潜艇学院政治部主任，副军职副政治委员。

副军职

李桐轩 又名李梓长，1919年6月生，邹平县孙镇辉里村人。原任浙江省军区独立二师副政委，副军职。

1961年，任北京公安部队后勤部政治部副主任。1966年，调浙江省军区独立二师任副政委。1980年，任杭州警备区顾问。1982年，离休。

张同坤 1919年11月生，邹平县焦桥镇张家套村人，原任陆军六十八军政治部副主任。

1936年，入济南乡师学习。1938年1月，小清河伏击战后参加第五军，任政治战士；3月，加入中国共产党。1943年5月，调延安中央军委第二局任情报研究员。1949年3月，随中央军委进驻北京。1974年，调陆军六十八军政治部副主任，1981年，任该军副军职顾问。1982年，离职休养。

刘　御 女，曾用名刘玉，1920年8月生，邹平县黛溪街道西关村人。1938年9月，参加三支队，先后任山东纵队第二卫生所护士长、副所长、所长、第四野战军第29军后方医院院长。1955年，被授予大校军衔，任中国人民解放军空军总医院常务副院长、顾问。以她为原型创作的《长白山雪》电视剧本刊登在《宝鸡文艺》上。1985年，离休。

黄　骏 曾用名黄长平、黄松山，1921年9

月生，邹平县黛溪办黛溪（黛一）村人。原任中国人民解放军基建工程兵二机指挥部政治部主任，副军职务。

张敬一　1921 年 11 月生，邹平县青阳镇代庄村人。1936 年 9 月，加入中国共产党。

1935 年 7 月，考入山东省立济南第一乡师读书。1940 年 9 月，参加百团大战。1949 年 6 月，任二野十军三十师政治部主任。1965 年 3 月，调任海军东海舰队政治部副主任、政治部主任。1969 年 2 月，调任海军政治部主任。1981 年，到中央党校学习。1984 年，离休。

第四节　赴延安参加革命人物

1937 年 10 月，赴延安参加革命人物，7 人（戈华在人物传略中）。

苗柏洁　曾用名苗百杰，1916 年 3 月生，邹平县九户镇安详村人。1938 年 8 月，加入中国共产党。

1933 年，入邹平县简易乡村师范（后改为山东省第一乡村建设师范）学习。1936 年，参加抗日民族解放先锋队。1937 年 10 月，奔赴延安。1938 年春，由延安陕北公学分配到八路军留守兵团政治部任文书、秘书。1942 年，到中央军委三局通讯学校任教育干事、教员，解放战争期间，历任教育科科长、教育队队长等职。1957 年，历任东北工学院党总支书记、后勤主任、党委纪委副书记等职。

刘　瑄　1918 年 1 月生，又名刘宣，原名刘怀璞，邹平县明集镇张辛（辛桥）村人。中国共产党在邹平发展的第一位党员。原中国人民解放军南京高级陆军学校副政委，中国运载火箭技术研究院第二任院长，副兵团级离休干部。少将军衔。

1933 年夏，高小毕业，考入邹平县立简易师范。1936 年春，加入“中华民族解放先锋队”，任组织委员。同年下半年，经柳运光介绍，成为中国共产党党员。

1937 年 10 月，邹平乡建师范革命师生酝酿到延安去。经过串连，想去延安的有 20 余人，由于交通联络不便、时局变化等原因，按事先约定的时间、地点，最后到兖州乡师集合一起出发的只有刘瑄、罗琪、戈华、苗柏杰、李振江、霍方侠、张玉山 7 人。同年 10 月，刘瑄到达西安八路军办事处，被介绍入陕北安吴堡青训班学习。1938 年 1 月，学习结业后，被分配到八路军太行山根据地杨秀峰组织的冀西游击队政治部任青年干事。1939 年 2 月，任三支队政治部副主任，参加黑水河战斗。1940 年 4 月，刘瑄改任八路军一二九师十一旅三十一团政治处主任，参加百团大战。

1945 年 4 月，刘瑄改任太行军区六分区十三团政治处主任。不久，十三团改编为晋冀鲁豫军区第三纵队九旅二十五团，任副政委。8 月，日军投降后，二十五团参加上党和邯郸战役。

1947 年 6 月，晋冀鲁豫战区部队南渡黄河，发起鲁西南战役。1948 年 11 月，参加淮海战役。1949 年 1 月，全军实行统一编制及部队番号，三纵改为十一军，七旅改为三十一师，刘瑄任师政治部主任。4 月，参加渡江战役。过江后，十一军向大西南进军。重庆解放后，又参加成都战役。后部队转入贵州，执行剿匪任务。

1950 年 10 月，刘瑄任三十一师副政委。翌年春，参加抗美援朝战争，先后参加第五次战役和上甘岭战役。1953 年 9 月，任中国人民志愿军第十一军三十一师政委。1953 年春，调任六十军副政委。1955 年 5 月，任政委。同年 6 月，被授予大校军衔。1960 年 5 月，刘瑄调任国防部第五研究院第一分院院长。1961 年 8 月，晋升为少将军衔。1965 年，任国务院第七机械工业部一院院长。1980 年 2 月，调南京高级步兵学校任副政委。

1983 年 3 月，按副兵团级离职休养。先后荣获中华人民共和国自由勋章和二级解放勋章、一级红星荣誉勋章。

张玉山 1918年生，邹平县魏桥镇崖镇村人。1938年3月，加入中国共产党。

1937年10月，与刘宣、戈华等人赴延安去陕北红色根据地，在抗大分校学习后分配到八路军115师工作，抗日战争时期在115师，解放战争时期在第三野战军，全国解放后先后在军事工程学院工作（哈尔滨、武汉、南京）。1964年，转业地方，先后在林业部、中国科学院工作，分别担任连指导员、宣传科科长、专科政委、系副主任、宣传部副部长，副所长等职务。

李振江 1919年8月生，邹平县魏桥镇人。1936年3月，参加革命工作。1937年10月，奔赴延安。1938年1月，加入中国共产党。

1949年5月至1953年1月，任湖北省委组织部科长。1953年1月至1954年1月，任武汉市直属机关党委书记。1954年12月至1962年3月，任大冶钢厂党委书记、黄石市委委员。1969年1月至1970年2月，任武钢革委会副主任。1970年12月至1972年9月，任黄石市委副书记。1972年9月至1981年3月，先后任武钢党委第三书记、第一书记。1981年4月至1982年7月，任吉林省副省长。1982年7月，任吉林省副省长、吉林市委第一书记。1989年12月，离休。

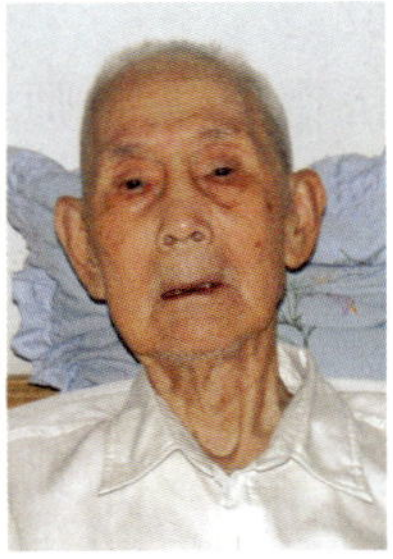

罗　琪 原名张继丙，1920年生，邹平县魏桥镇张家村人。

1936年7月，参加“中国民族解放先锋队”。1937年10月，奔赴延安，在陕北公学上学，参加中国共产党。1948年，到中原军区。1953年，调人民银行总行信贷局任副局长。1954年，任重工业部生产技术司副司长。1976年，任冶金工业部政治部负责人兼机关党委书记。1984年，任中国有色金属工业总公司常务董事。

霍方侠 原名霍青，1920年生，邹平县孙镇霍坡村人。

1935年9月，邹平乡建师范读书。1937年10月，与其他同学一起赴延安，到陕北公学学习。1946年3月，到延安中央党校学习。1953年1月，先后任黑龙江省财政厅厅长、鹤岗市委书记等职，1982年5月，任黑龙江省委组织部副部长。1985年6月，任黑龙江省顾委常委。

第三章　人物表

第一节　邹平籍副团职以上人物表

本表收录的是 2005 年 12 月前，在部队服现役或从部队离退休的在世邹平籍副团职以上人员，80 人。按出生年月先后为序排列，其中部分人员资料不全，有的统计难免有错。还有部分人员由于基层没有统计上来，无法取得联系，未作收录。

表29-3-1

姓　名	性别	籍　贯	出生年份	入伍时间	部队、职别	
李丕功	男	原长山县	1910	1937	南京军区建设兵团	副司令
由子真	男	西董镇由家河滩村	1915	1937	水产学院渔研所	书记
李友三	男	孙镇辉里村	1915	1938	二炮武汉学院	副政委
石　钟	男	黄山街道石樊鲁村	1919	1938	《世界知识》出版社	副社长
李桐轩	男	孙镇辉里村	1919	1937	杭州警备区	顾问
张同坤	男	焦桥镇张套村	1919	1938	68军副军职	顾问
李永昌	男	原长山县	1921	1938	济南军区	副政委
张敬一	男	青阳镇代庄村	1921	1936	海军政治部	主任
张行田	男	台子镇大张村	1922	1947	沈阳空军干休所	副师
赵思冠	男	青阳镇东窝院村	1925	1941	福建省军区	副司令员
石林杰	男	台子镇张石辛村	1934	1952	昆明陆军学院干休所	正师
曹治安	男	台子镇大卢村	1937	1955	济南军区政治部干部部	部长
毕惠义	男	临池镇佛生村	1941	1962	海军政治部主任	中将
李凤龙	男	孙镇有里村	1941	1961	山东省军区副司令员	少将
杨家杰	男	魏桥镇范家村	1944	1963	武警山东总队	政委
杨元新	男	临池镇南寺村	1950	1969	总参干休所所长	正师
孔德峰	男	魏桥镇孔家村	1950	1970	总后（北京市门头沟区）	
王允胜	男	黄山街道孙家村	1951	1969	淄博周村148医院	
郭立福	男	台子镇豆八村	1952	1973	北京军区后勤部	正师
沈念玖	男	青阳镇钟家村	1953	1969	总参沈阳干休所	副师
张守忠	男	孙镇刘张村	1953	1973	总后勤部	正师
郑行山	男	台子镇郑家村	1953	1973	北京后勤部	团级
郭念凯	男	黄山街道东景村	1953	1973	周村148医院	副院长
王　波	男	长山镇官庄村	1954	1973	武汉海军工程学院	师级
张德让	男	长山镇北史村	1954	1973	南海舰队	正师
王会军	男	九户镇	1954	1972	北京丰台物保局局长	正师
刘荣水	男	临池镇佛生村	1956	1973	总后油料部局长	少将

续表29-3-1

姓　名	性别	籍　贯	出生年份	入伍时间	部队、职别
潘林生	男	孙镇	1959	1978	烟台警备区后勤部部长　副师
张　义	男	明集镇宋集村	1961	1979	武警西藏森林总队　挂职
孙圣奎	男	黛溪街道韦家村	1961	1979	青岛北海舰队疗养院　正团级
郝树东	男	魏桥镇西码头村	1962	1979	山东省军区宣传处
牛明路	男	明集镇颜集村	1962	1980	北京05299部队军械处
李维平	男	黛溪街道马庄村	1962	1980	军科院 副书记　副师级
田德收	男	明集镇里六田村	1963	1981	武警枣庄支队
冯　迁	男	孙镇冯家村	1963	1981	四川南充军分区参谋长　副师
刘宗祥	男	孙镇前刘村	1963	1981	
贾长兹	男	黛溪街道言坊村	1963	1981	山东德州监狱　副监狱长
崔传安	男	黛溪街道前城村	1964	1982	南京工程学院教授　副师级
刘　峰	男	青阳镇青阳村	1964	1984	空军93716部队　正团
刘金斗	男	台子镇东安村	1964	1982	55265部队　团级
高允美	男	魏桥镇文家村	1964	1983	26军199旅政治部　主任
郭献勇	男	黄山街道东景村	1964	1983	北京军事研究所
张方军	男	临池镇北园村	1965	1985	总政直纪检局　副师职
王延浩	男	黛溪街道鄌家村	1965	1981	91445部队　正团级
袁　东	男	黛溪街道东关村	1965	1985	潍坊武警支队　参谋长
惠畦国	男	明集镇惠辛村	1965	1981	山东军区　副处长（正团）
释君光	男	韩店镇释家村	1966	1985	济空司令部
宋逢春	男	魏桥镇东宋村	1966	1987	26军199旅政治部　副主任
董传青	男	黛溪街道韦家村	1966	1984	济南市72959部队　副团级
刘善亮	男	青阳镇青阳村	1966	1983	总参气象保障室　副主任
吕　诚	男	黄山街道中杨村	1966	1984	青岛　团级
郑新村	男	黛溪街道东关村	1967	1983	聊城武警支队副政委　团级
张国庆	男	明集镇大耿村	1967	1983	武警泰安支队　团级
周立宝	男	黄山街道中杨村	1967	1985	山东武警总队　团级
曹菁芳	男	台子镇大卢村	1968	1985	济南军区自动化站　正团
陈学晓	男	码头镇赵家村	1968	1985	沈阳军区65301部队　正团
崔莉莉	男	码头镇赵家村	1969	1983	武警总医院　副主任医师
李　军	女	好生镇尹家村		1985	北京军区政治部秘书长　正师
赵守福	男	好生镇张家村		1993	总参服务局　副局长
于孝平	男	长山镇东尉村		1960	沈阳军区总部　少将
刘家利	男	长山镇小牛村		1972	深圳市驻军　副团
张立水	男	长山镇大由村		1972	总后设计院　正团
石志刚	男	长山镇邵家村			北京军区后勤部　副师
李先庆	男	长山镇增圣村			北京军区后勤部　团级

续表29-3-1

姓　名	性别	籍　贯	出生年份	入伍时间	部队、职别	
张成茂	男	长山镇小张村		1973	北海舰队	正师
刘昌正	男	长山镇大巩村			山西陆军学院	副师
王忠谋	男	长山镇前槐村			人事部接待科	副师
王传强	男	长山镇马家村			唐山市边防支队	副团
王书光	男	魏桥镇吴庄村			合肥炮兵学院	
张现瑞	男	魏桥镇沙庄村			四川成都空军	
杨文俊	男	韩店镇耿家村			总参通讯部	少将
王恩孝	男	韩家镇徐王村			总后直属分部	
曲庆波	男	焦桥镇西夏村			北海舰队22艇	艇长
郭训芝	男	焦桥镇纪家村			301医院	教导员
王　强	男	焦桥镇西北村			滨州武警支队	支队长
胡庆安	男	长山镇后栗村			全军锅炉检测中心	师级
高恒祥	男	长山镇田家村			青岛北航干休所	副师
董士杰	男	长山镇柳寺村			西双版纳干休所	副师
李曙光	男	西董镇由家河滩村			第二军医大副校长	少将
许建业	男	临池镇古城村			滨州军分区干休所	所长

说明：此表采自《邹平县军事志（1840—2005）》，略有改动

第二节　全国劳动模范人物表

以受奖时间先后为序，12人。

表29-3-2

姓　名	性别	出生年	祖　籍	工作单位及职务	授奖年份	备注
马振希	男	1914	码头镇孙家村	码头乡乡人委委员	1952	
刘振会	男	1915	黛溪街道张高村	张高村支部书记	1954	
刘光芹	女	1937	码头镇刘平村	李码村党支部委员	1955	
位纪瑶	男	1914	焦桥镇西杜村	村党支部书记	1955	
李仲汉	男	1918	魏桥镇魏桥村	村党支部书记	1956	
赵庆忠	男	1935	黄山街道抱印村	县供销社	1959	在新疆被授予
颜世发	男	1938	韩店镇颜桥村	县特校	1960	
左连仲	男	1940	西董镇樊大村	第一实验学校	1960	
冯永喜	男	1931	孙镇冯家村	冯家村党支部书记	1989	
张士平	男	1946	魏桥镇魏桥村	魏桥集团董事长、党委书记	1995	
王　勇	男	1950	韩店镇西王村	西王集团董事长、党委书记	2000	
张红霞	女	1971	魏桥镇魏桥村	魏桥集团总经理	2005	

第三节　受国家部委表彰人物表

以受奖时间先后为序，52人。

表29-3-3

姓　名	性别	出生年	祖　籍	工作单位	授奖称号名称	授奖年份	授奖单位
郑德芬	女	1941	魏桥镇南郑村	县兽医站	全国青年突击手 全国“三八红旗手”	1958 1962	团中央 全国妇联
赵玉珍	女	1936	黛溪街道中兴村	高级社委员	全国“三八红旗手”	1958	全国妇联
王翠英	女	1936	黄山街道见埠村	信用合作社	全国“三八红旗手”	1959	全国妇联
郝怀友	男	1922	焦桥镇东平村	村支部书记	全国民兵英雄	1960	中央军委
傅玉柱	男	1916	西董镇朱家村	村支部书记	全国民兵英雄	1960	中央军委
左连仲	男	1940	西董镇樊大庄	东关学校	全国文教系统先进工作者	1960	国务院
赵美芳	女	1936	黛溪街道黛一村	邹平镇农工商联合社	全国“三八红旗手”	1962	全国妇联
肖爱珍	女	1945	九户镇秦家村	县实验中学	全国“三八红旗手”	1979 1983	全国妇联
					全国教育系统劳动模范	1991	国家教委 人事部
					全国先进女职工	1992	全国妇联
					中华大地之光	1999	组委会
王　红	男	1940	长山镇大由村	县文化馆	全国农村文化艺术先进工作者	1981	文化部
巩建国	男	1946	高新街道新民村	县药品检验所	全国药政管理先进工作者	1984	卫生部
王秀英	女	1952	黄山街道见埠村	县第二实验学校	优秀少先辅导员	1985	团中央
李明忠	男	1940	魏桥镇刘聚桥村	县中医院	全国卫生先进工作者	1987	卫生部
苗培泉	男	1944	好生镇山旺村	工商局	全国工商系统先进工作者	1987	国家工商总局
王世慧	女	1941	长山镇焦家村	黛溪街道城里小学	全国教育系统劳动模范	1989	国家教委 人事部
苑修宪	男	1939	昌邑县围子镇	县教育局	全国优秀教育模范	1989	国家教委 人事部等
刘茂富	男	1936	历城区孙村镇	县棉办	农牧渔技术推广先进个人	1990	农业部
石正太	男		菏泽单县	县农业局	农牧渔技术推广先进个人	1990	农业部
王　安	男	1946	长山镇北史村	县政府办公室	人口普查先进个人 颁发居民身份证先进个人	1990 1991	国家统计局 公安部
李光发	男	1948	黛溪街道成五村	工商局	全国优秀工商行政管理人员	1991	国家工商总局
刘继堂	男	1934	黛溪街道中兴村	县档案馆（局）	全国档案系统先进个人	1991	人事部 国家档案局
荆象堃	男	1937	利津县陈化镇庄西村	县建行	全国金融系统劳动模范	1992	人行
安继勇	男	1962	黛溪街道安家村	县防疫站	全国卫生防疫防治工作先进个人	1993	卫生部 铁道部 总后勤部
李　华	男	1963	孙镇腰庄村	县气象局	全国优秀测报员	1993	中国气象局

续表29-3-3

姓　名	性别	出生年	祖　籍	工作单位	授奖称号名称	授奖年份	授奖单位
李庆宝	年	1939	韩店镇肖镇村	成人中专	全国优秀教育工作者	1993	国家教委人事部
赵传斌	男	1945	黛溪街道前城村	县国土局	全国土地系统先进个人	1993	国土部
吕曰东	男	1951	广饶县城关镇	琥珀啤酒厂	食品工业优秀企业家	1994	轻工业部
王新明	男	1958	韩店镇西王村	县种子站	财务工作先进个人	1994	农业部
李　岩	男	1963	黄山街道大李村	县公安局	全国先进个人	1995	最高法院等五个单位
刘洪波	男	1964	长山镇苑城供销社	县交通局	连续10年征收交通规费特别贡献奖	1995	交通部
王　勇	男	1950	韩店镇西王村	西王集团	全国乡镇企业先进工作者	1995	农业部
夏文超	男	1943	黛溪街道后城村	邹平一中	全国优秀教育工作者	1995	国家教委人事部
郝　健	男	1953	魏桥镇西码头村	县人民医院	妇幼卫生工作先进个人	1996	卫生部
韩祥水	男	1956	好生镇乔家村	县建委	全国模范县区建委主任	1996	建设部
张　峰	男	1964	九户镇道民村	县供销社	全国供销工业企业优秀厂长（经理）	1996	全国供销总社
赵方春	男	1945	西董镇西董村	县教育局	中华扫盲奖先进个人	1996	国家教委
槐　霞	女	1955	长山镇大丁村	县老干中心	全国老干部工作先进工作者	1997	中组部
李灿国	男	1946	魏桥镇临河村	县公安局	全国优秀人民警察	1997	公安部
李遵国	男	1952	韩店镇邱家村	县爱卫会	全国农村改水先进工作者	1997	卫生部爱卫会
刘淑勇	男	1951	长山镇小韩村	县供销社	全国供销系统劳动模范	1997	人事部全国供销总社
张红霞	女	1971	魏桥镇魏桥村	魏桥纺织集团	全国质量管理小组活动卓越领导者	1998	总工会团中央
					全国巾帼建功标兵	1999	活动领导小组
刘　勇	女	1954	长山镇大省村	县档案馆（局）	全国档案系统先进个人	1999	人事部国家档案局
孙立雪	女	1966	高青县高城镇	孙镇政府	全国农技推广先进工作者	1999	农业部
韩延民	男	1954	黄山街道小李村	县公安局	全国优秀人民警察	2000	公安部
宋　刚	男	1963	西董镇马寨村	县教委	全国优秀少先队辅导员	2000	教育部团中央
王朝远	男	1950	码头镇崔八村	工商局	全国工商系统优秀工商行政管理人员	2000	国家工商总局
由明约	男	1948	临池镇东高村	东高村委	国防工程维护先进个人	2000	总参谋部
张同军	男	1969	黄山街道周家	县法院	全国法院系统调节先进个人	2002	最高人民法院
刘士合	男	1955	沾化县泊头镇店子村	县　委	全国科技工作先进个人	2003	科技部
王桂香	女	1954	韩店镇实户村	县政府	全国科技工作先进个人	2003	科技部
李新军	男	1962	高新街道北吕村	县科协	全国科技工作先进个人	2005	科技部
魏克田	男	1956	沾化县	县政府	全国科技工作先进个人	2005	科技部
由明枚	男	1966	临池镇东高村	县公安局	全国优秀人民警察	2005	公安部

第四节　全国优秀教师人物表

以受奖时间先后为序，23 人。

表29-3-4

姓　名	性别	出生年份	祖　籍	工作单位	授奖年份	授奖单位
王茂先	男	1947	西董镇大杨村	西董镇西庵中心小学	1983	教育部 总工会
刘在玉	男	1945	长山镇陈度村	苑城初中	1989	国家教委 人事部
陈允久	男	1938	滕州市鲍沟镇	邹平一中	1989	国家教委 人事部
韩祥俊	男	1949	好生镇乔家村	好生镇中心初中	1989	国家教委 人事部
马成福	男	1958	桓台县罗家村	县教委	1989	国家教委 人事部 教育工会
王夙华	女	1941	长山镇北关村	县实验二小	1989	国家教委 人事部
王秀岗	男	1932	码头镇王家村	邹平一中	1989	国家教委 人事部
张立波	男	1958	长山镇中后村	县实验一小	1989	国家教委 人事部
张文芳	女	1945	淄博市淄川区 淄城镇二村	邹平镇教委	1989	人事部 组织部 国家教委 总工会
孙兆俊	男	1939	临池镇王家庄	南北寺学校	1989	国家教委 人事部 总工会
姜坤崇	男	1958	平度市麻兰镇	县教委	1991	国家教委 人事部
李武福	男	1949	魏桥镇田李靳村	成人中专	1991	国家教委 人事部
卢砚青	女	1932	好生镇东董村	县实验一小	1991	国家教委 人事部
耿玉德	男	1950	高新街道西周村	邹平一中	1992	国家教委 人事部
李乃森	男	1937	孙镇小三户村	邹平一中	1993	国家教委 人事部
袁崇峨	男	1942	焦桥镇西南村	县实验中学	1993	国家教委 人事部

续表29-3-4

姓　名	性别	出生年份	祖　籍	工作单位	授奖年份	授奖单位
张兆忠	男	1938	西董镇马庄村	县教育局	1993	国家教委 人事部
杜卫国	男	1956	黄山街道东杨堤村	长山中学	1994	国家教委 人事部
王兴华	男	1940	孙镇坊子村	韩店镇中学	1995	国家教委 人事部
张　辉	男	1941	曹县庄砦镇娘娘营村	黄山中学	1995	国家教委 人事部
刘　刚	男	1964	明集镇张辛村	县实验中学	1998	教育部
杨树海	男	1963	青阳镇新立村	邹平一中	2001	教育部 人事部
鲁　冲	男	1965	黄山街道石樊鲁村	邹平一中	2004	教育部

第五节　山东省劳动模范人物表

以受奖时间先后为序，96 人。

表29-3-5

姓　名	性别	出生年份	祖　籍	工作单位职务	授奖年份	备　注
孟庆富	男	1909	长山镇北关村	任村党支部副书记	1950	
张思真	男	1898	高新街道乐礼村	任村高级社长	1950	
赵桂兰	女	1921	黛溪街道中兴村	任清河乡长	1950	
李玉武	男	1904	明集镇大张官村	在村务农	1951	
刘怀凤	男	1903	明集镇许道口村	在区水利指挥部	1951	
陈修月	男	1898	九户镇东风村	任灯塔初级社社长	1952	
成光美	男	1921	黄山街道杨堤村	任村副队长	1952	
李维芹	男	1908	九户镇新民村	任村互助组组长	1952	
李宜志	男	1915	西董镇西庵村	任村党支部书记	1952	
宋子良	男	1922	台子镇宋四排村	任村党支部书记	1952	
徐佃玉	男	1910	青阳镇化庄村	村造林专业队队长	1952—1955	4次
张纪山	男	1858	魏桥镇张家村	在村务农	1952	
张献文	男	1912	黄山街道张高村	任村党支部书记	1952—1957	6次
张玉堂	男	1906	魏桥镇薛官村	任村党支部书记	1952、1954	2 次
刘振会	男	1915	黛溪街道张高村	张高高级社社长、村书记	1953、1954	
吕贯武	男	1905	黛溪街道后城村	任炼铁厂厂长	1954	
张文广	男	1921	西董镇马庄村	任村党支部副书记	1954—1956	3 次

续表29-3-5

姓　名	性别	出生年份	祖　籍	工作单位职务	授奖年份	备　注
李桂英	女	1929	西董镇上回村	任村农业社委员	1955	
李声学	男	1892	西董镇小西河村	在村务农、植树造林	1955	
马绪刚	男	1909	明集镇颜集村	任村农业社生产委员	1955	
王桂芬	女	1923	宁阳县田家村	任苑城西辛村书记	1955、1956	
张淑英	女	1930	焦桥镇西杜村	任村高级社社员	1955	
张子国	男	1922	韩店镇辛庄村	任村主任	1955	
房善兴	男	1920	临池镇大房村	任村党支部书记	1956、1963	
侯佃祥	男	1909	黄山街道鲁东村	任村党支部书记	1956	
李秀真	女	1937		苑城镇妇联主任	1956	
李友成	男	1894	焦桥镇唐子村	任村饲养员	1956	
芦西廷	男	1924	焦桥镇朱崖村	任村党支部书记	1956	
释修荣	男			苗山区保管员	1956	
孙贯三	男	1927		三区粮管所保管员	1956	
孙宪燧	男	1932	明集镇西闸村	任村林业负责人	1956	
王世伦	男	1915	西董镇上回村	任村林业队长	1956	
张殿龙	男	1916	明集镇段桥村	任村大队长	1956	
贾生福	男	1922	青阳镇青阳村	任村贫协代表	1957	
王玉银	男	1912	黛溪街道鄢家村	任村党支部书记	1957	
成秀英	女	1928	明集镇高家村	任村高级社长	1958	
董坤前	男			齐东魏桥供销社	1958	
张士赢	男			明集供销社物价员	1958	
张以鹏	男	1930		县棉纺织厂计划科长	1958	天津市授予
李维谟	男	1927	黄山街道贺家村	县司法局副局长	1959	
刘新修	男	1937		碧云洞集团职工	1959	
苏元圣	男			长山镇工业部	1959	
王锡福	男			邹平炼焦厂	1959	
邢可祥	男			双青煤矿	1959	
张良义	男			大临池耐火材料厂	1959	
赵常松	男	1927	九户镇固王台村	任大队会计	1959	
陈元德	男	1936	高新街道东石村	县人大常委会	1960	寿光市授予
高克太	男	1935	魏桥镇文家村	邹平一中	1960	
韩其英	女		临池镇古城村	临池镇古城村	1960	
韩守贵	男	1917		韩店镇民办小学	1960	
王翠英	女	1936	黄山街道见埠村	县农信社主任	1960、1963	

续表29-3-5

姓 名	性别	出生年份	祖 籍	工作单位职务	授奖年份	备 注
王丕汉	男	1932	即墨市	县二轻局	1960	
王玉行	男	1931	高青县黑里寨村	邹平一中	1960	
王玉瑞	男	1931年	甲山区双洋镇前岭村	县人民医院	1960	
颜世发	男	1935	韩店镇颜桥村	县特校	1960	
张凤英	男	1932		青阳镇浒山铺小学	1960	
张守信	男	1916	张店区道庄	长山中学	1960	
左连仲	男	1940	西董镇樊大村	县实验一小	1960	
郭连修	男	1911		县供销社	1963	
郝荣清	男	1924	魏桥镇郝家村	任村党支部委员	1963	
刘元宝	男	1920	魏桥镇郝家村	任村党支部书记	1963	
孙宝琪	男	1900	焦桥镇牛家村	牛家村	1963	
杨更修	男	1909	临池镇南寺村	任村党支部书记	1963	
张公堂	男	1902	长山镇小巩村	任村党支部书记	1963	
张隆泉	男	1931	九户镇铁匠村	任村管委会委员	1963	
张时忠	男	1921	长山镇永池村	任村党支部书记	1963	
刘桂平	男	1929	临池镇佛生村	任村养猪场厂长	1964	
王学东	男	1930	青阳镇西窝陀村	任村党支部书记	1964	
刘玉清	男	1911	西董镇西峪村	西董河滩信用社	1966	
谢玉书	男	1930	县供销社	县供销社	1966	
李孔业	男	1938	临池镇古城村	积极参加村水利工程	1973	
韩永棠	男	1924	博兴县寨郝镇	任邹平一中校长	1982	
刘月香	女	1942	高青县田镇	魏桥供销社	1982	后被撤销
张传红	女	1960	明集镇大张村	海丰纺织有限公司	1982	
冯永喜	男	1931	孙镇冯家村	孙镇冯家村	1986	
王玉木	男	1933	高新街道东吕村	任邹平职专校长	1986	省政府
殷凤瑞	男	1942	高新街道东石村	县工商银行	1986	
毕玉乾	男	1943	临池镇郑家村	第六油棉公司	1989	
李 霞	女	1962	滨北镇张家村	县棉纺厂	1989	获1991年全国“五一劳动奖章”
于逢春	男	1954	姜楼镇于家村	县黄河河务局	1989	获2005年全国“五一劳动奖章”
张士平	男	1946	魏桥镇魏桥村	魏桥创业集团董事长	1989	
李兰秀	女	1938	西董镇樊大村	西董镇林业站	1990	
王在忠	男	1947	黛溪街道东关村	县财政局	1990	

续表29-3-5

姓　名	性别	出生年份	祖　籍	工作单位职务	授奖年份	备　注
刘继堂	男	1933	黛溪街道中兴村	县档案馆	1991	
肖爱珍	女	1945	九户镇秦家村	县实验中学	1991	
苏　营	女	1964	魏桥镇韩家村	邹平县国税局	1992	省政府
周庆云	男	1952	周村区周村街	西王集团	1992	
张　克	男	1963	长山镇大齐村	山东金鹏铜业公司	1994	
吕曰东	男	1951	广饶县城关镇	山东琥珀啤酒厂	1995	
王　勇	男	1950	韩店镇西王村	西王集团董事长	1995	
盖志忠	男	1940	高新街道盖家村	县供电公司	1998	
魏玉坤	男	1946	魏桥镇魏桥村	魏桥村	1998	
刘　勇	女	1954	长山镇大省村	县档案局	1999	
张红霞	女	1971	魏桥镇魏桥村	魏桥创业集团	2003	
赵翠华	女	1962	临池镇双青村	华中琥珀啤酒厂	2003	
赵洪林	男	1953	长山镇东蔚村	长山洪林集团	2003	

第六节　山东省优秀教师表

以受奖时间先后为序，53 人。

表29-3-6

姓　名	性别	出生年	祖　籍	工作单位	授奖年份	授奖单位
宋业征	男	1948	长山镇鲍家村	长山镇中心初中	1983	省政府
王茂先	男	1947	西董镇大杨村	西董镇西庵中心小学	1983	省政府
王世慧	女	1941	长山镇焦家村	黛溪街道城里小学	1983	省委 省政府
肖爱珍	女	1945	九户镇秦家村	实验中学	1983	省政府
王秀岗	男	1932	码头镇王家村	邹平一中	1983 1985	省委 省政府
刘景秀	男	1944	青阳镇刘家村	青阳镇教委	1985	省政府
刘明芳	男	1949	明集镇解家村	第二实验小学	1985	省政府
张文芳	女	1945	淄川区淄城镇二村	黄山初中	1985	省政府
高希达	男	1934	孙镇高家村	邹平一中	1987	省政府
田家胜	男	1956	高新街道礼参村	实验中学	1987	省政府
王桂云	女	1956	黛溪街道鄢家村	第一实验小学	1987	省政府
王世明	男	1949	长山镇东街村	长山镇中心初中	1987	省教委体委 卫生厅
苑建华	女	1964	惠民县何坊镇何坊村	黛溪街道城里小学	1987	省教委体委 卫生厅

续表29-3-6

姓　名	性别	出生年	祖　籍	工作单位	授奖年份	授奖单位
孙兆俊	男	1939	临池镇东高村	南北寺学校	1987	省教委
裴立生	男	1953	焦桥镇东平村	焦桥初中	1988	省教委体委
马　鹰	男	1949	魏桥镇魏桥村	台子镇教委	1989	省教委 省人事厅
徐方华	男	1949	焦桥镇东北村	焦桥镇成教中心校	1989	省教委 省人事厅
张景义	男	1937	魏桥镇粉张村	魏桥中学	1989	省教委 省人事厅
张同吉	男	1947	长山镇东关村	滨州职业专修学院	1989	省教委 省人事厅
张永俭	男	1945	魏桥镇楼子张村	里八田乡教委	1989	省教委 省人事厅
王荣嘉	男	1933	平度市香店镇邹家坡	邹平一中	1989	省教委
王允杰	男	1944	黛溪街道鄢家村	邹平师范	1989	省教委
李象干	男	1937	高新街道吕家村	礼参乡教委	1989	省教委
李武福	男	1949	魏桥镇田李靳村	县教育局	1990	省教委 省人事厅
李廷璧	男	1935	明集镇东左村	邹平师范	1991	省教委 省人事厅
李玉文	男	1944	台子镇沙窝村	邹平一中	1991	省教委 省人事厅
刘崇贤	男	1937	长山镇陈度村	魏桥中学	1991	省教委 省人事厅
曲珍英	女	1939	长山镇东绳村	苑城镇东绳小学	1991	省教委 省人事厅
张广利	男	1957	明集镇明集村	县职业中专	1991	省教委
韩家忠	男	1948	长山镇长韩村	长山镇教委	1991	省教委 人事厅
杜卫国	男	1956	黄山街道东杨堤村	县技工学校	1993	省教委 省人事厅
房传信	男	1948	九户镇方家村	魏桥中学	1993	省教委 省人事厅
韩修道	男	1948	韩店镇东白村	韩店镇教委	1993	省教委 省人事厅
徐公美	男	1957	青阳镇青阳村	邹平一中	1993	省教委 省人事厅
徐运胜	男	1949	高新街道莲池村	礼参镇教委	1993	省教委 省人事厅
伏开亮	男	1950	韩店镇苏家村	焦桥乡教委	1993	省教委 人事厅
程士强	男	1959	魏桥镇张家寨村	里八田乡教委	1995	省教委 省人事厅

续表29-3-6

姓　名	性别	出生年	祖　籍	工作单位	授奖年份	授奖单位
刘宗海	男	1942	码头镇炭刘村	好生镇教委	1995	省教委 省人事厅
牛　玉	女	1967	济阳县清明镇牛家村	邹平镇第一初中	1995	省教委 省人事厅
曲修川	男	1941	焦桥镇赵旺村	礼参镇教委	1995	省教委 省人事厅
赵华清	男	1949	黄山街道抱印村	邹平镇教委	1995	省教委 人事厅
陈慧芳	女	1957	高新街道新民村	邹平镇第一初中	1997	省政府
高瑞平	男	1961	明集镇罗圈村	县教育局	1997	省政府
赵秀英	女	1954	高新街道东杨堤村	苑城中心小学	1997	省政府
陈玉玲	女	1956	长山镇东鲍村	邹平一中	1997	省教委 人事厅
赵秀荣	女	1954	黄山街道杨堤村	苑城镇教委	1997	省教委 人事厅
董建强	男	1959	焦桥镇董家村	焦桥镇教委	1997	省教委 人事厅
杨振玉	女	1961	高新街道南范村	实验中学	1999	省政府
杨树海	男	1963	青阳镇新立村	邹平一中	1999	省教委 人事厅
赵　华	女	1963	长山镇西江村	黄山中学	2001	省教委 人事厅
马河芝	男	1956	西董镇马家台村	实验中学	2001	省教委 人事厅
刘祖军	男	1964	魏桥镇梁桥村	实验中学	2004	省教委 人事厅
刘　莹	女	1969	长山镇小牛村	第二实验小学	2004	省教委 人事厅

附 录

Appendices

1992 年版《邹平县志》

1997年9月8日，县实验中学校长肖爱珍进京参加中国共产党第十五次全国代表大会，县六大部门领导召开座谈会欢送

2002年9月，张延龙获首届中国书法兰亭奖创作奖

一、《邹平县志》(1992年版)简介

《邹平县志》(1992年版)由邹平县地方史志编纂委员会编纂,主任委员先后为曲克祥、王臣修、苏乃军、燕钦国,主编曲延庆。中华书局1992年10月出版发行,印刷6000册,每册定价55元,16开精装本并加护封,全书1440千字,16插页。

一

邹平县有志始于元代,明于嘉靖,清于顺治、康熙、嘉庆、道光,中华民国于1913年、1935年,新中国成立后于1960年,先后纂修10次。1982年6月,县地方史志编纂委员会成立,翌年设立史志办公室。至1992年《邹平县志》出版发行,九订篇目,五易其稿,历时十余载。1992年版县志,上限原则始于1840年,下限止于1985年,个别内容适当上溯至建县或有记载之始。全书共分28卷,卷下设章、节、目,全书148章。前设概述、大事记,后置人物和附录。编目依次是:建制,自然地理,人口,党政社团,政权、政协,公安、司法,民政,劳动人事,军事,农业,林业,水利,工业,交通,邮电,城乡建设,商业,粮食,财税,金融,经济管理,文化,教育,卫生医药,体育,科技,风俗、方言、宗教。

《邹平县志》(1992年版)的编纂过程中采取"三县并立,资料并蓄,能合则合,不能合则分,以合为主、分合结合的编纂模式,尽量保存历史资料,使三县资料有机结合,融为一体"的原则。这是本志书的编纂特色。20世纪30年代,梁漱溟在邹平县搞乡村建设运动,这是邹平县一段特殊历史,资料比较丰富集中。乡村建设运动属于一个综合的、比较复杂的社会运动的复合体,本志取集中记述的办法,将其放入附录中。军事卷单设"抗日根据地"一章,重点而较详细介绍了邹、长、齐抗日根据地的建立和发展。

二

今邹平县为原邹平、长山、齐东三县先后合并而成。历史上三县建置时有省析割并,而三县沿革各成脉络,自不混淆。西汉以前,夏封舜后姚姓为邹侯,在邹平之域立邹侯国。

邹平县位于山东省中北部,黄河下游的南岸。地理坐标是北纬36°41′~37°08′,东经117°18′~117°57′。版图最大纵距50.15千米,最大横距57.55千米,总面积1251.75平方千米。

邹平县位于鲁西台背斜泰沂隆断区北缘,北以齐河—广饶大断裂与冀辽台向斜为界,属于淄博—在平凹陷构造单元。县内地势南高北低。南部长白山区以摩诃顶为最高,海拔826.8米。北部以小清河与杏花河夹角处地势最低,海拔11.2米。全县地形可分为低山丘陵、山前倾斜平原、黄泛平原三大地貌类型。

邹平县文化底蕴丰厚,向有文化县之称。历史上名人辈出,群星璀璨,薪火相传,激励着一代又一代邹平人自强不息。汉初伏生传《尚书》名闻天下,晚唐段成式撰《酉阳杂俎》播芳四海。五代田敏删定《书仪》、校刊《九经》。北宋范仲淹在邹平生活18年,苦读成才,"先天下之忧而忧,后天下之乐而乐"的思想即根源于此。清初张实居寄情山水独标诗坛,马骕推出力作《绎史》。成瓘撰写《篛园日札》。1931年,著名学者梁漱溟在邹平创办"山东乡村建设研究院",推行乡村建设运动达7年之久。现代名人李广田、刘建庵、薛绥之、郭在贻、张道一等俊采星驰,辉映着邹平这方齐鲁文化的昌盛之域。

邹平县有着光荣的革命斗争历史。隋末王薄起义,加速了隋王朝崩溃灭亡;义和团火烧洋教堂,血战玉皇庙;五四爱国师生抵制日货。1937年,

在中国共产党的领导下，马耀南以长山中学为中心，组织发动了黑铁山武装起义，创建山东人民抗日救国军第五军，为鲁北抗日根据地乃至山东抗日根据地的开辟做出了巨大贡献。

邹平县资源丰富，经济发展潜力雄厚。耕地面积118.7万亩，人均1.84亩。种植业以粮棉为主，林果资源丰富，用材林分布广，经济林品类多，畜牧业潜力大，矿产资源和药材资源亦极为丰富。1985年，全县社会总产值和国民收入为61551万元，工农业总产值为49978万元。

1985年，邹平县设邹平、长山、魏桥3个镇，明集、青阳、西董、好生、临池、礼参、韩店、苑城、焦桥、孙镇、里八田、九户、台子、码头14个乡，共辖83个办事处，887个自然村，总人口645070人，其中男322816人、女322254人。

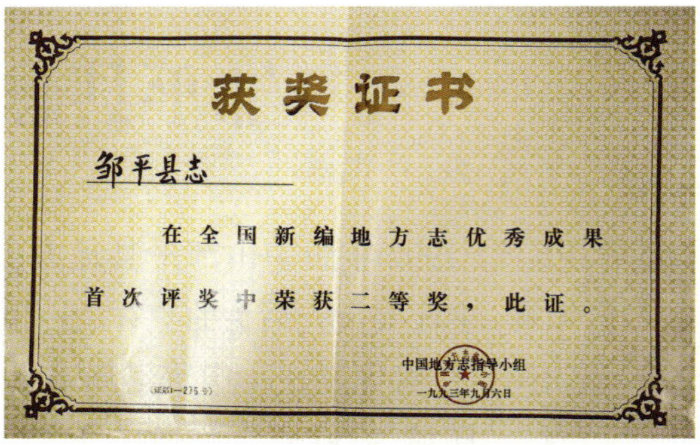

图30-1 《邹平县志》(1992年版)获奖证书

1993年9月,《邹平县志》(1992年版)荣获由中国地方志指导小组颁发的“全国新编地方志优秀成果奖二等奖”证书。

二、梁邹於陵秦代置县考

王忠修

邹平何时建县，史无明载。前代学者从零星史料中，推断邹平乃汉代立县，记于志书，后人多从之。

邹平之有志，始于元代。明嘉靖十二年(1533年)，叶林修、张松撰《邹平县志》，但元志后佚，嘉靖志原四卷，今亦轶。我们现在能够见到最早的邹平县志，是清顺治十六年(1659年)，徐政修、马骕撰、顾炎武为之校编的《邹平县志》。其卷一《方域》开始便感叹:“盖读史至于郡国,分合更并之故,虽博物君子，犹且难之。”

顺治县志对于邹平的历史沿革，做这样记载：“唐、虞、夏，属禹贡青州之域，为邹侯国。殷属营州。周属青州。战国属田齐。秦属齐郡。汉属青州部济南郡，置邹平、梁邹二县。高帝于梁邹置侯国。”邹平汉代置县的说法，大概就是从这里开始了。

道光十六年(1836年)，县令罗宗瀛续修邹平县志，请成瓘独撰，对于邹平立县时间，也没有新的说法，其《方域考·沿革》曰:“汉为邹平县、梁邹县、东邹县，属青州部。高帝六年，于梁邹置侯国。”并且把梁邹侯国的建立时间具体到了年月日：“高帝六年正月丙午(前201年3月6日)，封功臣武虎梁邹侯。”同时简要介绍了武虎：“虎以谒者从高帝起兵于沛，又以将军从击诸侯，有功，封梁邹侯，三千八百户，位次第二十。侯十一年薨，谥曰孝。”

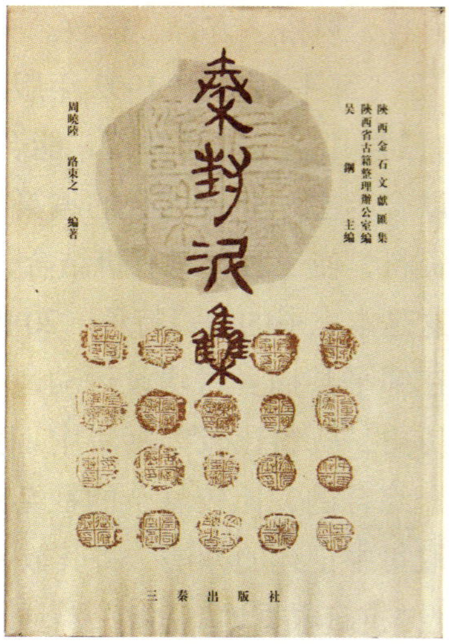

图30-2 《秦封泥集》封面

2000年5月，三秦出版社出版周晓陆、路东之编著的《秦封泥集》(见图1)，里面有“梁邹丞印”三品(枚)(见图2，载该书三一六页)。文字说明为："梁即梁，《汉志》，济南郡有梁邹县。梁邹县秦约属济北郡，今在山东省邹平县北。"同书还说明汉代梁邹县封泥的情况："汉封泥见：《齐鲁》《续封》《建德》《封拓》《封存》《临淄》《再续》《澂秋》'梁邹丞印'，《封拓》'梁邹'。"

这说明梁邹是秦代立县，是中国最早的县级建置之一。梁邹故城在今邹平县韩店镇旧口村，遗址尚存，是县级重点文物保护单位。南朝刘宋政权曾经在此建梁邹戍，并侨立平原郡，后并入邹平县。今邹平地多为古梁邹地，今邹平人也多雅称邹平为梁邹，所以应该说邹平是秦代立县。

1　　2　　3

图 30–3　梁邹丞印

秦代实行郡县制，县设令、长，《汉书·百官公卿表》载："县令、长，皆秦置，掌治其县，万户以上为令，秩千石至六百石。减万户为长，秩五百石至三百石。皆有丞、尉，秩四百石至三百石。是为长吏。百石以下有斗食、佐史之秩，是为少吏。"（转引自陈茂同著《历代职官沿革史》，华东师范大学出版社 1988 年 3 月第一版，第 77 页）"丞"是县长之下的佐官，相当于"副县长"，在县里地位仅次于县令或县长，主要职责是文书、仓库等管理。

封泥又称"泥封"，是古代用印的遗迹。原印是阴文，钤在泥上便成了阳文，其边为泥面，所以形成四周不等的宽边。封泥之用，最早见于先秦文献，而封泥制度流行于秦汉，后世渐废。秦始皇统一中国后，建咸阳宫，在章台处理日常公务，"躬操文墨，昼断狱，夜理书"。中央各机关、全国各郡县的奏章便向这里汇集。一本奏章就是一捆竹简，作为一种保密措施，上奏官员要将竹简捆好，并糊上泥团，再在泥上钤上自己的印章，然后放在火上烧烤，促其干硬。奏章被送到章台，值守吏要呈送秦始皇亲自查验，封泥完好，确未被人私拆偷阅，才敲掉泥封御览。那些恰巧没有被打碎的盖有印章的部分，就保存下来，成了我们今天能够见到古代文书制度的珍贵实物。

梁邹丞是负责管理文书的，上奏朝廷的任务自然由他来完成，于是就有了我们今天见到的"梁邹丞印"。

《秦封泥集》亦载"於陵丞印"二品（见图 3，三一九页），文字说明为："《汉志》，济南郡有於陵县，'都尉治。莽曰於陆。'《通典》，淄川长山，'汉於陵县'。《元和》，'淄州，长山县：本汉於陵县地也。宋武帝于此立武强县，隋开皇十八年（598 年），改武强县为长山县，取长白山为名，属淄州。武德元年（618 年）置州，县又属焉。武德八年（625 年）废州，依旧属淄州。'《读史》：於陵城：县西南二十里，本齐邑，陈仲子所居，汉置县治此，后汉建武中改封侯霸子显为於陵侯，寻复为县。於陵县秦约属济北郡，今在山东省邹平县东南。"也介绍了汉代封泥的情况："汉封泥见：《齐鲁》《封存》《澂秋》《临淄》《续封》《建德》'於陵丞印'。"

1　　2

图 30–4　於陵丞印

这说明於陵立县时间也是在秦代。於陵故城在今邹平县临池镇古城村，这里尧舜夏商时期就有人类聚落，春秋战国时期为齐之於陵邑，秦于此立县也就顺理成章。於陵县后相继改为武强县、长山县，1956 年 3 月合并入邹平县。

邹平现在的行政区域，是新中国成立初期由邹平、长山、齐东三县合并而来，而齐东是元代割邹平之齐东等镇乡建立的，所以其建置沿革自然与邹平、梁邹有一致的地方。清康熙二十四年（1685 年），余为霖修、高于嵋等编撰的《齐东县志·卷一·沿革》第四页载："秦为齐郡之梁邹县地。”（见图 4）虽然志书不可能说明每一个记载的出处，但前人这样说，必定有其根据，这也从另一个角度说明，梁邹是秦代立县。

综上所述，梁邹、於陵皆为秦代立县，而今邹平之地，乃古梁邹、於陵之地，所以我们可以肯定地说，邹平是秦代立县。

2017 年 5 月

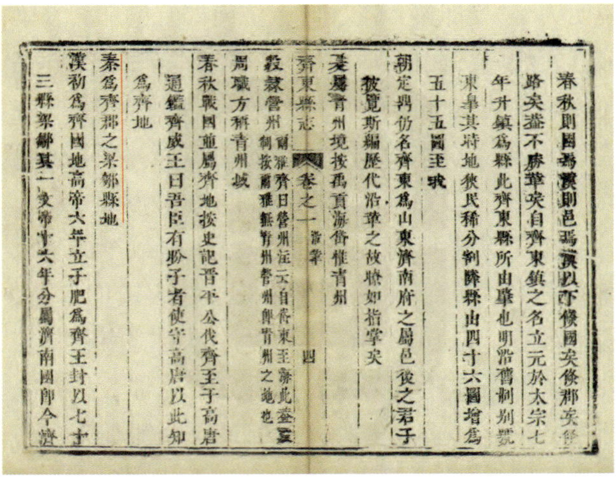
春秋則國焉漢則邑焉漢以下縣國矣縣郡矣修
路矣謚不虛華矣自齊東鎮之名立元於太宗七
年升鎮為縣此齊東縣所由肇也明沿舊制朔覽
東阜其時地狹民稀分割鄰縣由四寸六圖增為
五十五圖王哉
朝定鼎仍名齊東為山東濟南府之屬邑後之君子
披覽斯編歷代沿革之故瞭如指掌矣
禹貢青州境按禹貢海岱惟青州
齊東縣志 卷之一 沿革 四
殷營州 爾雅齊曰營州注云自岱東至海此蓋殷制按爾雅釋州皆州與青州之地也
周職方稱青州域
春秋戰國並屬齊地按史記晉平公伐齊至于高唐
通鑑齊威王曰吾臣有盼子者使守高唐以此知
為齊地
秦為齊郡之梁鄒縣地
漢初為齊國地高帝六年立子肥為齊王封以七十
三縣梁鄒其一文帝十六年分屬濟南國即今齊

图 30–5　康熙版《齐东县志》有关梁邹县的记载

三、重要文件辑录（部分）

中共邹平县委　邹平县人民政府
关于印发《邹平县县级党政机构改革实施方案》的通知

邹发〔1993〕24 号

县直各单位：

《邹平县县级党政机构改革实施方案》已经地委、行署批准，现印发给你们，请结合实际，抓紧组织实施。

附：《邹平县县级党政机构改革实施方案》

中共邹平县委
邹平县人民政府
一九九三年十月十日

邹平县县级党政机构改革实施方案

根据省委、省政府关于《山东省县级党政机构改革实施方案》的要求，结合我县实际，特制定本实施方案。

一、机构改革的指导思想

县级党政机关在国家行政管理和经济运行中处于承上启下、联接城乡、沟通条块的重要地位。近年来，随着改革开放的不断深入和各项社会事业的迅速发展，县级管理体制和组织机构也出现了许多不相适应的情况，最突出的问题是，政企不分、政事不分，关系不顺、机构臃肿、效率低下。对此，必须下决心进行改革。

党政机构改革的指导思想是，以党的十四大和八届全国人大一次会议精神为指针，从县级党政机关的职能特点和邹平的实际出发，适应社会主义市场经济运行机制的要求，按照政企分开，政事分开和精简、统一、效能的原则，转变职能，理顺关系，精兵简政、提高效率，并将党政机构的改革精简同加强和完善农村社会化服务体系密切结合起来，走“小机构，大服务”的路子。通过改革，把我县县级党政机构建设成为职能配置合理、机构人员精干、运转协调高效的工作系统，更好地促进改革开放和经济建设与各项事业的发展。

二、机构改革的主要内容

（一）转变能职，强化服务

按照简政放权和政企、政事分开的原则，政府工作部门要减少对经济、社会事务的直接管理和不必要的行政干预，加强宏观调控、社会保障和监督职能，弱化微观管理职能。

农业部门的职能转变。农业、林业、农机、棉办的行政职能统交农委，使涉农部门更进一步强化服务功能，逐步健全和壮大农村社会化服务体系，促进农村经济的全面发展。

专业经济部门的职能转变。一是撤销一轻、重工、化工等行业管理机构，将属于企业的生产经营和管理职能交还给企业，属于市场调节的职能转移到市场，其行政管理职能划归经贸委；二是将商业、粮食、物资，二轻、供销等部门成建制转为企业，退出政府序列，不再承担行政管理职能，其行政职能集中到政府有关部门实行综合管理，分别组建商业集团总公司、粮食集团总公司、物资集团总公司、二轻工业总公司；三是撤销经委、外经委，组建经济贸易委员会，作为综合经济管理职能部门，重点是搞好宏观调控，协调解决经济运行中的有关问题。同时组建对外贸易总公司，为县属企业。

减少县委、县政府直属工作机构。一是实行归口管理。将老干部局、党史委、保密局、台工办、岗办、史志办、外事办、侨办等部门交县委、县政府有关部门归口管理。撤销物价局，建立物价检查所；技术监督局退出政府系列，成建制转为事业单位；撤销广播电视局，建立广播电视中心。上述机构，交有关部门归口管理。二是政府管理体制。将法制局改为法制室，信访局改为信访室，体改委改为经济机制改革研究室，交有关部门归口管理。三是撤销档案局，建立档案馆（保留档案局的牌子），撤销经济协作办、区划办、地名办和经济战略研究中心，县乡公路管理处，其职能划归县有关部门。

裁并职责交叉重复，业务相近的机构。将土地管理局、矿产资源管理局合并为土地矿产管理局。将爱卫会办公室并入卫生局，保留爱卫会办公室的牌子。

机关后勤服务从行政机关中分离出去，不再列入行政编制序列。将行政事务管理局改为行政事务管理处，为事业单位，逐步向社会化服务转化，其经费逐步向自收自支和企业化管理过渡。

其他部门按照简政放权，强化服务的要求，转变职能，下放权力。把一些属于社会性、公益服务性的职能交给社会团体和基层单位，集中精力搞好社会管理，加强监督检查。同时，增强服务观念，发展第三产业，形成多层次、多渠道、多形式的经济与社会化服务网络。

（二）理顺工作关系，完善管理体制。

理顺党政机关的内部关系。县委不再设置与政府对口的工作机构。某些业务相近不宜分开的工作，合并设置机构，挂两个牌子。县直部门之间，合理划分职责范围，明确管理权限和工作协同关系，避免职能重复、交叉和工作脱节。

理顺县与乡镇的关系。直接为农业和农村工作服务的涉农部门和教育、卫生系统的人、财、物全部下放到乡镇管理，县主管部门负责业务指导。干部的任免、调动、奖惩等由乡镇党委提出主导意见，争取业务主管部门的意见。工商、税务、法庭和公安派出所以及司法等具有执法监督检查职能的机构和人员，由乡镇和县主管部门双重领导，以县主管部门管理为主，这些单位党的组织关系由乡镇党委管理，其干部的任免、调动和考核，奖惩等，要征得乡镇党委的同意。

理顺政府与企事业单位的关系。政府要改善对企事业单位的领导和管理，坚决按照《企业法》和《全民所有制工业企业转换经营机制条例》的规定和政企、政事分开的原则，进一步扩大和落实企事业单位的自主权，使企业真正成为依法自主经营、自负盈亏、自我发展、自我约束的商品生产经营单位和独立享有民事权利、承担民事义务的企业法人；使事业单位逐步成为相对独立的、面向社会提供服务的事业法人。

（三）搞好机构设置，明确部门职能

按照省、地要求和我县的实际，确定我县党政群机构设置及各机构的主要职能为：

1. 县委工作部门 5 个：

办公室　主要负责政策研究、文秘、机要、保密、督查、档案、信息、信访和行政事务等工作。

信访室、研究室、保密局、机要科归口办公室管理，不作为县委直属工作部门。

组织部（组织员办公室与其合署），主要负责党的组织建设和干部队伍建设，下派干部的选派与管理，老干部工作，知识分子工作，以及党史资料征集与研究的指导工作。

宣传部　主要负责党的宣传教育、新闻报导及对外宣传，精神文明建设和广播电视管理工作。

县精神文明办公室、新闻科归口宣传部管理。

统战部　主要负责党的统战、台湾事务、民族宗教等工作。

台湾工作办公室归口统战部管理。

政法委员会　主要负责政法部门的组织协调、社会治安综合治理和打击严重经济犯罪等工作。

社会治安综合治理委员会办公室、打击严重经济犯罪斗争领导小组办公室归口政法委管理。

2. 县政府工作部门 25 个：

办公室　主要负责文秘、调研、督查、信息、法制、外事侨务、史志、经济体制改革和行政事务管理等工作。

法制室、调研科、督查科、归口办公室管理。

经济贸易委员会　主要负责督促检查工交财贸计划执行情况，组织协调企业生产经营活动，编制实施全县的物资、粮油、商业计划，协调管理集体企业和二轻工业企业；做好工业、商品流通、对外贸易、技术监督和职工教育等工作。

财贸办公室归口经贸委管理。

农业委员会　主要负责综合编制实施农业生产规划，抓好农、林、牧、副、渔各业和农机棉花生产等行政管理工作，组织协调涉农部门的工作。实施黄淮海开发和山区开发治理规划。

计划委员会　主要负责编制实施国民经济计划与规划，按政策规定安排计划内物资，做好技术信息交流与经济协作和农业区划等工作。

城乡建设委员会　主要负责城乡建设的规划与管理，组织协调全县基本建设，抓好住房改革和所属企业的管理及人民防空等工作。

科学技术委员会　主要负责科技工作的统一管理、协调，管理技术市场，推动科技进步。

教育委员会　主要负责编制实施教育发展规划，组织实施教育体制改革，对全县基础教育、职业教育、成人教育和特殊教育进行指导和管理。

县政府教育督导室归口教委管理。

文化体育委员会　主要负责全县文化建设规划与布局的确定、协调、监督、文物管理以及指导和推进体育事业发展，选拔和培养体育人才等工作。

计划生育委员会　主要负责制定人口发展计划与规划，指导、督促、检查、管理计划生育工作。

统计局　主要负责对全县国民经济和社会发展情况进行统计调查、统计分析和统计监督。

环境保护局　主要负责环境保护规划的制定与实施，依法搞好环境保护工作的监督、管理。

民政局　主要负责全县农村社会保险、基层政权建设、复员退伍军人安置、行政区划、婚姻登记管理和优抚救灾工作，做好社会福利事业的协调管理。

人事局（机构编制委员会办公室与其合署）主要负责机构编制、人才交流、岗位目标责任制、职称评定、退休干部、军转干部、科技干部、机关事业单位养老保险、政府系统的人事管理、档案管理和工资福利管理及公务员制度的实施等工作。

岗位目标责任制办公室归口人事局管理。

劳动局　主要负责全县劳动就业、劳动保险、劳动仲裁、劳动工资、安全生产和劳动技校等方面的综合管理、协调工作。

财政局　主要负责全县的财政工作。编制财政计划及组织协调、监督实施；做好资金综合平衡和国有资产管理，控制社会集团购买力等工作；协调有关部门做好税收、财务、物价监督检查工作。

国有资产管理局和财政、税收、物价大检查办公室归口财政局管理。

税务局　主要负责组织税收收入、筹集财政资金，依法进行税务监督，协同有关部门查处违纪违章案件。

交通局　主要负责全县公路交通事业发展。做好路政运政、交通车辆、汽车维修行业管理，组织协调县乡公路建设。

水利局　主要负责编制实施农田水利基本建设规划，抓好水利工程设施、水资源管理和抗旱防汛等工作。

卫生局　主要负责全县卫生事业发展规划的制定实施和卫生工作的协调管理、指导。抓好医疗卫生队伍建设和管理，协调社会力量开展爱国卫生运动。

爱卫会办公室并入卫生局，保留牌子。

审计局　主要负责对全县机关企事业单位的财务实施审计监督。

工商行政管理局　主要负责监督检查各类工商企业的经济活动，对商品生产、经营和市场活动进行管理，做好物价监督检查和行政事业单位收费管理等工作。

物价检查所归口工商行政管理局管理。

土地矿产管理局　主要负责土地矿产资源开发利用管理，做好土地资源、城乡地籍、地政和国有土地使用权出让等行政管理工作。

乡镇企业局　主要负责制定乡镇企业发展规划，做好乡镇企业的管理、指导、监督、协调和服务等工作。

监察局（与县纪委合署）主要负责监督监察国家机关工作人员执行法律、法规情况，查处违法违纪案件，抓好廉政建设。

经济技术开发区管理委员会　主要负责经济技术开发的协调、管理与服务工作。为县委、县府派出的副县级行政管理机构。

公安局　主要负责对全县社会治安、国家安全、道路交通、消防和出入境等工作依法进行管理。

司法局　主要负责法制宣传和普法教育工作，对全县的律师，公证业务实施业务监督、指导，抓好基层调解组织建设和社会治安综合治理等工作。

3. 按照《党章》《宪法》及有关规定设置的机构

纪律检查委员会（监察局与其合署）主要负责督促检查党组织及党员执行党的路线方针政策情况，受理党组织及党员违法违纪的控告和不服党纪的申诉，抓好党风党纪和廉政建设。

县直机关党委　主要负责县直机关党组织建设和党员队伍建设。

人民法院　主要负责刑事、民事、经济纠纷、行政诉讼案件及申诉案件，处理不需开庭审判的民事纠纷和轻微的刑事案件。指导人民调解委员会和各乡镇司法助理员的工作，抓好社会治安综合治理。

人民检察院　主要负责刑事、经济、法纪、监所监察等工作。

人民武装部　主要负责民兵组织建设、武器装备管理、专武干部管理，以及预备役人员军训、政治教育及征兵工作。内设办公室、政工科、军事科、后勤科，均为局级，其他机构一并撤销。

县人大常委会　主要负责实施对“一府两院”的法律监督与工作监督，制定地方性法规，搞好调查研究。内设办公室、法制室、代表联络室，均为局级，其他机构一并撤销。

县政协　主要负责政治协调、民主监督，做好调查研究工作。内设办公室、政协委员联络室、文史办公室，均为局级，其他机构一并撤销。

工会　主要负责组织职工参与民主管理，维护职工权益，抓好基层工会建设，提高职工素质。

团委　主要负责团组织和团员队伍建设，协助党组织选拔培养团干部，维护青少年合法权益。

妇联　主要负责组织妇女参政议政，维护妇女儿童合法权益，提高妇女素质。

科协、工商联、残联、老龄委员会办公室继续保留机构，原隶属关系不变。

4. 县委、县政府直属及其部门管理的事业单位

（1）县委直属事业单位：党校

（2）归口县委部门管理：档案馆归口县委办公室管理;党史委、老干部局、干休所、老年大学、老干部活动中心归口县委组织部管理；广播电视中心、电视台归口县委宣传部管理。

（3）归口县政府部门管理：经济体制改革研究室、行政事务管理处、史志办、外事侨务办公室归口县政府办公室管理;劳动技校、劳动就业处、劳动保险事业处归口劳动局管理;农业局、林业局、农机局、棉办、黄淮海开发办公室、农业广播学校、实验农场，以及畜牧发展服务中心、蔬菜开发服务中心、林果发展服务中心归口农委管理；房产管理处、市政管理处归口建委管理；公证处、律师事务所归口司法局管理；农调队归口统计局管理；技术监督局、外商投资服务中心归口经贸委管理；引黄灌溉处归口水利局管理；投资公司归口财政局管理。

5. 凡本方案未涉及到的副局级以上事业单位，其规格、隶属关系不变。

各党政群工作部门内部一般不再设置中层机构。确因工作需要非设不可的，要从严控制，其建制为“股”级，统称股或室，每一内设机构一般不少于4人。编制在10人以下的部门，不设内部机构。县委系统及群团各部门内设机构负责人（含秘书、干事）的配备，由县委组织部负责考察、任免。政府系统各部门内设机构负责人（含秘书、科员）的配备，由县人事局负责考察，任免。

各种非常设机构原则上都要撤销。个别确需保留的高层次议事协调组织，按常设机构的审批程序管理，具体工作由有关部门承担。

三、搞好定编定员，妥善安置富余人员

机构精简调整之后，要认真做好定职能、定内设机构、定人员编制和定工资总额的“四定”工作。使各部门尽快明确职责，理顺工作关系，严格定编定员。在此基础上妥善做好富余人员的安置工作。按照有关政策规定，结合我县实际情况，在安置富余人员方面，拟采取以下措施：

一是兴办各类经济服务实体。党政群机关兴办的各类经济实体，在与机关彻底脱钩的前提下，在兴办初期，工商、税务、财政、银行、城建等职能部门，在办理执照、税收、资金、场地等方面要积极予以支持。为分流机关人员而兴办的经济实体，必须坚持政企分开的原则，实行自主经营、独立核算、自负盈亏，对分流到经济实体当中去的人员，1993年工资按原渠道列支，1994年减半，1995年底彻底脱钩。

机关富余人员可以分流到事业单位，并尽量充实到自收自支或企业化管理的事业单位，对于承担机关富余人员较多、经费确有困难的事业单位，被分流到该事业单位的人员，工资的原列支渠道可给予一定时期的适当延长。为分流机关富余人员而新组建的事业单位，要逐步实行自收自支或企业化管理。由原政府经济管理机构转成的经济实体，不得再兼有政府行政管理职能，不准搞“翻牌公司”或一个机构，两块牌子，要按照企业的规定进行依法登记，照章纳税。

党政机关人员不搞停薪留职、留薪留职，对中办发〔1993〕8号文件下发前已停薪留职的人员要积极创造条件，促其尽快脱钩，对于从机关分流出去的人员不再保留原机关干部身份，不再列入机关编制，也不得列为编外人员，不得以原机关名义或原单位干部身份从事经济活动。

二是选派机关干部到乡镇挂职，到企业和农村任职。从有利于机构改革，有利于促进农村和企业发展，有利于培养锻炼干部出发，选派一批年富力强、热爱经济工作的优秀机关干部到乡镇挂职，到企业和农村任职。到乡镇挂职一般安排任党委副书记或副乡镇长，选派对象以局级干部为主，挂职期间，转移党团组织关系、行政关系、工资关系，享受乡镇同级干部一切工资、奖金福利待遇。到企业或农村的局级干部，一般安排担任大中型企业的厂长（经理）助理或农村党支部副书记，村办企业的副厂长（副经理）等职；一般干部职工到企业或农村工作，按照每个同志的专业特长，适当安排一定职务和工作，在企业和农村任职的，任职期间行政、工资、粮食、户口关系不动，只转组织关系，原单位职级、工资福

利等一切待遇不变，本人身份不变，工龄连续计算，不影响调资、晋级和职称评定工作。任职（挂职）时间为二年，任职期满，由于工作需要或本人自愿可以留在任职单位继续工作。

三是实行内部退养。党政群机关单位的干部职工凡男55岁（1938底前出生），女50岁（1943年底前出生）的一律实行内部退养。内部退养人员，其工资福利待遇不变，同时允许自谋职业或被聘任，并取得合理报酬。待其达到国家规定的离休退休年龄后，再正式办理离退休手续。长年有病，不能坚持正常工作，符合病退条件的，经有关部门批准可办理病退。完全丧失工作能力，又不具备退休（病退）条件的，应当退职。

四是鼓励科技人员归队。目前，党政机关中拥有一大批各类专门人才，其总体素质较好，为使他们在经济建设中真正发挥作用，要积极鼓励科技人员投入经济建设主战场。使他们发挥特长，各尽其才，为振兴邹平经济贡献他们的聪明才智。

五是组织干部轮流离职学习，提高政治、业务、文化素质。离职学习人员，学习期间原工资支付渠道不变，离职学习两年以上者，不占编制，列编外人员。毕业后，根据工作需要安排工作岗位。同时，党政群机关、事业单位雇用的临时工一律辞退；借调人员一律归队。

针对部门领导职数超限的现状，拟从四条渠道进行安置：一是高职低配。根据领导干部政治、业务素质的实际情况，实行高职低配，任中层股室负责人，其工资待遇在国家没有下达新的规定前，仍保留原职级标准。二是结合班子考察，对于德才平庸、群众威信较差、不胜任本职工作的领导干部予以免职，安排什么工作享受什么待遇。三是对班子职数超限，一时难以分流的，随着班子的变动情况，尽快逐步调整到限额以内。四是根据干部的身体状况、年龄和工作情况，设置一定数量的调研员岗位，以发挥老同志的参谋作用。

四、切实加强组织领导

机构改革涉及面广政策性强，是一项复杂的系统工程，时间紧、任务重。县委、县府把搞好机构改革作为今年的一项重大任务，高度重视，切实加强领导，精心组织实施。

（一）*实事求是，积极稳妥。*这次机构改革本着有利于促进经济建设和社会主义市场经济体制的建立，有利于调动干部职工的积极性，有利于巩固改革成果的基本指导思想，做到既积极主动，又稳妥扎实，按照核编定员一步到位、人员分流分步实施的工作方式，确保改革顺利进行。

（二）*通力协作，统筹安排。*组织、人事、纪检、政法、财政、审计等部门，通力协作，密切配合，采取切实有力的措施，加强监督和检查，为机构改革保驾护航，确保改革圆满成功。

（三）*做好深入细致的思想工作。*机构改革涉及机构的变动和人员的进退留转，牵动面大，敏感性强，各级党政领导班子一定要进一步提高认识，统一思想，教育广大干部职工，从大局出发，以党和人民的利益为重，服从改革的需要，服从组织的安排。同时，要注意做好细致的思想工作，特别是对一些思想阻力大，难度大的问题，各级党政主要领导要亲自出面做工作，把问题解决在萌芽之中。

（四）*严明各项纪律。*各部门、各单位要正确处理局部利益与整体利益的关系，严格执行组织纪律、财经纪律。要求每一名同志特别是党员干部，要自觉摆正自己在机构改革中的位置，严格遵守工作纪律，坚守本职岗位，维护正常的工作秩序，不能因机构改革可能给自己带来的工作变动，就患得患失，得过且过，敷衍了事，贻误工作。要真正做到能上能下，能官能民，不向组织讨价还价。对蓄意阻挠，破坏改革或借改革之机谋取个人或小集团私利的，要严肃查处，决不姑息迁就。

以往有关县级机构编制方面的一些具体规定，凡与本方案不一致的，以本方案为准。

一九九三年九月十七日

关于邹平县临池乡等六乡撤乡设镇的通知

滨行函〔1994〕24 号

邹平县人民政府，行署有关部门：

经省政府批准，鲁政函民字〔1994〕67、68号文批复，同意你县撤销邹平县临池乡、设立临池镇；撤销邹平县好生乡，设立好生镇；撤销邹平县明家集乡，设立明集镇；撤销邹平县韩店乡，设立韩店镇；撤销邹平县青阳乡，设立青阳镇；撤销邹平县孙镇乡，设立孙镇。以上六乡撤乡设镇后，其行政区域和人民政府驻地不变。设镇后的行政区域界线以邹政发〔1994〕65、66、67、69、64、68 号文附的 1:5 万地形图上标绘的界线为准。望你们接此通知后，做好建制变动工作，进一步促进城镇两个文明建设。

一九九四年九月二十四日

山东省人民政府
关于同意邹平县苑城乡 焦桥乡撤乡设镇的批复

鲁政函民字〔1995〕3 号

滨州地区行政公署：

你行署《关于邹平县部分乡撤乡设镇的请示》（滨行发〔1994〕148 号）收悉。经研究，同意撤销邹平县苑城乡、焦桥乡，设立苑城镇、焦桥镇。以上两乡撤乡设镇后，政府驻地不变，其行政区域边界线确定后，标绘在 1:5 万地形图上，报省政府主管部门备案。

一九九五年一月四日

山东省人民政府
关于同意邹平县台子乡、礼参乡撤乡设镇的批复

鲁政函民字〔1995〕15 号

滨州地区行政公署：

你行署《关于邹平县台子乡撤乡设镇的请示》（滨行发〔1994〕228 号）、《关于邹平县礼参乡撤乡设镇的请示》（滨行发〔1994〕229 号）均悉。经研究，同意撤销邹平县台子乡，设立台子镇；撤销邹平县礼参乡，设立礼参镇。以上两乡撤乡设镇后，行政区域和人民政府驻地不变。其行政区域界线以滨行发〔1994〕228、229 号文附的 1:5 万地形图上标绘的为准。

一九九五年四月四日

关于邹平县九户乡撤乡设镇的通知

滨行函〔1997〕4号

邹平县人民政府，行署有关部门：

经省政府批准，鲁政函民字〔1996〕66号文批复，同意你县撤销九户乡，设立九户镇。设镇后，行政区域和人民政府驻地不变，其行政区域边界以邹政发〔1996〕70号文所附1∶5万地形图上标绘的界线为准。望你们接此通知后，做好建制变动工作，进一步促进城镇两个文明建设。

一九九七年一月二十日

邹平县人民政府
关于码头乡来牛等四村划归魏桥镇管辖的通知

邹政字〔2001〕9号

魏桥镇、码头乡人民政府，县政府有关部门：

经省政府批准（鲁政函民字〔2001〕90号），市政府批复（滨政字〔2001〕62号），同意码头乡来牛、甜水、三官、崔八四个村划归魏桥镇管辖。望接此通知后，认真做好行政区划变更手续，处理好有关工作。

二○○一年九月十一日

四、南北寺学校变迁

兴起

1951年6月，南寺和北寺两村共同成立文委会，决定办学校。当年，招收两村二十几名学生，办起南北寺小学。

图 30-6　南北寺学校早期校门

南北寺学校的发展可以分为五个历史阶段：第一阶段，1951—1970年，近20年是艰苦积聚期；第二阶段，1970—1978年，是南北寺中学神话崛起期，南北寺从一所小学迅速崛起为省重点中学；第三阶段，1978—1988年，是南北寺中学十年鼎盛期，在县内外、省内外产生广泛而巨大的影响；第四阶段，1988—2003年，南北寺中学缓慢衰落期；第五阶段，2003年南北寺学校撤并后，建立临池镇南北寺小学，称为余脉传承期。

1964年，南北寺办成完全小学。1970年8月，南北寺小学附设初中班。学校不仅招收南寺、北寺两村学生，还招收临近的小西庄和王家庄学生，普及到周围4个自然村的初中教育。

1975年，全国各地大办民办高中，南北寺学校开始举办高中班。原计划，本校初中毕业生办一个高中班。招生时一下涌来一百多学生，结果，编了两个高中班。南北寺首届高中生，正赶上1977年全国恢复高考。和南北寺中学差不多时候办起的高中有很多，邹平全县高中一度达到70多所。经过整顿，到1983年邹平县保留5处普通高中。

1978年，南北寺中学成省重点中学，进入十年鼎盛时期。1979年，高中每年级开始招收4个班。1984年，高中三个年级达到12个班，另有从小学到初中每年级1个班，全校共有20个班，学生1100余人，教职工近百人，南北寺学校进入全盛时期。

1964年，为了办高小，南北寺师生捡石块、脱泥坯，在庙的西南侧平整一块地，建起6间土坯草房，形成南北寺小学部院落。1970年，附设初中班后，又建成学校初中部院落。1975年，增加两个高中班，教室不够，学生宿舍没有，先用生产队的房子当教室上课，学生在老百姓家住宿。放秋假时，学校发动师生奋战5个星期，盖起新的教室和宿舍。南北寺办高中创造先招生、后建房的新思路。

图 30-7　南北寺学校的大寨楼

光明日报
GUANG MING RIBAO

毛主席语录

我们一定要努力把党内党外、国内国外的一切积极的因素，直接的、间接的积极因素，全部调动起来，把我国建设成为一个强大的社会主义国家。

华国锋主席会见李政道博士

华主席同他进行了亲切的谈话

重游延安

为革命而教有功　为革命而学光荣

图 30-8　1977年2月28日，《光明日报》第一版为南北寺学校刊发《为革命而教有功 为革命而学光荣》的报道

在全国农业学大寨运动中，1977年南北寺因地制宜，建成大寨楼。南北寺的地势西高东低，大寨楼从东面看是二层楼，从西面看只有一层平房。大寨楼底层是窑洞，窑洞内冬暖夏凉，居住舒适，是学生宿舍。形成学校高中部最早院落。

从1970年到建起大寨楼，学校师生在七八年间搬走2万多立方米土方，造出3个小平场，建成小学部、初中部和高中部3个院落。

南北寺学校20世纪70年代的《大干歌》“出大力、流大汗，自力更生把校建，艰苦奋斗创大业，办学不要国家一分钱。”

1991年，学校建筑面积3200平方米，这是全校最大的建筑。南北寺学校从一个不足200平方米的破旧寺庙，历经半个世纪，发展到占地面积40020平方米，校园扩大20余倍，建筑面积13309平方米，除教学实验楼3200平方米是国家投资建设外，其余的1万余平方米，主要是南北寺师生自筹资金、自己劳动建造的。

图30–9 南北寺学校鸟瞰图

1971年，南北寺学校借生产队50元钱，买小猪，开始养猪，引进部分品种猪其中最大的425千克。把肥猪卖给国家，有的被定为“超级”猪、“特级”猪。

1977年，全国各地参观者络绎不绝地涌进这个山村学校。主要是以《光明日报》为代表的一系列宣传报道产生轰动效应。1977年2月24日出版的《山东教育》，发表署名“省革委教育局、惠民地革委教育局、邹平县革委教育局”的文章《全面贯彻党的教育方针 培养有社会主义觉悟的有文化的劳动者——邹平县临池公社南北寺学校的调查》。影响最大的是1977年2月28日《光明日报》头版作了题为《为革命而教有功 为革命而学光荣》近半版的报道。53个苹果的故事，是南北寺优良校风的一个典型例证。

《光明日报》报道，同时在中央人民广播电台播出，南北寺学校的典型事迹在全国引起轰动。省内外大批教育行政干部、学校领导和教师不远千里，到南北寺参观、考察、学习，遍及黑龙江、江西、甘肃等18个省市，最远一批客人是从内蒙古自治区到来的。至当年，参观者已超过3万人次。《大众日报》也作了题为《全面贯彻党的教育方针的好典型》。1977年5月4日，山东人民广播电台再次作报道，题目是《认真贯彻毛主席“三好”指示 培养德智体全面发展的一代新人》。省教育部门下通知，要求全省中小学校组织收听。一时间，南北寺学校声名鹊起。

1977年下半年，山东省革委教育局发出《关于办好重点中小学的意见》，确定邹平县南北寺中学等一批省重点中学。1977年12月13日，惠民地革委发布《关于公布地区重点中小学的通知》（惠革教字〔1977〕第31号），进一步确认邹平南北寺学校为省重点学校。1978年春节过后，南北寺学校参加在潍坊召开的全省重点中小学会议，校长杨秉海作题为《自力更生办教育 艰苦奋斗创大业》典型发言。那时，高中全省近5000所，惠民地区170余所，邹平县70所。南北寺成为省重点中学。

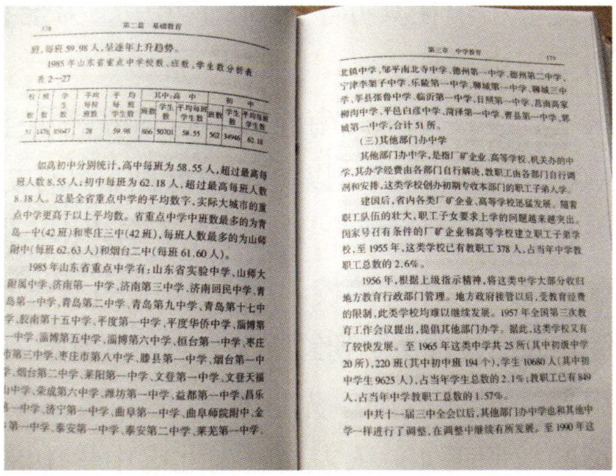

178 第二篇 基础教育

班，每班59.98人，呈逐年上升趋势。

1985年山东省重点中学校数、班数、学生数分析表

表2—27

校数	班数	学生数	平均每校班数	平均每班学生数	其中：高中 班数	学生数	平均每班学生数	初中 班数	学生数	平均每班学生数
51	1478	85647	28	59.98	866	50701	58.55	562	34946	62.18

如高初中分别统计，高中每班为58.55人，超过最高每班人数8.55人；初中每班为62.18人，超过最高每班人数8.18人。这是全省重点中学的平均数字，实际大城市的重点中学更高于以上平均数。省重点中学中班数最多的为青岛一中（42班）和枣庄三中（42班），每班人数最多的为山师附中（每班62.63人）和烟台二中（每班61.60人）。

1985年山东省重点中学有：山东省实验中学、山师大附属中学、济南第一中学、济南第三中学、济南回民中学、青岛第一中学、青岛第二中学、青岛第九中学、青岛第十七中学、胶南第十五中学、平度第一中学、平度华侨中学、淄博第一中学、淄博第五中学、淄博第六中学、桓台第一中学、枣庄市第三中学、枣庄市第八中学、滕县第一中学、烟台第一中学、烟台第二中学、莱阳第一中学、文登第一中学、文登天福山中学、荣成第六中学、潍坊第一中学、益都第一中学、昌乐一中学、济宁第一中学、曲阜第一中学、曲阜师院附中、金第一中学、泰安第一中学、泰安第二中学、莱芜第一中学、

第二章 中学教育 179

北镇中学、邹平南北寺中学、德州第一中学、德州第二中学、宁津李架子中学、乐陵第一中学、聊城第一中学、聊城三中学、莘县张鲁中学、临沂第一中学、日照第一中学、莒南高家柳沟中学、平邑白彦中学、菏泽第一中学、曹县第一中学、郓城第一中学，合计51所。

（三）其他部门办中学

其他部门办中学，是指厂矿企业、高等学校、机关办的中学，其办学经费由各部门自行解决，教职工由各部门自行调剂和安排，这类学校创办初期专收本部门的职工子弟入学。

建国后，省内各类厂矿企业、高等学校迅猛发展。随着职工队伍的壮大，职工子女要求上学的问题越来越突出。国家号召有条件的厂矿企业和高等学校建立职工子弟学校，至1955年，这类学校已有教职工378人，占当年中学教职工总数的2.6%。

1956年，根据上级指示精神，将这类中学大部分收归地方教育行政部门管理。地方政府接管以后，受教育经费的限制，此类学校均难以继续发展。1957年全国第三次教育工作会议提出，提倡其他部门办学。据此，这类学校又有了较快发展。至1965年这类中学共25所（其中初级中学20所），220班（其中初中班194个），学生10680人（其中初中学生9625人），占当年学生总数的2.1%；教职工已有849人，占当年中学教职工总数的1.57%。

中共十一届三中全会以后，其他部门办中学也和其他中学一样进行了调整，在调整中继续有所发展。至1990年这

图30–10 《山东省志·教育志》关于省重点中学的记载

1982年，南北寺学校出席全国勤工俭学会议，被教育部、财政部、国家计委、国家经委4部委联合评为开展勤工俭学先进单位，被誉为“全面

贯彻党的教育方针的模范”。

变迁

20世纪80年代后期开始走下坡路。南北寺学校的衰落，内因为自身地理位置偏僻，外因是全县城乡差距不断扩大。

全国高中大多位于县城以上城市，而南北寺中学坐落在山村里，离镇政府驻地大临池还有1.5千米，并且还要爬一个山坡。当时一部分教师来自邹平县北部，去南北寺必走西董、好生、临池一带的山路。80年代，个人主要交通工具是自行车。骑车上坡时，若遇上顶风，便寸步难行，教职工住房问题也比较突出，只要不是本校双职工，不管已婚未婚,长期住两人一间单身宿舍。1999年，学校建23套教职工住宅。

1986年，全校50名高中任课教师，到2003年南北寺学校撤并前夕，还剩10人。17年中，老教师离开80%以上。生源质量下滑发生得更早、更加明显。80年代后期，很多学生已不愿意选择到位置偏僻的南北寺学校就读。由于生源质量下降和形势发展的压力，南北寺高考成绩从80年代后期开始出现滑坡现象。虽经全校上下一致努力，但是时好时坏，总体上缓慢下降。进入90年代，南北寺中学被迫放弃市重点、县重点学校的地位，把目标放在与县内一般高中竞争。

贡献

南北寺中学在其办学的30多年中，为全县教育做出了历史贡献。

第一，发展学生。南北寺学校培养高中生28届，8000人左右;2003年以前的52年间，另有初中、小学毕业生2000人左右，培养学生万名之多。其中近3000人考入大中专院校。1983年，好生学生时华东以优异成绩被选送到朝鲜留学，当年全省唯一。

第二，成就教师。先后在南北寺学校工作、生活过的教职工400人左右。南北寺中学1987年以前参加工作的十几个政治教师，后来大多数成为科级以上干部。

第三，建设校园。校舍因势而建，布局合理，经济实用，是一个建筑的杰作。

第四，造福一方。“有教无类”是中国人的千年夙愿。由于南北寺中学兴起，早在70年代初，南北寺附近就普及初中教育。南北寺一带普及初中教育比全县早20余年。

第五，地方增辉。1978年南北寺中学成为省重点中学，享誉省内外。1979年，共青团中央授予南北寺学校团总支“新长征突击队”荣誉称号。1982年，教育部等4部委授予南北寺学校全国勤工俭学先进单位，称她是“全面贯彻党的教育方针的模范”，这是南北寺中学的最高荣誉。1983年，山东省人民政府授予南北寺学校“五讲四美为人师表先进集体”荣誉称号。南北寺学校先后获得上级奖励或授予荣誉52项，其中省级以上8项。

图30-11　1979年，共青团中央表彰南北寺学校团总支

传承

南北寺中学已成历史，走过旧日辉煌之后，南北寺中学已不复存在。1983年，邹平县普通高中由5所变为2003年的4所。南北寺中学又不是历史，在2003年南北寺学校撤并时，临池镇政府在学校原址，设立临池镇南北寺小学，南北寺学校的光荣传统得以继承和发扬。

图30-12　临池镇南北寺小学　　（2004年摄）

索 引

Index

果实累累 （2015 年摄）

桃花峪春意 （2011年摄）

十里荷塘夏韵 （2011年摄）

梁邹秋色 （2008年摄）

鹤伴山冬景 （2013年摄）

本索引设条目索引、表格索引、图片索引三部分。条目索引按编章节编制，按词题的首字拼音声母顺序排列；表格索引和图片索引以在本志中页码先后排列。

条目索引

A

D

H

K

L

M

N

P

Q

R

S

T

W

X

Y

Z

表格索引

图片索引

编后记

1996年11月，国务院办公厅下发《关于进一步加强地方志编纂工作的通知》，对地方志要求每20年左右续修一次。1998年10月，省政府办公厅下发《关于续修新方志有关问题的通知》，决定开始续修省、市（地）、县三级志书。12月，滨州行署下发文件，同时召开全区续修新地方志动员大会，地、县两级新方志续修工作正式启动。

邹平县第二轮修志始于2005年10月，2017年10月出版发行，历时12年。

第一阶段：组织准备阶段。2005年11月15日，召开邹平县第二轮修志工作动员大会，县史志办公室邀请省史志办公室县志指导处修志专家对各镇、街道、县直各部门供稿人员进行业务培训。县史志办公室就修志有关理论和技术问题学习借鉴周边县市（区）成功经验和做法，数易其稿，认真修订志书篇目设置。

第二阶段：组稿阶段。县政府办公室印发《续修〈邹平县志〉实施方案》，各镇、街道、县直各部门均成立修志领导小组。至2006年3月底，供稿任务完成。

第三阶段：编纂阶段。县史志办公室采用分工负责、责任到人的措施，安排各位编辑和借调人员进行各编章的编辑、审核、校对等一系列工作，召开全县评稿会议。2011年10月，完成送审稿。

第四阶段：评审阶段。2013年4月，邀请省市县有关领导、专家召开《邹平县志（1978—2005）》评审会议。

第五阶段：全面修改、编纂、出版阶段。2013年12月开始对原送审稿材料进行充实、调整、修改、完善。对编章节进行结构调整，对文字进行增删，补充大量翔实资料，增加700余幅图片，对整部志书资料进行全面精雕细琢，直至出版印刷。

编纂上限时间的调整。《邹平县志》（1992年版）下限1985年，第二轮续修志书时，开始考虑到编写一部从改革开放开始的志书，遂确定第二轮志书上限为1978年，这样就重复上部志书1978—1985年内容。考虑到篇幅原因，尽量减少历史局限问题，经与有关专家交流，遂决定与上部志书时限相衔接，在本轮志书里，增加“前志简介”，承上启下，把本轮志书上限调整为1986年，但为了志书资料完整性，个别事件上溯至1978年，甚至更久远。

志书作为一个地区历史文献和地情的百科全书，涵盖这个地区的政治、经济、文化和社会各个领域的发展历史史实，具有“资政、存史、育人”功能，是一项艰巨、浩繁工程。它的编纂完成，一是离不开县委、县政府高度重视和关心支持。县政府主要领导、分管领导及编纂委员会多次调度修志进程，给史志办定目标、压担子、鼓干劲、出主意，帮助协调解决编纂过程中的各类难题，使修志工作有序推进。二是离不开恪尽职守的专业修志队伍。全体编纂人员，无论在职人员还是聘请人员，都全心全意投入工作，不仅把修志当作一项工作来完成，更是当作一项事业来做，本着干就干成、干就干好、不留遗憾和对历史高度负责态度，青灯孤案做伴，晓风残月相陪，无间寒暑，忘我工作，不辍笔耕，反复查档案、核准事实，纠错讹，几经熔炼，数易其稿，终成此书，虽倍感艰辛清苦，但始终无怨无悔，人世间真善美、正能量就是这样弘扬的。三是离不开全县各部门积极配合。在编纂过程中，根据实际需要，各级各部门均能在较短时间内将增补资料及时报送，针对史志办提出的质疑，给予圆满答复，既确保了志书资料全面、准确，又保证了编修进程如期实施。四是离不开社会各界帮助和支持，有些历史事件比较模糊，资料难以查找时，走访群众、回顾历史，得出答案。五是经省市史志部门业务指导，使《邹平县志（1986—2005）》更臻完善。对各级领导、专家和社会各界所给予的鼎力支持与帮助，在此一并表示衷心感谢！

由于书中所用照片量大且来源不一，有些无法确定拍摄者姓名，故在书中一律不标注拍摄者姓名，敬请谅解！

“千滴汗水几行字，万般辛苦一卷书”，编修《邹平县志（1986—2005）》，凝聚着全体修志人员的心血和汗水，是集体辛勤劳动和智慧结晶。但由于志书涉及面广，工作量大，再加上编者能力和水平有限，虽经数次修改，仍难免有疏漏和错讹之处，敬请广大读者批评指正。

编　者

2017 年 10月